J. von Staudingers
Kommentar zum Bürgerlichen Gesetzbuch
mit Einführungsgesetz und Nebengesetzen
Buch 5 · Erbrecht
§§ 2229–2302
(Errichtung und Aufhebung eines Testaments,
Gemeinschaftliches Testament, Erbvertrag)

Kommentatorinnen und Kommentatoren

Dr. Christoph Althammer
Professor an der Universität Regensburg

Dr. Georg Annuß, LL.M.
Rechtsanwalt in München, Außerplanmäßiger Professor an der Universität Regensburg

Dr. Christian Armbrüster
Professor an der Freien Universität Berlin, Richter am Kammergericht a. D.

Dr. Arnd Arnold
Professor an der Universität Trier, Dipl.-Volksw.

Dr. Markus Artz
Professor an der Universität Bielefeld

Dr. Martin Avenarius
Professor an der Universität zu Köln

Dr. Ivo Bach
Professor an der Universität Göttingen

Dr. Christian Baldus
Professor an der Universität Heidelberg

Dr. Wolfgang Baumann
Rechtsanwalt und Notar a. D. in Wuppertal, Professor an der Bergischen Universität Wuppertal

Dr. Winfried Bausback
Professor a. D. an der Bergischen Universität Wuppertal, bayerischer Staatsminister der Justiz a. D., Mitglied des Bayerischen Landtags

Dr. Roland Michael Beckmann
Professor an der Universität des Saarlandes, Saarbrücken

Dr. Dr. h. c. Detlev W. Belling, M.C.L.
Professor an der Universität Potsdam

Dr. Andreas Bergmann
Professor an der Fernuniversität in Hagen

Dr. Falk Bernau
Richter am Bundesgerichtshof, Karlsruhe

Dr. Martin Bialluch
Wiss. Assistent am Max-Planck-Institut in Hamburg

Dr. Marcus Bieder
Professor an der Universität Osnabrück

Dr. Werner Bienwald †
Professor an der Evangelischen Fachhochschule Hannover, Rechtsanwalt in Oldenburg

Dr. Tom Billing
Rechtsanwalt in Berlin

Dr. Eike Bleckwenn
Rechtsanwalt in Hannover

Dr. Reinhard Bork
Professor an der Universität Hamburg

Dr. Wolfgang Breyer
Rechtsanwalt in Stuttgart

Dr. Jan Busche
Professor an der Universität Düsseldorf

Dr. Georg Caspers
Professor an der Universität Erlangen-Nürnberg

Dr. Dr. h. c. Tiziana Chiusi
Professorin an der Universität des Saarlandes, Saarbrücken

Dr. Michael Coester, LL.M.
Professor an der Universität München

Dr. Dr. h. c. Dagmar Coester-Waltjen, LL.M.
Professorin an der Universität Göttingen

Dr. Johanna Croon-Gestefeld, LL.M.
Privatdozentin an der Bucerius Law School Hamburg

Dr. Thomas Diehn, LL.M.
Notar in Hamburg, Lehrbeauftragter an der Universität Hamburg

Dr. Katrin Dobler
Richterin am Oberlandesgericht Stuttgart

Dr. Heinrich Dörner
Professor an der Universität Münster

Dr. Werner Dürbeck
Richter am Oberlandesgericht Frankfurt a. M.

Dr. Anatol Dutta, M. Jur.
Professor an der Universität München

Dr. Christina Eberl-Borges
Professorin an der Universität Mainz

Dr. Dres. h. c. Werner F. Ebke, LL.M.
Professor an der Universität Heidelberg

Dr. Jan Eickelberg, LL.M. †
Professor an der Hochschule für Wirtschaft und Recht, Berlin

Jost Emmerich
Richter am Oberlandesgericht München

Dr. Volker Emmerich
Professor an der Universität Bayreuth, Richter am Oberlandesgericht Nürnberg a. D.

Dr. Cornelia Feldmann
Rechtsanwältin in Freiburg i. Br.

Dr. Matthias Fervers
Akad. Rat a. Z. an der Universität München

Dr. Timo Fest, LL.M.
Professor an der Universität zu Kiel

Dr. Karl-Heinz Fezer
Professor an der Universität Konstanz, Honorarprofessor an der Universität Leipzig, Richter am Oberlandesgericht Stuttgart a. D.

Dr. Philipp S. Fischinger, LL.M.
Professor an der Universität Mannheim

Dr. Holger Fleischer
Direktor am Max-Planck-Institut für ausländisches und internationales Privatrecht in Hamburg, Professor an der Bucerius Law School, Hamburg

Dr. Robert Freitag, Maître en droit
Professor an der Universität Erlangen-Nürnberg

Dr. Jörg Fritzsche
Professor an der Universität Regensburg

Dr. Tobias Fröschle
Professor an der Universität Siegen

Dr. Susanne Lilian Gössl, LL.M.
Professorin an der Universität zu Kiel

Dr. Beate Gsell, Maître en droit
Professorin an der Universität München, Richterin am Oberlandesgericht München

Dr. Thomas Gutmann, M. A.
Professor an der Universität Münster

Dr. Martin Gutzeit
Professor an der Universität Gießen

Dr. Martin Häublein
Professor an der Universität Innsbruck

Dr. Johannes Hager
Professor an der Universität München

Dr. Felix Hartmann, LL.M.
Professor an der Freien Universität Berlin

Dr. Wolfgang Hau
Professor an der Universität München, Richter am Oberlandesgericht München

Dr. Rainer Hausmann
Professor an der Universität Konstanz

Dr. Stefan Heilmann
Vorsitzender Richter am Oberlandesgericht Frankfurt, Honorarprofessor an der Frankfurt University of Applied Sciences

Dr. Jan von Hein
Professor an der Universität Freiburg i. Br.

Dr. Christian Heinze
Professor an der Universität Heidelberg

Dr. Stefan Heinze
Notar in Köln

Dr. Tobias Helms
Professor an der Universität Marburg

Silas Hengstberger, LL.B.
Wiss. Mitarbeiter an der Universität Mannheim

Dr. Dr. h. c. mult. Dieter Henrich
Professor an der Universität Regensburg

Dr. Carsten Herresthal, LL.M.
Professor an der Universität Regensburg

Christian Hertel, LL.M.
Notar in Weilheim i. OB.

Dr. Stephanie Herzog
Fachanwältin für Erbrecht in Würselen

Joseph Hönle
Notar in München

Dr. Ulrich Hönle
Notar in Waldmünchen

Dr. Clemens Höpfner
Professor an der Universität Münster

Dr. Bernd von Hoffmann †
Professor an der Universität Trier

Dr. Dr. h. c. Heinrich Honsell
Professor an der Universität Zürich, Honorarprofessor an der Universität Salzburg

Dr. Rainer Hüttemann
Professor an der Universität Bonn

Dr. Martin Illmer, M. Jur.
Richter am Landgericht Hamburg, Privatdozent an der Bucerius Law School

Dr. Florian Jacoby
Professor an der Universität Bielefeld

Dr. Ulrich von Jeinsen
Rechtsanwalt und Notar in Hannover, Honorarprofessor an der Universität Hannover

Dr. Dagmar Kaiser †
Professorin an der Universität Mainz

Dr. Bernd Kannowski
Professor an der Universität Bayreuth

Dr. Rainer Kanzleiter
Notar a. D. in Ulm, Honorarprofessor an der Universität Augsburg

Dr. Christoph A. Kern, LL.M.
Professor an der Universität Heidelberg

Dr. Sibylle Kessal-Wulf
Richterin des Bundesverfassungsgerichts, Karlsruhe

Dr. Christian Kesseler
Notar in Düren, Honorarprofessor an der Universität Trier

Dr. Walter Klein
Rechtsanwalt in Köln

Dr. Fabian Klinck
Professor an der Universität Bochum

Dr. Frank Klinkhammer
Richter am Bundesgerichtshof, Karlsruhe, Honorarprofessor an der Universität Marburg

Dr. Steffen Klumpp
Professor an der Universität Erlangen-Nürnberg

Dr. Jürgen Kohler
Professor an der Universität Greifswald

Dr. Sebastian Kolbe
Professor an der Universität Bremen

Dr. Stefan Koos
Professor an der Universität der Bundeswehr München

Dr. Rüdiger Krause
Professor an der Universität Göttingen

Dr. Heinrich Kreuzer
Notar in München

Dr. Lena Kunz, LL.M.
Akad. Mitarbeiterin an der Universität Heidelberg

Dr. Steffen Kurth, LL.M.
Rechtsanwalt in Bielefeld

Dr. Clemens Latzel
Privatdozent an der Universität München

Dr. Arnold Lehmann-Richter
Professor an der Hochschule für Wirtschaft und Recht Berlin

Dr. Saskia Lettmaier, B.A., LL.M.
Professorin an der Universität zu Kiel, Richterin am Schleswig-Holsteinischen Oberlandesgericht in Schleswig

Stefan Leupertz
Richter a. D. am Bundesgerichtshof, Honorarprofessor an der TU Dortmund

Dr. Johannes Liebrecht
Professor an der Universität Zürich

Dr. Jan Lieder, LL.M.
Professor an der Universität Freiburg i. Br., Richter am Schleswig-Holsteinischen Oberlandesgericht

Dr. Dimitrios Linardatos
Privatdozent an der Universität Mannheim

Dr. Martin Löhnig
Professor an der Universität Regensburg

Dr. Dirk Looschelders
Professor an der Universität Düsseldorf

Dr. Stephan Lorenz
Professor an der Universität München

Dr. Sigrid Lorz
Professorin an der Universität Greifswald

Dr. Katharina Lugani
Professorin an der Universität Düsseldorf

Dr. Tobias Lutzi, LL.M., M.Jur.
Akad.Rat a.Z. an der Universität zu Köln

Dr. Gerald Mäsch
Professor an der Universität Münster, Richter am Oberlandesgericht Hamm a.D.

Dr. Robert Magnus
Professor an der Universität Bayreuth

Dr. Ulrich Magnus
Professor an der Universität Hamburg, Affiliate des MPI für ausländisches und internationales Privatrecht, Hamburg, Richter am Hanseatischen Oberlandesgericht zu Hamburg a. D.

Dr. Peter Mankowski †
Professor an der Universität Hamburg

Dr. Dr. h. c. Heinz-Peter Mansel
Professor an der Universität zu Köln

Dr. Peter Marburger †
Professor an der Universität Trier

Dr. Wolfgang Marotzke
Professor an der Universität Tübingen

Dr. Sebastian A. E. Martens
Professor an der Universität Passau

Dr. Dr. Dr. h. c. mult. Michael Martinek, M.C.J.
Professor an der Universität des Saarlandes, Saarbrücken, Honorarprofessor an der Universität Johannesburg, Südafrika

Dr. Annemarie Matusche-Beckmann
Professorin an der Universität des Saarlandes, Saarbrücken

Dr. Felix Maultzsch, LL.M.
Professor an der Universität Frankfurt a. M.

Dr. Dr. Detlef Merten
Professor an der Deutschen Universität für Verwaltungswissenschaften Speyer

Dr. Tanja Mešina
Staatsanwältin, Stuttgart

Dr. Rudolf Meyer-Pritzl
Professor an der Universität zu Kiel, Richter am Schleswig-Holsteinischen Oberlandesgericht in Schleswig

Dr. Morten Mittelstädt
Notar in Hamburg

Dr. Oliver Moufang
Rechtsanwalt in Frankfurt a.M., Honorarprofessor an der Hochschule Wiesbaden

Dr. Peter O. Mülbert
Professor an der Universität Mainz

Dr. Hans-Heinrich Nöll
Rechtsanwalt in Hamburg

Dr. Jürgen Oechsler
Professor an der Universität Mainz

Dr. Hartmut Oetker
Professor an der Universität zu Kiel, Richter am Thüringer Oberlandesgericht in Jena a. D.

Wolfgang Olshausen
Notar a. D. in Rain am Lech

Dr. Dirk Olzen
Professor an der Universität Düsseldorf

Dr. Sebastian Omlor, LL.M., LL.M.
Professor an der Universität Marburg

Dr. Gerhard Otte
Professor an der Universität Bielefeld

Dr. Frank Peters †
Professor an der Universität Hamburg, Richter am Hanseatischen Oberlandesgericht zu Hamburg a. D.

Dr. Christian Picker
Professor an der Universität Konstanz

Dr. Andreas Piekenbrock
Professor an der Universität Heidelberg

Dr. Jörg Pirrung †
Richter am Gericht erster Instanz der Europäischen Gemeinschaften i. R., Honorarprofessor an der Universität Trier

Dr. Dr. h. c. Ulrich Preis
Professor an der Universität zu Köln

Dr. Maximilian Freiherr von Proff zu Irnich
Notar in Köln

Dr. Lukas Rademacher
Wiss. Assistent an der Universität zu Köln

Dr. Thomas Raff
Notar in Ludwigshafen

Dr. Manfred Rapp †
Notar a. D., Landsberg am Lech

Dr. Dr. h.c. Thomas Rauscher
Professor an der Universität Leipzig, Professor h.c. an der Eötvös Loránd Universität Budapest, Dipl.Math.

Dr. Peter Rawert, LL.M.
Notar in Hamburg, Honorarprofessor an der Universität Kiel

Eckhard Rehme
Vorsitzender Richter am Oberlandesgericht Oldenburg i. R.

Dr. Moritz Renner
Professor an der Universität Mannheim

Dr. Tilman Repgen
Professor an der Universität Hamburg

Dr. Philipp Reuß, M. Jur.
Professor an der Universität Göttingen

Dr. Christoph Reymann, LL.M. Eur.
Notar in Landsberg am Lech, Professor an der Privaten Universität Liechtenstein

Dr. Reinhard Richardi
Professor an der Universität Regensburg, Präsident a. D. des Kirchlichen Arbeitsgerichtshofs der Deutschen Bischofskonferenz, Bonn

Dr. Volker Rieble
Professor an der Universität München, Direktor des Zentrums für Arbeitsbeziehungen und Arbeitsrecht

Dr. Daniel Rodi
Akad. Rat a. Z. an der Universität Heidelberg

Dr. Anne Röthel
Professorin an der Bucerius Law School, Hamburg

Dr. Christian Rolfs
Professor an der Universität zu Köln

Dr. Dr. h. c. Herbert Roth
Professor an der Universität Regensburg

Dr. Ludwig Salgo
Apl. Professor an der Universität Frankfurt a. M.

Dr. Anne Sanders
Professorin an der Universität Bielefeld

Dr. Renate Schaub, LL.M.
Professorin an der Universität Bochum

Dr. Martin Josef Schermaier
Professor an der Universität Bonn

Dr. Gottfried Schiemann
Professor an der Universität Tübingen

Dr. Eberhard Schilken
Professor an der Universität Bonn

Dr. Martin Schmidt-Kessel
Professor an der Universität Bayreuth

Dr. Daniel Johannes Schneider
Notarassessor in Neustadt a. d. Weinstraße

Ulf Schönenberg-Wessel
Notar und Rechtsanwalt in Kiel

Dr. Günther Schotten
Notar a. D. in Köln, Honorarprofessor an der Universität Bielefeld

Dr. Andrea Schulz
Deutsche Verbindungsbeamtin in Frankreich, Bundesministerium der Justiz und für Verbraucherschutz

Dr. Robert Schumacher, LL.M.
Notar in Köln

Dr. Roland Schwarze
Professor an der Universität Hannover

Dr. Andreas Schwennicke
Rechtsanwalt und Notar in Berlin

Dr. Stephan Serr
Notar in Ochsenfurt

Dr. Reinhard Singer
Professor an der Humboldt-Universität Berlin, Richter am Oberlandesgericht Rostock a. D.

Dr. Stephanie Sittmann-Haury
Wiss. Mitarbeiterin an der Universität Mainz

Dr. Dr. h. c. Ulrich Spellenberg
Professor an der Universität Bayreuth

Dr. Sebastian Spiegelberger
Notar a. D. in Rosenheim

Dr. Ansgar Staudinger
Professor an der Universität Bielefeld

Julian Stein, LL.M.
Wiss. Mitarbeiter an der Universität Mainz

Dr. Björn Steinrötter
Professor an der Universität Potsdam

Dr. Malte Stieper
Professor an der Universität Halle-Wittenberg

Dr. Markus Stoffels
Professor an der Universität Heidelberg

Dr. Michael Stürner, M. Jur.
Professor an der Universität Konstanz, Richter am Oberlandesgericht Karlsruhe

Dr. Felipe Temming, LL.M.
Professor an der Universität Hannover

Burkhard Thiele
Präsident des Oberlandesgerichts Rostock a. D., Präsident des Landesverfassungsgerichts Mecklenburg-Vorpommern a. D.

Dr. Christoph Thole
Professor an der Universität zu Köln

Dr. Karsten Thorn
Professor an der Bucerius Law School, Hamburg

Dr. Gregor Thüsing, LL.M.
Professor an der Universität Bonn

Dr. Madeleine Tolani, LL.M.
Professorin an der Hochschule Wismar

Dr. Barbara Veit
Professorin an der Universität Göttingen

Dr. Bea Verschraegen, LL.M., M.E.M.
Professorin an der Universität Wien, adjunct professor an der Universität Macao

Dr. Klaus Vieweg
Professor an der Universität Erlangen-Nürnberg

Dr. A. Olrik Vogel
Rechtsanwalt in München

Dr. Markus Voltz
Notar in Offenburg

Dr. Reinhard Voppel
Rechtsanwalt in Köln

Dr. Rolf Wagner
Professor an der Universität Potsdam, Ministerialrat im Bundesjustizministerium

Dr. Christoph Andreas Weber
Privatdozent an der Universität München

Dr. Johannes Weber, LL.M.
Notarassessor, Geschäftsführer des Deutschen Notarinstituts, Würzburg

Gerd Weinreich
Vorsitzender Richter am Oberlandesgericht Oldenburg a. D., Rechtsanwalt in Oldenburg

Dr. Matthias Wendland, LL.M.
Professor an der Universität Graz

Dr. Domenik H. Wendt, LL.M.
Professor an der Frankfurt University of Applied Sciences

Dr. Olaf Werner
Professor an der Universität Jena, Richter am Thüringer Oberlandesgericht Jena a. D.

Dr. Daniel Wiegand, LL.M.
Rechtsanwalt in München

Dr. Wolfgang Wiegand
Professor an der Universität Bern

Dr. Volker Wiese, LL.M.
Professor an der Universität Hannover

Dr. Peter Winkler von Mohrenfels
Professor an der Universität Rostock, Richter am Oberlandesgericht Rostock a. D.

Dr. Felix Wobst
Notarassessor

Heinz Wöstmann
Richter am Bundesgerichtshof, Karlsruhe

Dr. Hans Wolfsteiner †
Notar a. D., Rechtsanwalt in München

Redaktorinnen und Redaktoren

Dr. Christian Baldus

Dr. Dr. h. c. mult. Christian von Bar, FBA

Dr. Michael Coester, LL.M.

Dr. Hans Christoph Grigoleit

Dr. Johannes Hager

Dr. Dr. h. c. mult. Dieter Henrich

Dr. Carsten Herresthal, LL.M.

Sebastian Herrler

Dr. Dr. h. c. Manfred Löwisch

Dr. Robert Magnus

Dr. Ulrich Magnus

Dr. Heinz-Peter Mansel

Dr. Peter O. Mülbert

Dr. Gerhard Otte

Dr. Lore Maria Peschel-Gutzeit

Dr. Thomas Raff

Dr. Peter Rawert, LL.M.

Dr. Volker Rieble

Dr. Christian Rolfs

Dr. Dr. h. c. Herbert Roth

Dr. Markus Stoffels

Dr. Wolfgang Wiegand

J. von Staudingers
Kommentar zum Bürgerlichen Gesetzbuch mit Einführungsgesetz und Nebengesetzen

Buch 5
Erbrecht
§§ **2229–2302**
(Errichtung und Aufhebung eines Testaments,
Gemeinschaftliches Testament, Erbvertrag)

Neubearbeitung 2022
von
Wolfgang Baumann
Thomas Raff

Redaktor
Christian Baldus

ottoschmidt – De Gruyter · Berlin

Die Kommentatorinnen und Kommentatoren

Neubearbeitung 2022
§§ 2229–2264: WOLFGANG BAUMANN
§§ 2265–2302: THOMAS RAFF

Neubearbeitung
§§ 2229–2264: WOLFGANG BAUMANN (2018)
§§ 2265–2302: RAINER KANZLEITER (2019)

Neubearbeitung
§§ 2229–2264: WOLFGANG BAUMANN (2012)
§§ 2265–2302: RAINER KANZLEITER (2014)

Neubearbeitung
§§ 2229–2264: WOLFGANG BAUMANN (2003)
§§ 2265–2302: RAINER KANZLEITER (2006)

Dreizehnte Bearbeitung
§§ 2229–2264: WOLFGANG BAUMANN (1996)
§§ 2265–2302: RAINER KANZLEITER (1998)

Sachregister

Dr. ANDREAS PICHLMEIER,
Regensburg

Zitierweise

STAUDINGER/BAUMANN (2022) Einl 1 zu §§ 2229–2302
STAUDINGER/BAUMANN (2022) Vorbem 1 zu §§ 2229 ff
STAUDINGER/RAFF (2022) Vorbem 1 zu §§ 2265 ff
STAUDINGER/RAFF (2022) § 2265 Rn 1
STAUDINGER/RAFF (2022) Einl 1 zu §§ 2274 ff

Zitiert wird nach Paragraph bzw Artikel und Randnummer.

Hinweise

Der **Staudinger ist online auf juris** abrufbar. Nähere Angaben dazu sowie das Abkürzungsverzeichnis finden Sie auf www.staudinger-bgb.de.

Der **Stand der Bearbeitung** ist September 2022.

Am Ende eines jeden Bandes befindet sich eine Übersicht über den aktuellen Stand des Gesamtwerks Staudinger.

Die Deutsche Nationalbibliothek verzeichnet diese Publikation in der Deutschen Nationalbibliografie; detaillierte bibliografische Daten sind im Internet über http://dnb.dnb.de abrufbar.

ISBN 978-3-8059-1324-9

Satz: jürgen ullrich typosatz, Nördlingen.

Druck und Bindearbeiten: CPI books GmbH, Leck.

Umschlaggestaltung: Bib Wies, München.

∞ Gedruckt auf säurefreiem Papier, das die DIN ISO 9706 über Haltbarkeit erfüllt.

Inhaltsübersicht

* Zitiert wird nicht nach Seiten, sondern
nach Paragraph bzw Artikel und Randnummer;
siehe dazu auch „Zitierweise“.

Allgemeines Schrifttum

Das Sonderschrifttum ist zu Beginn der einzelnen Kommentierung bzw in den Fußnoten innerhalb der Kommentierung angeführt.

Alternativkommentar zum Bürgerlichen Gesetzbuch, Bd 6: Erbrecht (1990); zit: AK-BGB

Bamberger/Roth/Hau/Poseck, BGB (4. Aufl 2020); zit: BeckOK

Beck-online GROSSKOMMENTAR (Stand 2021); zit: BeckOGK (Stand)

Brox/Walker, Erbrecht (29. Aufl 2021)

Burandt/Rojahn, Erbrecht (4. Aufl 2022)

Damrau/Tanck (Hrsg), Praxiskommentar Erbrecht (4. Aufl 2020)

Deutscher Erbrechtskommentar (2. Aufl 2010); zit: DtErbRKomm

vDickhuth-Harrach, Handbuch der Erbfolgegestaltung (2011)

Ebenroth, Erbrecht (1992)

Erman, Handkommentar zum Bürgerlichen Gesetzbuch, Bd II (16. Aufl 2020)

Esch/Baumann/Schulze zur Wiesche, Handbuch der Vermögensnachfolge (7. Aufl 2009)

Ferid/Firsching/Dörner/Hausmann, Internationales Erbrecht (Loseblattsammlung)

Frank/Helms, Erbrecht (7. Aufl 2018)

Frenz/Miermeister (vorm Eylmann/Vaasen), Bundesnotarordnung, Beurkundungsgesetz (5. Aufl 2020)

Frieser (Hrsg), Fachanwaltskommentar Erbrecht (4. Aufl 2013)

Frieser/Sarres/Stückemann/Tschichoflos, Handbuch des Fachanwalts Erbrecht (7. Aufl 2019)

Groll/Steiner, Praxis-Handbuch Erbrechtsberatung (5. Aufl 2019)

Grüneberg, Bürgerliches Gesetzbuch (81. Aufl 2022)

Handkommentare s NomosKommentare

Harder/Kroppenberg, Grundzüge des Erbrechts (5. Aufl 2002)

Hausmann/Hohloch (Hrsg) Handbuch des Erbrechts (2. Aufl 2010)

Hausmann/Odersky, Internationales Privatrecht in der Notar- und Gestaltungspraxis (4. Aufl 2021)

Horn, Materialienkommentar Erbrecht (2020); zit: Horn MatK-ErbR

Jakobs/Schubert, Die Beratung des Bürgerlichen Gesetzbuches in systematischer Zusammenstellung der unveröffentlichten Quellen, Erbrecht 1. u 2. Teilband (2002)

Jauernig, BGB (18. Aufl 2021)

JurisPraxiskommentar-BGB, Erbrecht (9. Aufl 2020); zit: jurisPK-BGB

Kersten/Bühling, Formularbuch und Praxis der Freiwilligen Gerichtsbarkeit (26. Aufl 2019) Erbrecht, §§ 98 ff, bearb v Wegmann

Kipp/Coing, Erbrecht (14. Aufl 1990)

Kompaktkommentar Erbrecht s Frieser

Lange, K W, Erbrecht (2. Aufl 2017)

Lange/Kuchinke, Lehrbuch des Erbrechts (5. Aufl 2001)

Leipold, Erbrecht (22. Aufl 2020)

Leonhard, Erbrecht (2. Aufl 1912)

vLübtow, Erbrecht, 2 Bde (1971)

Michalski, BGB-Erbrecht (4. Aufl 2010)

Michalski/Schmidt, BGB-Erbrecht (5. Aufl 2019)

Münchener Kommentar zum Bürgerlichen Gesetzbuch
Bd 11: Erbrecht (9. Aufl 2022)
Bd 12: Internationales Privatrecht I (8. Aufl 2020)

Muscheler, Erbrecht, Bd I u. II (2010)

Nieder/Kössinger, Handbuch der Testamentsgestaltung (6. Aufl 2020)

NomosKommentar BGB, Bd 5: Erbrecht (6. Aufl 2021); zit: NK-BGB

NomosKommentar BGB, Bd 6: ROM-Verordnungen sowie EuErbVO (3. Aufl 2019); zit: NK-BGB

NomosKommentar Bürgerliches Gesetzbuch Handkommentar (11. Aufl 2021); zit: Hk-BGB
Olzen/Looschelders, Erbrecht (6. Aufl 2020)
Planck, Kommentar zum Bürgerlichen Gesetzbuch, Bd V (4. Aufl 1930)
Prütting/Wegen/Weinreich, BGB (16. Aufl 2021)
RGRK, Das bürgerliche Gesetzbuch mit besonderer Berücksichtigung der Rechtsprechung des Reichsgerichts und des Bundesgerichtshofes, Kommentar hrsg v Mitgliedern des Bundesgerichtshofes, Bd V (12. Auf 1974 f); zit: BGB-RGRK
Röthel, Erbrecht (8. Auflage 2020)
Soergel, Bürgerliches Gesetzbuch Bd 32 und 33 (14. Aufl 2020)
Würzburger Notarhandbuch (6. Aufl 2021) Erbrecht bearb v G Müller/Keim/Limmer und Baumann.

Titel 7

Errichtung und Aufhebung eines Testaments

Einleitung zu §§ 2229–2302

Systematische Übersicht

Alphabetische Übersicht

I. Überblick

1. Regelungsinhalt des Gesetzes

1 In diesem Band sind alle Vorschriften zur formwirksamen Errichtung und Aufhebung einer Verfügung von Todes wegen kommentiert, also von Testamenten (§§ 1937, 2229–2273 BGB) und Erbverträgen (§§ 1941, 2274–2299 BGB). Verfügungen von Todes wegen eröffnen dem Erblasser die kautelarjuristischen Gestaltungsmöglichkeiten seiner eigenen gewillkürten Erbfolge im Rahmen erbrechtlicher Testierfreiheit. In Abgrenzung zur gesetzlichen Erbfolge setzt jede gewillkürte Erbfolge das Vorhandensein mindestens einer rechtswirksamen Verfügung von Todes wegen voraus.

2 Die Möglichkeit, Verfügungen von Todes wegen zu errichten (zur Testierfreiheit Staudinger/Otte Einl 41 ff, 54 ff zum ErbR), wird verfassungsrechtlich durch die in Art 14 GG gewährleistete Erbrechtsgarantie (Institutsgarantie des Erbrechts und Garantie von Individual-Erbrechten) als transmortale Verlängerung der Eigentumsgarantie geschützt (BVerfG 67, 341; Staudinger/Otte [2017] Einl 60 ff, 72 ff zum ErbR mwNw). Die Testierfreiheit ermöglicht jedem Erblasser seine Vermögensnachfolge mit Priorität seiner individuellen Anordnungen ergänzend zum und abweichend vom gesetzlichen Erbrecht zu gestalten. Gestaltungsschranken setzen §§ 134, 138 BGB. Keine rechtlichen Gestaltungsschranken, sondern wirtschaftliche Grenzen setzen das deutsche Pflichtteilsrecht (§§ 2303 ff BGB; Staudinger/Otte [2020] Einl zu 2303 ff; im Unterschied zum dinglich wirkenden Noterbrecht, das zB in Belgien, Frankreich, Griechenland, Italien, Luxemburg, Niederlande, Portugal, Schweiz oder Spanien gilt), der güterrechtliche Zugewinnausgleich im Todesfall (§§ 1363 ff, 1371 BGB; Staudinger/Thiele [2017] § 1371 Rn 1 ff) und der nacheheliche bzw nachpartnerschaftliche Ehegatten-/Lebenspartnerunterhalt (§ 1586b BGB, Staudinger/Baumann [2014] § 1586b Rn 16 ff).

Verfügungen von Todes wegen ermöglichen jedem Menschen postmortal wirkende Regelungen zu treffen, die das Sein und Sollen künftiger Generationen beeinflussen. Die Rechtsfolgen der Verfügungen von Todes wegen treffen nicht den Testierenden selbst, sondern andere (Staudinger/Otte [2017] § 1922 Rn 23). Wie staatliches Recht als normatives *System* auf die ontologische Ebene der Gesellschaft allgemein einwirkt und das Verhalten aller Gesellschaftsmitglieder steuert, so kann jeder Erblasser im Rahmen seiner individuellen wirtschaftlichen und persönlichen Möglichkeiten die Zukunft des von ihm mit seinem Vermögen beeinflussbaren Teils der Gesellschaft, über den Rahmen seiner familienrechtlichen Beziehungen hinausgehend, auch nach seinem Tod noch durch normative Vorgaben (Bedingungen, Auflagen) in Verfügungen von Todes wegen mitgestalten. **3**

Die Gestaltungsfreiheit in Verfügungen von Todes wegen ist durch rechtliche Gestaltungsschranken eingehegt. Trotz der als Menschenrecht mit dem Eigentum und Erbrecht garantierten Testierfreiheit kann der Gesetzgeber formale und inhaltliche Grenzen setzen (Art 14 Abs 1 S 2 GG; Staudinger/Otte [2017] Einl 60 ff zum ErbR). Deshalb liegen der Ausschluss Geschäftsunfähiger von der Testierfähigkeit und der Testierfreiheit, die zwingenden Formschutzvorschriften einer Verfügung von Todes wegen, die erbrechtliche Typenvorgabe oder zB die beschränkte Gültigkeitsdauer von Nottestamenten (§ 2262 BGB) im Rahmen der verfassungsrechtlich garantierten Testierfreiheit und tangieren deren Wesensgehalt nicht. Trotz des erbrechtlichen Typenzwangs kann der testierfähige Erblasser in Verfügungen von Todes wegen nahezu alle (vgl aber Rn 5) wirtschaftlichen Gestaltungsziele und gewünschten Rechtsfolgen durch Kombinationen der gesetzlich vorgegebenen Gestaltungstypen erreichen. Grenzen der Gestaltungsfreiheit setzen das Höferecht (Staudinger/Otte [2017] Vorbem 5, 10 f zu §§ 1924 ff), gesellschaftsrechtliche, insbes gesellschaftsvertragliche, Bindungen (Baumann/Seer/Krumm Rn 115 ff) und vor allem die §§ 134, 138 BGB. Verbotsgesetze gem § 134 BGB finden sich insbesondere im Strafrecht. Verstöße gegen ein Verbotsgesetz führen zur Unwirksamkeit letztwilliger Verfügungen (so § 2171 BGB ausdrücklich für Vermächtnisse und § 2192 BGB für Auflagen). Ein spezielles Verbotsgesetz enthält das Zuwendungsverbot nach § 14 HeimG (aufgrund der Förderalismusreform ergänzt durch die Landesheimgesetze; dazu DNotI-Report 2008, 143; 2010, 143;Firsching/Graf/Krätzschel § 7 Rn 13 mit Nennung der Landesheimgesetze in Fn 30) zum Schutz des Heimfriedens durch unterschiedliche Behandlung der Heimbewohner und zum Schutz vor wirtschaftlicher Ausbeutung der Heimbewohner sowie zur Sicherung ihrer Testierfreiheit (dazu Staudinger/Otte [2017] Einl 74 zum ErbR; Staudinger/Otte [2019] Vorbem 132 ff zu §§ 2064 ff). Ähnliche Schutzziele verfolgt der ab dem 1. 1. 2023 geltende § 30 BtOG, der ein Begünstigungsverbot für Berufsbetreuer normiert (dazu Müller-Engels ErbR 2022, 666, 669). Die Schranke der Sittenwidrigkeit des § 138 BGB ist bei Verfügungen von Todes wegen zu beachten (OLG Celle 27. 1. 2021, 536 zur Erbeinsetzung eines Berufsbetreuers), führt aber nur noch in seltenen Fällen zur Unwirksamkeit (Staudinger/Otte [2019] Vorbem 145 ff zu §§ 2064–2086; Staudinger/Fischinger [2021] § 139 Rn 139 ff; 520 ff; 686 ff). Normative Metasysteme wie Ethik, Moral und Sitte, die keiner öffentlichen demokratischen Diskurskontrolle unterliegen, sollten im Rechtsstaat nur sehr eingeschränkt unser durchnormiertes Privatrecht allenfalls bei „besonders schwerwiegenden Umständen" beeinflussen (Staudinger/Fischinger [2021] § 138 Rn 686). Die nationalsozialistische Ideologie hatte aufgrund der auf dem Deutschen Juristentag in Leipzig 1933 am 3. 10. 1933 von Adolf Hitler unter dem Jubel von tausenden Juristen (laut Tagungsband 12300 Teilnehmern) vorgetragenen Verkündung, „der totale Staat werde keinen **4**

Unterschied zwischen Recht und Moral dulden" (DRiZ 1933, 277, 278; vDickhuth-Harrach, Gerechtigkeit statt Formalismus [1986] § 12), die Grenze zwischen Recht und Moral aufgehoben. Generalklauseln wurden insbesondere mit der „Subsumtion" unter Sittenwidrigkeit auch im Erbrecht zum Einfallstor staatlichen Unrechts nach den ideologischen Moralvorstellungen der Nationalsozialisten (vDickhuth-Harrach, Gerechtigkeit statt Formalismus [1986]). In Anbetracht sich gesellschaftlich kontrovers immer schneller verändernder Moralvorstellungen, sollte der Vorrang der im rechtsstaatlichen Verfahren erlassenen Gesetze stärker beachtet werden, um gesellschaftlichen Tendenzen zu begegnen, mit „ideologischen" Moralvorstellungen, einen offenen demokratischen Diskurs zu unterbinden, der für gesetzliche Neuregelungen den politischen Entscheidungsträgern verfahrensgebunden vorgeschrieben ist. Einer zu weiten Anwendung der Sittenwidrigkeit in Verfügungen von Todes wegen sollte entgegengetreten werden (vgl aber Rn 12). Die Verbotsgesetze, insbesondere das Strafrecht, setzen präzise normative Grenzen (zu sittenwidrigen erbrechtlichen Verfügungen Staudinger/Otte [2019] Vorbem 145 ff zu §§ 2064 ff). Grds sollte alles, was der Gesetzgeber **nicht** ausdrücklich verboten hat, die Wirksamkeit letztwilliger Verfügungen unberührt lassen (Staudinger/Otte [2019] Vorbem 145 ff zu §§ 2064 ff).

5 Das Pflichtteilsrecht, der Zugewinnausgleich und die nacheheliche/nachpartnerschaftliche Unterhaltspflicht (dazu Rn 2) schränken nicht die Testierfreiheit, sondern den wirtschaftlichen Leistungsumfang der gewillkürten Erbfolge ein, weil sie im deutschen Recht zu einer schuldrechtlich-wirtschaftlichen, nicht zu einer sachenrechtlich-gegenständlichen Familiengebundenheit eines Teils des Erblasservermögens führen. Nicht einmal der Hausrat ist im BGB gegenständlich familiengebunden, sondern kann im Wege der gewillkürten Erbfolge anderweitig vererbt werden, da § 1932 BGB nur ein gesetzliches Vorausvermächtnis bei *gesetzlicher* Erbfolge regelt (Staudinger/Otte [2017] § 1932 BGB Rn 3, 7). Die Wertung des Pflichtteilsrechts, wie auch des Zugewinnausgleichs, ist eng verknüpft mit der familienrechtlichen, sogar im Scheidungsfall (Staudinger/Baumann [2014] § 1586b Rn 1 ff) postmortal wirkenden familiären und ehelichen Unterhaltspflicht (ausführlich zum Verhältnis zwischen Testierfreiheit und Pflichtteilsrecht Staudinger/Otte [2017] Einl 78 ff zum ErbR).

6 Außerhalb des Erbrechts gewährt die Rechtsordnung dem Erblasser erweiterte Möglichkeiten, seine Vermögensnachfolge im Wege vorweggenommener Erbfolge mit schuldrechtlicher Wirkung und lebzeitigem Vollzug als Schenkung, gemischte Schenkung oder auch als gegenseitigem entgeltlichen Vertrag zu gestalten (Olzen, Die vorweggenommene Erbfolge [1984]; Esch/Baumann/Schulze zur Wiesche, Buch I Rn 800 ff; Staudinger/Chiusi [2021] § 516 Rn 156 ff). Die Abgrenzung zwischen einer Verfügung von Todes wegen und einer Schenkung erfolgt anhand des § 2301 BGB (Staudinger/Chiusi [2021] § 516 Rn 158). Eine weitere Gestaltungsmöglichkeit der Vermögensnachfolge außerhalb des Erbrechts bietet der Vertrag zugunsten Dritter auf den Todesfall (Staudinger/Klumpp [2020] § 331 Rn 4 ff; Staudinger/Chiusi [2021] § 516 Rn 166 ff).

2. Arten der Verfügungen von Todes wegen

a) Allgemeines

7 Das deutsche Erbrecht kennt zur Errichtung, Änderung und Aufhebung von Vermögensverfügungen bezogen auf den Todesfall des Erblassers drei Arten, nämlich Testamente (§§ 2229–2273 BGB), Erbverträge (§§ 2274–2300 BGB) und Schen-

kungsversprechen auf den Todesfall (§ 2301 BGB). Als Verfügungen von Todes wegen werden aber nur Testamente und Erbverträge bezeichnet.

Die Errichtungsformen Testamente und Erbverträge fallen unter den Oberbegriff „Verfügungen von Todes" wegen, nicht unter „letztwillige Verfügungen". Das BGB verwendet den Begriff „letztwillige Verfügung" (nach der Legaldefinition in § 1937 BGB) nur für einseitige Verfügungen von Todes wegen (= einseitige Testamente). Im schweizerischen ZGB werden alle Testamente ausschließlich und nur als „letztwillige Verfügungen" bezeichnet (Art 467 ZGB). Im österreichischen ABGB werden letztwillige Verfügungen nur dann als „Testament" bezeichnet, wenn in ihnen ein Erbe eingesetzt ist (§ 552 Abs 2 S 1 ABGB). **8**

Die historische Entwicklung der Verfügungen von Todes wegen ist in ihren frührömischen Ursprüngen nur von der Regelungsseite her einigermaßen erkennbar. Konkrete Testamente sind in Einzelfällen seit klassischer Zeit urkundlich nachweisbar, mehrheitlich jedoch nur aus Juristendiskussionen zu erschließen. Besser ist die Überlieferung für Ägypten (Strobel, Römische Testamentsurkunden aus Ägypten vor und nach der Constitutio Antoniniana [2014]). **9**

Das Gesetz unterscheidet zwischen Einzeltestamenten und gemeinschaftlichen Testamenten. Gemeinschaftliche Testamente können nur von Ehepartnern (§ 2265 BGB) und noch von Lebenspartnern einer bereits eingetragenen gleichgeschlechtlichen Lebenspartnerschaft (§ 10 Abs 4 LPartG) errichtet werden. Trotz ihrer dogmatischen Einordnung als Testamente können gemeinschaftliche Testamente bei wechselbezüglichen Verfügungen eine Bindungswirkung entfalten, die einer vertraglichen Bindung – jedenfalls nach dem Tod eines Testamentspartners – entspricht. Wechselbezügliche Verfügungen in gemeinschaftlichen Testamenten (§ 2271 BGB) sind nach dem Tod des Partners unwiderruflich. Insoweit bestehen Gemeinsamkeiten zwischen gemeinschaftlichen Testamenten und Erbvertrag (vDickhuth-Harrach, in: FS Otte [2005] 55 ff; Staudinger/Raff Vorbem 40 zu §§ 2265 ff). **10**

b) Erbvertrag

Der im Vierten Abschnitt des Fünften Buches in §§ 1941, 2274–2300 BGB geregelte Erbvertrag (*pactum successorium*) ist neben dem Testament die zweite Form einer Verfügung von Todes wegen in der deutschen Rechtsordnung (Einzelheiten Staudinger/Raff Einl 6 ff zu §§ 2274 ff). Die Besonderheit des Erbvertrages besteht darin, dass der Erblasser sich mit seiner Verfügung von Todes wegen inhaltlich gegenüber einem oder mehreren Vertragspartnern ganz oder teilweise vertraglich bindet. Nur wenn „es das praktische Bedürfnis verlangt", soll eine Bindungswirkung zugelassen werden (Mot V 313). Deshalb ist die erbvertragliche Bindungswirkung gem § 2278 Abs 2 BGB auf Erbeinsetzungen, Vermächtnisse und Auflagen beschränkt (Mot V 334 f; vDickhuth-Harrach, in: FS Otte [2005] 57 ff und Fn 20). Wegen dieser Bindungswirkung (mindestens eine Verfügung muss vertraglich bindend sein, sonst liegt kein wirksamer Vertrag vor; Staudinger/Raff Einl 15 zu §§ 2274 ff) kann der Erblasser seine vertraglichen Erbanordnungen zu Lebzeiten des Vertragspartners grds nur unter dessen Mitwirkung (Ausnahme: im Erbvertrag vorbehaltenes Rücktritts- oder Abänderungsrecht) und nach dessen Tod gar nicht mehr ändern (§ 2298 Abs 2 S 2 BGB), es sei denn er schlägt als erbvertraglich Bedachter die Erbschaft oder das Vermächtnis aus (§ 2298 Abs 2 S 3 BGB). Als erbvertraglich Auflagenbegünstigter **11** muss er – wie bei einseitigen Verfügungen (§ 2299 BGB) – nicht ausschlagen, da er keinen Anspruch hat, darf aber die Begünstigung nicht annehmen. Als Auflagenbeschwerter kann er nur die gewillkürte Zuwendung oder die gesetzliche Erbfolge ausschlagen, um sich von der Bindung der Auflage zu befreien. Die im Erbvertrag vereinbarten Verfügungen müssen nicht in einem synallagmatischen Austauschverhältnis zueinander stehen. Es müssen nicht einmal alle Vertragspartner eine letztwillige Verfügung anordnen. Für den Inhalt eines Erbvertrages reicht, wenn nur ein Vertragspartner letztwillige Verfügungen anordnet und sich vertraglich mit einer einzelnen erbrechtlichen Anordnung (§ 2278 Abs 2 BGB) bindet. Die Bindungswirkung kann auch bei gegenseitigen Verfügungen nur einseitig vereinbart werden.

12 Den Erbvertrag müssen mindestens zwei Personen schließen, eine Höchstzahl der Beteiligten setzt die Rechtsordnung nicht fest. Die Beteiligten eines Erbvertrages müssen nicht miteinander verwandt oder verschwägert sein. Da das Gesetz die Zahl der Erbvertragsparteien nicht begrenzt, können größere Gruppen (zB Mitglieder von Sekten) miteinander einen Erbvertrag schließen, der nach geltendem Recht bindend ist, sofern der Inhalt nicht gegen §§ 134, 138 BGB verstößt (dazu Rn 4), zB weil die Vertragspartner einem sozialen, die individuelle Testierfreiheit beeinträchtigenden Gruppenzwang eingebunden waren. Wegen solcher Missbrauchsmöglichkeiten ist der Erbvertrag als Rechtsinstitut kritisierbar, insbesondere wenn er zwischen nicht Verschwägerten oder nicht Verwandten geschlossen wird (zu weiteren Kritikpunkten, insbesondere bei Veränderung der Verhältnisse, vDickhuth-Harrach, in: FS Otte [2005] 58 ff).

13 Erbverträge sind im romanischen Rechtskreis, der römisch-rechtlichen Tradition folgend (Staudinger/Raff Einl 1 zu §§ 2274 ff), unbekannt und werden als unwirksam angesehen, weil sie wegen ihrer vertraglichen Bindung die Testierfreiheit des Erblassers einschränken (Verstoß gegen den *ordre public*; zur Bedeutung des „ordre public" vgl die Kommentierungen zu Art 35 EU-ErbVO). Das römische Recht kannte keinen Erbvertrag (Staudinger/Raff Einl 1 zu §§ 2274 ff). Rechtspolitisch ist der deutsche Erbvertrag aus europarechtlicher Sicht problematisch, weil er eine Harmonisierung des Privatrechts im europäischen Erbrecht erschwert. Wegen der Missbrauchsmöglichkeiten der Vertragsbindung (Rn 12), sollte der Erbvertrag – falls er nicht als Rechtsinstitut aufgehoben wird (wie im DDR-ZGB) – nur auf Eheleute und eingetragene Lebenspartner beschränkt werden und nur während bestehender Ehe-/Lebenspartnerschaftsdauer gelten, also bei Scheidung der Ehe bzw Auflösung der Lebenspartnerschaft **zwingend** unwirksam werden (derzeit lässt § 2077 Abs 3 BGB durchaus folgerichtig auch Bindungswirkungen nach Auflösung der Ehe oder Lebenspartnerschaft zu, weil Erbverträge auch zwischen nicht Verschwägerten und nicht Verwandten geschlossen werden können). § 2077 BGB gilt zwar ausdrücklich nur für letztwillige Verfügungen, also gem § 1937 BGB nur für Testamente, ist aber nach § 2279 BGB auf Erbverträge entsprechend anwendbar.

14 Gemeinsamkeiten der derzeit geltenden europäischen Rechtsordnungen bestehen – trotz der im romanischen Rechtskreis nicht zugelassenen Erbverträge – darin, dass auch im romanischen Rechtskreis Verfügungen mit erbrechtlicher Wirkung zwischen Ehegatten in **Eheverträgen** vereinbart werden können. So können Ehegatten zB nach Art 1390 franz CC im Ehevertrag (mit vertraglicher Wirkung) vereinbaren, dass beim Tod eines Ehepartners der Überlebende bestimmte Gegenstände erhält.

Dieser Annäherung des romanischen Rechts entspricht komplementär ausgleichend, dass die Bindungswirkung von Erbvertrag und gemeinschaftlichem Testament nach deutschem Recht grundsätzlich mit der Auflösung der Ehe oder der Lebenspartnerschaft entfällt, soweit nicht Abweichendes vereinbart ist (§ 2277 Abs 3 BGB).

c) Gemeinschaftliches Testament

Das gemeinschaftliche Testament ist im Gesetz rechtssystematisch als Achter Titel **15** dem Dritten Abschnitt „Testament" zugeordnet. Es handelt sich beim gemeinschaftlichen Testament nach den Vorstellungen des Gesetzgebers also um eine besondere Testamentsform, im Unterschied zum Erbvertrag, der im Vierten Abschnitt des Fünften Buches des BGB gesondert geregelt ist. Dementsprechend zeigt das gemeinschaftliche Testament trotz seiner vertragsähnlichen (fakultativen) Bindungswirkung wesentliche Übereinstimmungen mit dem Einzeltestament, insbesondere ist die Beteiligtenfähigkeit und die Beteiligtenzahl im Unterschied zum Erbvertrag auf zwei Eheleute/Lebenspartner begrenzt.

Das gemeinschaftliche Testament (§§ 2265–2273 BGB) steht dem Erbvertrag gleich- **16** wohl rechtshistorisch und rechtsdogmatisch nahe (zum „Hybridcharakter" wechselbezüglicher Verfügungen vDickhuth-Harrach, in: FS Otte [2005] 62 ff). Beide Formen der Verfügung von Todes wegen haben ihren gemeinsamen Ursprung in germanischen Rechtsordnungen (Horn MatK-ErbR § 2265 Rn 41; zum Erbvertrag S 1077 ff; Staudinger/Raff Vorbem 1 f zu §§ 2265 ff; Einl 2 zu §§ 2274 ff). Das römische Recht kannte weder Erbverträge noch gemeinschaftliche Testamente. Der Erbvertrag und das gemeinschaftliche Testament unterscheiden sich allerdings in ihrer rechtshistorischen Entwicklung sowie in Form und Inhalt (dazu vDickhuth-Harrach, in: FS Otte [2005] 55 ff). Trotz seiner dogmatischen Nähe zum Erbvertrag wird das gemeinschaftliche Testament als Verfügung von Todes wegen den Testamenten zugeordnet. Diese Zuordnung erscheint dogmatisch bedenklich, weil der Wortlaut des § 1937 BGB nur einseitige Verfügungen von Todes wegen als Testamente bezeichnet. Wechselbezügliche Verfügungen im gemeinschaftlichen Testament sind nicht als einseitig einzuordnen. Diese dogmatische Unstimmigkeit des Gesetzes in Bezug auf § 1937 BGB ist erklärbar, weil die lückenhaften gesetzlichen Regelungen des gemeinschaftlichen Testaments ohne vorausgehenden rechtswissenschaftlichen Diskurs in buchstäblich letzter Minute im BGB eingefügt wurden (Horn MatK-ErbR § 2265 Rn 40 ff).

Die Entwürfe der 1. und der 2. Kommission sahen weder das privatschriftliche Testament noch das gemeinschaftliche Testament vor. Die Entwürfe des BGB hatten das gemeinschaftliche Testament nicht geregelt, weil „gemeinschaftliche Testamente von jeher eine Quelle von Rechtsstreitigkeiten gebildet" hatten (Horn MatK-ErbR § 2265 Rn 15). Das Gesetz sollte als ordentliche Verfügungen von Todes wegen nur das öffentliche Testament und den in notarieller Form zu errichtenden Erbvertrag vorsehen. Letzterer war im Entwurf als „Erbeinsetzungs-" oder „Vermächtnisvertrag" konzipiert (Horn MatK-ErbR 1077 ff). Die 1. Kommission führte mit ausführlicher Begründung aus, dass Testamente „nicht mit Anderen gemeinschaftlich" errichtet werden können (Mot V 253 ff; Horn MatK-ErbR 1053 ff). Streng dogmatisch betrachtet ist das gemeinschaftliche Testament ein Fremdkörper in unserer Rechtsordnung, weil es von einem der beiden Testierenden keine selbst schriftlich niedergelegten, eigenen Willenserklärungen verlangt (solche verbietet es allerdings nicht), sondern nur die durch Unterschriftsleistung erteilte Zustimmung unter die im Testament niedergelegten Willenserklärungen des Ehegatten/Lebenspartners. Das gemeinschaftliche Testament sollte, schon wegen der zahlreichen Rechtsstreitigkeiten, als testamentarische Errichtungsform vom Gesetzgeber aufgehoben werden (ebenso STAUDINGER/RAFF Vorbem 45 zu §§ 2265 ff mwNw).

17 Die Widerruflichkeit testamentarischer Verfügungen ist beim gemeinschaftlichen Testament zu Lebzeiten beider Erblasser (ohne testamentarisch geregelten Vorbehalt) stets gegeben, sogar bei wechselbezüglichen Verfügungen. Der von einem einzelnen Erblasser erteilte Widerruf wechselbezüglicher Verfügungen ist aber an die Form der notariellen Beurkundung mit Zustellung des Widerrufs an den Ehegatten/Lebenspartner gebunden (§§ 2271 Abs 1, 2296 BGB).

d) Einzeltestament

18 Die Normal- oder Standardform einer Verfügung von Todes wegen ist das Testament – „letztwillige Verfügung" gem § 1937 BGB – (dazu Vorbem 1 ff zu §§ 2229–2264). Testamente können in ordentlicher Form gem § 2231 BGB zur Niederschrift eines Notars oder als eigenhändige Privattestamente (§ 2247 BGB) errichtet werden. Jeder Erblasser (Mot V 312 f) erklärt seine Verfügungen grds einseitig und widerruflich (grds auch im gemeinschaftlichen Testament oder Erbvertrag, jedoch muss der Erbvertrag mindestens eine bindende letztwillige Verfügung enthalten).

d) Nottestamente, Sonderformen

19 Unsere Rechtsordnung unterscheidet nach der Errichtungssituation zwischen ordentlichen Testamenten und außerordentlichen Testamenten. Die so genannten Nottestamente sind als außerordentliche Testamente im BGB geregelt (§§ 2249–2252 BGB). Daneben kennt unsere Rechtsordnung weitere Sondertestamentsformen, die außerhalb des BGB geregelt sind (zum konsularischen Testament unten Rn 49 ff und zu weiteren testamentarischen Sonderformen Vorbem 47 ff zu §§ 2229–2264).

Einen Noterbvertrag sieht das Gesetz nicht vor, wohl aber können Ehepartner und eingetragene Lebenspartner ein gemeinschaftliches Nottestament als öffentliches Bürgermeistertestament (§§ 2249, 2250 BGB), als privates Dreizeugentestament (§ 2250 BGB) oder als außerordentliches Seetestament (§ 2251 BGB) errichten.

3. Formpflicht, Formschutz

20 Da Verfügungen erst nach dem Tod des Erklärenden ihre rechtsbindenen Wirkungen entfalten und der Erklärende keine Auskunft zum Inhalt erteilen kann, sind an die Formen dieser erst postmortal wirkenden Willenserklärungen höhere Anforderungen zu stellen als an lebzeitige Willenserklärungen, die vom Erklärenden noch interpretiert und ggf sogar korrigiert werden können. Deshalb kommt den Formvorschriften der Verfügungen von Todes wegen eine sehr hohe Bedeutung zu. Der Erblasser ist zum eigenen Schutz vor übereilten, unbedachten Erklärungen und vor allem zum Schutz des Rechtsverkehrs aus Gründen notwendiger Rechtssicherheit in Nachlassverfahren (dazu § 2231 Rn 25 ff; § 2247 Rn 11 ff, 16 ff, 101 ff) an die Einhaltung der gesetzlichen Formvorschriften gebunden.

21 Das durch Art 1, 2 Abs 1 GG geschützte allgemeine Persönlichkeitsrecht und die allgemeine Handlungsfreiheit sowie die durch Art 14 GG abgesicherte Eigentums- und

Erbrechtsgarantie gewährleisteten jedem Testierfähigen inhaltliche Testierfreiheit. Die Testierfreiheit wird durch Formvorschriften nicht tangiert, da die für Verfügungen von Todes wegen gesetzlich vorgeschriebenen Formen keine inhaltlichen Gestaltungsschranken setzen. Nur unter Beachtung strenger Verfahrens- und Formvorschriften kann die Rechtsordnung gewährleisten, dass dem in Art 14 Abs 1 S 1 GG geschützten Grundrecht des Erblassers, mit seinem Nachlass zukünftige Entwicklungen zu gestalten (zB durch Errichtung von Stiftungen oder Zuwendungen an gemeinnützige oder mildtätige Institutionen), postmortal Geltung verschafft wird und nicht Unbefugte sich des Nachlasses bemächtigen. Die gewillkürte Erbfolge muss daher von streng formgebundenen Verfügungen von Todes wegen abhängig sein und durch diese Formen vor Missbrauch geschützt werden (zur durch Art 14 GG geschützten Erbrechtsgarantie Staudinger/Otte [2017] Einl 60 ff zu §§ 1922 ff).

Hinsichtlich der Form unterscheidet das BGB zwischen privaten und öffentlichen Verfügungen von Todes wegen, Einzeltestamente wie auch gemeinschaftliche Testamente können in privater oder öffentlicher Form errichtet werden. Der Erblasser hat die freie Wahl der Form. Materiell-rechtlich sind private und öffentliche Verfügungen von Todes wegen gleichwertig, weisen aber in ihren urkundlichen Beweiswirkungen Unterschiede auf und sind auch im gebotenen Schutz nicht gleichwertig (zur Kritik § 2231 Rn 24 ff). Erbverträge können nur in öffentlicher Form errichtet werden. **22**

Private (ordentliche) Testamente müssen vom Erblasser vollständig persönlich mit seiner durch individuelle Merkmale identifizierbaren Schrift verfasst und unterschrieben werden (Einzelheiten § 2247 Rn 16 ff, 101 ff). Diese Errichtungsform weist zahlreiche Mängel auf und belastet bei werthaltigem Nachlass zunehmend die Justiz (dazu § 2247 Rn 11 ff). Ob das entgegen den Empfehlungen der wissenschaftlichen Entwurfsverfasser nachträglich in das BGB aufgenommene holographische Testament eine Bereicherung ist, erscheint zweifelhaft. **23**

Die Problematik der Errichtungsformen der Verfügungen von Todes wegen hat durch Veränderungen technologischer Entwicklungen, die in ausländischen Rechtsordnungen schon ihren gesetzgeberischen Niederschlag gefunden haben, neuartige Problemstellungen zu digitalisierten Testamenten aufgeworfen (Röthel, Gutachten A, 68. DJT, 2010, 65; Hergenröder ZEV 2018, 7; Scholz AcP 2019, 100; ders ErbR 2019, 617; Sanders/Göldner ErbR 2020, 335; vOertzen/Blasweiler ErbR 2020, 696; Muer ErbR 2022, 277; § 2247 Rn 42 f). Die Formvorschriften zur Errichtung einer Verfügung von Todes wegen müssen den veränderten Technologien angepasst werden. **24**

In öffentlicher Form können Testamente nach deutschem Recht nur vor einem Notar oder im Ausland vor einem deutschen Konsul errichtet werden (dazu Rn 49 ff), öffentliche Nottestamente vor einem Bürgermeister (§§ 2249, 2250 BGB). Erbverträge können nur vor einem Notar oder im Ausland vor einem deutschen Konsul, nicht vor einem Bürgermeister errichtet werden. Der Formfrage vorgeschaltet ist die gesetzgeberische Entscheidung, wie viel Transparenz die Errichtung einer Verfügung von Todes wegen mit Informationsbeteiligung eines Dritten verträgt (Baumann, Beiträge des Notars zur Gerechtigkeit, in: FS Fessler [2012] 13 ff). Das privatschriftliche Testament erlaubt den vollständigen Ausschluss Dritter vom Zeitpunkt des Errichtungsaktes bis zur Eröffnung. Bei einer öffentlichen Verfügung von Todes wegen vor einem staatli- **25** chen Funktionsträger (Notar, deutscher Konsul, Bürgermeister) ist dagegen eine beschränkte Öffentlichkeit zugelassen. Die Amtsperson ist aber gesetzlich (strafbewehrt) zur Verschwiegenheit verpflichtet. Mit (teil-)öffentlichen Verfügungen von Todes wegen sollen ua Missbrauchsmöglichkeiten privater Dritter durch Manipulationen des Testamentsinhalts oder sogar durch Vernichtung der errichteten Verfügungen von Todes wegen ausgeschlossen werden, die bei privaten Testamenten vor und sogar nach der Testamentserrichtung die Erbfolge beeinflussen können (Baumann, in: FS Fessler [2012] Fn 81).

26 Bei der Gestaltung einer öffentlichen Verfügung von Todes wegen ist der Notar, bzw die öffentliche Urkundsperson, gem § 17 Abs 1 BeurkG verpflichtet, den Willen der Beteiligten zu erforschen, den Sachverhalt zu klären, die Beteiligten über die rechtliche Tragweite des Rechtsgeschäfts zu belehren und ihre Erklärungen klar und unzweideutig in die Niederschrift aufzunehmen. Die Errichtung einer öffentlichen Verfügung von Todes wegen ist streng verfahrensgebunden (§ 2232 Rn 27 ff, 30 ff). Mit der Einführung des Beurkundungsgesetzes am 1. 1. 1970 hat ein Paradigmenwechsel der Formvorschriften stattgefunden. Das Beurkundungsgesetz regelt keine „gesteigerte, verschärfte" Schriftform, sondern enthält prozedurale Vorschriften, die den Notar bei der Beurkundung gesetzlich an die Einhaltung festgelegter Verfahrensnormen binden. Verletzt der Notar diese als Amtspflichten auferlegten gesetzlichen Verfahrensvorschriften, so hat er gem § 19 BNotO den daraus entstehenden Schaden zu ersetzen (für andere öffentliche Urkundspersonen gilt Amts- bzw Staatshaftung § 839 BGB iVm Art 34 GG) und die öffentliche Urkundsperson ist darüber hinaus disziplinarrechtlich zu belangen.

4. Inhalt einer Verfügung von Todes wegen

a) Möglicher Inhalt

27 Inhaltlich kann der Erblasser in jeder Verfügung von Todes wegen (Testament, Erbvertrag) von der gesetzlichen Erbfolge abweichen und damit im Rahmen seiner ihm eingeräumten Privatautonomie das Verhalten künftiger Generationen steuern (ausführlich vDickhuth-Harrach, Hdb Erbfolge-Gestaltung). Der Erblasser kann in einer Verfügung von Todes wegen im Wesentlichen folgendes regeln:

- natürliche oder juristische Personen zu Erben einsetzen (§ 1937 BGB, vDickhuth-Harrach § 21),
- eine Stiftung von Todes wegen errichten und diese zum Erben, Vermächtnisnehmer oder Auflagenbegünstigten einsetzen,
- natürliche Personen (die gesetzlich erbberechtigt wären, sogar Pflichtteilsberechtigte) enterben (§§ 1938, 2147–2191 BGB, vDickhuth-Harrach § 20)
- Vermächtnisse (Legate) anordnen (§ 1939 BGB, vDickhuth-Harrach §§ 28–31)
- Auflagen anordnen (§ 1940 BGB, vDickhuth-Harrach § 32)
- die Pflichtteilslast verteilen (§ 2324 BGB)

- Pflichtteile entziehen (§§ 2333, 2336 BGB, vDICKHUTH-HARRACH § 57)

- Pflichtteile beschränken (§ 2338 BGB, BAUMANN ZEV 1996, 121)

- schuldrechtlich vereinbarte Anrechnungs- (§ 2315 BGB) und Ausgleichspflichten (§ 2316 BGB) lebzeitiger Zuwendungen hinsichtlich des Pflichtteils aufheben oder reduzieren (vDICKHUTH-HARRACH § 59)

- Teilungsanordnungen zur Auseinandersetzung einer Erbengemeinschaft treffen (§§ 2044, 2048 f BGB; vDICKHUTH-HARRACH § 31)

- Testamentsvollstreckungen unterschiedlicher Art anordnen (Ernennung mit Ersatzbenennung §§ 2197 ff BGB, Festlegung der Dauer §§ 2209, 2210 BGB, Festlegung der Befugnisse §§ 2207–2209, 2222 f BGB, Vergütung § 2221 BGB)

- Anordnungen mit güterrechtlichen Wirkungen treffen (§§ 1418 Abs 2 Nr 2, 1486 Abs 1, 1509, 1511–1516 BGB)

- einen Vormund für minderjährige Kinder benennen (§ 1782 BGB ab 1. 1. 2023 = §§ 1776, 1777 Abs 3 BGB aF) oder Personen von der Vormundschaft ausschließen (§ 1782 Abs 1 BGB ab 1. 1. 2023 = § 1782 Abs 2 BGB aF)

- einen Gegenvormund benennen (§ 1792 Abs 4 iVm §§ 1776, 1777 Abs 3 BGB aF. Die ab 1. 1. 2023 geltende Novellierung sieht in § 1792 BGB zwar eine gemeinschaftliche Führung der Vormundschaft, aber keinen Gegenvormund vor.)

- den Vormündern (§ 1797 Abs 3 BGB aF) bzw dem Vormund Anordnungen zur Vermögensverwaltung des Mündels zu erteilen (§ 1803 BGB aF). (Dieses Gestaltungsrecht ist dem Erblasser mit der Novellierung des Vormundschaftsrechts ab 1. 1. 2023 durch die Zuwendungspflegschaft gem § 1811 BGB und damit nach Abs 2 Nrn 1, 2 mögliche Anordnungen ersetzt worden, zugleich aber eingeschränkt worden. Der Erblasser kann aber mit einer umfassenden Verwaltungstestamentsvollstreckung seine Ziele erreichen.)

- die Vermögenssorge für minderjährige Kinder beschränken oder ausschließen (§§ 1638, 1639, 1640 Abs 2 Nr 2 BGB)

- die Vermögensverwaltung des einem Minderjährigen zugewendeten Nachlasses durch dessen Eltern oder Vormund ausschließen (§ 1811 Abs 1 BGB ab 1. 1. 2023 = § 1909 Abs 1 S 2 BGB aF) und nach altem Recht für den dann notwendigen Ergänzungspfleger Befreiungen gem §§ 1852–1854 BGB aF anordnen. Ab 1. 1. 2023 kann der Erblasser gem § 1811 BGB einen Zuwendungspfleger benennen und Anordnungen gem Abs 2 Nrn 1, 2 treffen. Der Zuwendungspfleger wird vom Familiengericht bestellt, wenn der Erblasser die Eltern oder den Vormund von der Verwaltung des Vermögens gem § 1811 Abs 1 Nr 2 BGB ausgeschlossen hat.

- frühere Verfügungen von Todes wegen ändern

- frühere Verfügungen von Todes wegen widerrufen bzw aufheben (§§ 2253 ff BGB)

- eine Rechtswahl treffen (Art 22, 25 EuErbVO)
- ein Schiedsgericht einsetzen und Vorgaben zur Besetzung und zum Verfahren treffen (§ 1066 ZPO)
- in gemeinschaftlichen Testamenten (§§ 2265, 2270 BGB) wechselbezügliche und einseitige Verfügungen anordnen, Bestimmungen gem §§ 1511–1515 BGB zur fortgesetzten Gütergemeinschaft treffen (§ 1516 Abs 3 BGB)
- in Erbverträgen (§ 2274 BGB) sämtliche auch in Testamenten mögliche Anordnungen treffen sowie eine vertragliche Bindungswirkung hinsichtlich Erbeinsetzungen, Vermächtnissen und Auflagen eingehen (§ 2278 BGB) und sich diesbezüglich Abänderungs- und Rücktrittsrechte bzgl bindender Verfügungen vorbehalten; einseitige Verfügungen treffen, die durch Testament getroffen werden können (§ 2291 Abs 1 BGB)
- einen Erbvertrag aufheben (§ 2292 BGB)
- eine Feuerbestattung anordnen (§ 4 Nr 1 FeuerbestattungsG)
- Anordnungen zum digitalen Nachlass treffen (Herzog, NJW 2013, 3745; Deusch, ZEV 2014, 2; Herzog/Pruns, Der digitale Nachlass in der Vorsorge und Erbrechtspraxis [2018]; Kutscher, Der digitale Nachlass [2015]; Seidler, Digitaler Nachlass – Das postmortale Schicksal elektronischer Kommunikation [2016]; Funk, Das Erbe im Netz. Rechtslage und Praxis des digitalen Nachlasses [2017]).

b) Gestaltungsfreiheit

28 Erbrechtliche Gestaltungen in Verfügungen von Todes wegen sind zwar an die gesetzlichen Typenvorgaben des Erbrechts gebunden, insbesondere an die Differenzierung zwischen Erbeinsetzung (Gesamtrechtsnachfolge des Erben mit sofortiger dinglicher Wirkung im Todesfall) und Vermächtnis (nur schuldrechtlicher Erfüllungsanspruch des Vermächtnisnehmers), aber in den wirtschaftlichen Zielen allein durch das Pflichtteilsrecht und durch die gesetzlichen Schranken der §§ 134, 138 BGB, § 14 HeimG begrenzt. Zudem bieten die Erbeinsetzung (Alleinerbe, Erbenmehrheit, Vor-/Nacherbe, Ersatzerbe) und insbesondere das Vermächtnis (Personenbezogen: Einzelvermächtnisnehmer, Vermächtnisnehmermehrheit, Vorausvermächtnisnehmer, Vor- und Nachvermächtnisnehmer, Ersatzvermächtnisnehmer, Untervermächtnisnehmer, Quotenvermächtnisnehmer. Sachbezogen: Barvermächtnis, Sachvermächtnis, Gattungsvermächtnis, Verschaffungsvermächtnis, Liberationsvermächtnis, Wahlvermächtnis, Versicherungsvermächtnis, Nießbrauchsvermächtnis) eine nahezu uneingeschränkte Variationsbreite der Gestaltungsmöglichkeiten, da dem Erblasser über Vermächtnisse die privatautonome Gestaltungsfreiheit des Schuldrechts eröffnet ist.

c) Rechtsfolgen der Verfügungen von Todes wegen

29 Die durch Verfügungen von Todes wegen bewirkte „gewillkürte Erbfolge“ ermöglicht dem Erblasser, die Rechtsverhältnisse künftiger Generationen, einschließlich vertraglicher Bindungswirkungen, privatrechtsgestaltend zu beeinflussen. Transmortale Gestaltungen von Privatrechtsverhältnissen sind jedoch nicht nur durch letztwillige Verfügungen, sondern auch durch schuldrechtliche Gestaltungen, insbesondere im Unternehmens- und Gesellschaftsrecht möglich (zur Unternehmensnachfolge BAUMANN/SEER/KRUMM, Hdbuch Unternehmensnachfolge). Von der transmortalen schuldrechtlichen Gestaltung unterscheidet sich die gewillkürte Erbfolge darin, dass letztere erst mit dem Tod des Erblassers rechtliche Wirkung entfaltet (postmortal, anders die Schenkung von Todes wegen [§ 2301 BGB], die zu Lebzeiten bindet und mit transmortalem Vollzug wirkt). Der postmortale Vollzug letztwilliger Verfügungen obliegt den Erben als Gesamtrechtsnachfolgern oder einem Testamentsvollstrecker, der ebenfalls nur in Testamenten oder Erbverträgen eingesetzt werden kann.

d) Die gewillkürte Erbfolge bestimmt allein der Erblasser

Die durch Testament oder Erbvertrag angeordnete rechtliche Stellung des Erben als **30** Gesamtrechtsnachfolge wird durch die Verfügung von Todes wegen vom Erblasser in gleicher Weise abschließend festgelegt wie die gesetzliche Erbfolge. Durch die Grundsätze der formellen Höchstpersönlichkeit gem § 2064 BGB (STAUDINGER/OTTE [2019] § 2064 Rn 3 f; MICHALSKI/SCHMIDT Rn 146), wonach der Erblasser das Testament höchstpersönlich errichten muss (Durchbrechung beim gemeinschaftlichen Testament!) und der materiellen Höchstpersönlichkeit (STAUDINGER/OTTE [2019] § 2065 Rn 1 f; MICHALSKI/SCHMIDT Rn 147), wonach der Erblasser seinen Willen vollständig selbst bilden muss, wird abgesichert, dass der Testamentsinhalt vom Erblasser stammen muss. Die durch Verfügung von Todes wegen im Zeitpunkt des Todes angefallene (Erbanfallprinzip) Erbenstellung, die von einer Annahmerklärung des Erben abhängt (Vonselbsterwerb), kann nur durch Nichtannahme der Erbschaft (Ausschlagung) beseitigt werden (BAUMANN ErbR 2020, 300). Die Erben haben nicht die Möglichkeit, etwa mit einem erbrechtlichen Feststellungs- oder Auslegungsvertrag (BAUMANN ErbR 2010, 100; RNotZ 2011, 33) den Inhalt des Testaments zu verändern und selbst zu bestimmen, wer Erbe (= Gesamtrechtsnachfolger) sein soll, auch dann nicht, wenn dies steuerrechtlich vorteilhaft ist (§ 2247 Rn 155; **aA** STEIN NJW 2020, 339). Den Nachlassbeteiligten verbleiben aber nach dem Tod des Erblassers kautelarjuristische Gestaltungsmöglichkeiten den Nachlass abweichend von den Anordnungen des Erblassers zu verteilen, sowohl mit schuldrechtlichen Gestaltungsmitteln, als auch mit allen erbrechtlichen Mitteln der Nachlasspflege, insbesondere mittels Ausschlagung, Erbscheinsanträgen, Erbteilsübertragung, Erbschaftskauf, Erbauseinandersetzungsvertrag (ausführlich zur nachsorgenden Erbrechtspflege BAUMANN, Würzburger Notar-Handbuch S 2063 ff). Die Erben können im Rahmen der „nachsorgenden Erbrechtspflege" die wirtschaftlichen Folgen des Nachlasses anders regeln und den Nachlass anders aufteilen, als der Erblasser dies angeordnet hat, sofern dieser den Vollzug seiner Verfügungen nicht durch Testamentsvollstreckungen, Auflagen oder auflösende Bedingungen „zwingend" abgesichert hat. Dieser scheinbar nur formale Unterschied zwischen dem zwingenden dinglichen Erbanfall (Vonselbsterwerb) und schuldrechtlichen bzw nachsorgenden erbrechtlichen Vereinbarungen ist vor allem für die öffentlich-rechtlichen, insbesondere steuerlichen Folgen des Erbfalls von Bedeutung. Denn jeder Erbe kann über sein Vermögen, also auch den Nachlass, nur frei verfügen, sofern der Erblasser keine Beschränkungen oder Beschwerungen angeordnet hat. Der Erblasser kann die gesetzlichen Folgen einer Ausschlagung oder einer von seinen Anordnungen abweichenden Verteilung des Nachlasses in seiner letztwilligen Verfügung mit Bedingungen so regeln, dass er Ersatzerben oder Ersatzvermächtnisnehmer bestimmt bzw auflösend bedingte Erb- oder Vermächtnisanordnungen anordnet oder Erben bzw Vermächtnisnehmer mit Testamentsvollstreckungen beschränkt oder mit Auflagen beschwert. Durch Bedingungen und Befristungen kann der Erblasser den Nachlass über sehr lange Zeiträume lenken (was gesellschaftlich und rechtspolitisch problematisch ist; dazu DUTTA, Warum Erbrecht? [2014]) und auch spätere wirtschaftliche Gestaltungsmöglichkeiten der Erben ausschließen, indem er sie durch Klauseln (zB auflösende Bedingungen, die zum Wegfall des Vermögensanfalls führen) an seine Anordnungen bindet.

5. Nebenwirkungen der gewillkürten Erbfolge

31 Verfügungen von Todes wegen lösen nicht nur die vom Erblasser ausdrücklich angeordneten privatrechtlichen Rechtsfolgen aus, sondern als Rechtsreflex auch weitere privatrechtliche und öffentlich-rechtliche Folgen. Privatrechtliche, erbrechtliche Nebenfolgen sind insbesondere das Entstehen von Pflichtteilsansprüchen; privatrechtliche Folgen können auch an der Erbschaft unbeteiligte Dritte treffen, insbesondere alle Vertragspartner des Erblassers. Von besonderer Komplexität sind die Rechtsfolgen einer (gewillkürten) Unternehmensnachfolge von Todes wegen (STAUDINGER/OTTE [2017] § 1922 BGB Rn 178 ff), zum einen wegen des Ineinandergreifens von Gesellschaftsrecht und Erbrecht und der teilweisen Vorrangigkeit des Gesellschaftsrechts (BAUMANN/SEER/KRUMM, Handbuch Unternehmensnachfolge [2011]), zum anderen, weil Unternehmensnachfolgeregelungen mit Rechtsfolgen für erbrechtlich nicht unmittelbar betroffene Mitgesellschafter, Arbeitnehmer, Lieferanten und Kunden sowie Kooperationspartner verbunden sind. Daneben löst jede Verfügung von Todes wegen öffentlich-rechtliche, regelmäßig steuerrechtliche Folgen aus.

6. Testierfähigkeit

32 Wegen der weitreichenden Wirkungen der gewillkürten Erbfolge besteht bei Verfügungen von Todes wegen ein erhöhtes Bedürfnis an Rechtssicherheit. Der Erblasser muss im Zeitpunkt der Errichtung, Änderung oder Aufhebung einer Verfügung von Todes wegen testierfähig (§ 2229 BGB), grds geschäftsfähig sein. Von der Geschäftsfähigkeit unterscheidet sich die Testierfähigkeit darin, dass beschränkt Geschäftsfähige schon ab Vollendung des 16. Lebensjahres testierfähig sind. Beschränkt Geschäftsfähige können aber nur im notariellen Beurkundungsverfahren mit Beratungs- und Gestaltungskontrolle Testamente errichten. Bei privaten Testamenten findet eine Kontrolle der Testierfähigkeit im Zeitpunkt der Errichtung nicht statt.

7. Gewillkürte Erbfolge und Schenkungsrecht

33 Im Anschluss an die Vorschriften über Testamente und den Erbvertrag regelt das Gesetz in § 2301 BGB die Abgrenzung zwischen Verfügungen von Todes wegen und Schenkungsverträgen. § 2301 BGB soll eine vorweggenommene Gesamtrechtsnachfolge im Todesfall unter Umgehung erbrechtlicher Formvorschriften durch Schenkungen verhindern, die erst nach dem Tod des Erblassers vollzogen werden (STAUDINGER/CHIUSI [2021] § 516 Rn 158; STAUDINGER/RAFF § 2301 Rn 23 ff, 47 ff). Schenkungsrecht findet nur Anwendung, wenn die Schenkung zu Lebzeiten des Zuwenders vollzogen ist. Dagegen findet das Erbrecht Anwendung, wenn der Vollzug erst nach dem Tod des Zuwenders (Erblassers) stattfindet. Die Abgrenzung zwischen Schenkungen auf den Todesfall und vollzogenen Schenkung kann insbesondere im Grundstücksrecht sehr schwierig sein, weil der Vollzug der Schenkung bei Grundbesitz schon durch das dingliche Anwartschaftsrecht der im Grundbuch eingetragenen, dinglich

wirkenden Vormerkung mit bereits notariell erklärter Auflassung und unwiderruflicher Vollzugsanweisung nach dem Tod des Erblassers vorliegen kann (Baumann MittRhNotK 1999, 299; streit; **aA** Staudinger/Raff § 2301 Rn 60 ff).

8. Testierfreiheit

Der Band schließt mit § 2302 BGB, der durch die Einschränkung schuldrechtlicher Gestaltungsfreiheit die Testierfreiheit (zur Testierfreiheit Staudinger/Otte [2017] Einl 41 ff, 54 ff zum ErbR) des Erblassers und damit die Privatautonomie im Erbrecht (Otte ErbR 2009, 2) schützt (zu weiteren Schutzmechanismen der Testierfreiheit im BGB Staudinger/Otte [2017] Einl 58 zum ErbR). Schuldrechtliche Verträge, die eine Person dazu verpflichten, in bestimmter Weise zu testieren, sind unwirksam (Staudinger/Raff § 2302 Rn 18). Die erbrechtlichen Bindungswirkungen im gemeinschaftlichen Testament (§ 2271 Abs 2 S 1 BGB) bei wechselseitigen Verfügungen und im Erbvertrag (§ 2289 Abs 1 S 2 BGB) werden von § 2302 BGB nicht tangiert. **34**

II. Textgeschichte zu §§ 2229–2302

1. Zeittafel

31. 12. 1899	Für bis zu diesem Zeitpunkt errichtete oder aufgehobene Verfügungen von Todes wegen gilt hinsichtlich Testierfähigkeit und Formvorschriften grds das jeweilige Landesrecht bzw Art 213–215 EGBGB	**35**
1. 1. 1900	Inkrafttreten des BGB (Art 213–215 EGBGB)	
4. 8. 1938	Inkrafttreten des TestG	
5. 11. 1946	Außerkraftsetzung des § 48 Abs 2 TestG	
1. 4. 1953	Wiedereinfügung der Vorschriften des TestG in das BGB durch GesEinhG	
1. 1. 1970	Inkrafttreten des Beurkundungsgesetzes	
12. 12. 1974	Inkrafttreten des KonsularG	
1. 1. 1975	Herabsetzung der Volljährigkeit von Vollendung des 21. auf 18. Lebensjahr	
1. 1. 1977	Durch AdoptionsG werden in § 2253 Abs 2 BGB die Worte „oder Rauschgiftsucht“ eingefügt	
1. 7. 1977	§ 2268 Abs 2 BGB wurde im Text erweitert	
3. 10. 1990	Beitritt der neuen Bundesländer (Art 235 § 2 EGBGB) Erstreckung der Geltung des BGB auf die neuen Bundesländer, mit fortgeltender Anwendung des DDR-Rechts für Altfälle	
1. 1. 1992	Mit Inkrafttreten des Betreuungsgesetzes werden Entmündigung und Gebrechlichkeitspflegschaft durch Betreuung ersetzt, § 2290 Abs 3 BGB neu gefasst	
19. 1. 1999	Urteil des BVerfG – 1 BvR 2161/94 – zur faktischen Testierunfähigkeit Mehrfachbehinderter (§§ 2232, 2233 BGB)	
1. 8. 2001	Inkrafttreten des Lebenspartnerschaftsgesetzes (LPartG), Ergänzung des § 2280 BGB	
1. 1. 2002	Inkrafttreten des Gesetzes zur Modernisierung des Schuldrechts, Änderung des § 2283 Abs S 2 BGB	

2. 1. 2002	Inkrafttreten der Neufassung des BGB (amtliche Überschriften, Anpassung an die Rechtschreibreform und an die moderne Diktion
1. 8. 2002	Mit Inkrafttreten des OLGVertrÄndG wird das Mündlichkeitserfordernis in §§ 2232, 2233, 2249 BGB aufgehoben und § 2300 BGB wird um Abs 2 ergänzt
1. 1. 2005	Inkrafttreten des Gesetzes zur Überarbeitung des Lebenspartnerschaftsgesetzes, Neufassung der §§ 2275 Abs 3, 2290 Abs 3 S 2 BGB
1. 1. 2009	Mit Inkrafttreten des Gesetzes zur Reform des Personenstandsrechts (PStRG) Aufhebung der §§ 2258a, 2258b, 2277 BGB und Neuregelung im FGG sowie Änderungen in §§ 2248, 2249, 2275 BGB und Neufassung der §§ 2277, 2300 Abs 1 BGB
1. 9. 2009	Mit Inkrafttreten des Art 50 FGG-RG Aufhebung der §§ 2260–2262, 2263a, 2264, 2273, 2300a BGB und Neuregelung im FamFG sowie Änderungen in §§ 2248, 2275, 2282 Abs 2, 2290 Abs 3, 2300 BGB
1. 1. 2010	Inkrafttreten des Erbrechtsänderungsgesetzes, Neufassung des § 2287 Abs 2 BGB, Änderung des § 2297 S 2 BGB
17. 8. 2015	Inkrafttreten der EuErbVO und Neufassung der Art 25, 26 EGBGB Neufassung des § 2270 Abs 3 BGB, Ergänzungen in §§ 2278 Abs 2, 2291 Abs 1 BGB
22. 7. 2017	Inkrafttreten des Gesetzes zur Bekämpfung von Kindesehen, Aufhebung §§ 2275 Abs 2 u 3, 2296 Abs 1 S 2 BGB, Neufassung §§ 2282 Abs 1 u 2 BGB
1. 10. 2017	Einführung der Ehe für Personen gleichen Geschlechts
22. 12. 2018	Inkrafttreten des EheRAnpG, Änderung des § 2279 Abs 2 BGB
1. 1. 2023	Wegfall des § 2290 Abs 3 BGB und Neufassung des § 2300 Abs 2 BGB
1. 1. 2023	Inkrafttreten des Gesetzes zur Reform des Vormundschafts- und Betreuungsrechts
1. 1. 2023	Änderung des Art 7 Abs 2 EGBGB zur Geschäftsfähigkeit, Anknüpfung an gewöhnlichen Aufenthalt

2. Übergangsrecht zum BGB

36 Als Übergangsrecht zum BGB gelten Art 213–215 EGBGB (Einzelheiten Staudinger/Mittelstädt [2018] Art 213–215 EGBGB). Danach beurteilt sich unabhängig vom Zeitpunkt des Erbfalls die Errichtung und Aufhebung alle Verfügungen von Todes wegen hinsichtlich Form und Testierfähigkeit nach jeweiligem Landesrecht, mit Ausnahme des inzwischen aufgehobenen § 2230, der nach Art 215 Abs 2 EGBGB rückwirkend galt.

3. Gesetzgeberische Gestaltung im BGB

a) Entwürfe und Gesetzgebung

37 Weder das privatrechtliche Testament noch das gemeinschaftliche Testament waren in den von den Kommissionen diskutierten und vorbereiteten Entwürfen des BGB

vorgesehen. Die Entwürfe kannten nur das notarielle Testament und den notariell zu beurkundenden Erbvertrag als „Erbeinsetzungs-„ oder „Vermächtnisvertrag" (HORN MatK-ErbR 1077 ff).

Das eigenhändige Privattestament und das gemeinschaftliche Testament wurden erst von der Reichstagskommission und dem Reichstag in das Gesetz aufgenommen. 38

b) Die Urfassung des BGB

Die ursprünglichen Regelungen über die Errichtung und Aufhebung der Verfügungen von Todes wegen im BGB waren geprägt durch strenge Formvorschriften. Beim öffentlichen Testament bestand Zeugenzwang. Eine fehlende oder nicht eigenhändig verfasste Orts- oder Datumsangabe beim Privattestament führte zur Nichtigkeit. Die Nottestamente hatten sich gleichfalls wegen überzogener Formerfordernisse als unpraktikabel erwiesen. 39

c) Das Gesetz über die Errichtung von Testamenten und Erbverträgen (TestG)

Durch das Gesetz über die Errichtung von Testamenten und Erbverträgen (TestG) vom 31. 7. 1938 (RGBl I 973) wurden die §§ 2229–2264, 2064 BGB (persönliche Errichtung), 2265–2267, 2272–2277, 2300 BGB (gemeinschaftliches Testament – Erbvertrag) sowie die Art 149, 150 EGBGB (Zeugen-Zuständigkeit beim Nottestament) außer Kraft gesetzt (§ 50 TestG) und zugleich eine selbständige Regelung außerhalb des BGB geschaffen. Das TestG befasste sich (Ausnahme: § 48 TestG als materiellrechtliche Bestimmung; zur rassistischen Diskriminierung durch Art 48 Abs 2 TestG: BayObLG FamRZ 1999, 1236) ausschließlich mit Form- und Verfahrensfragen bei der Errichtung und Aufhebung einer Verfügung von Todes wegen. 40

Das TestG trat am 4. 8. 1938 in Deutschland in Kraft (zum Inkrafttreten in Österreich, den ehemals sudetendeutschen Gebieten, den deutschen Ostgebieten, Eupen, Malmedy und Moresnet sowie dem Protektorat Böhmen und Mähren STAUDINGER/FIRSCHING[12] Vorbem 30 f zu §§ 2229 ff). 41

Eine Übergangsregelung traf § 51 TestG, der heute unverändert gültig ist (durch Art 1 Ziff 6, 2. Teil GesEinhG v 5. 3. 1953 ausdrücklich aufrechterhalten): 42

§ 51 TestG

(1) Das Gesetz gilt nicht für Erbfälle, die sich vor seinem Inkrafttreten ereignet haben.

(2) Die vor dem Inkrafttreten des Gesetzes erfolgte Errichtung oder Aufhebung eines Testaments oder Erbvertrags wird nach den bisherigen Vorschriften beurteilt, auch wenn der Erblasser nach dem Inkrafttreten des Gesetzes stirbt.

(3) Bei Erbfällen, die sich nach dem Inkrafttreten des Gesetzes ereignen, sind an die Gültigkeit eines Testaments keine höheren Anforderungen zu stellen, als nach diesem Gesetz für ein Testament der betreffenden Art zulässig ist, auch wenn das Testament vor dem Inkrafttreten dieses Gesetzes errichtet ist. Dies gilt entsprechend für Erbverträge.

Materialien: Amtl Begr z TestG DJ 1938, 1259.

43 Abs 1 der Vorschrift entspricht inhaltlich der Regelung des Art 213 EGBGB, Abs 2 der Regelung des Art 214 Abs 1 EGBGB.

44 Erbfälle **vor Inkrafttreten** des TestG unterstehen ausschließlich (in sachlicher wie formeller Hinsicht) dem alten Recht (Abs 1). Vor dem Inkrafttreten des TestG eingetretene Erbfälle sollen im Interesse der Rechtssicherheit nicht nachträglich aufgrund der Änderung des Rechtszustandes wieder aufgerollt werden, auch nicht im Hinblick auf bloße Formmängel (amtl Begr DJ 1938, 1259; KG JW 1938, 3169 m Anm Vogels = ZAkDR 1939, 173 m Anm Boehmer; Vogels DJ 1939, 575).

45 Erbfälle **nach Inkrafttreten** bis zur Aufhebung des TestG sind nach dem TestG zu beurteilen. Eine *Ausnahme* bringt Abs 2 im Hinblick auf die durch das TestG neu eingeführten Formvorschriften (einschl der Frage der Testierfähigkeit: §§ 2229, 2230, 2238 Abs 3, 2247 Abs 4 BGB): Die vor dem 4. 8. 1938 erfolgte Errichtung oder Aufhebung einer Verfügung von Todes wegen beurteilt sich nach den Formvorschriften des BGB in seiner ursprünglichen Fassung, auch wenn der Erblasser nach dem Inkrafttreten des Gesetzes stirbt (RG DRW 1939, 311). Stichtag ist die Vornahme der Rechtshandlung, nicht der Erbfall.

46 Hierzu wiederum regelt Abs 3 eine Ausnahme: Formerleichterungen des TestG kommen auch den vor seinem Inkrafttreten errichteten Verfügungen von Todes wegen zugute, wenn der Erbfall erst nach dem 4. 8. 1938 eingetreten ist. Jedoch sind bei der Auslegung des Erblasserwillens die Verhältnisse der Errichtungszeit zu berücksichtigen (vgl dazu KGJ 22 A 52, 55), soweit dem nicht höherrangiges Recht entgegensteht (dazu Otte ZEV 1999, 316 f).

d) Wiedereingliederung in das BGB (GesEinhG)

47 Das TestG hatte wesentliche Vorschriften des materiellen Erbrechts aus dem Bürgerlichen Gesetzbuch ausgegliedert. Die Korrektur (die materiell-rechtliche Vorschrift des § 48 Abs 2 TestG war bereits am 5. 11. 1946 außer Kraft gesetzt worden; zu dieser Vorschrift Otte ZEV 1999, 316 f) erfolgte durch das Gesetz zur Wiederherstellung der Gesetzeseinheit auf dem Gebiet des Bürgerlichen Rechts (GesEinhG) vom 5. 3. 1953 (BGBl I 33). Mit diesem Gesetz wurde das Testamentsrecht wieder vollständig dem BGB eingegliedert. Inhaltlich wurden die Vorschriften des TestG weitgehend wörtlich übernommen und (soweit möglich) an alter Stelle eingefügt. Ersatzlos aufgehoben wurde § 48 Abs 3 TestG. Insoweit fehlt eine Übergangsvorschrift wie § 51 TestG. Ist der Erblasser vor dem 1. 4. 1953 verstorben, findet § 48 Abs 3 TestG Anwendung (BGH LM § 48 TestG Nr 1). Für alle Todesfälle seit dem 1. 4. 1953 gilt der Grundsatz des Art 214 Abs 1 EGBGB (BGH LM § 48 TestG Nr 1; Reimann/Bengel/Dietz/Voit Vor § 2229 Rn 9; zum Gesetz Finke DNotZ 1953, 174; Hedemann JR 1953, 117; Rechenmacher NJW 1953, 768). Das GesEinhG sollte kein neues Recht schaffen, sondern verfolgte in erster Linie **gesetzestechnische** Zwecke durch Wiedereingliederung der Testamentsvorschriften in das BGB.

e) Weitere Gesetzesänderungen

48 Zu weiteren Gesetzesänderungen vgl die Zeittafel (Rn 35) sowie die Besonderheiten bei Testamenten in Vorbem 1 ff zu §§ 2229–2264.

III. Konsularische Verfügungen von Todes wegen

1. Altes Konsulargesetz*

Bis zum 14. 12. 1974 galt das Konsulargesetz v 8. 11. 1867, das nicht mehr den zeitgemäßen Anforderungen entsprach (Amtl Begr BT-Drucks 7/2006), weil es durch Änderungen unübersichtlich geworden und teilweise überholt war (Einzelh bei Staudinger/Firsching[12] Vorbem 74 zu §§ 2229 ff). 49

2. Heutiges Recht

Grundlage für die heutigen konsularischen Beurkundungszuständigkeiten ist das Gesetz über die Konsularbeamten, ihre Aufgaben und Befugnisse (KonsularG) vom 11. 9. 1974 (BGBl I 2317), das am 15. 12. 1974 in Kraft trat und zuletzt durch Art 20 FGG-Reformgesetz v 17. 12. 2008 (BGBl I 2586) geändert wurde. Seit Inkrafttreten des Beurkundungsgesetzes (1. 1. 1970) können ordentliche öffentliche Testamente in Deutschland nur noch vor **Notaren** errichtet werden, **die als Amtsträger der vorsorgenden Rechtspflege hoheitliche, staatliche Aufgaben wahrnehmen** (BVerfGE 73, 280, 294 = DNotZ 1987, 121, 122; 2009, 702). Da hoheitliche Befugnisse nur innerhalb der staatlichen Grenzen der Bundesrepublik Deutschland ausgeübt werden können, sind *Beurkundungen eines deutschen Notars im Ausland nichtig.* Um allen sich im Ausland aufhaltenden Deutschen die Möglichkeit einer öffentlichen Beurkundung nach deutschem Recht außerhalb Deutschlands zu bieten, sind in Übereinstimmung mit dem Wiener Übereinkommen vom 24. 4. 1963 über konsularische Beziehungen (BGBl 1969 II 1585) deutschen Konsularbeamten, die auch aufgrund von Staatsverträgen und auf der Grundlage des Wiener Übereinkommens über konsularische Beziehungen (WÜK) im jeweiligen Empfangsstaat die jeweils zugelassenen hoheitlichen Handlungen vornehmen dürfen, Beurkundungsbefugnisse übertragen worden. Danach können deutsche Konsularbeamte öffentliche Testamente als ordentliche Testamentsformen (Bamberger/Roth/Litzenburger Rn 2) errichten. 50

Für das Beurkundungsverfahren vor Konsularbeamten gilt das Beurkundungsgesetz mit den in § 10 Abs 3 KonsularG genannten Abweichungen (zum Verfahren, das nach § 10 Abs 3 KonsularG grundsätzlich dem BeurkG unterfällt, wobei die Besonderheiten des § 11 KonsularG zu beachten sind, Geimer 18 ff). Der Konsularbeamte nimmt im Ausland die Funktionen des Notars im Beurkundungsverfahren wahr. 51

Die einschlägigen Bestimmungen des Gesetzes über die Konsularbeamten, ihre Aufgaben und Befugnisse **(KonsularG)** (mit den Änderungen des Art 2 Personenstandsreformgesetz [PStRG] v 19. 2. 2007 [BGBl I 122], Art 4 Viertes Gesetz zur Änderung verwaltungsverfahrensrechtlicher Vorschriften v 11. 12. 2008 [BGBl I 2418], Art 20 52

* **Schrifttum**: Bindseil, Konsularisches Beurkundungswesen, DNotZ 1993, 5; Geimer, Konsularisches Notariat, DNotZ 1978, 3; Hecker/Müller-Chorus, Handbuch der konsularischen Praxis (2. Aufl 2002); Hoffmann/Glietsch, Konsulargesetz (Losebl; Stand: 03/2011); MünchKomm/Hagena[7] § 2231 Rn 30–33; Reimann/Bengel/Dietz/Voit § 2231 Rn 10; Soergel/Mayer[13], Anhang zu § 2231; Staudinger/Dörner (2007) Vorbem 212 ff zu Art 25 f EGBGB; Wendler, Die Ausübung hoheitlicher Befugnisse durch Konsuln auf fremdem Staatsgebiet nach der Wiener Konsularkonvention v 24. 4. 1963 (Diss Frankfurt aM 1977).

FGG-Reformgesetz v 17. 12. 2008 [BGBl I 2586]) Art 5 PStRÄndG v 7. 5. 2013 (BGBl I 1122), in der Fassung vom 25. 3. 2020 (BGBl I 673) lauten:

§ 10 KonsularG (Beurkundungen im Allgemeinen)

(1) Die Konsularbeamten sind befugt, über Tatsachen und Vorgänge, die sie in Ausübung ihres Amts wahrgenommen haben, Niederschriften oder Vermerke aufzunehmen, insbesondere

1. vor ihnen abgegebene Willenserklärungen und Versicherungen an Eides statt zu beurkunden,

2. Unterschriften Handzeichen sowie Abschriften zu beglaubigen oder sonstige einfache Zeugnisse (z.B. Lebensbescheinigungen) auszustellen.

(2) Die von einem Konsularbeamten aufgenommenen Urkunden stehen den von einem inländischen Notar aufgenommenen gleich.

(3) Für das Verfahren bei der Beurkundung gelten die Vorschriften des Beurkundungsgesetzes vom 28. 8. 1969 (Bundesgesetzbl I S 1513) mit folgenden Abweichungen:

1. Urkunden können auf Verlangen auch in einer anderen als der deutschen Sprache errichtet werden.

2. Dolmetscher brauchen nicht vereidigt zu werden.

3. Die Abschrift einer nicht beglaubigten Abschrift soll nicht beglaubigt werden.

4. Die Urschrift einer Niederschrift soll den Beteiligten ausgehändigt werden, wenn nicht einer von ihnen amtliche Verwahrung verlangt. In diesem Fall soll die Urschrift dem Amtsgericht Schöneberg in Berlin zur amtlichen Verwahrung übersandt werden. Hat sich einer der Beteiligten der Zwangsvollstreckung unterworfen, so soll die Urschrift der Niederschrift dem Gläubiger ausgehändigt werden, wenn die Beteiligten keine anderweitige Bestimmung getroffen haben und auch keiner von ihnen amtliche Verwahrung verlangt hat.

5. Solange die Urschrift nicht ausgehändigt oder an das Amtsgericht abgesandt ist, sind die Konsularbeamten befugt, Ausfertigungen zu erteilen. Vollstreckbare Ausfertigungen können nur von dem Amtsgericht erteilt werden, das die Urschrift verwahrt.

§ 11 KonsularG (Besonderheiten für Verfügungen von Todes wegen)

(1) Testamente und Erbverträge sollen die Konsularbeamten nur beurkunden, wenn die Erblasser Deutsche sind. Die §§ 2232, 2233 und 2276 des Bürgerlichen Gesetzbuchs sind entsprechend anzuwenden.

(2) Für die besondere amtliche Verwahrung (§ 34, 34a des Beurkundungsgesetzes, § 342 Abs 1 Nr 1 des Gesetzes über das Verfahren in Familiensachen und in den Angelegenheiten der freiwilligen Gerichtsbarkeit) ist das Amtsgericht Schöneberg in Berlin zuständig. Der Erblasser kann jederzeit die Verwahrung bei einem anderen Amtsgericht verlangen.

(3) Stirbt der Erblasser, bevor das Testament oder der Erbvertrag an das Amtsgericht abgesandt ist, oder wird eine solche Verfügung nach dem Tode des Erblassers beim Konsularbeamten abgeliefert,

so kann dieser die Eröffnung vornehmen. § 348 Abs 1 und 2 sowie die §§ 349 und 350 des Gesetzes über das Verfahren in Familiensachen und in den Angelegenheiten der freiwilligen Gerichtsbarkeit sind entsprechend anzuwenden.

§ 18 KonsularG (Kreis der Berufskonsularbeamten)

(1) Berufskonsularbeamte im Sinne dieses Gesetzes sind die bei den diplomatischen oder berufskonsularischen Vertretungen der Bundesrepublik Deutschland im Ausland mit der Wahrnehmung konsularischer Aufgaben im Sinne der §§ 1 und 2 beauftragten Personen.

§ 19 KonsularG (Erfordernisse einer besonderen Ermächtigung)

(1) Berufskonsularbeamte, die die Befähigung zum Richteramt haben, sind ohne weiteres zur Wahrnehmung aller konsularischen Aufgaben befugt.

(2) Andere Berufskonsularbeamte sollen nur dann

1. Willenserklärungen und eidesstattliche Versicherungen beurkunden,

2. Auflassungen entgegennehmen und

3. Versicherungen an Eides statt abnehmen,

wenn sie hierzu vom Auswärtigen Amt besonders ermächtigt sind. Sie können nur dann

1. Vernehmungen und Anhörungen, durch die eine richterliche Vernehmung ersetzt werden soll, vornehmen,

2. Verklarungen aufnehmen und

3. Eide abnehmen,

wenn sie hierzu vom Auswärtigen Amt besonders ermächtigt sind.

(3) Die Ermächtigung nach Absatz 2 Satz 2 kann nur Berufskonsularbeamten des höheren Auswärtigen Dienstes erteilt werden. Sie setzt ebenso wie die Ermächtigung nach Absatz 2 Satz 1 voraus, dass der betreffende Berufskonsularbeamte auf Grund seiner Ausbildung und beruflichen Erfahrung die erforderlichen Fähigkeiten für eine sachgemäße Erledigung der ihm anzuvertrauenden Amtsgeschäfte besitzt.

(4) Die Ermächtigung kann auf die Wahrnehmung einzelner der in Absatz 2 genannten Amtsgeschäfte beschränkt werden.

§ 20 KonsularG (Kreis der Honorarkonsularbeamten)

Honorarkonsularbeamte sind Ehrenbeamte im Sinne des Beamtenrechts, die mit der Wahrnehmung konsularischer Aufgaben beauftragt sind.

§ 24 KonsularG (Erfordernis einer besonderen Ermächtigung)

(1) § 19 gilt für Honorarkonsularbeamte entsprechend; Eheschließungen können sie jedoch nicht vornehmen. Honorarkonsularbeamte sollen auch die Echtheit inländischer öffentlicher Urkunden nur dann bestätigen, wenn sie hierzu vom Auswärtigen Amt besonders ermächtigt worden sind. Diese Ermächtigung kann nur unter den in § 19 Abs 3 Satz 2 genannten Voraussetzungen erteilt werden.

(2) Das Auswärtige Amt kann die Befugnis eines Honorarkonsularbeamten zur Wahrnehmung konsularischer Aufgaben weiteren Einschränkungen unterwerfen.

53 Konsularbeamte sind nach § 10 Abs 1 Nr 1 und § 11 Abs 1 KonsularG zur **Beurkundung von Testamenten** und **Erbverträgen** zuständig. Nach § 10 Abs 2 KonsularG stehen die konsularischen Urkunden den notariellen Urkunden gleich, sind also auch **öffentliche Urkunden**. Konsularbeamte sind entweder **Berufs**konsularbeamte (§ 18 KonsularG) oder **Honorar**konsularbeamte (§ 20 KonsularG).

54 Nach § 11 Abs 1 S 1 KonsularG (Sollvorschrift) ist der Konsularbeamte nur zuständig, wenn der **Erblasser Deutscher** (iSv Art 116 GG) ist; beim Erbvertrag kann der nicht Verfügende auch Ausländer sein. Die Vorschrift sollte an die EuErbVO angepasst werden, weil nicht mehr die Staatsangehörigkeit, sondern der letzte gewöhnliche Aufenthalt des Erblassers sowohl für die Zuständigkeit gem der Freiwilligen Gerichtsbarkeit als auch für das anwendbare materielle Recht maßgebend ist. Der deutsche Konsul sollte daher ungeachtet seiner besonderen Fürsorgepflicht für deutsche Staatsangehörige – zur Beurkundung von Testamenten aller Erblasser zuständig sein, die ihren gewöhnlichen Aufenthalt (Wohnsitz) in Deutschland haben. Da es sich um eine Sollvorschrift handelt, bleibt das Testament auch bei einem Ausländer nach deutschem Recht wirksam und sollte vom Konsularbeamten jedenfalls dann beurkundet werden, wenn nur einer der Erblasser die deutsche Staatsangehörigkeit hat. Die Belegenheit der Nachlassgegenstände hat auf die Zuständigkeit keinen Einfluss (Geimer DNotZ 1978, 12 f).

55 Nach § 11 Abs 1 S 2 KonsularG ist in entsprechender Anwendung der §§ 2232, 2276 BGB in diesen Vorschriften das Wort Notar durch Konsularbeamter zu ersetzen. Im Übrigen finden die genannten Vorschriften wörtliche Anwendung.

56 Zweifelsfälle können sich bei der Verweisung auf § 2233 BGB ergeben, da diese Vorschrift nur von *Minderjährigkeit* spricht, ohne die Altersgrenze festzulegen oder anderweitig zu verweisen. Insofern könnte – insbesondere bei Doppelstaatlern – fraglich sein, ob *Orts- oder deutsches Recht* gilt. Da § 2233 BGB jedoch von der Minderjährigkeit nach deutschem Recht ausgeht und die Beurkundung des Konsularbeamten im Ausland sich ausschließlich nach deutschem Recht richtet, kann für die Fragen der Testierfähigkeit, der Errichtungsform und alle materiell-rechtlichen und verfahrensrechtlichen Fragen der Errichtung und Aufhebung von Testamenten vor einem deutschen Konsularbeamten allein deutsches Recht Anwendung finden.

57 Nach § 11 Abs 2 KonsularG ist für die **Verwahrung** aller konsularischen Testamente das **Amtsgericht Schöneberg in Berlin** zuständig (MünchKomm/Sticherling Rn 67; Soergel/Klingseis Anh § 2231 Rn 3), wobei der Erblasser nach Abs 2 S 2 jederzeit (also auch nach bereits erfolgter Verwahrung) die Verwahrung bei einem anderen deutschen

Amtsgericht wählen kann. Nicht aber kann der Erblasser vom Konsul die Herausgabe der Urschrift des öffentlichen Testaments verlangen, da § 10 KonsularG nur für Beurkundungen im Allgemeinen gilt und auf Verfügungen von Todes wegen als Spezialvorschrift § 11 KonsularG Anwendung findet und § 11 Abs 2 KonsularG ausdrücklich auf §§ 34, 34a BeurkG verweist (**aA** MünchKomm/Sticherling § 2255 Rn 2, der zu Unrecht auf § 10 Abs 3 Nr 4 KonsularG verweist, der auf andere Urschriften, nicht aber auf öffentliche Testamente Anwendung finden kann; arg § 2256 BGB, wonach die Herausgabe eines in amtlicher Verwahrung befindlichen öffentlichen Testaments als Widerruf wirkt; das konsularische Testament ist ein öffentliches Testament und kein Privattestament, das der Erblasser selbst verwahren kann). Zwar ist § 34 BeurkG, der auf Konsularbeamte entsprechende Anwendung findet, zum Schutz der Testierenden, die kein Interesse daran haben, dass das wirksam errichtete öffentliche Testament durch Abgabefehler des Notars unwirksam wird, eine Sollvorschrift, die als Ordnungsvorschrift aber zu beachten ist (zu Disziplinarmaßnahmen und Amtshaftungsansprüchen Frenz/Miermeister/Baumann § 34 BeurkG Rn 13). Weil Notare und Konsularbeamte Testamente nicht verwahren, können und dürfen sie nach § 48 BeurkG auch keine Ausfertigungen erteilen (zutreffend MünchKomm/Hagena[7] § 2231 Fn 63, allerdings mit der – wegen § 48 BeurkG – unrichtigen Begründung, das sei unüblich).

§ 11 Abs 3 KonsularG begründet eine **Eröffnungszuständigkeit** des Konsularbeamten, 58
wenn der Erblasser stirbt, bevor das Testament an das Amtsgericht gesandt worden ist (Grüneberg/Weidlich § 2231 Rn 3). Der Konsularbeamte tritt dann an die Stelle des Verwahrungsgerichts und hat die Eröffnung in gleicher Weise vorzunehmen. Da die Beteiligten zu laden sind, dürfte eine solche Eröffnung nur zweckmäßig sein, wenn sich alle Beteiligten noch in dem Land aufhalten, in dem sich das eröffnende deutsche Konsulat befindet.

Zum Richteramt befähigte Berufs- (§ 18 KonsularG) und Honorarkonsularbeamte 59
(§ 20 KonsularG) sind befugt (§§ 19 Abs 1, 24 Abs 1 KonsularG), alle Beurkundungsaufgaben – also auch die Beurkundung von Testamenten – wahrzunehmen. Andere Berufs- und Honorarkonsularbeamte können durch das auswärtige Amt zur Vornahme von Beurkundungen ermächtigt werden (§ 19 Abs 2, § 24 KonsularG). Fehlt die Ermächtigung, bleibt die Beurkundung einer Willenserklärung (also auch eines Testaments) gleichwohl wirksam, da § 19 Abs 2 S 1 KonsularG bloße Sollvorschrift ist.

Gesetzeskritik als eigene Stellungnahme:

Die Wirksamkeit einer Beurkundung durch einen unzuständigen Konsularbeamten 60
mag zwar der Rechtssicherheit dienen, indem Ermittlungen darüber erspart werden, ob der zuständige Konsularbeamte gehandelt hat, wobei dies bei jeder Beurkundung aus dem Urkundseingang problemlos feststellbar sein muss, andernfalls (wenn die tatsächliche Urkundsperson nicht mit der Testamentsurkunde angegebenen Urkundsperson übereinstimmt) läge ohnehin eine nichtige Falschbeurkundung vor. Die Sollvorschrift des § 19 Abs 2 KonsularG ist problematisch, da Beamte des mittleren und gehobenen Dienstes sogar ohne juristische Vorkenntnisse formell rechtswirksame Beurkundungen mit weitreichenden Folgen vornehmen können. Gleiches gilt für Honorarkonsulbeamte, da § 24 KonsularG auf § 19 KonsularG verweist. Die Situation im Konsulat wäre vergleichbar mit einer Beurkundung durch den Bürovor-

steher eines Notariats, die immer zur Nichtigkeit der öffentlichen Urkunde führt, obwohl jeder Notariatsfachangestellte, insbesondere ein qualifizierter Bürovorsteher oder Angestellten, im Regelfall besser geschult ist als unzuständige Konsularbeamte. Urkunden, die von einem unzuständigen Konsularbeamten errichtet sind, müssen immer nichtig sein, weil das hoheitliche Beurkundungsverfahren von einer Person durchgeführt wurde, die vom Staat nicht mit Beurkundungsaufgaben betraut ist. Das KonsularG bedarf insoweit einer Anpassung an die immer komplexer werdenden Rechtsverhältnisse (durch Ersetzung des Wortes „sollen" in § 19 Abs 2 KonsularG durch „können wirksam"). Die in solchen Fällen vorliegenden Organisationsfehler lösen zwar – bei Verursachung eines nachweisbaren Schadens – Staatshaftungsansprüche aus (Geimer DNotZ 1978, 18 für den Fall, dass Konsularbeamte ohne juristische Ausbildung mit Beurkundungsaufgaben betraut werden oder diese trotz fehlender Ermächtigung wahrnehmen), können aber nicht durch fehlerhafte Beratung verursachte zivilrechtliche Gestaltungsfehler heilen. Außerdem sind solche Organisationsfehler leicht vermeidbar, indem alle Konsularbeamten hinsichtlich ihrer Zuständigkeit geschult werden und präventiv auf ihre „Amtsanmaßung" hingewiesen werden, statt auf die Rechtsfolge, dass ihre Beurkundungen trotz fehlender hoheitlicher Befugnisse wirksam seien. Dem durch fachlich nicht ausgebildete Urkundspersonen fehlerhaft oder zumindest rechtlich nicht hinreichend beratenen „Verbraucher" bzw „Rechtsuchenden" kann diese „Rechtssicherheit" durch Wirksamkeit der Urkunde nicht dienen, sondern eher Schaden zufügen.

Die Vorschrift beruht offenkundig auf einem veralteten Beurkundungsverständnis, das die **umfassenden rechtlichen Beratungs-, Belehrungs- und Betreuungspflichten des Notars bzw** des an seine Stelle im Ausland tretenden **Konsularbeamten** nicht berücksichtigt. Daraus folgt zugleich, dass jeder Konsularbeamte, der mit Beurkundungsaufgaben betraut wird – wie jeder Notar – regelmäßigen Fortbildungspflichten unterworfen sein muss, damit keine Staatshaftungsansprüche als Folge fehlerhafter Rechtsberatungen entstehen.

IV. Verfügungen von Todes wegen in der ehemaligen DDR

1. Grundsätzliches*

a) Kollisionsrecht bis 2. 10. 1990

aa) Allgemeines

61 **Erbfälle** bis zum **2. 10. 1990** sind nach alter Rechtslage zu beurteilen (Staudinger/Dör-

* **Schrifttum**: Appell, Das neue Notariatsgesetz in der DDR, DNotZ 1976, 580; Bosch, Familien- und Erbrecht als Themen der Rechtsangleichung nach dem Beitritt der DDR zur Bundesrepublik Deutschland, § 6: Erbrecht, FamRZ 1992, 869; Bross, Das Erbrecht in der DDR, BWNotZ 1975, 153; Dörner, Zur Behandlung von deutschen Erbfällen mit interlokalem Bezug, DNotZ 1977, 324; ders, Interlokales Erb- und Erbscheinsrecht nach dem Einigungsvertrag, IPRax 1991, 392; Drews/Halgasch, Erbrecht (3. Aufl 1979); Ebenroth, § 1 VIII sowie die das Recht der DDR betr Abschn in §§ 2–18; Feldmann, Der Anwendungsbereich des Art 235 § 1 Abs 2 EGBGB (1995); Ferid/Firsching/Lichtenberger, Internationales Erbrecht (3. Aufl 1993) Bd II: Deutschland, DDR; Freytag, Das neue Erbrecht der DDR aus der Sicht des BGB (Diss Freiburg 1981); Halgasch, Zur Bedeutung und zum Gegenstand des Erbrechts, NJ 1977, 360; Herrmann, Erbrecht und Nachlaßverfahren in der DDR (1989); Horn,

NER [2016] Art 235 EGBGB Rn 6 ff). Nach der Rechtsordnung der Bundesrepublik Deutschland wurde die DDR nie als Ausland angesehen. Die Bürger der DDR waren deutsche Staatsbürger im Sinne des Grundgesetzes (BVerfGE 36, 1, 17, 30; 37, 57, 64), so dass auf sie die Rechtsordnung der Bundesrepublik grds anwendbar war. Demgegenüber wurde die Bundesrepublik Deutschland nach der DDR-Rechtsordnung als Ausland behandelt. Daher wurde nach DDR-Recht auch auf Privatrechtskollisionen das DDR-IPR angewandt. Da auch nach Wirksamwerden des Beitritts für die Errichtung und Aufhebung von Verfügungen von Todes wegen zwei Rechtsordnungen Anwendung finden (Art 235 § 2 EGBGB), können schwierige kollisionsrechtliche Fragen auftreten (SCHOTTEN/JOHNEN DtZ 1991, 225; STAUDINGER/DÖRNER [2016] Art 236 EGBGB Rn 70 ff; STAUDINGER/DÖRNER [2007] Art 25 EGBGB Rn 608 ff zur besonderen Problematik bei gleichzeitiger Auslandsberührung).

bb) Kollisionsrecht der Bundesrepublik

Da nach dem Recht der Bundesrepublik Deutschland, das die „DDR“ als Inland be- **62**
trachtete, eine **direkte Anwendung** der Kollisionsregeln **des IPR ausschied** (BGHZ 85, 16, 22; 91, 186), weil diese gem Art 1 Abs 1 EGBGB einen Auslandsbezug voraussetzt, andererseits faktisch zwei unterschiedliche Rechtsordnungen Anwendung fanden, bedurfte es im innerdeutschen Verhältnis eines eigenständigen Kollisionsrechts (DÖRNER DNotZ 1977, 324), des **interlokalen Privatrechts** (BezG Erfurt 27. 5. 1993 – W 15/93, FamRZ 1994, 465). Danach wurden **in der Bundesrepublik** die Normen des EGBGB entsprechend angewandt, jedoch mit der Maßgabe, dass an Stelle der Staatsangehörigkeit als Anknüpfungspunkt in Art 25 Abs 1 EGBGB der letzte Wohnsitz des Erblassers trat, wobei als Wohnsitz gem § 466 ZGB der „letzte gewöhnliche Aufenthalt“ galt (BGH FamRZ 1977, 786; STAUDINGER/DÖRNER [2007] Art 25 EGBGB Rn 625 f; EBENROTH Rn 1232 mwNw).

cc) Kollisionsrecht der DDR

Die DDR war dem Haager Testamentsformabkommen am 23. 7. 1974 beigetreten **63**
(GBl 1975 II 40 f). Damit wurden **nach der Rechtsordnung der DDR** Testamente als

---

Das Zivil- und Wirtschaftsrecht im neuen Bundesgebiet (2. Aufl 1993) 197; JANSEN/LÄNGRICH, Leitfaden des Erbrechts der DDR (1959); JAUERNIG/STÜRNER Vorbem zu 1922 ff Rn 5 ff; KITTKE, Das neue Erbrecht der DDR, ROW 1976, 29; KNODEL/KRONE, Grundsatzbestimmungen und Verfahrensregelungen für das Staatliche Notariat, NJ 1976, 165; LANGE/KUCHINKE § 3 V; DELEVE, Deutsch-deutsches Erbrecht nach dem Einigungsvertrag (1995); LÜDTKE-HANDJERY, Das neue Erbrecht der DDR, Betrieb 1976, 229; MAMPEL, Das Erbrecht im Zivilrecht der DDR, NJW 1976, 593; MÄRKER, Das Erbrecht in den neuen Bundesländern, ZEV 1999, 245; MEINCKE, Das neue Erbrecht der DDR, JR 1976, 9, 47; Ministerium der Justiz (Hrsg), Aufgaben und Arbeitsweise der Staatlichen Notariate (1978); Ministerium der Justiz (Hrsg), Handbuch für Notare der DDR (1982); Ministerium der Justiz (Hrsg), Kommentar zum Zivilgesetzbuch der DDR (1983); NIEDER Rn 409 ff; OETKER, Rechtsvorschriften der ehemaligen DDR als Problem methodengerechter Gesetzesanwendung, JZ 1992, 608; SCHOTTEN/JOHNEN, Erbrecht im deutsch-deutschen Verhältnis, DtZ 1991, 225; SEIFERT, Sozialökonomische Grundlagen des Erbrechts und ihre Umsetzung im ZGB-Entwurf, StuR 1975, 275; SOLOMON, Das Vermögensgesetz und § 25 Abs 2 Rechtsanwendungsgesetz der DDR – abgeschlossene Verträge und offene Fragen, IPRax 1997, 24; STAUDINGER/OTTE (2000) Einl 109 ff zu §§ 1922 ff; STAUDINGER/RAUSCHER (2016) Art 235 § 2 EGBGB Rn 1 ff; TRITTEL, Deutsch-Deutsches Erbrecht nach dem Einigungsvertrag, DNotZ 1991, 237.

wirksam anerkannt, die ein Bürger der DDR in einem anderen Staat unter Beachtung der Ortsform errichtet hatte (OLG Jena OLG-NL 1995, 11, 12). Im Übrigen galten in der DDR bis zum 31. 12. 1975 die Art 24 f EGBGB aF. **Ab dem 1. 1. 1976 galt das Rechtsanwendungsgesetz (RAG)** v 5. 12. 1975 (GBl I 748). Nach § 26 RAG richteten sich die Errichtungsformen letztwilliger Verfügungen und die Testierfähigkeit nach dem Recht des Staates, in dem der Erblasser im Errichtungszeitpunkt seinen Wohnsitz hatte (Schotten/Johnen DtZ 1991, 228; ausführlich zur Anwendung des Internationalen Erbrechts der früheren DDR Staudinger/Dörner [2007] Art 25 EGBGB Rn 608 ff zum innerdeutschen Kollisionsrecht aus der Sicht der ehemaligen DDR). Für die bis zum 2. 10. 1990 eingetretenen Erbfälle gelten die DDR-Kollisionsnormen fort (Staudinger/Dörner [2007] Art 25 EGBGB Rn 615 f).

b) Kollisionsrecht seit 3. 10. 1990

64 **Für Erbfälle seit** dem **3. 10. 1990** bis zum 16. 8. 2015 findet auf innerdeutsche Kollisionsfälle grds **allein** das Kollisionsrecht des **EGBGB** und seit dem **17. 8. 2015** die EuErbVO ergänzt durch die seitdem neugefassten Art 25, 26 EGBGB entsprechende Anwendung (zB Testamente, die in der DDR von einem deutschen Erblasser errichtet wurden, werden in ihren Rechtsfolgen für Erbfälle seit dem 17. 8. 2015 nach spanischem Erbrecht beurteilt, wenn dieser Erblasser zum Zeitpunkt seines Todes seinen letzten gewöhnlichen Aufenthalt in Spanien hat), unabhängig vom Errichtungszeitpunkt der letztwilligen Verfügung, da nach der Rechtsordnung der Bundesrepublik die DDR nie Ausland war (zur noch teilweise notwendigen Differenzierung vgl Staudinger/Dörner [2007] Art 25 EGBGB Rn 608 ff, 615 ff, 647 ff und zur besonderen Problematik der Rückverweisung auf eine der beiden deutschen Teilrechtsordnungen bei Erbfällen mit Auslandsberührung Rn 616, 657 ff, 672 ff, 680 ff).

c) Verfahrensrecht

65 Verfahrensrechtlich ist für das bis 2. 10. 1990 geltende DDR-Recht zu beachten: Maßgebend war zunächst § 2 Ziff 3 VO über die Errichtung und Tätigkeit des Staatlichen Notariats v 15. 10. 1952 (GBl I 1055) iVm § 3 Ziff 3 VO über die Übertragung der Angelegenheiten der Freiwilligen Gerichtsbarkeit v 15. 10. 1952 (GBl I 1057; beide VOen in Kraft ab 15. 10. 1952), das Gesetz über das Verfahren des Staatlichen Notariats – Notariatsverfahrensordnung – v 16. 11. 1956 (GBl I 1288; in Kraft ab 1. 1. 1957), geändert durch Gesetz v 17. 4. 1963 (GBl I 65), sowie die Anordnung über die Arbeitsordnung des Staatlichen Notariats v 16. 11. 1956 (GBl I 1510; in Kraft ab 1. 1. 1957). Danach waren ausschließlich die Staatlichen Notariate für alle im Zusammenhang mit der Errichtung, Verwahrung und Eröffnung eines Testaments oder Erbvertrages vorher den Gerichten übertragenen Angelegenheiten zuständig. Ab 15. 2. 1976 galt das Gesetz über das Staatliche Notariat vom 5. 2. 1976 (GBl I 93), das in §§ 1, 18, 24 ff diesen Rechtszustand aufrechterhalten hatte, sowie die durch Verfügung des Ministers der Justiz vom 5. 2. 1976 erlassene Ordnung über die Organisation der Arbeit des Staatlichen Notariats – Arbeitsordnung – (Einzelheiten Staudinger/Winkler[12] Art 141 EGBGB Rn 34 ff; Staudinger/Mayer [2013] Art 141 EGBGB Rn 37 ff; Staudinger/Mittelstädt [2018] Art 141 EGBGB Rn 36 ff).

d) Privatrecht

aa) Allgemeines

66 Für **Erbfälle vor dem 3. 10. 1990** bleibt nach Art 235 § 1 Abs 1 EGBGB für die erbrechtlichen Verhältnisse das alte Recht maßgebend, mit den Ausnahmen des Art 235

§ 2 EGBGB (Einzelheiten Staudinger/Rauscher [2016] Art 235 § 1 EGBGB Rn 31 ff; Lange/Kuchinke § 3 V 1; Reimann/Bengel/Dietz/Voit Vorbem 11 zu § 2229 ff).

Auf **Erbfälle seit dem 3. 10. 1990** bleibt, sofern die **Verfügung von Todes wegen bis zum 2. 10. 1990 errichtet** worden ist (Reimann/Bengel/Dietz/Voit Vorbem 11 zu § 2229), aufgrund der Ausnahmevorschrift des Art 235 § 2 EGBGB nur hinsichtlich der **Form**, der **Testierfähigkeit des Erblassers** und der **verfahrensrechtlichen Vorschriften für die Errichtung und Aufhebung aller Verfügungen von Todes** wegen, soweit sie vor dem Wirksamwerden des Beitritts aufgrund interlokalen Privatrechts nach **DDR-Recht** zu beurteilen waren, das DDR-Recht anwendbar (dazu Staudinger/Rauscher [2016] Art 235 § 2 EGBGB Rn 1 ff). Dagegen sind der **Inhalt, die Auslegung und die Wirkung einer Verfügung von Todes wegen** auch dann **nach dem BGB** zu beurteilen, wenn für die Errichtung und Aufhebung das DDR-Recht maßgebend ist. Nach dem Normzweck der Regelung sollen formwirksam errichtete Verfügungen von Todes wegen durch die Wiedervereinigung in ihrem Bestand nicht gefährdet werden. **67**

bb) DDR-Privatrecht

Bis zum 31. 12. 1975 galt auch in der DDR das BGB, wobei die Vorschriften des TestG nicht (wie 1953 in der Bundesrepublik) in das DDR-BGB wiedereingefügt worden waren, sondern als TestG fortgalten (OLG Frankfurt FamRZ 1993, 858, 860; de Leve Rpfleger 1996, 141, 144 f). **68**

Den tiefsten Einschnitt in die Formvorschriften des DDR-Privatrechts zur Errichtung und Aufhebung von Verfügungen von Todes wegen führte das ZGB (GBl I 1975, 465) herbei (vgl dazu im Einzelnen Rn 71 ff). Der **Erbvertrag** wurde mit Inkrafttreten des ZGB **abgeschafft**, alte Erbverträge behielten ihre Gültigkeit. § 8 EGZGB bestimmte, dass das ZGB auch hinsichtlich der Auslegung aller vor dem 1. 1. 1976 nach altem Recht errichteten Verfügungen von Todes wegen Anwendung fand, sofern der Erbfall nach dem 31. 12. 1975 eintrat. **69**

e) Zeittafel

Für die nach der Wiedervereinigung Deutschlands unverändert gültigen, nach dem Recht der ehemaligen DDR errichteten Testamente sind folgende Daten zu beachten: **70**

22. 5. 1950	Herabsetzung der Volljährigkeit von Vollendung des 21. auf die des 18. Lebensjahres in der DDR
14. 6. 1950	Herabsetzung der Volljährigkeit von Vollendung des 21. auf die des 18. Lebensjahres in Ost-Berlin
1. 7. 1957	Inkrafttreten des KonsularG v 22. 5. 1957 (GBl I 313)
23. 7. 1974	Beitritt der DDR zum Haager Testamentsformabkommen
31. 12. 1975	Bis zu diesem Zeitpunkt errichtete Testamente sind nach BGB (mit Änderungen des TestG) zu beurteilen
1. 1. 1976	Inkrafttreten des ZGB und des RAG
2. 10. 1990	Bis zu diesem Zeitpunkt errichtete Testamente sind nach den Formvorschriften des DDR-Rechts zu beurteilen
3. 10. 1990	Beitritt der neuen Bundesländer; BGB gilt in Deutschland einheitlich mit den Ausnahmen gem Art 235 § 2 EGBGB

2. Errichtung und Aufhebung von Testamenten nach dem ZGB

71 Die nachfolgenden Vorschriften finden weiterhin Anwendung auf alle Testamente, die von DDR-Bürgern in der DDR bis einschließlich 2. 10. 1990 errichtet wurden. Erbverträge waren im ZGB nicht zugelassen.

72 ***§ 370 ZGB (Errichtung des Testaments)***

(1) Der Erblasser kann über sein Eigentum durch Testament verfügen. Er muß volljährig und handlungsfähig sein.

(2) Ein Testament kann nur vom Erblasser persönlich errichtet werden.

(3) Verfügt der Erblasser nicht durch Testament über sein Eigentum, tritt die gesetzliche Erbfolge ein.

Vgl §§ 1937, 2064, 2229 BGB.

73 Das ZGB kannte die **gewillkürte Erbfolge** durch **Testament**. Der **Erbvertrag** war als letztwillige Verfügung **abgeschafft** (Seifert StuR 1975, 276; Kittke ROW 1976, 32), gemeinschaftliche Testamente waren rechtlich zulässig (vgl §§ 388–393 ZGB). *Vor dem 1. 1. 1976* errichtete *Erbverträge* blieben *wirksam* (§§ 2 Abs 2 Nr 2; 8 Abs 2 S 1 EGZGB).

74 Die Testamentserrichtung nach ZGB setzte – abweichend vom BGB – **Volljährigkeit** (dazu Rn 72) **und Handlungsfähigkeit** (kein sachlicher Unterschied zu den Anforderungen an Testierfähigkeit; ebenso Damrau/Tanck/Weber Rn 65, Reimann/Bengel/Dietz/Voit Rn 3 zur Problematik der nach DDR-Recht Entmündigten oder unter vorläufige Vormundschaft gestellten) voraus (vgl §§ 49, 52 ZGB). Die Volljährigkeit trat mit Vollendung des 18. Lebensjahres ein (G über die Herabsetzung des Volljährigkeitsalters v 17. 5. 1950 [GBl 437, in Kraft ab 22. 5. 1950]; Ost-Berlin VO v 8. 6. 1950 [VOBl 149, in Kraft ab 14. 6. 1950]; ab 1. 1. 1976 s § 49 ZGB; Staudinger/Klumpp [2021] Vorbem 172 f zu §§ 104 ff).

75 Eine besondere Testierfähigkeit war im ZGB nicht vorgesehen. War der Erblasser im Zeitpunkt der Testamentserrichtung **handlungsunfähig**, so war das Testament nichtig (§ 52 Abs 3 S 2 ZGB). Ebenso nichtig waren Testamente **Entmündigter** (§ 52 Abs 2, 3 S 1 ZGB). Personen, die nach § 99 FGB unter vorläufige Vormundschaft gestellt waren, wurden ebenfalls als nicht testierfähig angesehen (Herrmann 32). Die Anordnung einer Pflegschaft hatte keinen Einfluss auf die Testierfähigkeit. Für Blinde, Stumme, Taube und Schreibunfähige enthielten § 20 Abs 1 u 2 NotG Sonderregelungen, deren Nichtbeachtung nach § 23 Abs 1 Nr 2 NotG zur Nichtigkeit der Beurkundung führten (Reimann/Bengel/Dietz/Voit § 2233 Rn 2).

76 Abs 2 stellte (vgl § 2064 BGB) klar, dass Testamente nur **persönlich** und nicht durch Vertreter errichtet werden konnten.

77 ***§ 371 (Inhalt des Testaments)***

(1) Der Erblasser kann durch Testament einen oder mehrere Erben bestimmen, Ver-

mächtnisse (§ 380) zuwenden, Auflagen (§ 382) erteilen, Teilungsanordnungen treffen und gesetzliche Erben von der Erbfolge ausschließen.

(2) Der Erblasser darf den Bedachten in seiner Verfügungsbefugnis über das aus der Erbschaft Erlangte nicht beschränken.

(3) Der Erblasser kann einen Miterben oder einen anderen Bürger dazu bestimmen, im Testament getroffene Festlegungen auszuführen und insoweit den Nachlaß zu verwalten sowie darüber zu verfügen (Testamentsvollstrecker). In diesem Rahmen kann der Erblasser die Befugnisse des Testamentsvollstreckers im einzelnen regeln.

Vgl §§ 1937, 1938, 1939, 2048, 2197 BGB.

Inhaltlich entsprach das Testament im ZGB weitgehend dem Testament des BGB. Allerdings verbot § 371 ZGB, dass der Erbe oder Vermächtnisnehmer Verfügungsbeschränkungen anordnete.

§ 373 ZGB (Nichtigkeit testamentarischer Verfügungen) **78**

(1) Eine testamentarische Verfügung ist nichtig, soweit sie gegen ein in Rechtsvorschriften enthaltenes Verbot verstößt oder mit den Grundsätzen der sozialistischen Moral unvereinbar ist.

(2) Ein Testament ist nichtig, wenn es gegen die Formvorschriften der §§ 383 bis 386 verstößt.

Vgl § 125 BGB.

Die **Formvorschriften** der §§ 383–386 ZGB waren **zwingendes Recht**. DDR-Testamente, die nicht handschriftlich verfasst und/oder nicht unterschrieben wurden, sind nichtig (OLG Celle ZEV 1996, 193; Reimann/Bengel/Dietz/Voit § 2231 Rn 2). Die fehlende Verwahrung führte zur Nichtigkeit des notariellen Testaments (OLG Jena FamRZ 1994, 786, 788; anders beim Nottestament, vgl Rn 112). Gem § 372 ZGB waren Testamente aber so auszulegen, dass dem wirklichen oder mutmaßlichen Willen des Erblassers Geltung verschafft wurde (OLG Jena FamRZ 1994, 786, 787). **79**

§ 374 ZGB (Anfechtung testamentarischer Verfügungen) **80**

(1) Eine testamentarische Verfügung kann angefochten werden, wenn der Erblasser sich über den Inhalt seiner Erklärung im Irrtum befand und er bei Kenntnis der Sachlage die Erklärung nicht abgegeben hätte. Eine Anfechtung ist auch zulässig, wenn die testamentarische Verfügung durch arglistige Täuschung oder widerrechtliche Drohung zustande gekommen ist.

(2) Die Anfechtung aus Gründen des Abs 1 erfolgt durch Klage. Sie ist innerhalb eines Jahres nach Kenntnis des Anfechtungsgrundes zu erheben: Das Recht auf Anfechtung erlischt spätestens 10 Jahre nach dem Erbfall. Zur Anfechtung ist derjenige berechtigt, zu dessen Gunsten sich die Nichtigkeit der testamentarischen Verfügung auswirken

würde. Die Anfechtungsklage ist gegen denjenigen zu richten, den die testamentarische Verfügung im Falle ihrer Wirksamkeit begünstigen würde.

81 ***§ 375 ZGB (Testamentarischer Erbe)***

(1) Testamentarischer Erbe ist derjenige, dem der Erblasser seinen gesamten Nachlaß oder einen Teil davon zuwendet.

(2) Derjenige, dem der Erblasser nur einzelne Gegenstände zuwendet, ist im Zweifel nicht als Erbe anzusehen,

(3) Hat der Erblasser über einen Teil des Nachlasses nicht oder nicht wirksam durch Testament verfügt, tritt insoweit die gesetzliche Erbfolge ein, es sei denn, daß aus dem Testament etwas anderes hervorgeht.

82 ***§ 376 ZGB (Erhöhung und Minderung der Erbteile)***

(1) Sollen nach dem Willen des Erblassers die testamentarischen Erben die alleinigen Erben sein, werden, wenn jeder von ihnen mit einem Bruchteil eingesetzt ist und die Bruchteile das Ganze nicht erschöpfen, die Bruchteile verhältnismäßig erhöht.

(2) Ist jeder der testamentarischen Erben mit einem Bruchteil der Erbschaft eingesetzt und übersteigen die Bruchteile das Ganze, werden die Bruchteile verhältnismäßig gemindert.

83 ***§ 377 ZGB (Erbeinsetzung ohne nähere Bestimmung)***

(1) Sind durch Testament mehrere Erben eingesetzt, ohne daß ihre Erbteile bestimmt sind, erben sie zu gleichem Teilen.

(2) Hat der Erblasser durch Testament seine Verwandten als Erben eingesetzt und dazu nichts Näheres bestimmt; gelten im Zweifel diejenigen, die im Zeitpunkt des Erbfalles seine gesetzlichen Erben sein würden, als zu ihren gesetzlichen Erbteilen eingesetzt.

84 ***§ 378 ZGB (Ersatzerbe)***

Der Erblasser kann durch Testament Ersatzerben bestimmen für den Fall, daß ein eingesetzter Erbe vor dem Erbfall stirbt, nach dem Erbfall die Erbschaft ausschlägt oder für erbunwürdig erklärt wird.

85 ***§ 379 ZGB (Ausfall testamentarischer Erben)***

(1) Stirbt einer der durch Testament eingesetzten Erben vor dem Erbfall, schlägt er die Erbschaft aus oder wird er für erbunwürdig erklärt, erhöhen sich die Erbteile der übrigen Erben verhältnismäßig. Ist der ausgefallene Erbe ein Nachkomme des Erblassers, treten an seine Stelle dessen Nachkommen nach den Vorschriften über die gesetzliche Erbfolge:

(2) Abs l gilt nicht, soweit der Erblasser einen Ersatzerben bestimmt hat.

(3) Ist nach den Absätzen 1 und 2 niemand als testamentarischer Erbe berufen, tritt die gesetzliche Erbfolge ein.

Vermächtnis **86**

§ 380 ZGB

(1) Ein Vermächtnis ist eine Zuwendung aus dem Nachlaß, die nicht als Erbeinsetzung anzusehen ist. Der Bedachte ist berechtigt, vom Erben die Herausgabe der Zuwendung zu verlangen. Die allgemeinen Bestimmungen dieses Gesetzes über Verträge gelten für das Vermächtnis entsprechend.

(2) Ein Vermächtnis liegt auch vor, wenn die Zuwendung dadurch erfolgt, daß der Erblasser einen Erben oder Vermächtnisnehmer zu einer Leistung aus dem Nachlaß an einen anderen verpflichtet. Zur Erfüllung ist im Zweifel der Erbe verpflichtet, soweit der Erblasser nichts anderes bestimmt hat.

(3) Ein Vermächtnis ist unwirksam, soweit es auf eine unmögliche Leistung gerichtet ist.

(4) Ein Vermächtnis kann durch schriftliche Erklärung gegenüber demjenigen ausgeschlagen werden, der zur Leistung verpflichtet ist. In diesem Falle verbleibt ihm die vorgesehene Zuwendung. Soweit mit dem Vermächtnis Verpflichtungen verbunden waren, hat er diese zu erfüllen.

§ 381 ZGB **87**

(1) Mit einem Vermächtnis kann bedacht werden, wer erbfähig ist. Die Bestimmungen des § 399 Abs l Satz 2 und 3 sind entsprechend anzuwenden.

(2) Mit einem Vermächtnis kann auch ein Erbe bedacht werden.

(3) Ein Vermächtnis ist unwirksam, wenn der Bedachte zur Zeit des Erbfalles nicht mehr lebt: Das gilt nicht, soweit der Erblasser für diesen Fall einen anderen bedacht hat.

§ 382 ZGB (Auflage) **88**

(1) Eine Auflage verpflichtet einen Erben oder Vermächtnisnehmer, aus Mitteln des Nachlasses für die vom Erblasser bestimmten Zwecke Leistungen zu bewirken, ohne daß ein anderer darauf Anspruch hat.

(2) Die Erfüllung einer Auflage können die Miterben, die Vermächtnisnehmer und jeder verlangen, der ein berechtigtes Interesse nachweist. Besteht an der Erfüllung der Auflage ein gesellschaftliches Interesse, kann sie vom zuständigen staatlichen Organ verlangt werden.

(3) Eine Auflage ist unwirksam, soweit sie auf eine unmögliche Leistung gerichtet ist.

89 ***§ 383 ZGB (Arten des Testaments)***

(1) Ein Testament kann durch notarielle Beurkundung oder durch eigenhändige schriftliche Erklärung errichtet werden.

(2) Ist in besonderen Notfällen die Errichtung eines notariellen oder eigenhändigen Testaments nicht möglich, kann das Testament durch mündliche Erklärung gegenüber 2 Zeugen errichtet werden (Nottestament).

Vgl §§ 2231, 2250 BGB.

90 Das ZGB kannte drei Arten von Testamenten; das notarielle Testament (§ 384 ZGB), das eigenhändige Testament (§ 385 ZGB) und als Nottestament das Zweizeugentestament (§ 383 Abs 2, § 386 ZGB) (Reimann/Bengel/Dietz/Voit § 2231 Rn 2). Für Ehegatten war in den §§ 388–393 ZGB noch das gemeinschaftliche Testament geregelt.

91 Das in Abs 2 geregelte Zwei-Zeugen-Nottestament setzte in „besonderen Notfällen" das *Vorliegen einer lebensbedrohlichen Situation oder* die *Überzeugung des Erblassers von einer solchen* und die **Nichterreichbarkeit des Notars** voraus (Herrmann 34; vgl § 386 ZGB). Im Unterschied zum BGB musste auch die Möglichkeit ausgeschlossen sein, ein eigenhändiges Testament zu errichten. Die Form- und Verfahrensvorschriften des Zwei-Zeugen-Nottestaments waren in § 386 ZGB geregelt (dazu Rn 96 ff).

92 ***§ 384 ZGB (Notarielles Testament)***

Das notarielle Testament wird dadurch errichtet, daß der Erblasser dem Notar seinen letzten Willen mündlich oder schriftlich erklärt. Hierüber ist eine Niederschrift anzufertigen. Das Testament muß vom Staatlichen Notariat in Verwahrung genommen werden.

Vgl §§ 2231, 2232 BGB, §§ 27 ff BeurkG, bis 31. 12. 2008 §§ 2258a, 2258b BGB aF = v 1. 1. 2009 – 31. 8. 2009 §§ 73, 82a FGG aF = seit 1. 9. 2009 § 344 Abs 1, 2 FamFG.

93 Das **Beurkundungsverfahren** richtete sich nach dem am 15. 2. 1976 in Kraft getretenen **Notariatsgesetz**. Die staatlichen Notariate (Staudinger/Mayer [2013] Art 141 EGBGB Rn 38 f; Staudinger/Mittelstädt [2018] Art 141 EGBGB Rn 38 f) hatten bei öffentlichen Testamenten die Einhaltung der Formvorschriften zu beachten. Die einschlägigen Bestimmungen lauteten:

94 ***§ 19 NotariatsG***

(1) Die Beurkundung erfolgt in Form einer Niederschrift.

(2) Werden Erklärungen beurkundet, hat die Niederschrift zu enthalten:

1. die Bezeichnung des Staatlichen Notariats und den Namen des Notars,

2. die Angabe des Ortes und des Datums der Beurkundung,

3. die Namen der Beteiligten,

4. die Erklärungen der Beteiligten.

Die Niederschrift ist in Gegenwart des Notars den Beteiligten vorzulesen oder zur Durchsicht vorzulegen und von ihnen zu genehmigen. Sie ist von den Beteiligten und vom Notar zu unterschreiben. Im Falle der Beurkundung eines Testaments gilt die Niederschrift auch dann als vom Notar unterschrieben, wenn der Testamentsumschlag, in dem das Testament zu verwahren ist, von ihm unterschrieben wurde.

§ 20 NotariatsG **95**

(1) Kann ein Beteiligter nach der Überzeugung des Notars nicht schreiben, nicht sehen oder nicht sprechen oder ist er gehörlos, hat der Notar einen Zeugen für die Beurkundung hinzuzuziehen.

(2) Der Zeuge hat die Niederschrift mit zu unterschreiben. Kann der Beteiligte nicht schreiben, ist seine Unterschrift durch die Unterschrift des Zeugen zu ersetzen.

§ 23 NotariatsG **96**

Beurkundungen und Beglaubigungen sind nichtig, wenn

1. der Notar, ein Urkundszeuge oder ein Dolmetscher von der Mitwirkung ausgeschlossen war,

2. gegen zwingende Formvorschriften dieses Gesetzes verstoßen wurde. Liegt ausschließlich ein Verstoß gegen § 15 Abs 1 Ziff. 5 vor, ist die Beurkundung oder die Beglaubigung nur insoweit nichtig.

Das ZGB unterschied **zwei Errichtungsformen** des notariellen Testaments (Damrau/ **97**
Tanck/Weber § 2232 Rn 53). Die **mündliche Erklärung** setzte die Abgabe einer Willenserklärung voraus. Die Willenserklärung musste durch **sprachliche Laute** abgegeben werden und konnte **nicht durch Körperzeichen** ersetzt werden. Der beurkundende Notar musste die Willenserklärung des Erblassers verstehen.

Die **schriftliche Erklärung** konnte *vom Erblasser oder einem Dritten angefertigt* sein. **98**
Eine besondere Form war für die schriftliche Erklärung nicht vorgeschrieben. Die schriftliche Erklärung konnte daher auch mit der Schreibmaschine gefasst sein. Weder Orts-, noch Datumsangabe waren erforderlich. Auch brauchte die schriftliche Erklärung vom Erblasser nicht unterschrieben zu sein (Knodel/Krone NJ 1976, 165). Die Übergabe konnte offen und verschlossen erfolgen. Für beide Errichtungsformen war die Niederschrift durch den Notar vorgeschrieben. Inhalt der Niederschrift war entweder der vom Erblasser erklärte letzte Wille oder die Protokollierung des Vorgangs über die Überreichung der Schrift verbunden mit der Erklärung des Erblassers, dass diese Schrift seinen letzten Willen enthalte.

99 Die **Verwahrung** des notariellen Testaments gehörte (im Unterschied zum BGB) zu den **zwingenden Formvorschriften** (§ 373 Abs 2 ZGB), deren Verletzung zur Nichtigkeit führte (OLG Jena FamRZ 1994, 786, 788). Die Verwahrung wurde vom Staatlichen Notariat vorgenommen, das in die Behördenorganisation der DDR eingegliedert war. Die Einhaltung der Formvorschriften war Amtspflicht der staatlichen Notare (Knodel/Krone NJ 1976, 165; Bamberger/Roth/Litzenburger § 2232 Rn 8; Reimann/Bengel/Dietz/Voit § 2232 Rn 3). Die verwahrten Testamente wurden nach dem 3. 10. 1990 in allen neuen Bundesländern an die örtlich zuständigen Kreisgerichte herausgegeben, welche die Verwahrungsaufgaben bis zur Bildung von Amtsgerichten wahrnahmen (Staudinger/Baumann [2003] § 2258a Rn 15).

100 ***§ 385 ZGB (Eigenhändiges Testament)***

Das eigenhändige Testament muß vom Erblasser handschriftlich geschrieben und unterschrieben sein; es soll Ort und Datum der Errichtung enthalten. Es kann dem Staatlichen Notariat in Verwahrung gegeben werden.

Vgl §§ 2247, 2248 BGB.

101 Die Schriftzeichen mussten von der Hand **des Erblassers** selbst erstellt sein (zur Umdeutung eines gemeinschaftlichen Testaments [von Nichtehegatten] in Einzeltestamente OLG Naumburg OLGR-NL 1998, 226). Ein anderweitig, zB mit der Schreibmaschine, hergestelltes Testament ist nichtig, kann aber im Einzelfall zur Auslegung eines formgültigen Testaments herangezogen werden (OLG Brandenburg FamRZ 2004, 981, 982 noch zu § 21 DDR-TestG; zu Recht krit Reimann/Bengel/Dietz/Voit § 2247 Rn 2).

102 Die **Unterschrift** war zwingende Voraussetzung, um die Urheberschaft des Erblassers eindeutig erkennen zu lassen (Kommentar zum ZGB, hrsg v Min d Justiz § 385 Ziff 1 ZGB). Das OLG Celle (ZEV 1996, 193) hat ein mit Kürzeln unterschriebenes Testament als wirksam angesehen, weil sich die Identität von Urheberin des Testaments und Erblasserin auch aus der angegebenen Anschrift und dem bezeichneten Verwandtschaftsverhältnis zu den Bedachten ergäbe (**aA** LG München II 1. 4. 1992 – 13 0 78/92 S 9). Ob Kürzel das Unterschriftserfordernis erfüllen, ist Tatfrage und am vollständigen Normzweck der eigenhändigen Unterschrift (nicht nur Identitätsfunktion) zu ermitteln. Dabei wird auch zu berücksichtigen sein, wie der Erblasser üblicherweise unterzeichnet. Grundsätzlich musste die Unterschrift **unter dem Testamentstext** stehen (Herrmann 33; OLG Celle ZEV 2007, 432, 433). Gleichwohl kann im Einzelfall ein Testament auch dann als wirksam anerkannt werden, wenn der Erblasser seine Unterschrift an der Seite des Textes oder an den Kopf des Bogens gesetzt hatte (Herrmann 33). Als Unterschrift wurde **keine Namensunterschrift** gefordert (ausreichend zB „Eure Tante Elli", vgl Herrmann 33).

103 **Zusätze** und **Ergänzungen** mussten ebenfalls eigenhändig abgefasst sein und jeweils erneut unterschrieben werden (Herrmann 33). Dagegen ist das Testament nicht von vornherein unwirksam, wenn Zusätze im Text angebracht waren, obwohl sie im Anschluss an die Unterschrift vorgenommen werden sollten. **Streichungen** im Text sollten die Urheberschaft erkennen lassen.

Brieftestamente wurden – wie in der Rechtsprechung zu § 2247 BGB – als gültig anerkannt, sofern der entsprechende Briefinhalt eine eindeutige Verfügung von Todes wegen des Erblassers erkennen ließ. Außerdem musste der Brief den Formerfordernissen genügen. **104**

Orts- und **Datumsangabe** waren nicht zwingend vorgeschrieben. Diese Angaben konnten nur für die Frage von Bedeutung sein, ob ein wirksames Testament vorliegt. **105**

Das eigenhändige Testament konnte der Erblasser selbst verwahren, es anderen Personen zur Aufbewahrung überlassen oder es beim staatlichen Notariat in amtliche Verwahrung geben. Das Staatliche Notariat sollte dem Erblasser die Aufnahme in die Verwahrung bestätigen (§ 24 Abs 2 S 1 NotG). Nach dem Beitritt der neuen Bundesländer wurden diese Aufgaben zunächst von den Kreisgerichten und werden jetzt von den Amtsgerichten wahrgenommen (Staudinger/Baumann [2003] § 2258a Rn 15). **106**

§ 386 ZGB (Nottestament) **107**

(1) Nach Errichtung eines Nottestaments (§ 383 Abs 2) ist der Inhalt der Erklärung des letzten Willens des Erblassers unverzüglich niederzuschreiben. Die Niederschrift muß Ort und Datum der Errichtung und die Unterschriften der beiden Zeugen enthalten. In der Niederschrift sollen die näheren Umstände der Errichtung des Nottestaments dargelegt werden. Sie soll dem Erblasser vorgelesen und von ihm genehmigt werden.

(2) Das Nottestament soll unverzüglich dem Staatlichen Notariat in Verwahrung gegeben werden.

(3) Eine Verfügung im Nottestament ist nichtig, soweit ein Zeuge, dessen Ehegatte oder ein in gerader Linie Verwandter eines Zeugen bedacht worden ist.

(4) Das Nottestament wird gegenstandslos, wenn seit seiner Errichtung 3 Monate vergangen sind und der Erblasser noch lebt. Die Frist ist gehemmt, solange der Erblasser keine Möglichkeit hat, ein notarielles oder eigenhändiges Testament zu errichten.

Vgl §§ 2250, 2252 BGB.

Voraussetzung für die Errichtung eines Nottestamentes war das Vorliegen eines Notfalls (§ 383 Abs 2 ZGB). Für den Erblasser musste eine **lebensbedrohliche Situation** gegeben sein oder der **Erblasser** musste **vom Vorliegen einer solchen Situation überzeugt** sein und ein **Notar** durfte **nicht** mehr **erreichbar** sein (Herrmann 34); außerdem durfte der Erblasser nicht mehr fähig sein, ein eigenhändiges Testament zu errichten (Kommentar zum ZGB, hrsg v Min d Justiz § 383 ZGB Anm 2.1). **108**

Das Nottestament wurde durch **mündliche Erklärung** des Erblassers gegenüber **zwei Zeugen** errichtet. Beide Zeugen mussten **gleichzeitig** während der **gesamten Dauer** der mündlichen Erklärung **anwesend** sein. Die Zeugen mussten **handlungsfähig** und **volljährig** sein (Herrmann 34) und es durfte **keiner der Ausschlussgründe** nach Abs 3 vorliegen. Bei Vorliegen eines Ausschlussgrundes gem Abs 3 war nur die jeweils begünstigende Verfügung (Reimann/Bengel/Dietz/Voit § 2250 Rn 2), nicht zwingend das gesamte Testament nichtig. **109**

110 Die **Niederschrift** war unverzüglich nach Abgabe der Willenserklärung zu erstellen (BG Magdeburg NJ 1980/11, 525). Die Niederschrift musste nicht durch die Zeugen persönlich (Kommentar zum ZGB, hrsg v Min d Justiz § 386 Ziff 1 ZGB), sondern konnte auch durch Dritte errichtet werden. Eine Errichtung durch den Erblasser war ausgeschlossen, da die Subsidiarität im Gegensatz zum BGB auch gegenüber dem eigenhändigen Testament bestand (vgl § 383 Abs 2 ZGB). Zwingend erforderlich war die **Unterschrift der beiden Zeugen**. Dagegen war die Unterschrift des Erblassers nicht erforderlich. Die Niederschrift musste die Erklärung des Erblassers nicht wörtlich wiedergeben. Auch das Vorlesen und das Genehmigen durch den Erblasser waren keine zwingenden Wirksamkeitsvoraussetzungen (Kommentar zum ZGB, hrsg v Min d Justiz § 386 Ziff 1). **Zwingendes Erfordernis** waren die **Orts- und Datumsangabe** (Abs 1 S 2).

111 Die Niederschrift sollte die Umstände des Notfalls schildern. Eine wörtliche Wiedergabe der Willenserklärung des Erblassers war nicht vorgeschrieben, jedoch mussten die letztwilligen Erklärungen und die Niederschrift inhaltlich übereinstimmen (Kommentar zum ZGB, hrsg v Min d Justiz § 386 Ziff 1; zur grundsätzlich anderen Konzeption gegenüber dem Nottestament des BGB Reimann/Bengel/Dietz/Voit § 2250 Rn 2).

112 Die **Verwahrung** des Nottestamentes durch das Staatliche Notariat (Abs 2) hatte lediglich den Sinn, im Todesfall eine zügige Abwicklung der Erbschaftsangelegenheit zu ermöglichen. Ein Verstoß gegen die Verwahrungsvorschrift hatte auf die Gültigkeit des Nottestamentes keinen Einfluss (Kommentar zum ZGB, hrsg v Min d Justiz § 386 Ziff 2; anders beim notariellen Testament, vgl OLG Jena FamRZ 1994, 786, 788). Das Nottestament konnte bei jedem Staatlichen Notariat verwahrt werden, wurde aber regelmäßig bei dem für den Errichtungsort zuständigen Staatlichen Notariat in Verwahrung gegeben.

113 Das Nottestament hatte nach Abs 4 S 1 nur eine **beschränkte Gültigkeit** durch Fristablauf von **drei Monaten** ab dem Errichtungstage, sofern der Erblasser zu diesem Zeitpunkt noch lebte. Verstarb der Erblasser nach diesem Zeitpunkt, war eine etwaige **Fristhemmung** zu beachten (zur Todeserklärung Reimann/Bengel/Dietz/Voit Rn 2. Laut Voit soll auf die Todeserklärung DDR-Recht anzuwenden sein, was in den Fällen abzulehnen ist, deren Fristhemmung – nach dem 2. 10. 1990 erfolgt ist). Im Unterschied zum BGB galt die Fristhemmung nicht mehr, sobald der Erblasser ein eigenhändiges (oder – wie im BGB – ein notarielles) Testament errichten konnte.

114 ***§ 387 ZGB (Widerruf des Testaments)***

(1) Der Erblasser kann das Testament oder einzelne testamentarische Verfügungen jederzeit widerrufen.

(2) Der Widerruf erfolgt durch

1. Errichtung eines Testaments, das ein früheres aufhebt oder früheren Verfügungen widerspricht;

2. Rücknahme des notariellen Testaments oder des Nottestaments aus der Verwahrung.

(3) Vernichtet oder verändert der Erblasser ein eigenhändiges Testament, wird vermutet, daß das in Widerrufsabsicht erfolgt.

Vgl §§ 2253, 2254, 2255, 2256, 2258 BGB.

Jeder Erblasser konnte, solange er handlungsfähig war, sein Testament **jederzeit widerrufen** (Abs 1, der § 2253 BGB entspricht [Reimann/Bengel/Dietz/Voit § 2253 Rn 2]) Der Widerruf konnte sich auf den **gesamten** Testamentsinhalt beziehen oder nur auf **einzelne Verfügungen** beschränken. **115**

Der Widerruf konnte – je nach Art des Testamentes – auf verschiedene Weise erfolgen. Beim **eigenhändigen Testament** konnte ein Widerruf durch *Vernichtung, Veränderung* (Abs 3, der § 2255 BGB entspricht [Reimann/Bengel/Dietz/Voit § 2255 Rn 2]) oder *Neuerrichtung eines Testamentes,* das ein früheres „aufhob" (Abs 2 Nr 1 Alt 1, der § 2254 BGB entspricht [Reimann/Bengel/Dietz/Voit § 2254 Rn 2]), erfolgen. Der Widerruf konnte nach Abs 2 Nr 1 Alt 2 (dazu Reimann/Bengel/Dietz/Voit § 2258 Rn 2) auch durch einen inhaltlichen Widerspruch (KG FamRZ 1998, 124) (wie nach § 2258 BGB, der aber bei inhaltlichen Widersprüchen eine Aufhebung als gesetzliche Rechtsfolge anordnet), erfolgen. **116**

Beim **notariellen Testament** oder einem noch wirksamen **Nottestament** konnte der *Widerruf durch Rücknahme aus der amtlichen Verwahrung* (Abs 2 Nr 2, der § 2256 BGB entspricht [Reimann/Bengel/Dietz/Voit § 2256 Rn 2] oder durch *Neuerrichtung eines Testaments* (Abs 1 Nr 1) erfolgen, das inhaltlich den früheren Verfügungen widersprach (KG FamRZ 1998, 124). Dagegen hatte die Rücknahme des eigenhändigen Testaments aus der Verwahrung auf dessen Wirksamkeit keinen Einfluss. Der Erblasser konnte das eigenhändige Testament auch nach der Rücknahme selbst oder bei einer Vertrauensperson verwahren, so dass es auch nach der Rücknahme aus der amtlichen Verwahrung gültig blieb. **117**

Die Vermutung des Widerrufs nach Abs 3 bei Vernichtung oder Veränderung galt nur für das eigenhändige Testament. Die Vernichtung oder Veränderung musste **vom Erblasser selbst** vorgenommen werden und **in Widerrufsabsicht** erfolgen. Ein **unfreiwilliger Verlust** oder eine unfreiwillige Vernichtung bewirkten keinen Widerruf des Testaments. Sein Inhalt musste dann aber anderweitig bewiesen werden können (Kommentar zum ZGB, hrsg v Min d Justiz § 387 Ziff 3). Veränderungen am eigenhändigen Testament konnten sich sowohl auf den gesamten Testamentsinhalt (zB Durchstreichen, Ungültigkeitsvermerke) oder auf die Streichungen einzelner Passagen beziehen. **118**

§ 388 ZGB (Zulässigkeit) **119**

Ein gemeinschaftliches Testament kann nur von Ehegatten errichtet werden:

Vgl § 2265

Der Wortlaut entspricht wörtlich § 2265 BGB. Das ab dem 1. 1. 1976 geltende ZGB kannte keinen Erbvertrag. Im gemeinschaftlichen Testament mussten sich die Ehegatten zwingend zu Erben einsetzen.

120 **§ 389 ZGB (Inhalt des gemeinschaftlichen Testaments)**

(1) In einem gemeinschaftlichen Testament können sich die Ehegatten gegenseitig als Erben einsetzen. Sie können Nachkommen oder andere Personen als Erben des zuletzt versterbenden Ehegatten einsetzen. Weiter können sie Vermächtnisse zu wenden, Auflagen erteilen, Teilungsanordnungen treffen, Ersatzerben einsetzen und einen Testamentsvollstrecker bestimmen.

(2) Vermächtnisse fallen dem Bedachten im Zweifel beim Tode des zuletzt versterbenden Ehegatten zu.

Vgl § 2269 BGB

121 **§ 390 ZGB (Wirkung des gemeinschaftlichen Testaments)**

(1) Die Ehegatten sind an das gemeinschaftliche Testament gebunden, solange es nicht widerrufen oder aufgehoben wird. Die Ehegatten können sich gegenseitig ermächtigen, vom gemeinschaftlichen Testament abweichende Verfügungen zu treffen.

(2) Der überlebende Ehegatte kann über den Nachlaß frei verfügen. Testamentarische Verfügungen des überlebenden Ehegatten, die dem gemeinschaftlichen Testament widersprechen, sind nichtig.

Vgl § 2270 BGB

122 **§ 391 ZGB (Form des gemeinschaftlichen Testaments)**

(1) Ein notarielles gemeinschaftliches Testament wird dadurch errichtet, daß beide Ehegatten dem Notar ihren letzten Willen mündlich- oder schriftlich erklären. Hierüber ist eine Niederschrift anzufertigen.

(2), Ein eigenhändiges gemeinschaftliches Testament wird dadurch errichtet, daß die gemeinschaftliche Erklärung von einem Ehegatten handschriftlich geschrieben und von beiden Ehegatten eigenhändig unterschrieben wird. Die Bestimmung des § 385 ist anzuwenden.

Vgl §§ 2131, 2132, 2247, 2267 BGB

123 **§ 392 ZGB (Widerruf des gemeinschaftlichen Testaments)**

(1) Das gemeinschaftliche Testament kann von beiden Ehegatten jederzeit gemeinsam widerrufen wenden. Die Bestimmungen des § 387 Absätze 2 und 3 sind anzuwenden.

(2) Zu Lebzeiten beider Ehegatten kann der Widerruf eines Ehegatten gegenüber dem anderen Ehegatten nur durch notariell beurkundete Erklärung erfolgen.

(3) Das gemeinschaftliche Testament wird insgesamt unwirksam, wenn es nach den Absätzen 1 oder 2 widerrufen wird oder wenn die Ehe geschieden oder für nichtig erklärt worden ist.

(4) Nach dem Tode eines Ehegatten kann der überlebende Ehegatte seine im gemeinschaftlichen Testament getroffenen Verfügungen durch Erklärung gegenüber dem Staatlichen Notariat widerrufen, wenn er gleichzeitig die Erbschaft ausschlägt. In diesem Falle kann er seinen Pflichtteilsanspruch geltend machen.

Vgl § 2271 BGB

§ 393 ZGB (Aufhebung des gemeinschaftlichen Testaments) 124

Nach Annahme der Erbschaft kann der überlebende Ehegatte seine im gemeinschaftlichen Testament getroffenen Verfügungen durch Erklärung gegenüber dem Staatlichen Notariat aufheben, wenn er das aus der Erbschaft des verstorbenen Ehegatten Erlangte, soweit es seinen gesetzlichen Erbteil übersteigt, an die im Testament genannten Erben oder deren Rechtsnachfolger herausgibt oder wenn diese auf die Herausgabe verzichtet haben: Mit der Aufhebung ist der überlebende Ehegatte an- das gemeinschaftliche Testament nicht mehr gebunden.

§ 394 ZGB (Ablieferungspflicht) 125

Ein Bürger, der ein Testament aufbewahrt oder auffindet, ist verpflichtet, es unverzüglich nach Kenntnis vom Erbfall beim Staatlichen Notariat abzuliefern.

Vgl § 2259 BGB.

Jeder Bürger der DDR war **verpflichtet**, in seinem Besitz befindliche **Testamente** Verstorbener – auch Schriftstücke, die mit hoher Wahrscheinlichkeit unwirksam waren – beim Staatlichen Notariat **abzuliefern**. Diese Rechtspflicht entstand mit der **Kenntnis vom Tode** des Erblassers (Reimann/Bengel/Dietz/Voit § 2259 Rn 2). Eine entgegenstehende Anweisung des Erblassers war unbeachtlich (Kommentar zum ZGB, hrsg v Min d Justiz § 394 Ziff 2). Örtlich zuständig für die Ablieferung war das staatliche Notariat des letzten Wohnsitzes des Erblassers (§ 10 Abs 1 Ziff 1 NotariatsG). Zulässig war jedoch auch, das Testament beim nächstgelegenen Notariat abzuliefern. Die Ablieferung konnte vom Staatlichen Notariat verlangt (§ 25 NotariatsG) und notfalls durch Festsetzung eines Zwangsgeldes erzwungen werden (§ 43 NotariatsG). Darüber hinaus war die Nichtablieferung strafrechtlich (§§ 240, 241 StGB der DDR) und durch Schadensersatzansprüche (§§ 330 ff ZGB) sanktioniert. 126

Die Ablieferungspflicht bezog sich auf jedes Schriftstück, das einen letzten Willen enthielt, gleichgültig, ob es als wirksam oder unwirksam anzusehen war (Kommentar zum ZGB, hrsg v Min d Justiz § 394 Ziff 1). 127

§ 395 ZGB (Testamentseröffnung) 128

Ein beim Staatlichen Notariat verwahrtes oder abgeliefertes Testament wird nach Kenntnis vom Erbfall unverzüglich durch das Staatliche Notariat eröffnet.

Vgl § 2260 BGB bis 31. 8. 2009; § 348 Abs 1, 2 FamFG seit 1. 9. 2009.

129 Die Eröffnung galt für alle drei Testamentsarten. Sie wurde vom für den letzten Wohnsitz des Erblassers zuständigen Staatlichen Notariat vorgenommen (§ 10 Abs 1 Ziff 1 NotariatsG). Über die Eröffnung war ein Protokoll anzufertigen.

130 Nach § 26 Abs 1 NotariatsG (Wortlaut bei Reimann/Bengel/Dietz/Voit[5] § 2260 Rn 2) hatte das Staatliche Notariat unverzüglich nach Kenntnis vom Erbfall einen Termin zur Eröffnung des Testaments zu bestimmen. Dabei sollten die als gesetzliche Erben in Betracht kommenden Verwandten, der Ehegatte sowie die sonstigen Beteiligten von dem Termin in Kenntnis gesetzt werden. In dem Eröffnungstermin war das Testament nach § 26 Abs 2 NotariatsG zu verlesen. Bei der Eröffnung nicht anwesende Beteiligte, sollten schriftlich über den Inhalt des Testamentes benachrichtigt werden (§ 26 Abs 2 NotariatsG). Für die Testamentseröffnung durch das Staatliche Notariat war von einem Nachlassgericht der Bundesrepublik keine Gebühr zu erheben (OLG Celle Rpfleger 1966, 185).

V. Kollisionsrecht (IPR)

1. Grundsätzliches

131 Die im Falle der Auslandsberührung **für die Errichtung und Aufhebung von Verfügungen von Todes wegen maßgeblichen Kollisionsnormen** des deutschen Internationalen Erbrechts ergeben sich aus dem EGBGB, dem Haager Übereinkommen über das auf die Form letztwilliger Verfügungen anzuwendende Recht (Haager TestÜbK v 5. 10. 1961 [BGBl 1965 II 1145; 1966 II 11]; dazu Staudinger/Dörner [2007] Vorbem 31 f zu Art 25 f EGBGB) sowie der EuErbVO. Dabei sind folgende Daten zu beachten:

Ist der **Erbfall bis einschließlich 31. 12. 1965** eingetreten, so finden ausschließlich die Art 11, 24, 25 EGBGB aF Anwendung (dazu Staudinger/Firsching[12] Art 24, 25 EGBGB aF).

Für **Erbfälle seit dem 1. 1. 1966** findet das Haager Testamentsformübereinkommen (TestÜbK) Anwendung (Staudinger/Dörner [2007] Art 26 EGBGB Rn 12 f). Auf die **Testierfähigkeit** ist das Haager TestÜbK **nicht** anzuwenden (zur Testierfähigkeit § 2229 Rn 130 f).

Für **Erbfälle seit dem 1. 9. 1986** und **bis einschließlich 16. 8. 2015** findet Art 26 EGBGB Anwendung, wenn und soweit das Haager TestÜbK nicht gilt (Staudinger/Dörner [2007] Art 26 EGBGB Rn 18).

Für **Erbfälle seit dem 17. 8. 2015** finden die EuErbVO und die neugefassten Art 25, 26 EGBGB Anwendung (Hausmann/Odersky 654 ff; Grüneberg/Thorn Art 25, 26 EGBGB mit EuErbVO).

132 Der **Vorrang bilateraler Abkommen** ist weiterhin zu beachten; solche Abkommen gelten im Verhältnis zum Iran (Staudinger/Dörner [2007] Vorbem 149 ff zu Art 25 f EGBGB), zur Türkei (Staudinger/Dörner [2007] Vorbem 160 ff zu Art 25 f EGBGB) und zu den Nachfolgestaaten der Sowjetunion (Staudinger/Dörner [2007] Vorbem Art 25 f EGBGB Rn 193 ff.

2. Erbfälle bis 31. 12. 1965

Nach dem allgemein anwendbaren Art 11 Abs 1 S 1 EGBGB bestimmen sich die **133** Formvorschriften eines Rechtsgeschäfts, also auch der Errichtung und Aufhebung eines Testaments, nach den Gesetzen, die für das den Gegenstand des Rechtsgeschäfts bildende Rechtsverhältnis maßgebend waren **(Erbstatut)** (Einzelheiten bei Staudinger/Firsching[12] Vorbem 85 zu §§ 2229 ff). Daher war für einen Deutschen, auch wenn er seinen Wohnsitz im Ausland hatte, gem Art 24 Abs 1 EGBGB aF auch bzgl der Formvorschriften für die Errichtung und Aufhebung von Testamenten immer das deutsche Recht maßgebend, für einen Ausländer, der im Todeszeitpunkt in der Bundesrepublik Deutschland wohnte, gem Art 25 S 1 EGBGB aF grds das Recht des Staates, dessen Staatsangehörigkeit er im Todeszeitpunkt hatte (Einzelheiten bei Staudinger/Firsching[12] Art 24, 25 EGBGB aF).

3. Erbfälle seit 1. 1. 1966

Mit Wirkung zum 1. 1. 1966 (BGBl 1966 II 11) ist die Bundesrepublik Deutschland **134** dem Haager Übereinkommen über das auf die Form letztwilliger Verfügungen anzuwendende Recht **(Haager TestÜbK)** v 5. 10. 1961 (BGBl 1965 II 1145) beigetreten. Ziel dieses Abkommens ist es, die Formunwirksamkeit der Errichtung und Aufhebung von Testamenten zu vermeiden (Staudinger/Dörner [2007] Vorbem 32 ff zu Art 25 f EGBGB; Ferid, Die 9. Haager Konferenz, RabelsZ 1962, 411; Scheucher, Das Haager Testamentsabkommen, ZfRV 1964, 216; 1965, 85; vSchack, Das Haager Übereinkommen über das auf die Form letztwilliger Verfügungen anzuwendende Recht, DNotZ 1966, 131). Nach Art 1 Abs 1 des Abkommens stehen für die Errichtung von Testamenten eine Reihe von alternativen Anknüpfungspunkten gleichberechtigt nebeneinander, die zur Wirksamkeit führen, wenn die **Formerfordernisse auch nur nach einem der Anknüpfungspunkte erfüllt** sind (Staudinger/Dörner [2007] Vorbem 40 ff zu Art 25 f EGBGB). Für die **Form des Widerrufs** verweist Art 2 Abs 2 auf Art 1 des Abkommens (dazu Staudinger/Dörner [2007] Vorbem 65 ff zu Art 25 f EGBGB).

Dieses Übereinkommen ist nach Art 8 **bezüglich der Testamentsformen** in allen Fällen **135** anwendbar, in denen der **Erblasser nach Inkrafttreten des Abkommens gestorben** ist. Da das Abkommen in der Bundesrepublik Deutschland am 1. 1. 1966 in Kraft getreten ist, findet es auf **alle Erbfälle seit diesem Zeitpunkt Anwendung** (ausführlich mit Text und Erläuterungen des Abkommens Staudinger/Dörner [2007] Vorbem 31 ff zu Art 25 f EGBGB). Bei Testamentserrichtungen mit deutsch-türkischer Berührung galt bis zum Beitritt der Türkei am 22. 10. 1993 zum Haager TestÜbK Art 20 § 16 des Konsularvertrages zwischen dem Deutschen Reich und der Türkischen Republik v 28. 5. 1929 (RGBl 1930 II 747; hierzu Staudinger/Dörner [2007] Vorbem 184 ff zu Art 25 f EGBGB). Bei nicht testamentarisch-rechtsgeschäftlichen Testamentswiderrufen gilt Art 20 § 16 Abs 2 des Konsularvertrages unverändert fort (Staudinger/Dörner [2007] Vorbem 185 f, 66 f zu Art 25 f EGBGB).

In Art 6 des Haager TestÜbK ist bestimmt, dass die Regelungen **unabhängig** davon **136** Anwendung finden, **ob die Beteiligten Staatsangehörige eines Vertragsstaates** sind oder das **anzuwendende Recht das eines Vertragsstaates** ist (Staudinger/Dörner [2007] Vorbem 94 ff zu Art 25 f EGBGB).

4. Erbfälle ab 1. 9. 1986 bis 16. 8. 2015

137 Durch Gesetz zur Neuregelung des Internationalen Privatrechts v 25. 7. 1986 (BGBl I 1142) wurden Art 25, 26 EGBGB als einschlägige Vorschriften des Internationalen Erbrechts neu gefasst bzw eingefügt, ohne dass die Bestimmungen des Haager TestÜbK verdrängt werden (Staudinger/Dörner [2007] Art 26 EGBGB Rn 5). **Art 26 Abs 1 bis 4 EGBGB** regelt die Formvorschriften für Verfügungen von Todes wegen, **findet aber nur Anwendung, wenn und soweit das Haager TestÜbK nicht gilt** (Einzelheiten Staudinger/Dörner [2007] Art 26 EGBGB). Bei nicht testamentarisch-rechtsgeschäftlichen Testamentswiderrufen mit deutsch-türkischer Berührung findet Art 20 § 16 Abs 2 Konsularvertrag zwischen dem Deutschen Reich und der Türkischen Republik v 28. 5. 1929 (RGBl 1930 II 747) Anwendung (Staudinger/Dörner [2007] Vorbem 185 f, 66 f zu Art 25 f EGBGB).

5. Erbfälle seit 17. 8. 2015

138 Mit Wirkung seit dem 17. 8. 2015 sind die Europäische Erbrechtsverordnung (EuErbVO) und zeitgleich die neugefassten Art 25, 26 EGBGB in Kraft getreten (MünchKommBGB/Dutta Art 25, 26 EGBGB). Damit ist das Haager Testamentsformabkommen ergänzt worden (MünchKommBGB/Dutta Art 26 EGBGB Rn 1).

139 Für die Form einer Verfügung von Todes wegen ist Art 27 EuErbVO maßgebend. Für Testamente (auch gemeinschaftliche) gilt vorrangig das Haager Testamentsformabkommen (BeckOK/Hau/Poseck Art 27 EuErbVO Rn 3). Auf Erbverträge ist Art 27 EuErbVO anzuwenden (MünchKommBGB/Dutta Art 27 EuErbVO Rn 1). Art 22 EuErbVO räumt dem Erblasser eine beschränkte Rechtswahlfreiheit ein (Einzelheiten bei MünchKommBGB/Dutta Art 22 EuErbVO Rn 2 ff).

140 Zur Testierfähigkeit gilt: Für Erbfälle seit dem 17. 8. 2015 gilt die EuErbVO, zeitgleich sind Art 25, 26 EGBGB aF (1986) neu gefasst worden. Die Testierfähigkeit des Erblassers richtet sich gem Art 26 Abs 1 lit a), Abs 2 EuErbVO nach dem hypothetischen Erbstatut (Sorgel/Klingseis Rn 56 mwNw). Maßgebend sind daher grds gem Art 21 Abs 1 EuErbVO die materiell-rechtlichen Testierfähigkeitsvorschriften des Staates, in dem der Erblasser zum Zeitpunkt der Errichtung des Testaments seinen gewöhnlichen Aufenthalt hatte (Swane ErbR 2014, 117; Hausmann/Odersky § 15 Rn 202 ff; MünchKomm/Dutta Art 26 EuErbVO Rn 4 ff), sofern der Erblasser keine Rechtswahl in eine Rechtsordnung getroffen hat, die zB ein höheres Lebensalter für Testierfähigkeit voraussetzt (Art 22 Abs 3 EuErbVO).

141 Ab dem 1. 1. 2023 gilt Art 7 Abs 2 EGBGB, der entsprechend der vorrangig geltenden EuErbVO (Rn 140) bei der Testierfähigkeit an den gewöhnlichen Aufenthalt des Erblassers anknüpft.

Vorbemerkungen zu §§ 2229–2264

Schrifttum zu §§ 2229–2264

ADEN, Das todesnahe Testament, ZRP 2011, 83
ADLER, Paranoide Störungen im höheren Lebensalter (2001)
Alternativkommentar zum BGB, Bd 6 (1990) bearb v BUCHHOLZ/DÄUBLER/DERLEDER/DUBISCHAR/FINGER/F PARDEY/K-D PARDEY/SCHAPER/TEUBNER/WENDT
ARMBRÜSTER/PREUSS/RENNER, Beurkundungsgesetz und Dienstordnung für Notarinnen und Notare (8. Aufl 2019)
ARNDT/LERCH/SANDKÜHLER, Bundesnotarordnung (BNotO) (8. Aufl 2016)
ARNOLD, Die Änderungen des Beurkundungsverfahrens durch das Gesetz v 20. 2. 1980, DNotZ 1980, 262
ASBECK, Testamentseröffnung und Erbscheinerteilung beim „Berliner Testament" mit „Wiederverehelichungsklausel", MDR 1959, 897
BALDUS/STREMNITZER, Zur Vormerkungsfähigkeit künftiger Vermächtnisansprüche bei dauerhafter Testier- und Geschäftsunfähigkeit des Erblassers, DNotZ 2006, 598
BAMBERGER/ROTH/HAU/POSECK, Kommentar zum Bürgerlichen Gesetzbuch, Bd 3 (4. Aufl 2020) bearb v CHRISTMANN/HÖGER/LITZENBURGER/LOHMANN/J MAYER/SIEGMANN
BAROLIN/SCHEFFKNECHT, Zur Testier- und Geschäftsfähigkeit bei organischem Psychosyndrom am Beispiel des Schlaganfall-Patienten, Med Sach 1987, 83: 110
BARTSCH, Die postmortale Schweigepflicht des Arztes beim Streit um die Testierfähigkeit des Patienten, NJW 2001, 861
ders, Das Recht auf Einsicht in die Nachlassakte, ZErb 2004, 80
ders, Einsicht in Personenstandsregister, NJW-Spezial 2009, 199
BAUMANN, Das Amt des Notars – Seine öffentlichen und sozialen Funktionen, MittRhNotK 1996, 1
ders, Feststellungsverträge, in: Notar und Rechtsgestaltung, in: FS 200 Jahre Rheinisches Notariat (1998) 59
ders, Der erbrechtliche Auslegungsvertrag – Feststellungsvertrag, Vergleich (§ 779 BGB) oder Schuldvertrag sui generis?, ErbR 2010, 109
ders, Anforderungen an Namensunterschriften unter beurkundeten Verfügungen von Todes wegen, RNotZ 2010, 310
ders, Abschied vom erbrechtlichen Auslegungs- oder Feststellungsvertrag, RNotZ 2011, 33
ders, Das notarielle Erbscheinsverfahren nach dem FamFG, Teil 1 NotBZ 2011, 157; Teil 2 NotBZ 2011, 193
ders, Beiträge des Notars zur Gerechtigkeit, in: FS Fessler (2012) 13
ders, Die relative Testierfähigkeit, ZEV 2020, 193
ders, Vonselbsterwerb, Erbenhaftung und Ausschlagung, ErbR 2020, 300
ders, Widerrufs- und Widerspruchstestamente – Zur Abgrenzung zwischen § 2254 BGB und § 2258 BGB, ErbR 2022, 452
BAUMANN/SEER/KRUMM, Handbuch Unternehmensnachfolge (2011)
C BAUMANN, Erbrechtliche Verwirkungsklauseln (2009)
BAUMGÄRTEL/LAUMEN/PRÜTTING, Handbuch der Beweislast – BGB Erbrecht (3. Aufl 2016)
VON DER BECK, Norminhalt und Formenstrenge im Recht der Nottestamente (Diss Münster 1995)
BECKER/KLINGER, Feststellung der Testierunfähigkeit zu Lebzeiten des Erblassers?, NJW Spezial 2006, 493
Beck'sches Notarhandbuch (7. Aufl 2019) Abschn C, Erbrecht bearb v BENGEL/DIETZ
BEHREND, Eröffnung offener Testamente, ArchBürgR 31, 195
BEINKE, Der Formzwang beim privatschriftlichen Testament (Diss Marburg 1994/95)
A BENDER, Das postmortale Einsichtsrecht in Krankenunterlagen – ein zivilrechtliches Spannungsverhältnis zwischen ärztlicher Dokumentation und Schweigepflicht (Diss Erlangen-Nürnberg 1998)
BERNARD, Formbedürftige Rechtsgeschäfte (1979)

Beutgen, Die Geschichte der Form des eigenhändigen Testaments (Diss Köln 1992)
Bienwald/Sonnenfeld/Hoffmann, Betreuungsrecht (4. Aufl 2005)
Binder, Das luzide Intervall (Diss Med München 1998)
Bindseil, Konsularisches Beurkundungswesen, DNotZ 1985, 5
Blumenwitz, Zum Kollisionsrecht der notariellen Urkunde, DNotZ 1968, 712
Boeckler, Das notarielle Testament (2. Aufl 1973)
Bormann, Das Zentrale Testamentsregister in der notariellen Praxis, ZEV 2011, 628
Brah, Die Feststellung der Testierunfähigkeit durch den Notar (2013)
Brambring, Das Gesetz zur Änderung und Ergänzung beurkundungsrechtlicher Vorschriften in der notariellen Praxis, DNotZ 1980, 281
vBraunbehrens/Dose, Störungen der Testierfähigkeit, ErbBstg 2001, 23
Breitschmidt, Formvorschriften im Testamentsrecht, Züricher Studien zum Privatrecht (1982)
Breslauer, Teilweiser Widerruf von Privattestamenten ohne neue Datierung, JW 1933, 148
Brox/Walker, Erbrecht (29. Aufl 2021)
Bühler, Das Geheimhaltungsinteresse des Überlebenden bei der erstmaligen Eröffnung gemeinschaftlicher Verfügungen von Todes wegen, ZRP 1988, 59
Bumiller/Harders, FamFG – Freiwillige Gerichtsbarkeit (13. Aufl 2022)
Burandt/Rojahn, Erbrecht (3. Aufl 2019)
Burger, Probleme der gesetzlichen Schriftform (Diss München 1975)
Burkart, Das eigenhändige Testament nach § 2247 BGB – Seine Problematik und seine Zukunft, in: FS vLübtow (1991) 253
Christandl, Selbstbestimmtes Testieren in einer alternden Gesellschaft (2016)
Cording, Die Begutachtung der Testier- (un)fähigkeit, Fortschritte der Neurologie und Psychiatrie 2004, 72: 147
ders, Begutachtung der Geschäfts- und Testierfähigkeit, in: Widder/Gaidzik, Begutachtung in der Neurologie (2007) 168
ders, Die posthume Begutachtung der Testierfähigkeit, Forensische Psychiatrie, Psychologie, Kriminologie 2009, 3: 171
ders, Beweismittel zur Klärung der Testier(un)fähigkeit, ZEV 2010, 23
ders, Kriterien zur Feststellung der Testier(un)fähigkeit, ZEV 2010, 115
Cording/Foerster, Psychopathologische Kurztests durch den Notar – ein im Grundsatz verfehlter Vorschlag, DNotZ 2006, 329
Cypionka, Die Auswirkungen des BtG auf die Praxis des Notars, DNotZ 1991, 571
ders, Fortfall der Entmündigung Volljähriger – Auswirkungen auf den Rechtsverkehr, NJW 1992, 207
Däubler, Entwicklungstendenzen im Erbrecht, ZRP 1975, 136
Damrau/Tanck (Hrsg), Praxiskommentar Erbrecht (4. Aufl 2020)
Damrau/Zimmermann, Betreuungsrecht (5. Aufl 2022)
Das BGB mit besonderer Berücksichtigung der Rechtsprechung des Reichsgerichts und des Bundesgerichtshofes, Kommentar hrsg v Mitgliedern des Bundesgerichtshofes, Bd V (12. Aufl 1974 ff), Erbrecht bearb v Johannsen und Kregel (zit: RGRK-Bearbeiter)
Deinert, Betreuungszahlen 2015, BtPrax 2016, 218
Demharter, Grundbuchordnung (32. Aufl 2021)
Deusch, Digitales Sterben – Das Erbe im Web 2.0, ZEV 2014, 2
Deutsches Notarinstitut, Nachholung der vergessenen Unterschrift eines Beteiligten oder des Notars unter einer Urkunde, Report 1998, 33
Deutsches Notarinstitut, Nachweis des testamentarischen Erbrechts durch Vorlage einer sog „Blaupause“ bzw der Fotokopie eines handschriftlichen Testaments, Report 2000, 167
Deutsches Notarinstitut, Eröffnung eines Testaments durch das Nachlassgericht; Benachrichtigung der Beteiligten durch das Nachlassgericht; Einsichtnahme in das und Abschrifterteilung von dem eröffneten Testament; Beschränkungsmöglichkeiten des Erblassers, Dok-Nr 12149 (22. 3. 2007)
Deutsches Notarinstitut, Handeln unter ehemaligen Familiennamen; Bezeichnung der Beteiligten, Report 2013, 30
vDickhuth-Harrach, Die Rückgabe eines

Erbvertrages aus der notariellen Verwahrung, RNotZ 2002, 384
ders, Testament durch Wimpernschlag – Zum Wegfall des Mündlichkeitserfordernisses bei Beurkundung von Testamenten und Erbverträgen, FamRZ 2003, 493
ders, Gemeinschaftliches Testament oder Erbvertrag? – Eine kautelarjuristische Gestaltungsalternative im entstehungsgeschichtlichen Kontext, in: FS Otte (2005) 55
ders, Handbuch der Erbfolge-Gestaltung (2011)
Diehn, Das Zentrale Testamentsregister, NJW 2011, 481,
ders, Das Zentrale Testamentsregister in der notariellen Praxis, DNotZ 2011, 676
Dieterle, Das Geschiedenentestament, BWNotZ 1970, 170; 1971, 14
Dörner, Interlokales Erb- und Erbscheinsrecht nach dem Einigungsvertrag, IPRax 1991, 392
Drews/Halgasch, Erbrecht (3. Aufl 1979)
Ebenroth, Erbrecht (1992)
Eberl/Schärf, Testierfähigkeit und luzides Intervall bei Demenz und organischer Wesensänderung im Alter, ZAK 2019, 668
Eckhardt, Nochmals: Der Dolmetscher im Beurkundungsverfahren, ZNotP 2005, 221
Edenfeld, Die anwaltliche und notarielle Schweigepflicht nach dem Tod des Erblassers, ZEV 1997, 391
Eickmann, Das rechtliche Gehör im Verfahren vor dem Rechtspfleger, Rpfleger 1982, 449
Epple, Letztwillige Verfügungen für menschenwürdiges Sterben, Organspende, Widmung des Leichnams, BWNotZ 1981, 31
Erman, Handkommentar zum Bürgerlichen Gesetzbuch, 2. Bd (16. Aufl 2020) §§ 2229–2264 bearb v S u T Kappler
Ertl, Gestaltung von Testamenten und anderen Rechtsgeschäften für den Todesfall von sprech- und schreibbehinderten Personen, MittBayNot 1991, 196
Esch/Baumann/Schulze zur Wiesche, Handbuch der Vermögensnachfolge (7. Aufl 2009)
Eylmann/Vaasen, Bundesnotarordnung, Beurkundungsgesetz (1. Aufl 1999), (3. Aufl 2011), (4. Aufl 2016)
Fassbender/Grauel/Kemp/Ohmen/Peter, Notariatskunde (20. Aufl 2021)
Felix, Testament und Erbvertrag, Steuerungsinstrumente mit hohem Beratungsrisiko, DStR 1987, 599
Ferid/Firsching/Hausmann, Internationales Erbrecht (Loseblatt 2022)
Firsching/Graf, Nachlassrecht (11. Aufl 2019)
Fischer, Nochmals: Durchführung der Rückgabe von Testamenten gemäß § 2256, Rpfleger 1958, 177
Foerste, Die Form des Testaments als Grenze seiner Auslegung, DNotZ 1993, 84
Foerster, Zur Begutachtung der Testierfähigkeit, in: Möller/Rhode, Psychische Krankheiten im Alter (1993)
Frank, Erbrechtliche Regelungen des OLGVertrÄndG, NotBZ 2003, 8
Frank/Helms, Erbrecht (7. Aufl 2018)
Frenz, Testierfreiheit, Notar und Rechtsprechungsvolten, ZNotP 2006, 329
Frenz/Miermeister (vorm Eylmann/Vaasen), Bundesnotarordnung, Beurkundungsgesetz (5. Aufl 2020)
Frieser/Sarres/Stückemann/Tschichoflos, Handbuch des Fachanwalts Erbrecht (7. Aufl 2019)
Fröhler, Das Verfahren in Nachlass- und Teilungssachen nach dem neu geschaffenen FamFG, BWNotZ 2008, 183
Funk, Das Erbe im Netz. Rechtslage und Praxis des digitalen Nachlasses (2017)
Gaier, Die Bedeutung der Grundrechte für das Erbrecht, ZEV 2006, 2
Gebhardt, Der Zeitpunkt der Beurteilung der Sittenwidrigkeit eines Testamentes, Rpfleger 2008, 622
Geimer, Konsularisches Notariat, DNotZ 1978, 3
Gerken, Zur Familien- und Lebenssituation alter Menschen – Wandel in den Grundlagen des Erbrechts, ZRP 1991, 426
Gillmeister, Das Nottestament vor drei Zeugen gem § 2250 BGB – Voraussetzungen, Haftungsrisiken für die Beteiligten und Minimierungsmöglichkeiten dieser Risiken, ZMGR 2015, 91 ff
Glaser, Begriff der Eigenhändigkeit der Unterschrift im Sinne des § 2242 BGB, Betrieb 1957, 233
ders, Eigenhändigkeit der Unterschrift des Erb-

lassers im öffentlichen Testament, DNotZ 1958, 302
Gleich, Zur Testamentseröffnung, ZBlFG 1911, 211
Goebel, Testierfähigkeit als Persönlichkeitsrecht (2004)
Göppinger/Witter, Handbuch der forensischen Psychiatrie (1972)
Görgens, Die Bindung des Richters an das Gesetz und die Formerfordernisse des eigenhändigen Testaments (Diss Bochum 1975)
ders, Überlegungen zur Weiterentwicklung des § 2247 BGB, JR 1979, 357
Goldkamp, Sicherung der Verfügung von Todes wegen, NJW 2020, 2762
ders, Das verschwundene Testament, ErbR 2022, 111
Granicky, Durchführung der Rückgabe eines Testaments gemäß § 2256 BGB, Rpfleger 1957, 246
Groll, Praxis-Handbuch Erbrechtsberatung (5. Aufl 2019)
Grosse-Wilde/Quart, Deutscher Erbrechtskommentar (2. Aufl 2010)
Grüneberg (vormals Palandt), Bürgerliches Gesetzbuch (81. Aufl 2022) Erbrecht bearb v Weidlich
Grundmann, Favor Testamenti – Zu Formfreiheit und Formzwang bei privatschriftlichen Testamenten, AcP 187 (1987) 429
Grunsky, Kein Widerruf wechselbezüglicher letztwilliger Verfügungen bei Testierunfähigkeit des anderen Ehegatten, ErbR 2013, 98
Grziwotz, (Hrsg), Notarielle Gestaltungen bei geänderten Familienstrukturen (2012)
ders, Die Testierfähigkeit von Erblassern – Notwendigkeit der Feststellung und notarielle Pflichten, MDR 2016, 737
Grziwotz/Heinemann, Beurkundungsgesetz (4. Aufl 2022)
Gursky, Erbrecht (7. Aufl 2018)
Gustafson/Brun, Frontotemporale Demenzen, in: Förstl, Lehrbuch der Gerontopsychiatrie und -psychotherapie (2. Aufl 2003) 360
Gutzeit/Wöhrmann, Das Nottestament (12. Aufl 1938)
Hahn, Die Auswirkungen des Betreuungsrechts auf das Erbrecht, FamRZ 1991, 27
Harder/Kroppenberg, Grundzüge des Erbrechts (5. Aufl 2002)
Hardt, Amtsermittlung, Parteiverhalten und Feststellungslast im Erbscheinsverfahren – zugleich eine Untersuchung über die Verteilung der „Beweislast“ bei Errichtung und Anfechtung privatschriftlicher Testamente (Diss Mainz 1998)
Harrer/Frank, Zur Beurteilung der Testierfähigkeit bei zerebralen Abbauprozessen – unter besonderer Berücksichtigung des „luciden Intervalls“, in: Pohlmeier/Deutsch/Schreiber (Hrsg), Forensische Psychiatrie heute (1986) 278
Haug/Zimmermann, Die Amtshaftung des Notars (4. Aufl 2018)
Hausmann/Hohloch, Handbuch Erbrecht (2. Aufl 2010)
Haussmann/Odersky, Internationales Privatrecht in der Notar- und Gestaltungspraxis (4. Aufl 2021)
Hecker/Müller-Chorus, Handbuch der konsularischen Praxis (3. Aufl 2008)
Heinemann, Zu den Anforderungen an die Unterschrift der Beteiligten in der notariellen Niederschrift (Anm zu OLG Stuttgart ZNotP 2002, 229), ZNotP 2002, 223
Hellfeier, Die Neuerrichtung eines durch schlüssige Handlungen nach § 2255 Satz 1 BGB widerrufenen Testaments, ZEV 2003, 1
Helms, Der Widerruf und die Anfechtung wechselseitiger Verfügungen bei Geschäfts- und Testierunfähigkeit, DNotZ 2003, 104
Hergenröder, Testieren 2.0: Errichtung eines digitalen eigenhändigen Testaments mittels Touch- oder Smartpen?, ZEV 2018, 7
Herold, Die Formvorschriften des ordentlichen öffentlichen Testaments, ZBlFG 1919/20, 65
ders, Was in Privattestamenten häufig falsch gemacht wird, GrundE 1985, 709
Herold/Kirmse, Vorteilhafte Testamentsgestaltung (5. Aufl 1985)
B Herrmann, Die Anerkennung formungültiger letztwilliger Verfügungen (Diss Bonn 1969)
S Herrmann, Erbrecht und Nachlaßverfahren in der DDR (1989)
Herzog, Der digitale Nachlass – ein bisher kaum gesehenes und häufig missverstandenes Problem, NJW 2013, 3745
dies, Das streitige Erbscheinsverfahren aus anwaltlicher Sicht unter besonderer Berücksichti-

gung des Einwands der Testierunfähigkeit, ZErb 2016, 34
HERZOG/PRUNS, Der digitale Nachlass in der Vorsorge und Erbrechtspraxis (2018)
HESS, Das Einsichtsrecht der Erben und Angehörigen in Krankenunterlagen des Erblassers, ZEV 2006, 479
HILL, Zweimalige Testamentseröffnung? – Zur Frage, ob das in Österreich „kundgemachte" Testament eines Deutschen in Deutschland abermals zu eröffnen ist, DNotZ 1974, 273
HILLERMEIER, Überlegungen über eine Neuordnung der Registrierung von Testamenten, StAZ 1979, 137
vHIPPEL, Formalismus und Rechtsdogmatik, dargestellt am Beispiel der „Errichtung" des zeugenlosen Schrifttestaments (1935)
ders, Rechtsform und Rechtsformalismus, JW 1938, 625
ders, Die Unterschrift des eigenhändigen Testaments, ZAkDR 1941, 269; 1942, 104
HIRSCHBERG, Die Nichtverkündung von Testamenten und ihre Folgen (1910)
HIRSCHWALD/KARGER, Das Testament (5. Aufl 1965)
HÖRER, Zur Testamentseröffnungspflicht der baden-württembergischen Notariate gemäß § 2261 BGB, BWNotZ 1977, 87
HOFFMANN/GLIETSCH, Konsularrecht. Sammlung der völkerrechtlichen Vereinbarungen und innerstaatlichen Rechtsvorschriften der Bundesrepublik Deutschland über konsularische Beziehungen, Konsularbeamten, ihre Aufgaben und Befugnisse mit Kommentar zum Konsulargesetz, Loseblatt (Stand: 01/2020)
HOHLOCH, Aufrechterhaltung eines nur von einem Ehegatten unterschriebenen Berliner Testaments als Einzeltestament?, JuS 2001, 186
HOLLER, Testierunfähigkeit im Erbschaftsteuerrecht, ErbR 2014, 112
HOLZHAUER, Die eigenhändige Unterschrift (1973)
HORN, Prüfung der Wirksamkeit von Testamenten und Erbverträgen, NJW 2017, 2392
HORN/KROISS/SEITZ, „Testamentsfälschung": Das Schriftgutachten im Erbscheinsverfahren, ZEV 2013, 24
HORNUNG, Die geschäftliche Behandlung der Verfügungen von Todes wegen im Hinblick auf das Verfahren zur Eröffnung von Testamenten und Erbverträgen, JVBl 1964, 225
ders, Wie weit ist die Erfassung der Verfügung von Todes wegen in die Vergangenheit zu erstrecken?, JVBl 1965, 247
HORSCH, Neue Aspekte zur Bestimmung des maßgeblichen Zeitpunktes der Sittenwidrigkeit von letztwilligen Verfügungen, Rpfleger 2005, 285
HOSEMANN, Von den Bedenken gegen das Testieren „im stillen Kämmerlein" – Die Geschichte des eigenhändigen Testaments in Deutschland, dargestellt aus Anlass des 200. Geburtstags des Badischen Landrechts –, RNotZ 2010, 520
HÜLSMANN/BALDAMUS, Ärztliche Schweigepflicht versus Informationsinteresse der Erben, ZEV 1999, 91
ISCHINGER, Nichtvorhandene Testamentsurkunden, Rpfleger 1949, 559; 1951, 115
IVO, Kann der Betreuer vom Notar die Erteilung einer Testamentsabschrift verlangen?, EE 2004, 86
JAKOBS/SCHUBERT, Die Beratung des Bürgerlichen Gesetzbuchs in systematischer Zusammenstellung der unveröffentlichten Quellen, Erbrecht, 1. u 2. Teilband (2002)
JANDA, Grundfragen der Einschränkung der zivilrechtlichen Handlungsfähigkeit – Das Rechtsinstitut der Betreuung im Spiegel der allgemeinen Regeln zu Geschäftsfähigkeit und gesetzlicher Vertretung, FamRZ 2013, 16
JANSEN/LÄNGRICH, Leitfaden des Erbrechts der DDR (1959)
JAHRMARKT, Typische Fehler in letztwilligen Verfügungen, Inf 1986, 193
JAUERNIG, Bürgerliches Gesetzbuch mit Erläuterungen (18. Aufl 2021), darin Erbrecht bearb v STÜRNER
JOSEF, Beurkundungen eines geisteskranken Notars, Recht 1913, 731
ders, Der fehlerhafte Staatsakt in der freiwilligen Gerichtsbarkeit, AöR 1934, 324
juris PraxisKommentar BGB (7. Aufl 2014), Erbrecht bearb v BAUERMEISTER/BIRKENHEILER/EHM/GEIGER/B HAMDAN/M HAMDAN/HAU/HEILMANN/KERSCHER/KLINCK/KNIESBECK/LANGE/LEHRMANN/LENZ/LINNARTZ/LOCHER/OTTO/REISCHL/REYMANN/SCHÄFER/SCHNEIDER/SCHÜTTE/TOUSSAINT/WILDEMANN

KANZLEITER, Die Aufrechterhaltung der Bestimmungen eines unwirksamen gemeinschaftlichen Testaments als einseitige letztwillige Verfügungen, DNotZ 1973, 133
ders, Feststellungen über die Geschäftsfähigkeit inner- oder außerhalb der Niederschrift?, DNotZ 1993, 434
ders, Anforderungen an die Unterschriften von Beteiligten und Notar unter der notariellen Niederschrift, DNotZ 2002, 520
ders, Anforderungen an die Unterzeichnung der Niederschrift durch die Beteiligten – Anmerkungen zum Urteil des BGH vom 25. 10. 2002 – V ZR 279/01, MittBayNot 2003, 197
ders, Widerruf eines (privatschriftlichen) Testaments nach § 2255 BGB durch Veränderungen an einer Kopie des Originaltestaments?, ErbR 2014, 268
KAPPESSER, Die Nottestamente des BGB (1995)
KAPS, Das Testamentsrecht der Weltgeistlichen und Ordenspersonen (1958)
KARGER, Das Testament – wie es sein soll, gemeinverständliche Einführung mit 155 Beispielen (5. Aufl 1965)
KEGEL, Die lachenden Doppelerben: Erbfolge beim Versagen von Urkundspersonen, in: FS Flume I (1978) 545
KEIDEL, Kommentar zum Gesetz über das Verfahren in Familiensachen und die Angelegenheiten der freiwilligen Gerichtsbarkeit, FamFG (20. Aufl 2020)
B KEIM, Das notarielle Beurkundungsverfahren (1990)
C KEIM, Die Aufhebung von Erbverträgen durch Rücknahme aus amtlicher oder notarieller Verwahrung, ZEV 2003, 55
KERSCHER/KRUG, Das erbrechtliche Mandat (6. Aufl 2019)
KERSTEN/BÜHLING, Formularbuch und Praxis der Freiwilligen Gerichtsbarkeit (26. Aufl 2019) Erbrecht, §§ 98 ff, bearb v WEGMANN
KIPP/COING, Erbrecht (14. Aufl 1990)
KLEIN, Studie zu § 2255, ArchBürgR 40, 196
KLINGELHÖFFER, Testierunfähigkeit und ihre Geltendmachung im Nachlaßverfahren, ZEV 1997, 92
KLINGER/ROTH, Beweislastfragen bei Vernichtung, Veränderung oder Unauffindbarkeit eines Testaments, NJW-Spezial 2009, 7
KLINGER/SEIBT, Testamentsfälschung – Was nun?, NJW-Spezial 2010, 679
dies, Altersbestimmung von Testamenten, NJW-Spezial 2011, 167
KLOSTER-HARZ, Zur Testierfähigkeit gemäß § 2229 Abs 4 BGB, ZAP 2005, 171
dies, Wann ist ein Testament wegen Testierunfähigkeit unwirksam?, Erbrecht effektiv 2006, 30
dies, Gibt es eine postmortale Schweigepflicht bezüglich der Testierfähigkeit des Erblassers?, Erbrecht effektiv 2006, 69
KLUNZINGER, Die Maßgeblichkeit des Erblasserwillens beim Widerruf des Widerrufs, DNotZ 1974, 278
KÖBL, Die Bedeutung der Form im heutigen Recht, DNotZ 1983, 107
KÖHLER, Die Unterschrift als Rechtsproblem, in: FS Schippel (1996) 209
KÖRNER, Die letztwilligen Anordnungen des Alleinstehenden, ZEV 1995, 13
KRÄTZSCHEL, Die Errichtung letztwilliger Verfügungen in Corona-Zeiten, ZEV 2020, 268
KRAUSE, Kann eine formmangelhafte Verfügung von Todes wegen rechtsgültig sein?, FamRZ 1955, 161
ders, Die Grenzen der Gestaltung von Verfügungen von Todes wegen, NotBZ 2002, 349
KRÖBER/DÖLLING/LEYGRAF/SASS, Handbuch der forensischen Psychiatrie, Band 5: Forensische Psychiatrie im Privatrecht und Öffentlichen Recht (2010)
KROISS, Die Rechtsmittel im nachlassgerichtlichen Verfahren nach dem FamFG, ZEV 2009, 224
ders, Das neue Nachlassverfahrensrecht, ZErb 2008, 300
ders, Schnittstellen Erbrecht und Betreuungsrecht, ErbR 2022, 193
KROISS/HORN, Erbrecht s NomosKommentar (6. Aufl 2022) (zit: NK-Bearbeiter)
KROPPENBERG, Erbrechtliche Herausforderungen des demographischen Wandels, ErbR 2010, 206
dies, Die Testierfähigkeit betagter Erblasser de lege lata und de lege ferenda, in: FS Bengel/Reimann (2012) 199
KRUSE, Zur Feststellung der Testierfähigkeit durch den Notar, NotBZ 2001, 405, 448
KUTSCHER, Der digitale Nachlass (2015)

Kuchinke, Ärztliche Schweigepflicht, Zeugniszwang und Verpflichtung zur Auskunft nach dem Tod des Patienten, in: GS Küchenhoff (1987) 371
H Lange, Das Recht des Testaments, 1. Denkschrift des Erbrechtsausschusses der Akademie für deutsches Recht (1937)
ders, Das Gesetz über die Errichtung von Testamenten und Erbverträgen, ZAkDR 1938, 577
K W Lange, Erbrecht (2. Aufl 2017)
Lange/Kuchinke, Lehrbuch des Erbrechts (5. Aufl 2001)
Lange/Wulff/Lüdtke-Handjery, Höfeordnung (11. Aufl 2015)
Langelüddeke/Bresser, Gerichtliche Psychiatrie (4. Aufl 1976)
Langenfeld, Vertragsgestaltung (3. Aufl 2004)
ders, Das Ehegattentestament (1994)
Langenfeld/Fröhler, Testamentsgestaltung (5. Aufl 2015)
Lehner, Letztwillige Verfügungen über den menschlichen Körper, NJW 1974, 593
Leipold, Wille, Erklärung und Form insbesondere bei der Auslegung von Testamenten, in: FS Müller-Freienfels (1986) 421
ders, Erbrecht (22. Aufl 2020)
Lerch, Der Dolmetscher bei der Beurkundung, NotBZ 2006, 6
ders, Beurkundungsgesetz (5. Aufl 2016)
DeLeve, Deutsch-deutsches Erbrecht nach dem Einigungsvertrag (1995)
ders, Verfügung von Todes wegen nach Art 235 § 2 EGBGB, Rpfleger 1996, 141
Lichtenwimmer, Die Feststellung der Geschäfts- und Testierfähigkeit durch den Notar, MittBayNot 2002, 240
Lipp, Examens-Repetitorium Erbrecht (2006)
Litzenburger, Sind die notariellen Vermerkpflichten zur Geschäftsfähigkeit mit dem Grundrecht auf Schutz der Privatsphäre vereinbar?, ZEV 2016, 1
Löhnig/Fischinger, Erbrecht (4. Aufl 2022)
Löhning, Zur Testierfähigkeit Minderjähriger, in: FS Bengel/Reimann (2012) 231
Lösler, Zur Testiermöglichkeit schreib- und sprechunfähiger Stummer, NotBZ 1999, 185
Löwisch, Die Neuregelung des Volljährigkeitsalters, NJW 1975, 15
Lorz/Kirchdörfer, Unternehmensnachfolge (2. Aufl 2011)
Luckey, Unternehmensnachfolge (2. Aufl 1998)
vLübtow, Zur Lehre vom Widerruf des Testaments, NJW 1968, 1849
ders, Erbrecht, 2 Bde (1971)
Lützeler, Testamentseröffnung und probate of a will (Diss Köln 1965)
Marschner, Testierunfähigkeit bei psychischer Krankheit, Rezension des BayObLG-Beschluss vom 14. 9. 2001, Recht und Psychiatrie 2002, 20: 246–247
Mayer, Zur wirksamen Errichtung eines Nottestaments, ZEV 2002, 140
ders, Offene Fragen des Erbrechts an die Verfassung – (noch) ungelöste Fälle aus der Praxis, Teil 1, ErbR 2010, 34
Merle, Zur Rückgabe eines öffentlichen Testaments aus der amtlichen Verwahrung, AcP 171 (1971) 486
Methner, Ehe- und Testamentsrecht (1938)
Michalski, BGB-Erbrecht (4. Aufl 2010)
Michalski/Schmidt, BGB-Erbrecht (5. Aufl 2019)
Michel, Zulässige und unzulässige Schreibhilfe bei Errichtung eines eigenhändigen Testaments, ArchKrim 1978, 1
G Müller, Betreuung und Geschäftsfähigkeit (1998)
dies, Erwiderung zum Beitrag von Stoppe/Lichtenwimmer, Die Feststellung der Geschäfts- und Testierfähigkeit beim alten Menschen durch den Notar – ein interdisziplinärer Vorschlag, DNotZ 2006, 325
G Müller-Engels, Vormundschafts- und Betreuungsrechtsreform 2023: Wissenswertes für den Erbrechtler, ErbR 2022, 666
M Müller, Die Bestätigung nichtiger Rechtsgeschäfte nach § 141 BGB (1989)
R Müller, Die Beurteilung der Testierfähigkeit – eine empirische Untersuchung (Med Diss LMU München, 1991)
Müller-Freienfels, Die Rückgabe eines Testaments aus der amtlichen Verwahrung – eine Untersuchung zu § 2256 BGB (Diss Mainz 1983)
Mümmler, Zur besonderen amtlichen Verwahrung von Verträgen mit erbrechtlichen Folgen, JurBüro 1976, 12
Münchener Kommentar zum Bürgerlichen Ge-

setzbuch (9. Aufl 2022) Bd 11: Erbrecht bearb v Ann/Gergen/Grziwotz/Helms/Küpper/Lange/Leipold/Lieder/Musielak/Rudy/Sticherling/Wegerhoff und Zimmermann

Münchener Vertragshandbuch (7. Aufl 2016) Bd 6, Erbrecht bearb v Otto

Muer, Das elektronische Testament, ErbR 2022, 277

Muscheler, Erbrecht I und II (2010)

Nedopil/Müller, Forensische Psychiatrie. Klinik, Begutachtung und Behandlung zwischen Psychiatrie und Recht (5. Aufl 2017)

Neuner, Die Stellung Körperbehinderter im Privatrecht, NJW 2000, 1822

Nieder, Testamentserrichtung äußerungsbehinderter Erblasser, ZNotP 2001, 335

ders, Errichtung von Testamenten erklärungsbehinderter Erblasser (§§ 2232, 2233 BGB nF §§ 22–24 BeurkG nF), ZNotP 2003, 202

Nieder/Kössinger, Handbuch der Testamentsgestaltung (6. Aufl 2020)

NomosKommentar BGB Bd 5: Erbrecht, hrsg v Kroiss, Horn (6. Aufl 2022) (zit: NK-Bearbeiter)

Odersky, Erbrecht – Aktuelle Entwicklungen Januar 2007 bis Mai 2008 mit Ausblick auf die Erbrechtsreform, notar 2008, 123

Ohr, Das formungültige Testament als unechte Urkunde, JuS 1967, 255

Olzen/Looschelders, Erbrecht (6. Aufl 2020)

Otte, Erbrecht (1974)

ders, Das eigenhändige Testament als ordentliche Errichtungsform nach dem BGB – Gründe und Einwände, in: Schmoeckel/Otte, Europäische Testamentsformen (2011)

ders, Privatautonomie im Erbrecht, ErbR 2009, 2

Paal, Sittenwidrigkeit im Erbrecht, JZ 2005, 436

Palandt, Bürgerliches Gesetzbuch (bis 80. Aufl 2021) jetzt: Grüneberg, Erbrecht bearb v Weidlich

Panz, Die Auswirkungen von SARS-CoV-2 auf die notarielle Tätigkeit, BWNotZ 2020, 2

Peters, Unterschrift auf dem Umschlag als Testamentsunterschrift?, in: FS Zöllner (1999) 1217

Planck, Kommentar zum Bürgerlichen Gesetzbuch, 5. Bd (4. Aufl 1930) Erbrecht bearb v Ebbecke, Flad, Greiff und Strecker

Pötzsch, Hat das privatschriftliche Testament noch Daseinsberechtigung?, NJ 1951, 361

Prütting/Wegen/Weinreich, BGB (12. Aufl 2017), zit: PWW/Avenarius

Rahn, Die Verschließung des Testaments, JR 1949, 143

Rasch, Forensische Psychiatrie (3. Aufl 2004)

Rasch/Bayerl, Der Mythos vom luziden Intervall, Lebensversicherungsmedizin 1985, 2

Rauch, Über die Begutachtung der Testierfähigkeit, Med Sach 1962, 58: 1

vRechberg/Bayer/Westphal, Nochmals: Die beglaubigte Testamentskopie als Erbausweis im Rechtsverkehr, Rpfleger 1980, 458

ders, Rechtliches Gehör in Nachlaßsachen, Rpfleger 1983, 204

Rechenmacher, Das Gesetz zur Wiederherstellung der Gesetzeseinheit auf dem Gebiet des bürgerlichen Rechts vom 5. 3. 1953, NJW 1953, 768

Reich-Rohrwig, Erbrecht (2. Aufl 2020)

Reichsgerichtsrätekommentar, BGB-RGRK, Das bürgerliche Gesetzbuch mit besonderer Berücksichtigung der Rechtsprechung des Reichsgerichts und des Bundesgerichtshofes, Kommentar hrsg v Mitgliedern des Bundesgerichtshofes, Bd V (12. Aufl 1974 f), bearb v Johannsen und Kregel

Reimann, Die Änderungen des Erbrechts durch das OLG-Vertretungsänderungsgesetz, FamRZ 2002, 1383

Reimann/Bengel/Dietz, Testament und Erbvertrag (7. Aufl 2020)

Reithmann, Zur Formulierung der notariellen Urkunde, DNotZ 1973, 152

Reithmann/Albrecht, Handbuch der notariellen Vertragsgestaltung (8. Aufl 2001), bearb v Reithmann/Albrecht/Kurz/Riegel/Röll

Renner, Erben und Vererben unter besonderer Berücksichtigung einer bestehenden Betreuung, BtPrax 1999, 167

ders, Der Dolmetscher im Beurkundungsverfahren, ZNotP 2005, 145

ders, Die Namensunterschrift, NotBZ 2003, 178

Richter, Rechtsbereinigung in Baden-Württemberg, Rpfleger 1975, 417

Rieger, Lehrbuch der Rechtsmedizin (5. Aufl 1992)

Ritz-Mürtz, Das neue Betreuungsgesetz, MittBayNot 1991, 233
Röthel, Testierfähigkeit und Testiermacht, AcP 210 (2010) 32
dies, Testamentsformen, Jura 2014, 475
dies, Form und Privatautonomie: Blicke auf das eigenhändige Testament, in: Schmoeckel (Hrsg), Das holographische Testament (2015) 33
dies, Erbrecht, 18. Aufl (2020)
Rohlfing/Mittenzwei, Die verfassungsrechtliche Beurteilung des Ausschlusses von Mehrfachbehinderten von der Testierfähigkeit, FamRZ 2000, 654
Rossak, Kann ein schreibunfähiger Stummer ein Testament errichten?, MittBayNot 1991, 193
ders, Die Testierfähigkeit bzw Testiermöglichkeit Mehrfachbehinderter, ZEV 1995, 236
ders, Folgen des verfassungswidrigen Ausschlusses Mehrfachbehinderter von jeglicher Testiermöglichkeit für die notarielle Praxis, ZEV 1999, 254
ders, Neue Vorschriften zum materiellen Recht der Testamentserrichtung und zum Beurkundungsrecht bei Beteiligung von behinderten Erblassern, ZEV 2002, 435
Rotering, Rechtstatsächliche Untersuchungen zum Inhalt eröffneter Verfügungen von Todes wegen (1986)
Roth, Das Datum der Testamentserrichtung – Ein Beitrag zur Feststellungslast bei möglicher Testierunfähigkeit, ZEV 1997, 94
Ruby, Beweisfragen zur Wirksamkeit von Testamenten (1. und 2. Teil), NJW-Spezial 2005, 301 und 349
Sagan, Rückwirkende Rechtsprechungsänderung (2022)
Sanders/Göldner, Das Tablet-Testament, ErbR 2020, 335
Schäfer/Heinsius, Testament und Erbe (18. Aufl 1987)
Schäckel, Der Rechtsberater als Zeuge in Rechtsstreitigkeiten (Diss Münster 1999/2000)
Schellhammer, Erbrecht (3. Aufl 2010)
Scherer, Münchener Anwaltshandbuch Erbrecht (5. Aufl 2018)
ders, Unternehmensnachfolge (6. Aufl 2020)
Schiemann, Kautelarjuristische Überlegungen zur Rolle des Erbrechts in einer älter werdenden Gesellschaft, in: FS Otte (2005) 313
Schiffer, Erbrechtliche Gestaltung: Letztwillige Schiedsklauseln – Möglichkeiten und Hinweise, BB 1995, Beilage 5, 2
Schlüter/Röthel, Erbrecht (18. Aufl 2020)
R Schmidt, Der Widerruf des Testaments durch Vernichtung oder Veränderung der Testamentsurkunde, MDR 1951, 321
ders, Überspannung des Formalismus im Testamentsrecht, JZ 1951, 745
Schmidt/Schmidt, Die Nottestamente: Bürgermeister-Testament und Drei-Zeugen-Testament, JuS 1996, 598
Schmitz, Die Bedeutung der Datumsangabe im eigenhändigen Testament, ErbR 2017, 260
ders, Ärger mit eigenhändigen Testamenten, ErbR 2019, 332
Schmoeckel (Hrsg), Das holographische Testament (2015)
ders, Die Geschäfts- und Testierfähigkeit von Demenzkranken, NJW 2016, 433
ders, Erbrecht (6. Aufl 2020)
Schmoeckel/Otte (Hrsg), Europäische Testamentsformen (2011)
Schneider, Problemfälle aus der Prozeßpraxis: Zwei Testamente, MDR 1990, 1086
ders, Darf zu Lebzeiten des Erblassers Klage erhoben werden auf Feststellung, ob eine Verfügung von Todes wegen bestimmte Folgen hat?, ZEV 1996, 56
Schopp, Letztwillige Bestimmungen über die Unternehmensfortführung durch Dritte, Rpfleger 1978, 77
Schramm, Ausschluß von Erben, BWNotZ 1977, 88
Schröder/Meyer, Eröffnetes notarielles Testament versus Erbschein – Zum Regelfall des Nachweises der Erbenstellung, NJW 2006, 3525
Schünemann, Kein Widerruf eines vor einem Richter errichteten Testaments durch Rücknahme aus der amtlichen Verwahrung, JurBüro 1970, 142
Schulze, Über die Verwendung der Blindenschrift bei der Errichtung letztwilliger Verfügungen, DNotZ 1955, 629
Schulze/Dörner/Ebert/Fries/Friesen/Himmen/Hoeren/Kemper/Saenger/Scheuch/Schreiber/Schulte-Nölke/Staudinger/Wiese, Handkommentar Bürgerliches Gesetzbuch

(11. Aufl 2022), Erbrecht bearb v HOEREN (zit: HK-BGB/HOEREN)
SEIBERT, Testierfähigkeit und Willensfreiheit (2015)
SEIBOLD, Die Errichtung einer Verfügung von Todes wegen durch ausländische Staatsangehörige, BWNotZ 1979, 153
SEIBT, Forensische Schriftgutachten, Einführung in Methoden und Praxis der forensischen Handschriftenuntersuchung (1999)
SEIDLER, Digitaler Nachlass – Das postmortale Schicksal elektronischer Kommunikation (2016)
SINGER, Abschaffung des eigenhändigen Testaments?, DNotZ 1934, 482
SOERGEL, Bürgerliches Gesetzbuch, Bd 21–23 (13. Aufl 2002/2003), bearb v DAMRAU/DIECKMANN/LORITZ/J MAYER/STEIN/WEGMANN/WOLF/ZIMMERMANN
SONNTAG, Auslegungskriterien bei sich widersprechenden Testamenten vom selben Tag, ZEV 1996, 1
SPEITH, Testamentseröffnung nach deutschem Recht und „probate of wills" nach dem Recht der USA unter besonderer Berücksichtigung der rechtsgeschichtlichen Entwicklung (Diss Köln 1974)
SPIEGELBERGER, Vermögensnachfolge (3. Aufl 2020)
SPRINGORUM, Testierfähigkeit, Zeitschrift für ärztliche Fortbildung 1992, 811
STAGL, Der Wortlaut als Grenze der Auslegung von Testamenten, Die Andeutungstheorie im Testamentsrecht Deutschlands, Österreichs und der Schweiz (Diss Freiburg 2000)
STARKE, Erbnachweis durch notarielles Testament, NJW 2005, 3184
STAUF, Umfang und Grenzen der Verweisungsmöglichkeiten nach § 13a BeurkG und der eingeschränkten Vorlesungspflicht nach § 14 BeurkG, RNotZ 2001, 129
STEDEN, Formfreie und formbedürftige Änderungen des eigenhändigen Testaments (Diss Mainz 1971)
STELLWAAG, Nochmals: Zwei Testamente, MDR 1991, 501
STERN, Eine historische Studie über das eigenhändige Testament (Diss Freiburg 1908)
STOPPE/LICHTENWIMMER, Die Feststellung der Geschäfts- und Testierfähigkeit beim alten Menschen durch den Notar – ein interdisziplinärer Vorschlag, DNotZ 2005, 806
STROHAL, Das deutsche Erbrecht, 2 Bde (3. Aufl 1903 f)
STUMPF, Postscripta im eigenhändigen Testament, FamRZ 1992, 1131
TANCK/KRUG, Anwaltformulare Testamente (5. Aufl 2015)
TRILSCH-ECKARDT, Das „Wechselrahmentestament", ZEV 1996, 299
VAN VENROOY, Die Testierfähigkeit im Internationalen Privatrecht, JR 1988, 485
VENZLAFF/FOERSTER, Psychiatrische Begutachtung (5. Aufl 2009)
WACKE, Mentalreservation und Simulation als antizipierte Konträrakte bei formbedürftigen Geschäften – insbes bei Testamentserrichtung und Heirat, in: FS Medicus (1999) 651
F WAGNER, Der Grundsatz der Selbstentscheidung bei Errichtung letztwilliger Verfügungen (1996)
WALTER, Die Auswirkungen des Personenstandsrechtsreformgesetz im Bereich des Nachlaßrechts, Rpfleger 2008, 611
WEGMANN, Ehegattentestament und Erbvertrag (4. Aufl 2010)
WELTER, Auslegung und Form testamentarischer Verfügungen (1985)
WENDLER, Die Ausübung hoheitlicher Befugnisse durch Konsuln auf fremdem Staatsgebiet nach der Wiener Konsularkonvention vom 24. 4. 1953 (Diss Frankfurt aM 1977)
WERNER, Zur Eigenhändigkeit letztwilliger Verfügungen, DNotZ 1972, 6
ders, Das kopierte Erblasserschreiben, JuS 1973, 434
WESER, Die Auswirkungen des Betreuungsgesetzes auf die notarielle Praxis, MittBayNot 1992, 161
WESTPHAL, Die beglaubigte Testamentskopie als Erbausweis im Rechtsverkehr, Rpfleger 1980, 214, 460
WETTERLING, Was hat der Erbrechtler mit Fragen der Medizin zu tun?, ErbR 2010, 345
WETTERLING/NEUBAUER/NEUBAUER, Psychiatrische Gesichtspunkte zur Beurteilung der Testierfähigkeit, ZEV 1995, 46
dies, Testierfähigkeit von Dementen, Psychiat Prax 1996, 23: 213

WIDMANN, Testamentserklärungen und Bestattungsanordnungen in Bestattungsvorsorgeverträgen, FamRZ 2001, 74
WILL, Zweimalige Testamentseröffnung, DNotZ 1974, 273
WINGERTER, Die eigenhändige letztwillige Verfügung im Spannungsverhältnis zwischen Form und der Verwirklichung des Erblasserwillens – zugleich ein Beitrag zur Reform der Testamentsformen (Diss Würzburg 1998/1999)
WINKLER, Beurkundungsgesetz (20. Aufl 2022)
WOLF/GANGEL, Der nicht formgerecht erklärte Erblasserwille und die Auslegungsfähigkeit eindeutiger testamentarischer Verfügungen, JuS 1983, 663
Würzburger Notarhandbuch (6. Aufl 2021) Erbrecht bearb v G MÜLLER-ENGELS/KEIM/LIMMER und BAUMANN
WURM/WAGNER/ZARTMANN, Das Rechts-Formular-Buch (17. Aufl 2015)
ZAUDIG/BERBERICH, Demenzen im Alter (2001)
ZGB-Kommentar, Kommentar zum ZGB der DDR vom 19. Juni 1975 (1983)
ZILLMER, Anwesenheitspflicht des Zeugen bei der Testamentserrichtung, JZ 1952, 748
R ZIMMERMANN, Testamentsformen: „Willkür" oder Ausdruck einer Rechtskultur?, RabelsZ 76 (2012) 471
T ZIMMERMANN, Ausgewählte Fragen zum Beurkundungsverfahren, insbesondere die Beteiligung Behinderter, BWNotZ 2001, 151
W ZIMMERMANN, Das neue Nachlassverfahren nach dem FamFG, ZEV 2009, 54.

Zum älteren Schrifttum s STAUDINGER/BAUMANN (1996) und (2018) Vorbem zu §§ 2229–2264 BGB.

Systematische Übersicht

Alphabetische Übersicht

I. Überblick

1. Inhalt

1 Der Siebente Titel des Dritten Abschnitts des Fünften Buches ist seit Inkrafttreten des Bürgerlichen Gesetzbuches vielfach geändert worden. Die Formvorschriften des Testaments gehören zu den problematischsten Fragen des Erbrechts (Ebenroth

Rn 193: „am meisten problematischen"), weil sie im Spannungsfeld zwischen den Schranken objektiver Rechtssicherheit und subjektiv empfundener Einzelfallgerechtigkeit liegen. Testamente entfalten erst nach dem Tode des Erblassers rechtliche Wirkungen, so dass der Erklärende bei der Verkündung seiner letztwilligen Willenserklärungen keine Auskunft über die Bedeutung ihres Inhalts geben und nicht einmal seine Urheberschaft bestätigen kann (zum Testament als Willenserklärung Staudinger/Otte [2019] Vorbem 4 ff zu §§ 2064 ff). Als postmortal wirkende Willenserklärungen mit im Einzelfall extrem weitgehenden wirtschaftlichen Folgen sind Testamente hohen Fälschungs- und Unterdrückungsrisiken ausgesetzt. Aus diesen Gründen und wegen der folgenreichen Wirkungen für den Rechtsverkehr müssen die Errichtung und die Aufhebung von Testamenten besonders strengen Formschriften unterworfen sein (Soergel/Mayer[13] Rn 2). Nur unter Beachtung strenger Verfahrens- und Formvorschriften kann die Rechtsordnung gewährleisten, dass dem in Art 14 Abs 1 S 1 GG geschützten Grundrecht des Erblassers postmortal Geltung verschafft wird (zur durch Art 14 GG geschützten Erbrechtsgarantie Staudinger/Otte [2017] Einl 60 ff zu §§ 1922 ff).

Das durch Art 1, 2 Abs 1 GG geschützte allgemeine Persönlichkeitsrecht und die all- 2 gemeine Handlungsfreiheit sowie die durch Art 14 GG (Eigentums- und Erbrechtsgarantie) gewährleistete inhaltliche Testierfreiheit werden durch Formvorschriften nicht tangiert, da der Erblasser seine wirtschaftlichen Zielsetzungen inhaltlich frei gestalten kann, gebunden an gesetzlich vorgegebene erbrechtliche Aktstypen, wie zB Erbeinsetzung, Vermächtnis, Auflage.

Ursprünglich waren im Siebenten Titel auch die Verfahrensvorschriften für die Er- 3 richtung öffentlicher Testamente (§§ 2234–2246 BGB aF) geregelt. Als Folge der Erkenntnis, dass die notarielle Beurkundungsform keine „gesteigerte Schriftform" ist, sondern ein prozedural gebundenes Verfahren der Freiwilligen Gerichtsbarkeit vor einem staatlichen, öffentlichen Amtsträger, mit dem Richter teilweise vergleichbar ausgestatteten Funktionen eröffnet (BVerfG DNotZ 1964, 424; DNotZ 2009, 702, 704 f; BVerfG 2012, 945 Rn 44; Römer, Notariatsverfassung und Grundgesetz [1963]; Pfeiffer DNotZ 1981, 5; Odersky DNotZ 1994, 1; Bilda, in: FS Rheinisches Notariat [1998] 387; Preuss DNotZ 2008, 258; Baumann RNotZ = MittRhNotK 1996, 1 ff), wurden diese Beurkundungsaufgaben innerhalb der Freiwilligen Gerichtsbarkeit vom Richter auf den Notar zur Alleinzuständigkeit übertragen und zugleich für die notarielle Beurkundung ein eigenständiges Verfahrensgesetz (Beurkundungsgesetz) aus dem BGB ausgegliedert. Später wurden die besondere amtliche Verwahrung (§§ 2258a, 2258b BGB aF), das Testamentseröffnungsverfahren (§§ 2260, 2261, 2263a BGB aF), das Benachrichtigungsverfahren (§§ 2262, 2263a BGB aF) und das Einsichtsverfahren (§ 2264 BGB aF) ebenfalls aus dem BGB ausgegliedert und im FamFG geregelt. Die das Verwahrungs-, Eröffnungs-, Benachrichtigungs- und Einsichtsverfahren regelnden Vorschriften sollen im Interesse einer geordneten Rechtspflege die Gefahren einer postmortalen Fälschung oder Unterdrückung mindern und waren deshalb wegen ihres Regelungskonnexes mit den Testamentserrichtungs- und -aufhebungsvorschriften bis 2009 in den genannten Gesetzestexten des BGB geregelt (zu den Änderungen vgl unten Rn 42 ff). Im Unterschied zu den meisten anderen Gesetzesnovellierungen sind die aufgehobenen oder geänderten Vorschriften über die Errichtung und Aufhebung von Testamenten nicht bedeutungslos geworden; die aufgehobenen Rechtsnormen können bei der Wirksamkeitsprüfung alter Testamente noch Anwendung finden.

4 Heute behandelt dieser Titel:
§ 2229 BGB Testierfähigkeit Minderjähriger, Testierunfähigkeit
§ 2231 BGB Ordentliche Testamentsformen
§ 2232 BGB Öffentliches Testament
§ 2233 BGB Sonderfälle (Minderjährigkeit, Leseunfähigkeit)
§ 2247 BGB Eigenhändiges Testament
§ 2248 BGB Verwahrung des eigenhändigen Testaments
§ 2249 BGB Nottestament vor Bürgermeister
§ 2250 BGB Nottestament vor drei Zeugen
§ 2251 BGB Außerordentliches Testament auf See
§ 2252 BGB Gültigkeitsdauer der außerordentlichen Testamente
§ 2253 BGB Widerruf eines Testaments
§ 2254 BGB Widerruf durch Testament
§ 2255 BGB Widerruf durch Vernichtung oder Veränderung
§ 2256 BGB Widerruf durch Rücknahme aus der amtlichen Verwahrung
§ 2257 BGB Widerruf des Widerrufs
§ 2258 BGB Inhaltlich sich widersprechende Testamente
§ 2259 BGB Ablieferungspflicht von Testamenten nach Erbfall
§ 2263 BGB Nichtigkeit eines Eröffnungsverbots

2. Textgeschichte

a) Entwicklung der Gesetzgebung (Überblick)

5 Die in der Urfassung des BGB etwas überzogenen Formerfordernisse zur Errichtung von Testamenten führten aus Unkenntnis oder mangelnder Sorgfalt zu häufigen Formverstößen und damit zur Nichtigkeit. Korrekturen der Rechtsprechung brachten Rechtsunsicherheit und kontroverse Diskussionen im Schrifttum. Das **Testamentsgesetz** führte im Jahre 1938 – unter Ausgliederung aus dem BGB – wichtige Änderungen durch Milderungen der Formerfordernisse ein. So entfielen als zwingende Formerfordernisse beim eigenhändigen Testament Orts- und Datumsangabe, beim öffentlichen Testament der als lästig empfundene Zeugenzwang.

6 Inhaltlich wurden die Regelungen des Testamentsgesetzes im Jahre 1953 durch das **Gesetz zur Wiederherstellung der Gesetzeseinheit** auf dem Gebiet des bürgerlichen Rechts (GesEinhG v 5. 3. 1953 [BGBl I 33] in Kraft seit 1. 4. 1953) wieder in das BGB eingefügt.

7 Im Jahre 1970 führte das **Beurkundungsgesetz** mit der Übertragung alleiniger Zuständigkeit für Beurkundungsverfahren letztwilliger Verfügungen auf Notare und der damit verbundenen Entlastung der Richter (die Verschiebung der bis 1970 bestehenden Aufgabenkongruenz zwischen Richtern und Notaren hat bei einigen Betrachtern den Blick dafür versperrt, dass Notare Träger eines öffentlichen, richternahen Amtes sind; dazu BVerfG DNotZ 1964, 424; DNotZ 2009, 702, 704 f; 2012, 945 Rn 43 ff; Römer, Notariatsverfassung und Grundgesetz [1963]; Baumann RNotZ = MittRhNotK 1996, 1 ff) zu umfangreichen Änderungen des Siebenten Titels. Die Verfahrensvorschriften für die Errichtung öffentlicher Testamente (§§ 2234–2246 BGB) wurden durch Regelungen des Beurkundungsgesetzes ersetzt.

Seit dem **Beitritt der neuen Bundesländer** im Jahre 1990 sind auch ZGB-Vorschriften bei der Überprüfung der Formgültigkeit der Errichtung und Aufhebung eines Testamentes zu beachten (dazu Einl 61 ff zu §§ 2229–2302). 8

Durch die **Entscheidung des Bundesverfassungsgerichts vom 19. 1. 1999** (1 BvR 2161/94 – BGBl I 699 = ZEV 1999, 147 m Anm Vollkommer ZEV 1999, 268 = DNotZ 1999, 409 m Anm Rossak = MittBayNot 1999, 185 m Anm Rossak) wurden die §§ 2232, 2233 BGB aF wegen Verstoßes gegen Art 3 Abs 1 und Abs 3 S 2 sowie Art 14 Abs 1 GG für verfassungswidrig erklärt, soweit sie testierfähigen Personen, die weder schreiben noch sprechen konnten, die Möglichkeit der Testamentserrichtung verwehrten (dazu Staudinger/Baumann [1996] § 2233 Rn 20; grundlegend Canaris JZ 1987, 993, 999 f; Rossak MittBayNot 1991, 193; Ertl MittBayNot 1991, 196). 9

Der Gesetzgeber reagierte auf die Entscheidung des BVerfG durch Art 25 Abs 1 Nrn 23–25 **OLGVertrÄndG** vom 23. 7. 2002 (BGBl I 2850, 2858). Darin wurden §§ 2232, 2233 BGB aF und auch § 2249 Abs 1 S 1 BGB aF geändert. 10

Das Gesetz zur Reform des Personenstandsrechts **(PStRG)** v 19. 2. 2007 (BGBl I 122) hob mit Wirkung v 1. 1. 2009 die §§ 2258a, 2258b BGB als Verfahrensbestimmungen über die amtliche Verwahrung von Testamenten auf und verlagerte sie in das FGG (§§ 73 Abs 4, 82a FGG). 11

Das **FGG-Reformgesetz** vom 17. 12. 2008 (BGBl I 2586) fasste mit Wirkung 1. 9. 2009 den Wortlaut des § 2248 BGB neu (wegen Außerkrafttreten der §§ 73 Abs 4, 82a FGG und Neuregelung in § 346 Abs 3 FamFG) und hob die §§ 2260–2262, 2263a, 2264 BGB wegen Neuregelung im FamFG auf. 12

Darüber hinaus hatten weitere Gesetzesänderungen Einfluss auf die Errichtung und Aufhebung von Testamenten. Wegen der **fortbestehenden Geltung** inzwischen aufgehobener Formvorschriften für die Errichtung und Aufhebung alter Testamente haben die in diesem Titel beibehaltenen textgeschichtlichen Abhandlungen noch aktuelle Bedeutung. Zum schnellen Überblick über die zur Abgrenzung der geltenden Rechtsnormen für die Anwendbarkeit maßgebenden Daten die nachfolgende Zeittafel: 13

b) Zeittafel

14

31. 12. 1899	Für bis zu diesem Zeitpunkt errichtete oder aufgehobene Testamente gilt hinsichtlich Testierfähigkeit und Formvorschriften grds das jeweilige Landesrecht bzw Art 213–215 EGBGB
1. 1. 1900	Inkrafttreten des BGB (Art 213–215 EGBGB)
4. 8. 1938	Inkrafttreten des TestG
5. 11. 1946	Außerkraftsetzung des § 48 Abs 2 TestG
1. 4. 1953	Wiedereinfügung der Vorschriften des TestG in das BGB durch GesEinhG
1. 1. 1970	Inkrafttreten des Beurkundungsgesetzes
12. 12. 1974	Inkrafttreten des KonsularG
1. 1. 1975	Herabsetzung der Volljährigkeit von Vollendung des 21. auf 18. Lebensjahr

1. 1. 1977	Durch AdoptionsG werden in § 2253 Abs 2 BGB die Worte „oder Rauschgiftsucht" eingefügt
3. 10. 1990	Beitritt der neuen Bundesländer (Art 235 § 2 EGBGB) Erstreckung der Geltung des BGB auf die neuen Bundesländer, mit fortgeltender Anwendung des DDR-Rechts für Altfälle
1. 1. 1992	Mit Inkrafttreten des Betreuungsgesetzes werden Entmündigung und Gebrechlichkeitspflegschaft durch Betreuung ersetzt
19. 1. 1999	Urteil des BVerfG – 1 BvR 2161/94 – zur faktischen Testierunfähigkeit Mehrfachbehinderter (§§ 2232, 2233 BGB)
2. 1. 2002	Inkrafttreten der Neufassung des BGB (amtliche Überschriften, Anpassung an die Rechtschreibreform und an die moderne Diktion
1. 8. 2002	Mit Inkrafttreten des OLGVertrÄndG wird das Mündlichkeitserfordernis in §§ 2232, 2233, 2249 BGB aufgehoben
1. 1. 2009	Mit Inkrafttreten des Gesetzes zur Reform des Personenstandsrechts (PStRG) Aufhebung der §§ 2258a, 2258b und Neuregelung im FGG sowie Änderungen in § 2249 BGB
1. 9. 2009	Mit Inkrafttreten des FGG-RG Aufhebung der §§ 2260–2262, 2263a, 2264 und Neuregelung im FamFG sowie Änderungen in § 2248 BGB
17. 8. 2015	Inkrafttreten der EuErbVO und der Neufassung der Art 25, 26 EGBGB
1. 1. 2023	Inkrafttreten des Gesetzes zur Reform des Vormundschafts- und Betreuungsrechts
1. 1. 2023	Änderung des Art 7 Abs 2 EGBGB zur Geschäftsfähigkeit, Anknüpfung an gewöhnlichen Aufenthalt

c) Sonderregelungen

15 Nicht berücksichtigt sind in der vorstehenden Zeittafel die Sondervorschriften für Militär- und Verfolgtentestamente (vgl dazu unten Rn 47 f; zum konsularischen Testament Einl 49 ff zu §§ 2229–2302), die Daten des Inkrafttretens deutschen Rechts in den vom „Dritten Reich" besetzten Gebieten, wie Österreich usw (dazu Staudinger/Firsching[12] Vorbem 30 f zu §§ 2229 ff) und die Daten der Geltung des DDR-Testamentsrechts (dazu Einl 61 ff §§ 2229–2302).

II. Übergangsrecht zum BGB

16 Als Übergangsrecht zum BGB gelten Art 213–215 EGBGB (Einzelheiten Staudinger/Mittelstädt [2018] Art 213–215 EGBGB). Danach beurteilt sich unabhängig vom Zeitpunkt des Erbfalls die Errichtung und Aufhebung von Testamenten hinsichtlich Form und Testierfähigkeit nach jeweiligem Landesrecht, mit Ausnahme des inzwischen aufgehobenen § 2230 BGB, der nach Art 215 Abs 2 EGBGB rückwirkend galt.

III. Gesetzgeberische Gestaltung im BGB

1. Die Urfassung

17 Die umstrittene Zulassung des eigenhändigen Privattestaments (holographisches Testament) – § 2247 BGB (früher § 2231 Nr 2 BGB) – stellte die bemerkenswerteste

Regelung des Siebenten Titels dar (dazu HOSEMANN RNotZ 2010, 520; ausführlich OTTE [2011] 31). Die drei Entwürfe hatten das eigenhändige Privattestament (aus den in Mot V 257 und 258; D 294; Prot V 328 ff angeführten Gründen) als ordentliche Testamentsform abgelehnt. In Anlehnung an das österreichische und französische Recht wurde es schließlich nach lebhaften Diskussionen von der Reichstagskommission und dem Reichstag in das Gesetz aufgenommen (vgl hierüber KommBer 318 ff und StB 726 ff; s auch die in Prot V 326/27 für die Zulassung geltend gemachten Gründe; HORN MatK-ErbR zu § 2247 S 998–1001 und ausführlich zu § 2231 BGB Rn 96–184; ferner ZG V 49; VI 669; BROCK 121; HOELDER JherJb 41, 323; BEUTGEN [1992]; LANGE/KUCHINKE § 20 I 1; HOSEMANN RNotZ 2010, 520).

Die ursprünglichen Regelungen über die Errichtung und Aufhebung von Testamenten im BGB waren geprägt durch strenge Formvorschriften. Beim öffentlichen Testament bestand Zeugenzwang. Eine fehlende oder nicht eigenhändig verfasste Orts- oder Datumsangabe beim Privattestament führte zur Nichtigkeit. Die Nottestamente hatten sich gleichfalls wegen überzogener Formerfordernisse als unpraktikabel erwiesen. **18**

2. Das Gesetz über die Errichtung von Testamenten und Erbverträgen (TestG)

Durch das Gesetz über die Errichtung von Testamenten und Erbverträgen (TestG) **19**
vom 31. 7. 1938 (RGBl I 973) wurden die §§ 2229–2264, 2064 BGB (persönliche Errichtung), 2265–2267, 2272–2277, 2300 BGB (gemeinschaftliches Testament – Erbvertrag) sowie die Art 149, 150 EGBGB (Zeugen-Zuständigkeit beim Nottestament) außer Kraft gesetzt (§ 50 TestG) und zugleich eine selbständige Regelung außerhalb des BGB geschaffen. Das TestG regelte (Ausnahme: § 48 TestG als materiellrechtliche Bestimmung; zur rassistischen Diskriminierung durch Art 48 Abs 2 TestG BayObLG FamRZ 1999, 1236) ausschließlich Form- und Verfahrensfragen bei der Errichtung und Aufhebung einer Verfügung von Todes wegen.

Das TestG übernahm weitgehend den sachlichen Inhalt der aufgehobenen Vorschrif- **20**
ten. Insbesondere hielt es an den bisherigen Testamentsarten fest, trotz beachtenswerter Widerstände auch am eigenhändigen Privattestament, brachte jedoch aus der Rechtspraxis abgeleitete Änderungen, im Wesentlichen Erleichterungen durch **Beseitigung überzogener Formerfordernisse** (zu den Änderungen im Einzelnen STAUDINGER/FIRSCHING[12] Vorbem 8 ff zu §§ 2229 ff).

Richtungsweisend war der Vorspruch des TestG: **21**

„Die Anforderungen an die Errichtung oder Aufhebung einer Verfügung von Todes wegen sind so zu gestalten, daß unnötige Formenstrenge vermieden, anderseits eine zuverlässige Wiedergabe des Willens des Erblassers sichergestellt wird.“

Das TestG trat am 4. 8. 1938 in Deutschland in Kraft (zum Inkrafttreten in Österreich, den **22**
ehemals sudetendeutschen Gebieten, den deutschen Ostgebieten, Eupen, Malmedy und Moresnet sowie dem Protektorat Böhmen und Mähren STAUDINGER/FIRSCHING[12] Vorbem 30 f zu §§ 2229 ff).

Eine Übergangsregelung traf § 51 TestG, der heute unverändert gültig ist (durch **23**
Art 1 Ziff 6, 2. Teil GesEinhG v 5. 3. 1953 ausdrücklich aufrechterhalten):

§ 51 TestG

(1) Das Gesetz gilt nicht für Erbfälle, die sich vor seinem Inkrafttreten ereignet haben.

(2) Die vor dem Inkrafttreten des Gesetzes erfolgte Errichtung oder Aufhebung eines Testaments oder Erbvertrags wird nach den bisherigen Vorschriften beurteilt, auch wenn der Erblasser nach dem Inkrafttreten des Gesetzes stirbt.

(3) Bei Erbfällen, die sich nach dem Inkrafttreten des Gesetzes ereignen, sind an die Gültigkeit eines Testaments keine höheren Anforderungen zu stellen, als nach diesem Gesetz für ein Testament der betreffenden Art zulässig ist, auch wenn das Testament vor dem Inkrafttreten dieses Gesetzes errichtet ist. Dies gilt entsprechend für Erbverträge.

Materialien: Amtl Begr z TestG DJ 1938, 1259.

24 Abs 1 der Vorschrift entspricht inhaltlich der Regelung des Art 213 EGBGB, Abs 2 der Regelung des Art 214 Abs 1 EGBGB.

25 Erbfälle **vor Inkrafttreten** des TestG unterstehen ausschließlich (in sachlicher wie formeller Hinsicht) dem alten Recht (Abs 1). Vor dem Inkrafttreten des TestG eingetretene Erbfälle sollen im Interesse der Rechtssicherheit nicht nachträglich aufgrund der Änderung des Rechtszustandes wieder aufgerollt werden, auch nicht im Hinblick auf bloße Formmängel (amtl Begr DJ 1938, 1259; KG JW 1938, 3169 m Anm Vogels = ZAkDR 1939, 173 m Anm Boehmer; Vogels DJ 1939, 575).

26 Erbfälle **nach Inkrafttreten** bis zur Aufhebung des TestG sind nach dem TestG zu beurteilen. Eine *Ausnahme* bringt Abs 2 im Hinblick auf die durch das TestG neu eingeführten Formvorschriften (einschl der Frage der Testierfähigkeit: §§ 2229, 2230, 2238 Abs 3, 2247 Abs 4 BGB): Die vor dem 4. 8. 1938 erfolgte Errichtung oder Aufhebung einer Verfügung von Todes wegen beurteilt sich nach den Formvorschriften des BGB in seiner ursprünglichen Fassung, auch wenn der Erblasser nach dem Inkrafttreten des Gesetzes stirbt (RG DRW 1939, 311). Stichtag ist die Vornahme der Rechtshandlung, nicht der Erbfall.

27 Hierzu wiederum regelt Abs 3 eine Ausnahme: Formerleichterungen des TestG kommen auch den vor seinem Inkrafttreten errichteten Verfügungen von Todes wegen zugute, wenn der Erbfall erst nach dem 4. 8. 1938 eingetreten ist. Jedoch sind bei der Auslegung des Erblasserwillens die Verhältnisse der Errichtungszeit zu berücksichtigen (vgl dazu KGJ 22 A 52, 55), soweit dem nicht höherrangiges Recht entgegensteht (dazu Otte ZEV 1999, 316 f).

3. Wiedereingliederung in das BGB (GesEinhG)

28 Das TestG hatte wesentliche Vorschriften des materiellen Erbrechts aus dem Bürgerlichen Gesetzbuch ausgegliedert. Die Korrektur (die materiell-rechtliche Vorschrift des § 48 Abs 2 TestG war bereits am 5. 11. 1946 außer Kraft gesetzt worden; zu dieser Vorschrift Otte ZEV 1999, 316 f) erfolgte durch das Gesetz zur Wiederherstellung der Gesetzeseinheit auf dem Gebiet des Bürgerlichen Rechts (GesEinhG) vom 5. 3. 1953 (BGBl I 33). Mit diesem Gesetz wurde das Testamentsrecht wieder vollständig dem BGB eingegliedert. Inhaltlich wurden die Vorschriften des TestG weitgehend wörtlich übernommen und (soweit möglich) an alter Stelle eingefügt. Ersatzlos aufgehoben wurde § 48 Abs 3 TestG. Insoweit fehlt eine Übergangsvorschrift wie § 51 TestG. Ist der Erblasser vor dem 1. 4. 1953 verstorben, findet § 48 Abs 3 TestG Anwendung (BGH LM § 48 TestG Nr 1). Für alle Todesfälle seit dem 1. 4. 1953 gilt der Grundsatz des Art 214 Abs 1 EGBGB (BGH LM § 48 TestG Nr 1; Reimann/Bengel/Dietz/Voit Vor § 2229 Rn 9; zum Gesetz Finke DNotZ 1953, 174; Hedemann JR 1953, 117; Rechenmacher NJW 1953, 768). Das GesEinhG sollte kein neues Recht schaffen, sondern verfolgte in erster Linie **gesetzestechnische** Zwecke durch Wiedereingliederung der Testamentsvorschriften in das BGB.

Gegenüberstellung der aus dem TestG in den 7. Titel übernommenen Paragraphen **29**
(vgl dazu auch die Übersicht bei Reimann/Bengel/Dietz/Voit Vor § 2229 Rn 3, der dort die aktualisierte Gesetzesfassung gegenüberstellt):

TestG	BGB
§ 1 Abs 2, 3	= § 2229 Abs 1, 2
§ 2 Abs 1, 2	= § 2229 Abs 3, 4
§ 3	= § 2230
§ 4	= § 2231
§ 5	= § 2232
§ 6	= § 2233
§ 7	= § 2234
§ 8	= § 2235
§ 9	= § 2236
§ 10	= § 2237
§ 11	= § 2238
§ 12	= § 2239
§ 13 Abs 1	= § 2240
§ 13 Abs 2–5	= § 2241
§ 14	= § 2241a
§ 15	= § 2241b
§ 16	= § 2242
§ 17	= § 2243
§ 18	= § 2244
§ 19	= § 2245
§ 20	= § 2246
§ 21	= § 2247
§ 22	= § 2248
§ 23	= § 2249
§ 24	= § 2250
§ 25	= § 2251
§ 26	= § 2252
§ 32	= § 2253
§ 33 Abs 1	= § 2254
§ 33 Abs 2	= § 2255
§ 34 Abs 1–3	= § 2256
§ 35	= § 2257

§ 36	= § 2258
§ 37	= § 2258a
§ 38	= § 2258b
§ 39	= § 2259
§ 40	= § 2260
§ 41	= § 2261
§ 42	= § 2262
§ 43	= § 2263
§ 46	= § 2263a
§ 47	= § 2264

30 Teil II Art 1 Nr 6 GesEinhG hat die Übergangsbestimmung des § 51 TestG aufrechterhalten.

4. Beurkundungsgesetz

31 Eine weitere bedeutsame Veränderung erfuhr der Siebente Titel durch das Beurkundungsgesetz v 28. 8. 1969 (BGBl I 1513). Mit diesem Gesetz wurde die umfassende Beurkundungszuständigkeit der Notare bestätigt und die *Beurkundungszuständigkeit der Gerichte* – mit Ausnahme der Beurkundung eidesstattlicher Versicherungen – *aufgehoben* und zugleich für die Notare als öffentliche Amtsträger die Beurkundung als streng verfahrensgebunden geregelt. Dogmatisch noch ungeklärt ist das Verhältnis zwischen § 127a BGB und den Implikationen des Gesetzgebers mit der Aufgabenübertragung des staatlichen Beurkundungsverfahrens und seinen öffentlichen und sozialen Funktionen auf Notare (zu den öffentlichen und sozialen Funktionen des notariellen Beurkundungsverfahrens Baumann MittRhNotK = RNotZ 1996, 1). Das Beurkundungsgesetz ist kein notarielles Berufsrecht, sondern ein prozedurales Verfahrensrecht zur Errichtung öffentlicher Urkunden, das für die Errichtung aller öffentlichen Urkunden durch hoheitliche Amtsträger (zB auch für Konsuln, Bürgermeister) gilt, aber nicht für Vergleiche, die vor einem Richter geschlossen werden.

32 Nach Art 141 EGBGB (aufgehoben durch § 57 Abs 4 Nr 2 BeurkG; Einzelheiten bei Staudinger/Mittelstädt [2018] Art 141 EGBGB Rn 1 ff) konnten die Landesgesetze bestimmen, dass für die Beurkundung von Rechtsgeschäften, die nach den Vorschriften des BGB gerichtlicher oder notarieller Beurkundung bedurften, entweder nur die Gerichte oder nur die Notare zuständig waren. Landesrechtliche Vorschriften, die insoweit die ausschließliche Zuständigkeit des Notars begründeten, hatte das TestG (§ 50 Abs 5 TestG) ausdrücklich aufrechterhalten. In Übereinstimmung dazu stand § 77 Abs 11 RNotO. Das GesEinhG v 5. 3. 1953 (BGBl I 33) hatte diesen Zustand unberührt gelassen (dazu Staudinger/Firsching[12] Vorbem 84 zu §§ 2229 ff mwNw).

33 Seit Inkrafttreten des BeurkG sind für das Beurkundungsverfahren allgemein die §§ 1 bis 26 BeurkG maßgebend. Darüber hinaus enthalten die §§ 27 bis 35 BeurkG Sonderbestimmungen für die Beurkundung der Verfügungen von Todes wegen (dazu Frenz/Miermeister/Baumann §§ 27–35 BeurkG).

34 Gegenüberstellung der aus dem 7. Titel in der Fassung des GesEinhG v 5. 3. 1953 in das BeurkG v 28. 8. 1969 übernommenen Paragraphen (vgl dazu auch die Übersicht bei

REIMANN/BENGEL/DIETZ/VOIT Vor § 2229 Rn 3, die sich am Beurkundungsgesetz in der aktuellen Fassung orientiert):

BGB aF	BeurkG
§ 2233	§§ 22, 29
§ 2234	§ 3 Abs 1 Nr 2, 3; § 6 Abs 1 Nr 2, 3
§ 2235	§§ 7, 26, 27
§ 2236	§§ 26, 27
§ 2237	§ 26
§ 2238	§ 30
§ 2239	§ 13 Abs 1, §§ 22, 24 Abs 1
§ 2240	§§ 5 Abs 1; 8
§ 2241	§§ 9, 10 Abs 1, § 30
§ 2241a	§§ 10, 11, 28
§ 2241b	§§ 17, 30
§ 2242 Abs 1	§ 13 Abs 1
§ 2242 Abs 2	§§ 23, 24
§ 2242 Abs 3	§ 25
§ 2242 Abs 4	§ 13 Abs 3; § 22 Abs 2; § 24 Abs 1; S 3; § 29, § 35
§ 2243	§ 31
§ 2244	§ 16 und §§ 6, 7, 27, 32
§ 2245	§ 5 Abs 2
§ 2246	§ 34 Abs 1

Daneben wurden Teilregelungen an anderer Stelle in den Siebenten Titel übernommen: **35**

§ 2238 BGB aF in § 30 BeurkG und §§ 2232, 2233 BGB

§ 2243 BGB aF in § 31 BeurkG und § 2233 Abs 3 BGB

Das Beurkundungsgesetz enthält *keine Übergangsbestimmungen* (Ausnahme: § 68 BeurkG; zum Widerruf durch Rücknahme beachte § 68 Abs 3 BeurkG). Maßgebend bleibt daher das zum Zeitpunkt der Testamentserrichtung geltende Recht, unabhängig vom Zeitpunkt des Eintritts des Erbfalls. Alle bis zum 31. 12. 1969 errichteten Testamente sind unverändert nach den §§ 2231–2246 BGB aF zu beurteilen, ohne dass ihnen Formerleichterungen des BeurkG zugutekommen (ebenso SOERGEL/HARDER[12] Vorbem 8 zu § 2229; **aA**: JOHANNSEN WM 1971, 405; DUMOULIN DNotZ 1973, 56; SOERGEL/MAYER[7] Vorbem Rn 15 zu § 2229; REIMANN/BENGEL/DIETZ/VOIT Vor § 2229 Rn 10 „in dubio mitius"). **36**

5. Beitritt der DDR

Bei in der DDR errichteten Testamenten kann das DDR-Recht zu beachten sein (dazu Einl 61 ff zu §§ 2229–2302). **37**

Seit dem Wirksamwerden des **Beitritts** der auf dem Gebiet der ehemaligen DDR **neu gebildeten Länder** zur Bundesrepublik Deutschland **(3. 10. 1990)** gilt zwar grds einheitlich das Bürgerliche Gesetzbuch, für die **nach dem Recht der ehemaligen DDR er-**

richteten Testamente gelten die gesetzlichen Regelungen der DDR jedoch teilweise fort (OLG Jena FamRZ 1994, 786, 787). Als Ausnahmevorschrift zu Art 235 § 1 Abs 1 EGBGB bestimmt Art 235 § 2 EGBGB, dass – auch wenn der Erbfall nach der Vereinigung eintritt – die *Errichtung und Aufhebung aller Verfügungen von Todes wegen* **vor dem** Wirksamwerden des Beitritts **nach bisherigem Recht** zu beurteilen ist (Einzelheiten Staudinger/Rauscher [2016] Art 235 § 2 EGBGB Rn 1 ff). Art 235 § 2 EGBGB bezieht sich jedoch **nur** auf die **Form** der Errichtung oder Aufhebung der Verfügung von Todes wegen, die **Testierfähigkeit** des Erblassers sowie die **verfahrensrechtlichen Vorschriften**, insbesondere soweit sie sich im ZGB befinden (OLG Dresden DtZ 1993, 311; nur systemwidrige [MünchKomm/Leipold, Ergänzungsband Zivilrecht im Einigungsvertrag Rn 668, 671] und gegen den ordre public verstoßende [Horn DWiR 1992, 45, 46] Verfahrensvorschriften sind nicht anzuwenden). Inhalt, Auslegung und Wirkung der Verfügung von Todes wegen sind nach dem BGB zu beurteilen (Einzelheiten zum DDR-Recht unter Einl 61 ff zu §§ 2229–2302). Art 235 § 2 EGBGB ist wegen seines Ausnahmecharakters eng auszulegen (Staudinger/Rauscher [2016] Art 235 § 2 EGBGB Rn 11).

6. Betreuungsgesetz

38 Durch Art 9 § 1 Abs 1 des Gesetzes zur Reform des Rechts der Vormundschaft und Pflegschaft für Volljährige (Betreuungsgesetz – BtG – vom 12. 9. 1990 [BGBl I 2002]) wurden die bisherigen *Vormundschaften* über Volljährige und die *Gebrechlichkeitspflegschaften* nach § 1910 BGB mit Wirkung zum 1. 1. 1992 zu Betreuungen. § 2229 BGB wurde modifiziert, § 2230 BGB ersatzlos *aufgehoben* (zur Novellierung des Betreuungsrechts vgl Rn 46).

7. Verfassungwidrigkeit der §§ 2232, 2233 aF

39 *Sprach-* in Verbindung *mit Schreibunfähigkeit,* die zur **faktischen Testierunfähigkeit** (vgl dazu § 2233 Rn 28) führte, schloss auch solche Personen von der Möglichkeit aus, Testamente zu errichten, die handlungs- und einsichtsfähig waren. Damit war ihnen das Selbstbestimmungsrecht im Hinblick auf ihre erbrechtliche Gestaltungsfreiheit entzogen. Ausgelöst durch die grundlegende Kritik von Rossak (MittBayNot 1991, 193; s schon Canaris JZ 1987, 993, 999 f) und die ihm folgenden Literaturstimmen (Ertl MittBayNot 1991, 196 ff; Erman/Schmidt [9. Aufl] § 2229 Rn 8; P Baumann FamRZ 1994, 994; Huhn/vSchuckmann [3. Aufl] § 31 Rn 5; Staudinger/Baumann [1996] § 2233 Rn 20; **aA** OLG Hamm ZEV 1995, 261) hat das Bundesverfassungsgericht in seiner Entscheidung vom 19. 1. 1999 (1 BvR 2161/94, BGBl I 699 = ZEV 1999, 147 m Anm Vollkommer ZEV 1999, 268 = DNotZ 1999, 409 m Anm Rossak; MittBayNot 1999, 185 m Anm Rossak) wegen Verstoßes gegen die Erbrechtsgarantie des Art 14 Abs 1 GG sowie gegen den allgemeinen Gleichheitssatz des Art 3 Abs 1 GG und das Benachteiligungsverbot für Behinderte in Art 3 Abs 1 S 2 GG die §§ 2232, 2233 BGB für verfassungswidrig und damit teilweise nichtig erklärt, soweit diese Vorschriften testierfähige Personen, die weder sprechen noch schreiben konnten, von der Möglichkeit ausschlossen, Testamente zu errichten.

8. Neufassung des BGB

40 Die Neufassung des BGB (Bekanntmachung v 2. 1. 2002 [BGBl I 42]) führte amtliche Überschriften der Paragraphen ein und passte die Gesetzestexte an die Rechtschreibreform (ua Ersetzung des „ß“ nach kurzem Vokal durch „ss“) und an moderne Diktion an.

9. OLG-Vertretungsänderungsgesetz

Durch das OLGVertrÄndG (BGBl 2002 I 2850) hat der Gesetzgeber als normative Konsequenz der Entscheidung des BVerfG v 19. 1. 1999 (vgl dazu Rn 39) mit Wirkung zum 1. 8. 2002 beim notariellen Testament (§§ 2232, 2233 BGB) und beim Bürgermeistertestament (§ 2249 BGB) das *Mündlichkeitserfordernis beseitigt* (Reimann FamRZ 2002, 1383). Damit ist nahezu allen Testierfähigen die Möglichkeit des Testierens eingeräumt. Gleichzeitig wurden § 24 BeurkG geändert und § 31 BeurkG ersatzlos aufgehoben. **41**

10. Personenstandsrechtsreformgesetz – (PStRG)

Das Gesetz zur Reform des Personenstandsrechts (PStRG) v 19. 2. 2007 (BGBl I 122) hob mit Wirkung v 1. 1. 2009 die §§ 2258a, 2258b BGB als Verfahrensbestimmungen über die amtliche Verwahrung von Testamenten auf und verlagerte sie in das FGG (§§ 73 Abs 4, 82a FGG). Zugleich wurde die Verweisung in § 2248 geändert und in § 2249 BGB die als gegenstandslos festgestellte Zuständigkeit des „Vorstehers eines Gutsbezirks“ (Abs 4, 5) gestrichen (die Streichung fordernd Staudinger/Baumann [2003] § 2249 Rn 4). **42**

11. FGG-Reformgesetz (FGG-RG)

Das FGG-Reformgesetz vom 17. 12. 2008 (BGBl I 2586) fasste mit Wirkung seit dem 1. 9. 2009 den Wortlaut des § 2248 BGB neu (wegen Außerkrafttretens der §§ 73 Abs 4, 82a FGG und deren Neuregelung in § 346 Abs 3 FamFG) und hob die §§ 2260–2262, 2263a, 2264 BGB wegen Neuregelung im FamFG auf. **43**

Gegenüberstellung der aus dem 7. Titel in das FamFG übernommenen Paragraphen: **44**

BGB aF	FamFG
§ 2258a	= § 73 Abs 4 FGG = § 344 Abs 1 FamFG
§ 2258b	= § 82a FGG = § 346 Abs 3 FamFG
§§ 2260 Abs 1, 2	= § 348 Abs 1, 2 FamFG
§ 2261 S 1	= § 344 Abs 6 FamFG
§ 2261 S 2	= § 350 FamFG
§ 2262	= § 348 Abs 3 FamFG
§ 2263a	= § 351 FamFG
§ 2264	= § 357 Abs 1 § 357 Abs 1 FamFG

12. Inkrafttreten der EuErbVO und der Neufassung der Art 25, 26 EGBGB

Nach Art 83 Abs 1 EuErbVO ist die Europäische Erbrechtsordnung auf jeden Erbfall anwendbar, der im rechtlichen Geltungsbereich der Europäischen Union seit dem 17. 8. 2015 eingetreten ist (Einzelheiten zur EuErbVO bei Hausmann/Odersky § 15). Die EuErbVO verschafft im Rechtsraum der EU die Nachlasseinheit. Das danach anwendbare materielle Erbrecht richtet sich gem Art 21 EuErbVO grds nach dem **45** letzten gewöhnlichen Aufenthalt des Erblassers, auch wenn dieser außerhalb der Europäischen Union liegt. Hat der Erblasser gem Art 22 EuErbVO in einer Verfügung von Todes wegen eine Rechtswahl getroffen, so ist die gewählte materielle Rechtsordnung maßgebend. Eine Nachlassspaltung soll als Folge des Universalitätsprinzips des Anwendungsbereichs der EuErbVO ausgeschlossen sein. Daher sind unsere nationalen Kollisionsregeln der Art 25, 26 EGBGB neu gefasst worden. Art 24–27 EuErbVO enthalten Sonderanknüpfungen bezüglich der Form, der Zulässigkeit und der materiellen Wirksamkeit letztwilliger Verfügungen. Bezüglich der Form sind in Art 27 EuErbVO nahezu identisch die Regelungen des Haager TestÜbK übernommen worden. Nach Art 26 Abs 1 lit a, Abs 2 EuErbVO knüpft die Testierfähigkeit des Erblassers an das hypothetische Erbstatut an; das für die Bestimmung der Testierfähigkeit maßgebende Erbrecht richtet sich also nach dem gewöhnlichen Aufenthalt des Erblassers zum Zeitpunkt der Errichtung des Testaments, nicht nach dem gewöhnlichen Aufenthalt im Zeitpunkt seines Todes.

13. Novellierung der Vormundschaft und Betreuung

46 Mit Wirkung ab dem 1. 1. 2023 tritt das Gesetz zur Reform des Vormundschafts- und Betreuungsrechts in Kraft (BGBl I 2021). Für die Testamentserrichtung ist das Begünstigungsverbot des § 30 BtOG (das Betreuungsorganisationsgesetz ersetzt das Betreuungsbehördengesetz [BtBG]) von Bedeutung, das die Unwirksamkeit von erbrechtlichen Zuwendungen für alle Sterbefälle ab dem 1. 1. 2023 anordnet (dazu Müller-Engels ErbR 2022, 666, 669).

IV. Testamentarische Sonderformen

47 In Einzelfällen können zeitbedingte testamentarische Sonderformen noch zu beachten sein (MünchKomm/Sticherling § 2231 Rn 32 ff).

48 Für Wehrmachtsangehörige (nicht für Angehörige der deutschen Bundeswehr) galten besondere Militärtestamentsformen (weiterführende Hinweise bei Staudinger/Baumann [2003] Vorbem 38 ff zu §§ 2229 ff), deren Gültigkeitsdauer bei ordentlichen Wehrmachtstestamenten nicht beschränkt ist.

49 Verfolgtentestamente im Sinne der Rückerstattungsgesetze und der Entschädigungsgesetze waren besondere Nottestamentsformen (Staudinger/Baumann [2003] Vorbem 42 zu §§ 2229 ff mwNw).

50 Das Anerbenrecht § 13 Abs 1 EHRV v 21. 12. 1936 (RGBl I 1069) ließ besondere Errichtungsformen zu (Staudinger/Baumann [2003] Vorbem 43 zu §§ 2229 ff mwNw).

51 Zu konsularischen Testamenten Einl 49 ff zu §§ 2229–2302.

52 Zum DDR-Erbrecht Einl 61 ff zu §§ 2229–2302.

V. Internationales Privatrecht

53 Zum Kollisionsrecht Einl 131 ff zu §§ 2229–2302.

§ 2229
Testierfähigkeit Minderjähriger, Testierunfähigkeit

(1) Ein Minderjähriger kann ein Testament erst errichten, wenn er das 16. Lebensjahr vollendet hat.

(2) Der Minderjährige bedarf zur Errichtung eines Testaments nicht der Zustimmung seines gesetzlichen Vertreters.

(3) *(weggefallen)* [*]

(4) Wer wegen krankhafter Störung der Geistestätigkeit, wegen Geistesschwäche oder wegen Bewusstseinsstörung nicht in der Lage ist, die Bedeutung einer von ihm abgegebenen Willenserklärung einzusehen und nach dieser Einsicht zu handeln, kann ein Testament nicht errichten.

Materialien: E I § 1912; II § 2097; III § 2203; Mot V 247; Prot V 320; Jakobs/Schubert, ER II 1519–1528; 1. Denkschr d ErbrA (1937), 17 f; Amtl Begr z TestG DJ 1938, 1254; Horn MatK-ErbR 908–924.

Schrifttum

Aden, Das todesnahe Testament, ZRP 2011, 83
Adler, Paranoide Störungen im höheren Lebensalter (2001)
Anderson, Kognitive Psychologie, Berlin (6. Aufl 2007)
Baer, Psychiatrie für Juristen (1988)
Barolim/Scheffknecht, Zur Testier- und Geschäftsfähigkeit bei organischem Psychosyndrom am Beispiel des Schlaganfalls-Patienten, Med Sachverst 1987, 110
Bartsch, Die postmortale Schweigepflicht des Arztes beim Streit über die Testierfähigkeit des Patienten, NJW 2001, 861
Baumann, Die relative Testierfähigkeit, ZEV 2020, 193
Bay, Zur Frage der Unfallneurose, Nervenarzt 1975, 73
Beitzke, Mündigkeit und Minderjährigenschutz, AcP Praxis 1972, 240
Bender, Das postmortale Einsichtsrecht in Krankenunterlagen (1998)
Bischof, Psychologie Stuttgart (2008)
Boehm, Der demenzkranke Erblasser (2017)
Brah, Die Feststellung der Testierunfähigkeit durch den Notar (2013)
vBraunbehrens/Dose, Störungen der Testierfähigkeit, ErbBstg 2001, 23
Bruder, Vormundschaft – Pflegschaft – Betreuung aus ärztlicher Sicht, Zs ärztl Fortb 1992, 820
Buchner/Brandt, Gedächtniskonzeption und Wissensrepräsentation, in: Müsseler (Hrsg), Lehrbuch Allgemeine Psychologie (2. Aufl 2008) 428
Busch, Reifegrad Minderjähriger als Maßstab im Zivilrecht (2001)
ders, Testierfähigkeit und Demenz, ErbR 2014, 90
Christandl, Selbstbestimmtes Testieren in einer alternden Gesellschaft (2016)
Cording, Die Begutachtung der Testier(un)fähigkeit, Fortschr Neurol Psychiat 2004, 147
ders, Die Begutachtung der „freien Willensbestimmung“ im deutschen Zivilrecht: Geschäftsfähigkeit, Testierfähigkeit, Prozessfähigkeit, Suizid bei Lebensversicherung, in:

[*] Aufgehoben mit Wirkung vom 1. 1. 2009.

Müller/Hajak, Willensbestimmung zwischen Recht und Psychiatrie (2005) 37
ders, Die posthume Begutachtung der Testierfähigkeit, in: Forensische Psychiatrie, Psychologie, Kriminologie (2009) 171
ders, Beweismittel zur Klärung der Testier(un)fähigkeit, ZEV 2010, 23
ders, Kriterien zur Feststellung der Testier(un)fähigkeit, ZEV 2010, 115
ders, Zur Frage der Testierfähigkeit – Eine gute Dokumentation lohnt sich, NeuroTransmitter 2011 – 09, 22
Cording/Foerster, Psychopathologische Kurztests durch den Notar – ein im Grundsatz verfehlter Vorschlag, DNotZ 2006, 329
Cording/Nedopil, Psychiatrische Begutachtungen im Zivilrecht (2014)
Cording/Roth, Zivilrechtliche Verantwortlichkeit und Neurobiologie – ein Widerspruch?, NJW 2015, 26
Cording/Sass, Standards und Fehler bei der Begutachtung der Geschäfts- und Testierfähigkeit, Forensische Psychiatrie, Psychologie, Kriminologie 2017, 228
Crefeld, Der Sachverständige im Betreuungsverfahren, FuR 1990, 272
Cypionka, Die Auswirkungen des BtG auf die Praxis des Notars, DNotZ 1991, 571
ders, Fortfall der Entmündigung Volljähriger – Auswirkungen auf den Rechtsverkehr, NJW 1992, 207
Davison/Neale/Hautzinger, Klinische Psychologie (8. Aufl 2016)
Deinert, Betreuungszahlen 2015, BtPrax 2016, 218
Delius, Der umstrittene letzte Wille – soziale und psychologische Hintergründe von Testierunfähigkeitsprozessen, ErbR 2008, 182
vDickhuth-Harrach, Handbuch Erbfolge-Gestaltung (2010) § 16
Diederichsen, Die Veränderung der Rolle des psychiatrischen Sachverständigen durch das Betreuungsgesetz, in: FS Henckel (1995)
Eberl/Schärf, Testierfähigkeit und luzides Intervall bei Demenz und organischer Wesensänderung im Alter, ZAK 2019, 668
Edenfeld, Die anwaltliche und notarielle Schweigepflicht nach dem Tod des Erblassers, ZEV 1997, 391
Foerster, Das neue Betreuungsgesetz – Gedanken aus psychiatrischer Sicht, MedR 1991, 180
ders, Zur Beurteilung der Testierfähigkeit, in: Möller/Rohde (Hrsg), Psychische Krankheiten im Alter (1993)
Förstl/Bickel/Kurz (Hrsg), Alzheimer Demenz, Berlin (1999)
Fries, Nachlassende Testierfähigkeit – Zum rechtlichen Umgang mit einem schwindenden letzten Willen, AcP 216 (2016), 421
Frieser, Schutz des Erblassers vor unangemessener Beeinflussung – ein Vorschlag, ErbR 2020, 309
Frieser/Potthast, Erbschleicherei – unter besonderer Berücksichtigung verfahrensrechtlicher Besonderheiten, ErbR 2017, 114
Gebhardt, Der Zeitpunkt der Beurteilung der Sittenwidrigkeit eines Testamentes, Rpfleger 2008, 622
Goebel, Testierfähigkeit als Persönlichkeitsrecht (2004)
Göppinger, Handbuch der forensischen Psychiatrie (1972)
ders, Praxis der Begutachtung, Der psychiatrische Sachverständige im Verfahren (1974)
Goldkamp, Das verschwundene Testament, ErbR 2022, 111
Grossfeld/Hülper, Analphabetismus im Zivilrecht, JZ 1999, 430
Grziwotz (Hrsg), Notarielle Gestaltungen bei geänderten Familienstrukturen (2012)
ders, Die Testierfähigkeit von Erblassern, MDR 2016, 737
Grunsky, Testierfähigkeit und Geschäftsfähigkeit (2009)
ders, Kein Widerruf wechselbezüglicher letztwilliger Verfügungen bei Testierunfähigkeit des anderen Ehegatten, ErbR 2013, 98
Habermeyer/Sass, Die überdauernde krankhafte Störung der Geistestätigkeit als Voraussetzung der Geschäftsfähigkeit, Nervenarzt (2002) 73: 1094
dies, Voraussetzungen der Geschäfts(-un)fähigkeit – Anmerkungen aus psychopathologischer Sicht, MedR (2003) 543
Hahn, Die Auswirkungen des Betreuungsrechts auf das Erbrecht, FamRZ 1991, 27
Haller, Das psychiatrische Gutachten (1996)

Hardt, Amtsermittlung, Parteiverhalten und Feststellungslast im Erbscheinsverfahren (1999)
Harrer/Frank, Zur Beurteilung der Testierfähigkeit bei zerebralen Abbauprozessen – unter besonderer Berücksichtigung des „luciden Intervalls", in: FS Venzlaff (1986) 278
Hausmann/Odersky, Internationales Privatrecht in der Notar- und Gestaltungspraxis (4. Aufl 2021)
Heckhausen/Gollwitz/Weinert, Jenseits des Rubikon – Der Wille in den Humanwissenschaften (1987)
Heckhausen/Heckhausen, Motivation und Handeln (5. Aufl 2018)
Heinemann, Mehr Sollen als Sein – zur Feststellung der Geschäfts- und Testierfähigkeit, ZNotP 2016, 170
Helms, Der Widerruf und die Anfechtung wechselseitiger Verfügungen bei Geschäfts- und Testierunfähigkeit, DNotZ 2003, 104
Henkel, Die Selbstbestimmung des Menschen als rechtsphilosophisches Problem, in: FS Larenz (1973) 3
Hertwig/Hoffrage, Eingeschränkte und ökologische Rationalität: Ein Forschungsprogramm, Psychologische Rundschau 2001, 11
Herzog, Das streitige Erbscheinsverfahren aus anwaltlicher Sicht unter besonderer Berücksichtigung des Einwands der Testierunfähigkeit, ZErb 2016, 34
Hess, Das Einsichtsrecht der Erben und Angehörigen in Krankenunterlagen des Erblassers, ZEV 2006, 479
Holle, Psychiatrie (4. Aufl 1955)
Holler, Testierunfähigkeit im Erbschaftsteuerrecht, ErbR 2014, 112
Holzhauer, Vormundschaft – Pflegschaft – Betreuung aus juristischer Sicht, ZS ärztl Fortb 1992, 824
Hülsmann/Baldamus, Ärztliche Schweigepflicht versus Informationsinteresse der Erben, ZEV 1999, 91
Humm, Relative Geschäfts- und Testierunfähigkeit, ZEV 2022, 253
Ivemeyer/Zerfass, Demenztests in der Praxis: Ein Wegweiser (2005)
Jahn, Neuropsychologie der Demenz, in: Lautenbacher/Gauggel (Hrsg), Neuropsychologie psychischer Störungen (2004) 201
Janda, Grundfragen der Einschränkung der zivilrechtlichen Handlungsfähigkeit – Das Rechtsinstitut der Betreuung im Spiegel der allgemeinen Regeln zu Geschäftsfähigkeit und gesetzlicher Vertretung, FamRZ 2013, 16
Jestaedt, Die Auswirkungen der Geschäftsunfähigkeit auf die Lösungsmöglichkeiten vom gemeinsamen Testament und vom Erbvertrag (2015)
Jürgens, Betreuungsrecht (6. Aufl 2019)
Jürgens/Lesting/Marschner/Winterstein, Betreuungsrecht kompakt (8. Aufl 2016)
Jurgeleit, Betreuungsrecht (4. Aufl 2018)
Kanowski/Kühl, Zur Frage der Beurteilung der Testierfähigkeit, Psychiatrie und Recht 1983, 43
Kanzleiter, Feststellungen über die Geschäftsfähigkeit inner- oder außerhalb der Niederschrift, DNotZ 1993, 434
Kappler, Testierfreiheit und Testierfähigkeit, NotBZ 2019, 161
Karczewski, Erbrecht und älter werdende Gesellschaft: Probleme des § 2065 BGB, ZEV 2018, 192
Karnath/Thier, Kognitive Neurowissenschaften (2012)
vKeyserlingk, Zur Frage der Testierfähigkeit Verstorbener bei Testamentsanfechtungen, Psychiatrie, Neurologie und Medizinische Psychologie, ZS für Forschung und Praxis 1951, 170
Klingelhöffer, Testierunfähigkeit und ihre Geltendmachung im Nachlassverfahren, ZEV 1997, 92
Klinger/Ruby, Beweisfragen zur Wirksamkeit von Testamenten, NJW Spezial, 2005, 301, NJW Spezial NJW 2005, 349
Kloster-Harz, Zur Testierfähigkeit gem § 2229 Abs 4 BGB, ZAP 2005, 171
Konrad, Aufgaben der psychowissenschaftlichen Sachverständigen im neuen Betreuungsrecht, Recht und Psychiatrie 1992, 2
Krispenz, Der Schutz dementer Erblasser nach § 2229 Abs 4 BGB – Vorschlag zur Neuregelung, ErbR 2015, 525
Kröber/Dölling/Leygraf/Sass, Handbuch der forensischen Psychiatrie Bd 5: Forensische Psychiatrie im Privatrecht und Öffentlichen Recht (2009)

KROISS, Schnittstellen Erbrecht und Betreuungsrecht, ErbR 2022, 193
KRONTHALER/NEUMAYR, Der Arzt als Zeuge, insbesondere nach dem Tod des Patienten, JBl 2021, 349
KROPPENBERG, Die Testierfähigkeit betagter Erblasser de lege lata und de lege ferenda, in: FS Bengel u Reimann (2012) 199
KRÜGER, Neues zur Erbschleicherei als Untreue Aufsatz, ZEV 2019, 669
KRUSE, Zur Feststellung der Testierfähigkeit durch den Notar, NotBZ 2001 (Teil I) 405, (Teil II) 448
KUCHINKE, Ärztliche Schweigepflicht, Zeugniszwang und Verpflichtung zur Auskunft nach dem Tod des Patienten, in: GS Küchenhoff (1987)
LANGE, Die Begutachtung der Testierfähigkeit nach dem Tode des Erblassers, Psychiat Neurol Med Psychol 1989, 1
LANGELÜDDEKE/BRESSER, Gerichtliche Psychiatrie (4. Aufl 1976)
LASCHNER, Die Auskunftspflicht des Arztes beim Erbprätendentenstreit über die Testierfähigkeit des Erblassers (Diss Tübingen 2004)
LAUCK/GORATSCH, Vorgehen des Prozessvertreters zur gerichtlichen Klärung der Testierfähigkeit, ZEV 2019, 192
LICHTENWIMMER, Die Feststellung der Geschäfts- und Testierfähigkeit durch den Notar, MittBayNot 2002, 240
ders, Geschäfts- und Testierfähigkeit in der Praxis des Notars, in: SCHMOECKEL, Demenz und Recht – Bestimmung der Geschäfts- und Testierfähigkeit (2010) 43
LIEBEL-USLAV, Forensische Psychologie (1975)
LITZENBURGER, Sind die notariellen Vermerkpflichten zur Geschäftsfähigkeit mit dem Grundrecht auf Schutz der Privatsphäre vereinbar?, ZEV 2016, 1
LÖHNIG, Zur Testierfähigkeit Minderjähriger, in: FS Bengel u Reimann (2012) 231
LÖSLER, Zur Testiermöglichkeit schreib- und sprechunfähiger Stummer, NotBZ 1999, 185
LOSCH, Testierfähigkeit unter besonderer Berücksichtigung des Krankheitsbildes der Demenz und ihrer postmortalen Begutachtung, ZErb 2017, 188
MANKOWSKI, Verändert die Neurobiologie die rechtliche Sicht auf Willenserklärungen?, AcP 211 (2011) 153
MARTIN/SCHELLING, Demenz in Schlüsselbegriffen (2005)
MAYER, Zur Wirksamkeit eines Testaments bei zeitweiliger Testierunfähigkeit und falscher Datumsangabe im Testament, ZEV 2001, 400
MEISTER, Die retrospektive Beurteilung der Geschäftsfähigkeit – eine empirische Untersuchung (1993)
G MÜLLER, Die Begutachtung der Testierfähigkeit, eine empirische Untersuchung (1991)
dies (G MÜLLER-ENGELS), Erwiderung zum Beitrag von Stoppe/Lichtenwimmer, Die Feststellung der Geschäfts- und Testierfähigkeit beim alten Menschen durch den Notar – ein interdisziplinärer Vorschlag, DNotZ 2006, 325
dies, Vormundschafts- und Betreuungsrechtsreform 2023: Wissenswertes für den Erbrechtler, ErbR 2022, 666
R MÜLLER, Die Beurteilung der Testierfähigkeit (1991)
MÜLLER/NEDOPIL, Forensische Psychiatrie. Klinik, Begutachtung und Behandlung zwischen Psychiatrie und Recht (5. Aufl 2017)
MUER, Das elektronische Testament, ErbR 2022, 277
NACZINSKY, Auswirkungen der Testierfähigkeit auf die Geschäftsfähigkeit Minderjähriger, NZFam 2018, 713
NIEDER/R KÖSSINGER/W KÖSSINGER, Handbuch der Testamentsgestaltung (6. Aufl 2020) § 7
vOEFELE, Forensisch-psychiatrische Gesichtspunkte des neuen Betreuungsrechtes (1992)
vOEFELE/SASS, Die forensisch-psychiatrische Beurteilung von freier Willensbestimmung und Geschäftsfähigkeit, Versicherungsmedizin 1994, 167
vOERTZEN/WINDEKNECHT, Demenz als Feind der Nachfolgeplanung, ZEV 2019, 8
PAUSCH/WOLFRAM, Vergleich psychodiagnostischer Verfahren zur Demenz- und Abbaudiagnostik, Nervenarzt 1997, 68: 638
PAWLOWSKI, Rechtsfähigkeit im Alter?, JZ 2004, 13
POECK/HACKE, Neurologie (12. Aufl 2006)
POLLER, Praxisrelevante Verfahrensfragen in FamFG-Verfahren mit erbrechtlichem Bezug, ErbR 2019, 662

Ponsold, Lehrbuch für gerichtliche Medizin (3. Aufl 1967)
Rasch, Die psychiatrisch-psychologische Beurteilung der sogenannten schweren anderen seelischen Abartigkeit, StV 1991, 126
ders, Die Beurteilung der Geschäftsfähigkeit aus ärztlicher Sicht, ZS ärztl Fortb 1992, 767
Rasch/Bayerl, Der Mythos vom luziden Intervall, Lebensversicherungsmedizin 1985, 2
Rehberg, Probleme des gerichtspsychiatrischen und -psychologischen Gutachtens (1976)
Reinert, Zur Testierfähigkeit eines unter Betreuung stehenden Erblassers bei bestehender Demenz- und Alzheimererkrankung, ErbR 2021, 487
Renner, Erben und Vererben unter Berücksichtigung einer bestehenden Betreuung, BtPrax 1999, 167
Röchling, Aufhebung der Entmündigung, Dt ÄrzteBl 1993, 1600
Rösler (Hrsg), Psychopathologie (1995)
Röthel, Testierfreiheit und Testiermacht, AcP 2010, 32
Rossak, Folgen des verfassungswidrigen Ausschlusses Mehrfachbehinderter von jeglicher Testiermöglichkeit für die notarielle Praxis, ZEV 1999, 254
A Roth, Das Datum der Testamentserrichtung – Ein Beitrag zur Feststellungslast bei möglicher Testierunfähigkeit, ZEV 1997, 94
W Roth, Erbrecht und Betreuungsfall (2005)
Sachsse, Selbstverletzendes Verhalten – Psychodynamik – Psychotherapie (7. Aufl 2009)
Schellworth, Über die nachträgliche Beurteilung der Geschäftsfähigkeit, Zbl f d ges Psych u Neur 102, 178
Schiemann, Kautelarjuristische Überlegungen zur Rolle des Erbrechts in einer älter werdenden Gesellschaft, in: FS Otte (2005) 313
Schimanski, Die Beurteilung medizinischer Gutachten (1976)
Schlund, Die Testamentserrichtung im Krankenhaus, Arztrecht 1979, 206
JP Schmidt, Grundlagen der Testierfähigkeit in Deutschland und Europa, RabelsZ 76 (2012), 1022
Schmitz, Zur Feststellungslast bei einem Streit über die Testierfähigkeit des Erblassers, ErbR 2018, 262
Schmoeckel, Die Geschäfts- und Testierfähigkeit von Demenzkranken, NJW 2016, 433
Schmudlach, Die Beurteilung der Geschäftsfähigkeit aus juristischer Sicht, ZS ärztl Fortb 1992, 771
Schneider/Frister/Olzen, Begutachtung psychischer Störungen (4. Aufl 2020)
S Schröder, Psychopathologie der Demenz (2006)
Seibert, Testierfähigkeit und Willensfreiheit (2015)
Seidel, Das ethische Gehirn (2009)
Spickhoff, Autonomie und Heteronomie im Alter, AcP 208 (2008) 345
Stoppe, Demenz, Diagnostik – Beratung – Therapie (2006)
Stoppe/Lichtenwimmer, Die Feststellung der Geschäfts- und Testierfähigkeit beim alten Menschen durch den Notar – ein interdisziplinärer Vorschlag, DNotZ 2005, 806
Swane, Was sagt die neue EU-Erbrechtsverordnung zur Testierfähigkeit, ErbR 2014, 117
Venzlaff, Die psychoreaktiven Störungen nach entschädigungspflichtigen Ereignissen (die sogenannten Unfallneurosen) (1958)
ders, Aktuelle Probleme der forensischen Psychiatrie, in: Kisker/Meyer/Müller/Strömgren (Hrsg), Psychiatrie der Gegenwart, Bd III, Soziale und angewandte Psychiatrie (2. Aufl 1975)
Venzlaff/Foerster/Dressing/Habermeyer, Psychiatrische Begutachtung (7. Aufl 2020)
Wagner, Die Testierfähigkeit im Internationalen Privatrecht (1996)
Waldhoff, Die Testierfähigkeit Dementer im Lichte des Verfassungsrechts, in: Schmoeckel, Demenz und Recht – Bestimmung der Geschäfts- und Testierfähigkeit (2010) 57
Weitbrecht, Erkrankungen mit Demenz, FuR 1994, 289
Weser, Die Auswirkungen des Betreuungsgesetzes auf die notarielle Praxis, MittBayNot 1992, 161
Wetterling, Organische psychische Störungen, Hirnorganische Psychosyndrome (2001)
ders, Psychopathologische Auffälligkeiten bei Demenz und anderen Auffälligkeiten auf die Willensbildung – aus Sicht eines Neuropsychiaters, in: Schmoeckel (Hrsg), Demenz und

Recht – Bestimmung der Geschäfts- und Testierfähigkeit (2010) 31
ders, Was hat der Erbrechtler mit Fragen der Medizin zu tun?, ErbR 2010, 345
ders, Krankheitsbedingte Auswirkungen auf die Testierfähigkeit – eine Darstellung aus medizinischer Sicht, ErbR 2014, 94
ders, Beeinträchtigung der Geschäfts-/Testierfähigkeit durch Medikamente, Alkohol und Drogen, ErbR 2015, 179 = ZNotP 2016, 7
ders, Mehr Schein als Sein – zum sogenannten Fassadenphänomen, ErbR 2015, 355 = ZNotP 2016, 60
ders, Erbschleicherei aus psychiatrischer Sicht, ErbR 2017, 125
ders, Zivilrechtliche Relevanz deliranter und affektiver Syndrome, Forens Psychiatr Psychol Kriminol 2017, 206
ders, Geschäfts- und Testierfähigkeit bei Wahn? ErbR 2018, 10
ders, Einschränkung der Kommunikationsfähigkeit bei Urkundsbeteiligten nach Schlaganfall oder bei Demenz, ZNotP 2018, 227
ders, Zur Geschäfts- und Testierfähigkeit nach Schlaganfall, ErbR 2018, 433
ders, Gutachten zur Frage der Testierfähigkeit, Med Sachverständige, 2019, 221
ders, Neuropsychiatrische Aspekte der Multimorbidität (2019)
ders, Hat eine Multimorbidität Auswirkungen auf die Geschäfts- und Testierfähigkeit?, ErbR 2019, 283
ders, Medizinische Aspekte zur Feststellung der Geschäftsfähigkeit, Berliner Anwaltsblatt 2019, 405
ders, Freier Wille und neuropsychiatrische Erkrankungen (2. Aufl 2020)
ders, "Altersschwäche" bei Urkundsbeteiligten, ZNotP 2020, 288
ders, Vermüllung und Verwahrlosung – Anhaltspunkte für eine Geschäfts- und Testierunfähigkeit?, ErbR 2020, 531
ders, Operationen- ein "Risiko" für die Geschäfts- und Testierfähigkeit bei Älteren?, ErbR 2021, 114
ders, COVID-19- ein Thema auch für Erbrechtler?, ErbR 2021, 194
ders, Zur Geschäfts- und Testierfähigkeit bei Depression, ErbR 2022, 285
Wetterling/Neubauer/Neubauer, Psychiatrische Gesichtspunkte zur Beurteilung der Testierfähigkeit Dementer, ZEV 1995, 46
Wetzstein, Diagnose Alzheimer, Grundlagen der Ethik einer Demenz (2005)
Wittchen/Hoyer, Klinische Psychologie & Psychotherapie (3. Aufl 2021)
Witter, Zur rechtlichen Beurteilung sogenannter Neurosen, VersR 1981, 301
Zaczyk, Kriterien der Selbstbestimmung bei Errichtung eines Testaments – Ein Beitrag aus rechtsphilosophischer Sicht, in: Schmoeckel (Hrsg), Demenz und Recht – Bestimmung der Geschäfts- und Testierfähigkeit (2010) 89
Zimmer, Demenz als Herausforderung für die erbrechtliche Praxis, NJW 2007, 1713
Zimmermann, Juristische und psychiatrische Aspekte der Geschäfts- und Testierfähigkeit, BWNotZ 2000, 97 ff
ders, Ausgewählte Fragen zum Beurkundungsverfahren, insbesondere die Beteiligung Behinderter, BWNotZ 2001, 151.

Systematische Übersicht

Alphabetische Übersicht

I. Textgeschichte

1. Ursprüngliche Fassung

1 *(1) Wer in der Geschäftsfähigkeit beschränkt ist, bedarf zur Errichtung eines Testaments nicht der Zustimmung seines gesetzlichen Vertreters.*

(2) Ein Minderjähriger kann ein Testament errichten, wenn er das sechzehnte Lebensjahr vollendet hat.

(3) Wer wegen Geistesschwäche, Verschwendung oder Trunksucht entmündigt ist, kann ein Testament nicht errichten. Die Unfähigkeit tritt schon mit der Stellung des Antrags ein, auf Grund dessen die Entmündigung erfolgt.

(Abs 3 war entgegen Mot V 249 ff und Prot V 324 ff vom Bundesrat eingefügt worden; über die Gründe vgl D 292 ff; s auch Prot V 323, 324.)

2. Übernahme in das TestG

2 Das TestG übernahm in seinen §§ 1 u 2 diese Regelung, ergänzte sie durch Abs 2 in § 2, hob durch § 50 Abs 3 Nr 1 den § 2064 BGB (persönliche Errichtung) auf und fügte diese Bestimmung wörtlich als Abs 1 des § 1 TestG ein (Horn MatK-ErbR § 2229 Rn 67–69).

3 *§ 1 TestG*

(1) Der Erblasser kann ein Testament nur persönlich errichten.

(2) Ein Minderjähriger kann ein Testament erst errichten, wenn er das 16. Lebensjahr vollendet hat.

(3) Der Minderjährige oder ein unter vorläufige Vormundschaft gestellter Volljähriger bedarf zur Errichtung eines Testaments nicht der Zustimmung seines gesetzlichen Vertreters.

4 *§ 2 TestG*

(1) Wer entmündigt ist, kann ein Testament nicht errichten. Die Unfähigkeit tritt schon mit der Stellung des Antrags ein, auf Grund dessen die Entmündigung ausgesprochen wird.

(2) Wer wegen krankhafter Störung der Geistestätigkeit, wegen Geistesschwäche oder wegen Bewußtseinsstörung (z.B. wegen Trunkenheit) nicht in der Lage ist, die Bedeutung einer von ihm abgegebenen Willenserklärung einzusehen und nach dieser Einsicht zu handeln, kann ein Testament nicht errichten.

5 Im Gegensatz zur ursprünglichen Fassung, die nur eine Entmündigung wegen Geistesschwäche, Verschwendung oder Trunksucht aufführte, war ab Inkrafttreten des TestG allgemein derjenige, dessen Entmündigung beantragt war (§§ 647, 680 ZPO) und herbeigeführt werden sollte, ab Stellung des Antrages testierunfähig.

3. Wiedereinfügung in das BGB

6 Das GesEinhG v 5. 3. 1953 übernahm den Inhalt der §§ 1, 2 TestG und arbeitete § 1 Abs 1 in § 2064 BGB und den übrigen Inhalt in § 2229 BGB ein. Die Worte in § 2 Abs 2 TestG *„zB wegen Trunkenheit“* entfielen (Horn MatK-ErbR § 2229 Rn 70–77).

4. Betreuungsgesetz

7 Mit Wirkung zum 1. 1. 1992 wurde durch das Gesetz zur Reform des Rechts der Vormundschaft und Pflegschaft für Volljährige (Betreuungsgesetz – BtG) vom 12. 9. 1990 (BGBl I 2002) Abs 2 teilweise gestrichen und Abs 3 ersatzlos aufgehoben. Die Regelungen über die Testierunfähigkeit Entmündigter bzw über die Testierfähigkeit Volljähriger, die unter vorläufige Vormundschaft gestellt worden waren, wurden mit **Abschaffung der Entmündigung und der vorläufigen Vormundschaft** gegenstandslos

(HORN MatK-ErbR § 2229 Rn 78–87). Zur Novellierung des Betreuungsrechts ab 1. 1. 2023 vgl Vorbem 46 zu §§ 2229–2264.

Abs 2 und Abs 3 hatten mit **Wirkung bis zum 31. 12. 1991** folgenden Wortlaut: 8

(2) Der Minderjährige oder ein unter vorläufige Vormundschaft gestellter Volljähriger bedarf zur Errichtung eines Testaments nicht der Zustimmung seines gesetzlichen Vertreters.

(3) Wer entmündigt ist, kann ein Testament nicht errichten. Die Unfähigkeit tritt schon mit der Stellung des Antrags ein, auf Grund dessen die Entmündigung ausgesprochen wird.

Für alle bis zum 31. 12. 1991 errichteten Testamente sollen diese Regelungen weiterhin Gültigkeit haben (zu Testamenten Entmündigter und unter vorläufige Vormundschaft Gestellter STAUDINGER/BAUMANN [1996] Rn 40 ff mit verfassungsrechtlichen Bedenken in Rn 43 gegen den fortwirkenden generellen Ausschluss Entmündigter von der Möglichkeit zu testieren; vgl dazu OLG Hamm FamRZ 2004, 659, wonach der ursprünglich Entmündigte nach Aufhebung der Entmündigung als Betreuter vom Gericht als testierfähig angesehen wurde. Wäre er vor der Gesetzesänderung gestorben, wäre er von der Möglichkeit zu testieren ausgeschlossen gewesen).

5. Neufassung des BGB

Die Neufassung des BGB (Bekanntmachung v 2. 1. 2002 [BGBl I 42]) hat die amtliche Überschrift eingeführt sowie Orthographie (ua Ersetzung des „ß" nach kurzem Vokal durch „ss") und Diktion modernisiert, den Gesetzeswortlaut inhaltlich aber unverändert belassen. 9

II. Normzweck

Die Vorschrift knüpft die Fähigkeit ein Testament zu errichten an eine geistige Mindestreife des Erblassers, weil die Ausübung der Testierfreiheit die „Selbstbestimmungsfähigkeit" voraussetzt (BVerfGE 99, 341 = DNotZ 1999, 409 m Anm ROSSAK; MünchKomm/Sticherling Rn 1). Die durch letztwillige Verfügungen mögliche Abweichung von der im gesetzlichen Erbrecht festgelegten Familiengebundenheit des Nachlassvermögens soll von der eigenen Urteilsfähigkeit des Erblassers abhängig sein. 10

III. Gesetzeskritik

Die Vorschrift ist – wohl bedingt durch den hohen Abstraktionsgrad unseres BGB – ungewöhnlich aufgebaut. Der einleitende Abs 1 geht vom Sonderfall der Testierfähigkeit Minderjähriger aus (krit zur Testierfähigkeit Minderjähriger Rn 30, Rn 50 ff), definiert weder Testierfähigkeit noch Testierunfähigkeit, nicht einmal durch Verweisungen auf §§ 104 ff BGB, die aber als allgemeine Regeln auch auf die Testierfähigkeit Anwendung finden (dazu STAUDINGER/KLUMPP [2021] § 104 Rn 1 ff; NK-BGB/KUNZ/BALDUS[4] § 104 Rn 1 ff). In Abs 2 wird die bereits durch § 2064 BGB vorgegebene Voraussetzung der höchstpersönlichen Errichtung zur Testierfähigkeit Minderjähriger klargestellt. 11

12 Ob Minderjährige – wenn auch geschützt durch die rechtliche Beratung im Rahmen eines notariellen Beurkundungsverfahrens – testierfähig sein sollten, muss bezweifelt werden (aA MUSCHELER 1657, der eine weitere Herabsetzung der Altersgrenze bei Minderjährigen fordert; dazu Rn 30, 49 ff). Die rechtliche Beratung des Notars kann zwar helfen, rechtliche Fehler des Minderjährigen zu vermeiden, ist aber nicht in der Lage, die fehlende geistige Reife und Einsichtsfähigkeit eines Minderjährigen zu kompensieren, da der Notar verpflichtet ist, den Willen einer testierfähigen Person in Beurkundungsform niederzulegen, selbst wenn dieser sich zB als beratungsresistent erweist. Für die rechtliche Gleichsetzung der Testierfähigkeit mit der Geschäftsfähigkeit spricht auch, dass der Gesetzgeber beim Erbvertrag diesen Schritt bereits im Jahr 2017 vollzogen hat, wobei die vor dem 22. 7. 2017 in einem Erbvertrag errichteten Verfügungen eines beschränkt geschäftsfähigen Ehegatten, Lebenspartners oder Verlobten wirksam bleiben (STAUDINGER/RAFF § 2275 Rn 8; GRÜNEBERG/WEIDLICH Rn 3; MünchKomm/MUSIELAK § 2275 Rn 2). Auch beim Erbvertrag war der Schutz des Minderjährigen durch notarielle Beratung und durch das Beurkundungsverfahren gewährleistet.

13 Abs 4 beschreibt die Testierunfähigkeit. Dessen gesetzliche Tatbestandsvoraussetzungen entsprechen nicht mehr der zeitgemäßen medizinischen Fachterminologie (WETTERLING [2016] 48). Die aus dem 19. Jahrhundert stammenden medizinischen Termini „Störung der Geistestätigkeit" und „Geistesschwäche" sollten den heutigen fachmedizinischen Begriffen der Psychiatrie und Neurologie angepasst werden, wie dies im Betreuungsrecht erfolgt ist (zum Begriffswandel im Rahmen des medizinischen Erkenntnisfortschritts sich sehr vorsichtig positiv äußernd CORDING ZEV 2010, 115, 116; zur Gegenüberstellung geltender juristischer und medizinischer Begriffe WETTERLING ErbR 2010, 345). Der durch § 2229 Abs 4 BGB bezweckte Schutz des letzten Willens kann – insbesondere bei ohne Kontrolle Dritter verfassten eigenhändigen Testamenten – in unserer alternden Gesellschaft nicht mehr hinreichend gewährleistet werden (SEIBERT 65 ff; CHRISTANDL [2016]; SCHIEMANN in: FS Otte [2005]).

IV. Regelungsinhalt

1. Allgemeiner Regelungsinhalt

14 Das Gesetz definiert die Testierfähigkeit nicht, sondern beschreibt nur, wer von der Errichtung eines Testamentes ausgeschlossen ist und dass ein Minderjähriger ein Testament ab Vollendung seines 16. Lebensjahres errichten kann. Testierfähig ist jede unbeschränkt geschäftsfähige natürliche Person, außerdem beschränkt Geschäftsfähige, die das 16. Lebensjahr vollendet haben und Betreute, sofern bei ihnen bezogen auf das konkrete Rechtsgeschäft Geschäftsfähigkeit vorliegt. Da nur ein Testierfähiger ein Testament wirksam errichten kann, ist **das Testament eines Testierunfähigen nichtig**. Testierunfähigkeit bildet die Ausnahme (allgM; BayObLG NJW 2000, 1959, 1961; OLG Celle ZErb 2003, 321; OLG München 31. 10. 2014 – 34 Wx 293/14, FamRZ 2015, 698, 700 = MittBayNot 2015, 221 m Anm ROTH). Der Erblasser ist so lange als testierfähig anzusehen, wie seine Testierunfähigkeit durch das Gericht nicht nachgewiesen ist (MünchKomm/HAGENA[7] Rn 2). Testierunfähig sind Minderjährige, die das 16. Lebensjahr nicht vollendet haben (Abs 1) und Geistes- oder Bewusstseinsgestörte sowie Geistesschwache, die jeweils nicht in der Lage sind, die Bedeutung einer von ihnen abgegebenen Willenserklärung einzusehen und nach dieser Einsicht zu handeln (Abs 4).

Die Testamentserrichtung muss nach § 2064 BGB (Staudinger/Otte [2019] § 2064 Rn 3 ff) höchstpersönlich erfolgen.

15 Zum Abschluss eines Erbvertrages ist die Geschäftsfähigkeit beider Vertragspartner erforderlich (Staudinger/Raff § 2275 Rn 1 ff). Die Geschäftsfähigkeit richtet sich nach § 104 BGB.

2. Testierfähigkeit

a) Allgemeine Grundsätze

16 Als außerordentlich problembehaftet hat sich in der Praxis die Regelung des Abs 4 erwiesen (zur philosophischen und psychologischen Problematik der Willensfreiheit in Bezug auf die Testierfähigkeit Seibert 7 ff). Aufgrund der demographischen Entwicklung unserer alternden Gesellschaft (Schiemann, in: FS Otte [2005] 313, 315; Spickhoff AcP 208 [2008] 345; sehr ausführlich alle Aspekte abhandelnd Christandl, Selbstbestimmtes Testieren in einer alternden Gesellschaft; Schmoeckel NJW 2016, 433) und der damit verbundenen Zunahme alterstypischer Erkrankungen (Wetterling [2016] 15 f; Seibert 83 ff) nehmen die rechtlich relevanten Abgrenzungsfälle zwischen Testierfähigkeit und Testierunfähigkeit zu. Da zugleich die Vermögenswerte der Erbschaften gewachsen sind (Wetterling [2016] 16), ist die Zahl der rechtlichen Streitfälle über den Nachlass in den letzten Jahren erheblich gestiegen. Diese Rechtsstreitigkeiten – vornehmlich bei eigenhändigen Testamenten – wecken Zweifel an der Validität der privatschriftlichen Errichtungsform, wenn werthaltige Nachlasse betroffen sind (dazu § 2247 Rn 11 ff).

17 Der nach früherem Recht eindeutig abgrenzbare Ausschluss der Testierfähigkeit durch Rechtskraft des Entmündigungsbeschlusses ist seit Einführung der Betreuung und Streichung des Abs 3 weggefallen. Der Entmündigte war immer testierunfähig, der Betreute hingegen bleibt grds testierfähig. Seine Geschäftsfähigkeit bzw -unfähigkeit muss im Einzelfall – grds auf das jeweilige Rechtsgeschäft bezogen – festgestellt werden. Nicht einmal ein Betreuter, dem für den Aufgabenkreis „Vermögenssorge“ ein Betreuer zur Seite gestellt ist, muss testierunfähig sein (er ist so lange als testierfähig anzusehen, wie seine Geschäftsunfähigkeit nicht zweifelsfrei festgestellt ist: OLG München 31. 10. 2014 – 34 Wx 293/14, FamRZ 2015, 698, 700 = MittBayNot 2015, 221 m Anm Roth).

18 An die Feststellung der Testierfähigkeit durch Beurkundungspersonen (Notare [MünchKomm/Sticherling Rn 62 ff], Konsuln, Bürgermeister, drei Zeugen) werden seit Einführung der Betreuung vom Gesetzgeber Anforderungen gestellt, die in der älteren Praxis unbekannt waren, zumal sich ein Einwilligungsvorbehalt gem § 1903 Abs 2 BGB (ab 1. 1. 2023: § 1825 Abs 2 BGB) nicht auf Verfügungen von Todes wegen erstrecken kann (DNotI-Report 2002, 17; 2004, 112; OLG München NJW-RR 2008, 164, 166; Brox/Walker 65). Diese individualisierten Anforderungen an Beurkundungspersonen zur Feststellung der Testierfähigkeit werden noch dadurch erhöht, dass das Bundesverfassungsgericht (BVerfGE 99, 341) die faktische Testierunfähigkeit weitestgehend beseitigt und der Gesetzgeber das Mündlichkeitserfordernis – auch bei Betreuten – durch Anerkennung nonverbaler Gesten ersetzt hat; bei Sprach- und Hörbehinderten ist die Hinzuziehung einer Verständigungsperson vorgeschrieben (Frenz/Miermeister/Baumann § 24 BeurkG Rn 2 ff). Bei öffentlichen Testamenten muss die Testierfähigkeit des Erblassers vom Notar (Konsul, Bürgermeister) im Beurkun-

dungszeitpunkt der Testamentserrichtung festgestellt werden. Die zuverlässige Feststellung der Testierfähigkeit ist in Grenzfällen für Notare und andere Beurkundungspersonen nur mit Hilfe neurologischer und/oder psychiatrischer Sachverständiger möglich. Bei materiell-rechtlich gleichwertigen *eigenhändigen* Testamenten findet gar keine Kontrolle statt.

19 Posthum kann in Grenzfällen von Sachverständigen bestenfalls mit hoher Wahrscheinlichkeit ermittelt werden, ob der Erblasser im Zeitpunkt der Testamentserrichtung testierfähig war (zu postmortalen psychiatrischen Gutachten Cording/Nedopil [2014]), zumal nicht einmal mit gebotener Rechtssicherheit festgestellt werden kann, ob die zu prüfende private Testamentsurkunde zu dem Zeitpunkt errichtet wurde, der als Errichtungsdatum im Testament angegeben ist oder ob sie eigenhändig zurückdatiert worden ist. Der Gesetzgeber sollte, wenn er den möglichen Regelungsinhalt eigenhändiger Testamente nicht so weitgehend wie im niederländischen Recht auf die Wirkung wirtschaftlich unbedeutender Legate beschränken will, zum Schutz von Betreuten – so wie bereits jetzt gem Abs 1 für minderjährige Testierfähige – wenigstens das Beurkundungsverfahren vorschreiben. Dann wäre bei schutzbedürftigen Betreuten der Errichtungszeitpunkt des Testaments zuverlässig feststellbar und zudem könnten vom Notar schon im Zeitpunkt der Testamentserrichtung Feststellungen über die Testierfähigkeit getroffen werden (dazu Rn 18). Um zu verhindern, dass Testamente eines Betreuten in den Zeitraum seiner Testierfähigkeit zurückdatiert werden, sollte mit Einleitung eines Betreuungsverfahrens, spätestens mit Inkrafttreten der Betreuung festgestellt werden, ob der Erblasser bereits Testamente errichtet hatte (bei im notariellen Beurkundungsverfahren errichteten Testamenten wäre das Errichtungsdatum zuverlässig im Zentralen Testamentsregister feststellbar, bei eigenhändigen Testamenten wäre im Zeitpunkt der Feststellung der Testierunfähigkeit eine durch das Betreuungsgericht anzuordnende Hinterlegungspflicht beim Nachlassgericht als Voraussetzung der fortgeltenden Wirksamkeit zu empfehlen, um Missbrauchsmöglichkeiten durch von Dritten beeinflusste Rückdatierungen von Privattestamenten zu verhindern).

20 Die Testierfähigkeit ist eine **spezielle Ausprägung der Geschäftsfähigkeit** (Staudinger/Klumpp [2021] § 104 Rn 1 ff; Humm ZEV 2022, 253, 254 ff; zur Beziehung zwischen § 2229 und § 104 BGB Schmidt RabelsZ 2012, 1022, 1026 ff) auf dem Gebiet des Testamentsrechts (BGH ZEV 2017, 278; MünchKomm/Sticherling Rn 1). Die Rechtsordnung geht vom Grundsatz der Geschäfts- und Testierfähigkeit aus und definiert deren Voraussetzungen nicht (MünchKomm/Sticherling Rn 3). Die Geschäfts**un**fähigkeit ist in § 104 Abs 2 BGB normiert. Danach ist geschäftsunfähig, wer „sich in einem die freie Willensbestimmung ausschließenden nicht nur vorübergehenden Zustand krankhafter Störung der Geistestätigkeit befindet". Die (positive) Testierfähigkeit ist wie die (positive) Geschäftsfähigkeit (MünchKomm/Sticherling Rn 3) im Gesetz nicht ausdrücklich geregelt. An die Testierfähigkeit sind grds keine geringeren Anforderungen als an die Geschäftsfähigkeit zu stellen (BayObLG FamRZ 2002, 63; OLG München NJW-RR 2008, 164, 167; OLG Koblenz 15. 11. 2018 – 1 U 1198/17, juris Rn 43). Da jede geschäftsfähige natürliche Person testierfähig ist (Soergel/Klingseis Rn 4), gilt dies auch für Angehörige geistlicher Orden (MünchKomm/Sticherling Fn 9; freiwillig beschränkt [entsprechend dem Erbvertrag] ist nur die Testierfreiheit [so auch Soergel/Mayer[13] Vor § 2229 Rn 6] durch die Bindung an das Gelübde, wobei diese Bindung nach den Regeln unseres Bürgerlichen Gesetzbuches privatrechtlich nicht anerkennungsfähig sein kann). § 2229 BGB fasst die allgemeinen Grundsätze der §§ 104

Nr 2, 3; 105 Abs 1, 2 BGB zusammen und trifft (anders beim Erbvertrag gem § 2275 BGB) eine unabhängige Regelung (BGH LM Nr 9 zu 138; BayObLGZ 1956, 377; BayObLG 28. 12. 1979 – BReg 1 Z 75/79). § 28 BeurkG schreibt dem Notar vor, dass er seine Wahrnehmungen über die **Geschäftsfähigkeit** des Erblassers (das Gesetz spricht bei der Errichtung letztwilliger Verfügungen in § 28 BeurkG von Geschäftsfähigkeit **nicht** von Testierfähigkeit) in der Niederschrift vermerken soll (Frenz/Miermeister/Baumann § 28 BeurkG Rn 1 ff). Ein Unterschied zwischen Geschäftsfähigkeit und Testierfähigkeit besteht nur bei Minderjährigen (vgl dazu Rn 14, 28 ff). Die Abgrenzung der Testierfähigkeit zur Geschäftsfähigkeit kann im IPR besondere Bedeutung haben (vgl dazu unten Rn 130 f u Einl 131 ff zu §§ 2229–2302).

Testierfähigkeit ist die **Fähigkeit**, ein **Testament** zu **errichten, abzuändern** oder **aufzuheben** (hM; BGH ZEV 2017, 278 Rn 12; OLG Frankfurt NJW-RR 1998, 870; Grüneberg/Weidlich Rn 1). Zum Abschluss eines **Erbvertrages** ist **Geschäftsfähigkeit** der Vertragsbeteiligten erforderlich (BayObLG RNotZ 2001, 524 = FamRZ 2002, 62), weil nur ein unbeschränkt Geschäftsfähiger gem § 2275 BGB einen Erbvertrag schließen kann (Staudinger/Raff § 2275 Rn 1 ff). Die Testierfähigkeit kann auch bei Personen bestehen, denen die Geschäftsfähigkeit für einen gegenständlich beschränkten Kreis von Angelegenheiten fehlt (BayObLG NJW 1992, 248), sie kann aber nach hM nicht als *partielle* Testierfähigkeit für Testamente bestimmten Inhalts bestehen (vgl dazu Rn 31 f; Jauernig/Stürner Rn 6 mwNw; Burandt/Rojahn/Lauck Rn 4). Die Testierfähigkeit ist wie grds die Geschäftsfähigkeit (ausgenommen sind Betreute) nicht am konkreten Rechtsgeschäft festzustellen. Die Testierfähigkeit qualifiziert den Erblasser in Bezug auf seine intellektuell-geistig-seelischen Fähigkeiten. 21

Das Betreuungsrecht hat für Betreute mit Wirkung seit dem 1. 1. 1992 einen rechtlichen Paradigmenwechsel herbeigeführt (Brox/Walker 65). **Entmündigte** waren nach § 2229 Abs 3 BGB aF immer **testierunfähig. Betreute** bleiben grds **testierfähig** (gegen Änderungen der gesetzlichen Regelung der Testierfähigkeit Betreuter Kroppenberg 199 ff). Diesen rechtlichen Paradigmenwechsel bestätigt die ab 1. 1. 2023 in Kraft tretende Novellierung des Betreuungsrechts. Allerdings muss bei Betreuten – abhängig von den zugewiesenen Aufgaben des Betreuers – in jedem Einzelfall (zB bei Betreuung in Vermögensangelegenheiten) die Testierfähigkeit bezogen auf das konkrete Rechtsgeschäft festgestellt werden, wobei ein Einwilligungsvorbehalt des Betreuers sich nach § 1903 Abs 2 BGB (ab 1. 1. 2003: § 1825 Abs 2 BGB) nicht auf letztwillige Verfügungen erstrecken darf. 22

Rechtspolitische Stellungnahme:

Die im BGB geregelten Formvorschriften und die damit verbundenen und dadurch in Gang gesetzten Verfahren gem Beurkundungsgesetz zur Testamentserrichtung müssen an die jüngere Rechtsentwicklung des Betreuungsrechts angepasst werden. Betreute bedürfen – minderjährig Testierfähigen vergleichbar – eines besonderen Schutzes bei der Testamentserrichtung. Der Gesetzgeber sollte zum Schutz der Betreuten mindestens dieselben Formen und Verfahren wie für minderjährig Testierfähige vorschreiben. Normzweck jedes Behindertenschutzes, auch des Betreuungsrechts, ist bezogen auf Testamentserrichtungen nicht die Einschränkung der Testierfreiheit (in diese Richtung erhebt MünchKomm/Sticherling Rn 19 Bedenken), sondern der Schutz durch Verfahren, wie er Minderjährigen gewährt wird. Die (inhaltliche) 23

Testierfreiheit wird durch Verfahren öffentlicher Testamente nicht tangiert. Da eigenhändige Testamente – mit nicht nachprüfbarer Fremdeinwirkung – errichtet und sogar vor den Zeitpunkt des Eintritts der Betreuung vom geschäftsunfähigen Erblasser unkontrolliert zurückdatiert werden können und viele Geschäftsunfähige noch in der Lage sind, nach den Vorgaben Dritter mit eigener Handschrift einen Text abzuschreiben, selbst wenn sie den Inhalt nicht verstehen, ist **bei Betreuten das eigenhändige Testament als Errichtungsform ungeeignet** und sollte vom Gesetzgeber als Errichtungsform für Betreute genauso ausgeschlossen werden wie für minderjährige Testierfähige (zu weiteren rechtlichen Vorbehalten gegen die rechtlich unsicheren Errichtungs- und Widerrufsmöglichkeiten eigenhändiger Testamente vgl § 2247 Rn 11 ff, § 2255 Rn 4 ff). Das Beurkundungsverfahren des notariellen Testaments eines Betreuten ist im Rahmen einer gesetzlichen Neuregelung über die Voraussetzungen bei Beurkundungen mit minderjährigen Testierfähigen hinausgehende Schutzmechanismen zu verankern. Die Wirksamkeit der notariellen Beurkundung des Testaments eines Betreuten sollte zwingend von der Vorlage eines fachärztlichen Attests und – als nicht abdingbare Tatbestandsvoraussetzung künftig verfahrensrechtlich im Beurkundungsgesetz vorgeschrieben – sogar von der Beifügung dieses Attests im Testamentsumschlag abhängig gemacht werden. Da nicht jeder Betreute ein notarielles Testament errichtet, wäre ein absoluter Schutz des Betreuten nicht einmal mit einer solchen Gesetzesregelung zu erreichen, solange der Betreute ein eigenhändiges Testament errichten kann, das unkontrolliert unter dem Einfluss Dritter auf ein Datum der unstreitig vorhandenen unbeschränkten Geschäftsfähigkeit des Betreuten zurückdatiert werden kann. Um den Schutz eines Betreuten zu verbessern, müsste im Rahmen des Verfahrens über die Betreuerbestellung vom Betreuungsgericht zusätzlich ermittelt und rechtsverbindlich festgestellt werden, ob im Zeitpunkt des Eintritts der Betreuung letztwillige Verfügungen (in privatschriftlicher Form) existieren. Diese wären – um zB über den Zeitrahmen der Gültigkeit eines Nottestaments hinaus wirksam zu bleiben – nach Rechtskraft des Betreuungsbeschlusses (zB innerhalb einer Dreimonatsfrist) beim Nachlassgericht zu hinterlegen. Später vorgelegte Testamente sollten wie durch Zeitablauf erloschene Nottestamente behandelt werden, sofern ihre Errichtung durch den Erblasser im noch geschäftsfähigen Zustand nicht nachweisbar ist.

b) Testierfähigkeit, Einsichtsfähigkeit und Willensfreiheit

24 Testierfähigkeit setzt als Geschäftsfähigkeit, die Einsichtsfähigkeit und die Fähigkeit des Testators voraus, das eigene Denken und Handeln – ohne den Einfluss von Dritten – selbst zu bestimmen (OLG München 15. 12. 2016 – 31 Wx 144/15, juris Rn 4; OLG Hamm 5. 2. 2020 – 15 W 453/17, ErbR 2020, 482). Testierfähigkeit verlangt somit zunächst als allgemeine Fähigkeit des Menschen, einen freien Willen bilden zu können (Seibert, Testierfähigkeit und Willensfreiheit [2015]; Wetterling [2016] 30 ff; Cording Fortschr Neurol Psychat [2004] 147, 150). Die Bildung eines freien Willens erfolgt in einem – wissenschaftlich mit unterschiedlichen Ansätzen untersuchten und bisher nur unvollständig erklärten – biologischen, neurologischen, physikalischen und chemischen Prozess (Wetterling [2016] 33 ff), bei dem offenbar nicht nur das Gehirn, sondern auch andere Körperregionen und externe Einflüsse in Wechselbeziehung zum Gehirn Einfluss auf rationale Entscheidungen nehmen.

25 Der Erblasser muss – um rechtlich als testierfähig angesehen zu werden – imstande sein, den Inhalt des Testaments von sich aus selbst zu bestimmen und seinen eigenen Willen auszudrücken (BayObLG FamRZ 1986, 730). Eine geistige Erkrankung steht der

Gültigkeit eines Testaments nicht entgegen, wenn der Inhalt der Willenserklärung von der Erkrankung nicht beeinflusst ist (OLG Hamm 26. 2. 2015 – 10 U 18/13, juris Rn 186).

Die **Willensfreiheit** wird im Wesentlichen durch die eigene Willensbestimmung (*Autonomieprinzip*), die eigene Verursachung (*Urheberprinzip*), die alternative Entscheidungsfreiheit (Prinzip der alternativen Möglichkeiten und *Deliberationsprinzip*) und die reflektierende Vernunftentscheidung (*Intelligibilitätsprinzip*) definiert (dazu WETTERLING [2016] 30 ff). Der Erblasser muss **nach eigenem Urteil frei von Einflüssen interessierter Dritter** handeln können (BGH FamRZ 1958, 127, 128; BayObLG FamRZ 1985, 314, 315; FamRZ 1996, 635; FGPrax 1998, 62 mwNw; FamRZ 2000, 701; 2004, 1822; 2005, 658; 2005, 2019; 2006, 68; OLG Hamm OLGZ 1989, 273; FamRZ 2004, 661; OLG Jena FamRZ 2005, 2021; OLG München RNotZ 2008, 34 = ZErb 2007, 460; BAMBERGER/ROTH/LITZENBURGER Rn 3; WETTERLING ErbR 2015, 544; NK-BGB/KUNZ/BALDUS § 104 BGB Rn 62 ff). Eine Rechtsberatung des Erblassers durch neutrale Dritte, die an dem Testamentsinhalt kein eigenes Interesse haben, schließt die Willensfreiheit nicht aus (MünchKomm/HAGENA[7] Rn 5; MünchKomm/STICHERLING Rn 10, 47), wohl aber kann eine privatrechtliche „Rechtsberatung" durch selbstnützig interessierte Dritte (die sich zB zu bezahlten Testamentsvollstreckern oder als Bedachte – auch nur mittelbar – einsetzen lassen) die freie Willensbildung des Erblassers einschränken und sogar ausschließen. Insbesondere der willensschwache Erblasser ist vor einem „beherrschungsaffinen Testieren" zu schützen (dazu FRIESER ErbR 2020, 309 mit Vorschlägen zum Schutz des Erblassers vor unangemessener Beeinflussung; zur Erbschleicherei als Untreue KRÜGER ZEV 2019, 669). 26

Zur Testierfähigkeit **reicht** eine nur allgemeine Vorstellung von der Tatsache der Errichtung eines Testaments und von dessen Inhalt (OLG Hamm FamRZ 1989, 439) **nicht aus**. Der Erblasser muss eine **konkrete Vorstellung seines letzten Willens** haben und in der Lage sein, sich über die **Tragweite seiner Anordnung und ihre Auswirkungen auf die persönlichen und wirtschaftlichen Verhältnisse der Betroffenen ein klares Urteil** zu bilden (BGH FamRZ 1958, 127; OLG Hamm FamRZ 1989, 439; BayObLG FamRZ 1996, 635; FGPrax 1998, 62; FamRZ 2001, 55; OLG Jena ZEV 2005, 343; BayObLG ZEV 2005, 345; HERZOG ErbR 2016, 34, 38 mwNw; zur Einsichtsfähigkeit MünchKomm/STICHERLING Rn 37 ff). Der Erblasser muss sich an Sachverhalte erinnern können, er muss Informationen aufnehmen, Zusammenhänge erfassen und Abwägungen vornehmen können. Die vom OLG Hamm (FamRZ 1989, 439) geforderte „konkrete Vorstellung über die Tragweite der Auswirkungen" auf seine persönlichen und wirtschaftlichen Verhältnisse setzt einen individuell zu bestimmenden Rahmen der Testierfähigkeit voraus (vgl zur relativen Testierfähigkeit Rn 33 ff). Die „konkrete Vorstellung seines letzten Willens" kann der Erblasser in einem notariellen Beurkundungsverfahren mit einfachen Worten selbstbestimmt ausdrücken, indem er zB nach seinem Tod einer bestimmten juristischen oder natürlichen Person als Nachfolger sein Vermögen zuwendet. Beruht die letztwillige Verfügung auf plausiblen, rational nachvollziehbaren, eigenen Erwägungen des Erblassers, insbesondere wenn die bedachte Person mit dem Begünstigten schon längere Zeit persönlich verbunden war, sollte die „konkrete Vorstellung" ausreichen, dass der Erblasser eine bestimmte Person als Vermögensnachfolger haben will (GRUNSKY 10 ff). An die „konkrete Vorstellung" sollten keine überzogenen Anforderungen gestellt werden, jedenfalls nicht dahingehend, dass vom Erblasser verlangt wird, eine komplizierte juristische Gestaltung seiner letztwilligen Verfügung, zB bei Behinderten- oder Bedürftigentestamenten oder bei Unternehmertestamenten, die 27 erbrechtliche Anordnungen mit gesellschaftsrechtlichen Gestaltungen verflechten (Baumann/Seer/Krumm Hdb Unternehmensnachfolge [2011]; Lorz/Kirchdörfer, Unternehmensnachfolge [2011]; Scherer, Unternehmensnachfolge [2020]), in allen rechtlichen Gestaltungsdetails nachzuvollziehen (vgl zur relativen Testierfähigkeit Rn 33 ff). Andernfalls könnten nur noch im Erbrecht ausgebildete Juristen Testamente errichten (Schmoeckel NJW 2016, 433, 435). Bei notarieller Rechtsberatung muss der Erblasser seine wirtschaftlichen Zielvorstellungen selbst bestimmen; der Notar muss diese wirtschaftlichen Ziele nach dem Willen des Erblassers rechtlich richtig gestalten und allen des Rechts Unkundigen dabei helfen, ihre wirtschaftlichen Ziele durch kautelarjuristische Gestaltung zu erreichen.

28 Die Testierfähigkeit (Rn 14 ff) deckt sich insoweit mit der Geschäftsfähigkeit, als **jeder Geschäftsfähige testierfähig ist** (MünchKomm/Sticherling Rn 1) und dem **Geschäftsunfähigen die Testierfähigkeit immer fehlt** (zum Gleichlauf von Geschäfts- und Testierfähigkeit NK-BGB/Kunz/Baldus § 104 Rn 20 ff). Unterschiede ergeben sich nur bei der beschränkten Geschäftsfähigkeit, weil es eine beschränkte Testierfähigkeit, die von der Zustimmung des Personensorgerechtsberechtigten (Eltern, Vormund) abhängig ist, in unserer Rechtsordnung nicht gibt. Beschränkt Geschäftsfähige sind ab Vollendung des 16. Lebensjahres – ohne Mitwirkung des Personensorgeberechtigten – bzw gesetzlichen Vertreter testierfähig, jedoch nur mit dem Schutz eines notariellen Beratungs- und Beurkundungsverfahrens.

29 Die Rechtsprechung (BGH FamRZ 1958, 127; BayObLG NJW 1992, 248; OLG Frankfurt DNotZ 1998, 216) hat höhere Anforderungen an die Testier- als an die Geschäftsfähigkeit gestellt (**dagegen** Grunsky 10 ff), indem sie auch eine Person iSv § 104 Nr 2 BGB als geschäftsfähig angesehen hat, die außerstande war, die Tragweite ihrer Erklärung zu ermessen (BGH NJW 1953, 1342, 1961, 61). Die neueren Entwicklungen zur relativen Testierfähigkeit dürften dieser Rechtsprechung entgegenstehen (Baumann ZEV 2020, 193; Humm ZEV 2022, 253).

c) Testierfähigkeit nur mit Verfahrensschutz

30 Ein **Teil der beschränkt Geschäftsfähigen** (ab Vollendung des 16. Lebensjahres) ist testierfähig. Die Testierfähigkeit (Abs 1) beginnt mit der Vollendung des 16. Lebensjahres (der Tag der Geburt wird mit eingerechnet; § 187 Abs 2 S 2 BGB [über die Gründe dieser Bestimmung und das frühere Recht vgl Mot V 247 ff; D 294; Prot V 319 ff]). Ob die Sonderregelung zur Testierfähigkeit für Minderjährige nach der ohnehin herabgesetzten Volljährigkeit (seit 1. 1. 1975 vom 21. auf 18. Lebensjahr) noch sinnvoll ist, erscheint zweifelhaft (dazu Rn 12; **aA** Muscheler 1657, der sogar weitergehend eine beschränkte Testierfähigkeit entsprechend der beschränkten Geschäftsfähigkeit für Minderjährige fordert; vgl dazu unten Rn 49 ff). Die testierfähigen, beschränkt Geschäftsfähigen unterliegen hinsichtlich der Auswahl der Errichtungsformen eines Testaments zu ihrem Schutz (Burandt/Rojahn/Lauck Rn 10) den Beschränkungen, ein notarielles Beurkundungsverfahren in Anspruch nehmen zu müssen (vgl §§ 2233, 2247 Abs 4 BGB). Sie bedürfen zur Testamentserrichtung aber nicht der Zustimmung des gesetzlichen Vertreters nach § 107 BGB (Grüneberg/Weidlich Rn 3). Zu erwägen ist, ob nicht auch Betreute denselben gesetzlich vorgeschriebenen Formschutz verdienen (vgl dazu Rn 23).

d) Partielle Testierfähigkeit

Eine **„partielle Testierfähigkeit"** bzw „partielle Testierunfähigkeit" (Muscheler Rn 1665) wird grds abgelehnt (BayObLG NJW 1992, 248; NK-Kroiss Rn 2; Jauernig/Stürner Rn 6; Soergel/Mayer[13] Rn 8 mwNw; anders Soergel/Klingseis Rn 16). Die Fähigkeit, ein Testament zu errichten, abzuändern oder aufzuheben, soll grds für den gesamten Nachlass vorhanden sein und soll nicht (im positiven Sinn) auf Teile des Nachlasses (zB das Privatvermögen) beschränkt werden können. Die Testierfähigkeit soll daher nach hM **nicht** wie die Geschäftsfähigkeit (BGH WM 1970, 1366, st Rspr; Mattern BWNotZ 1961, 277, 289) nur für einen *gegenständlich begrenzten Lebensbereich fehlen können* (BayObLG NJW 1992, 248; **aA** BayObLG FamRZ 1985, 539, 541; Muscheler Rn 1665 ff). Deshalb wird auch eine partielle Testier**un**fähigkeit im Unterschied zu einer partiellen Geschäfts**un**fähigkeit (Staudinger/Klumpp [2021] § 104 Rn 23 ff) nicht generell anerkannt (Jauernig/Stürner § 2229 Rn 6). 31

Eigene Stellungnahme:

Von einer „partiellen Testier**un**fähigkeit" ist in Einzelfällen zwingend auszugehen (Muscheler Rn 1666), nämlich immer wenn der Erblasser personen- oder sachbezogen geistesgestört ist (Reimann/Bengel/Dietz/Voit Rn 12; MünchKomm/Hagena[7] Rn 16) (**Beispiel**: der im Übrigen intellektuell nicht beschränkte Erblasser leidet unter monothematischen Wahnvorstellungen, etwa grundlosem Verfolgungswahn gegenüber einer einzelnen Person (vgl dazu Rn 57, 63; vgl die Beispiele zur partiellen Geschäftsunfähigkeit, die sich auch auf die Testierfähigkeit auswirkt, bei Staudinger/Klumpp [2021] § 104 Rn 24), die ihn veranlassen, diese Person aus der gesetzlichen Erbfolge auszuschließen [eine solche Anordnung wurde noch als rechtswirksam angesehen von BayObLG FamRZ 1985, 539, 541; dagegen zu Recht BayObLG NJW 1992, 248]; vgl auch das Beispiel bei Muscheler Rn 1666). Insofern ist eine **partielle Testierunfähigkeit** anzuerkennen (Brah 32; Schmoeckel NJW 2016, 433, 434 f; ausführlich MünchKomm/Hagena[7] Rn 16). Ist aber eine „partielle Testier**un**fähigkeit" anzuerkennen, dann sind zumindest diejenigen, die nur partiell *testierunfähig* sind, im Übrigen (umfangreicheren) erbrechtlichen Gestaltungsbereich *„partiell testierfähig"* (so die überzeugende Argumentation von Sticherling in MünchKomm/Sticherling Rn 25; ähnlich Bamberger/Roth/Litzenburger Rn 5; abwägend auch Soergel/Klingseis Rn 16; anders noch Staudinger/Baumann [2018] § 2229 Rn 18 zur partiellen Geschäftsfähigkeit Staudinger/Klumpp [2021] § 104 Rn 25 mwNw). Also ist eine partielle Testierfähigkeit bei bestimmten neurologischen oder psychologischen Störungen (BayObLG NJW 1992, 248) wie die partielle Geschäftsfähigkeit (Staudinger/Klumpp [2021] § 104 Rn 25 mwNw) anzuerkennen (Baumann, ZEV 2020, 193 zur vergleichbaren Problematik der relativen Testierfähigkeit und auch zur partiellen Testierfähigkeit; MünchKomm/Sticherling Rn 25). 32

e) Relative Testierfähigkeit

Streitig ist, ob eine nach dem *Grade der Schwierigkeit abgestufte Testierfähigkeit* (**relative Testierfähigkeit**) anzuerkennen ist (**dafür**: OLG Köln NJW 1960, 1389; Flume §§ 13, 5; Dieckmann JZ 1988, 789, 795; Soergel/Klingseis Rn 11; Dittmann/Reimann/Bengel/Reimann[2] Rn 40; Reimann/Bengel/Dietz/Voit Rn 12: „Testierfähigkeit ist im Hinblick auf die Komplexität des Regelungsbedarfs zu bestimmen"; Staudinger/Baumann [2012] Rn 19; [2018] Rn 19–19j; Baumann, ZEV 2020, 193 mwNw; Humm ZEV 2022, 253; MünchKomm/Hagena[7] Rn 15; MünchKomm/Sticherling Rn 22 mwNw; Bamberger/Roth/Litzenburger Rn 4; Nieder/Kössinger/W Kössinger § 7 Rn 5, 11; Frieser/Kahl Rn 7; Staudinger/Bienwald [2017] § 1903 Rn 71; mit ausführlicher Begründung Seibert 114 ff; bei notariell beurkundeten Testamenten auch Jauernig/Stürner 33

Rn 6; bei Betreuten JANDA FamRZ 2013, 16, 21; MünchKomm/SPICKHOFF § 104 Rn 55; **dagegen:** die Rechtsprechung und ein kleinerer Teil des Schrifttums: BGHZ 30, 117 = LM 52 ZPO Nr 4 m Anm JOHANNSEN; OHG brZ OGHZ 2, 45 = NJW 1949, 544; OLG Hamburg MDR 1950, 731; OLG München 14. 8. 2007 – 31 Wx 16/07, DNotZ 2008, 296; STAUDINGER/KLUMPP [2017] Vorbem 48 zu §§ 104 ff; MUSCHELER Rn 1671; BROX/WALKER Rn 89; SCHERER/LEHMANN ZEV 2005, 433, 455).

Eigene Stellungnahme:

34 Bis zur Bearbeitung 2003 (STAUDINGER/BAUMANN [2003] Rn 13) wurde im Einklang mit der Rechtsprechung und der damals noch hM des Schrifttums eine nach dem Grad der Schwierigkeit abgestufte Testierfähigkeit (relative Testierfähigkeit) abgelehnt. Diese Rechtsansicht wurde aufgegeben (STAUDINGER/BAUMANN [2012] Rn 19), weil sie mit der aktualisierten Gesetzgebung und Rechtsprechung nicht zu vereinbaren ist (ausführlich BAUMANN ZEV 2020, 193; HUMM ZEV 2022, 253). Daher erkennt die weit überwiegende Meinung des Schrifttums inzwischen eine relative Testierfähigkeit an (MünchKomm/STICHERLING Rn 22 ff; FLUME, Das Rechtsgeschäft §§ 13, 5; DIECKMANN JZ 1988, 789; GRUNSKY (Fn 19) 10 ff; MünchKomm/HAGENA[7] Rn 15; DITTMANN/REIMANN/BENGEL/REIMANN [2. Aufl] Rn 40; REIMANN/BENGEL/DIETZ/VOIT Rn 12: „Testierfähigkeit ist im Hinblick auf die Komplexität des Regelungsbedarfs zu bestimmen"; W KÖSSINGER, in: NIEDER/KÖSSINGER, HdB Testamentsgestaltung [5. Aufl] § 7 Rn 5, 11; FRIESER/KAHL Rn 7; ERMAN/S KAPPLER/T KAPPLER Rn 7; BeckOGK/GRZIWOTZ Rn 7; BeckOK/LITZENBURGER Rn 4; SOERGEL/KLINGSEIS Rn 11; HUMM ZEV 2022, 253; SCHMOECKEL, Erbrecht § 20 Rn 6 [seit der 4. Aufl 2016]; FRIES AcP 216 [2016] 421; LEIPOLD, Erbrecht Rn 269; STAUDINGER/BIENWALD [2017] § 1903 Rn 71; mit ausführlicher Begründung SEIBERT 114 ff; CHRISTANDL 180 ff; bei Betreuten JANDA FamRZ 2013, 16; allg für relative Geschäftsfähigkeit BeckOK/SPICKHOFF § 104 Rn 23 ff).

35 **Gegen** die Anerkennung einer relativen Testierfähigkeit spricht objektiv weiterhin: Die Anerkennung einer relativen Testierfähigkeit – abgestuft nach dem Grad der Schwierigkeit der testamentarischen Gestaltung – erhöht die Rechtsunsicherheit (STAUDINGER/KLUMPP [2021] § 104 Rn 21 mwNw; dagegen aber HUMM ZEV 2022, 253, 255 f), weil die Testierfähigkeit des Erblassers dann in allen Zweifelsfällen bezogen auf den jeweils testamentarisch geregelten Einzelfall festgestellt werden muss (weitere Gegenargumente zur relativen Testierfähigkeit, insbesondere Verkehrsschutz, bei SEIBERT 118 ff, die jedoch diese Gegenargumente sorgfältig widerlegt). Die wegen der rechtlichen Bedeutung letztwilliger Verfügungen für die Kontinuität privatrechtlicher Verhältnisse auch im öffentlichen Interesse geforderte Rechtssicherheit der Erbfolge spricht gegen die Anerkennung einer relativen Testierfähigkeit (zutreffend MUSCHELER Rn 1671). Andererseits kennen sowohl Österreich als auch die Schweiz eine relative Geschäfts- und Testier(un)fähigkeit (dazu HUMM ZEV 2022, 253, 257 f), ohne dass die Rechtssicherheit leidet.

36 Alle aus Jahrzehnten gewonnenen **Erfahrungen** der notariellen Beratungs- und Beurkundungspraxis **wecken Zweifel**, ob nach geltendem Recht und moderner, unter dem Einfluss der Grundrechte zunehmend individualisierter Rechtsentwicklung der hoch zu bewertenden Rechtssicherheit bei der Frage der relativen Testierfähigkeit der Vorzug vor der individuell festzustellenden Testierfähigkeit des relativ Testierfähigen einzuräumen ist. Der Gesetzgeber hat durch Abschaffung der Entmündigung im Betreuungsrecht und das Bundesverfassungsgericht hat durch weitgehende Beseitigung der faktischen Testierunfähigkeit bei testamentarischen Verfügungen der Einzelfallgerechtigkeit aus Gründen des individuellen Grundrechtsschutzes des Erblassers der

privatautonomen Testierfreiheit (Art 2 Abs 1 iVm 14 Abs 1 GG) des einzelnen Erblassers den Vorrang zu Lasten der zum Schutz der Allgemeinheit zu gewährleistenden Rechtssicherheit eingeräumt. Mit diesen Entscheidungen unserer Verfassungsorgane wurde zu Lasten der Rechtssicherheit für einen erweiterten Personenkreis (Betreute, Mehrfachbehinderte), der zuvor von der Möglichkeit zu testieren aus Gründen der Rechtssicherheit mit klaren Abgrenzungskriterien (Entmündigung, faktische Testierunfähigkeit) ausgeschlossen war, das Individualrecht der Testierfreiheit und -möglichkeit aus Art 14 GG gewährt. Ähnlich wie früher Entmündigte und faktisch Testierunfähige werden nach derzeit noch geltender Rechtspraxis durch Nichtanerkennung der relativen Testierfähigkeit bestimmte Bevölkerungskreise von der Möglichkeit, wirksame Testamente zu errichten, ausgeschlossen.

Viele rechtsuchende Bürger sind selbst nach intensiver fachlicher Beratung kaum in **37** der Lage, komplexe Sachverhalte und rechtlich anspruchsvolle erbrechtliche Gestaltungen zu erfassen (ebenso Humm ZEV 2022, 253). Das gilt insbesondere für Betreute, die nach dem eindeutigen Willen des Gesetzgebers grds testierfähig bleiben (und zwar ohne gesetzlichen Verfahrensschutz, obwohl Betreute im Regelfall ein höheres Schutzbedürfnis haben, als beschränkt geschäftsfähige Minderjährige). Bei Betreuten ist eine relative Testierfähigkeit schon de lege lata anerkannt, da für die Feststellung der Geschäftsfähigkeit des Betreuten immer auf das jeweils vorzunehmende Rechtsgeschäft abzustellen ist, also auf die Testamentserrichtung des konkreten Testaments (für die Anerkennung einer relativen Geschäftsfähigkeit eines Betreuten unter Einwilligungsvorbehalt spricht sich deshalb Janda FamRZ 2013, 16, 21 aus), nicht aber auf ihre allgemeine Geschäfts- bzw Testierfähigkeit. Dementsprechend verlangt die hM (trotz Ablehnung einer relativen Testierfähigkeit) schon jetzt, dass der Erblasser die Folgen seiner erbrechtlichen Erklärung überblickt (MünchKomm/Sticherling Rn 22 mwNw).

Jeder – noch geschäftsfähige – Erblasser kann, sogar wenn er unter Betreuung steht, **38** seinen letzten Willen – in von unserer Rechtsordnung anzuerkennender Weise – dahingehend zum Ausdruck bringen, welche Person sein gesamtes Vermögen nach dem Tod erhalten soll (Grunsky 10 ff sieht deshalb sogar einen natürlichen Rechtsnachfolgewillen als ausreichend an). Kompliziertere Gestaltungsvorschläge – zB mit befreiten oder nicht befreiten Vor- und Nacherbschaften, Vorausvermächtnissen, den unterschiedlichsten Vermächtnisarten, Auflagen, Testamentsvollstreckungen jeweils mit Sondergestaltungen mit Einwirkungen des Schuldrechts, insbesondere des Gesellschaftsrechts –, werden von einem beachtlichen Prozentsatz geschäftsfähiger Testierender auch nach vereinfachenden Erklärungen durch geschulte Rechtsberater mit anschaulichen Beispielen allenfalls mühevoll oder in den juristischen Feinheiten gar nicht verstanden, selbst dann nicht, wenn solche Gestaltungen dem offenkundigen Interesse des Erblassers und dem Wohl seiner Familie – wie zB bei sog Behindertentestamenten – dienen. Kann der Erblasser komplexe juristische Gestaltungen, die seinen schlichten wirtschaftlichen Zielvorstellungen entsprechen, rechtlich nicht nachvollziehen, so kann er dennoch in der Lage sein, seinen letzten Willen in Bezug auf die von ihm bedachte Person seiner Vermögensnachfolge klar und eindeutig zu äußern und die Bedeutung einfacher Testamentsanordnungen im Sinne einer relativen Testierfähigkeit zu durchschauen (ebenso Frieser/Kahl Rn 7, der auf die Verletzung der durch Art 14 GG geschützten Erbrechtsgarantie hinweist, wenn ein solcher Personenkreis „schlechthin" [BVerfGE 99, 341, 351] von der Testamentserrichtung ausgeschlossen wird). Die Testierfähigkeit darf nicht nur im Erbrecht erfahrenen Juristen zustehen (Schmoeckel NJW 2016, 433, 435).

39 Internationale Rechtsentwicklungen stärken die Individualisierung des Rechts, wonach auch geistig Behinderten ein möglichst weitgehendes Selbstbestimmungsrecht in allen privatrechtlichen Angelegenheiten eingeräumt werden soll. Diese normativen Forderungen gelten sowohl nach der EU-Grundrechte-Charta, als auch nach der UN-Behindertenrechtskonvention, die jeweils in Deutschland unmittelbar geltendes Recht sind (dazu Baumann ZEV 2020, 193, 195 f mwNw; MünchKomm/Sticherling Rn 40 mwNw). Dem widerspricht nicht, dass die Rechtsordnung Schutzmechanismen zu schaffen hat, um das unbeeinflusste Selbstbestimmungsrecht zu gewährleisten und Testamentsfälschungen oder -unterdrückungen zu verhindern.

40 Da unsere Rechtsordnung seit Abschaffung der Entmündigung und Einführung der Betreuung auf die Rechtssicherheit durch klare Abgrenzungskriterien („rechtskräftiger Entmündigungsbeschluss") bei dem Personenkreis der Betreuten verzichtet hat und damit das normative Signal gesetzt hat, dass dem individuell anzuerkennenden Erblasserwillen, also der Einzelfallgerechtigkeit auch bei der Erblasseranordnung, der Vorzug vor dem allgemeinen Rechtsgut der (nach hier vertretener Auffassung bei rechtsstaatlich festgelegten Wertmaßstäben der Gerechtigkeit gleichwertigen) Rechtssicherheit einzuräumen ist, wenn – wie zB bei Formen und Fristen – eine gleichmäßige, vorhersehbare Gesetzesanwendung stattfindet, spricht die Rechtsentwicklung für eine relative Testierfähigkeit. § 1903 Abs 2 BGB lässt einen Einwilligungsvorbehalt bei der Errichtung von letztwilligen Verfügungen nicht zu (Grüneberg/Götz § 1903 Rn 6) und erkennt faktisch eine „relative" Testierfähigkeit an (Staudinger/Bienwald [2017] § 1903 Rn 71), weil für jedes Rechtsgeschäft eines Betreuten in jedem Einzelfall festgestellt werden muss, ob der Betreute die ausreichende Geschäfts- und Testierfähigkeit „im natürlichen Sinne" besitzt (Cypionka NJW 1992, 207, 209). Daher kann nach geltendem Recht sogar ein wegen Geistesschwäche nach altem Recht Entmündigter, der damit dauerhaft testierunfähig war, und der nach Inkrafttreten des Betreuungsrechts sodann unter Betreuung mit dem Aufgabenkreis Vermögenssorge gestellt wurde, wieder testierfähig sein (OLG Hamm FamRZ 2004, 659). Diese Rechtsprechung der Zivilgerichtsbarkeit entspricht dem vom Bundesverfassungsgericht definierten verfassungsrechtlichen Schutz des allgemeinen Persönlichkeitsrechts gem Art 2 Abs 1 GG, das konkretisiert in Art 14 Abs 1 GG die individuelle Testierfreiheit gewährleistet.

41 Schon nach bisheriger Rechtsprechung ist bei Fragen der Beurteilung der Testierfähigkeit auf die konkrete Situation der Testamentserrichtung abzustellen (Soergel/Klingseis Rn 12). Dabei ist von der Judikatur zu beachten, dass im fachmedizinischen Schrifttum die veränderte Beurteilung der relativen Testierfähigkeit noch nicht wahrgenommen worden ist (so zutreffend MünchKomm/Sticherling Rn 29 mNw). Daher wird nach den Vorgaben der Rechtsprechung auf eine allgemeine Geschäfts- bzw Testierfähigkeit abgestellt (zu den notwendigen Vorgaben der Juristen für fachgutachtliche Fragestellungen MünchKomm/Sticherling Rn 29). Wegen des gebotenen Schutzes des Persönlichkeitsrechts sollte (so schon Staudinger/Baumann [2012] § 2229 Rn 19) eine vom Schwierigkeitsgrad der letztwilligen Gestaltungen abhängige, abgestufte Testierfähigkeit **vom Gesetzgeber** (aber auch von der Judikatur der Zivilgerichte, so ausdrücklich OLG Hamm ZEV 2022, 253) anerkannt werden (ebenso MünchKomm/Sticherling

Rn 22; Nieder/Kössinger/W Kössinger § 7 Rn 5, 11; Frieser/Kahl Rn 7), bevor das Bundesverfassungsgericht in konsequenter Fortsetzung seiner Rechtsprechung zur Durchsetzung der Grundrechte der betroffenen Erblasser im Privatrecht entscheiden muss.

Mit dieser legislativen Empfehlung der Anerkennung einer relativen Testierfreiheit ist noch nicht beantwortet, welche konkrete gesetzgeberische Gestaltung aus dem rechtstatsächlichen Befund der Notwendigkeit, die relative Testierfähigkeit anzuerkennen, gezogen werden sollte (zu Recht weist Muscheler [Rn 1671] auf die mit der Anerkennung einer relativen Testierfähigkeit entstehenden objektiven Abgrenzungsprobleme hin, die nach heutiger Rechtslage aber schon bei Testamentserrichtungen von Betreuten und von Mehrfachbehinderten, die sich weder mündlich noch schriftlich ausdrücken können, auftreten). Die allgemeine Anerkennung einer am Grad der Schwierigkeit des Testaments orientierten Testierfähigkeit könnte mit undifferenzierten Lösungen die Rechtssicherheit noch weiter aufweichen (die Skepsis Muschelers Rn 1671 ist berechtigt). Schon das geltende Recht ist mit der Anerkennung einer möglichen Testierfähigkeit Betreuter von hoher Rechtsunsicherheit für die Rechtsprechung und Beratungspraxis geprägt, weil einerseits bei jedem Betreuten grds keine Vermutung für Testierunfähigkeit spricht, andererseits Testierunfähigkeit auch bei noch vorhandenen intellektuellen Fähigkeiten angenommen werden kann (zB BayObLG NJW-RR 2005, 1025, 1027; OLG München RNotZ 2008, 34 = ZErb 2007, 460). 42

In der notariellen Beratungs- und Beurkundungspraxis stellen sich die Probleme vor allem bei Testamentsbeurkundungen von Betreuten, weil diese regelmäßig zwar über eingeschränkte kognitive Fähigkeiten verfügen, nicht aber in der Lage sind, komplexe Gedankengänge zu entwickeln (vgl dazu auch Jauernig/Stürner Rn 5, der bei Beurkundung vor einem Notar, sofern die Angaben im Beurkundungsvorverfahren bei voller Testierfähigkeit gemacht worden sind, im Beurkundungshauptverfahren geringere Anforderungen an die Urteilskraft stellt und es für unschädlich hält, dass die Fähigkeit zur autonomen Inhaltsbestimmung und Formulierung des Erblassers im Zeitpunkt der Testamentserrichtung getrübt ist. Damit wird von Stürner auf die hoheitliche, richternahe Schutzfunktion des Notars abgestellt. Eine ähnliche Schutzfunktion liegt auch den durch das Formerfordernis der notariellen Beurkundung geltenden Einschränkungen der Testamentserrichtung durch Minderjährige gem Abs 2, § 2247 Abs 4 BGB zugrunde). Die Testierfähigkeit darf bei der sehr hohen Abstraktion des Erbrechts (das zB mit dem Personengesellschaftsrecht verknüpft oder über Vermächtnisse und Auflagen mit allen dogmatischen Problemen des Schuldrechts, Sachenrechts und Familienrechts verbunden sein kann) nicht zu hohe Anforderungen an hermeneutisch-juristische Fähigkeiten des Erblassers stellen, weil die Testierfähigkeit nicht nur erfahrenen Juristen zustehen darf (Schmoeckel NJW 2016, 433, 435). 43

Daraus folgt sowohl für Nachlassgerichte als auch für letztwillige Verfügungen beurkundende Notare der rechtliche Befund: **Einem Erblasser**, insbesondere einem Betreuten, **kann** – sogar ohne ausdrückliche gesetzgeberische Anerkennung einer relativen Testierfähigkeit – aus verfassungsrechtlichen Gründen **die Testierfähigkeit nicht deshalb abgesprochen werden, nur weil er kompliziertere erbrechtliche Zusammenhänge nicht versteht, solange er in der Lage ist, mit einfachen Worten aus eigener Überlegung frei von Einflüssen Dritter sich ein Urteil zu bilden, das keinen Zweifel daran lässt** (so auch OLG München RNotZ 2008, 34, 35), **wem er sein Vermögen nach seinem Tod zuwenden will** (Grunsky 10 ff). Bei der Feststellung der Rechtsfrage, ob der Erblasser testierfähig 44 war, geht es nicht darum die Angemessenheit seiner letztwilligen Verfügungen zu beurteilen, sondern nur darum, ob die in Bezug auf sein Vermögen getroffenen Entscheidungen frei von geistigen Störungen getroffen worden sind (OLG Celle ZFE 2003, 318; BayObLG FamRZ 2005, 658); ein Erblasser, der nur mit einfachsten Worten – unbeeinflusst von Dritten – erklären kann, wer sein Vermögen nach seinem Tod erhalten soll, ist – vorbehaltlich abweichender psychiatrischer oder neurologischer Gutachten – (relativ) testierfähig, sogar wenn er unter Betreuung steht und für einzelne Rechtsgeschäfte geschäftsunfähig ist (OLG Hamm FamRZ 2004, 659). Damit schreitet die Entwicklung unserer Rechtsordnung weiter in Richtung Individualisierung des Rechts, die im Rahmen unseres kodifizierten Privatrechts, auch aus Gründen der Vorhersehbarkeit von Gerichtsentscheidungen und der damit verbundenen Rechtssicherheit, jedoch vom Gesetzgeber allgemein begrenzt werden muss.

3. Minderjährigentestament (Abs 2)

45 Da jede Testamentserrichtung ein höchstpersönliches Rechtsgeschäft (§ 2064 BGB) ist, kann sie nicht von der Zustimmung des gesetzlichen Vertreters abhängig sein. Deshalb regelt Abs 2, dass der Minderjährige nicht der Zustimmung des gesetzlichen Vertreters zur Errichtung eines Testaments bedarf. Der Minderjährige, der das 16. Lebensjahr vollendet hat, ist inhaltlich unbeschränkt testierfähig; er ist bei der Erklärung seiner letztwilligen Verfügung lediglich an bestimmte Formen bzw Verfahren (notarielles Beurkundungsverfahren gem Beurkundungsgesetz) gebunden (§§ 2233 Abs 1, 2247 Abs 4 BGB) und zu seinem Minderjährigenschutz auf die rechtliche Beratung durch einen unabhängigen und neutralen Amtsträger angewiesen. Problematisch kann die nicht lediglich rechtlich vorteilhafte Inanspruchnahme des Notars durch einen beschränkt geschäftsfähigen Minderjährigen wegen der angefallenen Gebühren dann sein, wenn es nicht zur Errichtung eines Testaments kommt, sondern nur bei der gebührenpflichtigen Beratung verbleibt (Naczinski NZFam 2018, 713, 715 f). Diese Probleme würden vermieden, wenn die Testierfähigkeit im Gesetz mit der Geschäftsfähigkeit übereinstimmen würde.

46 Zu einer Beschränkung der Testierfähigkeit führt **§ 2247 Abs 4 BGB** nicht. Die Vorschrift schränkt für **Minderjährige** und **Leseunfähige** lediglich die Auswahl der Formen ein, den letzten Willen auszudrücken, indem sie einen Verfahrensschutz vorschreibt (vgl dazu Rn 30; § 2233 Rn 9 ff, 14 ff).

4. Testierunfähigkeit

a) Minderjährige (Abs 1, 2)

47 Testierunfähig ist nach Abs 1 ein Minderjähriger, der das 16. Lebensjahr noch nicht vollendet hat **(Testierunmündigkeit)** (Grüneberg/Weidlich Rn 7; krit zu dieser gesetzlichen Regelung Muscheler Rn 1657, der eine weitere Herabsetzung der Altersgrenze fordert). Als nicht minderjährig (bei einem Volljährigkeitsalter von 21 Lebensjahren) galt der nach §§ 3–5 aF für volljährig Erklärte (aufgehoben durch Gesetz zur Neuregelung des Volljährigkeitsalters v 31. 7. 1974 [BGBl I 1713]).

48 Nach Abs 2 bedarf der testierfähige Minderjährige zur Testamentserrichtung nicht einer unterstützenden Mitwirkung seines gesetzlichen Vertreters. Eine gesetzliche Vertretung ist wegen des Erfordernisses, ein Testament höchstpersönlich zu errichten, ohnehin unzulässig (§ 2064 BGB). Der Minderjährige ist ab Vollendung des 16. Lebensjahres unbeschränkt testierfähig, nur in der Auswahl der Testamentserrichtungsformen beschränkt (§§ 2233 Abs 1, 2247 Abs 4 BGB). Die Testierunfähigkeitsschranken des Abs 4 sind auch bei Minderjährigen zu beachten.

Muscheler (Rn 1657) fordert de lege ferenda wegen verfassungsrechtlicher Bedenken unter Berufung auf Art 2 Abs 1 GG (allerdings ohne die nach Art 2 Abs 1 GG wegen des Gesetzesvorbehalts gebotene Abwägung vorzunehmen) die Anerkennung einer beschränkten Testierfähigkeit für Minderjährige entsprechend der beschränkten Geschäftsfähigkeit gem §§ 106 ff, 1629, 1793 BGB. Dazu hält er die partielle Einschränkung des Gebotes der persönlichen Testamentserrichtung (§ 2064 BGB) für hinnehmbar. Zur Begründung der Erweiterung der Testierfähigkeit verweist Muscheler auf Beispiele, in denen der Minderjährige sein Vermögen, zB als Sportstar oder Sänger, selbst erarbeitet hat. Diese von Muscheler herangezogenen Beispiele können als tragfähige Begründung für die Erweiterung der Testierfähigkeit deshalb nicht ausreichen, weil diese Tatbestände – „Vermarktung als Kinderstar" – nicht die gebotene Mindestreife des Minderjährigen zur Testamentserrichtung ersetzen. 49

Eigene Stellungnahme:

Wie in den Fällen der Testamentserrichtung durch Betreute, Mehrfachbehinderte und relativ Geschäftsfähige kann auch bei Minderjährigen die Frage gestellt werden, warum der Gesetzgeber eine starre (Alters-)Grenze zur Testierfähigkeit gezogen hat, bzw ob er sie nicht niedriger hätte ansetzen können (zur geschichtlichen Entwicklung der schon im Römischen Recht und in den deutschen Partikularrechten bekannten Altersbegrenzungen Staudinger/Klumpp [2021] Vorbem 146 ff zu §§ 104 ff). Diese Frage wäre bei den starren Altersgrenzen zur Geschäftsfähigkeit (§ 104 Abs 1 BGB; „7 Jahre" beschränkte Geschäftsfähigkeit, § 2 BGB „18 Jahre" Volljährigkeit) genauso zu stellen. Muscheler ist zuzustimmen, dass manche nach geltendem Recht testierunfähige 15-Jährige über eine höhere Einsichtsfähigkeit und ein intellektuell abgestufteres Urteilsvermögen verfügen, als viele unbeschränkt Geschäftsfähige im „besten Volljährigkeitsalter". Wollte man bei Minderjährigen die gebotene Rechtssicherheit zugunsten einer Einzelfallgerechtigkeit durch Ermittlung der Testierfähigkeit im Einzelfall aufgeben, so müsste bei Minderjährigen – wie grds bei Betreuten – in jedem Einzelfall ein fachgutärztliches Attest verlangt werden. 50

Ein testierfähiger Minderjähriger bedarf nach Abs 2 zur Testamentserrichtung nicht der Zustimmung seines gesetzlichen Vertreters. Eine von der gesetzlichen Erbfolge abweichende Anordnung zulasten der Familienangehörigen kann nur vom Erblasser selbst angeordnet werden. Das Gebot der persönlichen Testamentserrichtung gem § 2064 BGB (Mot V 246 f, Prot V 16), soll vor den Einflüssen interessierter Dritter schützen und bedarf bei Minderjährigen eines erhöhten Schutzes. Minderjährige, auch junge Volljährige, sind aufgrund fehlender Lebenserfahrung leicht beeinflussbar. Deshalb bedürfen sie eines besonderen Schutzes durch Verfahrensbestimmungen. Von Minderjährigen gewollte Abweichungen von der gesetzlichen Erbfolge sind im Regelfall nicht sachgerecht. Minderjährige unterliegen der Personensorge ihrer Eltern und sind ihnen gegenüber unterhaltsberechtigt (im Ergebnis ebenso Reimann/Bengel/Dietz/Voit Rn 4). Bei der Abwägung, ob Einschränkungen der allgemeinen Hand- 51 lungsfreiheit eines Minderjährigen hinnehmbar sind, mit der Konsequenz, dass die gesetzliche Erbfolge des Verwandtenerbrechts zur Anwendung kommt, ist zu berücksichtigen, dass sogar in den von MUSCHELER beschriebenen Sonderfällen das vom Minderjährigen erworbene Vermögen in aller Regel auf familiärer Förderung beruht, so dass die gesetzliche Erbfolge zugunsten der nächsten Familienangehörigen auch in den meisten von MUSCHELER gedachten Fällen angemessen ist. Haben die unmittelbar erbfolgeberechtigten Verwandten dagegen den wirtschaftlichen Erfolg des Minderjährigen behindert (zB bei getrennt lebenden Eltern), könnte statt einer Erweiterung der Testierfähigkeit auf Personen unter 16 Jahren darüber nachgedacht werden, die Erbunwürdigkeitsgründe der Verwandten Minderjähriger gem § 2339 BGB auszuweiten. Dem – nach geltendem Recht nicht testierfähigen Erblasser – könnte den Vorschlägen MUSCHELERS folgend allenfalls dann ein „Gesamtrechtsnachfolgebestimmungsrecht" eingeräumt werden, wenn seine nächsten Verwandten als Erben weggefallen sind.

52 Selbst bei Testamentserrichtung unter Einschaltung einer neutralen Amtsperson als Berater (eines Richters oder Notars) oder eines neutralen Beratungs- und Kontrollgremiums (zB Familiengericht als Kammer) muss eine Begrenzung des Mindestalters eines Erblassers für die Testierfähigkeit gesetzlich vorgeschrieben sein, um die Beeinflussung durch Dritte zu verhindern. Der Erblasser gestaltet über seinen Tod hinaus. Die Errichtung einer Verfügung von Todes wegen erfordert Voraussicht, eine gereifte Persönlichkeit und Gerechtigkeitsempfinden (ebenso MünchKomm/HAGENA[7] Rn 8; MünchKomm/STICHERLING Rn 14 „geistige Reife, Voraussicht"). Der testierfähige Minderjährige (zum Schutz des Minderjährigen vor leichtfertigen Erklärungen OLZEN/LOOSCHELDERS Rn 235; LEIPOLD Rn 267) kann deshalb kein eigenhändiges Testament (§ 2247 Abs 4 BGB) und kein öffentliches Testament durch Übergabe einer verschlossenen Schrift (§ 2232 S 2 BGB) errichten; ebenso ist ihm die Errichtung eines Dreizeugentestaments (§§ 2250, 2251 BGB) nicht möglich (STAUDINGER/BAUMANN § 2233 Rn 8; dagegen MUSCHELER Rn 1657 mit der Behauptung, die Einschränkung der Formenwahl verstoße gegen die allgemeine Handlungsfreiheit gem Art 2 Abs 1 GG, allerdings ebenfalls ohne die nach Art 2 Abs 1 GG wegen des Gesetzesvorbehalts gebotene Abwägung vorzunehmen). Jede gesetzliche Regelung schränkt die allgemeine Handlungsfreiheit gem Art 2 Abs 1 GG ein (weshalb MUSCHELERS [Rn 1657] Begründung nicht überzeugt). Im Fall der Testamentserrichtung durch nur beschränkt geschäftsfähige, testierfähige Minderjährige ist die „Beschränkung der Handlungsfreiheit" durch vorgeschriebene Verfahrensvorschriften zum Schutz des Minderjährigen vor fremder Einflussnahme gerechtfertigt und wegen der vom Gesetzgeber sachgerecht abgewogenen Schutzfunktionen geboten.

53 In der notariellen Praxis spielen Minderjährigentestamente laut internen Erhebungen keine Rolle. Dies liegt an der Altersgruppe der Erblasser, die unter 18 Jahren typischerweise noch keine Vorsorge für ihren Tod treffen und in den seltenen Fällen schwerer Krankheit von ihren gesetzlichen erb- und pflichtteilsberechtigten Verwandten (Eltern) so gepflegt werden, dass sie mit ihrem Überleben rechnen und bei Kenntnis des nahenden Todes bei vorhandenem eigenem Vermögen grds nicht von der gesetzlichen Erbfolge abweichen wollen. Außerdem sind die weitaus meisten testierfähigen Minderjährigen vermögenslos oder verfügen allenfalls über geerbtes oder geschenktes Familienvermögen (mit Ausnahme der von MUSCHELER gebildeten – seltenen – Sonderfälle), so dass eher zu erwägen wäre, die Testierfähigkeit allgemein erst mit Vollendung des 18. Lebensjahres eintreten zu lassen (ebenso LANGE Jherings Jb 82, 3;

Lange/Kuchinke § 18 II 2; MünchKomm/Burkhart[3] Rn 5; MünchKomm/Hagena[7] Rn 8; mit Vorschlägen de lege ferenda Löhnig 238 f). Der Gesetzgeber hat schon 2017 beim Erbvertrag die Testierfähigkeit mit der Geschäftsfähigkeit gleichgestaltet (Staudinger/Raff [2022] § 2275 Rn 4). Das DDR-ZGB verknüpfte in § 370 ZGB (Einl 72 ff zu §§ 2229–2302) die Testierfähigkeit ebenfalls mit der Geschäftsfähigkeit. Um Muschelers Bedenken Rechnung zu tragen (dazu auch Rn 51) und um wirtschaftlich erfolgreiche Minderjährige vor Ausbeutung von Verwandten zu schützen, könnten die Erbunwürdigkeitsgründe erweitert werden. Zutreffend weist Sticherling (MünchKomm/Sticherling Rn 14) darauf hin, dass die gesetzliche Regelung an die Ehemündigkeit (§ 1303 Abs 2 BGB aF mit Vollendung des 16. Lebensjahres) anknüpfte, die inzwischen an die Volljährigkeit angepasst ist (MünchKomm/Sticherling Rn 14). Die Sonderregelungen zur Testierfähigkeit Minderjähriger sind wegen fehlender Praxisrelevanz zu streichen oder der Umfang der Verfügungsbefugnis ist bei testierfähigen Minderjährigen – wie im französischen Recht nach Art 903, 904 CC – zu beschränken.

b) Störung der Geistestätigkeit, Geistesschwäche, Bewusstseinsstörung (Abs 4)

aa) Grundlagen

Testierunfähig ist nach Abs 4, wer wegen krankhafter Störung der Geistestätigkeit, wegen Geistesschwäche oder wegen Bewusstseinsstörung nicht in der Lage ist, die Bedeutung einer von ihm abgegebenen Willenserklärung einzusehen und nach dieser Einsicht zu handeln (BayObLG FamRZ 2002, 1066 f; 2005, 2019; 2006, 68; OLG Düsseldorf 1. 6. 2012 – 3 Wx 273/11, FamRZ 2013, 159; OLG Brandenburg 20. 3. 2014 – 3 W 62/13, RNotZ 2014, 321 Rn 25; KG 8. 2. 2021 – 19 W 10/20, ErbR 2021, 854, 857 f; Muscheler Rn 1658 ff; Busch ErbR 2014, 90; vgl dazu auch §§ 104 Nr 2, 105 Abs 2 BGB), also insbesondere Personen, die nicht in der Lage sind, sich über die Folgen einer letztwilligen Verfügung ein eigenes, frei von Einflüssen Dritter geschaffenes Urteil zu bilden (OLG Celle 28. 4. 2003 – 6 W 26/03, ZFE 2003, 318; Wetterling ErbR 2015, 544). Die Erwägungen und Willensentschlüsse des Testierfähigen beruhen nicht auf einer angemessenen Würdigung der Lebensverhältnisse, sondern werden durch krankhaftes Empfinden und krankhafte Vorstellungen beherrscht (KG 2. 6. 2017 – 6 W 95/16, ErbR 2018, 443; OLG München 15. 12. 2016 – 31 Wx 144/15, ErbR 2017, 149). Dem testierunfähigen Erblasser fehlen im Zeitpunkt der Testamentserrichtung verstandesmäßige, kognitive Fähigkeiten (Seibert 112 ff). 54

Abs 4 wurde **mit dem Betreuungsgesetz nicht geändert**, obwohl *als Voraussetzungen der Betreuerbestellung andere Krankheitsbezeichnungen eingeführt* wurden (dazu Rn 13). 55

Abs 4 unterscheidet drei Arten der Testierunfähigkeit:

- krankhafte Störung der Geistestätigkeit,
- Geistesschwäche
- Bewusstseinsstörung.

Alle drei Arten führen aber nur dann zur Testierunfähigkeit, wenn der Testator nicht in der Lage ist, aufgrund der Schwäche oder Störung die Bedeutung einer von ihm abgegebenen Willenserklärung einzusehen und nach dieser Einsicht zu handeln (BayObLG FamRZ 2000, 701; ZEV 2002, 232; 2002, 234; 2005, 345; OLG Celle 28. 4. 2003 – 6 W 26/03,

ZFE 2003, 318; OLG Rostock FamRZ 2009, 2039). Sind die Willensbildungen des Erblassers von seinen geistigen Störungen oder Erkrankungen nicht beeinflusst, ist das Testament gültig (BayObLG FamRZ 2002, 1066; 2006, 68; ZEV 2005, 345; OLG Celle FGPrax 2006, 268; GRÜNEBERG/WEIDLICH Rn 8).

Außerdem sind nach Abs 1 Minderjährige, die das 16. Lebensjahr nicht vollendet haben testierunfähig, sowie weiterhin ein kleiner gewordener Kreis faktisch Testierunfähiger (dazu Rn 90).

56 Rechtlich unerheblich ist die Ursache der Testierunfähigkeit. Sie kann bei allen drei Arten der Testierunfähigkeit darauf beruhen, dass sie angeboren ist, durch Krankheit oder Unfall oder durch andere vorübergehende Umstände verursacht ist, zB durch die Einnahme von Medikamenten oder Rauschmitteln. Sie kann ebenfalls als reversible geistige oder seelische Veränderung durch eine vorübergehende Krankheit verursacht sein (BayObLG FamRZ 1994, 594).

57 *Krankhafte Störung der Geistestätigkeit* (Rn 65 f) und *Geistesschwäche* (Rn 67) sind zu unterscheiden (BENGEL/REIMANN/MAYER/VOIGT Rn 10). Das Reichsgericht (RGZ 130, 70) bezeichnete die Geistesschwäche als „eine dem Grade nach geringere geistige Erkrankung", also als eine sich *von der Geisteskrankheit nur graduell unterscheidende Störung* der Geistestätigkeit. Im sprachlichen Anwendungsbereich dieser beiden Rechtsbegriffe hat nach Maßgabe des medizinischen Erkenntnisfortschritts ein Begriffswandel stattgefunden (CORDING ZEV 2010, 115, 116), der vom Gesetzgeber und der Rechtsprechung nachzuvollziehen ist (dazu die Gegenüberstellung juristischer und medizinischer Begriffe bei WETTERLING ErbR 2010, 345). Nicht jede geistige Erkrankung führt zur Testierunfähigkeit (Beispiel: Paranoide Wahnvorstellungen, die keinen inhaltlichen Zusammenhang mit der Testamentserrichtung haben, können nicht zur Testierunfähigkeit führen). Geistesschwäche (vgl dazu Rn 67) ist ein genetisch oder durch externe Einflüsse bedingter dauerhafter Zustand (BENGEL/REIMANN/DIETZ/VOIGT Rn 10), während jede krankhafte Störung der Geistestätigkeit mit Ausheilung der Krankheit endet (vgl dazu Rn 65 f).

58 Auch eine nur **vorübergehende** *krankhafte Störung der Geistestätigkeit* kann in den betreffenden Zeiträumen zur Testierunfähigkeit führen. Entscheidend ist, ob durch den Geisteszustand des Erblassers seine **freie Willensbestimmung im Zeitpunkt der Testamentserrichtung** (nur dieser Zeitpunkt ist maßgebend; vgl dazu WarnR 1919 Nr 179; LZ 1920, 299; BGHZ 30, 294 = NJW 1959, 1822 [lichte Zwischenräume]; BayObLGZ 1951, 603 – st Rspr) ausgeschlossen war.

59 Nach dem Wortlaut des Abs 4 führen die aufgeführten Störungen der Geistestätigkeit nicht immer zur **Testierunfähigkeit**, sondern **nur dann, wenn der Erblasser „nicht in der Lage ist, die Bedeutung einer von ihm abgegebenen Willenserklärung einzusehen und nach dieser Einsicht zu handeln"** (zur freien Willensbildung WETTERLING ErbR 2010, 345 ff). Ist die letztwillige Verfügung unbeeinflusst und frei von krankheitsbedingten Störungen errichtet worden, dann ist sie wirksam (OLG Hamburg 20. 2. 2018 – 2 W 63/17, ErbR 2019, 36; HERZOG ZErb 2016, 34, 38).

60 Der Erblasser muss im Zeitpunkt der Testamentserrichtung mindestens wissen, über welches Vermögen er verfügt und wem er dies zuwendet. Fehlende Erkenntnis rechtlicher und wirtschaftlicher Zusammenhänge des Erklärten genügt für Testierunfähigkeit nicht (OGH BrZ NJW 1949, 544; sehr weitgehend hingegen BayObLGZ 1979, 256, 263; so auch OLG Hamm MDR 1967, 496 u Bezug a BGH MDR 1958, 316 = FamRZ 1958, 127; BayObLGZ 1962, 219), wohl aber wenn der Erblasser nicht in der Lage ist, sich tragfähige Vorstellungen hinsichtlich der Größenordnung seines Vermögens zu machen (OLG Celle FamRZ 2007, 417).

Moralisch oder **sittlich verwerfliche Vorstellungen** des Erblassers begründen **keine Testierunfähigkeit**. Dass der Erblasser in der Lage sein muss, über die Gründe, die für die sittliche Berechtigung seiner Verfügungen sprechen, ein klares Urteil zu bilden (BGH FamRZ 1958, 127; OLG Hamm FamRZ 1989, 439; BayObLG NJW 1992, 249; OLG Köln NJW-RR 1994, 396), bedarf insoweit einer Präzisierung, als sittliche Fehlvorstellungen des Erblassers solange nicht zur Unwirksamkeit des Testaments führen, wie die Verfügungen selbst nicht gegen die guten Sitten gem § 138 BGB verstoßen (ebenso Soergel/Klingseis Rn 15). Auch führen Fehlvorstellungen des Erblassers über die sittliche Berechtigung einzelner Verfügungen nicht zur Testierunfähigkeit. Allenfalls wenn der Erblasser gar **nicht fähig** ist, ganz allgemein in sittlichen Kategorien zu denken und somit keine sittlichen Abwägungen treffen kann, ist von Testierunfähigkeit auszugehen (ähnlich Soergel/Klingseis Rn 15). 61

Testierunfähigkeit kann *nicht aus einzelnen Erklärungen und Angaben ermittelt* werden, sondern nur aus dem Gesamtverhalten und dem Gesamtbild der Persönlichkeit in der fraglichen Zeit. Eine sorgfältige Untersuchung unter Einbeziehung der Krankheitsgeschichte und aller äußerer Umstände ist erforderlich. Dass der Zustand nicht nur „ein seiner Natur nach vorübergehender“ ist, verlangt Abs 4 im Gegensatz zu § 104 Nr 2 BGB nicht. 62

bb) Umfang der Testierunfähigkeit

Die Testierfähigkeit bezieht sich grds allgemein auf die Fähigkeit zur Errichtung einer letztwilligen Verfügung, nicht auf eine solche mit einem bestimmten Inhalt (vgl dazu aber Rn 16 ff; zur Problematik der partiellen u relativen Testierfähigkeit vgl Rn 31 ff). Die **Testierunfähigkeit** kann sich aber auf einen bestimmten **gegenständlich begrenzten Lebensbereich beschränken** (dazu Rn 31 f; BayObLG FamRZ 1985, 539, 541: Bei krankhaftem Eifersuchtswahn könne die Testierfähigkeit zur Errichtung des den Ehegatten enterbenden Testaments fehlen. Ausdrückliche Änderung dieser Rspr durch BayObLG NJW 1992, 248; zur partiellen Testierunfähigkeit Rn 32). Auch die allgemeine Geschäftsfähigkeit kann für einen gegenständlich beschränkten Kreis von Angelegenheiten fehlen. 63

cc) Arten der Testierunfähigkeit

Die im Gesetz aufgeführten drei Arten der Testierunfähigkeit (*krankhafte Störung der Geistestätigkeit*, *Geistesschwäche* und *Bewusstseinsstörung*) stimmen mit der weiterentwickelten Terminologie moderner Medizin nicht mehr überein (Cording ZEV 2010, 115, 116; Wetterling ErbR 2010, 345). Als normative Vorgaben der Merkmale einer Testierunfähigkeit können sie noch verwendet werden. Der Gesetzgeber sollte gleichwohl darüber nachdenken, die gesetzlichen Tatbestandsmerkmale den zeitgemäßen medizinischen Fachbegriffen anzupassen, wie dies im Betreuungsrecht (vgl § 1896 Abs 1 BGB) bereits seit dem 12. 9. 1990 (BGBl I 2002) erfolgt ist und durch die ab 1. 1. 2023 geltende Novellierung des Betreuungsrechts bestätigt wurde. 64

65 Eine **krankhafte Störung der Geistestätigkeit** ist anzunehmen, wenn bestimmte Hirnfunktionen „krankheitsbedingt beeinträchtigt" sind (Wetterling ErbR 2014, 94; ders [2016] 45 ff; Schramme Nervenarzt [2015] 86: 12), zB aufgrund von Durchblutungsstörungen (OLG Hamm 16. 5. 2014 – 10 W 96/13, juris Rn 45; 26. 10. 2020 – 15 W 26/19, BeckRS 2020, 31379). Unter **Geistestätigkeit** sind alle psychischen und neurologischen Vorgänge und Abläufe eines Menschen zu verstehen. Die Klassifikation der Störungen dieser Geistestätigkeit wird unterschiedlich vorgenommen und ist im wissenschaftlichen Erkenntnisprozess keineswegs abgeschlossen definiert (Wetterling [2016] 46 ff). Testierunfähig infolge **krankhafter Störung der Geistestätigkeit oder Geistesschwäche** ist derjenige, „dessen Erwägungen und Willensentschlüsse nicht mehr auf einer der allgemeinen Verkehrsauffassung entsprechenden Würdigung der Außendinge und Lebensverhältnisse beruhen, sondern durch krankhaftes Empfinden, krankhafte Vorstellungen und Gedanken oder durch Einflüsse dritter Personen [...] derart beeinflußt werden, daß sie tatsächlich nicht mehr frei sind, vielmehr sich den genannten regelwidrigen Einwirkungen schranken- und hemmungslos hingeben und von ihnen widerstandslos beherrscht werden" (RGZ 162, 228, allerdings zur Geschäftsfähigkeit gem § 104 Abs 2 BGB).

66 Unter **krankhafter Störung der Geistestätigkeit** werden insbesondere folgende medizinischen Befunde (Cording ZEV 2010, 115; Wetterling ErbR 2010, 345; ders ErbR 2014, 94; ders [2016] 49; MünchKomm/Sticherling Rn 26 ff mwNw) subsumiert: Hirnleistungsstörungen (**Demenz** [zur wachsenden Zahl der Demenzkranken und der daraus resultierenden rechtlichen Bedeutung Cording/Nedopil 101; Grziwotz/Albrecht 35; Brah 111 ff; ders ErbR 2014, 90; Schmoeckel NJW 2016, 433; zum demenziellen Syndrom Wetterling (2016) 54], insbesondere degenerativer Demenz (Demenz vom *Alzheimer* Typ), *arteriosklerotischer Demenz* (BGH NJW 1951, 481; DNotZ 1958, 601; OLG Celle NdsRpfleger 1962, 201; BayObLGZ 1970, 256; FamRZ 1985, 314; NJW-RR 1991, 1098; FamRZ 1996, 969; OLG München FamRZ 2014, 246; OLG Hamm 13. 7. 2017 – 10 U 76/16, ErbR 2018, 210, 213; zur Testierfähigkeit bei beginnender Demenz OLG Düsseldorf 19. 2. 2016 – 3 Wx 40/14, juris Rn 29 ff; Eberl/Schärf ZAK 2019, 668), globaler *Hirnatrophie, Hirninfarkten* bzw *Schlaganfällen* (BayObLG NotBZ 2001, 423, 424; NJW-RR 2005, 1025), *Demenz bei Parkinson-Syndrom* usw (Wetterling/Neubauer/Neubauer ZEV 1995, 46), *amnestisches Syndrom* = Gedächtnisstörungen (Wetterling [2016] 50), *altersbedingt organische Wesensveränderung* bei Demenz (Eberl/Schärf ZAK 2019, 668), *endogene Psychosen* (OLG Frankfurt 17. 8. 2017 – 20 W 188/16, ErbR 2017, 721, 724) *wahnhafte Störungen* wie *Schizophrenie* (zum schizophrenen Syndrom Wetterling [2016] 74 ff), *paranoide Wahnvorstellungen* (BayObLG FamRZ 2005, 658; OLG München 9. 6. 2021 – 7 U 4638/15, ErbR 2021, 870; zum manischen und bipolar affektiven Syndrom Wetterling [2016] 69), *wahnhafte Depressionen* (zum depressiven Syndrom Wetterling [2016] 65 ff). Auch **Depressionen** können zu kognitiven Störungen, Denkstörungen oder sogar zu Wahnvorstellungen führen (Wetterling ErbR 2022, 285). Eine starke Alkoholabhängigkeit führt nur in Phasen der akuten *Alkoholintoxikation*, nicht aber generell zur Testierunfähigkeit (OLG Brandenburg 20. 3. 2014 – 3 W 62/13, juris Rn 27). *Chronischer Drogenmissbrauch* führt außer im akuten Stadium nur dann zur Testierunfähigkeit, wenn der damit verbundene Persönlichkeitsabbau den Schweregrad einer Geisteskrankheit erreicht hat (BayObLG FamRZ 2003, 121; OLG Köln 22. 2. 2016 – 2 Wx 12/16, 2 Wx 20/16, 2 Wx 52/16, 2 Wx 53/16, juris Rn 41; Grüneberg/Weidlich Rn 9). Ein drogen- oder alkoholbedingtes *Delirsyndrom* führt zu dauerhafter Reduzierung der geistigen Leistungsfähigkeiten und dadurch bedingten Persönlichkeitsstörungen (BayObLG 2004, 1821; zu Persönlichkeitsveränderungen Wetterling [2016] 71 ff). Auch eine **mittelschwere Demenz** oder eine vaskuläre Demenz (BayObLG FamRZ 2005, 555) muss noch nicht zwingend zur Testierunfähigkeit führen

(OLG Thüringen NJW-RR 2005, 1247; OLG Düsseldorf 15. 6. 2015 – 3 Wx 103/14, ErbR 2015, 451; Cording ZEV 2010, 115). Hingegen kann laut Sachverständigen bei einer vaskulären Demenz in mittelgradiger bis schwerer Ausprägung bei „fluktuierenden Beeinträchtigungen von Funktionen des Stammhirns mit Störungen der Aufmerksamkeit, vermehrter Perseveration (Wiederholung von Worten) und Verlust der kognitiven Flexibilität, sowie Vigilanzschwankungen" von Testierunfähigkeit ausgegangen werden, wobei bei mittelschweren Ausprägungen das Ausmaß der kognitiven Einschränkungen für die Beurteilung maßgebend ist (OLG Bamberg 22. 5. 2015 – 4 W 16/14, RNotZ 2015, 655, 657). Eine geistige Erkrankung bzw krankhafte Störung der Geistestätigkeit steht der Fähigkeit ein Testament zu errichten, dann nicht entgegen, wenn die Erkrankung mit Testamentserrichtungen nicht in Verbindung steht und die Errichtung einer Verfügung nicht beeinflusst (BayObLG NotBZ 2001, 423, 424; FamRZ 2002, 1066; 2006, 68), insbesondere keine Beeinflussung durch Dritte vorliegt (OLG Celle FGPrax 2006, 268). Psychopathien mit antisozialen Persönlichkeitsstörungen führen grds nicht zur Testierunfähigkeit (OLG Frankfurt 17. 8. 2017 – 20 W 188/16, ErbR 2017, 721, 725).

Unter **Geistesschwäche** sind als medizinische Befunde genetisch oder durch externe 67
Einflüsse (Unfall) bedingte dauerhafte irreversible Zustände (Cording ZEV 2010, 115; Wetterling ErbR 2010, 345; ders ErbR 2014, 94; ders [2016] 50, 107 ff; MünchKomm/Sticherling Fn 71) zu subsumieren: wie angeborene Intelligenzschwäche (MünchKomm/Sticherling Rn 34; Intelligenzquotient: unter 70 leichte Intelligenzminderung, unter 50 mittelgradige Intelligenzminderung, unter 35 schwere Intelligenzminderung, unter 20 schwerste Intelligenzminderung), Minderbegabung, Residualzustände nach Psychosen oder Unfällen.

Unter **Bewusstseinsstörung** sind folgende medizinischen Befunde (Wetterling ErbR 68
2010, 345; ders [2016] 50, 112 ff; MünchKomm/Sticherling Rn 35 mwNw) zu subsumieren: Delir, Koma, Intoxikation (dazu OLG Koblenz 15. 11. 2018 – 1 U 1198/17, ErbR 2019, 584; zur Beeinflussung von Hirnfunktionen durch Medikamente Wetterling [2016] 96), Multimedikation (Wetterling ZNotP 2016, 7), Drogenrausch, Trunkenheit, Hypnose, endogene körperliche Einflüsse, Erschöpfungszustände (zum Begriff des medizinischen Befunds der Bewusstseinsstörung Wetterling ErbR 2010, 345. Der juristische Begriff in § 2229 BGB entspricht noch der Bewusstlosigkeit des § 105 Abs 2 BGB, wo auch eine Bewusstseinstrübung als ausreichend angesehen wird; vgl BGH WM 1972, 972; Staudinger/Knothe [2012] § 105 Rn 12; Staudinger/Klumpp [2021] § 105 Rn 26). Bewusstseinsstörung stellt eine erhebliche Beeinträchtigung des Bewusstseins, eine Bewusstseinstrübung dar (§ 2 Abs 2 TestG führte als Beispiel die Trunkenheit an; auch wenn das Beispiel in die Neufassung des § 2229 BGB nicht übernommen wurde, gilt der Bedeutungsinhalt fort, BayObLG 2003, 713; OLG Brandenburg 20. 3. 2014 – 3 W 62/13, ErbR 2014, 393; Wetterling ErbR 2015, 179). Andere Beispiele für eine Bewusstseinsstörung sind Rausch durch Drogen (Wetterling ErbR 2015, 179; Damrau/Tanck/Weber Rn 18) oder Bewusstseinstrübung durch Hypnose, Suggestion (Herzog ErbR 2016, 34, 39). Die Bewusstseinsstörung wird im Regelfall auf externen Einflüssen (zB Drogen; dazu MünchKomm/Sticherling Rn 35, Fn 75–81), kann aber auch auf *endogenen Einflüssen* (zB Absinken des Blutzuckerspiegels, Kreislaufschwäche, epileptischem Anfall, hohem Fieber) oder auf Erschöpfungszuständen seelischer oder körperlicher Art (Herzog ErbR 2016, 34, 39; Burandt/Rojahn/Lauck Rn 16) beruhen. Eine Intoxikation kann auch durch eine Multimedikation eintreten (Wetterling ErbR 2010, 345; ders ErbR 2015, 179; Herzog ErbR 2016, 34, 39), wobei medikamentöse Schmerztherapien im Regelfall keine Auswirkungen auf die Testierfähigkeit haben (OLG

Brandenburg 13. 1. 2014 – 3 W 49/13, ErbR 2014, 141 = RNotZ 2014, 321 m Anm Schriftleitung; CORDING ZEV 2010, 23, 27).

dd) Häufigkeit der verschiedenen Testierunfähigkeitsarten

69 Die meisten Fälle (Schätzungen zur prozentualen Verteilung bei WETTERLING ErbR 2010, 345) der Testierunfähigkeit beruhen als krankhafte Störung der Geistestätigkeit auf den Demenzformen (Überblick bei WETTERLING ErbR 2010, 345, 347), insbesondere degenerativer Demenz (Demenz vom Alzheimer Typ), arteriosklerotischer Demenz (BGH NJW 1951, 481; DNotZ 1958, 601; OLG Celle NdsRpfleger 1962, 201; BayObLGZ 1970, 256; FamRZ 1985, 314; NJW-RR 1991, 1098; FamRZ 1996, 969; OLG München FamRZ 2014, 246; OLG Hamm 13. 7. 2017 – 10 U 76/16, ErbR 2018, 210, 213; zur Testierfähigkeit bei beginnender Demenz OLG Düsseldorf 19. 2. 2016 – 3 Wx 40/14, juris Rn 29 ff; EBERL/SCHÄRF ZAK 2019, 668), globaler Hirnatrophie, Hirninfarkten bzw Schlaganfällen (BayObLG NotBZ 2001, 423, 424; NJW-RR 2005, 1025), Demenz bei Parkinson-Syndrom usw (WETTERLING/NEUBAUER/NEUBAUER ZEV 1995, 46), daneben auf anderen Störungen der Geistestätigkeit wie hirnorganischen Syndromen (BayObLG 1990, 801), schizophrenieformen Psychosen (BayObLG Rpfleger 1984, 317); paranoiden Syndromen, wie (monothematische) Wahnvorstellungen (OLG Celle FamRZ 2003, 1700; BayObLG FamRZ 2005, 658; OLG München 15. 12. 2016 – 31 Wx 144/15, juris Rn 11 ff), Verfolgungswahnideen (BayObLG FamRZ 2000, 701); manisch-depressivem Irresein (BGH WM 1956, 1184), herabgesetzter Urteilsfähigkeit, Rauschgiftsucht (BayObLG FamRZ 2003, 711 = Rpfleger 2003, 30 zu schwerer langjähriger Alkoholerkrankung mit Tablettenmissbrauch) oder Psychopathie (BayObLG NJW 1992, 249; Einzelheiten bei CORDING Fortschr Neurol Psychiat 2003, 71 ff; Beispiele weiterer krankhafter Störungen bei DAMRAU/TANCK/WEBER Rn 12 ff; zu den äußerlichen Anzeichen der Testierunfähigkeit FRIESER/KAHL Rn 13; DAMRAU/TANCK/WEBER Rn 7 f).

ee) Keine Testierunfähigkeit

70 Demenz (MünchKomm/STICHERLING Rn 30 „kein Indiz" für Testierunfähigkeit), querulatorische Veranlagung oder ein abnormes Persönlichkeitsbild schließen die Testierfähigkeit grds nicht aus (BayObLG FamRZ 1992, 724). Selbst bei einem besonders hohen Grad von Psychopathie ist die Testierunfähigkeit die Ausnahme (BayObLGZ 1991, 59, 64 f) und nur anzunehmen, wenn keine freie Willensbildung stattfindet, zB weil die Wahnideen die Motive beeinflussen (OLG Celle FamRZ 2003, 1700; BayObLG FamRZ 2000, 701; 2005, 658). In Bereichen, die mit den von Wahnsyndromen betroffenen Lebensbereichen nicht zusammen hängen, kann die betroffene Person im Regelfall normal und vernünftig handeln und denken (weitere Beispiele von geistigen oder psychischen Erkrankungen, die nicht zur Testierunfähigkeit führen, bei SOERGEL/KLINGSEIS Rn 20). Trunk- und Rauschgiftsucht führen idR nur im Rausch und als akute Folge von Entzugserscheinungen (jeweils Bewusstseinsstörung) oder nach infolge dauerhafter Einnahme dieser Rauschmittel eintretenden ausgeprägten Wesens- und Persönlichkeitsveränderungen zur Testierunfähigkeit (BayObLGZ 1956, 377, 382; FamRZ 2003, 711; CORDING Fortschr Neurol Psychiat 2003, 71, 76).

c) Lichte Augenblicke

71 Nach der älteren Rechtsprechung und den ihr zugrunde liegenden Gutachten wurden Testamente Geisteskranker als wirksam angesehen, wenn sie in einem lichten Augenblick *(lucidum intervallum)* errichtet waren (RG DRW 1945, 54; BGHZ 30, 294; OLG Karlsruhe Justiz 1982, 130; BayObLG FamRZ 1996, 970; skeptisch zur Beweisbarkeit solcher *lucida intervalla* ENDEMANN III § 35 Nr II a bei Note 4 und Nr V, b 2; WETTERLING/NEUBAUER/NEU-

BAUER ZEV 1995, 46, 48 f; s auch RASCH/BAYERL, Der Mythos vom luziden Intervall, Lebensversicherungsmedizin 1985, 2; DELIUS ErbR 2008, 182, 184; Einzelheiten bei CORDING Fortschr Neurol Psychiat 2003, 71, 81 f; VENZLAFF/FOERSTER 518 f; NK-BGB/KUNZ/BALDUS § 104 Rn 79 ff). Die heutige medizinische Wissenschaft hält „lichte Augenblicke" **in den meisten Fällen** krankhafter Störungen der Geistestätigkeit und insbesondere bei Geistesschwäche grds für nicht möglich (WETTERLING [2016] 200 ff mwNw). Bei dauerhaften, geistig nachhaltig wirkenden Erkrankungen, wie fortgeschrittener Gehirnarteriosklerose (zweifelhaft daher BayObLGZ 1997, 256) werden luzide Intervalle als medizinische Phänomene von der neueren neurologischen Forschung ausgeschlossen, insbesondere dann, wenn bereits strukturelle, irreversible Hirnveränderungen eingetreten sind (WETTERLING [2016] 201). Wer in den Zustand dauerhafter Demenz eingetreten ist, erlebt keine zur Testierfähigkeit ausreichenden Zeiträume (OLG Celle NdsRpfl 1962, 201, 202; OLG München 1. 7. 2013 – 31 Wx 266/12, ErbR 2014, 127; OLG Düsseldorf 4. 4. 2014 – 3 Wx 115/13, juris Rn 35), es sei denn künftig mit Hilfe derzeit noch im Versuchsstadium befindlicher Arzneimittel und Medizintechniken.

Ein *lucidum intervallum* wird nach gegenwärtigem medizinischen Erkenntnisstand allerdings bei bestimmten geistigen Erkrankungen medizinisch noch für möglich gehalten (WETTERLING ErbR 2010, 345, 349 u Hinw a CORDING Fortschr Neurol Psychiat 2004, 72, 147; dazu auch SCHMOECKEL NJW 2016, 433, 437; EBERL/SCHÄRF ZAK 2019, 668), insbesondere zB bei vaskulärer Demenz nach Schlaganfall können erhebliche Schwankungen der Einsichtsfähigkeit auftreten, bei denen sich schlechte Zustände mit luziden Intervallen abwechseln. Solche Vigilanzschwankungen können vor allem bei Wechselwirkungen verschiedener Erkrankungen „Komorbidität" (zur psychiatrischen Komorbidität WETTERLING [2016] 99 f) oder sogar „Multimorbidität" (WETTERLING [2016] 103 ff) (zB bei Veränderungen des Blutdrucks, des Blutzuckerspiegels, Schlafstörungen usw) auftreten (WETTERLING [2016] 201 f). Deshalb sollte über einen anderen Rechtsbegriff anstelle „luzides Intervall" nachgedacht werden (ähnlich STAUDINGER/KNOTHE [2012] § 104 Rn 13; CORDING ZEV 2010, 115, 120; HERZOG ZErb 2016, 34, 40; Losch ZErb 2017, 188, 192; verhaltene Kritik bei STAUDINGER/KLUMPP [2021] § 104 Rn 26 ff). Sind bei entsprechendem Krankheitsbild *lucida intervalla* möglich, müssen die Aufklärungsmöglichkeiten sorgfältig ausgeschöpft werden (OLG Hamm MDR 1967, 496; BayObLGZ 1979, 256, 261 ff; OLG München 1. 7. 2013 – 31 Wx 266/12, ErbR 2014, 127; dazu auch MünchKomm/STICHERLING Rn 43 f). 72

Das *lucidum intervallum* ist bei entsprechendem Krankheitsbild von demjenigen darzulegen und zu beweisen, der aus dem Testament Rechte herleitet (OLG Frankfurt NJW-RR 1998, 870; BayOLG FamRZ 2006, 68; OLG München 1. 7. 2013 – 31 Wx 266/12, ErbR 2014, 127). 73

d) Ausschluss der freien Willensbestimmung (Abs 4)

Das Gesetz verlangt, dass der Testator seinen Willen selbst frei bestimmt (dazu aus medizinischer Sicht WETTERLING ErbR 2010, 345 ff; ders [2016] 33 ff), indem er „in der Lage ist, die Bedeutung einer von ihm abgegebenen Willenserklärung einzusehen und nach dieser Einsicht zu handeln" (Abs 4; MünchKomm/STICHERLING Rn 36 ff). Die freie Willensbestimmung setzt voraus, dass der Erblasser, trotz unterschiedlicher Vorstellungen und Empfindungen und unabhängig von Einflüssen Dritter, eine vernünftige Überlegung und freie Selbstentschließung darüber treffen kann, was im gegebenen Fall als das Richtige zu tun ist (BayObLG FamRZ 2005, 658; OLG München ErbR 2008, 85; WETTERLING [2016] 33 ff). Die kognitiven Fähigkeiten zur freien Willensbildung sind 74 eingeschränkt bei Wahrnehmungsstörungen, Merkfähigkeits-/Gedächtnisstörungen, Desorientiertheit, Denkstörungen (Wetterling ErbR 2010, 345, 347). Am freien Willen fehlt es – wie bei allen Willenserklärungen –, wenn der Erblasser durch Gewalt oder Androhung von Gewalt zur Abgabe der Willenserklärung gezwungen wird (vis absoluta). Bei willensbeugender Gewalt (vis compulsiva) ist das Testament nach § 2078 Abs 2 BGB anfechtbar (Reimann/Bengel/Dietz/Voit Rn 17). An der freien Willensbestimmung fehlt es, wenn infolge einer Störung der Geistestätigkeit bestimmte Vorstellungen oder Empfindungen oder Einflüsse dritter Personen den Willen des Erklärenden derart übermäßig beherrschen, dass eine Bestimmbarkeit des Willens durch vernünftige Erwägungen ausgeschlossen ist (RGZ 103, 401; BayObLG FamRZ 2000, 701; OLG Rostock FamRZ 2009, 2039; Seibert 111 ff).

75 Eine **geistige Erkrankung** des Erblassers steht der Gültigkeit seiner letztwilligen Verfügung nicht entgegen, wenn der Erblasser im Zeitpunkt der Errichtung **die Fähigkeit** hat, die **Bedeutung des Rechtsgeschäfts zu erkennen** und sich bei seiner Entschließung von **normalen Erwägungen leiten zu lassen** (BayObLGZ 2, 406; ZBlFG 13, 213 Nr 127; FamRZ 2002, 1066; 2006, 68; OLG Celle FGPrax 2006, 268). Dies gilt insbesondere in Fällen, in denen die geistige Erkrankung nicht in Verbindung steht mit der inhaltlichen Gestaltung des Testaments und die geistige Erkrankung den Inhalt des Testaments nicht beeinflusst hat (BayObLG NotBZ 2001, 423), zB genetisch bedingte Intelligenzschwäche oder eine unheilbar fortschreitende Gehirnerkrankung (RG WarnR 1919 Nr 179), Alzheimer, aber auch Psychopathie (selbst bei hohem Grad von psychopathischen Störungen, BayObLG FamRZ 1996, 1109, 1110), sofern der Erblasser die Bedeutung des Rechtsgeschäfts erkennt.

76 **Rauschgiftsucht** (BayObLGZ 1956, 377), **Alkoholmissbrauch** (OLG Brandenburg 20. 3. 2014 – 3 W 62/13, ErbR 2014, 393; LG Stuttgart BWNotZ 1986, 13) oder *Medikamentenintoxikation* (BayObLG Rpfleger 2003, 30) schließen die Testierfähigkeit nur aus, wenn die *freie Willensbestimmung* im konkreten Fall ausgeschlossen ist. (Das RG [JW 1938, 1590 mwNw] stellte darauf ab, ob bei der geistigen Betätigung des Testierenden „an die Stelle der regelrechten Bestimmbarkeit des Willens durch vernünftige Erwägungen und an die Stelle einer so geleiteten Selbstentschließung andere regelwidrige Beeinflussungen, insbes eine krankhaft erscheinende übermäßige Beherrschung durch den Einfluß anderer Personen getreten waren"; zur Beeinträchtigung der Testierfähigkeit durch Medikamente, Alkohol und Drogen Wetterling ErbR 2015, 179).

77 **Psychopathologische Symptome** (dazu Wetterling ErbR 2010, 345, 347 ff) können Hinweise darauf geben, dass die *Willensbildung* des Erblassers so beeinflusst ist, dass er sie nicht frei formen kann, weil entweder kognitive Fähigkeiten eingeschränkt sind (Unfähigkeit zur Urteilsbildung) oder die Willensbildung entscheidend geschwächt ist (Unfähigkeit sich zu entscheiden oder Entschlüsse in Handlungen umzusetzen) (ausführlich zu unterschiedlichen psychopathologischen Störungen Wetterling [2016] 164 ff und zu neuropsychologischen und anderen Störungen 187 ff). Die zur freien Willensbildung notwendige Fähigkeit, zu entscheiden und/oder die gefassten Entscheidungen in Handlungen umzusetzen, ist eingeschränkt bei *Apathie, Ambivalenz* und *dysexekutiven Symptomen* (Wetterling ErbR 2010, 345, 347).

78 Ist die **freie Willensbestimmung ausgeschlossen**, so ist das **Testament nichtig** (zur Frage, unter welchen Voraussetzungen fremde Beeinflussung eines willens- oder geistesschwachen Erblassers dessen Testament nichtig macht vgl RG DJZ 1921 Sp 73; JW 1936, 1205; OGH brZ NJW 1949,

544; BGH MDR 1958, 316; BayObLGZ 1959, 364; 1962, 219; BGH FamRZ 1984, 1003). Der Erblasser darf angesichts der *Beeinflussung durch Dritte* zu einer eigenen Willensbildung und Entschließung nicht mehr in der Lage sein (BayObLG FamRZ 1990, 202, 203). Hypnose führt zu einer Bewusstseinsstörung, die die freie Willensbestimmung ausschließt (Kretzschmar § 15 Nr V, 2; Langelüddeke/Bresser 71 f). Dem steht gleich, wenn einer hypnotischen Suggestion vergleichbar eine so starke Beeinflussung des Testierenden erfolgt, dass dessen Willensäußerung als rein mechanische Wiedergabe des Willens der beeinflussenden Person erscheint und nicht als eigene selbständige Entschlussfassung. Derartige Beeinflussungen können sowohl singulär durch „Erbschleicher" (Frieser/Potthast ErbR 2017, 114; Frieser ErbR 2020, 309) als auch allgemein (zB bei Mitgliedschaft in einer Sekte) stattfinden.

Willensschwäche und **Beeinflussbarkeit** können die freie Willensbildung des Erblassers 79
beeinflussen und sogar ausschließen. Nach den Grundsätzen „relativer Testierfähigkeit" (oben Rn 33 ff) ist zu fordern, dass der Erblasser im Zeitpunkt der Testamentserrichtung einen *unbeeinflussten Rechtsfolgewillen* hat (MünchKomm/Sticherling Rn 42).

Nichtigkeit ist anzunehmen, wenn die Beeinflussbarkeit nicht auf bloßer Willens- 80
schwäche, sondern auf **geistiger Stumpfheit** beruht und der Erblasser nicht mehr aufgrund eigener Entschlussfähigkeit handelt, sondern nur noch **mechanisch reagiert** (Kipp/Coing § 17 I 1 mwNw). Als **vis absoluta** erscheint eine Beeinflussung oder Einwirkung, die zur rein mechanischen Wiedergabe eines „eingeflüsterten" fremden Willens führt, indem zB der Beeinflussende dem Testator die Hand beim Schreiben derart führt, dass jede eigene Tätigkeit des Schreibenden ausgeschaltet ist (BayObLGZ 1951, 598, 601; ausführlich MünchKomm/Sticherling Rn 46).

Folgt der Testierende in vollem **Vertrauen** den Vorschlägen eines Dritten **ohne weitere** 81
Nachprüfung, aber bewusst und kraft eigenen Entschlusses oder sind die Vorschläge, Forderungen oder Erwartungen des Dritten bloßes Motiv für den Inhalt des Testaments (dazu BayObLG NJW-RR 1990, 203), so fehlt es nicht an einer eigenen Willensentscheidung (MünchKomm/Sticherling Rn 47). Das gilt insbesondere, wenn die freie Willensbestimmung durch Gewalt oder Drohungen ausgeschlossen wird (MünchKomm/Sticherling Rn 46).

Hat der Erblasser mit voller, unbeschränkter Geschäftsfähigkeit dem Notar im Beur- 82
kundungsvorverfahren bei der zur Entwurfserstellung vorbereitenden Besprechung seinen letzten Willen erklärt und tritt danach eine unfall- oder krankheitsbedingte Bewusstseinsstörung ein, so sollte im Beurkundungshauptverfahren das verminderte Verständnis des Erblassers ausreichen, wobei immer zu verlangen ist, dass der Erblasser sich noch frei entscheiden kann, ob von ihm im notariellen Vorverfahren erklärte letzte Wille nun in Kraft treten soll (BGHZ 30, 294; Grüneberg/Weidlich Rn 10; OLG Frankfurt FamRZ 1995, 635 verlangt nicht einmal, dass die letztwillige Verfügung durch vernünftige und von Dritten nachvollziehbare Gründe zu rechtfertigen ist u Hinw a die von BayObLG NJW 1992, 248, 249 betonte Testierfreiheit).

5. Testament eines Betreuten

Ein Volljähriger kann nach § 1896 BGB aF = §§ 1814 ff BGB nF (ab 1. 1. 2023) unter 83
Betreuung gestellt werden (zur Relevanz der Betreuung Deinert BtPrax 2016, 9; zum neuen

Recht Müller-Engels ErbR 2022, 666). Für den Betreuten – auch wenn er früher entmündigt war – gelten die allgemeinen Regeln, dh er ist seit dem 1. 1. 1992 (Inkrafttreten des Betreuungsgesetzes) **testierfähig** (Grüneberg/Weidlich Rn 5; Soergel/Klingseis Rn 24), **solange die Voraussetzungen des Abs 4 nicht vorliegen** (Muscheler Rn 1674 ff). Anders als die frühere Entmündigung hat die Betreuung nicht rechtlich zwingend dauerhafte Auswirkungen auf die Geschäfts- oder Testierfähigkeit des Betreuten (Hahn FamRZ 1991, 27; Weser MittBayNot 1992, 169). Der Betreute bleibt grds testierfähig (OLG Frankfurt FamRZ 1995, 635; zum gebotenen Schutz Betreuter vor Drittbeeinflussung Rn 23; vgl zur relativen Testierfähigkeit Rn 33 ff). Sogar ein wegen Geistesschwäche vormals Entmündigter, der sodann unter Betreuung mit dem Aufgabenkreis Vermögenssorge gestellt wurde, kann testierfähig sein (OLG Hamm FamRZ 2004, 659). Beim Betreuten besteht nach der gesetzlichen Regelung keine Vermutung für eine Testierunfähigkeit, so dass grds von seiner Testierfähigkeit auszugehen ist (BayObLG NJW-RR 2005, 1025; OLG Hamm FamRZ 2004, 659; OLG Hamm 6. 5. 2021 – 10 W 9/21, ErbR 2021, 1048; OLG München NJW-RR 2008, 164; 31. 10. 2014 – 34 Wx 293/14, FamRZ 2015, 698, 700; Hahn FamRZ 1991, 27; Röthel § 16 Rn 8; Olzen/Looschelders Rn 242). Allerdings kann die Anordnung einer Betreuung Anlass sein, die Testierfähigkeit im Zeitpunkt der Testamentserrichtung zu überprüfen (Muscheler Rn 1674; Soergel/Klingseis Rn 24). Die Bestellung eines Betreuers mit dem Aufgabenbereich Aufenthaltsbestimmung und Vermögenssorge berührt die Testierfähigkeit des Betreuten in der Regel nicht (BayObLG FamRZ 1996, 635). Insbesondere kann die Errichtung und Aufhebung von Testamenten gem § 1903 Abs 2 BGB nicht unter einen Einwilligungsvorbehalt gestellt werden (Olzen/Looschelders Rn 243). In zahlreichen Fällen wird der Betreute aber testierunfähig im Sinne von § 2229 Abs 4 BGB sein (Burandt/Rojahn/Lauck Rn 19). Für die Ermittlung der Testierfähigkeit Betreuter kann sich die Praxis noch zusätzlich an den früheren Grundsätzen der Rechtsprechung zu Testamenten von Erblassern, die im Zeitpunkt der Testamentserrichtung unter Gebrechlichkeitspflegschaft standen (§ 1910 BGB), orientieren (dazu zB BayObLG MDR 1983, 131; FamRZ 1985, 743). Das Gericht hat die Akten des Betreuungsverfahrens heranzuziehen, um hieraus auf die Testierfähigkeit des Erblassers zu schließen. Da im Verfahren der Anordnung der Betreuung eine genauere Aufklärung der geistigen und psychischen Störungen des Betreuten als bei der Gebrechlichkeitspflegschaft erfolgt und die Anordnung der Betreuung mindestens alle fünf Jahre zu überprüfen ist, stehen dem Gericht immer einigermaßen aktuelle Daten zur Verfügung (Hahn FamRZ 1991, 27).

84 Der Betreute kann sich zur Errichtung eines Testaments aller vom Gesetz zugelassenen Testamentsformen bedienen (Reimann/Bengel/Dietz/Voit Rn 8), was bei eigenhändigen Testamenten erhebliche Probleme aufwerfen kann (vgl dazu Rn 34 ff). Nur wenn der Betreute lese- oder sprachunfähig ist, greifen die Schutzvorschriften des § 2233 BGB ein. Die Errichtung eines Testamentes kann nicht vom Einwilligungsvorbehalt eines Betreuers abhängig gemacht werden (vgl § 1903 Abs 2 BGB) (OLG Frankfurt FamRZ 1996, 635; Brox/Walker 65), da die Testamentserrichtung nach § 2064 BGB ein höchstpersönliches Rechtsgeschäft ist. Die Unzulässigkeit eines Einwilligungsvorbehaltes erstreckt sich nicht nur auf Verfügungen von Todes wegen, sondern ebenso auf deren Widerruf (Damrau/Zimmermann, BetreuungsG § 1903 Rn 16). Das Betreuungsgericht (bis 31. 8. 2009 Vormundschaftsgericht) kann nicht anordnen, dass der Betreute sein Testament nur in bestimmten Formen, zB nur in notarieller Form errichten darf (BT-Drucks 11/4528, 66).

6. Maßgebender Zeitpunkt für Testierfähigkeit

Der Erblasser muss **im Zeitpunkt der Testamentserrichtung** testierfähig sein (Soergel/Klingseis Rn 21 mwNw; MünchKomm/Sticherling Rn 6, 45; Muscheler Rn 1655 f). Bei öffentlichen Testamenten ist dies der Zeitpunkt des Beurkundungshauptverfahrens mit abschließender Unterschrift, beim eigenhändigen Testament grds die Unterschriftsleistung. Ist das eigenhändige Testament während eines längeren Zeitraums errichtet worden (vgl § 2247 Rn 128 ff; das Erfordernis der unitas actus besteht beim eigenhändigen Testament nach hM nicht), so ist für die Beurteilung der Testierfähigkeit der Zeitpunkt der **endgültigen Fertigstellung** des Testaments maßgebend. Hat der Erblasser ein Testament im Zustand der Testierfähigkeit eigenhändig erstellt und unterschreibt er dies im Zustand der Testierunfähigkeit, so ist das Testament unwirksam. Erst mit der abschließenden Unterschrift ist das Testament wirksam errichtet. Da nach hM die Unterschrift zeitlich auch vor der Testamentsniederschrift erfolgen kann (vgl § 2247 Rn 131), bzw auch Nachträge möglich sind (vgl § 2247 Rn 67 ff), soll in solchen Fällen der Zeitpunkt maßgebend sein, in dem ein abgeschlossenes Testament vorliegt. Erforderlich, aber auch genügend ist, wenn Testierfähigkeit im Zeitpunkt des Testamentsabschlusses vorliegt (Reimann/Bengel/Dietz/Voit Rn 18; MünchKomm/Hagena[7] Rn 3; MünchKomm/Sticherling Rn 6 ff; **aA** Bamberger/Roth/Litzenburger Rn 1, der – durchaus erwägenswert – Geschäftsfähigkeit während des gesamten Errichtungsaktes fordert, was aber dem Grundsatz der hM widerspricht, dass keine einheitliche Errichtungshandlung erforderlich ist, weshalb beim eigenhändigen Testament der Zeitpunkt der abschließenden Unterschriftsleistung als endgültiger Errichtungszeitpunkt maßgebend ist.). War der Erblasser nur in einem früheren Zeitpunkt, insbes zZ der Niederschrift eines Teiles des Textes, testierunfähig, so steht dies der Gültigkeit des Testaments nicht entgegen (RGZ 111, 252). Aus einer nach dem Datum der Testamentserrichtung angeordneten Betreuung kann ohne weitere Anhaltspunkte nicht darauf geschlossen werden, dass der Erblasser bereits im Zeitpunkt der Testamentserrichtung testierunfähig war (OLG Celle 11. 3. 2003 – 6 W 16/03 openJur 2012, 39483). 85

Hatte der Erblasser zunächst ein Testament errichtet und später einen durch die Unterschrift gedeckten Einschub beigefügt, so soll **Testierfähigkeit im Zeitpunkt der Änderung** genügen, weil erst damit die Errichtung des Testaments in seiner neuen Gestalt abgeschlossen ist. Allerdings wird dann, wenn im vorherigen Zeitpunkt der Unterschriftsleistung Testierunfähigkeit (zB wegen krankhafter Störung der Geistestätigkeit oder Bewusstseinsstörung) vorlag, mindestens eine **erneute Unterschrift** bei Abschluss des Testaments zu fordern sein, da die von einem Testierunfähigen unterschriebene Erklärung die Formzwecke der Unterschrift (vgl § 2247 Rn 103 ff) nicht erfüllen kann und der später im Zustand der Testierfähigkeit eingefügte Zusatz die Formwirksamkeit nicht heilen kann, während die formwirksame Unterschrift des Geschäftsfähigen unter einen eigenhändig verfassten Text mit ihrer Abschlussfunktion den Mangel heilt. Richtiger Weise wird man jedoch eine Neuerrichtung im Zeitpunkt der Testierfähigkeit verlangen müssen (Soergel/Klingseis Rn 26; sowie unten Rn 89). 86

Ein testierunfähiger Erblasser kann sein im Zustand der Testierfähigkeit errichtetes Testament nicht wirksam aufheben oder abändern. Daher bleiben spätere Einschübe des Testierunfähigen in das wirksam errichtete Testament unbeachtlich. Allerdings können sich wegen der formlosen Abänderungsmöglichkeiten beim eigenhändigen 87

Testament (einfaches Durchstreichen ohne zusätzliche Unterschrift soll nach der Rechtsprechung genügen) schwierige Beweissituationen ergeben. Lag vor Eintritt der Testierunfähigkeit bereits ein abgeschlossenes Testament vor, so sind nur die im Zeitpunkt der Testierunfähigkeit vorgenommenen Änderungen unwirksam, die vom Testierfähigen erstellte Fassung des Testaments jedoch wirksam. Dies gilt auch für alle Widerrufshandlungen gem § 2255 BGB (dazu § 2255 Rn 32). Auch die Anerkennung oder Bestätigung eines wegen Testierunfähigkeit unwirksamen Testaments ist nur durch erneute Errichtung gem § 141 BGB durch den testierfähig gewordenen Erblasser möglich, weil er bei der Errichtung sich der Bedeutung des von ihm eigenhändig niedergelegten Inhalts seiner Verfügung von Todes wegen bewusst sein muss (MünchKomm/Sticherling Rn 57 ff; § 2247 Rn 155).

88 Problematisch sind (eigenhändige) Testamente, die keine Errichtungszeit angeben und bei denen sich der Errichtungszeitpunkt auch nicht dem Textinhalt entnehmen lässt, wenn der Erblasser vor seinem Tod längere Zeit testierunfähig war. Ob der Erblasser im Zeitpunkt der Testamentserrichtung testierunfähig war, muss durch Sachverständige festgestellt werden und darf nicht vermutet werden (OLG Jena NJW-RR 2005, 1247).

7. Rechtsfolgen

89 Das von einem Testierunfähigen errichtete Testament ist nichtig. Eine Heilung durch Genehmigung im späteren Zustand der Testierfähigkeit ist nicht möglich (Brox/Walker 90; Burandt/Rojahn/Lauck Rn 21). Der Erblasser muss daher das Testament bei Wiedererlangung der Testierfähigkeit neu errichten (§ 141 BGB; vgl dazu auch § 2231 Rn 29; § 2247 Rn 155). Die Neuerrichtung kann von dem Testierfähigen auch durch Übergabe des im Zeitpunkt seiner Testierunfähigkeit errichteten Testaments als offene oder verschlossene Schrift nach § 2232 BGB erfolgen.

Errichtet der Erblasser im Zustand der Testierunfähigkeit ein privatschriftliches Testament und unterschreibt er dieses später im Zustand der Testierfähigkeit noch einmal, so soll ein wirksam errichtetes Testament vorliegen, da der Erblasser sich zur Testamentserrichtung früherer Aufzeichnungen bedienen darf und die Testierfähigkeit nur im Zeitpunkt der endgültigen Fertigstellung des Testaments vorliegen muss (hM; vgl nur Soergel/Klingseis Rn 22). Bestätigt der Erblasser ein im Zustand der Testierunfähigkeit errichtetes Testament, so soll seine erneute Unterschrift notwendig sein, aber auch genügen (BayObLG 30. 10. 1978 – BReg 1 Z 109/78). Dies erscheint sowohl im Hinblick auf § 141 BGB, der eine Neuvornahme des Rechtsgeschäfts erfordert, problematisch, als auch im Hinblick auf die Formzwecke der Eigenhändigkeit. Bei einem notariellen Testament wäre die erneute Unterschrift unter die Urschrift nicht möglich und würde auch nicht zur Heilung des unwirksam beurkundeten Testaments führen. Deshalb muss auch bei privaten Testamenten mehr als nur eine erneute Unterschrift gefordert werden, nämlich gem § 141 BGB die Neuerrichtung des Testaments (ebenso MünchKomm/Sticherling Rn 58; Soergel/Klingseis Rn 26). Dies spricht dafür, die **Testierfähigkeit für den gesamten Errichtungsakt** eines Testaments und nicht nur bei der letzten Änderung zu fordern (so Bamberger/Roth/Litzenburger Rn 1).

V. Faktische Testierunfähigkeit

90 Die Testiermöglichkeiten sind für Mehrfachbehinderte (Schreib-, Lese-, Hör-, Sprach-, Sehunfähige) erleichtert worden (vgl dazu § 2232 Rn 58 ff; § 2233 Rn 30 ff). Personen, mit denen sich niemand verständigen kann, bleiben aber von der Möglichkeit zu testieren auch weiterhin ausgeschlossen, auch wenn sie eigene Vorstellungen bilden können (Grüneberg/Weidlich § 2233 Rn 3; Eylmann/Vaasen/Baumann[3] § 31 BeurkG), so dass die faktische Testierunfähigkeit in Einzelfällen trotz der Entscheidung des Bundesverfassungsgerichts (BVerfG NJW 1999, 1853 = ZEV 1999, 147) und des danach vom Gesetzgeber aufgehobenen Mündlichkeitserfordernisses dann fortbesteht, wenn der Erblasser alles um sich herum wahrnimmt, versteht, selbstständig denken kann, sich aber als Gefangener im eigenen Körper weder sprachlich noch durch Gebärden Dritten gegenüber mitteilen kann.

VI. Testierfreiheit

91 Von der Testierfähigkeit zu unterscheiden ist die in § 2229 BGB nicht geregelte Testierfreiheit (dazu Staudinger/Otte [2017] Einl 54 ff zu §§ 1922 ff; Kappler NotBZ 2019, 161). Diese wird rechtlich beschränkt zB durch Selbstbindungen des Erblassers in wechselbezüglichen Verfügungen in gemeinschaftlichen Testamenten, durch erbvertragliche Bindungen oder durch Beschränkungen aufgrund Höferechts und wirtschaftlich durch das Pflichtteilsrecht. Jeder Testierfähige verfügt über die durch Art 14 GG garantierte Testierfreiheit (zur Verbindung zwischen Testierfähigkeit und Testierfreiheit Soergel/Klingseis Rn 3).

VII. Gebrechlichkeitspflegschaft

92 Mit Inkrafttreten des Betreuungsgesetzes am 1. 1. 1992 wurde die **Gebrechlichkeitspflegschaft** gem § 1910 BGB **durch das Institut der Betreuung** (dazu Rn 83 f) **ersetzt**. Für **bis zum 31. 12. 1991 errichtete Testamente gilt altes Recht** (Einzelheiten bei Staudinger/Baumann [1996] Rn 40 ff und zur Feststellungslast Rn 61 sowie Staudinger/Baumann [2003] Rn 39).

VIII. Testamente Entmündigter und unter vorläufige Vormundschaft Gestellter

93 Nach dem **bis zum 31. 12. 1991** geltenden Recht war testierunfähig, wer wegen Geistesschwäche, Verschwendung, Trunksucht oder Rauschgiftsucht **entmündigt** war, und zwar schon ab dem Zeitpunkt der Antragstellung, sofern die Entmündigung aufgrund des Antrags erfolgte (Einzelheiten bei Staudinger/Baumann [1996] Rn 40 ff, mit verfassungsrechtlichen Bedenken in Rn 43 gegen den generellen Ausschluss von der Möglichkeit zu testieren und Staudinger/Baumann [2003] Rn 40 ff). Zu beachten ist, dass nach dem bis zum 31. 12. 1991 geltenden § 2253 Abs 2 BGB (§ 2253 Rn 4) ein Entmündigter negativ testierfähig war und ein Testament widerrufen konnte. Nach geltendem Recht kann ein wegen Geistesschwäche ehemals Entmündigter, der nach Aufhebung der Entmündigung unter Betreuung mit dem Aufgabenkreis Vermögenssorge gestellt ist, testierfähig sein (OLG Hamm FamRZ 2004, 659; Soergel/Klingseis Rn 25).

IX. Feststellung der Testierfähigkeit durch den Notar

94 Bei der Errichtung eines öffentlichen Testaments (beim Nottestament beachte §§ 2249 Abs 1; 2250 Abs 3; 2251 BGB) muss der **Notar** sich nach §§ 11, 28 BeurkG davon überzeugen, dass der Erblasser testierfähig ist (vDICKHUTH-HARRACH § 16 Rn 27 ff; NIEDER/KÖSSINGER/W KÖSSINGER § 7 Rn 25 ff; MünchKomm/STICHERLING Rn 62 ff) und **soll seine Wahrnehmungen über die erforderliche Geschäftsfähigkeit des Erblassers in der Niederschrift vermerken** (FRENZ/MIERMEISTER/BAUMANN § 28 BeurkG Rn 1 ff; MünchKomm/STICHERLING § 28 BeurkG Rn 1 ff). Der Notar erfüllt mit dem Feststellungsvermerk über die Geschäftsfähigkeit eine Beweissicherungsfunktion (LICHTENWIMMER MittBayNot 2002, 240). Als medizinischer, insbesondere neurologischer und psychiatrischer Laie kann der Notar die Testierfähigkeit in Grenzfällen nicht zuverlässig feststellen, sondern allenfalls Feststellungen treffen, denen im Rahmen freier richterlicher Beweiswürdigung eine starke Indizwirkung beizumessen ist (OLG Hamm FGPrax 1997, 68, 69; KG FamRZ 2000, 912; BayObLGZ 2004, 237). Wie der Notar sich sein Urteil bildet, steht in seinem pflichtgemäßen Ermessen (MÜLLER DNotZ 2006, 325; CORDING/FOERSTER DNotZ 2006, 329). Da der Notar kein neurologischer oder psychiatrischer Sachverständiger ist, können seine Feststellungen nicht als fachmedizinische Befunde gewertet werden (WETTERLING ZNotP 2016, 7 ff).

95 Offensichtliche Testierunfähigkeit – zB durch den Einfluss von Drogen (WETTERLING ErbR 2015, 179) – kann und muss vom Notar im Beurkundungsverfahren herausgefiltert werden. Bei kognitiven Störungen, auch bei fortgeschrittener Demenz, kann der Erblasser jedoch ein Fassadenverhalten entwickeln, mit dem er intellektuelle Defizite überspielt (WETTERLING ErbR 2015, 355; ders [2016] 51, 123, 139, 147, 174, 188; HEINEMANN ZNotP 2016, 170 ff). Deshalb reicht es zur Annahme von Testierfähigkeit durch den Notar nicht aus, wenn der Erblasser eigene personenbezogene Angaben und sogar solche zu seinem Ehegatten oder seinen Abkömmlingen machen kann (OLG Hamm 8. 7. 2015 – 11 U 180/14, juris).

96 Im Regelfall wird der Notar jeder Beurkundung einer letztwilligen Verfügung ein Vorverfahren mit ausführlicher Vorbesprechung vorschalten, in dem er sich bereits von den intellektuellen Fähigkeiten des Erblassers überzeugen kann (vgl § 2232 Rn 31 ff), anders in Notfällen, die eine sofortige Beurkundung erfordern. Obwohl es sich bei § 28 BeurkG um eine Sollvorschrift handelt, ist der Vermerk vom Notar grds in die Urkunde und nicht in die Nebenakten aufzunehmen (vDICKHUTH-HARRACH § 16 Rn 27; NIEDER/KÖSSINGER/W KÖSSINGER § 7 Rn 25). Die vom Notar im Umgang mit Menschen verlangte standesrechtliche Etikette erfordert jedoch ein feinfühliges Verhalten gegenüber dem Rechtsuchenden und als verfassungsrechtliche Vorgabe die Achtung der Persönlichkeitsrechte des Erblassers, die nicht durch diskriminierende, vor allem altersdiskriminierende Verfahren in den Befragungen und nicht durch die Persönlichkeitsrechte tangierende Feststellungen in der Niederschrift verletzt werden dürfen (BRAH 126; EDENFELD ZEV 2001, 457, 458; LITZENBURGER ZEV 2016, 1; GRZIWOTZ MDR 2016, 737). Deshalb kann es angemessen sein, weitergehende Feststellungen außerhalb der Urkunde zu treffen und in der Nebenakte aufzubewahren oder – wegen der zu kurzen Aufbewahrungsfristen – den Vermerk über die Feststellungen dem Testament im versiegelten Testamentsumschlag beizufügen (KANZLEITER DNotZ 1993, 434). Der Notar kann außerdem über die Feststellung der Testierfähigkeit hinausgehende Aktenvermerke, die er mit Rücksichtnahme auf die Persönlichkeitsrechte des Erb-

lassers und zur Vermeidung von altersdiskriminierenden öffentlichen Beurkundungen (Brah 126) nicht in die Testamentsniederschrift aufnimmt (dazu Kanzleiter DNotZ 1993, 434; Nieder/Kössinger/W Kössinger § 7 Rn 25), im versiegelten Testamentsumschlag in die amtliche Verwahrung geben (Kanzleiter DNotZ 1993, 434). Nimmt der Notar gar keinen Vermerk über die Feststellung der Testierfähigkeit in die Urkunde auf, sondern nur in seine Nebenakten oder nimmt er ihn nicht einmal in die Nebenakten auf, führt diese Verletzung seiner Amtspflichten nicht zur Unwirksamkeit der letztwilligen Verfügung; jedoch ist die Beweiskraft des § 415 ZPO hinsichtlich der im Vermerk festzustellenden Tatsachen nicht gegeben, es sei denn, der Notar errichtet über diese Beobachtungen ein getrenntes Protokoll als Tatsachenurkunde oder er fügt den von ihm unterschriebenen Vermerk dem Testament im versiegelten und von ihm unterschriebenen Testamentsumschlag bei; im letzteren Fall wird dieser Vermerk vom Nachlassgericht miteröffnet, ist Teil des amtlichen Eröffnungsprotokolls und als Inhalt des vom Notar unterschriebenen Testamentsumschlags (§ 35 BeurkG) auch beigefügter Bestandteil der öffentlichen Notarurkunde, die erst durch die Unterschrift auf dem versiegelten Testamentsumschlag abgeschlossen wird (Frenz/Miermeister/Baumann § 35 BeurkG Rn 5 f). Die Unterschrift auf dem Testamentsumschlag muss von der Beurkundungsperson stammen, die das Testament beurkundet hat, um die auf dem Testament fehlende Unterschrift zu ersetzen (MünchKomm/Sticherling § 35 BeurkG Rn 14).

Den beurkundungsrechtlichen Beweissicherungszweck zur Feststellung der Testier- **97**
fähigkeit kann – wegen der fachärztlichen Begutachtung – mit gegenüber den Feststellungen des Notars sogar höherer Beweiswirkung auch ein dem Testament im versiegelten, vom Notar unterschriebenen Testamentsumschlag beigefügtes ärztliches Attest erfüllen. Das im Testamentsumschlag beigefügte ärztliche Attest wird mit der Testamentseröffnung Bestandteil des nachlassgerichtlichen Eröffnungsprotokolls und mit der abschließenden Unterschrift des Notars auf dem von ihm versiegelten Testamentsumschlag sogar Bestandteil der öffentlichen notariellen Urkunde (Inhalt des gesiegelten und vom Notar unterschriebenen Testamentsumschlags). Ein medizinischer Befund ist nur die Grundlage, auf derer der Notar die Auswirkungen auf die rechtlich relevante Einsichts- und Willensbildungsfähigkeit des Erblassers zu klären hat. Deshalb bleibt die Feststellung der Testierfähigkeit im Beurkundungsverfahren eine juristisch zu entscheidende Fragestellung, die letztlich vom Notar beantwortet und entschieden werden muss (Schmoeckel NJW 2016, 433, 436). An der Beweiskraft der öffentlichen Urkunde gem §§ 415, 418 ZPO nehmen nur die vom Notar als „Beurkundungszeugen" festgestellten Tatsachen teil, nicht seine rechtlichen Schlussfolgerungen, die er aufgrund seiner Wahrnehmungen gezogen hat. Die Feststellung der Testierfähigkeit ist eine auf Tatsachenfeststellungen beruhende rechtliche Schlussfolgerung, deren Beurteilung letztlich den Gerichten vorbehalten bleibt, wobei sich auch die Gerichte zur gebotenen Tatsachenfeststellung im Regelfall eines psychiatrischen oder neurologischen Sachverständigen bedienen. Auch die nachfolgende Feststellung der Gerichte ist eine juristisch zu entscheidende Fragestellung auf der Grundlage medizinischer Befunde.

Der Notar ist frei in der Wahl seiner Mittel, sich von der Testierfähigkeit zu überzeu- **98**
gen. Bei der Beurkundung des Testaments eines Volljährigen kann der Notar grds davon ausgehen, dass dieser geschäftsfähig ist, wenn sich nicht aufgrund eines auffälligen Verhaltens des Testierenden im Beurkundungsvorverfahrenstermin (Vor-

besprechung) oder im Beurkundungshauptverfahren (zu den Verfahrensabschnitten vgl § 2232 Rn 30 ff) oder wegen sonstiger Umstände (zB durch Angaben Dritter) Zweifel ergeben (OLG Celle MittBayNot 2008, 492 m Anm Winkler; OLG Celle 19. 2. 2008 – Not 16/07, BeckRS 2009, 8614). Bei einer schweren Erkrankung des Erblassers, die Einfluss auf die Testierfähigkeit haben kann, ist der Notar in besonderer Weise verpflichtet, die Testierfähigkeit zu prüfen (OLG Celle MittBayNot 2008, 492). Legen keine besonderen Umstände dies nahe, ist der Notar nicht zu Nachforschungen über die Testierfähigkeit verpflichtet (Frieser/Kahl Rn 21; zu auffälligen Verhaltensweisen Damrau/Tanck/Weber Rn 7 f; Frieser/Kahl Rn 13). Um für spätere gerichtliche Beweisfeststellungen Tatsachenmaterial (vDickhuth-Harrach § 16 Rn 27) zusammenzutragen, kann der Notar die Ergebnisse seiner eigenen, vor allem nach Gesprächsführungen mit dem Testator festgestellten Ergebnisse notieren und Aktenvermerke festhalten (Müller DNotZ 2006, 325; zum Einreichen dieser Aktenvermerke in die amtliche Verwahrung Kanzleiter DNotZ 1993, 434). Vom Notar als neurologischem Laien durchgeführte psychopathologische Kurztests (Stoppe/Lichtenwimmer DNotZ 2005, 806; Muster zB bei Ivemeyer/Zerfass, Demenztests in der Praxis [2005]) bergen die Gefahr einer fehlerhaften Handhabung, da der Notar fachlich nicht entsprechend ausgebildet ist (Cording/Foerster DNotZ 2006, 329; Müller DNotZ 2006, 325; Winkler MittBayNot 2008, 492, 495; **abl** auch Frieser/Kahl Rn 21). Vor allem aber sind einfache Kurztests gerade in problematischen Grenzfällen kein geeignetes fachmedizinisches Instrument zur sicheren Abgrenzung zwischen Testierfähigkeit und Testierunfähigkeit (Cording/Foerster DNotZ 2006, 329, 331 ff). In Zweifelsfällen sollte der Notar sich vor dem Beurkundungshauptverfahren fachärztliche Atteste, vorzugsweise eines psychiatrischen oder neurologischen Sachverständigen, vorlegen lassen (Cording/Foerster DNotZ 2006, 329, 333: „bewährte Kooperation"; Muster eines ärztlichen Attests bei Zimmermann BWNotZ 2000, 97, 107).

99 Legt der Erblasser kein auffälliges Benehmen an den Tag oder liegen keine substantiierten Hinweise Dritter vor, ist der Notar nicht verpflichtet, besondere Beobachtungen, außer der allgemeinen Feststellung der Geschäfts- bzw Testierfähigkeit, in das Testament aufzunehmen (vDickhuth-Harrach § 16 Rn 29; Einzelheiten zu den notariellen Amtspflichten bei Reithmann/Riegel Rn 1109 ff). Der Notar ist zwar berechtigt, jede Tatsachenbeobachtung in sein notarielles Protokoll aufzunehmen; er sollte aber – dem Tatbestand eines guten gerichtlichen Urteils vergleichbar – in der notariellen Niederschrift von allen juristisch überflüssigen Feststellungen Abstand nehmen und seine Urkunde auf die Wiedergabe des juristisch relevanten Inhalts und Regelungsbedarfs beschränken.

100 Hat der Notar nur **Zweifel an der Geschäftsfähigkeit** des Erblassers, so ist er nicht berechtigt, die Beurkundung abzulehnen (Winkler § 28 BeurkG Rn 9). Stellt sich nachträglich heraus, dass die Ablehnung der Beurkundung durch den Notar nicht gerechtfertigt war, weil der Erblasser testierfähig war, so haftet der Notar den potentiellen, gewillkürten Erben für den aus der Nichtbeurkundung entstehenden Schaden. Wird die Beurkundung trotz begründeter Zweifel des Notars an der Geschäftsfähigkeit gewünscht, so sollte der Notar – außer wenn akute Todesgefahr besteht – die Vorlage eines ärztlichen Attestes anregen (Zwangsmittel zur Vorlage eines Attests stehen dem Notar nicht zu). Bestätigt das Attest die Zweifel des Notars, kann er die Beurkundung begründet ablehnen. Die Zweifel des Notars können durch ein ärztliches Gutachten – insbesondere das fachärztliche Gutachten eines Psychiaters oder Neurologen (Cording/Nedopil 100) – ausgeräumt werden. Das Attest sollte der letztwilligen Verfügung (bei einem Testament oder einem in besondere amtliche Verwahrung gegebenen Erbvertrag im Testamentsumschlag bei einem in der Verwahrung des Notars verbliebenen Erbvertrag der Urschrift [ohne Anlage oder Bestandteil der Urkunde zu sein]) beigefügt werden kann. Sind die Zweifel des Notars durch das ärztliche Attest nicht ausgeräumt, so muss der Notar seine Beobachtungen in der Niederschrift der letztwilligen Verfügung festhalten (Frenz/Miermeister/Baumann § 28 Rn 5 f), ohne jedoch einen medizinisch abschließend wertenden Befund abzugeben (Armbrüster/Preuss/Renner/Seger § 28 BeurkG Rn 3, 7). Keinesfalls darf der Notar uneingeschränkt beurkunden, dass er sich von der Geschäftsfähigkeit überzeugt habe, solange er Zweifel an der Geschäftsfähigkeit hat. Der Erblasser kann dem Notar die Aufnahme eines die Testierfähigkeit bezweifelnden Vermerks in die Niederschrift der Verfügung von Todes wegen nicht untersagen. Bei solchen Vermerken muss der Notar aber Rücksicht auf die Persönlichkeitsrechte des Erblassers nehmen (Kanzleiter DNotZ 1993, 434; Litzenburger ZEV 2016, 1; Grziwotz MDR 2016, 737) und kann seine gesetzlichen Dokumentationspflichten außerhalb der notariellen Urkunde erfüllen (Rn 96 ff).

Ist der Notar nach eigener Überzeugung sicher, dass der Erblasser testierunfähig ist, **101** darf er sogar in diesen Fällen die Beurkundung zur Vermeidung von Regressfällen nicht ablehnen, solange der Erblasser noch rational nachvollziehbare, beurkundungspflichtige Erklärungen abgibt, weil der Schaden eines nicht beurkundeten wirksamen Testaments größer ist als der Schaden eines beurkundeten unwirksamen Testaments („in dubio pro testamento": Jerschke ZEV 1994, 305; Nieder/Kössinger/W Kössinger § 7 Rn 26). Der Notar muss aber in solchen Fällen – in denen nach seiner Überzeugung das Beurkundungsverfahren abzulehnen wäre – seine Beobachtungen in die Urkunde oder in einem Vermerk im Testamentsumschlag (Rn 96 ff) aufnehmen, woran ihn der Erblasser nicht hindern kann, weil die Niederschrift Tatsachenprotokoll ist (vgl dazu auch Rn 94 ff). Liegt dem Notar ein ärztliches Attest oder Gutachten vor, das entgegen der Überzeugung des Notars Testierfähigkeit bescheinigt, so muss er dieses zur Beweissicherung im Testamentsumschlag beifügen.

An den Notar werden seit Abschaffung der Entmündigung durch Ersetzung einer **102** nicht zur Testierunfähigkeit führenden Betreuung und seit Wegfall des Mündlichkeitserfordernisses (vgl dazu § 2232 Rn 21 f) neuartige Anforderungen bei der Prüfung der Testierfähigkeit gestellt. Diese Anforderungen werden erhöht, wenn Gerichte sogar bei Betreuten aus der Testierfreiheit ableiten, dass die letztwilligen Verfügungen des Erblassers nicht durch vernünftige und von Dritten nachvollziehbare Gründe gerechtfertigt sein müssen (OLG Frankfurt FamRZ 1995, 635 u Hinw a BayObLG NJW 1992, 248, 249). Testierfähigkeit setzt unstreitig voraus, dass der Erblasser eine klare Vorstellung hat, dass er ein Testament errichtet und welchen Inhalt und welche Rechtsfolgen seine Anordnungen haben. Da die Störung der Geistestätigkeit die Ausnahme bildet (BayObLG FamRZ 1994, 593), hat der Notar grds von der Testierfähigkeit des Erblassers auszugehen. Da der Notar die Beurkundung eines Testaments nur dann ablehnen darf, wenn die Testierunfähigkeit zweifelsfrei feststeht und er in Zweifelsfällen als neurologischer und psychiatrischer Laie nicht in der Lage ist, einen fachmedizinisch zuverlässigen Befund zu ermitteln, sollte er in allen Zweifelsfällen vor der Beurkundung die Vorlage eines (möglichst) fachärztlichen (neurologischen oder psychiatrischen) Attestes verlangen. Weigert sich der Erblasser, ein Attest beizubringen, so muss der Notar seine festgestellten Zweifel vermerken (OLG Celle 19. 2. 2008 – Not 16/

07, Jurion RS 2008, 42444; Herzog ZErb 2016, 34, 41), wobei es auch in diesen Fällen im Ermessen des Notars liegt, ob er die Feststellung in die Urkunde aufnimmt oder eine eigenständige Vermerkurkunde erstellt, die er zweckmäßiger Weise in den von ihm versiegelten Testamentsumschlag einlegt (Rn 96 ff).

X. Beweisfragen

1. Allgemeines

103 Ob die Voraussetzungen der Testierfähigkeit gegeben sind, ist zunächst eine Frage tatsächlicher Natur (BayObLG FamRZ 2001, 55). Der Erblasser ist solange als testierfähig anzusehen, wie seine Testierunfähigkeit nicht mit einem „für das praktische Leben brauchbaren Grad von Gewissheit zur Überzeugung des Gerichts feststeht" (BayObLG FamRZ 1985, 746 mNw; 1992, 724; 2002, 497; OLG Köln FamRZ 1992, 730; NJW-RR 1994, 396: „zur völligen Gewißheit des Gerichts nachgewiesen ist", mwNw; KG FamRZ 2000, 912 = NJW 2001, 903; OLG Frankfurt FamRZ 1996, 970; 1998, 1061; OLG Celle FamRZ 2003, 1700; LG München 25. 9. 2007 – 2 T 1763/07, juris Rn 21; eine „mathematische Gewißheit" gibt es aber bei einer solchen Feststellung nicht [BayObLG FamRZ 2000, 701, 703]). Deshalb muss das Nachlassgericht bei nicht behebbaren Zweifeln von der Testierfähigkeit ausgehen (BayObLGZ 1982, 309, 312 mwNw; FamRZ 1988, 1100; FamRZ 2002, 497; OLG Frankfurt FamRZ 1998, 1061; 1996, 970; OLG Celle FamRZ 2003, 1700), da Störungen der Geistestätigkeit die Ausnahme bilden (BayObLG FamRZ 2002, 497). Dies gilt auch, wenn für den Erblasser eine Betreuung (§ 1896 Abs 1 BGB) (OLG Frankfurt 1996, 653) oder nach altem Recht eine Gebrechlichkeitspflegschaft (§ 1910 BGB aF) angeordnet war (BayObLG FamRZ 1996, 635) oder beim Erblasser im Zeitpunkt der notariellen Testamentserrichtung eine altersbedingte psychische Leistungsminderung vorlag (BayObLG FamRZ 1998, 514). Testierunfähigkeit ist von demjenigen zu beweisen, der sich auf die Unwirksamkeit des Testaments beruft (BGH 23. 11. 2011 – IV ZR 49/11, ZEV 2012, 100, 103; OLG Jena FamRZ 2005, 2021; krit bei Demenzfällen Krispenz ErbR 2015, 525). Ist die Testierunfähigkeit um die Zeit der Testamentserrichtung festgestellt, so spricht aber der erste Anschein dafür, dass der Erblasser auch im Zeitpunkt der Testamentserrichtung testierunfähig war (BayObLG FGPrax 1998, 62, 63). Wird der Vortrag der beweisbelasteten Partei vom Gericht nicht berücksichtigt, so ist der Anspruch auf rechtliches Gehör gem Art 103 Abs 1 GG verletzt (BGH ZEV 2010, 364; Grüneberg/Weidlich Rn 11). Zur gerichtlichen Klärung der Testierfähigkeit kann der **anwaltliche Prozessvertreter** durch **vorprozessuale Beweissicherungen** und **prozessuale Durchsetzungen** beitragen (Einzelheiten bei Lauck/Goratsch ZEV 2019, 192).

104 Bei einem **ordnungsgemäß errichteten öffentlichen Testament oder Erbvertrag** spricht eine **tatsächliche Vermutung** für das Vorliegen der Testierfähigkeit (OLG Hamm MittBayNot 1997, 180, 182 = FGPrax 1997, 68, 69). Das Gleiche gilt, wenn ein privatschriftliches Testament sich nach Form und Inhalt als wohlüberlegt, sinnvoll und zweckentsprechend darstellt (dazu auch Wetterling/Neubauer/Neubauer ZEV 1995, 46, 49 f).

2. Sachverständigengutachten

105 Das Gericht hat die Tatsachen, die gegen die Testierfähigkeit sprechen, zu prüfen und danach festzustellen, ob die eigene Sachkunde zur Beurteilung der Testierfähigkeit ausreicht oder ob ein Sachverständigengutachten erforderlich ist (OLG Hamm

OLGZ 1989, 271, 273; KG FamRZ 2000, 912; CORDING ZEV 2010, 23 ff). Der Sachverhalt (sog Anknüpfungs- und Anschlusstatsachen) ist von Amts wegen unter Einbeziehung der Vorgeschichte und aller äußeren Umstände zu ermitteln und aufzuklären (BayObLG FamRZ 1994, 593). Dabei ist es sachgerecht, zunächst *Zeugenbeweis* zu erheben und erst danach zu entscheiden, ob ein Sachverständigengutachten erforderlich ist (OLG Köln NJW-RR 1994, 396; SOERGEL/KLINGSEIS Rn 37). Es kann im pflichtgemäßen Ermessen des Tatrichters liegen, die Zeugenvernehmung in Anwesenheit des Sachverständigen vorzunehmen (BayObLG FamRZ 1985, 739, 741), weil erst durch sachkundige Fragen des Sachverständigen eine vollständige Aufklärung zu erwarten ist (OLG Köln FamRZ 1993, 1371; BayObLG FamRZ 2000, 701, 702). Das Gericht hat die Anknüpfungstatsachen selbst festzustellen und dem Sachverständigen diese als Grundlage seiner gutachterlichen Prüfung vorzugeben (BayObLG FGPrax 1998, 62, 63).

Zur endgültigen Beurteilung der Testierfähigkeit ist in aller Regel nur ein **neurologischer oder psychiatrischer Sachverständiger** in der Lage (BayObLG FamRZ 1990, 1405; OLG München 14. 1. 2020 – 31 Wx 466/19, ErbR 2020, 256 m Anm CORDING; CORDING Fortschr Neurol Psychiat 2003, 71; zu den Besonderheiten der posthumen Begutachtung zB OLG München 15. 12. 2016 – 31 Wx 144/15, juris Rn 6 ff; auch WETTERLING/NEUBAUER/NEUBAUER ZEV 1995, 46, 48; REIMANN/BENGEL/DIETZ/VOIT Rn 24 mwNw). Die dem Gebiet der ärztlichen Fachwissenschaft angehörenden Fragen der Testierfähigkeit erfordern daher grds die Einholung eines fachärztlichen Sachverständigengutachtens (KG NJW 1961, 2066; BayObLGZ 1975, 212; OLG Hamm MDR 1967, 496; OLG Celle 2007, 417). Ohne neurologisches und/oder psychiatrisches Gutachten (eines Facharztes für Psychiatrie oder für Psychotherapie oder für Neurologie, nicht eines Psychologen [CORDING ErbR 2020, 258]) wird das Gericht die Voraussetzungen des Abs 4 regelmäßig nicht bejahen können (BayObLG NJW-RR 1990, 1420). Die Auswahl eines nicht hinreichend qualifizierten Sachverständigen ist ein wesentlicher Verfahrensfehler, der den Anspruch der Nachlassbeteiligten auf rechtliches Gehör tangiert (OLG München 14. 1. 2020 – 31 Wx 466/19, ErbR 2020, 256). Die Hinzuziehung eines Sachverständigen (zur Qualifikation von Sachverständigen NK-BGB/KUNZ/BALDUS § 106 Rn 102 ff; OLG München 17. 7. 2013 – 3 U 4789/09, juris) ist aber nur erforderlich, wenn aufgrund konkreter Anhaltspunkte Anlass besteht, an der Testierfähigkeit des Erblassers im Zeitpunkt der Testamentserrichtung zu zweifeln (BayObLG FamRZ 1990, 1405, 1406; 1997, 1029; Rpfleger 1999, 447, 448). Dabei ist jedoch sowohl bei der Frage, ob ein Sachverständigengutachten einzuholen ist, als auch bei der Auswertung eines Gutachtens dem Umstand Rechnung zu tragen, dass der Gutachter nach dem Tode des Erblassers die Testierfähigkeit idR nur mit sehr hoher Wahrscheinlichkeit ermitteln kann (dazu JERSCHKE ZEV 1994, 304). Daher setzt jede Entscheidung über die behauptete Testierunfähigkeit eine sorgfältige Ermittlung des **medizinischen Befunds** voraus (so zutreffend BayObLG FamRZ 1994, 593; zur Abweichung juristischer und medizinischer Denkweisen WETTERLING [2016] 129 ff). Eine bloße ärztliche Bescheinigung erfüllt im gerichtlichen Verfahren die Anforderungen an ein Sachverständigengutachten nicht (BayObLG FamRZ 2001, 1403), sondern kann allenfalls – wie Krankenhausberichte oder Hausarztdokumentationen – Anhaltspunkte für das neuropsychologische Fachgutachten geben (WETTERLING [2016] 139 ff). Das fachärztliche Gutachten muss nicht nur die geistige Erkrankung feststellen, sondern auch deren Auswirkungen auf die Einsichtsfähigkeit und Willensbildung des Erblassers (BayObLG FamRZ 2002, 1066; zu den Anforderungen an Sachverständigengutachten zur Testierfähigkeit WETTERLING [2016] 133 ff). Die Gutachten von Sachverständigen bilden daher die wesentliche Entscheidungsgrundlage (zB OLG Hamm 13. 12. 2013 – 10 W 106

114/12, juris Rn 36; OLG Hamm 12. 12. 2013 – 10 W 180/12, juris Rn 52; SCHIMANSKI, Die Beurteilung medizinischer Gutachten; über die Schwierigkeiten, die sich bei Abfassung solcher Gutachten ergeben [Sachverständiger kann sich nur aufgrund seiner ex-post-Betrachtung auf Zeugenaussagen, Schriftproben, andere ärztliche Gutachten und Auskünfte von Behörden stützen] sowie die zu beachtenden Gesichtspunkte gibt vKEYSERLINGK, Psychiatrie-Neurologie und Medizinische Psychologie [1951] 170 eine anschauliche Darstellung; dazu auch GÖPPINGER, Handbuch Bd II, 1485 ff; LANGELÜDDEKE/BRESSER 378 ff; zur Gutachtertechnik auch GÖPPINGER, Praxis der Begutachtung). Doch kann die Aufklärungspflicht des Nachlassgerichts gebieten, den Hausarzt, den beurkundenden Notar und weitere Zeugen in Gegenwart des medizinischen Sachverständigen zu vernehmen (OLG Frankfurt 4. 5. 2017 – 20 W 33/16, BeckRS 2017, 150873).

107 Unter welchen medizinischen Begriff der geistigen Erkrankung die Störung der Geistestätigkeit einzuordnen ist, ist für die rechtliche Beurteilung der Testierunfähigkeit nicht entscheidend (seit RGZ 162, 228). Beachtenswerte Umstände sind die Krankheitsbilder, die Beobachtungen nahestehender Personen und die bei Behandlung der Krankheit gewonnenen ärztlichen Einsichten (JW 1937, 35). Dabei ist gegenüber Beobachtungen nahestehender Personen als Zeugen Zurückhaltung geboten. Die Beobachtung psychischer Auffälligkeiten fällt den psychiatrisch nicht Geschulten schwer. Eine Zeugenvernehmung über die Verhaltensweise des Verstorbenen ist daher idR wenig ergiebig. Auf Laien können geistig erkrankte Personen einen „normalen" Eindruck machen (BayObLG NJW-RR 1990, 1420; zum sog Fassadenphänomen WETTERLING ErbR 2015, 355 = ZNotP 2016, 60). Dementsprechend ist das Gericht nicht gehalten, im Rahmen seiner Aufklärungspflicht auch Zeugen zu hören, die nur einfachen sozialen Kontakt mit dem Erblasser hatten (OLG Köln NJW-RR 1991, 1412). Bei einer Cerebralsklerose kann die Testierfähigkeit nicht aufgrund einzelner Handlungen und Erklärungen, sondern nur aus dem Gesamtverhalten und dem Gesamtbild der betroffenen Persönlichkeit im Zeitpunkt der Testamentserrichtung beurteilt werden (BayObLGZ 1979, 256, 263; Rpfleger 1985, 239; OLG Schleswig 29. 1. 2020 – 3 Wx 33/19, ErbR 2022, 406 m Anm BAUMANN). So fällt etwa der durch Cerebralsklerose hervorgerufene geistige Abbau gerade Freunden und Bekannten des Erblassers bei Gesprächen über Ereignisse aus früheren Jahren nicht ohne Weiteres auf (vgl OLG Celle NdsRpfl 1962, 201, 202; BayObLG FamRZ 1985, 314, 315). Der an Demenz Erkrankte kann früh Erlerntes und Vertrautes nach alter Gewohnheit noch sehr lange verrichten (OLG Hamburg 20. 2. 2018 – 2 W 63/17, ErbR 2019, 36; LOSCH ZErb 2017, 188). Im Übrigen kann es insbesondere bei vaskulärer Demenz zu Schwankungen der Testierfähigkeit kommen (dazu Rn 72 f).

108 Die Einholung eines **Obergutachtens** ist nur ausnahmsweise geboten (BayObLGZ 1974, 137, 142; 1971, 147), sie ist im Allgemeinen bei besonders schwierigen Fragen oder bei groben Mängeln des vorliegenden Gutachtens veranlasst (BayObLG 28. 12. 1979 – BReg 1 Z 75/79). **Widersprechende Gutachten** allein nötigen nicht zur Einholung eines Obergutachtens (KG OLGZ 1967, 87; BayObLG 28. 12. 1979 – BReg 1 Z 75/79). Eine Gegenüberstellung der Sachverständigen, deren Gutachten sich widersprechen, ist nicht geboten (BayObLG 28. 12. 1979 – BReg 1 Z 75/79 unter Hinw auf BGHZ 35, 370, 374).

109 Ein **Privatgutachten** ist kein Beweismittel, sondern (qualifizierter) substantiierter Parteivortrag (BayObLG FGPrax 1998, 62, 64; OLG Frankfurt 22. 12. 1997 – 20 W 264/95, FamRZ 1998, 1061; SOERGEL/KLINGSEIS Rn 41), der Anlass zu kritischen Überprüfungen auch eines bereits vorliegenden gerichtlichen Gutachtens geben kann (OLG München NJW-

RR 1988, 1534; BayObLG FGPrax 1998, 62, 64; zu Privatgutachten auch CORDING Fortschr Neurol Psychiat 2003, 71, 83; CORDING/NEDOPIL/HAUSNER 126 ff). Das Gericht kann davon absehen, den Sachverständigen als Zeugen zur Erläuterung seines schriftlichen Gutachtens zu laden (OLG München 22. 10. 2014 – 31 WX 239/13, juris Rn 25 ff).

Das Gericht darf davon absehen, ein Gutachten (§ 29 Abs 1 FamFG, § 404 ZPO) einzuholen, wenn es zu dem Ergebnis kommt, dass die vorliegenden Beweismittel nicht ausreichen, um den Ausnahmefall der Testierunfähigkeit mit Hilfe eines Sachverständigen zu begründen (BayObLG NJW-RR 1990, 1420; FamRZ 1998, 515, 516; 2000, 120, 122; OLG Hamm 15. 11. 2019 – 10 W 143/17, ErbR 2020, 417). Es kann auch davon absehen, den Sachverständigen als Zeugen zur Erläuterung seines schriftlichen Gutachtens zu laden (OLG München 22. 10. 2014 – 31 Wx 239/13, juris Rn 5 ff). **110**

Das Gericht ist an das Ergebnis der Sachverständigengutachten nicht gebunden (RGZ 162, 228). Das Nachlassgericht kann, wenn trotz des Gutachtens Zweifel verbleiben, weitere Beweise erheben (OLG Dresden 25. 1. 2019 – 17 W 1000/18, BeckRS 2019, 7448). Das Gericht kann von einem vorliegenden Gutachten auch ohne Einholung eines Obergutachtens abweichen (BGH NJW 1962, 676; BayObLG Rpfleger 1985, 239), weil das Sachverständigengutachten der freien Beweiswürdigung des Gerichts unterliegt (BayObLG FamRZ 2002, 1066, 1067). Der Richter ist nach Maßgabe seiner richterlichen Überzeugung nicht gehindert, gegen das ärztliche Gutachten zu entscheiden. Dies wird jedoch mangels vorhandener Fachkenntnisse eines ausschließlich juristisch (nicht auch psychiatrisch oder neurologisch) ausgebildeten Richters nur in begründeten Ausnahmefällen vorkommen, so dass die Verantwortung der zur Testierfähigkeit erforderlichen **Tatsachenfeststellung** beim fachlichen Gutachter liegt. Hat das Gericht Zweifel an der fachlichen Qualität des Gutachters oder am Ergebnis, sollte ein Zweit- und ggf bei Abweichungen ein Obergutachten eingeholt werden. **111**

3. Feststellungslast, Beweislast

a) Erbscheinsverfahren

Im Erbscheinsverfahren (zu Fragen der Feststellungslast zur Testierunfähigkeit im Erbscheinsverfahren HERZOG ZErb 2016, 34; SCHMITZ ErbR 2018, 262; zum Erbscheinsverfahren BAUMANN NotBZ 2011 157 u 193) **prüft** das **Nachlassgericht** bzw das ggf an seine Stelle tretende Beschwerdegericht die Testierfähigkeit des verstorbenen Erblassers **von Amts wegen** (§ 2358 BGB aF, § 26 FamFG) (BayObLG FamRZ 1996, 443; KG FamRZ 2000, 912 = NJW 2001, 903; OLG Düsseldorf 4. 11. 2013 – 3 Wx 98/13, MDR 2014, 546; OLG Karlsruhe 21. 4. 2015 – 11 Wx 82/14, ErbR 2015, 456). Es gilt der Grundsatz der freien Beweiswürdigung (§ 37 Abs 2 FamFG). Die nach pflichtgemäßem Ermessen auszuübende Amtsermittlung (BayObLG FamRZ 1996, 970) verlangt vom Nachlassgericht, sämtliche zur Aufklärung des Sachverhalts dienlichen Beweise zu erheben (§ 30 FamFG) (OLG Frankfurt FamRZ 1996, 971; KG NJW 2001, 903) ohne an Beweisanträge gebunden zu sein (SOERGEL/KLINGSEIS Rn 33). Herangezogen werden können Betreuungsakten (OLG Karlsruhe 10. 6. 2015 – 11 Wx 33/15, juris; OLG München 15. 12. 2016 – 31 Wx 144/15, ErbR 2017, 149) Pflegeversicherungs-Gutachten, weitere psychiatrisch relevante Gutachten, Pflegedokumentationen und ärztliche Dokumentationen (OLG Karlsruhe 21. 5. 2015 – 11 Wx 82/14, ErbR 2015, 456; CORDING ZEV 2010, 23 ff). Die Amtsermittlung **erfordert aber nicht, dass allen denkbaren Möglichkeiten nachgegangen** werden muss. Die Ermittlungspflicht besteht nur insoweit, als vorgetragene oder feststehende Tatsachen dazu Anlass geben, zB bei **112**

Zweifeln an der Testierfähigkeit des Erblassers und/oder der Eigenhändigkeit der Testamentserrichtung (BayObLG FamRZ 2003, 713 = Rpfleger 2003, 130). Der entscheidungserhebliche Sachverhalt muss aber immer vom Nachlassgericht aufgeklärt werden. Wegen der rechtlichen Tragweite der erbrechtlichen Entscheidung bei der Erbscheinserteilung ist eine sorgfältige Ermittlung und Entscheidungsfindung geboten (OLG Frankfurt NJW-RR 1998, 870; GRÜNEBERG/WEIDLICH Rn 12). Je nach Sachverhalt kann sich das Gericht auf eine schriftliche Befragung der Zeugen beschränken (OLG Hamburg 20. 2. 2018 – 2 W 63/17, ErbR 2019, 36 Rn 30).

113 Eine formelle Beweislast gibt es im Erbscheinsverfahren nicht (OLG Hamm 1950, 43). Die **Feststellungslast** *(materielle Beweislast)* für die Testierunfähigkeit als eine das individuelle Erbrecht vernichtende Tatsache hat derjenige zu tragen, der sich auf die darauf beruhende Unwirksamkeit des Testaments beruft (BGH 14. 4. 2010 – IV ZR 135/08, FamRZ 2010, 1068 Rn 25; BGH 23. 11. 2011 – IV ZR 49/11, ZEV 2012, 100, 103 Rn 21; BayObLGZ 1962, 299, 303; BayObLGZ 1979, 256, 261; 1982, 309, 312 mwNw; FamRZ 1987, 1201; 1996, 635; NJW-RR 2002, 1088; 2005, 1025; OLG München 21. 11. 2014 – 34 Wx 293/14, MittBayNot 2015, 221 m Anm ROTH; OLG Jena FamRZ 2005, 2021; OLG Hamburg 24. 2. 2020 – 2 W 60/19, ErbR 2020, 475; SCHMITZ ErbR 2018, 262); Zweifel gehen zu seinen Lasten. „Da jedoch der Feststellungslast immer erst dann eine Bedeutung zukommt, wenn nach dem Ermittlungsergebnis Zweifel verbleiben, das Gericht also aufgrund der angestellten Ermittlungen weder von der Testierfähigkeit noch von der Testierunfähigkeit eines Erblassers überzeugt ist, müssen zunächst die Aufklärungsmöglichkeiten im gebotenen Umfang ausgeschöpft werden“ (BayObLGZ 1979, 256, 261; FamRZ 1996, 1108, 1109; übereinstimmend OLG Hamm MDR 1967, 496 mwNw).

114 Zur Annahme der Testierfähigkeit gilt im Rahmen freier Beweiswürdigung folgender Grundsatz: „Der Richter wird sich immer **mit einem für das praktische Leben brauchbaren Grade von Wahrscheinlichkeit** begnügen, der keine offenen Zweifel bestehen lässt“. Das Gericht ist nicht zur Erschöpfung aller überhaupt möglichen Ermittlungen verpflichtet. Die Rspr hat die Grundprinzipien der Amtsermittlung wie folgt zusammengefasst: „Der Grundsatz der Amtsermittlung verpflichtet das Gericht, sämtliche zur Aufklärung des Sachverhalts dienlichen Beweise zu erheben. Dies bedeutet freilich nicht, dass das Gericht allen nur denkbaren Möglichkeiten nachgehen müsste; eine Aufklärungs- und Ermittlungspflicht besteht vielmehr für das Gericht nur insoweit als das Vorbringen der Beteiligten und der festgestellte Sachverhalt bei sorgfältiger Überlegung dazu Anlass geben. Die Ermittlungen sind aber so weit auszudehnen, bis der entscheidungserhebliche Sachverhalt vollständig aufgeklärt ist, und erst dann abzuschließen, wenn von weiteren Ermittlungen ein sachdienliches, die Entscheidung beeinflussendes Ergebnis nicht mehr zu erwarten ist“ (BayObLGZ 1979, 256, 261 unter Hinweis auf BGHZ 40, 54; BayObLGZ 1971, 147; BayObLGZ 1974, 95; KG 29. 5. 2020 – 19 W 4/20, ErbR 2021, 430; zum Umfang der Ermittlungen und Beweiswürdigungen im Erbscheinsverfahren vgl auch BayObLG FamRZ 1988, 422; FGPrax 1998, 62; OLG Köln NJW-RR 1991, 1286; 1994, 396). Eine körperliche Beweisaufnahme nach § 30 FamFG ist nur vorzunehmen, wenn durch sonstige Ermittlungen der Sachverhalt nicht hinreichend sicher aufgeklärt werden kann (OLG München ZEV 2008, 37).

115 Ergeben sich **ernstliche Zweifel** an der Testierfähigkeit aus dem äußeren Anschein oder tragen Beteiligte **ernst zu nehmende Bedenken** gegen die Wirksamkeit des Testaments vor, so hat das Gericht von Amts wegen (§ 26 FamFG) Ermittlungen anzustellen (OLG Karlsruhe 21. 5. 2015 – 11 Wx 82/14, ErbR 2015, 456), damit dem wahren Willen des Erblassers Geltung verschafft wird (Busch ErbR 2014, 90, 93). Allerdings muss das Gericht ohne weitere Anhaltspunkte nicht pauschalen Behauptungen eines Beteiligten nachgehen, zB der Erblasser sei testierunfähig gewesen (BayOLG FamRZ 1997, 1028; OLG Hamm FamRZ 1997, 1026 [Behauptung starker Medikamenteneinnahme]; OLG Bamberg 19. 6. 2012 – 6 W 20/12, ErbR 2014, 125 [Krebserkrankung]; OLG Düsseldorf 10. 10. 2013 – 3 Wx 116/13, ErbR 2014, 122 [Schlaganfall]; OLG Düsseldorf 4. 11. 2013 – 3 Wx 98/13, MDR 2014, 546; OLG Brandenburg 13. 1. 2014 – 3 W 49/13, RNotZ 2014, 321 [schmerztherapeutische, klinische Behandlung]; weitere Beispiele bei Reimann/Bengel/Dietz/Voit Rn 23 mwNw), sondern hat Ermittlungen nur dann durchzuführen, wenn aufgrund konkreter Anhaltspunkte Anlass zu Zweifeln an der Testierfähigkeit besteht (OLG Hamm OLGZ 1989, 274; BayObLG FamRZ 1990, 1405; Rpfleger 1999, 447, 448; 2003, 190, 193; OLG Bamberg 19. 6. 2012 – 6 W 20/12, ErbR 2014, 125; Reimann/Bengel/Dietz/Voit Rn 23). Diese Zweifel können sich aus Feststellungen des Notars in der Testamentsurkunde (OLG Düsseldorf 16. 1. 2013 – 3 Wx 27/12, DNotZ 2013, 620) oder aus dem Inhalt eines im Testamentsumschlag beigefügten Attests oder den fachärztlichen Befunden in einem Betreuungsverfahren ergeben. Die Feststellungen des Notars gem § 28 BeurkG sind vom Nachlassgericht angemessen zu würdigen (KG 11. 11. 2014 – 1 W 547 – 548/14, juris Rn 15). Das Nachlassgericht bestimmt den Umfang der Beweisaufnahme nach freiem Ermessen und ist nicht an den Vortrag der Beteiligten gebunden. Das Beschwerdegericht kann von der erstinstanzlichen Entscheidung ohne erneute Beweisaufnahme abweichen, wenn die Überprüfung des erstinstanzlich eingeholten Gutachtens dieses Ergebnis rechtfertigt (OLG Schleswig 29. 1. 2020 – 3 Wx 33/19, ErbR 2022, 406 m Anm Baumann). Da zuverlässige Beurteilungen über die Testierfähigkeit grds nur von Sachverständigen abgegeben werden können, ist das Gericht nicht verpflichtet, im Rahmen seiner Ermittlungen Zeugen zu vernehmen, die nur einfachen sozialen Kontakt mit dem Erblasser hatten (OLG Köln FamRZ 1992, 731; OLG München 22. 10. 2014 – 31 Wx 239/13, FamRZ 2015, 689 Rn 25; OLG Schleswig 29. 1. 2020 – 3 Wx 33/19, ErbR 2022, 406 m Anm Baumann).

Die Erschütterung des ersten Anscheins, der für Testierunfähigkeit spricht, genügt **116** zur Feststellung der ernsthaften Möglichkeit eines *lucidum intervallum* (OLG Karlsruhe OLGZ 1982, 280, 281), sofern ein solches aufgrund des medizinischen Bestandes möglich erscheint, insbesondere bei vaskulärer Demenz (Rn 72). Die Feststellungslast für die ernsthafte Möglichkeit eines solchen Intervalls trägt derjenige, der Rechte aus dem Testament herleitet (BayObLG ZEV 1994, 303 mwNw). Ist das Vorliegen eines *lucidum intervallum* ernsthaft möglich (vgl dazu Rn 71 ff), so findet die allgemeine Beweislastregel Anwendung, dass derjenige die Testierunfähigkeit zu beweisen hat, der sich darauf beruft (OLG Köln FamRZ 1992, 731; Rüssmann FamRZ 1990, 803; Jerschke ZEV 1994, 305).

Die **Prüfung der Testierfähigkeit** verlangt eine sorgfältige Untersuchung unter Einbe- **117** ziehung der Vorgeschichte und aller äußeren Umstände der Krankheitsbefunde des Erblassers (OLG Frankfurt OLGR 1998, 84; BayObLG OLGR 2004, 229; OLG Karlsruhe 21. 5. 2015 – 11 Wx 82/14, ErbR 2015, 456 = RNotZ 2015, 519 m Anm Schriftleitung). Im Rahmen der Ermittlungen sind zunächst die konkreten Anhaltspunkte und Verhaltensweisen des Erblassers aufzuklären, die zu Bedenken gegen seine Testierfähigkeit Anlass geben (OLG Düsseldorf 4. 11. 2013 – 3 Wx 93, MDR 2014, 546). Weiterhin sind – soweit vorhanden – die medizinischen Befunde heranzuziehen, die Klarheit über die grundsätzliche bzw im Zeitpunkt der Testamentserrichtung vorhandene Testierfähigkeit schaffen können. Vorerkrankungen, die keinen Einfluss auf die Testierfähigkeit haben, können unberücksichtigt bleiben, selbst wenn sie mit der Einnahme von Schmerzmitteln verbunden sind, solange dadurch keine Bewusstseinstrübung eintritt (OLG Bamberg 19. 6. 2012 – 6 W 20/12, ErbR 2012, 125; OLG Brandenburg 13. 1. 2014 – 3 W 49/13, RNotZ 2014, 321). Das Gericht hat zu prüfen, ob es nach Aufklärung des Sachverhalts die Beurteilung der Testierfähigkeit selbst vornehmen kann oder ob zur weiteren Sachverhaltsaufklärung die Einholung eines Sachverständigengutachtens notwendig ist (OLG Hamm OLGZ 1989, 273; OLG Düsseldorf 10. 10. 2013 – 3 Wx 116/13, ErbR 2014, 122 m krit Anm Kroiss; OLG Düsseldorf 16. 1. 2013 – 3 Wx 27/12 [bei notariellem Vermerk]; OLG Düsseldorf 15. 6. 2015 – 3 Wx 103/14, ErbR 2015, 451; KG 29. 5. 2020 – 19 W 4/20, ErbR 2021, 430). Nur wenn sich aus objektiven Tatsachen Zweifel an der Testierfähigkeit des Erblassers im Zeitpunkt der Testamentserrichtung ergeben (OLG Düsseldorf 1. 6. 2012 – 3 Wx 273/11, FamRZ 2013, 159, OLG Düsseldorf 4. 11. 2013 – 3 Wx 98/13, NJW-RR 2014, 262 Rn 31), sind fachärztliche Gutachten einzuholen von Neurologen oder Psychiatern (vgl dazu Rn 105 ff). Der Aussage des Hausarztes des Erblassers und des beurkundenden Notars (OLG Karlsruhe 21. 5. 2015 – 11 Wx 82/14, ErbR 2015, 456 = RNotZ 2015, 519 m Anm Schriftleitung; KG 29. 5. 2020 – 19 W 4/20, ErbR 2021, 430) kommt bei der Ermittlung der Tatsachen zur Beurteilung der Testierfähigkeit erhöhte Bedeutung zu (KG FamRZ 2000, 912). Das Nachlassgericht hat insbesondere folgende Ermittlungen anzustellen: Anhörung der Personen, die mit dem Erblasser im Zeitpunkt der Testamentserrichtung Kontakt hatten, Anhörung des beurkundenden Notars und etwaig zur Beurkundung zugezogener Personen, Anhörung beteiligter Ärzte, insbesondere wenn Atteste vorliegen, Beiziehung der Behandlungsunterlagen aus Krankenhäusern, Pflegedokumentationen, Unterlagen des Betreuungsgerichts (OLG Karlsruhe 21. 5. 2015 – 11 Wx 82/14, ErbR 2015, 456 = RNotZ 2015, 519 m Anm Schriftleitung; OLG Karlsruhe 10. 6. 2015 – 11 Wx 33/15, ErbR 2015, 456).

118 Im **pflichtgemäßen Ermessen** des Gerichts liegt es, ob es sich mit formlosen Ermittlungen gem § 29 Abs 1 FamFG (Bumiller/Harders § 29 FamFG Rn 3) begnügt *(Freibeweis)* oder gem §§ 29 Abs 2, 30 FamFG analog den Vorschriften der ZPO förmlich Beweis *(Strengbeweis)* erhebt (BayObLGZ 1977, 59, 65; OLG Frankfurt ZErb 2002, 49; OLG München 14. 8. 2007 – 31 Wx 16/07, ErbR 2008, 85). Das Gericht kann zB ein von einem Beteiligten vorgelegtes Privatgutachten verwerten, ohne auf Privatgutachten der übrigen Beteiligten abzustellen. Allerdings ist den übrigen Beteiligten Gelegenheit zur Stellungnahme zu geben (BayObLG 28. 12. 1979 – BReg 1 Z 75, 79). Die Würdigung aller Umstände und die abschließende Entscheidung, ob Testierfähigkeit vorliegt, obliegt nicht dem Sachverständigen, sondern dem Gericht (BGHZ 18, 311, 318; 53, 245, 256; 61, 165, 168 ff; BayObLG Rpfleger 1985, 239; zur Würdigung von Sachverständigengutachten über die Testierfähigkeit vgl auch BayObLG FamRZ 1990, 1281 ff; Schimanski, Die Beurteilung medizinischer Gutachten). Daher obliegt es auch allein dem Gericht darüber zu entscheiden, ob ein vorliegendes Gutachten ausreicht oder – im besonderen Bedarfsfall – weitere Sachkunde einzuholen ist (BayObLG ZEV 1997, 510, 511). Bei ernsthaften Zweifeln wird regelmäßig ein Strengbeweisverfahren gem § 30 FamFG durchzuführen sein (OLG Frankfurt DNotZ 1998, 216, 218). Wird ein **ärztliches Zeugnis** vorgelegt, wonach der Erblasser bei Testamentserrichtung infolge Arteriosklerose nicht testierfähig gewesen sei, so hat das Gericht grds diesen Arzt (als sachverständigen Zeugen) über seine Feststellungen zu vernehmen (BayObLGZ 1953, 195; zu den Ermittlungspflichten des Nachlassgerichts zur Feststellung der Testierunfähigkeit bei Vorliegen von Alkoholmissbrauch vgl LG Stuttgart BWNotZ 1986, 13).

War der Erblasser **zeitweise testierunfähig** und lässt sich bei einem eigenhändigen Testament mangels Angabe des Errichtungszeitpunkts nicht feststellen, wann das Testament errichtet wurde, so trägt in entsprechender Anwendung des § 2247 Abs 5 S 1 BGB derjenige die Feststellungslast, der sich auf die Gültigkeit des Testaments beruft (BayObLG FamRZ 1994, 594; FamRZ 2003, 1590 = Rpfleger 2003, 190; OLG Jena NJW-RR 2005, 1247; SORGEL/KLINGSEIS Rn 47 ff). 119

Zur Annahme der Testierunfähigkeit genügt nach der Rspr nicht Wahrscheinlichkeit, „selbst wenn sie an Sicherheit grenzt", hier ist für die Überzeugung des Gerichts volle Gewissheit erforderlich (dazu BayObLGZ 32, 132). Die **Testierunfähigkeit** des Erblassers **muss zur vollen Überzeugung des Gerichts feststehen**, wenn ein Testament aus diesem Grunde für nichtig erklärt werden soll. Die Überzeugung kann auf das Gutachten des beauftragten Sachverständigen gestützt werden (BayObLG FamRZ 1999, 819, 820). Bei nicht behebbaren Zweifeln ist der Erbschein nach dem Testamentsinhalt zu erteilen (BayObLGZ 1956, 380; 1982, 312; BayObLG Rpfleger 1984, 318), wobei die Überzeugung des Gerichts auch dann vorliegen kann, wenn der Sachverständige die Testierunfähigkeit nur mit einem hohen Grad an Wahrscheinlichkeit festgestellt hat (BayObLG FamRZ 2000, 701), weil die Überzeugung des Gerichts keine mathematisch das Gegenteil ausschließende Gewissheit erfordert (BGH NJW 1993, 935; 1994, 1348; BayObLG FamRZ 1985, 314, 315; 2000, 701, 703; 2005, 1014; 2005, 1782; OLG Köln FamRZ 1991, 1356, 1357; OLG Brandenburg 20. 3. 2014 – 3 W 62/13, juris). Das Gericht kann das Gutachten mit dem Sachverständigen erörtern (OLG München 31. 10. 2014 – 34 Wx 293/14, FamRZ 2015, 698). 120

Ob die Voraussetzungen der Testierfähigkeit vorliegen, beruht auf einer **Tatsachenfeststellung**, das daraus abgeleitete Ergebnis der festgestellten Testier(un)fähigkeit ist rechtliche Schlussfolgerung (RGZ 162, 223, 230; BayObLGZ 1962, 219, 220; 1982, 309, 312 mwNw; BayObLG ZSW 1984, 13, 16; FamRZ 1985, 739, 741; 1990, 1382 mwNw; zu den Anforderungen an die Bildung der tatrichterlichen Überzeugung OLG Köln NJW-RR 1991, 1285). Tatsachenfeststellung und Beweiswürdigung können im Rechtsbeschwerdeverfahren nur dahingehend überprüft werden, ob Verfahrensvorschriften verletzt, der entscheidungserhebliche Sachverhalt ausreichend erforscht (§ 26 FamFG), bei der Erörterung des Beweisstoffes und der Beweishebung alle wesentlichen Umstände berücksichtigt (§§ 29, 30 FamFG), ein eventuell zugrunde gelegtes Gutachten vom als erwiesen erachteten Sachverhalt und vom rechtlich richtigen Begriff der Testierfähigkeit ausgeht (BayObLG FamRZ 2002, 1066; OLG Celle FamRZ 2007, 417), nicht gegen gesetzliche Beweisregeln, logische Denkgesetze oder feststehende Erfahrungssätze verstoßen worden ist und die Beweisanforderungen nicht vernachlässigt und überspannt worden sind (BayObLG ZSW 1983, 153, 159; FamRZ 1985, 314, 315; FamRZ 739, 741; FamRZ 1988, 422 f; FamRZ 1990, 1282; FamRZ 2000, 701, 702). Dabei müssen die tatsächlichen Folgerungen nicht die einzig möglichen sein und es muss nicht allen denkbaren Möglichkeiten von Amts wegen nachgegangen werden (KG FamRZ 2000, 912). Werden vorhandene Beweismittel nicht ausgeschöpft, so liegt darin eine Verletzung der Amtsermittlungspflicht (§ 2358 Abs 1 BGB aF; § 26 FamFG). Ist mit den Mitteln des Freibeweises gem § 29 Abs 1 FamFG (KEIDEL/STERNAL § 29 FamFG Rn 18 ff; BUMILLER/HARDERS § 29 FamFG Rn 3) keine hinreichende Aufklärung zu erreichen, so muss ein förmliches Beweisverfahren gem §§ 29 Abs 2, 30 FamFG (KEIDEL/STERNAL § 29 FamFG Rn 25 f, § 30 FamFG Rn 1 ff; BUMILLER/HARDERS § 29 FamFG Abs 4 f; § 30 FamFG Rn 1 ff) durchgeführt werden, wenn hierdurch eine Aufklärung zu erwarten ist. Dagegen können 121 neu eingeführte, gegen die Testierfähigkeit sprechende Tatsachen im Rechtsbeschwerdeverfahren nicht berücksichtigt werden (BayObLG Rpfleger 1984, 318).

122 Sind keine die Entscheidung beeinflussenden Ergebnisse von weiteren Beweisaufnahmen zu erwarten, so ist das Amtsermittlungsverfahren abzuschließen (Soergel/Klingseis Rn 50).

b) Zivilprozess

123 Die Rspr hat zur Beweislast der Testierfähigkeit folgende Grundsätze entwickelt: Da Störungen der Geschäftsfähigkeit die Ausnahme bilden, ist der Erblasser so lange als testierfähig anzusehen, wie seine Testierunfähigkeit nicht **zur vollen Überzeugung des Gerichts nachgewiesen** ist (BayObLGZ 1956, 377, 380; 1975, 212, 213; 1979, 256, 261; 1982, 309, 312; FamRZ 1985, 314, 315; 1986, 728; 1987, 1200 mwNw; 1992, 724; 1994, 593; OLG Hamm MDR 1967, 496; OLG Hamm 7. 12. 2016 – 11 U 41/07, juris; OLG Neustadt FamRZ 1961, 541; OLG Frankfurt FamRZ 1996, 635; FamRZ 1998, 1061, 1062; OLG Düsseldorf FamRZ 1998, 1064; KG FamRZ 2000, 912 = NJW 2001, 903; BayObLG FamRZ 2005, 345, 348), wobei zur vollen Überzeugung der Testierunfähigkeit ausreicht, dass **vernünftige** Zweifel ausgeschlossen sind (OLG Celle FamRZ 2003, 1700). Bei *nicht behebbaren Zweifeln* an Testierunfähigkeit muss von der **Testierfähigkeit** ausgegangen werden (BayObLG FamRZ 1988, 1100). Im Prozess hat die Testierunfähigkeit derjenige zu beweisen, der sich darauf beruft (BGH FamRZ 1958, 127; BayObLG FamRZ 1986, 730 mwNw; BayObLG FamRZ 2000, 912; OLG Köln NJW-RR 1991, 1412; OLG Düsseldorf FamRZ 1998, 1064, 1065; OLG Frankfurt DNotZ 1998, 216; KG FamRZ 2000, 912; OLG Jena FamRZ 2005, 2021; Hardt 163 ff). Dies gilt auch bei Betreuten, bei denen so lange von Testierfähigkeit auszugehen ist, wie in einem fachärztlichen Attest (zB in einem Betreuungsgutachten) die Testierunfähigkeit ohne vernünftige Zweifel festgestellt worden ist (OLG München 31. 10. 2014 – 34 Wx 293/14, FamRZ 2015, 698).

124 Enthält ein eigenhändiges Testament keine Datumsangabe, so trägt die Beweislast für die Testierfähigkeit im Zeitpunkt der Testamentserrichtung des Erblassers derjenige, der sich auf die Gültigkeit des Testaments beruft, wenn feststeht, dass der Erblasser zu irgendeinem Zeitpunkt testierunfähig war und sich der Zeitpunkt der Testamentserrichtung nicht durch außerhalb der Urkunde liegende Umstände ermitteln lässt (BayObLG FamRZ 1995, 898, 899; OLG Jena FamRZ 2005, 2021). Bei eigenhändigen Testamenten ist problematisch und muss berücksichtigt werden, dass die Datumsangabe unter dem Einfluss Dritter zurückdatiert worden sein kann.

125 Hat das Gericht die Testierfähigkeit vor und nach dem Zeitpunkt der Testamentserrichtung durch Beweisaufnahme festgestellt, so spricht der Anscheinsbeweis auch für die Testierfähigkeit im Zeitpunkt der Testamentserrichtung (BayObLG FamRZ 1999, 819; OLG Hamm 6. 3. 2014 – 16 U 76/13, FamRZ 2014, 1817). Kommt jedoch bei bestimmten Geisteskrankheiten ein „lucidum intervallum" in Betracht (Rn 72 f), verbleibt es bei der grundsätzlichen Beweislastverteilung (Grüneberg/Weidlich Rn 11), so dass derjenige das lucidum intervallum darzulegen und zu beweisen hat, der Rechte aus dem Testament herleitet (BayObLG FamRZ 2006, 68; OLG Frankfurt NJW-RR 1998, 870). Das Gericht kann aufgrund des Gesamtergebnisses der Beweisaufnahme auch dann von der Testierunfähigkeit des Erblassers überzeugt sein, wenn der sachverständige Gutachter diese nur mit „hoher Wahrscheinlichkeit" für gegeben erachtet (BayObLG FamRZ 1985, 314). Das Gericht sollte aus dem Inhalt des Testaments nicht zu weitgehende Schlüsse auf die Testierfähigkeit ziehen, da die Testierfähigkeit nach dem Gesamtverhalten, den Fähigkeiten und dem Gesamtbild der Persönlichkeit im Zeitraum der Testamentserrichtung zu beurteilen ist. Außerdem kann trotz äußerlich geordnet gestalteter Fassung des Testamentsinhalts Testierunfähigkeit bestehen, wenn zB zwar nicht eine Störung der Verstandestätigkeit, aber die geschwächte Willenskraft durch Beeinflussung eines Dritten zur Abfassung dieses Testaments geführt hat (BayObLGZ 1953, 195, 198).

Steht nach Überzeugung des Gerichts die Testierunfähigkeit des Erblassers fest, so trägt derjenige die Beweislast für das Vorliegen eines *lucidum intervallum* (dazu Rn 71 ff), der aus dem Testament Rechte herleitet (BayObLG FamRZ 2006, 68; OLG Frankfurt NJW-RR 1998, 870; OLG Karlsruhe Justiz 1982, 130; s auch RG WarnR 1919 Nr 179; BayObLGZ 32, 131; HansOLG MDR 1950, 731; 1954, 480 sowie JOHANNSEN WM 1971, 482). Ist der erste Anschein der Testierunfähigkeit erschüttert, weil ein *lucidum intervallum* ernsthaft in Betracht kommt (dazu Rn 72), so hat die Testierunfähigkeit derjenige zu beweisen, der sich darauf beruft (OLG Köln FamRZ 1992, 731). **126**

Die Testierfähigkeit kann gerichtlich erst nach dem Tod des Erblassers festgestellt werden. Eine Feststellungsklage über die Gültigkeit des Testaments eines noch lebenden Dritten, dessen Testierfähigkeit in Frage steht, ist mangels Feststellungsinteresses unzulässig (BGH ZEV 2004, 243; OLG Köln JW 1930, 2064 m Anm HERZFELDER; OLG Frankfurt FamRZ 1997, 1021), da eine Erbaussicht nicht der gerichtlichen Feststellung fähig ist (dazu JOHANNSEN WM 1971, 402; anders zur Wirksamkeit eines Erbvertrages FRIESER/POTTHAST ErbR 2017, 114 mwNw). Auch wenn ein selbstständiges Beweisverfahren zu Lebzeiten leichter durchführbar ist, rechtfertigt dies nicht ein Feststellungsinteresse aller potentiellen Erben zu Lasten des Persönlichkeitsrechts des noch lebenden Erblassers (OLG Frankfurt FamRZ 1997, 1021). Zu Lebzeiten des Erblassers besteht kein Feststellungsinteresse, um die Testierfähigkeit des Erblassers durch das Gericht feststellen zu lassen (OLG Köln JW 1930, 2064; OLG Frankfurt FamRZ 1997, 1021, 1022 f; REIMANN/BENGEL/DIETZ/VOIT Rn 20, der aber in Sonderfällen ein Feststellungsinteresse bejaht. Prozessual ist die Meinung der Rechtsprechung gesetzeskonform, materiell-rechtlich schadet sie in Grenzfällen [zB bei Betreuungsfällen] der schnellen und sicheren Aufklärung, die Jahre später kaum noch möglich ist). Ein Feststellungsinteresse in Bezug auf die Testierfähigkeit kann jedoch bei wechselbezüglichen oder mit erbvertraglicher Bindungswirkung vereinbarten letztwilligen Verfügungen bestehen (dazu ausführlich SEIBERT 192 ff mwNw). Potentielle Erben können aber als nahe Angehörige über den Weg des gerichtlichen Betreuungsverfahrens die Geschäftsfähigkeit des Erblassers gutachterlich feststellen lassen. **127**

c) Zeugnisverweigerungsrecht

Für die Zeugnisverweigerungsrechte gelten im *Zivilprozess* §§ 376, 383–390 ZPO, auf die § 29 Abs 2 FamFG im *Erbscheinsverfahren* verweist, und § 18 BNotO für den *Notar*. Ein **Zeugnisverweigerungsrecht** des Arztes (KRONTHALER/NEUMAYR JBl 2021, 349, 352 f; DAMRAU/TANCK/WEBER Rn 51 f), Rechtsanwalts oder Notars im Streit über die Nichtigkeit des Testaments wegen Geisteskrankheit des Erblassers besteht nur über solche Tatsachen, die diese gesetzlich zur Verschwiegenheit verpflichteten Personen vom Erblasser aufgrund ihrer beruflichen Vertrauensstellung anvertraut bekommen haben (GRÜNEBERG/WEIDLICH § 2353 Rn 38 mwNw). Diese Schweigepflichten der Ärzte, Notare, Rechtsanwälte, Wirtschaftsprüfer und Steuerberater sind nach § 203 StGB strafbewehrt. Die ärztliche (BARTSCH NJW 2001, 861; KRONTHALER/NEUMAYR JBl 2021, 349) **128** oder anderweitig vorgeschriebene berufsrechtliche **Schweigepflicht** zB der Rechtsanwälte, Wirtschaftsprüfer und Steuerberater und die **Amtspflicht des Notars** zur **Verschwiegenheit** (§ 18 BNotO) können dem Informationsinteresse der Nachlassbeteiligten entgegenstehen (Edenfeld ZEV 1997, 391; Hülsmann/Baldamus ZEV 1999, 91; Bartsch NJW 2001, 861). Die postmortale Feststellung der Testierfähigkeit liegt im wohl verstandenen Interesse des Erblassers, aller Nachlassbeteiligten und auch im öffentlichen Interesse einer ordnungsgemäßen Nachlassregulierung. Der Erblasser kann kein Interesse daran haben, dass Verfügungen von Todes wegen, die er im Zustand der Geschäftsunfähigkeit errichtet hat, seinen letzten Willen verfälschen. Daher müssen den Geheimnisträgern Auskünfte zur Testierfähigkeit des Erblassers als Zeugen abverlangt werden können. § 630g BGB regelt jetzt ausdrücklich das Einsichtrecht in die Patientenakte (jurisPK-BGB/Lafontaine [2017] § 630g BGB Rn 1 ff; zur notwendigen Klärung erbrechtlicher Verhältnisse trotz postmortalen Persönlichkeitsschutzes Staudinger/Baumann [2012] § 2229 Rn 88). Diese Einsichtsrechte stehen nach § 630g Abs 3 BGB grds auch den Erben des verstorbenen Patienten zur Wahrnehmung vermögensrechtlicher Interessen zu. Die Feststellung der Testierfähigkeit und damit auch die Befreiung des Arztes von der Verschwiegenheitspflicht dient dem wohlverstandenen Interesse des Erblassers (OLG Naumburg NJW 2005, 2017; Hülsmann/Baldamus ZEV 1999, 91; Spickhoff NJW 2005, 1982; Damrau/Tanck/Weber Rn 49 ff; NK-BGB/Beck/Kroiss Rn 37 ff mwNw; anders OLG Karlsruhe 3. 9. 2014 – 12 W 37/14, FamRZ 2015, 1125, wenn ein Versicherer den Arzt des Erblassers als Zeugen für einen vom Erblasser unrichtig angegebenen Gesundheitszustand benennt). Das Nachlassgericht darf einem Nachlassbeteiligten das Recht der Einsicht in die Krankenakte des Erblassers nicht verweigern, weil andernfalls ein Verstoß gegen Art 103 Abs 1 GG vorläge (OLG Düsseldorf ZErb 2000, 204).

XI. Recht der DDR

129 Die Testierfähigkeit (= Handlungsfähigkeit) war in § 370 Abs 1 S 2 ZGB geregelt (dazu Einl 72 ff zu §§ 2229–2302 und zur teilweisen Fortgeltung des DDR-Erbrechts Einl 61 ff zu §§ 2229–2302).

XII. Internationales Privatrecht

130 Für Erbfälle seit dem 17. 8. 2015 gilt die EuErbVO, zeitgleich sind Art 25, 26 EGBGB aF (1986) neu gefasst worden. Die Testierfähigkeit des Erblassers richtet sich gem Art 26 Abs 1 lit a), Abs 2 EuErbVO nach dem hypothetischen Erbstatut (Sorgel/Klingseis Rn 56 mwNw). Maßgebend sind daher grds gem Art 21 Abs 1 EuErbVO die materiell-rechtlichen Testierfähigkeitsvorschriften des Staates, in dem der Erblasser zum Zeitpunkt der Errichtung des Testaments seinen gewöhnlichen Aufenthalt hatte (Swane ErbR 2014, 117; Hausmann/Odersky § 15 Rn 202 ff; MünchKomm/Dutta Art 26 EuErbVO Rn 4 ff), sofern der Erblasser keine Rechtswahl in eine Rechtsordnung getroffen hat, die zB ein höheres Lebensalter für Testierfähigkeit voraussetzt (Art 22 Abs 3 EuErbVO).

131 Vom 1. 9. 1986 bis zum 16. 8. 2015 galten die damals neu gefassten Art 25, 26 EGBGB (über die Testierfähigkeit von **Ausländern** bis zum 31. 8. 1986 s Art 7, 24 Abs 3 EGBGB aF; dazu Neuhaus, Die Behandlung der Testierfähigkeit im deutschen IPR, RabelsZ 1953, 651; Staudinger/Firsching[12] Art 24 aF EGBGB Rn 29 und Vorbem 44 ff zu Art 24–26 aF EGBGB; Wagner, Die Testierfähigkeit im Internationalen Privatrecht [1995]).

Ab dem 1. 1. 2023 gilt Art 7 Abs 2 EGBGB, der entsprechend der vorrangig geltenden EuErbVO (Rn 130) bei der Testierfähigkeit an den gewöhnlichen Aufenthalt des Erblassers anknüpft. 132

§ 2230
(weggefallen)

I. Vorbemerkung

§ 2230 wurde durch Gesetz zur Reform des Rechts der Vormundschaft und Pflegschaft für Volljährige (Betreuungsgesetz – BtG) vom 12. 9. 1990 (BGBl I 2002) mit Wirkung zum 1. 1. 1992 aufgehoben. Die Vorschrift bleibt jedoch für alle bis zum 31. 12. 1991 errichteten Testamente Entmündigter weiterhin anwendbar (dazu die Erl in Staudinger/Baumann [1996] § 2230, § 2229 Rn 40 ff zu den verfassungsrechtlichen Bedenken gegen den generellen Ausschluss Entmündigter von der Testiermöglichkeit). 1

II. Wortlaut des aufgehobenen § 2230

(1) Hat ein Entmündigter ein Testament errichtet, bevor der Entmündigungsbeschluß unanfechtbar geworden ist, so steht die Entmündigung der Gültigkeit des Testaments nicht entgegen, wenn der Entmündigte noch vor dem Eintritt der Unanfechtbarkeit stirbt. 2

(2) Hat ein Entmündigter nach der Stellung des Antrags auf Wiederaufhebung der Entmündigung ein Testament errichtet, so steht die Entmündigung der Gültigkeit des Testaments nicht entgegen, wenn die Entmündigung auf Grund des Antrags wieder aufgehoben wird.

Materialien: E II § 2098; III § 2204; Mot V 257; Prot V 326; Jakobs/Schubert, ER II 1521–1528; 1. Denkschr d ErbrA (1937) 24 f; Amtl Begr z TestG DJ 1938, 1254; Horn MatK-ErbR 924–925.

§ 2231
Ordentliche Testamente

Ein Testament kann in ordentlicher Form errichtet werden:

1. zur Niederschrift eines Notars;

2. durch eine vom Erblasser nach § 2247 abgegebene Erklärung.

Materialien: E I §§ 1914, 1915; II § 2099; III § 2205; Mot V 257; Prot V 326; Jakobs/Schubert, ER II 1529–1552; Denkschr d ErbrA (1937) 37 f; Amtl Begr z TestG DJ 1938, 1255; Horn MatK-ErbR 925–952.

Systematische Übersicht

I. Textgeschichte

1 **1.** Die drei **Entwürfe** kannten als **ordentliche** Testamentsform nur das **öffentliche** Testament (dazu Mot V 257 ff). Erst der **Reichstag** fügte trotz vorgetragener Bedenken (Hosemann RNotZ 2010, 520; ausführliche Darstellung bei Otte [2011] 31 ff; Horn MatK-ErbR Rn 86–95, 97–180) das **eigenhändige** Testament als zweite ordentliche Testamentsform in das BGB ein.

2 Im Rahmen der Diskussion um die Neuordnung der Formvorschriften durch das **TestG** im Jahre 1938 wurden die **Einwände gegen das eigenhändige Testament** erneuert. Diese Einwände wurden jedoch vom Erbrechtsausschuss der AkDR zurückgewiesen (Otte [2011] Rn 31, 40; Staudinger/Otte [2008] Einl 122 zum ErbR).

3 **2.** In der **ursprünglichen Fassung** des § 2231 war die Errichtung *„vor einem Richter oder Notar"* bzw *„durch eine von dem Erblasser unter Angabe des Ortes und Tages eigenhändig geschriebene und unterschriebene Erklärung"* vorgesehen.

4 **3.** Das **TestG** übernahm in § 4 TestG diese Regelung, führte jedoch in Abs 2 nicht mehr die Erfordernisse des eigenhändigen Testamentes auf, sondern traf hierüber in § 21 eine gegenüber dem früheren Rechtszustand abgemilderte Bestimmung.

5 **4.** Das **GesEinhG** v 5. 3. 1953 übernahm in § 2231 den Wortlaut des § 4 TestG und ersetzte die Verweisung auf § 21 TestG durch Bezugnahme auf § 2247.

6 **5.** Die **heutige Fassung** beruht auf § 57 Abs 3 Nr 5 BeurkG. Die Neufassung wurde erforderlich, weil seit Inkrafttreten des BeurkG zur Beurkundung letztwilliger Verfügungen **ausschließlich** die **Notare** zuständig sind. (Nach Art 141 EGBGB [mit Wir-

kung ab 1. 1. 1970 aufgehoben durch § 57 Abs 4 Nr 2 BeurkG] konnte ursprünglich durch die Landesgesetze bestimmt werden, dass nur die Gerichte oder nur die Notare zur Beurkundung öffentlicher Testamente zuständig sind [zu den bis 31. 12. 1969 und früher geltenden landesrechtlichen Vorschriften Staudinger/Firsching[12] Rn 27 ff]).

6. Die Neufassung des BGB (Bekanntmachung v 2. 1. 2002 [BGBl I 42]) hat die amtliche Überschrift eingeführt, den Gesetzeswortlaut aber unverändert belassen. 7

II. Normzweck

Die Vorschrift begrenzt die Möglichkeiten, ein Testament in **ordentlicher Form** zu errichten, indem der Gesetzeswortlaut zwei **Grundtypen** definiert (die **Formvorgaben** im Einzelnen sind in §§ 2232, 2233, 2247 geregelt), mit denen ordentliche **Testamente** errichtet werden können, mit dem weitergehenden Normzweck, erbrechtliche Gestaltungen aus Gründen der Rechtssicherheit an einen numerus clausus von Formen zu binden. Die Beschränkung der Formen auf zwei Grundtypen dient der Einhaltung und Erfüllung der einzelnen Formzwecke (vgl dazu Rn 25 ff) und soll bei Testamenten dem Rechtsfrieden und dem Schutz der gesetzlichen Erben vor durch Dritte beeinflussten oder manipulierten Testamenten dienen. 8

III. Regelungsinhalt

1. Ordentliche Testamentsformen

Das BGB kennt **zwei ordentliche** Formen des Einzeltestaments, das **öffentliche** Testament (Nr 1) und das eigenhändige, **privatschriftliche** oder holographische Testament (Nr 2) (zu außerordentlichen Testamentsformen §§ 2249–2252 BGB; MünchKomm/Sticherling Rn 32 ff). Im Gesetz nicht vorgesehene Mischformen, wie zB ein holographisches, in notarieller Beglaubigungsform errichtetes Testament, werden von der Rechtsordnung nicht anerkannt (Baumann RNotZ 2010, 310, 315). Der Notar darf bei solchen vom Gesetz nicht vorgesehenen „Mischformen" nicht mitwirken. 9

Das öffentliche Testament wird zur Niederschrift eines Notars errichtet (§§ 2232, 2233 BGB). Das holographische Testament (zur Entstehungsgeschichte Hosemann RNotZ 2010, 520) wird durch eine eigenhändig geschriebene und unterschriebene Erklärung des Erblassers errichtet (§ 2247 Abs 1 BGB). Beide Testamentsformen sind **im Hinblick auf ihre erbrechtsgestaltenden Wirkungen** gleichwertig (zur faktischen Ungleichheit ausführlich Damrau/Tanck/Weber Rn 30 ff), nicht aber im Hinblick auf ihre formellen Wirkungen (jurisPK-BGB/Bauermeister [2017] Rn 4). 10

Daneben kennt das Gesetz die **außerordentlichen** Testamentsformen der §§ 2249–2251 BGB, die zeitlich nur beschränkt gültig sind (§ 2252), und Konsulartestamente (dazu Einl 49 ff zu §§ 2229–2302). 11

2. Gegenüberstellung der ordentlichen Testamentsformen

a) Allgemeines

Die beiden ordentlichen Testamentsformen sind nur erbrechtsgestaltend gleichwertig (MünchKomm/Sticherling Rn 17; Reimann/Bengel/Dietz/Voit Rn 4). In der erbrechtlichen 12

Gestaltung kann auch ein privatschriftliches Testament den Willen des Erblassers neu ordnen und damit nach §§ 2254, 2258 BGB ein öffentliches Testament abändern oder aufheben. Wesentliche **Unterschiede** (hierzu Esch/Baumann/Schulze zur Wiesche Rn 330 ff) ergeben sich in der **Beweiswirkung** (das **notarielle Testament ist öffentliche Urkunde** iSd §§ 415, 418 ZPO [dazu Bamberger/Roth/Litzenburger Rn 19]). Die öffentliche Testamentsurkunde erbringt den Beweis hinsichtlich des Errichtungsortes, des Errichtungszeitpunkts, der Abgabe der Erklärung mit dem in der Urkunde niedergelegten Inhalt und der Identität sowie der Sprech- (BayObLG ZEV 2000, 66, 68) oder laut-sprachersetzenden Gebärdenfähigkeit des erklärenden Erblassers. Weitere Unterschiede bestehen beim Testieren Minderjähriger oder Leseunfähiger (§ 2233 BGB) und hinsichtlich der Pflicht zur Verbringung in die besondere amtliche Verwahrung sowie der Nachlassabwicklung, da **bei Vorliegen eines öffentlichen Testaments** idR **kein Erbschein** erforderlich ist (§ 2248 BGB, § 34 BeurkG; vgl auch § 12 Abs 2 S 2 HGB, § 35 GBO, § 41 Abs 1 S 2 SchiffsregisterO). Bei notariell beurkundeten letztwilligen Verfügungen mit namentlich benannter Erbeinsetzung reicht die Vorlage einer beglaubigten Abschrift des Eröffnungsprotokolls nebst öffentlichem Testament als Anlage zur Berichtigung in den öffentlichen Büchern und Registern aus (BGH FamRZ 2005, 1548; OLG Celle ZEV 2010, 95 m Anm Heinze ZEV 2010, 95; OLG Hamm Rpfleger 2011, 494 m Anm Jurksch Rpfleger 2011, 665; OLG Bremen 15. 4. 2014 – 2 W 22/14, NJW-RR 2014, 816; Starke NJW 2005, 3184). Bei eigenhändigen Testamenten machen sich die Kreditinstitute grds nicht schadensersatzpflichtig, wenn sie vor Auszahlung eines Kontoguthabens auf der Vorlage eines Erbscheins bestehen (AG Mannheim FamRZ 2008, 727; juris PK-BGB/Bauermeister Rn 4; beachte aber BGH 5. 4. 2016 – XI ZR 440/15, ErbR 2016, 376, wonach ein privatschriftliches Testament in bestimmten Situationen als Erbnachweis bei Banken – zB bei Wiedereröffnung eines gemeinschaftlichen Testaments – ausreichend sein kann, obwohl grds dem eigenhändigen Testament nicht dieselben Beweiswirkungen zukommen; BGH 5. 4. 2016 – XI ZR 440/15, ErbR 2016, 376 Rn 28 ff). Auch nach dieser BGH-Entscheidung muss den Kreditinstituten ein Entscheidungsermessen eingeräumt sein, dass sie bei privatschriftlichen Testamenten einen Erbschein verlangen können. Die dem BGH-Fall zugrundeliegende Sachverhalt bezog sich auf ein – bisher nicht angegriffenes – wiedereröffnetes gemeinschaftliches Testament, also auf einen Sonderfall.

b) Vorteile des eigenhändigen Testaments (Nr 2)

13 Das eigenhändige Testament ist einfach (jederzeit, an jedem Ort) zu errichten, abzuändern oder aufzuheben. Der Erblasser braucht vor seinem Tod seinen letzten Willen niemandem zu offenbaren, nicht einmal dem öffentlich bestellten Amtsträger und zur Verschwiegenheit verpflichteten Notar. Für den Erblasser selbst fallen beim eigenhändigen Testament keine Errichtungskosten an, solange er sich rechtlich nicht beraten lässt. Wegen dieser Vorzüge hat das eigenhändige Testament große Verbreitung gefunden (zu den Vor- und Nachteilen auch MünchKomm/Sticherling Rn 26 ff). Für den im Erbrecht sachkundigen Erblasser sind eigenhändige Testamente ein vorteilhaftes Gestaltungsinstrument, weil Errichtungs- und Änderungskosten für ihn selbst gespart werden (vgl zum Kostenvergleich Rn 22; Soergel/Klingseis Rn 10; MünchKomm/Sticherling Rn 24, 27).

c) Nachteile des eigenhändigen Testaments (Nr 2)

14 Abgesehen von den Kosten (nicht unter Einbeziehung der Kosten des späteren Erbscheinsverfahrens) und der leichteren Errichtung und Abänderbarkeit überwiegen die Nachteile des eigenhändigen Testaments. Das eigenhändige Testament führt in

zahlreichen Fällen zur Rechtsunsicherheit und zu einer Belastung des Rechtsfriedens (Schmitz ErbR 2019, 332; ausführlich § 2247 Rn 11 ff). In unserer älter werdenden Gesellschaft steigt die Quote der Fälle von Altersdemenz (Seibert 80 ff) Eine Kontrolle der Testierfähigkeit durch Dritte erfolgt im Zeitpunkt der Errichtung nicht. Auch das Errichtungsdatum, sofern es im Testament enthalten ist, gibt keinen gesicherten Hinweis über die vorhandene Testierfähigkeit im Zeitpunkt der Errichtung, denn es gibt keine Kontrolle der Richtigkeit des angegebenen Datums. Wegen der wachsenden Vermögenswerte steigen die Begehrlichkeiten – oft mit dem Erblasser nicht einmal verwandtschaftlich Verbundener – Einfluss auf den Inhalt privatschriftlicher Testamente zu nehmen. „Die Gefahr, dass eine letztwillige Verfügung von einem Testierunfähigen stammt, wird durch die Möglichkeit des eigenhändigen Testaments noch gesteigert. Denn einer solchen Urkunde ist nicht ohne Weiteres anzusehen, ob ihr Verfasser auch wusste, was er schrieb." (Schiemann, in: FS Otte [2005] 313, 315). Es besteht bei der Errichtungshandlung eines eigenhändigen Testaments keine Kontrolle von außen, dass der Erblasser seine Verfügung mit der nötigen Überlegung ohne Beeinflussung Dritter vornimmt, bzw dass er im Zeitpunkt der Errichtung testierfähig ist. Die Testierfähigkeit wird nicht durch Dritte geprüft. Eine spätere Überprüfung der Testierfähigkeit kann durch ein falsches Errichtungsdatum (Rückdatierung) unmöglich gemacht werden. Das Errichtungsdatum kann sogar nachträglich falsch hinzugefügt werden.

Auch privatschriftliche Testamente **Testierfähiger** bergen zahlreiche Fehlerquellen, **15** wie die Praxis der Erbscheinsverfahren zeigt (Schmitz ErbR 2019, 332). Mit der Feder eines nicht juristisch geschulten Erblassers verfasste Testamente weisen in der überwiegenden Zahl formale und inhaltliche Mängel auf (Rn 17 ff). Des Erbrechts unkundige Erblasser können – ohne juristische Beratung – nur sehr einfache Erbeinsetzungen, oft nicht einmal Vermächtnisse mit ihren schuldrechtlich unterschiedlichen Wirkungen rechtlich so regeln, dass kein nachträglicher Auslegungsbedarf durch Gerichte notwendig ist (Schmitz ErbR 2019, 332; Soergel/Klingseis Rn 12). Nicht einmal die Testierabsicht ist bei eigenhändigen Testamenten immer zuverlässig nachweisbar (OLG Düsseldorf 23. 7. 2014 – 3 Wx 95/13, FamRZ 2015, 700), die Abgrenzung zu vorbereitenden Entwürfen dann oft gar nicht möglich. Ob ein ernstlicher letzter Wille vorliegt, ist oft schwer, in keinem Fall (wegen der möglichen Einflussnahme Dritter) mit gebotener Rechtssicherheit feststellbar. Diejenige Rechtsprechung, die dem Erblasserwillen zur Geltung verhilft, indem sie Schriftstücke, die nach der äußeren Form keine Testamente sind (zB Briefe, Postkarten, Zettel usw), als Testamente auslegt, erschwert diese Feststellung und erhöht in der Praxis die Rechtsunsicherheiten und belastet zugleich die Gerichte.

Die Gefahr unsachgemäßer Einflussnahme durch Dritte ist bei eigenhändigen Testa- **16** menten größer als bei notariellen Testamenten (**aA** Otte [2011] 31, 42), weil sie eine verfahrensrechtlich nicht kontrollierte erbrechtliche Beratung ermöglichen, in der Praxis sehr häufig zB durch des materiellen Erbrechts nicht hinreichend kundige Steuerberater oder Bankberater oder Freunde und Familienangehörige, so dass bei eigenhändigen Testamenten die Einflussnahmen mit Beratungsfehlern durch im Erbrecht nicht ausgebildete Dritte erfolgen können. Zusätzlich kennt die notarielle Praxis des Erbrechts Unkundige, die ihre fehlerhaften oder falsch verstandenen Informationen aus dem Internet bezogen haben.

Die Form des eigenhändigen Testaments verleitet manchen des Erbrechts nicht hinreichend sachkundigen Berater dazu, dem Erblasser unzureichende oder sogar grob mangelhafte Gestaltungsvorschläge zu unterbreiten. In der Praxis sind dies vor allem das Vermögen der Erblasser verwaltende Angestellte von Kreditinstituten oder Steuerberater ohne juristische Ausbildung, oftmals mit dem wirtschaftlichen Eigeninteresse der Selbsteinsetzung zum Testamentsvollstrecker (bei Kreditinstituten sogar mit der weitergehenden Beratung zu Erbeinsetzungen unselbstständiger Stiftungen, deren Rechtsträger [zB eine GmbH] von eben diesem Kreditinstitut als Gesellschafter verwaltet wird).

17 Die nachträgliche Vornahme von Fälschungen (Damrau/Tanck/Weber Rn 15; Soergel/Klingseis Rn 11), zB durch Streichungen einseitiger Verfügungen (zu Fälschungsrisiken vgl auch § 2255 Rn 4 ff), Testamentsvernichtungen und Testamentsunterdrückungen (Nichteinreichung beim Nachlassgericht), wird erleichtert, sofern der Erblasser nicht die amtliche Hinterlegung gewählt hat (zu Testamentsfälschungen Franzheim Kriminalistik 51, 11; Michel, Zulässige und unzulässige Schreibhilfe bei der Errichtung eigenhändiger Testamente, Archiv für Kriminologie 1978, 1 ff). Die leichte Errichtungs- und Abänderungsmöglichkeit verführt zudem manchen Erblasser dazu, den Text seines Testaments durch laufende Abänderungen und mit sich widersprechenden Einschüben und missverständlichen Durchstreichungen zu versehen oder eine Reihe von weiteren Testamenten, als Nachträge oft auf kleinen Zetteln niedergelegt, nachfolgen zu lassen, so dass kaum noch Klarheit über den letzten Willen zu erlangen ist. Die Gefahr des Verlustes oder der Nichtauffindbarkeit des Testaments ist mangels Pflicht zur amtlichen Verwahrung erhöht (Soergel/Klingseis Rn 11).

18 Der ohne fachkundige rechtliche Beratung gestaltete Testamentsinhalt ist inhaltlich im Regelfall mehrdeutig, sogar widersprüchlich und selten mit gebotener sprachlicher Präzision gestaltet, weil juristische Laien oft nicht einmal den rechtlichen Unterschied zwischen Erbeinsetzung und Vermächtnis kennen und vielfach Begriffe verwenden und verwechseln (wie zB Vor- und Nacherbschaft oder sogar Grundbegriffe wie „vererben“ und „vermachen“), deren rechtliche Bedeutung sie nicht richtig erfasst haben und die nicht einmal allen erbrechtlich nicht geschulten Juristen in ihren rechtlichen Wirkungen hinreichend bekannt sind. Sogar notariell beurkundete Testamente können mit einem Satz eines später errichteten Privattestaments aufgehoben oder abgeändert werden, was vielen Erblassern und falschen „Rechtsberatern“ unbekannt ist. In der Praxis stiftet dies bei den Nachlassbeteiligten Verwirrung, wenn zB eindeutig gefasste notarielle Testamentstexte durch verworrene privatschriftliche Erklärungen aufgehoben sind, die dann vom Nachlassgericht ausgelegt werden müssen.

19 Die erleichterten Widerrufsmöglichkeiten nach § 2255 BGB (zB einfaches Durchstreichen, Zerreißen, Zerknüllen usw) führen zu weiteren Rechtsunsicherheiten dieser Testamentsform, weil die Urheberschaft eines solchen Widerrufs (Wegwerfen usw) kaum nachweisbar ist (vgl dazu § 2255 Rn 4). Die mit eigenhändigen Testamenten verbundenen Rechtsunsicherheiten und die daraus folgenden Störungen des Rechtsfriedens zeigen sich vor allem in – auch von Notaren begleiteten – Erbscheinsverfahren. Da den juristisch nicht geschulten Erblassern selbst elementare Grundsätze des Erbrechts (zB Universalsukzession statt Singularsukzession, Damnationslegat statt Vindikationslegat, Unterschied Erbeinsetzung und Vermächtnis, Nacherbe und

Schlusserbe) im Regelfall unbekannt sind, werden die Gerichte bei eigenhändigen Testamenten mit schwierigen Auslegungsfragen und nicht zuletzt wegen der schwachen Beweiswirkung mit oftmals zeitaufwendigen Beweisverfahren belastet, die zumeist im Verfahren der freiwilligen Gerichtsbarkeit durchgeführt und allenfalls dann der wissenschaftlichen Öffentlichkeit bekannt werden, wenn es zu obergerichtlichen Entscheidungen kommt (vgl zB BayObLG FamRZ 1991, 370: Das Nachlassgericht hörte vier Beteiligte persönlich an, drei Beteiligte äußerten sich schriftlich. Acht Zeugen wurden persönlich vernommen, einer äußerte sich schriftlich. Sechs Gutachten wurden eingeholt. Das Gutachten des Landeskriminalamts wurde durch drei weitere Gutachten sowie ein urkundentechnisches Gutachten und ein medizinisches Gutachten ergänzt). Darüber hinaus wird häufig der familiäre Frieden durch unklare eigenhändige Testamente und daraus abgeleitete Rechtsstreitigkeiten dauerhaft gestört. Außer den Nachlass- und Prozessgerichten wird auch die notarielle Praxis durch unklar formulierte eigenhändige Testamente belastet, insbesondere wenn vermeintliche Erben unterschiedliche Erbscheinsanträge bei jeweils anderen Notaren und danach wegen der verschiedenen rechtlichen Auslegungsmöglichkeiten des Testaments sogar die Unparteilichkeit des Notars in Frage stellen (weitere Nachteile bei Haegele JurBüro 1968, 343 ff; Kersten/Bühling/Wegmann § 105 Rn 1; MünchKomm/Hagena[7] Rn 24 ff; Olzen/Looschelders Rn 288; Esch/Baumann/Schulze zur Wiesche I Rn 331).

d) Nachteile des notariellen Testaments (Nr 1)

Der Erblasser muss seinen letzten Willen einem Dritten (dem Notar) offenbaren, wovor angeblich manche Erblasser (empirisch nicht belegt) zurückscheuen sollen, obwohl die freie Notarwahl (also auch die Wahl eines Notars, der den Erblasser nicht kennt, zB eines Notars in einer anderen Stadt) und die strafbewehrte Amtspflicht des Notars zur Verschwiegenheit diese mögliche Hemmschwelle in der Praxis gegen Null reduziert. Will ein offenkundig unter (die Testierfähigkeit nicht beeinflussenden) Phobien leidender Erblasser jede Fremdkenntnis seines letzten Willens ausschließen, so kann er dies durch ein notarielles Testament (das nach der Beurkundung versiegelt wird) erreichen mit zugleich umfassender rechtlicher Beratung, indem der Erblasser sich vom Notar einen Entwurf fertigen lässt, in dem die Namen der Erben, Vermächtnisnehmer, Testamentsvollstrecker, Auflagenbegünstigten und Beschwerten fehlen und sogar Erbquoten und zB die genaue Bezeichnung der Vermächtnisgegenstände weggelassen werden. Der Erblasser kann den Entwurf selbst um die Daten vervollständigen und nach § 2232 BGB als verschlossene Schrift dem Notar übergeben. Als weiterer Nachteil gilt, dass beim Erblasser Notargebühren anfallen, was sich allerdings bei einmaliger Beurkundung eines Testaments insgesamt im Nachlassverfahren als Kostenersparnis auswirkt (vgl dazu Rn 22). Allerdings bedürfen Testamente in vielen Fällen (insbesondere Unternehmertestamente) einer regelmäßigen Aktualisierung, was dann mit erhöhten Folgekosten bei notarieller Beurkundung verbunden ist. Umstritten ist, ob der Notar auf diese Kosten hinweisen muss. Da die Einschaltung eines Notars als Rechtsberater immer mit Gebühren verbunden ist, kann bei freiwilliger Inanspruchnahme der Leistungen eines Notars diesen keine Pflicht treffen, ungefragt auf Kostenfolgen hinzuweisen (Fackelmann DNotZ 2012, 512; **aA** OLG Naumburg v 2. 1. 2012 – 2 Wx 37/10, FamRZ 2012, 1251 m krit Anm Klein RNotZ 2012, 295). 20

Gewichtiger erscheint der Vorwurf, dass eine unsachgemäße Beratung durch den Notar den Erblasser bei seiner Gestaltung beeinflussen kann (dazu Otte [2011] 31, 42; 21

zum „Beratungsrisiko" auch MünchKomm/STICHERLING Rn 26). Jeder Notar wird als öffentlicher Amtsträger mit dem ihm zugewiesenen richternahen, grds auch von Richtern ausübbaren Aufgabenbereich (BVerfG DNotZ 2009, 702; 2012, 945 Rn 44) von der Justizverwaltung nach Leistungskriterien ausgewählt und auf seine Berufsausübung auch im Erbrecht sorgfältig vorbereitet, fortgebildet und von der Justizverwaltung hinsichtlich seiner gewissenhaften Berufsausübung dienstrechtlich überwacht. Notare müssen daher aufgrund der gesetzlichen Vorgaben als öffentliche Amtsträger über eine bei der Testamentsgestaltung – unter allen Rechtsberatern, ausgenommen Fachanwälten für Erbrecht – weit überdurchschnittlich hohe Beratungskompetenz verfügen. Die ordnungsgemäße Erstellung des öffentlichen Testaments wird präventiv und durch kontrollierende Maßnahmen der gerichtlichen Aufsichtsbehörden im rechtsstaatlich höchstmöglich gesicherten Rahmen gewährleistet und bei Verstößen gegen beurkundungsrechtliche Verfahrensvorschriften restriktiv geahndet. Haftungs-, disziplinar- und strafrechtliche Sanktionen dienen der Sicherung hoher Qualitätsstandards öffentlicher Testamente, die allerdings – wie bei jedem Berufsträger – auch von einem Notar fahrlässig oder sogar vorsätzlich missachtet werden können. Letztlich stellt sich die Frage, ob ein Erblasser ohne Erbrechtskenntnisse in den von OTTE gemeinten Fällen nicht noch fehlerhafter testieren würde, wenn ihn sogar eine fachkundige Rechtsberatung zu Fehlern verleitet.

e) Vorteile des notariellen Testaments (Nr 1)

22 Das notarielle Testament sichert mit verfahrensrechtlicher Kontrolle eine umfassende Rechtsberatung durch Notare, als durch die staatliche Dienstaufsicht der Justizverwaltung geprüfte und kontrollierte, fachkundige Erbrechtsberater (MünchKomm/STICHERLING Rn 9 ff mit Beispielen zur fachkundigen Prüfung und Beratung; DAMRAU/TANCK/WEBER Rn 2), sowie die Einhaltung der erforderlichen Formen und gewährleistet Schutz vor Unterdrückungen, Veränderungen und Fälschungen des Testaments (BROX/WALKER Rn 100) und gewährleistet wegen der gesetzlich vorgeschriebenen Hinterlegung beim Amtsgericht nach dem Tod des Erblassers die Auffindbarkeit (REIMANN/BENGEL/DIETZ/VOIT Rn 6). Zweifel am ernsthaften Testierwillen des Erblassers können nicht bestehen (REIMANN/BENGEL/DIETZ/VOIT Rn 6). Die ordnungsgemäße Erstellung des öffentlichen Testaments wird präventiv im rechtsstaatlich höchstmöglich gesicherten Rahmen gewährleistet (SCHMOECKEL § 20 Rn 16). Der Notar haftet nach § 19 Abs 1 Nr 3 BNotO iVm § 17 BeurkG auch gegenüber den Erben für eine ordnungsgemäße Rechtsberatung und eine zweifelsfreie, rechtlich nicht zu beanstandende Niederlegung des letzten Willens im beurkundeten Testament (juris PK-BGB/BAUERMEISTER Rn 5; mit Gegenüberstellung zur Anwaltshaftung MünchKomm/STICHERLING Rn 25). Der Nur-Steuerberater, ohne rechtswissenschaftliche Ausbildung, ist zur Erbrechtsberatung im Bürgerlichen Recht oder im Handels- und Gesellschaftsrecht nach dem Rechtsdienstleistungsgesetz (RDG v 12. 12. 2007 [BGBl I 2840] id Fassung v 10. 8. 2021 [BGBl I 3436]) ebenso wenig berechtigt wie Sparkassen- bzw Bankangestellte oder Versicherungsvertreter; diese Personen unterliegen bei eigenhändigen Testamenten hinsichtlich eines Beratungsverfahrens keiner Kontrolle, insbesondere nicht durch Gerichte, wie jeder Notar. Mündliche Ratschläge oder Tipps finden in der Praxis häufig unkontrolliert statt, insbesondere bei Kreditinstituten, die Instrumente der Nachlasssicherung mit wirtschaftlichem Eigeninteresse empfehlen. Neben verfahrensrechtlichen Absicherungen bietet das notarielle Beurkundungsverfahren besondere Schutzfunktionen für fremdsprachige (§ 16 BeurkG) und für behinderte (§§ 22–25 BeurkG) Erblasser (dazu FRENZ/MIERMEISTER/BAUMANN §§ 22–25 BeurkG). Im Rechts-

verkehr ist das notarielle Testament als öffentliche Urkunde (OLG Frankfurt NJW-RR 1990, 717) nach dem Erbfall rechtlich bevorzugt zu behandeln, weil der öffentlichen Urkunde ein staatlich durch die präventiven und repressiven Kontrollbefugnisse der Justizverwaltung überwachtes Verfahren zugrunde liegt, das gem § 415 Abs 1 ZPO höheren Beweis erbringt (Burandt/Rojahn/Lauck Rn 5) als jede privatschriftlich – auch unter Zeugen – errichtete Urkunde (BGH 5. 4. 2016 – XI ZR 440/15, ErbR 2016, 376 Rn 23 f), da (nur) bei namentlicher, unbedingter Erbeinsetzung ein Erbschein entbehrlich ist (BGH FamRZ 2005, 1548; BayObLG NJW-RR 1987, 266; OLG München 7. 3. 2016 – 34 Wx 32/16, juris; Demharter § 35 GBO Rn 31 ff; Böhringer ZEV 2001, 387; Starke NJW 2005, 3184; der Verzicht auf den Erbschein ist problematisch bei Zweifeln an der Wirksamkeit des Testaments, dazu Krug, in: FS Spiegelberger [2009] 1025). Daher ist ein einmalig errichtetes öffentliches Testament insgesamt kostengünstiger (zu den Kosten auch MünchKomm/Sticherling Rn 24, 27; Soergel/Klingseis Rn 10), weil es im späteren Nachlassverfahren die Kosten für den notariell oder gerichtlich zu beurkundenden Erbscheinsantrag und den vom Nachlassgericht zu erteilenden Erbschein erspart (vDickhuth-Harrach § 13 Rn 33 ff). Allerdings treffen die Beurkundungskosten des notariellen Testaments (§§ 3, 102 Abs 1 GNotKG iVm KV Nr 21200) den Erblasser (Röthel § 17 Rn 3 spricht sich für die Einrichtung einer „Testamentskostenhilfe" aus; in den Niederlanden wurden die Notarkosten für Testamente bei gleichzeitiger Abschaffung der privaten Testamente gedeckelt), die Kosten einer eidesstattlichen Versicherung und des Erbscheins die Erben. Als öffentliche Urkunde iSv § 415 ZPO erbringt das notarielle Testament den Beweis hinsichtlich des Errichtungsortes, des Errichtungszeitpunktes, der Identität des Verfassers und der Abgabe seiner Erklärung mit dem in der Urkunde niedergelegten Inhalt im Zustand der Testierfähigkeit (BayObLG ZEV 2000, 66, 68). Deshalb bedarf es keines Erbscheins, wenn als Beweis das gesiegelte gerichtliche Eröffnungsprotokoll mit dem beglaubigten Testament beigefügt wird (BGH NJW 2005, 2779; OLG Schleswig 8. 9. 2021 – 2 Wx 49/21, ErbR 2021, 1069).

f) Abwägung

Die Nachteile des eigenhändigen Testaments überwiegen eindeutig (Ebenroth Rn 204: 23
„das öffentliche Testament genießt entscheidende Vorteile"; Olzen/Looschelders Rn 278 ff, 288 ff; Haegele JurBüro 1968, 343 ff; vgl auch Esch/Baumann/Schulze zur Wiesche Rn 335 ff). Dabei fällt die Belastung des Rechtsfriedens und der Rechtssicherheit durch unklare oder mehrdeutig formulierte eigenhändige Testamente besonders ins Gewicht (instruktives Beispiel BayObLG FamRZ 1991, 370; vgl dazu Rn 19). Zahlreiche Rechtsstreitigkeiten in Erbscheinsverfahren und in Zivilprozessen werden durch eigenhändige Testamente herausgefordert (Schmoeckel § 20 Rn 15). Im Streitfall ist die Beweislast hinsichtlich der Echtheit des Testaments sowie der Testierfähigkeit des Erblassers infolge der tatsächlichen Vermutungen der ordnungsgemäßen Errichtung (§ 415 ZPO) sowie der hinreichenden Prüfung der Testierfähigkeit durch den Notar beim öffentlichen Testament für die wahren Erben und sonstigen Berechtigten günstiger als beim privatschriftlichen. Ohne Bedenken kann das eigenhändige Testament für erbrechtlich unvorgebildete Bevölkerungskreise heute nur bei sehr einfachen erbrechtlichen Gestaltungen und unkomplizierten Vermögensverhältnissen oder wie im niederländischen Recht für wertmäßig unbedeutende Vermächtnisse (dazu § 2247 Rn 11) empfohlen werden. Bei Unternehmertestamenten wird idR die gemeinsame Beratung durch Notare und Steuerberater erforderlich sein (dazu ausführlich Baumann/Seer/Krumm, Fachberater Unternehmensnachfolge). Im Kostenvergleich schneidet das privatschriftliche, eigenhändige Testament schlechter ab, da zum Nachweis der Erbfolge

im Unterschied zum notariellen Testament ein Erbscheinsantrag und ein Erbschein erforderlich sind (OLG Schleswig 8.9 2021 – 2 Wx 49/21, ErbR 2021, 1069). Trotz evidenter Nachteile und Risiken sowie der Belastung des Rechtsfriedens, erfreut sich das eigenhändige Testament wegen seiner leichten Errichtungsform eines hohen Verbreitungsgrades, was die Forderung, es gänzlich abzuschaffen, derzeit erschwert. Erwägenswert wäre, die Errichtung privatschriftlicher Testamente an die vorherige Rechtsberatung eines Fachanwalts für Erbrecht zu binden oder das privatschriftliche Testament zugunsten des notariellen Testaments abzuschaffen und ihm allenfalls die zeitlich beschränkte Wirkung eines Nottestaments beizulegen (als unverhältnismäßigen Eingriff in die Testierfreiheit sieht STAUDINGER/OTTE [2017] Einl 73a zum ErbR die Abschaffung des eigenhändigen Testaments).

3. Die Bedeutung der Formvorschriften*

a) Allgemeines

24 Strenge Formvorschriften sind für letztwillige Verfügungen unverzichtbar. Verfügungen von Todes wegen sind als Rechtsgeschäfte sowohl für den Erblasser, der im Zeitpunkt der Entfaltung ihrer Rechtswirksamkeit keine Auskunft mehr über den gewollten Inhalt geben kann, als auch für alle Nachlassbeteiligten von herausragender Bedeutung und darüber hinaus wegen der zum Schutz Dritter (zB Gläubiger des Erblassers, aber auch Drittbetroffener, wie Besitzer von Nachlassgegenständen [Pächter, Mieter usw] oder Nachlassgrundbesitznachbarn usw) und des Staates (insbesondere des Fiskus bei der steuerlichen Vermögenszuordnung) notwendigen Nachlassregulierung (geordnete Eigentumsverhältnisse) von öffentlichem Interesse. Das Gesetz hat die Wirksamkeit der Verfügungen von Todes wegen deshalb an strenge Formvorschriften gebunden.

b) Formzwecke

25 Die **Zwecke** der Testamentsformen (zu den Formzwecken der eigenhändigen **Unterschrift** vgl § 2247 Rn 103 ff) sind:

– Der Erblasser wird durch jeden gesetzlich vorgeschriebenen Formschutz vor übereilten, leichtfertigen Entschlüssen und Erklärungen bewahrt und damit zur sorgfältigeren Überlegung geführt, als bei einer formlosen Erklärung: **Schutz- und Warnfunktion** (OLG Frankfurt 27. 12. 2018 – 20 W 250/17 – ErbR 2019, 505, 506 m Anm BAUMANN; MünchKomm/STICHERLING Rn 1 § 2247 Rn 1 „Formvorschriften schützen vor Übereilung"; GRÜNEBERG/WEIDLICH Rn 1 „fördern verantwortliches Testieren"; EBENROTH Rn 193; FRANK/HELMS § 5 Rn 3; NIEDER/KÖSSINGER/W KÖSSINGER § 17 Rn 1 „Warnfunktion, Übereilungsschutz"; OLZEN/LOOSCHELDERS Rn 269 „den Erblasser vor übereilten, unüberlegten Anordnungen zu schützen"; ESCH/BAUMANN/SCHULZE ZUR WIESCHE I Rn 282; weitere Nachweise § 2247 Rn 105). Zwar wird der Erblasser von den Rechtsfolgen seiner Erklärung

* **Schrifttum**: BOEHMER, Grundlagen der Bürgerlichen Rechtsordnung (1952) II 2, 73 ff, 79 ff mit Literaturangaben; GRUNDMANN, Zu Formfreiheit und Formzwang bei privatschriftlichen Testamenten, AcP 187 (1987) 429; VHIPPEL, Formalismus und Rechtsdogmatik (2. Aufl 1955); KRAUSE, Kann eine formmangelhafte Verfügung von Todes wegen rechtsgültig sein?, FamRZ 1955, 161; LANGE ZAkDR 1938, 578; ders, Das Recht des Testaments, 1. Denkschr d ErbRA der AkDR (1937) 37 ff; LINNEMANN, Grenzen der Formnichtigkeit (Diss Freiburg 1952); RUMPF, Richterliche Freiheit bei Formnichtigkeit, JW 1938, 2579.

nicht mehr selbst betroffen, gleichwohl hat der letzte Wille für jeden Erblasser eine besondere Bedeutung mit postmortaler Verantwortung für sein Eigentum auch im Hinblick auf dessen – noch postmortal wirkende – Sozialbindung gem Art 14 GG. Deshalb sollte der Erblasser verantwortungsvoll testieren und die Verantwortung für seine Familie (gesetzlich verankert zB in gegenseitiger Unterhaltspflicht) beachten. Vor leichtfertigen Erklärungen mit möglicherweise belastenden Wirkungen gegenüber Dritten („Schutz vor übereilten Entschlüssen": MünchKomm/Sticherling Rn 1) muss der Erblasser auch im Interesse des genannten Personenkreises und wegen der Sozialgebundenheit seines Eigentums im Interesse der Allgemeinheit geschützt werden, indem die Form ihn dazu anhält, seinen Willen sehr deutlich und wohlüberlegt zum Ausdruck zu bringen (BayObLG Rpfleger 2001, 181; Grüneberg/Weidlich Rn 1).

– Die Form soll der Gefahr entgegenwirken, dass der Wille des Erblassers nachträglich verfälscht wird: **Fälschungsschutzfunktion** (BayObLG Rpfleger 2001, 181; Staudinger/Baumann § 2247 Rn 111 ff; MünchKomm/Sticherling § 2247 Rn 1). Hierzu sind sowohl an die Errichtung als auch, insbesondere bei eigenhändigen Testamenten, an die Unterschrift dem Formzweck entsprechende Anforderungen zu stellen.

– Die über den Tod hinaus wirkenden Willenserklärungen sind in für Dritte verständlicher Weise festzulegen und zu sichern: **Kundbarmachungsfunktion, Nachweisfunktion, Beweissicherungsfunktion** (MünchKomm/Sticherling § 2247 Rn 1: „sichern den Beweis und stellen den Inhalt klar"); bei fehlenden oder durch Ausnahmeregelungen durchbrochene Formvorschriften könnte die Rechtsordnung nicht gewährleisten, dass dem wahren Willen des Erblassers nach seinem Tod – ohne die Möglichkeit seiner Mitwirkung – Geltung verschafft wird.

– Der Testierwille des Erblassers *(animus testandi)* wird durch die Form abgegrenzt gegen bloße Wünsche, Mitteilungen, angekündigte Verfügungen (vgl sog Brieftestamente), Vorüberlegungen und Entwürfe: **perfizierende Funktion, Rechtssicherheit** (BayObLG Rpfleger 2001, 181).

– Die Urheberschaft des Erblassers soll nach dem Tode eindeutig feststellbar sein: **Identitätsfunktion** (RG Gruchot 32, 118, 121; RGZ 137, 213; MünchKomm/Sticherling Rn 1; Staudinger/Baumann § 2247 Rn 122 ff).

Nur für das notarielle Testament gilt als erweiterter Funktionszweck: **26**

– Beratungs-, Belehrungs- und Schutzfunktionen zugunsten des Erblassers

Seit Geltung des Grundgesetzes hat im Rahmen der fortschreitenden Rechtsentwicklung eine sozialstaatliche Anreicherung der notariellen Beurkundungsfunktionen durch eine umfassende Verankerung von **Prüfungs-, Beratungs- und Belehrungspflichten des Notars** stattgefunden. Der Notar nimmt als öffentlicher Amtsträger im Rahmen der vorsorgenden Rechtspflege dem Richteramt vergleichbare, auf die Freiwillige Gerichtsbarkeit beschränkte Funktionen wahr (BVerfG DNotZ 2009, 702, 709; 2012, 945 Rn 40, 44). Damit soll die notarielle Beurkundungsform bei der Testamentserrichtung neben der Erfüllung der allgemein geltenden Formzwecke (vgl Rn 25) zusätzlich eine den Erblasserwünschen angemessene durch das Beurkundungsgesetz verfahrensrechtlich abgesicherte rechtliche Beratung über die Gestaltungsmöglichkeiten gewährleisten *(Prüfungs-, Beratungs-, Belehrungs-* und *Schutzfunktion).* Die europäischen Rechtsordnungen haben den Notar in allen Ländern mit kontinental-europäischen Rechtssystemen, also römisch-rechtlicher Rechtstradition (civil-law notaries), im Unterschied zum Common-Law-System zum staatlichen Verbraucherschutzorgan entwickelt; in den ihm aufgrund materiell-rechtlicher Formvorschriften zugewiesenen Bereichen muss der civil-law notary durch die Dienstaufsicht der Justizverwaltung überwachte Rechtsberatungs- und -betreuungsleistungen mit gesetzlicher Justizgewährleistungspflicht erbringen (Nieder/Kössinger/W Kössinger § 7 Rn 37 ff). Die notarielle Beurkundung ist deshalb keine graduell zum notariellen Beglaubigungsverfahren höhergestufte Form. Die **notarielle Beurkundung** ist ein **Verfahren** gebunden an Verfahrensvorschriften, die den rechtsuchenden Bürger prozedural in einem Vorverfahren (Besprechung mit Beratung), Hauptverfahren (Beurkundung mit juristischer Erläuterung) und Nachverfahren (Abwicklung mit Siegelung, Verschließung und Hinterlegung des Testaments beim Amtsgericht) umfassend schützen sollen (die Beurkundungsvorschriften waren wegen ihres früher vorherrschenden materiellen Verständnisses im BGB angesiedelt und sind seit dem 1. 1. 1970 im Beurkundungsgesetz als den Recht suchenden Verbraucher schützendem Gesetz geregelt, welches abgestufte **Verfahren**, zB auch zum Schutz körperlich und geistig Behinderter gewährleistet). Der Wandel unserer Rechtsordnung zum stärkeren sozialen Schutz wird deutlich, indem die ursprünglich als materiell-rechtliche Formvorschrift konzipierten Regelungen für die Errichtung öffentlicher Testamente in das Beurkundungsgesetz eingegliedert worden. Das Beurkundungsgesetz schreibt für alle öffentlichen Urkunden die Einhaltung prozedual festgelegter Verfahren vor, die der Sicherung öffentlicher Beweiswirkungen dieser und weitergehend soziale Schutzfunktionen erfüllen (Baumann MittRhNotK = RNotZ 1996, 1).

c) Zwingende Testamentsformen

27 Die geltenden, gemilderten Formvorschriften gehen inhaltlich auf die durch das TestG eingeführten Änderungen zurück. Auslöser für die Gesetzesreform war die kontrovers geführte Diskussion über die Bedeutung der Formvorschriften. Diese Diskussion kulminierte nach der Kammergerichtsentscheidung (KG [3. 2. 1938] DJ 1938, 428), die ein eigenhändiges Testament als nichtig ansah, weil der Erblasser zur Ortsbezeichnung iS des § 2231 Ziff 2 aF einen auf einem Briefbogen befindlichen Ortsvordruck verwendet hatte. Der Gesetzgeber versuchte durch die Neuordnung des Testamentsrechts die sich aus der Formenstrenge des BGB in seiner Urfassung (vgl dazu § 2247 Rn 1 ff) ergebenden Härten zu mildern (vgl Vorspruch zum TestG in Vorbem 21 zu §§ 2229–2264; Horn MatK-ErbR § 2247 BGB Rn 9–12). Mit Rücksicht auf die einschneidende Bedeutung, die das Testament für die Rechtsbeziehungen aller Beteiligten hat (BGHZ 2, 174), wurde aber die Einhaltung des beibehaltenen Mindestmaßes an Formen weiterhin für nötig erachtet. Mit Einführung des BeurkG wurde die verfahrensrechtliche Bedeutung der notariellen Beurkundung auch bei Testamenten unterstrichen.

28 Die gesetzlichen Formvorschriften der Testamentserrichtung sind zwingendes Recht. Die Verletzung einer Formvorschrift führt zur **Nichtigkeit** der letztwilligen Verfügung, § 125 BGB (zu den Sonderregelungen bei Nottestamenten vgl § 2249 Rn 36 ff u § 2250 Rn 29 ff). Die Rechtsfolge der Nichtigkeit stellt **keine auf Formalismus beruhende Härte** dar, weil sie bei Testamenten entweder zur gesetzlichen Erbfolge oder zu der Erbfolge

führt, die sich aus ordnungsgemäß errichteten Testamenten ergibt. Jede **Aufweichung der Formvorschriften führt** deshalb **zur rechtlichen und wirtschaftlichen Benachteiligung gesetzlicher Erben** oder eindeutig **formwirksam eingesetzter Erben** oder **Vermächtnisnehmer**.

Die nachträgliche Anerkennung eines unwirksamen Testamentes durch die Nachlassbeteiligten lässt die letztwillige Verfügung nicht wirksam werden, sondern begründet lediglich schuldrechtliche Verpflichtungen zwischen den Vertragsparteien, nicht gegenüber anderen Nachlassbeteiligten (RGZ 72, 209; BGH [22. 9. 1976] bei Johannsen WM 1977, 270; BayObLGZ 29, 208, 296; 1951, 392; 1954, 27; jurisPK-BGB/Bauermeister [2017] Rn 6; vgl auch § 2247 Rn 155). Eine außerhalb unserer Rechtsordnung, insbesondere außerhalb der Typenbindung des Sachen- und Erbrechts anzuerkennende materiellrechtliche Feststellungswirkung gibt es nicht (Baumann, in: FS RhNot 59). Die Nichtigkeit eines Testaments kann nur vom Erblasser selbst durch Neuerrichtung behoben werden. Auch die Bestätigung des Testaments nach § 141 BGB kann nur entweder durch Neuerrichtung erfolgen, schon weil § 141 BGB die Neuvornahme des Rechtsgeschäfts verlangt, aber auch weil die Normzwecke der Testamentsformen (vgl Rn 24 ff) erfordern, dass ein gültiges Testament wirksam errichtet worden ist oder dadurch, dass der Erblasser das formunwirksame, nichtige Testament als offene oder verschlossene Schrift nach § 2232 BGB übergibt und damit ein wirksames Testament neu errichtet; gleiches gilt für nach § 2256 BGB durch Rücknahme aus der Verwahrung widerrufene Testamente. 29

Bei Testamentserrichtungen kann der gesetzgeberische Zweck der Formvorschriften nicht anderweitig erfüllt werden (RGZ 86, 386; KG JFG 14, 280; Boehmer, Grundlagen II 2, 76, 78, 80 ff), so dass ein gegen Formvorschriften verstoßendes Testament auch dann nichtig bleibt, wenn der letzte Wille des Erblassers durch (der Testamentsform nicht entsprechende) anderweitige Beweismittel zuverlässig nachgewiesen werden kann und zur Gewissheit des Gerichts feststeht, dass der Inhalt der formnichtigen Erklärung dem letzten Willen des Erblassers entspricht (Kipp/Coing § 19 IV). Eine Rechtsprechung, die in dem Bemühen um Einzelfallgerechtigkeit die seit Inkrafttreten des TestG milden Formvorschriften der Testamentserrichtung noch weiter aufweicht, kollidiert mit dem im Erbrecht herausragenden Interesse aller Betroffenen, insbesondere der gesetzlichen Erben, der formgerecht Bedachten, aber auch Drittbeteiligter, an Rechtssicherheit (KG OLGE 12, 375 f: „Läßt man an zwingenden Formvorschriften auch nur das geringste nach, so ist überhaupt eines Haltens nicht mehr. Man muß alsdann entweder alle Essentialien preisgeben und gelangt schließlich dahin, den geschriebenen nicht wahren Willen des Erblassers durch den nachweislich wahren, aber nicht geschriebenen Willen zu ersetzen, oder man überläßt richterlicher Willkür, zu bestimmen, die Verletzung welcher Essentialen das Testament nichtig macht, welcher nicht. Die Grundsätze der Auslegung finden nur auf den Willensinhalt, nicht auf die Beobachtung der Formalien Anwendung“). 30

4. Persönliche Errichtung

Jede Art von Testament muss gem § 2064 BGB vom Erblasser **persönlich**, gem § 2229 BGB im Zustand der **Testierfähigkeit**, errichtet werden. 31

IV. Eigenhändiges Testament

32 Die Form des privatschriftlichen Testaments steht nicht jeder Person zur Verfügung (§ 2247 Abs 4 BGB: „wer minderjährig ist oder Geschriebenes nicht zu lesen vermag").

V. Öffentliches Testament

33 Seit dem 1. 1. 1970 (Inkrafttreten der durch § 57 Abs 3 Nr 5 BeurkG geänderten heutigen Fassung der Nr 1) sind nur noch Notare (und nicht mehr auch Richter) für die Beurkundung eines ordentlichen öffentlichen Testaments zuständig. Das notarielle **Beurkundungsverfahren** ist ein **Prozess**, der sich auch bei einer Testamentsbeurkundung grds dreistufig in **Vorverfahren** (Beratung, Entwurfserstellung), **Hauptverfahren** (Beurkundung mit Verlesung, Abänderung, Belehrung) und **Nachverfahren** (Abwicklung, Verschließung, In-Verwahrung-Geben, Benachrichtigung an Zentrales Testamentsregister) aufteilt. Diese Verfahrensschritte sind im Beurkundungsgesetz prozedural geregelt und werden von der Dienstaufsicht der Justizverwaltung überwacht (zu den spezifischen Verfahrensregeln der Errichtung letztwilliger Verfügungen Frenz/Miermeister/Baumann §§ 27 ff. Daneben gelten die allgemeinen auf alle Beurkundungsverfahren anwendbaren Vorschriften).

34 Die örtliche Zuständigkeit des Notars richtet sich nach § 11 BNotO, § 2 BeurkG. Beurkundungen eines deutschen Notars im Hoheitsbereich der Bundesrepublik Deutschland sind wirksam, auch wenn der Amtsbereich überschritten ist, hingegen außerhalb des Hoheitsbereichs der Bundesrepublik Deutschland unwirksam. Die Wahl des Notars steht jedem Erblasser ohne Einschränkungen frei.

35 Als staatlicher Hoheitsträger kann der deutsche Notar nur auf deutschem Hoheitsgebiet öffentliche Urkunden wirksam errichten, da er nicht in die Souveränität anderer Staaten eingreifen darf (dazu auch Frenz/Miermeister/Baumann § 5 BNotO Rn 1 ff). Daher sind **Beurkundungen eines deutschen Notars außerhalb der Bundesrepublik Deutschland nichtig** (Schoetensack DNotZ 1952, 270; Blumenwitz DNotZ 1968, 716; Winkler DNotZ 1971, 146; zur Zuständigkeit des deutschen Konsuls im Ausland Einl 49 ff zu §§ 2229–2302).

VI. Konversion

36 Übergibt der Erblasser gem § 2232 BGB einem Notar ein nach § 2231 Nr 2 BGB errichtetes Testament und ist die Testamentserrichtung nach § 2232 BGB aus formellen Gründen ungültig, so wird das formgültige Privattestament idR nur dann unwirksam, wenn nach den Umständen des Falles anzunehmen ist, dass die Übergabe nach § 2232 BGB nicht nur zur Sicherstellung der Gültigkeit und Unanfechtbarkeit der letztwilligen Verfügung erfolgte, sondern der Erblasser erst mit der Übergabe endgültig testieren wollte (KGJ 50 A 81; RG WarnR 1931 Nr 50). Bei einer verschlossenen Schrift dient die Übergabe des eigenhändigen Testaments an den Notar grds nur der Sicherstellung; Formfehler bei der Beurkundung lassen daher die Wirksamkeit nach § 2247 BGB unberührt. Wird die Schrift offen übergeben, so hat der Notar eine inhaltliche Beratungs- und Belehrungspflicht. Grds ist davon auszugehen, dass der Erblasser diese Belehrung wollte und daher trotz äußerer Fertigstellung eines eigenhändigen Testaments erst mit der Errichtung der notariellen Niederschrift endgültig testieren

wollte. Ein bereits vor der Beurkundung vorhandener Testierwille muss ausdrücklich festgestellt werden.

VII. Prozessvergleich

Seit dem 1. 1. 1970 sind die Zuständigkeiten für die Beurkundung von Testamenten ausschließlich auf Notare übertragen worden (bis 31. 12. 1969 konnten Testamente auch von Richtern beurkundet werden). Ein Prozessvergleich ersetzt nach § 127a BGB grds jede für das Rechtsgeschäft vorgeschriebene Beurkundungsform. Die Form des § 127a würde daher auch für Testamente ausreichen (insofern zutreffend MünchKomm/Sticherling Rn 15) und könnte beim gemeinschaftlichen Ehegattentestament oder Erbvertrag für gegenseitige, wechselbezügliche Verfügungen ausreichen. Einseitige Verfügungen in einem **Testament** oder auch einem Erbvertrag können jedoch **nicht Gegenstand eines Vergleichs** sein (RGZ 48, 182, 187; BGH FamRZ 1960, 28, 30; **aA** Rötelmann Rpfleger 1954, 248), auch nicht eines Prozessvergleiches, nicht etwa aus verfahrensrechtlichen Formgründen, sondern weil der **Vergleich** – auch der Prozessvergleich – immer **alle Vertragspartner** an das im *caput controversum* des Vergleichs Festgelegte **bindet** (Baumann, Das Schuldanerkenntnis 177 f; Bork, Der Vergleich, passim), das Testament hingegen eine nicht vertragliche, einseitige, jederzeit frei widerrufbare Willenserklärung des Erblassers ist. 37

Auch ein Testamentswiderruf kann deshalb – soweit es sich inhaltlich um ein Testament handelt – nicht in einem Prozessvergleich vereinbart (ebenso MünchKomm/Hagena[7] § 2254 Rn 3; MünchKomm/Sticherling § 2254 Rn 2; **aA** MünchKomm/Sticherling Rn 16; MünchKomm/Hagena[7] Rn 14 mwNw), sondern allenfalls kann im Prozessvergleich seine Gültigkeit festgestellt werden. Ein materiell-rechtlich als einseitige Willenserklärung jederzeit widerrufbares Testament kann deshalb nicht Gegenstand eines die Parteien bindenden gerichtlichen Vergleiches sein. 38

Zusätzliche Bedenken gegen die Beurkundungen von Verfügungen von Todes wegen durch die Gerichte bestehen aus verfahrensrechtlichen Gründen. Da der Gesetzgeber die Verfahrenszuständigkeit der Errichtung letztwilliger Verfügungen von Todes wegen dem Richter ausdrücklich entzogen und auf – den für seinen Aufgabenbereich in der Vorsorgenden Rechtspflege mit richterähnlichen, hoheitlichen Funktionen (BVerfG DNotZ 2009, 702, 707; 2012, 945 Rn 44, 40) ausgestatteten Notar übertragen hat und im Beurkundungsgesetz diese öffentlichen und sozialen Funktionen erweitert hat (Baumann MittRhNotK = RNotZ 1996,1), sollten die gesetzlichen Funktionszuweisungen nicht umgangen werden (BGH FamRZ 1960, 30). Außerdem spricht die Testierfreiheit (§ 2302 BGB) dagegen, dass ein Erblasser sich in einem Prozessvergleich bindet, in bestimmter Weise zu testieren. 39

VIII. Recht der DDR

Die Testamentsformen waren in § 383 ZGB geregelt (zur teilweisen Fortgeltung des ZGB Einl 61 ff zu §§ 2229–2302; zu § 383 ZGB Einl 89 ff zu §§ 2229–2302). Formwidrig errichtete Testamente sind nach § 373 Abs 2 ZGB nichtig (Einl 78 f zu §§ 2229–2302). 40

IX. Kollisionsrecht (IPR)

41 Das Formstatut richtet sich für Erbfälle seit dem 17. 8 2015 nach dem neu gefassten Art 25 EGBGB iVm Art 27 EuErbVO (dazu GRÜNEBERG/THORN Art 25 EGBGB m Anhang EuErbVO).

42 Für Erbfälle bis zum 16. 8 2015 vgl STAUDINGER/BAUMANN (2012) § 2231 Rn 33.

§ 2232
Öffentliches Testament

Zur Niederschrift eines Notars wird ein Testament errichtet, indem der Erblasser dem Notar seinen letzten Willen erklärt oder ihm eine Schrift mit der Erklärung übergibt, dass die Schrift seinen letzten Willen enthalte. Der Erblasser kann die Schrift offen oder verschlossen übergeben; sie braucht nicht von ihm geschrieben zu sein.

Materialien: s Rn 1 u 6; HORN MatK-ErbR 952–954.

Schrifttum

APPELL, Auswirkungen des Beurkundungsgesetzes auf das Familien- und Erbrecht, FamRZ 1970, 520
ARMBRÜSTER/PREUSS/RENNER, Beurkundungsgesetz und Dienstordnung für Notarinnen und Notare (8. Aufl 2019)
BAUMANN, Das Amt des Notars – Seine öffentlichen und sozialen Funktionen, MittRhNotK = RNotZ 1996, 1
ders, Anforderungen an Namensunterschriften unter beurkundeten Verfügungen von Todes wegen, RNotZ 2010, 310
Beck'sches Notarhandbuch, (7. Aufl 2019)
BOECKLER, Das notarielle Testament (1972)
BORMANN, Das Zentrale Testamentsregister in der notariellen Praxis, ZEV 2011, 628
vDICKHUTH-HARRACH, Testament durch Wimpernschlag – Zum Wegfall des Mündlichkeitserfordernisses bei der Beurkundung von Testamenten und Erbverträgen, FamRZ 2003, 493
ders, Handbuch Erbfolge-Gestaltung (2010)
DIEHN, Das Zentrale Testamentsregister in der notariellen Praxis, DNotZ 2011, 676
ders, Testamentsverzeichnisüberführung und Benachrichtigungswesen in Nachlasssachen mit dem Zentralen Testamentsregister der Bundesnotarkammer, StAZ 2011, 70
ders, Das Zentrale Testamentsregister, NJW 2011, 481
DORSEL (Hrsg), Kölner Formularhandbuch Erbrecht (3. Aufl 2020)
EDENFELD, Die anwaltliche und notarielle Schweigepflicht nach dem Tod des Erblassers, ZEV 1997, 391
ERTL, Gestaltung von Testamenten und anderen Rechtsgeschäften für den Todesfall von sprech- und schreibbehinderten Personen, MittBayNot 1991, 196
EYLMANN/VAASEN, Bundesnotarordnung – Beurkundungsgesetz (3. Aufl 2011)
FASSBENDER/GRAUEL/KEMP/OHMEN/PETER, Notariatskunde (20. Aufl 2021)
FRANK, Erbrechtliche Regelungen des OLGVertrÄndG, NotBZ 2003, 8
FRENZ, Verfahrensrechtliche Besonderheiten bei der Beurkundung von Testamenten mit behinderten Personen, ZNotP 1998, 373
FRENZ/MIERMEISTER, Bundesnotarordnung – Beurkundungsgesetz (5. Aufl 2020), bis zur 4. Aufl EYLMANN/VAASEN

Grziwotz/Heinemann, Beurkundungsgesetz (4. Aufl 2022)
Heckschen/Herrler/Münch, C. Erbrecht, bearb v Bengel/Dietz
Haug/Zimmermann, Die Amtshaftung des Notars (4. Aufl 2018)
Jung/Szalai, Errichtung öffentlicher Testamente durch Übergabe einer Schrift nach § 2232 BGB, NotBZ 2020, 208
Keim, Testamente und Erbverträge (1985)
ders, Das notarielle Beurkundungsverfahren (1990)
ders, Die Beurkundung bei nicht mehr sprach- und schreibfähigen Erblassern, notar 2020, 295
Kersten/Bühling, Formularbuch und Praxis der Freiwilligen Gerichtsbarkeit (26. Aufl 2019), Erbrecht, §§ 98 ff, bearb v Wegmann
Krätzschel, Die Errichtung letztwilliger Verfügungen in Corona-Zeiten, ZEV 2020, 268
Krug, Notarielle Urkunden als Ersatz für einen Erbschein, in: FS Spiegelberger (2009) 1025
Lösler, Zur Testiermöglichkeit schreib- und sprachunfähiger Stummer, NotBZ 1999, 185
Münchener Vertragshandbuch (8. Aufl 2020), Bd 6: Erbrecht, bearb v Otto
Nieder, Testamentserrichtung äußerungsbehinderter Erblasser, ZNotP 2001, 335
ders, Errichtung von Testamenten erklärungsbehinderter Erblasser, ZNotP 2003, 202
Nieder/Kössinger, Handbuch der Testamentsgestaltung (6. Aufl 2020)
Panz, Die Auswirkungen von SARS-CoV-2 auf die notarielle Tätigkeit, BWNotZ 2020, 2
Reimann, Die Änderungen des Erbrechts durch das OLG-Vertretungsänderungsgesetz, FamRZ 2002, 1383
Reithmann, Die Formulierung der notariellen Urkunde, DNotZ 1973, 152
Reithmann/Albrecht, Handbuch der notariellen Vertragsgestaltung (8. Aufl 2001), N. Testament und Erbvertrag, bearb von Riegel
Röthel, Testamentsformen, Jura 2014, 475
Rohlfing/Mittenzwei, Die verfassungsrechtliche Beurteilung des Ausschlusses von Mehrfachbehinderten von der Testierfähigkeit, FamRZ 2000, 240
Rossak, Kann ein schreibunfähiger Stummer ein Testament errichten?, MittBayNot 1991, 193
ders, Die Testierfähigkeit bzw Testiermöglichkeit Mehrfachbehinderter, ZEV 1995, 236
ders, Folgen des verfassungswidrigen Ausschlusses Mehrfachbehinderter von jeglicher Testiermöglichkeit für die notarielle Praxis, ZEV 1999, 254
Weirich, Erben und Vererben (6. Aufl 2010)
Winkler, Beurkundungsgesetz (20. Aufl 2022)
Würzburger Notarhandbuch (6. Aufl 2021), Erbrecht, bearb v G Müller, Keim, Limmer und Baumann.

Systematische Übersicht

I. Textgeschichte

1. Textgeschichte der Ursprungsfassung des § 2232

1 Die Ursprungsfassung des § 2232 BGB hatte folgenden Wortlaut:

Für die Errichtung eines Testaments vor einem Richter oder vor einem Notar gelten die Vorschriften der §§ 2233 bis 2246.

Materialien: KommBer 177; Jakobs/Schubert, ER II 1551 f; 1. Denkschr d ErbrA (1937) 61 f; Amtl Begr z TestG DJ 1938, 1255; Horn MatK-ErbR 953.

2 Die Einfügung dieser Regelung wurde durch die Einführung des eigenhändigen Privattestaments veranlasst. Die Vorschrift ergänzte § 2231 Nr 1 BGB und leitete zugleich die §§ 2233–2246 BGB aF ein (zu den ergänzenden Bestimmungen zum alten Recht vgl Staudinger/Firsching[12] Rn 2 ff). In Verbindung mit der Ursprungsfassung des § 2233 BGB (vgl § 2233 Rn 1) bestand bis zum Inkrafttreten des TestG ein Zeugenzwang beim öffentlichen Testament.

3 Die Vorschrift wurde wörtlich in **§ 5 TestG** übernommen mit Verweis auf §§ 6–20 TestG (Horn MatK-ErbR § 2232 BGB Rn 3–4). Das **GesEinhG** v 5. 3. 1953 fügte denselben Wortlaut an alter Stelle wieder in das BGB ein (Horn MatK-ErbR § 2232 BGB Rn 5–6), insofern modifiziert, als die §§ 2233–2246 BGB abgesehen von inhaltlichen Veränderungen durch Einschiebung der §§ 2241a und b BGB eine Erweiterung erfuhren.

4 Die durch **§ 57 Abs 3 Nr 6 BeurkG** mit Wirkung ab 1. 1. 1970 eingefügte Neufassung ersetzte § 2232.

2. Textgeschichte der heutigen Fassung des § 2232

a) Ursprüngliche Regelung

5 Die heutige seit 1. 1. 1970 geltende Fassung des § 2232 BGB wurde aus dem **ursprünglichen § 2238 BGB** entwickelt.

Die ursprüngliche Fassung des § 2238 BGB lautete: 6

(1) Die Errichtung des Testaments erfolgt in der Weise, daß der Erblasser dem Richter oder dem Notar seinen letzten Willen mündlich erklärt oder eine Schrift mit der mündlichen Erklärung übergibt, daß die Schrift seinen letzten Willen enthalte. Die Schrift kann offen oder verschlossen übergeben werden. Sie kann von dem Erblasser oder von einer anderen Person geschrieben sein.

(2) Wer minderjährig ist oder Geschriebenes nicht zu lesen vermag, kann das Testament nur durch mündliche Erklärung errichten.

Materialien: E I §§ 1918, 1922; II § 2104; III § 2210; Jakobs/Schubert, ER II 1570–1588; 1. Denkschr d ErbrA (1937) 68; Amtl Begr z TestG DJ 1938, 1256; Horn MatK-ErbR 953–954, 970–976.

Abs 1 erschöpfte den Vorgang der Testamentserrichtung nicht (wegen der weiteren 7
Erfordernisse, insbes der Errichtung eines Protokolls, dessen Vorlesung und Unterschrift s §§ 2240 BGB aF ff, der etwa notwendig werdenden Zuziehung von Zeugen oder an deren Stelle tretenden Personen s § 2233 BGB aF, der Anwesenheit der mitwirkenden Personen bei der Verhandlung s § 2239 BGB aF).

b) Testamentsgesetz

Die Vorschrift wurde inhaltlich geändert durch das **TestG**. 8

§ 11 TestG lautete:

(1) Das Testament wird in der Weise errichtet, daß der Erblasser dem Richter oder dem Notar seinen letzten Willen mündlich erklärt oder eine Schrift mit der mündlichen Erklärung übergibt, daß die Schrift seinen letzten Willen enthalte.

(2) Der Erblasser kann die Schrift offen oder verschlossen übergeben. Die Schrift kann von dem Erblasser oder von einer anderen Person geschrieben sein. Der Richter oder der Notar soll von dem Inhalt der offen übergebenen Schrift Kenntnis nehmen.

(3) Wer minderjährig ist, kann das Testament nur durch mündliche Erklärung oder durch Übergabe einer offenen Schrift errichten.

(4) Ist der Erblasser nach der Überzeugung des Richters oder des Notars nicht imstande, Geschriebenes zu lesen, so kann er das Testament nur durch mündliche Erklärung errichten.

Sachlich bestand die Änderung durch das TestG darin, dass hiernach ein Minderjäh- 9
riger das Testament auch durch Übergabe einer offenen Schrift errichten konnte. Im Übrigen wurde in Abs 2 im Hinblick auf den früheren § 2241b BGB klargestellt, dass die Urkundsperson von dem Inhalt der offen übergebenen Schrift Kenntnis nehmen sollte. Die Bestimmung des Abs 4 entsprach inhaltlich dem früheren Abs 2 des § 2238 BGB, jedoch war nunmehr die Überzeugung der Urkundsperson von dem Lesevermögen maßgeblich. Weitergehende Änderungen hielt auch der Erbrechtsausschuss nicht für erforderlich (1. Denkschr 68 f; Horn MatK-ErbR 975–976).

c) GesEinhG

10 Das **GesEinhG** v 5. 3. 1953 fügte § 11 TestG als § 2238 BGB mit demselben Wortlaut wieder in das BGB ein (Horn MatK-ErbR § 2238 Rn 38–39).

d) Beurkundungsgesetz

11 § 2238 Abs 2 S 3 BGB wurde in § 30 S 4 **BeurkG** übernommen.

e) Entscheidung des Bundesverfassungsgerichts

12 Durch die Entscheidung des Bundesverfassungsgerichts vom 19. 1. 1999 (BVerfG 19. 1. 1999 – 1 BvR 2161/94, BGBl I 699 = ZEV 1999, 147 m Anm Vollkommer ZEV 1999, 268 = DNotZ 1999, 409 m Anm Rossak = MittBayNot 1999, 185 m Anm Rossak) wurden die **§§ 2232, 2233 BGB aF** wegen Verstoßes gegen Art 3 Abs 1 und Abs 3 S 2 sowie Art 14 Abs 1 GG für **verfassungswidrig** erklärt, soweit sie *testierfähigen Personen, die weder schreiben noch sprechen konnten,* die Möglichkeit der *Testamentserrichtung verwehrten* (dazu bereits Staudinger/Baumann [1996] § 2233 Rn 20; grundlegend Rossak MittBayNot 1991, 193; Ertl MittBayNot 1991, 196; vgl zum Übergangsrecht bis zur Gesetzesnovellierung Rn 15 f u § 2233 Rn 28 ff).

f) Neufassung des BGB

13 Die Neufassung des BGB (Bekanntmachung v 2. 1. 2002 [BGBl I 42]) hat die amtliche Überschrift eingeführt sowie die Orthographie (Ersetzung des „ß" nach kurzem Vokal durch „ss") der Rechtschreibreform angepasst, den Gesetzeswortlaut aber unverändert belassen.

g) OLGVertrÄndG

14 Durch Art 25 Abs 1 Nr 23; 34 S 1 OLGVertrÄndG v 23. 7. 2002 (BGBl I 2850, 2858) wurde das **Mündlichkeitserfordernis** für die Erklärung des Erblassers mit Wirkung ab 1. 8. 2002 (auch für Sprachfähige) **beseitigt** (Reimann FamRZ 2002, 1383; vDickhuth-Harrach FamRZ 2003, 493).

II. Übergangsrecht

15 In der Zeit vom 19. 1. 1999 (vgl Rn 12) bis zum 31. 7. 2002 (vgl Rn 14) konnten öffentliche Testamente nach folgendem Verfahren errichtet werden (Rossak ZEV 1999, 254; Eylmann/Vaasen/Baumann[3] § 31 BeurkG Rn 7): War eine Verständigung mit dem Erblasser ohne Sprache – zB durch Gebärden – möglich, konnte die Beurkundung nach § 24 BeurkG aF wirksam vorgenommen werden.

16 Bei Sprachfähigen, die ihr Testament bis zum 31. 7. 2002 errichtet haben, ist unverändert an dem Mündlichkeitserfordernis festzuhalten (vgl dazu Rn 21; MünchKomm/Sticherling Rn 13 f; vgl zum weiteren Übergangsrecht bei sog faktisch Testierunfähigen § 2233 Rn 28 ff; Winkler Vorbem § 31 BeurkG; Reimann FamRZ 2002, 1383; Nieder ZNotP 2001, 335; ders ZNotP 2003, 202; vDickhuth-Harrach FamRZ 2003, 493; Reimann/Bengel/Dietz/Voit Rn 7 f; Soergel/Mayer[13] Rn 9, 13; MünchKomm/Sticherling Rn 11 ff; Eylmann/Vaasen/Baumann[3] § 31 BeurkG Rn 1 ff).

III. Normzweck

17 Die Vorschrift beschreibt die Errichtungsformen ordentlicher öffentlicher Testamente. Als materielle Formvorschrift ist sie in Verbindung mit den Verfahrensformvor-

schriften des Beurkundungsgesetzes zu lesen. Aus Gründen des Übereilungs- und Fälschungsschutzes, der Identitätsfeststellung, der Beweiskraft, der Beweissicherung und der Rechtssicherheit müssen öffentliche Testamente an strenge Form- bzw Verfahrensvorschriften gebunden sein (zu den Formzwecken § 2231 Rn 25 ff). Außerdem soll durch die Bindung an das notarielle Beurkundungsverfahren die Beratung und Belehrung des Erblassers gesichert werden (dazu auch MünchKomm/Sticherling Rn 1).

IV. Regelungsinhalt

Die Vorschrift regelt nur materiell-rechtlich die Errichtung öffentlicher Testamente. 18
Die öffentlich-rechtlichen Verfahrensvorschriften des notariellen Beurkundungsverfahrens sind im Beurkundungsgesetz mit Spezialregelungen für Verfügungen von Todes wegen in §§ 27–35 BeurkG geregelt (dazu Frenz/Miermeister/Baumann §§ 27 ff; Winkler §§ 27 ff; Armbrüster/Preuss/Renner/Seger §§ 27 ff; Grziwotz/Heinemann §§ 27 ff, MünchKomm/Sticherling §§ 27 ff; MünchKommBGB/Sticherling Rn 37 ff). Da der deutsche Notar ihm übertragene staatliche Funktionen der Freiwilligen Gerichtsbarkeit wahrnimmt und damit im Beurkundungsverfahren hoheitlich handelt, sind alle Beurkundungen eines deutschen Notars im Ausland nichtig (BGHZ 138, 359).

V. Formen der Errichtung

1. Grundsätzliches

§ 2232 BGB regelt materiellrechtlich die Errichtung ordentlicher öffentlicher Testamente. 19
Die notarielle **Beurkundungsform** ist ein rechtlich streng gebundenes **Verfahren**. Die *verfahrensrechtlichen Bestimmungen finden sich nicht im BGB, sondern im BeurkG* (§§ 1–11, 13, 16, 17–19, 22–26, 27–35 BeurkG) (ausführlich zum Beurkundungsverfahren MünchKomm/Sticherling Rn 37 ff; Nieder/Kössinger/W Kössinger § 17 Rn 4 ff; vDickhuth-Harrach §§ 14, 15; sowie die einschlägigen Kommentierungen zu den diesbezüglichen Vorschriften des Beurkundungsgesetzes). Seit Einführung des BeurkG (1. 1. 1970) ist die Errichtung eines öffentlichen Testaments nur vor einem **Notar** möglich (Einzelheiten bei Nieder/Kössinger/W Kössinger § 17 Rn 4 ff; vDickhuth-Harrach §§ 14, 15). Der deutsche Notar ist an die im BGB (§§ 2231 ff BGB) abschließend beschriebenen und zugelassenen Errichtungsformen gebunden und kann ein Testament nicht in anderen Formen, zB nicht als notariell beglaubigtes holographisches Testament oder nach den gesetzlichen Verfahrensbestimmungen ausländischer Rechtsordnungen errichten (dazu Baumann RNotZ 2010, 310, 315). Auch bei einem schreibunfähigen Erblasser kann die Testamentserrichtung und Unterschriftsleistung nicht durch notarielle Beglaubigungen von Handzeichen ersetzt werden (RGZ 110, 168; 134, 310), vielmehr ist § 25 BeurkG zu beachten. Ein außerhalb der gesetzlichen Form- und Verfahrensvorschriften errichtetes notarielles Testament ist zwingend unwirksam und führt wegen Verstoßes gegen materiell- und beurkundungsrechtliche Vorschriften zu Haftungs- und Schadensersatzansprüchen gegen den Notar. Anspruchsberechtigt sind neben dem Erblasser auch die formunwirksam eingesetzten Bedachten.

Da der Notar sein *öffentliches Amt aus staatlicher Hoheitsgewalt ableitet* (BVerfG 20
DNotZ 2009, 702; 2012, 945; Frenz/Miermeister/Baumann § 5 BNotO Rn 1 ff mwNw) und diese an den Grenzen der Bundesrepublik Deutschland endet, ist jede Beurkundung eines deutschen Notars außerhalb des deutschen Hoheitsgebiets nichtig; alle öffentlichen

Beurkundungen als Hoheitsakte im Ausland können unter deutscher Hoheitsgewalt nur von deutschen **Konsuln** rechtswirksam vorgenommen werden (dazu §§ 10, 11 KonsularG; vgl Einl 49 ff zu §§ 2229–2302).

21 Seit Inkrafttreten des OLGVertrÄndG am 1. 8. 2002 ist das **Mündlichkeitserfordernis zur Errichtung öffentlicher Testamente weggefallen** (Reimann FamRZ 2002, 1383; Frank NotBZ 2003, 8; vDickhuth-Harrach FamRZ 2003, 493). Daraus folgt zunächst, dass für alle bis zum 31. 7. 2002 errichteten Testamente am Mündlichkeitserfordernis festzuhalten ist, *soweit es sich um* **sprachfähige** *Erblasser handelt.* Die Neuregelung des § 2232 BGB war notwendig, weil nach alter Rechtslage ein kleiner Kreis von Mehrfachbehinderten „faktisch testierunfähig" war (vgl dazu Rn 12 und ausführlich § 2233 Rn 28 ff). Dieser Personenkreis kann nunmehr wirksam testieren, wenn eine Verständigungsperson zum Beurkundungsverfahren hinzugezogen wird (OLG Karlsruhe ZErb 2020, 92 m Anm Kuhn; MünchKomm/Sticherling Rn 12; Soergel/Klingseis Rn 14; Frenz/Miermeister/Baumann § 24 BeurkG Rn 1 ff). Die mündliche Erklärung wird durch Gebärden, zB Kopfnicken (OLG Schleswig ZErb 2013, 71, 73), Gesten und nonverbale Zeichen ersetzt (vDickhuth-Harrach FamRZ 2003, 493), wozu jetzt auch das Unterschreiben des Testaments genügen muss (ebenso MünchKomm/Sticherling Rn 106), sofern der Erblasser lesefähig ist.

22 Um den die Sprechunfähigen diskriminierenden, verfassungswidrigen Zustand zu beseitigen, hätte eine Gesetzesänderung ausgereicht, die nur dem betroffenen Personenkreis unter Hinzuziehung von Verständigungspersonen das nonverbale Testieren ermöglicht. Stattdessen hat der Gesetzgeber über das notwendige Regelungsziel hinaus das Mündlichkeitserfordernis insgesamt beseitigt, so dass nunmehr nach dem Gesetzeswortlaut jeder, der sprechen kann, sein Testament auch durch bloße Gebärden, Gesten oder in sonstiger Weise nonverbal errichten kann (zu Recht kritisch hierzu Reimann FamRZ 2002, 1383, 1384; vDickhuth-Harrach FamRZ 2003, 493, 497; Winkler Vorbem § 31 BeurkG). Das Gesetz sollte *Sprechfähigen* nicht die Möglichkeit anbieten, durch Gebärden oder Zeichen öffentliche Testamente zu errichten. Notare sollten die Beurkundung in solchen Fällen ablehnen, weil Zweifel am ernsthaften Testierwillen eines – dem Notar bekannt – Sprechfähigen, der sich nur mit Gebärden ausdrückt, bestehen. Eine sinnvolle teleologische Reduktion des Anwendungsbereichs der Gebärdensprache auf Sprechunfähige ist bis zur Gesetzesänderung geboten. Der Gesetzgeber sollte bei der nächsten Erbrechtsreform eine Gesetzesänderung vornehmen, wonach **nur Sprechunfähige** ausschließlich **mit Gebärden testieren** können, wobei ein schwach gehauchtes „Ja" als Sprechfähigkeit grds nicht ausreichen sollte, sondern ein solches durch verständliche Gebärden oder als Gebärden zu wertende einzelne Sprachlaute zu ersetzen wäre.

23 In notariellen Urkunden sollte – wie bisher – die mündliche Erklärung als Errichtungsform in der Niederschrift festgehalten werden, damit eine klare Abgrenzung zu den Fällen erfolgt, in denen die beurkundungsrechtlichen Behindertenschutzvorschriften (§§ 22–26 BeurkG) angewendet werden müssen, insbesondere § 24 BeurkG (Frenz/Miermeister/Baumann Rn 4 ff). Seit Wegfall des Mündlichkeitserfordernisses ist mit einer Entwicklung der Rechtsprechung zu rechnen, die strengere Anforderungen an eine mündliche Erklärung eines Testaments als die Verlautbarkeit eines schwach gehauchten „Ja" verlangt, weil die Vermittlung durch eine Verständigungsperson eine zuverlässigere Wiedergabe des letzten Willens gewährleistet.

Die extensive Ausdehnung der „mündlichen" Erklärung durch die ältere Rechtsprechung, die den Testamentstext auch dann noch als „mündlich erklärt" ansah, wenn der Erblasser nach Verlesen ein „Ja" schwach hauchte (zB BayObLG MittBayNot 2000, 236), selbst wenn das Vorgelesene dem Notar in der Vorverhandlung von einem Dritten mitgeteilt worden war, ist für ein wirksames Testieren des Erblassers nicht mehr erforderlich (OLG Hamm 11. 10. 2012 – 15 W 265/11, RNotZ 2013, 253 Rn 27), weil Gesten und Gebärden ausreichen. Deswegen könnten sich die Anforderungen an eine mündliche Erklärung in der Rechtsprechungsentwicklung verschärfen. Insbesondere darf die gem § 17 BeurkG gebotene Ermittlung des Erblasserwillens nicht an reduzierten Kommunikationsformen leiden (ähnlich BeckBGB OKG/Grziwotz Rn 27). Weil das Gesetz bei Sprechunfähigen die Beurkundung mit einer Verständigungsperson ermöglicht, sollte der Notar künftig in allen Zweifelsfällen, insbesondere bei Personen, die nur noch ein schwaches „Ja" hauchen können, vorsorglich eine Verständigungsperson nach § 24 BeurkG hinzuziehen. Andererseits dürfen keine überzogenen Anforderungen an das Mündlichkeitserfordernis gestellt werden, wenn Gebärden oder Gesten, zu denen auch das Unterschreiben des Testaments mitzählen muss (MünchKomm/Sticherling Rn 9, 18; Erman/S Kappler/T Kappler Rn 2; vgl dazu Rn 42), als Erklärungsform ausreichen. 24

2. Grundtypen des öffentlichen Testaments

Die Errichtung des ordentlichen öffentlichen Testaments ist auf zweierlei Weise möglich: 25

a) Der Erblasser **erklärt dem Notar** seinen letzten Willen *(testamentum apud acta conditum)*. Das Mündlichkeitserfordernis ist entfallen (vgl dazu Rn 14), die mündliche Errichtung bleibt aber der Regelfall. Der Notar errichtet über diese Erklärungen des Erblassers eine Niederschrift (Soergel/Klingseis Rn 10 ff; MünchKomm/Sticherling Rn 5 ff).

b) Der Erblasser **übergibt** dem Notar eine **Schrift**, und zwar **offen oder verschlossen**, von ihm selbst oder einer anderen Person (die zB auch ein bei der Errichtung Mitwirkender oder Bedachter sein kann, vgl § 7 BeurkG) geschrieben, mit der Willenserklärung, dass die Schrift seinen letzten Willen enthalte *(testamentum notario oblatum)*. Auch bei dieser Willenserklärung ist das Mündlichkeitserfordernis entfallen. Der Notar errichtet über diesen Vorgang ein Tatsachenprotokoll (Soergel/Klingseis Rn 18 ff; MünchKomm/Sticherling Rn 28 ff). 26

Der Errichtungsakt (dazu RGZ 61, 149) besteht somit

- in der Übergabe der Schrift,
- in der Willenserklärung, dass dies der letzte Wille sei,
- in der Errichtung einer notariellen Niederschrift bzw eines Tatsachenprotokolls über diese Vorgänge (§ 2231 Ziff 1 BGB) (zu den allgemeinen Pflichten des Notars bei Beurkundung letztwilliger Verfügungen Nieder/Kössinger/W Kössinger § 17 Rn 4 ff).

VI. Funktion des Notars

27 Als **vom Staat eingesetzter** und durch die örtlich zuständige **Justizverwaltung überwachter** (wie ein Richter von Weisungen unabhängiger) **Träger eines öffentlichen Amtes** mit richternahen Funktionen (BVerfG DNotZ 2009, 702, 704 f; DNotZ 2012, 945 Rn 44, 49; Frenz/Miermeister/Baumann § 5 BNotO Rn 5 ff) nimmt der Notar immer, auch bei der Errichtung von Testamenten, **staatliche Aufgaben der vorsorgenden Rechtspflege** wahr. Das Gesetz (§ 17 BeurkG) hat ihm daher am Sozialstaatsprinzip ausgerichtete, umfassende **Ermittlungs-, Prüfungs- und Belehrungspflichten gegenüber dem Erblasser** auferlegt (dazu Soergel/Mayer[13] § 17 BeurkG Rn 4 ff). Das rechtsstaatlich ausgeformte **Beurkundungsverfahren gewährleistet sozialen Schutz und rechtliche Überwachung** (hierzu ausführlich Baumann MittRhNotK=RNotZ 1996, 1 ff). Darüber hinaus sehen §§ 22–25, 32 BeurkG, § 2233 Abs 2 BGB einen besonderen Schutz bei behinderten und § 2233 Abs 1 BGB bei minderjährigen Erblassern durch das notarielle Beurkundungsverfahren vor (Frenz/Miermeister/Baumann §§ 22–25, 32 BeurkG). Diese Funktionen und die mit ihnen verbundenen Pflichten müssen vom Notar im **Beurkundungshauptverfahren** immer höchstpersönlich (bzw im Verhinderungsfall von seinem durch die Justizverwaltung antlich bestellten Vertreter) wahrgenommen werden und sind nicht auf Dritte übertragbar. Der Notar hat die Mitwirkungsverbote des § 3 BeurkG zu beachten, die der Aufrechterhaltung seiner amtlichen **Unabhängigkeit** und **Unparteilichkeit** dienen (Eylmann NJW 1998, 2929; Harder/Schmidt DNotZ 1999, 949; Harborth/Lau DNotZ 2002, 412; zu den allgemeinen Pflichten des Notars bei Beurkundungen von letztwilligen Verfügungen ausführlich Nieder/Kössinger/W Kössinger § 17 Rn 4 ff; Reithmann/Riegel Rn 1105 ff).

28 Die rechtliche Beratung allein kann nicht gewährleisten, dass der niedergelegte Wortlaut eines Testaments dem wahren Willen des rechtlich meist unerfahrenen Erblassers entspricht. Die Gewandtheit juristischer Berater könnte zu Missverständnissen führen oder den Erblasser sogar beeinflussen (dazu Otte [2011] 31, 43). Daher werden bei der Errichtung letztwilliger Verfügungen – soweit diese sich nicht auf einfache Alleinerbeinsetzungen beschränken – höchste Anforderungen an die beurkundungstechnischen Fähigkeiten sowie die erbrechtlichen und kautelarjuristischen Kenntnisse des Notars gestellt. Die jahrelange Vorbereitung im Anwärterdienst auf das hauptberufliche Notaramt bzw die Vorbereitungslehrgänge mit fachbezogenen Prüfungen im nebenberuflichen Anwaltsnotariat gewährleisten in beiden Notariatsformen hohe Fachkenntnisse im Erbrecht. Bei letztwilligen Verfügungen ist die sorgfältige Einhaltung des Beurkundungsverfahrens von besonderer Bedeutung (vgl Rn 27, 30 ff). Die Form- und Verfahrensvorschriften zur Errichtung eines öffentlichen Testamentes stellen prozedural sicher, dass der Erblasser seinen letzten Willen und dessen persönliche und wirtschaftliche Folgewirkungen gründlich überlegt. Schon der notwendige Weg in die Notarkanzlei bzw die Einschaltung des Notars führt dazu, dass der Erblasser sich gedanklich auf eine letztwillige Verfügung vorbereitet hat und keine spontanen Erklärungen niederlegt, wie dies bei einer eigenhändigen Niederschrift möglich ist. Die in § 17 BeurkG festgelegten Pflichten des Notars stellen neben einer umfassenden erbrechtlichen, den Erblasser bei der Verfolgung seiner Ziele nicht beeinflussenden Beratung grds eine rechtlich unzweideutige und klare Ausdrucksweise des letzten Willens sowie die Beobachtung der Formvorschriften sicher.

Der Notar soll an seinem Amtssitz beurkunden. Beurkundungen *innerhalb* des Hoheitsbereichs der Bundesrepublik Deutschland lassen die Wirksamkeit der Urkunde unberührt (§ 11 Abs 3 BNotO, § 2 BeurkG), Beurkundungen eines deutschen Notars *im Ausland* sind nichtig (§ 11a BNotO), da die im Rahmen der Freiwilligen Gerichtsbarkeit durch Errichtung öffentlicher Urkunden ausgeübte Hoheitsgewalt des Notars (BVerfG DNotZ 2009, 702, 704 f; DNotZ 2012, 945 Rn 44) an den staatlichen Grenzen der Bundesrepublik Deutschland endet. 29

VII. Notarielles Beurkundungsverfahren

1. Allgemeines

Die notarielle Beurkundung ist verfahrensrechtlich im Beurkundungsgesetz (§§ 1–11, 13, 16–18 BeurkG) mit Spezialregelungen für Behinderte (§§ 22–26 BeurkG) und für Verfügungen von Todes wegen (§§ 27–35 BeurkG) geregelt (dazu Bamberger/Roth/Litzenburger Rn 6 ff; Frenz/Miermeister/Baumann §§ 27 ff; Winkler §§ 27 ff; Armbrüster/Preuss/Renner/Seger §§ 27 ff; Grziwotz/Heinemann §§ 27 ff; MünchKomm/Sticherling §§ 27 ff; MünchKommBGB/Sticherling Rn 37 ff) und wegen der hoheitlichen Funktionen des Notars durch staatliche Regulierung, Dienstaufsicht und Disziplinarrecht in den gesetzlichen Vorschriften der Bundesnotarordnung berufsrechtlich abgesichert. Als den Notarberuf prägende Amtspflicht ist die Unparteilichkeit des Notars auch verfahrensrechtlich abgesichert, zB durch die absoluten Ausschließungsgründe der §§ 6, 7, 27 BeurkG. 30

2. Vorverfahren

In der Regel (Ausnahme: Testamente in Notsituationen) geht der Errichtung eines Testaments durch Erklärung des Erblassers eine **Vorverhandlung** (Vorbesprechung) voraus (vDickhuth-Harrach § 14 Rn 51 ff). Der Notar befragt den Erblasser nach seinem letzten Willen (zur psychologisch einfühlsamen Kommunikation des Notars vDickhuth-Harrach § 14 Rn 54). Dieses Beurkundungsvorverfahren **sollte** (wegen der vorbereitenden Beratungsfunktion des Notars), **muss aber nicht unmittelbar vor dem Notar erfolgen** (zur möglichen Delegation der Vorbesprechung auf Büropersonal vDickhuth-Harrach § 14 Rn 53, die je nach Ausbildung des Notariatsmitarbeiters insbesondere im Erbrecht einfacheren Gestaltungen vorbehalten bleiben muss; zur großen Bedeutung der Vorbesprechung vDickhuth-Harrach § 14 Rn 55). 31

Zulässig und sogar sinnvoll (zB bei ortsabwesenden oder gehbehinderten Erblassern) kann eine telefonische Vorverhandlung sein, in der dem Notar der letzte Wille des Erblassers erörtert wird. Der Notar kann den Entwurf nach Angaben des Erblassers in dessen Abwesenheit fertigen (RGZ 85, 123). Zulässig ist auch, dass der Erblasser einen Dritten ermächtigt, die für einen Testamentsentwurf notwendigen Angaben dem Notar in der Vorverhandlung vorzutragen (OGHZ 2, 45 = NJW 1949, 544; BGHZ 2, 172). Hier wird der Notar mit besonderer Sorgfalt zu prüfen haben, ob dieser Dritte von der Gestaltung profitiert, und in einem solchen Fall den Erblasser im Beurkundungshauptverfahren besonders gründlich in Abwesenheit des Dritten zu befragen haben, ob der vom Dritten vorgetragene letzte Wille mit seinen eigenen Vorstellungen übereinstimmt (vgl Rn 34 ff mwNw), weil § 17 BeurkG dem Notar vorschreibt, den Sachverhalt zu klären und den wahren Willen des Erblassers zu erfor- 32 schen (Grüneberg/Weidlich Rn 4; Frenz/Miermeister/Frenz § 17 BeurkG Rn 6). Eine *persönliche Anwesenheit* des Erblassers ist *weder* im Beurkundungs**vorverfahren**, noch im Beurkundungs**nachverfahren** (vgl dazu Rn 64) erforderlich. § 2064 BGB gilt nur für das Beurkundungshauptverfahren. Der Testamentserrichtung können Aufzeichnungen, Angaben eines vom Erblasser bevollmächtigten Dritten oder ein vom Erblasser oder auch ein von einem Dritten geschriebener Entwurf zugrunde gelegt werden, sofern der Notar im Beurkundungshauptverfahren durch Erörterung mit dem Erblasser die sachliche Richtigkeit des Testamentsinhalts überprüft und sich im Einzelnen den letzten Willen vom Erblasser persönlich bestätigen lässt (Gruchot 50, 115; RG JW 1915, 581; RGZ 85, 123; OGHZ 3, 383; BGHZ 2, 172; KG DNotZ 1960, 485).

33 Der **Notar** hat den letzten Willen **in sprachlich und juristisch klarer und unzweideutiger Form** (§ 17 Abs 1 BeurkG) in einem Testamentsentwurf niederzulegen. In der Regel wird der Notar dem Erblasser diesen Testamentsentwurf mit der Bitte um Prüfung, Mitteilung von Änderungswünschen und Vereinbarung eines Beurkundungstermins vorab zusenden. Der Erblasser soll die Möglichkeit haben, bei der Errichtung einer öffentlichen Urkunde seinen letzten Willen sorgfältig zu überdenken. Die Praxis bei notariellen Testamentserrichtungen zeigt, dass der Erblasser Änderungswünsche nach Entwurfsübersendung bei komplizierten Nachlassverhältnissen fast immer stellt, wenn auch in den meisten Fällen nur rechtlich unbedeutender Art. Zulässig, möglich und vor allem bei einfachen Testamenten (Erbeinsetzung und einfache Legate) und in Notfällen immer erwünscht kann auch eine sofortige Beurkundung der Erklärungen des Erblassers sein, so dass Vor- und Hauptverfahren der notariellen Beurkundung in einem Termin zusammenfallen (ähnlich vDickhuth-Harrach § 14 Rn 53).

3. Beurkundungshauptverfahren

34 Im **Beurkundungstermin** erfolgt die Errichtung des Testaments. Die Testamentsbeurkundung ist – wie jedes notarielle Beurkundungsverfahren – prozedural an das Beurkundungsgesetz gebunden.

Das **Beurkundungshauptverfahren** muss **unmittelbar vor dem Notar** erfolgen (Reimann/Bengel/Dietz/Voit Rn 10; zum Verfahren MünchVertragshandb/Otto XI. 1. Anm 1 ff), wobei der Notar den der Vorbereitung dienenden Testamentsentwurf nach telefonischen Angaben oder sogar nach den Angaben Dritter fertigen darf. Der Testamentsentwurf wird dem Erblasser in Gegenwart des Notars – idR vom Notar selbst – **vorgelesen** oder bei hörbehinderten Erblassern zur Durchsicht vorgelegt (Soergel/Mayer[13] § 23 BeurkG Rn 3; Frenz/Miermeister/Baumann § 23 BeurkG Rn 4 f). Bei hörfähigen Erblassern ist das Vorlesen zwingende Wirksamkeitsvoraussetzung der Beurkundung, so dass der Erblasser hierauf nicht verzichten kann. Das Vorlesen kann nicht – auch nicht teilweise – durch Abspielen von Tonträgern (vDickhuth-Harrach § 15 Rn 30 mwNw) ersetzt werden. Ebenso wenig ersetzt das Diktieren des Testamentsinhalts in Gegenwart der Beteiligten das Vorlesen der Niederschrift (vDickhuth-Harrach § 15 Rn 30 mwNw; Damrau/Tanck/Weber Rn 25 f), selbst dann nicht, wenn die Niederschrift identisch mit dem Diktat von einem Sprachcomputer für die Beteiligten auf einem Bildschirm sichtbar dargestellt wird. Den Beteiligten muss die bereits als unterschriftsreif vorbereitete Testamentsfassung vorgelesen werden, wobei alle – während des Termins vorgenommenen – Änderungen nach der vorgenommenen Änderung ebenfalls vollständig vorgelesen werden müssen. Der Notar und der Erblasser müssen während des gesamten Beurkundsvorgangs (der bei Unterbrechungen im Text – zB durch Telefonate – an derselben Stelle fortzusetzen ist) anwesend sein (vDickhuth-Harrach § 15 Rn 30 mwNw). Der Notar fragt den Erblasser, ob die verlesene oder (bei Hörbehinderten) zur Durchsicht vorgelegte Niederschrift seinem letzten Willen entspreche. Die Erklärung des Erblassers wird **in der Regel mündlich**, muss aber nicht mündlich erfolgen, sondern kann durch **jede Art von Zeichen oder Gebärden** abgegeben werden (vDickhuth-Harrach FamRZ 2003, 493), gegebenenfalls unter Beiziehung eines Gebärdendolmetschers (vgl § 22 Abs 1 S 2 BeurkG; Frenz/Miermeister/Baumann § 22 BeurkG Rn 10 ff), zwingend unter Beiziehung einer Verständigungsperson (§ 24 Abs 1 BeurkG; Frenz/Miermeister/Baumann § 24 BeurkG Rn 6 ff), wenn der Erblasser sich mit dem Notar auch nicht schriftlich verständigen kann (vgl dazu Rn 36, 59). Möglich ist auch eine rein schriftliche Verständigung zwischen Notar und Erblasser. Die Gebärden, zB Kopfnicken und Kopfschütteln, müssen von dem Notar wahrgenommen und zumindest von dem Gebärdendolmetscher verstanden werden. Kopfnicken, Kopfschütteln oder andere Gebärdensprachen genügen, selbst ein Wimpernschlag soll ausreichen (vertiefend vDickhuth-Harrach FamRZ 2003, 493; zu Recht krit Reimann FamRZ 2002, 1383, 1384; Damrau/Tanck/Weber Rn 13, weil bei Testamentserrichtungen aus Gründen der Rechtssicherheit ein hohes Bedürfnis in Bezug auf die Authentizität der Urheberschaft besteht). Erfolgt die Verständigung mit dem Erblasser dadurch, dass dieser einen Computer per Augensteuerung mit Schriftzeichen bedient, so liegt keine Verständigung durch Gebärden, sondern eine schriftliche Verständigung vor, da es nicht darauf ankommen kann, mit welchem Körperteil und welchen technischen Hilfsmitteln der Erblasser die Schrift erstellt; das technische Hilfsmittel muss aber unmittelbar vor dem Notar eingesetzt werden und es muss technisch ausgeschlossen sein (der Notar sollte sich dies mangels eigener Fachkunde durch Vorlage eines technischen Gutachtens bestätigen lassen), dass ein Dritter die auf dem Computer lesbaren Erklärungen des Erblassers inhaltlich beeinflussen kann (Rn 37). Auch in Zukunft nicht ausreichend bleibt ein gebärdenloses, vollständiges Schweigen des Erblassers, da Testamente nicht erklärt werden können, indem der Erblasser untätig bleibt und bei Schreibunfähigkeit widerspruchslos vom Schreibzeugen oder zweiten Notar (vgl § 35 BeurkG) die Niederschrift unterschreiben lässt.

Eine mündliche Erklärung des Erblassers muss **nicht in ausführlicher oder zusammenhängender Rede**, sie kann auch im Wege der Rede und Gegenrede, Frage und Antwort zwischen Notar und Erblasser erfolgen (RGZ 63, 86; 161, 378, 382; SeuffBl 71, 602; Gruchot 65, 97; JW 15, 581; OGHZ 3, 383). Eine mündliche Erklärung kann auch darin liegen, dass der Erblasser nach dem Verlesen eines bereits vorliegenden Urkundenentwurfs diesen mit einem schwer verständlichen „Ja“ genehmigt, sofern die mitwirkenden Personen (Notar und Zeugen) das „Ja“ noch verstehen können (BayObLG DNotI-Report 1999, 199 = MittBayNot 2000, 236; OLG Hamm 11. 10. 2012 – 15 W 265/11, RNotZ 2013, 253; dazu aber oben Rn 21 ff). Entsprechend kann der Erblasser durch Kopfnicken und Kopfschütteln seine Zustimmung bzw Ablehnung durch jede Art von Gesten und Gebärden kundtun (OLG Hamm 11. 10. 2012 – 15 W 265/11, RNotZ 2013, 253, 255 Rn 17 mwNw). 35

Die Abgrenzung zwischen einer mündlichen Erklärung und der Erklärung in anderer Form bleibt auch künftig von Bedeutung wegen § 24 Abs 1 S 2 BeurkG. Danach **muss der Notar eine Person zur Verständigung hinzuziehen** (Armbrüster/Preuss/Renner/ 36

Seeger § 24 BeurkG Rn 5; Frenz/Miermeister/Baumann § 24 BeurkG Rn 6 ff), wenn der Erblasser nach seinen Angaben oder nach der Überzeugung des Notars nicht hinreichend hören oder sprechen kann und sich auch nicht schriftlich verständigen kann. Der Notar ist nicht verpflichtet (und regelmäßig auch nicht befähigt), zu überprüfen und zu überwachen, ob die Verständigungsperson sich mit dem Erblasser hinreichend verständigt. Der Notar muss sich aber davon überzeugen, dass der Erblasser mit der Zuziehung dieser Verständigungsperson einverstanden ist. Wird entgegen § 24 Abs 1 S 2 BeurkG keine Verständigungsperson hinzugezogen, so führt dies zur Unwirksamkeit des Testaments, sofern der Notar die Behinderung in der Niederschrift festgestellt hat (Frenz/Miermeister/Baumann § 24 BeurkG Rn 6, 12). Nach dem Gesetz ist die Zuziehung einer Verständigungsperson nicht erforderlich, wenn sich *ein Sprachfähiger allein mit Gebärden* ausdrückt. Diese gesetzliche Unstimmigkeit ergibt sich daraus, dass der Gesetzgeber das Mündlichkeitserfordernis allgemein und nicht nur für den sprachunfähigen Personenkreis aufgehoben hat (kritisch auch Reimann FamRZ 2002, 1383, 1384; vDickhuth-Harrach FamRZ 2003, 493, 497; dazu oben Rn 22).

37 Der Erblasser kann sich zur Abgabe seiner mündlichen Erklärung grds keiner **technischen Aufzeichnungsgeräte** bedienen, weder Ton- noch Bildaufzeichnungen (Soergel/Mayer[13] Rn 15), allenfalls komplementär zu seinen mündlichen Erklärungen, wie die Aufzeichnung auf Notizzetteln, die dem Notar übergeben werden (Reimann/Bengel/Dietz/Voit Rn 10, MünchKomm/Sticherling Rn 5; Soergel/Klingseis Rn 17). Zulässig ist der Einsatz technischer Laut- oder Zeichenverstärker (zB durch Druck auf Tastatur erscheinen Symbolzeichen), wobei technisch gewährleistet sein muss, dass die Verständigungszeichen vom Erblasser stammen (vgl dazu Rn 34). Auch kann der Erblasser sich einer Tastatur mit Bildschirm bedienen, um sich sprachlich oder schriftlich auszudrücken. Ebenso ist der Einsatz einer Sprechanlage bei beiderseits unmittelbarer Sicht (zB in Quarantänestation) zulässig, sofern der Notar aufgrund des Sichtkontaktes sicher ist, dass die Erklärungen über die Sprechanlage vom Erblasser abgegeben werden (ebenso MünchKomm/Sticherling Rn 5; Reimann/Bengel/Dietz/Voit Rn 10 mwNw; Damrau/Tanck/Weber Rn 8; **aA** OLG Hamm DNotZ 1978, 54). Auch Gebärden hinter einer Glasscheibe sind in solchen Situationen für zulässig zu erachten. Die vom Erblasser zu leistende Unterschrift muss bei Sichtkontakt des Notars erfolgen. Der Notar hat sich bei Gebärden oder Zeichen mit besonderer Sorgfalt von der Zustimmung des Erblassers zum Testamentsinhalt zu überzeugen.

38 Mit der lautlich vernehmbar bejahenden oder durch Gebärden erfolgten Beantwortung dieser Frage durch den Erblasser, ob die Niederschrift seinen letzten Willen wiedergibt, ist der Form des § 2232 BGB entsprochen. Ist der Erblasser **hörbehindert**, so muss nach § 23 BeurkG (beachte § 22 BeurkG!) **statt des Verlesens die Niederschrift zur Durchsicht** vorgelegt werden (Frenz/Miermeister/Baumann § 23 BeurkG Rn 4 ff). Auch hier kann der Erblasser mündlich oder durch Gebärden antworten. Der Notar kann seine Fragen mündlich oder bei Behinderungen des Erblassers schriftlich oder durch Gebärden stellen. In jedem Fall muss der Testamentstext vor der Unterzeichnung fertiggestellt sein und darf nicht nach der Unterzeichnung auf einem Blankobogen über die Unterschrift gesetzt werden (so der Sachverhalt, der dem Beschluss OLG Hamm ZEV 2001, 21 zugrunde lag und der den Straftatbestand der Falschbeurkundung im Amt [§ 348 StGB] erfüllt hat, weil der Notar – entgegen der vorgeschriebenen Schlussformel der Urkunde – nicht *diese* Niederschrift vorgelesen hatte, sondern die Niederschrift erst später errichtete; sehr kritisch zu dieser „Amtsführung" auch Grziwotz MDR 2002, 558 f).

Enthält das Testament mehrere Verfügungen, so sollte die Bejahung über eine bloß auf eine summarische Bestätigung der Gesamtheit aller schon niedergeschriebenen Einzelverfügungen hinausgehen (RGZ 85, 121, 125). Aufgrund der in § 17 BeurkG normierten Prüfungs- und Belehrungspflichten muss der Notar den Inhalt mit dem Erblasser im Einzelnen erörtern. Verfahrensmäßig bedeutet dies, dass der Notar sich die **Zustimmung** des Erblassers zu den einzelnen Verfügungen mündlich, schriftlich oder auch **durch Gebärden** wie Kopfnicken usw einholen darf. Die **Durchführung** des **Beurkundungsverfahrens** steht insoweit **im Ermessen des Notars**, als es diesem überlassen bleibt, das Testament entweder nur *abschnittweise* vorzulesen und zu erläutern oder *insgesamt* vorzulesen und danach jeden Abschnitt einzeln zu erläutern. Beide Verfahrensweisen können für den Erblasser vorteilhaft sein. Der Notar wird das Verfahren grds dem Umfang und der Komplexität des Testaments, der **Auffassungsgabe** und den **Wünschen des Erblassers anpassen**. Die Formvorschrift ist erfüllt, wenn der Erblasser abschließend sein Einverständnis mit Laut- oder Gebärdensprache oder schriftlich zu erkennen gibt und das Testament unterschreibt. 39

Die Zusammenfassung der beiden Akte der Willenserklärung des letzten Willens sowie die Verlesung und Genehmigung des Protokolls in der Weise, dass dieses nur einmal verlesen und das Verlesene durch Sprache oder Gebärden als letzter Wille erklärt und genehmigt wird, ist zulässig (BayObLG MittBayNot 2000, 236, 237). Das Gesetz fordert nicht, dass der Erblasser seinen Willen zweimal erklärt (unstreitig seit RGZ 161, 378 = DNotZ 40, 72 m Zustimmung Vogels DJ 1939, 1808; OGHZ 2, 45; 3, 383; BGHZ 2, 172; 37, 79; BayObLGZ 1968, 272; KG DNotZ 1960, 485). Absolut unzulässig ist es dagegen und führt zur Nichtigkeit des Testaments, wenn der Notar den Willen des Erblassers in der Beurkundungsverhandlung nur mündlich oder durch Gebärden entgegennimmt, auf einem Blankobogen unterschreiben lässt und den Testamentstext nachträglich davor oder darüber setzt (so der Fall des OLG Hamm ZEV 2001, 21; vgl Rn 35). 40

§ 2232 BGB schreibt zwar nicht die deutsche Beurkundungssprache vor, aber die Beurkundung vor einem deutschen Notar hat grundsätzlich in deutscher Sprache zu erfolgen (§ 5 Abs 1 BeurkG) (Frenz/Miermeister/Miermeister/de Buhr § 5 BeurkG Rn 1 ff). Zulässig ist die **Beurkundung in einer Fremdsprache** ohne Dolmetscher, sofern sowohl der Notar als auch der Erblasser diese Sprache zur Errichtung eines Testaments ausreichend beherrschen. Die Beurkundung in einer Fremdsprache ist selbst dann zulässig, wenn der Erblasser auch deutsch spricht; ein berechtigtes Interesse an einer solchen fremdsprachigen Beurkundung kann zB dann bestehen, wenn die testamentarisch Bedachten nur die Fremdsprache sprechen. Ist der Erblasser nach der Überzeugung des Notars der deutschen Sprache nicht mächtig, so ist nach §§ 16, 32 BeurkG zu verfahren und ein Dolmetscher hinzuzuziehen (Einzelheiten bei Frenz/Miermeister/Limmer § 16 BeurkG Rn 11 ff; Soergel/Mayer[13] § 32 BeurkG Rn 1 ff; Frenz/Miermeister/Baumann § 32 BeurkG Rn 1 ff; MünchKomm/Sticherling § 32 BeurkG Rn 12 ff). 41

Der Erblasser hat das öffentliche Testament – wie jede andere notarielle Niederschrift – mit Abschluss des Beurkundungshauptverfahrens zu unterschreiben. An die Unterschriftsleistung eines öffentlichen Testaments dürfen nicht strengere Anforderungen als beim eigenhändigen Testament gestellt werden (Baumann RNotZ 2010, 310), so dass es als unschädlich anzusehen ist, wenn der Erblasser mit einem falschen Vornamen unterschreibt (OLG Köln RNotZ 2010, 345 m Anm Baumann RNotZ 2010, 310). Die eigene **Unterschriftsleistung** des Erblassers ist auch ein **körperliches „Zeichenset-** 42

zen" und als schriftliche Erklärung einer Gebärde gleichwertig. Daher sind weitere Gebärden nur bei Personen notwendig, die ihre Unterschrift nicht selbst leisten können (vgl Rn 34). Kann der Erblasser aber außer seiner Unterschrift sich nicht weitergehend schriftlich verständigen, so muss nach § 24 Abs 1 BeurkG eine Verständigungsperson hinzugezogen werden (Frenz/Miermeister/Baumann § 24 BeurkG Rn 6 ff). Die bloße Unterschriftsleistung reicht als schriftliche Verständigungsmöglichkeit nicht aus.

43 **Vermag** der **Erblasser** nach seinen Angaben oder nach der Überzeugung des Notars seinen **Namen nicht zu schreiben**, so muss nach § 25 BeurkG während des gesamten Beurkundungsvorgangs ein Zeuge oder zweiter Notar anwesend sein; die Niederschrift muss von dem Zeugen oder dem zweiten Notar anstelle des schreibunfähigen Erblassers unterschrieben werden (Soergel/Mayer[13] § 25 BeurkG Rn 4; Frenz/Miermeister/Baumann § 25 BeurkG Rn 2 ff).

44 Der **Notar** muss die Niederschrift durch seine **Unterschrift** abschließen (§ 13 Abs 3 BeurkG), wobei die Unterschrift **auf dem versiegelten Testamentsumschlag** als Abschluss ausreicht (Frenz/Miermeister/Baumann § 35 BeurkG Rn 5). Die Unterschrift des Notars muss bis zur Testamentseröffnung geleistet sein und kann bis zu diesem Zeitpunkt nachgeholt werden (BayObLGZ 1976, 275; OLG Hamm OLGZ 1986, 159, 161; Armbrüster/Preuss/Renner/Seger § 35 BeurkG Fn 1; Grziwotz/Heinemann § 35 BeurkG Rn 21; Soergel/Mayer[13] § 35 BeurkG Rn 1; Frenz/Miermeister/Baumann § 35 BeurkG Rn 6; MünchKomm/Sticherling Rn 17; weitergehend Lange/Kuchinke § 19 V Fn 69). Auch die weiteren Mitwirkenden (Zeugen, zweiter Notar, Verständigungsperson) müssen mitunterzeichnen (§§ 22 Abs 2, 24 Abs 1 S 2, 25 S 3, 29 S 2 BeurkG). Die Unterschrift des Gebärdensprachdolmetschers (§ 22 Abs 1 S 2) ist nicht vorgeschrieben, aber unschädlich.

4. Beurkundungsnachverfahren

45 Das Beurkundungsnachverfahren ist für alle Errichtungsarten öffentlicher Testamente gleich (vgl dazu Rn 64 und ausführlich vDickhuth-Harrach § 18).

VIII. Übergabe einer Schrift (S 1, 2. Alt)

1. Übergabe

46 Übergabe bedeutet, dass die Schrift mit dem Willen des Erblassers in den Besitz des Notars gelangt (RGZ 150, 189; RG Warn 1914, 445; Rumpf JW 1914, 445; MünchKomm/Sticherling Rn 35 f; zum Verfahren Jung/Szalai NotBZ 2020, 208). Ist die Schrift vom Notar gefertigt (in der Praxis unüblich, aber rechtlich zulässig), so ist dem Gesetz Genüge getan, wenn er dieselbe zunächst derart in den Herrschaftsbereich des Erblassers bringt, dass dieser die tatsächliche Gewalt daran ausüben kann, selbst wenn er keine äußerlich erkennbare diesbezügliche Gebärde vornimmt. Der Erblasser muss jedoch für den Notar erkennbar das Bewusstsein und den Willen haben, die Verfügungsmacht über die Urkunde zu besitzen und sich des „Besitzes" daran durch Übergabe an den Notar zu entäußern (RGZ 150, 189). Im Beurkundungsverfahren hat der Notar § 30 BeurkG zu beachten (MünchKomm/Sticherling § 30 BeurkG Rn 5 ff, Frenz/Miermeister/Baumann § 30 BeurkG Rn 4 ff). Zwingend ist entweder die **persönliche Anwesenheit** des

Erblassers und des Notars beim Übergabeakt oder die Anerkennung des Erblassers im Beurkundungsverfahren, dass die dem Notar durch Dritte übergebene Schrift seinen letzten Willen enthält (MünchKomm/Sticherling Rn 31; Damrau/Tanck/Weber Rn 29).

2. Die übergebene Schrift

Die übergebene Schrift braucht **nicht** vom Erblasser **eigenhändig geschrieben** zu sein 47
(MünchKomm/Sticherling Rn 29) und bedarf keiner Unterschrift. Sie kann, wenn der Erblasser zB schreibunfähig ist, auch von Dritten geschrieben sein. Der Erblasser muss aber zwingend vollständige Kenntnis vom Inhalt der Schrift haben, obwohl das Gesetz diese „Selbstverständlichkeit" nicht ausdrücklich formuliert, aber dadurch zum Ausdruck bringt, dass ein Leseunkundiger kein Testament durch Übergabe einer Schrift errichten kann (§ 2233 Abs 2 BGB) (Grüneberg/Weidlich Rn 3; Damrau/Tanck/Weber Rn 32; Brox/Walker Rn 103 u Hinw a Mot V 277; **aA** Soergel/Mayer[13] Rn 17; Soergel/Klingseis Rn 19; Reimann/Bengel/Dietz/Voit Rn 18), weil es sich – bei Leseunfähigkeit – nicht um die eigene letztwillige Verfügung des Erblassers handeln könnte oder sogar würde. Eine dem Erblasser unbekannte Schrift kann nicht zur wirksamen Testamentserrichtung verwendet werden (MünchKomm/Sticherling Rn 40). Es ist aber – bis zum Beweis des Gegenteils – davon auszugehen, dass der Erblasser nur eine Schrift übergibt, deren Inhalt er kennt und versteht. Bemerkt der Notar, dass der Erblasser den Text der Schrift nicht versteht, muss er die Beurkundung ablehnen (MünchKomm/Sticherling Rn 30; Damrau/Tanck/Weber Rn 32). Daher kann ein **Erblasser**, der nach seinen Angaben oder nach der Überzeugung des Notars **nicht imstande** ist, **Geschriebenes zu lesen**, gem § 2233 Abs 2 BGB **nicht durch Übergabe einer Schrift testieren**. Schreibmaschinen-, Druck- oder Blindenschrift ist zulässig, weil keine eigenhändige Niederschrift erforderlich ist (Soergel/Klingseis Rn 19). Es muss sich nur um für Dritte (notfalls Sachverständige) lesbare schriftliche Aufzeichnungen handeln. Bei *Blindenschrift* muss der Erblasser gem § 2233 Abs 2 BGB nach eigenen Angaben und der Überzeugung des Notars imstande sein, die Blindenschrift zu lesen. Auch ein nach § 2252 BGB unwirksam gewordenes Nottestament (KGJ 50 A 81) oder ein nach § 2256 BGB widerrufenes öffentliches Testament kann zum Zwecke der Testamentsneuerrichtung als Schrift übergeben werden (hinsichtlich der Sprache, in der die Schrift abzufassen ist und des zu verwendenden Materials gelten die Ausführungen zu § 2247 BGB [zu Geheimschriften, die grds zulässig sind, Bamberger/Roth/Litzenburger Rn 12; Damrau/Tanck/Weber Rn 34]).

Die in der Schrift nicht erforderliche Datierung und Ortsangabe wird durch die nota- 48
rielle Niederschrift ersetzt. Für Errichtungsort und -zeitpunkt ist allein die notarielle Beurkundung maßgebend. Daher gelten auch **Schriften verschiedenen Datums**, die offen oder verschlossen dem Notar übergeben werden, beurkundungsrechtlich als **gleichzeitig** errichtet. Enthalten übergebene Schriften mit verschiedenen Errichtungsdaten Widersprüche, so muss der Notar bei *offen* übergebenen Schriften darauf hinweisen und den wahren Willen des Erblassers ermitteln. Lehnt der Erblasser trotz Belehrung durch den Notar eine Abänderung seiner offen übergebenen Schriften ab, so liegt bei offen übergebenen Schriften dieselbe Rechtslage vor wie bei offenen Widersprüchen in notariellen Niederschriften. Ein Vermerk über einen Widerspruch in der Niederschrift dürfte dem Notar zu empfehlen sein, obwohl er vom Gesetz nicht vorgeschrieben ist, falls der Erblasser trotz Hinweises auf einer Beurkundung des Übergabeprotokolls ohne Änderung der übergebenen Schrift besteht. Ein sol-

cher notarieller Vermerk kann vom Erblasser nicht untersagt werden, da die Niederschrift Tatsachenprotokoll ist.

49 Problematisch ist, wenn **sich widersprechende Schriften mit unterschiedlichem Errichtungsdatum** *verschlossen* übergeben werden. Auch hier gelten die verschlossen übergebenen Schriften grds als gleichzeitig errichtet.

Erfüllen die verschlossenen Schriften mit unterschiedlichem Errichtungsdatum jeweils die Formerfordernisse des § 2247 BGB, so ist alleiniger Grund der notariellen Beurkundung die sichere Verwahrung, da sie als Testamente auch ohne Übergabe an den Notar wirksam wären. Der Erblasser hat mit den zu verschiedenen Zeitpunkten errichteten eigenhändigen Testamenten seinen in der zeitlichen Abfolge geänderten letzten Willen wirksam niedergelegt. Bis zur Übergabe des verschlossenen Umschlags an den Notar gilt für diese Testamente unstreitig § 2258 BGB. Dann ist aber nicht einsehbar, dass die Übergabe zum Zwecke der sicheren Verwahrung der Schriften zur Unanwendbarkeit des § 2258 BGB und damit zu inhaltlichen Veränderungen des im verschlossenen Umschlag enthaltenen letzten Willens des Erblassers führen soll. Daher ist das Errichtungsdatum sich widersprechender verschlossener Schriften für den gültigen Inhalt maßgebend.

3. Erklärung des Erblassers

50 Der Erblasser muss mündlich, schriftlich, durch Kopfnicken, Gebärden, Zeichen oder in sonstiger Weise, wie zB durch seine Unterschrift (Grüneberg/Weirich Rn 7), erklären, dass die übergebene Schrift seinen letzten Willen enthalte (OLG Hamm 11. 10. 2012 – 15 W 265/11, RNotZ 2013, 253; Soergel/Klingseis Rn 20). Dass der Erblasser sich von Dritten angefertigter Aufzeichnungen bedienen kann, ist bei verschlossen übergebenen Schriften außerordentlich problematisch, weil der Notar verfahrensrechtlich nicht ausschließen kann, dass der Erblasser eine ihm von Dritten untergeschobene Erklärung verschlossen übergibt und als öffentliches Testament beurkunden lässt (zur Problematik auch Soergel/Mayer[13] Rn 19). Verfahrensrechtlich könnte dies nur ausgeschlossen werden, wenn ein lesefähiger Erblasser nach eigener Kontrolle die Schrift in Gegenwart des Notars verschließt.

4. Notarielles Beurkundungshauptverfahren

51 Der Notar errichtet entweder über die Entgegennahme der übergebenen Schrift oder über die Abgabe der Erklärung des Erblassers eine Niederschrift. Die übergebene Schrift gilt als Bestandteil der notariell errichteten Niederschrift (Tatsachenprotokoll über den Vorgang der Übergabe) und ist insoweit Bestandteil der öffentlichen Urkunde iS des § 35 GBO (vgl Mot V 295; KG OLGE 3, 221; 5, 339; ZEV 2007, 497; OLG Rostock OLGE 34, 306; Demharter § 35 GBO Rn 31 ff). Sie sollte vom Notar insbes bei Übergabe einer verschlossenen Schrift sofort mit der Beifügung gekennzeichnet werden, damit jede Möglichkeit der Verwechselung ausgeschlossen ist (Winkler § 30 BeurkG Rn 7; Grüneberg/Weidlich Rn 6).

52 Der Notar hat nach § 17 BeurkG vom Inhalt einer überreichten *offenen* Schrift Kenntnis zu nehmen und den Erblasser zu **beraten** (MünchKomm/Sticherling Rn 38). Die offen übergebene Schrift muss nicht, kann aber auf Wunsch des Erblassers mit

dem Protokoll verlesen werden (SeuffBl 73, 147; OLG Dresden OLGE 39, 23; KG OLGE 42, 148 Fn 1; RGZ 84, 163). Bei Übergabe einer *verschlossenen* Schrift sollte der Notar mit dem Erblasser in der Beurkundungsverhandlung zu dessen Schutz erörtern und ermitteln, ob er den Umschlag selbst verschlossen hat und ein Unterschieben eines fremden Umschlags ausgeschlossen ist und den Inhalt dieser Erörterung ggf mitprotokollieren.

Wird die Schrift *verschlossen* übergeben (nach § 2233 Abs 1 BGB ausgeschlossen bei **53**
testierfähigen Minderjährigen, so dass der Notar hier nicht beurkunden darf, ohne die Schrift zu öffnen!), so darf der Notar **nicht gegen den Willen** des Erblassers Kenntnis vom Inhalt nehmen (MünchKomm/Sticherling Rn 39). Mit der verschlossen übergebenen Schrift kann der Erblasser seine Verfügung auch vor dem Notar geheim halten. Der Notar kann jedoch nicht seiner materiell-rechtlichen Belehrungspflicht nachkommen, die Wirksamkeit des Testaments überprüfen oder Unwirksamkeitsgründe ersehen, zB ob der Erblasser die Vorschrift des § 27 BeurkG (Ausschließung wegen des Verhältnisses zum Bedachten) beachtet hat. Ergeben sich Anhaltspunkte für die Unwirksamkeit aus der Erörterung mit dem Erblasser, so hat der Notar über die Rechtsfolgen (MünchKomm/Sticherling § 27 BeurkG Rn 32; Frenz/Miermeister/Baumann § 27 BeurkG Rn 5, 11) zu belehren. Die Beurkundung ablehnen darf er nur und muss er, wenn kein Zweifel besteht, dass das Testament unwirksam ist oder mit ihm unerlaubte oder unredliche Zwecke verfolgt werden (vgl § 14 Abs 2 BNotO, § 4 BeurkG). Ist der Notar in der verschlossenen übergebenen Schrift zum Testamentsvollstrecker eingesetzt, so ist die Einsetzung als Testamentsvollstrecker nach § 27 iVm § 7 Nr 1 BeurkG unwirksam (OLG Bremen FamRZ 2015, 533, 534 f; Reimann/Bengel/Dietz/Voit Rn 24), im Übrigen ist das Testament wirksam.

Von der Übergabe einer Schrift zu unterscheiden ist die Möglichkeit der Errichtung **54**
einer Verfügung von Todes wegen in der Form des § 9 Abs 1 S 2 BeurkG durch **Verweisung** auf und **Beifügung** von **Anlagen**, die unter Einhaltung der Verfahrensvorschriften der §§ 13, 13a, 14 BeurkG mitzubeurkunden sind. Diese Anlagen können vom Erblasser selbst gefertigt sein und werden durch Einbeziehung in das Beurkundungsverfahren Bestandteil der notariellen Niederschrift. Der Notar trägt für solche Anlagen, die Teil der Niederschrift sind (Soergel/Klingseis Rn 27), die vollständigen Prüfungs- und Belehrungspflichten.

Die Bezugnahme oder Verweisung auf Erklärungen oder Urkunden, die selbst nicht **55**
der Testamentsform genügen, sog *testamentum mysticum,* ist unzulässig (Staudinger/Otte [2019] Vorbem 66, 68 zu §§ 2064 ff; vLübtow I 130; OLG Frankfurt 30. 7. 2020 – 20 W 79/19, m Anm Baumann ErbR 2021, 851). § 13a BeurkG lässt nur die Verweisung auf andere notarielle Niederschriften zu, die nach den Vorschriften über die Beurkundung von Willenserklärungen errichtet worden sind; bei letztwilligen Verfügungen sind immer die Besonderheiten der §§ 27 ff BeurkG zu beachten. Auf ein privatschriftliches Testament kann zwar beurkundungsrechtlich in einem notariellen Testament nicht verwiesen werden (dh ein eigenhändiges Testament kann nicht durch Verweisung zum Bestandteil des öffentlichen Testaments werden), möglich ist aber eine Bezugnahme auf ein privatschriftliches Testament, indem dessen Inhalt teilweise aufgehoben, abgeändert oder ergänzt wird. Zweckmäßig sind solche Bezugnahmen nicht, weil sie die Vorteile der öffentlichen Testamentsurkunde (zB kein Erbschein erforderlich) entfallen lassen.

IX. Unterschrift des Erblassers

56 Die Niederschrift muss vom Erblasser (und den ggf zugezogenen Personen: Verständigungsperson, Sprachdolmetscher, Gebärdensprachdolmetscher, Zeugen) bzw nach § 25 BeurkG vom Schreibzeugen oder zweiten Notar (Winkler § 25 BeurkG Rn 1 ff; Frenz/Miermeister/Baumann § 25 BeurkG Rn 1 ff) unterschrieben werden. Diese Personen müssen nicht in gleichzeitiger Anwesenheit unterschreiben (OLG Düsseldorf DNotZ 2000, 299 m Anm Wochner), wobei sie aber beim gesamten Beurkundungshauptverfahren anwesend sein müssen. Mit der Unterschrift des Erblassers nach einem **ordnungsgemäß durchgeführten Beurkundungshauptverfahren** wird sichergestellt, dass der Inhalt der gesamten Urkunde vom Erblasser gebilligt wird. Der Erblasser darf sich den Arm durch Dritte – auch vom Notar – halten oder stützen lassen, solange sein Wille den Schreibvorgang bestimmt und die Unterschrift nicht durch das fremde Führen der Hand hergestellt wird (BGH LM § 16 TestG Nr 1; BayObLG FamRZ 1985, 1286 mwNw). Die Unterschrift muss weder lesbar sein noch dem gewöhnlichen Schriftzug des Erblassers entsprechen (BayObLG FamRZ 1985, 1286; Frenz/Miermeister/Limmer § 13 BeurkG Rn 18 ff mwNw). Bei einem notariellen Testament muss grds von der Ernstlichkeit der Unterschriftsleistung des Testierenden ausgegangen werden (anders wenn der Erblasser mit einer sinnlosen Buchstabenkombination unterschreibt, die keinen Bezug zu seiner Namensunterschrift hat, vgl KG DNotI-Report 1996, 125 = FGPrax 1996, 113). Der Schutz vor übereilten letztwilligen Verfügungen ist durch die Einhaltung des Beurkundungsverfahrens gewährleistet. Deshalb dürfen an die Unterschrift in einem notariell beurkundeten Testament keine höheren, sondern allenfalls niedrigere Anforderungen gestellt werden, als in einem eigenhändigen Testament (OLG Düsseldorf 10. 5. 2017 – 3 Wx 315/15, FGPrax 2017, 267, 268; Baumann RNotZ 2010, 310; jurisPK-BGB/Bauermeister [2017] Rn 9). Anderenfalls kämen der notariellen Identitätsfeststellung (BGHZ 152, 155), der notariellen Beweissicherung, dem dadurch gewährleisteten Fälschungsschutz und dem durch das Beurkundungsverfahren gewährleisteten Übereilungsschutz eine geringere Bedeutung zu als der einfachen Unterschrift zB mit Kosenamen im eigenhändigen Testament (die Entscheidungen BGH DNotZ 2003, 269 u OLG Stuttgart DNotZ 2002, 543 können auf letztwillige Verfügungen keine Anwendung finden [auch für andere Beurkundungen kritisch Heinemann ZNotP 2002, 223; Kanzleiter DNotZ 2002, 520]; zum Unterschriftserfordernis bei letztwilligen Verfügungen zutreffend OLG Köln RNotZ 2010, 345, wo die Erblasserin mit dem falschen Vornamen [dem Vornamen des Ehemannes] unterschrieben hatte und das OLG Köln zu Recht eine wirksame Testamentserrichtung annahm). Das notarielle Beurkundungsverfahren schützt vor nicht hinreichend bedachten Willenserklärungen und gewährleistet die Identität des Erblassers. Beim Privattestament hat die Rechtsprechung die Anforderungen an eine Unterschrift bis zur noch tragbaren Grenze heruntergeschraubt (vgl § 2247 Rn 102). Dem Erblasserwillen muss beim öffentlichen Testament mindestens wie beim privaten Testament mit gleichwertigen Unterschriften Rechnung getragen werden, weil die Erfüllung der Normzwecke der eigenhändigen Unterschrift des Erblassers durch die Verfahrenskontrolle des Notars verstärkt wird (OLG Köln 18. 5. 2020 – 2 Wx 102/20, ErbR 2020, 650 = RNotZ 2020, 344 m Anm Redaktion = FD-ErbR 2020, 430209 m Anm Litzenburger = FGPrax 2020, 188 m Anm Heinemann, der zutreffend darauf hinweist, dass eine Abgrenzung zur Schreibfähigkeit des Erblassers getroffen werden muss; OLG Köln RNotZ 2010, 345; Baumann RNotZ 2010, 310). Deshalb muss die Unterschrift nicht leserlich sein (Grüneberg/Weidlich Rn 6). Die Unterschrift mit dem Familiennamen ist ausreichend (OLG Köln RNotZ 2010, 345; Baumann RNotZ 2010, 310; Grüneberg/Weidlich Rn 6). Da in manchen Kulturkreisen dem Vornamen eine höhere

Bedeutung als dem Nachnamen zukommt, muss auch eine Unterschrift nur mit dem Vornamen gültig sein, wenn sie vor dem Notar geleistet ist (Baumann RNotZ 2010, 310).

X. Verbindung der drei Formen

Alle drei oder auch zwei **Errichtungsformen können miteinander verbunden** werden 57 (MünchKomm/Sticherling Rn 43), indem sowohl eine offene als auch eine verschlossene Schrift übergeben und dazu noch Erklärungen zur Niederschrift abgegeben werden oder bei Abgabe der Erklärung auf ein als Anlage zum Protokoll übergebenes Schriftstück als Ergänzung und Erläuterung des Erklärten Bezug genommen wird. Kombinierte Errichtungsformen sind insbesondere bei sehr umfangreichen Vermächtnissen oder Auflagen denkbar oder dann, wenn der Erblasser Teile seiner Verfügungen auch gegenüber dem Notar nicht offenbaren möchte. Die Bestandteile des Testaments müssen gesondert der jeweiligen Errichtungsform entsprechen (dazu vLübtow I 190; RG BayZ 1918, 191; OLG Dresden OLGE 39, 22). Nicht genutzt werden können kombinierte Errichtungsformen zur Verfolgung gesetzlich untersagter Zwecke, zB der Einsetzung des Notars als Testamentsvollstrecker im verschlossenen Testamentsumschlag (OLG Bremen FamRZ 2015, 553, 534 f).

XI. Behinderte Erblasser*

Ist der Erblasser nach seinen Angaben oder nach der Überzeugung des Notars **hörbehindert**, so sind §§ 22, 23 BeurkG und ggf § 24 BeurkG zu beachten. Ist der Erblasser nach seinen Angaben oder nach der Überzeugung des Notars **sprachbehindert**, ist § 22 BeurkG und ggf § 24 BeurkG zu beachten (Keim notar 2020, 295). Ist der Erblasser nach seinen Angaben oder nach der Überzeugung des Notars **sehbehindert**, ist § 22 BeurkG und ggf § 24 BeurkG zu beachten (Einzelheiten Frenz/Miermeister/Baumann §§ 22 ff BeurkG). Kann der Erblasser nach seinen Angaben oder nach der Überzeugung des Notars **nicht mit seinem Namen unterschreiben**, ist § 25 BeurkG zu beachten (Heinemann FGPrax 2020, 189 f). 58

Vermag der Erblasser nach seinen Angaben oder nach der Überzeugung des Notars 59 sich **nicht schriftlich zu verständigen** und ist er **gleichzeitig hör- und/oder sprachbehindert**, ist § 24 BeurkG zu beachten (Keim notar 2020, 295). Ist der Erblasser der **Beurkundungssprache nicht hinreichend kundig**, ist § 32 BeurkG zu beachten (Einzelheiten Soergel/Mayer[13] §§ 24, 25, 32 BeurkG; Frenz/Miermeister/Baumann §§ 24, 25, 32 BeurkG). Kann der Erblasser nur **Geschriebenes nicht lesen**, finden keine beurkundungsrechtlichen Sondervorschriften Anwendung, sondern er ist nur nach § 2233 Abs 2 BGB auf die Testamentserrichtungsform durch Erklärung vor dem Notar beschränkt.

Auch nach der Neuregelung können Mehrfachbehinderte trotz geistiger Geschäfts- 60 und Testierfähigkeit faktisch von der Möglichkeit, ein Testament zu errichten, ausgeschlossen sein, wenn sie die vom BVerfG gestellten Mindestanforderungen zur Ab-

* Tabellarische Übersichten über die Behinderungskombinationen bei Nieder/Kössinger/W Kössinger § 17 Rn 41; vDickhuth-Harrach § 17; ausführlich auch Reimann/Bengel/Dietz/Voit Rn 6 ff; zu Beurkundungsverfahren mit Behinderten Frenz/Miermeister/Baumann §§ 22 ff BeurkG.

gabe von Erklärungen durch Gesten und Gebärden nicht erfüllen können (Bamberger/Roth/Litzenburger Rn 12; jurisPK-BGB/Bauermeister [2017] Rn 1).

XII. Formverstöße

61 Eine Verletzung der zwingenden Formvorschriften führt gem § 125 BGB zur Nichtigkeit des öffentlichen Testaments (Soergel/Mayer[13] Rn 31). Die Beweiswirkung öffentlicher Urkunden beruht auf einer strikten Einhaltung verfahrensrechtlicher Vorschriften, die durch strenge staatliche Dienstaufsichtskontrollen der öffentlichen Notarämter abgesichert werden.

XIII. Öffentliche Urkunde

62 Das notariell beurkundete Testament ist eine öffentliche Urkunde iSd § 415 ZPO (Grüneberg/Weidlich Rn 9). Sie erbringt **vollen Beweis** darüber, dass die niedergelegten Willenserklärungen des Erblassers tatsächlich mit diesem Inhalt zu diesem Datum von ihm abgegeben worden sind (BGH JZ 1987, 522 m Anm Schumann; Reithmann DNotZ 1973, 154; 1986, 79). Damit ist der beurkundete Vorgang voll bewiesen, so dass eine Beweiswürdigung ausgeschlossen ist (OLG Frankfurt NJW-RR 1990, 717 mwNw; zu inhaltlichen Widersprüchen in der notariellen Urkunde OLG Hamm FamRZ 1989, 437, 439).

63 Wird ein formgerecht gem § 2247 BGB errichtetes eigenhändiges Testament gem § 2232 BGB übergeben, so liegen damit nicht zwei Testamente vor. Das eigenhändige Testament wird **Bestandteil einer öffentlichen Urkunde** (RGZ 84, 165; KG ZEV 2007, 497). Allerdings hat der Testamentsinhalt, insbesondere bei einer verschlossenen Schrift, nur die Beweiswirkung des notariellen Protokolls, dass diese Schrift übergeben wurde, nicht aber dass der Erblasser diese privatschriftlichen Erklärungen abgegeben hat. Erweist sich der öffentliche Errichtungsakt aufgrund von notariellen Verfahrensfehlern als ungültig, so kann noch ein gültiges Privattestament vorliegen (RG WarnR 1931 Nr 50, 104; KG RJA 15, 280; MünchKomm/Sticherling Rn 45; wegen Aufrechterhaltung [Konversion] des Testaments, das als öffentliches ungültig wäre, wenn die übergebene Schrift den Erfordernissen des eigenhändigen Privattestaments nach § 2247 BGB entspricht, vgl § 2231 Rn 36).

XIV. Beurkundungsnachverfahren

64 Im verfahrensrechtlich zur Gewährleistung der materiell-rechtlichen Rechtssicherheit im BeurkG geregelten Beurkundungsnachverfahren (Einzelheiten bei vDickhuth-Harrach § 18; MünchVertragshdb/Otto XI. 1. Anm 17) hat der Notar gem § 34 BeurkG die gesiegelte Niederschrift in einen Umschlag zu nehmen und diesen mit dem Prägesiegel zu verschließen. In den Umschlag sollen die nach §§ 30, 32 BeurkG beigefügten Schriften genommen werden. Auf dem Testamentsumschlag soll der Notar die Person des Erblassers näher bezeichnen und das Errichtungsdatum angeben und diese Aufschrift unterzeichnen. Sodann soll der Notar veranlassen, dass das Testament unverzüglich in die besondere amtliche Verwahrung des Amtsgerichtes seines Amtssitzes (§ 344 Abs 1 S 1 Nr 2 FamFG) gebracht wird (MünchKomm/Sticherling § 34 BeurkG Rn 10 ff; Frenz/Miermeister/Baumann § 34 BeurkG Rn 5 ff), sofern der Erblasser nicht nach § 344 Abs 1 S 2 FamFG die Verwahrung bei einem anderen Amtsgericht verlangt. In diesem Fall kann der Notar das Testament nicht beim Amtsgericht seines Amtssitzes mit der Bitte um Weitergabe einreichen (OLG Brandenburg NJW-RR 2008,

390), sondern muss selbst für eine sichere Versendung Sorge tragen. Ferner hat der Notar die elektronische Registrierung der Erblasserdaten im Zentralen Testamentsregister vorzunehmen, damit im Todesfall die Eröffnung des Testaments sichergestellt ist (Frenz/Miermeister/Baumann § 34a BeurkG Rn 3 ff).

XV. Beweisfragen

Das **notarielle Testament** begründet als **öffentliche Urkunde** nach § 415 Abs 1 ZPO solange den vollen Beweis des Protokollinhalts, bis dieser widerlegt ist (RGZ 85, 121; BayObLGZ 1968, 268, 273 f; NJW-RR 2000, 456; OLG Hamm OLGZ 89, 20; OLG Frankfurt NJW-RR 1990, 717; MünchKomm/Sticherling Rn 143). Wer gegenüber einem ordnungsgemäß beurkundeten Testament die Nichtigkeit des Errichtungsaktes wegen außergewöhnlicher, regelmäßig nicht zu vermutender Mängel behauptet und hieraus für sich Rechte ableitet, trägt für die Falschbeurkundung im Amt die Beweislast (RGZ 76, 94; RG JW 1915, 581; WarnR 1914 Nr 88; wegen der Beweislast hinsichtlich der Gültigkeit eines ein Jahrhundert hindurch vollzogenen Testaments s LZ 1915, 1462). Bloße Zweifel erlauben noch keine freie Beweiswürdigung (Grüneberg/Weidlich Rn 9). 65

XVI. Haftung

Der Notar (kein Beamter und keine Behörde, sondern in seiner Person mit staatlichen Hoheitsfunktionen ausgestalteter Träger eines öffentlichen Amtes [§ 1 BNotO]) (BVerfG DNotZ 2009, 702, 707; DNotZ 2012, 945 Rn 44), haftet gem § 19 BNotO für **Amtspflichtverletzungen** – auch soweit sie durch seine Mitarbeiter verursacht sind – persönlich, unmittelbar und unbeschränkt mit seinem gesamten Vermögen (Haftung für Notarvertreter [§ 46 BNotO]; für Notariatsverwalter [§ 57 BNotO]; Einzelheiten bei Haug/Zimmermann, Die Amtshaftung des Notars). 66

XVII. Gebühr für Beurkundung 67

§§ 97, 102 GNotKG, KV Nr 21200.

XVIII. Recht der DDR

Das notarielle Testament war in § 384 ZGB geregelt (dazu Einl 92 ff zu §§ 2229–2302; zur teilweisen Fortgeltung des ZGB Einl 61 ff zu §§ 2229–2302). 68

§ 2233
Sonderfälle

(1) Ist der Erblasser minderjährig, so kann er das Testament nur durch eine Erklärung gegenüber dem Notar oder durch Übergabe einer offenen Schrift errichten.

(2) Ist der Erblasser nach seinen Angaben oder nach der Überzeugung des Notars nicht im Stande, Geschriebenes zu lesen, so kann er das Testament nur durch eine Erklärung gegenüber dem Notar errichten.

Materialien: E I § 1915 Abs 1 S 2, Abs 2; II § 2099 Abs 2; III § 2205 Abs 2; JAKOBS/SCHUBERT, ER II 1571–1588; 1. Denkschr d ErbrA (1937) 62; Amtl Begr z TestG DJ 1938, 1255; HORN MatK-ErbR 954–957.

Systematische Übersicht

I. Textgeschichte

1. Ursprüngliche Fassung des § 2233

1 *Zur Errichtung des Testaments muß der Richter einen Gerichtsschreiber oder zwei Zeugen, der Notar einen zweiten Notar oder zwei Zeugen zuziehen.*

Die Vorschrift ergänzte die Ursprungsfassung des § 2232 BGB (vgl dazu § 2232 Rn 1 f). Der Zeugenzwang erwies sich als unpraktikabel und unnötiges Formerschwernis, insbesondere im Vergleich zum eigenhändigen Testament. Er wurde deshalb durch das TestG aufgehoben.

2. Fassung nach TestG u GesEinhG

Das **TestG** brachte in § 6 (Horn MatK-ErbR § 2233 Rn 10–12) nachfolgenden, dann durch **GesEinhG** v 5. 3. 1953 in § 2233 (Horn MatK-ErbR § 2233 Rn 13–14) in damaliger Fassung übernommenem Wortlaut: **2**

(1) Ist der Erblasser nach der Überzeugung des Richters oder Notars taub, blind, stumm oder sonst am Sprechen verhindert, so muß der Richter einen Urkundsbeamten der Geschäftsstelle oder zwei Zeugen, der Notar einen zweiten Notar oder zwei Zeugen zuziehen.

(2) In anderen Fällen steht es dem Richter oder Notar frei, die im Absatz 1 bezeichneten Personen zuzuziehen. Von dieser Befugnis soll er Gebrauch machen, wenn der Erblasser es verlangt. Die Zuziehung soll unterbleiben, wenn der Erblasser ihr widerspricht.

Diese Fassung des § 2233 gilt für alle bis zum 31. 12. 1969 errichteten Testamente.

3. Änderung durch Beurkundungsgesetz

Ab 1. 1. 1970 galt folgende **Gesetzesfassung des § 2233**: **3**

(1) Ist der Erblasser minderjährig, so kann er das Testament nur durch mündliche Erklärung oder durch Übergabe einer offenen Schrift errichten.

(2) Ist der Erblasser nach seinen Angaben oder nach der Überzeugung des Notars nicht imstande, Geschriebenes zu lesen, so kann er das Testament nur durch mündliche Erklärung errichten.

(3) Vermag der Erblasser nach seinen Angaben oder nach der Überzeugung des Notars nicht hinreichend zu sprechen, so kann er das Testament nur durch Übergabe einer Schrift errichten.

Die Gesetzesfassung beruhte auf § 57 Abs 3 Nr 7 BeurkG. Abs 1 und 2 dieser Fassung entsprachen Abs 3 und 4 des früheren § 2238; Abs 3 entsprach dem früheren § 2243 Abs 1 S 1. Die Formvorschriften mit beurkundungsrechtlichem Inhalt sind mit Wirkung seit dem 1. 1. 1970 in das BeurkG übernommen.

4. Entscheidung des Bundesverfassungsgerichts

Durch die Entscheidung des Bundesverfassungsgerichts vom 19. 1. 1999 (BVerfG 19. 1. 1999 – 1 BvR 2161/94, BGBl I 699 = ZEV 1999, 147 m Anm Vollkommer ZEV 1999, 268 = DNotZ 1999, 409 m Anm Rossak = MittBayNot 1999, 185 m Anm Rossak) wurden die §§ 2232, 2233 aF wegen Verstoßes gegen Art 3 Abs 1 und Abs 3 S 2 sowie Art 14 Abs 1 GG für verfassungswidrig erklärt, soweit sie testierfähigen Personen, die weder schreiben noch sprechen konnten, die Möglichkeit der Testamentserrichtung verwehrten (dazu bereits Staudinger/Baumann [1996] § 2233 Rn 20; grundlegend Rossak MittBayNot 1991, 193; Ertl MittBayNot 1991, 196). **4**

5. Neufassung des BGB

5 Die Neufassung des BGB (Bekanntmachung v 2. 1. 2002 [BGBl I 42]) hat die amtliche Überschrift eingeführt, den Gesetzeswortlaut inhaltlich aber unverändert belassen. Die nichtssagende, neue amtliche Überschrift sollte durch eine den Inhalt beschreibende ersetzt werden, zB „Testamentsform für Minderjährige und Leseunfähige".

6. Neufassung durch OLGVertrÄndG

6 Durch Art 25 Abs 1 Nr 24; 34 S 1 OLGVertrÄndG v 23. 7. 2002 (BGBl I 2850, 2858; Horn MatK-ErbR § 2233 Rn 17–19) erhielt § 2233 BGB mit Wirkung ab dem 1. 8. 2002 seine heutige Fassung (Reimann FamRZ 2002, 1383), indem der bis dahin geltende Abs 3 aufgehoben (vgl Rn 3) und sein Regelungsinhalt in § 22 Abs 1 BeurkG übernommen wurde (Frenz/Miermeister/Baumann § 22 BeurkG Rn 4). Für Erbfälle vor dem 1. 8. 2002 bleibt § 2233 Abs 3 BGB aF weiter anwendbar (jurisPK-BGB/Bauermeister Rn 9).

II. Normzweck

7 Die Vorschrift bezweckt den sozialen Schutz Minderjähriger und des Lesens Unfähiger und schränkt deren Möglichkeiten zu testieren auch aus Gründen der Rechtssicherheit ein (vgl vertiefend Rn 8, 14 u MünchKomm/Sticherling Rn 1). Für des Lesens Unfähige ist die Übergabe einer offenen oder verschlossenen Schrift bei dem Notar als Errichtungsform ausgeschlossen, damit Leseunfähigen (Rn 16) nicht eine fremde Schrift unterschoben wird.

III. Anwendungsbereich

8 Die Vorschrift gilt für konsularische Testamente (§ 11 Abs 1 S 2 KonsularG) kraft ausdrücklicher Verweisung (§ 2249 Abs 1 S 4 BGB) auch für das Bürgermeistertestament. Die Ansicht im Gesetzgebungsverfahren (Prot V 336), dass § 2233 Abs 1 u 2 BGB nur für die ordentlichen und nicht für außerordentliche Testamentsformen gelte, ist daher unrichtig. §§ 2250, 2251 BGB enthalten allerdings für das Dreizeugentestament und das Seetestament keine ausdrücklichen Verweisungen auf § 2233 BGB. Dem Normzweck des § 2233 Abs 2 BGB ist zu entnehmen, dass auch der testierfähige Leseunfähige ein Dreizeugentestament oder ein Seetestament durch mündliche Erklärung vor drei Zeugen errichten kann. Dagegen steht dem Minderjährigen diese Möglichkeit nicht offen, da Dreizeugentestamente als von Laien errichtete **Privaturkunden** keine ausreichende, den **Minderjährigenschutz sichernde Beratung** gewährleisten, wie sie durch § 2233 Abs 1 BGB bezweckt ist (MünchKomm/Sticherling Rn 7; MünchKomm/Sticherling § 2250 Rn 2).

IV. Regelungsinhalt

1. Testamentserrichtung durch Minderjährige (Abs 1)

a) Normzweck

9 Abs 1 enthält eine Regelung zum **Minderjährigenschutz**, da die Testierfähigkeit bereits mit Vollendung des 16. Lebensjahres beginnt. Der Minderjährige kann nur in Formen testieren, die eine fachkundige erbrechtliche Beratung und verfahrensrecht-

liche Überwachung durch den Notar als staatlichem Organ der vorsorgenden Rechtspflege gewährleisten (MünchKomm/Sticherling Rn 4). Das Gesetz hat den Minderjährigen „unter die Überwachung einer gereiften Persönlichkeit" (1. Denkschr d ErbrA 32) gestellt und beugt der Gefahr der Formnichtigkeit und mit dem staatlich kontrollierten Beurkundungsverfahren der Willensbeeinflussung durch Dritte vor. In der ursprünglichen Fassung war dem Minderjährigen noch die Errichtung durch Übergabe einer offenen Schrift versagt. Diese Erwägung der Entwurfsverfasser war und bleibt berechtigt, weil auch bei Übergabe einer offenen Schrift der Minderjährige noch unter fremdem Einfluss stehen kann. Seit der gesetzlichen Verankerung der Pflicht des Notars zur Kenntnisnahme vom Inhalt und der Belehrungspflicht (§ 2241b BGB aF, jetzt §§ 17, 30 BeurkG) ist der Minderjährigenschutz aber bei Übergabe einer offenen Schrift gewährleistet.

b) Voraussetzungen

Minderjährig ist nach § 2 BGB, wer noch nicht das 18. Lebensjahr vollendet hat (beachte: für Testamente, die vor dem 1. 1. 1975 errichtet worden sind, lag die Volljährigkeitsgrenze bei Vollendung des 21. Lebensjahres, sofern nicht eine Volljährigkeitserklärung durch Gerichtsbeschluss vorlag). Ein Minderjähriger kann ein Testament erst errichten, wenn er das **16. Lebensjahr vollendet** hat (zur Forderung Muschelers [Erbrecht Rn 1657], eine beschränkte Testierfähigkeit zuzulassen vgl § 2229 Rn 49 und zur ablehnenden Stellungnahme § 2229 Rn 50 ff), wobei zur Berechnung des Lebensalters der Tag der Geburt mitgerechnet wird (§ 187 Abs 2 S 2 BGB). Bei ausländischen Minderjährigen sind Art 26 EGBGB und Art 27 EuErbVO zu beachten. **10**

Der Minderjährige kann ein Testament nicht durch Übergabe einer verschlossenen Schrift oder durch Privattestament, sondern **nur durch Willenserklärung gegenüber dem Notar oder durch Übergabe einer offenen Schrift** errichten (Mussvorschrift). Aus der Entstehungsgeschichte der Vorschrift und dem Normzweck des Minderjährigenschutzes ist abzuleiten, dass der Minderjährige nur durch Übergabe einer offenen Schrift testieren kann, *die der Notar lesen kann und deren Sprache der Notar beherrscht.* Handelt es sich um fremde Schriftzeichen (zB arabische oder chinesische) oder um eine Fremdsprache, die der Notar nicht beherrscht, muss der Schrift eine beglaubigte Übersetzung beigefügt werden. Außerdem muss der Notar zur notwendigen Belehrung einen Dolmetscher hinzuziehen. Die Willenserklärung kann – auch vom Minderjährigen – mündlich, durch Gebärden, Zeichen oder in sonstiger Weise abgegeben werden. Ggf ist ein Gebärdensprachdolmetscher zum Beurkundungsverfahren hinzuzuziehen (Frenz/Miermeister/Baumann § 22 BeurkG Rn 10 ff). Erforderlich ist die persönliche Errichtung, *nicht* dagegen die *Zustimmung des gesetzlichen Vertreters* (§ 2229 Abs 1 und 2 BGB) oder des Vormundschafts- bzw Familiengerichts (jurisPK-BGB/Bauermeister Rn 5). **11**

c) Rechtsfolgen

Testamente von Minderjährigen, die gegen die Errichtungsformen des Abs 1 verstoßen, sind nichtig (MünchKomm/Sticherling Rn 5). **12**

Der Formschutz bezieht sich auf den Errichtungsakt. Daher kann ein **Formverstoß nicht nach Eintritt der Volljährigkeit automatisch ohne Neuerrichtung geheilt** werden (Soergel/Klingseis Rn 4; Grüneberg/Weidlich Rn 1; jurisPK-BGB/Bauermeister Rn 5), selbst dann nicht, wenn der zwischenzeitlich Volljährige sein formnichtiges Testa- **13** ment – zB durch Bezugnahme – ausdrücklich bestätigt. Erforderlich ist in diesem Fall (gem § 141 BGB) eine vollständige Neuerrichtung des Testaments nach Eintritt der Volljährigkeit.

2. Testamentserrichtung durch Leseunfähige (Abs 2)

a) Normzweck

14 Abs 2 soll sicherstellen, dass es sich bei der letztwilligen Verfügung um den Willen des Leseunfähigen handelt und ihm kein Schriftstück mit fremden Willenserklärungen unterschoben wird. Wer ein Testament durch Übergabe einer Schrift errichten will, muss zumindest imstande sein, sich **durch eigenes Lesen Kenntnis von deren Inhalt** zu verschaffen (Mot V 277). Der Leseunfähige bedarf eines besonderen Schutzes durch unsere Rechtsordnung (zum umfassenden Schutz auch bei anderen Behinderungen durch das notarielle Beurkundungsverfahren ausführlich vDickhuth-Harrach § 17; Übersicht über geltende Sondervorschriften bei Nieder/Kössinger/W Kössinger § 17 Rn 41; Frenz/Miermeister/Baumann §§ 22 ff BeurkG). Der Leseunfähige kann zum Schutz vor fremden Einflussnahmen kein eigenhändiges Testament und kein Testament durch Übergabe einer offenen oder verschlossenen Schrift errichten.

b) Voraussetzungen

aa) Leseunfähige

15 Wer nach seinen Angaben oder nach der Überzeugung des Notars nicht imstande ist, Geschriebenes zu lesen, kann ein Testament nur durch Willenserklärung gegenüber dem Notar (nicht durch Übergabe einer Schrift!) errichten. Ob ein Erblasser leseunfähig ist, richtet sich zunächst danach, ob er sich **selbst für leseunfähig** erklärt (§ 29 BeurkG). Erklärt sich der Testierende für *leseunfähig*, so ist der **Notar an diese Erklärung** gebunden (OLG Hamm NJW 2002, 3410; Grüneberg/Weidlich Rn 2; Frenz/Miermeister/Baumann § 22 BeurkG Rn 5). Nicht gebunden ist der Notar an die Behauptung des Beteiligten, er sei lesefähig (Frenz/Miermeister/Baumann § 22 BeurkG Rn 5). Bezeichnet der Testierende sich als **lesefähig**, so kann der *Notar gleichwohl zu einer abweichenden Überzeugung* kommen (OLG Hamm OLGZ 67, 65). Das Testament ist wirksam, selbst wenn die Feststellung des Notars grob fahrlässig falsch war (jurisPK-BGB/Bauermeister Rn 7). Möglich ist allenfalls der Beweis, dass der Notar diese von ihm beurkundete eigene Überzeugung nicht hatte (OLG Köln FGPrax 1995, 69; OLG Hamm FamRZ 2000, 703; Grüneberg/Weidlich Rn 2). Wer sich auf Leseunfähigkeit des Erblassers beruft, ist hierfür beweispflichtig (jurisPK-BGB/Bauermeister Rn 8).

16 Lesefähigkeit erfordert **kein Schreibvermögen**, sondern die Fähigkeit Schriften optisch wahrzunehmen, Schriftzeichen zu verstehen und Schrifttexte inhaltlich zu verstehen. Worauf eine Leseunfähigkeit des Erblassers beruht, ist unwesentlich (Damrau/Tanck/Weber Rn 4). Beispiele: Analphabet; vorübergehend an der Sehkraft infolge Verletzung oder Erkrankung Beeinträchtigter (OLG Hamm OLGZ 1967, 66 = DNotZ 1967, 317); blind Geborener oder nachträglich Erblindeter (BayObLG FamRZ 2000, 322, 323 = RNotZ 1999, 155; vgl aber Rn 20); an Nerven- oder Gehirnerkrankungen, die eine neuronale Verarbeitung des optisch Wahrgenommenen verhindern, Leidender (BayObLG FamRZ 1997, 1509); hochgradig Schwachsichtiger (RG JW 1903, 130; 1911, 489; SchlHOLG SchlHAnz 1970, 138).

Abstraktes Lesevermögen genügt auch dann, wenn Hilfsmittel (zB Leselupe) hinzugezogen werden müssen (MünchKomm/Hagena[7] Rn 11; Damrau/Tanck/Weber Rn 4). Es kommt nicht auf die Lesegewandtheit des Erblassers an (RGZ 76, 94). Jedoch muss der Erblasser in der Lage sein, die Art der Schriftzeichen (auch Blindenschrift) zusammenhängend zu lesen und die Sprache zu verstehen, in der die zu übergebende Schrift abgefasst ist (Reimann/Bengel/Dietz/Voit Rn 6). 17

Wer nur seinen Namen schreiben und/oder nur lesen kann, aber sonst Schriftzeichen weder zu lesen, noch zu schreiben vermag, ist nicht lesefähig und kann ein ordentliches Testament nur durch Erklärung gegenüber dem Notar errichten. Kann der *Schreibunfähige* jedoch Geschriebenes lesen, so kann er nicht nur durch Erklärung gegenüber dem Notar, sondern auch durch Übergabe einer Schrift testieren. 18

bb) Sehbehinderte

Das BGB enthält für die letztwilligen Verfügungen von Sehbehinderten keine besonderen Formvorschriften (Mot I 187; V 277; RGZ 86, 385). Für das Testament von Sehbehinderten gelten daher die allgemeinen Testamentsformen (zu Besonderheiten des Blindentestaments RGZ 86, 385; KG OLGE 30, 213; KGJ 45 A 120; Danz JW 1914, 385; Lehmann JW 1914, 1057; Rasch Recht 1915 Sp 600; Herold ZBlFG 20, 76; Schulze DNotZ 1955, 629; vLübtow I 210), wobei Abs 2 dann Anwendung findet, wenn die Sehbehinderung zur Leseunfähigkeit führt (Soergel/Klingseis Rn 8). 19

Abs 2 ist **nicht anwendbar, wenn der Testator die Blindenschrift beherrscht** und ein Testament durch Übergabe einer in Blindenschrift gefassten Urkunde errichtet (übereinstimmend Planck/Strecker Anm 5b [mit Angabe abweichender Ansichten]; Vogels/Seybold § 11 Rn 10; Schulze DNotZ 1955, 629; Rohlfing/Mittenzwei FamRZ 2000, 654, 655; Soergel/Klingseis Rn 7; MünchKomm/Sticherling Rn 10; Reimann/Bengel/Dietz/Voit Rn 6; **aA** OLG Koblenz NJW 1958, 1784). Beherrscht der Notar die Blindenschrift nicht, so kann eine inhaltliche Belehrung nur eingeschränkt erfolgen (§ 2232 S 2 Alt 2 BGB). Der Notar sollte dies in der Niederschrift vermerken. Die Rechtslage bei Übergabe einer offenen Blindenschrift entspricht (in Bezug auf die Belehrungsmöglichkeiten des Notars) der Errichtung eines Testaments durch Übergabe einer verschlossenen Schrift. Wünscht der Erblasser eine notarielle Beratung und Belehrung, kann der übergebenen Blindenschrift eine Normalschrift beigefügt werden, die ebenfalls als übergebene Schrift gem § 2232 BGB zu protokolieren ist. Der Notar sollte dem hörfähigen Leseunfähigen diese Normalschrift vorlesen. 20

Ein Sehbehinderter kann durch Übergabe einer offen oder verschlossen übergebenen Blindenschrift testieren, die auch *von einem Dritten angefertigt* sein kann. Kann der sehbehinderte, nicht lesefähige Erblasser auch die **Blindenschrift nicht** lesen, so kann er ein Testament nur durch mündliche Erklärung gegenüber dem Notar errichten, da er mindestens die Möglichkeit haben muss, die von ihm abgegebene von einem Dritten gefertigte Erklärung selbst zu kontrollieren. Da auch das Testament des Blinden den Vorschriften der §§ 13 Abs 1, 22, 25 BeurkG genügen muss, muss es entweder vom Blinden eigenhändig unterschrieben (Frenz/Miermeister/Baumann § 22 BeurkG Rn 14) oder es muss ein Zeuge oder zweiter Notar zugezogen werden (§ 25 BeurkG) (Frenz/Miermeister/Baumann § 25 BeurkG Rn 7 ff). 21

cc) Überzeugung des Notars

22 Ein Irrtum des Notars über die Lesefähigkeit des Erblassers ist unschädlich, selbst wenn er auf grober Fahrlässigkeit beruht (MünchKomm/Sticherling Rn 15; Reimann/Bengel/Dietz/Voit Rn 10; Soergel/Klingseis Rn 10). Ergibt sich aus der Urkunde entweder die Angabe des Erblassers, nicht lesen zu können oder die Überzeugungsbildung des Notars von der Leseunfähigkeit, so kann diese Feststellung des Notars nicht durch spätere Ermittlungen des Gerichts beseitigt werden. Dies folgt aus dem Charakter der notariellen Testamentsurkunde als öffentlicher Urkunde iSv § 415 Abs 1 ZPO, die den Urkundsbeweis über die widerlegten Tatsachen erbringt. Möglich ist nur der Beweis, dass der Notar die in der Urkunde niedergelegte Überzeugung nicht gehabt habe (RGZ 108, 397, 402; OLG Köln MittRhNotK 1995, 269, 271; OLG Hamm ZNotP 1999, 443). Wie der Notar die Überzeugung gewinnt, bleibt seinem pflichtgemäßen Ermessen überlassen. Es können keine strengeren Grundsätze als diejenigen nach §§ 26, 29 Abs 1 FamFG angelegt werden, da dem Notar keine rechtlichen Zwangsmittel zu Gebote stehen. Im Zweifel hat der Notar davon auszugehen, dass der Erblasser lesen kann (KG DNotZ 1937, 343; MünchKomm/Sticherling Rn 13; Soergel/Klingseis Rn 9; **aA** Burandt/Rojahn/Lauck Rn 5). Erklärt sich der Erblasser für **leseunfähig**, so ist der Notar daran gebunden (vgl Rn 15). Die Erklärung des Testierenden, er sei leseunfähig, soll in der Niederschrift aufgenommen werden (§ 22 Abs 1 S 2 BeurkG). Behauptet der Erblasser lesen zu können, kann er dies nach der Überzeugung des Notars jedoch nicht, so ist der Tatbestand des Abs 2 erfüllt (zur Frage, welche Anforderungen an die Überzeugung des Notars zu stellen sind, OLG Hamm OLGZ 67, 65).

c) Rechtsfolgen

23 Ein Irrtum des Notars über die Lesefähigkeit führt nicht zur Unwirksamkeit des Testaments (BGB-RGRK/Kregel Rn 3) (zu weiteren Rechtsfolgen bei Verfahrensverstößen Frenz/Miermeister/Baumann § 22 BeurkG Rn 16).

d) Beweislast

24 Wer sich auf Leseunfähigkeit des Erblassers beruft, trägt die Beweislast (RGZ 76, 94; KG JW 1936, 3484; Soergel/Klingseis Rn 12).

V. Folgen eines Verstoßes

25 Die Bestimmungen sind im Interesse des geschützten Personenkreises zwingend. Ein Testament ist nichtig, wenn es gegen die zwingenden Vorschriften verstößt (Soergel/Klingseis Rn 10).

VI. Kollisionsrecht (IPR)

26 Bei Minderjährigen ist bezüglich der Errichtungsform Art 5 des Haager Testamentsformabkommens (v 5. 10. 1961 [BGBl 1965 II 1144]) zu beachten (vgl dazu Einl 131 ff zu §§ 2229–2302; § 2229 Rn 130 f), außerdem 27 EuErbVO, wonach die Errichtungsform ebenso wie die Testierfähigkeit nach dem letzten gewöhnlichen Aufenthalt des Erblassers zu beurteilen ist (dazu auch § 2229 Rn 130 ff).

VII. Testamentserrichtung durch Sprachbehinderte (Abs 3 aF)

Ein Sprachunfähiger konnte nach Abs 3 aF ein öffentliches Testament nur durch 27 Übergabe einer Schrift errichten (zur Aufhebung der Vorschrift oben vgl Rn 6). Die Regelung sollte zum Schutz des Sprachbehinderten Missverständnisse ausschließen, die bei der Testamentserrichtung durch das mangelnde Sprachvermögen entstehen können. Obwohl der Gesetzgeber das Mündlichkeitserfordernis mit Wirkung seit dem 1. 8. 2002 (vgl zum geltenden Recht § 2232 Rn 18 ff) **insgesamt** beseitigt hat (zu Recht kritisch REIMANN FamRZ 2002, 1383, 1384; vDICKHUTH-HARRACH FamRZ 2003, 493, 497), bleibt die Unterscheidung von Bedeutung für die Anwendbarkeit des § 24 BeurkG (Einzelheiten STAUDINGER/BAUMANN [2003] Rn 26 f). Zum Beurkundungsverfahren mit der Beurkundungssprache Unkundigen vgl § 32 BeurkG (FRENZ/MIERMEISTER/BAUMANN § 32 BeurkG Rn 1 ff).

VIII. Faktische Testierunfähigkeit

1. Grundsätzliches

Stumme, Taubstumme oder sonst zZ der Beurkundung (dazu vLÜBTOW I 211) am Spre- 28 chen verhinderte Personen, die nicht schreiben und auch Geschriebenes nicht lesen konnten, galten bis zum 19. 1. 1999 zur Errichtung eines Testaments nicht fähig (vgl Nw bei ROSSAK ZEV 1995, 236). Die in § 2233 BGB vorgesehene mündliche Errichtungsform schloss nach Abs 3 (krit STAUDINGER/BAUMANN [1996] § 2233 Rn 20) denjenigen aus, der nach seinen Angaben oder nach der Überzeugung des Notars nicht hinreichend zu sprechen vermochte; derselbe musste nach § 31 S 1 BeurkG aF (EYLMANN/VAASEN/BAUMANN[3] § 31 BeurkG Rn 1 ff) die erforderliche Erklärung, dass die von ihm übergebene Schrift seinen letzten Willen enthalte, eigenhändig in die Niederschrift oder auf ein Anlageblatt derselben schreiben. Konnte er nicht schreiben, war er faktisch testierunfähig, auch wenn er geistig rege und voll geschäftsfähig war und seinen rechtsgeschäftlichen Willen durch Gebärden und/oder Gesten unmissverständlich zum Ausdruck bringen konnte (Mot V 251, 276 sowie § 31 BeurkG [dazu Begr d BReg z E eines BeurkG, BT-Drucks V 3282, 33] und RJA 17, 70; dazu LG Bochum NJW-RR 1993, 969; OLG Hamm FamRZ 1994, 993 m krit Anm P BAUMANN; STAUDINGER/BAUMANN [1996] § 2233 Rn 20). ROSSAK und ERTL (ROSSAK MittBayNot 1991, 193 ff; ERTL MittBayNot 1991, 196, 198) hatten als erste auf die **Verfassungswidrigkeit des Ausschlusses voll Geschäftsfähiger** von der Möglichkeit, Testamente zu errichten, hingewiesen (zum Ausschluss Entmündigter vgl Vorbem 39 zu §§ 2229–2264). ROSSAK hatte eine verfassungskonforme Auslegung der §§ 2232 f BGB gefordert (MittBayNot 1991, 195; ZEV 1995, 236, 240 mwNw). Das BVerfG hat durch Entscheidung vom 19. 1. 1999 (BVerfG NJW 1999, 1853 = ZEV 1999, 147; der Entscheidung im Ergebnis zustimmend ROHLFING/MITTENZWEI FamRZ 2000, 654, 659; ROSSAK DNotZ 1999, 417; ders MittBayNot 1999, 190; VOLLKOMMER ZEV 1999, 268; KELLER JA 1999, 829; SACHS JuS 2000, 288; **aA** LANGE/KUCHINKE § 19 3a α) die Verfassungswidrigkeit des Ausschlusses einer Bevölkerungsgruppe, die sich aus voll Geschäftsfähigen zusammensetzt, von der Möglichkeit, Testamente zu errichten, festgestellt (vgl dazu Rn 4). Der Gesetzgeber hat mit Wirkung zum 1. 8. 2002 das Mündlichkeitserfordernis aufgehoben. Auch nach dem Wegfall des Mündlichkeitserfordernisses bleibt es bei der faktischen Testierunfähigkeit, wenn der Erblasser zwar alles versteht, selbst aber nicht einmal mit einfachen Gebärden – nicht einmal durch Bewegungen seiner Augen – Erklärungen abgeben kann (SOERGEL/KLINGSEIS § 2232 Rn 12).

2. Erbfälle vor dem 19. 1. 1999

29 Aus dem Wegfall des Mündlichkeitserfordernisses ergeben sich für Testamente „faktisch Testierunfähiger" zu verschiedenen Errichtungszeitpunkten und für Erbfälle vor und nach der Entscheidung des BVerfG unterschiedliche Konsequenzen (dazu auch Nieder/Kössinger/W Kössinger § 17 Rn 19 ff). Bei **Erbfällen vor dem 19. 1. 1999** sollen nach den Ausführungen des Bundesverfassungsgerichts (BVerfG NJW 1999, 1853 = ZEV 1999, 147) die Rechtsicherheit und der Vertrauensschutz berücksichtigt werden. Rechtskräftig abgeschlossene Verfahren sollen nach Maßgabe des § 95 Abs 3 S 3 iVm § 79 BVerfGG unberührt bleiben (Damrau/Tanck/Weber Rn 11). Nach Ansicht des BVerfG ist derjenige zu schützen, der auf die Formunwirksamkeit einer solchen Verfügung vertraut hat (also die von den erbrechtlichen Rechtsfolgen positiv Betroffenen), sofern der **Erbfall vor dem Jahr 1991** eingetreten ist, da erst ab diesem Zeitpunkt die Verfassungsmäßigkeit der Regelung im Schrifttum (Aufsätze von Rossak – MittBayNot 1991, 193 ff – u Ertl – MittBayNot 1991, 196) in Zweifel gezogen worden sei (krit zu dieser zeitlichen Zäsur MünchKomm/Hagena[7] § 2232 Fn 35, weil die Publikationen erst im Oktober 1991 und nicht schon Anfang 1991 erfolgten). Nach dieser „unverbindlichen" Meinung des Bundesverfassungsgerichts wären somit diejenigen nicht zu schützen, die von einem testierfähigen Erblasser (vgl nur OLG Hamm FamRZ 2004, 659, wo ein ehemals Entmündigter nach Aufhebung der Betreuung wirksam testierte) als Erben oder Vermächtnisnehmer eingesetzt sind, weil die unrechtmäßigen Erben auf das verfassungswidrige Gesetz vertrauen durften. Diese Begründung des BVerfG erscheint fragwürdig. Die Grenzen einer möglichen Rückwirkung von Entscheidungen des BVerfG im Privatrecht sind bis heute ungeklärt (grundlegend Götz NJW 1959, 1809), insbesondere soweit es die Wirkungen von Entscheidungen im Bereich der Freiwilligen Gerichtsbarkeit betrifft. Ein Vertrauensschutz (Sagan [2022] plädiert dafür, das Rückwirkungsproblem grds mit der gleichheitsrechtlichen Selbstbindung der höchstrichterlichen Rechtsprechung zu lösen) auf erteilte Erbscheine kann nicht existieren, weil später auftauchende gesetzliche Erben oder – bei gewillkürter Erbfolge – später gefundene letztwillige Verfügungen von Todes wegen die Scheinerbschaft beseitigen und zur wahren Erbfolge führen (so auch Reimann/Bengel/Dietz/Voit § 2232 Rn 8). § 2361 BGB (Staudinger/Herzog [2023] § 2361 Rn 19 ff; Grüneberg/Weidlich § 2361 Rn 1 ff) schreibt die Einziehung des materiell unrichtigen Erbscheins vor. Das Erbscheinsverfahren in der Freiwilligen Gerichtsbarkeit kennt keine materielle Rechtskraft (KG NJW 2000, 442). Erbscheine können grds zeitlich unbegrenzt eingezogen werden (BGHZ 47, 58; OLG Hamm FamRZ 2007, 939; Staudinger/Herzog [2023] § 2361 Rn 5). Daher ist die vom BVerfG – ohne hinreichende Kenntnisse des Erbrechts (zu fehlenden Kenntnissen des Bundesverfassungsgerichts im Privatrecht auch Staudinger/Baumann [2014] § 1585c Rn 58 ff) – gesetzte Zäsur des Jahres 1991 nicht gerechtfertigt, weil es einen Vertrauensschutz der Erben (bei nachgewiesener Unrichtigkeit des Erbscheins) nicht gibt und weil der **Vertrauensschutz** des rechtsuchenden Bürgers **nicht** – wie das Bundesverfassungsgericht offenbar meint – **von Publikationen in juristischen Fachzeitschriften**, die ohnehin nur von einem beschränkten Personenkreis gelesen werden, **abhängig sein kann** (krit zur Rechtsprechung des Bundesverfassungsgerichts im Privatrecht [Staudinger/Baumann [2014] § 1585c Rn 58 ff, 66 ff]) Im Übrigen hatte im Schrifttum Canaris (JZ 1987, 993, 999 f) **schon 1987** auf die Problematik des Ausschlusses Geschäftsfähiger von der Möglichkeit zu testieren hingewiesen, so dass – bei der vom BVerfG gezogenen zeitlichen Zäsur nach vertretenen Literaturmeinungen – auf die Veröffentlichung von Canaris im Jahr 1987 abzustellen wäre. Außerdem konnte sich ein Vertrauens-

schutz bei unrechtmäßigen Erben in vielen Fällen nicht bilden, da – wie das BVerfG selbst ausführt – faktisch Testierunfähige, die verheiratet waren, ihre Verfügungen in Ehe- und Erbverträgen schon immer niederlegen konnten. Schließlich stand allen Erblassern, auch dem nicht verheirateten Personenkreis die Testiermöglichkeit im Ausland in denjenigen Ländern offen, die dem Haager Testamentsformabkommen beigetreten waren und Errichtungsformen durch Gebärdensprache vorsahen oder vorsehen. Ein Vertrauen in die Ungültigkeit letztwilliger Verfügungen „Testierunfähiger", die in Wahrheit testierfähig waren, kann sich daher nach unserer geltenden Rechtsordnung bei den Scheinerben – entgegen der Meinung des BVerfG – nicht gebildet haben. Soweit die unrechtmäßigen Scheinerben gleichwohl darauf vertrauten, Erben zu sein, werden sie nach unserer Rechtsordnung ausreichend geschützt, indem sie nur nach bereicherungsrechtlichen Grundsätzen haften und sich als gutgläubige Erbschaftsbesitzer gem § 2021 BGB auf den Wegfall der Bereicherung berufen können. Diese durchdachten Wertungen des Bürgerlichen Gesetzbuches dürften auch verfassungskonform sein, weil sie der aus Art 14 Abs 1 GG garantierten Freiheit des Erblassers, seinen Erben selbst zu bestimmen, auch in Abwägung zum Vertrauensschutz in Bezug auf (verfassungswidrige) Gesetze und Rechtssicherheit einer angemessenen Lösung zuführen (zweifelnd an der Berechtigung des Vertrauensschutzes, wie ihn das BVerfG fordert, auch Vollkommer ZEV 1999, 268; krit m anderer Begründung Soergel/Mayer[13] Rn 12).

3. Testamentserrichtung eines Mehrfachbehinderten vom 19. 1. 1999 bis 31. 7. 2002

Soweit die §§ 2232 aF, 2233 aF iVm § 31 aF BeurkG geschäftsfähigen Erblassern die Möglichkeit nahmen, Testamente zu errichten, berühren diese Formerfordernisse die Erbrechtsgarantie des Art 14 Abs 1 GG und verstoßen gegen das Verbot einer sachlich nicht gerechtfertigten Ungleichbehandlung Behinderter. Das BVerfG (NJW 1999, 1853 = ZEV 1999, 147) hat deshalb die **§§ 2232 aF, 2233 aF iVm § 31 aF BeurkG** insoweit für **verfassungswidrig** erklärt, als sie testierfähige Personen wegen Sprech- und Schreibunfähigkeit von der Möglichkeit des Testierens ausschlossen. Nach der Entscheidung des BVerfG war die Testiermöglichkeit bei einer Testamentserrichtung ab dem 19. 1. 1999 bis zum Inkrafttreten der gesetzlichen Neuregelung (1. 8. 2002) dadurch zu gewähren, dass neben den §§ 27–29, 34, 35 BeurkG aF die Regelungen des BeurkG über Rechtsgeschäfte unter Lebenden (§§ 22–26 BeurkG aF) entsprechend heranzuziehen waren (Nieder ZNotP 2001, 335, 337 f; Rossak ZEV 1999, 254, 255). Insbesondere musste nach § 24 BeurkG aF eine Vertrauensperson hinzugezogen werden (Eylmann/Vaasen/Baumann[1] § 24 BeurkG Rn 2 ff). 30

Seit dem 1. 8. 2002 findet das geltende Recht Anwendung, wonach das Mündlichkeitserfordernis beseitigt ist. Als Übergangsrecht nach der Entscheidung des BVerfG (NJW 1999, 1853 = ZEV 1999, 147) gilt für Testamente, die ab dem 19. 1. 1999 (vgl Rn 4) bis zum 31. 7. 2002 (vgl Rn 6) errichtet worden sind: War eine Verständigung mit dem Erblasser ohne Sprache – zB durch Gebärden – möglich, konnte die Beurkundung nach § 24 BeurkG aF wirksam vorgenommen werden (Rossak ZEV 1999, 254; Eylmann/Vaasen/Baumann[3] § 31 BeurkG Rn 7). 31

4. Testamentserrichtung eines Sprachfähigen vor dem 1. 8. 2002

32 Für alle vor dem 1. 8. 2002 errichteten Testamente gilt, dass **Gebärden eines Sprachfähigen nicht ausreichen**. Daher mussten **Sprachfähige** sich bis zum 31. 7. 2002 **mündlich ausdrücken** (BVerfG NJW 1999, 1853 = ZEV 1999, 147; der Entscheidung im Ergebnis zustimmend Rohlfing/Mittenzwei FamRZ 2000, 654, 659; Rossak DNotZ 1999, 417; Vollkommer ZEV 1999, 268; **aA** Lange/Kuchinke § 19 3a α). Die Gebärde – etwa ein Kopfnicken oder Kopfschütteln – war und ist einer mündlichen Erklärung nicht gleichzusetzen (**aA** Lange/Kuchinke § 19 III 3a), obwohl an der Berechtigung dieser Unterscheidung Zweifel bestehen, weil ein heftiges Kopfnicken aus der Sicht des Erklärungsempfängers einem schwach gehauchten „Ja" (das als sprachlicher Ausdruck von der Rechtsprechung anerkannt wurde) vergleichbar sein kann und Kombinationen mit fließenden Übergängen möglich sind.

5. Testamentserrichtung eines Mehrfachbehinderten vor dem 1. 8. 2002

33 Ist das **Testament vor dem 1. 8. 2002 errichtet**, so sind nach der Entscheidung des BVerfG alle Verfügungen schreibunfähiger Stummer aus verfassungsrechtlichen Gründen als formwirksam anzusehen, die den Anforderungen der §§ 22–26 BeurkG aF (Eylmann/Vaasen/Baumann[1] §§ 22–26 BeurkG aF) genügen. Genügt das Testament nicht den Anforderungen der §§ 22 bis 26 BeurkG aF, insbesondere weil entgegen § 24 BeurkG aF keine Vertrauensperson zugezogen wurde, ist das Testament formunwirksam errichtet (OLG Hamm NJW 2000, 3362, 3363 = ZEV 2000, 363, 364 = MittRhNotK 2000, 343 m zust Anm Lettmann MittRhNotK 2000, 345 = FGPrax 2000, 151, 152 f m zust Anm Krug; Lösler NotBZ 2000, 271 f; OLG Hamm Rpfleger 2002, 448, 449 f; LG Paderborn MittBayNot 2000, 240). Die Zuziehung eines Schreibzeugen konnte nach altem Recht die Zuziehung einer Vertrauensperson ebenso wenig ersetzen, wie nach geltendem Recht die Zuziehung einer Verständigungsperson gem § 24 Abs 1 BeurkG. Im Wege einer teleologischen Reduktion des § 2233 Abs 3 aF könnte die Formwirksamkeit des Testaments in solchen Fällen anzunehmen sein, in denen der Erblasser seinen letzten Willen im Beurkundungshauptverfahren zwar nicht mehr mündlich erklären konnte, der Notar aber aus dem Beurkundungsvorverfahren vom Inhalt der Verfügung sichere Kenntnis hatte, etwa weil der Erblasser in der Vorbesprechung noch sprachfähig war und im Beurkundungstermin sich nur noch durch Gebärden ausdrücken konnte (ausführlich dazu mit überzeugender Begründung Reimann/Bengel/Dietz/Voit § 2232 Rn 8).

§§ 2234 bis 2246
(weggefallen)

I. Vorbemerkung

1 Die §§ 2234–2246 wurden durch § 57 Abs 3 Nr 8 BeurkG v 28. 8. 1969 mit Wirkung ab 1. 1. 1970 (§ 71 BeurkG) aufgehoben. Vorher errichtete Testamente sind jedoch weiterhin (Rechtsgedanke: § 51 Abs 1 u 2 TestG, Art 213, 214 EGBGB) nach diesen Bestimmungen zu beurteilen (dazu die Erl derselben in Staudinger/Firsching[11]).

II. Wortlaut der aufgehobenen §§ 2234–2246*

§ 2234

Als Richter, Notar, Urkundsbeamter der Geschäftsstelle oder Zeuge kann bei der Errichtung des Testaments nicht mitwirken: 2

1. der Ehegatte des Erblassers, auch wenn die Ehe nicht mehr besteht;

2. der mit dem Erblasser in gerader Linie oder im zweiten Grade der Seitenlinie verwandt oder verschwägert ist.

Materialien: E I § 1916 Abs 1; II § 2100; III § 2006; Jakobs/Schubert, ER II 1553–1559; Amtl Begr z TestG DJ 1938, 1255; Horn MatK-ErbR 957–961.

Die Vorschrift wurde durch § 3 Abs 1 Nr 2, 3, § 6 Abs 1 Nr 2, 3 BeurkG ersetzt.

§ 2235

[1] Als Richter, Notar, Urkundsbeamter der Geschäftsstelle oder Zeuge kann bei der Errichtung des Testaments nicht mitwirken, wer in dem Testament bedacht oder zum Testamentsvollstrecker ernannt wird oder wer zu einem Bedachten oder Ernannten in einem Verhältnis der im § 2234 bezeichneten Art steht. 3

[2] Die Mitwirkung einer hiernach ausgeschlossenen Person hat nur zur Folge, daß die Zuwendung an den Bedachten oder die Ernennung zum Testamentsvollstrecker nichtig ist.

Materialien: E I § 1916 Abs 2; II § 2101; III § 2207; Jakobs/Schubert, ER II 1553–1559; 1. Denkschr d ErbrA (1937) 67; Amtl Begr z TestG DJ 1938, 1255; Horn MatK-ErbR 961–964.

Die Vorschrift wurde durch §§ 7, 27 BeurkG ersetzt.

§ 2236

Als Urkundsbeamter der Geschäftsstelle oder zweiter Notar oder Zeuge soll bei der Errichtung des Testaments nicht mitwirken, wer zu dem Richter oder dem beurkundenden Notar in einem Verhältnis der im § 2234 bezeichneten Art steht. 4

Materialien: E I § 1917 Abs 1; II § 2102; III § 2208; Jakobs/Schubert, ER II 1560–1569; 1. Denkschr d ErbrA (1937) 62 f; Amtl Begr z TestG DJ 1938, 1255; Horn MatK-ErbR 964–969.

Die Vorschrift wurde durch §§ 26, 27 BeurkG ersetzt.

---

* Wortlaut in der zum Zeitpunkt der Aufhebung gültigen Fassung.

§ 2237

5 *Als Zeuge soll bei der Errichtung des Testaments nicht mitwirken:*

1. ein Minderjähriger;

2. wer der bürgerlichen Ehrenrechte für verlustig erklärt ist, während der Zeit, für welche die Ehrenrechte aberkannt sind;

3. wer nach den gesetzlichen Vorschriften wegen einer strafgerichtlichen Verurteilung unfähig ist, als Zeuge eidlich vernommen zu werden;

4. wer geisteskrank, geistesschwach, taub, blind oder stumm ist oder nicht schreiben kann;

5. wer die deutsche Sprache nicht versteht; dies gilt nicht im Falle des § 2245;

6. wer als Hausangestellter oder Gehilfe im Dienste des Richters oder des beurkundenden Notars steht.

Materialien: E I § 1917 Abs 2 u 3; II § 2103; III § 2209; Jakobs/Schubert, ER II 1560–1569; 1. Denkschr d ErbrA (1937) 62 f; Amtl Begr z TestG DJ 1938, 1256; Horn MatK-ErbR 969–970.

Die Vorschrift wurde sachlich durch § 26 BeurkG ersetzt.

§ 2238

6 *[1] Das Testament wird in der Weise errichtet, daß der Erblasser dem Richter oder dem Notar seinen letzten Willen mündlich erklärt oder eine Schrift mit der mündlichen Erklärung übergibt, daß die Schrift seinen letzten Willen enthalte.*

[2] Der Erblasser kann die Schrift offen oder verschlossen übergeben. Die Schrift kann von dem Erblasser oder von einer anderen Person geschrieben sein. Der Richter oder der Notar soll von dem Inhalt der offen übergebenen Schrift Kenntnis nehmen.

[3] Wer minderjährig ist, kann das Testament nur durch mündliche Erklärung oder durch Übergabe einer offenen Schrift errichten.

[4] Ist der Erblasser nach der Überzeugung des Richters oder des Notars nicht imstande, Geschriebenes zu lesen, so kann er das Testament nur durch mündliche Erklärung errichten.

Materialien: E I §§ 1918, 1922; II § 2104; III § 2210; Jakobs/Schubert, ER II 1570–1588; 1. Denkschr d ErbrA (1937) 68; Amtl Begr z TestG DJ 1938, 1256; Horn MatK-ErbR 970–976.

Die Vorschrift wurde durch §§ 2232, 2233 BGB nF ersetzt.

§ 2239

Die bei der Errichtung des Testaments mitwirkenden Personen müssen, soweit sich aus § 2242 Abs 2, 3 nichts anderes ergibt, während der ganzen Verhandlung zugegen sein. 7

Materialien: E I § 1915 Abs 3; II § 2105; III § 2211; Jakobs/Schubert, ER II 1531–1547; l. Denkschr d ErbrA (1937) 67; Amtl Begr z TestG DJ 1938, 1256; Horn MatK-ErbR 976–977.

Die Vorschrift wurde durch § 13 Abs 1, §§ 22, 24 Abs 1 BeurkG ersetzt.

§ 2240

Über die Errichtung des Testaments muß eine Niederschrift in deutscher Sprache aufgenommen werden. 8

Materialien: E I § 1919 Abs 1; II § 2106; III § 2212; Jakobs/Schubert, ER II 1584–1586; 1. Denkschr d ErbrA (1937) 75; Horn MatK-ErbR 977–980.

Die Vorschrift wurde durch § 5 Abs 1, § 8 BeurkG ersetzt.

§ 2241

[1] Die Niederschrift muß enthalten: 9

1. den Tag der Verhandlung;

2. die Bezeichnung des Erblassers und der mitwirkenden Personen;

3. die nach § 2238 erforderlichen Erklärungen des Erblassers und im Falle der Übergabe einer Schrift die Festlegung der Übergabe.

[2] Die Niederschrift soll ferner den Ort der Verhandlung enthalten.

[3] Das Fehlen einer Angabe über den Tag der Verhandlung steht der Gültigkeit des Testaments nicht entgegen, wenn diese Angabe aus dem vom Richter oder Notar nach § 2246 auf den Testamentsumschlag gesetzten Vermerk hervorgeht.

[4] Das Testament ist nicht schon deshalb ungültig, weil die Angabe über den Tag der Verhandlung unrichtig ist.

Materialien: E I § 1919 Abs 2; II § 2107; III § 2213; Jakobs/Schubert, ER II 1572–1587; 1. Denkschr d ErbrA (1937) 75; Amtl Begr z TestG DJ 1938, 1256; Horn MatK-ErbR 980–981.

Die Vorschrift wurde durch §§ 9, 30 BeurkG ersetzt.

§ 2241a

10 *[1] Kennt der Richter oder der Notar den Erblasser, so soll er dies in der Niederschrift feststellen. Kennt er ihn nicht, so soll er angeben, wie er sich Gewißheit über seine Person verschafft hat.*

[2] Kann sich der Richter oder der Notar über die Person des Erblassers keine volle Gewißheit verschaffen, wird aber gleichwohl die Aufnahme der Verhandlung verlangt, so soll er dies in der Niederschrift unter Anführung des Sachverhalts und der zur Feststellung der Person beigebrachten Unterlagen angeben.

[3] Der Richter oder der Notar soll sich davon überzeugen, daß der Erblasser testierfähig ist (§ 2229). Er soll seine Wahrnehmungen über die Testierfähigkeit in der Niederschrift angeben.

Materialien: Amtl Begr z TestG DJ 1938, 1256; Horn MatK-ErbR 982.

Die Vorschrift wurde durch §§ 10, 11, 28 BeurkG ersetzt.

§ 2241b

11 *[1] Der Richter oder der Notar soll den Erblasser auf Bedenken gegen den Inhalt seiner mündlichen Erklärung oder der offen übergebenen Schrift hinweisen.*

[2] Bestehen Zweifel an der Gültigkeit des beabsichtigten Testaments, so sollen die Zweifel dem Erblasser mitgeteilt und der Inhalt der Mitteilung und die hierauf vom Erblasser abgegebenen Erklärungen in der Niederschrift festgestellt werden.

Materialien: 1. Denkschr d ErbrA (1937) 77; Amtl Begr z TestG DJ 1938, 1256; Horn MatK-ErbR 982–983.

Die Vorschrift wurde durch §§ 17, 30 BeurkG ersetzt.

§ 2242

12 *[1] Die Niederschrift muß vorgelesen, vom Erblasser genehmigt und von ihm eigenhändig unterschrieben werden. In der Niederschrift soll festgestellt werden, daß dies geschehen ist. Hat der Erblasser die Niederschrift eigenhändig unterschrieben, so wird vermutet, daß sie vorgelesen und von ihm genehmigt ist. Die Niederschrift soll dem Erblasser auf Verlangen auch zur Durchsicht vorgelegt werden.*

[2] Ist der Erblasser taub, so soll ihm die Niederschrift zur Durchsicht vorgelegt werden, auch wenn er dies nicht verlangt; in der Niederschrift soll festgestellt werden, daß dies geschehen ist. Kann der taube Erblasser Geschriebenes nicht lesen, so soll bei dem Vorlesen eine Vertrauensperson zugezogen werden, die sich mit ihm zu verständigen vermag; in der Niederschrift soll die Zuziehung festgestellt werden.

[3] Kann der Erblasser nach der Überzeugung des Richters oder des Notars nicht schreiben, so wird die Unterschrift des Erblassers durch die Feststellung dieser Über-

zeugung in der Niederschrift ersetzt. In einem solchen Falle muß der Richter oder der Notar bei dem Vorlesen und der Genehmigung einen Zeugen zuziehen; der Zuziehung des Zeugen bedarf es nicht, wenn der Richter oder der Notar gemäß § 2233 oder nach einer anderen gesetzlichen Vorschrift einen Urkundsbeamten der Geschäftsstelle oder einen zweiten Notar oder zwei Zeugen zuzieht.

[4] Die Niederschrift muß von den mitwirkenden Personen unterschrieben werden.

Materialien: E I § 1919 Abs 3 u 4, § 1920; II § 2108; III § 2214; Jakobs/Schubert, ER II 1571–1587; 1. Denkschr d ErbrA (1937) 75; Amtl Begr z TestG DJ 1938, 1256; Horn MatK-ErbR 983–985.

Abs 1 wurde durch § 13 Abs 1, Abs 2 durch §§ 23, 24 BeurkG, Abs 3 durch § 25 BeurkG und Abs 4 durch § 13 Abs 3, § 22 Abs 2, § 24 Abs 1 S 3, §§ 29, 35 BeurkG ersetzt.

§ 2243

[1] Wer nach der Überzeugung des Richters oder des Notars stumm oder sonst am Sprechen verhindert ist, kann das Testament nur durch Übergabe einer Schrift errichten. Er muß die Erklärung, daß die Schrift seinen letzten Willen enthalte, bei der Verhandlung eigenhändig in die Niederschrift oder auf ein besonderes Blatt schreiben, das der Niederschrift als Anlage beigefügt werden muß. **13**

[2] Das eigenhändige Niederschreiben der Erklärung sowie die Überzeugung des Richters oder des Notars, daß der Erblasser am Sprechen verhindert ist, sollen in der Niederschrift festgestellt werden. Die Niederschrift braucht von dem Erblasser nicht besonders genehmigt zu werden.

Materialien: E I § 1921; II § 2109; III § 2215; Jakobs/Schubert, ER II 1571–1588; Amtl Begr z TestG DJ 1938, 1257; Horn MatK-ErbR 985–988.

Die Vorschrift wurde durch § 2233 Abs 3 BGB nF und § 31 BeurkG ersetzt.

§ 2244

[1] Ist der Erblasser nach der Überzeugung des Richters oder des Notars der deutschen Sprache nicht mächtig, so muß bei der Errichtung des Testaments ein beeidigter Dolmetscher zugezogen werden. Auf den Dolmetscher sind die nach den §§ 2234 bis 2237 für einen Zeugen geltenden Vorschriften entsprechend anzuwenden. **14**

[2] Die Niederschrift muß in die Sprache, in der sich der Erblasser erklärt, übersetzt werden. Die Übersetzung muß von dem Dolmetscher angefertigt oder beglaubigt und vorgelesen werden; die Übersetzung muß der Niederschrift als Anlage beigefügt werden.

[3] In der Niederschrift soll die Überzeugung des Richters oder des Notars, daß der Erblasser der deutschen Sprache nicht mächtig sei, festgestellt werden. Die Niederschrift muß den Namen des Dolmetschers und die Feststellung enthalten, daß der Dol-

metscher die Übersetzung angefertigt oder beglaubigt und sie vorgelesen hat. Der Dolmetscher muß die Niederschrift unterschreiben.

Materialien: E I § 1923 Abs 1, 2, 3; II § 2110; III § 2216; Jakobs/Schubert, ER II 1589–1596; 1. Denkschr d ErbrA (1937) 77; Amtl Begr z TestG DJ 1938, 1257; Horn MatK-ErbR 988–993.

Die Vorschrift wurde durch § 16 BeurkG ersetzt.

§ 2245

15 *[1] Sind sämtliche mitwirkenden Personen nach der Überzeugung des Richters oder des Notars der Sprache, in der sich der Erblasser erklärt, mächtig, so ist die Zuziehung eines Dolmetschers nicht erforderlich.*

[2] Unterbleibt die Zuziehung eines Dolmetschers, so muß die Niederschrift in der fremden Sprache aufgenommen werden und die Überzeugung des Richters oder des Notars feststellen, daß die mitwirkenden Personen der fremden Sprache mächtig seien. In der Niederschrift soll die Überzeugung des Richters oder des Notars, daß der Erblasser der deutschen Sprache nicht mächtig sei, festgestellt werden. Eine deutsche Übersetzung der Niederschrift soll als Anlage beigefügt werden.

Materialien: E I § 1923 Abs 4; II § 2111; III § 2217; Jakobs/Schubert, ER II 1590–1596; 1. Denkschr d ErbrA (1937) 77; Amtl Begr z TestG DJ 1938, 1257; Horn MatK-ErbR 993–994.

Die Vorschrift wurde durch § 5 Abs 2 BeurkG ersetzt.

§ 2246

16 *[1] Der Richter oder der Notar soll die Niederschrift über die Errichtung des Testaments mit den Anlagen, insbesondere im Falle der Errichtung durch Übergabe einer Schrift mit dieser Schrift, in Gegenwart der übrigen mitwirkenden Personen und des Erblassers in einen Umschlag nehmen und diesen mit dem Amtssiegel verschließen. Der Richter oder der Notar soll das Testament auf dem Umschlag nach der Person des Erblassers sowie nach der Zeit der Errichtung näher bezeichnen und diese Aufschrift unterschreiben.*

[2] Der Richter oder der Notar soll veranlassen, daß das verschlossene Testament unverzüglich in besondere amtliche Verwahrung gebracht wird (§§ 2258a, 2258b). Dem Erblasser soll über das in Verwahrung genommene Testament ein Hinterlegungsschein erteilt werden.

Materialien: E I § 1932 Abs 1 u 2; II § 2112; III § 2218; Jakobs/Schubert, ER II 1597–1610; 1. Denkschr d ErbrA (1937) 42; Amtl Begr z TestG DJ 1938, 1257; Horn MatK-ErbR 995–998.

Die Vorschrift wurde durch § 34 Abs 1 BeurkG ersetzt.

§ 2247
Eigenhändiges Testament

(1) Der Erblasser kann ein Testament durch eine eigenhändig geschriebene und unterschriebene Erklärung errichten.

(2) Der Erblasser soll in der Erklärung angeben, zu welcher Zeit (Tag, Monat und Jahr) und an welchem Orte er sie niedergeschrieben hat.

(3) Die Unterschrift soll den Vornamen und den Familiennamen des Erblassers enthalten. Unterschreibt der Erblasser in anderer Weise und reicht diese Unterzeichnung zur Feststellung der Urheberschaft des Erblassers und der Ernstlichkeit seiner Erklärung aus, so steht eine solche Unterzeichnung der Gültigkeit des Testaments nicht entgegen.

(4) Wer minderjährig ist oder Geschriebenes nicht zu lesen vermag, kann ein Testament nicht nach obigen Vorschriften errichten.

(5) Enthält ein nach Absatz 1 errichtetes Testament keine Angabe über die Zeit der Errichtung und ergeben sich hieraus Zweifel über seine Gültigkeit, so ist das Testament nur dann als gültig anzusehen, wenn sich die notwendigen Feststellungen über die Zeit der Errichtung anderweit treffen lassen. Dasselbe gilt entsprechend für ein Testament, das keine Angabe über den Ort der Errichtung enthält.

Materialien: E I §§ 1914, 1915 Abs 1 S 1; II § 2099 Abs 1; III § 2205 Abs 1; Mot V 258; Prot V 326; KommBer 177; Jakobs/Schubert, ER II 1529–1552, 1579–1611; 1. Denkschr d ErbrA (1937) 41; Amtl Begr z TestG DJ 1938, 1257; Horn MatK-ErbR 998–1001.

Schrifttum

Schrifttum bis 1949 vgl Staudinger/Baumann (2003) § 2247.

Schrifttum seit 1950

Aden, Das todesnahe Testament, ZRP 2011, 83
Baumann, Feststellungsverträge, in: Notar und Rechtsgestaltung, FS 200 Jahre Rheinisches Notariat (1998) 59
ders, Der erbrechtliche Auslegungsvertrag – Feststellungsvertrag, Vergleich (§ 779 BGB) oder Schuldvertrag sui generis?, ErbR 2010, 109
ders, Anforderungen an Namensunterschriften unter beurkundeten Verfügungen von Todes wegen, RNotZ 2010, 310
ders, Abschied vom erbrechtlichen Auslegungs- oder Feststellungsvertrag, RNotZ 2011, 33
Beutgen, Die Geschichte der Form des eigenhändigen Testaments (Diss Köln 1991)
Breitschmidt, Formvorschriften im Testamentsrecht, Züricher Studien zum Privatrecht (1982)
Burkart, Das eigenhändige Testament nach § 2247 BGB – Seine Problematik und seine Zukunft, in: FS v Lübtow (1991) 253
Christandl, Selbstbestimmtes Testieren in einer alternden Gesellschaft (2016)
Firsching, Fragen zum Testamentsrecht, DNotZ 1955, 283
Görgens, Die Bindung des Richters an das Gesetz und die Formerfordernisse des eigenhändigen Testaments (Diss Bochum 1975)
ders, Überlegungen zur Weiterentwicklung des § 2247 BGB, JR 1979, 357
Grundmann, Favor Testamenti. Zu Formfreiheit und Formzwang bei privatschriftlichen Testamenten, AcP 1987 (187) 429
Haegele, Das eigenhändige Testament in

Rechtsprechung, Schrifttum und Praxis, JurBüro 1968, 343
ders, Mein letzter Wille (14. Aufl 1976)
ders, Das Privattestament (6. Aufl 1977)
Hergenröder, Testieren 2.0: Errichtung eines digitalen eigenhändigen Testaments mittels Touch- oder Smartpen?, ZEV 2018, 7
Hohloch, Formwirksamkeit eines eigenhändigen Testaments, JuS 2003, 614
Horn/Kroiss/Seitz, „Testamentsfälschung": Das Schriftgutachten im Erbscheinsverfahren, ZEV 2013, 24
Hosemann, Von den Bedenken gegen das Testieren „im stillen Kämmerlein" – Die Geschichte des eigenhändigen Testaments in Deutschland, dargestellt aus Anlass des 200. Geburtstags des Badischen Landrechts, RNotZ 2010, 520
Jahrmarkt, Typische Fehler in letztwilligen Verfügungen, Inf 1986, 193
Johannsen, Die Rechtsprechung des BGH auf dem Gebiet des Erbrechts (7. Teil) WM 1971, 402, 918; 1973, 547; 1977, 277; 1979, 608
Kössinger, Das Testament Alleinstehender (4. Aufl 2010)
Krätzschel, Die Errichtung letztwilliger Verfügungen in Corona-Zeiten, ZEV 2020, 268
Michau, Zulässige und unzulässige Schreibhilfe bei Errichtung eines eigenhändigen Testaments, Arch Krim 162 (1978) 1
Muer, Das elektronische Testament, ErbR 2022, 277
Muscheler, Die Rolle Badens in der Entstehungsgeschichte des Bürgerlichen Gesetzbuches (1993)
ders, Die Form des eigenhändigen Testaments in der deutschen und schweizerischen Rechtsprechung, ErbR 2015, 3
Nieder/Kössinger, Handbuch der Testamentsgestaltung (6. Aufl 2020)
vOertzen/Blasweiler, Wirksamkeit ausländischer digitaler Testamente in Deutschland, ErbR 2020, 696
Ohr, Das formungültige eigenhändige Testament als unechte Urkunde, JuS 1967, 255
Otte, Das eigenhändige Testament als ordentliche Errichtungsform nach dem BGB – Gründe und Einwände, in: Schmöckel/Otte (Hrsg), Europäische Testamentsformen (2011)
Peters, Unterschrift auf dem Umschlag als Testamentsunterschrift, in: FS Zöllner (1998) 167
Pötzsch, Hat das privatschriftliche Testament noch Daseinsberechtigung?, NJ 1951, 361
Reinert, Zu den formellen Anforderungen an die Errichtung eines privatschriftlichen Testaments unter Berücksichtigung der obergerichtlichen Rechtsprechung und Literatur, ErbR 2021, 296
Röthel, Testamentsformen, Jura 2014, 475
dies, Form und Privatautonomie: Blicke auf das eigenhändige Testament, in: Schmoeckel (Hrsg), Das holographische Testament (2015) 33
Sanders/Göldner, Das Tablet-Testament, ErbR 2020, 335
Sarres, Eigenhändigkeit setzt unbeeinflusste Schreibleistung des Erblassers voraus, ErbR 2013, 38
ders, Testament: Kombination aus handschriftlichen Worten und Pfeildiagramm unzulässig, EE 2013, 112
Schiemann, Kautelarjuristische Überlegungen zur Rolle des Erbrechts in einer älter werdenden Gesellschaft, in: FS Otte (2005) 313
Schmitz, Die Bedeutung der Datumsangabe im eigenhändigen Testament, ErbR 2017, 260
ders, Ärger mit eigenhändigen Testamenten, ErbR 2019, 332
Schmoeckel (Hrsg), Das holographische Testament (2015)
Scholz, Digitales Testieren – Zur Verwendung digitaler Technologien beim eigenhändigen und Nottestament de lege lata et ferenda, AcP 219 (2019) 100
ders, Zulässigkeit und Grenzen der Verwendung digitaler Technologien beim Testieren, ErbR 2019, 617
Schubert, Das Familien- und Erbrecht unter dem Nationalsozialismus (1993)
Schulze, Über die Verwendung der Blindenschrift bei der Errichtung letztwilliger Verfügungen, DNotZ 1955, 629
Seiler, Die Formerfordernisse des eigenhändigen Testaments (1996)
Sonntag, Auslegungskriterien bei sich widersprechenden Testamenten vom selben Tag, ZEV 1996, 1
Steden, Formfreie und formbedürftige Ände-

rungen des eigenhändigen Testaments (Diss Mainz 1971)
Stein, Wenn das formunwirksame Testament dem formwirksamen steuerlich vorzuziehen ist, NJW 2020, 339
Stumpf, Postscripta im eigenhändigen Testament, FamRZ 1992, 1131
Tzschaschel, Das private Einzeltestament (14. Aufl 2009)
Welter, Auslegung und Form testamentarischer Verfügungen (1985)
Werner, Zur Eigenhändigkeit letztwilliger Verfügungen, DNotZ 1972, 6
ders, Das kopierte Erblasserschreiben, JuS 1973, 434.

Systematische Übersicht

Alphabetische Übersicht

I. Textgeschichte

1 **1.** Die **Entwürfe zum BGB** lehnten das holographische (eigenhändige) Privattestament als ordentliche Testamentsform ab (Hosemann RNotZ 2010, 520; Otte [2011] 31). Die Juristen aus den Gebieten des französischen und badischen Rechtes (Muscheler [1993] 75 ff) setzten jedoch wegen seines dortigen Verbreitungsgrades nach hartnäckigem Kampfe und kontroversen Diskussionen in Reichstagskommission (Horn MatK-ErbR § 2231 Rn 85–95) und Reichstag (Horn MatK-ErbR Rn 96–184) die Aufnahme des eigenhändigen Testaments in das BGB in buchstäblich letzter Minute des Gesetzgebungsverfahren durch (Endemann III § 37 unter Hinweis auf Reichstagskommissionsbericht Nr 44 Oc 16 und Stenogr Ber 726; Otte [2011] 31, 37 ff).

2 **2.** Die **ursprüngliche Regelung** des holographischen Privattestamentes fand sich in § 2231 aF:

Ein Testament kann in ordentlicher Form errichtet werden:

1. vor einem Richter oder vor einem Notar;

2. durch eine von dem Erblasser unter Angabe des Ortes und Tages eigenhändig geschriebene und unterschriebene Erklärung.

Danach waren die eigenhändig geschriebenen **Angaben des Ortes und der Zeit zwingende Formerfordernisse**. Dies führte zu häufigen Formfehlern und zur Nichtigkeit eigenhändiger Testamente, obwohl sich die Rechtsprechung in vielen Fällen um die Aufrechterhaltung des letzten Willens bemühte (RGZ 147, 193; KG JW 1935, 3482; JW 1936, 2484; JW 1937, 2831). Die häufige Formnichtigkeit eigenhändiger Testamente führte einerseits zur Kritik an dieser Testamentsform, andererseits bei den Befürwortern des eigenhändigen Testaments zu scharfer Gesetzes- und Rechtsprechungskritik im Schrifttum, verbunden mit der Forderung nach einer Beseitigung der zu strengen Formerfordernisse (vHippel, Formalismus und Rechtsdogmatik; Vogels ZAkDR 1935, 635; Einzelheiten mNw der uneinheitlichen Rechtsprechung Staudinger/Firsching[12] Rn 22 ff und 61 ff).

3 **3.** Abs 4 bildete in der Ursprungsfassung des BGB den Inhalt einer eigenen Vorschrift (Horn MatK-ErbR § 2247 Rn 5–8). Der Wortlaut des § 2247 aF in seiner **Ursprungsfassung** erschöpfte sich im unverändert gebliebenen Wortlaut des jetzigen Abs 4.

4 **4.** Das **TestG** behielt trotz beachtenswerter Einwände (Schubert 336) gegen das eigenhändige Testament diese Testamentsform bei und erhob es auch für den österreichischen Rechtskreis (das TestG wurde in Österreich durch G v 12. 12. 1946 [BGBl 1947 Nr 9] wieder in vollem Umfang aufgehoben) zur einzigen Form des ordentlichen Privattestaments (Horn MatK-ErbR § 2247 Rn 9–12). Der Kritik von Lit und Rspr nachkommend verzichtete man auf das Erfordernis von Datierung und Ortsangabe. Die Neufassung erfolgte in § 21 TestG. Abs 4 entsprach dabei dem früheren § 2247. Abweichend vom heutigen Gesetzestext lauteten:

Abs 2: „Es ist nicht notwendig, aber rätlich, daß der Erblasser in der Erklärung angibt, zu welcher Zeit …"

Abs 3 S 2: „Unterschreibt der Erblasser in anderer Weise, etwa lediglich mit dem Vornamen oder durch Angabe der Familienstellung, und reicht diese Unterzeichnung …"

Abs 5 S 1: „Enthält ein nach Abs 1 errichtetes Testament keine Angabe über die Zeit der Errichtung und ergeben sich hieraus Zweifel über seine Gültigkeit (etwa weil der Erblasser während einer gewissen Zeit wegen Entmündigung testierunfähig war oder weil er mehrere einander widersprechende Testamente hinterlassen hat), so ist das Testament nur dann als gültig anzusehen, …"

5. Das **GesEinhG** vom 5. 3. 1953 übernahm, von stilistischen Änderungen abgesehen, den Inhalt des § 21 wörtlich in § 2247 BGB. 5

6. § 57 Abs 3 Nr 9 **BeurkG** strich die Worte *„in ordentlicher Form"* als überflüssig. 6

7. Die Neufassung des BGB (Bekanntmachung v 2. 1. 2002 [BGBl I 42]) hat die amtliche Überschrift eingeführt sowie die Orthographie an die Rechtschreibreform angepasst (ua Ersetzung des „ß" nach kurzem Vokal durch „ss"), den Gesetzeswortlaut inhaltlich aber unverändert belassen. 7

II. Normzweck

Das eigenhändige Testament soll der Verwirklichung einer möglichst weitgehenden – durch Art 14 GG verfassungsrechtlich abgesicherten – Testierfreiheit dienen. Da Rechtssicherheit und privater Rechtsfrieden erfordern, dass die erst postmortal verkündeten Willenserklärungen des Erblassers zuverlässigen und möglichst fälschungssicheren Formen unterworfen sind, verlangt die Vorschrift, um den Testierenden zu einem überlegten, verantwortungsvollen Handeln (Übereilungsschutz) zu zwingen, die Einhaltung strenger Formerfordernisse (eigenhändige Niederschrift mit abschließender eigenhändiger Unterschrift) (zu den Formzwecken vgl Rn 16 ff, 103 ff). Die Vorschrift in ihrer heutigen Fassung reduziert die Formerfordernisse auf das für ein ordentliches Testament erforderliche Mindestmaß (zum erforderlichen Mindestmaß MünchKomm/Sticherling Rn 2). 8

III. Grundsätzliches

1. Ergänzende Vorschriften

a) Nach § 2248 kann auch das eigenhändige Testament in amtliche Verwahrung genommen werden. Das eigenhändige Testament bleibt trotz amtlicher Verwahrung beim Nachlassgericht auch nach Testamentseröffnung eine **Privaturkunde** (OLG Schleswig 8. 9. 2021 – 2 Wx 49/21, ErbR 2021, 1069; Staudinger/Baumann § 2248 Rn 22). Die Echtheitsvermutung des § 440 Abs 2 ZPO gilt nicht. 9

b) Ehegatten können nach § 2267 BGB ein gemeinschaftliches Testament errichten, das nur von einem Ehegatten eigenhändig geschrieben und von beiden unterschrieben sein muss (Staudinger/Raff § 2267 Rn 3 ff), auch in der Weise, dass beide auf 10 einem gemeinsamen Blatt Verfügungen in der Form des § 2247 BGB errichten (OLG Zweibrücken Rpfleger 2000, 551; LG Mainz MittRhNotK 2000, 347).

2. Bedenken gegen das eigenhändige Testament

11 Das eigenhändige Testament hat trotz der scharfen Kritik in den Gesetzgebungsverfahren des BGB (Horn MatK-ErbR § 2231 Rn 85–184; Hosemann RNotZ 2010, 520; Otte [2011] 31) und des TestG (Hosemann RNotZ 2010, 520, 524; Otte [2011] 31, 37 ff) eine große Verbreitung in der heutigen Gesellschaft und rechtsstaatliche Anerkennung (Staudinger/Otte [2017] Einl 73 f zum ErbR) gefunden (zum Vergleich der Testamentsformen § 2231 Rn 12 ff). Wegen dieser Verbreitung dürfte seine gesetzliche Abschaffung in absehbarer Zeit nicht auf der politischen Agenda stehen, obwohl nach dem Urteil von Fachjuristen, die Erfahrungen mit nach dem Erbfall eröffneten eigenhändigen Testamenten haben, „erhebliche Bedenken nach wie vor dagegen bestehen" (MünchKomm/Hagena[7] Rn 2; MünchKomm/Sticherling Rn 1; Damrau/Tanck/Weber Rn 5; Schmitz ErbR 2019, 332). Der Rechtsfriede wird durch Privattestamente nachhaltig in zahllosen Fällen gestört und – wie zahlreiche Gerichtsverfahren belegen – die Gerichte werden mit vermeidbaren Prozessen nach dem Erbfall belastet (Olzen Rn 287; Schmitz ErbR 2019, 332). Der Rechtspraxis werden in Erbscheinsverfahren zB auf zahlreichen Zetteln (vgl zB BayObLG ZEV 2000, 365 m Anm Kroppenberg, wo dem Nachlassgericht zur Testamentseröffnung 15 von der Erblasserin verfasste letztwillige Verfügungen oder die Erbfolge betreffende Schriftstücke vorlagen) wirr angeordnete, unstrukturierte Aufzeichnungen als „private Testamente" vorgelegt, die erhebliche Zweifel wecken, ob das eigenhändige Testament für alle Bevölkerungskreise als Errichtungsform geeignet ist (das im Übrigen sehr liberale niederländische Recht kennt kein allgemeingültiges Privattestament und reduziert die Geltung eigenhändiger Testamente im Wesentlichen auf Vermächtnisse unbedeutenden Wertes [zB Hausrat, Kleidung, Wäsche] Art 97, Boek 4, Burgerlijk Wetboek). Mit einer solchen Reduktion des Anwendungsbereichs und einer (eventuellen) Geltung des eigenhändigen Testaments als Nottestament würde auch den von Staudinger/Otte [2017] Einl 73 zum ErbR vorgetragenen Bedenken gegen seine Abschaffung teilweise Rechnung getragen. Otte hält eine gänzliche Abschaffung des eigenhändigen Testaments für einen unverhältnismäßigen Eingriff in die Testierfreiheit (Staudinger/Otte [2017] Einl 73a zum ErbR). Allerdings bleiben die Bedenken einer unkontrollierbaren Beeinflussbarkeit des Erlassers, die in einer älter werdenden Gesellschaft besonderes Gewicht gewinnen (Schiemann in: FS Otte 313; Christandl, Selbstbestimmtes Testieren in einer alternden Gesellschaft).

12 Von juristischen Laien verfasste eigenhändige Testamente sind in den weitaus selteneren Fällen eindeutig (Röthel § 17 Rn 3; Schmöckel § 20 Rn 15; Damrau/Tanck/Weber Rn 1; Burandt/Rojahn/Lauck § 2231 Rn 12; zu den zahlreichen Rechtsstreiten vgl die umfangreiche nachfolgend aufgeführte Judikatur zu Form, Inhalt, Widerruf), weil juristische Fachbegriffe selbst einfachster Art (zB Erbeinsetzung mit Vermächtnis, Nacherbeneinsetzung mit „Schluss"- bzw Ersatzerbeinsetzung) verwechselt werden und die Inhalte in Privattestamenten bei etwas komplizierteren Regelungen sehr oft unklar, sogar widersprüchlich sind (Soergel/Klingseis § 2231 Rn 12; Muscheler ErbR 2015, 3). Zudem ist die Urheberschaft und die Testierfähigkeit im Zeitpunkt der Testamentserrichtung bei Privattestamenten oft zweifelhaft (krit auch Schmoeckel § 20 Rn 15; Schiemann in: FS Otte 313), was zur erhöhten Belastung der Nachlass- und Prozessgerichte führt (vgl zB BayObLG FamRZ 1991, 370: Das Nachlassgericht hörte vier Beteiligte persönlich an, drei Beteiligte äu-

ßerten sich schriftlich. Acht Zeugen wurden persönlich vernommen, einer äußerte sich schriftlich. Sechs Gutachten wurden eingeholt. Das Gutachten des Landeskriminalamts wurde durch drei weitere Gutachten sowie ein urkundentechnisches Gutachten und ein medizinisches Gutachten ergänzt). Den Privattestamenten fehlt regelmäßig die sprachliche Präzision, weshalb die Gerichte mit umfangreichen Auslegungsfragen belastet werden (ausführlich MünchKomm/Sticherling Rn 8 ff).

Es ist nicht gewährleistet, dass – insbesondere ältere Menschen (Schiemann in: FS Otte 313; Christandl, Selbstbestimmtes Testieren in einer alternden Gesellschaft) – die Errichtung eines privatschriftlichen Testaments unbeeinflusst vornehmen, nicht einmal, dass sie im Zeitpunkt der Testamentserrichtung testierfähig waren (zB BayObLG ZEV 2005, 345; Soergel/Klingseis § 2231 Rn 11). Deshalb bildet die Frage der Testierfähigkeit insbesondere bei eigenhändigen Testamenten in zahlreichen gerichtlichen Verfahren den Hauptstreitpunkt (Schmitz ErbR 2019, 332, 334 f). Insbesondere in Fällen eingetretener Demenz können privatschriftliche Testamente problemlos rückdatiert werden und unterliegen sogar bei eigenhändiger Fertigung hohen Fälschungsrisiken (OLG Düsseldorf 8. 5. 2013 – 3 Wx 47/12, FamRZ 2013, 1841; OLG Düsseldorf 17. 11. 2014 – 25 Wx 84/14, FamRZ 2015, 874; OLG Brandenburg 20. 3. 2014 – 3 W 62/13, ErbR 2014, 393; OLG Karlsruhe 10. 6. 2015 – 11 Wx 33/15, ZErb 2015, 280), die wegen der leichten Abänderungs- und Aufhebungsmöglichkeiten gem § 2255 BGB sogar noch erhöht sind. Mit der grundsätzlichen Testierfähigkeit Betreuter sind seit Einführung der Betreuung neue Rechtsunsicherheiten mit dem eigenhändigen Testament verbunden, auch wenn das Betreuungsgericht fakultativ anordnen kann, dass der Betreute das Testament nur in notarieller Beurkundungsform wirksam errichten kann (BT-Drucks 11/4528, 66). Die Dunkelziffer beeinflusster, verfälschter und unterdrückter Privattestamente ist objektiv nicht feststellbar, dürfte aber deutlich in einem Bereich rechtspolitischer Relevanz liegen. Deshalb ist als rechtspolitische Mindestkorrektur des § 2247 BGB zu fordern, dass privatschriftliche Testamente im Stadium der Todesnähe zum Schutz vor einer Beeinflussung durch Dritte de lege ferenda unwirksam sein sollten (Aden ZRP 2011, 83 ff, wobei die einfache, durch Dritte beeinflussbare Rückdatierung, die kaum nachweisbar sein wird, diese rechtspolitisch sinnvolle Forderung zur Farce werden lässt). Diese – sachlich begründete und vom Gesetzgeber auf zu berücksichtigende Wertungstopoi gestützte – Forderung zur Gesetzesänderung wirft die weitergehenden Fragen auf, wie „Todesnähe“ abgrenzbar sein soll und wie gesetzliche (oder im unstreitig testierfähigen Zustand eingesetzte gewillkürte) Erben vor den Einflüssen Dritter geschützt werden können. 13

Die Rechtsunsicherheit wird dadurch erhöht, dass jedes eigenhändige Testament durch (nicht formgebundene) Veränderungs- und Vernichtungshandlungen nach § 2255 BGB, wie einfaches Wegwerfen oder Durchstreichen von Testamentsinhalten, zB Vermächtnissen oder Miterbeneinsetzungen, widerrufen werden kann (vgl dazu § 2255 Rn 4). Darüber hinaus besteht trotz der optionalen Hinterlegungsmöglichkeit gem § 2248 BGB eine hohe Fälschungs- und Unterdrückungsgefahr (BGHZ 47, 68; BGHZ 80, 242; Soergel/Klingseis § 2231 Rn 11; MünchKomm/Sticherling Rn 1; Reimann/Bengel/Dietz/Voit Rn 3; Damrau/Tanck/Weber § 2231 Rn 15; Klinger/Seibt, Testamentsfälschung – Was nun?, NJW-Spezial 2010, 679), sogar nach dem Tod des Erblassers, weil die Widerrufsmöglichkeiten des § 2255 BGB der interessierten Nachlassbeteiligten zahlreiche Handlungsoptionen einräumen, vor denen unsere Rechtsordnung die wahren Erben nur unvollkommen oder gar nicht schützt (vgl dazu § 2255 Rn 4, 7 ff) und weil sogar nicht auffindbare Testamente fortgelten (müssen), solange der Widerruf durch Ver- 14 nichtung nicht nachweisbar ist (dazu § 2255 Rn 35, 43 ff). Die aus der Nichtauffindbarkeit privatschriftlicher Testamente resultierenden Rechtsunsicherheiten können nicht dadurch behoben werden, dass nur ein in Urschrift existierendes Testament im Todesfall anzuerkennen sind, weil dann neue Rechtsunsicherheiten durch Vernichtungsmöglichkeiten Dritter geschaffen würden; sinnvoll wäre als gesetzliche Mindestanforderung die Verwahrung von Privattestamenten beim Nachlassgericht zwingend vorzuschreiben und die Wirksamkeit jedes eigenhändigen Testaments erst mit der Hinterlegung eintreten zu lassen, bzw dem nicht hinterlegten Testament für einen (den Errichtungszeitpunkt nachweisbaren) kurzen Übergangszeitraum, nur die Wirkung eines Nottestaments beizulegen.

15 Das eigenhändige Testament mag inhaltlich für im Erbrecht spezialisierte Juristen, Richter und Hochschullehrer eine geeignete Errichtungsform sein, nicht aber für des Erbrechts unkundige Laien (Schmoeckel § 20 Rn 15; Schlüter/Röthel § 17 Rn 3; Olzen/Looschelders Rn 289 f), was aber auch bei diesem sachkundigen Personenkreis die Fälschungs- und Unterdrückungsrisiken nach dem Tod nicht mindert. Plausible juristische Argumente für das eigenhändige Testament existieren nicht (Damrau/Tanck/Weber Rn 5). Einige Rechtsordnungen lassen das Privattestament aus den vorgenannten Gründen nicht zu (Otte in: Schmoeckel/Otte, Europäische Testamentsformen (2011) 31; MünchKomm/Sticherling Rn 2).

3. Formerfordernisse

16 Mit Rücksicht auf die seit Inkrafttreten des TestG geringeren Formerfordernisse des eigenhändigen Testaments ist deren **genaue Einhaltung** aufgrund der **Bedeutung der letztwilligen Verfügung** und der **Wichtigkeit des Aktes einer Testamentserrichtung** unabdingbare Voraussetzung (BGHZ 47, 68; OLG Köln NJW-RR 2006, 225 = JuS 2006, 655 m Anm Hohloch).

17 Von der Form ist der **Inhalt** zu unterscheiden. Der Inhalt eines Testaments hat keinen Einfluss auf die Form (Grüneberg/Weidlich Rn 3), so dass ein eigenhändiges Testament, in dem der Erblasser zB vergessen hat, einen Erben einzusetzen und andere testamentarische Anordnungen zu treffen (OLG Köln Rpfleger 1981, 357; OLG Stuttgart 21. 10. 2014 – 8 W 387/14, ZEV 2015, 220) zwar „inhaltsleer", aber nicht formnichtig sein kann. Da der „Inhalt in die Form gegossen" wird, spielt die Frage der Abgrenzung, was formgerecht und was nicht formgerecht erklärt wurde, eine herausragende Rolle (dazu Rn 19). Nur was formgerecht mindestens andeutungsweise im Testamentstext enthalten ist, also was sich aus der „gegossenen Form" **inhaltlich** noch ablesen lässt, kann rechtliche Wirksamkeit beanspruchen (BGH ErbR 2019, 462 m Anm Wendt). Die „Andeutungstheorie" beschreibt die Grenze zwischen noch formgerechter und nicht mehr formgerechter testamentarischer Erklärung (Staudinger/Otte [2019] Vorbem 28 ff zu §§ 2064 ff). Für „Testamentsauslegungen", die sich nicht einmal *andeutungsweise* dem formgerechten Testamentsinhalt entnehmen lassen, bleibt kein Raum (BGH ErbR 2019, 462 m Anm Wendt). Testamentarische Erklärungen, die außerhalb der Andeutungstheorie als rechtsgültig anerkannt würden, können zur Aufgabe des gesetzlichen Formgebotes und damit letztlich zur Aufgabe des Geltungsanspruchs unserer Rechtsordnung führen. Die Anwendung der Andeutungstheorie kann nicht dazu führen, die Formnichtigkeit eines Testaments zu überwinden (BGH 10. 11. 2021 – IV ZB 30/20 – ErbR 2021, 309 311 Rn 19; Baumann, ErbR 2021, 853; Fervers Anm zu OLG Frankfurt

30. 7. 2020 – 20 W 79/19 – ZEV 2021, 443; Fervers ZEV 2016, 34 Anm zu OLG Hamburg ZEV 2016, 32; Baumann ZEV 2015, 221 Anm zu OLG Stuttgart ZEV 2015, 220; MünchKomm/Sticherling Rn 34). Da der verstorbene Erblasser dem Nachlassgericht keine Auskunft mehr zum gewollten Inhalt seiner letztwilligen Verfügung geben kann, muss der Inhalt der Willenserklärung strenger an Formen gebunden werden, als andere Willenserklärungen und die Andeutungstheorie darf deshalb bei den ohnehin problematischen eigenhändigen Testamenten – keine Einschränkung erfahren.

Im älteren Schrifttum (Grundmann AcP [1987] 429; Stumpf FamRZ 1992, 1131) ist unter Berufung auf behauptete Rechtsprechungstendenzen eine großzügige, zielbezogene Auslegung der Formvorschriften des eigenhändigen Testaments im Sinne eines *„favor testamenti“* (Grundmann AcP [1987] 429) gefordert worden (eine Reformbedürftigkeit des § 2247 BGB wird von Grundmann AcP [187] 429, 475 ausdrücklich abgelehnt). Auf damalige Rechtsprechungstendenzen können derartige Forderungen nicht gestützt werden, da die zitierten Entscheidungen (zB BGHZ 47, 68 [zur Blaupause]; BGH NJW 1974, 1083 [zu Nachträgen]; BGH WM 1980, 1039 [zur Bezugnahmeproblematik]) als äußerste Grenzfälle bei besonders gelagerten Sachverhalten und nicht als mittlere Richtschnur (so aber Grundmann AcP 1987 [187] 429) für mögliche Formheilungen anzusehen wären. Mit dem „favor testamenti“, der nach dem Grundsatz der wohlwollenden Auslegung des § 2084 BGB (Staudinger/Otte [2019] § 2084 Rn 1, 10) bei verschiedenen Auslegungsmöglichkeiten derjenigen den Vorzug gibt, die zur Wirksamkeit des Testaments führt, können Zweifelsfragen der Formwirksamkeit eines Testaments nicht beantwortet werden (ebenso Grüneberg/Weidlich Rn 3), auch wenn jede Form mehr **Schutzfunktionen** als *Zwangsfunktionen* hat. Die abweichenden Literaturstimmen (Grundmann AcP 1987 [1987], 429; Stumpf FamRZ 1992, 1131; tendenziell auch Muscheler ErbR 2015, 3) trennen nicht hinreichend zwischen Formen und Inhalten einer Willenserklärung. Testamente, die als Willenserklärungen ihre rechtsgeschäftlichen Wirkungen erst nach dem Tode des Erklärenden entfalten, müssen durch klare Formerfordernisse von rechtlich unbeachtlichen Erklärungen des Erblassers abgegrenzt werden zum Schutz aller gesetzlichen und gewillkürten Erben, Vermächtnisnehmer und Auflagenbegünstigten, soweit letztere in unzweifelhaft formgültigen Testamenten eingesetzt sind und auch im Interesse aller Drittbetroffenen (Staat, Gläubiger, Vertragspartner des Erblassers usw). **Jede Aufweichung der Formerfordernisse gewillkürter Erbfolge benachteiligt die formgerecht Bedachten** (gewillkürte Erben, Vermächtnisnehmer, Auflagenbegünstigte in zweifelsfrei formgültigen [älteren] Testamenten) oder auch die gesetzlichen Erben und begünstigt Personen, deren Einsetzung dauerhaft mit Zweifeln behaftet sein wird, womit der Rechtsfrieden durch Rechtsstreitigkeiten nachhaltig belastet wird. § 2084 BGB kann bei Zweifeln über die Formwirksamkeit keine Anwendung finden (OLG München FamRZ 2009, 372 Rn 37: „mutmaßlicher [hypothetischer] Wille kann nicht berücksichtigt werden“; OLG München 16. 2. 2011 – 3 U 4316/07, FamRZ 2011, 1757; Grüneberg/Weidlich Rn 5). Die Rechtssicherheit und Vorhersehbarkeit gerichtlicher Entscheidungen aufgrund gesetzlicher Vorgaben ist ein hohes Gut insbesondere im Erbrecht nach Eintritt des Erbfalls. 18

Die Nachlassgerichte und die Instanzenrechtsprechung sollten beim eigenhändigen Testament angesichts der ohnehin schon hohen **Belastung des Rechtsfriedens** durch diese Testamentsform (dazu § 2231 Rn 14 ff) einer zu weiten **Auflösung der Formerfordernisse** entgegentreten und im Interesse der Rechtssicherheit die wenigen, noch verbliebenen Formerfordernisse unmissverständlich am Wortlaut und am Willen des 19

Gesetzgebers orientiert und (von rechtlich unverbindlichen Erklärungen) klar abgrenzbar anwenden (im Ergebnis ähnlich Kipp/Coing § 19 IV; MünchKomm/Sticherling Rn 9). Deshalb bleibt die von der höchstrichterlichen Rechtsprechung (BGHZ 80, 251; wNw bei Staudinger/Otte [2019] Vorbem 28 ff zu §§ 2064 ff) entwickelte **Andeutungstheorie** als Nachweiserfordernis des Zusammenhangs von Erblasserwille und formgültiger Errichtung **unverzichtbar** (dazu auch Rn 17).

4. Formverstoß

20 Ein Verstoß gegen die zwingenden Formvorschriften des § 2247 BGB führt zur Nichtigkeit des Testaments nach § 125 S 1 BGB, selbst in Fällen, in denen eindeutig feststeht, dass die unwirksame Verfügung den Willen des Erblassers wiedergibt (OLG Hamm NJW-RR 2002, 22; Burandt/Rojahn/Lauck Rn 42). Für die Anwendung von § 242 BGB gegen Formverstöße ist kein Raum (OLG Stuttgart NJW 1989, 2700; OLG Köln NJW-RR 2006, 225; Burandt/Rojahn/Lauck Rn 42). Die zivilrechtliche Formunwirksamkeit muss auch im Steuerrecht gelten; die Nachlassbeteiligten können sich nicht entgegen der Verfügung des Erblassers oder mit nichtigen Testamenten des Erblassers eine für sie steuerlich vorteilhafte Rechtslage gestalten (**aA** Stein NJW 2020, 339). Steuerlich möglich, sinnvoll und zulässig sind steueroptimierte Auseinandersetzungen im Rahmen der nachsorgenden Erbrechtspflege (dazu Baumann, Notarielle Nachlassregelungen, Würzburger Notarhandbuch).

21 Sind nur Teile des Testaments formnichtig (Beispiel: mit der Schreibmaschine oder von Dritten handschriftlich beigefügte Zusätze), so bleibt das Testament mit seinem formgültigen Teil dann wirksam, wenn dieser Teil eine in sich abgeschlossene Erklärung des letzten Willens enthält (BayObLG NJW-RR 2005, 1025), die durch den formnichtigen Teil nicht in Frage gestellt wird, andernfalls ist das Testament insgesamt formunwirksam (BayObLG FamRZ 2005, 2019; OLG Celle OLGR 2002, 99; OLG Hamm FamRZ 2006, 1484). Auch diese Fälle unterstreichen die Problematik holographischer Testamente, dass Dritte (wie beim einfachen Durchstreichen gem § 2255 BGB) ein Testament zB durch Beifügen formunwirksamer, maschinenschriftlicher Teile, inhaltlich verändern bzw unwirksam machen können. Die Rechtsfolge einer Unwirksamkeit des gesamten Testaments ist nur gerechtfertigt, wenn feststeht, dass der Erblasser auch der Urheber dieser unwirksamen Teile ist.

22 Die Rechtsfolge der Formnichtigkeit kann von der Rechtsordnung ohne Heilungsvorschriften in Kauf genommen werden, weil die Formnichtigkeit grds zur gesetzlichen, bei vorhandenen älteren Testamenten uU auch zur (formgerecht erklärten) gewillkürten Erbfolge führt (dazu auch Rn 18). Deshalb kann zur Überwindung der Formnichtigkeit der Grundsatz der wohlwollenden Auslegung gem § 2084 BGB nicht anwendbar sein (BGH 10. 11. 2021 – IV ZB 30/20 – ErbR 2022, 309; OLG Frankfurt 30. 7. 2020 – 20 W 79/19 – ErbR 2021, 851 m Anm Baumann; OLG Stuttgart 21. 10. 2014 – 8 W 387/14, ZEV 2015, 220 Rn 10 ff m Anm Baumann; BayObLG FamRZ 1983, 836). Für **Rechtssicherheit und Rechtsfrieden unzuträglich** wäre, wenn bei zweifelhaften Erklärungen durch **allzu weitherzige Auslegung bzw Abbedingung** der Formvorschriften die **von der Rechtsordnung anerkannten Interessen der gesetzlichen oder anderweitig formwirksam eingesetzten Nachlassbegünstigten unberücksichtigt** blieben oder geschmälert würden. Mit jeder Anerkennung „formunwirksamer“ Erklärungen nach den Grundsätzen von „Treu

und Glauben“ würden die Gerichte den Geltungsanspruch unserer gesetzlichen Rechtsordnung in Frage stellen.

IV. Voraussetzungen

1. Testamentsinhalt

Ein bestimmter Inhalt ist für die Wirksamkeit des eigenhändigen Testamentes gem § 2247 BGB nicht vorgeschrieben. Insbesondere muss das Testament keine Erbeinsetzung enthalten (zum möglichen Regelungsinhalt Einl 27 zu §§ 2229–2302). Es genügt, wenn das Schriftstück eine nach dem Tod des Erblassers zu beachtende Willenserklärung eines Testierfähigen enthält (BayObLG FamRZ 1986, 730), wobei die erbrechtlichen Gestaltungstypen zu beachten sind (Einl 4 zu §§ 2229–2302). 23

2. Testierwille

a) Rechtsverbindliche Willenserklärung mit Todesbezug

Das Testament ist eine **einseitige, nicht empfangsbedürftige Willenserklärung**. Der Erblasser muss eine **rechtsverbindliche Anordnung für den Fall seines Todes** treffen **wollen** (RG JW 1910, 291; BayObLGZ 1953, 195, 199; 1963, 58; 1970, 173; BayObLG Rpfleger 1977, 438 [Testament auf gebrauchtem Briefumschlag]; 1980, 189; BayObLG Rpfleger 2001, 134 [Verfügung in einem Brief]; BayObLG FamRZ 1992, 226 [Testament auf Rückseite eines gebrauchten Briefumschlages]; BayObLG FamRZ 1999, 534; BayObLG FamRZ 2005, 308; 2005, 840; OLG München FamRZ 2009, 372 m Anm Floeth; OLG Düsseldorf 23. 7. 2014 – 3 Wx 95/13, ErbR 2015, 29; OLG Koblenz 18. 12. 2015 – 1 W 622/15, FamRZ 2016, 1487 Rn 12). Das Testament ist nur wirksam, wenn der Erblasser bei seiner Errichtung, also zum Zeitpunkt des Abschlusses (Reimann/Bengel/Dietz/Voit Rn 8) den „animus testandi“, einen **ernstlichen Testierwillen** hatte (BayObLGZ 1982, 59, 64; BayObLG NJW-RR 1989, 1092; FamRZ 2000, 1251; 2005, 308; KG NJW 1959, 1441; OLG Frankfurt OLGZ 1971, 205, 207; OLG Köln 22. 2. 2016 – 2 Wx 12/16 – open Jur 2016, 3431 Rn 57; jeweils mwNw: MünchKomm/Sticherling Rn 8; Soergel/Klingseis Rn 8 ff; Damrau/Tanck/Weber Rn 14). Nicht ausreichend ist daher eine Erklärung, die keine auf den Tod bezogene Verfügung enthält (BayObLG 26. 1. 1981 – BReg 1 Z 124/80). Zweifel an einem endgültigen Testierwillen können sich auch aus völlig ungewöhnlichen Schreibmaterialien („Notizbuch“, vgl BayObLG FamRZ 2000, 1251 = ZEV 2000, 365 m zust Anm Kroppenberg FamRZ 2000, 365; „Notizzettel“, vgl OLG München FamRZ 2009, 372 m Anm Floeth; OLG Hamm 27. 11. 2015 – 10 W 153/15, ErbR 2016, 157; OLG Hamburg 8. 10. 2013 – 2 W 80/13, FamRZ 2014, 2029: „Fotoumschlag mit zwei Aufklebern“; LG München II 22. 1. 2008 – 8 T 3036/07, juris „Rechnungsblock mit Werbeaufschrift“ vgl auch die Beispiele in Rn 33), ungewöhnlichen Errichtungsformen, unüblicher Schrift (zB sprechen stenographische Aufzeichnungen eher für einen Entwurf), Unlesbarkeit (OLG Schleswig 16. 7. 2015 – 3 Wx 19/15, MDR 2015, 1188) aus der inhaltlichen Gestaltung, aus der fehlenden Abgeschlossenheit der Erklärungen usw ergeben. Abzugrenzen ist insbesondere zu bloßen Vorbereitungshandlungen und Entwürfen (dazu Rn 77, 94 ff; BayObLG FamRZ 2000, 944; 2005, 308). Auch bei Einhaltung aller Formerfordernisse des § 2247 BGB kann es sich nach dem Erblasserwillen um einen bloßen Entwurf handeln (BayObLG FamRZ 2000, 1251; OLG Frankfurt 30. 8. 2019 – 10 W 38/19 – juris). Ob ein ernstlicher Testierwille vorgelegen hat, ist gem § 133 BGB im Wege der Auslegung unter Berücksichtigung aller erheblichen, auch außerhalb der Urkunde liegenden Umstände und der allgemeinen Lebenserfahrung zu beurteilen (OLG München 31. 3. 2016 – 31 Wx 413/15, ErbR 2016, 348). 24

Auf die Verwendung der Begriffe „Testament", „letzter Wille", „letztwillige Verfügung" oder ähnliches kommt es nicht an (BayObLG FamRZ 2005, 656; Grüneberg/Weidlich Rn 5; MünchKomm/Sticherling Rn 8; Soergel/Mayer[13] Rn 7), weil wie bei allen Willenserklärungen (§ 133 BGB) „nicht der buchstäbliche Sinn des Ausdrucks", sondern der Wille des Erblassers, seine Vermögensnachfolge zu regeln, maßgebend ist.

25 Ob der Wille zur rechtsverbindlichen Testamentserrichtung vorliegt, ist beim privatschriftlichen Testament im Unterschied zum verfahrensgebundenen notariellen Testament häufig zweifelhaft (OLG Düsseldorf 23. 7. 2014 – 3 Wx 95/13, ErbR 2015, 29; Reimann/Bengel/Dietz/Voit Rn 5: „kann bei privatschriftlichen Testamenten Schwierigkeiten bereiten"). Ein rechtsgültiges Testament liegt dann vor, wenn der Erblasser sich bewusst war, seine Äußerung sei eine **rechtsverbindliche Erklärung** des letzten Willens (BayObLG FamRZ 2005, 308; 2005, 840; OLG München FamRZ 2009, 372 m Anm Floeth). Der Testierwille kann nicht im Wege wohlwollender Auslegung nach § 2084 BGB unterstellt werden, sondern muss nach den Regeln des § 133 BGB ermittelt werden (OLG Düsseldorf 23. 7. 2014 – 3 Wx 95/13, ErbR 2015, 29; Reimann/Bengel/Dietz/Voit Rn 6; NK-BGB/Kroiss Rn 9). Bei der Auslegung einer letztwilligen Verfügung ist grds der Wille des Erblassers im Zeitpunkt der Testamentserrichtung maßgebend (BGHZ 80, 242; OLG Düsseldorf FamRZ 1969, 677; OLG Hamm FGPrax 1996, 152; BayObLG NJW-RR 1996, 1351; OLG München FamRZ 2009, 372 m Anm Floeth).

26 Zur Feststellung des Testierwillens reicht nicht aus, wenn sich der Erblasser lediglich der Möglichkeit bewusst gewesen ist, die Erklärung könne als Testament angesehen werden oder ein Testament könne in der vorgenommenen Weise errichtet werden (KG in DFG 1943, 43; BayObLGZ 1970, 173; BayObLG 28. 12. 1979 – BReg 1 Z 75/79; OLG Frankfurt OLGZ 1971, 205; vLübtow I 161 mwNw). Die Feststellung des Testierwillens erfordert eine Würdigung der Gesamtumstände (BayObLG FamRZ 2005, 656; KG FamRZ 2004, 736, 738). Die Auslegung hat auf den allgemeinen Sprachgebrauch Rücksicht zu nehmen, so dass aus Formulierungen wie „soll mein Erbe werden" nicht auf bloße Absichtserklärungen geschlossen werden kann (BayObLG FamRZ 2005, 840). Bei Zweifeln ist stets zu prüfen, ob es sich nicht nur um einen Testamentsentwurf handelt (OLG Hamm 15. 6. 2021 – 10 W 18/21, ErbR 2021, 1051; BayObLG FamRZ 1989, 1124 f mwNw; zur Prüfung solcher Zweifel auch BayObLG FamRZ 1992, 227). Selbst wenn die äußere Errichtungsform gewahrt ist, fehlt der erforderliche Testierwille, wenn der in der Schrift verlautbarte oder anderweitig feststellbare Wille des Erblassers eine nur rein informatorische oder sonst unverbindliche Bedeutung hat (BayObLGZ 1970, 173; BayObLG 28. 12. 1979 – BReg 1 75/79). Ohne das Hinzutreten besonderer Umstände besteht aber bei formgerecht errichteten Testamenten keine Veranlassung, den Testierwillen des Erblassers anzuzweifeln (OLG München 5. 5. 2020 – 31 Wx 246/19, 247/19, 31 Wx 269/19 – ErbR 2020, 570). Die verfahrensrechtliche Eröffnung eines handschriftlichen Testaments durch das Nachlassgericht als letztwillige „Verfügung" indiziert noch nicht den Testierwillen (OLG Düsseldorf 23. 7. 2014 – 3 Wx 95/13, ErbR 2015, 29).

27 War der Erblasser bei Abfassung des Schriftstücks der Überzeugung, ein rechtsgültiges Testament liege nicht vor, so ist kein rechtswirksames Testament zustande gekommen. Schon das Bestehen gewichtiger Zweifel am Testierwillen des Erblassers bewirkt, dass kein gültiges Testament angenommen werden kann, da der ernstliche Testierwille außer Zweifel stehen muss (BayObLG FamRZ 2000, 1251, 1252; NK-BGB/Kroiss Rn 10).

b) Ernstlicher Wille

28 Der Erblasser muss seine Erklärung **ernstlich** wollen. Legt er die Urkunde auf einem besonders rasch vergänglichen Stoff oder auf verkehrsunüblichen Materialien (Bierdeckel, zusammengefaltetem Pergamentpapier [OLG Hamm 27. 11. 2015 – 10 W 153/15 – ErbR 2016, 157], Tischtuch, Zimmerwand, Notizzettel) nieder, ist damit nach außen der ernstliche Testierwille in Frage gestellt (OLG München FamRZ 2009, 372 m Anm Floeth; OLG Braunschweig 20. 3. 2019 – 1 W 42/17, ErbR 2019, 573 m Anm Baumann). Eine sorgfältige Feststellung ist geboten (RG JW 1910, 291; OLG Hamm 27. 11. 2015 – 10 W 153/15 – ErbR 2016, 157). Die Ernstlichkeit der Erklärungen kann auch in Frage gestellt sein, wenn der Erblasser eine Sprache oder Schriftzeichen verwendet, die er üblicherweise nicht verwendet, ebenso wenn der Erblasser die Niederschrift nicht mit seiner (unversehrten) Hand errichtet, mit der er grds schreibt oder das Testament auf einer Postkarte oder in einem Brief (vgl dazu Rn 89 ff) errichtet (OLG München 31. 3. 2016 – 31 Wx 413/15, ErbR 2016, 348 m Anm Slabon ErbBstg 2016, 172). Als allgemeiner Grundsatz gilt, dass der ernstliche Testierwille bei jeder im Rechtsverkehr ungewöhnlichen Errichtungsart sorgfältig zu prüfen ist (OLG Hamm 15. 6. 2021 – 10 W 18/21, ErbR 2021, 1051) und an den Nachweis des Testierwillens erhöhte Anforderungen zu stellen sind (OLG München FamRZ 2009, 372; OLG Braunschweig 20. 3. 2019 – 1 W 42/17, ErbR 2019, 573 m Anm Baumann „Notizzettel"). Liegt aber ein formgerecht, inhaltlich vollständig abgefasstes Testament vor, so spricht dies auch bei ungewöhnlichen Errichtungsarten für den Testierwillen des Erblassers (BayObLG FamRZ 1992, 226, 227), sofern andere Umstände den Testierwillen bestätigen (OLG München 28. 1. 2020 – 31 Wx 229/19, 31 Wx 230/19, 31 Wx 231/19, ErbR 2020, 252).

29 Die Erklärung ist **nichtig**, wenn der Erblasser sie in der **Erwartung** abgibt, der **Mangel der Ernstlichkeit werde nicht verkannt** werden, § 118 BGB (RGZ 104, 320, 322; Soergel/Klingseis Rn 11). Eine Ersatzpflicht gem § 122 BGB ist nach § 2078 BGB ausgeschlossen (Henle MecklZ 1925, 81 ff).

c) Geheimer Vorbehalt

30 Ein geheimer Vorbehalt (Mentalreservation – dazu Wolff JherJb 81, 131; Kipp/Coing § 24 VIII; abweichend Lange JherJb 82, 7) macht die letztwillige Verfügung nie nach § 116 S 2 BGB unwirksam (OLG Frankfurt FamRZ 1993, 858, 860; MünchKomm/Hagena[7] Rn 5). Der letzte Wille ist eine nicht empfangsbedürftige Willenserklärung (Reimann/Bengel/Dietz/Voit Rn 5). Es ist demnach unmöglich, dass der Empfänger der Erklärung den Vorbehalt durchschaut (Henle MecklZ 1925, 82 f). Das Verkehrsinteresse erfordert, dass der Erblasser an seiner Erklärung festgehalten wird. Andernfalls wäre „leichtfertigem und betrügerischem Testieren Tür und Tor geöffnet" (RGZ 148, 222).

d) Simulation

31 Die Anwendung von § 117 BGB **(Simulation)** ist ausgeschlossen, da diese Vorschrift – wie der geheime Vorbehalt – eine empfangsbedürftige Willenserklärung voraussetzt (OLG Düsseldorf WM 1968, 811; OLG Frankfurt FamRZ 1993, 858, 860; Kipp/Coing § 24 VIII; Reimann/Bengel/Dietz/Voit Rn 5 MünchKomm/Hagena[7] Rn 5).

e) Feststellung des Testierwillens

32 Ob der erforderliche Testierwille vorliegt, ist Tatfrage und unter Heranziehung aller erheblichen Beweismittel, auch außerhalb der Urkunde liegender Umstände zu würdigen und zu beurteilen (BGH LM zu Nr 1 zu § 133 [B]; BayObLGZ 1970, 173; BayObLG 26. 1.

1981 – BReg 1 Z 124/80; BayObLG FamRZ 2005, 308; 2005, 656; 2005, 840; OLG München FamRZ 2009, 372 m Anm FLOETH; OLG Düsseldorf 23. 7. 2014 – 3 Wx 95/13, ErbR 2015, 29). Die Feststellung des Testierwillens erfordert eine Prüfung des Gesamtverhaltens des Testierenden (BayObLGZ 1970, 173; BayObLG FamRZ 1992, 1206; 1999, 534; BayObLG 4. 2. 2000 – 1 Z BR 16/99, FamRZ 2000, 1251 m Anm KROPPENBERG ZEV 2000, 365; BayObLG FamRZ 2000, 1540; 2001, 1101; 2005, 656; KG FamRZ 2004, 736, 738; MünchKomm/STICHERLING Rn 8). Bei privatschriftlichen Testamenten darf nicht ausreichen, dass der Erblasser sich bewusst ist, eine rechtsgeschäftliche Erklärung abzugeben (Bay FamRZ 2005, 308; 2005, 840; OLG München FamRZ 2009, 372 m Anm FLOETH), sondern es muss der rechtsgeschäftliche Testierwille festgestellt werden. Liegt ein formgerecht abgefasstes Testament vor und liegen keine Anhaltspunkte für einen fehlenden Testierwillen vor, so hat das Nachlassgericht keine Veranlassung zu prüfen, ob es sich um einen Entwurf handeln könnte (KG FamRZ 1991, 486, 488; BayObLG FamRZ 1992, 226, 227; OLG München 5. 5. 2020 – 31 Wx 246/19, ErbR 2020, 570). Die Feststellungs- und Beweislast für das Vorliegen des Testierwillens trägt bei begründeten Zweifeln derjenige, der Rechte aus der letztwilligen Verfügung herleitet (OLG München 5. 5. 2020 – 31 Wx 246/19, ErbR 2020, 570).

3. Eigenhändige Niederschrift (Abs 1)

a) Material der Niederschrift

33 Die Niederschrift kann mit und **auf jedem Material** erfolgen (SOERGEL/KLINGSEIS Rn 12; MünchKomm/STICHERLING Rn 16 ff). Besonders rasch vergängliche Stoffe oder verkehrsunübliche Materialien können gegen einen ernsthaften Testierwillen sprechen (dazu Rn 24). Bei ungewöhnlichen Materialien muss außer Zweifel stehen, dass der Erblasser das Schriftstück als Testament mit Testierwillen erstellt hat (OLG Braunschweig 20. 3. 2019 – 1 W 42/17, ErbR 2019, 573 m Anm BAUMANN). Das Gesetz enthält keine einschränkende Bestimmung. Allerdings muss die **Veränderung** des Stoffes **der Schreibunterlage** unmittelbar **mit dem Schreibgerät** des Erblassers von diesem herbeigeführt werden (so noch bei Blaupause BGHZ 47, 68, 73), so dass als Telefax oder im Kopierverfahren oder als E-Mail (KG ErbR 2016, 709, 710) hergestellte Testamente nicht die Urschrift ersetzen können (ebenso EBENROTH Rn 196), ebenso wenig wie auf einem Digitalisierungstablett eines Computers (Touchscreen) errichtete Testamente (dazu Rn 42 f; und mit sehr ausführlicher, zutreffender Begründung REIMANN/BENGEL/DIETZ/VOIT Rn 14). Dieses ist wegen der digitalen Speicherung (noch) nicht mit einer Schiefertafel vergleichbar (vgl dazu auch Rn 42, zu künftig möglichen Gesetzesänderungen Rn 43). Deshalb muss das Material die Authentizität der individuellen Schriftzüge nachhaltig erkennen lassen (REIMANN/BENGEL/DIETZ/VOIT Rn 18). Die Wirksamkeit hängt weder von der Art des Schreibgerätes noch vom Material der Schreibunterlage ab: Testament auf Schiefertafel mit Schieferstift (RG JW 1910, 291; nach jetziger Rechtsprechung eher ungewöhnliche Errichtung und zweifelhaft wegen der hohen Fälschungsgefahr) auf Fragebogen der Erbschaftsteuerbehörde (RG DR 1942, 1370; nicht verallgemeinerungsfähig, es sei denn, der Fragebogen dient nur – mangels anderer Materialien – als Schreibunterlage); auf Postkarte (KG JFG 16, 91; fragwürdig bei Versendung hinsichtlich des ernsthaften Testierwillens, weil Testamente nicht offen für Dritte lesbar mit der Post versendet werden); auf Briefumschlag (BayObLG FamRZ 1992, 227); in einem Buch (OLG Stuttgart Recht 1918 Nr 880); in einem Notizbuch (BayObLG FamRZ 2000, 1251 m Anm KROPPENBERG ZEV 2000, 365); auf einem Notizzettel (OLG Braunschweig 20. 3. 2019 – 1 W 42/17, ErbR 2019, 573 m Anm BAUMANN; OLG München 28. 1. 2020 – 31 Wx 229/19, ErbR 2020, 252); auf dem Umschlag eines die Wertpapiere des Nachlasses enthaltenden Beutels (Cour de Paris ZBlFG 1912, 548 Nr 476); auf einem Grundbuchaus-

zug (OLG Naumburg FamRZ 2003, 407); auf der vermachten Sache selbst (zB Gemälde, Obligation). Die Endgültigkeit und Ernstlichkeit des Testierwillens kann bei ungewöhnlichen Materialien in Frage gestellt sein (OLG München FamRZ 2009, 372; OLG Hamburg 8. 10. 2013 – 3 W 80/13, FamRZ 2014, 2029; OLG Hamm 27. 11. 2015 – 10 W 153/15, ErbR 2016, 157; Reimann/Bengel/Dietz/Voit Rn 6 u 18). Die Wahl ungewöhnlichen Materials kann Hinweise auf das Vorliegen eines bloßen Entwurfs geben (Brock 77). Schon das Reichsgericht betonte, dass die Benutzung besonders rasch vergänglicher Stoffe dem Wesen des Testaments grds widerspreche (RG JW 1910, 291; dazu a BGHZ 47, 72 ff). Gleiches gilt für völlig unübliche Stoffe oder Materialien, die ein Indiz für fehlenden Testierwillen sein können (OLG Hamm 27. 11. 2015 – 10 W 153/15, ErbR 2016, 157; MünchKomm/Hagena[7] Rn 13: es dürfen aufgrund des Materials keine Zweifel an der Ernstlichkeit der Erklärung bestehen; MünchKomm/Sticherling Rn 8). Trotz ungewöhnlicher Materialien kann sich aber aus den Gesamtumständen ergeben, dass der Erblasser den Willen hatte, ein wirksames Testament zu errichten (OLG München 28. 1. 2020 – 31 Wx 229/19, 31 Wx 230/19, 31 Wx 231/19 – ErbR 2020, 252).

Es können **verschiedene Schreibmaterialien** verwendet werden: zB Niederschrift mit Bleistift, Unterschrift mit Tinte (BayObLG MDR 1984, 1024; ein Häftling schrieb mit Bleistift an die Zellenwand: „Ich vermache mein Vermögen dem Wohlfahrtsamt, Max Müller", dann erhängte er sich. Das Gericht [AG München] sah in der Wandschrift ein formgerechtes Testament; Staudinger/Firsching[12] Rn 33. Der Entscheidung dürfte nur dann ohne Bedenken zuzustimmen sein, wenn dem Erblasser kein anderes Schreibmaterial in der Zelle zur Verfügung stand, andernfalls wäre die Ernstlichkeit der Erklärung in Frage zu stellen), Einritzen mit Stichel in Glas oder andere Stoffe (zB Linoleum, Holz) (weitere Beispiele bei MünchKomm/Sticherling Rn 18). Sticherling weist zu Recht darauf hin, dass der Testierwille bei ungewöhnlichen Materialien besonders sorgfältig zu prüfen ist. 34

b) Sprache

Das BGB schreibt nicht vor, dass die Errichtung in einer bestimmten Sprache, zB auf Deutsch erfolgen muss. Die Niederschrift kann daher in *jeder* toten, lebenden oder Kunst*sprache* (Esperanto) und in jedem Dialekt abgefasst sein, sofern der Erblasser selbst die Sprache oder den Dialekt hinreichend beherrscht (KGJ 22, 49; OLG Zweibrücken FamRZ 1992, 608, 609; MünchKomm/Sticherling Rn 15; Soergel/Klingseis Rn 13 f; Bamberger/Roth/Litzenburger Rn 6). Seine Sprachkenntnisse müssen dem für eine Testamentserrichtung erforderlichen *Sprachverständnis* genügen, wobei nicht rechtliche Fach-, sondern Umgangssprache zu fordern ist und Sprach-, Grammatik- oder Syntaxfehler – wie bei einem in deutscher Sprache errichteten Testament – nicht zur Unwirksamkeit führen, wenn eine sinnvolle Auslegung des Testaments im Sinne des mutmaßlichen Erblasserwillen möglich ist. Ein in Deutschland lebender Ausländer, der in der Umgangssprache nur sehr gebrochenes Deutsch spricht, sollte das Testament entweder in deutscher Sprache im formgebundenen Beurkundungsverfahren oder eigenhändig in seiner Muttersprache errichten, weil zB die bloße rechtliche Beratung durch einen deutschen Fachanwalt für Erbrecht oder durch einen deutschen Notar mit anschließender Errichtung eines Privattestaments nicht den Schutz und die Betreuung durch das streng formgebundene Beurkundungsverfahren unter vorgeschriebener Beiziehung eines Dolmetschers ersetzen kann (dazu §§ 16, 32 BeurkG) und ihm deshalb die Testamentserrichtung in seiner Muttersprache hilft, sprachliche Mehrdeutigkeiten oder Fehler zu vermeiden. Errichtet ein Ausländer, der die deutsche Sprache nachweislich nicht beherrscht, das eigenhändige Testament ausschließlich in deutscher 35

Sprache, bestehen erhebliche Bedenken gegen die Wirksamkeit der Errichtung, weil bei mangelnder Sprachbeherrschung eine Fremdbeeinflussung durch Dritte nicht auszuschließen, sondern wegen der unkontrollierten Wortwahl in deutscher Sprache sogar wahrscheinlich ist. Nur das hinreichende Beherrschen der Sprache gewährleistet, dass der Erblasser sich inhaltlich mit dem Text so auseinandergesetzt hat, dass das Testament seinem wirklichen eigenen Willen entspricht (Soergel/Mayer[13] Rn 13; BGB-RGRK/Kregel Rn 10; Lange/Kuchinke § 20 IV 1 Fn 49; mit weiterer Begründung Staudinger/Baumann [1996] Rn 26). Probleme kann und wird es bei fremdsprachlichen Testamenten im Erbscheinsverfahren wegen der notwendigen Übersetzung der Rechtsfachwörter geben, die in jeder Sprache einen anderen rechtlichen Begriffs- und Bedeutungshintergrund (zB „Testamentsvollstrecker" oder „Vermächtnis") haben.

c) Schrift

36 Die Niederschrift muss in Schriftform erfolgen. Schrift erfordert *Abstraktion* und individuelle Schriftzeichen. Diesen Anforderungen genügt nicht ein in Anordnungen von Bildern niedergelegtes Testament (Lange/Kuchinke § 20 IV 1 c). Grundsätzlich stehen dem Erblasser jeder Schrifttyp und alle Arten von Schriftzeichen zur Verfügung. Eine Geheimschrift muss objektiv oder über einen vom Erblasser bestimmten Code in vollem Umfang entschlüsselt werden können (Lange/Kuchinke § 20 IV 1 c). Die Schrift muss mindestens durch einen Sachverständigen lesbar sein (OLG Schleswig MDR 2015, 1188).

37 Die *Schriftart,* in der die Erklärung geschrieben wird, ist vom Gesetz nicht vorgeschrieben. Es muss aber eine Schrift sein, die eine **Individualisierung der Schriftzüge nicht objektiv ausschließt** (vHippel, Formalismus und Rechtsdogmatik § 3 I Nr 1). Daher genügt die Blindenschrift nicht (vgl dazu unten Rn 39). Es kann stenographiert werden (Mot V 270; OLG Dresden Recht 1907, 61 Nr 53; BayObLG 30. 10. 1978 – BReg Z 109/78 – „unerheblich für die Gültigkeit, daß einige Worte in Kurzschrift geschrieben sind"), sofern ein bekanntes System gebraucht wird. Aus praktischen Gründen ist Kurzschrift nicht zu empfehlen, da die Deutlichkeit der Erklärung darunter leidet bzw der Echtheitsbeweis erschwert wird (vgl Brock 78). Außerdem spricht bei stenographischen Aufzeichnungen der erste Anschein für einen Testamentsentwurf. Wenn sich aus dem Inhalt und weiteren Anhaltspunkten auf einen endgültigen Erblasserwillen schließen lässt und von einem in Kurzschrift errichteten Testament ausgegangen werden kann, muss zur Wirksamkeit des Testaments die Unterschrift in Schreibschrift (nicht Druckbuchstaben) geleistet sein (über Fälle der Anwendung von Vertikalschrift, Spiegelschrift und Pauskopie Reichel Recht 1919 Sp 75; zur mittels Blaupause gefertigten Durchschrift eines eigenhändigen Testaments [muss als eigenhändige Urschrift beabsichtigt sein!] BGHZ 47, 68 = NJW 1967, 1124 = LM Nr 3 zu § 2247 m Anm Johannsen; BayObLGZ 1965, 258 – dazu Johannsen WM 1971, 405; Werner DNotZ 1972, 6; JuS 1973, 434; Reimann/Bengel/Dietz/Voit Rn 14; **aA** KG NJW 1966, 664; BGB-RGRK/Kregel Rn 8; zur Zulässigkeit von Rundschrift s OLG München JW 1937, 44; von Abkürzungen LG Berlin DFG 1943, 97).

d) Handschrift

38 Es muss sich um Handschriftzeichen handeln. Das Testament kann in Druckbuchstaben, mittels Kurzschrift (Stenographie), in griechischen, arabischen, chinesischen oder anderen Handschriftzeichen errichtet werden, sofern der Erblasser diese Schriftzeichen selbst hinreichend versteht und beherrscht. Die Schriftzeichen müssen nicht mit der Sprache übereinstimmen (Beispiel: Testament in deutscher Sprache mit

kyrillischen Schriftzeichen). Allerdings wird bei ungewöhnlichen Kombinationen fraglich sein, ob der Erblasser ernstlich testieren wollte. Auch bei Anwendung der Schriftzeichen muss gewährleistet sein, dass der Erblasser seinen eigenen Willen ausdrückt. Das ist nicht der Fall, wenn er Zeichen verwendet, deren Bedeutungen ihm unbekannt sind. Unwirksam ist daher ein Testament nach bloßem Abmalen der Schriftzeichen ohne Textverständnis. Auch letztwillige Anordnungen, die nur durch Bilder oder Pfeildiagramme angeordnet sind, genügen der Schriftform grds nicht (OLG Frankfurt 11. 2. 2013 – 20 W 542/11, ErbR 2013, 190; Sarres EE 2013, 112; Grüneberg/Weidlich Rn 7), weil die Zeichen als schriftlicher Ausdruck einer Sprache gelten müssen. Gebräuchliche Schriften aus anderen Kulturkreisen, die auf Bildzeichen beruhen, sind dagegen anzuerkennen.

In **Blindenschrift** errichtete Testamente genügen nicht den Anforderungen eines ei- 39
genhändigen Testaments (Grüneberg/Weidlich Rn 7; **str**). Das in Blindenschrift errichtete Testament lässt mangels hinreichender Individualmerkmale keinen zuverlässigen Rückschluss auf den Urheber zu und kann ebenso von jedem Dritten erstellt sein. Es ist vergleichbar mit einem mit Schreibmaschine oder drucktechnischen Medien geschriebenen Text, selbst wenn die Zeichen manuell geprägt sind (OLG Koblenz NJW 1958, 2247; LG Hannover NJW 1972, 1204; Kipp/Coing § 26 I 1; Reimann/Bengel/Dietz/Voit Rn 16; MünchKomm/Hagena[7] Rn 13, 51; Soergel/Mayer[13] Rn 17; Erman/S Kappler/T Kappler Rn 5; Grüneberg/Weidlich Rn 7; Damrau/Tanck/Weber Rn 22; Brox/Walker § 9 Rn 2, 3; Zimmermann Rn 86; Muscheler Rn 1731; Schlüter Rn 169; Schulze DNotZ 1955, 632; Werner DNotZ 1972, 8; **aA** BGB-RGRK/Kregel Rn 30; Neuner NJW 2000, 1822, 1826; Leipold Rn 307 Fn 13; offen lassend Lange/Kuchinke § 20 III Fn 42; anderes soll bei manueller Fertigung laut Röthel § 17 Fn 45 m Hinw a Grundmann AcP 187 [1987] 429, 465 gelten, wenn anhand der Druckstärken auf den Hersteller hingewiesen wird; auch diese Meinung [ähnlich Leipold Rn 307 Fn 13] ist abzulehnen, da Druckstärken einer Blindenschrift keine der Handschrift vergleichbar zuverlässigen Rückschlüsse auf den Verfasser zulassen und es zwar Schriftsachverständige, aber keine Druckstärkensachverständige für Blindenschrift gibt, abgesehen davon dass die Druckstärke von der tagesbedingten Kraft des Erblassers abhängt). Das in Blindenschrift verfasste Testament kann als übergebene Schrift gem § 2232 BGB zu einer wirksamen Testamentserrichtung führen (MünchKomm/Hagena[7] Rn 13, 51; Burandt/Rojahn/Lauck Rn 16).

Mittels Schreibmaschine, Stempel, Prägung, Ablichtung oder Druck eigenhändig er- 40
richtete Testamente sind nichtig (**hM**, zB Muscheler Rn 1731; Michalski/Schmidt Rn 162; dazu amtl Begr zum TestG DJ 1938, 1254, 1257). Dies gilt auch für als Urschrift über einen Rechner digitalisiert aufgenommene handschriftliche Aufzeichnungen (zB mit digitaler Feder auf der Oberfläche eines mit Zeichnungs- und Handschriftsoftware versehenen Touchscreen geschrieben) (vgl dazu Rn 42 f), die über einen angeschlossenen Drucker ausgedruckt werden, selbst wenn der Drucker eine Bildwiedergabe der Handschrift abbildet (ausführlich Reimann/Bengel/Dietz/Voit Rn 14). Der Computerausdruck einer digitalisierten Aufzeichnung ist einer Kopie (OLG Karlsruhe FamRZ 2003, 1507) oder einem Fax, nicht einer Blaupause vergleichbar (Reimann/Bengel/Dietz/Voit Rn 14). Auch digital oder analog über Computer gespeicherte Aufzeichnungen können das eigenhändige Testament nach geltendem Recht nicht ersetzen, sondern allenfalls als Entwurf eines Testaments gewertet werden.

Ist das Testament teils eigenhändig, teils mechanisch geschrieben, so kann der eigen- 41
händige Teil gültig sein (RG Recht 1921 Nr 582), sofern dieser formgerecht verfasste

Teil des Testaments für sich einen abgeschlossenen Sinn ergibt (OLG München ZEV 2006, 33; MünchKomm/Hagena[7] Rn 14) und der Wille des Erblassers einer teilweisen Gültigkeit nicht entgegensteht (anders OLG Hamm FGPrax 2000, 31). Insbesondere stehen ein gedruckter Briefkopf oder eine mit fremder Hand geschriebene Kopfzeile (Name, Anschrift des Erblassers, Ort, Datum) der Wirksamkeit nicht entgegen (OLG Köln NJWE-FER 1999, 40). Andernfalls liegt keine wirksame Verfügung vor (ebenso Staudinger/Otte [2019] § 2085 Rn 9; zum Einwand, dieses Ergebnis sei unbillig und widerspreche dem Vorspruch zum TestG OLG Düsseldorf DRW 1943, 698).

e) Digitale Testamente

42 Wird der letzte Wille im *Computer (über die Tastatur),* auf *Videofilmen, Tonfilmen, Tonbändern, Kassetten, Schallplatten, CDs, CD-Roms, memory-sticks* oder vergleichbaren Speichermedien analog oder digital niedergelegt, so ist Eigenhändigkeit nicht gegeben (so schon zu Schallplatten DJ 1935, 78). Selbst wenn die Authentizität der Willenserklärung des Erblassers und sein Testierwille zur Gewissheit des Gerichts feststehen, können derartige Erklärungen nach dem Gesetz keine rechtliche Wirkung entfalten, sofern die Testamentserrichtung nach deutschem Recht erfolgt (anders bei Testamenten, die in fremden Rechtsordnungen errichtet wurden, nach denen digitale Testamente als formgültig anerkannt werden; dazu Rn 43). Ein Testament kann – nach gegenwärtiger deutscher Rechtslage – nur handschriftlich und nicht mittels anderer Medien errichtet werden (Röthel, Gutachten A, 68. DJT, 2010, 65). Wahrscheinlich ist, dass der Gesetzgeber mit fortschreitender Rechtsentwicklung Testamente auch mit anderen Aufnahmetechniken zulassen muss, wenn alle Formzwecke (Rn 16, 103 ff; § 2231 Rn 12 ff) gewahrt sind und auch nachträgliche Fälschungsmanipulationen mindestens ebenso zuverlässig ausgeschlossen sind, wie bei eigenhändig verfassten Testamenten, weil andere Rechtsordnungen bereits digitale Testamente kennen und diese Testamente nach § 1 HTestformÜ auch in Deutschland rechtswirksam sind. Die Entscheidung über die Wirksamkeit solcher in Deutschland errichteter Testamente muss gleichwohl dem Gesetzgeber vorbehalten bleiben, wobei nur modernste Techniken zugelassen werden sollten, um den Formschutz und die Rechtssicherheit zu gewährleisten (krit zu Testamenten auf Tonträgern Görgens 124 ff). Aus Gründen der Rechtssicherheit im Erbrecht darf die Anerkennung nach dem BGB errichteter neuer Testamentsformen nicht durch richterliche Rechtsfortbildung erfolgen, im materiell-rechtlichen Widerspruch dazu müssen die deutschen Gerichte aber im Ausland errichtete digitale Testamente anerkennen, wenn diese nach deutschem Kollisionsrecht rechtwirksam sind. Die mit der fehlenden Rechtssicherheit digitaler Testamente verbundenen Probleme wären für in Deutschland errichtete Probleme entschärft, wenn auch das eigenhändige Testament abgeschafft würde.

43 **Eigene rechtspolitische Stellungnahme**: Nach noch geltendem deutschen Recht ist wegen der EDV-technisch möglichen Manipulationsmöglichkeiten ein auf dem Computer niedergelegtes Testament nicht zuzulassen, solange eine digitale Errichtung nicht dieselben Sicherheitsstandards zur Ermittlung der Urheberschaft wie ein eigenhändig verfasstes Testament erfüllt (MünchKomm/Sticherling Rn 20; Lange Kap 4 Rn 19) und zugleich die Erfüllung aller Formschutzzwecke vollständig gewährleistet ist. Trotz gegenwärtig eindeutiger Rechtslage sind im technisch sich mit zunehmender Dynamik verändernden Bereich elektronischer Datenaufnahme und Datenverarbeitung in den nächsten Jahren Entwicklungen zu erwarten, die den Gesetzgeber zur – maßvollen – Gesetzesänderung veranlassen müssen, weil im Ausland errichtete Testamente

in digitalisierter Form bereits als von der deutschen Rechtsordnung anerkannt nach deutschem Kollisionsrecht zugelassen werden müssen. Digital errichtete und zertifizierte (ggf elektronisch-biometrisch signierte) Testamente sollten jedenfalls dann den eigenhändig errichteten Testamenten gem § 2247 BGB gleichzustellen sein (dazu Hergenröder ZEV 2018, 7; Scholz AcP 2019, 100; ders ErbR 2019, 617; vOertzen/Blasweiler ErbR 2020, 696), wenn sie dem Verfasser – durch biometrische Datenmessung – zweifelsfrei zuzurechnen sind und Manipulationen Dritter sich mit höherer Zuverlässigkeit ausschließen lassen, als beim holographischen Testament, zB indem auch bei der Errichtung durch eindeutige, nicht verfälschbare Bildaufnahmen sichergestellt wird, dass der Erblasser unbeeinflusst von Dritten und im Zustand der Testierfähigkeit (etwa frei von Drogen) gehandelt hat, was beides nach derzeit geltendem Recht beim eigenhändigen Testament nicht immer sichergestellt wird (zum Tablet-Testament Sanders/Göldner ErbR 2020, 335). Eine künftige Anpassung des Gesetzes wird auch wegen der veränderten Schreibgewohnheiten jüngerer Generationen geboten sein (Muer ErbR 2022, 277). Sollten mit fortschreitender Technik die Authentifizierungsmöglichkeiten und der Fälschungsschutz künftig bei digital errichteten Testamenten höher sein als beim eigenhändigen handschriftlichen Testament, wäre der Gesetzgeber gefordert, die Errichtungsformen des eigenhändigen Privattestaments den neuen Technologien anzupassen, spätestens dann, wenn – gegenwärtig vereinzelt vorgetragenen – politischen Vorschlägen gefolgt wird, das Erlernen der Schreibschrift aus den Unterrichtsplänen zu nehmen (Hergenröder ZEV 2018, 7; Scholz AcP 2019, 100; ders ErbR 2019, 617; Sanders/Göldner ErbR 2020, 335). Schon nach dem geltenden Gesetzeswortlaut, der keine Beschränkungen der Materialien enthält, könnten von der Judikatur Zweifel erhoben werden, ob die Nichtanerkennung mit digitalen Materialien eigenhändig hergestellter Testamente bei zweifelsfreier Zuordnung des Urhebers im Einklang mit dem Gesetz (Sanders/Göldner ErbR 2020, 335), insbesondere unserer Verfassung steht, da der historische Gesetzgeber diese Errichtungsformen nicht kannte und sie folglich weder vorsehen noch ausschließen konnte (zB beim Vergleich zwischen Schiefertafel und Touchscreen) (ausführliche tragfähige Begründung zum geltenden Recht bei Reimann/Bengel/Dietz/Voit Rn 14). Der Gesetzgeber bleibt aufgefordert, die geltenden Formvorschriften zur Errichtung von Testamenten bei Aufrechterhaltung und Erfüllung aller Formzwecke den geänderten technischen Möglichkeiten anzupassen (ausführlich Sanders/Göldner ErbR 2020, 335; Scholz AcP 2019, 100; ders ErbR 2019, 617; Hergenröder ZEV 2018, 7). Einige ausländische Rechtsordnungen, zB einzelne US-Staaten (dazu vOertzen/Blasweiler ErbR 2020, 696) und China (Hohloch, Anm zu LG München – 16 T 12262 – 98, JuS 2000, 191, 192) erkennen digitale Formen der Testamentserrichtung bereits an, was die Problematik über § 1 HTestfÜbk in die deutsche Rechtsordnung hineinträgt (MünchKomm/Sticherling Rn 22).

Die vorstehende rechtspolitische Stellungnahme steht unter dem Vorbehalt, dass am problematischen eigenhändigen, privaten Testament ohne Rechtsberatung und Rechtsbetreuung trotz seiner Belastungen für die Rechtssicherheit und den Rechtsfrieden auch künftig noch festgehalten wird (zur Kritik vgl Rn 11 ff), obwohl schon der BGB-Gesetzgeber die Errichtungsformen in seinen Entwürfen nicht vorsah.

f) Eigenhändigkeit

aa) Zweck der Eigenhändigkeit

Die Handschrift muss **vom Erblasser selbst** stammen, also „eigenhändig" (Abs 1) geschrieben und unterschrieben sein (MünchKomm/Sticherling Rn 23 ff; Soergel/Klingseis 44

Rn 14). Zweck der Eigenhändigkeit ist neben den auch durch die Testamentsunterschrift zu erfüllenden Formzwecken (vgl dazu Rn 103 ff), die **Selbstständigkeit des Willens** des Testators sowie die **Echtheit seiner Erklärung** (Authentizität) nachzuweisen (BGHZ 47, 70; OLG München ZEV 2006, 33). Diese Formzwecke (zu allen Formzwecken der eigenhändigen Niederschrift mit Namensunterschrift Rn 103 ff) sind nur erfüllbar durch Niederschriften, welche die **individuellen Merkmale der Schrift des Erblassers beinhalten**. Das eigenhändige handschriftliche Niederlegen des letzten Willens gewährleistet zudem einen – im Vergleich zur bloß mündlichen Erklärung schon bei der einfachen Schriftform gem § 126 BGB noch einmal gesteigerten – **Überlegungs- und Übereilungsschutz** (**aA** Muscheler Rn 1728; vgl Rn 105, § 2231 Rn 12) und bewahrt den Erblasser davor, allzu leichtfertig und übereilt Testamente durch unbedachte Erklärungen zu errichten (OLG Frankfurt 11. 2. 2013 – 20 W 542/11, ErbR 2013, 190 „Pfeildiagramm keine Eigenhändigkeit"; MünchKomm/Sticherling Rn 1). Dieser Schutz ist beim holographischen Testament deshalb größer als bei der einfachen Schriftform, weil der Erblasser sich mit eigenhändig handschriftlich niedergelegten Formulierungen genauer auseinandersetzen muss, als bei bloßer Unterschriftsleistung unter einen uU fremdverfassten Text. Durch die Einhaltung dieses Formerfordernisses wird der Erblasser deshalb dazu angehalten, seinen letzten Willen wohlüberlegt niederzulegen („verantwortliches Testieren fördern", vgl Grüneberg/Weidlich § 2231 Rn 1 mwNw). Um diesen Normzweck zu erfüllen, muss der Erblasser das Testament in einer Schrift (und Sprache) eigenhändig verfassen, die er selbst beherrscht (BGHZ 47, 68; FamRZ 81, 651, 652 f; Soergel/Klingseis Rn 13; Damrau/Tanck/Weber Rn 32). Das Gebot der Eigenhändigkeit gilt aus diesem Grunde für den gesamten Inhalt des Testaments. Erfüllen Teile des Testaments das Formerfordernis der Eigenhändigkeit nicht, so sind sie formnichtig. Der übrige formwirksam errichtete Teil des Testaments bleibt wirksam und gültig, sofern er einen abgeschlossenen Sinn ergibt und sofern nicht anzunehmen ist, dass der Erblasser das Testament nur insgesamt, also nur mit dem formunwirksamen Inhalt errichten wollte (OLG Köln ZEV 1998, 435; Reimann/Bengel/Dietz/Voit Rn 11 mwNw). Errichtet der Erblasser in einem eigenhändigen Testament eine Stiftung von Todes wegen, so muss er alle zur wirksamen Stiftungserrichtung erforderlichen Vorgaben in der Niederschrift eigenhändig, also nicht in maschinenschriftlichen Anlagen, festlegen (LG Berlin FamRZ 2001, 450; jurisPK-BGB/Bauermeister [2007] Rn 9; **aA** OLG Stuttgart ZEV 2010, 200 m krit Anm Wachter, der zu Recht auf die Formunwirksamkeit hinweist, wenn die Vorgaben zur Errichtung einer Stiftung von Todes wegen nicht der Testamentsform genügen; § 2247 BGB verlangt, dass der gesamte Inhalt des Testaments, einschließlich der Anlagen und Zusätze [MünchKomm/Hagena[7] Rn 37], vom Erblasser eigenhändig geschrieben ist, damit eine Nachprüfung der Echtheit möglich ist [BGH 47, 68, 70; OLG München NJW-RR 2006, 11]; deshalb ist die og Entscheidung OLG Stuttgart ZEV 2010, 200 wegen Nichtbeachtung der Formvorschriften abzulehnen).

bb) „Händig"

45 Das eigenhändige Testament wird grds mit der **Hand** niedergelegt. Bei dauerhaften oder vorübergehenden Körperbehinderungen kann die Errichtung mittels Prothese, Fuß, Mund usw erfolgen (MünchKomm/Sticherling Rn 23), sofern bei dieser Errichtungsart individuelle Schriftzüge möglich sind, die dem Formzweck des holographischen Testaments genügen, den Testator zuverlässig nachweisen zu können und die Errichtungsart alle anderen Formzwecke erfüllt. Verändert sich die Schrift (zB wegen einer Verletzung an der Schreibhand und weil die Niederschrift dann mit der anderen Hand erfolgt), so hat dies keinen Einfluss auf die Wirksamkeit (BayObLG Rpfleger 1985, 493). Liegt (im Zeitpunkt der Errichtung) keine Körperbehinderung vor und bedient sich der Erblasser nicht seiner Schreibhand, sondern eines anderen Körperteils, stellt die ungewöhnliche Errichtungsart den ernstlichen Testierwillen in Frage (ähnlich GRÜNEBERG/WEIDLICH Rn 6).

cc) Eigene Fertigung

Die Eigenhändigkeit setzt zwingend voraus, dass der Erblasser die Niederschrift **selbst angefertigt** hat (OLG Karlsruhe ZNotP 2003, 194, 195; BURGER, Probleme der gesetzlichen Schriftform). Mechanische Hilfsmittel dürfen nicht benutzt werden (MUSCHELER Rn 1731). Die gesamte Erklärung (einschließlich beigefügter schriftlicher Anlagen, wie zB Inventarverzeichnisse oder Listen, mit Ausnahme von beigefügten erläuternden Plänen [zB Katasterplänen] und Zeichnungen), muss **eigenhändig** (dazu Recht 1921 Nr 582) vom Erblasser geschrieben sein (BGH NJW 1958, 547; OLG München 7. 10. 2010 – 31 W x 161/10, FamRZ 2011, 502, 503; OLG Köln 6. 10. 2014 – 2 Wx 249/14, ErbR 2015, 315; BROCK 75 f). Daher ist die Niederschrift nur gültig, soweit sie vom Erblasser selbst verfasst wurde und die Schriftzüge selbst geformt hat (BayObLG FamRZ 1990, 441; OLG Hamm 2. 10. 2012 – 15 W 231/12, FamRZ 2013, 1069; OLG Koblenz 18. 12. 2015 – 1 W 622/15, FamRZ 2016, 1487, 1489; MUSCHELER ErbR 2014, 3, 4). Durch Dritte (zB die Sekretärin des Erblassers, MUSCHELER Rn 1730) oder mechanisch (OLG Karlsruhe ZNotP 2003, 194, 195 [Testament bestand überwiegend aus Kopien]) hergestellte Niederschriften sind immer unwirksam, auch wenn sie mit Zustimmung oder sogar nach Weisungen des Erblassers errichtet wurden (MünchKomm/STICHERLING Rn 24: keine Ermächtigung möglich). Ist nur ein einzelnes Wort von Dritten oder mechanisch gefertigt worden, so ist das Testament dann unwirksam, wenn die Verfügung ohne den nicht eigenhändigen (unwirksamen) Teil inhaltlich sinnlos ist (anders OLG Hamm FGPrax 2000, 31). Befinden sich *eigenhändig geschriebene und unterschriebene* Ergänzungen auf einer Kopie des holographischen Testaments und ergeben dieser Ergänzungen in Verbindung mit dem Original einen sinnvollen Inhalt, kann eine wirksame Testamentserrichtung „auf mehreren Blättern" vorliegen (OLG Karlsruhe ZNotP 2003, 194). 46

Ist ein **Teil der Erklärung von einem anderen geschrieben**, so ist das Testament bzgl des formgerecht errichteten Teils wirksam, sofern dessen Text einen in sich abgeschlossenen Sinn ergibt (OLG München ZEV 2006, 33; MünchKomm/STICHERLING Rn 24); andernfalls ist das Testament insgesamt unwirksam (STAUDINGER/OTTE [2019] § 2085 Rn 9; KIPP/COING § 26 III Fn 30 mwNw). Dies gilt auch für eine Widerrufserklärung eines notariellen Testaments, wenn die eigenhändige Erklärung bei isolierter Betrachtung ohne das einbezogene maschinenschriftliche Wort unverständlich ist (**aA** OLG Hamm FGPrax 2000, 31). 47

Sind **Zusätze** oder **Veränderungen ohne Wissen oder Willen des Erblassers** im Testament eingefügt oder vorgenommen worden, so muss die Wirksamkeit des vom Erblasser errichteten Testaments hiervon unberührt bleiben (ebenso BROCK 76; KG OLGE 18, 353; RG SeuffBl 78, 211; dazu BGH Rpfleger 1980, 337). Auch die Vernichtung der Testamentsurkunde ohne Widerrufswillen des Erblassers kann nicht deren Unwirksamkeit herbeiführen (dazu § 2255 Rn 40). Deshalb ist sorgfältig zu ermitteln, ob der Erblasser der Verfasser der formunwirksam eingefügten Erklärung ist. 48

Eine Einfügung mit fremder Hand liegt schon dann vor, wenn der Dritte die **Hand** (bzw Körperteil) des Erblassers **geführt** hat (GRÜNEBERG/WEIDLICH Rn 7). Das Testament bleibt trotz teilweiser Fremdführung der Hand mit dem vom Erblasser selbst 49 verfassten Inhalt wirksam (KG OLG 18, 353; OLG Hamburg JW 1938, 582), sofern der eigenhändige Text auch ohne Zusatz ausreicht, den letzten Willen des Erblassers zum Ausdruck zu bringen (RGZ 63, 23, 26; BGH DNotZ 1980, 761; KG OLG 14, 302; 18, 353; BayObLGZ 1979, 215 = DNotZ 1980, 761; FamRZ 1986, 728; 1986, 835; NJW-RR 2005, 1025; OLG Zweibrücken NJW-RR 2003, 872; Soergel/Mayer[13] Rn 39; vgl dazu auch oben Rn 47) und der Erblasserwille nicht entgegensteht (Grüneberg/Weidlich Rn 7).

50 Mit **fremder Hand nachträglich eingefügte Zusätze** sind grds wirkungslos (Lange/Kuchinke § 20 III 1; Grüneberg/Weidlich Rn 7; Soergel/Klingseis Rn 40). Die Wirksamkeit der übrigen vom Erblasser eigenhändig abgefassten Erklärungen beurteilt sich nur dann, wenn Zusätze oder Teile des Testaments *auf Veranlassung des Erblassers* von fremder Hand (einem vom Erblasser überwachten Werkzeug), eingefügt worden sind, nach § 2085 BGB, nicht aber, wenn sie ohne Mitwirkung des Erblassers eingefügt worden sind (Staudinger/Otte [2019] § 2085 Rn 9). Danach führt der ungültige Teil zur Unwirksamkeit des ganzen Testaments, wenn anzunehmen ist, dass der Erblasser die wirksam gefassten Verfügungen nicht ohne den unwirksamen Teil getroffen hätte (BayObLG FamRZ 1986, 726; Soergel/Mayer[13] Rn 32; Grüneberg/Weidlich Rn 7). Entscheidend ist, ob der nichtige Teil unabtrennbarer Bestandteil des einheitlich gewollten Testaments oder ob er eine selbstständige letztwillige Verfügung ist.

51 Ein **gemeinschaftlich errichtetes Testament**, das nur von dem Erblasser eigenhändig geschrieben ist, kann als Einzeltestament *umgedeutet* werden, wenn der Erblasserwille darauf gerichtet war, seine erbrechtlichen Verfügungen ohne Rücksicht auf einen möglichen Beitritt des Ehepartners gelten zu lassen (BayObLG NJW-RR 1992, 332). Dieser auf ein „Einzeltestament" gerichtete Erblasserwille muss aber durch Auslegung ermittelt werden und zur Überzeugung des Gerichts feststehen (vgl BayObLG NJW-RR 1992, 332). Tritt ein Ehegatte einem gemeinschaftlichen Testament bei, das der andere geschrieben, aber nicht unterschrieben hatte, so genügt dies den Formerfordernissen eines eigenhändigen Testamentes nicht (BayObLGZ 1968, 311).

52 Die zwingend vorgeschriebene Eigenhändigkeit kann nicht dadurch ersetzt werden, dass der Erblasser sich eines Dritten als Werkzeug bedient oder den Dritten ermächtigt, die letztwillige Verfügung nach seinen Anweisungen niederzuschreiben (BayObLG FamRZ 1990, 441, 442; 1040 LS; MünchKomm/Sticherling Rn 24). Der Erblasser kann keinen anderen ermächtigen und beauftragen, für ihn die Nieder- oder Unterschrift vorzunehmen (RG LZ 1914 Sp 1627; OLG Hamburg JW 1938, 582; OLG Düsseldorf DR 1943, 698 Nr 8; BayObLG FamRZ 1990, 441, 442; 1040 LS; MünchKomm/Sticherling Rn 24). Zulässig ist, dass eine **andere Person** den ihr als Willen des Erblassers bekannt gegebenen Inhalt **formuliert** und der Erblasser dieses Schriftstück abschreibt. Der Erblasser muss den Inhalt inhaltlich mit für eine Testamentserrichtung ausreichender Sprach- und Schriftkenntnis verstehen. Die Erklärung muss seinem Willen entsprechen, was bei eigenhändiger Errichtung vermutet wird, es sei denn, der Erblasser ist der Schrift oder Sprache des errichteten Testaments nicht hinreichend mächtig.

dd) Fremdführung der Schriftzüge

53 Eigenhändigkeit ist nicht gegeben, wenn dem Erblasser die **Hand** (Prothese, Fuß usw) **geführt** wird und dadurch die *Schriftzüge von einem Dritten geformt* werden (BGHZ 47, 68, 70; OLG Hamm ZEV 2002, 108; 2013, 42; Damrau/Tanck/Weber Rn 23 f, 26; MünchKomm/Sticherling Rn 26). Daher gilt nicht als vom Erblasser „eigenhändig" geschrieben, was er unter der Herrschaft und Leitung eines anderen abgefasst hat (BGH FamRZ 1981, 651). Folgt er lediglich einem fremden Willen, so liegt Eigenhändigkeit nicht vor (BayObLG FamRZ 1986, 727). Er muss die *Gestaltung der Schriftzüge selbst bestimmen* und die uneingeschränkte Tatherrschaft über sein Handeln haben (BGH FamRZ 1981, 651; OLG Hamm FamRZ 2002, 769, 771; 2. 10. 2012 – 15 W 231/12, ZErb 2013, 13 Rn 5; MünchKomm/Sticherling Rn 26). Niederschrift und Unterschrift müssen vom Willen des Erblassers getragen und ausgeführt werden, so dass sie nicht durch das fremde Führen der Hand des Erblassers hergestellt sein dürfen (BayObLG Rpfleger 1985, 493; OLG Hamm FamRZ 2002, 769, 771). Die Beweislast dafür, dass der mitwirkende Dritte die Schriftzüge nicht geformt, sondern den Arm nur gestützt hat, trägt derjenige, der Rechte aus dem Testament geltend macht (OLG Hamm 2. 10. 2012 – 15 W 231/12, ZErb 2013, 13 Rn 10).

ee) Unterstützende Schreibhilfe

54 Zulässig ist – in Abgrenzung zur Fremdführung – eine **unterstützende Schreibhilfe** (Abstützen des Armes, Halten der zitternden oder geschwächten Hand), solange der Erblasser die Formung der Schriftzeichen vom eigenen Willen getragen selbst bestimmt (vgl dazu BayObLG FamRZ 1985, 1286 zur unterstützten Unterschriftsleistung bei notariellem Testament; OLG Hamm FamRZ 2002, 769, 771; Grüneberg/Weidlich Rn 7; MünchKomm/Sticherling Rn 26), was bei bestimmten Erkrankungen nur mit Hilfe eines Schriftsachverständigen festgestellt werden kann, weil – zB bei Parkinsonscher Erkrankung – sich eine extreme Veränderung des Schriftbildes entwickeln kann. Letztlich ist Tatfrage, ob die Schriftzüge den Erblasser als Urheber des Testaments erkennen lassen (BayObLG FamRZ 1986, 727; vgl Michau Archiv für Kriminologie 1978, 1 ff; RG Gruchot 53, 98; Recht 1911 Nr 2916; JW 1911, 589; 1929, 1469; SeuffBl 76, 666; BayObLGZ 1951, 598 darüber, dass bloße Unterstützung zur Ermöglichung der Niederschrift im Gegensatz zur bestimmenden und maßgebenden Führung der Hand des Schreibenden dessen Testament nicht ungültig macht; dazu Rechenmacher DNotZ 1952, 79; BGHZ 27, 274 = MDR 1958, 837 m Anm Keidel = LM BGB § 2247 Nr 1 m Anm Pagendarm; BGHZ 47, 68, 71; OLG Stuttgart BWNotZ 1977, 70; ferner BGH LM Nr 1 zu § 16 TestG: „in 1. Linie entscheidend, ob die Testatorin den Willen hatte, eigenhändig ihre Unterschrift unter der von ihr erklärten letztwilligen Verfügung zu leisten, und sodann, ob sie diesen Willen in der Weise betätigt hat, daß die Leistung ihrer Unterschrift von ihrem Willen abhängig blieb“).

ff) Ausnahme von der Eigenhändigkeit

55 Eine **Ausnahme** von der Eigenhändigkeit bildet das **gemeinschaftliche Testament gem** §§ 2265 ff BGB (vgl dazu auch Rn 10; Staudinger/Raff §§ 2265 ff), das auch vom Ehegatten des Testators eigenhändig oder gemeinsam (auch alternierend geschrieben OLG Düsseldorf 9. 4. 2021 – 3 Wx 219/20, ErbR 2021, 796 m Anm Baumann) geschrieben sein kann, aber von beiden Ehepartnern unterschrieben sein muss (dazu Staudinger/Raff § 2267 Rn 17 ff). Ein nur vom Verfasser unterschriebenes „gemeinschaftliches“ Testament kann als Einzeltestament gem § 2247 BGB wirksam sein (OLG Frankfurt FGPrax 1998, 145), ebenso wie ein von Nichtehegatten bzw Nichtpartnern verfasstes unwirksames gemeinschaftliches Testament als Einzeltestament des Verfassers wirksam sein kann, sofern sich ein entsprechender Erblasserwille feststellen lässt.

f) Lesbarkeit

56 Die Niederschrift muss **lesbar errichtet** sein (OLG Hamm NJW-RR 1991, 1352 = FamRZ 1992 m Anm Musielak; BayObLG Rpfleger 2001, 181, 182; OLG Schleswig 16. 7. 2015 – 3 Wx 19/

15, MDR 2015, 1188; MünchKomm/Sticherling Rn 27; Grüneberg/Weidlich Rn 9; jurisPK-BGB/Bauermeister [2017] Rn 4). Ist der Text eines Testaments unlesbar errichtet, dann ist das Testament nichtig (OLG Hamm FamRZ 1992, 356, 357; KG FamRZ 1998, 1396, 1297; Soergel/Mayer[13] Rn 19; Grüneberg/Weidlich Rn 9; jurisPK-BGB/Bauermeister [2017] Rn 4; NK-BGB/Kroiss Rn 27), weil außerhalb des Testaments liegende, im Testament nicht wenigstens angedeutete Umstände keine Berücksichtigung finden können (OLG Schleswig 16. 7. 2015 – 3 Wx 19/15, MDR 2015, 1188). Erforderlich und genügend ist Lesbarkeit durch Schriftsachverständige (KG ZEV 1998, 388 mwNw; OLG Schleswig 16. 7. 2015 – 3 Wx 19/15, MDR 2015, 1188; Werner DNotZ 1972, 6, 12). Andere außerhalb der Urkunde liegende Umstände dürfen nur zur Auslegung unter Beachtung der Andeutungstheorie (vgl dazu Rn 17 f) herangezogen werden und um die Entzifferung zu ermöglichen (KG JW 1937, 2831; OLG Hamm NJW-RR 1991, 1352), weil sonst das Schriftformgebot aufgehoben würde. **Unlesbar heißt nicht „schlecht oder schwer lesbar"**, auch nicht, dass das Testament in einer dem Nachlassgericht und den Nachlassbeteiligten unbekannten Schrift (zB Geheimschrift) verfasst ist, sondern dass **kein Dritter (Schriftsachverständiger) diese Zeichen lesen kann**. Ein für Dritte unlesbares Testament ist nicht vergleichbar mit einem Text, dessen Dechiffrierungscode unbekannt ist (so aber Reimann/Bengel/Dietz/Voit Rn 15), weil die Niederschrift in (zunächst) unbekannter Schriftsprache oder Geheimsprache nicht zur Unwirksamkeit führt (**hM**; zB Grüneberg/Weidlich Rn 9). **Unlesbar errichtete Teile** des Testaments machen die dort enthaltenen Verfügungen **unwirksam** (Grüneberg/Weidlich Rn 9; MünchKomm/Sticherling Rn 27), da sie keine Verkörperung einer Gedankenerklärung darstellen; ob sie zur Unwirksamkeit des gesamten Testaments führen, beurteilt sich danach, ob der lesbare Teil abgeschlossene Verfügungen des Erblassers darstellt, die ohne Rücksicht auf die unlesbaren gelten sollen (MünchKomm/Sticherling Rn 27). Stellt sich die nachträgliche Lesbarkeit – trotz ursprünglich festgestellter Unlesbarkeit, zB nach erfolgreicher Dechiffrierung – heraus, entspricht die Rechtslage einem nachträglich gefundenen Testament. Jede schriftliche Willenserklärung setzt voraus, dass ihr objektiver Inhalt von Dritten ermittelt werden kann. Sind die Schriftzüge nicht mehr lesbar (zB verwischte Tinte), steht jedoch fest, dass sie deutlich lesbar niedergeschrieben wurden, so berührt dies die Formgültigkeit des Testaments nicht (KG JW 1938, 1601); eine andere (beweisrechtliche) Frage ist, ob sich der Inhalt noch ermitteln lässt. Es gelten die Grundsätze nicht auffindbarer Testamente entsprechend (dazu § 2255 Rn 35 ff, 48). Das Erfordernis der Lesbarkeit erstreckt sich nicht auf die Unterschrift, die der üblichen Form entsprechen muss (vgl dazu Rn 97 ff).

4. Äußere Fassung des Testaments

a) Bezeichnung der Niederschrift

57 Das Schriftstück **muss nicht** die Bezeichnung **„Testament"**, „letzter Wille", „letztwillige Verfügung" oder ähnliches enthalten (BayObLG FamRZ 2005, 656; FamRZ 2005, 840; MünchKomm/Sticherling Rn 8). Auch ein mit **„Vollmacht"** überschriebenes Schriftstück *kann* im Wege der Auslegung als Testament angesehen werden (BayObLGZ 1982, 59, 64 f). Allerdings wird hier besonders sorgfältig zu prüfen sein, ob eine auf erbrechtliche Rechtsfolgen gerichtete Willenserklärung oder nur eine *postmortale Vollmacht* vorliegt. Die Auslegung des Schriftstücks darf *keinen Zweifel* daran lassen, dass der Erblasser entgegen der anders lautenden Bezeichnung ein Testament errichten wollte (BayObLG FamRZ 2005, 656). Das ist zB nicht der Fall, wenn der Erblasser im Vollmachtstext erklärt, er werde „das Ganze vor einem Notar noch machen" (BayObLG

FamRZ 1999, 534), weil es hier am Testierwillen fehlt. Im Zweifel wird nur von einer Vollmacht auszugehen sein (BayObLG NJW-RR 2001, 297; OLG Frankfurt 11. 6. 2015 – 20 W 155/15, ErbR 2015, 618 Rn 30 ff [transmortale Generalvollmacht]; OLG München 31. 3. 2016 – 31 Wx 413/15, ErbR 2016, 348), insbesondere kann eine Bankvollmacht nicht als Testament ausgelegt werden (BayObLG NJW-RR 2001, 297). Bevor eine Auslegung überhaupt erfolgen kann, muss zweifelsfrei feststehen, dass eine formgültige Erklärung eines Testierfähigen vorliegt (Staudinger/Otte [2019] § 2084 Rn 2 f).

Eine Auslegung hat zu beachten: Die Worte „Vollmacht" und „Testament" gehören 58 zum allgemeinen Sprachgebrauch. Werden für ein Testament andere Worte mit abweichendem Begriffsinhalt verwandt (zB „Vollmacht"), ist bei der heutigen Aufklärung der Bevölkerung *äußerste Zurückhaltung geboten,* ehe *entgegen dem eindeutigen Wort* „Vollmacht" das Vorliegen eines in die gesetzliche Erbfolge eingreifenden Testaments angenommen wird. Enthält der mit „Vollmacht" überschriebene Text nicht die Worte „erben", „vermachen" oder ähnliche Hinweise auf eine Verfügung von Todes wegen, so wird bei dem mit Vollmacht überschriebenen Schriftstück, sofern es nach dem Tode gelten soll, von einer postmortalen Vollmacht und nicht von einem Testament auszugehen sein (OLG Stuttgart 21. 10. 2014 – 8 W 387/14, ZEV 2015, 220 m Anm Baumann). Gewollt sein kann mit der „Vollmacht" auch die Anordnung einer Testamentsvollstreckung, welche zur „trans-" oder „postmortalen Vollmacht" abzugrenzen ist. Im Zweifel ist auch hier von einer Vollmacht auszugehen und nicht von einer testamentarischen Anordnung einer Testamentsvollstreckung. Ist das Schriftstück nicht als „letztwillige Verfügung" bezeichnet und ist es auf ungewöhnlichen Materialien errichtet (dazu MünchKomm/Sticherling Rn 8), so ist nicht nur eine sorgfältige Prüfung des Testierwillens angezeigt (OLG München FamRZ 2009, 372 m Anm Floeth), sondern im Zweifel nicht von einem mit Testierwillen errichteten Testament auszugehen. Immer ist der Grundsatz zu bedenken, dass eine weitherzige Anerkennung zweifelhafter Erklärungen als Testamente zur Verdrängung der gesetzlichen Erben bzw zur Verdrängung der in zweifelsfrei wirksamen Testamenten eingesetzten Erben führt. Deshalb ist trotz der (wegen ihrer noch ungenügend herausgearbeiteten Abgrenzungskriterien nachvollziehbaren) Kritik an der Andeutungstheorie an derselben festzuhalten. Die Preisgabe der Andeutungstheorie würde zur teilweisen Aufgabe der Testamentsformen führen (zur Andeutungstheorie Staudinger/Otte [2019] Vorbem 25 ff, 28 ff, 38 ff zu §§ 2064 ff).

b) Abgeschlossene Erklärung

Ein Testament setzt eine abgeschlossene Erklärung des Erblassers voraus. Daher ist 59 ein bloßer Entwurf, auch wenn er den sonstigen Erfordernissen des § 2247 BGB entspricht, kein gültiges Testament (OLG Dresden ZBlFG 9, 181; KGJ 31, 106; KG OLGE 32, 322; 42, 140 Fn 1a; KG DFG 1941, 104; Henle MecklZ 42). Andererseits ist zu prüfen – selbst wenn das Schriftstück mit *„Entwurf"* überschrieben ist –, ob der Erblasser es nicht zumindest vorläufig, zB bis zur Abfassung eines öffentlichen Testaments, als wirksames Testament behandelt wissen wollte (BayObLGZ 1970, 173, 178 f).

Bei Vorliegen eines **formgerecht errichteten** Testaments spricht eine tatsächliche Ver- 60 mutung dafür, dass der Erblasser das Schriftstück nach Errichtung als abgeschlossenes Testament ansah (BayObLGZ 1970, 173; BayObLG [30. 10. 1978] BReg 1 Z 109/78). Ein entgegen dieser Vermutung bestehender Wille bedarf der Widerlegung. Die Gültigkeit ist auch zu vermuten, wenn sich am formgerecht errichteten Testament auf einem angehefteten Blatt ein nicht unterschriebener Text befindet „Muß noch überarbeitet werden, gilt aber im Falle meines plötzlichen Ablebens als vollwertiges Testament" (so zutreffend LG Saarbrücken MDR 1983, 404; über die Heranziehung des § 2086 BGB [Ergänzungsvorbehalt] in diesem Zusammenhang RG BayZ 1914, 231; STAUDINGER/OTTE [2019] § 2086 Rn 2).

61 Bei Streit darüber, ob ein vollendetes Testament oder nur ein Entwurf vorliegt, hat der Testamentserbe im Prozess die Beweislast der Vollständigkeit (RG Recht 1922 Nr 1431; vgl dazu auch Rn 158). Zu beachten ist jedoch: „Enthält ein Schriftstück alle wesentlichen Erfordernisse eines Testamentes, so hat es zunächst als solches zu gelten" (KG RJA 6, 175).

c) Mehrere Blätter

62 Unschädlich ist, wenn die Niederschrift auf **mehreren, miteinander nicht verbundenen Blättern** erfolgt, sofern diese einen inhaltlichen Zusammenhang bilden (OLG Köln 23. 9. 2020 – 2 Wx 189/20, ErbR 2021, 67; OLG Hamm 19. 9. 2012 – 15 W 420/11, FamRZ 2013, 907; SOERGEL/KLINGSEIS Rn 46). Es ist nur einmalige Unterschrift erforderlich, die sich auf dem letzten Blatt befinden muss (BayObLGZ 1970, 173, 178; BayObLG FamRZ 1988, 1211, 1212 mwNw; BayObLG FamRZ 1991, 370, 371; KIPP/COING § 26 I 2b; KG RJA 5, 163, 166; OLGE 24, 93; 36, 235; JFG 21, 36; OLG Neustadt Rpfleger 1962, 446; OLG Karlsruhe NJW-RR 2003, 653; OLG München ZEV 2006, 33; OLG Hamm DNotZ 2011, 702, 703; LG München I FamRZ 2004, 1905). Für die einzelnen Blätter ist keine einheitliche Errichtung zu fordern (BayObLGZ 1970, 173, 179), weil das zu verschiedenen Zeiten (vgl Rn 128) errichtete Testament auf unterschiedlichen Materialien niedergelegt werden kann. Die einzelnen Blätter müssen aber *inhaltlich ein Ganzes* sein (zB durch Nummerierung und fortlaufenden Text, LG München I FamRZ 2004, 1905) und einheitliche, miteinander verbundene Willenserklärungen enthalten, die im Regelungsinhalt auch widersprüchlich sein können, sofern der textliche Zusammenhang unzweifelhaft ist (BGH NJW 1974, 1083; BayObLG FamRZ 1991, 371; 1998, 581; OLG Karlsruhe ZNotP 2003, 194, 196; GRÜNEBERG/WEIDLICH Rn 11; REIMANN/BENGEL/DIETZ/VOIT Rn 22; MünchKomm/STICHERLING Rn 49). Sind die Blätter zwar äußerlich verbunden, zB durch eine Heftung, weisen die einzelnen Blätter aber keinen inhaltlichen Zusammenhang auf, so sind nur die unterschriebenen Seiten formgerecht iSv § 2247 BGB als Testament errichtet. Eine Verbindung durch Zusammenheftung inhaltlich nicht zusammenhängender Schriftstücke reicht nicht aus (OLG Hamm 19. 9. 2012 – 15 W 420/11, FamRZ 2013, 907 Rn 11; OLG Köln 14. 2. 2014 – 2 Wx 299/13, NJW-RR 2014, 1035 Rn 45 f). Die mit den unterschriebenen Blättern textlich nicht zusammenhängenden Seiten, die nicht unterschrieben sind, können nicht als eigenhändige Testamente gewertet werden, es sei denn, ein einheitlicher Wille des Erblassers lässt sich anderweitig zweifelsfrei nachweisen (OLG Köln 14. 2. 2014 – 2 Wx 299/13, NJW-RR 2014, 1035 Rn 46 ff). Zur Verbindung kann eine gemeinsame Heftklammerung nicht ausreichen, da sie den einheitlichen Willen nicht hinreichend dokumentiert, sondern in Einzelfällen sogar die Wirksamkeit der unterschriebenen Seiten, also die Wirksamkeit des gesamten Testaments, in Frage stellen kann.

5. Veränderungen am Testament

a) Durchstreichungen, Rasuren

63 Durchstreichungen und Rasuren des Erblassers im Testament lassen die Formgültigkeit grds unberührt (OLG Stuttgart 25. 3. 2020 – 8 W 104/19, ErbR 2021, 64). Dies ist nicht

selbstverständlich. So können Durchstreichungen in anderen Rechtsordnungen zur Nichtigkeit des eigenhändigen Testaments führen (vgl zB Art 1721 griech ZGB).

Eigenhändige Durchstreichungen und Rasuren des Erblassers sind zulässig, selbst wenn sie der *Errichtung* des Testaments *nachfolgen.* Der Erblasser kann gem § 2255 BGB den Inhalt des Testaments mittels Durchstreichung ganz oder teilweise (durch Veränderungen) widerrufen (vgl dazu § 2255 Rn 15 ff sowie Mot V 301; BayObLG 1. 2. 2004 – 1 Z BR 93/04, FamRZ 2005, 1779: bleibt mit den nicht durchgestrichenen Bestandteilen auch wirksam, wenn der Erblasser es noch vervollständigen wollte; RG SeuffBl 76, 475: Durchstreichungen mit Bleistift sind uU belanglos; sie beeinträchtigen allerdings die Beweiskraft der Urkunde, § 419 ZPO). Problematisch sind Durchstreichungen, soweit sie positive Veränderungen des Testamentsinhalts herbeiführen (Beispiel: Eine Miterbeneinsetzung wird gestrichen; vgl dazu § 2255 Rn 23 ff). Bei jeder Durchstreichung wird die Urheberschaft sorgfältig zu prüfen sein, wobei das Gericht bis zum Gegenbeweis davon auszugehen hat, dass die Streichung vom Erblasser herrührt. Deshalb sollten solche Durchstreichungen vom Erblasser am Rand mit einem unterschriebenen Streichungsvermerk (ähnlich den Änderungsvermerken in notariellen Niederschriften) versehen werden, um Zweifel an der Urheberschaft auszuschließen. Die Urheberschaft kann bei einer Streichung aber auch durch eigenhändige Vermerke „wird noch genannt" festgestellt werden (OLG Stuttgart 25. 3. 2020 – 8 W 104/19, ErbR 2021, 64). 64

b) Berichtigungen

Die Berichtigung von *Schreibfehlern* oder vergleichbaren *Unrichtigkeiten* ist jederzeit ohne neue Unterschrift zulässig (OLG Jena OLGE 24, 95; RG JW 1917, 925; Lange/Kuchinke § 20 IV 4), solange sie nicht zu inhaltlichen Änderungen führen (vgl Rn 68, 73). Außerhalb des Testamentstextes stehende Berichtigungen sind dann nicht von der abschließenden Unterschrift gedeckt, wenn sie über den unberichtigten Testamentstext hinausgehende, neue Verfügungen oder Teile von Verfügungen enthalten. Derartige Verfügungen müssen, auch wenn sie nur in Form einer Berichtigung (zB Auswechslung eines Vermächtnisnehmers) vorgenommen sind, der Form des § 2247 BGB genügen (BGH NJW 1974, 1083; OLG Stuttgart Justiz 1979, 436; MünchKomm/Sticherling Rn 30, 50, 54). 65

c) Lücken

Lücken im Testament führen nach § 2086 BGB grds nicht zur Unwirksamkeit (OLG Hamm DNotZ 2010, 702), sofern nicht anzunehmen ist, dass die Wirksamkeit des Testaments von der Ausfüllung der Lücke abhängig sein soll (Staudinger/Otte [2019] § 2086 Rn 2). Lücken können aber so vorgesehen sein, dass das Testament nur für den Fall der späteren Ausfüllung gelten soll (KG OLGE 9, 394; MünchKomm/Sticherling Rn 35). Im Allgemeinen ist jedoch auch bei für spätere Anordnungen freigelassenen Lücken nicht anzunehmen, dass die Niederschrift nur ein Entwurf sein soll (RG BayZ 1914, 232; KG OLGE 9, 394; RG JW 1912, 39 [Offenlassung der Summe eines Kapitals, dessen Zinsen dem Bedachten ein bescheidenes, aber sorgenfreies Leben ermöglichen sollten]; RG WarnR 1914 Nr 301). 66

d) Einschübe, Ergänzungen, Zusätze, Nachträge

Da die Testamentserrichtung nicht in ununterbrochener Folge vor sich gehen muss (KGJ 49, 59), folgt daraus: Spätere **eigenhändige Änderungen und Zusätze des Erblassers** zu einem holographischen Testament sind zulässig (RGZ 115, 112, 114; KG HRR 67

1934 Nr 1514; Lange/Kuchinke § 20 IV 4a; Grüneberg/Weidlich Rn 14). Dies ist im Hinblick auf eine (zeitweise) Testierunfähigkeit des Erblassers problematisch.

68 Umstritten und von der Rechtsprechung uneinheitlich beantwortet ist die Frage, ob nachträgliche Einschübe, Ergänzungen und Nachträge auch ohne erneute *Unterschrift* wirksam sind. Unstreitig bedürfen bloße Klarstellungen, Erläuterungen und Berichtigungen keiner erneuten Unterschrift (Lange/Kuchinke § 20 IV 4 a). Eigenhändige Einschübe, Ergänzungen und Nachträge können wirksam vorgenommen werden, wenn sie durch die Unterschrift gedeckt sind und sich nicht auf getrennt beigefügten Blättern befinden (BayObLG FamRZ 2003, 1590 = Rpfleger 2003, 190; OLG Düsseldorf 22. 1. 2021 – 3 Wx 194/20, ErbR 2021, 545; OLG Brandenburg 1. 6. 2021 – 3 W 53/21, FGPrax 2021, 219), weil hier die eigenhändige Niederschrift die Authentizität sicherstellt, wobei zu überprüfen sein wird, ob diese Änderungen zu einem Zeitpunkt vorgenommen wurden, in dem der Erblasser noch testierfähig war. Sind sie räumlich durch die Unterschrift des Erblassers nicht gedeckt, bedürfen sie der Form des § 2247 BGB und müssen neu unterschrieben werden (OLG München 7. 10. 2010 – 31 Wx 161/10, ZEV 2011, 80; 13. 9. 2011 – 31 Wx 289/11, ZErb 2011, 285; 13. 9. 2011 – 31 Wx 298/11, FamRZ 2012, 333; ebenso MünchKomm/Sticherling Rn 30; anders OLG Frankfurt DNotZ 1996, 56), dies gilt insbesondere, wenn sie auf einem gesonderten Blatt vorgenommen werden (jurisPK-BGB/Bauermeister [2017] Rn 11). Zweifelhaft ist, ob solche Veränderungen als „Nachträge" nach Errichtung der letztwilligen Verfügung auch ohne erneute Unterschrift des Erblassers wirksam sind, wenn sie nur durch die frühere Unterschrift gedeckt werden (Mantey Gruchot 43, 653; Brock 81; RGZ 71, 302; RGZ 111, 262 halten eine neuerliche Unterschrift für notwendig. Vogels JW 1938, 2162; Planck/Strecker § 2231 Anm II 5; Reimann/Bengel/Dietz/Voit Rn 25; vLübtow I 166; Lange/Kuchinke § 20 IV 4 sehen sie als entbehrlich an, wenn sie nicht unter die Unterschrift gesetzt sind; Reimann/Bengel/Dietz/Voit Rn 26 lässt bei Nachträgen unterhalb der Unterschrift einen inhaltlichen Zusammenhang ausreichen; ähnlich Grüneberg/Weidlich Rn 14).

69 Auf einer **Kopie** des Originaltestaments eingefügte Ergänzungen genügen nur dann den Anforderungen der Eigenhändigkeit und den Formerfordernissen eines Privattestaments, wenn das kopierte Testament als Original unverändert gültig ist, der ergänzte Text einen eigenständigen Sinn ergibt und die Ergänzungen formgültig eigenhändig mit Unterschrift errichtet worden sind (OLG München 31. 8. 2011 – 31 Wx 179/10, ErbR 2011, 351; etwas weniger den eigenständigen Sinn des Nachtrags und damit die Formerfordernisse eines Ergänzungstestaments betonend OLG Karlsruhe NJW-RR 2003, 653; OLG München NJW-RR 2006, 11). Neue Verfügungen bedürfen einer gesonderten Unterschrift (Soergel/Klingseis Rn 38 mwNw).

70 Dem Erblasser zu empfehlen ist, jede Veränderung mit seiner Unterschrift abzuzeichnen. Fehlt diese Unterschrift, ist eine gerichtliche Kontrolle des Testamentsinhalts geboten. Keinesfalls darf zB ohne sorgfältige Form- und Inhaltskontrolle des Testaments ein Erbschein erteilt werden. Werden **eigenhändige Nachträge** oder Zusätze durch die **frühere Unterschrift nicht gedeckt**, indem zB der unterschriebene Text, bzw die eigenhändige Randbemerkung, auf den Nachtrag (auf der Rückseite des Blattes) verweist (OLG Karlsruhe FamRZ 2012, 400) so bedürfen sie zwingend einer **erneuten Unterschrift** (BGH NJW 1974, 1083, 1084; BayObLGZ 1974, 440, 442; BayObLG FamRZ 2005, 1012; OLG München 31. 8. 2011 – 31 Wx 179, ErbR 2011, 351; 13. 9. 2011 – 31 Wx 298/11, FamRZ 2012, 333; MünchKomm/Sticherling Rn 30; **aA** Grundmann AcP 187 [1987] 456; Stumpf

FamRZ 1992, 1131, 1138). Dies gilt insbesondere, wenn ein **widerrufenes Testament durch einen Nachtrag** oder Zusatz **wirksam** werden soll (BayObLG NJW-RR 1992, 1225, 1226; FamRZ 1995, 246, 247; ERMAN/S KAPPLER/T KAPPLER Rn 11 mwNw) oder der Nachtrag neue Verfügungen enthält. Ausnahmen sind nur dann zuzulassen, wenn der über der Unterschrift stehende Text verständlich ist (OLG München 13. 9. 2011 – 31 Wx 298/11, FamRZ 2012, 333 Rn 23).

Werden Änderungen und Ergänzungen **durch** die frühere **Unterschrift räumlich gedeckt**, so bedürfen sie nach hM keiner neuen Unterschrift (BGH NJW 1974, 1083, 1084 [das räumliche Erscheinungsbild der Testamentsurkunde darf nicht entgegenstehen – eine volle Deckung im räumlichen Sinn wird nicht verlangt]; dazu LANGE/KUCHINKE § 20 IV 4a; BayObLGZ 1965, 262; 1974, 440; NJW-RR 2004, 939; FamRZ 2005, 1012; OLG Stuttgart Justiz 1979, 436; KG OLGE 18, 348), jedenfalls dann nicht, wenn die Änderungen oder Ergänzungen einen engen inhaltlichen Bezug zu den bereits vorhandenen Verfügungen aufweisen (SOERGEL/KLINGSEIS Rn 38). 71

Setzt der Erblasser seinem durch Unterschrift abgeschlossenen Testament einen Nachtrag **unterhalb der Unterschrift** hinzu, der nicht bloß zur Erläuterung des bereits im Testament Gesagten dient oder nur einen Schreibfehler berichtigt, so muss dieser den Formerfordernissen des § 2247 BGB entsprechen, dh es muss erneut unterschrieben werden (RG WarnR 1917 Nr 252 [ebenda s über das Erfordernis der Datierung nach dem Rechtszustand vor Inkrafttreten des TestG]; OLG Schleswig SchlHAnz 1976, 9; BayObLG NJW-RR 1992, 225, 226). 72

Anmerkung: Die hier mit der hM vertretene Abgrenzung nach dem Merkmal „räumliche Deckung durch Unterschrift“ ist wegen der Erfüllung der Formzwecke sinnvoll, indem sie Nachträge unterhalb der Unterschrift als formunwirksam von der Testamentserrichtung ausschließt. Dennoch ist das Merkmal „räumliche Deckung“ zur Erfüllung der Formzwecke unzureichend, weil auch oberhalb der Unterschrift Ergänzungen (zB kleine Korrekturen) formunwirksam eingefügt werden können. Nicht jede nachträgliche Änderung oberhalb der Unterschrift ist formwirksam (bedenklich trotz Änderung der Erben OLG Brandenburg 1. 6. 2021 – 3 W 53/21, FamRZ 2021, 1924; ebenfalls sehr problematisch OLG Düsseldorf 22. 1. 2021 -3 Wx 194/20, ErbR 2021, 545; vgl dazu auch § 2255 Rn 23). Deshalb sollte – aus Sicht des testierenden Erblassers – jeder Nachtrag, Zusatz oder jede Abänderung und Streichung durch die eigenhändige Unterschrift bestätigt werden. Vergleichbar den beurkundungsrechtlichen Änderungsvermerken einer (materiell-rechtlich dem eigenhändigen Testament gleichwertigen) notariellen Niederschrift sollte zur Formwirksamkeit jedes eigenhändigen Nachtrags, einer Streichung oder Änderungskorrektur verlangt werden, dass der Erblasser diese Änderung durch seine eigenhändige Unterschrift ausdrücklich bestätigt. Andernfalls kann – insbesondere bei Streichungen – die Urheberschaft nicht gewährleistet sein (für strengere den Errichtungsformen angepasste Änderungsformen auch RÖTHEL § 17 Rn 27) und bedarf im Erbfall einer gerichtlichen Überprüfung. 73

Ausnahmsweise kann sich aber im Wege der Auslegung ergeben, dass räumlich von der Unterschrift **nicht gedeckte** Erläuterungen, Ergänzungen und Änderungen, sofern sie sich auf demselben Bogen oder Blatt befinden, rechtlich von der auf dem Testament bereits befindlichen Unterschrift gedeckt werden (BayObLG FamRZ 1985, 537). So kann eine unterhalb der Unterschrift beigefügte ergänzende *„Richtigstel-* 74 *lung*“ deshalb von der Unterschrift als gedeckt angesehen werden, weil der Text nach durch den Erblasser vorgenommenen Streichungen unvollständig und unverständlich wäre (BayObLG FamRZ 2004, 1141; 2005, 1012; OLG München FamRZ 2011, 502; MünchKomm/Sticherling Rn 40 f; weitergehend Reimann/Bengel/Dietz/Voit Rn 26, der schon einen inhaltlichen Zusammenhang ausreichen lässt) und weil durch Markierungen im darüberstehenden Text auf die unter der Unterschrift befindliche Richtigstellung hingewiesen worden ist (vgl dazu BayObLG FamRZ 1986, 836; vgl auch OLG Frankfurt NJW-RR 1995, 711). Die Auslegung des Testaments muss eindeutig ergeben, dass die Ergänzungen und Änderungen nach dem Willen des Erblassers von der vorhandenen Unterschrift gedeckt sein sollen (BayObLGZ 1984, 194 ff; BGH NJW 1974, 1083, 1084). Diese Auslegung ist dann geboten, wenn das Testament nur mit dem Zusatz einen sinnvollen Inhalt enthält (BayObLG FamRZ 2004, 1141; BayObLG FamRZ 2005, 1012). Im Zweifel sind die räumlich von der Unterschrift nicht gedeckten Zusätze unwirksam. Das gilt insbesondere für Zusätze und Nachträge, die auf getrennten, nicht unterzeichneten Blättern errichtet sind (BGH NJW 1974, 108; BayObLG FamRZ 1984, 1269). Allein eine inhaltliche Verknüpfung der Texte durch Verweisungen und Bezugnahmen genügt nicht (OLG Hamm Rpfleger 1982, 474).

75 Enthält der **unter der Unterschrift** oder auf einem beigefügten Blatt stehende Text **neue Verfügungen**, so sind diese mangels erneuter Unterschrift **unwirksam** (OLG Köln FamRZ 1994, 330; MünchKomm/Sticherling Rn 40). In solchen Fällen wird aber zu prüfen sein, ob es sich bei den Veränderungen um Widerrufe iSv § 2255 BGB handelt (Reimann/Bengel/Dietz/Voit Rn 28), wobei die Auslegung eine Grundlage im formwirksamen Testament finden muss (krit daher Grüneberg/Weidlich Rn 8 zu OLG Hamburg 18. 3. 2015 – 2 W 5/15, ZEV 2016, 32 m krit Anm Fervers). Bestimmt der Testator auf einem früher schon errichteten negativen Testament (Ausschluss eines gesetzlichen Erben von der Erbfolge) durch einen späteren über die Testamentsüberschrift gesetzten eigenhändigen Nachtrag seinen Erben, so wird diese positive Erbeinsetzung nicht durch die Unterschrift des negativen Testaments gedeckt (BayObLG NJW 1975, 314).

76 Erfolgt eine Einfügung durch Dritte **ohne Wissen und Willen des Erblassers**, so gilt sie als **nicht geschrieben** und ist rechtlich wirkungslos (Soergel/Klingseis Rn 40). Ein Einschub, den ein **Dritter mit Wissen und Willen des Erblassers** vornimmt, ist zwar mangels Eigenhändigkeit **nichtig** (Reimann/Bengel/Dietz/Voit Rn 29), hat aber im Gegensatz zum französischen Recht (Art 1001 CC) nicht ohne Weiteres die Unwirksamkeit des ganzen Testaments zur Folge (RGZ 63, 23; KG HRR 1936 Nr 269), da die Unwirksamkeit eines Zusatzes die Gültigkeit des Testaments grds nicht berührt (KG OLGE 35, 364; 7, 361; RG SeuffA 87 Nr 46; BayObLG FamRZ 1997, 1029). Zu prüfen wird aber sein, ob der Dritte als *Werkzeug* des Erblassers das Testament gem § 2255 BGB verändert hat (vgl § 2255 Rn 28 ff). Der Zusatz kann zwar keine positive Veränderung des früheren Testaments herbeiführen, wenn er nicht der Form einer letztwilligen Verfügung entspricht, er kann jedoch einen rechtswirksamen Widerruf des alten Testaments iS des § 2255 BGB darstellen, sofern der Erblasser die Vernichtungs- oder Veränderungshandlung des als Dritten eingeschalteten Werkzeugs kontrolliert beherrscht hat.

77 Die nachträgliche Veränderung eines Testaments durch Beifügung eines Nachtrages kann das Testament zum Entwurf machen, solange der Nachtrag noch nicht vollständig iS des § 2247 BGB abgeschlossen ist (KG in OLGE 18, 346). Ein solcher Fall liegt dann vor, wenn der Nachtrag zu einer vollständigen Änderung des bisherigen Testamentsinhalts führt. Um diesen Entwurf wieder zum gültigen Testament zu machen, muss er in seiner Gesamtheit den Erfordernissen des § 2247 BGB entsprechen. Fehlt es daran, so hat dies die Nichtigkeit des Testaments zur Folge.

Formunwirksame Testamente, Teile von Testamenten, Zusätze oder Nachträge können zur *Auslegung* eines formwirksamen Testaments herangezogen werden (RGZ 71, 293, 303; RG WarnR 1938 Nr 51; BGH NJW 1966, 201; FamRZ 1970, 192; WM 1980, 1039; BayObLG FGPrax 2004, 38, 40; OLG Hamburg 18. 3. 2015 – 2 W 5/15, ZEV 2016, 32 m krit Anm FERVERS; REIMANN/BENGEL/DIETZ/VOIT Rn 26; MünchKomm/HAGENA[7] Rn 37). Das gilt insbesondere für widerrufene notariell beurkundete Testamente, weil diese (von Ausnahmen abgesehen) rechtlich eindeutig formuliert sind (BGH DNotZ 1980, 761, 763). Die Auslegung muss aber eine Grundlage in der eigenhändigen, formgültigen Erklärung des Erblassers finden (BGH FamRZ 1962, 256; LM § 133 [B] Nr 1; BGH Rpfleger 1980, 337 = DNotZ 1980, 761; LEIPOLD FamRZ 2004, 1143 f gegen BayObLG FGPrax 2004, 38, 40; **aA** REIMANN/BENGEL/DIETZ/VOIT Rn 26, der sogar einschränkende maschinenschriftliche Zusätze für wirksam hält, was eindeutig dem Normzweck des § 2247 BGB, selbst unter Berücksichtigung des § 2255 BGB widerspricht. Den Ausführungen des OLG München 13. 9. 2011 – 31 Wx 298/11, FamRZ 2012, 333, 334 zum Schutz vor Veränderungen des Testaments durch Dritte ist uneingeschränkt zuzustimmen). Ein nicht unterschriebener Nachtrag auf demselben Bogen oder Blatt kann zur Unwirksamkeit des Testaments führen, wenn bei Auslegung des Testaments dasselbe ohne den Zusatz lückenhaft oder nicht durchführbar wäre (BGH NJW 1974, 1083; s weiter BayObLGZ 1979, 427, 431 ff mwNw). 78

6. Bezugnahmen, Verweisungen, Anlagen

Aus dem Formgebot der „Eigenhändigkeit" ergibt sich beim eigenhändigen Testament eine besondere *Bezugnahmeproblematik* (beim notariell errichteten Testament sind §§ 13, 13a, 14 BeurkG zu beachten). **Unzulässig** ist grds die **Bezugnahme** oder **Verweisung auf Schriftstücke, die nicht der Testamentsform genügen** (BayObLGZ 1973, 35; NJW-RR 1990, 1481; OLG Hamm NJW-RR 1991, 1352; FamRZ 2006, 1484; OLG München FamRZ 2009, 372 m Anm FLOETH; OLG Köln 6. 10. 2014 – 2 Wx 249/14, ErbR 2015, 315 Rn 57; OLG Hamburg 18. 3. 2015 – 2 W 5/15, ZEV 2016, 32 m krit Anm FERVERS; KG 13. 12. 2017 – 26 W 45/16, FamRZ 2018, 1698 Rn 30; OLG Frankfurt 30. 7. 2020 – 20 W 79/19, ErbR 2021, 851 m Anm BAUMANN zum „testamentum mysticum"; BGH 10. 11. 2021 – IV ZB 30/20, ErbR 2022, 309, 310 Rn 12 ff), es sei denn, die Bezugnahme dient nur einer inhaltlichen Erläuterung (BGH 10. 11. 2021 – IV ZB 30/20, ErbR 2022, 309, 311 Rn 18; OLG Zweibrücken FamRZ 1989, 900; OLG Hamm FamRZ 2006, 1484; OLG München FamRZ 2009, 372 m Anm FLOETH; OLG Köln 6. 10. 2014 – 2 Wx 249/14, ErbR 2015, 315 Rn 57; OLG Hamburg 18. 3. 2015 – 2 W 5/15, ZEV 2016, 32 m krit Anm FERVERS; GRÜNEBERG/WEIDLICH Rn 8; MünchKomm/STICHERLING Rn 33; LÖHNIG Rn 23), wobei die Erläuterung oder Auslegung im formwirksamen Testament mindestens eine Andeutung finden muss (STAUDINGER/OTTE [2019] Vorbem 28 ff zu § 2064 ff). Die Anwendung der Andeutungstheorie kann aber nicht dazu führen, dass die Formnichtigkeit eines Testaments überwunden wird (BHG 10. 11. 2021 – IV ZB 30/20, ErbR 2022, 309, 311 Rn 19 = NJW 2022, 474 m Anm KRÄTZSCHEL; m Anm LITZENBURGER BeckRS 2021, 41084; BAUMANN ErbR 2021, 853). Bleibt das bezugnehmende Testament auch ohne Bezugnahme verständlich, so ist nur die Bezugnahme auf das formunwirksame Schriftstück unwirksam, andernfalls das gesamte Testament (Beispiel: Der Erblasser errichtet ein neues eigenhändiges Testament, in dem er auf ein früher formunwirksam errichtetes 79

Testament Bezug nimmt und zB einen Abschnitt des früheren Testaments abändert). Wird auf ein formwirksames Testament Bezug genommen, so genügt zur Wirksamkeit der Bezugnahme, dass beide Urkundstexte zusammen einen sinnvollen Inhalt ergeben (BGH ZEV 2010, 364).

80 Da der Erblasser nach § 2258 BGB seine öffentlichen und privaten Testamente auch teilweise aufheben bzw abändern kann, darf er im Rahmen seiner Abänderungen auch auf andere eigenhändige oder notarielle Testamente, selbst wenn sie teilweise aufgehoben sind, Bezug nehmen (BGH DNotZ 1980, 761, 762 f; OLG Hamm FamRZ 2006, 1484). Eine rechtlich gültige Bezugnahme kann aber **nur auf wirksame Testamente** des Erblassers erfolgen (OLG Hamm NJW-RR 1991, 1352 = FamRZ 1992, 356, 358 m Anm Musielak; OLG Hamm FGPrax 2000, 31). Daher ist die Bezugnahme auf ein **aus der amtlichen Verwahrung genommenes öffentliches Testament wegen der endgültigen Nichtigkeitswirkung gem § 2256 BGB nicht möglich** (BayObLG FamRZ 1990, 1404; Schubert JR 1981, 24, 25; MünchKomm/Hagena[7] Rn 20; MünchKomm/Sticherling[8] Rn 23; Soergel/Klingseis Rn 42; Reimann/Bengel/Dietz/Voit Rn 12; **aA** KG NJW 1970, 613; Riedel NJW 1970, 1278; MünchKomm/Sticherling[9] Rn 34; Grüneberg/Weidlich Rn 8). Anderes gilt nur, wenn das aus der Verwahrung genommene Testament eine verschlossene Schrift enthält, die den Formerfordernissen des § 2247 BGB genügt (MünchKomm/Hagena[7] Rn 20 mwNw) und das Privattestament weiterhin gültig bleibt (vgl dazu § 2256 Rn 30 f). Würde eine Bezugnahme auf ein durch Rückgabe nach § 2256 BGB widerrufenes Testament anerkannt, könnte die zwingende Rechtsfolge des § 2256 BGB bei einem öffentlichen Testament ganz oder teilweise durch bloße Bezugnahme mit einem privatschriftlichen Testament ohne eigenen Regelungsinhalt (zB: „Ich nehme Bezug auf das gem § 2256 BGB aufgehobene Testament v … des Notars … und setze es wieder in Kraft.") aufgehoben werden (vgl dazu § 2256 Rn 12). Eine solche Anerkennung des mit der Herausgabe aus der Verwahrung unwirksam gewordenen Testaments würde den § 2256 BGB vollständig seines Normzwecks entkleiden (dazu Staudinger/Baumann § 2256 Rn 8). Dass ein notariell wirksam errichtetes Testament durch die Herausgabe aus der Verwahrung nicht seiner Form entkleidet wird (so die Begründung von MünchKomm/Sticherling Rn 34, der bis zur Vorauflage noch die Gegenmeinung vertreten hat) ist in Bezug auf den Normzweck des § 2256 BGB unerheblich. Mit dieser Argumentation könnte auch ein nach § 2252 BGB unwirksam gewordenes Bürgermeistertestament durch bloße Bezugnahme perpetuiert werden. Deshalb ist die Verweisung auf ein gem § 2256 BGB unwirksam gewordenes Testament – wie beim testamentum mysticum (dazu BGH 10. 11. 2021 – ZB 30/20, NJW 2022, 474; OLG Frankfurt 30. 7. 2020, 20 W 79/19, ErbR 2021, 851 m Anm Baumann) – unwirksam (Reimann/Bengel/Dietz/Voit Rn 12; Soergel/Klingseis Rn 42; MünchKomm/Sticherling[8] Rn 23). § 13a BeurkG kann die nicht abdingbare Rechtsfolge des § 2256 BGB nicht beseitigen (**aA** Grüneberg/Weidlich Rn 8), unabhängig davon wie hoch die Fälschungsgefahr (dazu Schubert JR 1981, 25; Soergel/Mayer[13] Fn 165) beim privat verwahrten öffentlichen Testament ist (Bamberger/Roth/Litzenburger Rn 18 hält die Bezugnahme nur für ausgeschlossen, wenn der Erblasser das öffentliche Testament vernichtet hat; ebenso Grüneberg/Weidlich Rn 8; diese Rechtsansicht überzeugt schon deshalb nicht, weil beglaubigte Abschriften [sogar ohne Kenntnis des Erblassers] auch nach Vernichtung der Urschrift existieren können, auf die als öffentliche Urkunden dann konsequenter Weise eine Verweisung ebenfalls möglich sein müsste). Das nach § 2256 BGB widerrufene Testament kann nur als gem § 2232 BGB übergebene Schrift gültig werden, wenn es die Formerfordernisse des § 2247 BGB erfüllt (§ 2256 Rn 30 f) oder wenn eine Neuerrichtung durch Übergabe einer Schrift gem § 2232 BGB erfolgt.

Bei **Bezugnahmen auf Nottestamente** ist deren beschränkte Gültigkeitsdauer nach § 2252 BGB zu beachten. Mit Fristablauf werden das Nottestament, damit auch die Bezugnahme und – zumindest teilweise, je nach Inhalt auch insgesamt – das bezugnehmende Testament unwirksam. Ist das in Bezug genommene Testament unwirksam, so ist auch das bezugnehmende Testament hinsichtlich des Bezugnahmeinhalts unwirksam, weil das in Bezug genommene und das bezugnehmende Testament insgesamt jeweils dem Inhalt und der Form nach als einheitliche testamentarische Regelung zu unterschiedlichen Errichtungszeitpunkten wirksam sein müssen (**aA** Reimann/Bengel/Dietz/Voit[5] Rn 12 ursprünglich unter Hinweis auf die ohnehin legislativ verfehlten Regelungen zum Seetestament, die zu einer unbeschränkten Gültigkeitsdauer führen können; ohne Begründung folgend Soergel/Mayer[13] Rn 33). Voit hat (6. Aufl seiner Kommentierung in Reimann/Bengel/Mayer Rn 12) – mit erwägenswerter Argumentation – darauf hingewiesen, dass mit der späteren Bestätigung des in einer Notlage errichteten Testaments ein möglicherweise unbedachter Wille nicht perpetuiert, sondern durch die Verweisung wohl bedacht bestätigt würde. Allerdings sprechen sowohl § 141 BGB als auch die Formzwecke des eigenhändigen Testaments, ferner auch die Normzwecke der nur befristeten Geltung von Nottestamenten gegen eine solche dauerhaft wirkende Bezugnahme auf ein unwirksam werdendes (Not-)Testament. Die bloße Bezugnahme reicht für eine Bestätigung nach § 141 BGB nicht aus. Will der Erblasser seinen in den Formen außerordentlicher Testamente in Not- oder Sondersituationen niedergelegten Willen aufrechterhalten, kann und muss er sich in vollem Umfang an die gesetzlich vorgeschriebenen Errichtungsformen der Testamente halten, also ggf den Inhalt des Nottestaments in den Formen des § 2247 BGB wiederholen. Eine Perpetuierung des Nottestaments durch Bezugnahme widerspricht der gesetzlichen Wertung des § 2252 BGB, die nur eine beschränkte Gültigkeitsdauer anerkennt. Da Bezugnahmen dazu führen, dass das in Bezug genommene Testament mit dem Bezug nehmenden Testament eine inhaltliche Regelungseinheit bildet, geht der Inhalt des Bezugs mit Fristablauf des Nottestaments verloren. Insoweit ist die Wertung mit einem aus der amtlichen Verwahrung genommenen notariellen Testament vergleichbar (vgl dazu Rn 80). 81

Ob das bezugnehmende Testament insgesamt unwirksam ist oder Teile fortgelten, beurteilt sich nach § 2085 BGB.

Die Bezugnahme auf vom Erblasser eigenhändig errichtete frühere Testamente ist zulässig (OLG Zweibrücken OLGR 1998, 34). **Unzulässig** ist die **Bezugnahme auf Testamente Dritter** (OLG Hamm NJW-RR 1991, 1352, 1353 mwNw). Zulässig ist aber die Bezugnahme auf ein *gemeinschaftliches Ehegattentestament,* selbst wenn dieses vom Ehegatten des Erblassers niedergeschrieben wurde (so mit überzeugender Begründung OLG Frankfurt FGPrax 2001, 244, 245; der Entscheidung folgend Staudinger/Baumann [2003] Rn 70); dagegen ist die Bezugnahme auf ein gemeinschaftliches Ehegattentestament nicht möglich, wenn dieses wegen fehlender Unterschrift unwirksam ist (OLG München FamRZ 2009, 372). 82

In einem **eigenhändigen Testament** kann nicht auf ein mit der Schreibmaschine geschriebenes, privates Schriftstück Bezug genommen werden (BGH Rpfleger 1980, 337; BayObLGZ 1979, 215, 218; BayObLG NJW-RR 1990, 1482 jeweils mwNw), da der Erblasser hinsichtlich des Inhalts seiner letztwilligen Verfügung **nur auf** der Form des § 2247 BGB genügende, also auf **eigenhändig** von ihm **geschriebene Schriftstücke** (zur Zurech- 83 nung der Eigenhändigkeit beim gemeinschaftlichen Testament OLG Frankfurt FGPrax 2001, 244, 245) **oder auf öffentliche Testamente** Bezug nehmen kann (BGH LM § 2247 Nr 6; BayObLG NJW-RR 1990, 1481, 1482; OLG Hamm NJW-RR 1991, 1352, 1353 jeweils mwNw). Auch die „Bezugnahme" auf eine dem Testament beigefügte, maschinenschriftlich verfasste Liste (zB von Vermächtnisgegenständen oder von anderen testamentarischen Inhalten) ist unwirksam (**aA** OLG Hamm NJW 2003, 2391). Keine wirksame „Bezugnahme" liegt vor, wenn der Erblasser den Entwurf eines notariellen Testaments teilweise (selbst nur mit einem Wort) in seinen handschriftlichen Text integriert, um so ein Widerrufstestament zu errichten (**aA** OLG Hamm FGPrax 2000, 31, 32).

84 Nimmt ein **Nachtrag** auf andere, **nicht rechtsgültige Verfügungen Bezug**, so ist der Nachtrag unwirksam bzw das Testament nach Maßgabe des § 2085 BGB insgesamt unwirksam (MünchKomm/Hagena[7] Rn 37). Auch die Erklärung, das frühere, unwirksame Testament solle „fortgelten", macht das letztere nicht gültig (RG WarnR 1917 Nr 59; OLG Dresden ZBlFG 1916, 676; **aA** Soergel/Harder[12] Rn 35). Ein formungültiges Testament kann nicht dadurch gültig werden, dass es in einem späteren, gültigen Testament als fortgeltend erklärt ist (RG WarnR 1925 Nr 29).

85 Der Erblasser kann auf **von ihm selbst** (nicht von einem anderen!) (LG Berlin DFG 1943, 82) eigenhändig geschriebene **Anlagen** zum Testament grds Bezug nehmen, wenn diese Anlagen lediglich Erläuterungen der im Testament angeordneten Verfügungen enthalten oder wenn die Anlage zB eine Liste von Vermächtnisgegenständen aufstellt. Erforderlich ist in jedem Fall, dass die **Anlagen der Testamentsform** genügen, also vom Erblasser eigenhändig geschrieben und unterschrieben sind (BGH 10. 11. 2021 – IV ZB 30/20, NJW 2022, 474; OLG München 7. 10. 2010 – 31 Wx 161/10, MDR 2011, 235; vgl dazu Rn 44; Baumann ErbR 2021, 853 zum „testamentum mysticum"), weshalb maschinenschriftlich verfasste Anlagen nicht ausreichen (OLG München 7. 10. 2010 – 31 Wx 161/10, 2011, 235; OLG Köln 6. 10. 2014 – 2 Wx 249/14, FGPrax 2015, 85). Unschädlich sind maschinengeschriebene Anlagen dann, wenn diese nur der Erläuterung (ohne eigenen materiell-rechtlichen Regelungsinhalt) der letztwilligen Anordnungen dienen sollen, weil sie dann keinen erbrechtlich anordnenden Charakter haben. Inwieweit sie zur Auslegung des Testaments herangezogen werden können, ist eine Frage des Einzelfalls, wobei eine zu weitgehende Auslegung unter Heranziehung der formunwirksamen Anlage gegen § 2247 BGB verstößt. Es muss als sicher festgestellt werden, dass die Anlage den Willen des Erblassers wiedergibt; außerdem bleibt für eine noch zulässige Auslegung nur dann Raum, wenn der Inhalt der Anlage im formgültigen Testament mindestens angedeutet ist. Genügt die Anlage allen Formanforderungen des § 2247 BGB, können mit ihr Änderungen, zB bei Vermächtnisanordnungen, durch Auswechselung der Anlage leichter vorgenommen werden (zum „Wechselrahmentestament" Trilsch/Eckardt ZEV 1996, 299). Um eine bloße Erläuterung handelt es sich nicht, wenn der Inhalt des Testaments nur in Verbindung mit der Anlage verständlich ist, zB wenn im Testament als Schlusserben „die in der beigefügten Liste aufgeführten lebenden Verwandten" eingesetzt sind; entspricht diese Anlage nicht der Testamentsform, dann ist das Testament formnichtig (**aA** OLG Hamm FamRZ 2003, 1325 = Rpfleger 2003, 88, das mit seiner Entscheidung die gesetzlichen Formerfordernisse teilweise aufhebt). Enthält die Anlage eigene sachliche Verfügungen, so muss sie den Formerfordernissen einer letztwilligen Verfügung entsprechen (OLG Hamburg OLGE 34, 307), also eigenhändig geschrieben und unterschrieben sein (MünchKomm/Hagena[7] Rn 37 mwNw). Das gilt auch für die Errichtungsangaben einer aufgrund eigenhändigen Testaments zu errichtenden Stiftung von Todes wegen (LG Berlin FamRZ 2001, 450 für Angabe des Stiftungszweck im eigenhändigen Testament; **aA** OLG Stuttgart ZEV 2010, 200, 201 m krit Anm Wachter. Die Entscheidung des OLG Stuttgart wird den Formzwecken einer von Todes wegen zu errichtenden Stiftung nicht gerecht. Der Verfälschung des letzten Willens des Erblassers durch Auswechslung der Stiftungsvoraussetzungen wären keine Grenzen gesetzt).

Das OLG Zweibrücken (NJW-RR 1989, 1413 = FamRZ 1989, 900) hat eine bloße Erläute- **86**
rung in einem Fall angenommen, in dem der Erblasser in seinem handschriftlichen Testament sein gesamtes Vermögen gegenständlich aufgeführt und dann die nähere Kennzeichnung der einzelnen Vermögensgegenstände durch Bezugnahme auf eine beigefügte maschinenschriftliche Aufstellung unter Zuweisung einer Kennziffer für die einzelnen Gegenstände vorgenommen hatte. Dieser Rechtsansicht ist nur dann ohne Bedenken zuzustimmen, wenn das eigenhändige Testament auch ohne die maschinenschriftliche Aufstellung vollständig und verständlich ist. Die Grenze zur bloßen Erläuterung wird dagegen überschritten, wenn das Testament nur mit der Anlage vollständig und verständlich ist. Daher müssen sich die gegenständlichen Vermögenszuweisungen als Teilungsanordnungen oder Vermächtnisse aus dem formgültigen Testament selbst ergeben.

Die Bezugnahme auf einen dem Testament als Anlage beigefügten **Katasterplan**, der **87**
ersichtlich machen soll, welcher Teil eines Nachlassgrundstückes einem Bedachten zukommen soll, ist zulässig (ebenso Soergel/Mayer[13] Rn 34). Der Plan muss nicht vom Erblasser selbst gezeichnet sein (**aA** Staudinger/Firsching[12] Rn 32), wohl aber muss die Verbindung zum Testament, zB durch einen handschriftlichen Vermerk und durch eine Unterschrift (analog den Regeln beim öffentlichen Testament) gewährleisten, dass nicht ein beliebiger Plan später durch Auswechselung beigefügt werden kann. Der Plan **symbolisiert** nur den körperlichen Gegenstand „Grundstück". **Auch eine Bezugnahme auf Grundbuchangaben oder Katasterbezeichnungen wäre zulässig**, obwohl diese nicht vom Erblasser angefertigt sind. Entscheidend muss sein, dass sich **aus dem Testament selbst mit hinreichender Deutlichkeit ergibt**, welcher Grundstücksteil dem Bedachten zugewandt werden soll (ebenso MünchKomm/Hagena[7] Rn 20) und auf welchen Plan Bezug genommen wird, so dass zwischen dem handschriftlichen Teil und dem Plan eine eindeutige Verbindung besteht und durch die Form gewährleistet ist, dass der Plan mit der Urschrift des Testaments verbunden ist. Der Plan muss deshalb unterschrieben und so hinreichend im eigenhändig verfassten Text beschrieben sein, dass er nur vom Erblasser selbst ausgetauscht werden kann. Dem Erblasser zu empfehlen ist, den Plan – entsprechend den öffentlich-rechtlichen Beurkundungsvorschriften – als gekennzeichnete und bei mehreren Plänen nummerierte Anlage zu unterschreiben.

Zulässig ist die **Bezugnahme auf gesetzliche Bestimmungen** (Beispiel: Erblasser ver- **88**
weist auf die gesetzliche Erbfolge des BGB oder des DDR-ZGB), auch auf *ausländische* Rechtsordnungen. Die Bezugnahme ist auch dann wirksam, wenn die gesetzliche Bestimmung im Zeitpunkt der Testamentserrichtung oder des Erbfalls *außer Kraft* ist. Ändern sich die in Bezug genommenen gesetzlichen Bestimmungen zwischen Testamentserrichtung und Erbfall, so ist im Wege der Auslegung zu ermitteln, ob der Erblasser *ausnahmsweise* auf die jeweils geltende und damit die im Zeitpunkt des Erbfalls geltende Fassung abstellen wollte. Regelmäßig wird sich die ausdrückli-

che Bezugnahme auf das im Zeitpunkt der Testamentserrichtung geltende, dem Erblasser bekannte Recht beziehen.

7. Brieftestamente

89 In der älteren Judikatur und Rechtspraxis spielten Brieftestamente eine bedeutende Rolle. Der handschriftliche Brief, dessen *Form* Vorbild des eigenhändigen Testaments gewesen sein sollte (so Lange/Kuchinke § 20 I 1, aber sehr zweifelhaft), war zur Zeit der Entstehung des Bürgerlichen Gesetzbuches das gebräuchlichste (schriftliche) Kommunikationsmittel und erfüllte vor der Verbreitung des Telefons und anderer – auch fernschriftlicher – Telekommunikationsmittel noch umfassendere Funktionen. Heute spricht die Form als Brief oder gar als Postkarte grds dagegen, dass der Erblasser mit dieser Erklärung testieren will: ein Brief – und vor allem eine offen versandte Postkarte – sprechen nach der heutigen Verkehrsgewohnheit dafür, dass der Erblasser lediglich eine *Absicht* mitteilen will (ähnlich Reimann/Bengel/Dietz/Voit Rn 7; Röthel § 17 Rn 29). Schriftlich erklärte Testierabsichten gegenüber dem Notar (Ausnahme möglich, wenn sie in vollständig erfüllter Form des § 2247 BGB dem Notar überreicht werden, mit der Bitte mit diesem Inhalt ein notariell zu beurkundendes Testament zu entwerfen) begründen kein wirksames Testament. Dritten gegenüber in Aussicht gestellte Verfügungen, mitgeteilte Testierabsichten oder schriftliche Versprechen (beachte auch §§ 518, 2301 BGB) in bestimmter Weise zu testieren, können nicht genügen, selbst wenn sie mit der Hand geschrieben sind. Die Testierabsicht nur ankündigende Briefe enthalten grds mangels Testierwillens kein Testament, obwohl in Einzelfällen auch von der jüngeren Rechtsprechung – gestützt auf ältere Judikate – Brieftestamente anerkannt wurden (OLG Köln Rpfleger 1995, 504; OLG Brandenburg FamRZ 1998, 985; BayObLG FamRZ 2001, 944; 2003, 1786; OLG Schleswig FamRZ 2010, 65), sogar auf dem Testamentsumschlag errichtet (OLG Karlsruhe 26. 3. 2010 – 14 Wx 30/09, FamRZ 2011, 500; OLG München 31. 3. 2016 – 31 Wx 413/15, ErbR 2016, 348 Rn 10).

90 Ein Brief, sogar eine auf dem Übermittlungsweg von unbeteiligten Dritten lesbare Postkarte (MünchKomm/Hagena[7] Rn 33 lässt den Absendervermerk als Namensunterschrift gelten; vgl dazu aber seine Ausführungen zur Selbstbenennung in Rn 28; anders zur Postkarte Rn 26; ebenso zum Absendervermerk bei Postkartentestamenten MünchKomm/Sticherling Rn 48) sollte nach der älteren Rechtsprechung der Form eines Privattestamentes genügen. Ob ein Brief als letztwillige Verfügung anzusehen ist, ist Tatfrage und vom Gericht im Wege der Auslegung und mit allen zulässigen Beweismitteln festzustellen. Zunächst ist im Wege der Auslegung nach § 133 BGB zu ermitteln, ob überhaupt eine letztwillige Verfügung vorliegt (OLG München 31. 3. 2016 – 31 Wx 413/15, ErbR 2016, 348 m Anm Slabon ErbBstg 2016, 172; OLG Köln Rpfleger 1995, 504; KG Rpfleger 2004, 44). Erst danach kommt eine Auslegung der Schrift gem § 2084 BGB in Betracht (über die Heranziehung des § 2084 BGB zur Klärung von Zweifeln, ob und inwieweit das Schriftstück des Erblassers als wirksame Verfügung von Todes wegen gemeint gewesen ist, vgl Staudinger/Otte [2019] § 2084 Rn 4). Bei der Annahme eines Brieftestaments (OLG Saarbrücken 23. 11. 2021 – 5 W 62/21, ZEV 2022, 307) und erst recht eines Postkartentestaments ist größte Zurückhaltung geboten (Soergel/Klingseis Rn 45; MünchKomm/Sticherling Rn 48 verlangt zumindest bei Postkartentestamenten strenge Anforderungen bei der Auslegung, ob ein Testament vorliegt). Die ältere Rechtsprechung kann, soweit sie wirksame Brieftestamente oder gar Postkartentestamente (die in Kriegszeiten als Feldpostkarten mangels anderer Übermittlungsformen ihre Berechtigung hatten) annimmt (RG JW 1907, 143; 1910, 22; LZ 1922, 294; KG

OLGE 8, 282; RJA 5, 167), aufgrund der veränderten Verkehrsgewohnheiten nicht mehr unkritisch herangezogen werden.

91 Ein wirksames Testament in einem Brief setzt voraus: *Der Erblasser muss zunächst einmal wissen,* dass er eine letztwillige Verfügung auch in einem gewöhnlichen Brief oder sogar ggf auf einer Postkarte treffen kann. Der Erblasser muss darüber hinaus den **endgültigen Testierwillen** beim Verfassen des Testaments in Form eines Briefes haben (OLG Schleswig ZErb 2009, 240). Der Erklärende muss *nicht nur eine Mitteilung* machen, eine zu errichtende letztwillige Verfügung ankündigen oder in Aussicht stellen, sondern die letztwillige Verfügung selbst in dem Brief oder auf der Postkarte treffen wollen (BGH WM 1976, 744; BayObLGZ 1963, 58; BayObLG MDR 1980, 403 = Rpfleger 1980, 189; KG DFG 1941, 9; 1943, 43; NJW 1959, 1441; OLG Stuttgart JW 1933, 2778; Rpfleger 1964, 148; OLG Frankfurt Rpfleger 1970, 392). An den **Nachweis des Testierwillens** sind bei einem Brief – und erst recht bei einer Postkarte – **strenge Anforderungen** zu stellen (OLG Stuttgart Rpfleger 1964, 148; BayObLG FamRZ 1990, 672; NJW-RR 1991, 1222; FamRZ 1998, 985, 986: „da die Abfassung eines Testaments in Form eines Briefes nicht den üblichen Gepflogenheiten entspricht"; Rpfleger 2001, 134; KG FamRZ 2004, 736, 738; OLG Schleswig ZErb 2009, 240; Soergel/Mayer[13] Rn 36; MünchKomm/Hagena[7] Rn 30). In aller Regel will ein Briefschreiber *keine rechtsgeschäftlichen Erklärungen* abgeben, sondern sich lediglich auf rein gesellschaftlicher Ebene mitteilen (OLG Saarbrücken 23. 11. 2021 – 5 W 62/21, FGPrax 2022, 87 Rn 6 ff). **Gegen die Wirksamkeit eines Briefes als Testament** spricht vor allem, dass der Erblasser in den seltensten Fällen bereit ist, sein eigenhändiges Originaltestament einem Dritten oder gar dem Bedachten per Post zu übermitteln, weil diese Übermittlungsart unsicher ist und der Erblasser die Möglichkeit verliert, Änderungen, Ergänzungen, Nachschübe, Streichungen usw in diesem Originaltestament vorzunehmen. Behält er keine Abschrift oder Kopie des Briefes zurück, besteht nicht einmal die Möglichkeit, den niedergelegten „letzten Willen" zu einem späteren Zeitpunkt ohne Mitwirkung des Briefempfängers noch einmal zu überprüfen und inhaltlich zu ändern (es entspricht nicht der Verkehrsgewohnheit von privaten Briefen eine Kopie anzufertigen). Will der Erblasser die Übersendung seines Testaments an einen Dritten in Briefform aus Gründen der sicheren Verwahrung beim Dritten, so ist die Versendung mit einfacher Post ungewöhnlich (ein Einschreiben mit Rückschein wäre wohl mindestens zu erwarten). Nur wenn die Testierabsicht – trotz Briefform und trotz der Übersendung per Post (normale Post ist zur Errichtung von Testamenten eine viel zu unsichere Übermittlungsform) und die gewollte Überlassung des „Testaments" an den Briefempfänger – zur Überzeugung des Gerichts feststeht, kann ausnahmsweise ein Testament auch in einem Brief enthalten sein.

92 Werden testamentarische Anordnungen mit rechtlich belanglosen Mitteilungen in dem Brief inhaltlich verknüpft (Endemann DJZ 1916 Sp 36; BayObLG MDR 1980, 403), so spricht dies eher gegen eine Testierabsicht und für einen erweiterten kommunikativen Gedankenaustausch über die künftige Gestaltung der Vermögensnachfolge bzw für eine „unverbindliche, rein informative Mitteilung" (OLG Schleswig ZEV 2010, 46; MünchKomm/Sticherling Rn 45). An die Auslegung als Brieftestament sind aus den dargelegten Gründen strenge Anforderungen zu stellen (MünchKomm/Sticherling Rn 45; Soergel/Klingseis Rn 45) und noch strengere an ein sog Postkartentestament, das offen versandt worden ist. Ob der Brief an einen Dritten (RG JW 1907, 143) oder an den Zuwendungsempfänger gerichtet ist, macht zwar grds keinen Unterschied (OLG Naumburg OLGE 16, 269), kann aber im Rahmen der Auslegung und Ermittlung des Testier-

willens aufgrund seines Inhalts von Bedeutung sein (über die Zulässigkeit der Briefform RGSt 53, 261; RGZ 87, 110; KG OLGE 30, 220; OLG Rostock 40, 139; DJZ 1916 Sp 985, 1071; KG DJ 1937, 1393 [Testament auf Ansichtspostkarte; bedenklich und nicht mehr verallgemeinerungsfähig]; zu weitgehend RG WarnR 1918 Nr 62, wo die Einheitlichkeit mehrerer Teile eines Briefes angenommen ist, von denen der erste Teil ein unmittelbar an einen nahen Verwandten gerichteter Brief ist und unter Bezugnahme auf einen mündlich schon mitgeteilten Wunsch ein Vermächtnis verfügt, während der zweite Teil anschließend an diesen Brief, aber formell selbstständig auf der dritten Seite des Briefbogens eine weitere letztwillige Verfügung für den Fall trifft, dass der im ersten Teil eingesetzte Erbe vor dem Erblasser sterben sollte; infolge der Einheitlichkeit der Verfügungen wurde es für genügend erachtet, dass sich die Unterschrift nur am Ende des zweiten Teiles befand).

93 Ein **Telefax** genügt – selbst wenn es inhaltlich einem Brief entspricht – nicht der erforderlichen eigenhändigen Testamentsform, sondern ist einer Kopie gleichzusetzen. Allerdings kann das Fax wie eine Kopie als Beweismittel für die formgültige Errichtung eines nicht auffindbaren Testaments dienen (dazu § 2255 Rn 44).

8. Entwürfe

94 Allein der **Wille** des Erblassers **genügt nicht**, *aus einem Entwurf ein gültiges Testament zu machen.* So wie der Widerruf eines Testaments gem § 2255 BGB eine nach außen in Erscheinung tretende Veränderung der Urkunde verlangt, setzt eine wirksame Umwandlung des Entwurfes in ein Testament eine **sichtbare Kundmachung** dieses Willens des Erblassers voraus (BayObLG FamRZ 2000, 944; 2005, 308). Hierzu soll die Durchstreichung des Wortes „Entwurf" durch den Erblasser genügen; eine erneute Unterzeichnung sei nicht unbedingt erforderlich, falls der Entwurf bereits ordnungsgemäß unterschrieben gewesen ist (KG OLGE 32, 322), ist aber zur Klarstellung mindestens zu empfehlen (weitergehend MünchKomm/Hagena[7] Rn 24, der neue Unterschrift als Wirksamkeitsvoraussetzung verlangt, was bei Beachtung aller Formzwecke konsequent ist; ebenso MünchKomm/Sticherling Rn 38), in allen Zweifelsfällen zur Dokumentation der endgültigen Testierabsicht sogar geboten. Jedenfalls sollte das einfache Durchstreichen des Wortes „Entwurf" von einer danebenstehenden Unterschrift begleitet sein, um den Urheber feststellen zu können. Bei einfachem Durchstreichen des Wortes Entwurf (ohne beigefügte Unterschrift) kann zwar der erste Anschein dafür sprechen, dass das Durchstreichen vom Erblasser vorgenommen wurde (Tatfrage: Wo wurde das Testament verwahrt? Wer hat das Testament gefunden? Wer hat es dem Nachlassgericht abgeliefert?). Ist der erste Anschein erschüttert, wird demjenigen, der aus dem Testament Rechte herleitet, die Beweislast aufzuerlegen sein, dass die Streichung vom Erblasser selbst vorgenommen wurde.

95 Die von einem Testierwilligen geäußerte Absicht, seinen vollständig aufgesetzten letzten Willen noch „in Reinschrift" bringen zu wollen, nötigt nicht zu der Annahme, das bis dahin Niedergeschriebene sei nur ein Entwurf (OLG Potsdam NJ 1949, 319). Eine Auslegung, dass der niedergelegte Wille lediglich wegen der äußeren Fassung in eine bessere Form gebracht werden soll, aber bis zur Reinschrift schon als Testament gelten soll, ist durchaus möglich (BayObLGZ 1970, 173 und BayObLG [30. 10. 1978] BReg 1 Z 109/78 – dazu Haegele BWNotZ 1977, 29, 30).

96 Als bloße **Entwürfe** sind nach derzeit geltender Rechtslage alle nach den Regeln unserer Rechtsordnung **digital verfassten Testamente** rechtlich einzuordnen, selbst wenn sie in Schreibschrift auf einer Bildschirmoberfläche (Touchscreen) aufgezeichnet sind (dazu Rn 42 f).

9. Unterschrift (Abs 3)

a) Allgemeines

§ 21 Abs 3 TestG (= § 2247 Abs 3 BGB) brachte gegenüber § 2231 Nr 2 aF Former- 97
leichterungen für die Art und Weise der Unterschrift (zum Rechtszustand vor Einführung des TestG vgl Staudinger/Firsching[12] Rn 41 ff). Das TestG hielt jedoch daran fest, dass der Erblasser seine **Unterschrift unter die eigenhändig selbst geschriebene Erklärung** zu setzen hat (RG DNotZ 1942, 308; DRW 1942, 1340). Diesem Erfordernis ist nicht genügt, wenn die Unterschrift sich unter einem maschinenschriftlichen Mobiliarverzeichnis befindet, das gemeinsam mit der eigenhändigen, nicht unterzeichneten Niederschrift in einem Ordner abgeheftet ist (BayObLG FamRZ 1984, 1269 LS) oder unter einem maschinenschriftlich verfassten Testament befindet, selbst wenn ein handschriftlich eigenhändig verfasstes, aber nicht unterschriebenes Testament mit demselben Inhalt angeheftet ist (OLG Köln 14. 2. 2014 – 2 Wx 299/13, NJW-RR 2014, 1035 Rn 41). Die Unterschrift muss räumlich so stehen, dass die letztwillige Verfügung von ihr gedeckt ist, was zB nicht der Fall ist, wenn sie sich auf einem separaten Blatt befindet (OLG Naumburg 10. 9. 2022 – 04 VI 197/20, ErbR 2022, 223).

Die Unterschrift **soll** den **Vor- und Familiennamen** des Erblassers enthalten (Abs 3 98
S 1), was andere Unterschriftsformen nicht ausschließt (vgl dazu Rn 101 f, 122 ff). Ist die eigenhändige Niederschrift vom Erblasser gar nicht unterschrieben, so ist das Testament nach § 125 S 1 BGB nichtig (BayObLG NJW-RR 1991, 1222). Die Unterschrift kann nicht dadurch ersetzt werden, dass die Urheberschaft des Erblassers und die Ernstlichkeit seiner Erklärung auf andere Weise – etwa durch Zeugen – nachgewiesen werden (amtl Begr z TestG DJ 1938, 1254, 1257; OLG Schleswig SchlHAnz 1952, 83 mwNw), weil die vielfältigen Formzwecke (dazu Rn 103 ff) nicht anderweitig ersetzt werden können (Reimann/Bengel/Dietz/Voit Rn 19). Deshalb reicht eine Unterschrift mit einer Bezeichnung wie „Die Obengenannte" („D. O.") nicht aus (OLG Celle 22. 9. 2011 – 6 U 117/10, ZEV 2012, 47).

Die **Mitunterzeichnung durch Dritte**, selbst wenn sie im Testament bedacht sind, ver- 99
letzt die Formvorschriften des § 2247 BGB grds nicht (BayObLG MittBayNot 1997, 237, 238; OLG Koblenz 27. 9. 2012 – 2 U 963/11, juris). Allerdings kann zu prüfen sein, ob eine wirksame einseitige Verfügung vorliegt oder ob die zweite Unterschrift nach dem festzuhaltenden Willen der Unterzeichner – und wegen der persönlichen Beziehung der Unterzeichner – für ein gemeinschaftliches Testament spricht, bei dem die §§ 2265 ff BGB zu beachten sind (Staudinger/Raff §§ 2265 ff). Bei Mitunterzeichnung durch Bedachte wird zu prüfen sein, ob diese Einfluss auf den Testamentsinhalt genommen haben. Ebenso wenig schadet der Wirksamkeit des formgültigen Testaments grds die Unterzeichnung durch Zeugen, die Bestätigung eines Pfarrers oder die Bestätigung der Testierfähigkeit durch einen Arzt auf der Originalurkunde. Um die Formwirksamkeit des eigenhändigen Testaments nicht in Zweifel zu ziehen, sollten Dritte ihre Beobachtungen nicht auf dem Original der eigenhändigen Urkunde, sondern in getrennten Privaturkunden oder auf Kopien des Testaments niederlegen. Die Mitunterzeichnung des Betreuers kann die Beweiskraft für den Testierwillen des Betreuten und seine unbeeinflusste Errichtung erhöhen.

b) Eigenhändigkeit der Unterschrift

100 Die Unterschrift muss – wie der Testamentstext – vom Erblasser eigenhändig geleistet werden (allgemein hierzu HOLZHAUER, Die eigenhändige Unterschrift 232). Eine im Wege der mechanischen Vervielfältigung hergestellte Namensunterschrift (vgl dagegen §§ 126 u 793 Abs 2 S 2 BGB) ist ebenso unzulässig wie eine Unterschrift mit Schreibmaschine (RG ZBlFG 1916, 231), ein Unterschriftsstempel, die (auch nur einmalige) Verwendung eines Unterschriftsautomaten oder die Nachzeichnung einer vorgezeichneten Unterschrift (BayObLG FamRZ 1999, 331). Eine eigenhändige Unterschrift liegt ebenso wenig vor, wenn die Hand bei der Unterschriftsleistung von einem Dritten fremd geführt wird (vgl dazu Rn 53 f). Die Beantwortung der Frage, ob ein Testament eigenhändig vom Erblasser geschrieben und unterschrieben ist, liegt auf tatsächlichem Gebiet (BayObLG DNotZ 1984, 47, 48; FamRZ 1986, 1043, 1044; FamRZ 1991, 370, 371).

c) Form der Unterschrift

101 Die **Unterschrift** muss in der **allgemein üblichen** Form erfolgen. Eine Unterschrift mit dem vollständigen Namen (sämtliche Vornamen) oder gar mit dem Geburtsnamen (geb X) verlangt das Gesetz nicht (Abs 3 S 1 „soll"). Die Unterzeichnung nur mit dem Vornamen kann Zweifel erwecken, ob es sich um eine abgeschlossene Willenserklärung oder lediglich um einen Entwurf bzw eine nur für den Aussteller selbst bestimmte Aufzeichnung handelt (RGZ 87, 113). Andererseits hat die Rechtsprechung auch Familienbezeichnungen als wirksame Unterschrift zugelassen (BGHZ 27, 274; BGH NJW 1985, 1227; BayObLG FamRZ 2003, 1779: „Eure Mutter"; MünchKomm/STICHERLING Rn 41; GRÜNEBERG/WEIDLICH Rn 10). Die Unterzeichnung mit einer Familienbezeichnung (zB Vater, Onkel) kann aber – insbesondere in einem Brief – dafür sprechen, dass nur eine Mitteilung über Testierabsichten an Familienangehörige, nicht schon ein endgültiger letzter Wille vorliegt. Nicht ausreichend als Unterschrift ist der handschriftliche Vermerk „Testament", neben dem der Name des Erblassers steht, auf einem verschlossenen Testamentsumschlag (BayObLG Rpfleger 2002, 626 = FamRZ 2003, 966). Zeichenschrift des Namens (zB in Druckbuchstaben), Stenogramm, Handzeichen, isolierte Anfangsbuchstaben, erkennbar als Paraphen von der üblichen Unterschrift des Erblassers abweichende Namenskürzel oder gar drei Kreuze (DAMRAU/TANCK/WEBER Rn 41) genügen nicht, selbst wenn sie notariell beglaubigt werden (RGZ 110, 168; 134, 310), auch deswegen weil die Beglaubigungsform zur Testamentserrichtung in unserer Rechtsordnung nicht vorgesehen ist (BAUMANN RNotZ 2010, 310). Die Grundsätze zur Unterschrift in einem Beglaubigungsvermerk (BGH DNotZ 1970, 595) sind daher nicht anwendbar. Allein schon die Ernstlichkeit des endgültigen Testierwillens und der Gegensatz zum bloßen Entwurf treten bei Handzeichen oder Kürzeln nicht hinreichend hervor (**str**). Die Unterschrift muss insofern unverstümmelt und vollständig sein, damit der Abschluss des Testaments nicht zweifelhaft ist.

102 Dagegen soll die **Undeutlichkeit** der Schriftzeichen der Unterschrift unschädlich sein (BayObLGZ 7, 403; vgl auch OLG Nürnberg BayZ 1906, 365; DAMRAU/TANCK/WEBER Rn 40). Ist die Unterschrift nicht mehr lesbar, steht jedoch fest, dass sie als Unterschrift niedergeschrieben war, so soll dies die Formgültigkeit des Testaments nicht berühren (KG DRZ 1930 Nr 176; MünchKomm/STICHERLING Rn 42). War sie von vornherein undeutlich niedergeschrieben (zB Verwackeln der Unterschrift bei starkem Parkinson), so genügt bei Zweifeln an der Urheberschaft die Feststellung der Schriftzüge als Unterschrift des Erblassers durch Schriftsachverständige (KG JW 1937, 2831; 1938, 1601; BGH

Rpfleger 1964, 211; 1976, 127 m Anm VOLLKOMMER [Unterschrift iS von § 130 Nr 6 ZPO]). Dieser älteren Rechtsprechung kam dann zuzustimmen sein, wenn die nachfolgend dargelegten Formzwecke der Unterschrift erfüllt sind.

d) Formzwecke der Unterschrift

aa) Allgemeines

Die Unterschriftsleistung (zu den allgemeinen Formzwecken der Testamentsformen STAUDINGER/BAUMANN § 2231 Rn 25 ff) erfüllt (als Abschluss des eigenhändigen Testaments dieselben Formzwecke, die mit der Eigenhändigkeit des Privattestaments erfüllt werden sollen, und darüber hinaus) weitergehende Zwecke (BAUMANN RNotZ 2010, 310, 312). Der Erblasser soll mit der Unterschriftsleistung 103

- die rechtsgeschäftliche Bedeutung seiner Erklärung vor der endgültigen Testamentserrichtung noch einmal überdenken, wozu er durch jedes Formerfordernis angehalten wird (beim privaten Testament insbesondere durch die Eigenhändigkeit, die aber allein nicht ausreicht, weil auch Entwürfe eigenhändig verfasst werden können und erst die eigenhändige Unterschrift unter seinem eigenhändig verfassten Text dem Erblasser den endgültigen Abschluss und die Rechtsverbindlichkeit vor Augen führt („wer schreibt der bleibt"): *Übereilungsschutzfunktion* (LG Augsburg FamRZ 1999, 1534, 1535; OLG Frankfurt ErbR 2013, 190; EBENROTH Rn 193; MünchKomm/STICHERLING Rn 1; SOERGEL/HARDER[12] Rn 21; SCHLÜTER/RÖTHEL § 17 Rn 24 „Warnfunktion"; FRANK/HELMS § 5 Rn 3; BROX Rn 140; LEIPOLD Rn 290; OLZEN/LOOSCHELDERS Rn 269 „vor übereilten, unüberlegten Anordnungen zu schützen"; MICHALSKI Rn 205; GRÜNEBERG/WEIDLICH § 2231 Rn 1: „verantwortliches Testieren fördern"; NIEDER/KÖSSINGER/W KÖSSINGER § 17 Rn 1: „Warnfunktion, Übereilungsschutz"; **aA** MUSCHELER Rn 1728; vgl dazu unten Rn 105).

- ein untrügliches Zeichen für Vollständigkeit und Abschluss seiner Erklärung setzen: *Abschlussfunktion* (KIPP/COING § 26 I 2b; GRÜNEBERG/WEIDLICH Rn 10),

- den Testamentstext gegen spätere Zusätze schützen: *Fälschungsschutzfunktion* (RGZ 110, 168),

- den urkundlichen Beweis für die Person des Ausstellers schaffen: *Identitätsfunktion* (RG Gruchot 32, 118, 121; RGZ 137, 213; BAMBERGER/ROTH/LITZENBURGER Rn 15),

- einen zusätzlichen Nachweis für die Echtheit des Testaments geben: *Beweisfunktion* (BAMBERGER/ROTH/LITZENBURGER Rn 15; MünchKomm/STICHERLING Rn 1),

- ein Bekenntnis zur Ernstlichkeit und abschließenden Willensbildung seiner handschriftlich niedergelegten Erklärung geben: *Erklärungsfunktion* (OLG Köln MittRhNotK 2000, 30; SOERGEL/MAYER[13] Rn 21)

Bei mehreren Blättern erfüllt die Unterschrift die Formerfordernisse nur, wenn der 104
Text inhaltlich eine einheitliche Willenserklärung bildet und die Unterschrift diese Willenserklärung abschließt (OLG Köln 23. 9. 2020 – 2 Wx 189/20, ErbR 2021, 67). Damit trägt die Einhaltung der Formerfordernisse „Unterschrift" unter dem eigenhändig verfassten Testament auch in erheblichem Maße zur *Rechtssicherheit* und zum *Rechtsfrieden* bei (BayObLGZ 1968, 311 ff = FamRZ 1969, 172; 2004, 91 = FamRZ 2005, 138;

2005, 1866). Deshalb sind alle Veränderungen des Testamentsinhalts nach der Unterschriftsleistung problematisch (Reimann/Bengel/Dietz/Voit Rn 25). Da das eigenhändige Testament mit dem notariell beurkundeten rechtlich gleichwertig ist, müssen bei beiden Testamentsformen vergleichbare Anforderungen an die formellen Wirksamkeitsvoraussetzungen und damit auch an die Form von Veränderungen gestellt werden. Beim notariellen Testament ist eine Neubeurkundung erforderlich, beim eigenhändigen Testament sollte bei neuen Verfügungen mindestens eine neue Unterschrift verlangt werden (ähnlich Reimann/Bengel/Dietz/Voit Rn 26).

bb) Übereilungsschutz

105 Die strengen Formvorschriften der Testamentserrichtung sollen auch beim Privattestament dem Schutz des Erblassers vor unüberlegten, übereilten letztwilligen Verfügungen dienen (Olzen/Looschelders Rn 269), obwohl der Erblasser persönlich von den Rechtsfolgen nicht mehr betroffen wird (BGHZ 80, 246 Rn 16 „verantwortliches Testieren fördern"; OLG Frankfurt 11. 2. 2013 – 20 W 542/11, ErbR 2013, 190 m Anm Esskandari ErbStB 2013, 213; LG Augsburg FamRZ 1999, 1534, 1535; MünchKomm/Sticherling Rn 1; Soergel/Harder[12] Rn 21; Soergel/Harder[12] Vorbem 1 zu § 2229; Soergel/Mayer[13] Rn 21; Staudinger/Otte [2019] Vorbem 38 zu §§ 2064 ff; jurisPK-BGB/Bauermeister [2017] Rn 4; Frank/Helms § 5 Rn 3; Nieder/Kössinger/W Kössinger § 17 Rn 1; Brox Rn 140; Ebenroth Rn 193: „Warnfunktion"; Röthel § 17 Rn 24; Leipold Rn 290; Olzen/Looschelders Rn 269; Michalski Rn 205; Grüneberg/Weidlich § 2231 Rn 1; **aA** Muscheler Rn 1728; „Der Übereilungsschutz ist bei Testamenten fehl am Platze", mit der nicht tragenden Begründung, der Erblasser gehe bei Testamenten keine Bindung ein und könne sie grds frei widerrufen). Auch bei einseitigen (nicht bindenden), aber sofort wirksamen nicht empfangsbedürftigen Willenserklärungen (Frank/Helms § 5 Rn 1) kann ein gesetzlich vorgeschriebener Übereilungsschutz sinnvoll sein (Frank/Helms § 5 Rn 3), wie zahlreiche Beispiele über unbedachte Äußerungen des testierfähigen Erblassers in den letzten Lebensjahren oder -monaten bis zu spontanen Erklärungen im Sterbebett belegen können. Denn spontan (zB bei Wegfall des Unterschriftserfordernisses oder auch der eigenhändigen Errichtungsform durch mündliche Äußerungen) errichtbare Testamente können beim plötzlichen Tod des Erblassers Rechtsfolgen herbeiführen, die dieser Erblasser bei sorgfältiger Bedenkzeit nie gewollt hätte. Die Einzelmeinung Muschelers ist abzulehnen, weil im Bewusstsein der Bevölkerung durchaus verankert ist, dass jeder Unterschrift eine Warnfunktion zukommt. Denn jede Unterschrift bindet rechtlich endgültig an den unterschriebenen Text und entfaltet damit nachhaltige Wirkung („wer schreibt, der bleibt"). Deshalb wird grds jeder Unterschriftsleistende zögern und noch einmal überlegen, ob er die Erklärung mit diesem Inhalt abgeben will und soll. Wegen der weitreichenden, vom Erblasser beim plötzlichen Tod nicht widerrufbaren Folgen von Testamenten soll der Formschutz sowohl ihn selbst (vor den bis zu einem möglichen Widerruf verbindlichen, möglicherweise zu spontan niedergelegten Erklärungen) als auch die von den negativen Wirkungen betroffenen gesetzlichen oder anderweitig formwirksam eingesetzten Erben vor den Rechtsfolgen unbedachter spontaner Äußerungen oder bloßer Vorüberlegungen bewahren (Leipold Rn 290) und davor schützen, dass sie rechtliche Wirkung als Testament entfalten. Sollte Muscheler die in seinen Schriften – zu Recht – betonte Testierfreiheit, extensiv dahingehend verstehen, dass Testierfreiheit auch spontane, unbedachte Willenserklärungen eines Menschen bis zum Sterbeprozess ohne Eigenkontrolle (durch einzuhaltende Formen) umfasst, ist dem zu widersprechen. Die Rechtsordnung kann und darf paternalistisch – trotz der Testierfreiheit – dafür Sorge tragen, dass unbedachte Testamente nicht errichtet werden, sie darf insbesondere jeden Rechtsuchenden präventiv vor unbedachten, spontanen Erklärungen durch geeignete Form- oder sogar durch Verfahrensvorgaben schützen. Das Erbrecht soll einen der Sozialbindung verpflichteten Umgang des Rechtsinhabers mit seinem Vermögen über den Tod hinaus fördern (verantwortliches Testieren), indem zB die Familiengebundenheit des Vermögens (Pflichtteilsrecht) wie auch der sinnvolle Einsatz wirtschaftlicher Werte und Weisungen des Erblassers über seinen Tod hinaus zu beachten sind. Deshalb gilt der Formzweck „Übereilungsschutz der Unterschrift", nicht nur allgemein im BGB (zB bei Bürgschaften oder Schuldanerkenntnissen), sondern auch für Testamente. Die eigenhändige Errichtung erfordert die schriftliche Präzisierung des letzten Willens. Die vom Gesetz verlangte abschließende eigenhändige Unterschrift führt dem Testierenden die Bedeutung dieses Rechtsaktes, der ihm die letzte Chance gewährt, über seinen Tod hinaus Rechtswirkungen zu erzielen, noch einmal vor Augen. Angesichts der rechtlichen Bedeutung jeder Testamentserrichtung wird der Erblasser durch die Form der eigenhändigen Errichtung und der eigenhändigen Unterschrift davor geschützt, leichtfertig oder übereilt Erklärungen abzugeben, die als Rechtsfolge erbrechtliche Wirkungen entfalten könnten. Schon deswegen ist bei nicht ordnungsgemäß unterschriebenen, sondern zB mit Kürzeln oder Anfangsbuchstaben abgeschlossenen Erklärungen Zurückhaltung geboten, diese in eigenhändigen Testamenten als letztwillige Verfügungen anzusehen, insbesondere in all jenen Fällen, in denen Zweifel an dem Testierwillen des Erblassers bestehen.

cc) Erklärungs- und Abschlussfunktion

Unterschrieben ist das Testament nur, wenn der Namenszug die Erklärung des Erblassers abdeckt, indem sich der Erblasser mit seiner Unterschrift an den Text bindet, also die Unterschrift in ein räumliches Verhältnis zum Text stellt, dass sie als dessen Abschluss und nach der Verkehrsauffassung als den Inhalt deckend angesehen werden kann (OLG Köln MittRhNotK 2000, 30 mwNw; BayObLG FamRZ 2004, 1141; 2005, 1012; OLG München 13. 9. 2011 – 31 Wx 298/11, FamRZ 2012, 333). Der Unterschriftsleistung kommt vor allem in den Fällen erhöhte Bedeutung zur Erfüllung der Abschlussfunktion zu, in denen die Testamentserrichtung nicht in einer einheitlichen Errichtungshandlung erfolgt (dazu Rn 128 ff). Die Namensunterschrift kann – schon allein wegen der gewollten Abschluss- und mit der Unterschrift verbundenen Erklärungsfunktion – nicht durch andere authentizitätssichernde Merkmale (Fingerabdruck [der auch gegen den Willen des Erblassers, zB unter dem Einfluss von Drogen, aufgedrückt werden kann]) ersetzt werden. **106**

Die Unterschrift stellt das *ernstliche Bekenntnis* des Erblassers *zu seiner schriftlich niedergelegten Erklärung* und deren Abschließung dar (OLG München 13. 9. 2011 – 31 Wx 298/11, FamRZ 2012, 333). Als Fortsetzung und Abschluss der Testamentserrichtung gehört sie grds an den Schluss der Urkunde (BayObLG NJW-RR 1991, 1222; BayObLG FamRZ 2004, 1141; BayObLG FamRZ 2005, 1012; OLG Braunschweig 8. 2. 2011 – 7 W 82/10, ZEV 2012, 40; OLG Rostock 25. 9. 2013 – 3 W 30/13, NotBZ 2014, 476; Bamberger/Roth/Litzenburger Rn 24; MünchKomm/Sticherling Rn 40; MünchKomm/Sticherling Fn 124; Reimann/Bengel/Dietz/Voit Rn 22; Soergel/Mayer[13] Rn 25). **Eine Oberschrift ist keine Unterschrift** (BGHZ 113, 48; m Anm Schubert JR 1991, 287; m Anm Kohler JZ 1991, 408; BayObLG NJW-RR 2004, 939; LG München I FamRZ 1998, 1623, 1624; MünchKomm/Hagena[7] Rn 25 nwN). Auch eine **Nebenschrift** ist keine Unterschrift, weshalb die Namenszeichnung am Rand des Testaments nicht genügt (BGH NJW 1992, 829: „Nebenschrift"). Ausnahmen sind nur an- **107** zuerkennen, wenn die Testamentsurkunde so vollgeschrieben ist, dass sie unter dem Text keinen Platz mehr für die Unterschrift lässt (BayObLG FamRZ 1986, 728; OLG Köln 5. 11. 1999 – 2 Wx 37/99, MDR 2000, 523). Dieser Rest an Formenstrenge und die damit verbundene Rechtssicherheit sollte selbst in Sonderfällen nicht zugunsten vermeintlicher Einzelfallgerechtigkeit aufgegeben werden (so aber OLG Frankfurt DNotZ 1996, 56; OLG Celle NJW 1996, 2938; OLG Celle 22. 9. 2011 – 6 U 117/10, ZEV 2012, 47), da der Verzicht auf Formstrenge im Einzelfall in einer Vielzahl von Folgefällen zu Rechtsunsicherheiten und Ungerechtigkeiten zu Lasten gesetzlicher Erben oder unstreitig formwirksam eingesetzter Erben führen würde. Ist das letzte Blatt voll beschrieben, kann die Unterschrift ausnahmsweise auch quer über den Testamentstext (OLG Celle ZEV 2012, 61) oder an den Blattrand (BayObLG 1981, 79, 85; FamRZ 1986, 728, 730; ZEV 2002, 152, 153; OLG Köln MDR 2000, 523) oder sogar auf die Rückseite des Blattes (OLG Düsseldorf 22. 1. 2021 – 3 Wx 194/20, ErbR 2021, 545; LG Konstanz NJW-FER 2001, 180) gesetzt worden, nicht aber auf den Aufkleber eines Umschlags (OLG Hamburg 8. 10. 2013 – 2 W 80/13, FamRZ 2014, 2029).

108 Die **Selbstbenennung** des Erblassers **im Eingang oder im Text** der Urkunde erfüllt die Abschlussfunktion nicht und stellt keine wirksame Unterschrift dar (OLG Hamm FamRZ 1986, 728; Rpfleger 2001, 550; FamRZ 2002, 642 = ZEV 2002, 152; BayObLG NJW-RR 1986, 494, 495; FamRZ 1988, 1212 mwNw; ZEV 1994, 40; FGPrax 1997, 190 mwNw; LG Augsburg FamRZ 1999, 1534, 1535; Soergel/Klingseis Rn 28; MünchKomm/Sticherling Rn 43; Grüneberg/Weidlich Rn 11). Die Selbstbenennung im Text als Ersatz der Unterschrift kann aus dem TestG nicht abgeleitet werden. Das TestG hatte lediglich auf eine „Namens“-Unterschrift verzichten wollen, am Erfordernis der Unterschrift aber festgehalten (dazu OLG Neustadt Rpfleger 1962, 446).

109 Die **Selbstbezeichnung** des Erblassers am **Schluss** der Urkunde (Beispiel: Ich, der Ehemann XY, habe dieses Testament eigenhändig geschrieben und unterschrieben. Wuppertal, den 18. 11. 2014) genügt als Unterschrift nur dann, wenn der Erblasser mit diesem Vermerk die Urkunde endgültig abschließen und mit der Selbstbezeichnung **seine Unterschrift** geleistet hat und leisten wollte (OLG Düsseldorf JMBl 1954, 116; BayObLGZ 1968, 311; Nadler/Fechner 116: „Einschaltung des Namens in den Schlußsatz ausreichend“; Haegele JurBüro 1968, 3; Soergel/Klingseis Rn 28; MünchKomm/Sticherling Rn 43). Steht am Ende der Erklärung das Wort „persönlich“, so reicht dies nicht aus, da das abschließende Wort „persönlich“ auch dann keine Unterschrift ist, wenn man vom Erfordernis der „Namens“-Unterschrift absehen würde (BayObLGZ 1979, 203; BayObLG FamRZ 1985, 1286), ebenso wenig wie „der Obengenannte“ (OLG Celle 22. 9. 2011 – 6 U 117/10, ZEV 2012, 47).

110 Die Unterschrift bildet den eigentlichen Abschluss des Testaments und muss als solche **am Ende der Erklärung** oder doch in einem solchen räumlichen Verhältnis zum Testamentstext stehen (vgl dazu auch Rn 101 ff), dass sie **als dessen Abschluss** und nach der Verkehrsauffassung als **diesen deckend** anzusehen ist (RG DRW 1942, 1340; 1945, 55 Nr 24; OLG Freiburg HEZ 2, 39; OLG Braunschweig MDR 1955, 292; 8. 2. 2011 – 7 W 82/10, ZEV 2012, 40; BayObLGZ 1968, 311, 313 mNw; BayObLGZ 1979, 203; NJW-RR 2004, 939; OLG Köln OLGZ 1967, 69; Rpfleger 1968, 25 m Anm Haegele; OLG Neustadt Rpfleger 1962, 446 m Anm Haegele; OLG Hamm 26. 10. 2010 – 15 Wx 81/10, DNotZ 2011, 702; OLG München 7. 10. 2010 – 31 Wx 161/10 , ZEV 2011, 80; 13. 9. 2011 – 31 Wx 289/11, ZErb 2011, 285; 13. 9. 2011 – 31 Wx 298/11, FamRZ 2012, 333; Kipp/Coing § 26 I 2b; Reimann/Bengel/Dietz/Voit Rn 22; BGB-RGRK/Kre-

GEL Rn 13; **abw** STUMPF FamRZ 1992, 1131, 1138), was bei einem vollgeschriebenen Testament auch auf der Rückseite (LG Konstanz NJWE-FER 2001, 180) oder am Textrand (GRÜNEBERG/WEIDLICH Rn 11: wenn unter dem Text auf der Seite kein Raum für Unterschrift) oder sogar über dem vollgeschriebenen Testamentsblatt (OLG Celle 6. 6. 2011 – 6 W 101/11, ZEV 2012, 61) erfolgen kann, aber nur wenn aufgrund besonderer Umstände kein Zweifel besteht, dass die Unterschrift als Fortsetzung und Abschluss des Testaments anzusehen ist (OLG Köln MDR 2000, 523). Bei mehrseitigen Testamenten hat sie am Ende des Textes auf der letzten Seite zu stehen, wobei mehrere Blätter einen äußeren und auch inhaltlichen Zusammenhang bilden müssen (OLG Hamm 19. 9. 2012 – 15 W 420/11, FamRZ 2013, 907; OLG Köln 14. 2. 2014 – 2 Wx 299/13, NJW-RR 2014, 1035 Rn 45 f), damit die Unterschrift den gesamten Text abdeckt (BayObLG FamRZ 1991, 370), was im Einzelfall durch Tatsachen nachgewiesen werden kann, die außerhalb der Testamentsurkunde liegen (OLG Hamm 26. 10. 2010 – 15 Wx 81/10, DNotZ 2011, 702). Fehlt der notwendige äußere Zusammenhang und befindet sich die Unterschrift auf einem anderen Blatt Papier, das nicht mit dem Testament verbunden ist, so ist ein formwirksames Testament mangels abschließender Unterschrift nicht errichtet (OLG Naumburg 30. 7. 2021 – 2 Wx 55/20, ErbR 2022, 223; OLG Köln 23. 9. 2020 – 2 Wx 189/20, ErbR 2021, 67).

dd) Fälschungsschutzfunktion

Da die Unterschrift die vorhergehenden Erklärungen **gegen nachträgliche Zusätze** 111
vor Fälschungen schützt (OLG Hamm Rpfleger 1984, 468), muss sie, wenn auch nicht gerade unterhalb, so doch am Ende des Textes stehen. Deshalb reicht die Unterschrift auf einem Aufkleber, der keinen Bezug zum Testamentstext hat, nicht aus (OLG Hamburg 8. 10. 2013 – 2 W 80/13, FamRZ 2014, 2029). Da ein Testament auch aus **mehreren, nicht verbundenen Blättern** bestehen kann, muss nur das letzte unterzeichnet werden, sofern der Text auf den Blättern einen inhaltlichen Zusammenhang bildet (BayObLG Rpfleger 1975, 243; FamRZ 1991, 371; OLG Neustadt Rpfleger 1962, 446 f; OLG Hamm 26. 10. 2010 – 15 Wx 81/10, DNotZ 2011, 702, 703; OLG Hamm 19. 9. 2012 – 15 W 420/11, FamRZ 2013, 907; LG München I FamRZ 2004, 1905). Die Unterschrift muss „die Verfügung der äußeren Erscheinung nach decken" sowie „sie räumlich abschließen und gegen spätere Zusätze schützen" (RGZ 110, 168; vgl auch Mot I 185; KG RJA 15, 117; BGH NJW 1974, 1083, 1084; BayObLGZ 1965, 258; 1974, 440, 442; OLG München 7. 10. 2010 – 31 Wx 161/10, MDR 2011, 235 Rn 15 ff). Steht das äußere Erscheinungsbild der Annahme entgegen, die Unterschrift solle auch einen Nachtrag decken, so ist die im Nachtrag enthaltene Verfügung unwirksam (OLG Köln FamRZ 1994, 330; OLG München 13. 9. 2011 – 31 Wx 298/11, MDR 2011, 1298 Rn 17). Deshalb sind nachträgliche Durchstreichungen, Rasuren und Berichtigungen (vgl Rn 63 ff), Zusätze problematisch und sollten – je nach Umfang und inhaltlicher Bedeutung – nur anerkannt werden, wenn sie mit einer erneuten Unterschrift versehen sind und damit der Form des § 2247 BGB genügen (BGH NJW 1974, 1083, 1084; OLG München 7. 10. 2010 – 31 Wx 161/10, MDR 2011, 235 Rn 15 ff).

Ist ein Teil der Testamentserben unterhalb der Unterschrift des Erblassers auf- 112
geführt, so ist grds keine wirksame Erbeinsetzung erfolgt (OLG München 7. 10. 2010 – 31 Wx 161/10, MDR 2011, 235 Rn 15 ff), es sei denn, der Namensnennung unterhalb der Unterschrift kommt keine selbstständige rechtsgeschäftliche Bedeutung zu, sondern es soll damit nur die im Testamentstext enthaltene unbestimmte Bezeichnung (zB „meine Nichten … und Neffen") erläutert werden (BayObLG 19. 12. 1980 – Reg 1 Z 91/80). Die Entscheidung ist insoweit zu verallgemeinern, als bloße Erläuterungen in der

Form des § 2247 BGB auch dem mit der Unterschrift abgeschlossenen Testamentstext nachfolgen können.

113 Schließt die Unterschrift nur tatsächliche Angaben, Erklärungen oder Bestattungswünsche ab und folgen erst im Anschluss daran die letztwilligen Anordnungen, so sind diese durch die Unterschrift nicht gedeckt (OLG Hamm Rpfleger 1984, 468). Die Zeichnung des Namens am Rande stellt idR keine Unterschrift dar, kann es aber ausnahmsweise sein, wenn auf der betreffenden Seite unter dem Text kein Raum für eine Unterzeichnung mehr war (BayObLG FamRZ 1986, 730; BayObLGZ 31, 316; zu eng KG OLGE 7, 363: Namensunterschrift zur Beitrittserklärung des Ehegatten nach § 2267 BGB darf nicht neben, sondern muss unterhalb des Textes der Beitrittserklärung stehen; dagegen mit Recht KG JFG 5, 171).

114 Die quer über das Schriftstück gesetzte Unterschrift kann sich als Fortsetzung und Abschluss des Testamentstextes darstellen (BayObLGZ 1981, 79, 85; OLG Celle NJW 1996, 2938; ZEV 2012, 61), insbesondere, wenn die Vorderseite eines Blattes vollgeschrieben ist, auch wenn die Rückseite des Blattes leer ist (RG LZ 1920 Sp 161). Zu prüfen ist aber, ob die auf der Vorderseite quer geschriebene Unterschrift den nur auf dieser Seite befindlichen Text deckt, dh ihn räumlich schließt und nur gegen Zusätze auf dieser Seite schützt oder ob das Querschreiben eine andere Bedeutung, zB Ungültigkeitsvermerk, hat (Tatfrage).

115 Wird ein Testament auf mehreren Blättern errichtet, so ist nur einmalige Unterschrift erforderlich, selbst wenn die Blätter miteinander nicht verbunden sind (dazu Rn 62). Doch muss die Zusammengehörigkeit der Blätter feststehen (OLG Köln 14. 2. 2014 – 2 Wx 299/13, NJW-RR 2014, 1035 Rn 45 f; Grüneberg/Weidlich Rn 11; Reimann/Bengel/Dietz/Voit Rn 22). Dies kann sich aus dem Inhalt oder aus anderen Umständen ergeben (vgl KGJ 29 A 65; 52, 82; BayObLG OLGE 9, 418; BayObLGZ 1975, 243; OLG Köln 14. 2. 2014 – 2 Wx 299/13, NJW-RR 2014, 1035 Rn 46). Der Zusammenhang kann sich zB aus der Textfolge, den Schrifttypen, der Schreibunterlage (gleiche Briefbögen), dem Schreibmaterial oder dem Sinnzusammenhang ergeben. Dagegen reicht die einmalige Unterschrift nicht bei nachträglichen Zusätzen, die auf getrennten Blättern errichtet sind (dazu OLG Hamm Rpfleger 1982, 474).

116 In Ausnahmefällen kann das Erfordernis der Unterschrift auch dann erfüllt sein, wenn diese auf einem *Begleitschreiben* oder dergleichen angebracht ist (BayObLG NJW-RR 1991, 1222). Diesem „Begleitschreiben" darf keine selbstständige Bedeutung zukommen; vielmehr muss zwischen dem übrigen Testamentsinhalt und dem „Begleitschreiben" ein so enger innerer Zusammenhang bestehen, dass sich das „Begleitschreiben" nach dem festgestellten Willen des Erblassers und nach der objektiven Verkehrsauffassung als äußere Fortsetzung und Abschluss des in der Niederschrift niedergelegten letzten Willens darstellt (BayObLG FamRZ 1988, 1211; NJW-RR 1991, 1222; Soergel/Mayer[13] Rn 26). Kommt dem Begleitschreiben dagegen eine selbstständige Bedeutung (zB als Brief) zu und ist allein dieses Begleitschreiben unterschrieben, dann ist das nicht unterschriebene Testament formunwirksam (ebenso Reimann/Bengel/Dietz/Voit Rn 24).

117 **Streitig** ist, ob die **Unterschrift auf einem Briefumschlag** ausreicht (**abl** Peters, in: FS Zöllner [1998] 1217, 1222, 1225). In jedem Fall muss es sich um eine ordnungsgemäße Unterschrift handeln, so dass der bloße Namenszug des Erblassers neben dem handschriftlichen Vermerk „Testament" auf einem verschlossenen Testamentsumschlag nicht ausreicht (BayObLG Rpfleger 2002, 626 = FamRZ 2003, 966). Die Unterschrift auf einem **unverschlossenen Umschlag**, in dem sich ein Testament befindet, soll nicht genügen, da es sich hierbei um eine nur vorläufige, ungeschützte und jederzeit aufhebbare Verbindung handelt (RGZ 110, 166, 168; BGHZ 47, 68; BGH NJW 1972, 260; OLG Hamm FamRZ 1986, 728; LANGE/KUCHINKE § 20 IV 3b; **aA** BayObLG Rpfleger 1986, 294). Die auf einem **verschlossenen Testamentsumschlag** gesetzte Unterschrift soll dann den Formerfordernissen genügen, „wenn die Unterschrift auf dem Umschlag keine selbständige Bedeutung hat und mit dem Text in einem so engen Zusammenhang steht, dass sie sich – nach dem Willen des Erblassers und der Verkehrsauffassung – als äußere Fortsetzung und Abschluss der einliegenden Erklärung darstellt; in diesem Fall ist der Umschlag ein Teil der Testamentsurkunde, die aus mehreren unverbundenen Blättern, gleich welcher Art, bestehen kann, von denen nur das letzte (hier der Umschlag) die das Testament abschließende Unterschrift tragen muß" (BayObLGZ 1982, 132 f mwNw; BayObLG FamRZ 1985, 1286 = NJW-RR 1986, 494, 495; ZEV 1994, 40; FamRZ 2003, 1590 = Rpfleger 2003, 190; OLG Celle NJW 1996, 2938; ZErb 2002, 361; OLG Frankfurt NJW 1971, 1811; 1981, 402; ZErb 2003, 191; OLG Braunschweig 8. 2. 2011 – 7 W 82/10, ZEV 2012, 40; OLG Rostock 25. 9. 2013 – 3 W 30/13, FamRZ 2015, 170 Rn 25). Der Umschlag ist dann das letzte Blatt der Testamentsurkunde (RG DNotZ 1942, 308; OLG München JFG 18, 66; BayObLG FamRZ 1988, 1212; LANGE/KUCHINKE § 20 IV Fn 63).

Teilweise wird danach differenziert, ob der Unterschrift auf dem Briefumschlag eine selbstständige Bedeutung zukomme. Dies sei der Fall, wenn sich auf dem Briefumschlag anderweitige Erklärungen befinden, auf die sich die Unterschrift bezieht. Insbesondere, wenn auf dem Umschlag Sätze stehen – wie zB „Dies ist mein Testament" oder „Nach meinem Tode lesen" –, soll die Unterschrift nur diesen Satz, nicht aber den Inhalt des im Umschlag enthaltenen Testaments decken (OLG Neustadt Rpfleger 1962, 446, 447; OLG Düsseldorf NJW 1972, 260), mit der Folge der Formnichtigkeit des Testaments (ablehnend GRUNDMANN AcP 187 [1987] 458). Ein innerer Zusammenhang kann sich allein aus Abschlussvermerken auf dem Umschlag in Verbindung mit dem Testamentsinhalt (Rn 117) ergeben. 118

Eigene Stellungnahme: Auf die Verschließung des Umschlags oder gar auf die Beschädigung der Gummierung (vgl aber OLG Hamm Rpfleger 1986, 386, 387) kann es für die Beurteilung der Frage, ob die Unterschrift auf dem Umschlag als unterschriebenes Testament gilt, nicht ankommen (ebenso REIMANN/BENGEL/DIETZ/VOIT Rn 23). Unstreitig kann die Errichtung eines Testaments auf verschiedenen Materialien erfolgen. Entscheidend muss sein, dass der Umschlag die **Fortsetzung** der Testamentsbögen darstellt (LANGE/KUCHINKE § 20 IV 3b Fn 63). Stellt sich die Erklärung auf dem Umschlag als Fortsetzung der im Umschlag enthaltenen Testamentsniederschrift dar, so schließt die Unterschrift auf dem Umschlag das im Umschlag enthaltene Testament ab. Insofern kann der offene (oder verschlossene) Testamentsumschlag mit dem letzten Blatt einer Niederschrift gleichgesetzt werden (vgl auch BayObLG FamRZ 1988, 1212). Als Fortsetzung der Niederschrift kann die Unterschrift auf dem (unverschlossenen oder verschlossenen) Testamentsumschlag aber nur gelten, wenn ein inhaltlicher Bezug zum Testament besteht (OLG Braunschweig 8. 2. 2011 – 7 W 82/10, ZEV 2012, 40). Die Fortsetzung kann sich durch Vermerke oder Bezugnahmen auf den Inhalt des Testaments ergeben oder weil die einliegenden Blätter vollgeschrieben sind 119 und die Verbindung zum Testament anderweitig nachweisbar ist. Der Umschlag kann sich aufgrund äußerer Merkmale (gleiches Material der Umschläge und Briefbögen) als Fortsetzung des Testamentsinhalts darstellen (Frank/Helms § 5 Rn 15). Ob dies der Fall ist, ist Tatfrage, hierüber entscheidet die Verkehrsauffassung (RG DRW 1945, 55 Nr 24; BGH BWNotZ 1961, 230, 231 m Anm Mattern; OLG Frankfurt NJW 1971, 1811; OLG Düsseldorf NJW 1972, 260). Entscheidend ist daher der innere Zusammenhang zwischen Testament und Umschlag (BayObLG NJW-RR 1986, 494, 495; 1989, 9; ZEV 1994, 40; OLG Frankfurt NJW 1971, 1811, 1812; OLG Celle NJW 1996, 2938; OLG Hamm FamRZ 2002, 642, 643; OLG Braunschweig 8. 2. 2011 – 7 W 82/10, ZEV 2012, 40, 41; OLG Rostock 25. 9. 2013 – 3 W 30/13, FamRZ 2015, 170, 171; MünchKomm/Hagena[7] Rn 31 mwNw; MünchKomm/Sticherling Rn 45). Zu beachten ist aber, dass die Abschlussfunktion der Unterschrift nicht erfüllt sein kann, wenn unter dem Text des Testaments ausreichend Platz ist (dazu Rn 110). Eine Analogie zur Unterschrift des Notars auf dem Testamentsumschlag gem § 35 BeurkG (dazu Frenz/Miermeister/Baumann § 35 BeurkG) kann mangels Regelungslücke nicht gezogen werden, zumal der notarielle Testamentsumschlag vom Notar *versiegelt* und unterschrieben werden muss.

120 Ein **Absendervermerk** auf einer Postkarte (KG JFG 16, 91) oder einem Briefumschlag (KG JFG 21, 36; Reimann/Bengel/Dietz/Voit Rn 23) kann nicht als Unterschrift gewertet werden (BayObLG ZEV 1994, 40; **aA** MünchKomm/Hagena[7] Rn 33; MünchKomm/Sticherling Rn 48), da ein solcher Absendervermerk nicht die Formzwecke einer Unterschrift erfüllt (Grüneberg/Weidlich Rn 12 mwNw; Reimann/Bengel/Dietz/Voit Rn 23). Nach der Verkehrsauffassung ist ein Absendervermerk nicht einmal der Abschluss einer Postkarte oder eines Briefes, sondern nur aus postalischen Gründen beigefügt (so mit Recht OLG München JFG 18, 66). Ebenso wenig genügt die auf dem Umschlag, der mehrere voneinander unabhängige Schriftstücke enthält, unterschriebene Erklärung „Nach meinem Tode öffnen" (OLG Neustadt Rpfleger 1962, 447 = MDR 1962, 134; MünchKomm/Sticherling Rn 46).

121 Die Entscheidung der Frage, ob und inwieweit dem Erfordernis eines räumlichen Abschlusses durch die Unterschrift Genüge getan ist, liegt im Wesentlichen auf tatsächlichem Gebiet (RGZ 61, 7; BayObLGZ 31, 316; OLG Hamm Rpfleger 1984, 468). Sie obliegt daher dem Gericht der Tatsacheninstanz und kann vom Gericht nur auf Rechtsfehler überprüft werden (BayObLG NJW-RR 1989, 9; NJW-RR 1991, 1222).

ee) Identitätsfunktion

122 Durch die eigenhändige Unterschrift soll sich die Identität zwischen der Person des Schreibenden und der im Schriftstück als Testator benannten Person nachweisen lassen (OLG Hamm Rpfleger 1984, 468), wobei die Unterschrift auch dann erforderlich bleibt, wenn die Urheberschaft des Erblassers aus dem geschriebenen Text eindeutig hervorgeht (OLG Hamm Rpfleger 1984, 468). An der bereits seit Inkrafttreten des BGB geltenden Identitätsfunktion der Unterschrift hat sich auch durch das TestG nichts geändert. vHippel (Formalismus und Rechtsdogmatik 77 ff) hatte 1935 aus der Erfahrung, dass die häufigsten Nichtigkeitsgründe eines Testaments aus Fehlern bei der Unterschrift (und der Orts- und Zeitangabe) herrühren (dazu auch Lange, Das Recht des Testaments 56), vorgeschlagen, von dem Erfordernis der Selbstbenennung des Erblassers abzusehen, soweit es die Abschlussfrage angehe: „[…] beliebige eindeutige Abschlusszeichen des Erblassers als hinreichend gelten zu lassen, und sich unter Verzicht auf kasuistisch-dogmatische Verschränkungen und vorgefaßte Einheitsmittel einfach dem unverbildeten Rechtsleben anzuschließen". Der ErbRA der AkDR und daran anschließend der Gesetzgeber folgten den Vorschlägen vHIPPELS nur teilweise (dazu LANGE 56; vHIPPEL ZAkDR 1941, 269; amtl Begr zu TestG DJ 1938, 1254, 1257). An dem Erfordernis der eigenhändigen Unterschrift wurde festgehalten. Nur von der „Namens"-unterschrift wurde abgesehen: „Nur die Art, wie der Erblasser zu unterschreiben hat, wurde durch die Neufassung vom strengen Formalismus befreit, das Erfordernis, daß er seine Unterschrift auf die selbstgeschriebene Erklärung zu setzen hat, ist geblieben" (RG DRW 1942, 1340). Da die Eigenhändigkeit des Privattestaments die Identitätsfeststellung ebenfalls erfüllt, bedarf es einer Unterschrift, aber nicht zwingend einer Namensunterschrift (MUSCHELER Rn 1729).

Die Neufassung im TestG bezweckte den Streit zu beseitigen, ob die Unterzeichnung mit dem Vornamen allein oder durch Angabe der Familienstellung (Beispiel: „Euer Vater") ausreiche (amtl Begr zu TestG DJ 1938, 1257). Das Wort „Vater" am Schluss eines Briefes reicht zur Identifizierung des Briefschreibers grds aus (BayObLG MDR 1979, 1024; MDR 1980, 403; [16. 11. 1982] BReg 1 Z 17/82 = FamRZ 1983, 836 [L]; OLG Naumburg FamRZ 2003, 407). Jedoch ist bei bloßer Familienbezeichnung oder Unterschrift nur mit dem Vornamen (OLG Stuttgart DNotZ 2002, 543 [dagegen HEINEMANN ZNotP 2002, 223; KANZLEITER DNotZ 2002, 520] und BGH DNotZ 2003, 269, die annehmen, bei Unterschrift in einer notariellen Urkunde nur mit dem Vornamen, liege keine wirksame Unterschrift vor; dagegen zu Recht KANZLEITER MittBayNot 2003, 243; HEINEMANN DNotZ 2003, 243; die Auffassung des BGH ist auf keinen Fall auf letztwillige Verfügungen übertragbar, selbst wenn man ihr im Übrigen folgen würde; so auch OLG Köln RNotZ 2010, 345; BAUMANN RNotZ 2010, 310) besonders sorgfältig zu prüfen, ob eine ernstliche und endgültige Willenserklärung auf den Todesfall vorliegt (GRÜNEBERG/WEIDLICH Rn 10 unter Hinweis auf BayObLGZ 1963, 58). 123

Als für die Unterschrift grds ausreichend anerkannt wird von der Rechtsprechung die Unterschrift mit dem Vornamen, dem Kosenamen, der Angabe der Familienstellung, „wenn sie nur eine einwandfreie Feststellung der Urheberschaft des Erblassers sowie der Ernstlichkeit seiner Erklärung gestattet" (BayObLG FamRZ 2003, 1779; OLG Naumburg FamRZ 2003, 407; LANGE, Das Recht des Testaments 57; ferner OLG Schleswig SchlHAnz 52, 83; sehr weitgehend LANGE/KUCHINKE § 20 IV 3 a). Empfehlenswert ist die Unterzeichnung mit Vor- und Familiennamen. Zulässig ist eine Unterschrift mit dem Namen, den der Erblasser im bürgerlichen Leben tatsächlich führte: unrichtiger Name, Künstler- und Schriftstellername, Pseudonym, Firma (dazu BayObLGZ 1930, 1115; OLG Celle NJW 1977, 1690; OLG Stuttgart Justiz 1977, 378). Unzureichend ist dagegen, wenn der Erblasser mit einem ihm nicht zuzuordnenden Phantasienamen oder sinnlosen Buchstabenzusammensetzungen (KG DNotI-Report 1996, 125 = FGPrax 1996, 113) unterschreibt, weil hier nicht nur der Mangel der Ernstlichkeit zweifelhaft ist (so KG DNotI-Report 1996, 125 = FGPrax 1996, 113), sondern es an der erforderlichen Namensunterschrift fehlt. **Namensverkürzungen** reichen aus, **nicht** dagegen die bloße Unterzeichnung mit den **Anfangsbuchstaben** des Namens (zB „O. K.") (ebenso MünchKomm/STICHERLING Rn 41; BAMBERGER/ROTH/LITZENBURGER Rn 15, der bei bloßen Anfangsbuchstaben grds einen Testamentsentwurf annimmt) oder Abkürzungen wie „D.O." iSv der Obengenannte (OLG Celle 22. 9. 2011 – 6 U 117/10, ZEV 2012, 47), weil Anfangsbuchstaben oder auch Paraphen keine Unterschriften sind und – selbst wenn man zuverlässig die Identität des Erblassers feststellen kann – für einen vorläufigen Entwurf sprechen (dazu amtl Begr zu TestG DJ 1938, 1254; BGH NJW 1967, 2310; KIPP/COING § 26 I 2a; BGB-RGRK/KREGEL Rn 17; **aA**: OLG Celle NJW 1977, 1690; ZEV 1996, 193; OLG Stuttgart Justiz 1977, 378; REIMANN/BENGEL/ 124

Dietz/Voit Rn 20 [der aber darauf hinweist, dass es am Testierwillen fehlen kann]; Lange/Kuchinke § 20 IV Fn 60; Soergel/Mayer[13] Rn 22 [„wenn diese Art der Unterzeichnung zur Feststellung der Identität des Erblassers und der Ernstlichkeit der Erklärung genügt"]; Lipp Rn 217; Leipold Rn 310, aber in Fn 19 unter Hinw auf die strengere Rspr zu § 126 BGB; Erman/S Kappler/T Kappler Rn 7; ähnlich Grüneberg/Weidlich Rn 10). Handzeichen, Schnörkel oder drei Kreuze erfüllen die Formzwecke nicht und können daher nicht als gültige Unterschriften anerkannt werden (ebenso Grüneberg/Weidlich Rn 10; MünchKomm/Sticherling Rn 42), ebenso wenig ein Stenogramm als Unterschrift (MünchKomm/Hagena[7] Rn 29). Dagegen kann man bei Einschüben oder Änderungen Initialen oder Handzeichen gelten lassen, sofern hier überhaupt eine nochmalige Unterschrift erforderlich ist. Namensunterschriften in Spiegelschrift (MünchKomm/Hagena[7] Rn 26) wecken ernsthafte Zweifel am Testierwillen und sprechen für bloße Entwurfsabsicht.

10. Mehrere Urschriften

125 Von seinem eigenhändigen Privattestament kann der Erblasser auch mehrere Urschriften anfertigen, zB um die Gefahr der Verfälschung oder Unterdrückung zu mindern (BayObLG FamRZ 1990, 1281; 1995, 244; MünchKomm/Sticherling Rn 51). Achtet er nicht auf den identischen Wortlaut, können bei **Abweichungen** schwierige Auslegungsfragen auftauchen (hierzu RG Recht 1923 Nr 901; nach dieser Entscheidung kann eine neben der Urschrift vom Erblasser hergestellte Abschrift, auch wenn sie sich als solche ausdrücklich bezeichnet, die Bedeutung eines selbstständigen Testaments haben; dagegen OLG München HRR 1936 Nr 270, wonach ein Schriftstück, das der Erblasser selbst als eigenhändig geschriebene Abschrift bezeichnet, nicht die Urschrift ersetzt, sondern höchstens beweist, dass Letztere vorhanden war; s auch BGHZ 47, 68: mittels Blaupause errichtetes Testament; s auch KG Gutachten [17. 5. 1934] JW 1934, 2563, wo dargelegt wird, dass sämtliche Urschriften zu eröffnen seien; dazu Staudinger/Baumann [2003] § 2260 Rn 12 f; s auch BayObLGZ 18 A 254, wonach die später vorsorglich gefertigte Zweitschrift des Testaments mit dessen altem Datum jenes erste Testament nicht entkräftet).

126 Bei mehreren eigenhändig verfassten Exemplaren eines Testaments, von denen nur eines als Urschrift, die anderen nach dem Willen des Erblassers als Abschrift gelten sollen, gilt allein die Urschrift, selbst dann wenn eine (fehlerhaft abweichende) Abschrift zu einem späteren Zeitpunkt verfasst wurde (vgl dazu OLG München 5. 5. 2020 – 31 Wx 269/19, FGPrax 2020, 192). Sollte es sich jedoch um eine nach § 2258 BGB abändernde Abschrift handeln, so hat dies derjenige darzulegen und zu beweisen, der Rechte aus dieser Abänderung herleitet. Die Unauffindbarkeit des Duplikats allein besagt nicht, dass der Erblasser es in Widerrufsabsicht vernichtet hatte (BayObLG MDR 1980, 403). Wird von mehreren Urschriften nur eine durch Vernichtung widerrufen, so gilt der noch in gültiger Testamentsform vorhandene letzte Wille fort, sofern nicht feststeht, dass der Erblasser mit der Vernichtung nur **einer** Urschrift seinen letzten Willen aufheben sollte (dazu § 2255 Rn 27; MünchKomm/Sticherling Rn 51).

11. Verschwundene Urschriften

127 Geht die Urschrift eines Testaments (unfreiwillig) verloren, verliert sie damit nicht ihre Wirksamkeit (Goldkamp ErbR 2022, 111; Staudinger/Baumann § 2255 Rn 35 ff, 48).

V. Zeitpunkt und Ort der Errichtung

1. Zeitraum der Errichtung – keine unitas actus

a) Errichtungszeit

Die Niederschrift muss **nicht in einem einheitlichen zusammenhängenden Errichtungsakt** erfolgen (BayObLG FamRZ 2005, 1012; OLG Celle NJW 1996, 2938; OLG Karlsruhe FamRZ 2003, 1507 = NJW-RR 2003, 653; DNotI-Report 2000, 167; MünchKomm/HAGENA[7] Rn 18, 34). Das Erfordernis der *unitas actus* (Einheit der Errichtungshandlung) besteht bei der Errichtung eines privaten Testaments nach hM nicht (BGHZ 30, 294 = NJW 1959, 1822; BayObLGZ 1970, 173, 178; 1974, 440; BGH NJW 1974, 1084; BayObLGZ 1965, 258, 262; 1970, 173, 178 f; 1974, 440; BayObLG FamRZ 1991, 370, 371; 2005, 308, 310; 2005, 656, 657; 2005, 1012; OLG Hamm NJW-RR 1991, 1352; OLG Karlsruhe ZNotP 2003, 194; GRÜNEBERG/WEIDLICH Rn 4; MünchKomm/HAGENA[7] Rn 34; REIMANN/BENGEL/DIETZ/VOIT Rn 8; SOERGEL/KLINGSEIS Rn 32). Der Erblasser braucht auch nicht von vornherein die Absicht zu haben, ein Testament des dann später endgültig feststehenden Inhalts zu errichten (KG OLGE 18, 352; RGZ 111, 247; 115, 111; RG WarnR 1919 Nr 70, 106; JFG 1, 170; 5, 162; 15, 254). Die Abfassung kann sich über einen **längeren Zeitraum** erstrecken (KG OLGE 44, 98; BayObLG FamRZ 1999, 1392, 1393) und an verschiedenen Orten erfolgen (KG JW 1922, 1392). Zwischen der Niederschrift einzelner Teile des Testaments können sehr lange Zeiträume liegen (BayObLG MDR 1984, 1024: 17 Jahre). Notwendig ist jedoch, dass der Erblasser den zu unterschiedlichen Zeitpunkten verfassten Text im Zeitpunkt seines Abschlusses durch Unterschriftsleistung als einheitliche letztwillige Verfügung will (OLG Karlsruhe NJW-RR 2003, 653; BayObLG FamRZ 2005, 1012). Der Verzicht auf einen einheitlichen Errichtungsakt ist letztlich der Praxis geschuldet, weil beim privatschriftlichen Testament kaum nachweisbar ist, wann der Erblasser die einzelnen Teile verfasst hat. Unproblematisch sind unterschiedliche Errichtungszeitpunkte insbesondere im Hinblick auf die Feststellung der Testierfähigkeit nicht. Der Grundsatz „keine *unitas actus*" sollte daher nicht in Stein gemeißelt sein, sondern im Einzelfall überprüft werden, weil die Testierfähigkeit bei dem gesamten Errichtungsakt, auch bei jeder Ergänzung und Änderung, gegeben sein muss. **128**

Zur formgerechten Errichtung eines Testaments kann der Erblasser auch frühere Entwürfe oder Entwurfsteile benutzen und sie eigenhändig so ergänzen, dass sie seinen nunmehr gewollten letzten Willen wiedergeben (BayObLG FamRZ 1995, 246, 247; Rpfleger 2003, 190, 192; FamRZ 2005, 1012; OLG Karlsruhe FamRZ 2003, 1507 = NJW-RR 2003, 653; DNotI-Report 2000, 167; GRÜNEBERG/WEIDLICH Rn 4). Dem Formgebot „eigenhändig geschrieben" genügt es nicht, wenn der Erblasser die Fotokopie eines eigenhändig geschriebenen Testaments ergänzt, es sei denn die Ergänzung enthält einen eigenständigen Inhalt und das Original des kopierten Testaments liegt unwiderrufen vor (OLG Karlsruhe FamRZ 2003, 1507 = NJW-RR 2003, 653; GRÜNEBERG/WEIDLICH Rn 4) und Original sowie eigenhändig ergänzte und unterschriebene Kopie bilden eine einheitliche letztwillige Verfügung (OLG München NJW-RR 2006, 11; GRÜNEBERG/WEIDLICH Rn 4) auf mehreren Blättern. Will der Erblasser ein widerrufenes eigenhändiges Testament durch Zusätze wieder in Kraft setzen, so soll eine erneut datierte Unterschrift genügen (BayObLG NJW-RR 1992, 1225; vgl auch BayObLG FamRZ 1995, 246, 247), was aber den Vorgaben des § 141 BGB widerspricht. **129**

Da ein eigenhändiges Testament grds nicht in einem Zuge errichtet zu werden braucht, sondern zu auseinanderfallenden Zeitpunkten hergestellt werden kann und **130** auch ein formungültiges Testament formell aufgehoben werden kann, kann auch eine durch Zerreißen der handschriftlichen Testamentsurkunde aufgehobene letztwillige Verfügung dadurch zum Bestandteil einer neuen, gleichlautenden letztwilligen Verfügung gemacht werden, dass der Erblasser die wieder zusammengeklebte Urkunde in einen verschlossenen Briefumschlag steckt und diesen mit dem eigenhändig geschriebenen und unterschriebenen Vermerk „Mein Testament" versieht (OLG Düsseldorf JZ 1951, 309 LS; vgl aber Rn 117). Auch gegen diese Form der Testamentserrichtung nach § 2247 BGB spricht § 141 BGB.

b) Zeitliche Folge

131 Nach hM ist **ohne Bedeutung**, in welcher **zeitlichen Reihenfolge** die einzelnen Bestandteile des Testaments niedergeschrieben werden (dazu auch Planck/Strecker Anm II 5). Die Unterschrift muss zeitlich nicht unmittelbar nach Abschluss des Testaments erfolgen. Sie kann wirksam unter einem wesentlich früher eigenhändig abgefassten Text geleistet werden. Die Unterschrift soll auch zuerst geleistet und danach der Testamentstext darüber gesetzt werden können (BayObLG MDR 1984, 1024; KG KGJ 49, 59: Unterschrift muss nicht der letzte Akt der Errichtung sein; sie muss aber den Text abschließen). Unproblematisch ist diese Judikatur nicht, weil Formzwecke der Unterschrift damit nicht erfüllt werden (dazu Rn 103 ff).

2. Zeit- und Ortsangabe (Abs 2)

132 Die eigenhändige Angabe von Ort und Zeit der Errichtung des Testaments ist gem Abs 2 seit Einführung des TestG **nicht mehr zwingend** geboten (zum Rechtszustand vor Einführung des TestG Staudinger/Firsching[12] Rn 61). Das Fehlen einer Zeitangabe kann daher **nicht** zur Unwirksamkeit eines privatschriftlichen Testaments führen (aA offenbar Reinert ErbR 2021, 296, 298). Das TestG hob der Literaturkritik folgend (insbes vHippel, Formalismus und Rechtsdogmatik; 1. Denkschr d ErbrA 58; Boehmer ZAkDR 1938, 264) die zwingenden Erfordernisse der eigenhändigen Orts- und Zeitangabe auf und ersetzte sie durch eine Sollvorschrift (dazu amtl Begr DJ 1938, 1254, 1257). Es bleibt *ratsam* und *erwünscht,* dass der Erblasser in seinem Privattestament angibt, zu welcher Zeit (Tag, Monat und Jahr) und an welchem Ort er seine Verfügungen niedergeschrieben hat.

Der Gesetzgeber hatte sich mit dieser Aufhebung dem öABGB (§ 578) angeschlossen, im Gegensatz zum schweizerischen Recht (Art 505 ZGB), das die eigenhändige Orts- und Zeitangabe, sowie im teilweisen Gegensatz zum französischen Recht, das die eigenhändige Zeitangabe (Code civil Art 970) fordert.

133 Da die eigenhändig verfasste Orts- und Zeitangabe keine zwingenden Formerfordernisse mehr sind, führen fehlende oder sogar falsche Orts- und Zeitangaben zwar nicht zur Unwirksamkeit des Testaments (BayObLG FamRZ 2005, 308, 310; 2005, 656; 2005, 2019; Soergel/Mayer[13] Rn 38; MünchKomm/Sticherling Rn 58), die Unwirksamkeit kann jedoch aus anderen Gründen ergeben (Beispiel: Geschäftsunfähiger errichtet ein Testament unter einem falschen Datum, zu dem er noch geschäftsfähig war). Ebenso wird die Wirksamkeit eines Testaments nicht berührt, wenn Zeit- und/oder Ortsangabe auf dem Papierbogen vorgedruckt oder maschinenschriftlich eingefügt sind (BayObLG FamRZ 2005, 2019). Auch die Unleserlichkeit der Zeit- oder Ortsangabe berührt die Wirksamkeit des Testaments nicht (MünchKomm/Sticherling Rn 57).

Da zur Gültigkeit des Testaments eine eigenhändige Orts- oder Zeitangabe weder erforderlich ist, noch die gleichwohl vorhandenen Angaben richtig sein müssen, ist es unschädlich, wenn der Erblasser einem datierten, mit Ortsangabe versehenen und unterschriebenen Testament an einem anderen Tag und Ort einen Einschub ohne neue Orts- und Zeitangabe beifügt. Doch ist das Testament in seiner neuen Gestalt erst in diesem Zeitpunkt errichtet, das angegebene Datum somit insoweit unrichtig. 134

Zeit- und Ortsangabe im Testament sind **keine Willenserklärungen**, sondern haben die Bedeutung eines **Zeugnisses des Erblassers über Zeit und Ort** der Testamentserrichtung (BayObLG FamRZ 1983, 836; FamRZ 1991, 237; OLG Naumburg FamRZ 2003, 407, 408). Die **Beweiswirkung** dieses Zeugnisses ist allerdings **schwach**, weil der Erblasser vorsätzlich, fahrlässig oder (bei Willensbeeinflussung durch Dritte) unter dem Einfluss Dritter ein falsches Datum einsetzen kann. Eine zeitnahe Überprüfung des Errichtungsdatums findet nur bei Hinterlegung des Testaments (§ 2248 BGB) statt. 135

Orts- und Zeitangabe sind **rechtlich nicht bedeutungslos** (vgl Abs 5). Die **eigenhändigen** Zeit- und Ortsangaben haben bis zum Beweis des Gegenteils die Vermutung der Richtigkeit für sich (OLG Hamburg 24. 2. 2020 – 2 W 60/19, ErbR 2020, 475; BayObLG FamRZ 1991, 237; FamRZ 1994, 594 mwNw; OLG München FamRZ 2010, 67; MünchKomm/Sticherling Rn 56; Soergel/Klingseis Rn 47; zur Altersbestimmung von Testamenten Klinger/Seibt NJW-Spezial 2011, 167). Diese Vermutungswirkung tritt aber nur ein, wenn Zeit- bzw Ortsangabe formgerecht eigenhändig vom Erblasser geschrieben sind (ebenso Grüneberg/Weidlich Rn 13), nicht wenn sie sich vorgedruckt oder maschinenschriftlich eingefügt, auf dem Testamentsbogen befinden. Die Vermutung der Richtigkeit des Datums kann mit allen zulässigen Beweismitteln widerlegt werden, was insbesondere bei zeitweiser Testierunfähigkeit des Erblassers von Bedeutung ist (NK-BGB/Kroiss Rn 66). 136

Der Errichtungszeitpunkt gewinnt Bedeutung bei Zweifeln an der Testierfähigkeit des Erblassers (vgl dazu § 2229 Rn 85 ff; MünchKomm/Sticherling Rn 55; Reimann/Bengel/Dietz/Voit Rn 35) sowie bei Vorliegen mehrerer Testamente (vgl dazu § 2258 Rn 10 ff; Reimann/Bengel/Dietz/Voit Rn 34 § 21 Abs 5 TestG erwähnte diese beiden Fälle beispielhaft). 137

Der im Testament nach Abs 2 (fakultativ) anzugebende Errichtungsort (nicht Wohnort) kann maßgeblich werden, wenn ein Testament, auf das im Erbfall deutsches Recht anwendbar ist, im Ausland errichtet worden ist (zB Form entspricht zwar nicht dem deutschen, wohl aber dem ausländischen Recht – locus regit actum; vgl Art 26 Abs 1 S 1 EGBGB, Art 27 EuErbVO) oder ein Ausländer im In- oder Ausland testiert (MünchKomm/Sticherling Rn 63). Eine falsche ausländische Ortsangabe führt nicht zur Wirksamkeit des Testaments nach der im Testament als Errichtungsort angegebenen Ortsform. Der Ortsform ist nur dann Genüge getan, wenn das Testament dort tatsächlich errichtet worden ist. 138

3. Zweifel an Wirksamkeit bei fehlenden Angaben (Abs 5)

Abs 5 regelt nur den Fall, dass das Testament keine Angabe über den Zeitpunkt oder den Ort der Errichtung enthält. Denjenigen, der – zB bei einem zeitweise geschäftsunfähigen Erblasser – Rechte aus dem Testament herleitet, trifft nach Abs 5 S 1 die Feststellungs- und Beweislast, dass der Erblasser im Zeitpunkt der Testa- 139 mentserrichtung geschäftsfähig war, andernfalls ist von der Unwirksamkeit des Testaments auszugehen (BayObLG FG-Prax 2004 243; OLG Schleswig, 16. 7. 2015 – 3 Wx 53/15, MDR 2015, 1188; Grüneberg/Weidlich Rn 13). Die Vorschrift ist aber erweiternd dahingehend auszulegen, dass sie – zumindest analog – auch Anwendung findet, wenn das Testament eine **ungenaue Orts- oder Zeitangabe** (Beispiele: Nordamerika; nur Jahreszahl oder Monat der Errichtung) enthält und sich hieraus Zweifel über die Gültigkeit ergeben.

140 **Unlesbarkeit der Orts- und Zeitangabe** wirkt wie ihr Fehlen (BayObLG FamRZ 1995, 898, 899; MünchKomm/Sticherling Rn 57), sofern die Unlesbarkeit schon anfänglich bei der Errichtung bestand. Trat die Unlesbarkeit erst nach der Errichtung ein und kann die genaue frühere Angabe nachgewiesen werden, so hat diese Angabe zunächst die Vermutung der Richtigkeit für sich. Können Ortsangabe oder Errichtungszeitpunkt **nicht nachgewiesen werden**, so steht das Testament einem nicht datierten gleich und Abs 5, der keine Formvorschrift, sondern lediglich eine Beweisvermutung enthält, greift zumindest in entsprechender Anwendung ein. Ist ein lesbares Datum vorhanden, so spricht die Vermutung dafür, dass das Testament an diesem Tage errichtet worden ist. Ist das Datum nicht lesbar, so bleibt für eine Vermutung kein Raum mehr (BGB-RGRK/Kregel Rn 28). Wird die Unrichtigkeit nachgewiesen und kann derjenige, der sich auf die Gültigkeit des Testamentes beruft, nicht beweisen, zu welcher Zeit das Testament errichtet worden ist, so gilt Abs 5 entsprechend. Nur ein mit richtiger Zeitangabe versehenes Testament geht einem undatierten vor.

141 Lässt sich **nicht klären, an welchem Ort** und **zu welcher Zeit** das Testament errichtet wurde, so steht dies dem Fehlen der Angabe gleich (OLG Schleswig 16. 7. 2015 – 3 Wx 53/15, ErbR 2016, 169: „unklare Datierung"). Dem vorgedruckten oder maschinenschriftlich eingefügten Orts- und/oder Errichtungsdatum kommt keine Beweiswirkung zu.

142 Der Rechtsgedanke des Abs 5 sollte zumindest entsprechende Anwendung finden, wenn sich **widersprechende Testamente desselben Errichtungsdatums** vorliegen (BayObLG Rpfleger 2003, 30, 31), weil sich aus der fehlenden (Uhr-) Zeitangabe Zweifel an der Gültigkeit beider Testamente ergeben (vgl dazu auch § 2258 Rn 24 ff, 30). Testamente mit demselben Datum gelten als gleichzeitig errichtet, falls sich keine andere Feststellung treffen lässt (KG DFG 1942, 104; MünchKomm/Hagena[7] Rn 43). Widersprechen sich Testamente desselben Errichtungsdatums inhaltlich, so besteht für keines von ihnen die tatsächliche Vermutung, dass es den letzten Willen des Erblassers enthält (BayObLG NJW-RR 1989, 1092; BayObLG FamRZ 1991, 237). In einem solchen Fall kann es sich um bloße Entwürfe handeln, die ohne Testierwillen errichtet wurden. Im Zweifel sind beide Testamente unwirksam (BayObLG FamRZ 2005, 482). Ist der Inhalt beider Testamente desselben Errichtungsdatums identisch, so kann es sich entweder um zwei Originale oder um eine handschriftliche Urschrift und eine Abschrift handeln (OLG München 5. 5. 2020 – 31 Wx 246/19, ErbR 2020, 570).

143 Enthält ein Testament **verschiedene Errichtungsdaten oder verschiedene Ortsangaben**, so ist der Rechtsgedanke aus Abs 5 entsprechend anwendbar, wenn sich das wahre Errichtungsdatum bzw der wahre Errichtungsort nicht ermitteln lassen. Im Übrigen sind die Doppelangaben dann unschädlich, wenn sich aus ihnen keine Zweifel über die Gültigkeit des Testaments ergeben (MünchKomm/Sticherling Rn 60).

Liegen **verschiedene datierte Testamente** vor, so ist zunächst durch Auslegung zu ermitteln, inwieweit sie sich widersprechen. Das frühere Testament wird insoweit aufgehoben, als das spätere Testament mit dem früheren Testament im Widerspruch steht (§ 2258 BGB). Wer behauptet, das später datierte Testament sei zu einem anderen Zeitpunkt errichtet worden, ist hierfür beweispflichtig. 144

Enthält das Testament **keine Angaben über den Errichtungszeitpunkt**, war der Erblasser andererseits *zeitweilig testierunfähig* und lässt sich nicht ausschließen (unter Zuhilfenahme auch aller außerhalb der Testamentsurkunde liegenden zulässigen Beweismittel), dass der Erblasser während dieses Zeitraumes das Testament errichtet hat, so ist es ungültig (dazu BayObLG FamRZ 1995, 898, 899 mwNw; ZEV 1996, 390 m krit Anm Jerschke; Roth ZEV 1997, 94). 145

Enthält das Testament eine **Zeitangabe** und war der Erblasser zu diesem angegebenen Zeitpunkt **testierunfähig**, so ist Abs 5 nicht entsprechend anwendbar (Lange/Kuchinke § 20 IV Fn 58), vielmehr findet § 2229 BGB Anwendung (MünchKomm/Sticherling Rn 55). Auch Zweifel an der Richtigkeit der Datumsangabe können nicht zur Unwirksamkeit des Testaments führen (im Fall des LG Koblenz DNotZ 1970, 426 hätte die Nichtigkeit auf § 2229 Abs 4 BGB gestützt werden müssen). Die Rechtsfolge der Nichtigkeit kann sich nur dann ergeben, wenn die Datierung unrichtig ist und der Erblasser zu irgendeinem Zeitpunkt – möglicherweise auch im Zeitpunkt der Errichtung des Testaments – geschäftsunfähig war. Eine falsche Datierung (zur irrtümlichen Datierung MünchKomm/Hagena[7] Rn 42) ist einer fehlenden Datierung gleichzusetzen, weil in beiden Fällen die Angabe des Errichtungsdatums fehlt (so im Ergebnis zutreffend Roth ZEV 1997, 94, 95, der jedoch zu Unrecht einen Widerspruch zu der oben mit Lange/Kuchinke geteilten Auffassung annimmt). War der Erblasser über einen längeren Zeitraum geschäftsunfähig und lässt sich nicht aufklären, ob die Testamentserrichtung in diesen Zeitraum fällt, weil das Testament undatiert ist, so trägt in entsprechender Anwendung des Abs 5 S 1 derjenige die Feststellungs- und Beweislast für die wirksame Errichtung, der Rechte aus diesem Testament herleitet (BayObLG FamRZ 2003, 1590 = Rpfleger 2003, 190). 146

Liegen **sich widersprechende Testamente** vor, von denen das **eine datiert**, das **andere undatiert** ist, so ist der Inhalt des datierten Testaments maßgebend, soweit es im Widerspruch zu dem undatierten steht, es sei denn, es wird der Beweis erbracht, dass das undatierte Testament später errichtet worden ist (Baumann ErbR 2019, 577 Anm OLG Braunschweig 20. 3. 2019 – 1 W 42/17, ErbR 2019, 573). Sind **beide undatiert**, so heben sie, soweit sie im Widerspruch stehen, einander auf, es sei denn, es wird für den Errichtungszeitpunkt eines oder beider ein Beweis erbracht. 147

Werden **nachträglich eingefügte Änderungen ohne Zeitangaben** durch die frühere Unterschrift gedeckt, so kann ein Testament auch insoweit unwirksam sein, falls es Widersprüche aufweist und sich nicht feststellen lässt, welche der widersprechenden Verfügungen als widerrufen anzusehen sind. Ergeben sich wegen der fehlenden Zeitangabe der Änderungen Zweifel über die Gültigkeit des Testaments, so findet Abs 5 Anwendung (zur Unwirksamkeit MünchKomm/Hagena[7] Rn 42). 148

VI. Ausschluss von Minderjährigen und Lesensunkundigen (Abs 4)

1. Normzweck

149 Abs 4 bildete ursprünglich den *Inhalt einer eigenen Vorschrift:* § 2247 aF (vgl dazu oben Rn 3). Die von der Reichstagskommission (RTK 177) eingefügte Bestimmung bezweckte zum Schutz der Minderjährigen und Leseunfähigen eine **Bindung an strengere Testamentsformen** und schloss daher die Möglichkeit aus, durch eigenhändiges Testament zu testieren. Die Beurkundungsform ist seit Inkrafttreten des Beurkundungsgesetzes (1. 1. 1970) prozedural geregelt (§ 2232 Rn 30 ff). Das Beurkundungsverfahren soll alle Beteiligten umfassend schützen, zB auch bei anderen Behinderungen als Leseunfähigkeit oder bei Nichtbeherrschung der deutschen Sprache und Unkenntnis der deutschen Rechtsordnung (§ 2233 Rn 9 ff, 14 ff). Der Normzweck, testierfähige Minderjährige und Leseunfähige zu schützen, erfordert keine Beschränkung der Testierfreiheit. Der geschützte Personenkreis (Minderjährige ab Vollendung des 16. Lebensjahres) kann im notariellen Beurkundungsverfahren mit den damit zwingend verbundenen Beratungen und Belehrungen inhaltlich uneingeschränkt testieren.

2. Regelungsinhalt

150 Wer minderjährig ist oder Geschriebenes nicht lesen kann, ist nach Abs 4 nicht fähig, ein eigenhändiges Testament zu errichten (Soergel/Klingseis Rn 6, 7). Maßgebender Errichtungszeitpunkt ist der Abschluss des Testaments mit der Unterschrift. Eine Bestätigung gem § 141 BGB des unwirksam errichteten Testaments durch den volljährig gewordenen Erblasser setzt die Neuerrichtung des eigenhändigen Testaments voraus.

151 Der Erblasser selbst muss im Zeitpunkt der Testamentserrichtung (BayObLG MittRhNotK 1999, 155, 156 = Rpfleger 1999, 396) imstande sein, das Geschriebene zu lesen und den Sinn zu erfassen. Er muss der Sprache mächtig sein, in der das von ihm niedergelegte Schriftstück verfasst ist (RGZ 76, 95). Gleichgültig ist, ob die Leseunfähigkeit auf vollständiger Erblindung (BayObLG MittRhNotK 1999, 155 = Rpfleger 1999, 396), einer Sehschwäche (OLG Hamm DNotZ 1967, 317) oder auf fehlender Ausbildung beruht. Trotz hochgradiger Sehbehinderung ist eine Lesefähigkeit dann gegeben, wenn der Erblasser mit Hilfe einer Lupe seine eigene große Schrift lesen kann (AG Neuss 12. 4. 2017 – 132 VI 46/16, FamRZ 2018, 390). Ihm müssen die Schriftzeichen so geläufig sein, dass er sie zu Worten und Sätzen zusammenfassen und sich auf diese Weise mit dem Sinn des Geschriebenen geistig vertraut machen kann (BayObLG ZEV 1997, 339; FamRZ 2000, 322).

152 Liegen keine besonderen Anhaltspunkte vor, die gegen die Lesefähigkeit sprechen, so ist davon auszugehen, dass der Erblasser im Zeitpunkt der Testamentserrichtung lesefähig war, da die Unfähigkeit, Geschriebenes zu lesen, die Ausnahme bildet (BayObLG FamRZ 1987, 1200; OLG Hamburg 18. 8. 2015 – 2 U 21/13, ErbR 2016, 664) trotz etwa 6,2 Millionen funktionaler Analphabeten in Deutschland (Quelle: Bundesministerium für Bildung und Forschung). Fehlt die Lesefähigkeit im Zeitpunkt der Testamentserrichtung, so bleibt das Testament auch dann nichtig, wenn der Erblasser später die Sehschwäche überwindet oder zu lesen lernt.

153 Liegt ein formgültig errichtetes Testament vor, so spricht eine Vermutung dafür, dass der Erblasser lesen konnte (OLG Neustadt FamRZ 1961, 541 m Anm Lutter = JZ 1962, 417 m Anm Habscheid; OLG Düsseldorf ZEV 2000, 316; OLG Hamburg 18. 8. 2015 – 2 U 21/13, ErbR 2016, 664). Bei der Lesefähigkeit handelt es sich um eine Voraussetzung in der Person des Erblassers (OLG Neustadt FamRZ 1961, 541, 542; BayObLG Rpfleger 1985, 239), nicht um eine Frage der Formgültigkeit des Testaments, für welche die Beweislast demjenigen obliegt, der Rechte aus dem Testament herleitet (BayObLG Rpfleger 1985, 239; FamRZ 1987, 1200 jeweils mwNw; OLG Hamburg 18. 8. 2015 – 2 U 21/13, ErbR 2016, 664 Rn 47). Daher trägt die Darlegungs- und Beweislast für die mangelnde Lesefähigkeit des Erblassers derjenige, der sich auf diesen Einwand beruft (BGH 24. 11. 2021 – IV ZR 122/21, Zerb 2022, 61). Steht fest, dass der Erblasser bis ins Erwachsenenalter hinein nicht lesen konnte, so obliegt die Beweis- und Feststellungslast für die Lesefähigkeit demjenigen, der sich darauf beruft (OLG Dresden 12. 1. 2015 – 17 W 1341/14, EE 2015, 116).

3. Schreibfähigkeit

154 Kann jemand zwar Geschriebenes lesen, aber nicht selbst schreiben, so kann er kein eigenhändiges Testament errichten. Insbesondere bei älteren Erblassern ist es möglich, dass sie gewisse Buchstaben und Buchstabenverbindungen nicht mehr kennen. Schreibt ein Dritter dem Testierenden diese Buchstaben und Wortverbindungen vor und malt der Erblasser sie nach, so ist zu unterscheiden (OLG München DNotZ 1937, 68), ob es sich um eine Gedächtnisstörung handelt, die durch den Anblick des Vorgeschriebenen behoben wird (Schreibfähigkeit gegeben) oder aber der Erblasser zwar das Aussehen der Schriftzeichen selbst gestaltet, jedoch ohne prüfen zu können, ob das, was er schreibt, dem entspricht, was er schreiben will. Im Zweifel ist von der Lesefähigkeit des Erblassers auszugehen (OLG Neustadt JZ 1962, 417 m Anm Habscheid = FamRZ 1961, 541 m Anm Lutter; über Lesbarkeit des Wortlauts Rn 56).

VII. Anerkennung eines Testamentes durch Feststellungs- oder Auslegungsvertrag

155 Die Anerkennung eines Testaments durch einen sog Feststellungs- oder Auslegungsvertrag der Nachlassbeteiligten kann die Nichtigkeit wegen Formfehlers nicht beseitigen (RGZ 72, 209; BGH [22. 9. 1976] bei Johannsen WM 1977, 270; BayObLGZ 29, 208, 296; 1951, 392; 1954, 27; jurisPK-BGB/Bauermeister [2017] Rn 6; Baumann WürzburgNotHdb Teil 4 Kap 2 Rn 84 ff; Reimann/Bengel/Dietz/Voit Rn 40; MünchKomm/Sticherling § 2229 Rn 57; Soergel/Klingseis Rn 51; MünchKomm/Hagena[7] Rn 52; MünchKomm/Sticherling Rn 68). Das Gericht ist an die einvernehmliche Auslegung der Nachlassbeteiligten nicht gebunden, sondern hat den Erbschein nach dem erklärten Willen des Erblassers zu erteilen. Deshalb kann auch ein Auslegungsvertrag allenfalls schuldrechtliche Pflichten zwischen den Vertragsbeteiligten begründen (MünchKomm/Sticherling Rn 13, 68), nicht aber die vom Erblasser oder dem Gesetz angeordnete Erbfolge ändern. Die Anerkennung oder Auslegung begründet nur dann, wenn die Formvorschriften gewahrt sind (Erbteilsübertragung [§ 2033 Abs 1 S 2], Verpflichtung zur Übertragung von Grundbesitz [§ 311b BGB], ggf Schenkungsversprechen [§ 518 BGB]), eine persönliche Schuldverpflichtung, die Rechtslage so zu gestalten, als ob das Testament rechtsgültig wäre, als schuldrechtlicher Erbauseinandersetzungsvertrag (Baumann WürzburgNotHdb Teil 4 Kap 2 Rn 87; MünchKomm/Sticherling § 2229 Rn 57). Allerdings kann ein solcher Vertrag als Erbauseinandersetzungsvertrag nur von allen Miterben geschlossen werden (MünchKomm/Hagena[7] Rn 52; Einzelheiten bei Herrmann, Die Anerkennung formgültiger letztwil-

liger Verfügungen [Diss Bonn 1969]; über die Bedeutung von Erklärungen Beteiligter im Erbscheinsverfahren BayObLGZ 1954, 27, 33 f). Verträge mit erbrechtlich feststellender (dinglicher) Wirkung sind mit den Wertungen des BGB nicht zu vereinbaren, weil sie die gesetzlich – dogmatisch durchdachte – Typenvorgabe, zB von Erb- und Vermächtnisanordnungen, auflösen würde und nicht dem Erblasser, sondern den Nachlassbeteiligten, mit nicht übersehbaren Folgen für Dritte (insbesondere für Nachlassgläubiger, einschließlich des Fiskus) die Rechtsfolgen des Erbfalls überlassen würde. Die Erben (Erbprätendenten) können die Erbfolge – auch die Verteilung der Erbquoten – nicht mit objektiver Drittwirkung feststellen, so dass allein die gerichtlichen Feststellungen – nicht die Parteivereinbarung – für die Erteilung eines Erbscheins maßgebend sind (OLG München RNotZ 2011, 50; ausführlich Baumann, Feststellungsverträge 59; im Ergebnis ebenso Soergel/Mayer[13] Rn 42; Reimann/Bengel/Dietz/Voit Rn 40; MünchKomm/Hagena[7] Rn 52; ausführlich zum Auslegungsvertrag Baumann ErbR 2010, 109; ders RNotZ 2011, 33). Die Erben oder Nachlassbeteiligten können sich auch nicht einvernehmlich über nicht eingehaltene Formvorschriften hinwegsetzen oder auf die Einhaltung von Formvorschriften verzichten (Burandt/Rojahn/Lauck Rn 43; Reimann/Bengel/Dietz/Voit Rn 40). Ein zwischen Nachlassbeteiligten geschlossener Auslegungs- und Feststellungsvertrag kann nur schuldrechtliche Verpflichtungen zwischen den Nachlassbeteiligten begründen, die den Vertrag schließen (Grüneberg/Weidlich Rn 3; MünchKomm/Hagena[7] Rn 10). Mit dinglicher Wirkung können Erbteils- und Erbschaftsübertragungsverträge geschlossen werden, welche aber nicht die beim Erbanfall entstandene gesetzliche oder gewillkürte Erbfolge verändern. Die Nachlassbeteiligten können auch nicht formunwirksame Testamente anerkennen, um damit für sie steuerlich vorteilhafte Rechtsfolgen zu Lasten des Staates (Fiskus) herbeizuführen (**aA** Stein NJW 2020, 339, ohne qualifizierte rechtliche Begründung). Die Nachlassbeteiligten können aufgrund Privatautonomie aber unbeschränkt schuldrechtliche Verpflichtungen begründen, die Rechtslage so zu gestalten, als ob das Testament gültig wäre und diese Gestaltungen auch steuerlich optimieren (MünchKomm/Sticherling Rn 68; Baumann/Seer/Krumm [2011] Unternehmensnachfolge).

VIII. Konversion

156 Hat der Erblasser bei Errichtung eines eigenhändigen Testaments angenommen, es handele sich um ein nach drei Monaten kraftlos werdendes Nottestament und hat er nach dem Ablauf der drei Monate die Vernichtung der Testamentsurkunde nur deshalb unterlassen, weil er glaubte, das Testament sei bereits außer Kraft getreten, so wird dadurch die Rechtsbeständigkeit des Testaments als eigenhändiges Testament nicht berührt, sofern nicht die Anfechtung dadurch begründet ist, dass der Erblasser nur durch die irrige Annahme, mit dem Ablauf der Dreimonatsfrist trete die Kraftlosigkeit der Verfügung ein, zu der Verfügung bestimmt wurde (RGZ 104, 320).

IX. Beweisfragen

157 Für den Beweis der Echtheit eines Privattestaments gelten die allgemeinen Grundsätze (dazu und zu den Beweisanforderungen BayObLG FamRZ 1992, 1207). Nach den allgemeinen Grundsätzen der Beweislastverteilung trägt derjenige, *der sich auf Verfügungen eines eigenhändigen Testaments* beruft, die Darlegungs- und Beweislast für die Wirksamkeit (BayObLG MDR 1985, 675; OLG Koblenz 18. 12. 2015 – 1 W 622/15, FamRZ 2016, 1487 Rn 8). Er hat daher den *Testierwillen* des Erblassers, die *Eigenhändigkeit* des Textes und die *Echtheit der Unterschrift* (BayObLG FamRZ 1999, 331, 332) zu beweisen, sofern diese substantiiert bestritten werden (BayObLG FamRZ 1985, 837, 838; BayObLG NJW-RR 1988, 389, 390). Im Erbscheinsverfahren hat das Nachlassgericht alle erforderlichen Ermittlungen anzustellen und Beweis zu erheben (OLG Karlsruhe 10. 6. 2015 – 11 Wx 33/15, ZErb 2015, 280), wozu zB Schriftsachverständige (OLG Düsseldorf 8. 5. 2013 – 3 Wx 47/12, FamRZ 2013, 1841; OLG Brandenburg 20. 3. 2014 – 3 W 62/13, ErbR 2014, 393) angehört werden können, wobei die Gutachten von Sachverständigen auch dann ausschlaggebend sein können, wenn sie nicht jeden Restzweifel beseitigen (OLG Düsseldorf 17. 11. 2014 – 25 Wx 84/14, FamRZ 2015, 874).

Bei einem **äußerlich formgültigen** Testament spricht eine **Vermutung** dafür, dass es in dieser Form und mit diesem Inhalt vom zum Zeitpunkt der Errichtung testierfähigen Erblasser mit Testierwillen rechtswirksam verfasst worden ist (BayObLG NJW 1970, 2300; KG LZ 1919 Sp 1244; OLG München 4. 7. 2017 – 31 Wx 211/15 FamRZ 2017, 1967; KG LZ 1922 Sp 466; danach hat der Testamentserbe allenfalls auch zu beweisen, dass es sich nicht bloß um einen Entwurf handelt). 158

Bestehen **Zweifel** daran, ob die Formerfordernisse des § 2247 BGB vorliegen, so wurde in der älteren Rspr von einzelnen Gerichten erwogen, § 2084 BGB anzuwenden (KG JW 1936, 2564; JFG 16, 95; OLG München JFG 16, 93). Seit dem Abbau überzogener Formerfordernisse durch das TestG ist für die Anwendbarkeit des § 2084 BGB kein Raum (OLG Neustadt Rpfleger 1962, 446; LG Mannheim Justiz 1962, 182). Daher spricht keine Vermutung für die Erfüllung eines Formerfordernisses (STAUDINGER/OTTE [2013] § 2084 Rn 3). Da die Einhaltung der Form zwingende Voraussetzung der Wirksamkeit des Testaments ist, muss zur vollen Überzeugung des Gerichts feststehen, dass die Form gewahrt ist (LANGE/KUCHINKE § 35 II 2). 159

Die **Unaufklärbarkeit**, ob ein Schriftstück eine letztwillige Verfügung darstellt oder ob es vom Erblasser eigenhändig verfasst ist, geht zu Lasten desjenigen, der Rechte daraus herleitet (BayObLG FamRZ 1985, 837, 838; FamRZ 2005, 1015, 1017; OLG Köln NJW-RR 2004, 1015; zur Amtsermittlungspflicht mit „Strengbeweis" OLG Karlsruhe 10. 6. 2015 – 11 Wx 33/15, ZErb 2016, 18). Beweispflichtig ist auch derjenige, dessen Erbquoten sich erhöhen würden, wenn ein wirksames Testament vorläge (KG NJW-RR 1991, 392, 393). 160

§ 440 Abs 2 ZPO findet keine Anwendung, weil die eigenhändige Niederschrift des holographischen Testaments Formvorschrift ist (dazu OLG Stuttgart BWNotZ 1977, 69). Daher muss die Eigenhändigkeit der Niederschrift im Bestreitensfall selbst dann bewiesen werden, wenn die Unterschrift des Erblassers als echt erwiesen ist (übereinstimmend ENDEMANN III § 37 Nr V b 4; VOGELS JW 1938, 2163; LANGE/KUCHINKE § 20 IV 5). 161

Wer behauptet, der Erblasser sei im Zeitpunkt der Testamentserrichtung **testierunfähig** gewesen oder ein eigenhändig Testierender habe zur Zeit der Unterzeichnung des Testaments **Geschriebenes nicht** (mehr) **lesen** können (OLG Hamburg 18. 8. 2015 – 2 U 21/13, ErbR 2016, 664), trägt hierfür die Beweis- und Feststellungslast (BayObLG MDR 1985, 675; NJW-RR 2003, 297; FG-Prax 2004, 243; OLG Schleswig 16. 7. 2015 – 3 Wx 53/15, ErbR 2016, 169), da es sich nicht um Fragen der Formgültigkeit des Testaments, sondern um Voraussetzungen handelt, die der Erblasser in seiner Person erfüllen muss (HABSCHEID JZ 1962, 418; LUTTER FamRZ 1961, 543). Enthält das eigenhändige Testament keine Datumsangabe, so trägt die Beweis- und Feststellungslast für die Testierfähigkeit des Erblassers und damit die Wirksamkeit des Testaments derjenige, der sich auf 162 die Gültigkeit des Testaments beruft, wenn feststeht, dass der Erblasser zu irgendeinem Zeitpunkt testierunfähig war und sich der Zeitpunkt der Testamentserrichtung nicht durch außerhalb der Urkunde liegende Umstände ermitteln lässt (BayObLG FamRZ 1995, 898, 899; OLG Jena 2005, 2021). Enthält das Testament eine Datumsangabe und war der Erblasser zu diesem Zeitpunkt testierfähig, so trägt die Beweislast dafür, dass das Testament zu einem anderen Zeitpunkt errichtet wurde, derjenige, der sich auf die Wirksamkeit des Testaments beruft (BayObLG ZEV 2001, 399 m Anm Mayer).

163 Die Beweis- und Feststellungslast dafür, ob ein Schriftstück als Testament bzw nur als *Entwurf* anzusehen ist, trägt derjenige, der Rechte aus dem Schriftstück herleitet (BayObLGZ 1970, 173, 181; KG NJW-RR 1991, 392, 393). Liegt ein formgerecht abgefasstes Testament vor und gibt es keine Anhaltspunkte für einen fehlenden Testierwillen des Erblassers, so hat das Nachlassgericht keine Veranlassung zu prüfen, ob es sich um einen Entwurf handeln könnte (KG NJW-RR 1991, 392, 393). Ein bloßer Entwurf ist aber dann anzunehmen, wenn der Inhalt des Schriftstücks unvollständig ist (vgl KG NJW-RR 1991, 393).

164 Wird der Testierwille begründet in Zweifel gezogen, muss über ihn unter Berücksichtigung aller – auch außerhalb der Urkunde liegenden Umstände – Beweis erhoben werden (Grüneberg/Weidlich Rn 5).

165 Im **Nachlassverfahren** (Erbscheinsverfahren) gibt es keine formelle, wohl aber eine materielle Beweislast: **„Feststellungslast"** (dazu BayObLG [26. 1. 1981] BReg 1 Z 124/80:

„Geben Form und Inhalt zu Bedenken Anlaß, ob die Erklärung überhaupt eine Verfügung von Todes wegen ist, so trägt, ungeachtet des Amtsermittlungsgrundsatzes [§§ 12 FGG, 2358 Abs 1 BGB], derjenige, der aus ihr ein Erbrecht für sich in Anspruch nimmt, die Feststellungslast für ihren rechtlichen Charakter ... und die sein Erbrecht begründenden Tatsachen [BayObLGZ 1962, 299, 303 f; 1970, 173, 181; OLG Hamm OLGZ 1966, 497, 498]").

166 Der Amtsermittlungsgrundsatz (§ 26 FamFG) verpflichtet das Gericht, alle zur Aufklärung des Sachverhalts geeignet erscheinenden Beweise zu erheben (zur Beiziehung eines Schriftsachverständigen Deitigsmann JZ 1953, 494; Falck JR 1956, 255; BayObLG FamRZ 2005, 1782). Eine Aufklärungspflicht besteht aber nicht in der Weise, dass alle denkbaren Möglichkeiten des Sachverhalts erforscht oder ihnen von Amts wegen nachgegangen werden muss, sondern nur insoweit, als das Vorbringen der Beteiligten und der festgestellte Sachverhalt bei sorgfältiger Überlegung hierzu Anlass geben (BayObLG FamRZ 1991, 237, 238). Das Nachlassgericht prüft aber die formgerechte eigenhändige Testamentserrichtung des Erblassers selbst dann, wenn keine besonderen Umstände bekannt sind (OLG Düsseldorf 19. 7. 2013 – 3 Wx 105/13, FGPrax 2014, 31). Ausreichend ist die fundiert begründete richterliche Überzeugung (BayObLG FamRZ 2005, 1014). Daher ist die Einholung eines Gutachtens zur Echtheit eines eigenhändigen Testaments nur in Zweifelsfällen geboten (BayObLG Rpfleger 1998, 161; Horn/Kroiss/Seitz ZEV 2013, 24). Bleiben auch nach dem Gutachten Zweifel, hat das Nachlassgericht nach § 26 FamFG weiter zu ermitteln (OLG Karlsruhe 10. 6. 2015 – 11 Wx 33/15, ZErb 2015, 280) und ggf ein weiteres Gutachten einzuholen.

167 Für die Erbscheinserteilung ist der volle Nachweis erforderlich, dass der Erblasser das Testament eigenhändig geschrieben und unterschrieben hat. Dies gilt auch bei nicht auffindbaren Testamenten (KG FamRZ 2007, 1197; OLG München FamRZ 2008, 1378; vgl dazu auch § 2255 Rn 48). Die Beweismittel müssen die volle Überzeugung des Gerichts von den zu beweisenden Tatsachen begründen. Bei Zweifeln an der eigenhändigen Errichtung darf ein Erbschein nicht erteilt werden (BayObLG FamRZ 1988, 97), wobei der Erbschein dann zu erteilen ist, „wenn ein für das praktische Leben brauchbarer Grad von Gewissheit besteht, der vernünftige Zweifel ausschließt" (BayObLG FamRZ 2005, 1782; OLG Düsseldorf 17. 11. 2014 – 25 Wx 84/14, FamRZ 2015, 874; OLG Frankfurt 15. 4. 2014 – 20 W 251/14, FamRZ 2015, 2090; Grüneberg/Weidlich Rn 17). Die Feststellungslast für Echtheit und Eigenhändigkeit trägt derjenige, der Rechte aus dieser Urkunde herleiten will (BayObLG FamRZ 1985, 837, 838 mwNw; OLG Hamm 2. 10. 2012 – 15 W 231/12, FamRZ 2013, 1069; über den Beweis der Formgültigkeit und des Inhalts eines nicht mehr vorhandenen Testaments LG Dresden 30. 4. 1994 – 2 T 824/93 sowie § 2255 Rn 48).

Enthält ein formgerecht errichtetes Testament eine eigenhändige Orts- oder Zeitangabe, so wird vermutet, dass diese richtig ist („tatsächliche Vermutung") (OLG München FamRZ 2010, 67). Wer die Unrichtigkeit der Angaben behauptet (vorausgesetzt, dass diese für die Gültigkeit des Testaments wesentlich sind), muss die Unrichtigkeit beweisen (BayObLG 18. 1. 1983 – BReg 1 Z 104/82; BayObLG FamRZ 1991, 237; 2001, 1329). **168**

Beispiel: Ein Nachlassbeteiligter (bzw enterbter gesetzlicher Erbe) behauptet die Testierunfähigkeit des Erblassers im Errichtungszeitpunkt. Da bei einem formgerechten Testament eine tatsächliche Vermutung für die Testierfähigkeit des Erblassers spricht (vgl § 2229 Rn 104), trifft diese Person die Beweislast für die Testierunfähigkeit. Steht die Testierfähigkeit des Erblassers zu dem im Testament angegebenen Zeitpunkt fest, so hat diese Person die Unrichtigkeit des im Testament angegebenen Zeitpunktes zu beweisen, wobei er sich aller zulässigen Beweismittel bedienen kann (NK-BGB/Kroiss Rn 66).

X. Recht der DDR

Das eigenhändige Testament war in § 385 ZGB geregelt (dazu Einl 100 zu §§ 2229–2302 und Einl 61 ff zu §§ 2229–2302 zur teilweisen Fortgeltung des ZGB). **169**

XI. Internationales Privatrecht

Einl 131 ff zu §§ 2229–2302. **170**

§ 2248
Verwahrung des eigenhändigen Testaments

Ein nach § 2247 errichtetes Testament ist auf Verlangen des Erblassers in besondere amtliche Verwahrung zu nehmen.

Materialien: E I § 1932; E II §§ 2112, 2113, 2117; E III §§ 2218, 2219, 2223; Mot V 295; Prot V 351; KommBer 177; Jakobs/Schubert, ER II 1601–1611; 1. Denkschr d ErbrA (1937) 42; Amtl Begr z TestG DJ 1938, 1257; Horn MatK-ErbR 1001–1002.

Systematische Übersicht

I. Textgeschichte

1 Bis zum 31. 8. 2009 galt folgende Fassung:

Ein nach den Vorschriften des § 2247 errichtetes Testament ist auf Verlangen des Erblassers in besondere amtliche Verwahrung zu nehmen (§§ 2258a, 2258b). Dem Erblasser soll über das in Verwahrung genommene Testament ein Hinterlegungsschein erteilt werden.

2 Dieser Gesetzestext stimmte bis zum 31. 8. 2009 wörtlich mit § 22 TestG überein. § 22 TestG entsprach sachlich dem ursprünglichen Inhalt der Bestimmung.

3 Die Neufassung des BGB (Bekanntmachung v 2. 1. 2002 [BGBl I 42]) hat die amtliche Überschrift eingeführt.

4 Die Vorschrift wurde mit dem Gesetz zur Reform des Personenstandsrechts durch Art 2 Abs 16 Nr 11 PStRG v 19. 2. 2007 (BGBl I 122) mit Wirkung v 1. 1. 2009 bezüglich der Verweisung auf FGG-Vorschriften geändert.

5 Durch das FGG-RG v 17. 12. 2008 (BGBl I 2586) wurde § 2248 BGB mit Wirkung seit dem 1. 9. 2009 neu gefasst. Der Hinweis am Ende von S 1 auf §§ 2258a, 2258b BGB entfiel, weil diese Vorschriften aus dem BGB in §§ 344, 346, 347 FamFG verlegt wurden. S 2 wurde daher gestrichen und ist durch § 346 Abs 3 S 1 FamFG geregelt. Die Vorschrift wurde trotz der Verlagerung der Verwahrungsvorschriften (§§ 2258a, 2258b aF) durch das FGG-RG in §§ 344, 346, 347 FamFG im BGB belassen, um denjenigen, der ein privatschriftliches Testament verfasst, auf die Möglichkeit der sicheren Verwahrung hinzuweisen.

II. Normzweck

6 Im Gegensatz zu den öffentlichen Testamenten besteht bei eigenhändigen Testamenten *keine Hinterlegungspflicht.* Die vom Verlangen des Erblassers abhängige Hinterlegung soll die gegen das eigenhändige Privattestament erhobenen Bedenken hinsichtlich der **Gefahr** des **Verlustes**, der **Beschädigung**, der **Fälschung** oder **Unterdrückung mildern** (dies gilt in besonderer Weise bei Testamenten Alleinstehender; Kössinger ZEV 1995, 13, 15). Das Verwahrungsgericht hat die **Auffindung des Testaments im**

Erbfall und dessen Eröffnung sicherzustellen (Westphal Rpfleger 1983, 204 ff; MünchKomm/Sticherling Rn 1 mwNw). Seit Inkrafttreten der FGG-RG ist die **Hinweisfunktion** der Vorschrift auf die Möglichkeit sicherer Verwahrung privatschriftlicher Testamente verstärkt worden. Die öffentliche Verwahrung des eigenhändigen Testaments ändert aber nicht seine rechtlichen Wirkungen als Privaturkunde (Reimann/ Bengel/Dietz/Voit Rn 3; jurisPK-BGB/Bauermeister [2017] Rn 2).

III. Gesetzeskritik

Wer durch falsche Beratung, Täuschung oder psychischen oder gar physischen Zwang zur Errichtung eines privatschriftlichen Testaments veranlasst wird, kann nicht durch optionale Verwahrungsmöglichkeiten geschützt werden. Die nur optionale Hinterlegung des eigenhändigen Testaments kann den rechtlich gebotenen Schutz eigenhändig Testierender vor nachträglichen Fremdeinwirkungen auf ihre letztwilligen Verfügungen nicht gewährleisten. Eine zwingend angeordnete zeitnahe Hinterlegung des Testaments bei Gericht könnte den Normzweck erfüllen, Verlust oder nachträgliche Beschädigung bzw Fälschung des Testaments oder gar seine Unterdrückung nach dem Tod des Erblassers zu verhindern (Baumann ErbR 2019, 509). 7

Deshalb ist zu erwägen, bei allen, auch eigenhändigen Testamenten – wie bei materiell-rechtlich gleichwertigen notariellen Testamenten – eine persönliche *Hinterlegungspflicht* des Erblassers zu normieren, um insoweit die Fälschungs- und Unterdrückungsgefahren auszuschließen (dazu § 2255 Rn 9 f). Denn nach gegenwärtiger Rechtslage kann auch ein Erbschleicher das Testament entweder an sich nehmen und das Testament sogar selbst in die amtliche Verwahrung bringen, weil (dies ist der 2. Kritikpunkt) die Hinterlegung mit denselben Rechtsfolgen verbunden ist, wenn ein Dritter – *sogar gegen den erklärten Willen des Erblassers* – das Testament hinterlegt (vgl Rn 16 f). § 2248 BGB ermöglicht – ohne verfahrensrechtlichen Schutz – die Hinterlegung von Privattestamenten ohne Beteiligung des Erblassers, somit ohne seine Kenntnis und sogar gegen seinen Willen. Die Vorschrift fördert – ungewollt – die Geltung von Privattestamenten, die mit verminderter oder beeinflusster Willenskraft des Erblassers errichtet worden sind. Bei im Erbscheinsverfahren fehlenden Testamentsurkunden (das Fehlen führt nicht nur zur Unwirksamkeit; dazu Staudinger/Baumann § 2255 Rn 35 ff, 43 ff, 48) treten erhebliche Rechtsunsicherheiten auf (Goldkamp ErbR 2022, 111, 117 empfiehlt, dass Rechtsanwälte auf Hinterlegung hinwirken). Der Gesetzgeber sollte das „Verlangen" der Hinterlegung von der persönlichen Erklärung des Erblassers gegenüber dem Gericht und die Hinterlegung von der *Überprüfung seiner Testierfähigkeit* abhängig machen. Damit fände eine gerichtliche Kontrolle der Geschäftsfähigkeit des Erblassers auch bei Privattestamenten statt. Mit jedem Beschluss über die Anordnung einer Betreuung sollte die Hinterlegungspflicht von bereits errichteten Privattestamenten verknüpft werden (dazu Rn 16). 8

Allen (noch) nicht hinterlegten Privattestamenten sollte nur die zeitlich beschränkte Wirkung von Nottestamenten beigelegt werden (Baumann ErbR 2019, 576, 577). Die Herausgabe von Privattestamenten aus der amtlichen Verwahrung sollte den Regelungen über die materiell-rechtlich gleichwertigen öffentlichen Testamente angepasst werden und alle aus der Verwahrung genommenen Testamente sollten mit einem Ungültigkeitsvermerk versehen werden. 9

IV. Zuständigkeit

10 **Sachlich** zuständig für die **besondere amtliche Verwahrung** sind, da § 342 Abs 1 Nr 1 FamFG die amtliche Verwahrung als Nachlasssache definiert, die **Amtsgerichte** (§ 23a Abs 1 Nr 2, Abs 2 Nr 2 GVG).

11 Örtlich zuständig ist bei privaten Testamenten jedes Amtsgericht (§ 344 Abs 1 S 1 Nr 3 FamFG), verbunden mit der Möglichkeit, jederzeit (also auch nach erfolgter Verwahrung) die Verwahrung bei einem anderen Amtsgericht verlangen zu können (§ 344 Abs 1 S 2 FamFG). Bei öffentlichen Testamenten, die vom Notar (§ 2232 BGB) oder Bürgermeister (§ 2249 BGB) beurkundet worden sind, ist gem § 344 Abs 1 S 1 Nrn 1, 2 FamFG das Amtsgericht zuständig, in dessen Bezirk der Amtssitz des Notars oder die Gemeinde liegen. Auch hier kann der Erblasser nach § 344 Abs 1 S 2 FamFG jederzeit (also auch nach bereits vollzogener Verwahrung) die anderweitige Verwahrung bei einem örtlich nicht zuständigen Gericht verlangen. Das Amtsgericht, in dessen Bezirk der Notar seinen Amtssitz hat, ist nicht zur Entgegennahme und Weiterleitung an das vom Erblasser gewünschte Verwahrungsgericht verpflichtet (OLG Brandenburg NJW-RR 2008, 390). Für Konsulartestamente ist nach § 11 Abs 2 S 1 KonsularG das AG Berlin-Schöneberg örtlich zuständig (zum Verfahren § 346 Abs 1, 2 FamFG), wobei auch hier die Verwahrungswünsche des Erblassers zu beachten sind (vgl dazu Einl 57 zu §§ 2229–2302). Bei öffentlichen Testamenten ist die amtliche Verwahrung auch gegen den Willen des Erblassers (Damrau/Tanck/Deininger Rn 1) zwingend, so dass keine Herausgabe des Testaments zur Eigenverwahrung erfolgen kann, wie sich schon aus § 2256 BGB ergibt.

12 Funktionell ist der Rechtspfleger zuständig (§ 346 Abs 1 FamFG iVm §§ 3 Nr 2c, 36b Abs 1 S 1 Nr 1 RpflG) (OLG Köln 12. 7. 2013 – 2 Wx 177/13, ErbR 2014, 142). Durch Rechtsverordnungen der Landesregierungen können die bei der Annahme von zu hinterlegenden Testamenten wahrzunehmenden Geschäfte auf Urkundsbeamte der Geschäftsstelle ganz oder teilweise übertragen werden.

13 Der Erblasser kann das private Testament auch bei einer **Vertrauensperson**, zB seinem Anwalt oder Steuerberater usw, verwahren lassen. Für den *nicht amtlichen* Verwahrer gilt § 2259 BGB.

14 Die Vorschrift ist auf das Dreizeugentestament (§§ 2250, 2251 BGB) als Privaturkunde (vgl dazu § 2250 Rn 47; § 2251 Rn 14) entsprechend anwendbar (ebenso MünchKomm/Sticherling Rn 4; Soergel/Deuschl Rn 2; Reimann/Bengel/Dietz/Voit Rn 3; BeckOK BGB/Litzenburger Rn 2).

V. Verfahren

15 Das Verfahren der besonderen amtlichen Verwahrung richtet sich nach § 346 Abs 1, 2 FamFG (bis 31. 12. 2008 nach § 2258b BGB). Das Annahmeverfahren richtet sich nach § 27 Abs 3–6 AktO. Die Verwahrungsstelle hat weder die formelle Wirksamkeit noch den Inhalt des zu verwahrenden Testaments zu prüfen (Bamberger/Roth/Litzenburger Rn 3; MünchKomm/Hagena Rn 12), aber als *nobile officium* auf offensichtliche Formfehler hinzuweisen (Soergel/Deuschl Rn 3). Die Verwahrung kann abgelehnt werden, wenn es sich ganz offenkundig um kein eigenhändiges Testament handelt

oder wenn erkennbar rechtswidrige Zwecke verfolgt werden. Die **besondere** amtliche Verwahrung unterscheidet sich von der einfachen Urkundenverwahrung durch ein höheres Maß an **Sicherheit**.

Die besondere amtliche Verwahrung erfolgt nur **auf Verlangen** (KG JW 1938, 1455 = DNotZ 1938, 450; NK-BGB/Kroiss Rn 1 f; MünchKomm/Sticherling Rn 6). Dieses Verlangen bedarf *keiner Form* (Soergel/Deuschl Rn 3). Das Verlangen kann durch Vertreter oder Boten gestellt werden (OLG München 25. 6. 2012 – 31 Wx 213/12, ErbR 2012, 259: „Vorsorgevollmacht"; MünchKomm/Sticherling Rn 6), was nicht immer unproblematisch ist, weil auf diese Weise Privattestamente ohne Kenntnis und sogar gegen den Willen des Erblassers in die amtliche Verwahrung gebracht werden können (dazu Rn 8). Bei Betreuten sollte mit Anordnung der Betreuung die amtliche Verwahrung von Privattestamenten als Aufgabe des Betreuers gesetzlich vorgeschrieben werden, um nachträgliche Manipulationen zu verhindern (dazu Rn 8). Sogar mit der Post kann ein eigenhändiges Testament zur Verwahrung übersandt werden (KG OLGE 1, 294). Eine Beglaubigung der Unterschrift des Antragstellers ist nicht erforderlich (KG RJA 1, 146). 16

Besondere Nachweise über die Identität des Antragstellers und des Erblassers werden nicht verlangt (KG RJA 1, 146), außer wenn das Gericht den begründeten Verdacht hegt, dass ein Testament unterschoben oder ein sonstiger Missbrauch betrieben werden soll. Da ein Missbrauch – zB durch Hinterlegung gegen den Willen des Erblassers – immer möglich ist, sollte der Wortlaut des § 2248 BGB um das Erfordernis der Identitätsfeststellung des Antragstellers ergänzt werden (ebenso Lange/Kuchinke § 26 II 2) und im FamFG eine verfahrensrechtliche Absicherung erfolgen. Um einen möglichen Missbrauch der amtlichen Hinterlegung zu verhindern, sollte die Hinterlegung des eigenhändigen Testaments an persönliche Erklärungen des Erblassers und die Überprüfung seiner Testierfähigkeit gebunden werden (dazu Rn 8). 17

Die Aufnahme einer Niederschrift über die Übergabe des Testaments ist gesetzlich nicht vorgeschrieben (KG RJA 1, 146), jedoch empfehlenswert (Soergel/Deuschl Rn 4). Gem Teil I Ziff 1 der bundeseinheitlichen Bekanntmachung über die Benachrichtigung in Nachlasssachen idF v 22. 10. 2010 BayJMBl 2010, 139 geändert durch Bekanntmachung v 29. 2. 2012 (abgedruckt Armbrüster/Preuss/Renner, Teil IV m Erläuterung) sind zugleich gewisse Feststellungen über die Personalien des Erblassers sowie gem § 27 Nr 3 AktO (Firsching/Graf/Krätzschel § 36 Rn 8) über den Zeitpunkt der Errichtung („mit einer das Testament näher bezeichnenden Aufschrift zu versehen") zu treffen. Wird das Testament durch einen Boten, der keine Sachkenntnis hat, oder mit der Post an die Verwahrungsstelle übersandt, so wird man die erforderlichen Rückfragen entweder schriftlich erledigen oder den Erblasser zur Erklärung vorladen. 18

Das Testament ist nebst *Anlagen* in einen *Umschlag* (Firsching/Graf/Krätzschel § 36 Rn 1 ff) zu nehmen, dieser mit dem **Prägesiegel** zu verschließen, mit der Angabe der Person des Erblassers, der Zeitangabe der Errichtung des Testamentes sowie mit einer das Testament näher bezeichnenden **Aufschrift** zu versehen, die unterschriftlich zu vollziehen ist. Hierzu gelten die Rechtsverordnungen, die aufgrund von § 82a Abs 6 FGG aF (gültig bis 31. 8. 2009) bzw § 347 Abs 4 FamFG (gültig seit 1. 9. 2009) 19 erlassen worden sind (zB Niedersachsen: VO über Mitteilungen in Nachlasssachen und den Inhalt von Testamentsverzeichnissen v 10. 8. 2009 [GVBl 326]) (dazu § 27 Ziff 3 AktO, MünchKomm/STICHERLING Fn 28; abgedruckt bei FIRSCHING/GRAF/KRÄTZSCHEL Anh 5; beachte auch die bundeseinheitliche Bekanntmachung über die Benachrichtigung in Nachlasssachen idF v 22. 10. 2010, geändert durch Bekanntmachung v 29. 2. 2012; abgedruckt bei ARMBRÜSTER/PREUSS/RENNER, Teil IV m Erläuterung]) sowie G zur Modernisierung des Benachrichtigungswesens in Nachlasssachen durch Schaffung des zentralen Testamentsregisters bei der Bundesnotarkammer und zur Fristverlängerung nach der Hofraumverordnung I v 22. 12. 2010 (BGBl I 2255) m bundeseinheitlicher AV Benachrichtigung in Nachlasssachen (zB MBl NRW 2010, 632, geändert durch RdErl v 2. 9. 2014 [MBl NRW 2014, 514]).

20 Seit dem 1. 1. 2012 wird von der Bundesnotarkammer als Registerbehörde (§ 78 BNotO) das Zentrale Testamentsregister geführt, in dem alle verwahrten Testamente registriert werden (GRÜNEBERG/WEIDLICH Rn 4; JAUERNIG/STÜRNER Rn 3).

21 Nach § 346 Abs 3 S 1 FamFG (wie nach § 2248 S 2 aF) wird **von Amts wegen ein Hinterlegungsschein** erteilt (FIRSCHING/GRAF/KRÄTSCHEL § 36 Rn 12). Das Gesetz schreibt nicht zwingend vor, dass der Hinterlegungsschein zurückgegeben werden muss (MünchKomm/STICHERLING Rn 16). Dies ist problematisch, da die Hinterlegung nicht persönlich durch den Erblasser erfolgen muss und eine Rückgabe nach Meinung im Schrifttum (MünchKomm/STICHERLING Rn 25) auch an Geschäftsunfähige erfolgen kann.

VI. Wirkung

22 Das Privattestament wird durch die amtliche Verwahrung *keine öffentliche Urkunde* (OLG Schleswig 8. 9. 2021 – Wx 49/21, ErbR 2021, 1069; MünchKomm/STICHERLING Rn 20). Auch seine Echtheit wird durch die amtliche Verwahrung nicht erwiesen, etwaige Formfehler bei der Errichtung werden nicht geheilt, weil das Amtsgericht keine Prüfungspflicht trifft (BAMBERGER/ROTH/LITZENBURGER Rn 1; DAMRAU/TANCK/DEININGER Rn 6). Die amtliche Verwahrung dient allein der sicheren Aufbewahrung (KG RJA 1, 147), der Auffindung im Erbfall sowie dem Schutz vor Unterdrückung und Fälschung.

VII. Aufhebung der Verwahrung

23 Die Aufhebung der amtlichen Verwahrung erfolgt **durch Rückgabe des Testaments**. Diese kann nur an den Testator persönlich erfolgen (§ 2256 Abs 2 S 1 BGB). Die Identität und die Geschäftsfähigkeit des Antragstellers sind zu überprüfen. Die Rückgabe an einen geschäftsunfähigen Erblasser sollte nicht erfolgen, da dies dem Norm- und Schutzzweck der Hinterlegung widerspricht (**aA** MünchKomm/STICHERLING Rn 25) und zB hinterlegte Testamente Betreuter unter fremdem Einfluss vernichtet werden könnten. Daher ist die Geschäftsfähigkeit des Erblassers auch bei der Rücknahme eines Privattestaments zu verlangen (OLG Hamm 1. 8. 2012 – 15 W 266/12, RNotZ 2013 183; SOERGEL/RUNGE-RANNOW Rn 7). Eine Übersendung des Testaments an den Testator per Post ist unzulässig (KG DNotZ 1935, 828 LG Augsburg Rpfleger 1998, 344). Nach § 2256 BGB kann die Rückgabe eines nach § 2248 BGB hinterlegten Testaments vom Testator jederzeit verlangt werden. Die **Rückgabe** ist der Natur des eigenhändigen Testaments und dem dispositiven Charakter des § 2248 BGB entsprechend **ohne Einfluss auf die Wirksamkeit des Testaments** (MünchKomm/STICHERLING Rn 23; DAMRAU/

Deininger Rn 5; Soergel/Deuschl Rn 5), sie kann also nicht als Widerruf ausgelegt werden. Dies galt auch für die Rücknahme von eigenhändigen Testamenten, die beim staatlichen Notariat der DDR hinterlegt waren (vgl Einl 106 zu §§ 2229–2302 und Herrmann, Erbrecht und Nachlaßverfahren in der DDR 35).

VIII. Einsichtnahme

Über **Einsichtnahme** und Erteilung einer **Abschrift** des in amtlicher Verwahrung befindlichen Testaments s § 2258b aF (Staudinger/Baumann [2003] § 2258b Rn 18 ff). Eine Einsichtnahme kann nur durch den Erblasser oder von ihm Bevollmächtigte erfolgen (OLG Jena Rpfleger 1998, 249). Sie kann vom Erblasser jederzeit vorgenommen werden, ohne dass mit der Einsicht die Widerrufswirkung des § 2256 BGB ausgelöst wird (MünchKommFamFG/Muscheler § 364 FamFG Rn 11; Haussleiter/Schemmann § 346 FamFG Rn 8). Der Rechtspfleger ist ohne Ermächtigung des Erblassers nicht befugt, den Testamentsumschlag zu öffnen (Grüneberg/Weidlich Rn 6). **24**

IX. Gebühr für Verwahrung

GNotKG KV Nr 12100. **25**

X. Recht der DDR

In der ehemaligen **DDR** konnte der Erblasser bei eigenhändigen Testamenten über die Aufbewahrung ebenfalls selbst entscheiden. Er konnte das eigenhändige Testament selbst oder bei einer Vertrauensperson aufbewahren oder beim staatlichen Notariat in Verwahrung geben (§ 385 S 2 ZGB; vgl dazu Einl 106 zu §§ 2229–2302). Auch Erblasser mit Wohnsitz außerhalb der DDR konnten – unabhängig von ihrer Staatsbürgerschaft – bei einem staatlichen Notariat der DDR ein Testament verwahren lassen (Herrmann 34 f). Nach Beitritt der neuen Bundesländer zur Bundesrepublik wurde die Verwahrung dieser Testamente zunächst von den Kreisgerichten übernommen, an deren Stelle inzwischen in allen neuen Bundesländern Amtsgerichte getreten sind. **26**

§ 2249
Nottestament vor dem Bürgermeister

(1) Ist zu besorgen, dass der Erblasser früher sterben werde, als die Errichtung eines Testaments vor einem Notar möglich ist, so kann er das Testament zur Niederschrift des Bürgermeisters der Gemeinde, in der er sich aufhält, errichten. Der Bürgermeister muss zu der Beurkundung zwei Zeugen zuziehen. Als Zeuge kann nicht zugezogen werden, wer in dem zu beurkundenden Testament bedacht oder zum Testamentsvollstrecker ernannt wird; die Vorschriften der §§ 7 und 27 des Beurkundungsgesetzes gelten entsprechend. Für die Errichtung gelten die Vorschriften der §§ 2232, 2233 sowie die Vorschriften der §§ 2, 4, 5 Abs. 1, §§ 6 bis 10, 11 Abs. 1 Satz 2, Abs. 2, § 13 Abs. 1, 3, §§ 16, 17, 23, 24, 26 Abs. 1 Nr. 3, 4, Abs. 2, §§ 27, 28, 30, 32, 34, 35 des Beurkundungsgesetzes; der Bürgermeister tritt an die Stelle des Notars. Die Niederschrift muss auch von den Zeugen unterschrieben werden. Vermag der Erblasser nach seinen Angaben oder nach der Überzeugung des Bürgermeisters seinen Namen nicht zu

schreiben, so wird die Unterschrift des Erblassers durch die Feststellung dieser Angabe oder Überzeugung in der Niederschrift ersetzt.

(2) Die Besorgnis, dass die Errichtung eines Testaments vor einem Notar nicht mehr möglich sein werde, soll in der Niederschrift festgestellt werden. Der Gültigkeit des Testaments steht nicht entgegen, dass die Besorgnis nicht begründet war.

(3) Der Bürgermeister soll den Erblasser darauf hinweisen, dass das Testament seine Gültigkeit verliert, wenn der Erblasser den Ablauf der in § 2252 Abs. 1, 2 vorgesehenen Frist überlebt. Er soll in der Niederschrift feststellen, dass dieser Hinweis gegeben ist.

(4) ***(weggefallen)***

(5) Das Testament kann auch vor demjenigen errichtet werden, der nach den gesetzlichen Vorschriften zur Vertretung des Bürgermeisters befugt ist. Der Vertreter soll in der Niederschrift angeben, worauf sich seine Vertretungsbefugnis stützt.

(6) Sind bei Abfassung der Niederschrift über die Errichtung des in den vorstehenden Absätzen vorgesehenen Testaments Formfehler unterlaufen, ist aber dennoch mit Sicherheit anzunehmen, dass das Testament eine zuverlässige Wiedergabe der Erklärung des Erblassers enthält, so steht der Formverstoß der Wirksamkeit der Beurkundung nicht entgegen.

Materialien: E I §§ 1925, 1032 Abs 1 u 2; II § 2113; III § 2219; Mot V 281; Prot V 342; Jakobs/Schubert, ER II 1597–1611; 1. Denkschr d ErbrA (1937) 86; Amtl Begr z TestG DJ 1938, 1258; Horn MatK-ErbR 1002–1003.

Schrifttum

Behrens, Die Testamentserrichtung im Krankenhaus, KH 1997, 500
Grösslin, Handbuch der Freiwilligen Gerichtsbarkeit in Baden-Württemberg (1979) 6.2
Kappesser, Die Nottestamente des BGB (1995)
Kroiss, Nottestamente in Zeiten der Coronapandemie, ErbR 2020, 458
Krätzschel, Die Errichtung letztwilliger Verfügungen in Corona-Zeiten, ZEV 2020, 268
Mayer, Zur wirksamen Errichtung eines Nottestaments, ZEV 2002, 140
A Schmidt, Das Nottestament vor dem Bürgermeister, Weichenstellung in letzter Minute, SächsVbl 1997, 168
A Schmidt/J Schmidt, Die Nottestamente: Bürgermeister-Testament und Drei-Zeugen Testament, JuS 1996, 598
Scholz, Digitales Testieren – Zur Verwendung digitaler Technologien beim eigenhändigen und Nottestament de lege lata et ferenda, AcP 2009 (2019), 100
ders, Zulässigkeit der Verwendung digitaler Technologien beim Testieren, ErbR 2019, 617
Seiler, Das Dreizeugentestament gem § 2250 Abs 2 BGB, ZErb 2002, 114
von der Beck, Norminhalt und Formenstrenge im Recht der Nottestamente (Diss Münster 1995).

Ältere Literatur bis 1970 bei Staudinger/Baumann (2003) § 2249.

Systematische Übersicht

I. Textgeschichte

1. Die ursprüngliche Fassung des § 2249 lautete: 1

(1) Ist zu besorgen, daß der Erblasser früher sterben werde, als die Errichtung eines Testamentes vor einem Richter oder vor einem Notar möglich ist, so kann er das Testament vor dem Vorsteher der Gemeinde, in der er sich aufhält, oder, falls er sich in dem Bereich eines durch Landesgesetz einer Gemeinde gleichgestellten Verbandes oder Gutsbezirkes aufhält, vor dem Vorsteher dieses Verbandes oder Bezirkes errichten. Der Vorsteher muß zwei Zeugen zuziehen. Die Vorschriften der §§ 2234 bis 2246 finden Anwendung; der Vorsteher tritt an die Stelle des Richters oder Notars.

(2) Die Besorgniß, daß die Errichtung eines Testaments vor einem Richter oder vor einem Notar nicht mehr möglich sein werde, muß im Protokoll festgestellt werden. Der Gültigkeit des Testaments steht nicht entgegen, daß die Besorgniß nicht begründet war.

Die Formerfordernisse waren überzogen, da der Gemeindevorsteher sämtliche Errichtungsformen eines öffentlichen Testaments zu beachten und zwingend die Todesbesorgnis festzustellen hatte (dazu LANGE/KUCHINKE § 21 III 1c; VON DER BECK 3. Teil 2. Abschn B. I. 1.).

2 **2.** Das **TestG** fasste die Bestimmung in § 23 mit Formerleichterungen neu. Das **GesEinhG** v 5. 3. 1953 fügte sie mit diesem Wortlaut dem BGB an der alten Stelle wieder ein:

(1) Ist zu besorgen, daß der Erblasser früher sterben werde, als die Errichtung eines Testaments vor einem Richter oder vor einem Notar möglich ist, so kann er das Testament vor dem Bürgermeister der Gemeinde, in der er sich aufhält, errichten. Der Bürgermeister muß zwei Zeugen zuziehen. Die Vorschriften der §§ 2234 bis 2246 sind anzuwenden; der Bürgermeister tritt an die Stelle des Richters oder des Notars. Ist ein Dolmetscher zuzuziehen, so kann der Bürgermeister den Dolmetscher beeidigen.

Abs 2 wie heute, lediglich noch eingefügt *„vor einem Richter oder"*.

Abs 3 wie heute.

(4) Für die Anwendung der vorstehenden Vorschriften steht der Vorsteher eines Gutsbezirks dem Bürgermeister einer Gemeinde gleich.

Abs 5 wie heute, in S 1 lediglich noch eingefügt *„oder des Gutsvorstehers"*.

Abs 6 wie heute, lediglich statt der heutigen Worte „der Wirksamkeit der Beurkundung" hieß es *„der Gültigkeit"*.

Neu war die Beeidigungsmöglichkeit des Dolmetschers durch den Bürgermeister. Heute gilt § 16 BeurkG.

3 Abs 2 milderte die dort vorgeschriebene Feststellung zu einem Sollerfordernis. In Übereinstimmung mit der bisherigen Übung stellte Abs 5 klar, dass das Testament auch vor dem Vertreter des Bürgermeisters oder des Gutsvorstehers errichtet werden kann. Um Nottestamente nicht an Formfehlern scheitern zu lassen und der Gefahr vorzubeugen, dass Bürgermeister oder Zeugen, die sich den Anforderungen der Testamentserrichtung nicht gewachsen fühlen, deshalb von der Teilnahme überhaupt absehen, wurde Abs 6 neu eingefügt.

4 **3.** Das **BeurkG** strich in Abs 1 u 2 jeweils die Worte *„vor einem Richter oder"*, gab im Übrigen Abs 1 seine heutige Fassung und setzte in Abs 6 anstelle *„der Gültigkeit"* die Worte *„der Wirksamkeit der Beurkundung"*.

5 **4.** Die Neufassung des BGB (Bekanntmachung v 2. 1. 2002 [BGBl I 42]) hat die amtliche Überschrift eingeführt, sowie die Orthographie an die Rechtschreibreform

angepasst (ua Ersetzung des „ß" nach kurzem Vokal durch „ss") und die Diktion modernisiert, den Gesetzeswortlaut inhaltlich aber unverändert belassen.

5. Durch das **OLGVertrÄndG** v 23. 7. 2002 wurde mit Wirkung zum 1. 8. 2002 die Verweisung auf den gleichzeitig ersatzlos aufgehobenen § 31 BeurkG gestrichen und das Mündlichkeitserfordernis beim Bürgermeistertestament beseitigt (Reimann FamRZ 2002, 1383). 6

Das Mündlichkeitserfordernis beim Bürgermeistertestament oder anderen Nottestamenten war vom Bundesverfassungsgericht (BVerfGE 99, 141) als nicht verfassungswidrig festgestellt worden. Der Gesetzgeber hat das Mündlichkeitserfordernis mit Wirkung zum 1. 8. 2002 beim Bürgermeistertestament beseitigt, beim Dreizeugen- und Seetestament aufrecht erhalten. Für alle bis zum 31. 7. 2002 errichteten Bürgermeistertestamente ist am Mündlichkeitserfordernis festzuhalten. 7

6. Durch das PStRG v 19. 2. 2007 (BGBl I 122) wurde Abs 4 mit Wirkung seit dem 1. 1. 2009 ersatzlos aufgehoben und in Abs 5 S 1 wurden die Worte „oder des Gutsvorstehers" gestrichen (zur Forderung einer ersatzlosen Streichung der Regelung über Gutsbezirke Staudinger/Baumann [2003] § 2249 Rn 4). 8

II. Gesetzeskritik

Der Gesetzgeber hat in Abs 1 S 4 die Ergänzung in § 26 Abs 1 BeurkG aufgrund des Gesetzes zur Beendigung der Diskriminierung gleichgeschlechtlicher Lebenspartnerschaften v 16. 2. 2001 (BGBl I 266) bis heute nicht berücksichtigt, so dass die Vorschrift nicht auf § 26 Abs 1 Nr 3a BeurkG verweist. Bis zur notwendigen Gesetzesanpassung ist § 26 Abs 1 Nr 3 BeurkG bei Bürgermeistertestamenten – insbesondere seit Ausweitung des Anwendungsbereichs des § 1353 Abs 1 S 1 BGB auf gleichgeschlechtliche Ehen – analog auf fortbestehende Lebenspartnerschaften anzuwenden. 9

Die Mitwirkungsverbote des § 3 BeurkG müssen zur Wirksamkeit eines öffentlichen Testaments auch für den Bürgermeister gelten. 10

Die Vorschrift sollte nicht auf Fälle der Todesgefahr beschränkt, sondern auch die Fälle der „Gefahr einer Testierunfähigkeit" oder der „Besorgnis einer Testierunfähigkeit" ausdrücklich regeln (vgl dazu Rn 30; **aA** Brox/Walker Rn 130 u Hinw a Mot V 282). 11

Umständlich normiert ist das Absperrungstestament des Bürgermeisters, weil dieses mit Vorangseinräumung gegenüber dem Dreizeugentestament nicht in § 2249 BGB, sondern beim Dreizeugentestament in § 2250 BGB mit Verweisung auf § 2249 BGB geregelt ist. 12

Novellierungsbedürftig ist die Vorschrift auch, weil die neu geregelte Benachrichtigungspflicht gem § 34a BeurkG (Frenz/Miermeister/Baumann § 34a BeurkG) an das zentrale Testamentsregister für das öffentliche Bürgermeistertestament versehentlich nicht mitgeregelt worden ist. Es fehlt die Verweisung. 13

Ob jeder Bürgermeister mit seinen Rechtskenntnissen (auch als juristischer Laie) geeignet ist, die mit öffentlichen Testamenten verbundenen Formzwecke durch Einhal- 14 tung eines ordnungsgemäßen Beurkundungsverfahrens, einschließlich der Beratungs- und Belehrungsfunktionen, zu erfüllen, muss bezweifelt werden. In jedem Fall ist das einzuhaltende Verfahren für juristische Laien zu kompliziert. Das Bürgermeistertestament sollte nicht als öffentliches Testament anerkannt, sondern wie jedes Dreizeugentestament als privates Testament, aber mit Hinterlegungspflicht geregelt werden.

15 Das Bürgermeistertestament ist rechtsfaktisch bedeutungslos (Soergel/Deuschl Rn 2). Die im Gesetzgebungsverfahren sehr späte Zulassung des eigenhändigen Privattestaments minderte die praktische Bedeutung der Nottestamente (über das Bedürfnis nach Nottestamenten s Mot V 281; 1. Denkschr d ErbrA 86 ff; Lange/Kuchinke § 21 I 2). Da bei der heutigen flächendeckenden Einrichtung von Notarstellen und der verkehrstechnischen Mobilität (anders die Vorstellungen des historischen Gesetzgebers Damrau/Tanck/Deininger Rn 1) Notare wesentlich leichter erreichbar sind (ähnlich Mayer ZEV 2000, 140, 142; MünchKomm/Sticherling Rn 5) als die Hauptverwaltungsbeamten der jeweiligen Gemeinde, bestehen erhebliche Zweifel, ob der Normzweck eines Nottestaments durch den Bürgermeister erfüllt werden kann (Soergel/Mayer[13] Rn 2). Eine sachgerechte Rechtsberatung im Erbrecht durch den Bürgermeister kann – von im Regelfall des Erbrechts unkundigen Bürgermeistern – nicht geleistet werden (krit auch jurisPK-BGB/Bauermeister [2017] Rn 3). Da durch fehlerhafte Gestaltungen eines Bürgermeistertestaments für die Nachlassbeteiligten erhebliche Schäden drohen können und für den Staat hohe Haftungsrisiken bestehen (dazu Rn 61; MünchKomm/Sticherling Rn 17, 19), sollte das Bürgermeistertestament vom Gesetzgeber abgeschafft werden, jedenfalls seine „Privilegierung" als öffentliches Testament verlieren. Damit würde unsere Rechtsordnung keinen Verlust erleiden, da das bisherige Bürgermeistertestament als – möglicherweise sogar in einzelnen Wirkungen qualifiziertes – Dreizeugentestament fortbestehen würde und seine praktische Relevanz ohnehin gering ist (krit auch jurisPK-BGB/Bauermeister [2017] Rn 3). Vom Gesetzgeber zu prüfen wäre bei Abschaffung des Bürgermeistertestaments, ob testierfähige Minderjährige auch ein Dreizeugentestament errichten können oder ob die Testierfähigkeit mit der Geschäftsfähigkeit beginnt. Da es sich beim Bürgermeistertestament **faktisch** um **ein** (problematischerweise) als öffentlich qualifiziertes **Dreizeugentestament** handelt, reicht § 2250 BGB als Regelung für Nottestamente aus, denn ein Bürgermeister ist nicht gehindert, an einem Testament als qualifizierter Zeuge gem § 2250 BGB mitzuwirken, ohne dass ihn bei einer solchen Mitwirkung im Privatrecht staatlich gebundene Pflichten mit Amtshaftungen wie einen fachlich geschulten Notar treffen sollten. Die Einordnung als „öffentliches" Testament mit erhöhten Beweiswirkungen ist deshalb problematisch, weil die heutigen Hauptverwaltungsbeamten mit politischen und öffentlichen Repräsentationsaufgaben so überlastet sind, dass sie sich nicht in formale Testamentserrichtungsverfahren, geschweige denn ausreichend in das materielle Erbrecht einarbeiten können, wie es für das gesetzliche Beratungsverfahren öffentlicher Testamente erforderlich ist; die Qualifikation und die Erbrechtskenntnisse eines Bürgermeisters sind nur in Ausnahmefällen höher als die eines beim Dreizeugentestament mitwirkenden juristischen Laien.

III. Normzweck

16 Die Vorschrift soll dem Erblasser ermöglichen, in Notsituationen auch ein öffentliches (Not-)Testament zu errichten. Die Vorschrift soll die öffentliche Urkundsperson an die Vorschriften des Beurkundungsgesetzes binden, soll aber gleichzeitig durch Abmilderungen bei Formverstößen die Wirksamkeit der Beurkundung aufrechterhalten, da es sich beim Bürgermeistertestament um ein Nottestament mit beschränkter Gültigkeitsdauer (§ 2252 BGB) handelt.

IV. Grundsätzliches

Das Nottestament vor dem Bürgermeister gem § 2249 BGB (Bürgermeister-, Dorf- oder Gemeindetestament), ist eine der drei im BGB geregelten außerordentlichen Testamentsformen (ferner §§ 2250, 2251 BGB). Als öffentliches Testament (dazu § 2249 Abs 1 S 4 BGB: „der Bürgermeister tritt an die Stelle des Notars") stellt es eine öffentliche Urkunde iS von § 35 GBO dar (KG OLGE 3, 375; Demharter § 35 GBO Rn 31, 34). Mit dem Dreizeugentestament zählt das Bürgermeistertestament – im Unterschied zum Seetestament – zu den Nottestamenten. Dem **nach den beurkundungsrechtlichen Vorschriften ordnungsgemäß** errichteten Bürgermeistertestament kommt die **erhöhte Beweiskraft gem § 415 ZPO** zu (Grüneberg/Weidlich Rn 8; von der Beck 3. Teil 1. Abschn B. I. 2.), weil der Bürgermeister als staatliches Organ hoheitlich handelt und eine öffentliche Urkunde errichtet. Gleichwohl kann das Bürgermeistertestament unter Verwendung eines vom Erblasser bereits vorgefertigten Schriftstücks errichtet werden (BayObLGR 1996, 20), wie Abs 1 S 4 m Hinw a § 2232 BGB, § 30 BeurkG ausdrücklich vorsieht. Das Bürgermeistertestament kann daher (trotz fehlender Verweisung auf § 2231 BGB) sowohl zur Niederschrift als auch durch Übergabe einer Schrift errichtet werden (Soergel/Deuschl Rn 11). 17

Der Bürgermeister muss zwei Zeugen hinzuziehen, so dass faktisch ein (qualifiziertes) **Dreizeugentestament** vorliegt (vgl BayObLG Rpfleger 1996, 248, wo zweifelhaft war, ob die Formvorschriften eines Bürgermeistertestaments eingehalten waren). Im Unterschied zum Dreizeugentestament handelt es sich beim **Bürgermeistertestament** um eine **öffentliche Urkunde**, bei welcher der Bürgermeister als Amtsträger die aus der Staatsgewalt abgeleitete Beurkundungsfunktion wie ein Notar wahrzunehmen hat. Die Beweiskraft als öffentliche Urkunde entfällt jedoch, wenn verfahrensrechtliche Mängel vorliegen, selbst wenn diese nicht zur Unwirksamkeit der Urkunde führen (Bamberger/Roth/Litzenburger Rn 24). 18

Das Bürgermeistertestament ist als Nottestament zeitlich nur beschränkt gültig (§ 2252 BGB). 19

Für Bürgermeistertestamente hat Bayern die älteren Verwaltungsanweisungen der Bundesländer (dazu Staudinger/Baumann [2018] Rn 20) mit Bekanntmachung v 21. 11. 2000 aufgehoben und durch Bekanntmachung v 21. 11. 2000 (AllMBl 2000, 775) ersetzt, zuletzt geändert durch Bekanntmachung v 4. 12. 2014 (AllMBl 2014, 626). Diese Entschließung ist inhaltlich als Vorbild richtungweisend für alle Bundesländer. 20

Während ein Erbvertrag nur in ordentlicher Form (kein Noterbvertrag!) errichtet werden kann (§ 2276 BGB), kann ein **gemeinschaftliches Bürgermeistertestament** als Nottestament nach §§ 2266, 2249 BGB errichtet werden. 21

V. Regelungsinhalt

1. Absperrungstestament

22 Der Bürgermeister kann auch ein Absperrungstestament errichten, wie sich aus § 2250 Abs 1 BGB ergibt (dazu STAUDINGER/BAUMANN § 2250 BGB Rn 19 ff). Im Unterschied zum Notlagentestament (§ 2250 Abs 2 BGB) hat der Erblasser beim Absperrungstestament dann, wenn kein Notar erreichbar ist (§ 2250 Rn 21) die freie Wahl zwischen Bürgermeister- und Dreizeugentestament. Eine Absperrung kann auch bei Quarantänesituationen angenommen werden (KRÄTZSCHEL ZEV 2020, 268, 270; OLG Düsseldorf 6. 1. 2022 – 3Wx 216/21, ErbR 2022, 403 m Anm BAUMANN).

2. Notlagentestament

a) Besorgnis des vorzeitigen Ablebens

aa) Allgemeines

23 **Zwingende Voraussetzung** der Gültigkeit eines Notlagentestaments nach § 2249 BGB ist die Besorgnis, dass der Erblasser stirbt, bevor die Errichtung eines Testaments vor einem Notar möglich ist (KG NJW 1948, 188; OLG Hamm 10. 2. 2017 – 15 W 587/15, ErbR 2017, 348). Die Besorgnis muss entweder subjektiv beim Bürgermeister vorhanden oder **objektiv begründet** sein, wobei ein sachlich begründeter Irrtum für die Einschätzungsprärogative genügen sollte (MünchKomm/STICHERLING Rn 2; SOERGEL/DEUSCHL Rn 4).

24 Es genügt nicht, dass am Errichtungsort keine notarielle Amtsstelle besteht oder der für den Amtsbereich zuständige Notar verhindert ist. Die Gefahr muss hinzukommen, dass die Testamentserrichtung durch den Tod des Erblassers deshalb vereitelt wird, weil der Notar nicht mehr rechtzeitig hinzugezogen werden kann, wobei auch hier auf die Einschätzungssituation des Bürgermeisters abzustellen ist (MünchKomm/STICHERLING Rn 2; SOERGEL/DEUSCHL Rn 4).

bb) Besorgnis des Bürgermeisters

25 Der beurkundende **Bürgermeister**, nicht etwa die Zeugen oder der Erblasser (KG OLGE 9, 414), **muss** die **Besorgnis** hegen, **dass ein ordentliches öffentliches Testament nicht mehr errichtet werden kann**. Die Besorgnis muss nicht sachlich gerechtfertigt, sondern nur **nach der subjektiven Vorstellung** des Bürgermeisters vorhanden sein (§ 2249 Abs 2 S 2 BGB; der Ausnahmecharakter dieser Bestimmung wird in RGZ 109, 368, 372 hervorgehoben; dazu Mot V 282; über Nichtigkeit des Testaments bei fehlender Besorgnis BEROLZHEIMER LZ 1915, 735).

26 Der Bürgermeister hat die Errichtung abzulehnen, wenn er nach pflichtgemäßem Ermessen diese Besorgnis nicht hegt (BayVGH JW 1921, 1148 m Anm HERZFELDER). Im Hinblick auf die Alternative „objektive Besorgnisgründe“ (Rn 28) muss der Bürgermeister abwägen, ob ein Dritter zu einer anderen Beurteilung kommen könnte. Der Bürgermeister ist aber nicht verpflichtet nach den üblichen Öffnungszeiten eines Notariats noch telefonisch die Erreichbarkeit eines Notars zu überprüfen (OLG München 12. 5. 2015 – 31 Wx 81/15, RNotZ 2015, 461 Rn 36; GRÜNEBERG/WEIDLICH Rn 2; zur Erreichbarkeit des Notars MünchKomm/STICHERLING Rn 6 u § 2250 Rn 10; LANGE Kap 4 Rn 61).

Wird eine der Sollvorschrift des Abs 2 S 1 entsprechende Feststellung in der Niederschrift getroffen, so ist ein **Gegenbeweis unzulässig**, dass die vorhandene Überzeugung der Besorgnis unbegründet war (Abs 2 S 2; dazu Mot V 282; RG JW 1902 Beil 216 Nr 65). Zulässig ist der Beweis, dass die Überzeugung überhaupt nicht vorhanden war (RGZ 171, 27; MünchKomm/Sticherling Rn 6; Soergel/Mayer[13] Rn 4). Ein wissentlich falsch protokollierter Vermerk des Bürgermeisters führt zur Unwirksamkeit eines ohne Notsituation errichteten Testaments (Grüneberg/Weidlich Rn 2), nur ein unwissentlich falsch protokollierter Vermerk lässt die Wirksamkeit unberührt. 27

cc) Objektive Besorgnisgründe

Fehlt dem beurkundenden Bürgermeister die Besorgnis, so ist das Bürgermeistertestament gleichwohl dann wirksam errichtet, wenn die Besorgnis **nach den objektiven Umständen begründet** war (RGZ 171, 27, 29). 28

dd) Fehlende Besorgnis

Wird die Beurkundung vorgenommen, obwohl die Besorgnis weder subjektiv vorlag, noch objektiv begründet war (Beweisfrage), ist das Testament **nichtig**. 29

b) Besorgnis der Testierunfähigkeit

Der Gesetzeswortlaut berücksichtigt nur die Lebensgefahr, nicht die Gefahr, dass Geschäftsunfähigkeit und damit verbundene **Testierunfähigkeit** eintreten könnten. Der Gesetzgeber betonte: „Soweit die letztere nicht in der Gefahr für das Leben mitenthalten ist, verdient sie nicht, besonders ins Auge gefasst zu werden" (Mot V 282; s aber DJZ 1901, 280). Diese Auffassung ist durch die modernen Medizintechniken überholt. Die begründete Besorgnis des Eintritts dauerhafter Geschäftsunfähigkeit kann heute auch bestehen, wenn noch keine unmittelbare Lebensgefahr eingetreten ist. Selbst voraussehbar eintretende dauernde Hirnschäden bedeuten nach dem Fortschritt moderner Medizin keine unmittelbare Lebensgefahr. Es gibt vorhersehbare Risiken einer Geschäftsunfähigkeit, die zB als Folge einer bevorstehenden Notoperation entstehen können, nach der ein Patient trotz dauerhafter Geschäftsunfähigkeit noch über Jahre hinaus am Leben bleiben kann. Die Vorschrift sollte aufgrund ihres Normzwecks analog (Soergel/Mayer[13] Rn 4; Soergel/Deuschl Rn 4; Reimann/Bengel/Dietz/Voit Rn 4; Muscheler Rn 1770) angewandt werden, dass sie auch die Gefahr der Testierunfähigkeit umfasst (s dazu § 2250 Rn 27; BGHZ 3, 372, 377; von der Beck 79; MünchKomm/Sticherling Rn 3), da auch derjenige, dem durch Unfall oder Krankheit der Verlust der Geschäftsfähigkeit droht, ein aus Verfassungsgrundsätzen abzuleitendes Recht auf würdige Errichtung eines Nottestaments hat (ebenso Hk-BGB/Hoeren Rn 5). Das Wort „Todesgefahr" ist vom Gesetzgeber durch *„Gefahr der Testierunfähigkeit"* zu ersetzen oder der Gesetzeswortlaut ist entsprechend zu ergänzen (dazu Rn 11). Die Besorgnis des nahen Eintritts der Testierunfähigkeit genügt nach der Rechtsprechung auf jeden Fall dann, wenn „der nahe Eintritt einer bis zum Tode des Erblassers ununterbrochenen oder doch nur mit kurzen, die Möglichkeit einer Testamentserrichtung nicht gewährleistenden, Unterbrechungen fortdauernden Testierunfähigkeit zu besorgen ist" (BGHZ 3, 372, 377 zu § 24 TestG; Grüneberg/Weidlich Rn 2; **aA** Brox/Walker Rn 130 m Hinw a Mot V 282; Kappesser 26). 30

VI. Zuständigkeit

1. Sachliche Zuständigkeit

31 An die Stelle des beurkundenden Notars (auch in dem Sinn, dass in den §§ 1 ff BeurkG an Stelle des Notars immer der Bürgermeister usw einzusetzen ist) tritt entweder der Bürgermeister oder dessen Vertreter (Abs 5) der Gemeinde, in der sich der Erblasser aufhält (Abs 1 S 1, Soergel/Deuschl Rn 5–7).

a) Bürgermeister

32 Bürgermeister ist der kraft Gesetzes zur Vertretung berechtigte Hauptgemeindebeamte der Gemeinde als unterster kommunaler Selbstverwaltungskörperschaft (nicht der Vorsteher eines Gemeindeteils, wie ein Bezirksbürgermeister [Zimmermann Rpfleger 1970, 189, 195]) oder der Vertreter einer Verbands- oder Samtgemeinde (BeckOK/Litzenburger Rn 5).

b) Vertreter des Bürgermeisters

33 In Einklang mit der früheren Rechtsübung (Mot V 281) bestimmt Abs 5, dass das Testament auch vor dem Vertreter des Bürgermeisters errichtet werden kann (zum früheren Recht Staudinger/Firsching[12] Rn 17). Die (Ersatz-)Vertretungsbefugnis des vertretungsberechtigten Hauptverwaltungsbeamten bestimmt sich heute nach jeweiligem Landesrecht. Fehlt es an der sachlichen oder funktionellen Zuständigkeit der Beurkundungsperson, kann das Testament als Dreizeugentestament gem § 2250 BGB wirksam sein.

2. Örtliche Zuständigkeit

34 Bis zum 31. 12. 1969 konnte der Bürgermeister außerhalb seines Amtsbezirks kein gültiges Testament aufnehmen (Kröner 367). Fehlte es an der örtlichen Zuständigkeit oder überhaupt an der Vertretungsmacht, so war zu prüfen, ob ein gültiges Dreizeugentestament nach § 2250 Abs 2 BGB vorlag (KG HEZ 1, 233, 235 = NJW 1947/48, 188 = SJZ 1948, 200 m Anm Weigelin; beachte andererseits die Ausführungen des BGH [RdL 1952, 300] zur Frage, ob ein Dreizeugentestament unter Mitwirkung des Bürgermeisters als Zeugen errichtet werden kann).

35 Seit 1. 1. 1970 führt die Überschreitung des Amtsbezirkes zu keiner Nichtigkeit des Testaments (§ 2249 Abs 1 S 4 BGB, § 2 Abs 1 BeurkG; dazu Reimann/Bengel/Dietz/Voit Rn 6; Grüneberg/Weidlich Rn 4; MünchKomm/Sticherling Rn 11). Im Ausland (bei Grenzüberschreitungen) errichtete Testamente eines Bürgermeisters sind nichtig, da die Beurkundung des öffentlichen Nottestaments – wie bei Notaren – ein staatlicher Hoheitsakt ist, der nur im Geltungsbereich der Bundesrepublik Deutschland wirksam vorgenommen werden kann (zu prüfen bleibt, ob die Errichtung als Dreizeugentestament wirksam ist).

VII. Form der Testamentserrichtung

1. Grundsätzliches

36 Es gelten **im Wesentlichen dieselben Formvorschriften** wie bei Errichtung eines **notariellen** Testaments. Da seit dem 1. 8. 2002 auch beim Bürgermeistertestament das

Mündlichkeitserfordernis aufgehoben worden ist, können die Erklärungen des Erblassers seit diesem Zeitpunkt (vgl zum Übergangsrecht § 2233 Rn 28 ff) auch durch Gebärden oder in sonstiger Weise abgegeben werden. Dabei muss der Bürgermeister bei einem hör- und sprachbehinderten Erblasser, mit dem eine schriftliche Verständigung nicht möglich ist, nach § 24 BeurkG eine Verständigungsperson hinzuzuziehen.

Nach § 2249 Abs 1 S 4 BGB gelten für die Errichtung:

§ 2232 BGB	Testamentserrichtung entweder durch Erklärung oder Übergabe einer Schrift
§ 2233 BGB	minderjähriger Erblasser kann nur durch Erklärung oder Übergabe einer offenen Schrift testieren – ein Lesensunfähiger kann nur durch Erklärung testieren
	sowie folgende Vorschriften des **Beurkundungsgesetzes**:
§ 2 BeurkG	Beurkundung außerhalb der Gemeindegrenzen führt keine Nichtigkeit des Gemeindetestaments herbei
§ 4 BeurkG	Ablehnung der Beurkundung bei unerlaubten und unredlichen Zwecken
§ 5 Abs 1 BeurkG	Testament kann nur in deutscher Sprache errichtet werden (dazu auch BT-Drucks V/3282, 51)
§ 6 BeurkG	Ausschließungsgründe für die Urkundsperson – Begriff der Beteiligten
§ 7 BeurkG	Beurkundung zugunsten der Urkundsperson oder ihrer Angehörigen (dazu auch §§ 24 Abs 2 und 27 BeurkG)
§ 8 BeurkG	Niederschrift muss aufgenommen werden
§ 9 BeurkG	Inhalt der Niederschrift
§ 10 BeurkG	Feststellung der Beteiligten
§ 11 Abs 1 S 2; Abs 2 BeurkG	(Feststellung der Geschäftsfähigkeit bzw Testierfähigkeit dazu auch § 28 BeurkG)
§ 13 Abs 1, 3 BeurkG	Verlesen, Genehmigen, Unterschrift der Beteiligten, Unterschrift der Urkundsperson mit Amtsbezeichnung
§ 16 BeurkG	Übersetzung der Niederschrift – ggf Zuziehung eines Dolmetschers
§ 17 BeurkG	Prüfungs- und Belehrungspflichten
§ 23 BeurkG	Besonderheiten für hörbehinderte Beteiligte
§ 24 BeurkG	Besonderheiten für hör- und sprachbehinderte Beteiligte, mit denen eine schriftliche Verständigung nicht möglich ist
§ 26 Abs 1 Nr 3, 4; Abs 2 BeurkG	Verbot der Mitwirkung als Zeuge der dort genannten Personen (der Gesetzgeber hat übersehen, dass § 26 Abs 1 BeurkG um Nr 3a ergänzt worden ist und auch der eingetragene Lebenspartner ausgeschlossen ist; solange die Gesetzeslücke in § 2249 Abs 1 S 4 BGB nicht geschlossen ist, muss § 26 Abs 1 Nr 3 BeurkG verfassungskonform analog auf Lebenspartner anwendbar sein)
§ 27 BeurkG	Ausschluss bestimmter Personen als Bedachte oder Testamentsvollstrecker
§ 28 BeurkG	Feststellung der Geschäftsfähigkeit bzw Testierfähigkeit (dazu auch § 11 BeurkG)
§ 30 BeurkG	Übergabe einer Schrift

§ 32 BeurkG	der deutschen Sprache Unkundige
§ 34 BeurkG	Verschließung und Verwahrung des Testaments
§ 35 BeurkG	Niederschrift ohne Unterschrift der Urkundsperson, wenn Testamentsumschlag unterschrieben

2. Formerleichterungen

a) Grundsätzliches

37 Da der Bürgermeister als Urkundsperson die einzuhaltenden Verfahrens- und Formvorschriften in den meisten Anwendungsfällen aufgrund fehlender Rechtskenntnisse nicht hinreichend beherrscht, enthält das Gesetz **Sollvorschriften und in Abs 6 wesentliche Formerleichterungen** (Erman/S Kappler/H Kappler Rn 5 f; MünchKomm/Sticherling Rn 31 f; von der Beck 1. Teil 1. Abschn A. I. 2.). Abs 6 regelt eine am Normzweck und der beschränkten Gültigkeitsdauer der Nottestamente ausgerichtete Durchbrechung des Grundsatzes der Formenstrenge.

b) Sollvorschriften

38 Die **Nichterfüllung** von auf **Sollvorschriften** beruhenden (unwesentlichen) Erfordernissen einer Testamentsniederschrift (Beispiele: § 2249 Abs 2, 3; Abs 5 S 2 BGB; §§ 10, 11, 28; 13 Abs 1 S 2, 3; Abs 3 S 3 BeurkG) ist **immer unschädlich**, *ohne dass auf Abs 6 zurückzugreifen wäre.*

39 Tritt ein **Vertreter als Urkundsperson** auf, so soll (Sollvorschrift) die *gesetzliche Grundlage der Vertretungsbefugnis* in der Niederschrift angegeben werden (dazu KG HEZ 1, 233, 234).

40 Die **Feststellung der Besorgnis vorzeitigen Ablebens** nach Abs 2 S 1 ist nur Sollvorschrift. (Bis zum Inkrafttreten des TestG [beachte Übergangsvorschrift des § 51 TestG] war diese Feststellung in der Niederschrift zwingend vorgeschrieben [Einzelheiten Staudinger/Firsching[11] Rn 24].)

41 Nach Abs 3 besteht eine Hinweispflicht der Urkundsperson auf den Fristablauf. In der Niederschrift ist der Hinweis festzuhalten (Sollvorschrift) (vgl aber Rn 60).

c) Formerleichterungen gem Abs 6

42 Äußerst streitig in Rechtsprechung und Schrifttum wird die Abgrenzung zwischen Formfehlern, die immer zur Unwirksamkeit führen, und solchen behandelt, die unter Abs 6 fallen (Schlüter/Röthel § 17 Rn 38; Nieder/Kössinger/W Kössinger § 17 Rn 64 ff).

43 Nach der vom KG begründeten (KG JFG 21, 38 = DNotZ 1942, 103; schon KG JFG 21, 293 = DNotZ 1941, 26 [zum Dreizeugentestament]; DNotZ 1943, 177) Rechtsprechung und heute hM ist gem Abs 6 zwischen den Formfehlern, die gegen Vorschriften über den **Errichtungsakt** und solchen, die gegen Vorschriften über das **Abfassen der Niederschrift** verstoßen, zu differenzieren (Soergel/Deuschl Rn 15; MünchKomm/Sticherling Rn 32; Erman/S Kappler/H Kappler Rn 5 f; Grüneberg/Weidlich Rn 11; Lange/Kuchinke § 21 IV 1b; von der Beck 102 ff). **Unschädlich** sein können nur Formfehler bei der **Abfassung** der Niederschrift, während **Verstöße gegen materielle Vorschriften über den Errichtungsakt immer zur Nichtigkeit** des Testaments führen (OLG Frankfurt Rpfleger 1979, 206; Kipp/Coing § 29 I 5).

d) Formverstöße bei Abfassung der Niederschrift

Formfehler bei Abfassung der Niederschrift (nach BGHZ 37, 79, 88 muss der Fehler „in irgendeinem Zusammenhang“ mit der Niederschrift stehen) berühren nach Abs 6 die Gültigkeit des Testaments nicht, **falls mit Sicherheit anzunehmen ist, dass das Testament eine zuverlässige Wiedergabe der Erklärung des Erblassers enthält** (BayObLG FamRZ 1991, 491, 492; KG JFG 21, 44; BGHZ 37, 79, 88 [weite Auslegung geboten] = NJW 1962, 1149 m Anm Mattern LM Nr 1 zu § 2249; BGHZ 54, 89; BayObLG NJW 1966, 56; BayObLGZ 1970, 53; KG NJW 1966, 1661; Soergel/Deuschl Rn 16). 44

Beispiele für nach Abs 6 **unbeachtliche Formverstöße**: 45

- alle fehlerhaften Gestaltungen des Schrifttextes (Lange/Kuchinke § 21 IV 1 b);
- das Fehlen des Namens der Zeugen in der Niederschrift (BayObLG Rpfleger 1996, 248, 250; OLG München 12. 5 2015 – 31 Wx 81/15, RNotZ 2015, 461; Kappesser 168; Reimann/Bengel/Dietz/Voit Rn 11);
- fehlender Vermerk in der Niederschrift, dass die Errichtung vor einem Notar nicht möglich ist (BayObLGZ 79, 232, 238; BayObLG Rpfleger 1996, 248, 250; OLG Zweibrücken NJW-RR 1987, 135, 136);
- falsche Funktionsbezeichnung des beurkundenden Bürgermeisters in der Niederschrift (KGJ 32 A 94);
- falsche Funktionsbezeichnung der Zeugen als „Schöffen“ oder „Protokollführer“ (RG JW 1905, 24; RJA 14, 278: nach dieser Entscheidung steht auch nicht entgegen, dass der Zeuge der Urkundsperson bei der Herstellung der Niederschrift behilflich ist);
- Abfassung des Testamentsinhalts in „Ich-Form“ (BGHZ 37, 79, 86, 90 f; BayObLG Rpfleger 1996, 248, 250; von der Beck 108 ff);
- fehlende Unterschrift der Zeugen (RG DRW 1944, 841; KG JFG 21, 38; 21, 293; NJW 1948, 190; OLG Gera NJW 1949, 80; OLG Köln JMBlNRW 1974, 221; BGB-RGRK/Kregel Rn 18; MünchKomm/Sticherling Rn 35; Soergel/Deuschl Rn 16; Reimann/Bengel/Dietz/Voit Rn 13; Kappesser 180 f);
- fehlender Hinweis auf die beschränkte Gültigkeitsdauer (§ 2262 BGB).

3. Formverstöße beim Errichtungsakt

Formverstöße gegen den Errichtungsakt führen immer zur **Nichtigkeit** des Testaments (**hM**; zB MünchKomm/Sticherling Rn 32; Grüneberg/Weidlich Rn 11; vgl oben Rn 36). Zu prüfen bleibt, ob die Formerfordernisse des Dreizeugentestaments erfüllt sind, so dass zwar kein öffentliches Bürgermeistertestament, aber ein privates Nottestament nach § 2250 BGB vorliegt. **Zum Errichtungsakt zählen**: 46

a) Niederschrift

aa) Errichtung zu Lebzeiten des Erblassers

Unerlässliches Formerfordernis einer Testamentserrichtung ist die Aufnahme einer 47

zu Lebzeiten des Erblassers gefertigten (BGHZ 115, 169; KG DJ 1940, 1015; BayObLG NJW-RR 1996, 711; LANGE/KUCHINKE § 21 IV 1b; unklar dagegen RG DRW 1944, 841) **Niederschrift**. Ihr Fehlen ist kein unbeachtlicher Formfehler iS des Abs 6 (**hM**; BGHZ 115, 169; BayObLG NJW-RR 1996, 711; KG JFG 21, 38; DJ 1940, 1015; OLG Gera NJW 1948, 159; KG NJW 1947/48, 188 = HEZ 1, 233).

bb) Notwendige Bestandteile der Niederschrift

48 Strittig ist jedoch, was unter Niederschrift iS des Gesetzes zu verstehen ist (SOERGEL/DEUSCHL Rn 15 ff). Die verwendete Definition, nach der „es genügt, dass sich die erforderlichen rechtserheblichen Umstände und Erklärungen aus der Urkunde ergeben, dass sie in ihr irgendwie schriftlich niedergelegt sind, dass dies in Gegenwart der mitwirkenden Personen erfolgt und durch ihre Unterschrift bezeugt ist" (KG NJW 1947, 48, 188; BGHZ 37, 79, 98 ff), lässt für Zweifel Raum.

49 Zu unterscheiden ist auch bei der Niederschrift zwischen Bestandteilen, die für eine Niederschrift begriffsnotwendig sind, und solchen, die vom Gesetz, sei es durch Muss-, sei es durch Sollvorschrift lediglich zur Erhöhung der Zuverlässigkeit der Wiedergabe des letzten Willens des Erblassers verlangt werden. Folgende **begriffsnotwendige Bestandteile** – § 9 BeurkG – erfordert eine Niederschrift:

- Die Errichtung der Niederschrift muss in deutscher Sprache erfolgen (Abs 1 S 3 iVm § 5 Abs 1 BeurkG). Bei Beurkundung mit fremdsprachigen Erblassern gelten §§ 6, 7, 16, 32 BeurkG (dazu Rn 55).

- Die Art der Testamentserrichtung (Erklärung oder Übergabe einer Schrift) zählt zum Errichtungsakt der Niederschrift (Beispiel: Minderjähriger testiert – § 2233 Abs 1 BGB; s BGHZ 37, 79).

- Erforderlich ist die **Wiedergabe der nach § 2232 BGB geforderten Erklärungen des Erblassers** bzw im Falle der Übergabe einer Schrift die **Feststellung der Übergabe**.

- Die persönlichen Daten des Erblassers zur Identifizierung müssen in der Niederschrift enthalten sein. Der Erblasser und die **mitwirkenden Personen** müssen mindestens so bezeichnet werden, „dass die Urkunde im ganzen, einschließlich der Unterschriften, hinreichend erkennen lässt, wer als Erblasser die niedergeschriebenen Erklärungen abgegeben und wer als Urkundsperson (beim Dreizeugentestament als für die Niederschrift verantwortlicher Zeuge) bei der Testamentserrichtung mitgewirkt hat" (KG JFG 21, 41; vgl dazu § 9 BeurkG; entgegen RG DRW 1944, 841 wird man mit dem KG [s a LG Berlin DFG 1943, 8] dieses Erfordernis als notwendig erachten; zu den unbeachtlichen Formfehlern der Niederschrift zählend LANGE/KUCHINKE § 21 IV 1 b).

- Die Urkundsperson (Bürgermeister) muss bezeichnet sein.

- Die Hinzuziehung von zwei Zeugen muss dokumentiert sein.

cc) Funktion des Bürgermeisters

50 Der Bürgermeister, ggf dessen Vertreter, tritt an die Stelle des beurkundenden Notars.

- Die Urkundsperson, der Bürgermeister und die zwei Zeugen, müssen **der deutschen Sprache mächtig** sein (§ 5 Abs 1 BeurkG; zum früheren Recht KG OLGE 3, 375). Der Bürgermeister muss **selbst mit dem Erblasser verhandeln** (SOERGEL/MAYER[13] Rn 9) und während der ganzen Verhandlung zugegen sein (LG Berlin DFG 1943, 8; BGHZ 54, 89). Dieser muss **dem Bürgermeister gegenüber seinen letzten Willen erklären** (BayObLGZ 17 A 82: Nicht genügend, wenn der Bürgermeister bei der einem Pfarrer gegenüber abgegebenen Erklärung nur anwesend war, das Testament mitunterzeichnete und Maßnahmen ausführte, die nach § 2246 aF [= § 34 BeurkG] der Urkundsperson obliegen).

- Der Bürgermeister selbst muss alle öffentlichen Beurkundungsfunktionen wahrnehmen (SOERGEL/DEUSCHL Rn 9).

- Der Bürgermeister muss **immer zwei Zeugen** (beachte § 2249 Abs 1 S 3 BGB) als „Überwachungszeugen" (BGHZ 54, 89, 95; VON DER BECK 83 f) hinzuziehen (dazu § 22 BeurkG sowie KG JFG 21, 38, 42; BayObLG Rpfleger 1977, 439; OLG Nürnberg OLGZ 1965, 157). **Bei Nichtzuziehung ist das Testament nichtig** (MünchKomm/STICHERLING Rn 23).

dd) Funktion der zwei Zeugen

51 Die Zeugen müssen während des Beurkundungsvorgangs **gleichzeitig und ohne Unterbrechung anwesend** sein (LANGE/KUCHINKE § 21 IV 1 b). Getrennte, konsekutive Beurkundung vor jedem Zeugen ist wegen der gegenseitigen Kontrollfunktion vom Gesetz nicht vorgesehen und nicht zulässig (**aA** KG NJW 1957, 953). Weitere Zeugen nach §§ 22, 29 BeurkG müssen nicht, können aber hinzugezogen werden. Die Anwesenheit **weiterer** Zeugen ist auch dann unschädlich, wenn diese den Mitwirkungsverboten unterliegen (REIMANN/BENGEL/DIETZ/VOIT Rn 10).

52 Die Zeugen müssen nach Abs 1 S 5 eigenhändig unterschreiben. Haben die **zugezogenen Zeugen nicht unterschrieben**, so liegt zwar ein Verstoß gegen zwingende Formvorschriften vor, der aber unter den Voraussetzungen des Abs 6 **nicht zur Unwirksamkeit des Testaments führt** (RG DRW 1944, 841; KG JFG 21, 38; 21, 293; NJW 1948, 190; OLG Gera NJW 1949, 80; OLG Köln JMBlNRW 1974, 221; BGB-RGRK/KREGEL Rn 18; SOERGEL/DEUSCHL Rn 16; REIMANN/BENGEL/DIETZ/VOIT Rn 13; KAPPESSER 180 f). Die Unterschrift kann auch nach dem Tod des Erblassers (ohne Beteiligung der übrigen mitwirkenden Personen) nachgeholt werden (KG NJW 1947/48, 190; BayObLGZ 1979, 232 [die Ausführungen zum Dreizeugentestament gelten entsprechend]). Fraglich ist, ob sie auch nachgeholt werden muss; bisher nicht entschieden ist die Rechtslage, falls einer der Zeugen, die nicht unterschrieben haben, vor Ablauf der Frist des § 2252 BGB und vor dem Erblasser bzw vor Nachholung der Unterschrift verstirbt. Bei Nichtnachholbarkeit der Unterschrift oder beider Unterschriften sind an das Vorliegen der Voraussetzungen des Abs 6 deshalb strengste Anforderungen zu stellen, weil der Nachweis der Zeugenfunktion nicht erfüllt und nach Wegfall der Zeugen nicht mehr erfüllbar ist.

53 Die Zeugen dürfen nicht nach § 2249 Abs 1 S 3 BGB ausgeschlossen sein – dasselbe gilt für den Bürgermeister (dazu auch § 6 BeurkG; OLG Nürnberg OLGZ 1965, 157). Als **Zeuge** ist **ausgeschlossen**, wer in dem Testament bedacht oder zum Testamentsvollstrecker ernannt wird (Abs 1 S 3 HS 1). Da Abs 1 S 3 HS 2 die §§ 7, 27 BeurkG für entsprechend anwendbar erklärt, unterliegt auch dieser Personenkreis dem Mitwirkungsverbot als Zeuge (BayStMdI MABl 1970, 657 f; VON DER BECK 89; **aA** SOERGEL/DEUSCHL Rn 10; REIMANN/BENGEL/DIETZ/VOIT Rn 10; MünchKomm/STICHERLING Rn 22). Zu unterschei-

den ist zwischen Mitwirkungsverboten, die zur Nichtigkeit, und solchen, die nicht zur Unwirksamkeit führen (dazu auch BGH NJW 1973, 843). Der Zeugenzwang beim Bürgermeistertestament ist im Unterschied zum ordentlichen öffentlichen Testament wegen der fehlenden kautelarjuristischen Ausbildung des Bürgermeisters aus Kontroll- und Beweisgründen gerechtfertigt (dazu auch von der Beck 88 f), kann aber dessen fehlende Rechtskenntnisse nicht ersetzen (Soergel/Deuschl Rn 10).

d) Erklärung, Verlesung, Genehmigung

54 Zuerst hat der Erblasser in Anwesenheit des Bürgermeisters und der zwei Zeugen seinen letzten Willen zu erklären (Soergel/Deuschl Rn 11). Die Niederschrift ist dem Erblasser nach Abs 1 S 4 iVm § 13 Abs 1 BeurkG zu verlesen und von diesem zu genehmigen (BGHZ 115, 169; KG DJ 1940, 1015; DNotZ 1942, 338; OLG Freiburg HEZ 2, 338; BayObLG NJW 1966, 56; DNotZ 1979, 49; BayObLGZ 1979, 232; OLG Köln JMBlNRW 1974, 221; OLG Frankfurt Rpfleger 1979, 206; Lange ZAkDR 1941, 102; Kipp/Coing § 29 I 5; Soergel/Mayer[13] Rn 17; Reimann/Bengel/Dietz/Voit Rn 12; Grüneberg/Weidlich Rn 7; **abw** Lange/Kuchinke § 20 IV Fn 42, der das Vorlesen für entbehrlich hält, wenn dem Erblasser der Inhalt des Testaments bekannt ist). Das Verlesen ist nur bei hörbehinderten Erblassern verzichtbar, denen die Urkunde nach § 23 BeurkG statt des Verlesens zur Durchsicht vorgelegt werden muss. Durch Festhalten am Erfordernis der Verlesung und der Genehmigung wird u a vermieden, dass die Niederschrift erst später angefertigt wird. Deshalb kann nur das Original der Niederschrift vorgelesen und genehmigt werden (BGHZ 115, 169; 174; KG DNotZ 1943, 177, 178; von der Beck 117; Reimann/Bengel/Dietz/Voit Rn 12; MünchKomm/Sticherling Rn 26).

55 Bei **fremdsprachigen Erblassern** gelten §§ 6, 7, 16, 32 BeurkG. Die Beurkundung muss in deutscher Sprache durchgeführt werden. Da eine Beurkundung in einer Fremdsprache zur Nichtigkeit führt (MünchKomm/Sticherling Rn 27), kann ein Dolmetscher zugezogen werden. Die Übersetzung fällt nicht unter § 2249 Abs 6 BGB (Lange/Kuchinke § 21 IV 1 b). Ist hier aber nur die Übersetzung dem fremdsprachigen Erblasser vorgelesen oder die mündliche Übersetzung vorgetragen worden, so ist das fehlende Verlesen der deutschen Fassung als Formfehler nach Abs 6 anzusehen. Beachte: Bei vorheriger Fertigstellung eines Testamentsentwurfes können die dementsprechende mündliche Erklärung des letzten Willens sowie die Vorlesung und Genehmigung der Testamentsniederschrift in einem Verhandlungsvorgang zusammengefasst werden (dazu KG JFG 21, 38, 43; OGH NJW 1949, 544 sowie § 2232 BGB, § 13 BeurkG). Wird das Testament vor dem Bürgermeister in einer Fremdsprache beurkundet, die dieser beherrscht, so liegt ein Verstoß gegen Abs 1 S 4 vor, der nur auf § 5 Abs 1 BeurkG verweist und nicht auf § 5 Abs 2 BeurkG, also nur eine Beurkundung in deutscher Sprache zulässt. Ein Verstoß sollte – entgegen dem Gesetzeswortlaut – aber nach Abs 6 analog behandelt werden (ebenso Reimann/Bengel/Dietz/Voit Rn 8; **aA** MünchKomm/Sticherling Rn 27), sofern auch beide Zeugen die Fremdsprache ausreichend beherrschen; zumindest läge ein wirksames Dreizeugentestament vor.

e) Behindertenschutzvorschriften

56 Verstöße gegen **zwingende Beurkundungsvorschriften der §§ 23, 24 BeurkG bei körperlichen Gebrechen** des Erblassers (dazu Frenz/Miermeister/Baumann §§ 23 u 24 BeurkG) werden durch § 2249 Abs 6 BGB **nicht gedeckt**.

f) Unterschrift des Erblassers

Hat der **Erblasser nicht unterschrieben**, so liegt ein Verstoß gegen ein nach § 13 Abs 1 S 1 BeurkG zwingendes Formerfordernis der Niederschrift vor (BGHZ 17, 36 = LM § 2242 Nr 1 m Anm Ascher; BGHZ 28, 188 = LM 2242 Nr 3 m Anm Piekenbrock; BGHZ 115, 169 = WM 1991, 1852; RG DRW 1944, 841; KG JFG 21, 293 = DJ 1940, 1015; OLG Freiburg HEZ 2, 338 mNw; Kipp/Coing § 29 II; Soergel/Deuschl Rn 17). Die Unterschrift des Erblassers zählt zum zwingenden inhaltlichen Bestandteil der Niederschrift und ist als Wirksamkeitsvoraussetzung nur dann entbehrlich, wenn die Schreibunfähigkeit des Erblassers festgestellt ist (von der Beck 128 f; Soergel/Deuschl Rn 17; Soergel/Deuschl Rn 17 Fn 88). In diesem Fall wird die Unterschrift des Erblassers durch den Vermerk nach Abs 1 S 6 ersetzt (MünchKomm/Sticherling Rn 32). Wird dieser Ersatzvermerk bei Schreibunfähigkeit des Erblassers vergessen, liegt nur ein nach Abs 6 unbedenklicher Formverstoß bei Abfassung der Niederschrift vor (BGHZ 115, 169, 175; OLG Gera NJW 1949, 80 zu § 24 TestG; BayObLGZ 1979, 232, 238; OLG Zweibrücken NJW-RR 1987, 136; OLG Hamm Rpfleger 1991, 369, 370; Kappesser 168). 57

g) Unterschrift des Bürgermeisters

Die **Unterschrift** des Bürgermeisters bzw dessen Vertreters gehört zwingend zum Errichtungsakt (MünchKomm/Sticherling Rn 31: unschädlich, wenn die Unterschrift am Urkundseingang steht). Die Unterschrift des Bürgermeisters als Beurkundungsperson kann grds nur geleistet werden, solange der Erblasser lebt (ebenso MünchKomm/Sticherling Rn 36; Soergel/Deuschl Rn 13; Bamberger/Roth/Litzenburger Rn 16; **aA** Lange/Kuchinke § 21 IV 1b; Reimann/Bengel/Dietz/Voit Rn 13; die das Nachholen der Unterschrift des Bürgermeisters nach dem Tod für wirksam halten). Beim Fehlen der Unterschrift des Bürgermeisters liegt kein öffentliches Testament vor (ein solches ist auch das Bürgermeister-[Not-]testament). Ein öffentliches Testament kann nach dem Erbfall nicht mehr errichtet werden (ebenso MünchKomm/Hagena[7] Rn 33), soweit der Abschluss nicht nach § 35 BeurkG erfolgt. Die Erleichterung des § 35 BeurkG kommt kraft ausdrücklicher Verweisung auch dem Bürgermeister zugute, wonach der Testamentsumschlag bis zur Testamentseröffnung (streit, Übersicht bei MünchKomm/Sticherling § 35 BeurkG Fn 11) unterschrieben werden kann (OLG Hamm OLGZ 1986, 159, 161; Frenz/Miermeister/Baumann § 35 BeurkG Rn 6; zur Unterschrift der Zeugen vgl oben Rn 52). Unmittelbar nach der Errichtung kann die Unterschrift des Bürgermeisters und der Zeugen auch nach dem Tod des Erblassers, insbesondere auf dem Testamentsumschlag noch geleistet werden (Frenz/Miermeister/Baumann § 35 BeurkG Rn 6, wenn der Erblasser nach formgerechten Beurkundungsverfahren und eigener Unterschriftsleistung, aber vor seiner Unterschriftsleistung stirbt; Winkler § 13 BeurkG Rn 91; von der Beck 136; Reimann/Bengel/Dietz/Voit Rn 13; Soergel/Deuschl Rn 13). 58

VIII. Gemeinschaftliches Bürgermeisternottestament, Bürgermeisternoterbvertrag

Ein Testament kann unter den Vorausetzungen (§ 2266 BGB als gemeinschaftliches Bürgermeisternottestament errichtet werden (Staudinger/Raff § 2266 Rn 2 ff). Einen Bürgermeisternoterbvertrag sieht unsere Rechtsordnung nicht vor. 59

IX. Hinweispflicht

Die Hinweispflicht des Bürgermeisters gem Abs 3 auf die **kurze Gültigkeitsdauer** des Nottestaments (§ 2262 BGB) wurde durch das TestG neu eingefügt und entspricht 60 der in § 17 BeurkG niedergelegten Fürsorgepflicht. Ein Unterlassen des Hinweises macht das Testament zwar nicht nichtig (vgl Rn 45), stellt aber eine Amtspflichtverletzung des Bürgermeisters dar, aus der sich auch Schadensersatzansprüche der im Nottestament Bedachten ergeben können (vgl dazu Rn 61).

X. Haftungsfragen

61 Der Bürgermeister darf die Beurkundung nur ablehnen, wenn die Voraussetzungen des § 4 BeurkG vorliegen (zum fehlenden Verweis auf § 3 BeurkG vgl Rn 10), nicht aber bei Zweifeln an der Testierfähigkeit des Erblassers (jurisPK-BGB/Bauermeister [2017] Rn 11). Jede über § 4 BeurkG hinausgehende Verweigerung der Beurkundung führt zu Haftungsfolgen des Bürgermeisters (Amtshaftung gem § 839 BGB) bzw seiner Gemeinde (Staatshaftung gem Art 34 GG iVm § 839 BGB). Bürgermeister (§ 839 BGB) bzw die Gemeinde (Art 34 GG iVm § 839 BGB) haften wegen Formverletzungen und wegen Unterlassung von Belehrungspflichten, zB bei fehlendem Hinweis auf die beschränkte Gültigkeitsdauer (Rn 60; MünchKomm/Hagena[7] Rn 17) bei der Aufnahme eines Nottestaments vor dem Bürgermeister (RGZ 58, 296; Staudinger/Wöstmann [2013] § 839 Rn 50 ff, 93 ff), und zwar wegen Formverletzungen nicht nur gegenüber dem Erblasser, sondern auch gegenüber den formunwirksam Bedachten (OLG Nürnberg DNotZ 1966, 188 [Zuziehung eines Bedachten als Zeuge]; OLG Karlsruhe MDR 2011, 483; Soergel/Deuschl Rn 18). Zum Schutz der Beteiligten und wegen der Bedeutung eines öffentlichen Testaments mit öffentlichen Beweiswirkungen (anders deshalb beim Dreizeugentestament) muss der Haftungsmaßstab beim öffentlichen Testament des Bürgermeisters derselbe sein wie beim öffentlichen Testament des Notars (ebenso Soergel/Deuschl Rn 18; Soergel/Deuschl Rn 18 es wäre sonst „ein öffentliches Testament minderer Art“; **aA** Damrau/Tanck/Deininger Rn 43: „geringerer Haftungsmaßstab“, wobei unklar bleibt, nach welchen Kriterien die Grenze gezogen werden soll und warum für öffentliche Testamente zu Lasten der betroffenen Rechtsuchenden unterschiedliche Haftungsmaßstäbe gelten sollen). Fehlenden Rechtskenntnissen und Beurkundungserfahrungen des Bürgermeisters und den „besonderen Umständen“ (Damrau/Tanck/Deininger Rn 43) wird schon mit den gemilderten materiell-rechtlichen Formanforderungen (Abs 6) Rechnung getragen, so dass der Haftungsmaßstab nicht noch weitergehend herabgesetzt werden darf. Die zwingenden Wirksamkeitsvoraussetzungen der Errichtung eines Nottestaments hat der Bürgermeister zu kennen (OLGR München 2001, 345; jurisPK-BGB/Bauermeister [2017] Rn 11). Die rechtliche Wirkung öffentlicher Urkunden darf nicht zu Lasten des das Recht suchenden Bürgers durch eine gemilderte Staatshaftung herabgesetzt werden. Hat ein Ortsvorsteher ein ihm vorgelegtes eigenhändiges Testament nur aus Sicht des Erblassers geprüft und für wirksam befunden, obwohl eindeutige Formfehler vorlagen, können Amtshaftungsansprüche bestehen (OLG Karlsruhe 7. 12. 2010 – 12 U 102/10, FamRZ 2011, 844). Zu prüfen bleibt aber auch im Haftungsfall, ob das unwirksame öffentliche Bürgermeistertestament nicht als wirksames privates Dreizeugentestament gelten kann.

62 Gegen Pflichtverletzungen des Bürgermeisters kann der Einwand des fahrlässigen Mitverschuldens des Erblassers nicht schadensmindernd entgegengehalten werden (BGH NJW 1956, 260; Jauernig/Stürner Rn 2; vgl aber BGH ZEV 1997, 2329; Soergel/Deuschl Rn 18).

XI. Träger öffentlicher Krankenhäuser

Die **Träger öffentlicher Krankenhäuser** sind – mit drohenden Amtshaftungsansprüchen – öffentlichrechtlich verpflichtet, die Errichtung von Testamenten und wirksamen Nottestamenten (BGH NJW 1989, 2945) zu ermöglichen (OLG München MedR 2011, 812; SCHLUND ArztR 1979, 206; BEVER Das Krankenhaus 1990, 231, 233; METZMACHER JR 2012, 359; GILLMEISTER ZMGR 2015, 91, 93 f), ohne dass weitergehende Verpflichtungen des Krankenhauspersonals bestehen (SOERGEL/DEUSCHL Rn 18). Dieses sollte aber (ohne Rechtspflicht) bei Dreizeugentestamenten mitwirken (**aA**: GILLMEISTER [ZMGR 2015, 91, 93 f] empfiehlt, den Angestellten die Mitwirkung zu untersagen, weil dies sogar zu Haftungsfällen führen könne; zu Recht als problematisch eingestuft von REIMANN/BENGEL/DIETZ/VOIT Fn 49). **63**

XII. Amtliche Verwahrung

Das Bürgermeistertestament ist als öffentliches Testament nach der Beurkundung wie ein notarielles Testament zu behandeln, dh in einen mit Amtssiegel zu verschließenden, zu beschriftenden amtlichen Testamentsumschlag zu nehmen, der vom Bürgermeister zu unterschreiben ist (GRÜNEBERG/WEIDLICH Rn 10). Danach ist es unverzüglich in die besondere amtliche Verwahrung des Amtsgerichts, das für den Gemeindebezirk des Bürgermeisters zuständig ist (§ 344 Abs 1 S 1 Nr 2 FamFG), zu geben (Abs 1 S 4 iVm § 34 Abs 1 S 4 BeurkG), falls der Erblasser nicht gem § 344 Abs 1 S 2 FamFG die Verwahrung bei einem anderen Amtsgericht verlangt hat (s auch E d BayStMdI v 24. 8. 1970, MABl 1970, 657 I Nr 10 [Wortlaut der Anlagen bei FIRSCHING/GRAF[10] Rn 1.111]). Die Benachrichtigung hat an das Zentrale Testamentsregister, das von der Bundesnotarkammer als Registerbehörde geführt wird, zu erfolgen (FRENZ/MIERMEISTER/BAUMANN § 34 a BeurkG Rn 2 ff; MünchKomm/STICHERLING § 34a BeurkG Rn 19). **64**

XIV. Gebühren, Auslagen

Die für das Bürgermeisteramt zu erhebenden Gebühren und Auslagen richten sich nach Landesrecht. **65**

XIV. Beweisfragen

Die Darlegungs-, Beweis- und Feststellungslast für alle Voraussetzungen einer formwirksamen Errichtung treffen denjenigen, der Rechte aus dem Nottestament eines Bürgermeisters geltend macht (SOERGEL/DEUSCHL Rn 18). Da das Nottestament vor dem Bürgermeister eine öffentliche Urkunde ist, erbringt es bei Formwirksamkeit vollen Beweis (§ 415 ZPO) des beurkundeten Testamentserrichtungsvorgangs und der Abgabe der Erklärung. Fehlt die Feststellung nach Abs 2 S 1, dass der Bürgermeister die Besorgnis eines vorzeitigen Ablebens (dauerhaften Geschäftsunfähigkeit) hatte, so trägt derjenige, der sich auf die Gültigkeit des Testaments beruft, die Darlegungs- und Beweislast für das Vorhandensein der Besorgnis des Bürgermeisters oder für die objektive Begründetheit einer solchen Besorgnis. Die inhaltliche Richtigkeit des Testaments trotz Formfehlern bei der Abfassung der Niederschrift (Abs 6) hat derjenige darzulegen und zu beweisen, der sich auf die Wirksamkeit des Testaments beruft. **66**

XIV. Recht der DDR

67 Das ZGB hatte das Bürgermeistertestament abgeschafft und kannte als einzige Nottestamentsform das Zweizeugentestament (vgl dazu § 2250 Rn 49 und Einl 89 ff, 107 ff zu §§ 2229–2302).

§ 2250
Nottestament vor drei Zeugen

(1) Wer sich an einem Orte aufhält, der infolge außerordentlicher Umstände dergestalt abgesperrt ist, dass die Errichtung eines Testaments vor einem Notar nicht möglich oder erheblich erschwert ist, kann das Testament in der durch § 2249 bestimmten Form oder durch mündliche Erklärung vor drei Zeugen errichten.

(2) Wer sich in so naher Todesgefahr befindet, dass voraussichtlich auch die Errichtung eines Testaments nach § 2249 nicht mehr möglich ist, kann das Testament durch mündliche Erklärung vor drei Zeugen errichten.

(3) Wird das Testament durch mündliche Erklärung vor drei Zeugen errichtet, so muss hierüber eine Niederschrift aufgenommen werden. Auf die Zeugen sind die Vorschriften des § 6 Abs. 1 Nr. 1 bis 3, der §§ 7, 26 Abs. 2 Nr. 2 bis 5 und des § 27 des Beurkundungsgesetzes; auf die Niederschrift sind die Vorschriften der §§ 8 bis 10, 11 Abs. 1 Satz 2, Abs. 2, § 13 Abs. 1, 3 Satz 1, §§ 23, 28 des Beurkundungsgesetzes sowie die Vorschriften des § 2249 Abs. 1 Satz 5, 6, Abs. 2, 6 entsprechend anzuwenden. Die Niederschrift kann außer in der deutschen auch in einer anderen Sprache aufgenommen werden. Der Erblasser und die Zeugen müssen der Sprache der Niederschrift hinreichend kundig sein; dies soll in der Niederschrift festgestellt werden, wenn sie in einer anderen als der deutschen Sprache aufgenommen wird.

Materialien: E I § 1927; II § 2214; III § 2220; Mot V 283; Prot V 346; Jakobs/Schubert, ER II 1611–1621; 1. Denkschr d ErbrA (1937) 91; Amtl Begr z TestG DJ 1938, 1258; Horn MatK-ErbR 1009–1014.

Schrifttum

Behrens, Die Testamentserrichtung im Krankenhaus, KH 1997, 500
Gillmeister, Das Nottestament vor drei Zeugen gem § 2250 BGB – Voraussetzungen, Haftungsrisiken für die Beteiligten und Minimierungsmöglichkeiten dieser Risiken, ZMGR 2015, 91
Kappesser, Die Nottestamente des BGB (1995)
Krätzschel, Die Errichtung letztwilliger Verfügungen in Corona-Zeiten, ZEV 2020, 268
Kroiss, Nottestamente in Zeiten der Coronapandemie, ErbR 2020, 458
Mayer, Zur wirksamen Errichtung eines Nottestaments, ZEV 2002, 140
Panz, Die Auswirkungen von SARS-Cov-2 auf die notarielle Tätigkeit, BWNotZ 2020, 2
A Schmidt/J Schmidt, Die Nottestamente: Bürgermeister-Testament und Drei-Zeugen Testament, JuS 1996, 598
Scholz, Digitales Testieren – Zur Verwendung

digitaler Technologien beim eigenhändigen und Nottestament de lege lata et ferenda, AcP 219 (2019), 100

Seiler, Das Dreizeugentestament gem § 2250 Abs 2 BGB, ZErb 2002, 114

von der Beck, Norminhalt und Formenstrenge im Recht der Nottestamente (Diss Münster 1995).

Systematische Übersicht

I. Textgeschichte

1. Ursprüngliche Fassung

(1) Wer sich an einem Orte aufhält, der infolge des Ausbruchs einer Krankheit oder infolge sonstiger außerordentlicher Umstände dergestalt abgesperrt ist, daß die Errichtung eines Testaments vor einem Richter oder vor einem Notar nicht möglich oder erheblich erschwert ist, kann das Testament in der durch den § 2249 Abs 1 bestimmten Form oder durch mündliche Erklärung vor drei Zeugen errichten. 1

(2) Wird die mündliche Erklärung vor drei Zeugen gewählt, so muß über die Errichtung des Testaments ein Protokoll aufgenommen werden. Auf die Zeugen finden die Vorschriften der §§ 2234, 2235 und des § 2237 Nr 1 bis 3, auf das Protokoll finden die Vorschriften der §§ 2240 bis 2242, 2245 Anwendung. Unter Zuziehung eines Dolmetschers kann ein Testament in dieser Form nicht errichtet werden.

Das Dreizeugentestament konnte nach der ursprünglichen Fassung nur im Falle der „Absperrung" errichtet werden (Gross WürttVerwZ 1938, 251). Es war ungültig, wenn bei seiner Errichtung ein Notstand lokaler Art tatsächlich nicht gegeben war.

2. Testamentsgesetz

2 Das TestG (Horn MatK-ErbR § 2250 Rn 26 f) fügte den heutigen Abs 2 als neuen Tatbestand in das Gesetz ein. In Fällen, in denen bei naher Todesgefahr auch der Bürgermeister nicht mehr rechtzeitig zu erreichen ist, sollte eine weitere Möglichkeit geschaffen werden, ein Nottestament zu errichten. Der tiefere Grund für die Gesetzesänderung lag in der Rechtsvereinheitlichung mit Österreich (Lange/Kuchinke § 21 IV 3). Das dort früher zugelassene mündliche Testament wurde nicht übernommen (Vogels DJ 1938, 1271).

3 Das TestG strich außerdem in § 24 Abs 1 die Worte *„infolge des Ausbruchs einer Krankheit"*, da die moderne Seuchenbekämpfung nicht durch Absperrung einzelner Ortschaften oder Ortschaftsteile erfolge, sondern die von ansteckenden Krankheiten befallenen Personen in Isolierräume verbracht würden (Vogels DJ 1938, 1271). Der heutige Abs 2 wurde neu eingefügt, enthielt aber noch als Beispiel *„Unfall im Gebirge"*.

4 **3.** Das **GesEinhG** v 5. 3. 1953 fügte den durch § 24 TestG abgeänderten Wortlaut mit gleichem Inhalt (lediglich das Beispiel in Abs 2: *„Unfall im Gebirge"* wurde gestrichen) unter entsprechender Abänderung der Vorschriften, auf die verwiesen wird, an alter Stelle wieder in das BGB ein. § 2250 BGB erhielt daraufhin folgende Fassung:

Abs 1 wie heute, zusätzlich jedoch die Worte *„vor einem Richter oder"*.

Abs 2 wie heute.

Abs 3 lautete:

(3) Wird das Testament durch mündliche Erklärung vor drei Zeugen errichtet, so muß hierüber eine Niederschrift aufgenommen werden. Auf die Zeugen sind die Vorschriften der §§ 2234, 2235 und des § 2237 Nr 1 bis 5, auf die Niederschrift die Vorschriften der §§ 2240, 2241, 2241a, 2242, 2245, 2249 Abs 6 entsprechend anzuwenden; ferner ist § 2249 Abs 2 sinngemäß anzuwenden. Unter Zuziehung eines Dolmetschers kann ein Testament in dieser Form nicht errichtet werden.

5 **4.** Mit Inkrafttreten des **BeurkG** (1. 1. 1970) wurden in Abs 1 die Worte *„vor einem Richter oder"* gestrichen und in Abs 3 den Sätzen 2 und 3 eine neue Fassung gegeben.

6 **5.** Die Neufassung des BGB (Bekanntmachung v 2. 1. 2002 [BGBl I 42]) hat die amtliche Überschrift eingeführt sowie die Orthographie an die Rechtschreibreform angepasst (ua Ersetzung des „ß" nach kurzem Vokal durch „ss") und die Diktion modernisiert, den Gesetzeswortlaut inhaltlich aber unverändert belassen.

II. Grundsätzliches

7 § 2250 BGB behandelt die zweite der außerordentlichen Testamentsarten des BGB (dazu § 2249 Rn 17). Der Erblasser hat in Absperrungsfällen (Abs 1) die freie Wahl

zwischen Bürgermeister- und Dreizeugentestament (amtl Begr 1258), während in Notlagenfällen (Abs 2) das Bürgermeistertestament dem Dreizeugentestament gegenüber vorrangig ist.

Erkennt man die Notwendigkeit des Dreizeugentestaments als zeitlich beschränkt gültiges Nottestament an, so ist mit Rücksicht darauf, dass die Errichtung unter Mitwirkung von Laien erfolgt, eine unnötige Formenstrenge zu vermeiden (BayObLGZ 1990, 299). Der Gesetzeszweck, dem Erblasser in Notlagen einen Notbehelf einzuräumen, würde nicht erreicht, wenn an die Testamentserrichtung und -form Anforderungen gestellt würden, die über die Gewährleistung des Inhalts und der Ernstlichkeit des Erblasserwillens hinausgingen (BGH WM 1972, 224, 225). Gleichwohl muss die Rechtssicherheit durch Mindestformerfordernisse dieses Nottestaments gewährleistet bleiben. 8

Das Dreizeugentestament kann nur von unbeschränkt geschäftsfähigen Personen errichtet werden, nicht von testierfähigen Minderjährigen, da die Errichtung des Dreizeugentestaments keine Errichtung einer öffentlichen Urkunde ist (vgl dazu unten Rn 47 u § 2233 Rn 8). 9

Die Errichtung eines Dreizeugentestaments ist bereits dann möglich, wenn der Erblasser noch in der Lage wäre, ein eigenhändiges Testament zu errichten (anders § 383 Abs 2 ZGB), obwohl ein Nottestament nach seiner legislativen Zwecksetzung erst dann Anwendung finden sollte, wenn ein ordentliches Testament nicht mehr errichtet werden kann (dazu von der Beck 147 f). Der Gesetzgeber war dem Vorschlag des ErbrA (1. Denkschr 92) nicht gefolgt, die Form des Dreizeugentestaments nur zu gestatten, wenn auch die Anfertigung eines handschriftlichen Testaments dem Erblasser nicht möglich oder nicht zuzumuten sei. 10

III. Normzweck

Die Vorschrift soll in besonderen Notsituationen dem Erblasser die Errichtung eines auf die Dauer von drei Monaten (vgl § 2252 BGB) gültigen Testaments ermöglichen. Gemessen an diesem Normzweck wirken die im Gesetz vorgesehenen Errichtungserfordernisse – auch wenn sie überwiegend nur Sollvorschriften enthalten – zwar noch sehr streng, insbesondere deswegen weil sie nicht im Bewusstsein der Normadressaten verankert sind; die Bedeutung eines Testaments erfordert aber auch bei Testamenten in Sondersituationen zuverlässige Errichtungsformen, damit nach dem Tod des Erblassers sein letzter Wille ohne Rechtsstreitigkeiten ermittelt werden kann. 11

IV. Gesetzeskritik

Da im BGB nachträglich das im Gesetzentwurf noch nicht vorgesehene eigenhändige Testament als mögliche Errichtungsform aufgenommen wurde, ist die Vorschrift im Verhältnis zu § 2247 BGB unstimmig. Der Notbedarf sollte immer entfallen, solange der Erblasser noch nach § 2247 BGB testieren kann (vgl Staudinger/Hertel [2023] BeurkG Rn 588e: „kann der Erblasser noch schreiben, errichtet er schneller und sicherer ein eigenhändiges Testament"). Außerdem ist unstimmig, dass in Absperrungsfällen die freie Wahl zwischen öffentlichen Bürgermeistertestament und Dreizeugentestament be- 12 steht, in Notlagenfällen aber das private Dreizeugentestament nur errichtet werden darf, wenn kein Bürgermeister erreichbar ist.

13 § 2250 Abs 3 BGB verweist im Unterschied zu § 2249 Abs 1 S 1, S 4 BGB nicht auf § 2233 BGB. Das ist für Minderjährige berechtigt, weil diese der rechtlichen Beratung und Schutzkontrolle im öffentlichen Urkundsverfahren bedürfen, die bei der Privaturkunde des Dreizeugentestaments nicht gewährleistet sind. Dem Normzweck des § 2233 Abs 2 BGB ist aber zu entnehmen, dass auch Leseunfähige ein Dreizeugen- oder Seetestament durch mündliche Erklärung vor drei Zeugen sollten errichten können. Der Gesetzgeber ist zur Ergänzung der Vorschrift aufgerufen. Dreizeugen- und Seetestamente eines Leseunfähigen sind auch ohne diese Verweisung als rechtswirksam anzusehen, da auch der Schreibunfähige ein Dreizeugentestament ohne Unterschrift errichten kann (BGHZ 115, 169, 175).

14 Unstimmig ist auch das Verhältnis zu §§ 3, 4 BeurkG, die zumindest bei Kenntnis der Zeugen vom Vorliegen dieser Tatbestände Anwendung finden müssen.

15 Problematisch ist weiterhin, dass eine Errichtung durch Gebärden oder Gesten nicht möglich ist, selbst wenn die drei Zeugen die Gebärdensprachen verstehen (dazu Rn 33, 46).

16 Schließlich bleibt der Gesetzgeber aufgefordert, die Entwicklung moderner Technologien zu verfolgen und die Errichtungsformen auch beim Nottestament ggf anzupassen (Scholz ErbR 2019, 617, 619; ders AcP 2019, 100; Hergenröder ZEV 2018, 7; Sanders/Göldner ErbR 2020, 335; vOertzen/Blasweiler, ErbR 2020, 696).

V. Anwendungsbereich

17 Die Vorschrift regelt das Einzeltestament, ist aber auch auf gemeinschaftliche Ehegattentestamente (§ 2266 BGB) und gemeinschaftliche Lebenspartnertestamente (§ 10 Abs 4 LPartG) anwendbar, selbst wenn die Notlage (insbes nahe Todesgefahr) nur bei einem von ihnen vorliegt (MünchKomm/Sticherling Rn 2).

VI. Regelungsinhalt

1. Allgemeines

18 Das Gesetz unterscheidet zwei situationsbedingte Notfälle:

(a) Das Nottestament am abgesperrten Ort *(Absperrungstestament* – Abs 1),

(b) das Nottestament bei naher Todesgefahr *(Notlagentestament* – Abs 2).

2. Das Absperrungstestament (Abs 1)

19 Voraussetzung ist ein lokaler **Notstand**, nicht ein persönlicher wie in § 2249 BGB (Mot 283 f; KG Rpfleger 1968, 391). Es braucht keine Besorgnis des Versterbens und keine Todesgefahr zu bestehen (MünchKomm/Sticherling Rn 5 ff; Soergel/Deuschl Rn 3).

Der Erblasser muss sich an einem **Ort** aufhalten, der infolge **außerordentlicher Umstände** dergestalt **vom Verkehr abgeschnitten** ist, dass die Errichtung eines Testaments vor einem Notar entweder nicht möglich oder doch erheblich erschwert ist (MünchKomm/STICHERLING Rn 7). Der Aufenthalt kann von kurzer Dauer sein (SOERGEL/DEUSCHL Rn 4), zB anlässlich einer beabsichtigten Durchreise. Die Absperrung muss nicht auf hoheitlicher Verfügung beruhen (Mot V 283, 284). 20

Ist bei einer Absperrungssituation kein Notar erreichbar, hat der Erblasser die freie Wahl zwischen Bürgermeister- oder Dreizeugentestament (anders in der Notlagesituation, in der das Dreizeugentestament gegenüber dem Bürgermeistertestament subsidiär ist). 21

Ort ist jede Örtlichkeit (Berghütte, Gletscherspalte, Bergbaustollen, Höhle, Hallig). Es reicht aus, wenn sich die Absperrung auf diese Örtlichkeit beschränkt (BGB-RGRK/KREGEL Rn 2; MünchKomm/STICHERLING Rn 5, 6). Abgesperrter Raum kann auch die Quarantänestation oder ein Raum sein, der durch coronabedingte Kontaktbeschränkungen isoliert ist (OLG Düsseldorf 6. 1. 2022 – 3Wx 216/21, ErbR 2022, 403 m Anm BAUMANN). 22

Außerordentliche Umstände können Naturereignisse wie zB Hochwasser, Schnee (Lawinen), Erdbeben oder Unglücksfälle (zB Bergwerksunglück), Absperrung von Seuchengebieten, aber auch Generalstreik, Aufruhr, terroristische Ereignisse, militärische oder behördliche Absperrungen sein, die den Verkehr hindern. Unter seuchenbedingte Absperrungen können auch Quarantänestationen oder zB coronabedingte isolierte Räume eines Krankenhauses fallen (OLG Düsseldorf 6. 1. 2022 – 3 Wx 216/21, ErbR 2022, 403 m Anm BAUMANN; vgl KRÄTZSCHEL ZEV 2020, 268; KROISS ErbR 2020, 458; PANZ BWNotZ 2020, 2). 23

Abs 1 verweist nur hinsichtlich der Form, nicht hinsichtlich der Voraussetzungen auf § 2249 BGB. Nach überwM (BGHZ 3, 372, 376; REIMANN/BENGEL/DIETZ/VOIT Rn 3; SOERGEL/MAYER[13] Rn 6; SOERGEL/DEUSCHL Rn 6) ist § 2249 Abs 2 BGB auch bzgl der Voraussetzungen anzuwenden. Es genügt somit, dass der Notstand lokaler Art entweder tatsächlich gegeben war oder die drei Zeugen (BGHZ 3, 372), wenn auch irrtümlich, dieser Meinung waren (MünchKomm/STICHERLING Rn 7). Lag weder die eine noch die andere Voraussetzung vor, so ist das Testament nichtig (**hM**). 24

3. Das Notlagentestament (Abs 2)

Abs 2 setzt entweder **objektiv** eine **nahe Todesgefahr** voraus (RGZ 171, 27; BayObLGZ 1990, 294; OLG Hamm 10. 2. 2017 – 15 W 587/15, ErbR 2017, 348; LG Freiburg ZEV 2003, 370 m Anm DÜMIG), wobei maßgebend der Zeitpunkt der Testamentserrichtung ist, weshalb es unerheblich ist, wenn zuvor hinreichend Zeit zur Errichtung eines notariellen Testaments war (OLG Hamm 10. 2. 2017 – 15 W 587/15, ErbR 2017, 348; anders, wenn das Testament zeitnah vor einem Notar errichtet werden kann, so OLG Bremen 5. 1. 2016 – 5 W 25/15, ErbR 2016, 461) **oder subjektiv** die **ernstliche Besorgnis** (ernstlich befürchtete Todesgefahr!) **aller Zeugen** (BGHZ 3, 372, 378; BGH RdL 1952, 300; OLG Hamm Rpfleger 1991, 371), dass **voraussichtlich** weder die Errichtung eines Testaments vor einem Notar, noch vor einem Bürgermeister nach § 2249 BGB möglich sei (BayObLGZ 1990, 297; OLG München ZErb 2009, 253 = NJW-Spezial 2009, 568 m krit Anm ROTH; KG 29. 12. 2015 – 6 W 93/15, ErbR 2016, 389; 25

OLG Bremen 5. 1. 2016 – 5 W 25/15, ErbR 2016, 461; LG Freiburg ZEV 2003, 370 m Anm Dümig; Mayer ZEV 2002, 141), wobei diese Besorgnis immer dann begründet ist, wenn das Nottestament deutlich außerhalb der üblichen Bürozeiten eines Notariats errichtet wird (OLG München 12. 5. 2015 – 31 Wx 81/15, RNotZ 2015, 461 Rn 37). Fehlt diese subjektive Besorgnis bei einem der drei Zeugen, ist ein wirksames Nottestament nicht errichtet (OLG München NJW 2010, 684; OLG Saarbrücken 10. 10. 2012 – 5 U 59/11, juris [wo weder objektiv noch subjektiv eine Todesgefahr angenommen wurde, obwohl der Erblasser 8 Tage später starb]; OLG Düsseldorf 25. 6. 2015 – 3 Wx 224/14, FamRZ 2016, 166 Rn 31 m Anm Esskandari/Bick ErbStB 2016, 49; OLG Hamm 10. 2. 2017 – 15 W 587/15, ErbR 2017, 348, 349; OLG Düsseldorf 3. 3. 2017 – 3 Wx 269/16, NJW-RR 2017, 905). Damit ist beim Notlagentestament nach dem eindeutigen Wortlaut des Abs 2 immer die Vorrangigkeit sowohl des notariellen Testaments als auch des Bürgermeistertestaments zu beachten, im Unterschied zum Absperrungstestaments, bei dem der Erblasser zwischen Bürgermeistertestament und Dreizeugentrestament frei wählen kann (krit dazu von der Beck 146 ff; contra legem daher LG München I FamRZ 2000, 855, das eine objektiv nahe Todesgefahr deshalb befürwortete, weil der im Krankenhaus liegende Erblasser zwei Tage später [unerwartet] starb und es für schlicht unerheblich hielt, dass das Hinzuziehen eines Notars oder Bürgermeisters tatsächlich noch möglich gewesen wäre). Liegt die nahe Todesgefahr objektiv vor, kommt es auf das Bewusstsein der Zeugen nicht an (LG Freiburg ZEV 2003, 370; jurisPK-BGB/Bauermeister [2017] Rn 4).

26 Objektive nahe Todesgefahr oder befürchtete nahe Todesgefahr müssen sich nicht aus einem akuten Unfall oder einer plötzlichen Erkrankung ergeben, sondern können auch die Folge einer chronischen bzw langwierigen Erkrankung des Erblassers sein (BayObLGZ 1990, 297; Reimann/Bengel/Dietz/Voit Rn 5; Soergel/Deuschl Rn 5). Hierbei reicht eine bösartige metastasierende Grunderkrankung, aufgrund derer der Erblasser laut behandelndem Arzt innerhalb von ein bis zwei Tagen versterben könnte, nicht aus, wenn noch ein Notar erreichbar wäre (OLG Hamm 10. 2. 2017 – 15 W 587/15, ErbR 2017, 348). Dies gilt selbst dann, wenn der maßgebende Zeitpunkt auf einen Samstagvormittag fällt, in dem die Erreichbarkeit eines Notars zwar erschwert, aber nicht ausgeschlossen ist (OLG Hamm 10. 2. 2017 – 15 W 587/15, ErbR 2017, 348 Rn 37). Ebenso wenig reicht eine schwere Lungenkrankheit im Endstadium, wenn die Erblasserin noch in ihrer Wohnung alle Tätigkeiten selbst vornehmen kann (OLG Düsseldorf 3. 3. 2017 – 3 Wx 269/16, ErbR 2017, 345). Maßgebender Zeitpunkt für die Feststellung ist die Testamentserrichtung (OLG München 12. 5. 2015 – 31 Wx 81/15, RNotZ 2015, 461; OLG Hamm 10. 2. 2017 – 15 W 587/15, ErbR 2017, 348 Rn 34; LG Freiburg Rpfleger 2003, 507).

27 Ausreichend muss auch die objektive Gefahr oder subjektive **Besorgnis des nahen Eintritts einer dauerhaften Testierunfähigkeit** sein (vgl dazu § 2249 Rn 30; BGHZ 3, 272, 273 zu § 24 TestG; OLG München ZErb 2009, 253 = NJW-Spezial 2009, 568 m krit Anm Roth; OLG München 12. 5. 2015 – 31 Wx 81/15, ZErb 2015, 253; BGB-RGRK/Kregel Rn 7; MünchKomm/Sticherling Rn 8; Reimann/Bengel/Dietz/Voit Rn 5; Soergel/Mayer[13] Rn 6; Soergel/Deuschl Rn 6; Grüneberg/Weidlich Rn 3; Schlüter/Röthel[17] § 17 Rn 93), wobei die Besorgnis bestehen muss, dass die Testierunfähigkeit bis zum Tod andauert (OLG München 12. 5. 2015 – 31 Wx 81/15, FamRZ 2016, 87 Rn 32; Bamberger/Roth/Litzenburger Rn 6). Ist der Erblasser nur körperlich zu schwach, um ein eigenhändiges Testament zu errichten, reicht dies allein nicht aus, um die Tatbestandsvoraussetzungen eines Nottestaments zu erfüllen (OLG Bremen 5. 1. 2016 – 5 W 25/15, ErbR 2016, 461; OLG München 12. 5. 2015 – 31 Wx 81/15, RNotZ 2015, 461; OLG Hamm 10. 2. 2017 – 15 W 587/15, ErbR 2017, 348 Rn 30).

28 Die Besorgnis muss nach pflichtgemäßem Ermessen der Zeugen auch angesichts der objektiven Sachlage als gerechtfertigt angesehen werden können (BGHZ 3, 372, 376), wobei an die Beurteilung der Gefahrenlage durch die Zeugen keine allzu hohen Anforderungen zu stellen sein sollten, da diese idR über keine medizinischen Fachkenntnisse verfügen (so zutreffend von der Beck 4. Teil 1. Abschn A.I. 2.). Auf die Besorgnis des Erblassers kommt es nicht an (LG München I FamRZ 2000, 855).

4. Form des Dreizeugentestaments

a) Formverstöße, die nicht zur Unwirksamkeit führen

29 Nach dem entsprechend anwendbaren § 2249 Abs 6 BGB können Formfehler beim Abfassen der Niederschrift unschädlich sein (Grüneberg/Weidlich Rn 10). Die Grundsätze des § 2249 BGB gelten für das Dreizeugentestament entsprechend (vgl dazu § 2249 Rn 37 ff).

30 In der Niederschrift soll die Unfähigkeit des Erblassers, mit seinem Namen zu unterschreiben (Abs 3 S 2 iVm § 2249 Abs 1 S 6 BGB), aufgenommen werden. Das Fehlen dieser Feststellung stellt zwar einen Formverstoß dar, der aber nach § 2249 Abs 6 BGB der Wirksamkeit des Nottestaments nicht entgegensteht (BayObLGZ 1979, 232, 238; OLG Zweibrücken NJW-RR 1987, 136; OLG Hamm Rpfleger 1991, 369, 370).

31 Wird das Nottestament nicht am Ende, sondern am Eingang der Urkunde unterschrieben, so liegt zwar keine Unterschrift vor, die den Inhalt der Urkunde deckt; der Formfehler ist aber nach § 2249 Abs 6 BGB unschädlich, wenn mit Sicherheit feststeht, dass das Testament eine zuverlässige Wiedergabe der Willenserklärungen des Erblassers enthält (BayObLGZ 1990, 294, 298 f = NJW 1991, 928; Reimann/Bengel/Dietz/Voit Rn 16 mit dem zutreffenden Hinweis, dass die Formfunktionen beim Nottestament durch die Mitwirkung der drei Zeugen erfüllt werden). Die strengeren Grundsätze des eigenhändigen Testaments bzgl des Unterschriftserfordernisses finden auf Nottestamente keine Anwendung (zum Fehlen der Unterschriften unten Rn 42 f).

b) Zwingende Formerfordernisse

aa) Mündliche Erklärung

32 Das Dreizeugentestament kann **nur mündlich**, nicht durch Gebärden oder Gesten errichtet werden. Die mündliche Erklärung muss vor den **drei Zeugen** erfolgen. Sie kann nicht durch Übergabe einer Schrift (OLG Frankfurt HEZ 1, 236) ersetzt werden. Der Erblasser muss seinen letzten Willen durch lautlich geäußerte Sprache erklären. Eine allein mit Gebärden zum Ausdruck gebrachte Zustimmung des Erblassers genügt dem Erfordernis der mündlichen Erklärung nicht. Wird die mündliche Erklärung durch Gebärden unterstützt, führt dies nicht zur Unwirksamkeit (BGH NJW 1962, 1149; BayObLGZ 1968, 268, 272; OLG Hamm FamRZ 2000, 703). Ein Stummer oder Sprachunfähiger kann ein Dreizeugentestament nicht errichten. Mayer (Soergel/Mayer[13] Fn 25 u Hinw a die Rechtsprechung des BVerfGE 99, 341 zur Testierfähigkeit mehrfach Behinderter) hat zurecht verfassungsrechtliche Bedenken angemeldet (krit auch Soergel/Deuschl Rn 9; Reimann/Bengel/Dietz/Voit Rn 7). Im Einzelfall wird zu prüfen sein, ob ein mit **Gebärden oder Gesten errichtetes Dreizeugentestament** wirksam ist. Es muss aus verfassungsrechtlichen Gründen als wirksam anerkannt werden, wenn alle drei Zeugen – unabhängig voneinander die Gebärden verstehen (zB Erblasser und die drei Zeugen sind taubstumm). Der Gesetzgeber ist gefordert eindeutige normative Tat-

bestandsvorgaben festzulegen (dazu Rn 15, 45). Bringt der Erblasser nach Verlesung seine Zustimmung mit einem deutlichen „Ja" zum Ausdruck, so ist das Dreizeugentestament wirksam (BGH 37, 84; BayObLGZ 1968, 268, 272 f; OLG Zweibrücken NJW-RR 1987, 136; OLG Hamm FamRZ 2000, 703), sofern er den drei Zeugen vorher auf andere Weise den Inhalt seines letzten Willens kundgetan hat. Andere Laute des Erblassers, die nicht eindeutig und zweifelsfrei als „Ja" zu verstehen sind, reichen als mündliche Erklärung nicht aus (BayObLG NJW-RR 2000, 456; OLG Hamm OLGZ 1989, 20 m Anm BURKART DNotZ 1989, 587). Die Zeugen können sich eines bereits entworfenen Testaments bedienen, das auf einer vorherigen Besprechung beruht, die nur einer von ihnen mit dem Erblasser geführt hat (BayObLGZ 1990, 297).

bb) Niederschrift über die Errichtung

33 Zu den zwingenden Erfordernissen des Errichtungsaktes zählt gem Abs 3 S 1 die Niederschrift (BGHZ 115, 169, 173 = WM 1991, 1851; BayObLG FamRZ 1995, 1524; MünchKomm/STICHERLING Rn 17). Die Niederschrift muss zu Lebzeiten des Erblassers errichtet werden (SOERGEL/DEUSCHL Rn 11) und von ihm unterschrieben werden (vgl dazu Rn 42). Der Text der Niederschrift muss nicht von den Zeugen selbst, sondern kann **von einem beliebigen Dritten geschrieben** werden. Die Anfertigung der Niederschrift kann auch aufgrund früherer Erklärungen des Erblassers durch einen der drei Testamentszeugen bereits vorbereitet sein, wenn der Erblasser nach Verlesung den Testamentsinhalt genehmigt (OLG München 12. 5. 2015 – 31 Wx 81/15, RNotZ 2015, 461 Rn 41). Nach Abs 3 S 2 finden auf die Niederschrift folgende Bestimmungen des BeurkG entspr Anwendung:

§ 8	Aufnahme einer Niederschrift
§ 9	Inhalt der Niederschrift
§ 10	Feststellung der Beteiligten
§ 11 Abs 1 S 2	Feststellung von Zweifeln an der Geschäftsfähigkeit
Abs 2	Feststellung einer schweren Erkrankung – Geschäftsfähigkeit
§ 13 Abs 1	Vorlesen, Genehmigen, Unterschrift der Beteiligten
Abs 3 S 1	Unterschrift der drei Zeugen
§ 23	Besonderheiten für hör-, sprach- und sehbehinderte Beteiligte
§ 28	Feststellung der Geschäftsfähigkeit

Folgende Bestimmungen des BGB finden entspr Anwendung:

§ 2249 Abs 1 S 5, 6	Unterschrift der Zeugen, Schreibunfähigkeit des Erblassers
§ 2249 Abs 2	Feststellung der Besorgnis
§ 2249 Abs 6	Heilung von Formfehlern

cc) Verlesung, Genehmigung

34 Die **Niederschrift ist zu verlesen** und vom Erblasser zu genehmigen (BGHZ 115, 169, 174; BayObLGZ 1990, 298). Die Niederschrift muss zwingend **in Anwesenheit der drei Zeugen** (KG 29. 12. 2015 – 6 W 93/15, ErbR 2016, 389), nicht zwingend von einem der Zeugen selbst vorgelesen werden (**aA** KG DNotZ 1942, 338). Unschädlich ist, wenn bei der Vorbesprechung des Nottestaments nicht alle drei Zeugen anwesend sind, da sich die Anwesenheit der Zeugen (wie bei der notariellen Beurkundung die Anwesenheit des Notars) nur auf das „Beurkundungshauptverfahren", also das Vorlesen, Genehmigen und Unterschriftleisten bezieht (OLG Düsseldorf ZEV 2001, 319). Das Verlesen kann nicht

dadurch ersetzt werden, dass der Erblasser die Niederschrift selbst durchliest (OLG Frankfurt Rpfleger 1979, 206 f; LG Nürnberg-Fürth ZErb 2008, 421; krit dazu von der Beck 164 ff), weil gerade in Notsituationen ohne Einhaltung des Beurkundungsverfahrens (Vorlesen, Genehmigen) nicht gewährleistet wäre, dass der Erblasser den Inhalt die Niederschrift tatsächlich wahrgenommen hat. Da Abs 3 S 2 auf § 23 BeurkG verweist, kann nur bei Hörbehinderten die Verlesung durch Vorlage zur Durchsicht ersetzt werden (Frenz/Miermeister/Baumann § 23 BeurkG Rn 2 ff) Wird dem Erblasser ein *anderes Schriftstück* vorgelesen, *als er unterschreibt,* so liegt eine wirksame Testamentserrichtung nicht vor (BGHZ 115, 169, 174). Die verlesene Niederschrift ist vom Erblasser zu genehmigen und von ihm sowie den drei Zeugen zu unterschreiben (§ 13 Abs 1 BeurkG gilt entspr: Verlesen, Genehmigen, Unterschreiben). Das Genehmigen kann bei einem abschnittweisen Vorlesen auch durch Kopfnicken erfolgen (BayObLGZ 1990, 294), sofern der Gesamttext durch eine mündliche Erklärung abgedeckt wird (Rn 32).

Mündliche Erklärung, Verlesung und Genehmigung der Testamentsniederschrift **35** können nach vorheriger Anfertigung eines Entwurfs in einem Verhandlungsvorgang zusammengefasst werden (OLG Zweibrücken NJW-RR 1987, 136). Es ist daher nicht etwa erforderlich, dass der Entwurf noch einmal abgeschrieben wird oder ein zweites Mal vorgelesen und genehmigt wird, da die Errichtungsform nur die zuverlässige Wiedergabe des letzten Willens des Erblassers garantieren soll (OLG Zweibrücken NJW-RR 1987, 136; OLG Düsseldorf FamRZ 2001, 1253; OLG Stuttgart ZErb 2004, 162; Mayer ZEV 2002, 141, 142).

dd) Anwesenheit der Zeugen

Die **drei** Zeugen müssen während der gesamten Verhandlung **gleichzeitig** anwesend **36** sein (Mot V 285; BayObLGZ 1990, 298; KG 29. 12. 2015 – 6 W 93/15, ErbR 2016, 389) und in bewusstem Zusammenwirken von Beginn bis zum Ende der Verhandlung die Beurkundungsfunktionen übernehmen (BGHZ 54, 89, 95; BGH FamRZ 1971, 162; BGH NJW 1972, 162; 1979, 202; BayObLGZ 79, 232, 241; OLG Frankfurt Rpfleger 1979, 202, 207; OLG Stuttgart FamRZ 2004 = ZErb 2004, 162; OLG Düsseldorf 25. 6. 2015 – 3 Wx 224/14, MDR 2015, 1013; KG 29. 12. 2015 – 6 W 93/15, ErbR 2016, 389; Harder Anm zu LM § 2250 Nr 4; Mayer ZEV 2002, 141; Grüneberg/Weidlich Rn 4; MünchKomm/Sticherling Rn 13). Die Anwesenheits- und Mitwirkungspflicht gilt für den **gesamten Vorgang der Testamentserrichtung** (Soergel/Deuschl Rn 13), also für die mündliche Erklärung, die Aufnahme und Verlesung der Niederschrift und deren Genehmigung durch den Erblasser (BGHZ 54, 89 = NJW 1970, 1601; OLG Zweibrücken NJW-RR 1987, 135). Die zwingende Notwendigkeit der gleichzeitigen Anwesenheit folgt aus der Gesetzesfassung „mündliche Erklärung vor drei Zeugen". Dieses Erfordernis zählt zum Errichtungsakt (laut Mot V 285, 286 sind sie Solennitätszeugen). Die Zeugen müssen daher von Beginn der Verhandlung ihre Zeugenfunktion kennen und diese Funktion bewusst während der gesamten Verhandlung wahrnehmen (BGH FamRZ 1971, 162; NJW 1972, 162; OLG Stuttgart FamRZ 2004, 1605; OLG Düsseldorf 25. 6. 2015 – 3 Wx 224/14, MDR 2015, 1013 Rn 38 m Anm Esskandari/Bick ErbStB 2016, 49; KG 29. 12. 2015 – 6 W 93/15, ErbR 2016, 389 m Anm Esskandari/Bick ErbStB 2016, 175). Die drei Zeugen treten an die Stelle des Notars – § 13 Abs 1 S 1 BeurkG, ohne die hoheitlichen, staatlichen Notarfunktionen umfassend zu erfüllen (Reimann/Bengel/Dietz/Voit Rn 6) und ohne Amtspflichten. Sie ersetzen den Notar nur eingeschränkt funktionell, da dieser als Träger eines öffentlichen Amtes bei jeder Beurkundung, auch bei einer Testamentserrichtung, staatliche Rechtspflegefunktionen mit amtlichen, staatlich gebundenen Prüfungs- und rechtlichen Beratungs- und Belehrungspflichten wahrnimmt. Eine Amtshaftung der drei Zeugen ist daher ausgeschlossen. Möglich wären allerdings privatrechtliche Schadensersatzansprüche und die Erfüllung von Straftatbeständen, zB bei kollusivem Zusammenwirken im Rahmen einer Falschbeurkundung.

37 § 2249 Abs 6 BGB ist bei fehlender Anwesenheit der Zeugen nicht anwendbar (übereinstimmend ua RG DRW 1945, 56; KG Ost DRZ 1950, 256 [wo insbes auch die Absicht dieser Personen, als Zeugen mitzuwirken, und das Bewusstsein dieser Mitwirkung als unerlässlich bezeichnet werden]; dazu KG DNotZ 1942, 338; RG DRW 1945, 56; OLG Celle OLGZ 1968, 487; s weiter BGHZ 54, 89 m Anm Kreft LM § 2239 Nr 2 aF; BGH LM Nr 3; BayObLGZ 1979, 232; OLG Frankfurt Rpfleger 1979, 206; OLG Köln JMBlNRW 1974, 221; OLG Hamm JMBl NRW 1962, 212; OLG Zweibrücken NJW-RR 1987, 135; Kipp/Coing § 29 II 2; Lange/Kuchinke § 21 IV 3; **aA** für das frühere Recht OLG Freiburg HEZ 2, 338; KG NJW 1957, 953).

38 Auf die Zeugen finden folgende Bestimmungen des BeurkG entspr Anwendung (§ 2250 Abs 3 S 2 BGB), die ihre Ausschließung und deren Nichtbeachtung zur Unwirksamkeit des Dreizeugentestaments führt:

§ 6 Abs 1 Nr 1–3 BeurkG	Ausschließungsgründe
§ 7 BeurkG	Beurkundung zugunsten der Zeugen oder ihrer Angehörigen
§ 26 Abs 2 Nr 2–5 BeurkG	Verbot der Mitwirkung als Zeuge
§ 27 BeurkG	Begünstigte Personen

39 Liegt ein Ausschlussgrund in der Person eines der Zeugen vor, so kann ein wirksames Dreizeugentestament nur errichtet werden, wenn **mindestens drei weitere Zeugen** mitwirken, bei denen **keine Ausschlussgründe** vorliegen (zur Rechtsfolge der Nichtigkeit MünchKomm/Sticherling Rn 15). Unschädlich ist, wenn bei der Testamentserrichtung ein vierter Zeuge mitwirkt, der von der Zeugenmitwirkung durch Gesetz ausgeschlossen ist (so BGHZ 115, 169, 176 m Anm Harder LM Nr 4; **aA** OLG Frankfurt MDR 1981, 673). Soweit dessen Anwesenheit die Testamentserrichtung beeinflussen könnte, gewährleistet die Anwesenheit von **drei** unbefangenen Zeugen im Regelfall eine ordnungsgemäße Testamentserrichtung.

40 Erfolgt die Errichtung des Dreizeugentestaments zugunsten eines Zeugen oder eines seiner Angehörigen iSv § 7 BeurkG, so ist das Testament insoweit unwirksam, kann im Übrigen jedoch wirksam sein (BayObLG FamRZ 1995, 1524).

41 Fraglich ist, ob ein Zeuge auch dann von der Mitwirkung zwingend ausgeschlossen ist, wenn seine Mitwirkung nach dem Wortlaut nur gegen eine Sollvorschrift verstößt (§ 26 BeurkG; dazu OLG Hamm Rpfleger 1991, 369: Mitwirkung eines geisteskranken oder geistesschwachen Zeugen). Bis zum Inkrafttreten des TestG gab es keine Ausschlussregelung für geisteskranke oder geistesschwache Zeugen. Im Schrifttum wurde es jedoch als selbstverständlich angesehen, dass ein tauglicher Zeuge geschäftsfähig sein müsse (Planck/Strecker § 2237 Rn 3; Staudinger/Herzfelder[9] § 2237 Rn 4). Das TestG führte den Ausschlussgrund der Geisteskrankheit als bloße Sollvorschrift ein. Das war insofern folgerichtig, als gleichzeitig der Zeugenzwang beim öffentlichen Testament aufgehoben wurde (vgl § 2233 aF und § 11 Abs 1 TestG), somit die An- oder Abwesenheit eines Zeugen keine Wirksamkeitsvoraussetzung des öffentlichen Testaments mehr war. Freiwillig hinzugezogene Zeugen sollten die Unwirksamkeit eines ohne Hinzuziehung von Zeugen wirksamen Testaments nicht herbeiführen können. Offenbar hat der Gesetzgeber bei der Verweisung in § 2250 BGB auf die Ausschlussvorschriften übersehen, dass dieser Rechtsgedanke für die entsprechende Anwendung beim Dreizeugentestament nicht zutreffen kann. Die Errichtung eines Dreizeugentestaments setzt immer eine qualifizierte Mitwirkung der drei Zeugen voraus (BGHZ 54, 89; FamRZ 1971, 162; NJW 1972, 202; OLG Hamm Rpfleger 1991, 369, 371; OLG Stuttgart FamRZ 2004, 1605). Zwar gibt der Wortlaut eine einschränkende Auslegung nicht vor (OLG Hamm Rpfleger 1991, 371), doch der Normzweck verlangt im Wege teleologischer Reduktion nur geschäftsfähige Zeugen zuzulassen, anderenfalls käme man nicht etwa zum (de lege lata unwirksamen) Zweizeugentestament, sondern mit drei Geschäftsunfähigen oder anderweitig in der Wahrnehmung behinderten (vgl die anderen in § 26 BeurkG aufgeführten Behinderungen) Zeugen faktisch zum „Keinzeugentestament“. Da die drei Zeugen in ihrer Gesamtheit anstelle des Notars oder des Bürgermeisters als „Urkundsperson“ deren Beurkundungsfunktion übernehmen (Grüneberg/Weidlich Rn 4) – wenn auch ohne Befugnis ein öffentliches Testament zu errichten – **müssen alle drei Zeugen unbeschränkt geschäftsfähig sein**.

ee) Unterschriften

Die **Unterschrift** des unterschriftsfähigen **Erblassers** gehört zu den **zwingenden** (vgl § 2249 Abs 6 BGB) **Erfordernissen** (Abs 3 S 2, § 13 Abs 1 S 1 BeurkG), ohne die ein wirksames Nottestament auch dann nicht angenommen werden kann, wenn zweifelsfrei feststeht, dass der Erblasser die Erklärung abgegeben hat (BGHZ 115, 169, 175; Kapesser 175 ff). Fehlt die Unterschrift des Erblassers, führt dies nicht zur Unwirksamkeit des Testaments, wenn feststeht, dass das Testament dem letzten Willen des Erblassers entspricht (BayObLG MDR 1980, 56). Die Unterschrift des Erblassers ist dann entbehrlich, wenn er nach eigenen Angaben oder nach der Überzeugung der drei Zeugen nicht schreiben kann (MünchKomm/Sticherling Rn 19). Unterschreibt der Erblasser ein Testament mit anderem Wortlaut, als ihm vorgelesen wurde, ist das Dreizeugentestament unwirksam (BGHZ 115, 169; Grüneberg/Weidlich Rn 9). Die Unterschrift des Erblassers ist gem Abs 3 S 2, § 2249 Abs 1 S 6 u Abs 6 BGB ausnahmsweise dann entbehrlich, wenn der Erblasser entweder nach seinen Angaben oder nach der Überzeugung der drei Zeugen nicht schreiben kann (BGHZ 115, 169, 175; Grüneberg/Weidlich Rn 9). Ein entsprechender Vermerk ist in die Niederschrift aufzunehmen; sein Fehlen führt unter den Voraussetzungen des § 2249 Abs 6 BGB nicht zur Unwirksamkeit. 42

Das Testament soll gem Abs 3 S 2, § 2249 Abs 1 S 5 BGB; § 13 Abs 1 S 1 BeurkG auch von den **drei Zeugen** (BGHZ 115, 169, 173) **unterschrieben** werden. Unschädlich ist, wenn neben den drei Zeugen auch der Bedachte die Niederschrift mitunterschrieben hat (BGHZ 115, 169, 173). Haben nur ein oder zwei Zeugen und der Erblasser unterschrieben, so ist das Fehlen der anderen Unterschriften unschädlich, wenn mit Sicherheit anzunehmen ist, dass das Testament die Erklärung des Erblassers zuverlässig wiedergibt (BGHZ 115, 169, 173; BayObLGZ 1979, 232, 240 ff mwNw). Ob das Nottestament auch wirksam ist, wenn nur der Erblasser unterschrieben hat, ist zweifelhaft (dafür KG NJW 1966, 1661; offen gelassen von BGHZ 115, 169, 173), unter Berücksichtigung des Normzwecks von Nottestamenten aber zu befürworten. Die Unterschrif- 43 ten der drei Zeugen gehören nicht zum Errichtungsakt, so dass das Fehlen einzelner Unterschriften zu den heilbaren Formfehlern zählt (KG NJW 1966, 1161, 1162; BayObLGZ 1979, 232, 241 f; 1990, 294, 299 mwNw). Daher ist es keine Wirksamkeitsvoraussetzung, dass alle drei Zeugen die Niederschrift unterschrieben haben, wobei aber zwingende Voraussetzung ist, dass alle drei Zeugen bei der Errichtung des Testaments mitgewirkt haben (MünchKomm/Sticherling Rn 22). Jedoch muss **mindestens einer der Mitwirkenden** die Niederschrift unterschreiben, nämlich entweder – bei festgestellter Schreibfähigkeit immer – der Erblasser selbst oder (bei Schreibunfähigkeit des Erblassers) einer der drei Zeugen. Keine abgeschlossene Niederschrift liegt vor, wenn im Zeitpunkt des Todes des Erblassers überhaupt keine Unterschrift geleistet worden ist (dazu OLG Köln NJW-RR 1994, 777). Mindestens eine **Unterschrift** des Erblassers oder eines Zeugen (KG JFG 21, 38; KG NJW 1947/48, 190; OLG Gera NJW 1949, 80; OLG Hamm JMinBl NRW 1962, 212; KG NJW 1966, 1661; BayObLGZ 1979, 232, 240 f) bei Testamentseröffnung ist **zwingend geboten**, da ohne jede Unterschrift keine Niederschrift, sondern allenfalls ein Entwurf vorliegt (**aA** jurisPK-BGB/Bauermeister [2017] Rn 9; Reimann/Bengel/Dietz/Voit Rn 15). Befinden sich die Unterschriften der Zeugen über statt unter dem Testament, führt dies nicht zur Unwirksamkeit (BayObLG NJW 1991, 928). Die Unterschrift der Zeugen kann auch nach Errichtung bis zur Testamentseröffnung (OLG Hamm OLGZ 1986, 159, 161) nachgeholt werden (OLG München 12. 5. 2015 – 31 Wx 81/15, RNotZ 2015, 461 Rn 44). Nach der Testamentseröffnung ist die Heilung eines nicht unterschriebenen Testaments nicht mehr möglich (zur Unterschrift des Bürgermeisters auf dem Testamentsumschlag Frenz/Miermeister/Baumann § 35 BeurkG Rn 6). Dies mag in Grenzfällen zu Härten führen, wenn der Wille des Erblassers feststeht und das Beurkundungsverfahren abgeschlossen war (vgl Reimann/Bengel/Dietz/Voit Rn 15); solche Härten können aber auch bei notariellen Beurkundungen oder sogar beim eigenhändigen Testament eintreten (Beispiele: Erblasser verstirbt in der Beurkundungsverhandlung vor Leistung der Unterschrift; Erblasser verfasst das Testament eigenhändig und verstirbt, bevor er unterschreibt).

VII. Sprache, Schrift

44 Das Dreizeugentestament kann sowohl in deutscher als auch in einer Fremdsprache errichtet werden (Abs 3 S 3). Die Errichtung eines Dreizeugentestaments unter Zuziehung eines **Dolmetschers** ist **nicht möglich** (Abs 3 enthält keine Verweisung auf § 16 BeurkG). Die Zuziehung eines Dolmetschers würde die Funktionen der drei Zeugen entwerten und könnte faktisch zum Einzeugentestament des Dolmetschers führen. Spricht der Dolmetscher die Sprache des Erblassers und der Zeugen, so ist er entbehrlich oder „als vierter Zeuge" unschädlich. Das Testament kann in einer fremden Sprache nur dann errichtet werden, wenn sowohl der Erblasser als auch alle drei Zeugen der fremden Sprache hinreichend mächtig sind (Erfordernis ist zwingend und fällt nicht unter § 2249 Abs 6 BGB). Das Testament kann auch in fremder Schrift, mit fremden Schriftzeichen errichtet werden, sofern alle Zeugen und der lesefähige Erblasser diese Schrift lesen können, auch in Kurzschrift (BayObLG MDR 1980, 56).

VIII. Behinderungen des Erblassers

45 Stumme oder Sprechunfähige können ein Dreizeugentestament nicht errichten, da die Errichtung **nur durch mündliche Erklärung** erfolgen kann (krit Soergel/Mayer[13] Fn 25; krit auch Soergel/Deuschl Rn 9; Reimann/Bengel/Dietz/Voit Rn 7; dazu Rn 15, 33). Sind

drei Gebärdensprachdolmetscher oder der Gebärdensprache Mächtige anwesend, kann diese Einschränkung aus verfassungsrechtlichen Gründen nicht gelten, weil Gebärdensprachdolmetscher die Übersetzung in eine „andere Sprache" (Abs 3 S 3) gewährleisten, und die Gebärdensprache nicht gegenüber Lautsprachen diskriminiert werden darf. Daher ist in solchen Fällen gem S 3 eine analoge Anwendung der Vorschrift auf Gebärdensprachen geboten. Der Gesetzgeber sollte, eine verfassungsrechtlich gebotene Anpassung beim Mündlichkeitserfordernis vornehmen.

IX. Gemeinschaftliches Dreizeugentestament, Dreizeugenerbvertrag

46 Ein gemeinschaftliches Dreizeugennottestament kann unter den Vorrausetzungen des § 2266 BGB errichtet werden. (Staudinger/Raff § 2266 Rn 2 ff). Einen Dreizeugenerbvertrag sieht unsere Rechtsordnung nicht vor.

X. Keine öffentliche Urkunde

47 Das Dreizeugentestament ist keine öffentliche Urkunde iSd § 415 ZPO (MünchKomm/Sticherling Rn 24), da die Niederschrift nicht von einer für öffentliche Beurkundungen zuständigen Stelle aufgenommen wird (Mot V 285; MünchKomm/Sticherling Rn 24; Jauernig/Stürner Rn 5) und unterliegt daher als Privattestament freier richterlicher Beweiswürdigung (BGH LM § 416 ZPO Nr 1; NK-Kroiss Rn 22). Die drei Zeugen treten zwar anstelle des Notars, sie nehmen aber keine hoheitlichen Funktionen wahr. Den Zeugen obliegen insbesondere nicht die nach dem Beurkundungsgesetz dem Notar auferlegten, aus dem öffentlichen Amt der vorsorgenden Rechtspflegeorgane fließenden Prüfungs- und Belehrungspflichten. Daher *kann ein Dreizeugentestament nicht von testierfähigen Minderjährigen errichtet werden* (vgl dazu § 2233 Rn 9 ff).

XI. Verwahrung

48 Für das Dreizeugentestament als Privaturkunde ist nicht – wie bei öffentlichen Testamenten – die besondere amtliche Verwahrung vorgeschrieben (MünchKomm/Sticherling Rn 24), so dass die Rücknahme aus der Verwahrung nicht gem § 2256 BGB (anders § 387 Abs 2 Ziff 2 ZGB) als Widerruf wirkt (zum Rechtszustand vor dem TestG s Gottwald, Kann das Landesrecht die amtliche Verwahrung der nichtöffentlichen außerordentlichen Testamente anordnen? [Diss Breslau 1930]). Die Verwahrung dieses Privattestaments (BayObLG 1979, 232) nach § 2248 ist zulässig (Palandt/Weirich Rn 11).

XII. Recht der DDR

49 Die Errichtung eines Nottestamentes war in § 383 Abs 2 ZGB (vgl Einl 89 zu §§ 2229–2302) und § 386 ZGB (vgl Einl 107 ff zu §§ 2229–2302) geregelt. Das Nottestament war ein Zweizeugentestament. Dieses war im Unterschied zum BGB auch gegenüber dem eigenhändigen Testament subsidiär (zur teilweisen Fortgeltung des ZGB vgl Einl 61 ff zu §§ 2229–2302).

XIII. IPR

50 Das Testament eines Deutschen kann auch im Ausland nach den Formen des § 2250 BGB (oder auch nach den dortigen Ortsformen für Nottestamente [maßgebend sind

das Haager TestÜbK bzw Art 26 EGBGB und Art 27 EuErbVO; vgl dazu Einl 131 ff zu §§ 2229–2302]) errichtet werden (dazu OLG Frankfurt 12. 12. 2013 – 20 W 281/12, ErbR 2015, 50). Auf in Deutschland errichtete Dreizeugen-Testamente eines Ausländers findet das Haager TestÜbK (vgl dazu Einl 134 ff zu §§ 2229–2302) bzw Art 26 EGBGB und Art 27 EuErbVO Anwendung (vgl dazu Einl 138 ff zu §§ 2229–2302).

§ 2251
Nottestament auf See

Wer sich während einer Seereise an Bord eines deutschen Schiffes außerhalb eines inländischen Hafens befindet, kann ein Testament durch mündliche Erklärung vor drei Zeugen nach § 2250 Abs. 3 errichten.

Materialien: E I § 1929; II § 2115; III § 2221; Mot V 286; Prot V 346; Jakobs/Schubert, ER II 1622–1625; 1. Denkschr d ErbrA (1937) 87; Horn MatK- ErbR 1014–1018.

Systematische Übersicht

I. Textgeschichte

1 Das Seetestament war in den ursprünglichen Entwürfen nicht zur Aufnahme in das BGB vorgesehen, da der Seereisende sich freiwillig in die einer Absperrung vergleichbare Lage begebe (Mot V 287) und daher vorher testamentarische Vorsorge treffen könne. § 25 TestG, der die ursprüngliche Fassung des § 2251 BGB übernahm, gebrauchte an Stelle „nicht zur Kaiserlichen Marine gehörenden Fahrzeugs" die Worte „nicht zur Kriegsmarine gehörenden Fahrzeugs". Das GesEinhG fügte die Bestimmung mit der dem Grundgesetz entsprechenden Änderung wieder dem BGB ein. Anstelle von „Fahrzeug" wurde Schiff gesetzt, womit klargestellt werden sollte, dass Luftfahrzeuge über der See (also Flugzeuge und Luftschiffe) nicht unter die Regelung fallen. Die amtliche Überschrift wurde mit der Neufassung des BGB (Bekanntmachung v 2. 1. 2002 [BGBl I 42]) eingeführt.

II. Normzweck

Durch das Seetestament soll dem Erblasser während einer Seereise die Errichtung eines außerordentlichen Testaments ermöglicht werden, weil die Situation einer Absperrung vergleichbar sei. 2

III. Gesetzeskritik

§ 2251 regelt **kein** Nottestament und sollte vom Gesetzgeber gestrichen werden. Wegen der freiwilligen „Absperrungssituation" ist die **Notwendigkeit einer gesetzlichen Sonderregelung für Seetestamente nicht gegeben** (krit auch REIMANN/BENGEL/DIETZ/VOIT Rn 2; SOERGEL/DEUSCHL Rn 1). Der Erblasser kann vor Antritt der Seereise erbrechtliche Vorsorge treffen und nach Antritt an Bord sowohl ein eigenhändiges Testament als auch – ohne Sonderregelung – ein Dreizeugentestament bei einer Notlage errichten (für ersatzlose Streichung des § 2251 VON DER BECK 151 f). Das Seetestament könnte sogar dann errichtet werden, wenn ein deutscher Notar an Bord ist (SOERGEL/DEUSCHL Rn 1, 6). Auch die Erwägungen der Entwurfsverfasser (Mot V 287) sprechen unverändert gegen die Notwendigkeit eines Seetestaments. 3

Die Regelung ist außerdem **problematisch, weil Seetestamente als „außerordentliche Testamente" eine nahezu unbeschränkte Gültigkeitsdauer entfalten können** (vgl dazu § 2252 Rn 8 ff) und ohne das Erfordernis einer Notlage auf jeder Schiffsreise errichtet werden können. Die praktischen Anwendungsfälle sind gering, zumal in echten Seenotfällen mit dem Untergang des Schiffes auch das auf vergänglichen Materialien errichtete Seetestament in den meisten Fällen verloren gehen wird und ein Seetestament als Flaschenpost nicht zur zeitnahen Nachlassregelung geeignet ist. 4

Legislativ sinnvoll könnte allenfalls ein Seenottestament sein, das – gebunden an moderne Techniken – eine Fern-Übermittlungsform mit gesicherter Errichtung und Übertragung als wirksames Nottestament auf See anerkennt (zu neuen Errichtungsformen auch MICHALSKI Rn 227), um in Seenotfällen bei Todesgefahr noch letztwillige Verfügungen anordnen zu können. Dies würde insgesamt eine gesetzliche Neuordnung der echten Nottestamente (§§ 2249, 2250 BGB) und ihrer Errichtungsformen erfordern. Vorab aber wäre die überflüssige Sonderregelung des § 2251 BGB zum Seetestament als außerordentliches Testament (es ist kein Nottestament) zu streichen. 5

Bleibt das Seetestament gem § 2251 BGB in Kraft, so darf es nach den Vorgaben des Bundesverfassungsgerichts nicht mehr allein an das Mündlichkeitserfordernis gebunden sein (REIMANN/BENGEL/DIETZ/VOIT Rn 3; STAUDINGER/BAUMANN § 2250 Rn 15, 33, 46). Deshalb bedarf § 2251 BGB zwingend der Novellierung oder sollte besser gestrichen werden, weil in echten Notfällen § 2250 BGB anwendbar bleibt. 6

IV. Geltendes Recht

1. Allgemeines

Deutsche Schiffe, die sich auf einer Seereise befinden, werden in Übereinstimmung mit den völkerrechtlichen Regelungen als deutsches Hoheitsgebiet angesehen, so dass jeder deutsche Notar auf ihnen auch in ausländischen Gewässern wirksam beur- 7 kunden kann. Die Anwesenheit eines Notars hindert die Testamentserrichtung nach § 2251 BGB jedoch nicht (Reimann/Bengel/Dietz/Voit Rn 2; Grüneberg/Weidlich Rn 1; **aA** wohl Erman/S Kappler/T Kappler Rn 1), da die Vorschrift nicht auf die Voraussetzungen des § 2250 Abs 1 oder 2 BGB verweist.

8 Im Hinblick auf die beschränkte Dauer der Gültigkeit (§ 2252 BGB) sowie die besondere Natur des Errichtungsortes, die im Allgemeinen aus tatsächlichen Gründen die Form des öffentlichen Testaments nicht gestatten wird, rechnet man das sog Seetestament zu den Nottestamenten (Erman/S Kappler/T Kappler Rn 1). Da ein besonderer Notstand, wie zB Erkrankung des Erblassers oder Seenot, nicht erforderlich ist, muss es aber zu den außerordentlichen Testamentsformen zählen (Soergel/Mayer[13] Rn 1; Soergel/Deuschl Rn 1; Grüneberg/Weidlich Rn 1).

2. Voraussetzungen

9 **Voraussetzung ist, dass der Erblasser** (Passagier oder Besatzungsmitglied, Deutscher oder Ausländer) sich befindet:

a) während einer Seereise

10 Die Abgrenzung der Seereise ist problematisch (Soergel/Deuschl Rn 2). Eine Seereise liegt nicht vor, wenn es sich um eine „Butterfahrt“, kurze Vergnügungsfahrt oder Sport- und Fischereifahrt handelt (MünchKomm/Sticherling Rn 4; Soergel/Mayer[13] Rn 2; Soergel/Deuschl Rn 2; Erman/S Kappler/T Kappler Rn 2; Reimann/Bengel/Dietz/Voit Rn 3, der hier eine Ausnahme annimmt, wenn ein „besonderer Anlass zur Testamentserrichtung vorliegt“. Dann aber ist § 2250 BGB anwendbar). Die Seereise beginnt, sobald das Schiff sich auf dem Zufahrtsgewässer zur offenen See bewegt. Zur offenen See rechnen schon die Küstengewässer.

b) an Bord eines deutschen Schiffes

11 Der Erblasser muss sich während der Testamentserrichtung an Bord eines deutschen Schiffes (auch Luftkissenboote, nicht dagegen Luftschiffe [vgl Rn 1]) befinden (MünchKomm/Sticherling Rn 3). Der Schiffseigentümer muss Deutscher sein und das Recht haben, die deutsche Flagge zu führen (vgl dazu Flaggenrechtsgesetz v 8. 2. 1951 [BGBl I 79] in der Fassung der Bekanntmachung v 26. 10. 1994 [BGBl I 3140] geändert durch G v 25. 6. 2009 [BGBl I 1574]). Die Art des Schiffes (See-, Binnenschiff, Motor-, Segel-, Tragflügel-, Luftkissenboot, nicht aber Wasserflugzeug) ist ohne Belang. Im Meer fest verankerte Bohrinseln sind keine Schiffe (Bamberger/Roth/Litzenburger Rn 2), auch nicht schwimmende Pontons, soweit sie nicht zur Seereise (etwa mit aufgebautem Katamaran) bestimmt sind. Zur Wirksamkeit des Seetestaments nicht erforderlich ist die Eintragung des deutschen Schiffs im deutschen Schiffsregister (Grüneberg/Weidlich Rn 1) oder die Erteilung eines Flaggenzeugnisses (jurisPK-BGB/Bauermeister [2017] Rn 2). Die Vorschrift gilt auch für Schiffe der Bundesmarine (zur Testamentserrichtung auf Fahrzeugen der „Reichsmarine“, später „Kriegsmarine“, außerhalb eines inländischen Hafens Art 44 EGBGB; später §§ 38, 48 Nr 3 WehrG v 23. 3. 1921 [RGBl I 329]; sodann Art 2 WehrmFGG v 24. 4. 1934 [RGBl I 335]). Auf ausländischen Schiffen findet das Haager Testamentsformabkommen bzw Art 26 EGBGB und Art 27 EuErbVO Anwendung (Einl 131 ff zu §§ 2229–2302).

c) außerhalb eines inländischen Hafens

Der Aufenthalt im ausländischen Hafen rechnet zur Seereise (ebenso Erman/S Kappler/T Kappler Rn 2; Grüneberg/Weidlich Rn 2), solange der Erblasser sich an Bord befindet, auch wenn der Erblasser dort erst zugestiegen ist, der Aufenthalt in einem deutschen Hafen zählt hingegen nicht zur Seereise (MünchKomm/Sticherling Rn 5). 12

3. Form

Die Form des Seetestaments (daneben auch zB eigenhändiges Privattestament möglich) bestimmt sich nach § 2250 Abs 3 BGB. Der Führer des Schiffes (Kapitän) oder sein Stellvertreter braucht nicht zu den Mitwirkenden zu gehören (Mot V 286), damit diese insbesondere in Notsituationen nicht von ihren seemännischen Pflichten abgehalten werden. Da das deutsche Schiff unter deutscher Flagge auch in ausländischen Gewässern oder Häfen immer deutsches Hoheitsgebiet bleibt, genügt zur Wahrung der Form an Bord des Schiffes nicht die Ortsform des ausländischen Hafens. 13

V. Wirkung

Das Seetestament ist kein öffentliches Testament, sondern als Unterart des Drei-Zeugentestaments eine Privaturkunde (vgl § 2250 Rn 47; Soergel/Deuschl Rn 7; MünchKomm/Sticherling Rn 7; Jauernig/Stürner Rn 1). 14

VI. Gemeinschaftliches Seenottestament, Seenoterbvertrag

Ein gemeinschaftliches Seenottestament sieht § 2266 BGB nicht vor (dazu Staudinger/Raff § 2266 Rn 4). Noterbverträge sind in unserer Rechtsordnung ebenfalls nicht vorgesehen. 15

VII. Amtliche **Verwahrung** ist nicht vorgeschrieben, aber möglich und zweckmäßig (MünchKomm/Sticherling Rn 7).

VIII. Die **Gültigkeitsdauer** ist nach § 2252 BGB beschränkt (krit dazu aber Rn 4). 16

§ 2252
Gültigkeitsdauer der Nottestamente

(1) Ein nach § 2249, § 2250 oder § 2251 errichtetes Testament gilt als nicht errichtet, wenn seit der Errichtung drei Monate verstrichen sind und der Erblasser noch lebt.

(2) Beginn und Lauf der Frist sind gehemmt, solange der Erblasser außerstande ist, ein Testament vor einem Notar zu errichten.

(3) Tritt im Falle des § 2251 der Erblasser vor dem Ablauf der Frist eine neue Seereise an, so wird die Frist mit der Wirkung unterbrochen, dass nach Beendigung der neuen Reise die volle Frist von neuem zu laufen beginnt.

(4) Wird der Erblasser nach dem Ablauf der Frist für tot erklärt oder wird seine Todeszeit nach den Vorschriften des Verschollenheitsgesetzes festgestellt, so behält das

Testament seine Kraft, wenn die Frist zu der Zeit, zu welcher der Erblasser nach den vorhandenen Nachrichten noch gelebt hat, noch nicht verstrichen war.

Materialien: E I §§ 1926, 1928, 1930; II § 2116; III § 2222; Mot V 282 f; Prot V 345 f; Jakobs/Schubert, ER II 1625–1631; 1. Denkschr d ErbrA (1937) 87, 93; Horn MatK-ErbR 1018–1022.

Systematische Übersicht

I. Textgeschichte

1 § 26 TestG übernahm wörtlich den ursprünglichen Inhalt des § 2252 BGB. Das GesEinhG fügte die Bestimmung mit gleichem Wortlaut dem BGB wieder ein, setzte jedoch in Abs 4 in Anpassung an die §§ 39 ff VerschG die Worte: „oder wird seine Todeszeit nach den Vorschriften des Verschollenheitsgesetzes festgestellt“ hinzu. Das BeurkG strich in Abs 2 die Worte *„Richter oder“*. Die Neufassung des BGB (Bekanntmachung v 2. 1. 2002 [BGBl I 42]) hat die amtliche Überschrift eingeführt sowie die Orthographie der Rechtschreibreform angepasst (ua Ersetzung des „ß“ nach kurzem Vokal durch „ss“), die Diktion modernisiert, den Gesetzeswortlaut inhaltlich aber unverändert belassen.

II. Grundsätzliches

2 Die Vorschrift gilt für alle nach §§ 2249–2251 BGB errichteten Testamente. Die beschränkte Gültigkeitsdauer rechtfertigt sich aus der vorläufigen Natur der in außerordentlichen Formen (§§ 2249, 2250, 2251 BGB) errichteten Testamente (Mot V 282, 286, 288). Eine in der Form des § 2247 BGB errichtete und nach § 2249 BGB übergebene Schrift behält nach Fristablauf ihre Gültigkeit als eigenhändiges Testament, sofern sich nicht ein abweichender Wille des Erblassers feststellen lässt (Reimann/Bengel/Dietz/Voit Rn 5).

III. Normzweck

Da die Testamente in Sondersituationen (§§ 2249, 2250, 2251 BGB) unter weniger strengen Formvoraussetzungen errichtet werden, soll ihnen nur eine vorläufige Wirkung zukommen. Die in §§ 2249, 2250, 2251 BGB vorgeschriebenen Errichtungsformen bieten nur eine eingeschränkte Sicherheit für die richtige Dokumentation des letzten Willens (MünchKomm/Sticherling Rn 1). Auch wird der Erblasser bei Errichtung eines Nottestaments idR keine umfassende Abwägung seiner Nachlassinteressen und keine ausreichende Beratung in Anspruch genommen haben. Daher soll seinem unter erleichterten Formen in einer Notsituation geäußerten Willen nur eine vorläufige Wirkung beigelegt werden. 3

IV. Gesetzeskritik

Abs 2 u 3 enthalten Unstimmigkeiten, die einer Gesetzesänderung bedürfen. 4

Nach Abs 2 bleiben die außerordentlichen Testamente weiter gültig, wenn der Erblasser nicht in der Lage ist, ein Testament vor einem deutschen Notar zu errichten. Bei dauerhaft im Ausland lebenden Personen kann dies zur zeitlich unbeschränkten Geltung von gem §§ 2249, 2250, 2251 BGB errichteten Testamenten führen (dazu Rn 7). 5

Seit 1. 1. 2002 (Inkrafttreten des SchRModG) hätte der Wortlaut des Abs 3 so gefasst werden müssen, dass er entsprechend der neuen gesetzlichen Terminologie vom Neubeginn der Verjährung spricht (zutreffend Soergel/Mayer[13] Rn 5; Soergel/Deuschl Rn 5). 6

Ebenso widerspricht Abs 3 dem Normzweck außerordentlicher Testamente. Da der Erblasser als Besatzungsmitglied eines Schiffs oder als Passagier im Rentenalter viermal im Jahr und somit ständig auf Seereisen sein kann, ist bei einem **Seetestament eine jahrzehntelange Gültigkeitsdauer** möglich (vgl das Beispiel 10 bei Muscheler Rn 1790). Da eine jahrelange Gültigkeitsdauer nicht dem vorläufigen Charakter eines in außerordentlichen Testamentsformen errichteten „Nottestaments" entspricht, **sollte mindestens die Sonderregelung des Abs 3 für das Seetestament im Gesetz gestrichen werden**. Das Bedürfnis für ein Seetestament erscheint grundsätzlich zweifelhaft, weil dem Erblasser in Notlagen auf See bzw vor und nach Notlagen auch zu Lande möglich ist, ein eigenhändiges Testament oder ein Dreizeugentestament zu errichten (vDickhuth-Harrach § 13 Rn 23). Auch ist rechtlich nicht nachvollziehbar, dass nach Abs 2 die Möglichkeit der Errichtung eines Privattestaments oder eines konsularischen Testaments ohne Einfluss auf die Fristhemmung ist (anders in § 386 Abs 4 ZGB; vgl dazu Rn 17 und Einl 113 zu §§ 2229–2302). 7

V. Frist

1. Fristberechnung (Abs 1)

Die Gültigkeitsdauer der errichteten Testamente in Sondersituationen (§§ 2249, 2250, 2251 BGB) ist unbegrenzt, sofern der Erblasser innerhalb von drei Monaten verstirbt. Verstirbt der Erblasser nach Fristablauf der drei Monate, so gilt ein nach §§ 2249, 2250, 2251 BGB errichtetes Testament als nicht errichtet (BayObLG FamRZ 8

2006, 70) und das Testament verliert im Zeitpunkt des Fristablaufs seine Gültigkeit (Berechnung der Frist: § 187 Abs 1 BGB [der Tag der Errichtung wird nicht mitgerechnet]; § 188 Abs 2, 3 BGB [Ende der Frist]). § 193 BGB findet keine Anwendung (Soergel/Mayer[13] Rn 4; Soergel/Deuschl Rn 4; Reimann/Bengel/Dietz/Voit Rn 6; Damrau/Tanck/Deininger Rn 3; **aA** MünchKomm/Sticherling Rn 2; Burandt/Rojahn/Lauck Rn 3). Durch „Nottestament" widerrufene Testamente werden nach Fristablauf des Nottestaments wieder gültig. Die Widerrufswirkungen eines Nottestaments sind daher befristet. Die Frist endet aufschiebend bedingt mit dem Tod des Erblassers.

2. Fristhemmung (Abs 2)

9 Beginn und Lauf der Frist sind gehemmt, solange der Erblasser **außerstande** ist, **vor einem deutschen Notar** nach deutschem Recht ein ordentliches öffentliches Testament zu errichten (Abs 2; MünchKomm/Sticherling Rn 6). Die Wirkung der Hemmung richtet sich nach § 209 BGB (Staudinger/Peters/Jacoby [2014] § 209 Rn 3 f). Die Möglichkeit der Errichtung eines eigenhändigen Privattestaments oder der Errichtung vor einem deutschen Konsul beeinflusst die Fristhemmung nach dem eindeutigen Gesetzeswortlaut nicht (MünchKomm/Sticherling Rn 4; Grüneberg/Weidlich Rn 1; Reimann/Bengel/Dietz/Voit Rn 7; Damrau/Tanck/Deininger Rn 4; Muscheler Rn 1790; **aA** Soergel/Deuschl Rn 4), was wegen der dann unbeschränkten Gültigkeit dauerhaft im Ausland lebender Deutscher, die auch dort ein Dreizeugentestament als Nottestament errichten können und die durch Rechtswahl (ggf schon in einem früheren ordentlichen Testament oder Erbvertrag) das „gewöhnliche Aufenthaltsstatut" der EuErbVO zugunsten des deutschen Rechts abbedungen haben, problematisch ist. Hat der Erblasser seinen ständigen Aufenthalt während der Dreimonatsfrist ins Ausland verlegt, so richten sich Gültigkeit und Fristablauf des Nottestaments nach dem dann anwendbaren materiellen Recht (vgl Art 27 EuErbVO). Die Hemmung des Laufes der Frist bedeutet, dass der fragliche Zeitraum nicht in die Frist eingerechnet wird (Staudinger/Peters/Jacoby [2014] § 209 Rn 3 f).

10 „Außerstande" zur Errichtung eines ordentlichen öffentlichen Testaments ist ein Erblasser nicht nur, wenn er wegen persönlicher Unfähigkeit (zB Krankheit, Geschäftsunfähigkeit) zur Errichtung nicht in der Lage war (Mot 282 f) oder objektive Umstände, wie Absperrung, Überschwemmung usw ihn gehindert haben. Eine „wesentliche Erschwerung" allein genügt nur, falls die Voraussetzungen des § 2250 Abs 1 BGB gegeben sind (dazu Mot V 283; MünchKomm/Sticherling Rn 6).

3. Sonderregelung für Seetestament (Abs 3)

a) Inhalt

11 Tritt der Erblasser vor dem Ablauf der in Abs 1 gesetzten Frist eine neue Seereise an, so wird diese Frist dergestalt unterbrochen, dass nach Beendigung der neuen Reise die volle Frist von neuem zu laufen beginnt. Dass während der Dauer der ersten Reise der Ablauf der Frist gehemmt ist, ergibt sich schon aus Abs 2. Für die Anwendung des Abs 3 ist es ohne Belang, ob sich der Reisende in der Zwischenzeit im In- oder Ausland befunden hat und ob die neue Reise auf demselben Schiff wie die frühere oder auf einem anderen Schiff angetreten ist (Mot V 288). Abs 3 erfordert den wirklichen Antritt einer neuen Seereise, nicht bloß die Fortsetzung einer unterbrochenen, für die Abs 2 gilt.

b) Gesetzeskritik

Die Sonderregelung für Seetestamente widerspricht dem vorläufigen Charakter 12
eines „Nottestaments“ (dazu Rn 7).

4. Todeserklärung bzw -feststellung (Abs 4)

Abs 4 modifiziert den Fristablauf. Nach §§ 9 Abs 1, 44 Abs 2 VerschG begründet die 13
Todeserklärung bzw die Todesfeststellung die Vermutung, dass der Verstorbene zu dem im Beschluss festgestellten Zeitpunkt gestorben ist. Somit wäre denkbar, dass der im Beschluss festgestellte Todestag in die Zeit nach dem Ablauf der Dreimonatsfrist des Abs 1 bzw der verlängerten Frist nach Abs 2 fällt, während diese Frist zu der Zeit, zu der der Erblasser den vorhandenen Nachrichten zufolge noch lebte, noch nicht verstrichen war. Deshalb soll es, wenn der Erblasser nach dem Ablauf der Frist für tot erklärt wird, gleichgültig sein, ob aus dem in dieser Erklärung angenommenen Todestag sich ergeben würde, dass der Erblasser noch nach dem Ablauf der Frist des Abs 1 lebte. Vielmehr soll das Testament in Kraft bleiben, wenn die dreimonatige Frist zu der Zeit noch nicht abgelaufen war, zu der der Erblasser den vorhandenen Nachrichten zufolge noch gelebt hat (Arnold Rpfleger 1957, 145). Gibt es aber eine letzte Nachricht vom Leben des Erblassers nach dem Ablauf der Frist, so bleibt es bei der Frist nach Abs 1 iVm Abs 2.

VI. Wirkung

Überlebt der Erblasser den Fristablauf, so gilt das Testament als nicht errichtet, ein 14
zB im Testament enthaltener Widerruf als nicht erfolgt. Die Fassung „gilt als nicht errichtet“ bringt die Rückbeziehung des Eintritts der Unwirksamkeit zum Ausdruck, womit zugleich die aufhebende bzw widerrufende Wirkung des in außerordentlicher Form errichteten Testaments gegenüber einem früher errichteten ordentlichen Testament (vgl §§ 2253, 2254, 2257, 2258 BGB) beseitigt wird (Mot V 282; KG RJA 15, 280; Reimann/Bengel/Dietz/Voit Rn 4). Den im Testament Bedachten kann ein Anfechtungsrecht nach § 2078 Abs 2 BGB zustehen, wenn der Erblasser das Testament bei Kenntnis seiner beschränkten Gültigkeitsdauer nicht errichtet hätte (RGZ 104, 322; Grüneberg/Weidlich Rn 1 „ursächlicher Zusammenhang“; MünchKomm/Sticherling Rn 9). Erfüllt das Nottestament alle Voraussetzungen des § 2247 BGB, so bleibt es wirksam (zutreffend jurisPK-BGB/Bauermeister [2017] Rn 2; Soergel/Deuschl Rn 3), sofern sich nicht durch Auslegung ergibt, dass es nach dem Willen des Erblassers nur zeitlich beschränkt gelten sollte (anders MünchKomm/Sticherling Rn 10), die zusätzlichen Unterschriften der Zeugen auf einem Privattestament gem § 2247 BGB sind unschädlich. Sie allein sprechen noch nicht für eine beschränkte Gültigkeitsdauer.

VII. Gemeinschaftliche Nottestamente

Ein gemeinschaftliches nach §§ 2249, 2250, 2266 BGB errichtetes Testament bleibt 15
auch bezüglich der nicht wechselbezüglichen Verfügungen des Überlebenden wirksam, wenn der lebensgefährlich erkrankte Ehegatte innerhalb der drei Monate nach der Errichtung stirbt (KG OLGE 40, 140). Zweifelhaft ist, ob die Wirksamkeit der Verfügungen des Überlebenden auch dann bestehen bleibt, wenn nur der zur Errichtungszeit gesunde Gatte während der drei Monate verstirbt. Soweit die Verfügungen

wechselbezüglich sind, gebietet der Normzweck der Bindungswirkung gem §§ 2270, 2271 BGB die Wirksamkeit der wechselbezüglichen Erklärungen des überlebenden lebensgefährlich Erkrankten bestehen zu lassen (Schultheis ZBlFG 1917, 174). Da § 2252 BGB aber nicht auf einzelne Verfügungen, sondern auf die Wirksamkeit des Testaments abstellt, bleiben auch die nicht wechselbezüglichen Verfügungen nach Fristablauf wirksam, wobei der Überlebende letztere widerrufen kann.

VIII. Beweislast, Feststellungslast

16 Wer die Fortgeltung nach Abs 2, 3, 4 behauptet, trägt die Beweis- bzw Feststellungslast (Soergel/Deuschl Rn 7; Bamberger/Roth/Litzenburger Rn 5; Reimann/Bengel/Dietz/Voit Rn 10). Ist der Zeitpunkt des (feststehenden) Todes strittig, so hat, wer die Unwirksamkeit der Verfügung behauptet, das Überleben der Dreimonatsfrist durch den Erblasser zu beweisen (hM; zB MünchKomm/Sticherling Rn 9; Grüneberg/Weidlich Rn 2; BeckOK/Litzenburger BGB Rn 5; **anders** Damrau/Tanck/Deininger Rn 8, wonach derjenige, der sich auf die Wirksamkeit des Testaments beruft, das Versterben des Erblassers innerhalb der Dreimonatsfrist beweisen muss, allerdings mit dem Widerspruch, dass im Bestreitensfall [nur dann ist die Beweislastverteilung von Bedeutung] derjenige die Beweislast trägt, der das Nottestament für ungültig hält).

IX. DDR-Recht

17 Das in § 386 ZGB geregelte **Zweizeugentestament** wurde nach Abs 4 gegenstandslos, wenn der Erblasser drei Monate nach Errichtung noch lebte. Die ebenfalls vorgesehene Fristhemmung galt im Unterschied zum BGB schon dann nicht mehr, sobald der Erblasser ein eigenhändiges (oder ein notarielles) Testament errichten konnte (zu § 386 ZGB vgl Einl 113 zu §§ 2229–2302 und zur teilweisen Fortgeltung des DDR-Rechts Einl 61 ff zu §§ 2229–2302).

§ 2253
Widerruf des Testaments

Der Erblasser kann ein Testament sowie eine einzelne in einem Testament enthaltene Verfügung jederzeit widerrufen.

Materialien: E I § 1753 Abs 2; II § 2121 Abs 1; III § 2226; Mot V 7; Prot V 4; Jakobs/Schubert, ER II 1631–1642; 1. Denkschr d ErbrA (1937) 94 ff, 34; Horn MatK-ErbR 1022–1026.

Schrifttum zu §§ 2253–2258

Baumann, Widerrufs- oder Widerspruchstestamente – Zur Abgrenzung zwischen § 2254 BGB und § 2258 BGB, ErbR 2022, 452
C Baumann, Erbrechtliche Verwirkungsklauseln (2009)
vDickhuth-Harrach, Die Rückgabe eines Erbvertrages aus der notariellen Verwahrung, RNotZ 2002, 384
Firsching, Fragen des Testamentsrechts, DNotZ 1955, 283

Fischer, Nochmals: Durchführung der Rückgabe eines Testaments gemäß § 2256 BGB, Rpfleger 1958, 177
Frank, Erbrechtliche Regelungen des OLGVertrÄndG, NotBZ 2003, 8
Goldkamp, Das verschwundene Testament, ErbR 2022, 111
Granicky, Durchführung der Rückgabe eines Testaments nach § 2256 BGB, Rpfleger 1957, 246
Helms, Der Widerruf und die Anfechtung wechselbezüglicher Verfügungen bei Geschäfts- und Testierfähigkeit, DNotZ 2003, 104
Hellfeier, Die Neuerrichtung eines durch schlüssige Handlung nach § 2255 BGB S 1 BGB widerrufenen Testaments, ZEV 2003, 1
Hohmann, Zum Widerruf durch Einwirkung auf die Testamentsurkunde, ZEV 1996, 271
Kanzleiter, Widerruf eines (privatschriftlichen) Testaments nach § 2255 BGB durch Veränderungen in einer Kopie des Originaltestaments, ErbR 2014, 268
Keim, Die Aufhebung von Erbverträgen durch Rücknahme aus amtlicher oder notarieller Verwahrung, ZEV 2003, 55
ders, Widerruf wechselbezüglicher Verfügungen eines gemeinschaftlichen Testaments auch gegenüber dem Bevollmächtigten des anderen Ehegatten, ZEV 2010, 358
Klunzinger, Die Maßgeblichkeit des Erblasserwillens beim Widerruf des Widerrufs, DNotZ 1974, 278
Lange, Beseitigung von letztwilligen Verfügungen durch Betreuer, ZEV 2008, 313
vLübtow, Zur Lehre vom Widerruf des Testaments, NJW 1968, 1849
Maerz, Die amtliche Verwahrung von Testament und Erbvertrag und die Rücknahme des Testaments aus der amtlichen Verwahrung (Diss Erlangen 1950)
Merle, Zur Rückgabe eines öffentlichen Testaments aus der amtlichen Verwahrung, AcP 171 (1971) 486
Reimann, Die Änderungen des Erbrechts durch das OLG-Vertretungsänderungsgesetz, FamRZ 2002, 1383
Roth, Testamentswiderruf durch Vernichtung oder Unauffindbarkeit, NJW-Spezial 2014, 551
ders, Tücken der Testamentsrücknahme aus amtlicher Verwahrung, NJW-Spezial 2016, 103
R Schmidt, Der Widerruf des Testaments durch Vernichtung oder Veränderung der Testamentsurkunde, MDR 1951, 321
ders, Überspannung des Formalismus im Testamentsrecht, JZ 1951, 745
Schramm, Erbrechtliche Maßnahmen bei Trennung, NZFam 2016, 455
Sonntag, Auslegungskriterien bei sich widersprechenden Testamenten vom selben Tag, ZEV 1996, 1.

Zum älteren Schrifttum bis 1949 s Staudinger/Baumann (2012) § 2253.

Systematische Übersicht

I. Textgeschichte

1 Der bis zum 31. 12. 1991 geltende Wortlaut des § 2253 BGB entsprach dem gleichlautenden § 32 TestG sowie, von einer sprachlichen Verbesserung in Abs 1 und der Ergänzung in Abs 2 (Rn 2) abgesehen, der ursprünglichen Fassung der Bestimmung.

2 Durch Art 1 Nr 2k AdoptionsG v 2. 7. 1976 (BGBl I 1749) waren in Abs 2 die Worte *„oder Rauschgiftsucht"* eingefügt worden (dazu Bosch FamRZ 1976, 401, 405).

3 Durch Gesetz zur Reform des Rechts der Vormundschaft und Pflegschaft für Volljährige (Betreuungsgesetz – BtG) vom 12. 9. 1990 (BGBl I 2002) wurde Abs 2 mit Wirkung zum 1. 1. 1992 aufgehoben. Die Vorschrift bleibt jedoch für alle bis zum 31. 12. 1991 errichteten Widerrufstestamente Entmündigter weiterhin anwendbar (Rn 19).

4 Abs 2 hatte bis zum 31. 12. 1991 geltend folgenden Wortlaut:

(2) Die Entmündigung des Erblassers wegen Geistesschwäche, Verschwendung, Trunksucht oder Rauschgiftsucht steht dem Widerruf eines vor der Entmündigung errichteten Testaments nicht entgegen.

5 Die Neufassung des BGB (Bekanntmachung v 2. 1. 2002 [BGBl I 42]) führte die amtliche Überschrift ein.

II. Grundsätzliches

6 Das Gesetz behandelt in den §§ 2253–2257 BGB den Widerruf von Testamenten, während § 2258 BGB keinen Widerruf regelt (Baumann ErbR 2022, 452), sondern die Aufhebung testamentarischer Bestimmungen durch den abweichenden Inhalt späterer letztwilliger Verfügungen (Widerspruch) (Damrau/Tanck/Roglmeier Rn 2) (s auch § 2289 Abs 1 S 1 BGB, wonach durch einen Erbvertrag eine frühere letztwillige Verfügung des Erblassers aufgehoben wird, soweit sie das Recht des vertragsmäßig Bedachten beeinträchtigen würde). Die §§ 2253 ff BGB beziehen sich auf Testamente jeder Art, auch auf Nottestamente. Mit den außerordentlichen Testamentsformen können ordentliche Testamente widerrufen werden (wobei deren zeitlich beschränkte Gültigkeit gem § 2252 BGB auch als Widerrufstestament zu beachten ist) und umgekehrt können ordentliche Testamente auch Not- oder außerordentliche Testamente widerrufen. Der Widerruf von Testamenten setzt bei allen drei Widerrufsarten die allgemeine Testierfähigkeit voraus, da der Widerruf selbst eine letztwillige Verfügung ist (DNotI-Report 2002, 17, 18). Zu beachten ist aber bei Widerrufstestamenten, die bis zum 31. 12. 1991 errichtet worden sind, dass ein Entmündigter negativ testierfähig war und damit wirksam widerrufen konnte (Staudinger/Baumann [1996] § 2253 Rn 12 ff).

III. Normzweck

7 Die jederzeitig freie Widerruflichkeit letztwilliger Verfügungen insgesamt oder einzelner Teile ist Ausfluss der Testierfreiheit, jedoch wegen der grundsätzlichen Bedeutung des Widerrufs in § 2253 BGB ausdrücklich normiert. Der Widerruf muss vom Erblasser selbst im Zustand der Testierfähigkeit in bestimmten Formen vorgenom-

men werden, da jeder Widerruf eines Testaments die Wirkung einer letztwilligen Verfügung hat.

IV. Regelungsinhalt

1. Freie Widerruflichkeit

Der Erblasser kann auf sein Widerrufsrecht *nicht verzichten.* Nach § 2302 BGB ist ein Vertrag nichtig, durch den sich jemand verpflichtet, eine Verfügung von Todes wegen aufzuheben oder nicht aufzuheben (Staudinger/Raff § 2302 Rn 4 ff). Auch wenn der Erblasser seine einseitige letztwillige Verfügung für unwiderruflich erklärt hat, ist er nicht daran gehindert, zu widerrufen oder eine andere letztwillige Verfügung von Todes wegen zu errichten (Mot V 8). Unwirksam ist die sog *derogatorische Klausel,* dh die Selbstbeschränkung des Verfügenden dahin, dass er sich einseitig eine besondere Form für den Widerruf oder die anderweitige Aufhebung eines Testaments vorschreibt (Mot V 8; vLübtow I 105, 234; Lange/Kuchinke § 23 I Fn 6), weil solche Beschränkungen gegen die Testierfreiheit (§ 2302 BGB) verstoßen (BGH FamRZ 1960, 28; BGHZ 29, 129; OLG Stuttgart BWNotZ 1986, 92; Grüneberg/Weidlich Rn 1; MünchKomm/Sticherling Rn 1). **Zulässig** ist die Aufnahme einer auflösenden Bedingung bzw einer **Verwirkungsklausel** (auch *cautela Socini*) im Testament (Reimann/Bengel/Dietz/Voit Rn 6; ausführlich C Baumann, Erbrechtliche Verwirkungsklauseln [2009]), wonach eine Verfügung von Todes wegen nicht gilt, wenn eine vom Erblasser gesetzte Bedingung (§§ 2074–2076 BGB) eingetreten ist (MünchKomm/Sticherling Rn 3). Auflösende Bedingungen kann der Erblasser im Unterschied zur deswegen unzulässigen derogatorischen Klausel jederzeit abändern. 8

Gleichwohl sieht das Gesetz in zwei Fällen, nämlich bei wechselbezüglichen Verfügungen in gemeinschaftlichen Testamenten (§§ 2270, 2271, 2272 BGB) und bei erbvertraglicher **Bindungswirkung** (§§ 2278, 2291, 2293 ff BGB) Beschränkungen der freien Widerruflichkeit letztwilliger Verfügungen vor, die aber nur bei Einhaltung der dafür vorgeschriebenen Errichtungsformen gelten. In diesen Errichtungsformen enthaltene einseitige Verfügungen sind ebenfalls frei widerruflich (Soergel/Mayer[13] Rn 3). 9

2. Form des Widerrufs

Das BGB kennt **drei Formen** (Soergel/Runge-Rannow Rn 6) des Widerrufs: 10

- Widerruf durch Testament (§ 2254 BGB);
- Widerruf durch Vernichtung oder Veränderung der Urkunde (§ 2255 BGB);
- Widerruf des vor einem Notar oder nach § 2249 BGB errichteten Testaments durch Rücknahme aus der amtlichen Verwahrung (§ 2256 BGB).

§ 2258 BGB regelt keinen Widerruf, sondern den inhaltlichen Widerspruch zwischen zwei Testamenten (Baumann ErbR 2022, 452). Zusätzlich ist in § 2257 BGB der Widerruf des Widerrufs geregelt, in § 2258 Abs 2 BGB der Widerruf des Widerspruchstestaments.

11 Die im Kommentarschrifttum (NK-Kroiss Rn 3) aufgeführte, angebliche vierte Form des Widerrufs (§ 2258 BGB) behandelt dogmatisch keinen Testamentswiderruf (Jauernig/Stürner § 2258 Rn 1: „kein rechtsgeschäftlicher Widerruf"). Der Gesetzgeber hat die amtliche Überschrift falsch formuliert [vgl dazu § 2258 Rn 4]. § 2258 BGB behandelt die legislative Lösung des Problems sich inhaltlich widersprechender Testamente (vgl dazu § 2258 Rn 4, 13 ff). Deshalb verlangt § 2258 BGB keinen Widerrufswillen (vgl dazu § 2258 Rn 20) und greift sogar dann ein, wenn ein „Widerruf" des Erblassers gar nicht beabsichtigt ist (Baumann ErbR 2022, 452).

12 Der Umfang des Widerspruchs gem § 2258 BGB ist oftmals durch Auslegung zu ermitteln. Von der durch Auslegung des Widerspruchs zu unterscheidenden Aufhebung kraft Gesetzes gem § 2258 BGB (Widerspruchstestament) ist ein Widerrufstestament gem § 2254 BGB abzugrenzen, in welchem vom Erblasser zugleich neue positive Anordnungen getroffen werden; diese fallen nicht unter § 2258 BGB, da sie wegen des ausdrücklichen Widerrufs des älteren Testaments gem § 2254 BGB, das mit dem Widerruf unwirksam ist, zu diesem nicht (mehr) im Widerspruch stehen können.

13 Durch andere Willenserklärungen (zB schuldvertragliche Verpflichtungen, mündliche Erklärungen) oder Handlungen (zB konkludente) kann der Widerruf nicht erfolgen (RGZ 69, 413; 104, 323), soweit nicht eine rechtsgeschäftsähnliche Handlung gem § 2255 BGB vorliegt. Der Erblasser kann jedoch seine letztwilligen Anordnungen unter auflösende Bedingungen stellen (C Baumann 23 ff; jurisPK-BGB/Bauermeister [2017] Rn 3). Der Umstand, dass der Erblasser eine uU Jahrzehnte zurückliegende letztwillige Verfügung vergessen hat, macht den darin enthaltenen Willen nicht unbeachtlich und kann nicht als Widerruf gewertet werden (OLG Köln Rpfleger 1986, 224, 225 = JMBlNW 1986, 188), selbst wenn der Erblasser nachweisbar zB von der gesetzlichen Erbfolge ausging. Ohne **nach außen tretenden formgerechten Kundbarmachungsakt** kann eine letztwillige Verfügung nicht widerrufen werden (OLG Köln Rpfleger 1986, 224, 225 = JMBlNW 1986, 188).

3. Gegenstand des Widerrufs

14 Gegenstand des Widerrufs gem § 2254 BGB können der gesamte Testamentsinhalt oder nur einzelne im Testament enthaltene Verfügungen sein. Beim Widerruf gem § 2255 BGB wird bei Vernichtung im Regelfall (Ausnahme: es werden einzelne Seiten des Testaments vernichtet) der gesamte Testamentsinhalt widerrufen, während bei Veränderungen nur Teile widerrufen werden. Beim Widerruf durch Rücknahme gem § 2256 BGB kann nur das zurückgenommene Testament insgesamt widerrufen werden.

15 Wechselbezügliche Verfügungen in gemeinschaftlichen Testamenten können nach § 2271 BGB nur zu Lebzeiten des Ehegatten/Partners widerrufen werden nach der für den Rücktritt vom Ehevertrag geltenden Form notarieller Beurkundung mit entsprechender Zustellung (Staudinger/Raff § 2271 Rn 1 ff; § 2296 Rn 1 ff).

4. Widerrufsberechtigte

16 Der Widerruf ist jedem Erblasser möglich, der die Widerrufserklärung abgeben kann. Dabei erscheint jeder Testamentswiderruf wenigstens im negativen Sinne als letztwillige Verfügung, so dass (positive) **Testierfähigkeit** (MünchKomm/Hagena[7] Rn 8) auch hier gefordert wird (bis 31. 12. 1991 „negative Testierfähigkeit"; vLübtow NJW 1968, 1849; dazu unter Rn 19). Ein testierfähiger Betreuter kann ohne Zustimmung des Betreuers widerrufen (OLG Hamm Rpfleger 1989, 33; DNotI Report 2002, 17; 2004, 112; jurisPK-BGB/Bauermeister [2017] Rn 6), ein testierunfähiger Betreuter nicht, auch nicht mit Zustimmung des Betreuers, da der Widerruf – auch die Rücknahme aus der amtlichen Verwahrung – eine gesetzlich geregelte letztwillige Verfügung besonderer Art ist, die nur **höchstpersönlich vom Erblasser** im Zustand der Testierfähigkeit vorgenommen werden kann (Soergel/Runge-Rannow Rn 6). Ein dauerhaft Geschäftsunfähiger (zB psychisch Gestörter) kann allenfalls in einem lucidum intervallum wirksam widerrufen (dazu § 2229 Rn 71 ff).

5. Wirkung des Widerrufs

17 Der Widerruf führt zur *vollständigen* oder (bei inhaltlichem Widerruf) zur *teilweisen* **Aufhebung** des widerrufenen Testaments (Soergel/Runge-Rannow Rn 7). Bei teilweisem Widerruf ist durch Auslegung zu ermitteln, ob der Erblasser die übrigen Verfügungen ohne die widerrufenen getroffen hätte (§ 2085 BGB) (BGH FamRZ 1960, 28). Die Widerrufswirkung tritt sofort ein, obwohl die Rechtswirkungen letztwilliger Verfügungen erst mit dem Todesfall des Erblassers eintreten (Grüneberg/Weidlich Rn 2). Der Widerruf durch Testament (§ 2254 BGB) ist jedoch kein endgültiger, da er bis zum Tod des Erblassers widerrufen werden kann mit der Rechtsfolge, dass das ursprüngliche, durch Widerruf unwirksame Testament nach dem Widerruf des Widerrufs dann wieder wirksam wird (§ 2257 BGB), wenn kein entgegenstehender Wille des Erblassers erkennbar ist (§ 2254 Rn 18). Beim Widerruf gem § 2254 BGB kann von einer schwebenden Unwirksamkeit des widerrufenen Testaments gesprochen werden, weil dieses wieder wirksam wird, wenn das Widerrufstestament unwirksam wird. Nur der Widerruf gem § 2254 BGB kann unter eine Bedingung oder Befristung gestellt werden. Dagegen hat der Widerruf durch Handlungen (§§ 2255, 2256 BGB) endgültige Wirkung, die nur mit den Formerfordernissen letztwilliger Verfügungen entsprechenden Erklärungen beseitigt werden kann.

6. Anfechtbarkeit des Widerrufs

18 Da der Widerruf selbst eine letztwillige Verfügung ist (DNotI-Report 2002, 17, 18), können alle drei Widerrufsformen nach § 2078 BGB angefochten werden (Reimann/Bengel/Dietz/Voit Rn 9).

V. Widerrufstestamente Entmündigter (Abs 2 aF)

19 Durch das Betreuungsgesetz (vgl Rn 3) wurde die Entmündigung mit Wirkung zum 1. 1. 1992 abgeschafft. Entmündigte konnten bis zum 31. 12. 1991 nicht wirksam testieren (zu verfassungsrechtlichen Bedenken Staudinger/Baumann [1996] § 2229 Rn 43). Eine Ausnahmebestimmung enthielt § 2253 Abs 2 aF (vgl Rn 4), der eine besondere **negative Testierfähigkeit** normierte. Diese Regelung gilt für alle bis zum 31. 12. 1991 errichteten Widerrufstestamente (Einzelheiten bei Staudinger/Baumann [1996] § 2253 Rn 12 ff).

VI. Beweislast

20 Die Beweislast für die Wirksamkeit des Widerrufs trägt derjenige, der sich auf die Unwirksamkeit des widerrufenen Testaments beruft (Damrau/Tanck/Roglmeier Rn 7; jurisPK-BGB/Bauermeister [2017] Rn 7).

VII. DDR-Recht

21 Die Vorschrift entspricht inhaltlich § 387 Abs 1 ZGB (dazu Einl 114 ff zu §§ 2229–2302 und zur teilweisen Fortgeltung des DDR-Erbrechts Einl 61 ff zu §§ 2229–2302).

§ 2254
Widerruf durch Testament

Der Widerruf erfolgt durch Testament.

Materialien: E I § 1933 Abs 1; II § 2121 Abs 2 S 1; III § 2227 S 1; Mot V 297; Prot V 351; Jakobs/Schubert, ER II 1635–1645; 1. Denkschr d ErbrA (1937) 102; Horn MatK-ErbR 1026–1029.

Schrifttum

Baumann, Widerrufs- oder Widerspruchstestamente – Zur Abgrenzung zwischen § 2254 BGB und § 2258 BGB, ErbR 2022, 452.

Systematische Übersicht

I. Textgeschichte

§ 2254 BGB entspricht wörtlich der ursprünglichen Fassung der Bestimmung. Das TestG hatte sie unverändert im § 33 Abs 1 übernommen und mit dem GesEinhG v 5. 3. 1953 wieder in das BGB eingefügt. 1

Die Neufassung des BGB (Bekanntmachung v 2. 1. 2002 [BGBl I 42]) führte die amtliche Überschrift ein. 2

II. Grundsätzliches

Die Vorschrift (mit fünf Wörtern die kürzeste des BGB) behandelt nur den Widerruf durch Testament. Der Widerruf richtet sich gegen den **Inhalt**, nicht gegen formelle Voraussetzungen oder den urkundlichen Bestand des früheren Testaments (RG Recht 1921 Nr 584). Die weiteren Widerrufsarten sind in §§ 2255–2257 BGB geregelt (Grundsätzliches zu den Widerrufsmöglichkeiten s § 2253 Rn 6 ff). In § 2258 BGB ist die gesetzliche Rechtsfolge bei sich inhaltlich widersprechenden Testamenten (Widerspruchstestament), nicht der Widerruf eines Testaments geregelt (entgegen der fehlerhaften amtlichen Überschrift des § 2258 BGB; dazu § 2258 Rn 4; Baumann ErbR 2022, 452). 3

Ein **unfreiwillig** verlorenes oder vernichtetes Testament bleibt wirksam und kann allein in der Form des § 2254 BGB widerrufen oder durch ein neues, inhaltlich abweichendes Testament gem § 2258 BGB aufgehoben werden (BGH JZ 1951, 591; dazu § 2255 Rn 35 ff, 43 ff, 48). 4

III. Normzweck

Die Vorschrift stellt den negativen Widerruf bezüglich der Errichtungsform den positiven letztwilligen Verfügungen gleich. Die Vorschrift bewahrt damit den Erblasser durch Formschutz vor übereilten Entschlüssen (MünchKomm/Sticherling Rn 1, 5 mwNw) und dient zugleich der Rechtssicherheit. 5

IV. Regelungsinhalt

1. Form des Widerrufs

a) Testamentsform

Das Widerrufstestament kann in **jeder Testamentsform** errichtet werden, unabhängig davon, in welcher Testamentsform das widerrufene Testament errichtet worden ist (OLG Köln OLGZ 1968, 324; vgl BayObLG ZEV 1996, 275; Soergel/Runge-Rannow Rn 2). Widerrufen werden kann auch durch ein gemeinschaftliches Testament, selbst wenn der Erblasser dieses nicht eigenhändig verfasst, sondern nur unterschrieben hat (BayObLG FamRZ 1992, 607). 6

Erfolgt der Widerruf eines Testaments durch gemeinschaftliches Testament, das nicht der widerrufsberechtigte Erblasser geschrieben hat, auf getrennten Blättern, so muss die Zusammengehörigkeit der Blätter als gemeinschaftliches Testament feststehen (OLG Braunschweig ZEV 2007, 178). Der Widerruf eines Einzeltestaments kann auch in einem Erbvertrag enthalten sein. 7

8 Ein Widerruf kann auch durch ein Nottestament oder ein anderes außerordentliches Testament erfolgen, wenn zZ der Errichtung des Widerrufstestaments die gesetzlichen Voraussetzungen für das außerordentliche Testament vorliegen. Zu beachten ist beim **Widerruf durch Nottestamente** die zeitliche Beschränkung der Gültigkeit des Widerrufstestaments (§ 2252 BGB). Gilt das Widerrufstestament nach § 2252 BGB als nicht mehr errichtet, so ist der Widerruf hinfällig und das widerrufene Testament wieder gültig, als ob ein Widerruf nie erfolgt wäre (BGH FamRZ 1960, 28; BayObLGZ 1963, 31; OLG Köln OLGZ 1968, 325; OLG Hamm MDR 1971, 137; OLG Schleswig SchlHAnz 1976, 9; MünchKomm/Sticherling Rn 1).

9 Der Widerruf soll auch als eigenhändiger und unterschriebener **Zusatz** auf eine maschinenschriftliche Abschrift eines Testaments, das widerrufen werden soll, gesetzt werden können (BGH NJW 1966, 201 [zu Recht krit Flume, AT Bd II § 16, 5]; OLG Köln OLGZ 1968, 324) oder auf den Hinterlegungsschein (mit Unterschrift, nicht Oberschrift, LG München I FamRZ 1998, 1623, 1624). Dem ist dann zu folgen, wenn die eigenhändige Erklärung die Form des § 2247 BGB erfüllt und auf formgerechte Erklärungen Bezug genommen wird. Stimmt der Text des (in Abschrift, Kopie oder Maschinen- bzw als Computerausdruck wiedergegebenen Textes) mit dem eigenhändigen Testament wörtlich überein, so ist ein Widerruf ebenfalls möglich. Wird der Widerruf als Zusatz auf eine einfache Abschrift des Testaments gesetzt und befindet sich auf dem Original kein entsprechender Zusatz, so ist der Widerruf gleichwohl wirksam, wenn der Zusatz alle Voraussetzungen eines Widerrufstestaments erfüllt und aus dem Zusatz der Wille des Erblassers eindeutig hervorgeht, das durch die Abschrift hinreichend individualisierte Testament inhaltlich zu widerrufen (Grüneberg/Weidlich Rn 2).

10 Die Wirksamkeit des Widerrufstestaments setzt ein **gültiges Testament** voraus (OLG Dresden OLGE 16, 264; MünchKomm/Sticherling Rn 2; Soergel/Runge-Rannow Rn 2). Erleichterungen irgendwelcher Form für das Widerrufstestament mit Rücksicht auf dessen Inhalt kennt das Gesetz nicht (Mot V 297, 298). Das Widerrufstestament muss **allen Erfordernissen einer letztwilligen Verfügung** entsprechen (jurisPK-BGB/Bauermeister [2017] Rn 3). Als eigenhändig verfasstes Widerrufstestament muss es die Formerfordernisse des § 2247 BGB erfüllen, was nicht vorliegt, wenn der Widerruf nur unter Einbeziehung eines maschinenschriftlich verfassten Wortes verständlich ist (**aA** OLG Hamm FGPrax 2000, 31). Der Vermerk auf einem Hinterlegungsschein „Testament ist überholt“ kann hingegen ein wirksames Widerrufstestament sein, wenn es eigenhändig geschrieben und unterschrieben ist (LG München I FamRZ 1998, 1623).

11 Der Widerruf kann auch in einem **Brieftestament** enthalten sein (RG JW 1910, 22; BayObLG 22. 7. 1955 – BReg 1 Z 97/1955 [unveröff]; zu Brieftestamenten und deren ungewöhnlich gewordener Errichtungsart § 2247 Rn 89 ff). Der Widerrufswille muss unzweifelhaft feststehen. Die bloße Mitteilung des Erblassers von einer nach seiner irrigen Meinung vorher erfolgten angeblichen Aufhebung des Testaments enthält nicht dessen Widerruf (so schon RG Recht 1913 Nr 2590, als Brieftestamente noch üblich waren; ähnlich BGH JZ 1951, 591). Durch einen bloßen Vermerk auf dem Umschlag kann ein Testament nicht widerrufen werden (RG JW 1925, 475 m zust Anm Kipp), erforderlich ist in diesem Fall eine ausdrückliche Widerrufserklärung mit Unterschrift. Nur wenn „Einheitlichkeit“ zwischen Umschlag und Testament besteht und der Vermerk selbst den Erfordernissen eines eigenhändigen Testaments entspricht, ist § 2254 BGB anwendbar. „Einheitlich-

keit“ zwischen Umschlag und Testament ist dann anzunehmen, wenn der Umschlag sich als inhaltliche Fortsetzung des Testaments darstellt (dazu § 2247 Rn 117 ff).

Der Erblasser muss **testierfähig** sein. Er muss zudem die Absicht haben, mit dem neuen Testament die früheren Verfügungen aufzuheben. Bis zum 31. 12. 1991 musste er zumindest „negativ testierfähig“ sein (§ 2253 Rn 19; Einzelheiten bei STAUDINGER/BAUMANN [1996] § 2253 Rn 12 ff). Die bis zum 31. 12. 1991 errichteten Widerrufstestamente eines negativ Testierunfähigen sind unverändert gültig. 12

b) Prozessvergleich

Ein **Prozessvergleich** kann keinen wirksamen Widerruf eines Testaments mit erbrechtlichen Verfügungswirkungen enthalten (BGH FamRZ 1960, 28, 30; zutreffend MünchKomm/STICHERLING Rn 2 „eine vertragliche Verpflichtung zum Widerruf ist unzulässig“; MünchKomm/HAGENA[7] Rn 3; SOERGEL/MAYER[13] Rn 1; **aA** dagegen MünchKomm/HAGENA[7] § 2231 Rn 14; MünchKomm/STICHERLING § 2231 Rn 16; vgl dazu § 2231 Rn 37 ff). Wie jeder Vergleich mit materiellen Wirkungen als synallagmatisches Verpflichtungsgeschäft beinhaltet auch der Prozessvergleich nur schuldrechtliche Verpflichtungen mit besonderen prozessualen Wirkungen. Die auf einem Vergleich beruhenden Verfügungen können in derselben Urkunde enthalten sein (dazu grundlegend BORK, Der Vergleich 41 ff, 62 ff, 93 ff, 161 ff, 173 ff; vgl MünchKomm/HAGENA[7] Rn 1: „Eine vertragliche Verpflichtung zum Widerruf ist unzulässig.“; ebenso rechtlich zutreffend MünchKomm/STICHERLING Rn 2). Hinzu kommt ein Form- und Zuständigkeitsproblem. Seit dem 1. 1. 1970 kann ein Richter Verfügungen von Todes wegen nicht mehr wirksam beurkunden, so dass Verfügungen von Todes wegen auch aus diesem Grunde in einem Prozessvergleich nicht enthalten sein dürfen. Bei Beurkundungen bis zum 31. 12. 1969 ist zu prüfen, ob der Richter ein gemeinschaftliches Ehegattentestament oder einen Erbvertrag beurkundet hat. 13

2. Inhalt des Widerrufstestaments

Der Widerruf kann sich auf das gesamte Testament mit allen Verfügungen beziehen, aber auch nur ein **teilweiser** sein oder sich nur auf Vermächtnisse, Auflagen oder die Anordnung einer Testamentsvollstreckung beschränken (MünchKomm/STICHERLING Rn 6). Der Umfang des Widerrufs steht dem Erblasser frei (BeckOK BGB/LITZENBURGER Rn 5). Der Widerruf kann sich deshalb auf jede einzelne Teilanordnung (zB nur Teil eines Vermächtnisses) innerhalb einer Verfügung beschränken. Der Widerruf kann auch unter einer Bedingung erfolgen und hat dann die Wirkung, dass die im widerrufenen Testament enthaltenen Verfügungen unter der auflösenden Bedingung stehen, dass die im Widerrufstestament enthaltene Bedingung eintritt. So kann auch eine Verwirkungsklausel im aufschiebend oder auflösend bedingt widerrufenen Testament angeordnet werden (ausführlich C BAUMANN, Erbrechtliche Verwirkungsklauseln). 14

Das Widerrufstestament muss nicht ausdrücklich das Wort „Widerruf“ enthalten (BayObLGZ 1956, 377, 385; OLG Hamm DNotZ 1972, 101, 104) und ist nicht an den Gebrauch bestimmter Worte gebunden (§ 133 BGB). Jedoch muss sich die Widerrufsabsicht eindeutig aus dem Text der Urkunde ergeben (BayObLG NJW 1965, 1276, 1277; MünchKomm/STICHERLING Rn 4). Dies schließt nicht aus, dass sich die Widerrufsabsicht des Erblassers erst im Wege der Auslegung feststellen lässt (BGH JZ 1951, 591 m zust Anm COING; dazu aber R SCHMIDT JZ 1951, 745; BayObLGZ 1965, 91; Rpfleger 1979, 123; OLG Hamm MDR 1971, 137; BGH NJW 1981, 2745; BayObLG NJW-RR 1990, 202; 2003, 659; FamRZ 15

2004, 224; OLG Köln FamRZ 2006, 731; dazu Rn 17). Im Zweifel findet bei sich widersprechenden Inhalten nicht § 2254 BGB, sondern § 2258 BGB Anwendung (OLG Düsseldorf 22. 7. 2013 – 3 Wx 163/12, FamRZ 2014, 1230 Rn 27 ff; MünchKomm/Sticherling Rn 5; Baumann ErbR 2022, 452; dazu § 2258 Rn 13 ff).

16 Das Widerrufstestament kann neben dem Widerruf **auch** einen **positiven Inhalt** anordnen (OLG Hamm MDR 1971, 137), was in der Praxis dem Regelfall entspricht, insbesondere bei notariell beurkundeten Testamenten. Es genügt aber, dass der Inhalt des Widerrufstestaments sich in dem Widerruf erschöpft (BayObLG FamRZ 2002, 1291; OLG Frankfurt NJW 1950, 607; Rpfleger 1978, 310; Grüneberg/Weidlich Rn 1). Dies geht ua aus § 2253 Abs 2 BGB aF hervor (Staudinger/Baumann [1996] § 2253 Rn 12 ff), wonach der Entmündigte auch in der Form des § 2254 BGB widerrufen, aber nicht neu testieren konnte (negative Testierfähigkeit).

17 Ist der Widerruf **nicht ausdrücklich** erklärt, so muss er durch **Auslegung** ermittelt werden (OLG Düsseldorf ZEV 2000, 316; Grüneberg/Weidlich Rn 2). Dies kann im Rahmen der Auslegung des mutmaßlichen Erblasserwillens zu Abgrenzungsproblemen mit § 2258 Abs 1 BGB führen (BayObLG FamRZ 1990, 1281, 1283 = NJW-RR 1990, 1480, 1481; OLG Köln FamRZ 2006, 731; dazu auch Soergel/Runge-Rannow Rn 4). Die Abgrenzung ist vor allem für den bis 31. 12 1991 gültigen § 2253 Abs 2 BGB von Bedeutung, der nur ein Widerrufstestament, nicht aber positive Verfügungen zuließ. Die Auslegung hat sich am Wortlaut zu orientieren. Im Zweifel wird kein Widerruf, sondern bei inhaltlichen Widersprüchen zwischen zwei Testamenten § 2258 BGB anzunehmen sein (Soergel/Mayer[13] Rn 4), weil ein nicht nachgewiesener Widerrufswille dem Erblasser nicht unterstellt werden darf und beim „Widerspruch" die Regelung des § 2258 BGB anzuwenden ist (Soergel/Runge-Rannow Rn 4; Baumann ErbR 2022, 452). Dagegen findet bei teilweisem ausdrücklichem Widerruf § 2254 BGB, nicht aber § 2258 BGB Anwendung, auch wenn das Widerrufstestament neben dem teilweisen Widerruf positive Anordnungen enthält (Baumann ErbR 2022, 452). Die Auslegung durch das Gericht der Tatsacheninstanz bindet das Rechtsbeschwerdegericht, „sofern sie nach den Denkgesetzen und der Erfahrung möglich ist, mit den gesetzlichen Auslegungsregeln im Einklang steht, dem klaren Sinn und Wortlaut der Erklärung nicht widerspricht und alle wesentlichen Umstände berücksichtigt" (BayObLGZ 1988, 42, 47; FamRZ 1990, 1281, 1283 = NJW-RR 1990, 1480, 1481).

V. Rechtsfolge

18 Mit dem Widerruf wird die widerrufene Verfügung rechtlich unwirksam. Diese Unwirksamkeit ist insoweit keine endgültige, als das nach § 2254 BGB widerrufene Testament durch den Widerruf des Widerrufs nach § 2257 BGB wieder wirksam werden kann (vgl auch BayObLG FamRZ 1992, 1353: „durch ergänzende Zusätze", die unterschrieben sein müssen), es sei denn, es ist ein entgegenstehender Wille des Erblassers erkennbar (OLG Köln FamRZ 2006, 731).

19 Ist das Widerrufstestament nicht rechtswirksam, so liegt kein gültiger Widerruf vor und die angeblich widerrufene Verfügung bleibt in Kraft.

VI. Widerruf gemeinschaftlicher Testamente

Der Widerruf wechselbezüglicher Verfügungen von Todes wegen kann nach dem Tode des Erstversterbenden nicht mehr erfolgen, da nach § 2271 Abs 2 BGB das Widerrufsrecht grds mit dem Tode des Erstversterbenden erlischt (zum Widerruf von gemeinschaftlichen Testamenten STAUDINGER/RAFF §§ 2270–2272). Der Widerruf wechselbezüglicher Verfügungen hat in einem gemeinschaftlichen Testament oder Erbvertrag zu erfolgen, wobei der Widerruf in einem gemeinschaftlichen Testament dann in getrennten Urkunden erfolgen kann, wenn der Wille zum gemeinschaftlichen Testieren aus diesen getrennten Urkunden ersichtlich ist (OLG Braunschweig ZEV 2007, 178 m Anm STICHERLING). Der einseitige Widerruf wechselbezüglicher Verfügungen zu Lebzeiten beider Ehegatten kann gem § 2271 Abs 1 S 1 BGB nach dem für den Rücktritt von einem Erbvertrag geltenden § 2296 BGB erfolgen (STAUDINGER/RAFF § 2271 Rn 1 ff). Wegen der einer vertraglichen Bindung ähnlichen Bindungswirkung wechselbezüglicher Verfügungen sind die Bestimmungen des Erbvertrages entsprechend anzuwenden, so dass ein nach § 2297 BGB vorbehaltenes Rücktrittsrecht nur in der Form des § 2254 BGB ausgeübt werden kann (OLG Stuttgart OLGZ 1986, 264). 20

VII. Ablieferungspflicht und Eröffnung

Für das Widerrufstestament gilt – wie für jedes Testament – die Ablieferungspflicht nach § 2259 BGB und bei notariellen Widerrufstestamenten die Meldepflicht an das zentrale Testamentsregister (BORMANN ZEV 2011, 628; DIEHN DNotZ 2011, 676; MünchKomm/STICHERLING § 34a BeurkG Rn 10 ff; FRENZ/MIERMEISTER/BAUMANN Rn 3 ff). 21

Das Widerrufstestament ist wie jedes Testament zu eröffnen. Auch das widerrufene Testament ist zu eröffnen (MünchKomm/STICHERLING Rn 10) und den Nachlassbeteiligten bekannt zu geben, schon weil zu einem späteren Zeitpunkt ein Widerruf des Widerrufs gem § 2257 BGB widerrufen werden kann. Der Inhalt eines widerrufenen Testaments kann außerdem zur Auslegung eines späteren wirksamen Testaments herangezogen werden (OLG Oldenburg NdsRpfl 1968, 281). 22

VIII. Anfechtbarkeit

Das Widerrufstestament ist nach §§ 2078 ff BGB anfechtbar. Die Anfechtung eines Widerrufstestaments, das Testamente mit Erbeinsetzungen, Enterbungen oder Testamentsvollstreckungen widerruft, kann (formlos) nur gegenüber dem Nachlassgericht erklärt werden (SOERGEL/MAYER[13] Rn 8; MünchKomm/STICHERLING Rn 11). Wird durch das Widerrufstestament nur eine Vermächtnisanordnung aufgehoben, ist Anfechtungsgegner der Beschwerte (BayObLG MDR 1961, 505; SOERGEL/RUNGE-RANNOW Rn 9). 23

IX. Beweislast

Die Beweislast für die Wirksamkeit des Widerrufs trägt, wer sich auf die sich aus dem Widerruf ergebenden Rechtsfolgen beruft. 24

X. DDR-Recht

25 Der Vorschrift entsprach inhaltlich § 387 Abs 2 Ziff 1, 1. Alt ZGB (zu § 387 ZGB vgl Einl 114 ff zu §§ 2229–2302 und zur teilweisen Fortgeltung des DDR-Erbrechts Einl 61 ff zu §§ 2229–2302).

§ 2255
Widerruf durch Vernichtung oder Veränderungen

Ein Testament kann auch dadurch widerrufen werden, dass der Erblasser in der Absicht, es aufzuheben, die Testamentsurkunde vernichtet oder an ihr Veränderungen vornimmt, durch die der Wille, eine schriftliche Willenserklärung aufzuheben, ausgedrückt zu werden pflegt. Hat der Erblasser die Testamentsurkunde vernichtet oder in der bezeichneten Weise verändert, so wird vermutet, dass er die Aufhebung des Testaments beabsichtigt habe.

Materialien: E I § 1934; II § 2122; III § 2228; Mot V 299; Prot V 353; Jakobs/Schubert, ER II 1645–1655; 1. Denkschr d ErbrA (1937) 94 ff; Horn MatK-ErbR 1029–1032.

Schrifttum

Kanzleiter, Widerruf eines (privatschriftlichen) Testaments nach § 2255 BGB durch Veränderungen an einer Kopie des Originaltestaments?, ErbR 2014, 268.

Systematische Übersicht

I. Textgeschichte

§ 2255 BGB entspricht wörtlich der ursprünglichen Fassung der Bestimmung sowie dem später gleichlautenden § 33 Abs 2 TestG. 1

Die Neufassung des BGB (Bekanntmachung v 2. 1. 2002 [BGBl I 42]) hat die amtliche Überschrift eingeführt sowie die Orthographie der Rechtschreibreform angepasst (ua Ersetzung des „ß" nach kurzem Vokal durch „ss"), die Diktion modernisiert, den Gesetzeswortlaut inhaltlich aber unverändert belassen. 2

II. Normzweck

Die Vorschrift soll den Erblasser durch den Zwang zur Vornahme typisierter Widerrufshandlungen von unüberlegten Testamentswiderrufen abhalten, indem nur solche Handlungen als Widerruf anerkannt werden, durch die der Wille eine schriftliche Willenserklärung aufzuheben, ausgedrückt zu werden pflegt. § 2255 BGB regelt physische Eingriffe in die Testamentsurkunde. Da die Widerrufsabsicht in diesen Fällen schwer nachweisbar ist, wird sie gem S 2 vermutet. 3

III. Gesetzeskritik

Die vielfach geäußerte Kritik am eigenhändigen Testament, die mit Rechtsunsicherheiten der Errichtungsform und mit fehlenden Erbrechtskenntnissen der Testierenden begründet wird, gewinnt mit dem nur beim eigenhändigen Testament möglichen Widerruf gem § 2255 BGB besonderes Gewicht. Wie sollen Urheberschaft und Widerrufsabsicht (negative Testierabsicht) bei einem von der Rechtsprechung als Widerruf gem § 2255 BGB anerkannten „zerknittert in den Papierkorb Werfen", Zerreißen, Zerschneiden, Austilgen, unleserlich Machen oder Durchstreichen mit gebotener Rechtssicherheit dem Erblasser zugerechnet und die Urheberschaft bewiesen werden (kritisch auch Röthel § 18 Rn 12)? 4

Bei gemeinschaftlichen Testamenten wird nach dem Tod eines der Erblasser kaum nachweisbar sein, dass auch der bereits Verstorbene vor seinem Tod noch in Widerrufsabsicht bei der Vernichtungshandlung (Zerreißen, Durchstreichen) mitgewirkt hat. 5

Die Vermutungswirkung (S 2) führt in vielen Fällen zu falschen und ungerechten Lösungen, etwa wenn die körperliche Vernichtung versehentlich oder durch Dritte erfolgte. Im letzteren Fall hilft sie sogar dem deliktisch handelnden Dritten, sein kriminelles „erbrechtliches" Ziel zu erreichen. 6

Schon die eigenhändige Niederschrift eines Testaments mit Unterschrift ist Beeinflussungs-, Manipulations- und Fälschungsrisiken ausgesetzt. In § 2255 BGB werden die Risiken des eigenhändigen Testaments der Testamentserrichtungsform gem 7

§ 2247 BGB gesteigert, weil bei den vielfältig möglichen nur rechtsgeschäftsähnlichen (BGH JZ 1951, 591) Vernichtungs- und Veränderungshandlungen die Urheberschaft bei einem eigenhändigen Testament in der Mehrzahl der Gestaltungsoptionen nicht oder allenfalls sehr schwer nachweisbar ist (dazu OLG Hamm NJW-RR 2008, 21 = JuS 2008, 562 m Anm WELLENHOFER zu einer aus dem Testament herausgeschnittenen Zeile).

8 Obwohl die rechtlichen Wirkungen bezogen auf die Veränderung der Erbfolge dieselben sind, wie bei der Neuerrichtung eines Testaments, sind die Anforderungen an die Form einer Testamentsänderung gem § 2255 BGB wesentlich geringer als bei der Neuerrichtung, selbst des eigenhändigen Testaments. **Die gesetzlichen Wertungen des § 2247 BGB und der §§ 2255, 2254 BGB sind nicht aufeinander abgestimmt** (kritisch auch RÖTHEL § 18 Rn 12). Ein einfaches Durchstreichen genügt gem § 2255 BGB zB, um formgerecht errichtete Testamente zu widerrufen. Das Gesetz sollte den Widerruf und die Veränderung privater Testamente gem § 2255 BGB an dieselben eindeutig nachweisbaren Voraussetzungen knüpfen, die den Regelungen und Wertungen der §§ 2247, 2254 BGB entsprechen.

9 Der Rechtssicherheit und dem Rechtsfrieden würde noch mehr dienen, wenn eigenhändige Testamente – wie öffentliche – zwingend in die amtliche Verwahrung zu bringen wären und die Rücknahme aus dieser Verwahrung – wie bei öffentlichen Testamenten gem § 2256 BGB – als Widerruf zu gelten hätte, wobei das Gericht alternativ entweder einen Ungültigkeitsvermerk auf der Privaturkunde anbringen oder das Testament beim „Herausgabeakt" im Beisein des Erblassers vernichten könnte.

10 Im Unterschied zu öffentlichen Testamenten, die sofort wirksam sind und bis zur amtlichen Verwahrung der Kontrolle des Notars unterliegen, sollte die Wirksamkeit eigenhändiger Testamente erst mit der Übergabe in die amtliche Verwahrung eintreten, weil eine zeitnahe Hinterlegung privater Testamente nicht gewährleistet sein kann und mit der Wirksamkeitsvoraussetzung „Hinterlegung" eine Rückdatierung von Privattestamenten weitestgehend ausgeschlossen wird. Einem noch nicht hinterlegten eigenhändigen Testament könnte die zeitlich beschränkte (§ 2252 BGB) Wirksamkeit eines Nottestaments zukommen, sofern ein Datum angegeben ist, ansonsten träte die Rechtsfolge „vorläufige Wirksamkeit" als Nottestament nicht ein.

11 In den Niederlanden ist der Gesetzgeber wegen der mit eigenhändigen Testamenten verbundenen Rechtsunsicherheiten und Störungen des Rechtsfriedens den Weg gegangen, die Gestaltungs- und Verfügungsmöglichkeiten bei holographischen Testamenten auf unbedeutende Legate zu beschränken und nur notarielle (gebührenreduzierte) Testamente zuzulassen. Das niederländische Regelungsmodell könnte auch in unserer Rechtsordnung in Erwägung gezogen werden oder es könnte sogar die gänzliche Abschaffung des eigenhändigen Testaments aus Gründen der Rechtssicherheit und des Rechtsfriedens gefordert werden (dazu § 2247 Rn 11 ff), falls die Zahl der Prozesse zur rechtlichen Überprüfung der Gültigkeit eigenhändiger Testamente wie in den vergangenen Jahren weiter ansteigt.

IV. Regelungsinhalt

1. Grundsätzliches

Der Widerruf durch Vernichtung oder Veränderung der Testamentsurkunde stellt eine rechtsgeschäftsähnliche Handlung dar (BGH JZ 1951, 591; MANIGK, Das rechtswirksame Verhalten 435 f [Vernichtung sei ein „Willensgeschäft", das eine Sonderbehandlung erfordere]; LANGE/KUCHINKE § 23 II 2b: „Willenserklärung und Rechtsgeschäft"). Von § 2255 BGB ist § 2258 BGB abzugrenzen; Änderungen nach § 2255 BGB werden nicht in einem neuen Testament angeordnet und setzen eine (teilweise) Widerrufsabsicht voraus, während nach § 2258 BGB ein inhaltlicher Widerspruch zwischen zwei Testamenten vorliegt, der vom Erblasser nicht bedacht worden sein muss (BAUMANN ErbR 2022, 452). Veränderungen oder Vernichtungen eines Testaments können nur zu Lebzeiten des Erblassers erfolgen (RG Recht 1913 Nr 2590; KG JW 1937, 476, 477; BayObLG FamRZ 1992, 1350, 1351; OLG München NJW-RR 2011, 945; MÜLLER/FREIENFELS JuS 1967, 124, 125; LANGE/KUCHINKE § 23 II 2c; SOERGEL/MAYER[13] Rn 11; SOERGEL/RUNGE-RANNOW Rn 12 „in Anwesenheit des Erblassers"; **aA** REIMANN/BENGEL/DIETZ/VOIT Rn 10). Eine Ausführung nach dem Tod des Erblassers ist unwirksam (SOERGEL/RUNGE-RANNOW Rn 12). 12

2. Voraussetzungen

Als negative letztwillige Verfügung setzt der Widerruf gem § 2255 BGB voraus (DNotI Report 2013, 137, 138): 13

- Testament
- Testierfähigkeit
- objektive Vernichtung oder Veränderung des Testaments
- persönliches Handeln
- Widerrufsabsicht
- Kausalität der Absicht für die Handlung.

a) Testament

§ 2255 BGB bezieht sich grds nur auf private Testamente, da öffentliche Testamente aufgrund der besonderen amtlichen Verwahrung der Verfügungsgewalt des Erblassers entzogen sind. Gleichwohl kann auch ein öffentliches Testament nach § 2255 BGB widerrufen werden (MünchKomm/STICHERLING Rn 2, 10; SOERGEL/RUNGE-RANNOW Rn 3), wenn sich der Erblasser – sei es auch widerrechtlich etwa bei Einsichtnahme (STAUDINGER/BAUMANN [2003] § 2258b aF Rn 18) – die Verfügungsgewalt über das öffentliche Testament verschafft (BGH NJW 1959, 2113, 2114); ein solcher Fall, in dem sich der Widerruf nicht schon aus § 2256 BGB ergibt, wird höchst selten sein (Mot V 300), ist aber zB auch dann möglich, wenn die Rückgabe nicht an den Erblasser, sondern (versehentlich) an einen Dritten erfolgte (OLG Saarbrücken NJW-RR 1992, 586; über den Widerruf nach § 2255 BGB bei öffentlichen Testamenten vor deren Ablieferung an die amtliche Verwahrungsstelle SOERGEL/MAYER[13] § 34 BeurkG Rn 4; MünchKomm/STICHERLING Rn 10; BAMBER- 14

GER/ROTH/LITZENBURGER § 34 BeurkG Rn 2; ARMBRÜSTER/PREUSS/RENNER/SEEGER § 34 BeurkG Rn 8). Existieren mehrere Urschriften des inhaltsgleichen Testaments, so kann ein Widerruf nur angenommen werden, wenn sämtliche Urschriften vernichtet oder verändert werden (OLG München FamRZ 2008, 643). Gemeinschaftliche Testamente können nur von beiden Ehegatten gemeinsam nach § 2255 BGB widerrufen werden (BayObLG MDR 1981, 933; FamRZ 1997, 1244; SOERGEL/MAYER[13] Rn 17), auch soweit sie einseitige Verfügungen enthalten (OLG Hamm ZEV 1996, 272; **aA** SOERGEL/RUNGE-RANNOW Rn 4).

b) Vernichtung oder Veränderung

15 Die Handlung besteht in einer **Vernichtung** oder **Veränderung** der Urkunde (S 1; MünchKomm/STICHERLING Rn 3, 6 ff). Beide Handlungsformen können das Testament teilweise oder insgesamt aufheben.

16 Eine **Vernichtung** (= Zerstörung des Stoffes der Urkunde, zB durch Verbrennen, Zerreißen [BayObLG ZEV 1996, 271 m Anm HOHMANN], Zerschneiden, so dass die Urkunde als solche nicht mehr vorhanden ist [dazu KG JFG 14, 280]), genügt immer als Widerruf, sofern sie vom Erblasser selbst mit Widerrufsabsicht durchgeführt worden ist, was zu Beweisproblemen führen kann. Die Vernichtungshandlung kann sich auf Teile (zB einzelne Seiten) des Privattestaments beschränken und damit das Testament nur teilweise widerrufen. Kein Widerruf liegt vor, wenn ein gemeinschaftliches Testament so zerschnitten wird, dass beide Verfügungen – auch das gemeinschaftliche – nicht zerstört werden (OLG Schleswig 28. 5. 2018 – 3 Wx 70/17, NJW-RR 2019, 205).

17 Eine **Veränderung** ist nur dann als Widerruf anzusehen, wenn die Vornahme der Veränderung objektiv die Aufhebung der Willenserklärung bedeutet. Der bloße Widerrufswille des Erblassers oder seine Äußerung der Vernichtungs- oder Veränderungsabsicht gegenüber Dritten genügen nicht, vielmehr muss der Erblasser eine **körperliche Veränderung** am Testament vornehmen (BayObLG FamRZ 1990, 1283; ZEV 1996, 272 LS), die zur Aufhebung (S 1) einer schriftlichen Willenserklärung – also eines Teils oder des gesamten Testaments führen kann.

18 Durch andere Handlungen als die einer Vernichtung oder Veränderung der Testamentsurkunde, etwa Zustimmung zur Vernichtung, konkludentes Handeln oder schriftliche Mitteilung an Dritte (sofern nicht ein Widerrufstestament vorliegt) kann die Aufhebung **nicht** erfolgen (RGZ 104, 323; KG JFG 14, 280, 284 mwNw). Daher genügt nicht das Legen an einen unüblichen Ort (OLG Hamm Rpfleger 1983, 402). Die Änderung muss nach *objektiven Verkehrsgewohnheiten* und allgemeinen Gepflogenheiten die **Absicht der Aufhebung einer schriftlichen Willenserklärung** zum Ausdruck bringen (RG JW 1913, 41; dazu mit Beispielen LANGE/KUCHINKE § 36 II 2b mwNw). Es kommt nicht darauf an, ob die betreffende Veränderung zur Aufhebung letztwilliger Verfügungen verkehrsüblich ist. Vielmehr genügt eine Veränderung, die der Regel nach den Ausdruck des Willens zur Aufhebung einer schriftlichen Willenserklärung enthält (RG WarnR 1915 Nr 90).

19 Die **Veränderung** muss an der Urschrift selbst vorgenommen werden. Als Veränderungen (vgl Mot V 301) sind zB anzusehen: Ungültigkeitsvermerke (GRÜNEBERG/WEIDLICH Rn 6; zu Recht einschränkend LANGE/KUCHINKE § 23 II 2b bei Ungültigkeitsvermerken, die der Form des § 2254 BGB bedürfen), Durchstreichen (BayObLG FamRZ 2005, 1779), wobei die

Urheberschaft hier – wenn keine Unterschrift beigefügt ist – sehr zweifelhaft ist und das Durchstreichen nur dann als wirksam anerkannt werden sollte, wenn es mit nachhaltig wirkenden Materialien vorgenommen wurde (OLG Stuttgart 25. 3. 2020 – 8 W 104/19, ErbR 2021, 64, wo zwar keine Unterschrift, aber ein handschriftlicher Vermerk des Erblassers beigefügt war), also zB nicht mit einem Bleistift (**aA** RG Recht 1915 Nr 568), es sei denn, der Wille zum dauerhaften Widerruf ist – zB wegen einer Unterschrift des Erblassers – eindeutig nachweisbar (ansonsten spricht die Benutzung problemlos veränderbarer Materialien wie zB eines Bleistifts für Entwurfsfassungen für den bloßen Entwurf eines Widerrufs), Zerreißen, Zerschneiden (sofern sich diese Veränderungshandlungen nicht auf unbeschriebene Teile des Testaments beschränken; Soergel/Mayer[13] Rn 5), Ausschneiden (OLG Hamm FamRZ 2008, 925), Austilgen, Unleserlichmachen (BayObLGZ 1980, 95 = Rpfleger 1980, 283: Zerknüllen der Urkunde mit entspr Erklärung; RG Recht 1909 Nr 2443; 1912 Nr 3382; KG HRR 1933 Nr 1492: Abschneiden eines Teiles der Urkunde; BayObLG [24. 11. 1954] BReg 1 Z 236/1954: Wegschneiden der Unterschrift; BayObLGZ 1983, 204: starkes Einreißen der Testamentsurkunde auf drei Seiten, je etwa ein Drittel der Höhe bzw Breite; OLG München 28. 1. 2020 – 31 Wx 229, 231/19, ErbR 2020, 252: ein schwaches Einreißen genügt grds nicht; vgl ferner RGZ 69, 413 darüber, dass auch das Einreißen der Testamentsurkunde und in Verbindung hiermit die Entfernung des Siegels unter § 2255 BGB fallen kann). Hat der Erblasser die Veränderung auf einer Durchschrift oder Kopie vorgenommen, gilt die Vermutung des S 2 nicht; die Widerrufsabsicht kann aber anderweitig nachgewiesen werden (KG ZEV 1995, 107).

20 Streitig ist, ob das bloße **Wegwerfen** als Widerrufshandlung (Vernichtung oder Veränderung) genügt (**abl** vLübtow I 240; BGB-RGRK/Kregel Rn 6; Soergel/Mayer[13] Rn 4; bei Leonhard Anm II B; Erman/S Kappler/ T Kappler Rn 3; differenzierend MünchKomm/Sticherling Rn 6 f).

21 **Eigene Stellungnahme**: Wegwerfen genügt dann, wenn der Erblasser das Testament zB zerknittert in den Papierkorb wirft (BayObLGZ 1980, 95, 97; Lange ErbR Kap 8 Rn 13; MünchKomm/Sticherling Rn 6), da das Zerknittern mit Wegwurf eine körperliche Veränderung darstellt, die nach Verkehrsgewohnheit und Verkehrssitte objektiv geeignet ist, den Willen auszudrücken, eine schriftliche Willenserklärung aufzuheben (Planck/Strecker Anm 3a α; Vogels/Seybold § 33 Anm 7; Soergel/Mayer[13] Rn 4; BayObLGZ 1980, 95). Bei unzerknittertem Wegwerfen ist zu differenzieren: Ein in den Papierkorb Werfen, aus dem es jederzeit unbeschädigt herausgenommen werden kann, ist einer Vernichtung nicht gleichzusetzen (ebenso Lange/Kuchinke § 23 II 2 Fn 42); anders nur, wenn sich in dem Abfallbehälter Stoffe oder Flüssigkeiten befinden, die eine Veränderung an der Urkunde herbeiführen, sofern der Erblasser um die Wirkung dieser Stoffe weiß. Verliert der Erblasser durch das Wegwerfen die Verfügungsgewalt und ist nach gewöhnlichem Geschehensablauf mit einer Vernichtung durch Dritte zu rechnen (Wegwerfen in Müllcontainer usw), indem der Erblasser sich mit Absicht der Entsorgungsunternehmen bedient (Soergel/Mayer[13] Rn 4), so stellt das Wegwerfen auch ohne körperliche Veränderung an der Urkunde eine Vernichtungshandlung dar (ähnlich Reimann/Bengel/Dietz/Voit Rn 8).

22 Die **Veränderungen** können sich auch auf **einzelne Teile** des Testaments beschränken (MünchKomm/Sticherling Rn 11 ff) und damit nur diese Teile widerrufen, wenn sich die Widerrufshandlung nur auf einen Teil der Verfügung bezieht (Mot V 301; RGZ 71, 300; JW 1911, 590; WarnR 1915 Nr 90; KG JFG 6, 146; HRR 1929 Nr 1653; 1933 Nr 1492; BayObLG

FamRZ 1995, 246; Rpfleger 2003, 190, 191; FamRZ 2003, 1506, 1507; Planck/Strecker Anm 3 mwNw; BGB-RGRK/Kregel Rn 8; Kipp/Coing § 31 II 2; R Schmidt MDR 1951, 322 Fn 13; Firsching DNotZ 1955, 295). So ist zB das Durchstreichen einzelner Verfügungen als Widerruf durch Veränderung anzusehen. Die Testamentsform gem §§ 2247, 2254 BGB (Unterschrift) braucht insoweit nicht eingehalten zu werden (BGH NJW 1960, 201; BayObLG 4. 1. 1980 – BReg 1 Z 79/79; BayObLG Rpfleger 2003, 190, 191; BayObLG FamRZ 2003, 1590, 1591; Reimann/Bengel/Dietz/Voit Rn 13), was nicht unproblematisch ist, da die Urheberschaft bei einfachem Durchstreichen kaum nachweisbar sein wird. So kann zB ein von einem Vermächtnis Belasteter, der nach dem Tod des Erblassers in den Erstbesitz des Testaments gelangt, sich durch einfaches Durchstreichen von dieser Vermögensbelastung befreien, deshalb sollte – entgegen der hM und auch der bis 2012 (Staudinger/Baumann [2012] § 2255 Rn 16) vertretenen Auffassung – aus Gründen der Rechtssicherheit eine weitere Unterschrift gefordert werden (ebenso BeckOGK/Grziwotz Rn 5), wie sie bei Änderungen in notariellen Niederschriften zur Erhöhung der Beweiskraft auch unterschriebene Randvermerke vorgeschrieben sind, zumal Streichungen im Zweifel mit positiven Änderungen, wenn auch als gesetzliche Folge (vgl dazu Rn 23 ff), verbunden sind; zumindest sollte die Rechtsprechung an den Nachweis der Urheberschaft des bloßen Durchstreichens sehr strenge Anforderungen stellen.

23 Obwohl die ganze oder teilweise Aufhebung eines Testaments durch Vernichtung nach § 2255 BGB nicht der Form des § 2247 BGB bedarf, muss dann, wenn der teilweise Widerruf durch **positive Veränderungen** herbeigeführt wird, die Testamentsform gewahrt sein (RGZ 71, 293, 302; 111, 261; KG JFG 6, 146; HRR 1933 Nr 1492; Hellfeier ZEV 2003, 1; Soergel/Runge-Rannow Rn 9; MünchKomm/Sticherling Rn 8; Grüneberg/Weidlich Rn 5 m Bsp). Werden die Erben ausgetauscht, ohne dass die Testamentsform bei der Abänderung durch erneute Unterschrift gewahrt ist, sollte grds von einer Formunwirksamkeit des Testaments auszugehen sein (**aA** OLG Brandenburg 1. 6. 2021 – 3 W 53/21, FamRZ 2021, 1924). Ist die Testamentsform nicht gewahrt, so soll nur die positive, nicht die negative Wirkung der Änderung entfallen, es sei denn, der im Wege der Auslegung ermittelte Erblasserwille war darauf gerichtet, die negative Wirkung nur dann herbeizuführen, wenn die positive Änderung wirksam ist. Daraus ergeben sich erhebliche Probleme. Zum einen ist der Erblasserwille dahingehend zu ermitteln, ob die negative Wirkung des Widerrufs bedingungslos gewollt war. Zum anderen gibt es kaum negative Änderungen, die nicht zumindest mittelbar den Testamentsinhalt auch positiv ändern (problematisch auch OLG Düsseldorf 22. 1. 2021 – 3 Wx 194/20, NJW-RR 2021, 522).

Setzt zB ein Erblasser mehrere Erben zu gleichen Teilen ein und streicht er später einen Namen durch, so führt das Durchstreichen nicht nur eine negative Veränderung im Sinne eines Teilwiderrufs, sondern auch eine positive Veränderung durch Erhöhung der Erbquoten der anderen Miterben (oder durch quotal eintretende gesetzliche Erbfolge) oder möglicherweise eine angeordnete Ersatzerbfolge herbei. Daher wird im Schrifttum die Auffassung vertreten, für derartige Veränderungen müsse die Errichtungsform gewahrt sein (Herschel JW 1933, 148). Allerdings führt diese Veränderung nur den Widerruf der Erbeinsetzung des betroffenen Erben herbei, während die etwaige Veränderung der Erbquoten eine weitere gesetzliche Folge ist, die sich erst aus §§ 2088, 2089 BGB bzw der dann eventuell teilweise geltenden gesetzlichen Erbfolge oder der zuvor angeordneten Ersatzerbfolge ergibt (BayObLG FamRZ 2003, 1506; ebenso Soergel/Mayer[13] Rn 9 mwNw; Soergel/Runge-Rannow Rn 9; Grüneberg/Weidlich Rn 5; MünchKomm/Hagena[7] Rn 8).

Eigene Stellungnahme: 24

Streichungen als teilweiser oder sogar vollständiger Widerruf testamentarischer Verfügungen lassen die Problematik des § 2255 BGB und der Formproblematik eigenhändiger Testamente gem § 2247 BGB deutlich erkennen. Wer (teilweise) streicht, macht sich möglicherweise gar keine Gedanken über die Rechtsfolgen einer Anwachsung (dazu das Beispiel von MünchKomm/Sticherling Rn 9) oder des möglichen Eintritts einer gesetzlichen Erbfolge, mit entsprechenden Folgewirkungen, wie zB der Verteilung von Pflichtteilslasten. Es spricht alles (Rechtssicherheit und Rechtsschutz des Erblassers, sowie alle Formzwecke des eigenhändigen Testaments) dafür, Widerrufe von Testamenten an strengere Formvorschriften zu binden (ebenso BeckOGK/Grziwotz Rn 5). Für Entwertungsvermerke, die solche Formzwecke eher erfüllen, werden diese strengeren Formvorschriften schon seit längerem gefordert (OLG Stuttgart NJW-RR 1986, 632; R Schmidt MDR 1951, 324; Kipp/Coing § 31 II 2 Fn 7 ff; Lange/Kuchinke § 23 II 2 b).

25 Eindeutige **Entwertungsvermerke** auf der Urkunde (zB „gilt nicht mehr", „alte Fassung", „zu vernichten") sind nach der Verkehrsauffassung dazu bestimmt, die körperliche Vernichtung der Urkunde zu ersetzen (RG JW 1911, 545; Recht 1912 Nr 3382; HRR Nr 1653; KG JFG 6, 146; HRR 1938 Nr 1228; BGH NJW 1957, 1364 = DNotZ 1957, 560; Anm Kipp JW 1925, 475 Nr 19; Planck/Strecker Anm 3a d; BGB-RGRK/Kregel Rn 7; Soergel/Mayer[13] Rn 9; Reimann/Bengel/Dietz/Voit Rn 9; Lange/Kuchinke § 32 II 2b; Schlüter Rn 187; Grüneberg/Weidlich Rn 6). Im Schrifttum wird teilweise die Auffassung vertreten, für einen Entwertungsvermerk sei die Form des § 2247 BGB zu beachten (R Schmidt MDR 1951, 324; im Anschluss daran Kipp/Coing § 31 II 2 Fn 7). Auch die Rechtsprechung (OLG Stuttgart NJW-RR 1986, 632) hat für Ungültigkeitsvermerke die Unterschrift des Erblassers gefordert. Für diese Auffassung spricht, dass ein Ungültigkeitsvermerk inhaltlich einem Widerrufstestament (§ 2254 BGB) entspricht. Im Widerspruch hierzu werden einfache Textstreichungen des Erblassers als Änderungen iSd § 2255 BGB anerkannt. Ein formloser Entwertungsvermerk auf einer Testamentsabschrift genügt jedenfalls nicht (OLG Frankfurt NJW 1950, 607).

26 Ein **Entwertungsvermerk auf einem offenen Umschlag** genügt nur, wenn Testamentsurkunde und Umschlag infolge inhaltlichen Zusammenhangs ein einheitliches Ganzes bilden (RG JW 1925, 475; Soergel/Runge-Rannow Rn 8; R Schmidt MDR 1951, 324; KG HRR 1938 Nr 1228; BayObLGZ 1963, 31) und der Entwertungsvermerk auf dem Umschlag dem Entwertungsvermerk auf dem Testament gleichzustellen ist. Grds wird ein solcher Entwertungsvermerk der Form des § 2254 BGB genügen müssen (Lange/Kuchinke § 23 II 2b; Reimann/Bengel/Dietz/Voit Rn 9).

27 Sind **mehrere Urschriften** eines Testaments vorhanden, so kann zum Widerruf die Vernichtung oder Veränderung nur einer Urschrift allenfalls dann genügen, wenn **kein Zweifel über den Aufhebungswillen** des Erblassers besteht (RGZ 14, 184; KG JFG 14, 280; ZEV 1995, 107; OLG München HRR 1936 Nr 270; Leonhard Anm II D; dazu die Übersicht bei Lange/Kuchinke § 23 II 2b Fn 45 mwNw]). Bleibt nach der Vernichtung mehrerer Urschriften eine formgültige übrig, so ist **im Regelfall** ein wirksamer Widerruf bis zum Beweis des Gegenteils **nicht** anzunehmen, denn die Vernichtung wird grds dem Willen des Erblassers dienen, nur eine Urschrift als gültiges Testament zu hinterlassen (OLG München 5. 5. 2020 – 31 Wx 246/19, ErbR 2020, 570; Soergel/Runge-Rannow Rn 10). Die

Vermutung des § 2255 S 2 BGB findet keine Anwendung (KG JFG 14, 280; ZEV 1995, 107), denn sie setzt voraus, dass die einzig vorhandene Testamentsurkunde vernichtet oder verändert wurde. Daher unterliegt es der freien, nicht durch die Vermutungsregelung des S 2 gebundenen Beurteilung, ob der Erblasser die Absicht hatte, auch das in der anderen, gleichlautenden Urschrift niedergelegte Testament zu widerrufen (BayObLG [28. 10. 1982] BReg 1 Z 50/82; BayObLG FamRZ 1990, 1284 = NJW-RR 1990, 1481; vgl zum Vorstehenden noch RG LZ 1923 Sp 322: Möglichkeit der Bewirkung des Widerrufs eines Testaments durch Vernichtung der Abschrift, sofern diese ein selbständiges Testament darstellt; OLG Frankfurt NJW 1950, 607: Widerruf durch Vermerk auf Abschrift, falls dieser die Form des § 2254 BGB erfüllt; KG Recht 1914 Nr 943; JR 1925 Nr 1529 u 1530: es ist nach den Umständen des Einzelfalles zu beurteilen, ob die Vernichtung oder die Veränderung nur einer von zwei gleichlautenden Testamentsurschriften als Widerruf des Testaments überhaupt zu gelten hat; OLG Zweibrücken OLGE 32, 66: über den Widerruf durch Vernichtung der Urschrift und Zurückrufung einer dem Erben erteilten Abschrift, sowie darüber dass, wenn die Rechtsgültigkeit des erklärten Widerrufs feststeht, es keiner Prüfung mehr bedarf, ob das widerrufene Testament nichtig war; KG JW 1934, 2563 [Gutachten zum Fragenkreis mehrerer Testamentsurschriften]; zum Widerruf auf einer Kopie Kanzleiter ErbR 2014, 268). Die bloße Vernichtung einer Testamentsabschrift führt niemals zum Widerruf des Testaments (OLG München 5. 5. 2020 – 31 Wx 246/19, ErbR 2020, 570). Liegen mehrere Testamente vor, die sich nur teilweise nach § 2258 BGB widersprechen und insoweit aufheben, so kann die Vernichtung eines dieser Testamente auf keinen Fall als Widerruf der nur teilweise gleichlautenden Testamente gelten (BayObLG FamRZ 1990, 1284 = NJW-RR 1990, 1481).

c) Persönliches Handeln

28 Das zum Widerruf eines Testaments nach § 2064 BGB gebotene persönliche Handeln des Erblassers, die formelle Höchstpersönlichkeit (Staudinger/Otte [2019] § 2064 Rn 3) erlaubt **keine Stellvertretung**, da es sich bei dem Widerruf gem § 2255 BGB um eine letztwillige Verfügung handelt (Mot V 301; Grüneberg/Weidlich Rn 4). Ein Dritter soll nicht entscheiden, ob die Verfügung gilt (§ 2065 Abs 1 BGB), noch einen Dritten zum Widerruf ermächtigen können (§ 2065 Abs 2 BGB) (Staudinger/Otte [2019] § 2065 Rn 3 ff). Der Widerruf erfordert immer eine **persönliche Handlung des Erblassers**, zu deren Durchführung der Erblasser sich eines Dritten nur als **Werkzeug** bedienen kann (BayObLG FamRZ 1992, 1350; OLG Hamm NJW-RR 2002, 222; Brox/Walker Rn 140; als „Werkzeug ohne eigenen Entscheidungs- oder Handlungsspielraum"; Röthel § 18 Rn 12; Michalski Rn 239: „unselbständiges Werkzeug"; Michalski/Schmidt Rn 199 „unselbstständiges, nicht mit eigenem Entscheidungsspielraum ausgestattetes ‚Werkzeug'"; Zimmermann Rn 95 Fn 172 „Zerreißwerkzeug"; Soergel/Runge-Rannow Rn 12). Der wirksame Widerruf durch die Hand eines Dritten erfordert, dass der Erblasser den Tatablauf beherrscht (Muscheler Rn 1811 ff; vDickhuth-Harrach § 52 Rn 7). Der Erblasser muss wegen der testamentarischen Wirkungen der Widerrufshandlung die unmittelbare Tatherrschaft über das Handeln des Dritten haben, weil der Dritte sonst eigene Entscheidungsfreiheit hätte und kein Werkzeug („unselbstständiges Werkzeug ohne Entschluss- und Handlungsspielraum", vgl OLG München 11. 4. 2011 – 31 Wx 33/11, MDR 2011, 668 Rn 13; Grüneberg/Weidlich Rn 4) wäre, was immer nur bei Vornahme der Widerrufshandlung *vor dem Tod* des Erblassers (OLG München 11. 4. 2011 – 31 Wx 33/11, MDR 2011, 668; KG 15. 4. 2016 – 6 W 64/16, ErbR 2016, 709, 711) gewährleistet sein kann (Beispiel: Der geschäftsfähige Erblasser liegt im Sterbebett und ordnet die Vernichtung eines eigenhändigen Testaments an, das vor seinen Augen in seiner Anwesenheit nach seinen Weisungen von Dritten zerstört wird) (dazu Mot V 301; KG HRR 1929 Nr 1653; 1933

Nr 1492). Deshalb ist die bloße Übergabe des Testaments an einen Dritten mit dem Auftrag, es zu vernichten, kein wirksamer Widerruf (Soergel/Mayer[13] Rn 6). Unzulässig ist eine Bevollmächtigung zur Vornahme der Handlung des § 2255 BGB in der Weise, dass der Bevollmächtigte eigene Entschlussfreiheit hat, das Testament aufzuheben (R Schmidt MDR 1951, 323; Müller/Freienfels JuS 1967, 125; Kipp/Coing § 31 II 2), oder ein Auftrag des Erblassers zur Vernichtung der Urkunde an einen Dritten, wenn der Auftrag nicht zu Lebzeiten des Erblassers unter dessen Kontrolle ausgeführt wird (OLG Hamburg OLGE 26, 364; Recht 1913 Nr 2590; LZ 1915 Sp 1008; OLG Karlsruhe DJZ 1915 Sp 1141; KG JFG 14, 280, 284). Kein wirksamer Widerruf kann durch einen Auftrag erfolgen, der dem Beauftragten Entschluss- und Handlungsfreiheit einräumt (OLG München 11. 4. 2011 – 31 Wx 33/11, MDR 2011, 668 Rn 13; OLG Düsseldorf 30. 4. 2014 – 3 Wx 141/13, FamRZ 2014, 1943; KG 15. 4. 2016 – 6 W 64/16, ErbR 2016, 709, 711; Beispiel: Der im Krankenhaus liegende Erblasser beauftragt einen Dritten, das in seiner Wohnung verwahrte Testament zu zerstören. *Wirksamer Widerruf:* Der Erblasser lässt das Testament ins Krankenhaus bringen und vor seinen Augen von dem Dritten vernichten). Der Erblasser muss die Vernichtungshandlung als Widerruf und damit als testamentarische Verfügung mittels eines von ihm beherrschten „Werkzeugs" selbst durchführen, weshalb sie nur in seiner Anwesenheit unter seiner Kontrolle bei vollem Bewusstsein und unbeschränkter Geschäftsfähigkeit vorgenommen werden kann (**aA** Soergel/Runge-Rannow Rn 12). Nicht nachvollziehbar und gegen § 2064 BGB verstoßend sind Rechtsansichten, die keine „unmittelbare Tatherrschaft" des Erblassers fordern (Reimann/Bengel/Dietz/Voit Rn 10 m nur teilw zutreff Nachw), weil der Erblasser die Vernichtungshandlung als Widerruf einer letztwilligen Verfügung und damit als rechtsgeschäftsähnliche Handlung (Rn 12) selbst vornehmen muss (Muscheler Rn 1812) und dem Dritten nur dann kein eigener Entscheidungsspielraum bleibt, wenn der Erblasser die Vernichtungshandlung beherrscht (MünchKomm/Sticherling Rn 9 mwNw). Da der *Auftrag noch keinen Widerruf* enthält, die Ausführung des Auftrages aber allein vom Willen des Dritten abhängt, liegt in der Auftragserteilung kein wirksamer Widerruf.

Die hier dargelegte Rechtsansicht steht im Widerspruch zu BayObLG (FamRZ 1992, 1350), aber im Einklang mit der jüngeren obergerichtlichen Rechtsprechung (OLG München 11. 4. 2011 – 31 Wx 33/11, MDR 2011, 668 Rn 13; KG 15. 4. 2016 – 6 W 64/16, ErbR 2016, 709, 711). Im Fall des BayObLG (FamRZ 1992, 1350) hatte der nach einem Selbsttötungsversuch im Krankenhaus liegende Erblasser auf die Frage seiner Eltern, was mit dem Testament in seiner Wohnung zu geschehen habe, sinngemäß geantwortet: „Weg damit, alles vernichten." Daraufhin hatten diese am selben Tag das Testament in der Wohnung des Erblassers vernichtet. Das BayObLG nahm an, dass die Vernichtung „auch durch Dritte als Werkzeug des Erblassers handelnde Personen wirksam geschehen kann, wenn sie im Auftrag und mit Willen des Erblassers zu dessen Lebzeiten vorgenommen worden ist" (u Hinw auch Palandt/Edenhofer[51] Rn 2; Soergel/Harder[11] Rn 11). Zutreffend stellt das BayObLG darauf ab, dass der Dritte als Werkzeug des Erblassers handeln muss, weil der Widerruf des Testaments auch nach § 2255 BGB eine letztwillige Verfügung ist (hM, zB Bamberger/Roth/Litzenburger Rn 7; Frank/Helms § 6 Rn 11; Leipold Rn 339), die nur vom Erblasser selbst im Zustand der Testierfähigkeit und nach § 2064 BGB nur höchstpersönlich (Michalski Rn 239) vorgenommen werden kann. Eines Werkzeuges (BayObLG FamRZ 1992, 1350) kann sich der Erblasser bedienen. Analog zur Täterschaft im Strafrecht handelt durch ein **Werkzeug** – in Abgrenzung zur Beihilfe – nur, wer **die Tatherrschaft** über den Ausfüh- 29 renden und wegen § 2064 BGB sogar weitergehend die unmittelbare Kontrolle über des Ausübungshandlungen hat (das ist wegen § 2064 BGB zwingend erforderlich, vgl Michalski [Rn 239], der darauf zu Recht hinweist und deshalb vom „unselbständigen Werkzeug" spricht), so dass der Erblasser die Widerrufshandlung als letztwillige Verfügung – wenn auch durch die Hand eines Dritten – aufgrund unmittelbarer Tatherrschaft selbst vornimmt. Das kann nicht der Fall sein, wenn die Vernichtungshandlung in Abwesenheit des Erblassers erfolgt, weil hier von einer **Beherrschung der Testamentsvernichtung** durch den Erblasser und damit von einer letztwilligen Verfügung des Erblassers nicht die Rede sein kann (**aA** Erman/S Kappler/T Kappler Rn 5; Reimann/Bengel/Dietz/Voit Rn 10, der aber wie bei der Tatherrschaft verlangt, dass dem Dritten kein Entscheidungsspielraum verbleibt; ähnlich Soergel/Mayer[13] Rn 11 „kein Entschluss- und Handlungsspielraum", wobei unklar bleibt, wie ein Ausschluss des „Entschluss- und Handlungsspielraums" gewährleistet sein soll, wenn der Dritte in Abwesenheit des Erblassers, also ohne dessen Kontrolle handelt) und der Dritte einen eigenen Entscheidungsspielraum hat. Diesen eigenen Entscheidungsspielraum (insoweit widersprüchlich NK-BGB/Kroiss Rn 10 Fn 23) hat der Dritte, der die Vernichtung des Testaments ohne Kontrolle, in Abwesenheit des Erblassers vornehmen kann. Am Erfordernis der unmittelbaren Tatherrschaft über das Werkzeug, der Kontrolle der Handlungen des Werkzeugs (§ 2064 BGB) durch den Erblasser und der Vernichtung in Anwesenheit des Erblassers ist festzuhalten, weil § 2255 BGB „Formvorschrift" (Soergel/Mayer[13] Rn 8) der rechtsgeschäftsähnlichen (BGH JZ 1951, 591) Vernichtungshandlung mit testamentarischen Wirkungen ist (ältere Testamente leben wieder auf oder die gesetzliche Erbfolge tritt ein), die **„eine persönliche Handlung des Erblassers"** gem § 2064 BGB erfordert (Soergel/Runge-Rannow Rn 12). Der Erblasser kann keine Tatherrschaft haben, wenn das Testament in seiner Abwesenheit oder gar nach seinem Tod (ebenso PWW/Avenarius Rn 9) vernichtet wird (OLG Düsseldorf 30. 4. 2014 – 3 Wx 141/13, FamRZ 2014, 1943). Die Voraussetzung des gem § 2064 BGB erforderlichen *persönlichen Handelns* des Erblassers war im Fall des BayObLG (FamRZ 1992, 1350) nicht erfüllt (**aA** wohl Grüneberg/Weidlich Rn 4). Dem Beauftragten darf keine Entschluss- und Handlungsfreiheit eingeräumt sein (OLG München 11. 4. 2011 – 31 Wx 33/11, MDR 2011, 668; KG 15. 4. 2016 – 6 W 64/16, ErbR 2016, 709, 711; Röthel § 18 Rn 12).

30 Zur Anwendung des § 2255 BGB genügt nicht, dass der Erblasser nachträglich die Vernichtung der Testamentsurkunde genehmigt, die ein Dritter ohne seine Tatherrschaft und ohne oder gegen seinen Willen vorgenommen hat (übereinstimmend BGH JZ 1951, 591; BayObLG [12. 7. 1955] BReg 1 Z 68/1955; Soergel/Runge-Rannow Rn 11; Röthel § 18 Rn 12; vLübtow I 240; Reimann/Bengel/Dietz/Voit Rn 10; Kipp/Coing § 31 II 2; Erman/S Kappler/T Kappler Rn 8). Auch § 185 BGB ist nicht anwendbar (BGH NJW 1951, 559; Röthel § 18 Rn 12; jurisPK-BGB/Bauermeister [2017] Rn 6; **aA** R Schmidt MDR 1951, 323).

31 Will der Erblasser ein Testament, das er einem Dritten in Verwahrung gegeben hat, nach § 2255 BGB widerrufen, so ist die Frage, ob er es zu diesem Zweck herausverlangen kann, nach den Vereinbarungen im Verwahrungsvertrag zu beurteilen, da er das Testament auch in anderer Weise als durch Vernichtung widerrufen kann. Bei gewünschten Änderungen muss er Kenntnis vom Inhalt erlangen können. Der Verwahrungsvertrag darf nicht gegen erbrechtliche Grundsätze, zB gegen die Testierfreiheit oder § 2263 BGB verstoßen. Eine Bindung des Erblassers an die testamentarischen Verfügungen darf durch den Verwahrungsvertrag nicht erfolgen, so dass die Herausgabe grds nicht verweigert werden darf. Der verwahrende Dritte/Rechtsanwalt, Steuerberater usw ist aber berechtigt und verpflichtet, die Geschäftsfähigkeit des Erblassers im Zeitpunkt des Herausgabeverlangens zu prüfen. Verletzt er diese Prüfungspflicht, können Schadensersatzansprüche entstehen, da auch die private Verwahrung dazu dient, die testamentarisch angeordnete Rechtsfolge zu sichern.

d) Testierfähigkeit

Der Widerruf ist nur wirksam, wenn der Erblasser im Zeitpunkt der Vernichtungs- oder Veränderungshandlung testierfähig ist (Soergel/Runge-Rannow Rn 2). Zur **Testierfähigkeit** (§ 2229 Rn 16 ff) bzw zur bis zum 31. 12. 1991 geltenden negativen Testierfähigkeit, die für § 2255 BGB ausreichte vgl § 2253 Rn 16 (ausführlich Staudinger/Baumann [1996] § 2253 Rn 12 ff). 32

e) Widerrufsabsicht

aa) Voraussetzungen

Der Erblasser muss mit **Widerrufsabsicht** (negativer Testierabsicht) handeln (Muscheler Rn 1814 f; MünchKomm/Sticherling Rn 4 f; Soergel/Runge-Rannow Rn 13). Daher haben Änderungen oder sogar Durchstreichungen, die nur der Vorbereitung eines Testamentes dienen, noch keine Widerrufswirkung, falls das alte Testament noch bis zur Errichtung des neuen gelten soll (RGZ 71, 309; 111, 265; BayObLG ZEV 1997, 453, 454 = FamRZ 1998, 258, 259). Ein ohne Widerrufsabsicht vernichtetes, verlorenes oder körperlich verändertes (zB im Wortlaut nicht mehr lesbares) Testament bleibt gültig (vgl dazu Rn 35 ff). 33

Zerreißt der Erblasser in Unkenntnis der Formnichtigkeit des neuen Testaments das alte, so bestehen erhebliche Zweifel an der Widerrufsabsicht (OLG Freiburg Rpfleger 1952, 340; dazu die Kritik in MittWürttNotV 1952, 194, wo betont wird, dass die Widerrufsabsicht auch aus einer Willensbestätigung geschlossen werden könne; vgl Rn 46 f), insbesondere wenn er irrtümlich davon ausgeht, es mit dem neuen aufgehoben zu haben (OLG Hamm FamRZ 2002, 769, 771 f; Soergel/Runge-Rannow Rn 17). 34

bb) Unfreiwilliger Verlust

Ein **ohne Willen**, dh **ohne Widerrufsabsicht** (Rn 33 f) des Erblassers ganz oder teilweise (fehlende Seiten BayObLG FamRZ 2005, 1866) **vernichtetes, verlorenes, verändertes** oder nicht **auffindbares** (MünchKomm/Sticherling Rn 4; Grüneberg/Weidlich Rn 8; Bamberger/Roth/Litzenburger Rn 15) Testament **bleibt gültig** (RG JW 1912, 798; SeuffBl 78, 16; KG JW 1938, 1601; BGH NJW 1951, 559 = JZ 1951, 591 m Anm Coing; NJW 1959, 2113; BayObLGZ 1967, 197, 206; 1977, 59; BayObLG Rpfleger 1980, 60; FamRZ 1985, 194 mwNw; FamRZ 1990, 1162, 1163 mwNw; NJW-RR 1992, 653, 654; FamRZ 1996, 1110; Rpfleger 2001, 181; ZEV 2003, 503, 507; FamRZ 2005, 1866; KG OLGZ 1975, 355; ZEV 1995, 107; FamRZ 2007, 1197; OLG Hamm NJW 1974, 1827; OLG Frankfurt Rpfleger 1978, 267; OLG Zweibrücken FamRZ 2001, 1313; LG Duisburg ZEV 2006, 35; Coing JZ 1951, 592; Ischinger Rpfleger 1951, 115; Lange/Kuchinke § 23 II 2c; MünchKomm/Hagena[7] Rn 16; Grüneberg/Weidlich Rn 8; Schmitz ErbR 2019, 332, 333; Goldkamp ErbR 2022, 111), sogar wenn der Erblasser Kenntnis von der Vernichtung oder dem Verlust hat (Beispiele bei Lange/Kuchinke § 23 II 2 c). Auch ein vom Erblasser „vergessenes" Testament wird nicht unbeachtlich (OLG Köln JMBlNRW 1986, 188 = Rpfleger 1986, 224). In solchen Fällen können Errichtung und Inhalt des Testaments mit allen zulässigen Beweismitteln allerdings nur bei strengen Anforderungen bewiesen werden (BayObLG FamRZ 1985, 840 mwNw; NJW-RR 1992, 653 u 1358; FamRZ 2005, 138; OLG München NJW-RR 2009, 305; OLG Zweibrücken FamRZ 2001, 1313; KG FamRZ 2007, 1197; LG 35

Nürnberg-Fürth ZErb 2008, 421), so dass im Regelfall ein förmliches Beweisverfahren durchzuführen ist (OLG München ZErb 2008, 173; Grüneberg/Weidlich Rn 9; vgl Rn 43, 48).

36 Die formlose Billigung des Verlustes oder der Vernichtung durch den Erblasser reicht als Widerruf nicht aus (BGH NJW-RR 1990, 516; Grüneberg/Weidlich Rn 8; Michalski Rn 241), vielmehr kann ein nicht auffindbares Testament nur nach § 2254 BGB widerrufen oder nach § 2258 BGB aufgehoben werden.

37 Fraglich ist, wie ein Irrtum des Erblassers über die Wirksamkeit eines unfreiwillig vernichteten Testaments zu behandeln ist. Ging der Erblasser irrtümlich davon aus, dass ein unfreiwillig vernichtetes oder verloren gegangenes Testament keine Wirksamkeit entfaltet, weil eine letztwillige Verfügung nicht mehr vorhanden sei, so ist mangels einer Widerrufsabsicht gar kein wirksamer Widerruf erfolgt. Einer Anfechtung der Vernichtungshandlung nach § 2078 BGB bedarf es nicht.

cc) Wiederherstellungsanspruch bei Beseitigung durch Dritte

38 Gem §§ 823, 826, 249 S 1 BGB besteht gegenüber demjenigen, der ein Testament gegen den Willen des Erblassers beseitigt hat, ein Anspruch, den Zustand herzustellen, der bestehen würde, wenn der zum Ersatz verpflichtende Umstand nicht eingetreten wäre; dazu gehört auch die Auskunftserteilung über den Inhalt (RGZ 108, 7; RG LZ 1927 Sp 742 f). Dieser Anspruch steht allen testamentarisch Bedachten zu, kann aber auch noch als Anspruch des Erblassers entstehen.

f) Rechtsfolge

39 Im Umfang der Veränderung oder Vernichtung wird das widerrufene Testament unwirksam. Zur Auslegung anderer Testamente kann das widerrufene herangezogen werden (Soergel/Runge-Rannow Rn 18).

g) Kausale Handlung

40 Vernichtung oder Veränderung der Urkunde setzt eine Handlung voraus, die in einem Kausalverhältnis zur Absicht des Erblassers stehen muss, sein Testament (ganz oder teilweise) aufzuheben. Da die *Widerrufsabsicht* schnell und unüberlegt gefasst werden kann, zwingt die *Vernichtungs-* oder *Veränderungshandlung* idR zu einer (geringfügig) reiflicheren (der Errichtung eines Widerrufstestaments aber nicht vergleichbaren) Überlegung (so BGH JZ 1951, 591). Darin liegt die vom Gesetzgeber gewollte Sicherung vor unüberlegten Entschlüssen. Die Widerrufsabsicht muss **im Zeitpunkt der Vernichtungs- oder Veränderungshandlung** vorliegen. Auch muss der Erblasser zu diesem Zeitpunkt testierfähig sein. Eine lediglich zufällige Vernichtung der Testamentsurkunde durch den Erblasser oder eine Vernichtung bzw Veränderung im Zustand der Testierunfähigkeit stellt – selbst bei nachträglicher Billigung im Zustand der Testierfähigkeit – keinen wirksamen Widerruf dar. Es fehlt insoweit bereits an der Handlung, die in dem erforderlichen Kausalverhältnis zu einer Aufhebungsabsicht des Erblassers steht (BGH JZ 1951, 591; **aA** R Schmidt JZ 1951, 745; ders MDR 1951, 321, 324), darüber hinaus an der erforderlichen Widerrufsabsicht.

V. Beweisfragen

1. Allgemeine Grundsätze

Im **Prozess** hat derjenige, der sich auf die Gültigkeit eines Testaments beruft, dessen formwirksame Errichtung (OLG Hamm FamRZ 2008, 925 mwNw) sowie den Inhalt zu beweisen. Rechtsvernichtende Tatsachen – wie den wirksamen Widerruf des Testaments (zur Widerrufsabsicht Rn 46 f) – hat der Prozessgegner bzw derjenige zu beweisen, der sich auf die Unwirksamkeit des Testaments beruft. Eine gesetzliche Vermutung, dass die Vernichtung oder Veränderung vom Erblasser persönlich vorgenommen wurde, besteht nicht (Grüneberg/Weidlich Rn 7). 41

Im **Erbscheinsverfahren** ist der Sachverhalt von Amts wegen zu ermitteln. Es besteht zwar keine formelle Beweislast, aber Feststellungslast. Die Feststellungslast trägt derjenige, der für sich Rechte aus dem Testament herleitet (BayObLGZ 1970, 173; BayObLG 6. 6. 1978 – BReg 1 Z 59/78; BayObLG Rpfleger 1980, 60; OLG Celle MDR 1962, 410). Wer sich zur Begründung seiner erbrechtlichen Ansprüche auf die Wirksamkeit einer Vernichtungshandlung beruft, trägt insoweit die Feststellungslast (BayObLG FamRZ 1992, 1350, 1351; OLG Zweibrücken FamRZ 2001, 1313 mwNw; OLG Köln NJW-RR 2004, 1015; OLG Naumburg 24. 7. 2013 – 2 Wx 41/12, FamRZ 2014, 2029). 42

Ist das **Testament** objektiv **vernichtet** oder **verändert**, so spricht zwar der erste Anschein dafür, dass die Vernichtung oder Veränderung vom Erblasser herrührt (vgl zur Beweiswürdigung BayObLGZ 1983, 205), es besteht aber keine gesetzliche Vermutung dafür, dass der Verlust, die **Unauffindbarkeit** oder der gegenwärtige Zustand der Urkunde, auf eine Handlung des Erblassers zurückzuführen ist (Mot V 302; BGH JZ 1951, 591 m Anm Coing; NJW 1959, 2113; OLG Celle MDR 1962, 410; OLG Hamm NJW 1974, 1827; KG OLGZ 1975, 355; ZEV 1995, 107; FamRZ 2007, 1197; BayObLG 28. 12. 1979 – BReg 1 Z 75/79; Rpfleger 1980, 60; OLG Düsseldorf NJW-RR 1994, 142; 16. 11. 2012 – 3 Wx 250/15, ErbR 2017, 147; BayObLG FamRZ 1993, 117; ZEV 1996, 272 LS 2; 2003, 503, 507; FamRZ 2005, 1866; OLG Köln 2. 12. 2016 – 2 Wx 550/16, juris; OLG Zweibrücken FamRZ 2001, 1313 = NJW-FER 2001, 154; OLG Schleswig 12. 9. 2011 – 3 Wx 44/10, FamRZ 2012, 903; OLG Naumburg 29. 3. 2012 – 2 Wx 60/11, MDR 2012, 856; KG ErbR 2016, 709, 711; LG Duisburg ZEV 2006, 35; OLG Düsseldorf 22. 2. 2019 – 25 Wx 65/18, ErbR 2020, 59; KG 3. 8. 2018 – 6 W 52/18, ErbR 2019, 33; Goldkamp ErbR 2022, 111; Muscheler Rn 1815; Grüneberg/Weidlich Rn 8 f; MünchKomm/Sticherling Rn 20). Die Beweislast bzw die Feststellungslast für die Urheberschaft der Widerrufshandlung trägt derjenige, der die Aufhebung des Testaments behauptet (Mot V 302; RG JW 1912, 798; DRW 1944, 842; OLG Dresden ZBlFG 1914, 593 [über die Notwendigkeit des Nachweises dafür, dass etwaiges Durchstreichen vom Erblasser herrührt]; Lange/Kuchinke § 23 II 2d; OLG Frankfurt Rpfleger 1978, 310; KG ErbR 2016, 709, 711; OLG Saarbrücken DNotZ 1950, 68, das hervorhebt, die Anforderungen an die Beweisführung seien nicht allzu hoch zu hängen, uU müssten schon gewisse Indizien ausreichen, um den Nachweis aufgrund tatsächlicher Vermutungen für erbracht zu erachten; so schon RG SeuffBl 78, 16). 43

Das Nachlassgericht muss vom Weiterbestehen des Testaments ausgehen, falls sich bei den von Amts wegen angestellten Ermittlungen kein Beweis für eine Vernichtung der Testamentsurkunde durch den Erblasser ergibt (OLG Hamm DNotZ 1950, 43; BayObLG FamRZ 1998, 1469; OLG Zweibrücken FamRZ 2001, 1313, 1315; OLG Naumburg 29. 3. 2012 – 2 Wx 60/11, MDR 2012, 856; OLG Naumburg 26. 7. 2013 – 2 Wx 41/12, FamRZ 2014, 2029; OLG Naumburg 44

NJW-Spezial 2012, 391; LG Duisburg ZEV 2006, 35). Allein die Unauffindbarkeit der Originalurkunde begründet keine Vermutung, dass diese vom Erblasser selbst in Widerrufsabsicht vernichtet worden ist (BayObLG NJW-RR 1992, 1358 mwNw). Der Inhalt und die formgerechte Errichtung des unauffindbaren Testaments müssen durch Ablichtungen (OLG Naumburg 26. 7. 2013 – 2 Wx 41/12, FamRZ 2014, 2029; OLG Karlsruhe 8. 10. 2015 – 11 Wx 78/14, ZErb 2016, 18; OLG Koblenz 18. 12. 2015 – 1 W 622/15, FamRZ 2016, 1487; OLG Düsseldorf 16. 11. 2016 – 3 Wx 250/15, ErbR 2017, 147; OLG München – 31 Wx 211/15, FamRZ 2017, 1967; OLG Düsseldorf 12. 3. 2021 – 3 Wx 151/20, ErbR 2021, 600; OLG Rostock 19. 3. 2021 – 3 W 13/18, NotBZ 2022, 154; Goldkamp ErbR 2022, 111, 114), Zeugen, Sachverständige zuverlässig nachgewiesen werden (Grüneberg/Weidlich Rn 9). An den Nachweis der Errichtung und des Inhalts sind strenge Anforderungen zu stellen (OLG Zweibrücken FamRZ 2001, 1313; OLG München NJW-RR 2009, 305; 2010, 1664; OLG Schleswig 12. 9. 2011 – 3 Wx 44/10, FamRZ 2012, 903; 12. 8. 2013 – 3 Wx 27/13, ErbR 2014, 448 = NJW-RR 2014, 73). Auch ein Zeugenbeweis ist möglich (OLG Köln 13. 8. 2014 – 2 Wx 208/14, ErbR 2015, 38). Ist das Testament von demjenigen vernichtet, der seine Rechte aus eben diesem Testament herleitet, so sind an den Nachweis nochmals erhöhte Anforderungen zu stellen (OLG Frankfurt 27. 12. 2018 – 20 W 250/17, ErbR 2019, 505 m Anm Baumann). Zeugenaussagen zum Nachweis eines Testaments sind im Regelfall nur verwertbar, wenn die Zeugen das Testament selbst gesehen haben (OLG München ZErb 2010, 179; Grüneberg/Weidlich Rn 9). Zeugen, die das Testament nicht selbst gesehen haben und dessen Inhalt nicht zuverlässig wiedergeben können, reichen nicht aus (ähnlich OLG München 13. 9. 2011 – 31 Wx 298/11, MDR 2011, 1298 Rn 26 f; OLG Düsseldorf 16. 8. 2013 – 3 Wx 134/13, FamRZ 2014, 1142). Auf eine beglaubigte Abschrift des Testaments finden die Beweisregeln über öffentliche Urkunden gem § 418 ZPO Anwendung als Nachweis der Privaturkunde (KG DNotZ 2007, 393), wobei zu prüfen bleibt, ob die Vernichtung durch den Erblasser nach der Beglaubigung erfolgte.

45 Die Ermittlungen des Nachlassgerichts sind erst abzuschließen, wenn von weiteren Ermittlungen kein sachdienliches, die Entscheidung beeinflussendes Ergebnis zu erwarten ist (BGHZ 40, 54; BayObLGZ 1971, 147; 1974, 95). Ein nach § 2255 BGB widerrufenes Testament kann zur Auslegung eines späteren Testaments herangezogen werden (BayObLG NJW-RR 2005, 525).

2. Vermutung der Widerrufsabsicht (S 2)

46 Nach den allgemeinen Grundsätzen müsste derjenige die Widerrufsabsicht beweisen, der sich auf den Widerruf des Testaments beruft. Das Gesetz stellt in S 2 jedoch eine beweislastumkehrende Vermutung auf (DNotI-Report 2013, 137, 138; MünchKomm/Sticherling Rn 16). Hat der Erblasser **nachweislich selbst** oder durch einen Dritten als von ihm mit Tatherrschaft beherrschten Werkzeug die Testamentsurkunde **vernichtet bzw verändert**, so wird die **Aufhebungsabsicht vermutet** (Grüneberg/Weidlich Rn 7; Soergel/Runge-Rannow Rn 9). Die Widerrufsabsicht wird immer vermutet, wenn die Vernichtungs- oder Veränderungshandlung vom Erblasser herrührt (Leipold Rn 338). Bei nicht auffindbaren Testamenten gibt es keine gesetzliche Vermutung für deren Widerruf durch Vernichtung (dazu Rn 43 ff; Muscheler Rn 1815), ebenso wenig gibt es eine gesetzliche Vermutung, dass die aus einem Testament herausgeschnittene Zeile vom Erblasser herausgeschnitten wurde (OLG Hamm NJW-RR 2008, 21 = JuS 2008, 562 m Anm Wellenhofer; Leipold Rn 336). Die Vermutung kann auch bei Handlungen des Erblassers widerlegt werden (BayObLG FamRZ 1990, 1283 = NJW-RR 1990, 1481; BayObLG FamRZ 1998, 258). Die Frage, ob die Vernichtung oder Veränderung der Urkunde vom

Erblasser selbst vorgenommen worden ist, ist Tatfrage, die mit allen zulässigen Beweismitteln bewiesen bzw widerlegt werden kann und auf die S 2 nicht anwendbar ist (jurisPK-BGB/Bauermeister [2017] Rn 11).

Auch wenn die Veränderungshandlung vom Erblasser herrührt, kann die Widerrufs- 47
absicht widerlegt sein, wenn die Abänderung oder das Durchstreichen nur der Vorbereitung eines anderen Testaments dienen, das alte aber bis zur Neufassung fortgelten sollte (BayObLG ZEV 1997, 453, 454). Erhebliche Zweifel an der Widerrufsabsicht können sich auch ergeben, wenn der Erblasser in Unkenntnis der Formnichtigkeit des neuen Testaments das alte vernichtet (dazu Rn 34 und OLG Hamm ZEV 2002, 108, 109). Hier kommt es auf die festzustellende Widerrufsabsicht des Erblassers an, die auch unter Zuhilfenahme des formnichtigen Testaments ermittelt werden kann. Will der Erblasser die alte Verfügung in jedem Fall – unabhängig von der Wirksamkeit des neuen Testaments – widerrufen, so liegt Widerrufsabsicht auch bei Unkenntnis der Nichtigkeit vor. Will der Erblasser dagegen auf keinen Fall die gesetzliche Erbfolge bzw das, was ohne die alte Verfügung gelten würde, dann hat er – wegen Unkenntnis der Nichtigkeit entweder ohne Widerrufsabsicht gehandelt oder die Verfügung kann nach §§ 2078 ff BGB angefochten werden.

3. Beweis- und Feststellungslast bei nicht auffindbaren Testamenten

Für nicht auffindbare Testamente, die nachweislich existiert haben, gibt es keine ge- 48
setzliche Vermutung, dass sie vom Erblasser vernichtet worden sind (dazu Rn 35 mwNw; MünchKomm/Sticherling Rn 20). Die Beweis- und Feststellungslast für eine ordnungsgemäße Widerrufshandlung des Erblassers im Zustand der Geschäftsfähigkeit trägt derjenige, der sich auf die Unwirksamkeit beruft (Rn 41 ff). Die Beweis- und Feststellungslast für die *Wahrung der Formerfordernisse* bei der Errichtung sowie für den *behaupteten Inhalt* trägt dagegen derjenige, der Rechte aus dem Testament herleitet (BayObLG FamRZ 1985, 194, mwNw; NJW-RR 1992, 654; OLG Frankfurt Rpfleger 1978, 310; OLG Düsseldorf NJW-RR 1994, 142 mwNw). Hierzu kann er sich aller zulässigen Beweismittel (DNotI-Report 2000, 168) bedienen (BayObLG Rpfleger 1980, 60; BayObLG FamRZ 1986, 1043, 1044 mwNw; BayObLG FamRZ 2001, 945; OLG Hamm NJW 1974, 1827; FamRZ 2008, 925 mwNw; OLG München HRR 1936 Nr 270; OLG Saarbrücken, DNotZ 1950, 68: eigenhändige Abschrift, mittels Kohlepapier angefertigte Durchschrift; OLG Zweibrücken NJW-RR 1987, 1158 [auch Zeugenaussagen]; OLG Stuttgart BWNotZ 2002, 157 m Anm Fröschlin; OLG Jena 24. 7. 2013 – 2 Wx 41/12, FamRZ 2014, 2029 [Zeugenbeweis]; sofern die Zeugen selbst das Testament gesehen haben OLG München ZErb 2010, 179; ähnlich OLG Düsseldorf 16. 8. 2013 – 3 Wx 134/13, FamRZ 2014, 1142; KG DNotZ 2007, 393: bei öffentlich beglaubigter Testamentskopie gilt § 418 ZPO; BayObLG NJW-RR 1992, 1358 [einfache Fotokopie der Urschrift]; bei einfacher Kopie fordert OLG Köln NJW-RR 1993, 970 zu Recht „Strengbeweis"; ebenso OLG München ZErb 2008, 173; OLG München 4. 7. 2017 – 31 Wx 211/15, FamRZ 2017, 1967; OLG Schleswig 12. 8. 2013 – 3 Wx 27/13, ErbR 2014, 448; OLG Frankfurt 27. 12. 2018 – 20 W 250/17, ErbR 2019, 505 m Anm Baumann; Anm Brammen NZFam 2019, 415; KG 3. 8. 2018 – 6 W 52/18, ErbR 2019, 33; OLG Düsseldorf 22. 2. 2019 – 25 Wx 65/18, ErbR 2020, 59; Goldkamp ErbR 2022, 111, 112 ff; zum gemeinschaftlichen Testament: BayObLG FamRZ 1989, 1234). Er muss aber nicht die Fortgeltung bis zum Tode des Erblassers beweisen (OLG Zweibrücken NJW-RR 1987, 1158; dazu Hohloch JuS 1987, 994 mwNw). Lässt sich nur ein Teil des Testamentsinhalts feststellen, so ist dieser wirksam, falls der Wille des Erblassers ersichtlich ist, dass dieser Teil auch ohne den nicht feststellbaren gültig sein soll (BGH NJW 1955, 460 = LM Nr 1 zu § 2085;

dazu auch BayObLGZ 1967, 206; Johannsen WM 1971, 408). An den Nachweis der Gültigkeit, des Inhalts und der ursprünglichen Existenz eines in Urschrift nicht mehr vorhandenen Testaments sind strenge Anforderungen zu stellen (BayObLG FamRZ 1990, 1162; Rpfleger 2001, 181; 2004, 492; OLG Köln NJW-RR 1993, 970; OLG Zweibrücken FamRZ 2001, 1313; OLG München ZErb 2008, 173; NJW-RR 2009, 305). Entsprechendes gilt für fehlende Seiten eines Testaments (BayObLG FamRZ 2005, 1866).

VI. Widerruf gemeinschaftlicher Testamente

49 Wechselbezügliche Verfügungen können nicht einseitig durch einen Ehegatten oder Lebenspartner in der Form des § 2255 BGB widerrufen werden (Grüneberg/Weidlich Rn 13). Gemeinsam können die Ehegatten ein gemeinschaftliches Testament dadurch widerrufen, dass sie die Testamentsurkunde einvernehmlich vernichten oder an ihr Veränderungen vornehmen (BayObLG MDR 1981, 933). Vernichtet nur ein Ehegatte oder Lebenspartner das gemeinschaftliche Testament mit wechselbezüglichen Verfügungen, so bleibt dieses gültig. Jeder Ehegatte oder Lebenspartner kann seine eigenen einseitigen Verfügungen auch ohne Zustimmung des anderen Ehegatten und sogar noch nach dessen Tod in der Form des § 2255 BGB widerrufen, solange das Testament nicht an das Nachlassgericht abgeliefert ist (OLG Hamm NJW-RR 1996, 1095; Grüneberg/Weidlich Rn 13). Dabei ist aber zu beachten, dass die Erklärungen des anderen Ehegatten von der Veränderung nicht betroffen sein dürfen (vgl im Übrigen zum Widerruf gemeinschaftlicher Testamente Staudinger/Raff §§ 2270–2272).

VII. Widerruf des Widerrufs durch Vernichtung oder Veränderungen

50 Ein Widerruf durch Vernichtung nach § 2255 BGB kann nicht widerrufen (BayObLG ZEV 1996, 271 m Anm Hohmann; Hellfeier ZEV 2003, 1, 2; Soergel/Mayer[13] Rn 16; MünchKomm/Sticherling Rn 22), sondern allenfalls nach §§ 2078 ff BGB angefochten werden (RGZ 102, 69; BayObLG Rpfleger 1956, 409; 1983, 204; ZEV 1996 m Anm Hohmann; Grüneberg/Weidlich Rn 12; MünchKomm/Sticherling Rn 22; Soergel/Runge-Rannow Rn 21). Sollen die nach § 2255 BGB eintretenden Widerrufsfolgen einer Vernichtung beseitigt werden, bedarf es der Neuerrichtung eines Testaments (Hellfeier ZEV 2003, 1; Soergel/Runge-Rannow Rn 21). Bei einem Widerruf durch Veränderung kommt – je nach Art der Veränderung – ein Widerruf in Betracht.

VIII. Anfechtbarkeit

51 Die Anfechtbarkeit gem § 2078 BGB eines Testamentswiderrufs durch Vernichtung oder Veränderung ist umstritten (ausführlich zum Streitstand Lange/Kuchinke § 23 III 2b mwNw; Anfechtbarkeit gem § 2078 Abs 1 BGB grds abl, aber nach Abs 2 für möglich haltend Staudinger/Otte [2019] § 2078 Rn 10; für Anfechtbarkeit nach § 2278 Abs 2 MünchKomm/Sticherling Rn 5; dazu auch Soergel/Runge-Rannow Fn 96). Eine Anfechtbarkeit gem § 2078 Abs 2 Alt 2 BGB muss zumindest dann zugelassen werden, wenn der Erblasser durch Drohung zur Vernichtung des Testaments veranlasst worden ist (Röthel § 18 Rn 14; § 21 Rn 15).

IX. Ersetzung zerstörter Testamente

52 Für die Ersetzung unfreiwillig zerstörter oder abhandengekommener **öffentlicher Testamente** gilt § 46 BeurkG (Frenz/Miermeister/Limmer § 46 BeurkG Rn 2 ff; Soergel/

Runge-Rannow Rn 22). Danach kann die ganz oder teilweise zerstörte Urschrift einer notariellen Niederschrift durch eine noch vorhandene Ausfertigung oder beglaubigte Abschrift der Urschrift ersetzt werden (Einzelheiten s § 46 BeurkG). Ist ein öffentliches Testament aus politischen Gründen nicht verfügbar, so ist § 46 BeurkG entspr anwendbar (KG JR 1952, 443 für die frühere VO v 18. 6. 1942 [RGBl I 395]).

§ 46 BeurkG findet keine Anwendung auf zerstörte oder abhandengekommene **eigenhändige Testamente**, auch nicht, wenn sie sich in amtlicher Verwahrung befunden haben. Diese bleiben nach vom Erblasser nicht gewollter und nicht unter seiner Tatherrschaft herbeigeführten Zerstörung gültig (dazu Rn 35 ff, 43 ff, 48), können aber – bei Kenntnis des Erblassers von der Zerstörung – im Unterschied zu notariell beurkundeten Testamenten kurzfristig und problemlos ohne Kostenaufwand neu errichtet werden, sofern der Erblasser noch testierfähig ist. **53**

X. Rechtsmittel

Über **Rechtsmittel** gegen die Ablehnung der Ersetzung s § 54 BeurkG (Frenz/Miermeister/Limmer § 54 BeurkG Rn 3 ff). **54**

XI. DDR-Recht

Der Vorschrift entsprach § 387 Abs 3 ZGB (dazu Einl 114 ff zu §§ 2229–2302 und Einl 61 ff zu §§ 2229–2302 zur teilweisen Fortgeltung des DDR-Rechts). **55**

§ 2256
Widerruf durch Rücknahme des Testaments aus der amtlichen Verwahrung

(1) Ein vor einem Notar oder nach § 2249 errichtetes Testament gilt als widerrufen, wenn die in amtliche Verwahrung genommene Urkunde dem Erblasser zurückgegeben wird. Die zurückgebende Stelle soll den Erblasser über die in Satz 1 vorgesehene Folge der Rückgabe belehren, dies auf der Urkunde vermerken und aktenkundig machen, dass beides geschehen ist.

(2) Der Erblasser kann die Rückgabe jederzeit verlangen. Das Testament darf nur an den Erblasser persönlich zurückgegeben werden.

(3) Die Vorschriften des Absatzes 2 gelten auch für ein nach § 2248 hinterlegtes Testament; die Rückgabe ist auf die Wirksamkeit des Testaments ohne Einfluss.

Materialien: E I § 1935; II § 2123; III § 2229; Mot V 302; Prot V 353; Jakobs/Schubert, ER II 1646–1655; 1. Denkschr d ErbrA (1937) 98; Amtl Begr z TestG DJ 1938, 1258; Horn MatK-ErbR 1032–1035.

Systematische Übersicht

I. Textgeschichte

1 § 2256 BGB entspricht der ursprünglichen Fassung, jedoch mit der Erweiterung, dass die Belehrungspflicht des Abs 1 S 2 durch § 34 TestG neu eingeführt und später übernommen wurde. Das GesEinhG übernahm den Wortlaut des § 34 Abs 1–3 TestG bei Wiedereingliederung in das BGB.

2 Das BeurkG strich in Abs 1 die Worte: *„vor einem Richter oder"*. § 68 Abs 3 BeurkG aF bestimmte dazu:

§ 2256 Abs 1, 2 des Bürgerlichen Gesetzbuchs gilt auch für Testamente, die vor dem Inkrafttreten dieses Gesetzes vor einem Richter errichtet worden sind.

Dadurch sollte klargestellt werden, dass die **Rücknahme** aus der amtlichen Verwahrung auch **weiterhin** ein nach altem Recht wirksam **vor dem Richter errichtetes Testament widerruft** (Zimmermann Rpfleger 1970, 193).

3 Die Neufassung des BGB (Bekanntmachung v 2. 1. 2002 [BGBl I 42]) hat die amtliche Überschrift eingeführt sowie die Orthographie an die Rechtschreibreform angepasst (ua Ersetzung des „ß" nach kurzem Vokal durch „ss") und die Diktion modernisiert, den Gesetzeswortlaut inhaltlich aber unverändert belassen.

II. Gesetzeskritik

4 Es fehlen im Gesetz Sonderregeln zum Schutz von testierfähigen Minderjährigen bei der Rücknahme ihres Testaments, die ein gleichwertiges Verfahren wie bei der Testamentserrichtung gewährleisten (dazu Rn 21, 27). Ebenso sollte die Rücknahme von

Testamenten durch Betreute verfahrensrechtlich zum Schutz des Betreuten einer gesetzlich vorgeschriebenen Kontrolle unterliegen. Auch sollten allgemein höhere Anforderungen an die Belehrungspflichten bei der Rückgabe gestellt werden.

Nach dem eindeutigen Wortlaut gilt die Vorschrift nicht für konsularische Testamente, obwohl diese öffentliche Urkunden sind. Die Herausgabe eines konsularischen Testaments muss dieselben Rechtswirkungen des Widerrufs entfalten, weil der Normzweck (Rn 8 f) des § 2256 BGB dies erfordert (Reimann/Bengel/Dietz/Voit Rn 4; MünchKomm/Sticherling Rn 2; Soergel/Runge-Rannow Rn 3). Der Gesetzgeber ist aufgefordert diese Regelungslücke ggf im KonsularG zu schließen. 5

Nach geltender Rechtslage muss bei konsularischen Testamenten im Wege der analogen Anwendung des § 2256 BGB mit der Rücknahme aus der amtlichen Verwahrung dieselbe Rechtsfolge eintreten wie beim notariellen Testament und beim Bürgermeistertestament. Wenn sogar das nur befristet gültige Bürgermeistertestament durch Rücknahme unwirksam wird, muss dies erst recht für das konsularische Testament gelten. Ist der Erblasser bei der Rücknahme auf diese Rechtsfolge hingewiesen worden und insbesondere ein Ungültigkeitsvermerk auf der Urkunde angebracht, so ist diese Rechtsfolge unproblematisch. Da Abs 1 S 2 nur eine Sollvorschrift enthält und der Erblasser und die Erben sich auf den Wortlaut des § 2256 BGB berufen können, muss das öffentliche Testament, das vor einem deutschen Konsul errichtet wird, als öffentliche Urkunde trotz privater Verwahrung bei fehlendem Ungültigkeitsvermerk zum Schutz des Rechtsverkehrs wirksam bleiben. Dieses Ergebnis ist im Hinblick auf den Normzweck des § 2256 BGB unerträglich und muss durch Gesetzesänderung beseitigt werden. 6

Es fehlt eine gesetzliche Regelung über die Rechtswirkungen der Rückgabe eines nach § 2247 BGB formgerecht errichteten und dem Notar gem §§ 2231 Nr 2, 2232 BGB übergebenen Testaments (dazu Rn 30 ff). 7

III. Normzweck

Zweck der Vorschrift ist der **Schutz vor Fälschungen öffentlicher Testamente** (MünchKomm/Sticherling Rn 1; zur Geschichte der Bestimmung sowie der ratio legis Kipp/Coing § 31 II 3). Gewährleistet wird dies durch die bis zur Eröffnung ununterbrochene besondere amtliche Verwahrung notarieller Testamente beim Amtsgericht. Flankiert wird dieser Normzweck durch die Amtspflicht des Notars nach § 34 BeurkG, das Testament unverzüglich im verschlossenen Umschlag zu versiegeln und beim Amtsgericht zu hinterlegen (Frenz/Miermeister/Baumann § 34 BeurkG Rn 5 ff). Der Erblasser soll auch bei amtlicher Verwahrung verhindern können, dass ein inhaltlich überholtes Testament gegen seinen Willen eröffnet und verkündet wird. Daher kann er jederzeit die Rückgabe verlangen. Die Rückgabe muss an den Erblasser persönlich erfolgen, damit sichergestellt ist, dass er die Rückgabe auch noch im Zeitpunkt der Aushändigung der Testamentsurkunde will (BGH NJW 1959, 2113; OLG Saarbrücken NJW-RR 1992, 586). 8

IV. Grundsätzliches

Die **Rückgabe** der in amtliche Verwahrung genommenen Urkunde an den Erblasser persönlich auf dessen Verlangen stellt die **dritte Art des Widerrufs** dar. Da es sich um 9 eine gesetzliche Fiktion (Kipp/Coing § 31 II 3; Reimann/Bengel/Dietz/Voit Rn 3; Soergel/Mayer[13] Rn 3: „Widerrufsfunktion") handelt, braucht der Erblasser *keine Widerrufsabsicht* zu haben. Sein entgegenstehender Wille ist bedeutungslos. Das Gesetz stellt die Fiktion unbedingt auf (Mot V 302; Ahammer 26 ff) und knüpft sie lediglich an die unten dargelegten objektiven Voraussetzungen.

10 Die Rücknahme **wirkt als Verfügung von Todes** wegen, da sie das Gesetz mit den Wirkungen einer solchen (§ 2254 BGB) ausgestattet hat (BGHZ 23, 207, 211; BayObLGZ 1960, 494; 1973, 35), unabhängig davon, ob man sie als Rechtsgeschäft unter Lebenden ansieht (KG JFG 21, 323; OLGZ 1970, 240; OLG München Rpfleger 2005, 606; BayObLG FamRZ 2006, 294; vLübtow I 244; Merle AcP 171, 492, 509).

11 Die hM (unten Rn 39; Staudinger/Otte [2019] § 2078 Rn 10 mwNw) lässt daher eine Anfechtung der Rücknahme gem § 2078 BGB zu (dazu BayObLG NJW-RR 1990, 1481, 1482; 2005, 957), was wegen des Normzwecks (dazu Rn 8) nicht unproblematisch ist, denn die Beweiswirkung der öffentlichen Urkunde wird durch den zwischenzeitlichen privaten Besitz der öffentlichen Testamentsurkunde geschwächt. Nach dem Normzweck folgerichtiger wäre es, die Anfechtung auszuschließen, zugleich aber die Anforderungen an die Belehrungen bei der Herausgabe durch gesetzliche Vorgaben zu erhöhen.

12 Die vom Widerrufenden entgegengenommene **Rückgabe der Urkunde** aus der amtlichen Verwahrung **ist keine letztwillige Verfügung**, so dass die Rückgabe nicht nach § 2257 BGB widerrufen werden kann (BayObLG NJW-RR 1990, 1481, 1482; dazu § 2257 Rn 6). Weil die Rückgabewirkung zwingend ist, ist die Bezugnahme oder Verweisung auf ein durch Rückgabe bereits widerrufenes öffentliches Testament insoweit unwirksam (ebenso Schubert JR 1981, 24, 25; vgl dazu auch § 2247 Rn 80). Problematisch ist die Rückgabewirkung bei Verweisungen auf ein öffentliches Testament, das sich zu einem Zeitpunkt noch in der amtlichen Verwahrung befand, also wirksam war. Man wird die Rechtsfolgen des § 2256 BGB auch auf die Verweisungen erstrecken müssen (Schubert JR 1981, 25). Das verweisende Testament kann aber nur bezüglich der Verweisung von dem Widerruf betroffen sein, nicht in seinem sonstigen Inhalt, soweit dieser einen eigenständigen Sinn ergibt (OLG Frankfurt 20. 7. 2021 – 20 W 9/20, ErbR 2022, 317, 320 = RNotZ 2022, 276 m teilweise unrichtiger Anm Schriftleitung). Bei einem Irrtum des Erblassers über die Wirkungen der Rückgabe kann man möglicherweise ein Anfechtungsrecht gem § 2078 BGB gewähren; folgerichtig wäre auch hier, die Belehrungspflichten durch vorgegebene Standards zu verschärfen und es aus Gründen der Rechtssicherheit bei der Widerrufswirkung auch hinsichtlich des verwiesenen Inhalts zu belassen.

V. Regelungsinhalt

1. Widerruf durch Rücknahme

a) Rückgabegegenstand

13 Es muss sich um ein Testament (KG JFG 17, 237 = DNotZ 1938, 450; für gemeinschaftliche Testamente beachte die Sonderregelung in § 2272 BGB; zum Erbvertrag Rn 38) handeln, das vor einem Notar oder nach § 2249 BGB errichtet worden ist.

14 Während § 68 Abs 3 BeurkG aF klarstellte, dass die Vorschrift für alle bis zum 31. 12. 1969 vor einem Richter errichteten Testamente entsprechend gilt, fehlt eine

solche Vorschrift für konsularische Testamente (SOERGEL/MAYER[13] Rn 3; SOERGEL/RUNGE-RANNOW Rn 3). Die konsularischen waren jedoch bereits vor dem 31. 12. 1969 und sind seitdem weiterhin unstreitig öffentliche Testamente, die von Konsularbeamten als Trägern deutscher Hoheitsgewalt im Ausland aufgenommen werden (dazu Einl 49 ff zu §§ 2229–2302); nach § 10 Abs 2 KonsularG stehen die von einem Konsularbeamten aufgenommenen Urkunden, den notariellen Urkunden gleich. Die konsularischen Testamente sind ebenfalls in die besondere amtliche Verwahrung zu geben (§§ 10 Abs 3, 11 Abs 1 KonsG [vgl Einl 52 ff zu §§ 2229–2302] iVm § 34 BeurkG [FRENZ/MIERMEISTER/BAUMANN § 34 BeurkG Rn 2 ff]). § 2256 BGB muss daher auf konsularische Testamente entsprechende Anwendung finden (ebenso SOERGEL/RUNGE-RANNOW Rn 3; MünchKomm/STICHERLING Rn 2, 3; REIMANN/BENGEL/DIETZ/VOIT Rn 4; GRÜNEBERG/WEIDLICH Rn 3). Testamente können auf Verlangen des im Ausland lebenden Erblassers zum Zweck der persönlichen Rücknahme vom Nachlassgericht an das Konsulat versandt werden.

Ein Widerruf in der Form des § 2256 BGB ist nicht möglich für das eigenhändige Privattestament (§ 2247 BGB) sowie für die gem §§ 2250, 2251 BGB errichteten außerordentlichen Testamente, die nicht in die besondere amtliche Verwahrung genommen werden müssen und daher nach Rücknahme gültig bleiben (MünchKomm/STICHERLING Rn 4). 15

b) Besondere amtliche Verwahrung

Das Testament muss in besondere amtliche Verwahrung (nicht einfache Urkundenverwahrung) gegeben werden (dazu RG WarnR 1913 Nr 245; BGH NJW 1959, 2113; Begriff der amtlichen Verwahrung, Verfahren: §§ 344 Abs 1, 2, 346 FamFG, § 27 Ziff 3 ff AktO). Der Notar und auch der Bürgermeister nach § 2249 Abs 1 S 3 BGB müssen gem § 34 Abs 1 S 4 BeurkG ein vor ihnen errichtetes Testament dem Verwahrungsgericht abliefern (FRENZ/MIERMEISTER/BAUMANN § 34 BeurkG Rn 6 ff) und beim Zentralen Testamentsregister registrieren lassen (FRENZ/MIERMEISTER/BAUMANN § 34a BeurkG Rn 3 ff). Die Rückgabe ist vom Nachlassgericht dem Zentralen Testamentsregister mitzuteilen. 16

c) Rückgabeverlangen

Unstreitig ist ein Rückgabeverlangen erforderlich, das spätestens im Zeitpunkt der Rückgabe gestellt sein muss. Ob der Erblasser die Rückgabe **selbst verlangen** muss (OLG Saarbrücken NJW-RR 1992, 586; LG Augsburg Rpfleger 1998, 344, 345; SOERGEL/MAYER[13] Rn 5; LANGE/KUCHINKE § 23 II Fn 58; für Erbvertrag REIMANN/BENGEL/MAYER/MAYER [§ 2300 Rn 16] „höchstpersönlich"; der nur annehmende, selbst nicht verfügende Vertragspartner kann sich nach den allgemeinen Regeln vertreten lassen [vDICKHUTH-HARRACH RNotZ 2002, 384, 390; STAUDINGER/RAFF § 2300 Rn 15]) oder das Verlangen nach den Vorstellungen des Gesetzgebers und der Gesetzessystematik auch durch einen Vertreter gestellt werden kann (REIMANN/BENGEL/DIETZ/VOIT Rn 6; MünchKomm/STICHERLING Rn 6: „Vertreter oder Boten": SOERGEL/RUNGE-RANNOW Rn 5), ist eine Frage ohne praktische Relevanz (vDICKHUTH-HARRACH RNotZ 2002, 384, 391), weil die **Rückgabe** *nicht an einen Vertreter oder Betreuer* erfolgen kann (DNotI-Report 2002, 17, 19), sondern **an den Erblasser persönlich erfolgen muss** (Abs 2 S 2), also das Rückgabeverlangen zumindest im Zeitpunkt der Rückgabe vom Erblasser persönlich (so auch REIMANN/BENGEL/DIETZ/VOIT Rn 7; MünchKomm/STICHERLING Rn 6; deshalb ist der Zeitpunkt der Rückgabe der entscheidende, weil an einen Testierunfähigen nicht zurückgegeben werden darf; anders MünchKomm/STICHERLING Fn 17) gestellt 17 oder bestätigt sein muss (so auch der Fall des LG Augsburg Rpfleger 1998, 344, 345). Daher muss der Erblasser die **Aushändigung** des Testaments spätestens **im Zeitpunkt der körperlichen Rückgabe persönlich** verlangen (BeckOK BGB/Litzenburger Rn 1, 2; NK-BGB/Kroiss Rn 6). Unbestritten kann das Gericht das Rückgabeverlangen auch schon zu einem früheren Zeitpunkt zurückweisen, wenn es schon zuvor (zB durch ein Betreuungsverfahren) Kenntnis von der Geschäftsunfähigkeit des Erblassers hat. Durch Vertreter oder Boten eventuell zuvor gestellte Rückgabeverlangen lösen noch keine Rechtsfolgen aus. Davon zu trennen ist die Frage, ob durch Vertreter oder Boten die Verwahrung bei einem anderen Verwahrungsgericht oder beim deutschen Konsul im Ausland verlangt werden kann, damit der Erblasser dort persönlich das Rückgabeverlangen stellt. Diese Antragstellung, das Testament an eine andere amtliche Verwahrungsstelle zu übersenden, muss durch einen förmlich ausgewiesenen Boten oder Vertreter möglich sein. Schäden durch Verzögerungen (so das Argument von MünchKomm/Hagena[7] [Rn 6] und MünchKomm/Sticherling [Rn 6] für Vertreter und Boten, insbesondere bei im Ausland lebenden Erblassern) kann der Erblasser vermeiden, indem er sich anderer Widerrufsmöglichkeiten bedient (vgl nur § 2254 BGB). Der Gesetzgeber hat im Übrigen die Unterscheidung von Rückgabeverlangen und Rückgabeakt nicht gesehen (Reimann/Bengel/Mayer/Mayer[6] § 2300 Rn 15). Das **persönliche** Rückgabeverlangen **im Zeitpunkt der Rückgabe** ist schon wegen der Wirkung der Rücknahme als Widerruf der letztwilligen Verfügung erforderlich (Grüneberg/Weidlich Rn 4). Für das Verlangen ist keine besondere Form vorgeschrieben. Das Rückgabeverlangen kann nach Abs 2 S 1 jederzeit gestellt werden. Der Erblasser muss keine Widerrufsabsicht haben (OLG Frankfurt 20. 7. 2021 – 20 W 9/20, ErbR 317, 320 = RNotZ 2022, 276 m teilweise unrichtiger Anm Schriftleitung). Die Rückgabe **aufgrund gestellten Rückgabeverlangens** löst auch ohne Widerrufsabsicht die gesetzliche Widerrufswirkung aus. Erfolgt die **Rückgabe versehentlich**, zB bei Einsichtnahme, ohne vom Erblasser gestelltes Rückgabeverlangen, oder an einen Bevollmächtigten oder Boten, so tritt die Rechtsfolge des § 2256 BGB nicht ein, allerdings kann durch diese versehentliche Herausgabe die Beweiskraft der öffentlichen Urkunde geschwächt sein. Das Gericht hat, sobald das Versehen festgestellt worden ist (schon zur Reduzierung eigener Regressrisiken) den Erblasser aufzufordern, die amtliche Verwahrung unverzüglich wiederherzustellen.

18 Der Notar kann die Rückgabe eines von ihm beurkundeten Testaments nicht verlangen. Hat er das Testament in die amtliche Verwahrung des Gerichts gegeben, so hat er keinerlei Recht mehr an der Urkunde und kann auch nicht die Versendung an ein anderes Gericht verlangen, um die Urkunde einzusehen (RJA 8, 36). Er kann aber bis zur Testamentseröffnung (OLG Hamm OLGZ 1986, 159, 161) noch die Unterschrift auf dem verschlossenen Testamentsumschlag beim Nachlassgericht nachholen (Frenz/Miermeister/Baumann § 35 BeurkG Rn 5 f).

d) Testierfähigkeit

19 Die Rücknahme mit dem Rückgabeverlangen ist eine Rechtshandlung mit Willenserklärung, welche die Wirkungen einer Verfügung von Todes wegen hat (OLG München 10. 5. 2005 – 31 Wx 19/05, Rpfleger 2005, 606; OLG Frankfurt 20. 7. 2021 – 20 W 9/20, ErbR 2022, 317, 320). Der Erblasser muss daher **im Zeitpunkt der Rückgabe** testierfähig sein (BayObLG 9. 3. 2005 – 1 Z BR 108/04, NJW-RR 2005, 957; OLG Hamm 1. 8. 2012 – 15 W 266/12, RNotZ 2013, 183; OLG Köln 12. 7. 2013 – 2 Wx 177/13, ErbR 2014, 142 Rn 5), weil in diesem Zeitpunkt die Widerrufswirkung eintritt (RG JW 1903, 299; 1904, 47; DNotI-Report 2002,

17, 18). Bei der Rückgabe ist die Testierfähigkeit des Erblassers vom Rechtspfleger *zu prüfen* (KG JW 1935, 3559), was bei testierfähigen Betreuten einer besonderen – bisher gesetzlich nicht geregelten – Kontrolle bedarf. Ist der Rechtspfleger von der Testierunfähigkeit zweifelsfrei überzeugt, so hat er die Rückgabe zu verweigern (OLG Köln 12. 7. 2013 – 2 Wx 177/13, ErbR 2014, 142) und zwar auch dann, wenn – aufgrund vorgelegter fachärztlicher Gutachten – belegt wird, dass der Erblasser ein unwirksames Testament errichtet hat, weil er bereits im Zeitpunkt der Testamentserrichtung testierunfähig war (OLG Köln 12. 7. 2013 – 2 Wx 177/13, ErbR 2014, 142). Hat der Rechtspfleger begründete Zweifel an der Testierfähigkeit, kann er die Vorlage eines ärztlichen Attestes verlangen.

Die **Rückgabe an einen Testierunfähigen darf nicht erfolgen** (NK-BGB/Kroiss Rn 7). Die 20
Rückgabe an einen **Betreuten** darf nur erfolgen, wenn er noch testierfähig ist (OLG Hamm 1. 8. 2012 – 15 W 266/12, RNotZ 2013, 183; OLG Köln 12. 7. 2013 – 2 Wx 177/13, ErbR 2014, 142 = RNotZ 2022, 276 m teilweise unrichtiger Anm Schriftleitung). Erfolgt die Rückgabe an einen Testierunfähigen, so bleibt ein öffentliches Testament – trotz der an den Tatbestand der Rückgabe gebundenen gesetzlichen Widerrufsfiktion – (ausnahmsweise) wirksam, weil ein wirksamer Widerruf nur an einen testierfähigen Erblasser erfolgen kann. Da die Rücknahme als letztwillige Verfügung wirkt, setzt sie zwingend Testierfähigkeit des Erblassers voraus (OLG Köln 12. 7. 2013 – 2 Wx 177/13, ErbR 2014, 142). Das folgt nach dem Gesetzeswortlaut schon aus der vorgeschriebenen Belehrung, die ein Testierunfähiger nicht verstehen kann. Anderes gilt für die Rücknahme von Testamenten bis zum 31. 12. 1991, weil bis zu diesem Zeitpunkt die negative Testierfähigkeit zum Widerruf von Testamenten ausreichte (Staudinger/Baumann [1996] § 2253 Rn 12 ff). Testierfähig ist auch der Minderjährige, allerdings nach § 2233 Abs 1 BGB nur streng verfahrensgebunden.

Für die Rückgabe des Testamentes an einen Minderjährigen fehlen in § 2256 BGB 21
verfahrensrechtliche Sonderregelungen (der Minderjährige wird bei der Rückgabe und damit beim Testamentswiderruf nicht durch notarielle Beratung wie bei der Testamentserrichtung geschützt). Zweifelhaft kann deshalb sein, ob ein **Minderjähriger** durch Rücknahme aus der Verwahrung widerrufen kann (dafür MünchKomm/Hagena[7] Rn 6; MünchKomm/Sticherling Rn 6). Da die früher für den Widerruf von Testamenten geltenden Erleichterungen (mit Abschaffung der negativen Testierfähigkeit) weggefallen sind und für den Testamentswiderruf nach geltendem Recht dieselben Anforderungen an die Geschäftsfähigkeit wie an die Errichtung eines Testaments gestellt werden, sollte der Gesetzgeber bei Minderjährigen das Rückgabeverfahren gesetzlich wie bei der Errichtung an einen Verfahrensschutz binden, zB an zwingende, gesetzlich vorgeschriebene Belehrungspflichten des Rechtspflegers über die Wirkungen der Rückgabe zum Schutz des Minderjährigen (nicht bloße Sollvorschriften), damit Zweifel über die Wirksamkeit des Widerrufs durch Rücknahme auch beim Minderjährigen ausgeschlossen sind. Zumindest sollten die Formschutzvorschriften für den Widerruf eines notariellen Testaments den Errichtungsvorschriften hinsichtlich der Beratungs- und Belehrungsfunktionen angepasst werden.

Unschädlich ist die fehlende Testierfähigkeit bei Abgabe der Erklärung des Rück- 22
gabeverlangens, wenn der Erblasser im Zeitpunkt der Rückgabe testierfähig ist (Keim ZEV 2003, 55, 56; Soergel/Runge-Rannow Rn 6; Reimann/Bengel/Dietz/Voit Rn 6; NK-BGB/Kroiss Rn 6; vLübtow NJW 1968, 1851), also wenn zB der Minderjährige die Rücknahme

erst nach Eintritt seiner Volljährigkeit vollzieht. Geschäftsfähigkeit (zutreffend Soergel/Runge-Rannow Rn 7) ist auch bei Rücknahme eines Privattestaments zu verlangen (OLG Hamm 1. 8. 2012 – 15 W 266/12, RNotZ 2013, 183), obwohl die Widerrufswirkungen hier nicht eintreten, weil das auf Aufhebung der Hinterlegung nach § 2248 BGB gerichtete Rückgabeverlangen eine Willenserklärung (rechtsgeschäftliche Erklärung) zur Aufhebung des öffentlich-rechtlichen Verwahrungsverhältnisses (Soergel/Runge-Rannow Rn 7), mindestens aber eine rechtsgeschäftsähnliche Handlung ist (so OLG Hamm 1. 8. 2012 – 15 W 266/12, RNotZ 2013, 183 Rn 4).

e) Tatsächliche Rückgabe

23 Die Rückgabe an den Erblasser muss **tatsächlich erfolgen**, allein das Rückgabeverlangen löst die Widerrufsfiktion nicht aus (BGH NJW 1959, 2113). Erst der Realakt der durchgeführten Rückgabe führt zum Widerruf (jurisPK-BGB/Bauermeister [2017] Rn 48). Die Urkunde darf dem Erblasser **nur persönlich zurückgegeben** werden (so ausdrücklich Abs 2 S 2). Nicht genügt (wie nach PrALR) die Aushändigung an einen durch notariell beglaubigte oder beurkundete Vollmacht legitimierten Vertreter oder an einen Betreuer (DNotI-Report 2002, 17, 19). Erfolgt die *Rückgabe* gleichwohl *an einen Bevollmächtigten* oder an einen sonstigen *Dritten,* so tritt die Widerrufswirkung nicht ein (OLG Zweibrücken NJW-RR 1992, 586; DNotI-Report 2002, 17), trotz der damit verbundenen Beweisschwächung der öffentlichen Urkunde. Der Verwahrungsbeamte – Rechtspfleger – hat daher die Amtspflicht, neben der allgemeinen Testierfähigkeit auch die Identität des Erblassers mit dem die Rückgabe Verlangenden festzustellen. Außerdem ist bei der Öffnung des Testamentsumschlags in Anwesenheit des die Rücknahme beantragenden Erblassers zu prüfen, ob der Testamentsumschlag das durch Rücknahme zu widerrufene Testament enthält (OLG Köln NJW-RR 1989, 452; BayObLG FamRZ 1990, 1404). Auch die Rückgabe eines Privattestaments darf nur an den Erblasser persönlich erfolgen, weil andernfalls die gebotene Prüfung seiner Geschäftsfähigkeit (OLG Hamm 1. 8. 2012 – 15 W 266/12, RNotZ 2013, 183) nicht möglich wäre.

24 Verlangt der Erblasser die Rückgabe, kann er jedoch wegen einer körperlichen Behinderung – eine zeitlich beschränkte Behinderung wegen Erkrankung reicht aus – nicht persönlich vor Gericht erscheinen, so *muss sich der Verwahrungsbeamte zu ihm begeben* (Roth NJW-Spezial 2016, 103). Eine **Übersendung** durch die Post ist **unzulässig,** die Widerrufswirkung würde damit entfallen (Mot V 303 u Prot V 354; DNotI-Report 2003, 3; KG JW 1935, 3559). Die Rückgabe kann auch im Wege der Rechtshilfe und des behördlichen Ersuchens durch ein anderes Amtsgericht als das Verwahrungsgericht erfolgen. § 27 AktO Ziff 8 regelt die aktenmäßige Behandlung des Rechtshilfevorgangs (abgedruckt bei Firsching/Graf Rn 4.29). Rückgabe an den im Ausland wohnenden Testator erfolgt durch Vermittlung des deutschen Konsuls (dazu KG OLGE 30, 215). Die mit den Erschwerungen des Rücknahmeverfahrens verbundenen Einschränkungen der Widerrufswirkung sind für den Erblasser hinnehmbar, da ihm alternativ die gesetzlich angebotenen anderen Widerrufsmöglichkeiten (Errichtung eines Widerrufstestaments gem § 2254 BGB oder eines Widerspruchstestaments gem § 2258 BGB) zur Verfügung stehen; er muss dann nur hinnehmen, dass sein widerrufenes oder aufgehobenes Testament mit eröffnet und die im widerrufenen oder aufgehobenen Testament enthaltenen Verfügungen den dort benannten Bedachten bekannt werden.

f) Einsichtnahme

25 Keine Rückgabe iS des § 2256 BGB stellt die **Gewährung einer Einsichtnahme** in den Testamentsinhalt dar (OLG Dresden OLGE 16, 264; DNotI-Report 2010, 212; ZENGER Bay-NotZ 21, 19; STAUDINGER/BAUMANN [2003] § 2258b Rn 18; MünchKomm/STICHERLING Rn 13). Erfolgt bei Einsichtnahme **versehentlich** die Rückgabe, so treten die Rechtsfolgen des § 2256 BGB ebenso wenig ein wie bei Rückgabe an einen unberechtigten Dritten (OLG Zweibrücken NJW-RR 1992, 586), weil die Rückgabe hier **gegen den Willen des Erblassers** erfolgt. Wird bei der Herausgabe das Testament **verwechselt**, dessen Rückgabe verlangt war und erfolgen sollte, so ist § 2256 BGB ebenfalls nicht anwendbar (Mot V 302).

26 Nimmt der Erblasser bei Einsichtnahme das Testament dagegen **heimlich** oder **gewaltsam** an sich, so ist § 2256 BGB aufgrund seines Normzwecks entsprechend anwendbar (zustimmend REIMANN/BENGEL/DIETZ/VOIT Rn 7; MünchKomm/STICHERLING Rn 6: „nicht schutzbedürftig"; GRÜNEBERG/WEIDLICH Rn 4; ERMAN/S KAPPLER/T KAPPLER Rn 5; SOERGEL/RUNGE-RANNOW Rn 6; **aA** MUSCHELER [Rn 1816], der auf den Gesetzeswortlaut abstellt [was nicht gegen eine entsprechende Anwendung spricht] und darauf, dass Abs 1 S 2 sonst sinnlos wäre, was unrichtig ist, weil es sich um eine bloße Sollvorschrift handelt und auch eine zwingende Belehrung nicht sinnlos wird, nur weil der heimlich oder gewaltsam Handelnde diese umgeht), da ein Widerrufswille nicht vorliegen muss (MUSCHELER Rn 1817) und der Wortlaut des Gesetzes die Rechtsfolge des Widerrufs allein an die mit dem Willen des Erblassers erfolgte Rückgabe knüpft. Eine nicht durch Rückgabeverlangen, sondern durch Gewalt oder Täuschung erwirkte Rückgabe hat dieselben Rechtsfolgen auszulösen, weil auch diese Rückgabe **mit dem Willen des Erblassers** erfolgt. Dass der Erblasser bei heimlicher oder gewaltsamer Ansichnahme nicht belehrt worden ist, kann der Widerrufswirkung nicht entgegenstehen, da Abs 1 S 2 Sollvorschrift ist, ein Unterlassen der Belehrung deshalb keinen Einfluss auf die Widerrufswirkung hat (BayObLG FamRZ 2005, 841) und der Erblasser darüber hinaus in Fällen von Gesetzesverstößen des Schutzes der Belehrung nicht bedarf. Auch bei einer Mussvorschrift kann der Erblasser weghören und sich auf diese Weise weigern, die zu seinem Schutz erfolgende Belehrung zur Kenntnis zu nehmen. Die ablehnende Meinung MUSCHELERS ist auch deshalb nicht nachvollziehbar, weil er selbst das subjektive Element des Rückgabeverlangens nicht als „selbstständiges Merkmal" ansieht (MUSCHELER Rn 1818) und somit nur auf den objektiven Tatbestand der Rücknahme abstellt. Warum die Rücknahme mit Gewalt oder durch Täuschung anders behandelt werden soll als die gesetzeskonforme Rücknahme, erschließt sich aus den Ausführungen MUSCHELERS nicht. Nach der Meinung MUSCHELERS könnte der Erblasser die zwingende Rechtsfolge des § 2256 BGB durch gesetzeswidriges, sogar durch strafbares Verhalten umgehen.

g) Belehrung über Rechtsfolgen (Abs 1 S 2)

27 Die Rückgabestelle soll den Erblasser über die Rechtsfolgen der Rückgabe belehren und die Belehrung vermerken und aktenkundig machen (§ 22 Abs 9, 14 AktO; vDICKHUTH-HARRACH RNotZ 2002, 384, 394 ff). Eine unterlassene Belehrung beeinflusst die Rechtsfolge des Widerrufs durch Rücknahme nicht. Zumindest bei der Rückgabe an Minderjährige ist die bloße Sollvorschrift nicht ausreichend. Die unterlassene Belehrung kann aber Amts- und Staatshaftungsansprüche auslösen, wenn nachgewiesen wird, dass der Erblasser bei Kenntnis der Rücknahmewirkungen das Testament nicht aus der amtlichen Verwahrung genommen hätte. Ist die Belehrung nicht auf der zurückgegebenen Urkunde vermerkt und nicht aktenkundig gemacht, können

Erblasser und Erben sich mit umgekehrter Beweislast auf die Unterlassung der Belehrung und auf fehlende Kenntnis der Rechtsfolgen der Rücknahme (mit zulässigem Gegenbeweis) berufen.

h) Rechtsfolge

28 Die ordnungsgemäße Rückgabe aus der amtlichen Verwahrung wirkt als Widerruf (OLG Frankfurt 20. 7. 2021 – 20 W 9/20, ErbR 2022, 317 = RNotZ 2022, 276 m teilweise unrichtiger Anm Schriftleitung). Rechtsfolge des Widerrufs ist, dass die im öffentlichen Testament angeordneten Verfügungen unwirksam werden (**aA** MünchKomm/Sticherling Rn 14, der bei Bezugnahmen auf dieses widerrufene Testament die Widerrufswirkungen nicht eintreten lassen will). Auch durch nachfolgende Bezugnahmen kann die Widerrufswirkung des § 2256 BGB nicht aufgehoben werden, weil der „durch Rücknahme aus der amtlichen Verwahrung erfolgte Widerruf nicht durch Testament wiederrufen werden kann" (so ausdrücklich MünchKomm/Sticherling Rn 14). Die Anerkennung einer späteren Bezugnahme auf das unwirksam gewordene Testament hätte die im Gesetz nicht vorgesehenen Aufhebung der Widerrufswirkungen der Rücknahme, zur Folge. Die Rechtsfolge des Widerrufs tritt sogar **gegen den ausdrücklich erklärten Willen des Erblassers** ein, sofern die Rückgabe mit dem Willen des Erblassers erfolgt (BeckOK BGB/Litzenburger Rn 4). Diese einmal eingetretene Widerrufswirkung kann vom Erblasser nicht wieder beseitigt werden, es sei denn, das Testament (übergebene Schrift) genügt auch den Erfordernissen des § 2247 BGB (vgl Rn 31). Keine Heilung des Widerrufs ist dadurch möglich, dass die zurückgegebene Urkunde erneut in die amtliche Verwahrung genommen wird (Planck/Strecker Anm 6 mwNw). Auch ein testamentarischer Widerruf (§ 2254 BGB) des durch die Rücknahme erfolgten Widerrufs ist nicht möglich (OLG Hamburg OLGE 34, 307; BayObLG DNotZ 1973, 630, 631; BayObLG NJW-RR 1990, 1481, 1482; vgl zur Bestätigung unwirksamer Testamente § 2247 Rn 155).

2. Rückgabe des eigenhändigen Testaments (Abs 3)

29 Die Rückgabe eines nach § 2248 BGB amtlich verwahrten **eigenhändigen Testaments** ist nach Abs 3 auf die Wirksamkeit des Testaments ohne Einfluss (MünchKomm/Sticherling Rn 7; Soergel/Runge-Rannow Rn 7). Obwohl die Rückgabe des Privattestaments nicht als Widerruf wirkt, das Rückgabeverlangen aber mindestens eine geschäftsähnliche Handlung, wenn nicht sogar – wohl richtiger Weise – eine Willenserklärung ist (weil das Rückgabeverlangen auf Rechtsfolgen gerichtet ist, nämlich die nicht mehr gesicherte Verwahrung des eigenen Testaments), hat der Rechtspfleger die Geschäftsfähigkeit des Erblassers im Zeitpunkt der Rückgabe zu prüfen (OLG Hamm 1. 8. 2012 – 15 W 266/12, RNotZ 2013 m Anm Schriftleitung, wonach Geschäftsfähigkeit des Erblassers auch bei der Rückgabe des eigenhändigen Testaments erforderlich ist, weil Abs 3 auf Abs 1 verweist und nur ein Geschäftsfähiger die Belehrung über die Folge der Rückgabe [Verlust der sicheren Verwahrung] entgegennehmen kann; Soergel/Runge-Rannow Rn 7). Das Rückgabeverlangen kann jederzeit vom Erblasser – auch von einem Bevollmächtigten des Erblassers – gestellt werden. Die **Rückgabe** darf aber nur **an den geschäftsfähigen Erblasser persönlich** erfolgen, da sonst der Normzweck des § 2248 BGB vereitelt würde (Soergel/Runge-Rannow Rn 7). Entsprechendes gilt für hinterlegte Dreizeugentestamente (Grüneberg/Weidlich Rn 1).

3. Rückgabe einer übergebenen Schrift

Strittig ist, ob § 2256 Abs 1 BGB auch eingreift, wenn das Testament **als eigenhändiges formgültig errichtet** war und *nur zur Sicherheit* **die Übergabe der Schrift an den Notar gem §§ 2231 Nr 2, 2232 BGB** erfolgte (Soergel/Runge-Rannow Rn 11). Die Rückgabe hat zwar die zwingende Wirkung des Widerrufs öffentlicher Testamente, die in amtliche Verwahrung genommen werden müssen, nicht aber sonstiger Testamente. Daher ist nach einer Ansicht das Testament als privatschriftliches Testament weiterhin wirksam (Soergel/Runge-Rannow Rn 11; Erman/S Kappler/T Kappler Rn 2; BeckOGK/Grziwotz Rn 26; Staudinger/Firsching[12] Rn 14; Planck/Strecker Anm 5 sowie § 2231 Anm III 2 mNw; Peiser 358 Nr 3; Crome § 649 Nr 75; Cosack II, 2 § 123 Nr I 2c; Ahammer 22; Küntzel Gruchot 41, 601; Cohn DNotZ 1914, 353; dazu a BayNotV 1922, 306; MünchKomm/Hagena[6] Rn 8: bei „Verstärkungsabsicht"; ähnlich MünchKomm/Sticherling Rn 4). Nach der Gegenansicht bleibt es unwirksam (Leonhard II A; Kretzschmar § 21 Nr 20; BGB-RGRK/Kregel Rn 10; MünchKomm/Hagena[5] Rn 4; Grüneberg/Weidlich Rn 1; Reimann/Bengel/Dietz/Voit Rn 10; Kipp/Coing § 31 II 3 Fn 18; Schlüter Rn 187; Michalski Rn 243. Muscheler [Rn 1819], lehnt eine „Doppelnatur" des eigenhändigen Testaments, das als Schrift an den Notar übergeben worden ist, ab und nimmt eine „Überlagerung" durch die notarielle Form des Übergabeprotokolls an). 30

Eigene Stellungnahme: Der Meinung, ein formunwirksames eigenhändiges Testament habe seine Wirkung als Privattestament verloren, wenn es einem Notar gem § 2232 BGB als offene oder verschlossene Schrift übergeben worden ist, kann nicht gefolgt werden. Nach bisher unbestrittener, zutreffender Ansicht bleibt das in Form eines eigenhändigen Testaments als Schrift dem Bürgermeister übergebene Testament nach Ablauf der Frist des § 2252 BGB weiterhin gültig (RGZ 104, 320, 322 ff; KGJ 50, 80, 83 f; Soergel/Mayer[13] § 2252 Rn 3; BeckOK/Litzenburger § 2252 Rn 4; Grüneberg/Weidlich § 2252 Rn 1; HK-BGB/Hoeren § 2252 Rn 4; bei „Verstärkungsabsicht" MünchKomm/Hagena[7] § 2252 Rn 8). Durch die Übergabe an den Bürgermeister, der ein öffentliches Nottestament errichtet, verliert das formwirksame Privattestament somit seine Gültigkeit nicht. Abzulehnen ist daher die Meinung Muschelers (Rn 1819), wonach ein nach § 2247 BGB errichtetes formwirksames Testament seine Rechtsgültigkeit als Privattestament verliert, wenn es (statt einem Bürgermeister) einem Notar als offene oder verschlossene Schrift übergeben wird. Ein formwirksam errichtetes eigenhändiges Testament bleibt auch dann als eigenhändiges Testament formwirksam, wenn es als offene oder verschlossene Schrift einem Bürgermeister als Nottestament oder einem Notar mit entsprechendem Beurkundungsprotokoll übergeben worden ist. Das Beurkundungsprotokoll mit seinen öffentlichen Beweiswirkungen bezieht sich nur auf den Übergabeakt. Das übergebene Testament bleibt inhaltlich und formell eine Privaturkunde (ohne Doppel- oder Überlagerungswirkung [so aber Muscheler Rn 1819] mit eingeschränkter Teilhabe an den öffentlichen Urkundswirkungen, vergleichbar den nicht verlesenen und vom Notar nicht verfassten Listen und Aufstellungen nach § 14 BeurkG). Nur das Übergabeprotokoll ist als öffentliche Urkunde errichtet. Unterlaufen dem Notar zB im Errichtungsprotokoll Beurkundungsfehler, die zur Formunwirksamkeit des öffentlichen Testaments führen, kann dies nicht zur Formunwirksamkeit des eigenhändig verfassten Testaments, das alle Wirksamkeitsvoraussetzungen des § 2247 BGB erfüllt, zur Folge haben (ebenso Burandt/Rojahn/Lauck § 2232 Rn 19). Anderes muss gelten, wenn die übergebene Schrift die Formerfordernisse des § 2247 BGB nicht erfüllt, wie wohl in den meisten Fällen übergebener Schriften. Ist die übergebene Schrift zB maschinenschriftlich verfasst, dann ist sie unwirksam, wenn das Er- 31 richtungsprotokoll unwirksam ist. Ist das notarielle Protokoll formwirksam errichtet, wird das formwirksame eigenhändige Testament damit zwar Bestandteil der öffentlichen Urkunde (vergleichbar einer von den Beteiligten dem Notar übergebenen, von ihnen selbst gefertigten Anlage zu einer Niederschrift) nimmt aber in seinen inhaltlichen Beweiswirkungen nicht an der öffentlichen Urkunde teil (**Beispiel zur Form**: Der Erblasser behauptet, ein eigenhändiges Testament verfasst zu haben, das in Wahrheit ein Dritter niedergeschrieben hat. Das **notarielle Übergabeprotokoll gem § 2232 BGB beweist nur den protokollierten Inhalt, dass ein privatschriftliches Testament** (oder ein anderes Schriftstück) **übergeben worden ist**. Das Testament ist zwar als offen übergebene Schrift – auch wenn es von einem Dritten niedergeschrieben wurde (dazu § 2232 Rn 47) – wirksam, beweist aber als Anlage zur öffentlichen Urkunde nicht die eigenhändige Niederschrift. **Beispiel zum Inhalt**: Der Erblasser verwechselt in seiner Schrift Schlusserbeneinsetzung mit Nacherbeinsetzung. Die als Anlage dem Übergabeprotokoll des Notars beigefügte Schrift hat nicht dieselben Beweiswirkungen wie ein notariell beurkundetes Testament, so dass bei der vom juristischen Laien verfassten Schrift von einer fehlerhaften Begriffswahl auszugehen ist). Bei verschlossenen Schriften ist offenkundig, dass sie keine „öffentlichen Urkunden" sein können, weil die verschlossen übergebene Schrift dem Notar inhaltlich im Regelfall nicht einmal bekannt ist und zB einen gesetzes- oder sittenwidrigen Inhalt haben kann, den ein Notar nach den gesetzlichen Berufspflichten (§ 14 Abs 2 BNotO) gar nicht amtlich beurkunden darf. Aber selbst bei einer offen übergebenen Schrift hat der Notar keinen Einfluss auf den Inhalt, wenn der Erblasser sich nicht beraten lassen will, so dass auch bei einer offen übergebenen Schrift deren Inhalt nicht zur öffentlichen Urkunde, sondern nur zur Anlage einer öffentlichen Urkunde wird. Der Notar kann – sofern er den Text verstehen kann (übergeben werden können auch fremdsprachige oder in Geheimschrift verfasste Texte) – und muss sogar die Beurkundung dann ablehnen, wenn sie für ihn erkennbar gesetzes- oder sittenwidrige Zwecke verfolgt (§ 14 Abs 2 BNotO). Da die offen übergebene Privaturkunde auch rechtlichen Unsinn enthalten kann, ohne dass der Notar die Beurkundung des Übergabeprotokolls (mehr wird nicht beurkundet!) ablehnen darf (rechtlicher Unsinn muss nicht gesetzeswidrig sein), kann die formwirksame Privaturkunde durch Übergabe als offene Schrift an den Notar aufgrund des Übergabeprotokolls nicht zur „rechtlich unsinnigen" notariellen Urkunde werden. Sie bleibt Privaturkunde. Ihre sogenannte „Doppelwirkung" besteht nur darin, dass sie (als Anlage) Bestandteil des notariellen Übergabeprotokolls ist. Der Inhalt des Privattestaments nimmt dagegen – wie dargelegt – an den öffentlichen Beweiswirkungen nicht teil. Deshalb geht die gegen die „Doppelwirkung" des Privattestaments gerichtete Argumentation MUSCHELERS ins Leere, weil das als Anlage dem öffentlichen Tatsachenprotokoll der Testamentsübergabe beigefügte Privattestament nicht dieselben öffentlichen Wirkungen wie ein notariell beurkundetes Testament entfalten kann.

32 Im Übrigen ist hinsichtlich der rechtlichen Rückgabewirkungen zu differenzieren (ähnlich differenzierend MünchKomm/HAGENA[7] Rn 4). Auszugehen ist von der ratio legis des § 2256 BGB. Ein öffentliches Testament wird zum Schutz des Erblassers und der Bedachten nur dann als zuverlässig erachtet, wenn es sich ohne Unterbrechung in amtlicher Verwahrung befunden hat (KIPP/COING § 31 II 3). Der Gesetzgeber wollte die Fälschungsgefahr – zB durch Austausch maschinengeschriebener Seiten, was mit technischem Aufwand auch nach Verbindung mit Schnur und Siegel noch möglich ist

– beim öffentlichen Testament ausschließen. Dieser Normzweck betrifft das eigenhändige Testament nicht.

Daraus ergibt sich: Ist die Rückgabe im vom Notar verschlossenen Testamentsumschlag erfolgt – der Erblasser braucht der Öffnung nicht zuzustimmen – und enthält dieser Umschlag ein privatschriftliches Testament, so bleibt es solange **unwirksam**, wie es sich in dem mit dem Rückgabevermerk versehenen Testamentsumschlag befindet. Der Rückgabevermerk dokumentiert den Widerruf und wirkt wie ein auf einem verschlossenen Testamentsumschlag eines eigenhändigen Testaments vom Erblasser eigenhändig geschriebener Widerruf. Entnimmt der Erblasser das eigenhändige Testament dem verschlossenen Umschlag, so ist das Entfernen des mit dem Rückgabevermerk versehenen Testamentsumschlags genauso zu bewerten, wie das Durchstreichen eines Ungültigkeitsvermerkes oder das Entfernen eines Ungültigkeitsvermerkes auf einem privaten Testamentsumschlag. Das nach seiner äußerlichen Fassung formentsprechende eigenhändige Testament wird durch Loslösung von dem den Ungültigkeitsvermerk tragenden Umschlag wieder wirksam. Der Erblasser kann über diese Privaturkunde beliebig verfügen, zB auch Änderungen, Streichungen oder Ergänzungen daran vornehmen oder es vernichten. 33

Ist der vom Notar verschlossene Testamentsumschlag bei der Rückgabe geöffnet und auf dem eigenhändigen Testament der Rückgabevermerk eingetragen (was unüblich ist; zutreffend Muscheler Rn 1819 Rn 54), dann wirkt dieser Rückgabevermerk als Widerruf. Die Widerrufswirkung kann vom Erblasser durch einfaches Durchstreichen des Vermerks oder ggf durch Gültigkeitsvermerk **jeweils mit beigefügter Unterschrift** aufgehoben werden (ebenso Soergel/Harder[12] Rn 7; Soergel/Mayer[13] Rn 9). Dies folgt daraus, dass der Erblasser unstreitig frühere eigenhändig errichtete Schriften für ein späteres Testament verwenden kann. Die Vorschrift des § 141 BGB ist hier nicht anwendbar (**aA** Soergel/Harder[12] Rn 7; Soergel/Mayer[13] Rn 9), da sie eine Neuvornahme des Rechtsgeschäfts, also eine Neuerrichtung des eigenhändigen Testaments voraussetzt. 34

Ist der vom Notar verschlossene Testamentsumschlag geöffnet und befindet sich das eigenhändige Testament als verschlossene Schrift in einem vom Erblasser verschlossenen Umschlag, dann bleibt dieses eigenhändige Testament wirksam und für den Erblasser als Privaturkunde verfügbar, sobald sie dem notariellen Testamentsumschlag entnommen ist. 35

Für diese differenzierte Lösung sprechen letztlich nicht nur dogmatische, sondern auch praktische Erwägungen, da bei Übergabe einer verschlossenen Schrift und deren Rückgabe von dritter Seite nicht feststellbar sein wird, ob es sich bei dem formwirksam errichteten eigenhändigen Testament um die verwahrte und zurückgegebene Schrift handelt. Problematisch bleiben Fälle, bei denen der Ungültigkeitsvermerk auf dem verschlossenen Testamentsumschlag des Erblassers angebracht ist, interessierte Dritte diesen vom Erblasser nicht vernichteten Umschlag öffnen, das unversehrte Testament entnehmen und den Umschlag vernichten. Solche Fälle sind der Vernichtung von anderen Widerrufsvermerken oder eigenhändigen Testamenten vergleichbar und belegen die Verfälschungs- und Unterdrückungsrisiken holographischer Testamente. 36

4. Rückgabe eines gemeinschaftlichen öffentlichen Testaments

37 Auch ein in notarieller Urkunde errichtetes gemeinschaftliches Testament kann aus der amtlichen Verwahrung genommen werden, sogar dann, wenn in derselben Urkunde ein Ehevertrag und ein Pflichtteilsverzicht untrennbar enthalten ist (OLG Karlsruhe 11. 1. 2022 – 14 W 6/22, ZEV 2022, 226 m Anm LITZENBURGER). Die Rückgabe kann nur an beide Ehegatten/Lebenspartner gemeinsam persönlich erfolgen (SOERGEL/RUNGE-RANNOW Rn 5).

5. Rückgabe eines Erbvertrages

38 Die Rückgabe eines Erbvertrages ist mit Wirkung seit dem 1. 8. 2002 (zur Kritik am früheren Recht STAUDINGER/BAUMANN [1996] § 2258b Rn 25; EYLMANN/VAASEN/BAUMANN[1] § 34 BeurkG Rn 6) in § 2300 Abs 2 BGB geregelt. Nach § 2300 Abs 2 S 3 BGB gilt § 2256 Abs 1 BGB entsprechend (STAUDINGER/RAFF § 2300 Rn 18; REIMANN/BENGEL/MAYER/MAYER[6] § 2300 Rn 26 f; REIMANN FamRZ 2002, 1383, 1385 ff; vDICKHUTH-HARRACH RNotZ 2002, 384; FRANK NotBZ 2003, 8, 11 ff; KEIM ZEV 2003, 55; DNotI-Report 2003, 3).

VI. Anfechtung

39 Eine Anfechtung der Rücknahme gem § 2078 BGB wird als zulässig angesehen (RGZ 102, 69; OLG Dresden JW 1934, 2635; KG JFG 21, 323; DNotZ 1942, 186; NJW 1970, 612; BayObLGZ 1960, 490; BayObLG FamRZ 1990, 1404; ZEV 2005, 480; OLG München ZEV 2005, 482 = NJW-Spezial 2005, 542; OLG Düsseldorf 23. 12. 2015 – 3 Wx 285/14, RNotZ 2016, 254 m Anm Schriftleitung; MAERZ 55; NEUFFER 96 f; STAUDINGER/OTTE [2019] § 2078 Rn 10 mNw; ERMAN/S KAPPLER/T KAPPLER Rn 3; BAMBERGER/ROTH/LITZENBURGER Rn 4; GRÜNEBERG/WEIDLICH Rn 2; MünchKomm/STICHERLING Rn 16; LEIPOLD Rn 340 Fn 59; **aA** MAENNER LZ 1925, 509; KIPP/COING § 31 II 3; vLÜBTOW NJW 1968, 1851; MERLE AcP 171, 486, 504), obwohl wegen des Normzwecks (Rn 8) daran berechtigte Zweifel erhoben werden können (ebenso SOERGEL/RUNGE-RANNOW Rn 12). Die Anfechtung wegen eines (nach § 2078 BGB möglichen) Motivirrtums über die Wirkungen der Rücknahme sollte daher von der Anfechtungsmöglichkeit ausgeschlossen sein. Deshalb sollte sich der Irrtum allein auf die Rücknahme des Testaments beziehen (SOERGEL/MAYER[13] Rn 10; dazu SOERGEL/RUNGE-RANNOW Rn 13 mwNw). Lässt man die Anfechtung zu, so wird der Normzweck, ein öffentliches Testament durch ununterbrochene amtliche Verwahrung vor Fälschungen zu schützen, durchbrochen. Ein notarielles Testament ist allerdings auch gültig, wenn und solange es sich noch nicht in amtlicher Verwahrung befindet. Daher ist die **amtliche Verwahrung keine Formwirksamkeitsvoraussetzung** des notariellen Testaments (anders § 373 Abs 2 DDR-ZGB). Lässt man die Anfechtung der Rückgabe an den Erblasser und damit die Anfechtung der Widerrufswirkung gem § 2078 BGB von den nach § 2080 BGB Berechtigten zu (LANGE/KUCHINKE § 23 II 3a, weil zB Erblasser zu der Rücknahme durch unrichtige Erwartungen über den weiteren Verlauf eines ihm bekannten Vorfalls [KG DRW 1942, 143] oder widerrechtlich durch Drohung bestimmt worden ist [BayObLGZ 1960, 494]), so bestehen doch erhebliche Zweifel, ob ein Irrtum über die rechtliche Bedeutung der Rücknahme als Widerruf die Anfechtung rechtfertigt (JFG 21, 323 mit Hinweis auf KIPP [8. Aufl] § 21 A 14) (zust LANGE/KUCHINKE § 23 III 2), weil die Belehrung des Rechtspflegers diesen Irrtum auszuschließen hat. Die Anfechtung erfordert nicht zwingend die Angabe eines Anfechtungsgrundes, muss aber den Anfechtungswillen erkennen lassen (OLG München ZEV 2005, 482 = NJW-Spezial

2005, 542). Die Jahresfrist des § 2082 BGB beginnt erst, nachdem der gem § 2080 BGB zur Anfechtung Berechtigte Kenntnis von allen das Anfechtungsrecht begründenden Tatsachen erlangt hat (OLG München ZEV 2005, 482 = Rpfleger 2005, 606; Grüneberg/Weidlich Rn 2).

VII. Verfahren

§ 27 Nr 9 AktO (Ordnungsvorschrift!) sieht eine **Niederschrift** über den Hergang der Rücknahme vor (zum Ablauf des Verfahrens Firsching/Graf[10] Rn 4.25 ff). Darin ist der nach § 2256 Abs 1 S 2 BGB vorgesehene *Belehrungsvermerk* aufzunehmen. Ein entspr Vermerk ist auf die Testamentsurkunde zu setzen. Unterbleibt die Belehrung, so wird damit die Widerrufswirkung nicht hinfällig. Allerdings kann eine Schadenersatzpflicht entstehen, wenn der Erblasser von der Fortgeltung des öffentlichen Testaments ausging. **40**

Zurückzugeben sind sämtliche Schriftstücke, die sich in der amtlichen Verwahrung befanden, also auch Protokoll und sonstige Anlagen. Zur Öffnung des Verschlusses der Urkunde ist der Verwahrungsbeamte nicht befugt, sofern der Erblasser nicht zustimmt (Granicky Rpfleger 1957, 246; Fischer ebenda 1958, 177; über Vorlage zur Einsicht Firsching/Graf[10] Rn 4.23; zum Herausgabeverfahren s ferner § 346 FamFG = § 2258b aF). **41**

VIII. Rückgabegebühr

Eine **Rückgabegebühr** fällt nicht an. **42**

IX. DDR-Recht

Der Vorschrift entsprach § 387 Abs 2 Ziff 2 ZGB. Im Unterschied zum BGB galt die Widerrufswirkung durch Rücknahme auch für das (als Zweizeugentestament geregelte) Nottestament (dazu Einl 114 ff zu §§ 2229–2302 und ebenda Rn 61 ff zur teilweisen Fortgeltung des DDR-Rechts). **43**

§ 2257
Widerruf des Widerrufs

Wird der durch Testament erfolgte Widerruf einer letztwilligen Verfügung widerrufen, so ist im Zweifel die Verfügung wirksam, wie wenn sie nicht widerrufen worden wäre.

Materialien: E I § 1933 Abs 2; II § 2124; III § 2230; Mot V 298; Prot V 352; Jakobs/Schubert, ER II 1635–1642; 1. Denkschr d ErbrA (1937) 99; Amtl Begr z TestG DJ 1938, 1258; Horn MatK-ErbR 1035–1036.

Systematische Übersicht

I. Textgeschichte

1 Der Regelungsinhalt steht im Gegensatz zum E I und folgt gemeinrechtlichen Grundsätzen (Mot V 298, 299; Prot V 353). In der Ursprungsfassung des BGB war die Rechtsfolge zwingend (es fehlten die Worte „im Zweifel"). Durch §§ 35 TestG wurde der Inhalt mit der Maßgabe modifiziert, dass die ursprünglich zwingende Regelung durch die Einfügung der Worte *„im Zweifel"* in § 35 TestG und nach dessen Übernahme durch das GesEinhG in den jetzigen § 2257 BGB in eine Auslegungsregel (amtl Begr DJ 1938, 1254, 1258; Muscheler Rn 1825) geändert worden ist. Die amtliche Überschrift wurde mit der Neufassung des BGB (Bekanntmachung v 2. 1. 2002 [BGBl I 42]) eingeführt.

II. Normzweck

2 Aufgrund der Testierfreiheit kann der Erblasser seinen letzten Willen jederzeit abändern. Dementsprechend gestattet die Vorschrift (zur Verwirklichung des Erblasserwillens), dass auch ein Widerrufstestament jederzeit aufgehoben werden kann. Gleichzeitig enthält die Vorschrift nur eine widerlegbare Vermutung bezüglich der Rechtsfolge eines solchen Widerrufs und beachtet damit vorrangig den Erblasserwillen.

III. Gesetzeskritik

3 Fraglich ob die in § 35 TestG vorgenommene Gesetzesänderung, durch Einfügung der Worte „im Zweifel" sinnvoll ist. Sie mindert die Rechtssicherheit. Soweit das Gesetz ursprünglich mit dem Widerruf des Widerrufstestaments eine zwingende Rechtsfolge verband, war es dem Erblasser trotzdem unbenommen, ausdrücklich zu regeln, dass das durch Widerrufstestament widerrufene Testament trotz Widerruf des Widerrufstestaments weiterhin nicht gelten soll (dazu Rn 15). Zu erwägen bleibt, wieder zur Ursprungsfassung des Gesetzes zurückzukehren und die Worte „im Zweifel" zu streichen.

IV. Regelungsinhalt

1. Widerrufstestament

4 Die Vorschrift regelt den **Widerruf des Widerrufstestaments**. Voraussetzung ist daher, dass ein **Widerrufstestament** gem § 2254 BGB **vorliegt** (ebenso Soergel/Runge-Rannow

Rn 2). Nur ein solches kann nach § 2257 BGB in den gem §§ 2254–2256 BGB zugelassenen Formen (BayObLG Rpfleger 1973, 170; FamRZ 1996, 1112) widerrufen werden. Im Unterschied zu den Widerrufen gem § 2255 BGB (bei Vernichtung; bei Veränderungen kommt es auf die Art der Veränderung an, ob ein Widerruf möglich ist), § 2256 BGB (Herausnahme aus der öffentlichen Verwahrung; OLG Hamburg OLGE 34, 307; BayObLGZ 1973, 35 [insoweit, was § 2256 BGB angeht, in Ablehnung von KG OLGZ 1970, 243 = NJW 1970, 612]; BayObLG ZEV 1996, 275: ‚keine weite Auslegung des Begriffes Testament' in § 2257 BGB – die Widerrufswirkung der Rücknahme bezweckt die erhebliche Gefahr der Verfälschung des regelmäßig maschinengeschriebenen öffentlichen Testaments nach der Rückgabe zu vermeiden"; Riedel NJW 1970, 1280; Merle AcP 171, 486; Hohmann ZEV 1996, 271) ist der Widerruf gem § 2254 BGB kein endgültiger. Der Widerruf durch Vernichtung der Urkunde, § 2255 BGB [Bamberger/Roth/Litzenburger Rn 13; Soergel/Mayer[13] § 2255 Rn 16; Löhnig Rn 272]; oder Rückgabe aus amtlicher Verwahrung, § 2256 BGB [dazu Rn 6] kann formell überhaupt nicht, materiell – allerdings ohne rückwirkende Kraft – nur durch neue Testamentserrichtung „widerrufen" werden sowie ggf nach §§ 2078 ff BGB angefochten werden. Das nach § 2254 BGB widerrufene Testament darf daher nicht gleichzeitig oder später zusätzlich nach § 2255 BGB (Veränderung, Vernichtung) oder § 2256 BGB (Rückgabe aus amtlicher Verwahrung) widerrufen worden sein. Der Widerspruch in einem späteren Testament (§ 2258 BGB) kann nur durch Widerrufstestament gem § 2254 BGB (§ 2258 Abs 2 BGB), nicht gem § 2257 BGB widerrufen werden (dazu § 2258 Rn 4).

Der Widerruf eines in einem Testament erklärten *Rücktritts vom Erbvertrag* (BayObLG MittBayNot 1989, 322) kann nicht nach § 2257 BGB widerrufen werden, da der 5
Rücktritt vom Erbvertrag kein Widerrufstestament gem § 2254 BGB beinhaltet (Soergel/Mayer[13] Rn 2: Rücktritt ist keine letztwillige Verfügung; anders Staudinger/Otte [2017] Vorbem 2 zu §§ 1937–1941, der Verfügungen von Todes wegen etwas weitergehend so definiert, dass darunter „jedes Rechtsgeschäft" fällt, „durch welches der Erblasser Anordnungen über das Schicksal seines Vermögens nach seinem Tode trifft", was auch den Rücktritt vom Erbvertrag umfassen soll. Nach hier vertretener Auffassung kann der Rücktritt vom Erbvertrag nicht durch Widerruf, sondern nur durch Anfechtung beseitigt werden). Der Widerruf eines Ehegatten beim gemeinschaftlichen Testament (§ 2271 BGB) kann nicht den Erstwiderruf des anderen Ehegatten beseitigen, da der Widerruf eine einseitige Verfügung ist (inhaltlich etwas anders OLG Hamm 29. 12. 2011 – 15 W 692/10, FamRZ 2013, 157).

Die **Rücknahme eines Testaments aus der amtlichen Verwahrung** wirkt nach § 2256 6
BGB zwar als Widerruf; sie ist aber kein Testament und **kann** daher **nicht** gem § 2257 BGB **widerrufen werden** (BayObLG NJW-RR 1990, 1481, 1482; BeckOK BGB/Litzenburger Rn 1). Um den Widerruf des Widerrufs nach § 2256 BGB zu bewirken, kann nur ein neues Testament durch formgerechte offene oder verschlossene Übergabe des zurückerhaltenen Schriftstücks in der Form des § 2231 Abs 1 BGB oder ein neues Testament errichtet werden (Hohmann ZEV 1996, 271).

2. Widerruf des Widerrufstestaments

Der **Widerruf** des Widerrufstestaments kann **in allen drei** vom Gesetz vorgesehenen 7
Formen nach §§ 2254, 2255, 2256 BGB (BayObLG FamRZ 1996, 1112; Reimann/Bengel/Dietz/Voit Rn 6; MünchKomm/Sticherling Rn 3; Muscheler Rn 1824) erfolgen (zu § 2256 BGB vgl BayObLG FamRZ 1996, 1112). Möglich ist auch, dass der Erblasser durch Zusät-

ze oder Nachträge auf dem widerrufenen privaten Testament dieses wieder in Kraft setzt, sofern er die Zusätze erneut unterschreibt (BayObLG NJW-RR 1992, 1225) oder zB durch Einfügung eines unterschriebenen neuen Errichtungsdatums (OLG Dresden NJWE-FER 1998, 61).

8 Bildet der Text des Widerrufs mit dem ursprünglichen privaten Schriftstück ein einheitliches Ganzes, so kann die Form einer Neuerrichtung nach § 2247 BGB gewahrt sein (vgl § 2247 Rn 128 f; Vogels/Seybold § 35 Rn 5 unter Hinweis auf KG DNotZ 1943, 39: Erblasser datiert das Testament neu und unterschreibt es; Schlüter Rn 188; Lange/Kuchinke § 23 III 1 a). Ein Zusatz als Gültigkeitsvermerk und eine erneute Unterschrift (aus Beweisgründen möglichst mit Datum) ist erforderlich (BayObLG NJW-RR 1992, 1225, 1226). Der bloße Zusatz von Orts- und Datumsangabe ohne erneute Unterschrift ist nicht ausreichend (BayObLG FamRZ 1995, 246, 247), wohl aber mit unterschriebenem Datum (OLG Dresden NJWE-FER 1998, 61). Bei Einheit zwischen Widerruf und Neufassung kann das Widerrufstestament auch durch ein inhaltlich widersprechendes Testament nach § 2258 BGB aufgehoben werden.

9 Zerreißt zB ein Erblasser in Aufhebungsabsicht ein Widerrufstestament und klebt es dann wieder zusammen, so liegt kein Widerruf iS des § 2257 BGB, aber auch keine wirksame Neuerrichtung vor (BayObLG ZEV 1996, 271 m Anm Hohmann; Hellfeier ZEV 2003, 1 mwNw). Legt der Erblasser dieses nach § 2255 BGB widerrufene und wieder zusammengeklebte Schriftstück in einen verschlossenen Umschlag und versieht ihn mit dem **unterschriebenen** Vermerk „Mein Testament“, so soll diese Erklärung für die Neuerrichtung eines Testaments ausreichen (OLG Düsseldorf JZ 1951, 309; vgl dazu KG NJW 1970, 613), da der Erblasser sich zur Testamentserrichtung auch früherer eigenhändiger Aufzeichnungen bedienen darf (Hohmann ZEV 1996, 271 f). Das zusammengeklebte Schriftstück muss den Anforderungen des § 2247 Abs 1 BGB genügen (Hellfeier ZEV 2003, 1 ff). Ebenso soll der Erblasser ein durch Ungültigkeitsvermerk widerrufenes Testament durch Widerruf des Ungültigkeitsvermerks mit erneuter Unterschrift wieder wirksam werden lassen (OLGR Frankfurt 1996, 92; jurisPK-BGB/Bauermeister [2017] Rn 3; **aA** m beachtenswerter Argumentation Röthel § 18 Rn 18 „keine echte Neuerrichtung“).

3. Testierfähigkeit

10 Der Widerruf des Widerrufstestaments erfordert Testierfähigkeit. Bis zum 31. 12. 1991 reichte zum Widerruf des Widerrufstestaments noch die *negative Testierfähigkeit* (§ 2253 Abs 2 BGB aF) aus, so dass solche Widerrufstestamente Geschäftsunfähiger weiterhin gültig bleiben (zum alten, weiterhin auf Altfälle anwendbaren Recht Staudinger/Baumann [1996] § 2253 Rn 12 ff). Aufgrund wirksamen Widerrufs mit negativer Testierfähigkeit trat auch die gesetzliche Rechtsfolge des Wirksamwerdens des widerrufenen Testamentes ein. Da der Erblasser negativ testierfähig war, konnte er – falls gewünscht – den Widerruf des Widerrufstestaments erneut widerrufen.

4. Rechtsfolgen

11 Für das dem Widerruf nach § 2257 BGB vorausgehende Widerrufstestament nach § 2254 BGB ist als **gesetzliche Rechtsfolge** bestimmt, dass es **unwirksam** wird, wenn es selbst nach §§ 2254, 2255 oder 2256 BGB widerrufen wird, und dass die zuerst wider-

rufene Verfügung „im Zweifel" wieder wirksam ist, als ob sie nie widerrufen worden wäre (MUSCHELER Rn 1825 ff). Der Gesetzeswortlaut „im Zweifel" enthält eine widerlegbare Vermutung („gesetzliche Vermutung" BayObLGZ 1965, 86, 92; BayObLG Rpfleger 1996, 349; BayObLG FamRZ 1996, 1112; OLG Zweibrücken DNotZ 2003, 875 = ZEV 2003, 367; MünchKomm/STICHERLING Rn 4; BeckOK BGB/ LITZENBURGER Rn 3; SOERGEL/MAYER[13] Rn 7; anders: „Auslegungsregel" MUSCHELER Rn 1825 ff; REIMANN/BENGEL/DIETZ/VOIT Rn 7; SOERGEL/RUNGE-RANNOW Rn 8), die einer gerichtlichen Überprüfung des Testaments durch Auslegung fordert (OLG Zweibrücken DNotZ 2003, 875).

Das durch das (widerrufene) Widerrufstestament aufgehobene Testament kann im Einzelfall auch nach dem Widerruf des Widerrufs weiterhin unwirksam bleiben, wenn sich ein entsprechender Erblasserwille zweifelsfrei feststellen lässt (BayObLG FamRZ 2005, 558, 559; OLG Köln FamRZ 2006, 731; REIMANN/BENGEL/DIETZ/VOIT Rn 7; MünchKomm/STICHERLING Rn 4), der Erblasser also nur die im Widerrufstestament angeordneten positiven Verfügungen widerrufen, nicht aber das ursprüngliche Testament wieder in Kraft setzen wollte. Ebenso wenig tritt die Rechtsfolge des § 2257 BGB ein, wenn der Erblasser „alle bisherigen Verfügungen von Todes wegen" widerruft (OLG Hamm 29. 12. 2011 – 15 W 692/10, ZErb 2012, 223 = FamRZ 2013, 157). Eine Auslegung kommt nicht in Betracht, wenn das Widerrufstestament durch Fristablauf gem § 2252 BGB erloschen ist. 12

Rechtsdogmatisch folgt daraus, dass durch einen Widerruf gem § 2254 BGB das widerrufene Testament nicht endgültig nichtig, sondern nur schwebend unwirksam bleibt. Die endgültige Unwirksamkeit tritt erst ein, wenn feststeht, dass das Widerrufstestament (oder ein nachfolgendes inhaltlich widersprechendes Testament gem § 2258 BGB) zum Zeitpunkt des Todes des Erblassers noch in Kraft ist, sofern nicht vorher ein anderer Unwirksamkeitsgrund eingreift (dazu auch vLÜBTOW NJW 1968, 1852; LANGE/KUCHINKE § 23 I 2 b). 13

Ist der Widerruf des ersten Widerrufstestaments auch durch ein Widerrufstestament gem § 2254 BGB erfolgt und wird letzteres selbst widerrufen, so wird der erste Widerruf wieder gültig und die zuerst widerrufene letztwillige Verfügung wieder aufgehoben usw. 14

§ 2257 BGB ordnet **keine zwingenden Rechtsfolgen** an. Die Vorschrift enthält eine „widerlegbare Vermutung" (so die amtliche Begründung DJ 1938, 1254, 1258; HORN MatK-ErbR 1036; MünchKomm/STICHERLING Rn 1: „widerlegbare Vermutung"; MUSCHELER Rn 1825 „Auslegungsregel"; REIMANN/BENGEL/DIETZ/VOIT Rn 1; SOERGEL/RUNGE-RANNOW Rn 8 mwNw) („im Zweifel") dafür, dass der Erblasser mit dem neuerlichen Widerruf die rückwirkende (ganze oder teilweise) Wiederherstellung des ursprünglichen Testaments bezweckt habe (amtl Begr DJ 1938, 1254). Die gegenseitige Feststellung hat zur Folge, dass das widerrufene Testament auch dann widerrufen bleiben kann, wenn keine wirksame Widerrufserklärung gem §§ 2254, 2255, 2256 BGB mehr vorliegt (vgl BayObLG MittBayNot 1996, 311 = ZEV 1996, 275; OLG Köln FamRZ 2006, 731 = ZEV 2007, 129; MünchKomm/STICHERLING Rn 4), sofern sich ein entsprechender Erblasserwille feststellen lässt (BayObLG ZEV 1996, 275). Bei rechtlicher Gestaltung des Widerrufs eines Widerrufstestaments sollte – bei entsprechendem Gestaltungswillen – vorsorglich klargestellt werden, dass das mit dem Widerrufstestament ursprünglich widerrufene Testament wieder gelten soll. Da die Vorschrift kein zwingendes Recht enthält, kann der Erblas- 15 ser bestimmen, dass trotz des Widerrufs des Widerrufstestaments das ursprüngliche Testament auch weiterhin ganz oder teilweise **nicht gelten** soll (so die überwiegende Meinung schon nach alter Rechtslage, als § 2257 BGB noch zwingendes Recht war; Staudinger/Firsching[12] Rn 6 mwNw).

5. Ablieferungspflicht

16 Das Widerrufstestament gem § 2257 BGB und auch das widerrufene Widerrufstestament gem § 2254 BGB sind dem Nachlassgericht gem § 2259 BGB abzuliefern und zu eröffnen (OLG Düsseldorf OLGZ 1966, 64; BayObLGZ 1989, 323; MünchKomm/Sticherling Rn 5).

6. Anfechtung

17 Der Widerruf des Widerrufs kann vom gem § 2280 BGB Berechtigten nach §§ 2078 ff BGB angefochten werden (MünchKomm/Sticherling Rn 4).

7. Beweis- und Feststellungslast

18 Wer trotz Widerrufs des Widerrufstestaments sich auf die weiterhin geltende Unwirksamkeit des ursprünglichen Testaments beruft, trägt hierfür die Darlegungs-, Beweis- und Feststellungslast. Da es sich bei dem „Wiederaufleben" der Wirksamkeit des ursprünglichen Testaments nach dem Willen des Gesetzgebers („im Zweifel") um eine gesetzliche Vermutung handelt, findet § 292 ZPO Anwendung, wobei der Beweis des Gegenteils zulässig ist (BayObLG FamRZ 1996, 1112).

§ 2258
Widerruf durch ein späteres Testament

(1) Durch die Errichtung eines Testaments wird ein früheres Testament insoweit aufgehoben, als das spätere Testament mit dem früheren in Widerspruch steht.

(2) Wird das spätere Testament widerrufen, so ist im Zweifel das frühere Testament in gleicher Weise wirksam, wie wenn es nicht aufgehoben worden wäre.

Materialien: E I § 1936; II § 2125; III § 2231; Mot V 303; Prot V 354; Jakobs/Schubert, ER II 1656–1659; 1. Denkschr d ErbrA (1937) 99; Amtl Begr z TestG DJ 1938, 1258; Staudinger/BGB-Synopse (2006) § 2258; Horn MatK-ErbR 1036–1039.

Schrifttum

Baumann, Widerrufs- oder Widerspruchstestamente – Zur Abgrenzung zwischen § 2254 BGB und § 2258 BGB, ErbR 2022, 452

Schmitz, Die Bedeutung der Datumsangabe im eigenhändigen Testament, ErbR 2017, 260.

Systematische Übersicht

I. Textgeschichte

§ 2258 BGB entspricht wörtlich § 36 TestG. § 36 TestG hatte die ursprünglich zwingende Vorschrift des § 2258 aF in Abs 2 durch Einfügung der Worte *„im Zweifel"* in eine widerlegbare Vermutung abgemildert. 1

Die Regelung steht im Gegensatz zu denjenigen der meisten früheren Rechte (inbes des gemeinen Rechtes und des BLR Tl III cap 3 § 28 Nr 1, auch zu Art 511 Abs 1 des heutigen schweiz ZGB), aber in Übereinstimmung mit dem Code civil (Art 1036) und dem sächs GB (Mot V 304 über die Gründe der Regelung; Meischeider 518 ff über frühere Rechte) und sieht keine vollständige Aufhebung, sondern im Unterschied zum Gemeinen Recht nur eine teilweise Aufhebung bzw Abänderung vor. 2

Die Neufassung des BGB (Bekanntmachung v 2. 1. 2002 [BGBl I 42]) führte die fehlerhafte (vgl Rn 4) amtliche Überschrift ein. 3

II. Gesetzeskritik

Die **amtliche Gesetzesüberschrift** ist dogmatisch **falsch** und irreführend. Den Widerruf durch ein späteres Testament (auch mit möglichem weiterem positivem Inhalt) regelt § 2254. Die Überschrift könnte lauten: *„Inhaltlicher Widerspruch eines späteren Testaments"* oder *„Widerspruchstestament"* (dazu auch § 2253 Rn 11 f). Ein Teil der Kommentarliteratur qualifiziert § 2258 BGB der amtlichen Überschrift folgend als Widerruf (zB Soergel/Mayer[13] § 2253 Rn 5; MünchKomm/Hagena[7] § 2253 Rn 2; anders zutreffend: Jauernig/Stürner Rn 1: „kein rechtsgeschäftlicher Widerruf"; Staudinger/Baumann [2003] Rn 4). Die Rechtsansicht, § 2258 BGB regele ein „Widerrufstestament", ist dogmatisch deshalb nicht haltbar, weil die Vorschrift sich von § 2254 BGB (und von den Widerrufen gem §§ 2255–2257 BGB) darin unterscheidet, dass nach § 2258 BGB frühere Testamente weder ganz noch teilweise rechtsgeschäftlich widerrufen werden (bei testamentarischem Widerruf gilt § 2254 BGB oder bei erneutem Widerruf § 2257 BGB). § 2258 BGB greift ein, wenn (auch bei nicht gewolltem Widerruf) sich 4 inhaltlich widersprechende Testamente vorliegen (Reimann/Bengel/Dietz/Voit Rn 3), und zwar ohne Rücksicht darauf, ob der inhaltliche Widerspruch vom Erblasser erkannt worden ist, also ohne Widerrufswillen des Erblassers (Baumann ErbR 2022, 452); die Aufhebung gem § 2258 BGB tritt kraft Gesetzes ein (BGH NJW 1981, 2745). Dass § 2258 BGB als „Widerspruchstestament" (Damrau/Tanck/Roglmeier § 2253 Rn 2) und nicht als „Widerrufstestament" zu qualifizieren ist, wird dogmatisch durch den beschränkt fortgeltenden § 2253 Abs 2 BGB aF belegt. Danach sind bis zum 31. 12. 1991 errichtete Widerrufstestamente Entmündigter weiterhin wirksam („negative Testierfähigkeit" reicht weiterhin aus), nicht aber „Widerspruchstestamente" mit positivem Inhalt, also solche nach § 2258 BGB (zur Abgrenzung zwischen § 2254 BGB und § 2258 BGB, § 2254 Rn 15; Baumann ErbR 2022, 452), weil für die Errichtung eines „Widerspruchstestaments" gem § 2258 BGB eine negative Testierfähigkeit auch nach dem zum Zeitpunkt ihrer Errichtung geltenden Recht nicht ausreichte. § 2258 BGB findet sogar dann Anwendung, wenn der Erblasser keinen Widerruf wollte, sondern in dem „Widerspruchstestament" ausdrücklich erklärt, dass das ältere Testament unverändert fortgelten soll. Deshalb ordnet die Vorschrift als gesetzliche Rechtsfolge des **inhaltlichen Widerspruchs** die vollständige oder nach Auslegung zu ermittelnde teilweise **„Aufhebung"** (zutreffend Muscheler Rn 1799, der zu Recht darauf hinweist, dass das Gesetz mit Bedacht eine andere Terminologie gewählt hat) des früheren Testaments an. Die gesetzliche Rechtsfolge der Aufhebung gem § 2258 BGB greift deshalb auch ein, wenn der Erblasser **ohne jede Widerrufsabsicht** handelt und einen (teilweisen oder gänzlichen) Widerspruch nicht bemerkt (PWW/Avenarius Rn 1). Die Aufhebung nach § 2258 Abs 1 BGB ist keine rechtsgeschäftliche Folge, sondern folgt kraft Gesetzes aus dem Widerspruch zwischen dem späteren und dem früheren Testament (BGH NJW 1981, 2745; NJW 1987, 902; BayObLG 1996, 319; Rpfleger 2000, 334; Jauernig/Stürner Rn 1). Wird der Widerruf eines früheren Testaments in einem späteren Testament angeordnet, finden § 2254 BGB bzw § 2257 BGB Anwendung, da bei einem erklärten Widerruf für die Anwendung des § 2258 Abs 1 BGB kein Raum ist (BayObLG FamRZ 1993, 605, 606; MünchKomm/Hagena[7] Rn 4). Dass § 2258 BGB keinen Widerruf regelt, wird letztlich dadurch belegt, dass der Widerspruch in einem späteren Testament nicht durch Widerrufstestament gem § 2257 BGB widerrufen werden kann, wohl aber kann das Widerspruchstestament des § 2258 BGB durch einen Widerruf nach § 2254 BGB aufgehoben oder durch ein späteres „Widerspruchstestament" gem § 2258 BGB modifiziert erneut werden.

5 Die im Abs 2 erst durch § 36 TestG eingefügten Worte „im Zweifel" erhöhen unnötig die Rechtsunsicherheit (dazu auch § 2257 Rn 3).

III. Normzweck

6 Durch Abs 1 soll **verhindert** werden, dass **inhaltlich sich widersprechende Testamente nebeneinander Geltung** haben. Zugleich stellt die Vorschrift klar, dass ein späteres Testament ein früheres nicht insgesamt aufhebt (Abs 1: „insoweit aufgehoben"), sondern mehrere, auch zeitlich nacheinander errichtete Testamente nebeneinander Geltung haben können. Abs 2 entspricht dem Regelungsinhalt des § 2257 BGB, indem für widerrufene spätere („Widerspruchs-")Testamente wie für widerrufene Widerrufstestamente die Wirksamkeit des früheren Testaments angeordnet ist.

IV. Abgrenzungen zu anderen Normen

Die Vorschrift gilt für Testamente mit einem positiven Inhalt, der dem Inhalt eines früheren Testaments widerspricht, ohne dieses ausdrücklich zu widerrufen. Deshalb ist ein Widerrufswille für die gesetzliche Folge der Aufhebung aufgrund eines inhaltlichen Widerspruchs des späteren Testaments zu einem früheren nicht erforderlich. Der Erblasser muss den Widerspruch nicht einmal bemerkt haben (BayObLG FamRZ 1989, 441; OLG München 5. 8. 2010 – 31 Wx 1/10, ErbR 2010, 392 Rn 21). Soweit mehrere zeitlich aufeinander folgende Testamente keinen Widerspruch enthalten, sind sie nach Abs 1 („insoweit aufgehoben") nebeneinander gültig (BayObLG FamRZ 1997, 247; Rpfleger 2000, 334). 7

Abzugrenzen ist zwischen § 2254 BGB und § 2258 BGB (BGH NJW 1981, 2745; BayObLG FamRZ 1990, 1283 = NJW-RR 1990, 1481; FamRZ 1993, 605). Enthält das Testament neben positiven Verfügungen auch einen Widerruf, so findet § 2254 BGB Anwendung (BayObLG FamRZ 1990, 1283 = NJW-RR 1990, 1481; OLG Düsseldorf 22. 7. 2013 – 3 Wx 163/12, FamRZ 2014, 1230), da bei ausdrücklichem Widerruf für die Anwendung des § 2258 Abs 1 BGB kein Raum ist (BayObLG FamRZ 1993, 605, 606; zur Abgrenzung auch BayObLG NJW-RR 2003, 659 = Rpfleger 2003, 296). Außerdem findet § 2254 BGB und nicht § 2258 BGB Anwendung, wenn ein *Widerrufswille* des Erblassers feststellbar ist (zutreffend Michalski Rn 235). 8

Entgegen Kroiss (NK-BGB/Kroiss § 2258 BGB Rn 2) regelt § 2258 Abs 1 BGB keinen konkludenten Widerruf. Das „schlüssige Handeln" des Erblassers ersetzt hier nicht den fehlenden Widerrufswillen. Denn die Vorschrift gilt auch, wenn der Erblasser ausdrücklich erklärt, dass sein früheres Testament nicht widerrufen werden soll. § 2258 BGB regelt allein den Widerspruch zwischen sukzessiv errichteten Testamenten (Baumann ErbR 2022, 452 mwNw).

Abzugrenzen ist bei eigenhändigen Testamenten auch zwischen Änderungen gem § 2255 BGB und inhaltlichen Widersprüchen gem § 2258 BGB. § 2258 BGB kann nur bei vollständiger Neuerrichtung eines Testaments Anwendung finden, während § 2255 BGB – auch bei inhaltlichen Widersprüchen – dann Anwendung findet, wenn Änderungen in der Form des § 2247 BGB auf der Testamentsurkunde des Ursprungstestaments vorgenommen werden (BayObLG Rpfleger 2003, 296 = FamRZ 2004, 224). 9

V. Regelungsinhalt

1. Mehrere Testamente

Es müssen – mindestens zwei – **zeitlich nacheinander** errichtete Testamente bei Eintritt des Erbfalls vorliegen (jurisPK-BGB/Bauermeister [2017] Rn 5). Sich widersprechende Testamente gleichen Datums heben sich grds (dazu Rn 24 f) gegenseitig auf (KG MDR 1991, 348; vgl § 2247 Rn 142). Die Vorschrift findet auf alle Testamentsformen (ordentliche [notarielle, private], Nottestamente und außerordentliche Testamente) des früheren oder späteren Testaments (OLG Saarbrücken 28. 7. 2020 – 5 W 26/20, ErbR 2021, 436, 437 m Anm Reinert) unmittelbar Anwendung, auch auf gemeinschaftliche Testamente (BayObLG NJW-RR 1991, 645, wobei die Bindung nach § 2271 Abs 2 BGB zu beachten ist) sowie auf Erbverträge entsprechend (BayObLG FamRZ 1994, 190). 10

2. Wirksames späteres Testament

11 Erforderlich ist die Wirksamkeit des späteren Testaments (BGH NJW 1981, 2745; KG DNotZ 1956, 564; BayObLG Rpfleger 1987, 59, 60; FamRZ 1992, 607; 2000, 1538; ZEV 2003, 331; Reimann/Bengel/Dietz/Voit Rn 6). Gilt ein außerordentliches Testament gem § 2252 Abs 1 BGB wegen Zeitablaufs als nicht errichtet, so kann es das frühere Testament nicht (mehr) aufheben. Bleiben die Verfügungen des späteren Testaments nur aus *tatsächlichen Gründen* ohne Wirkung, zB weil der Bedachte ausschlägt, vor Eintritt des Erbfalls verstirbt oder für erbunwürdig erklärt wird, ist die Anwendung des § 2258 Abs 1 BGB nicht ausgeschlossen (BayObLG DNotZ 1996, 319; Strohal § 42 bei Nr 6; Planck/Strecker Anm 2; BGB-RGRK/Kregel Rn 4).

12 Ist das spätere Testament abhandengekommen und lässt sich nur der negative Inhalt, also der Widerspruch zu früheren Verfügungen von Todes, nicht dagegen der positive Inhalt ermitteln, so tritt die gesetzliche Rechtsfolge der Aufhebung nicht ein, wenn anzunehmen ist, dass der Erblasser das ältere Testament nicht ohne wirksame Gestaltung der positiven Erbrechtsfolgen aufheben wollte (KG JW 1935, 3122), es sei denn, aus dem Widerspruch wird hinreichend deutlich, was der Erblasser auf keinen Fall wollte (Beispiel: Der Erblasser hat ein neues Testament errichtet, das abhandengekommen und dessen genauer Inhalt sich nicht nachweisen lässt. Dann tritt die Aufhebungswirkung nicht ein und das ältere Testament bleibt unverändert gültig, es sei denn, der Ausschluss zB eines bestimmten Erben lässt sich zuverlässig ermitteln).

3. Inhaltlicher Widerspruch

13 Es muss ein inhaltlicher Widerspruch zwischen dem früheren und dem späteren Testament vorliegen, der zur **Unvereinbarkeit** (BGH NJW 1985, 969; OLG Düsseldorf 14. 1. 2014 – 3 Wx 163/12, FamRZ 2014, 1230 Rn 36; MünchKomm/Sticherling Rn 4) der angeordneten Rechtsfolgen führt. Widerruft das spätere Testament das frühere ausdrücklich (die Ausdrücklichkeit kann – insbesondere bei eigenhändigen Testamenten – durch Auslegung ermittelt werden zB bei Formulierungen, die zum Ausdruck bringen, dass das spätere Testament allein und ausschließlich gelten soll), so findet § 2254 BGB Anwendung, nicht § 2258 BGB, selbst wenn das Wort „Widerruf“ nicht verwendet wird (MünchKomm/Sticherling Rn 4). Ein Widerrufstestament gem § 2254 BGB muss einen ausdrücklich oder zumindest konkludent erklärten Widerruf erhalten und kann daneben positive Anordnungen bestimmen, es kann sich aber inhaltlich auf den Widerruf beschränken. Dagegen muss das Widerspruchstestament gem § 2258 BGB positive Anordnungen enthalten, die inhaltlich einen Widerspruch zum früheren Testament enthalten.

14 Ein inhaltlicher Widerspruch liegt vor, wenn die letztwilligen Anordnungen **sachlich nicht übereinstimmen** (PWW/Avenarius Rn 3), sich also gegenseitig ausschließen (BayObLG Rpfleger 2000, 334; FamRZ 2004, 224; wenn die frühere von der späteren inhaltlich abweicht, OLG Düsseldorf 14. 1. 2014 – 3 Wx 163/12, FamRZ 2014, 1230). Der Widerspruch kann sich auch durch Weglassung einer Anordnung (zB der Ersatzerbenbestimmung; OLG Köln NJW-RR 1992, 1418; Weglassung der angeordneten Nacherbfolge; BayObLG Rpfleger 2000, 334) bei im Übrigen wortgetreuer Wiederholung des früheren Testamentstextes in dem späteren Testament oder durch eine zusätzliche Vermächtnisanordnung des zuvor unbeschwerten Erben (OLG München 5. 8. 2010 – 31 Wx 1/10, ErbR 2010, 296 Rn 21)

ergeben. Der Umfang des Widerspruchs ist durch Auslegung gem §§ 133, 2048 BGB zu ermitteln und dann miteinander in Beziehung zu setzen, um den inhaltlichen Widerspruch festzustellen (OLG Düsseldorf 14. 1. 2014 – 3 Wx 163/12, FamRZ 2014, 1230 Rn 36). Ein inhaltlicher Widerspruch muss nicht deswegen bestehen, weil der ursprünglich zum Erben Eingesetzte in einem späteren Testament als Vermächtnisnehmer eingesetzt wird (OLG München 5. 8. 2010 – 31 Wx 1/10, ErbR 2010, 296 Rn 16 f).

Auch wenn der Erblasser im späteren Testament nur für einen **Teil** („insoweit") **neu geregelt** hat, findet § 2258 BGB Anwendung (BGH NJW 1985, 969). Das Gesetz verlangt nicht, dass der Erblasser mit dem späteren Testament die Erbfolge abschließend und umfassend regeln wollte (unrichtiges obiter dictum OLG München ZErb 2010, 296, 298). Das frühere Testament wird dann durch das spätere nicht vollständig, sondern nur bezüglich des neu geregelten Teils aufgehoben (BayObLG Rpfleger 2000, 334 mwNw). Widersprechen sich Testamentsanordnungen (**Beispiel**: Im früheren Testament hat der Erblasser angeordnet, dass der Vermächtnisnehmer 10 000,– Euro, im späteren Testament, dass er 20 000,– Euro erhalten soll), so gilt allein die spätere Anordnung, sofern sich nicht durch Auslegung ermitteln lässt, dass der Erblasser das spätere Vermächtnis zusätzlich anordnen wollte. Die Auslegung eines kumulativen Vermächtnisses wird nur geboten sein, wenn der Erblasser im zweiten Testament ein weiteres Vermächtnis anordnet (anders MünchKomm/HAGENA[7] Rn 4; MünchKomm/STICHERLING Rn 4, die auf die Aufhebung abstellten; unstreitig sind beide Testamente „wirksam", fraglich ist nur, ob das zweite das erste teilweise aufhebt; ob kumulative Vermächtnisse gewollt sind, ist durch Auslegung zu ermitteln). Eine solche Auslegung des zweiten Vermächtnisses wird dem Erblasserwillen dann entsprechen, wenn im späteren Testament andere Gegenstände vermacht sind, wobei bei Gegenstandsähnlichkeit (**Beispiel**: VW im ersten Testament, Mercedes im zweiten Testament) in Einzelfällen im Wege der Auslegung (Erblasser hatte und hat nur ein Auto) angenommen werden kann, dass der Erblasser nicht zwei Gegenstände, sondern einen anderen vermachen wollte, dass also das erste Vermächtnis durch inhaltlichen Widerspruch nach § 2258 BGB durch das spätere Vermächtnis aufgehoben wird. 15

Ob und inwieweit ein Widerspruch anzunehmen ist, richtet sich nach dem Erblasserwillen, der den Verfügungen zugrunde liegt (zu dessen Ermittlung STAUDINGER/OTTE [2019] Vorbem 23 ff zu §§ 2064 ff; RG WarnR 1913 Nr 230; 1931 Nr 12; s ferner RG BayZ 1908, 182; KG RJA 9, 85; OLG Colmar ZBlFG 1916, 233; HEINSHEIMER DJZ 1906 Sp 796; OLG Dresden JFG 3, 161). Ob der Erblasser sich des Widerspruchs seines späteren Testaments gegenüber seinem früheren bewusst geworden ist und somit die **Rechtsfolge** des § 2258 BGB **gewollt** hat, ist **unerheblich** (OLG Bamberg BayZ 1907, 374; BGH LM Nr 1 zu § 2258). Auch wenn der Erblasser den Widerspruch nicht bemerkt hat, gilt § 2258 BGB (jurisPK-BGB/BAUERMEISTER [2017] Rn 2). Selbst wenn der Erblasser *an seine frühere Verfügung nicht einmal gedacht* hat (MünchKomm/STICHERLING Rn 5), greift die *gesetzliche* Rechtsfolge des § 2258 BGB ein (BayObLG DNotZ 1989, 583 mwNw; NJW-RR 1990, 203 mwNw). Auch bei einem vollständigen inhaltlichen Widerspruch greift § 2258 BGB und nicht § 2254 BGB ein, sofern der Erblasser die Nachlassfolgen zwar neu regeln wollte, sich aber des Widerspruchs nicht bewusst war. Ob ein Widerspruch vorliegt, beurteilt sich nicht allein nach dem Wortlaut, sondern auch nach dem Zweck des Testaments (BayObLG FamRZ 2005, 1933). Wollte der Erblasser die älteren Verfügungen beseitigen und den neuen Regelungen die allein maßgebende Bedeutung beilegen, dann liegt ein 16

Widerruf nach § 2254 BGB vor (KG JW 1935, 3122; BGH LM Nr 1 zu 2258; BayObLGZ 1956, 377; 1965, 86, 91; OLG Hamm DNotZ 1972, 101).

17 Es ist keine Voraussetzung für die Anwendung des § 2258 BGB, dass im späteren Testament der Wille des Erblassers zum Ausdruck kommt, auch über Gegenstände, über die er im früheren Testament bereits verfügte, anderweitig zu verfügen (**aA** OLG Dresden ZBlFG 1910, 349). Ein Widerspruch ergibt sich durch jede inhaltliche Abweichung des späteren vom früheren Testament.

18 Selbst bei sachlicher Übereinstimmung kann ein Widerspruch iSv § 2258 BGB vorliegen, wenn sich im Wege der Auslegung des späteren Testaments ergibt, dass dieses allein und ausschließlich gelten soll (BGH LM Nr 1 zu § 2258; LM Nr 2 zu § 2258 = NJW 1981, 2745, 2746; BayObLG DNotZ 1989, 583, 584; BayObLG FamRZ 1992, 607; zur Auslegung teilweise widerrufener Testamente durch das Revisionsgericht vgl BGH NJW-RR 1992, 775). Vorrangig wird in solchen Fällen aber zu prüfen sein, ob nicht ein Widerrufswille gem § 2254 BGB im Wege der Auslegung festzustellen ist. Eine ausschließliche Geltung des späteren Testaments ist dann beabsichtigt, wenn die teilweise weitere Geltung des früheren Testaments dem im späteren Testament geäußerten Erblasserwillen zuwiderliefe (BGH LM Nr 2 zu § 2258 = NJW 1981, 2745; LM Nr 3 zu § 2258 = NJW 1985, 969). Ein solcher Erblasserwille ist insbesondere dann anzunehmen, wenn im späteren Testament eine umfassende und abschließende Regelung erfolgen sollte (BGH LM Nr 3 zu § 2258 = NJW 1985, 969; BayObLG DNotZ 1989, 583, 584; FamRZ 1990, 1281, 1283; 2002, 1434; 2004, 224; 2005, 310). In solchen Fällen gilt bei inhaltlichen Widersprüchen und beabsichtigter Vollständigkeit allein das letzte Testament, auch wenn alle früheren Testamente nicht ausdrücklich widerrufen sind und ein Widerrufswille gem § 2254 im Wege der Auslegung nicht ermittelt werden kann.

19 Liegt ein Widerspruch zwischen zwei letztwillig angeordneten Verfügungen aufgrund von in testamentarischer Form gem § 2247 BGB vorgenommen Änderungen auf derselben Testamentsurkunde vor, so findet § 2255 BGB, nicht § 2258 BGB Anwendung (BayObLG Rpfleger 2003, 296 = FamRZ 2004, 224). § 2258 BGB setzt die Errichtung eines neuen (späteren) Testaments voraus, auch wenn es (wie bei Änderungen gem § 2255 BGB) die Vermögensnachfolge nur teilweise regelt.

4. Widerrufs- und Aufhebungswille

20 § 2258 BGB verlangt keinen Widerrufs- oder Aufhebungswillen; deshalb regelt die Vorschrift trotz der fehlerhaften amtlichen Überschrift und der Gesetzessystematik keinen Widerruf, sondern einen (auch unbeabsichtigten) Widerspruch und gilt sogar dann, wenn der Erblasser ausdrücklich erklärt, dass er das frühere Testament nicht widerrufen will. Die Vorschrift knüpft die Rechtsfolge der Aufhebung allein an den inhaltlichen Widerspruch eines späteren Testaments gegenüber einem früheren.

5. Rechtsfolge

21 Das frühere Testament wird durch ein späteres des Erblassers **nur insoweit aufgehoben, als letzterer es mit dem früheren in Widerspruch steht** (BGH NJW 1985, 969; BayObLG FamRZ 2000, 1538; OLG Hamm Rpfleger 1983, 401; 1987, 59; dazu auch BayObLG NJW-RR 1987, 267). So kann zB die Wiederholung einer Erbeinsetzung ohne Wiederholung der im früheren Testament angeordneten Nacherbfolge nach Abs 1 zur Aufhebung der Nacherbfolge führen (BayObLG MittBayNot 2000, 236 LS). „Die neue positive Anordnung, in der die Aufhebung der früheren Verfügung enthalten ist, bildet mit der Aufhebung ein einheitliches und untrennbares Ganzes. Diejenigen Gründe, die den neuen positiven Anordnungen die Wirksamkeit entziehen, bringen für den Regelfall zugleich die mit den letzteren verbundene Aufhebung der früheren Verfügungen zum Falle" (Mot V 303). Aus § 2258 BGB ergibt sich auch, dass mehrere letztwillige Verfügungen nebeneinander Geltung haben, soweit nicht die ausschließliche Geltung des späteren Testaments nach dessen Inhalt notwendig ist (Mot V 303; BayObLG Rpfleger 1979, 123). Soweit die Testamente sich widersprechen, ordnet der eindeutige Gesetzeswortlaut des Abs 1 einen Geltungsvorrang des im späteren Testament erklärter Erblasserwillens an (BeckOGK BGB/Grziwotz Rn 12; Baumann ErbR 2022, 452; aA entgegen dem Gesetzeswortlaut; Burandt/Rojahn/Lauck Rn 5; Reinert in Anm zu OLG Saarbrücken 28. 7. 2020 – 5 W 26/20, ErbR 2021, 436, 438). Der Umfang des Widerspruchs ist durch Auslegung zu ermitteln (BeckOK BGB/Litzenburger Rn 5). Bei dieser Auslegung, welchen Inhalt der Widerspruch zwischen beiden Testamenten hat, gibt es keinen Geltungsvorrang eines der beiden Testamente. Der Geltungsvorrang gilt aber nach der festgestellten Auslegung gem § 2258 BGB immer für den Inhalt des zeitlich späteren Testaments.

Die beschränkte Aufhebung des früheren Testaments nach Abs 1 kann aber eine weitere Wirkung haben: Steht nur eine der im früheren Testament enthaltenen Verfügungen im Widerspruch zum späteren Testament, so sind auch die übrigen Verfügungen dann unwirksam, wenn anzunehmen ist (§ 2085 BGB), dass der Erblasser das Testament ohne die unwirksame Verfügung nicht errichtet hätte (Strohal § 42 Nr 5a). Die Unwirksamkeit einer in einem Testament enthaltenen Erbeinsetzung bewirkt auch die Unwirksamkeit des in dieser Erbeinsetzung enthaltenen Widerspruchs (vgl **dagegen** LG Leipzig JW 1922, 629 m **abl** Anm Herzfelder). 22

Der Erblasser kann die gesetzliche Aufhebungsfolge vom Eintritt aufschiebender oder auflösender Bedingungen abhängig machen, auch davon, dass die im späteren Testament angeordneten Rechtsfolgen eintreten. 23

VI. Mehrere Testamente desselben Errichtungsdatums

Mehrere Testamente desselben Errichtungsdatums mit unterschiedlichem Inhalt werden selbst bei eigenhändigen Testamenten äußerst selten vorliegen (dazu Staudinger/Baumann § 2247 Rn 142). Das Gesetz hat diesen Fall daher nicht geregelt (Mot V 304), sondern in § 2258 BGB nur die Existenz zeitlich früher und später errichteter Testamente. Bei mehreren Testamenten desselben Errichtungsdatums spricht für keines die tatsächliche Vermutung, dass es allein den tatsächlichen Willen des Erblassers enthält, wenn sie inhaltlich voneinander abweichen (BayObLG NJW-RR 1989, 1092). Lässt sich weder der Wille des Erblassers, welches Testament gelten soll, noch aufgrund des Regelungsinhalts feststellen, welches der mit demselben Datum abgefassten Testamente früher errichtet worden ist, so **gelten** diese Testamente **als gleichzeitig errichtet** (KG HRR 1942 Nr 755; NJW-RR 1991, 392; BayObLG Rpfleger 1979, 123; 2003, 30 = FamRZ 2003, 711; Soergel/Mayer[13] Rn 12; dazu Sonntag ZEV 1996, 1). 24

Widersprüche zwischen Testamenten desselben Errichtungsdatums (ohne Uhrzeitangabe) können grds nicht nach § 2258 BGB behandelt werden (so aber Stellwaag 25

MDR 1991, 501), weil diese Vorschrift ein früheres und ein späteres Testament voraussetzt. Bei demselben Errichtungsdatum ist idR nicht feststellbar, in welcher Reihenfolge die Niederschriften abgefasst wurden. Kommt das Gericht – zB aufgrund einer Auslegung der Testamente – zum Ergebnis, dass die Testamente in einer bestimmten Reihenfolge errichtet sind, so müssen die Entscheidungsgründe darlegen, auf welche Tatsachen sich dieses Ergebnis stützt (BayObLG FamRZ 2003, 711 = Rpfleger 2003, 30).

26 Bei notariell beurkundeten Testamenten desselben Errichtungsdatums, was ohne Bezugnahme nur bei verschiedenen Notaren möglich ist, bei denen sich (im Regelfall nur zeitnah) die Errichtungsuhrzeit feststellen lässt, müssen erhebliche Zweifel an der Ernsthaftigkeit des Testierwillens bestehen.

27 Lässt sich – insbesondere bei privaten Testamenten – die Reihenfolge durch Auslegung der Testamentsinhalte ermitteln (**Beispiel**: Das eine Testament nimmt inhaltlich Bezug auf das andere), so greift auch bei demselben Errichtungsdatum § 2258 BGB ein, da die Vorschrift nur ein früheres und ein späteres Testament voraussetzt.

28 Lässt sich die Reihenfolge der Testamentserrichtung nicht ermitteln, so kann die vereinzelt vorgeschlagene (Schneider MDR 1990, 1086 ff; ebenso Notariat Gernsbach [Beschl v 4. 12. 1992] BWNotZ 1993, 61) anteilmäßige Verteilung des Nachlasses auf die in den sich widersprechenden Testamenten gleichen Datums Bedachten nur dann erfolgen, wenn die Testamente trotz des Widerspruchs nebeneinander gelten können, nicht aber, wenn sie sich inhaltlich widersprechen (was in dem Beispielsfall Schneiders [verschiedene Erbeinsetzungen] der Fall ist). Zu prüfen ist, ob in den sich widersprechenden Testamenten als übereinstimmender Inhalt eine Enterbung enthalten ist.

29 Können die Testamente trotz teilweisen Widerspruchs nebeneinander gelten (Schmitz ErbR 2017, 260, 263), ist der Widerspruch so zu behandeln, als ob er in demselben Testament stünde (Staudinger/Firsching[12] Rn 12 u Hinw a das gemeine Recht und Windscheid/Kipp § 565 Anm 8, 9; LG Düsseldorf NJW 1953, 508 [Hitlers Privattestament]; BayObLG FamRZ 1991, 237), sofern nicht ein entgegenstehender Erblasserwille anzunehmen ist (im Ergebnis ebenso Reimann/Bengel/Dietz/Voit Rn 11; Soergel/Mayer[13] Rn 12 die auf die Notwendigkeit der Auslegung hinweisen, wobei sich Unterschiede zwischen beiden Meinungen nur bei der Beweislastverteilung ergeben können). Das Erbrecht und andere erbrechtliche Ansprüche können dann auf beiden Testamenten beruhen (BayObLG MittBayNot 2000, 236 LS), soweit die Testamente sich inhaltlich nicht gegenseitig ausschließen, sondern übereinstimmen oder sich ergänzen. Dies kann bei weit überwiegenden Widersprüchen dazu führen, dass die Testamente nur in einem kleinen, übereinstimmenden Kern wirksam bleiben (Soergel/Mayer[13] Rn 12).

30 Schließen sich die Verfügungen inhaltlich in der Weise aus, dass sie nicht in demselben Testament stehen können (**Beispiel**: in jedem der Testamente ist eine andere Person zum alleinigen und unbeschränkten Erben eingesetzt), so ist der Rechtsgedanke des § 2247 Abs 5 BGB entsprechend anwendbar (vgl dazu § 2247 Rn 142 ff), mit der Folge, dass beide Testamente als unwirksam anzusehen sind, da die genaue Errichtungszeit (eines der beiden Testamente muss vom Erblasser später errichtet sein) nicht zu ermitteln ist und sich hieraus Zweifel über die Gültigkeit beider Testamente ergeben (gegenseitige Aufhebung sich widersprechender Testamente desselben Errichtungsdatums nehmen auch an BayObLG Rpfleger 1979, 123; 2003, 30, 31; ZErb 2005, 27; KG NJW-RR 1991, 392; Soer-

GEL/MAYER[13] Rn 12; SCHMITZ ErbR 2017, 260, 263; REIMANN/BENGEL/DIETZ/VOIT Rn 10; JAUERNIG/STÜRNER § 2247 Rn 3; jew ohne die gesetzliche Regelung des § 2247 Abs 5 BGB analog heranzuziehen).

VII. Undatierte Testamente

31 Liegen mehrere undatierte (oder unrichtig datierte), sich widersprechende Testamente vor und kann der Zeitpunkt ihrer Errichtung nicht ermittelt werden (zu technischen Ermittlungsmöglichkeiten KLINGER/SEIBT NJW-Spezial 2011, 167), so heben sie sich, soweit der Widerspruch reicht, gegenseitig auf (§ 2247 Abs 5 BGB; bei Vorliegen eines datierten und eines undatierten Testamentes beachte die Ausführungen bei § 2247 Rn 147); im Übrigen können die angeordneten Verfügungen nebeneinander, was durch Auslegung zu ermitteln ist (SONNTAG ZEV 1996, 1, 3 ff) gelten, sofern sie sich nicht gegenseitig vollständig ausschließen, was die Ungültigkeit aller Verfügungen zur Folge hat (BayObLG FamRZ 2000, 1538 = Rpfleger 2000, 334).

VIII. Inhaltsgleiche Testamente

32 Liegen mehrere an einem oder verschiedenen Tagen errichtete inhaltlich gleiche, formgerechte Testamente vor, so sind alle wirksam. Das Erbrecht der eingesetzten Erben beruht auf jedem einzelnen Testament (dazu KG JFG 18, 333; BayObLGZ 1965, 86, 91; FamRZ 2000, 1538; sowie § 2247 Rn 125 f).

IX. Widerruf der späteren Verfügung (Abs 2)

33 Abs 2 setzt ein durch testamentarische Aufhebung (durch Widerspruchstestament) unwirksames Testament und den Widerruf dieser Aufhebung voraus. Abs 2 ist anwendbar, wenn der Widerruf des späteren Testaments (Widerspruchstestaments) durch Widerruf nach §§ 2254, 2255, 2256 BGB erfolgt ist oder (entsprechend) wenn das spätere Testament durch ein noch späteres nach § 2258 BGB aufgehoben wird oder wirksam angefochten ist (BayObLG MittBayNot 2000, 119). Wird das spätere („Widerspruchs-")Testament widerrufen, so ist das frühere Testament infolge eines solchen Widerrufs in gleicher Weise wirksam, als ob es nie widerrufen worden wäre, sofern nicht auch ein Widerruf des früheren Testaments hinzukommt. Abs 2 begründet, wie die spätere Einfügung der Worte „im Zweifel" klarstellt, eine widerlegbare Vermutung (SOERGEL/MAYER[13] Rn 14; „Auslegungsvermutung" MünchKomm/STICHERLING Rn 9). Der Wille des Erblassers, dass das frühere Testament unwirksam bleiben soll, muss sich aber positiv feststellen lassen (OLG Hamm Rpfleger 1983, 401). Der Wille muss zumindest im Wege der Auslegung an Hand äußerer Erklärungstatbestände nachweisbar sein. Hatte der Erblasser das frühere Testament vergessen, so kann ein solcher Wille nicht ausgebildet sein, so dass es bei der gesetzlichen Vermutung des Abs 2 verbleibt (OLG Hamm Rpfleger 1983, 401, REIMANN/BENGEL/DIETZ/VOIT Rn 7).

34 Der Widerruf der späteren Verfügung kann in jeder der drei Widerrufsformen gem §§ 2254, 2255, 2256 BGB erfolgen (OLG Dresden NJWE-FER 1998, 61; BAMBERGER/ROTH/LITZENBURGER Rn 7). Wird der spätere Testamentsinhalt (2. Testament) ganz oder teilweise durch ein inhaltlich widersprechendes Testament (3. Testament) aufgehoben (§ 2258 BGB), so kann das erste Testament ganz oder teilweise wieder wirksam werden, soweit es nicht selbst mit dem dritten Testament im inhaltlichen Widerspruch

steht. Entfaltet das spätere Testament aus tatsächlichen Gründen keine Wirkung (zB wegen Ausschlagung des Bedachten), bleibt die Aufhebungswirkung dennoch bestehen (HK-BGB/Hoeren Rn 4).

X. Bis zum 31. 12. 1991 errichtete Testamente

35 Ist ein Testament wegen Testierunfähigkeit des Erblassers unwirksam, so ist bei einem bis zum 31. 12. 1991 errichteten Testament zu prüfen, ob dieses nicht nach § 2254 BGB iVm § 2253 Abs 2 aF (negative Testierfähigkeit) als Widerrufstestament wirksam ist, falls der Inhalt zugleich einen ausdrücklichen Widerruf enthält (Frage der Auslegung; BayObLGZ 1956, 377), der auf einen Widerrufswillen schließen lässt. Ergibt sich aus dem Inhalt, dass der Widerruf ohne die positiven Verfügungen nicht erfolgt wäre oder dass unbeabsichtigt war, so kann ein Widerrufstestament nach § 2254 BGB nicht angenommen werden.

XI. Beweisfragen

36 Eine förmliche Beweislast desjenigen, der eine Testamentsaufhebung nach § 2258 BGB behauptet, besteht nicht. Die Auslegung der beiden letztwilligen Verfügungen obliegt dem Gericht von Amts wegen. Eine Vermutung für das Fortbestehen der früheren Verfügungen besteht nicht, es muss aber, wenn sie als außer Kraft getreten gelten sollen, eine spätere Verfügung festgestellt sein, neben der sie nicht bestehen können (RG JW 1916, 405 m Anm Kretzschmar).

37 **XII.** Zur **Prüfungspflicht des Grundbuchrichters** hinsichtlich des Verhältnisses eines späteren zu einem früheren Testament (KG JFG 18, 332; Einzelheiten bei Demharter § 35 GBO Rn 31 ff).

XIII. DDR-Recht

38 Der Regelung des § 2258 Abs 1 BGB entsprach § 387 Abs 2 Nr 1 Alt 2 ZGB (dazu Einl 113 ff zu §§ 2229–2302 und zur teilweisen Fortgeltung des DDR-Rechts Einl 61 ff zu §§ 2229–2302).

§§ 2258a, 2258b
(weggefallen)

I. Vorbemerkung

1 Die §§ 2258a, 2258b BGB wurden durch das Personenstandsrechtsreformgesetz (PStRG) vom 19. 2. 2007 (BGBl I 122) mit Wirkung seit dem 1. 1. 2009 aufgehoben und ohne sachliche Änderung durch §§ 73, 82a FGG = §§ 344 Abs 1, 2; 346 FamFG ersetzt (zu §§ 2258a, 2258b BGB aF Staudinger/Baumann [2003] §§ 2258a, 2258b).

II. Wortlaut der aufgehobenen §§ 2258a, 2258b

2 ***§ 2258a Zuständigkeit für die besondere amtliche Verwahrung***

(1) Für die besondere amtliche Verwahrung der Testamente sind die Amtsgerichte zuständig.

(2) Örtlich zuständig ist:

1. wenn das Testament vor einem Notar errichtet ist, das Amtsgericht, in dessen Bezirk der Notar seinen Amtssitz hat;

2. wenn das Testament vor dem Bürgermeister einer Gemeinde oder dem Vorsteher eines Gutsbezirks errichtet ist, das Amtsgericht, zu dessen Bezirk die Gemeinde oder der Gutsbezirk gehört;

3. wenn das Testament nach § 2247 errichtet ist, jedes Amtsgericht.

(3) Der Erblasser kann jederzeit die Verwahrung bei einem anderen Amtsgericht verlangen.

Materialien: Amtl Begr z TestG DJ 1938, 1258; Staudinger/BGB-Synopse (2006) § 2258a; Horn MatK-ErbR 1039–1040.

Aufgehoben mit Wirkung vom 1. 1. 2009 durch das PStRG (BGBl I 122). Die Vorschrift wurde sachlich durch § 73 FGG ersetzt. Durch das FGG-Reformgesetz vom 17. 12. 2008 (BGBl I 2586) wurde § 73 FGG mit Wirkung seit 1. 9. 2009 ersetzt durch § 344 Abs 1, 2 FamFG (zum bis zum 31. 8. 2009 geltenden Recht Staudinger/Baumann [2003] § 2258a).

§ 2258b Verfahren bei der besonderen amtlichen Verwahrung

(1) Die Annahme zur Verwahrung sowie die Herausgabe des Testaments ist von dem Richter anzuordnen und von ihm und dem Urkundsbeamten der Geschäftsstelle gemeinschaftlich zu bewirken.

(2) Die Verwahrung erfolgt unter gemeinschaftlichem Verschluss des Richters und des Urkundsbeamten der Geschäftsstelle.

(3) Dem Erblasser soll über das in Verwahrung genommene Testament ein Hinterlegungsschein erteilt werden. Der Hinterlegungsschein ist von dem Richter und dem Urkundsbeamten der Geschäftsstelle zu unterschreiben und mit dem Dienstsiegel zu versehen.

Materialien: Amtl Begr z TestG DJ 1938, 1258; Staudinger/BGB-Synopse (2006) § 2258b; Horn MatK-ErbR 1040–1041.

Aufgehoben mit Wirkung vom 1. 1. 2009 durch das PStRG (BGBl I 122). Die Vorschrift wurde sachlich durch § 82a FGG ersetzt. Durch das FGG-Reformgesetz vom 17. 12. 2008 (BGBl I 2586) wurde § 82a FGG mit Wirkung seit 1. 9. 2009 ersetzt durch § 346 FamFG (zum bis zum 31. 8. 2009 geltenden Recht Staudinger/Baumann [2003] § 2258b).

§ 2259
Ablieferungspflicht

(1) Wer ein Testament, das nicht in besondere amtliche Verwahrung gebracht ist, im Besitz hat, ist verpflichtet, es unverzüglich, nachdem er von dem Tode des Erblassers Kenntnis erlangt hat, an das Nachlassgericht abzuliefern.

(2) Befindet sich ein Testament bei einer anderen Behörde als einem Gericht in amtlicher Verwahrung, so ist es nach dem Tode des Erblassers an das Nachlassgericht abzuliefern. Das Nachlassgericht hat, wenn es von dem Testament Kenntnis erlangt, die Ablieferung zu veranlassen.

Materialien: E I § 1937; II § 2126; III § 2232; Mot V 305; Prot V 355; JAKOBS/SCHUBERT, ER II 1659–1661; HORN MatK-ErbR 1041–1043.

Schrifttum zu §§ 2259, 2263

COMMICHAU, Erbvertrag: Amtliche Verwahrung des Aufhebungsvertrages?, MittBayNot 1998, 235
vDICKHUTH-HARRACH, Die Rückgabe eines Erbvertrages aus der notariellen Verwahrung, RNotZ 2002, 384
FASSBENDER, Zur Vernichtbarkeit eines aufgehobenen Erbvertrages, MittRhNotK 1989, 125
FIRSCHING/GRAF, Nachlassrecht (11. Aufl 2019)
KEIM, Die Aufhebung von Erbverträgen durch Rücknahme aus amtlicher oder notarieller Verwahrung, ZEV 2003, 55
WEIRICH, Das Rücknahmeverbot beim Erbvertrag – eine Fehlkonstruktion des Gesetzes, DNotZ 1997, 7
WESTPHAL, Rechtliches Gehör in Nachlaßsachen, Rpfleger 1983, 204
Zum Schrifttum vor 1938 STAUDINGER/BAUMANN (2003) § 2259.

Zum Schrifttum von 1938–1980 STAUDINGER/BAUMANN (2018) § 2259.

Systematische Übersicht

I. Textgeschichte

Ursprüngliche Fassung: 1

(1) Wer ein Testament, das nicht in amtliche Verwahrung gebracht ist, im …

(2) Befindet sich ein Testament bei einer anderen Behörde als einem Gericht oder befindet es sich bei einem Notar in amtlicher Verwahrung, so […].

Die ursprüngliche Fassung der Bestimmung verpflichtete gem Abs 2 auch die Notare, die ein Testament in amtlicher Verwahrung hatten, ausdrücklich zur Ablieferung nach dem Tode des Erblassers. Aufgrund der Neuregelung der **besonderen** amtlichen Verwahrung (vgl § 2258a aF, ersetzt ab 1. 1. 2009 durch § 73 FGG = 344 Abs 1, 2 FamFG seit 1. 9. 2009; u 2258b aF, ersetzt ab 1. 1. 2009 durch § 82a FGG = § 346 FamFG seit 1. 9. 2009) glaubte man im TestG von einer ausdrücklichen Erwähnung der Notare Abstand nehmen zu können, da die Fälle, die von dieser Neuregelung nicht erfasst werden, äußerst selten sein werden. Der heutige Wortlaut wurde durch Änderungen von § 39 TestG eingeführt, die vom GesEinhG v 5. 3. 1953 unverändert in das BGB übernommen wurden. 2

Die Neufassung des BGB (Bekanntmachung v 2. 1. 2002 [BGBl I 42]) hat die amtliche Überschrift eingeführt, sowie die Orthographie an die Rechtschreibreform angepasst (ua Ersetzung des „ß“ nach kurzem Vokal durch „ss“) und die Diktion modernisiert, den Gesetzeswortlaut inhaltlich aber unverändert belassen. 3

II. Gesetzeskritik

Die Ablieferungspflicht bezieht sich nur auf Verfügungen von Todes wegen, sollte aber wegen des Normzwecks der Nachlasssicherung auf Erbverzichtsverträge gem § 2346 BGB und Aufhebungsverträge gem § 2290 BGB mit ihren unmittelbar erbrechtlichen Wirkungen (dazu Rn 7 f) erweitert werden, damit eine ordnungsgemäße Nachlassabwicklung gewährleistet ist und keine falschen Erbscheine erteilt werden. 4

III. Normzweck

Die Vorschrift dient im öffentlichen Interesse (Soergel/Mayer[13] Rn 1; Reimann/Bengel/Dietz/Voit Rn 3) der Rechts- und Eigentumszuordnung, unmittelbar der deshalb notwendigen **Testamentseröffnung** und damit letztlich der privaten **Nachlasssicherung** (OLG Brandenburg 12. 3. 2008 – 13 U 123/07, ErbR 2008, 225 Rn 31), indem jede Verfügung von Todes wegen dem Nachlassgericht zugehen soll, gleichgültig wo sie sich zuvor befunden hat (OLG Hamm NJW-RR 1987, 835). Das *Nachlassgericht* soll *Sammelstelle* für alle den Nachlass betreffenden Erklärungen und Urkunden sein, damit jeder Nachlassbeteiligte sich jederzeit Gewissheit über die grundlegenden Rechtsverhältnisse am Nachlass verschaffen kann (BayObLG FamRZ 1992, 226, 227). Nur so kann das Nachlassgericht seine gesetzlichen Pflichten erfüllen, wie Eröffnung der Verfügung (§ 2261 aF = §§ 344 Abs 6, 350 FamFG), Benachrichtigung der Erben vom Inhalt (§ 2262 aF = § 348 Abs 3 FamFG), Gestattung der Einsichtnahme und Erteilung von Abschriften (§ 2264 aF = § 357 FamFG), Erteilung eines Erbscheins, § 2353 BGB (vgl dazu OLG Hamburg Rpfleger 1985, 194; OLG Hamm NJW-RR 1987, 836). Die Vorschrift regelt 5

Schranken des Eigentums an der Testamentsurkunde im Interesse Dritter (aller vom Nachlass Betroffenen einschließlich des Staates) (vgl § 903 BGB).

IV. Regelungsinhalt

1. Ablieferung

6 § 2259 BGB besagt, dass jedes Testament, das sich nicht bereits in den Händen eines Gerichts, das zur Eröffnung zuständig ist (Nachlassgericht: § 2260 aF, §§ 72, 73 FGG = § 348 Abs 1, 2 FamFG; Verwahrungsgericht: § 2261 aF = §§ 344 Abs 6, 350 FamFG), nach dem Tode des Erblassers an das Nachlassgericht zur Eröffnung abgeliefert werden muss. Ablieferung bedeutet Verschaffung des **unmittelbaren Besitzes** durch persönliche Übergabe, Boten oder durch Zusendung per Post (zum Begriff der Ablieferung RGZ 53, 390; KG OLGE 8, 285).

2. Gegenstand der Ablieferung

7 Abzuliefern ist **jede Urkunde, die sich nach Form und/oder Inhalt als letztwillige Verfügung darstellt** (vgl Mot V 305; KG JFG 14, 158 mNw; KG JFG 15, 92; BayObLG FamRZ 1988, 659). Abzuliefern sind Testamente (auch gemeinschaftliche, OLG Hamm NJW-RR 1987, 835), Erbverträge (§ 2300 BGB), nicht aber Erbverzichtsverträge (§ 2346 BGB) (BayObLGZ 1983, 149; Firsching/Graf/Krätzschel § 37 Rn 14) und Aufhebungsverträge nach § 2290 BGB (MünchKomm/Sticherling Rn 4). Dies erscheint für Erbverzichtsverträge zweifelhaft, weil der Erbverzicht die gesetzliche Erbfolge unmittelbar verändert (Vorversterbensfiktion; Staudinger/Schotten [2022] § 2346 Rn 57 ff) und daher im Nachlassverfahren von Amts wegen bei der Ermittlung der gesetzlichen Erbquoten zu berücksichtigen ist. Auch der Aufhebungsvertrag gem § 2290 BGB hat unmittelbar erbrechtliche Wirkungen und sollte ebenfalls der Ablieferungspflicht unterliegen, damit im Nachlassverfahren keine unrichtigen Erbscheine erteilt werden.

8 Das Interesse aller am Nachlassverfahren Beteiligten, insbesondere der gesetzlichen Erben, die sich über das Vorhandensein und die Gültigkeit letztwilliger Anordnungen Gewissheit verschaffen wollen, wie auch das öffentliche Interesse einer geordneten Nachlassabwicklung durch Erhaltung und Sicherstellung der nicht in besondere amtliche Verwahrung gebrachten Testamente erfordern, dass **dem Nachlassgericht alle Schriftstücke vorgelegt werden, die inhaltlich oder äußerlich als letztwillige Verfügungen anzusehen sein könnten.** Die **Ablieferung dient der Eröffnung** der Verfügungen von Todes wegen (vgl Rn 5). Das eröffnende Gericht hat alle Erklärungen des Erblassers, die erbrechtlichen Bezug haben, zu eröffnen (RG JFG 13, 290).

9 Auch **ungültige** oder **widerrufene** Testamente, wie zB formunwirksame oder durch Gültigkeitsfrist abgelaufene Nottestamente (MünchKomm/Sticherling Rn 8), sind gem § 2259 BGB dem Nachlassgericht abzuliefern (und von diesem zu eröffnen). **Die Gültigkeit als Testament ist vor der Ablieferung nicht zu prüfen** (KG OLGE 30, 220; KG JFG 15, 92; Rpfleger 1977, 256). Die Entscheidung über die formelle oder materielle Gültigkeit eines Testaments kann nicht dem Besitzer der Urkunde überlassen bleiben. Ob ein Schriftstück als wirksames Testament anzusehen ist, entscheidet allein das Nachlassgericht (BayObLG MDR 1984, 233; FamRZ 1988, 659; HK-BGB/Hoeren Rn 2). Die Ablieferungspflicht erstreckt sich auf **alle** Schriftstücke, die sich äußerlich oder nach ihrem

Inhalt als letztwillige Verfügungen darstellen ohne Rücksicht darauf, ob sie *verschlossen* oder *offen* und *formell* oder *sachlich wirksam* sind (BayObLG MDR 1984, 233; FamRZ 1988, 658, 659) und ohne Rücksicht darauf, wo sie errichtet worden sind. Auch Schriftstücke deren Eigenschaft als Testament (wegen der Form, des Inhalts, der Materialien) *zweifelhaft* ist, sind abzuliefern, nicht jedoch eindeutig als Vorentwürfe eines Testaments identifizierbare Schriftstücke. Diese können jedoch in Einzelfällen dem Nachlassgericht bei Auslegungsfragen helfen und sollten (nicht müssen) dann dem Nachlassgericht abgeliefert werden. Zusammenhängende Schriftstücke sind **vollständig** abzuliefern, *auch wenn Teile des Textes keinen erbrechtlichen Bezug haben;* insoweit ist das öffentliche Interesse der am Nachlassverfahren Beteiligten höherrangig als ein etwaiges Geheimhaltungsinteresse einzelner Beteiligter (BayObLG MDR 1984, 233). Ein ideelles Interesse der Besitzer am Original der Erklärung kann der gesetzlichen Ablieferungspflicht nicht entgegengehalten werden, selbst wenn der Text neben erbrechtlichen auch höchstpersönliche (intime) Mitteilungen enthält, die das Persönlichkeitsrecht des Erblassers oder der Nachlassbeteiligten tangieren. Nur wenn diese Erklärungen vom Testamentsinhalt abtrennbar sind (**Beispiel**: die intimen Erklärungen befinden sich im selben Briefumschlag wie das Testament, aber auf getrennten Blättern), sind sie nicht abzuliefern. Dem Geheimhaltungsinteresse kann dadurch Rechnung getragen werden, dass Erklärungen des Erblassers, die nach Prüfung des Nachlassgerichtes keinen erbrechtlichen Bezug haben und inhaltlich absonderungsfähig (zB durch Abdeckung bei der Erstellung der Kopien) sind, nicht miteröffnet werden (§ 349 Abs 1 FamFG) (BayObLG Rpfleger 1982, 424; Bumiller/Harders/Schwamb § 349 FamFG Rn 3 ff) und insoweit auch keine Akteneinsicht gewährt wird, sofern bezüglich dieser Erklärungen kein rechtliches (§ 2264 aF = § 357 FamFG) Interesse (Bumiller/Harders/Schwamb § 357 FamFG Rn 2; Keidel/Zimmermann § 357 FamFG Rn 8 ff) glaubhaft gemacht wird.

10 Gleichgültig ist es insbes, ob etwa durch den vor dem Erbfall erfolgten Tod des Bedachten die Verfügung angeblich gegenstandslos geworden ist (BayObLGZ 18 A 170; RG JFG 13, 290) oder das Schriftstück offenbar formungültig ist (KG JFG 14, 158 gegen OLG Hamburg KGJ 30, 302), ob es durch Rückgabe aus der amtlichen Verwahrung oder sonstwie widerrufen wurde (KG JFG 15, 92). In Übereinstimmung damit hält das KG (JW 1938, 1455; LG Münster JMBlNRW 1957, 196) auch einen aufgehobenen Erbvertrag für ablieferungspflichtig (**aA** OLG Düsseldorf MittRhNotK 1973, 199; ausführlich Fassbender MittRhNotK 1989, 125); das gilt auch für beglaubigte Abschriften von aufgehobenen Verfügungen von Todes wegen (zutreffend vDickhuth-Harrach RNotZ 2002, 384, 387, 388 mit dem Praxishinweis an Notare, auch beglaubigte Abschriften zu vernichten, wenn die Erblasser durch Herausnahme aus der öffentlichen Verwahrung eine Eröffnung verhindern wollen). Auch ein Schriftstück, das nicht ausdrücklich oder sinngemäß als letztwillige Verfügung bezeichnet ist, sondern in der Form eines Briefes (BayObLG MDR 1984, 233; zum „Brieftestament" BayObLG FamRZ 1990, 672; NJW-RR 1991, 1222; FamRZ 1998, 985, 986; Rpfleger 2001, 134) oder einer Vereinbarung gehalten ist, ist abzuliefern, wenn sein Inhalt Anordnungen enthält, die für sich betrachtet als erbrechtliche Anordnungen aufgefasst werden können (BayObLG Rpfleger 1984, 19 = MDR 1984, 233). Dagegen besteht keine Ablieferungspflicht für die Gesamtheit verschiedener Schriftstücke, die in einem Behältnis aufbewahrt werden, unter denen sich möglicherweise auch eine letztwillige Verfügung befinden könnte (BayObLG FamRZ 1988, 659); hier sind nur die Schriftstücke abzuliefern, die als Verfügungen von Todes wegen in Betracht kommen.

11 Abzuliefern ist die **Urschrift**, bei *mehreren Urschriften alle.* Ist die Urschrift verloren gegangen, so erstreckt sich die Ablieferungs**pflicht** auch auf beglaubigte (unstr), als gesetzliche Pflicht aber nicht auf einfache Abschriften (LG Berlin DFG 1942, 88; vDICKHUTH-HARRACH , RNotZ 2002, 384, 387 f; MünchKomm/STICHERLING Rn 13; SOERGEL/MAYER[13] Rn 6). Einfache Abschriften werden vom Nachlassgericht nicht eröffnet (STAUDINGER/BAUMANN [2003] § 2260 Rn 18; DNotI–Report 2007, 137 mwNw). Dem steht das *Recht* zur Ablieferung von einfachen Abschriften für die Errichtung eines Testaments im Erbscheinsverfahren oder Prozess nicht entgegen (zutreffend REIMANN/BENGEL/DIETZ/VOIT Rn 6), insbesondere bei verloren gegangenen Testamenten (vgl § 2255 Rn 48), weil auch einfache Ablichtungen als Beweismittel für die Errichtung eines Testaments im Erbscheinsverfahren oder Prozess herangezogen werden können (DNotI-Report 2007, 137 mwNw).

12 Ob das Testament verschlossen oder offen ist, macht keinen Unterschied. Gleichgültig sind der Ort der Errichtung sowie die Staatsangehörigkeit des Erblassers (RG Recht 1904, 63; KGJ 36 A 85; KG JFG 15, 78, 82 mwNw). Abzuliefern sind somit auch die Testamente von Ausländern (dazu JOSEF JW 1912, 1025; FIRSCHING/GRAF/KRÄTZSCHEL § 37 Rn 14), selbst wenn das deutsche Nachlassgericht mangels internationaler Zuständigkeit zur Eröffnung nicht befugt ist, da die Zuständigkeitsprüfung allein dem Gericht obliegt und das deutsche Nachlassgericht eine Pflicht zur vorläufigen Sicherstellung hat (BayObLGZ 1958, 34; jurisPK-BGB/BAUERMEISTER [2017] Rn 6; FIRSCHING/GRAF/KRÄTZSCHEL § 37 Rn 5).

13 Die abgelieferte Verfügung wird nicht in die besondere amtliche Verwahrung verbracht, sondern entweder offen zum anzulegenden Akt genommen (§ 27 Nr 11 AktO) oder in einem Kassenschrank oder an einem ähnlichen Ort bis zur Eröffnung verwahrt (dazu STAUDINGER/BAUMANN [2003] § 2258b Rn 14; s jetzt § 346 FamFG). Empfangsbestätigung (nicht Hinterlegungsschein) kann erteilt werden.

3. Nachlassgericht

14 Die Ablieferung hat an das Nachlassgericht zu erfolgen (Abs 1, Abs 2 S 1). Örtlich zuständig ist das Amtsgericht (Nachlassgericht), an dem der Erblasser seinen letzten gewöhnlichen Aufenthalt hatte (Art 4 EuErbVO; §§ 105, 343, 344 FamFG), sofern der Erblasser nicht von seinem Wahlrecht gem Art 22 EuErbVO Gebrauch gemacht hat (Art 5 Abs 1, Art 7, 9 EuErbVO) oder die subsidiäre Zuständigkeit gem Art 10 EuErbVO greift. Jedoch wird die Ablieferungspflicht auch erfüllt, wenn die Ablieferung zB bei einem näher gelegenen Amtsgericht erfolgt (BayObLG FamRZ 1992, 1222; REIMANN/BENGEL/DIETZ/VOIT Rn 9). Das Nachlassgericht hat die Ablieferung zu veranlassen, wenn es von der Existenz eines Testamentes Kenntnis erhält (Abs 2 S 2).

4. Ablieferungspflicht

a) Grundsätzliches

15 Die gesetzliche Ablieferungspflicht ist zwingend. Eine gegenteilige Anordnung des Erblassers ist unbeachtlich (§ 2263 BGB; KG Rpfleger 1979, 137).

16 Die Ablieferung hat **unverzüglich** (§ 121 BGB) zu erfolgen, nachdem der Besitzer des Testaments von dem Tod des Erblassers Kenntnis erlangt hat.

b) Ablieferungsverpflichteter

Ablieferungspflichtig ist der **unmittelbare Besitzer** iSd § 857 BGB (BayObLG FamRZ 1988, 658; MünchKomm/Sticherling Rn 14; jurisPK-BGB/Bauermeister [2017] Rn 8) eines Testaments, das sich nicht in amtlicher Verwahrung befindet (Abs 1), auch der **Mitbesitzer** sowie die Stellen, die Testamente in amtlicher Verwahrung haben (Abs 2). Die Ablieferungspflicht kann durch Boten oder Vertreter erfüllt werden. Auch der Besitzdiener ist ablieferungs*berechtigt* (Lange/Kuchinke § 38 III 2b Fn 35; Soergel/Harder[12] Rn 2), weil entgegenstehende Weisungen des Besitzherrn rechtswidrig wären und daher die Ablieferung keine *„verbotene"* Eigenmacht sein kann (**aA** Soergel/Mayer[13] Rn 7, obwohl er eine „öffentlich-rechtliche" Ablieferungspflicht annimmt). Die privatrechtlich angeordnete Ablieferungs*pflicht* trifft aber nicht den Besitzdiener, sondern nur den Besitzherrn (Reimann/Bengel/Dietz/Voit Rn 7; MünchKomm/Sticherling Rn 17); der Besitzdiener macht sich weder schadensersatzpflichtig, noch kann er durch Zwangsmaßnahmen zur Ablieferung gezwungen werden. Ablieferungspflichtig kann auch der **Betreuer** des Erblassers (DNotI-Report 2002, 17, 19) oder des Testamentsbesitzers sein. 17

c) Ablieferungspflicht Privater

§ 2259 Abs 1 BGB setzt ein nicht in amtliche Verwahrung gebrachtes Testament voraus, zB ein eigenhändiges Testament, das nicht nach § 2248 BGB verwahrt ist. Soweit keine Staatsverträge entgegenstehen, obliegt die Ablieferungspflicht jedem Besitzer eines inländischen Testaments ohne Rücksicht auf die Staatsangehörigkeit des Erblassers oder des Testamentsbesitzers (KG OLGE 18, 356). 18

Der Charakter der Ablieferungspflicht nach Abs 1 ist rein privatrechtlich (**aA** Soergel/Mayer[13]: „öffentlich-rechtlich"), auch wenn mit der Regelung öffentlich-rechtliche Zwecke (dazu Rn 5) verfolgt werden. Wer ein rechtliches Interesse an der Testamentseröffnung hat, kann den **Anspruch auf Ablieferung** geltend machen (dazu RG WarnR 1913 Nr 246; Frommhold Anm 2a). Das Gesetz gewährt daneben aber auch öffentlich-rechtliche Zwangsmittel, den Verpflichteten zur Erfüllung der Pflicht anzuhalten (dazu Rn 27 ff). Der Verstoß gegen die Ablieferungspflicht führt dazu, dass der nicht Abliefernde die Verfahrenskosten eines unbegründeten Erbscheinsverfahrens zu tragen hat (LG Duisburg FamRZ 2008, 2136; Grüneberg/Weidlich Rn 4). Außerdem kann er nach § 2339 Abs 1 Nr 4 BGB für erbunwürdig erklärt werden (OLG Dresden NJWE-FER 1999, 326; Grüneberg/Weidlich Rn 4; Reimann/Bengel/Dietz/Voit Rn 10) und nach § 823 Abs 2 BGB iVm § 274 Abs 1 Nr 1 StGB auf Schadensersatz in Anspruch genommen werden (OLG Brandenburg ErbR 2008, 225). Ein Mindestschaden entsteht schon durch unnötige mehrfache Erbscheinsverfahren, so dass die Notar- und Gerichtskosten zu erstatten sind und das Nachlassgericht die Gerichtsgebühren nach § 13a FamFG dem Ablieferungspflichtigen auferlegen kann (LG Duisburg FamRZ 2008, 2136). 19

Die Ablieferungspflicht entsteht mit der Erlangung der Kenntnis vom Erbfall. Versäumt der Besitzer die unverzügliche Ablieferung, so kann er sich schon durch Verzögerungen schadensersatzpflichtig machen (OLG Brandenburg ZEV 2008, 287), da § 2259 BGB Schutzgesetz iSd § 823 Abs 2 BGB zugunsten der Nachlassbeteiligten ist (Jauernig/Stürner Rn 2). Die Nachlassbeteiligten können nicht auf Herausgabe klagen (Jauernig/Stürner Rn 2; **aA** Soergel/Mayer[13] mwNw), wohl aber das Nachlassgericht veranlassen, die Ablieferung zu erzwingen (dazu Rn 27 ff). 20

21 Eine Vereinbarung der Nachlassbeteiligten, die § 2259 BGB widerspricht, ist rechtswidrig und löst Schadensersatzansprüche der nachteilig Betroffenen aus.

d) Ablieferungspflicht von Behörden

22 **Öffentlich-rechtlichen** Charakter (Mot V 305) hat die Vorschrift des Abs 2. Sie trifft alle Behörden und öffentlichen Urkundspersonen (Konsulate, Bürgermeister). Der Wortlaut ist insofern ungenau, als trotz der Worte „bei einer anderen Behörde als einem Gericht" auch gerichtliche Behörden unter sie fallen können (KG RJA 14, 135). Da die Vorschrift den Zweck verfolgt, dass zur Eröffnung nach § 348 Abs 1, 2 FamFG (= § 2260 BGB aF) die Testamente dem Nachlassgericht abgeliefert werden (RGZ 48, 96), sind Gerichte, die ein Testament in Verwahrung haben, weil sie zur Eröffnung nach §§ 344 Abs 6, 350 FamFG (= § 2261 BGB aF) nicht zuständig sind (**Beispiel**: Strafkammer des LG), zur Ablieferung an das Nachlassgericht gem Abs 2 verpflichtet. Dies gilt jedoch nicht, wenn sich das Testament etwa in den Strafakten eines Amtsgerichts befindet, also in der einfachen amtlichen Verwahrung eines AG, dessen Abteilungen das Strafgericht ebenso wie das Nachlassgericht bilden. Hier eröffnet das AG (Abt Nachlassgericht) gem §§ 344 Abs 6, 350 FamFG (= § 2261 BGB aF).

23 Behörden iS des Abs 2 sind ua Polizeibehörden, Staatsanwaltschaften, Notare, Konsularbeamte, Bürgermeister, die vor oder nach dem Erbfall in den Besitz des Testaments gelangten (BeckOK BGB/Litzenburger Rn 9). Abs 2 findet auch auf gem §§ 2249, 2250 BGB errichtete Testamente Anwendung, die sich noch in der Verwahrung des Bürgermeisters befinden.

e) Ablieferungspflicht öffentlicher Urkundspersonen

24 Beurkundete Testamente sind vom Notar unverzüglich nach der Beurkundung (§ 34 Abs 1 S 4 BeurkG) (Frenz/Miermeister/Baumann § 34 BeurkG Rn 6 f) in die besondere amtliche Verwahrung des **AG seines Amtssitzes** zu bringen (ebenso Erbverträge, sofern nicht die Beteiligten die besondere amtliche Verwahrung ausgeschlossen haben; dann verbleibt der Erbvertrag in der einfachen Urkundenverwahrung des Notars; § 2277 BGB, § 34 Abs 2, 3 BeurkG [Frenz/Miermeister/Baumann § 34 BeurkG Rn 10 f] §§ 9; 18 Abs 1, 4; 20 Abs 2 DONot [Frenz/Miermeister/Ellefret § 20 DONot Rn 11 ff]).

25 Nach Eintritt des Erbfalls ist der Notar nach § 34a Abs 3 BeurkG verpflichtet, Erbverträge, die er in einfacher Urkundenverwahrung hat (Frenz/Miermeister/Baumann § 34a BeurkG Rn 3 ff), sowie sonstige Testamente oder Erbverträge, die er noch nicht zur amtlichen Verwahrung an das AG abgeliefert hat, dem Nachlassgericht zu übersenden (§ 2259 Abs 2 BGB, § 34 Abs 1 S 4 BeurkG, § 34a Abs 3 BeurkG, § 20 Abs 1, 3, 4 DONot [Frenz/Miermeister/Ellefret § 20 DONot Rn 21 ff]). Daran kann der Notar nicht durch Hinterlegungsanweisungen des Erblassers oder der Beteiligten gehindert sein, da die im öffentlichen Interesse normierte Ablieferungspflicht höherrangig ist als das private Interesse der Hinterleger, die bei unmittelbarem Besitz selbst zur Herausgabe verpflichtet wären (dazu auch BayObLG FamRZ 1988, 660). Die Ablieferungspflicht öffentlicher Testamente gilt für Bürgermeister gem § 2249 Abs 1 S 4 BGB und für Konsularbeamte gem § 10 Abs 3 KonsularG entsprechend.

5. Veranlassung des Nachlassgerichts

26 Erlangt das Nachlassgericht Kenntnis vom Vorhandensein eines Testaments vor dessen Ablieferung, so hat es notfalls den **Besitzer von Amts wegen zu ermitteln** und zur **Ablieferung zu veranlassen** (§ 344 Abs 4 FamFG, § 1960 BGB) und gegebenenfalls Ermittlungen über den Verbleib der Verfügung von Todes wegen anzustellen (vgl LG Berlin Rpfleger 1989, 286; OLG München JFG 15, 118: „Die Verpflichtung, Testamente abzuliefern [§ 2259 BGB], ist so wichtig, daß ihrer Beachtung sorgfältig nachgegangen werden muß". Zur Pflicht der Amtsgerichte zur Rechtshilfe bei Befragung der Angehörigen des Erblassers, ob eine Verfügung von Todes wegen vorhanden sei, vgl RGZ 69, 271). Das Nachlassgericht ist jedoch nicht verpflichtet, von sich aus vor der Eröffnung einer letztwilligen Verfügung Nachforschungen darüber anzustellen, ob noch weitere Verfügungen von Todes wegen vorhanden sind (LG Wuppertal JurBüro 1982, 1064; LG Berlin Rpfleger 1989, 286).

6. Zwangsmaßnahmen

a) Maßnahmen gegen Private

27 Das Nachlassgericht (funktionell zuständig ist der Rechtspfleger – § 3 Nr 2c RPflG) kann zur Sicherung des Nachlasses (§ 1960 BGB) die Ablieferung gem §§ 358, 35 FamFG erzwingen (zum Ablauf des Verfahrens Firsching/Graf/Krätzschel § 37 Rn 18 f). Zwangsmaßnahmen dürfen aber erst eingeleitet werden, wenn das Nachlassgericht den Besitzer vergebens aufgefordert hat, das Testament abzuliefern (BayObLG FamRZ 1988, 659 mwNw). Die Zwangsmaßnahmen erfolgen, sofern sich die Urkunde im Inland befindet:

aa) durch Festsetzung von **Zwangsgeld** gem §§ 358, 35 Abs 1, 3 FamFG (Muster hierzu bei Firsching/Graf/Krätzschel § 37 Rn 20 f);

bb) durch Anwendung von **unmittelbarem Zwang** durch Zwangsvollstreckung gem § 35 Abs 4 FamFG iVm §§ 883, 886 ZPO (Muster hierzu bei Firsching/Graf/Krätzschel § 37 Rn 22 f);

cc) durch Auferlegung der Abgabe einer eidesstattlichen Versicherung mit Androhung der Anordnung von Zwangshaft gem § 35 Abs 1 S 2, 3 FamFG (Firsching/Graf/Krätzschel § 37 Rn 24).

28 Die Maßnahmen setzen voraus, dass das Gericht davon ausgehen kann, dass die Person, gegen die sich die Zwangsmaßnahme richtet, im **unmittelbaren Besitz des Testaments** ist (Keidel/Zimmermann § 358 FamFG Rn 14). Besteht nur eine bloße Vermutung dafür, dass sich ein Testament im Besitz des Betroffenen befindet, so reicht dies für Zwangsmaßnahmen nicht aus (BayObLGZ 1988, 659). Eine Besonderheit gilt, wenn zwar der Aufbewahrungsort der Urkunde, nicht aber der Besitzer bekannt ist (Beispiel: Banksafe; dazu Höver DFG 1937, 135; Lafrenz DJZ 1904 Sp 159). Auch hier kann dem Sinn des Gesetzes entspr unmittelbarer Zwang angewendet werden.

29 **dd)** Bei bloßer **Vermutung**, dass sich das Testament im Besitz einer bestimmten Person befindet, kommt ein Beschluss zur Abgabe einer **eidesstattlichen Versicherung** nach §§ 358, 35 FamFG iVm § 883 Abs 2 ZPO in Betracht (Keidel/Zimmermann § 358 FamFG Rn 19 ff; Bumiller/Harders/Schwamb § 358 FamFG Rn 4). Diese ist vor dem Nach-

lassgericht zu leisten (KG RJA 11, 95; BayObLG FamRZ 1988, 659), auf Ersuchen im Wege der Rechtshilfe auch vor anderem AG.

30 **ee)** Das Nachlassgericht trifft in sämtlichen Fällen (Zwangsgeld, Anwendung von unmittelbarem Zwang, Anhaltung zur Abgabe einer eidesstattlichen Versicherung) die erforderlichen Maßnahmen **von Amts wegen**, ein Antrag der Beteiligten oder Dritter stellt immer nur eine Anregung dar. Das **pflichtgemäße Ermessen des Gerichts** entscheidet darüber, ob und welche Maßnahme anzuordnen ist. Die weitere Beschwerde kann darauf gestützt werden, dass kein gesetzmäßiger Ermessensgebrauch gemacht wurde (OLG München JFG 15, 118). Regt jemand die Anhaltung zur Abgabe einer eidesstattlichen Versicherung an, so muss er diese Anregung gegenüber dem Nachlassgericht auch tatsächlich begründen (BayObLGZ 18 A 75).

b) Maßnahmen gegen Behörden

31 Bei Weigerung zur Ablieferung kann nur die **Dienstaufsicht** angerufen, jedoch kein Zwang ausgeübt oder Zwangsgeld verhängt werden.

c) Maßnahmen gegen Notare

32 Kommt ein Notar einem Ersuchen des Gerichts um Ablieferung nicht nach, so kann kein Zwang nach § 35 FamFG ausgeübt werden, es kommt aber Anrufung der **Dienstaufsicht** in Betracht (KG RJA 14, 135). Die Dienstaufsicht kann den Notar notfalls – da die bewusste Nichtablieferung eine Amtspflichtverletzung des Notars darstellt – mit disziplinarischen Maßnahmen zur Ablieferung zwingen. Wegen des öffentlich-rechtlichen Charakters der Verpflichtung kann der Notar ihre Erfüllung nicht von bestimmten Voraussetzungen abhängig oder Zurückbehaltungsrechte geltend machen.

33 **d) Strafrechtlich** werden die privatrechtlichen Pflichten des § 2259 BGB durch § 274 Abs 1 Nr 1 StGB **sanktioniert**, wonach derjenige strafrechtlich verantwortlich ist, der eine Urkunde, die ihm entweder überhaupt nicht oder nicht ausschließlich gehört, in der Absicht, einem anderen Nachteil zuzufügen, vernichtet, beschädigt oder unterdrückt.

V. Rechtsmittel

34 Bei Verfügungen des Nachlassgerichts, die sich auf Ablieferung von Verfügungen von Todes wegen beziehen, handelt es sich um Rechtsangelegenheiten, nicht Justizverwaltungssachen. Es findet daher gegen sie die Sachbeschwerde im gerichtlichen Instanzenzug, nicht die Dienstaufsichtsbeschwerde statt (KG RJA 14, 136).

VI. Erbverträge

35 Gem § 2300 Abs 1 BGB findet § 2259 BGB auf **Erbverträge** entspr Anwendung (Staudinger/Raff § 2300 Rn 1).

VII. DDR-Recht

36 Die Ablieferungspflicht war für DDR-Bürger in § 394 ZGB geregelt (dazu Einl 125 ff zu §§ 2229–2302).

§§ 2260–2262
(weggefallen)

I. Vorbemerkung

§§ 2260–2262 BGB wurden gem Art 50 Nr 62 FGG-RG vom 17. 12. 2008 (BGBl I 2586) mit Wirkung seit dem 1. 9. 2009 aufgehoben und durch entsprechende Vorschriften im FamFG ersetzt. Bis zum 31. 8. 2009 fanden die aufgehobenen Bestimmungen Anwendung (Erl in Staudinger/Baumann [2003] §§ 2260–2262). 1

II. Wortlaut der aufgehobenen §§ 2260–2262

§ 2260 Eröffnung des Testaments durch das Nachlassgericht 2

(1) Das Nachlassgericht hat, sobald es von dem Tode des Erblassers Kenntnis erlangt, zur Eröffnung eines in seiner Verwahrung befindlichen Testaments einen Termin zu bestimmen. Zu dem Termin sollen die gesetzlichen Erben des Erblassers und die sonstigen Beteiligten, soweit tunlich, geladen werden.

(2) In dem Termin ist das Testament zu öffnen, den Beteiligten zu verkünden und ihnen auf Verlangen vorzulegen. Die Verkündung darf im Falle der Vorlegung unterbleiben. Die Verkündung unterbleibt ferner, wenn im Termin keiner der Beteiligten erscheint.

(3) Über die Eröffnung ist eine Niederschrift aufzunehmen. War das Testament verschlossen, so ist in der Niederschrift festzustellen, ob der Verschluss unversehrt war.

Materialien: E I § 1938 Abs l; II § 2127; III § 2233; Mot V 305; Prot V 356; Jakobs/Schubert, ER II 1662–1666; 1. Denkschr d ErbrA (1937) 102; Amtl Begr z TestG DJ 1938, 1258; Staudinger/BGB-Synopse (2006) § 2260; Horn MatK-ErbR 1043–1046.

Die Vorschrift wurde sachlich durch § 348 Abs 1, 2 FamFG ersetzt.

§ 2261 Eröffnung durch ein anderes Gericht

Hat ein anderes Gericht als das Nachlassgericht das Testament in amtlicher Verwahrung, so liegt dem anderen Gericht die Eröffnung des Testaments ob. Das Testament ist neben einer beglaubigten Abschrift der über die Eröffnung aufgenommenen Niederschrift dem Nachlassgericht zu übersenden; eine beglaubigte Abschrift des Testaments ist zurückzubehalten.

Materialien: E I § 1938 Abs 2; II § 2128; III § 2234; Mot V 307; Prot V 356; Jakobs/Schubert, ER II 1663–1666; 1. Denkschr d ErbrA (1937) 103; Staudinger/BGB-Synopse (2006) § 2261; Horn MatK-ErbR 1046–1047.

Die Vorschrift wurde sachlich durch §§ 344 Abs 6, 350 FamFG ersetzt.

§ 2262 Benachrichtigung der Beteiligten durch das Nachlassgericht

Das Nachlassgericht hat die Beteiligten, welche bei der Eröffnung des Testaments nicht zugegen gewesen sind, von dem sie betreffenden Inhalt des Testaments in Kenntnis zu setzen.

Materialien: E I § 1939 Abs 1; II § 2199; III § 2235; Mot V 307; Jakobs/Schubert, ER II 1667 f; Prot V 357; 1. Denkschr d ErbrA (1937) 104; Staudinger/BGB-Synopse (2006) § 2262; Horn MatK-ErbR 1048–1050.

Die Vorschrift wurde sachlich durch § 348 Abs 3 FamFG ersetzt.

§ 2263
Nichtigkeit eines Eröffnungsverbots

Eine Anordnung des Erblassers, durch die er verbietet, das Testament alsbald nach seinem Tode zu eröffnen, ist nichtig.

Materialien: E I § 1938 Abs 3; II § 2130; III § 2236; Mot V 307; Prot V 357; Jakobs/Schubert, ER II 1664–1666; Horn MatK-ErbR 1050–1051.

Systematische Übersicht

I. Textgeschichte

1 § 2263 BGB entspricht wörtlich § 43 TestG sowie der ursprünglichen Fassung der Bestimmung. Die amtliche Überschrift wurde mit der Neufassung des BGB (BGBl I 42) zum 2. 1. 2002 eingeführt.

II. Normzweck

2 Die Vorschrift soll eine ordnungsgemäße und unverzügliche Abwicklung des Nachlasses sichern im Interesse der **Rechtssicherheit**, des **privaten Rechtsfriedens** und im **öffentlichen Interesse an klaren Rechtsverhältnissen**. Diese Rechtsgüter sind höherrangig als der Erblasserwille (MünchKomm/Sticherling Rn 1; NK-BGB/Kroiss Rn 1).

III. Anwendungsbereich

Die Vorschrift findet Anwendung auf alle Testamentsformen, auch auf **gemeinschaftliche Testamente** (KG OLGE 5, 346; 11, 250; Rpfleger 1979, 137, 138 = FamRZ 1980, 505 = DNotZ 1979, 556) und gem § 2300 Abs 1 BGB auf Erbverträge (LG Bonn MittRhNotK 2000, 439; MünchKomm/Sticherling Rn 2; Soergel/Runge-Rannow Rn 10). Da die Vorschrift nur das „Eröffnungsverbot des Erblassers" regelt, hat sie keine weitergehenden normativen Auswirkungen auf das Eröffnungsverfahren, zB durch ein anderes Gericht (dazu Staudinger/Baumann [2003] § 2261 Rn 6 ff; KG FGPrax 2014, 163). 3

IV. Regelungsinhalt

Dem Erblasser kann nicht die Befugnis eingeräumt werden, „die Entscheidung der Frage, wer Erbe sein soll, im Dunklen zu lassen" (Mot V 307; OLG Düsseldorf DNotZ 1966, 112), da an der Eröffnung ein öffentliches Interesse besteht. Der Erblasser kann nicht verbieten, sein Testament **alsbald** (also ohne zeitlichen Aufschub) nach seinem Tode zu eröffnen. Daher ist auch die Anordnung eines zeitlichen Aufschubs der Eröffnung unwirksam. Der Erblasser kann die Eröffnung nur verhindern, indem er die Testamentsurkunde nach § 2255 BGB vernichtet. Die Eröffnung widerrufener notarieller Testamente kann der Erblasser nur dadurch verhindern, dass er nach Rücknahme aus der amtlichen Verwahrung und Vernichtung der Urschrift auch alle beglaubigten Abschriften und Ausfertigungen vernichtet und den Notar anweist, in seiner Urkundensammlung nur einfache Abschriften zu verwahren, die nicht mit zu eröffnen sind (vgl § 2259 Rn 11). 4

„Eröffnen" setzt nicht ein verschlossenes Testament voraus. Mit „Eröffnen" ist das amtliche Eröffnungsverfahren gemeint, das in den §§ 348–351 FamFG geregelt ist (bis 31. 8. 2009 §§ 2259–2262 aF, 2264 aF, 2273 aF) (RGZ 137, 222; RG Recht 1920 Nr 1297 = RJA 16, 200; KGJ 38 A 145; OLG Dresden SeuffA 58 Nr 174). Deshalb kann der Erblasser keine Anordnungen treffen, die das amtliche Eröffnungsverfahren zeitlich behindern (LG Bonn MittRhNotK 2000, 439) oder beschränken (BeckOK/Litzenburger Rn 1; Reimann/Bengel/Dietz/Voit Rn 3). Der Erblasser kann zB auch nicht durch Anweisungen an den Testamentsvollstrecker die Eröffnung durch das Nachlassgericht verbieten (OLG Dresden OLGE 40, 141) oder die Ablieferung (§ 2259 BGB), Bekanntgabe (§ 348 Abs 3 FamFG = 2260 Abs 2 aF) oder Einsichtnahme (§ 357 Abs 1 FamFG = 2264 aF) verbieten (Erman/S Kappler/T Kappler Rn 1; Soergel/Runge-Rannow Rn 2; MünchKomm/Sticherling Rn 3 ff, 7 ff) oder hinsichtlich bestimmter Nachlassbeteiligter einschränken, selbst wenn diese zustimmen. Eine Einschränkung der Eröffnung und allgemeinen Verkündung kann der Erblasser aber bei solchen Textpassagen im Testament anordnen, die eindeutig keinen erbrechtlichen Bezug haben, soweit sie sich zB durch Abdeckung trennen lassen (Bumiller/Harders/Schwamb § 348 FamFG Rn 8). Außerdem ist der eingeschränkte Umfang der Benachrichtigung und Einsichtnahme, zB bei Vermächtnissen oder bei in Erbverträgen bzw gemeinschaftlichen Testamenten getrennten Erbeinsetzungen der Erblasser zu beachten (OLG Schleswig 23. 11. 2012 – 3 Wx 74/12, NJW-RR 2013, 53 Rn 21 ff; Keidel/Zimmermann § 348 FamFG Rn 53 ff). 5

V. Rechtsfolge

6 Eine dem § 2263 BGB widersprechende Anordnung ist nichtig; im Übrigen bleibt die Wirksamkeit des Testaments im Zweifel unberührt (LG Freiburg BWNotZ 1982, 115; OLG Düsseldorf 19. 2. 2016 – 3 Wx 34/15, ErbR 2016, 289; Reimann/Bengel/Dietz/Voit Rn 4), weil es sich bei einer solchen Anordnung nicht um eine letztwillige Verfügung handelt, auf die § 2085 BGB Anwendung finden könnte (Soergel/Mayer[13] Rn 3). Nichtigkeit des gesamten Testamentes ist wegen mangelnder Ernstlichkeit (§ 118 BGB) der letztwilligen Verfügung dann anzunehmen, wenn der Erblasser verbietet, das Testament überhaupt – also zu keinem Zeitpunkt und von niemandem – zu eröffnen (ebenso Soergel/Runge-Rannow Rn 3; jurisPK-BGB/Bauermeister [2017] Rn 4; **aA** MünchKomm/Sticherling Rn 11: dies lasse die Wirksamkeit unberührt und könne allenfalls als Widerruf gewertet werden; der Wertung als Widerruf ist dann zuzustimmen, wenn das Eröffnungsverbot erst nach der Testamentserrichtung ausgesprochen ist), zumindest fehlt es bei einem Testament mit Eröffnungsverbot am erforderlichen Testierwillen, da das Testament als postmortal geltende Willenserklärung zwingend an Dritte gerichtet sein muss und nicht dauerhaft verschlossen bleiben darf. Vom dauerhaften Eröffnungsverbot zu unterscheiden ist die Anordnung des Erblassers, dass eine Bekanntgabe gegenüber einzelnen Dritten, zB übergangenen Pflichtteilsberechtigten, zu unterbleiben hat; eine solche Anordnung ist zwar unwirksam, hat aber keinen Einfluss auf die Wirksamkeit des Testaments (Reimann/Bengel/Dietz/Voit Rn 4). Hat der Erblasser das Verbot, das Testament zu eröffnen, nach der Errichtung angeordnet, so ist darin ein Widerruf des Testaments zu sehen (MünchKomm/Sticherling Rn 11; Grüneberg/Weidlich Rn 1; BGB-RGRK-Kregel Rn 2; Bamberger/Roth/Litzenburger Rn 2; Soergel/Mayer[13] Rn 3; Jauernig/Stürner Rn 1; **aA** Staudinger/Firsching[12] Rn 3), sofern die Widerrufsform eingehalten ist. Ist die Widerrufsform nicht eingehalten, kann in der Erklärung auch ein später hinzugefügtes, nichtiges Eröffnungsverbot liegen, das die Wirksamkeit des Testaments im Übrigen unberührt lässt (Reimann/Bengel/Dietz/Voit Rn 4). Ordnet der Erblasser nur eine zeitliche Hinausschiebung der Eröffnung an, so kann diese vom Nachlassgericht zu beachten sein, sofern die Verzögerung sich im Rahmen des Gesetzeswortlauts „alsbald" hält (Soergel/Runge-Rannow Rn 3) und keine Interessen Dritter an einer unverzüglichen Eröffnung bestehen (MünchKomm/Sticherling Rn 4).

7 **VI.** Gegen Ablehnung der Eröffnung ist **Beschwerde** zulässig (OLG Frankfurt FamRZ 1977, 482; Soergel/Mayer[13] Rn 4; MünchKomm/Sticherling Rn 13). Beschwerdeberechtigt ist jeder im nicht eröffneten Testament Bedachte (Soergel/Runge-Rannow Rn 9; MünchKomm/Sticherling Rn 13).

8 **VII.** Die Beteiligten können auf die **Eröffnung** nicht verzichten (Staudinger/Baumann [2003] § 2260 Rn 5), weil die Eröffnung nach § 348 Abs 1, 2 FamFG von Amts wegen zu erfolgen hat (Bumiller/Harders/Schwamb § 348 FamFG Rn 1 ff; Keidel/Zimmermann Rn 16 ff).

9 **VIII.** Auch die **Ablieferung** des Testaments kann der Erblasser nach § 2259 BGB nicht ausschließen (BayObLG FamRZ 1988, 658; KGJ 36 A 77; KG Rpfleger 1979, 137; dazu § 2259 Rn 15).

10 **IX.** Der Erblasser kann auch die **Benachrichtigung** der Beteiligten nicht verbieten

(Staudinger/Baumann [2003] § 2262 Rn 25). Es besteht eine Pflicht zur Bekanntgabe gegenüber allen Beteiligten (Bumiller/Harders/Schwamb § 348 FamFG Rn 17).

X. Zur **Einsichtnahme** (Grüneberg/Weidlich Rn 3) in eröffnete Testamente § 357 **11**
FamFG = § 2264 aF (dazu Staudinger/Baumann [2003] § 2264). Ein Verbot der Einsichtnahme ist nichtig (MünchKomm/Sticherling Rn 9 mwNw).

§§ 2263a, 2264
(weggefallen)

I. Vorbemerkung

§§ 2263a, 2264 BGB wurden gem Art 50 Nr 62 FGG-RG vom 17. 12. 2008 (BGBl I **1**
2586) mit Wirkung seit dem 1. 9. 2009 aufgehoben und durch entsprechende Vorschriften im FamFG ersetzt. Bis zum 31. 8. 2009 fanden die aufgehobenen Bestimmungen Anwendung (Erl in Staudinger/Baumann [2003] §§ 2263a, 2264).

II. Wortlaut der aufgehobenen §§ 2263a, 2264

§ 2263a Eröffnungsfrist für Testamente **2**

Befindet sich ein Testament seit mehr als dreißig Jahren in amtlicher Verwahrung, so hat die verwahrende Stelle von Amts wegen, soweit tunlich, Ermittlungen darüber anzustellen, ob der Erblasser noch lebt. Führen die Ermittlungen nicht zu der Feststellung des Fortlebens des Erblassers, so ist das Testament zu eröffnen. Die Vorschriften der §§ 2260 bis 2262 sind entsprechend anzuwenden.

Materialien: 1. Denkschr d ErbrA (1937) 98; Amtl Begr z TestG DJ 1938, 1259; Staudinger/BGB-Synopse (2006) § 2263a; Horn MatK-ErbR 1051.

Die Vorschrift wurde sachlich durch § 351 FamFG ersetzt.

§ 2264 Einsichtnahme in das und Abschrifterteilung von dem eröffneten Testament

Wer ein rechtliches Interesse glaubhaft macht, ist berechtigt, ein eröffnetes Testament einzusehen sowie eine Abschrift des Testaments oder einzelner Teile zu fordern; die Abschrift ist auf Verlangen zu beglaubigen.

Materialien: E I § 1939 Abs 2; II § 2131; III § 2237; Mot V 308; Prot V 357; Jakobs/Schubert, ER II 1667–1669; Staudinger/BGB-Synopse (2006) § 2264; Horn MatK-ErbR 1051–1053.

Die Vorschrift wurde sachlich durch § 357 FamFG ersetzt.

Titel 8
Gemeinschaftliches Testament

Vorbemerkungen zu §§ 2265 ff

Schrifttum

1. Älteres Schrifttum zur Rechtslage vor dem BGB und zum Gesetzgebungsverfahren

ALBRECHT, Die Lehre von den Erbverträgen von Georg Beseler, KritJbfdtRechtswiss 6, 321

BESELER, Die Lehre von den Erbverträgen (1835, 1837, 1840)

BUCHKA, Über correspective Testamente, ZfDR 12, 210

ENNECCERUS, Verdient die im Entwurf des bürgerlichen Gesetzbuches vorgeschlagene Abschaffung der gemeinschaftlichen Testamente Zustimmung?, XX. DJT IV 314

HARTMANN, Zur Lehre von den Erbverträgen und den gemeinschaftlichen Testamenten (1860)

HASSE, Über Erbvertrag, Vertrag über eine fremde Erbschaft, Schenkung Todes halber und wechselseitiges Testament, Rheinisches Museum für Jurisprudenz 2, 149 ff, 300 ff (1828); 3, 1 ff, 239 ff, 490 ff (1829)

HEINZERLING, Die Lehre von den gemeinschaftlichen Testamenten mit besonderer Rücksicht auf Gerichtssprüche, Archfpract-Rechtswiss 10, 253 ff, 337

LAUE, Verdient die im Entwurfe des bürgerlichen Gesetzbuches vorgeschlagene Abschaffung der wechselseitigen Testamente Zustimmung?, XX. DJT I 3

MÜHLENPFORDT, Die Widerruflichkeit correspectiver Testamente (Diss Erlangen 1896)

PUTSCH, Über die Zulässigkeit der einseitigen Abänderung gemeinschaftlicher Testamente (Diss Erlangen 1895)

STEIN, Errichtung letztwilliger Verfügungen und Verfügungen von Todes wegen durch Vertrag, Gutachten aus dem Anwaltsstande über die erste Lesung des Entwurfs eines Bürgerlichen Gesetzbuches (1890) 470

WILKE, Verdient die im Entwurf des bürgerlichen Gesetzbuches vorgeschlagene Abschaffung der wechselseitigen Testamente Zustimmung?, XX. DJT I 13

ZIMMERMANN, Über die den sogenannten correspectiven Testamenten zugrundeliegende Bedingung, ArchfpractRechtswiss I 3, 12.

2. Schrifttum zum BGB bis 1945

BARON, Die Errichtung letztwilliger Verfügungen, AcP 75, 177, 240

BARTHOLOMEYCZIK, Erbeinsetzung, andere Zuwendungen und Erbschein, 5. Denkschrift des ErbrA der AkfDR (1942)

BEIERLEIN, Einheits- und Trennungsgedanke beim gemeinschaftlichen Testament des Bürgerlichen Gesetzbuches (Diss Breslau 1932)

BICKERT, Verfügungen von Todes wegen kinderloser Ehegatten, DJ 1941, 904

BISCHOFF, Erwägungen zu § 2273 BGB (Eröffnung eines gemeinschaftlichen Testaments), Recht 1900, 293

BOEHMER, Fragen zum Testamentsgesetz, DNotZ 1940, 97, 140, 187

BRÜTT, Inwieweit kann nach dem Bürgerlichen Gesetzbuch ein Ehegatte, welcher ein korrespektives Testament errichtet hat, noch einseitig Vermächtnisse und Auflagen anordnen?, ArchBürgR 29, 385

CARLEBACH, Das Berliner Testament, DNotZ 1912, 490

CERMERIUS, Testament und Erbvertrag, StAZ 1930, 142

EBBECKE, Gemeinschaftliches Testament der Ehegatten, Recht 1929, 84

EBERT, Schreibt das Gesetz sinnlose Rechtshandlungen vor?, (zu § 2273) DGWR 1937, 78

ELDEN, Die Rechtsstellung des gemeinschaftlichen Testaments zum Einzeltestament und Erbvertrag (Diss Freiburg 1929)

Fischer, Zur Lehre von den gemeinschaftlichen Testamenten der Eheleute, ArchBürgR 6, 34
Flatten, Gemeinschaftliches Testament oder Erbvertrag, DNotZ 1941, 47
Geiger, Zweifel über die Handhabung des § 2273 BGB, DJZ 1900, 359
Goldmann, Das gemeinschaftliche Testament unter besonderer Berücksichtigung des Berliner Testaments, Gruchot 48, 54
Güthe, Zur Auslegung des § 2269 Abs 1 BGB, DNotZ 1902, 41
Harrer, Rücktritt und Widerruf beim gebundenen Erblasserwillen, LZ 1924, 1
Herkt, Das gegenseitige gemeinschaftliche Testament und der gegenseitige Erbvertrag (Diss Marburg 1907)
Herrmann, Der Inhalt correspectiver Verfügungen, WürttNotV 1930, 83
Herschel, Der Widerruf des wechselbezüglichen Testaments, DR 1944, 109
Hilderscheid, Die Amtspflichten des Notars bei der Beurkundung von Testamenten und Erbverträgen, DNotZ 1939, 13
ders, Der einseitige Widerruf eines gemeinschaftlichen Testaments und der einseitige Rücktritt vom Erbvertrag in der notariellen Praxis, DNotZ 1942, 204
Höver, Zur Frage der nochmaligen Eröffnung des Gemeinschaftlichen Testaments nach dem Tod des überlebenden Ehegatten, DFG 1940, 25
Jastrow, Wie können sich Eheleute bei einem Testament nach § 2269 BGB gegen die Vereitelung ihrer Absichten durch Pflichtteilsansprüche der Kinder sichern?, DNotZ 1904, 424
Kagermann, Die Bindung der Ehegatten und die Anfechtung letztwilliger Verfügungen bei einem wechselseitigen Testament nach Deutschem Bürgerlichen Recht (Diss Erlangen 1913)
Kaisenberg, Zur Frage der Eröffnung und Wiederverschließung gemeinschaftlicher Testamente, BayNotZ 1900, 93
Kanoldt, Pflichtteilsanspruch des Dritten im Falle des § 2269 BGB, ArchBürgR 40, 262
Kapp, Gemeinschaftliche Testamente Kinderloser, WürttZ 1941, 46
ders, Allgemeine Gütergemeinschaft von Todes wegen, WürttZ 1936, 223
Kiss, Zur juristischen Konstruktion der korrespektiven Verfügungen im gemeinschaftlichen Testament, ArchBürgR 25, 175
Kleffel, Behandlung gemeinschaftlicher Privattestamente nach Eröffnung beim Tode des erstverstorbenen Ehegatten, JW 1902, 386
Kluckhohn, Zur Frage der Eröffnung gemeinschaftlicher Testamente, KGBl 1918, 49
Koerner, Über die Eröffnung gemeinschaftlicher Testamente, Recht 1901, 94
Kössler, Gemeinschaftliches Testament und Pflichtteilsanspruch, DJZ 1906, 1181
Kormann, Die Tragweite des Widerrufsverbots beim gemeinschaftlichen korrespektiven Testament, JW 1912, 721
Kreher, Von der Errichtung, Eröffnung und Wiederverwahrung gemeinschaftlicher Testamente und Erbverträge, WürttNotV 1932, 45
Kretzschmar, Gemeinschaftliche Testamente, ZBlFG 10, 1
Lange, Testamentsgesetz, ZAkDR 1938, 577
Lindemann, Das gemeinschaftliche Testament, DR 1942, 1720
Lisken, Nichteröffnung des gemeinschaftlichen Testaments beim Tod des Längstlebenden? – eine rechtspolitische Forderung, DR 1940, 9
Löwenwald, Die gemeinschaftlichen Testamente im Bürgerlichen Gesetzbuch mit eingehender Berücksichtigung der bisherigen Rechtssysteme (1899)
Lotz, Ist ein gemeinschaftliches, nicht in besondere amtliche Verwahrung gegebenes Testament, das nach dem Tode des erstverstorbenen Teils eröffnet worden ist, zurückzugeben oder bei den Akten zu behalten?, Recht 1906, 1188
Lützeler, Über zweckmäßige Vorbehalte bei gemeinschaftlichen Testamenten, RhNotZ 1930, 110
ders, Verfügungen von Todes wegen unter Ehegatten, RhNotZ 1933, 105
Mantey, Darf der überlebende Ehegatte das korrespektive Testament anfechten, Gruchot 52, 384
Meischeider, Die letztwilligen Verfügungen nach dem BGB (1899) 540
Merkel, Das gemeinschaftliche Testament der Ehegatten nach dem Rechte des Deutschen Bürgerlichen Gesetzbuches (Diss Würzburg 1930)
Mersmann, Über die praktische Verwendbar-

keit des Berliner Testaments, ArchBürgR 37, 271
P Meyer, Das gemeinschaftliche Testament (1908)
Mirre, Das gemeinschaftliche Testament und die Erbschaftsteuer, DNotZ 1912, 281
Müller, Etwas vom gemeinschaftlichen Testament, ZBlFG 1904, 98
Nathan, Gilt für die in einem gemeinschaftlichen Testament enthaltene Beschränkung eines Abkömmlings auf den Pflichtteil die Korrespektivitätsvermutung des § 2270 Abs 2 BGB?, WürttJb 29, 204
Oswalt, Zum Begriff der korrespektiven Verfügungen, DJZ 1904, 735
Penkmayer, Die Entstehung neuer Pflichtteilsrechte nach Errichtung eines gemeinschaftlichen Testaments. Kann der überlebende Ehegatte nach § 2079 anfechten? (Diss Heidelberg 1910)
ders, Über die zweckmäßige Gestaltung gemeinschaftlicher Testamente, SeuffBl 76 (1911) 470
Petri, Benachrichtigung der Vermächtnisnehmer bei Eröffnung von gemeinschaftlichen Testamenten, AcP 114, 363
Proske, Die Unterschiede zwischen einem gemeinschaftlichen Testament und einem Erbvertrag (Diss Breslau 1905)
Reichel, Zur Lehre vom gemeinschaftlichen Testament (1915)
Reisler, Anwendbarkeit des § 2079 BGB bei gemeinschaftlichen wechselseitigen Testamenten unter Ehegatten, Recht 1903, 501
Rode, Die Wiederverheiratungsklausel in gemeinschaftlichen Testamenten, LZ 1924, 716
Rohs, Verfügungen von Ehegatten von Todes wegen bei Nichtvorhandensein von Abkömmlingen, DJ 1941, 774
Schiedermair DR 1939, 937 (Bedeutung der Formulierungen „Nacherbe" und „Alleinerbe")
Schultheis, Die Gültigkeitsdauer der gemeinschaftlichen Dorftestamente, ZBlFG 1917, 174
Semprich-Kaulbach, Gemeinschaftliches Testament und Erbschein, DJ 1940, 59
Senft, Gemeinschaftliches Testament oder Erbvertrag, DNotZ 1941, 242
Sternberg, Die Bedeutung und das Verfahren bei Eröffnung der vor dem 1. 1. 1900 errichteten wechselseitigen Testamente nach Inkrafttreten des Bürgerlichen Gesetzbuches, JW 1900, 633
Unruh, Das Berliner Testament nach § 2269 und das Pflichtteilsrecht der Abkömmlinge (Diss Hamburg 1951)
Vogel, Das neue Testamentsrecht, DJ 1938, 1269
ders, Die Durchführung des Testamentsgesetzes, DRWiss 1940, 1649
Weegmann, Das gemeinschaftliche Testament, WürttNotV 1931, 101
ders, Gemeinschaftliche Testamente kinderloser Ehegatten. Zur Auslegung der §§ 2287 und 2288, Beeinträchtigung des Vertragserben und Vertragsvermächtnisnehmers durch Schenkungen des Erblassers, WürttNotV 1933, 196
Weihe, Gemeinschaftliches Testament oder Erbvertrag, Wiederverheiratungsklausel in gemeinschaftlichen Testamenten, DNotZ 1939, 9
ders, Zur Wiederverheiratungsklausel in gemeinschaftlichen Testamenten, DNotZ 1939, 247
Werneburg, Die gegenseitigen Verfügungen von Todes wegen, DNotZ 1923, 84
Weyer, Das neue Testamentsrecht, DNotZ 1938, 574
Wing, Zur Reform des gemeinschaftlichen eigenhändigen Testaments, JZ 1952, 611.

3. Schrifttum seit 1945

Asbeck, Testamentseröffnung und Erbscheinserteilung beim „Berliner Testament" mit „Wiederverheiratungsklausel", MDR 1959, 897
ders, Das eigenhändige Ehegattentestament, Betrieb 1961, 869
Bab, Erbschein nach dem Erstverstorbenen zugunsten des überlebenden Ehegatten aufgrund eines gemeinschaftlichen Testamentes, JR 1952, 468
Basty, Bindungswirkung bei Erbvertrag und gemeinschaftlichem Testament, MittBayNot 2000, 73
Battes, Gemeinschaftliches Testament und Ehegattenerbvertrag als Gestaltungsmittel für die Vermögensordnung der Familie (1974)
ders, Zur Wirksamkeit von Testamenten und Erbverträgen nach der Ehescheidung, JZ 1978, 733
Beckmann, Die Aushöhlung von Erbverträgen und gemeinschaftlichen Testamenten durch Rechtsgeschäft unter Lebenden, MittRhNotK 1977, 25

Bengel, Zum Begriff „Nahestehende Person" in § 2270 Abs 2 BGB, DNotZ 1977, 5
Benkö, Zur Aushöhlung bindender Verfügungen von Todes wegen (Diss Köln 1974)
Beyer, Die Problematik gemeinschaftlicher Testamente im internationalen Erbrecht am Beispiel Deutschland – Italien, ZErb 2015, 170
Boehmer, Sittenwidrige Beeinträchtigung des Vertragserben durch lebzeitige Zuwendungen des Erblassers, FamRZ 1961, 253
Britz, Ersatzerbeneinsetzung statt Schlusserbeneinsetzung im Berliner Testament, RNotZ 2001, 389
Brüggemann, Beeinträchtigung von Erbanwartschaften durch den Erblasser, JA 1978, 209
Buchholz, Berliner Testament (§ 2269 BGB) und Pflichtteilsrecht der Abkömmlinge – Überlegungen zum Ehegattenerbrecht, FamRZ 1985, 872
ders, Gestaltungsprobleme des Ehegattenerbrechts. Teilungsprinzip oder Nutzungsprinzip, MDR 1990, 375
Bühler, Zur Wechselbezüglichkeit und Bindung beim gemeinschaftlichen Testament und Erbvertrag, DNotZ 1962, 359
ders, Zur Eröffnung eines gemeinschaftlichen Testaments, BWNotZ 1980, 34
Burkart, Aushöhlung gemeinschaftlicher Testamente durch den überlebenden Ehegatten, NJW 1956, 1501
ders, Die Rechtsprechung des Bundesgerichtshofs über die Aushöhlung von Testamenten, NJW 1959, 2093
Coing, Zur Form des gemeinschaftlichen eigenhändigen Testaments, JZ 1952, 611
vDickhuth-Harrach, Erbrecht und Erbrechtsgestaltung eingetragener Lebenspartner, FamRZ 2001, 1660
ders, Gemeinschaftliches Testament oder Erbvertrag? – Eine kautelarjuristische Gestaltungsalternative im entstehungsgeschichtlichen Kontext, in: FS Otte (2005) 55
Dilcher, Die Grenzen erbrechtlicher Bindung zwischen Verfügungsfreiheit und Aushöhlungsnichtigkeit, Jura 1988, 72
ders, Der Widerruf wechselbezüglicher Verfügungen im gemeinschaftlichen Testament, JuS 1961, 20
Dippel, Zur Auslegung von Wiederverheiratungsklauseln in gemeinschaftlichen Testamenten und Erbverträgen, AcP 177, 349
Dittmann, Aushöhlung des gemeinschaftlichen Testaments, DNotZ 1958, 619
Dohr, Überwindung der aufgrund gemeinschaftlichen Testaments oder Erbvertrages entstandenen erbrechtlichen Bindungswirkungen, MittRhNotK 1998, 381
ders, Erbrechtliche Gestaltungsmöglichkeiten für die Beschränkung des erbrechtlich zu bindenden überlebenden Ehegatten auf die Einsetzung der gemeinschaftlichen Abkömmlinge (Diss Würzburg 2002)
Dopffel, Deutsch-englische gemeinschaftliche Testamente, DNotZ 1976, 335
Draschka, Unbenannte Zuwendungen und erbrechtlicher Schutz, DNotZ 1993, 100
Eichner (mit Zacher-Röder), Wirksamkeit eines Nachtrags bei einem gemeinschaftlichen Testament nach § 2267 BGB, ZEV 2010, 63
Finger/Füser/Hamm/Weser, Aushöhlung letztwilliger Verfügungen – Ende der „Aushöhlungsnichtigkeit", FamRZ 1975, 251
Finke, Das Gesetzeseinheitsgesetz, DNotZ 1953, 174, 179
Firsching, Fragen des Testamentsrechts, DNotZ 1955, 283 (besonders Errichtung und Widerruf)
Flik, Gemeinschaftliches Testament bei überschuldetem Ehegatten, BWNotZ 1979, 53
Giesen, Der doppelte Pflichtteil beim Berliner Testament, ErbR 2018, 13
Gockel, Das gemeinschaftliche Testament und die Grenzen der Bindung, ZErb 2012, 72
Gossrau, Behandlung gemeinschaftlicher Testamente von Nicht-Ehegatten, NJW 1948, 365
Granicky, Anordnung der Testamentsvollstreckung in einem gemeinschaftlichen Testament, NJW 1957, 407
Grundmann, Zur Errichtung eines gemeinschaftlichen Testaments durch italienische Ehegatten in Deutschland, IPRax 1986, 94
Grziwotz, Erbrechtliche Gestaltungen bei gleichgeschlechtlichen Paaren, ZEV 2002, 55
ders, Das Patchworktestament, ErbR 2018, 2, 62
Habermann, Stillschweigender Erb- und Pflichtteilsverzicht im notariellen gemeinschaftlichen Testament (zu BGH NJW 1977, 1728), JuS 1979, 169

Haegele, Zum neuen Testamentsrecht, DRiZ 1955, 239
ders, Rechtlich und steuerlich zweckmäßige Güter- und Erbrechtsgestaltung zwischen Ehegatten (1953)
ders, Das Ehegattentestament (6. Aufl 1977)
ders, Testamentarische Wiederverheiratungsklauseln, Büro 1968, 87
ders, Einzelfragen zur Testamentseröffnung, Rpfleger 1968, 137
ders, Wiederverheiratungsklauseln, Rpfleger 1976, 73
Häussermann, Korrespektivität von Testamenten, BWNotZ 1960, 256
Haussmann, Gedanken zur Ausgestaltung von Ehegattenerbverträgen, BWNotZ 1972, 93
Heiseke, Der Zugang formbedürftiger Erklärungen, MDR 1968, 899 (zum Widerruf gemeinschaftlicher Testamente)
Helfrich, Die Grenzen der Bindungswirkung des § 2271 Abs 2 S 1 HS 1 (Diss Köln 1972)
Helms, Der Widerruf und die Anfechtung wechselbezüglicher Verfügungen bei Geschäfts- und Testierunfähigkeit, DNotZ 2003, 104
Hieber, Zustellung einer Ausfertigung oder einer beglaubigten Abschrift, DNotZ 1960, 240 (zum Widerruf gemeinschaftlicher Testamente)
Holler, Erbschaftsteuerliche Überlegungen zum gemeinschaftlichen Ehegattentestament, ErbR 2015, 495
Hüber, Freistellungsklauseln in gemeinschaftlichen Testamenten. Zum Vorbehalt des Widerrufs wechselbezüglicher Verfügungen, Rpfleger 1981, 41
Huken, Bleibt in einem gemeinschaftlichen Testament mit Wiederverheiratungsklausel die letztwillige Verfügung des überlebenden Ehegatten nach seiner Wiederverheiratung im Zweifel bestehen?, DNotZ 1965, 729
Hurst, Wiederverheiratungsklauseln in letztwilligen Verfügungen, MittRhNotK 1962, 435
Iversen, Die Selbstanfechtung beim gemeinschaftlichen Testament, ZEV 2004, 55
Jakobs, Gemeinschaftliches Testament und Wechselbezüglichkeit letztwilliger Verfügungen, in: FS Bosch (1976) 447
Johannsen, Die Rechtsprechung des Bundesgerichtshofs auf dem Gebiete des Erbrechts, Das Recht des gemeinschaftlichen Testaments, WM 1969, 1314 mit Ergänzungen WM 1973, 534, zur Auslegung von Testamenten WM 1972, 61
ders, Der Schutz der durch gemeinschaftliches Testament oder Erbvertrag berufenen Erben, Sonderheft 75 Jahre DNotZ 1977, 69*
Kanzleiter, Die Aufrechterhaltung der Bestimmungen in unwirksamen gemeinschaftlichen Testamenten als einseitige letztwillige Verfügungen, DNotZ 1973, 133
ders, „Umverteilung“ des Nachlasses mit Zustimmung des Vertragserben und Eintritt der Ersatzerbfolge, ZEV 1997, 261
ders, Gemeinschaftliche Testamente, bitte nicht für Verlobte!, FamRZ 2001, 1198
ders, Die entsprechende Anwendung von Vorschriften über den Erbvertrag auf das gemeinschaftliche Testament, in: FS Otte (2005) 157
ders, Das Berliner Testament – immer aktuell und fast immer ergänzungsbedürftig, ZEV 2014, 225
ders, Die Bindung an Verfügungen in Erbvertrag und gemeinschaftlichem Testament, in: Tiedtke/Kanzleiter (Hrsg), Aktuelle Entwicklungen im Erbrecht (2007) S 22 ff
Kapp, Das gemeinschaftliche Testament in zivilrechtlicher und erbschaftsteuerlicher Sicht, BB 1980, 689
S Kappler/T Kappler, Patchworkfamilie und Erbrecht letztwilliger Verfügungen zugunsten „meiner, deiner und unserer Kinder“, ZEV 2015, 437
Kegel, Zur Bindung an das gemeinschaftliche Testament im deutschen internationalen Privatrecht, in: FS Jahrreiss (1964) 154
Keim, Widerruf wechselbezüglicher Verfügungen eines gemeinschaftlichen Testaments auch gegenüber dem Bevollmächtigten des anderen Ehegatten?, ZEV 2010, 358
Keller, Überlegungen zum Ehegattentestament, BWNotZ 1970, 49
Klein, Das gemeinschaftliche Testament, Form und Bindung (Diss Bochum 2014)
ders, Das gemeinschaftliche Testament: Schreckgespenst Bindung, ErbR 2015, 482
Klingelhöffer, Zuwendungen unter Ehegatten und Erbrecht, NJW 1993, 1097
Kohler, Das Nießbrauchsvermächtnis als Ersatz des Berliner Testaments, NJW 1948, 361
R Kohler, Die schuldrechtlichen Ersatzansprü-

che wegen der Aushöhlung eines Nachlasses, NJW 1964, 1393
KREBBER, Die Anfechtbarkeit des Erbvertrages wegen Motivirrtums, DNotZ 2003, 20
KREMER, Die Aushöhlung von gemeinschaftlichen Testamenten und Erbverträgen, MittRhNotK 1963, 42
KROPPENBERG, Missbräuchliche Schenkungen des gebundenen Erblassers – Prä- und postmortaler Schutz, Hereditare Bd 2, S 39 ff
KUCHINKE, Enttäuschte Erberwartungen eines Schlußerben – BGHZ 82, 274, JuS 1988, 853
LANDSITTEL/RUMLAND, Risiken gemeinschaftlicher Testamente für juristische Laien, ZEV 2012, 644
LANGE, Bindung des Erblassers an seine Verfügungen, NJW 1963, 1571
LANGENFELD, Freiheit oder Bindung beim gemeinschaftlichen Testament oder Erbvertrag von Ehegatten, NJW 1987, 1577
ders, Die Bestandskraft ehebedingter Zuwendungen im Verhältnis zu Vertragserben und Pflichtteilsberechtigten, ZEV 1994, 129
ders, BGH-Rechtsprechung aktuell: Der BGH – Schutzpatron der pflichtteilsberechtigten Abkömmlinge, NJW 1994, 2133
ders, Das Ehegattentestament (3. Aufl 2002)
LEHMANN, Die Zukunft des deutschen gemeinschaftlichen Testaments in Europa, ZEV 2007, 193
ders, Erhöhter Druck auf Erbvertrag, gemeinschaftliches Testament sowie Vor- und Nacherbfolge durch die EuErbVO, ZEV 2015, 309
LEIPOLD, Die Wirkungen testamentarischer Wiederverheiratungsklauseln, FamRZ 1988, 352
ders, Erbrecht 1995, JZ 1996, 287
ders, Das Gesetz zur Beendigung der Diskriminierung gleichgeschlechtlicher Gemeinschaften: Lebenspartnerschaften, ZEV 2001, 169
ders, Das Europäische Erbrecht (EuErbVO) und das deutsche gemeinschaftliche Testament, ZEV 2014, 139
LITZENBURGER, Die interessengerechte Gestaltung des gemeinschaftlichen Testaments von Eltern zugunsten behinderter Kinder, RNotZ 2004, 138
LÖFFLERS, Das Berliner Testament unter besonderer Berücksichtigung des Pflichtteilsrechts (Diss Hamburg 1948)
LÜBBERT, Verwirkung der Schlußerbfolge durch Geltendmachung des Pflichtteils, NJW 1988, 2706
LUTTER, Zur Umdeutung nichtiger gemeinschaftlicher Testamente von Nicht-Ehegatten, FamRZ 1959, 273
MATTERN, Die Aushöhlung von Testamenten und Erbverträgen, MDR 1960, 1
ders, Nochmals: Sittenwidrige Beeinträchtigung des Vertragserben?, FamRZ 1961, 418
ders, Zur Rechtstellung des von Todes wegen bindend Bedachten, BWNotZ 1962, 229
ders, Die Rechtsprechung des Bundesgerichtshofs zur Testamentsaushöhlung, DNotZ 1964, 196
ders, Die Testamentsaushöhlung, Mitteilungen aus der Praxis 1966, 1
ders, Zur Aushöhlungsnichtigkeit nach § 138 BGB, AgrarR 1973, 286
MAYER, Die neue Lebenspartnerschaft aus erbrechtlicher Sicht, insbesondere bei zusätzlicher Eheschließung, ZEV 2001, 218
VAN MEEGEN, Das gemeinschaftliche Testament im europäischen Kontext (Diss Düsseldorf 2021)
MEIER-KRAUT, Zur Wiederverheiratungsklausel in gemeinschaftlichen Testamenten mit Einheitslösung, NJW 1992, 143
MEINCKE, Vorteile und Nachteile von Ehegatten-Testamenten und Erbverträgen, DStR 1981, 523
MERZ, Die Wirksamkeit gemeinschaftlicher, im Inland errichteter Ehegattentestamente von Ausländern, insbesondere Schweizern, NJW 1956, 1505
MORHARD, „Unbenannte Zuwendungen" zwischen Ehegatten – Rechtsfolgen und Grenzen der Vertragsgestaltung, NJW 1987, 1734
MÜNZBERG, Die Beeinträchtigung des Vertragserben durch den Erblasser, JuS 1961, 386
MUSCHELER, Der Einfluss der Eheauflösung auf das gemeinschaftliche Testament, DNotZ 1994, 733
MUSIELAK, Zum Begriff und Wesen des gemeinschaftlichen Testaments, in: GS Johann Riederer (1981) 181
ders, Die Bindung an wechselbezügliche Verfügungen im gemeinschaftlichen Testament, ZErb 2008, 189
NATTERS, Der Widerruf korrespektiver Ver-

fügungen von Todes wegen bei Lebzeiten der Ehegatten, JZ 1954, 381
NEHLSEN-vSTRYK, Zur Anwendbarkeit von § 2102 Abs 1 BGB bei der Auslegung gemeinschaftlicher Testamente, DNotZ 1988, 147
NEUHAUS-GÜNDISCH, Gemeinschaftliche Testamente amerikanischer Erblasser, RabelsZ 21, 550
NORDMEIER, Erbverträge und nachlassbezogene Rechtsgeschäfte in der EuErbVO – eine Begriffsklärung, ZEV 2013, 117 (Diss Heidelberg 2008)
ders, Zulässigkeit und Bindungswirkung gemeinschaftlicher Testamente im Internationalen Privatrecht (Tübingen 2008)
OLSHAUSEN, Die Sicherung gleichmäßiger Vermögensteilhabe bei Berliner Testamenten mit nicht-gemeinsamen Kindern als Schlusserben, DNotZ 1979, 707
PETER, Anfechtung oder Zuwendungsverzicht, Überwindung der Bindung an gemeinschaftliche, wechselbezügliche Verfügungen, BWNotZ 1977, 113
PFEIFFER, Das gemeinschaftliche Testament – Konzept, Bindungsgrund und Bindungswirkungen, FamRZ 1993, 1266
PÖHLEMANN, Berliner Testament und pflichtteilsberechtigte Angehörige, GrundE 1965, 392
PRIESTER, Vertragsgestaltung: Das private Ehegattentestament, JuS 1987, 394
vPROFF, Das gemeinschaftliche Testament von Nichtehegatten, ZErb 2008, 254
RAITZ VFRENTZ, Gestaltungsformen zur Abgrenzung der Rechte von überlebenden Ehegatten und Kindern in gemeinschaftlichen Testamenten und Erbverträgen, DNotZ 1962, 635
RAPPENGLITZ, Der Widerruf wechselbezüglicher Verfügungen mittels postmortal zugegangener Widerrufserklärung, Rpfleger 2001, 531
REIMANN/BENGEL/DIETZ, Testament und Erbvertrag (7. Aufl 2020)
REMMELE, „Lebzeitiges Eigeninteresse“ bei Schenkung zugunsten des zweiten Ehegatten, NJW 1981, 2290
REUBOLD, Die Aushöhlung des Erbvertrags und des bindend gewordenen gemeinschaftlichen Testaments (Diss Frankfurt 1970)
RIPFEL, Das Testament für den Fall des gemeinschaftlichen Unfalltodes von Ehegatten, BB 1961, 583
ders, Die Nacherbschaft bei Wiederverheiratung des überlebenden Ehegatten, Rpfleger 1952, 577
RÖLL, Die Zustellung einer Ausfertigung beim Rücktritt vom Erbvertrag und beim Widerruf wechselbezüglicher Verfügungen in gemeinschaftlichen Testamenten, DNotZ 1961, 312
RÖTELMANN, Erfordernisse des eigenhändigen gemeinschaftlichen Testaments, Rpfleger 1958, 146
RUHE, Möglichkeiten und Grenzen rechtsgeschäftlicher Vorsorgemaßnahmen für den Todesfall durch den aufgrund eines gemeinschaftlichen Testaments gebundenen Ehegatten (Diss Bielefeld 1978)
SCHERMANN, Der Schutz des Vermächtnisnehmers im gemeinschaftlichen Testament und Ehegattenerbvertrag (Diss Leipzig 2005)
SCHILDKNECHT, Das gemeinschaftliche Testament aus historisch-vergleichender Sicht (Diss Freiburg 2018)
R SCHMIDT, Zum Widerruf korrespektiver Verfügungen von Todes wegen bei Lebzeiten der Ehegatten, JZ 1954, 605
SCHMUCKER, Die Wechselbezüglichkeit von Verfügungen in gemeinschaftlichen Testamenten in der Rechtsprechung des BayObLG, MittBayNot 2001, 526
SCHNEBELE-SCHULTE, Die Aufhebung oder Änderung eines gemeinschaftlichen Testaments nach dem Höferecht, DNotZ 1951, 304
SCHNEIDER, Zur Verfügungsfreiheit des überlebenden Ehegatten beim gemeinschaftlichen Testament, Büro 1965, 201
SCHOECK, Die entsprechende Anwendung der Vorschriften aus dem Erbvertragsrecht auf das gemeinschaftliche Testament (Diss Tübingen 1966)
SCHOTTEN, Die Erstreckung der Wirkung eines Zuwendungsverzichts auf die Abkömmlinge des Verzichtenden, ZEV 1997, 1
SCHUHMANN, Ist das sog Berliner Testament wirklich out?, ZErb 2010, 4
SCHULTE, Zur Aushöhlungsnichtigkeit nach § 138 BGB – eine Ergänzung, AgrarR 1973, 388
SCHULZ-ZABEL, Das Verhältnis des Erbvertrags zum gemeinschaftlichen Testament (Diss Köln 1969)

SIMSHÄUSER, Auslegungsfragen bei Wiederverheiratungsklauseln in gemeinschaftlichen Testamenten und Erbverträgen, FamRZ 1972, 273
SPECKMANN, Die Aushöhlung gemeinschaftlicher Testamente durch Rechtsgeschäft unter Lebenden, NJW 1968, 2222
ders, Aushöhlung von Erbverträgen und gemeinschaftlichen Testamenten, zur neueren Rechtsprechung des BGH, NJW 1971, 176
ders, Aushöhlungsnichtigkeit und § 2287 BGB bei Erbverträgen und gemeinschaftlichen Testamenten, NJW 1974, 341
ders, Zur Frage der Beeinträchtigungsabsicht in § 2287 BGB, JZ 1974, 543
SOUTIER, Verbindliche Rechtswahlen im Erbrecht, ZEV 2015, 515
SPELLENBERG, Die sogenannte Testamentsaushöhlung und die §§ 2287, 2288 BGB, FamRZ 1972, 349
ders, Schenkungen und unentgeltliche Verfügungen zum Nachteil des Erben oder Pflichtteilsberechtigten, FamRZ 1974, 350
ders, Verbotene Schenkungen gebundener Erblasser in der Rechtsprechung, NJW 1986, 2351
SPETH, Schutz des überlebenden Ehegatten bei gemeinschaftlichem Testament, NJW 1985, 463
STEFFEN, Eröffnung von Ehegattentestamenten, RdL 1980, 4
ders, Zur Auslegung von Testamenten und Erbverträgen, RdL 1983, 57
STROBEL, Nochmals: Pflichtteilsstrafklausel im Ehegattentestament, MDR 1980, 363
B STROBEL, Bedarf das gemeinschaftliche Testament des deutschen BGB einer Reform?, AcP 221 (2021), 399
SÜNDIG, Das korrespektive Testament, insbesondere seine Aufhebung … (Diss Leipzig 1948)
TANCK, Bindungswirkung bei gemeinschaftlichen Testamenten: wann kann der überlebende Ehegatte neu testieren?, ZEV 2020, 15
ders, Pflichtteilsklauseln im Berliner Testament, ZErb 2018, 8
ders, Zur Sittenwidrigkeit von Wiederverheiratungsklauseln in gemeinschaftlichen Verfügungen von Todes wegen (Berliner Testament), ZErb 2015, 297
TEICHMANN, „Aushöhlung" erbrechtlicher Bindungen als methodisches Problem, MDR 1972, 1
TIEDTKE, Die Umdeutung eines Vermächtnisses in ein Rechtsgeschäft unter Lebenden, NJW 1978, 2572
TZSCHASCHEL, Das private Ehegattentestament (14. Aufl 2005)
WACKE, Rechtsfolgen testamentarischer Verwirkungsklauseln, DNotZ 1990, 403
ders, Gemeinschaftliche Testamente von Verlobten, FamRZ 2001, 457
WEGMANN, Ehegattentestament und Erbvertrag (3. Aufl 2004)
WEISS, Pflichtteilsstrafklausel im Ehegattentestament, MDR 1979, 812
WILHELM, Wiederverheiratungsklausel, bedingte Erbeinsetzung und Vor- und Nacherbfolge, NJW 1990, 2857
M WOLF, Schutz der Nachlassgläubiger bei auflösend bedingter Vollerbschaft und Vorerbschaft, in: FS vLübtow (1991) 325
ZACHER-RÖDER (mit EICHNER), Wirksamkeit eines Nachtrags bei einem gemeinschaftlichen Testament nach § 2267 BGB, ZEV 2010, 63
ZAWAR, Zur Wiederverheiratungsklausel, in: FS Schippel (1996) 327.

Systematische Übersicht

Alphabetische Übersicht

I. Geschichte

1. Bis zum BGB*

1 **a)** Das **klassische römische Recht** und das Corpus Iuris Civilis kannten das gemeinschaftliche Testament nicht (vgl Kaser RP Bd 1 § 160 I: *testamentum* als einseitiger Rechtsakt). Das galt wohl als so selbstverständlich, dass sich die römischen Juristen damit offenbar wenig auseinandersetzten (s aber Val/Gal C 2,3,15; Diocl C 5,14,5; Jul D 45,1,61). Insbesondere wechselbezügliche Verfügungen galten als Erbschleicherei (*captatoriae* – s Paul D 28,5,72 und dazu Kaser RP Bd 1 § 162 Fn 26 und Bd 2 § 283 Fn 35). Später (446 n Chr) ließ Valentinian III. das Ehegattentestament zu, aber ohne wechselbezügliche Verfügungen anzuerkennen (s N Valentin III 20,1,3; zusammenfassend van Meegen, 37).

2 Im **Mittelalter** hielten es die Legisten für zulässig, dass mehrere Personen in ein und demselben Akt ein Testament errichteten (*testamentum simultaneum*). Aber erst im **späteren Mittelalter** kam die Auffassung auf, dass wechselbezügliche (korrespektive) Verfügungen in gemeinschaftlichen Testamenten voneinander abhängig seien und dass die Testatoren an solche Verfügungen mehr oder weniger gebunden seien (Kipp/Coing § 32 II).

3 Im späteren **gemeinen Recht** wurde allgemein angenommen, dass bei Ungültigkeit oder Widerruf einer wechselbezüglichen Verfügung auch die Verfügung des Mittestators ihre Kraft verliere, höchstens den Fall ausgenommen, dass der Mittestator noch zu Lebzeiten von der Ungültigkeit oder dem Widerruf Kenntnis erhalte und trotzdem seine eigene Verfügung nicht zurücknehme (Roth/Becher III § 345 N 14; vgl § 2270 BGB). Jeder Testator wurde für befugt erachtet, seine Verfügungen einseitig frei zu widerrufen, solange der andere lebte (Roth/Becher III § 345 N 14, C 1; Battes § 4 II). Ob er aber auch noch nach dem Tod des Mittestators zum Widerruf berechtigt sei, darüber waren die Meinungen geteilt. Die wohl herrschende Ansicht ging dahin, dass der überlebende Testator, wenn er die Erbschaft des Erstverstorbenen antrete, an das gemeinschaftliche Testament gebunden und nicht mehr berechtigt sei, die Verfügungen, die er in dem gemeinschaftlichen Testament zugunsten Dritter getrof-

* Vgl Battes § 4; Kipp/Coing § 32 II; Roth/Becher III § 345.

fen hatte, zu widerrufen (Kipp/Coing § 32 N 5; Roth/Becher III § 345 N 64; Dernburg Pand III § 97 N 6; RGZ 6, 174; 27, 150; zu dieser Frage ausführlich Battes § 4 II; vgl jetzt § 2271 BGB). Nach der Gegenmeinung konnte zwar der Überlebende auch noch nach dem Tod des Mittestators und nach dem Antritt von dessen Erbschaft seine eigenen Verfügungen frei widerrufen, aber es drohten ihm Nachteile: Entweder nahm man an, dass mit der Verfügung des Überlebenden auch die des erstverstorbenen Testators falle und dass für dessen Nachlass rückwirkend gesetzliche Erbfolge eintrete (so Arndts Pand § 501 N 4), oder dass die Verfügung des Erstverstorbenen zwar grundsätzlich in Kraft bleibe, immerhin aber die zugunsten der Verwandten des Überlebenden getroffenen Bestimmungen ihre Wirksamkeit verlören (Roth/Becher III § 345 C II 2 b; vgl zu den verschiedenen Auffassungen wiederum Battes § 4 II; ferner Schildknecht 65 ff).

b) Die **Partikularrechte stimmten** teils mit den dargelegten Grundsätzen des **gemeinen Rechts überein**; so besonders das prALR (I 12 §§ 614 ff; II 1 §§ 482 ff), das Bayerische Landrecht (III cap 4 §§ 10, 11) und das Sächsische Gesetzbuch (§§ 2196 ff, 2214). Allerdings gestattete das prALR (II 1 § 482) die Errichtung eines gemeinschaftlichen Testaments nur Ehegatten, während das BayLR (III 4 § 10) und das SächsBGB keine solche Beschränkung kannten. Das Lübische Recht von 1508 verbot dagegen das reziproke Testament, auch von Ehegatten (2. Buch, 1. Titel, Art 10, zitiert nach van Meegen 38, die – S 38 ff – näher auf die Partikularrechte eingeht; eingehend zu den Partikularrechten auch Schildknecht 31 ff). 4

2. Die Regelung des BGB

a) Die **I. Kommission** betrachtete das gemeinschaftliche Testament als eine „unklare Mitte zwischen Erbvertrag und Testament“ (Mot V 253 = Horn § 2265 Rn 6) und beschloss, es nicht in das BGB aufzunehmen. Demgemäß bestimmte E I § 1913 BGB, mehrere Personen könnten letztwillige Verfügungen nicht gemeinschaftlich errichten (über die für diese Vorschrift geltend gemachten Gründe und die dagegen erhobenen Bedenken s Mot V 253 = Horn § 2265 Rn 3 ff; D 297= Horn § 2265 Rn 42 f; ZG 5, 42; 6, 669; Verhandlungen des 20. Deutschen Juristentags Bd I 3 und IV 314, 344; Baron AcP 75, 240, 319 ff). Übrigens hatte der E I reziproke und sogar korrespektive Testamente in getrennten Akten oder Urkunden nicht ausgeschlossen (Mot V 254 ff = Horn § 2265 Rn 8; s aber auch Baron AcP 75, 240, 242 ff; zur Entstehung der BGB-Vorschriften auch van Meegen 41 ff; Schildknecht 146 ff). 5

Die **II. Kommission** einigte sich darauf, gemeinschaftliche Testamente mit Rücksicht auf ihre weite Verbreitung nicht zu verbieten. Sie entschied sich dafür, die gemeinschaftlichen Testamente zwar inhaltlich nicht zu beschränken, sie aber nur für Ehegatten und nicht für Verlobte oder gar weitere Kreise zuzulassen (Prot V 426 f = Horn § 2265 Rn 20 ff). 6

b) Die Regelung, die das gemeinschaftliche Testament schließlich im BGB gefunden hat, lehnt sich an die gemeinrechtliche und preußische Praxis an. Sie ist aber unvollständig und lückenhaft. Schon der Begriff des gemeinschaftlichen Testaments ist im Gesetz nicht geregelt: Als der Reichstag das privatschriftliche Testament in das BGB aufnahm, wurde übersehen, dass nunmehr der Begriff des gemeinschaftlichen Testaments, wie er sich im gemeinen Recht herausgebildet hatte, nicht mehr passte und dass es daher nötig gewesen wäre, ihn neu zu bestimmen. Die Vorschriften über 7 die Errichtung des gemeinschaftlichen Testaments (§§ 2266, 2267 BGB) sind lückenhaft. Das gilt in noch stärkerem Maße für die Regelungen über die Rechtswirkungen gemeinschaftlicher Testamente und die Regelungen der Umstände, die zur Unwirksamkeit gemeinschaftlicher Testamente führen. Vielfach greift die Praxis zur Lückenfüllung auf die Vorschriften des Erbvertrags zurück (Einl 19 ff, 73 zu §§ 2274 ff).

8 **c)** Zum Übergangsrecht, das keine praktische Bedeutung mehr hat, s Art 213, 214 EGBGB und Staudinger/Dittmann[10/11] § 2265 Rn 3.

3. Das Testamentsgesetz vom 31. 7. 1938

9 Das **Gesetz über die Errichtung von Testamenten und Erbverträgen vom 31. 7. 1938** (RGBl I 973), das am 4. 8. 1938 in Kraft trat, brachte für das gemeinschaftliche Testament Änderungen der Bestimmungen über die Form der Errichtung, über die Eröffnung und über die Zulässigkeit von Nottestamenten (§§ 28 Abs 2, 3, 44 Abs 3 TestG = §§ 2266, 2267, 2273 Abs 3 BGB). Die bedeutsamste Änderung war die **erhebliche Lockerung der Form für die Beitrittserklärung** des zweiten Ehegatten beim eigenhändigen gemeinschaftlichen Testament (§ 28 Abs 2 TestG = § 2267 BGB; zu dieser Änderung s die Erl zu § 2267).

b) Übergangsrecht

10 Auch hier spielt das Übergangsrecht heute keine Rolle mehr (siehe dazu Staudinger/Kanzleiter [2019] Vorbem 7 zu §§ 2265 ff mwN).

4. Erbregelungsverordnung; Kontrollratsgesetz Nr 37

11 Die Erbregelungsverordnung (VO vom 4. 10. 1944 zur Regelung der gesetzlichen Erbfolge in besonderen Fällen, RGBl I 242, nebst DVO vom 4. 10. 1944, RGBl 1 243) und das Kontrollratsgesetz Nr 37 (KRAbl 220), das die Erbregelungsverordnung (und ua § 48 Abs 2 TestG) mit Wirkung vom 5. 11. 1946 an wieder aufhob, hatten keine unmittelbaren Auswirkungen auf das Recht des gemeinschaftlichen Testaments.

5. Das Gesetzeseinheitsgesetz

12 Das Gesetz zur Wiederherstellung der Gesetzeseinheit auf dem Gebiet des bürgerlichen Rechts vom 5. 2. 1953 (BGBl I 33), in Kraft getreten am 1. 4. 1953, hat das TestG (mit Ausnahme der Übergangsvorschriften in § 51 – s dazu Staudinger/Kanzleiter [2019] Vorbem 7 zu §§ 2265 ff mwN) aufgehoben und seine Bestimmungen (mit Ausnahme von § 48 Abs 2, 3 TestG) wieder in das BGB eingefügt. Im Recht des gemeinschaftlichen Testaments ergab sich keine Änderung. Da das Gesetzeseinheitsgesetz die Vorschriften des TestG (von der Aufhebung des § 48 Abs 3 TestG abgesehen) ohne sachliche Änderung in das BGB übernommen hat, war eine Übergangsregelung nicht erforderlich.

6. Das Grundgesetz

13 Dass das BGB nur das gemeinschaftliche Testament von Ehegatten und Lebenspartnern (s Rn 16) zulässt und Partner nichtehelicher Lebensgemeinschaften auf den Erbvertrag verweist, ist mit dem Grundgesetz vereinbar (BVerfG NJW 1989, 1986).

7. Der Einigungsvertrag

Auch das ZGB der DDR kannte in §§ 388 bis 393 das gemeinschaftliche Testament von Ehegatten (Limmer ZEV 1994, 290; Trilsch/Eckhardt ZEV 1995, 217). Nach Art 235 § 1 Abs 1 EGBGB blieb das bisher geltende Recht der DDR maßgebend, wenn der Erblasser vor dem Wirksamwerden des Beitritts (3. 10. 1992) verstorben ist. Auch wenn der Erblasser danach verstorben ist, bleibt für die davor erfolgte Errichtung oder Aufhebung einer Verfügung von Todes wegen und für die Bindung bei einem zuvor errichteten gemeinschaftlichen Testament das frühere Recht maßgebend (Art 235 § 2 EGBGB). **14**

8. Die Lebenspartnerschaft

Das Gesetz über die Eingetragene Lebenspartnerschaft (LPartG) v 16. 2. 2001 (BGBl I 266) eröffnete den Lebenspartnern in § 10 Abs 4 die Möglichkeit, ein gemeinschaftliches Testament zu errichten, und bestimmte, dass die §§ 2266 bis 2273 BGB entsprechend gelten (s vDickhuth-Harrach FamRZ 2001, 1660; Grziwotz DNotZ 2001, 280, 298; Leipold ZEV 2001, 218; N Mayer ZEV 2001, 169). Nach § 20a LPartG kann die Lebenspartnerschaft in eine Ehe umgewandelt werden (geschieht das nicht, besteht die Lebenspartnerschaft weiter). **15**

9. Das Gesetz zur Einführung des Rechts auf Eheschließung für Personen gleichen Geschlechts

Mit diesem Gesetz v 20. 7. 2017 (BGBl I 2787) wurde es auch zwei Partnern des gleichen Geschlechts ermöglicht, eine Ehe zu schließen (§ 1353 Abs 1 S 1 BGB) und ein gemeinschaftliches Testament zu errichten. Seither können keine neuen Lebenspartnerschaften nach dem LPartG mehr geschlossen werden, es besteht aber auch kein Automatismus oder – erst recht – keine Pflicht zum Formwechsel in die Ehe. **16**

II. Definition des gemeinschaftlichen Testaments

1. Keine Regelung im Gesetz, allgemeine Voraussetzungen

Das Gesetz selbst enthält keine Bestimmung über Definition und Voraussetzungen des gemeinschaftlichen Testaments. Da die Regelungen der §§ 2265 ff BGB auch im Übrigen lückenhaft sind, lassen sich aus ihr keine unzweifelhaften Schlüsse über die Auffassung des Gesetzes ziehen. Deshalb sind Sinn und Voraussetzungen des gemeinschaftlichen Testaments seit der Schaffung des BGB stets umstritten gewesen und geblieben. **17**

Allgemeine Einigkeit besteht nur über die folgenden beiden Punkte: **18**

a) Das gemeinschaftliche Testament ist kein Vertrag, sondern eine **besondere Art des Testaments** (Erman/S Kappler/T Kappler[16] Vor § 2265 Rn 1), in dem im Grundsatz (zu einer Ausnahme s Rn 19) Verfügungen beider Ehegatten/Lebenspartner enthalten sind und mindestens nebeneinander stehen. Daraus resultiert die herkömmliche Definition des gemeinschaftlichen Testaments als eine doppelte einseitige – wenn auch verknüpfte – letztwillige Verfügung (Lange/Kuchinke § 24 III; NK-BGB/Gierl[6] § 2265 Rn 3;

abl BeckOGK/Braun [1. 2. 2022] § 2265 Rn 6.3). Hieraus wiederum folgt, dass alle Vorschriften und Regeln über das Testament auch auf das gemeinschaftliche Testament anzuwenden sind, soweit sich nicht aus den §§ 2265 ff BGB Besonderheiten ergeben.

19 **b)** Das gemeinschaftliche Testament **muss letztwillige Verfügungen beider Ehegatten enthalten**, dh jeder Ehegatte muss jeweils über *sein* Vermögen testieren wollen; tut es dies nicht, so ist es nur ein einseitiges Testament, mag der andere Ehegatte auch (ohne dass dies rechtliche Auswirkungen hätte) den Verfügungen des testierenden Ehegatten zugestimmt haben (OLG München 10. 8. 2017 – 31 Wx 57/16, juris Rn 15 = ZErb 2018, 101 [103]). Eine Ausnahme gilt für das widersprechende oder Widerrufstestament mit Zustimmung des anderen Ehegatten in der Form eines gemeinschaftlichen Testaments, s § 2271 Rn 34 f. Eine wechselbezügliche Verfügung braucht das gemeinschaftliche Testament dagegen nicht zu enthalten, ein gemeinschaftliches Testament liegt auch vor, wenn beide Ehegatten in ihm nur einseitige, in ihrer Wirksamkeit voneinander unabhängige Verfügungen treffen (Jakobs, in: FS Bosch [1976] 447).

2. Entwicklung der Ansichten

20 Im Übrigen haben sich die **Anschauungen** über Definition und Voraussetzungen des gemeinschaftlichen Testaments seit Schaffung des BGB **in folgender Weise entwickelt**:

a) Die **früher herrschende objektive Theorie** sah die Prägung des gemeinschaftlichen Testaments in der Einheit der Urkunde (RGZ 50, 308; 72, 204; 87, 33; KG KGJ 48, A 107; 52, A 82; OLGE 35, 19; 40, 142; JFG 5, 164; NJW 1972, 2133 [2135]; BayObLG JFG 5, 168 = LZ 1928, 127; OLG Dresden OLGE 30, 225; 35, 377; JFG 6, 150; ebenso noch OLG Koblenz NJW 1954, 1648; aus der älteren Lit s Strohal § 43 I; Dernburg, BürgR V § 89 I; Planck/Greiff Vorbem 3 vor § 2265; Werneburg DNotZ 1916, 209; Löwenwald 5; Goldmann 71). In der **grundlegenden Entscheidung RGZ 72, 204** führt das RG aus: „Das Wesen des gemeinschaftlichen Testaments besteht darin, dass die **letztwilligen Verfügungen** mehrerer Personen in einer **einzigen Urkunde errichtet** werden … nicht darauf kommt es an, ob die Verfügungen auf einem Blatt oder ob sie auf mehreren Bogen oder Blättern stehen. Es können mehrere Personen ihre letztwilligen Verfügungen nacheinander auf dasselbe Blatt Papier schreiben, ohne dass ein gemeinschaftliches Testament hergestellt wird; andererseits kann ein gemeinschaftliches Testament aus mehreren Bogen oder Blättern bestehen. Es kommt auch nicht wesentlich auf den Inhalt der Verfügungen, auf die Einheitlichkeit oder Gemeinschaftlichkeit des Errichtungsaktes oder auf die Absicht der Verfügenden an …“ (auch wenn sich Inhalt und Fassung im Wesentlichen gleichen, KG FamRZ 2001, 794 = FGPrax 2000, 240 = MittRhNotK 2000, 431). Diese Auffassung blieb jedoch umstritten. vHippel hat sie (Formalismus und Rechtsdogmatik [1935] 131 ff) mit dem Argument angegriffen, dass der Begriff der Einheit der Urkunde schwer abzugrenzen und deshalb wenig geeignet sei, die Lösung zu erleichtern. Coing hat (JZ 1952, 611) zu Recht dargelegt, dass die Anknüpfung der objektiven Theorie an das gemeine Recht deswegen nicht berechtigt war, weil das Merkmal der einheitlichen Urkunde wohl für das gemeine Recht passen mochte, das nur notarielle und Zeugentestamente kannte, nicht aber für das BGB, das privatschriftliche Testamente zugelassen hat. Auch in der Rechtsprechung hat die Ansicht des RG schon während der Geltung des § 2267 BGB aF Widerspruch erfahren (KG JFG 5, 157 = HRR 1928 Nr 718; OLG Hamburg OLGE 32, 68). Zur Definition des gemeinschaftlichen Testaments in der EuErbVO, die die objektive Theorie wiederbeleben könnte, s Rn 85 ff.

b) Nach 1945 hat sich die subjektive oder Willenstheorie durchgesetzt, die als maßgebliches Kriterium für das gemeinschaftliche Testament den Willen der Ehegatten oder eingetragenen Lebenspartner, gemeinsam zu testieren, ansieht (s OLG Freiburg NJW 1949, 80 = HEZ 1, 238; OGHZ 1, 333 = NJW 1949, 304; Coing JZ 1952, 611; Bauer JZ 1953, 635). Die Grundlage für den Durchbruch der subjektiven Theorie bot das Testamentsgesetz vom 31. 7. 1938, das die Vorschriften für die Form des gemeinschaftlichen Testaments wesentlich gemildert hat, freilich zulasten der Rechtssicherheit und zugunsten einer Testamentsform, die gerade für Laien gefährlich ist. 21

aa) Im Rahmen dieser subjektiven Theorie ist umstr, ob der **Wille der Ehegatten, gemeinsam zu testieren, in ihren Verfügungen – wenigstens andeutungsweise – zum Ausdruck gekommen sein muss oder ob dies nicht erforderlich ist**, dieser Wille auch allein aus Umständen entnommen werden kann, die außerhalb der Testamentsurkunden liegen. Der OGH Freiburg (NJW 1949; 80; NJW 1949, 304) hat keinen solchen Anhalt in den Verfügungen gefordert. Im konkreten Fall hatten die Ehegatten zur gleichen Zeit, am gleichen Ort und auf demselben Blatt Papier durch gleichlautende, von jedem Ehegatten geschriebene und unterschriebene und richtig datierte Erklärungen sich wechselseitig zu Alleinerben eingesetzt (ein Anhalt für das Vorliegen eines gemeinschaftlichen Testierwillens lag in den Verfügungen also durchaus vor, wenn man nicht fordert, dass der Wille zum gemeinschaftlichen Testieren im Wortlaut der Verfügungen seinen Niederschlag gefunden haben muss). Der OGH führte aus, der räumliche, zeitliche, örtliche und inhaltliche Zusammenhang der Erklärungen, der aus den Niederschriften selbst ersichtlich sei, und die in jeder guten Ehe selbstverständliche, auf der Lebenserfahrung beruhende und daher der Ersichtlichkeit aus der Urkunde nicht bedürfende Gepflogenheit von Ehegatten, wie alle Dinge des Lebens, so auch die von Todes wegen gemeinsam zu regeln, ließen es gerechtfertigt erscheinen, jedenfalls in der Gesamtheit dieser Tatsachen bis zum Beweis des Gegenteils den Ausdruck des Willens beider Ehegatten zu erblicken, ihre Vermögensverhältnisse von Todes wegen gemeinsam zu regeln und zu diesem Zweck ihre an sich äußerlich selbständig formulierten Erklärungen zu einer einheitlichen Erklärung ihres gemeinsamen Willens in einer Urkunde zusammenzufassen. 22

Fordert man keine Andeutung im Wortlaut der Verfügungen selbst, so ist der räumliche, zeitliche und inhaltliche Zusammenhang der Erklärungen ein Anhalt, der auch nach der Auffassung die Annahme eines gemeinschaftlichen Testaments rechtfertigen kann, die dafür eine Andeutung in den Testamenten selbst verlangt. Keine Andeutung des Willens zum gemeinsamen Testieren in den Verfügungen selbst verlangen Battes § 25 III; Lange/Kuchinke § 24 III 2 b; NK-BGB/Radlmayr[3] § 2265 Rn 4 ff (insb Rn 8); jurisPK-BGB/Reymann[9] § 2267 Rn 9; Sticherling ZEV 2007, 179; insgesamt **abgelehnt** wird die „**Andeutungstheorie**" zur Auslegung von Testamenten etwa von Brox/Walker[28] ErbR § 16 Rn 24; Brox, Die Einschränkung der Irrtumsanfechtung (1960) 151 ff; Häsemeyer, Die gesetzliche Form der Rechtsgeschäfte (1971) 125 ff; auf eine Andeutung in den Testamenten selbst verzichten aus der Rspr weitgehend BayObLG NJW 1959, 1969; OLG Hamm DNotZ 1972, 99; OLG Köln BWNotZ 1969, 310. 23

bb) Die hM fordert, dass der Wille der Ehegatten, gemeinsam zu testieren, in den Verfügungen selbst wenigstens andeutungsweise zum Ausdruck kommt, wobei sich allerdings die Auffassungen darüber, wie stark diese Andeutung sein muss, ob sie sich im 24

Wortlaut der Verfügungen niederschlagen muss (so jedenfalls die frühere Auffassung des BGH) oder nicht, erheblich unterscheiden. Diese **Kombination von „Willenstheorie" und „Andeutungstheorie"** hat in Auseinandersetzung mit dem OGH COING (JZ 1952, 613) begründet: Mit dem OGH sieht COING den Entschluss der Ehegatten, gemeinsam zu testieren, als entscheidendes Kriterium für das gemeinschaftliche Testament an. Dieser Entschluss müsse allerdings in irgendeiner der allgemeinen Testamentsform entsprechenden Weise zum Ausdruck gekommen sein; denn der letzte Wille sei überhaupt nur beachtlich, wenn er in formalisierter Weise zum Ausdruck gebracht sei. Der gemeinsame Entschluss könne also nicht völlig frei bewiesen werden (JZ 1952, 614). Dieser Auffassung hat sich der **BGH** in seinem Urt v 12. 3. 1953 (BGHZ 9, 113 = NJW 1953, 698) angeschlossen (sie ist die herrschende Auffassung in Rechtsprechung und Literatur geworden und wird ua indirekt bestätigt von BGH NJW 1977, 1728 [1729] und geteilt von BayObLGZ 1959, 199, 208 = NJW 1959, 1969; BayObLG MDR 1991, 645 = FamRZ 1991, 1485; NJW-RR 1992, 1356 = DNotZ 1993, 450; OLG Celle OLGZ 1969, 84, 87; OLG Frankfurt OLGZ 1978, 267; OLG Hamm OLGZ 1979, 262 [der Umstand, dass zwei inhaltlich sich im Wesentlichen entsprechende Testamente am selben Tag und Ort errichtet worden sind, reiche nicht aus, ein gemeinschaftliches Testament anzunehmen]; ebenso BayObLG NJW-RR 1992, 1356 = DNotZ 1993, 450; OLG Braunschweig ZEV 2007, 178 m **abl** Anm STICHERLING; OLG München ZEV 2008, 485 – Letzteres: „Verklammerung" durch spätere Verfügung möglich; OLG Düsseldorf FamRZ 2017, 1785; OLG Kiel SchlHAnz 1955, 21; OLG Köln OLGZ 1968, 321; STAUDINGER/DITTMANN[10/11] Vorbem 18 zu § 2265; J MAYER/SAMMET, in: REIMANN/BENGEL/DIETZ[7] Vorbem zu § 2265 Rn 20 ff; SCHLÜTER, ErbR[10] 167; ERMAN/S KAPPLER/T KAPPLER[16] Vorbem zu § 2265 Rn 4; NK-BGB/GIERL[6] Rn 7 ff; GRÜNEBERG/WEIDLICH Vorbem zu § 2265 Rn 2; BGB-RGRK/JOHANNSEN § 2265 Rn 7; SOERGEL/LEISS[14] § 2265 Rn 2; ebenso – mit eigener Begr – MünchKomm/MUSIELAK[9] Vorbem zu § 2265 Rn 9 ff; ders DNotZ 1994, 794).

3. Eigener Standpunkt

25 Die Frage, welche Elemente für ein gemeinschaftliches Testament ausschlaggebend sind, muss unter dem Gesichtspunkt entschieden werden, was es rechtfertigt, ein Testament den besonderen Regeln des gemeinschaftlichen Testaments, insbesondere den sich daraus ergebenden gegenseitigen Abhängigkeiten, zu unterstellen (dass ein gemeinschaftliches Testament wechselbezügliche Verfügungen enthält, ist zwar wie dargelegt [s oben Rn 19] nicht notwendig, aber doch für das gemeinschaftliche Testament typisch und kennzeichnend). Richtigerweise so gefragt, fällt die Entscheidung für die subjektive Theorie in Anknüpfung an die allgemeinen Grundsätze der Rechtsgeschäftslehre leicht, nach denen ein bestimmter Rechtserfolg regelmäßig aus einem bestimmten geäußerten rechtserheblichen Willen folgt (zur Problematik der Bindung an Verfügungen von Todes wegen im Verhältnis zum Parteiwillen allgemein, insbesondere de lege ferenda, s BATTES §§ 22 ff). **Entscheidend** ist **der (zum Ausdruck gebrachte) Wille der Ehegatten**, „gemeinschaftlich" Regelungen über die Rechtsnachfolge bei ihrem Tode zu treffen. Dafür genügt die gegenseitige Kenntnis und Billigung der Verfügungen des jeweils anderen Ehegatten (soweit sie in einem Zusammenhang stehen), verbunden mit dem Willen zur gemeinschaftlichen Regelung. Einerseits geht die verbreitete Formulierung, entscheidend sei der gemeinschaftliche „Entschluss", zu weit, weil der Wille zur gemeinschaftlichen Regelung ausreicht, andererseits sind Kenntnis und Billigung der Verfügungen des jeweils anderen Ehegatten nicht allein imstande, um aus zwei Einzeltestamenten ein gemeinschaftliches Testament zu machen (zu den Voraussetzungen eines gemeinschaftlichen Testaments und zur Entwicklung der verschiedenen Auffassungen vgl Battes § 16). Von anderen Rechtsgeschäften im System der allgemeinen Rechtsgeschäftslehre unterscheidet sich das gemeinschaftliche Testament dann nur dadurch, dass die Gemeinschaftlichkeit des Testierens zu Recht nicht als Willenserklärung, sondern als rechtsgeschäftsähnliche Willensäußerung aufgefasst wird, der Wille der Testierenden also nicht rechtlich auf die Rechtswirkungen eines gemeinschaftlichen Testaments, sondern **tatsächlich auf die Gemeinschaftlichkeit des Testierens gerichtet** sein muss (**aA** – der Wille muss rechtsgeschäftlicher Art sein – mit ausführlicher Begründung und zahlreichen Nachweisen Pfeiffer FamRZ 1993, 1266; J Mayer/Sammet, in: Reimann/Bengel/Dietz[7] Vor § 2265 Rn 22; Grüneberg/Weidlich vor § 2265 Rn 2). Dies ist jedoch kein Gegensatz, sondern nur das Verlangen eines Minus gegenüber dem auf einen rechtlichen Erfolg gerichteten Willen: Bei der Errichtung eines gemeinschaftlichen Testaments sind die sich daraus ergebenden rechtlichen Konsequenzen den Testierenden einerseits regelmäßig (sofern sie nicht rechtlich beraten sind) im Konkreten unbekannt; deshalb ist es richtig, auf einen solchen rechtsgeschäftlichen Willen als Voraussetzung des gemeinschaftlichen Testaments zu verzichten. Andererseits ist den Testierenden aber regelmäßig im Allgemeinen bekannt, dass sie ihre Verfügungen durch die Gemeinschaftlichkeit des Testierens in eine gewisse Abhängigkeit stellen.

Zu entscheiden bleibt dann noch die Frage, ob der auf die Errichtung eines gemein- **26**
schaftlichen Testaments gerichtete Wille nur dann berücksichtigt werden kann, wenn er im Testament selbst wenigstens angedeutet ist (so die hM), oder ob er auch ohne eine solche Andeutung aus außerhalb des Testaments liegenden Umständen ermittelt werden kann. Der letzteren Auffassung ist zuzustimmen, ohne dass es auf die Richtigkeit der „Andeutungstheorie" im Testamentsrecht im Allgemeinen ankommt. Denn generell wird die Andeutungstheorie damit begründet, nur der formgerecht geäußerte Wille könne als Testament Wirkung erlangen. Die Gemeinschaftlichkeit des Testierens ist aber ein (mit entsprechendem Willen) ausgeführter tatsächlicher Vorgang, der zur (durch § 2267 BGB erleichterten) formgerechten Niederlegung des letzten Willens hinzutritt, selbst aber nicht der Testamentsform bedarf (s Battes § 25 III b). Die Gemeinschaftlichkeit des Testierens kann daher aus allen Umständen des Testaments selbst, des Errichtungsvorgangs oder auch aus sonstigen Umständen entnommen werden, wobei die Beweislast derjenige zu tragen hat, der das Vorliegen eines gemeinschaftlichen Testaments behauptet.

4. Indizien für oder gegen gemeinschaftliches Testieren

Nach den Darlegungen oben Rn 25 f kann die **Gemeinschaftlichkeit des Testierens aus** **27**
beliebigen Umständen in den Testamenten selbst oder außerhalb der Testamente entnommen werden.

Ein solcher Schluss kann sich aus der **Formulierung** der Testamente ergeben („Ge- **28**
meinschaftliches Testament, Wir …", OLG Düsseldorf ErbR 2017, 225 = FamRZ 2017, 1785; „Wir bestimmen …" und gemeinsame Unterzeichnung nach § 2267 BGB; „unser Hab und Gut" – dazu Pfeiffer FamRZ 1993, 1266, 1271 f, der dem, zusammen mit anderen Umständen, zu Recht entgegen BayObLG FamRZ 1991, 1485 = MDR 1991, 645 mehr Bedeutung beimisst; ausdrückliche oder stillschweigende Bezugnahme), in geringerem Maße aus **inhaltlicher Abstimmung**, in noch geringerem Maße aus **inhaltlichem Zusammenhang** (inhaltlicher Entsprechung).

29 Der Wille kann sich ferner ergeben aus dem Austauschen der Testamente (vgl dazu BGHZ 9, 117, wo das Vorliegen eines gemeinschaftlichen Testaments wohl zu Unrecht abgelehnt wird) oder (stärkeres Indiz) der **gegenseitigen Mitunterzeichnung** (vgl KG KGJ 29, A 57; BayObLG OLGE 9, 417; OLG Dresden JFG 6, 150; OLG Frankfurt Rpfleger 1978, 310; OLG Schleswig SchlHAnz 1955, 21; in einem solchen Falle wurde von RGZ 72, 204 – von der Auffassung des RG aus konsequent – das Vorliegen eines gemeinschaftlichen Testaments abgelehnt).

30 Bedeutsam sind auch der **urkundliche Zusammenhang** (Errichtung beider Testamente auf einem Bogen oder auf miteinander verbundenen Blättern, Mitunterzeichnung der vom einen Ehegatten errichteten Verfügung durch den anderen Ehegatten (s BayObLGZ 1959, 199; BayObLG FamRZ 1994, 191 = DNotZ 1994, 791 mAnm Musielak; OLG Hamm OLGZ 1972, 139; OLG Nürnberg FamRZ 2010, 1765 LS 2; OLG Schleswig NJW-RR 2019, 205) oder **Einheitlichkeit oder** jedenfalls der **Zusammenhang des Errichtungsakts** (vgl BGHZ 9, 117 = NJW 1953, 698; BayObLG FamRZ 1994, 191 = DNotZ 1994, 791 m Anm Musielak – im konkreten Fall mit Errichtung auf einem Papierbogen; OLG Zweibrücken FamRZ 2001, 518 = FGPrax 2000, 244 = Rpfleger 2000, 551; FGPrax 2002, 231).

31 Indiz ist zudem die **Einheitlichkeit der Verwahrung**, soweit sie auf dem übereinstimmenden Willen der Ehegatten beruht (vgl dazu BayObLGZ 1959, 228; OLG Köln OLGZ 1968, 321, das zu Unrecht aus der von den Ehegatten unterzeichneten Aufschrift „Unser Testament" auf dem Umschlag keinen Schluss auf die Gemeinschaftlichkeit des Testaments gezogen hat; KG JFG 5, 157; OLG Schleswig NJW-RR 2019, 205); nach der hier vertretenen Auffassung ist selbstverständlich, dass die gemeinsame Verwahrung selbst ein Umstand ist, aus dem bei entsprechender Willensrichtung auf ein gemeinschaftliches Testament geschlossen werden kann, ohne dass es einer Andeutung in den Testamenten selbst bedarf (**aA** BayObLG FamRZ 1991, 1485 = MDR 1991, 645; NJW-RR 1992, 1356 = DNotZ 1993, 450; J Mayer/Sammet, in: Reimann/Bengel/Dietz[7] Vor § 2265 Rn 24).

32 Schließlich lässt sich auf das gemeinschaftliche Testieren aus allen in Richtung der Gemeinschaftlichkeit weisenden **Erklärungen der Ehegatten** untereinander oder gegenüber Dritten, etwa auch in einem gemeinsamen Nachtrag, der als „Nachtrag zum Testament vom …" überschrieben ist (OLG München FamRZ 2008, 2234), schließen, generell gesprochen aus **allen anderen Umständen**, die einen Schluss auf den Willen der Ehegatten zulassen.

33 In allen Fällen brauchen diese Umstände aber nicht das Vorliegen eines gemeinschaftlichen Testaments zu bedeuten, **stets bleibt der Nachweis möglich, dass die Ehegatten keinen dahingehenden Willen hatten**. Der Schluss auf einen solchen Willen ist aus den einzelnen Umständen unterschiedlich zwingend. Entscheidend sind jeweils die Umstände des einzelnen Falles (deshalb beschränkt sich die obergerichtliche Rechtsprechung häufig auf die Feststellung, die Auslegung durch das LG sei nicht rechtsfehlerhaft, s etwa BayObLG FamRZ 1991, 1485 = MDR 1991, 645; NJW-RR 1992, 1356 = DNotZ 1993, 450). Die gegenseitige Mitunterzeichnung bei inhaltlicher Entsprechung ist ein starkes (aber widerlegbares) Indiz für den Willen, gemeinschaftlich zu testieren. Der Nachweis, dass mit der Mitunterzeichnung bloße Billigung oder Kenntnisnahme ausgedrückt werden sollte, obliegt bei inhaltlicher Entsprechung demjenigen, der es behauptet. Das Gleiche gilt bei inhaltlicher Entsprechung und Errichtung in einer Urkunde (auf einem Bogen oder verbundenen Blättern): Auch dies ist ein starkes Indiz für das Vorliegen eines gemeinschaftlichen Testaments (vgl dazu BGB-RGRK/Johannsen § 2265

Rn 7 mwNw; LG Mainz MittRhNotK 2000, 347), obwohl ohne Weiteres auch zwei unabhängige einseitige Testamente auf demselben oder verbundenen Bogen errichtet werden können (vgl – im konkreten Fall wohl unrichtig – LG Braunschweig DNotZ 1966, 378; Rötelmann Rpfleger 1958, 146).

Bei bloßer **Mitunterzeichnung** der vom anderen Ehegatten errichteten Verfügung kommt es auf deren Formulierung an, ob noch weitere Umstände vorliegen müssen, um den **Testierwillen** (anstelle des bloßen Billigungswillens) des mitunterzeichnenden Ehegatten darzutun (vgl BayObLG NJW 1959, 1969; Rötelmann Rpfleger 1958, 146: in der Regel Wille zum gemeinschaftlichen Testieren; vgl aber auch OLG Hamm DNotZ 1972, 99 = MDR 1972, 241). Aber auch derjenige, der auf Diktat des anderen schreibt, handelt nicht ohne weiteres mit eigenem Testierwillen (vgl OLG München ErbR 2018, 226). **34**

Bei bloßer Einheitlichkeit des Errichtungsaktes oder gemeinsamer Verwahrung (zur gemeinsamen Verwahrung s BayObLGZ 1959, 228; BayObLG NJW-RR 1992, 1356 = DNotZ 1993, 450) müssen zusätzliche Umstände hinzutreten, um das Vorliegen eines gemeinschaftlichen Testaments herzuleiten (BayObLG FamRZ 1991, 1485 = MDR 1991, 645). Die vom einen Ehegatten gefertigte, vom anderen gebilligte (oder gar mitunterzeichnete) Aufschrift „Unser Testament" auf dem Verwahrungsumschlag ist ein solcher Umstand (das Vorliegen eines gemeinschaftlichen Testaments wurde von OLG Köln OLGZ 1968, 323 deshalb wohl zu Unrecht abgelehnt), das Gleiche gilt für die Formulierung „unser Hab und Gut" in beiden Testamenten, die nach BayObLG (FamRZ 1991, 1485 = MDR 1991, 645) einen Hinweis auf den gemeinschaftlichen Willen enthalten kann, aber nicht muss, weil Ehegatten häufig ihr Vermögen als gemeinsames ansehen, sodass die Formulierung sich auch nur auf das gemeinsame Vermögen beziehen konnte und die Auslegung durch das LG, das kein gemeinschaftliches Testament angenommen hatte, deshalb als nicht rechtsfehlerhaft gebilligt wurde; das Gleiche gilt für alle anderen aufeinander abgestimmten Formulierungen (s etwa OLG Zweibrücken FGPrax 2002, 231; FamRZ 2003, 659 = MittBayNot 2003, 494 im Anschluss an OLG Zweibrücken FGPrax 2000, 204). Da die Rechtslage, dass nur Ehegatten ein gemeinschaftliches Testament errichten können, weithin bekannt ist, sind **bei Nichtehegatten höhere Anforderungen** an den Nachweis des Willens zum gemeinschaftlichen Testieren zu stellen (dennoch lag im Falle LG Braunschweig DNotZ 1966, 378 wohl ein gemeinschaftliches Testament vor). **35**

5. Insbesondere: Sukzessive Errichtung

Nach diesen Grundsätzen ist ohne Weiteres auch die **sukzessive Errichtung** möglich (s etwa BayObLG FamRZ 1984, 211; OLG München FamRZ 2012, 581 = MittBayNot 2012, 300 m Anm Braun; Erman/S Kappler/T Kappler[16] Vorbem zu § 2265 Rn 4; für die Möglichkeit sukzessiver Errichtung schon zur früheren objektiven Auffassung OLG Celle OLGE 18, 350; Mantey Recht 1901, 430; **aA** Hölder JherJb 41, 324). Die Ehegatten können ein gemeinschaftliches Testament und einen Nachtrag zu einem einheitlichen gemeinschaftlichen Testament zusammenfassen (BayObLG FamRZ 1994, 191 = DNotZ 1994, 791 mAnm Musielak). Sukzessive Errichtung kann auch in der Weise geschehen, dass zunächst der eine Ehegatte in der Absicht, zur Errichtung eines gemeinschaftlichen Testaments beizutragen, seinen Teil der Verfügung abgibt (nicht durch Blankounterschrift, weil die Unterschrift die Verfügung decken muss, vgl OLG Hamm FamRZ 1993, 696 = NJW-RR 1993, 269), dem der andere Ehegatte später seine korrespondierende Erklärung beifügt. (Eine Vorfrage auf tatsächlichem Gebiet ist, ob ein Ehegatte, der ein im Plural abgefasstes Testa- **36** ment niedergeschrieben und unterschrieben hat, damit ein einseitiges Testament errichten oder zur Errichtung eines gemeinschaftlichen Testaments beitragen wollte, vgl BayObLG FamRZ 1991, 111). Die Beifügung der korrespondierenden Erklärung durch den anderen Ehegatten kann auch noch nach längerer Zeit geschehen (KG KGJ 51, 82; OLG München FamRZ 2012, 581 = MittBayNot 2012, 300 m Anm Braun).

37 Ein gemeinschaftliches Testament kann aber stets nur mit Zustimmung des anderen (ersttestierenden) Ehegatten entstehen. Diese Zustimmung kann von ihm bei Errichtung seiner Verfügung (zB durch deren Formulierung: „Wir setzen uns gegenseitig zu Alleinerben ein") oder später erteilt werden. Eine Vollendung des gemeinschaftlichen Testaments durch Hinzufügung der Erklärung des anderen Ehegatten ist dann nicht mehr möglich, wenn der erste Ehegatte dies ausdrücklich oder stillschweigend ausgeschlossen hatte (zB Ablauf einer Zeitspanne, nach der der erste Ehegatte am Zustandekommen des gemeinschaftlichen Testaments erkennbar kein Interesse mehr hatte; vgl Pfeiffer FamRZ 1993, 1266). Eine Hinzufügung der Verfügung des zweiten Ehegatten nach dem Tode des ersten ist deshalb nicht mehr möglich (KG OLGE 14, 307; KGJ 35, A 100). Hat der zunächst Testierende ein einseitiges Testament mit der entsprechenden Willensrichtung errichtet, so kann dieses mit seiner Kenntnis und Billigung Bestandteil eines gemeinschaftlichen Testaments werden, wenn der andere Ehegatte später eine korrespondierende Verfügung abgibt. Schließlich können die Ehegatten auch zwei zunächst einseitige letztwillige Verfügungen später zu einem gemeinschaftlichen Testament zusammenfassen, wenn sie einen solchen Willen äußern; dies kann durch einen Nachtrag in Testamentsform geschehen (vgl BayObLG FamRZ 1994, 191 = DNotZ 1994, 791 m Anm Musielak), aber auch durch jede andere Willensäußerung, die nicht der Testamentsform bedarf.

6. Anwendung der Regeln über Willenserklärungen

38 Beim gemeinschaftlichen Testieren besteht **gegenüber anderen geschäftsähnlichen Willensäußerungen** die **Besonderheit**, dass zwischen dem Rechtserfolg (Rechtswirkungen des gemeinschaftlichen Testaments) und dem Tatbestand, auf den sich der Wille der Beteiligten bezieht (Gemeinschaftlichkeit des Testierens) ein enger Zusammenhang besteht, da die Beteiligten in der Regel bewusst die Rechtswirkungen eines gemeinschaftlichen Testaments herbeiführen wollen, auch wenn ihnen diese Rechtswirkungen im Einzelnen nicht bekannt sind. Dieser enge Zusammenhang, der die Willensäußerung „gemeinschaftliches Testieren" in nächste Nähe zur Willenserklärung rückt, rechtfertigt hier besonders den allgemeinen Grundsatz, auf geschäftsähnliche Willensäußerungen die Regeln über Willenserklärungen entsprechend anzuwenden. Dies gilt vor allem für die Regeln über Willensmängel, sodass unter deren allgemeinen Voraussetzungen ein Erblasser die Wirkungen eines gemeinschaftlichen Testaments anfechten kann.

III. Gemeinschaftliches Testament und einseitiges Testament

39 Obwohl es für das gemeinschaftliche Testament nicht wesensbestimmend ist, dass es eine wechselbezügliche Verfügung enthält (s oben Rn 19), wird die Errichtung eines gemeinschaftlichen Testaments regelmäßig nur dann angebracht sein, wenn die Eheleute oder Lebenspartner wechselbezügliche Verfügungen treffen wollen. **Durch** die **gemeinschaftliche Errichtung wird** dann eine **gewisse Bindung** an die wechselbezügli-

chen Verfügungen erreicht (§§ 2270, 2271 BGB). Freilich können die Eheleute Verfügungen mit gleichem Inhalt auch in gesonderten Einzeltestamenten niederlegen. Stehen diese Verfügungen für die Ehegatten in einer Beziehung zueinander, so werden sie das aber nur dann tun, wenn sie das Vertrauen haben, dass jeder seine Verfügung nur mit Wissen und Willen des anderen ändern oder aufheben wird.

IV. Gemeinschaftliches Testament und Erbvertrag

1. Gemeinsamkeiten und Unterschiede

Gemeinschaftliches Testament und Erbvertrag haben gemeinsam, dass sie beide die **Zusammenfassung der Verfügungen mehrerer Personen** von Todes wegen ermöglichen. Dazu kommt, dass beide bei bestimmten Verfügungen des Erblassers, nämlich bei wechselbezüglichen Verfügungen in einem gemeinschaftlichen Testament und bei vertragsmäßigen Verfügungen in einem Erbvertrag, eine **gewisse Bindung** des Erblassers bewirken (§§ 2270, 2271 Abs 2 BGB; §§ 2278, 2289 Abs 1 S 2, 2298 BGB). Diese Verwandtschaft des korrespektiven gemeinschaftlichen Testaments mit dem Erbvertrag hat auch dazu geführt, dass die Rechtsprechung die für den Erbvertrag geltenden Vorschriften über Anfechtung und über Verfügungen unter Lebenden (§§ 2281 ff, 2286 ff BGB) auf unwiderruflich gewordene Verfügungen in gemeinschaftlichen Testamenten entsprechend angewendet hat (st Rspr, RGZ 87, 95; 132, 4; OGHZ 1, 161; BGH DNotZ 1951, 344; BGHZ 82, 274). **40**

Den Gemeinsamkeiten stehen zwar auch **erhebliche Unterschiede** gegenüber, aber die Rechtsformen können durch die Gestaltung im Einzelfall einander angenähert werden, so dass es im Ergebnis kein praktisches Bedürfnis für das gemeinschaftliche Testament gibt (ausführlich zu Gemeinsamkeiten und Unterschiede s auch Einl 19 ff zu §§ 2274 ff, s ferner Rn 77). **41**

Die durch den Erbvertrag erzeugte **Bindung** des Erblassers an vertragsmäßige Verfügungen ist eine echte vertragliche Bindung und daher verschieden von der Bindung an wechselbezügliche Verfügungen in einem gemeinschaftlichen Testament, die das Gesetz in beschränktem Umfang herbeiführt. An vertragsmäßige Verfügungen ist der Erblasser grundsätzlich gebunden (Ausnahmen: Anfechtung, Aufhebung, Rücktritt, Gegenstandslosigkeit), wechselbezügliche Verfügungen kann er wenigstens bei Lebzeiten des anderen Ehegatten einseitig widerrufen; erst mit dessen Tod erlischt sein Widerrufsrecht und auch dann nur, wenn er das ihm Zugewendete annimmt. **42**

Auch **Zulässigkeit und Form** des Rechtsgeschäfts sowie die **Geschäftsfähigkeit** der Erblasser sind beim gemeinschaftlichen Testament anders geregelt als beim Erbvertrag. Ein gemeinschaftliches Testament kann nur von Ehegatten oder eingetragenen Lebenspartnern errichtet werden (§ 2265 BGB), einen Erbvertrag kann der Erblasser mit jedermann schließen. Für die Errichtung eines gemeinschaftlichen Testaments genügt die Testierfähigkeit (§ 2229 BGB), während der Abschluss eines Erbvertrages vom Erblasser regelmäßig unbeschränkte Geschäftsfähigkeit fordert (§ 2275 BGB, Ausnahme: § 2275 Abs 2, 3 BGB). Das gemeinschaftliche Testament kann wie jedes Testament sowohl als öffentliches Testament wie als privatschriftliches Testament er- **43** richtet werden (§§ 2232, 2247, 2267 BGB), während der Erbvertrag nur zur Niederschrift eines Notars geschlossen werden kann (§ 2276 BGB).

44 Auch die Vorschriften über die **formelle Behandlung** von öffentlichen gemeinschaftlichen Testamenten und Erbverträgen weichen voneinander ab: Das öffentlich beurkundete gemeinschaftliche Testament ist nach § 34 Abs 1 BeurkG in einem Umschlag zu verschließen und in die amtliche Verwahrung beim Amtsgericht zu geben (lehnen die Erblasser die amtliche Verwahrung ausdrücklich ab, so muss der Notar gleichwohl abliefern, s nur Erman/S Kappler/T Kappler[16] § 34 BeurkG Rn 5; **aA** Staudinger/Kanzleiter [2019] Rn 28). Beim Erbvertrag kann die amtliche Verwahrung nach § 34 Abs 2 BeurkG von den Vertragschließenden ausgeschlossen werden. Von der Möglichkeit, die amtliche Verwahrung auszuschließen, wird allerdings kaum noch Gebrauch gemacht.

2. Erwägungen für die Wahl einer der beiden Rechtsformen

45 In ihren vergleichenden Abhandlungen wies Weihe (DNotZ 1939, 9) auf die Vorzüge des gemeinschaftlichen Testaments hin, während Flatten (DNotZ 1941, 47), Senft (DNotZ 1941, 242), Battes (s etwa § 23), Basty (MittBayNot 2000, 73, 75) und vDickhuth-Harrach (in: FS Otte [2005] 55, Zusammenfassung S 99 f) die Vorteile des Erbvertrages hervorheben (Battes sieht beim gemeinschaftlichen Testament insbesondere die Gefahr, dass wegen der fehlenden Bindung das Vertrauen eines Ehegatten enttäuscht wird). Das gemeinschaftliche Testament ist in privatschriftlicher Form gefährlich und produziert ständig teure Gerichtsentscheidungen. Im Übrigen ist es überflüssig (ausführlich Einl 19 ff zu §§ 2274 ff; vDickhuth-Harrach, in: FS Otte [2005] 55; anders Staudinger/Kanzleiter [2019] Rn 29 ff: Welche Rechtsform vorzuziehen sei, könne nicht allgemein entschieden werden, und es sei vernünftig [sic!], zum gemeinschaftlichen Testament zu greifen, wenn es dieses Rechtsinstitut gebe und seine Rechtsfolgen dem Willen der Ehegatten entsprächen; abwägend J Mayer/Sammet, in: Reimann/Bengel/Dietz[7] Vor § 2265 Rn 41) und sollte de lege ferenda abgeschafft werden (so auch Verhandlungen des 68. DJT, Bd II/1, Sitzungsberichte – Referate und Beschlüsse, 2011, L 151; **aA** Kanzleiter ZEV 2011, 1; Klein, Das gemeinschaftliche Testament; ders ErbR 2015, 482). Es sollte daher bei mehr als einem Beteiligten stets der Erbvertrag gewählt werden. Zu den Erwägungen Kanzleiters für das eine oder das andere Rechtsinstitut (Staudinger/Kanzleiter [2019] Rn 29 ff) ist daher zu sagen:

46 Da ein gemeinschaftliches Testament nur von Ehegatten und eingetragenen Lebenspartnern errichtet werden kann, kommt nur der Abschluss eines Erbvertrages in Frage, wenn **Personen** bindende Verfügungen von Todes wegen treffen wollen, **die nicht Ehegatten oder Lebenspartner sind**. Auch unter Ehegatten kommt das gemeinschaftliche Testament nur dann in Betracht, wenn beide Eheleute Verfügungen von Todes wegen treffen wollen (vgl oben Rn 18), nicht aber, **wenn nur ein Ehegatte** letztwillig **verfügen will** und bereit ist, sich gegenüber dem anderen Ehegatten zu binden, während dieser selbst nicht testieren will, andererseits aber an einer Bindung des Testierenden interessiert ist, etwa weil er befürchtet, dass der Testator von Dritten zu einer anderen Verfügung bestimmt werden könnte; in einem solchen Fall kann nur ein Erbvertrag abgeschlossen werden. In jedem Fall können alle genannten Fälle, in denen ein gemeinschaftliches Testament errichtet werden kann, ebenso gut in einem Erbvertrag abgebildet werden.

Der **Abschluss eines Erbvertrages begründet** hinsichtlich der vertragsmäßigen Verfügungen im Ansatz zwar eine **stärkere Bindung** des Erblassers, als sie bei wechselbezüglichen Verfügungen in einem gemeinschaftlichen Testament besteht. Denn an vertragsmäßige Verfügungen ist der Erblasser grundsätzlich auch schon zu Lebzeiten seines Vertragspartners gebunden; er kann von ihnen – wenn sie nicht etwa durch Vorversterben, Erbverzicht, Erbunwürdigkeit oder Ausschlagung des Bedachten gegenstandslos werden – nur durch Anfechtung oder Rücktritt einseitig frei werden (§§ 2281 ff, 2078 f, 2293 ff BGB), durch Rücktritt aber nur dann, wenn er sich den Rücktritt im Erbvertrag vorbehalten hat oder wenn die eng begrenzten Voraussetzungen für das gesetzliche Rücktrittsrecht vorliegen (§§ 2294, 2295, 2297 BGB). Ist diese strenge Bindung beabsichtigt – etwa, weil der Vertragspartner mit Rücksicht auf die bindende Verfügung von Todes wegen Gegenleistungen erbringt –, so muss ein Erbvertrag errichtet werden. Demgegenüber sind beim gemeinschaftlichen Testament auch wechselbezügliche Verfügungen mindestens zu Lebzeiten beider Ehegatten frei widerruflich (§ 2271 BGB – allerdings ist gem § 2271 Abs 1 S 1 BGB die notarielle Form nach § 2296 BGB zu beachten, s zu dieser gefährlichen Vorschrift die Erläuterungen zu § 2271). Aber auch in diesem Punkt kann ein Erbvertrag durch entsprechende Regelungen (Vereinbarung des Rücktrittsrechts) einem gemeinschaftlichen Testament angeglichen werden, während dies umgekehrt *nicht* möglich ist. **47**

Verzichten die Ehegatten in einer notariellen Urkunde, die als „gemeinschaftliches Testament" bezeichnet ist, gegenseitig auf das Widerrufsrecht oder regeln sie das Widerrufsrecht in einem Punkt strenger als § 2271 BGB, so ist das Rechtsgeschäft als Erbvertrag anzusehen (vgl §§ 2084, 140 BGB; RG BayZ 1912, 133 = SeuffA 68 Nr 195; WarnR 1906 Nr 299; KG WarnR 1913 Nr 248; OLGE 35, 19; BayObLGZ 15, 189; BayObLG OLGE 40, 146). Enthält ein privatschriftliches gemeinschaftliches Testament solche Bestimmungen, so sind sie unwirksam, das Testament ist im Übrigen im Zweifel als gemeinschaftliches Testament wirksam (§ 2085 BGB). **48**

Die Bestimmungen des BGB über die Bindung der Ehegatten an wechselbezügliche Verfügungen in gemeinschaftlichen Testamenten (§§ 2270, 2271 BGB) sind **verwickelt** und für Laien **nicht leicht zu überblicken**. Beim Erbvertrag ist die Bindung des Erblassers an vertragsmäßige Verfügungen einfacher und übersichtlicher gestaltet (§§ 2278, 2289 BGB). Freilich können auch hier die Möglichkeiten der Anfechtung, des Rücktritts, der Beschränkung des Pflichtteilsrechts in guter Absicht und der ergänzenden Auslegung uU eine gewisse Unsicherheit bedingen (§§ 2281 ff, 2293 ff, 2289 Abs 2, 2338 BGB). **48a**

Dass beim notariell beurkundeten gemeinschaftlichen Testament dessen amtliche Verwahrung zwingend geboten ist (§ 34 Abs 1 BeurkG), die eine Verwahrungsgebühr auslöst, während der Erbvertrag ohne zusätzliche Kosten beim Notar verwahrt werden kann, ist regelmäßig kein Gesichtspunkt von ausschlaggebender Bedeutung. Die besonders zuverlässige und sichere Verwahrung des Gerichts über alle Zeitläufe hinweg rechtfertigt regelmäßig diesen Aufwand. Der frühere (nicht sachgerechte, Weirich DNotZ 1997, 4) Unterschied, dass ein gemeinschaftliches Testament aus der amtlichen Verwahrung zurückgenommen und vernichtet werden konnte, während das bei einem Erbvertrag ausgeschlossen war, wurde durch die Anfügung von § 2300 Abs 2 BGB durch das G v 23. 7. 2002 (BGBl I 2850) beseitigt. **49**

50 Bei Bindungsabsicht schon zu Lebzeiten kommt nur der Erbvertrag, bei Zulassung des Widerrufs sowohl das gemeinschaftliche Testament als auch der Erbvertrag in Frage, so dass der Erbvertrag das weitergehende und entsprechend vorzuziehende Rechtsinstitut ist. Werden nämlich die dem gesetzlichen Recht des gemeinschaftlichen Testaments entsprechenden Regelungen in einem Erbvertrag getroffen, so hat dies den Vorteil, dass die Rücktrittsrechte in der Verfügung von Todes wegen selbst niedergelegt sind und dort von dem Erblasser, der einen Rücktritt in Erwägung zieht, auch nach langer Zeit nachgelesen werden können (darauf weist vDICKHUTH-HARRACH, in: FS Otte [2005] 55, 100 hin).

3. Grenzfälle

51 Angesichts der Verwandtschaft zwischen gemeinschaftlichem Testament und Erbvertrag kann es manchmal zweifelhaft sein, ob eine Verfügung von Todes wegen, an deren Errichtung mehrere Personen beteiligt sind, als gemeinschaftliches Testament oder als Erbvertrag anzusehen ist. Auslegung kann zu dem Ergebnis führen, dass ein – notariell beurkundetes – „Gemeinschaftliches Testament" tatsächlich ein Erbvertrag (MUSCHELER DNotZ 1994, 733, 744 zu OLG Stuttgart FamRZ 1977, 274) oder eine als „Erbvertrag" bezeichnete Verfügung tatsächlich ein gemeinschaftliches Testament ist. Wenn die gemeinschaftliche Verfügung bei der einen Beurteilung wirksam, bei der anderen unwirksam wäre, so verdient die Beurteilung den Vorzug, bei der die Verfügung Bestand hat (§ 2084 BGB).

52 Unter den allgemeinen Voraussetzungen kann auch eine gemeinschaftliche Verfügung, die als Erbvertrag unwirksam wäre, in ein gemeinschaftliches Testament oder ein unwirksames gemeinschaftliches Testament (etwa von Nichtehegatten) in einen Erbvertrag **umgedeutet** werden (vgl dazu KG OLGE 35, 19; BayObLG OLGE 40, 146; OLG Hamm ZEV 1996, 304 m in anderen Punkt **abl** Anm KANZLEITER; MünchKomm/MUSIELAK[9] § 2265 Rn 9; BeckOK/LITZENBURGER [1. 2. 2022] § 2265 Rn 23 ff). Zur Umdeutung von gemeinschaftlichen Testamenten ausführlich § 2265 Rn 6 ff; § 2267 Rn 35; § 2270 Rn 16 f; § 2271 Rn 149.

V. Arten des gemeinschaftlichen Testaments

53 Entsprechend den vor allem zur Zeit des gemeinen Rechts getroffenen Differenzierungen unterscheidet man die folgenden Arten des gemeinschaftlichen Testaments:

1. Äußerlich gemeinschaftliche Testamente

Äußerlich gemeinschaftliche Testamente (*testamenta mere simultanea*) sind Testamente, die nur äußerlich zu einem Testament zusammengefasst sind, inhaltlich aber in keiner Beziehung zueinander stehen (Beispiel: Jeder Ehegatte setzt ohne Zusammenhang mit den Verfügungen des anderen Ehegatten seine Kinder aus einer früheren Ehe zu Erben ein). Die rechtliche Bedeutung der gemeinschaftlichen Errichtung erschöpft sich hier in der Benutzung der besonderen Form des gemeinschaftlichen Testaments, insbesondere der Erleichterungen, die das Gesetz für diese Form gewährt.

2. Gegenseitige Testamente

Gegenseitige Testamente (*testamenta reciproca oder mutua*) sind Testamente, in denen sich die Erblasser gegenseitig zu Erben einsetzen oder sonst bedenken. 54

3. Wechselbezügliche Testamente

Wechselbezügliche Testamente (*testamenta correspectiva*) sind Testamente, bei denen die Verfügungen des einen Erblassers sämtlich oder teilweise mit Rücksicht auf Verfügungen des anderen getroffen und daher von diesen abhängig sind, mit ihnen stehen oder fallen sollen (RGZ 116, 149; Mot V 253 = Horn § 2265 Rn 8). Die Wirkungen eines solchen gemeinschaftlichen Testaments nähern sich denen eines Erbvertrags, wenn der erste Ehegatte verstorben ist und der Überlebende die Erbschaft des Erstverstorbenen angenommen hat. Ein gegenseitiges Testament wird in der Regel auch korrespektiv sein, obwohl gegenseitige Zuwendungen (ausnahmsweise) auch voneinander unabhängig sein können. Von einseitiger Abhängigkeit oder (unschön) einseitiger Wechselbezüglichkeit spricht man, wenn nur die Verfügung des einen Ehegatten von der des anderen abhängig ist, nicht aber umgekehrt. 55

VI. Inhalt des gemeinschaftlichen Testaments

Für den Inhalt des gemeinschaftlichen Testaments gibt das Gesetz keine beschränkenden Vorschriften. In einem gemeinschaftlichen Testament kann also jeder Ehegatte jede Verfügung treffen, die er auch durch Einzeltestament treffen könnte. Erweitert wird der zulässige Inhalt des gemeinschaftlichen Testaments durch die Bestimmungen in § 1516 Abs 3 BGB (Bestimmungen über den Anteil eines gemeinschaftlichen Abkömmlings am Gesamtgut der fortgesetzten Gütergemeinschaft) und § 2292 BGB (Aufhebung eines Ehegattenerbvertrags). 56

Ein gemeinschaftliches Testament wird **meist wechselbezügliche Verfügungen** enthalten. Es kann aber daneben oder sogar ausschließlich einseitige Verfügungen enthalten, dh solche, die von denen des anderen Ehegatten unabhängig sind. Immer muss es letztwillige Verfügungen beider Ehegatten umfassen (Rn 40). 57

Ein gemeinschaftliches Testament kann auch **mit anderen Rechtsgeschäften unter den Ehegatten verbunden werden** – zB einem Erb- oder Pflichtteilsverzicht oder Vereinbarungen unter Lebenden, etwa der Verpflichtung, über ein Grundstück nicht zu verfügen. Ein (notariell beurkundetes) gemeinschaftliches Testament kann einen Erb- oder Pflichtteilsverzicht auch stillschweigend enthalten (BGH LM Nr 2 zu § 2348 BGB = WarnR 1977 Nr 50). Das gemeinschaftliche Testament der Ehegatten kann schließlich auch mit einem Rechtsgeschäft mit einem Dritten verbunden werden (zB einem Erb- oder Pflichtteilsverzicht der Kinder; vgl KG KGJ 31, A 12, die Gültigkeit des gemeinschaftlichen Testaments wird dadurch nicht berührt, dass in die Testamentsurkunde Erklärungen Dritter aufgenommen sind). 58

VII. Häufige gemeinschaftliche Testamente

Die Möglichkeiten zur Gestaltung gemeinschaftlicher Testamente sind unbegrenzt. Da gemeinschaftliche Testamente Verfügungen beider Ehegatten enthalten, treten 59 neben die Gestaltungsformen in einseitigen Testamenten zusätzlich die Gestaltungsmöglichkeiten für die Abhängigkeit der Verfügungen. Besonders häufig finden sich in der Praxis die folgenden Gestaltungen (zur Gestaltung gemeinschaftlicher Testamente s neben dem Schrifttum, das sich mit der Testamentsgestaltung insgesamt befasst, GOCKEL ErbR 2015, 489; HAEGELE Büro 1968, 87; HAUSSMANN BWNotZ 1972, 93; HOLLER ErbR 2015, 495; KANZLEITER ZEV 2014, 225; KELLER BWNotZ 1970, 49; LANGENFELD, Das Ehegattentestament; J MAYER DStR 2004, 1371, 1409; ZEV 1998, 50; RAITZ vFRENTZ DNotZ 1962, 635; TANCK ZEV 2020, 15; TZSCHASCHEL, Das private Ehegattentestament; WEGMANN, Ehegattentestament und Erbvertrag; zu den „Pflichtteilsstrafklauseln" JASTROW DNotZ 1904, 424; STROBEL MDR 1980, 363; WEISS MDR 1979, 812 und § 2269 Rn 104 ff):

1. Bei kinderloser Ehe

60 **a)** Gegenseitige Erbeinsetzung zum (Voll-)Erben, eventuell unter Anordnung von Vermächtnissen zugunsten der Verwandten oder der gesetzlichen Erben des Erstversterbenden, gegebenenfalls nur für den Fall der Wiederverheiratung des überlebenden Ehegatten (Regelung nur des ersten Erbfalls).

b) Gegenseitige Erbeinsetzung; nach dem Tode des überlebenden Ehegatten soll der beiderseitige Nachlass zur einen Hälfte an die gesetzlichen Erben des erstversterbenden Ehegatten, zur anderen Hälfte an die gesetzlichen Erben des überlebenden Ehegatten fallen (Regelung beider Erbfälle).

c) Gegenseitige Einsetzung zum Vorerben (befreiten Vorerben) und Berufung desselben Dritten oder verschiedener Dritter – etwa bestimmter Verwandter oder der gesetzlichen Erben des Erstversterbenden – zu Nacherben, gegebenenfalls nur für den Fall der Wiederverheiratung des überlebenden Ehegatten; Berufung derselben oder anderer Dritter zu Erben des überlebenden Ehegatten.

d) Einsetzung eines Dritten zum Erben des Erstversterbenden, während dem überlebenden Ehegatten nur der Nießbrauch an der Erbschaft oder eine Leibrente vermacht wird.

e) Sofortige Verteilung des Vermögens des erstversterbenden Ehegatten an dessen Verwandte und den überlebenden Ehegatten als Miterben, eventuell unter Zuwendung des Nießbrauchs an den Erbteilen der Verwandten zugunsten des überlebenden Ehegatten.

2. Bei Eheleuten mit Kindern

61 **a)** Gegenseitige Erbeinsetzung, eventuell unter Anordnung von Vermächtnissen zugunsten der Kinder (zB in Höhe des Pflichtteils oder des erbschaftsteuerfreien Betrages; zum sog „Supervermächtnis", Vermächtnis zugunsten der Kinder mit dem Zweck, die Kinder nach dem Tod des erstversterbenden Ehegatten abzufinden und die Erbschaftsteuerfreibeträge auszunutzen, mit Bestimmungsrechten des überlebenden Ehegatten nach §§ 2151 ff, insbes § 2156, krit J MAYER DStR 2004, 1409, 1414; KANZLEITER, in: FS Günter Brambring [2011] 225).

b) Gegenseitige Erbeinsetzung; Berufung der Kinder zu Erben des überlebenden Ehegatten (sog „Berliner Testament", vgl § 2269 BGB).

c) Gegenseitige Einsetzung zum Vorerben (befreiten Vorerben); Berufung der Kinder zu Nacherben des erstversterbenden und zu Vollerben des überlebenden Ehegatten.

d) Einsetzung der Kinder zu Erben des erstversterbenden und des überlebenden Ehegatten; Zuwendung des Nießbrauchs am Nachlass des erstversterbenden Ehegatten zugunsten des Überlebenden.

e) Einsetzung des überlebenden Ehegatten und der Kinder zu Erben – zB nach dem Verhältnis ihrer Erbteile bei gesetzlicher Erbfolge; Vermächtnis des Nießbrauchs an den Erbteilen der Kinder zugunsten des überlebenden Ehegatten; Einsetzung der Kinder zu Erben des Überlebenden.

3. Gesichtspunkte für die Gestaltung

Jedenfalls bei dem durch eine längere Dauer der Ehe gewachsenen gegenseitigen **62**
Vertrauen der Eheleute sollten sie im Regelfall zu Gestaltungen greifen, die dem Interesse des überlebenden Ehegatten an einer freien Verfügungsmöglichkeit – zumindest unter Lebenden – grundsätzlich Vorrang vor dem Interesse des Erstversterbenden an einer bindenden Festlegung der Erbfolge und der Sicherung der Letztberufenen einräumt. Dieses Interesse wird meist auch vor erbschaftsteuerlichen Überlegungen den Vorrang verdienen (die bei entsprechendem Vermögen die Einsetzung des überlebenden Ehegatten und der letztlich zu Bedenkenden schon zu Miterben des Erstversterbenden oder sogar nur die Einsetzung der letztlich zu Bedenkenden günstiger erscheinen lassen; vgl Mayer ZEV 1997, 325). Bei Lösungen, bei denen der überlebende Ehegatte nicht alleiniger Erbe wird (Anordnung eines Nießbrauchsvermächtnisses zu seinen Gunsten), ist zu prüfen, ob seine Rechtsstellung durch die Einsetzung zum Testamentsvollstrecker verstärkt werden soll. Bei Lösungen, bei denen der überlebende Ehegatte Miterbe wird (s 1. e, 2. e), ist der Ausschluss des Rechts auf Auseinandersetzung zu seinen Lebzeiten (s § 2044 BGB) zu bedenken.

VIII. Form des gemeinschaftlichen Testaments

Zur Form des gemeinschaftlichen Testaments s § 2267 BGB und die Erläuterungen **63**
zu dieser Vorschrift.

IX. Auslegung des gemeinschaftlichen Testaments

Bei der Auslegung gemeinschaftlicher Testamente gelten grundsätzlich die gleichen **64**
Rechtsgrundsätze wie bei der Auslegung einseitiger letztwilliger Verfügungen (§§ 133, 2084 BGB), einschließlich der gesetzlichen Auslegungsregeln (zur „Andeutungstheorie" s Staudinger/Otte [2019] Vorbem 28 ff zu §§ 2064 ff). Dies gilt ohne Einschränkung bei **einseitigen** Verfügungen, und zwar selbst dann, wenn sie in einer einheitlichen Formulierung getroffen sind („der Überlebende von uns…"). Wenn die Beteiligten in einem (auch in einem handschriftlichen) gemeinschaftlichen Testament „einseitig letztwillig" verfügen, wird man regelmäßig von einseitigen Verfügungen ausgehen können, es sei denn die Beteiligten haben nachweisbar etwas anderes darunter verstanden (OLG Stuttgart FGPRax 2022, 180 [181]).

65 **Wechselbezügliche Verfügungen** sind dagegen unter Schutz des gegenseitigen Vertrauens in den Inhalt des Erklärten auszulegen (§ 157 BGB, vgl Olzen/Looschelders[6] ErbR Rn 629). Maßgebend ist daher zunächst der **gemeinsame Wille der Ehegatten** zum Zeitpunkt der Testamentserrichtung (BGH FamRZ 1973, 189; FamRZ 1993, 518 [519]; BayObLGZ 1962, 142; BayObLG FamRZ 1976, 549; BayObLG FamRZ 2006, 226 [228]; OLG München FamRZ 2014, 1064 [1065]; BeckOGK/Braun [1. 2. 2022] Rn 86). Bei sukzessiver Testamentserrichtung kommt es auf den Zeitpunkt der Erklärung jedes einzelnen an (BeckOGK/Braun [1. 2. 2022] Rn 85). Nach den allgemeinen Grundsätzen schadet eine gemeinsame *falsa demonstratio* nicht (ohne dass damit zum Meinungsstreit um die „Andeutungstheorie" bei der Auslegung Stellung genommen wird, ist der Kritik von Flume AT II § 16, 2 und Brox JA 1984, 556, die „Andeutungstheorie" müsste konsequenterweise zur Nichtberücksichtigung der *falsa demonstratio* führen, entgegenzuhalten, dass es darauf ankommt, ob sich nach der subjektiven Ausdrucksweise des Erblassers eine Andeutung im Testament findet; ausführlich Staudinger/Otte [2019] Vorbem 32 zu §§ 2064 ff).

66 Ging der Wille der Ehegatten auseinander, so muss sich jeder nach den allgemeinen Grundsätzen zu §§ 133, 157 BGB am (dem anderen Ehegatten erkennbaren) Sinn seiner wechselbezüglichen Verfügungen festhalten lassen (vgl BGH NJW 1951, 960; WM 1969, 1223; BayObLG FamRZ 1985, 1257; Giencke FamRZ 1974, 241, 242; Schlüter § 25 VII 1) und ist gegebenenfalls auf die Anfechtung wegen Irrtums zu verweisen (vgl gegen die Anwendung unterschiedlicher Grundsätze für die Auslegung einseitiger und wechselbezüglicher Verfügungen insbes Lange NJW 1963, 1571, 1572; Bühler DNotZ 1962, 359, 363), wobei die Annahme eines unterschiedlichen Willens der Ehegatten konkreter Anhaltspunkte bedarf (OLG Oldenburg FamRZ 1998, 1390 = FGPrax 1998, 59).

67 Für die **Ermittlung des mutmaßlichen Willens** ist bei einseitigen Verfügungen die Willensrichtung des betreffenden Ehegatten, bei wechselbezüglichen Verfügungen die Willensrichtung beider Ehegatten (BGH LM Nr 7 zu § 242 BGB A; BayObLGZ 1962, 142; BayObLG NJW-RR 1991, 8 ff; KG OLGZ 1966, 506; Johannsen WM 1972, 62, 68), bei der Frage ihrer Abhängigkeit nach § 2270 BGB oder ihrer Aufrechterhaltung nach §§ 140, 2268 Abs 2 BGB ist wieder die Willensrichtung des betreffenden Ehegatten maßgebend. Ein Auslegungsvertrag ist unter denjenigen, zwischen denen Meinungsverschiedenheiten bestehen, möglich (BGH NJW 1986, 1812). Solche Auslegungsverträge bedürfen der notariellen Beurkundung (s zuletzt OLG Düsseldorf ErbR 2019, 438 [440] mwN).

68 Die Auslegung des gemeinschaftlichen Testaments obliegt dem **Tatrichter** und kann vom Rechtsbeschwerdegericht nur dahin überprüft werden, ob sie nach den Denkgesetzen und der Erfahrung möglich ist, mit den gesetzlichen Auslegungsregeln im Einklang steht, dem Sinn und Wortlaut der Verfügung nicht widerspricht und alle wesentlichen Umstände berücksichtigt (BayObLG FamRZ 1997, 1569). Die Schlussfolgerungen des Tatrichters müssen deshalb nicht zwingend, sondern möglich sein (OLG Oldenburg FamRZ 1998, 1390 = FGPrax 1998, 59).

69 Für die Auslegung kommt es, wenn das gemeinschaftliche Testament notariell beurkundet wurde, zwar auf den Willen und die Vorstellungen des Notars nicht an, aber sein Verständnis kann von indizieller Bedeutung sein (BayObLG NJW-RR 1997, 835, 836; LG Hechingen FamRZ 2004, 227). Insbesondere ist im Sinne einer tatsächlichen Vermutung davon auszugehen, dass die vom Notar verwandten technischen Begriffe auch von den Beteiligten entsprechend verstanden wurden, da der Notar gem § 17 BeurkG verpflichtet ist, den Willen der Beteiligten zu erforschen und sie zu belehren (ausführlich RAFF ErbR 2020, 330). Das ist nur dort anders, wo der Notar selbst untechnische Formulierungen verwendet (für einen solchen Fall OLG München FamRZ 2013, 405 [407]).

X. Wirksamkeit des gemeinschaftlichen Testaments

1. Verstoß gegen Formgebot, gesetzliches Verbot oder gute Sitten

Ein gemeinschaftliches Testament kann wie jedes Rechtsgeschäft **wegen Mangels der erforderlichen Form, wegen Verstoßes gegen ein gesetzliches Verbot oder gegen die guten Sitten nichtig sein** (§§ 125, 134, 138 BGB). Wenn der Mangel nur den Verfügungen eines Ehegatten anhaftet, so ist bei einem formellen Mangel (Formverstoß; Errichtung durch Nichtehegatten) kein gemeinschaftliches Testament zustande gekommen (ERMAN/S KAPPLER/T KAPPLER[16] Vor 2265 Rn 9); inwieweit die Verfügungen des anderen Ehegatten als einseitige letztwillige Verfügungen aufrechterhalten werden können, bestimmt sich nach § 140 BGB (s § 2265 Rn 6 ff). Sind die Verfügungen eines Ehegatten wegen Verstoßes gegen ein gesetzliches Verbot oder gegen die guten Sitten insgesamt unwirksam, so ist ebenfalls kein gemeinschaftliches Testament zustande gekommen (anders STAUDINGER/KANZLEITER [2019] Rn 49). Ob die Verfügungen des anderen Ehegatten wirksam sind, richtet sich dann auch nach § 140 BGB. 70

2. Fehlende Testierfähigkeit oder -befugnis

Ein gemeinschaftliches Testament erfordert wie jedes Testament **Testierfähigkeit** und Testierbefugnis des Erblassers. Fehlt bei einem Ehegatten die Testierfähigkeit, so ist ebenfalls kein gemeinschaftliches Testament zustande gekommen (OLG Düsseldorf FamRZ 2016, 1206 mwN; ERMAN/S KAPPLER/T KAPPLER[16] Vor 2265 Rn 9; anders STAUDINGER/KANZLEITER [2019] Rn 49). Ob die Verfügungen des anderen Ehegatten wirksam sind, richtet sich dann auch nach § 140 BGB (OLG Düsseldorf FamRZ 2016, 1206 mwN). 71

3. Anfechtung

Auch wenn ein gemeinschaftliches Testament zunächst wirksam ist, können die in ihm enthaltenen letztwilligen Verfügungen durch **Anfechtung** eines Beteiligten nach §§ 2078 ff BGB oder durch **Selbstanfechtung** des Erblassers entsprechend §§ 2281 ff BGB rückwirkend vernichtet werden (s dazu etwa BGH 3. 11. 1969 – III ZR 52/67, juris; KANZLEITER MittBayNot 2012, 264 und näher § 2271 Rn 118 ff). Zur Anfechtung der Verfügung eines Ehegatten nach §§ 2078 ff BGB ist nach dessen Tod unter Umständen auch der andere Ehegatte berechtigt (§ 2080 BGB). Die Anfechtung hat dann möglicherweise zur Folge, dass auch die letztwilligen Verfügungen des anfechtenden Ehegatten kraftlos werden (§ 2270 BGB). 72

Beispiel: Wenn Ehegatten sich in einem gemeinschaftlichen Testament gegenseitig zu Erben einsetzen und bestimmen, dass nach ihrer beider Tod der beiderseitige Nachlass den gemeinsamen Kindern zufallen soll (§ 2269 BGB, Berliner Testament), so kann der überlebende Ehegatte, der nach dem ersten Erbfall eine neue Ehe eingeht, innerhalb eines Jahres nach der Eheschließung oder nach der Geburt eines Kindes 73 aus der neuen Ehe das gemeinschaftliche Testament anfechten (§§ 2079, 2281 ff BGB), wenn die Anfechtbarkeit im gemeinschaftlichen Testament nicht ausgeschlossen ist. Ficht der überlebende Ehegatte nicht an, so wird er nach dem Testament von seinen Kindern aus erster Ehe beerbt, während sein zweiter Ehegatte und die Kinder aus zweiter Ehe nur den Pflichtteil erhalten. Ficht er aber an, so bewirkt die völlige oder teilweise Nichtigkeit der eigenen Verfügungen des überlebenden Ehegatten auch die Nichtigkeit der wechselbezüglichen Verfügungen des erstverstorbenen Ehegatten, sodass unter Umständen nachträglich gesetzliche Erbfolge für den ersten Erbfall eintritt (§ 2270 BGB).

4. Aufhebung, Widerruf

74 Ein zunächst wirksames gemeinschaftliches Testament oder die in ihm enthaltenen Verfügungen können ferner in ähnlicher Weise wie einseitige Testamente mit Wirkung für die Zukunft aufgehoben werden.

a) Der **Widerruf einseitiger Verfügungen** ist in gleicher Weise zulässig wie bei einseitigen Testamenten (s § 2271 Rn 9 ff).

75 **b)** Soweit ein gemeinschaftliches Testament **wechselbezügliche Verfügungen** enthält, ist die **Widerrufsmöglichkeit** durch §§ 2270, 2271 BGB **eingeschränkt**. Für den einseitigen Widerruf wechselbezüglicher Verfügungen zu Lebzeiten des anderen Ehegatten ist die besondere Form der persönlichen notariell beurkundeten Erklärung gegenüber dem anderen Ehegatten vorgeschrieben (§§ 2271 Abs 1 S 1, 2296 BGB). Die – notariell beurkundete – Widerrufserklärung muss dem Erklärungsgegner in Ausfertigung zugehen (§ 2296 Rn 14). Für den gemeinsamen Widerruf gelten dagegen die allgemeinen Vorschriften (s § 2271 Rn 15 ff). Nach dem Tode des erstversterbenden Ehegatten kann der Überlebende seine wechselbezüglichen Verfügungen grundsätzlich nicht mehr widerrufen (§ 2271 Abs 2 BGB).

XI. Eröffnung des gemeinschaftlichen Testaments

76 Zur Eröffnung des gemeinschaftlichen Testaments s § 349 FamFG.

XII. Beurteilung des gemeinschaftlichen Testaments als Rechtsinstitut

77 Das gemeinschaftliche Testament, insbesondere das eigenhändige gemeinschaftliche Testament, ist sehr gebräuchlich. Trotzdem ist zu bedauern, dass der Gesetzgeber des BGB – entgegen den Überlegungen, die dem E I zugrunde lagen – letztlich auf das gemeinschaftliche Testament nicht verzichtet hat. Zunächst handelt es sich beim gemeinschaftlichen Testament um ein Rechtsinstitut, das beginnend mit der Errichtung und Auslegung Unklarheiten und Streitfragen geradezu herausfordert (diese Streitfragen werden dadurch noch stärker provoziert, dass zur Errichtung eine Vorschrift über die Voraussetzungen eines gemeinschaftlichen Testaments vollständig fehlt, zur Auslegung die Regel des § 2270 Abs 2 BGB verfehlt ist).

78 Die **Rechtsfolgen**, insbesondere zur Bindung nach dem Tode des erstversterbenden Ehegatten, sind einerseits recht kompliziert, andererseits weithin unbekannt, sodass dem rechtlich nicht unterrichteten Ehegatten die Konsequenzen eines gemeinschaft-

lichen Testaments regelmäßig in wesentlichen Punkten nicht klar, jedenfalls in ihrer langfristigen Konsequenz von ihm nicht bedacht sind und deshalb unangenehme Überraschungen (insbesondere beim überlebenden Ehegatten, aber auch bei demjenigen, der seine Verfügungen in einem gemeinschaftlichen Testament mit Kenntnis des anderen aufgehoben hat) geradezu regelmäßig eintreten.

Schließlich – und dies ist ein besonders wichtiger Gesichtspunkt – erlaubt es das ei- **79** genhändige gemeinschaftliche Testament dem zielbewussten Ehegatten, verstärkt durch die Formerleichterung des § 2267 BGB, dem anderen Ehegatten unter Ausnutzung von dessen Liebe, Harmlosigkeit oder Friedensbedürfnis seinen eigennützigen Willen als gemeinsamen aufzunötigen (Lange/Kuchinke ErbR[5] § 24 I 1 b)).

Ein Bedürfnis für das Rechtsinstitut des gemeinschaftlichen Testaments besteht **80** schon deshalb nicht, weil sich seine Rechtsfolgen durch die entsprechende Ausgestaltung eines Erbvertrages in gleicher Weise erreichen lassen. Der Schaden dieses Rechtsinstituts scheint insgesamt größer als sein Nutzen, der darin besteht, in der einfachen privatschriftlichen Testamentsform eine Verfügung treffen zu können, bei der jeder der beiden Ehegatten vor einem arglistigen heimlichen Widerruf durch den anderen und der Erstversterbende vor einem Abgehen des Überlebenden vom gemeinsam niedergelegten Willen geschützt ist. Insgesamt würde derjenige Erblasser, der eine Bindung anstrebt (soweit hierfür überhaupt ein Bedürfnis besteht, s Einl 82 ff zu §§ 2274 ff), besser auf den Erbvertrag, derjenige, der eine Abhängigkeit von Verfügungen herbeiführen möchte, besser auf die Beifügung von Bedingungen verwiesen. Jedenfalls wäre es richtig, die Bindung des überlebenden Ehegatten an Verfügungen in einem privatschriftlichen Testament aufzugeben (vgl Kanzleiter DNotZ 1993, Sonderheft Deutscher Notartag 70*; ders, in: FS Rolf Birk [2008] 315, 327 ff).

XIII. Überblick über die gesetzliche Regelung

§ 2265 BGB bestimmt, dass ein gemeinschaftliches Testament nur von Ehegatten **81** errichtet werden kann (er wird ergänzt durch § 10 Abs 4 LpartG). § 2266 BGB behandelt die Form des gemeinschaftlichen Nottestaments, § 2267 BGB die des gemeinschaftlichen eigenhändigen Testaments. § 2268 BGB regelt den Einfluss der Eheauflösung auf die Wirksamkeit des gemeinschaftlichen Testaments. § 2269 BGB stellt für das sog Berliner Testament eine Auslegungsregel auf. § 2270 BGB betrifft Definition und gegenseitige Abhängigkeit wechselbezüglicher Verfügungen in einem gemeinschaftlichen Testament, § 2271 BGB den Widerruf solcher Verfügungen. § 2272 BGB bestimmt, dass ein gemeinschaftliches Testament nur von beiden Ehegatten aus der amtlichen Verwahrung zurückgenommen werden kann.

XIV. Rechtsvergleichung

In nur wenigen Rechten sind gemeinschaftliche Testamente zugelassen (ausf Helms, **82** in: Basedow ua Hrsg, Handwörterbuch Europ Privatrecht Bd 1, Stichwort Erbvertrag und Gemeinschaftliches Testament S 431; van Meegen 139 ff), so in Österreich (ähnlich wie im deutschen Recht – § 586 Abs 2 österr ABGB, s Kanzleiter, in: FS Rolf Birk [2008] 315 ff; Strobel AcP 221 [2021] 399 [401 f]); in England (*joint wills* für nebeneinanderstehende Verfügungen oder *mutual wills* mit Bindungsvereinbarung [*agreement not to revoke*], s NK-BGB/Odersky[6] Großbritannien Rn 47 f) sowie in skandinavischen Ländern (s Helms, in: Basedow ua Hrsg, Handwörterbuch

Europ Privatrecht Bd 1, Stichwort Erbvertrag und Gemeinschaftliches Testament S 431) und etwa in Estland (vgl van Meegen 141 f). In manchen Rechtsordnungen stehen sie nicht nur Ehegatten offen, sondern auch anderen Personen sowie ggf mehr als zwei Personen, so wohl in England.

83 Im Übrigen sind sie **teilweise unbekannt, teilweise** ausdrücklich **verboten**, zB Art 968 franz Code civil (NK-BGB/Frank[6] Frankreich Rn 96); Art 589 ital Codice civile (NK-BGB/Frank[6] Italien Rn 79) oder Art 942 poln ZGB (NK-BGB/Margonski[6] Polen Rn 80). Damit ist aber nicht unbedingt eine gegenseitige Erbeinsetzung in getrennten Testamenten verboten (vgl Helms, in: Basedow ua [Hrsg], Handwörterbuch Europ Privatrecht Bd 1, Stichwort Erbvertrag und Gemeinschaftliches Testament S 431). Auch gibt es Alternativlösungen wie Schenkungen auf den Todesfall, die zB in Frankreich („institutions contractuelles“) bekannt sind (Art 1081 ff Code civil).

84 Die Verbotsnormen haben zum Teil unterschiedliche Funktionen, was sich im Internationalen Privatrecht auswirkt: Wenn die sachrechtliche Vorschrift dem Formstatut unterfällt (so wohl Art 968 Code civil), greift über Art 75 Abs 1 UAbs 2 EuErbVO das Haager Testamentsformübereinkommen; handelt es sich dagegen um eine inhaltliche Verbotsvorschrift, wie vielleicht Art 589 Codice civile, sind dagegen die unter Rn 85 ff diskutierten Probleme entscheidend (dazu eingehend Nordmeier ZEV 2012, 513 [515 f]).

XV. Internationales Privatrecht

1. Allgemeines

85 In der EuErbVO wird das gemeinschaftliche Testament in Art 3 Abs 1 lit c) als „ein von zwei oder mehr Personen in einer einzigen Urkunde errichtetes Testament“ definiert. Zudem wird es in Art 3 Abs 1 lit d) als eine „Verfügung von Todes wegen“ erfasst. Für die Form des gemeinschaftlichen Testaments verweist Art 75 Abs 2 der Verordnung auf das Haager Übereinkommen vom 5. Oktober 1961 (Übereinkommen über das auf die Form letztwilliger Verfügungen anzuwendende Recht, BGBl 1965 II S 1145), was in Erwägungsgrund 73 der Verordnung damit begründet wird, dass die Mitgliedstaaten eingegangene internationale Verpflichtungen weiter wahren können sollten. Parallel lesen muss man Art 3 Abs 1 lit b), nach dem der Erbvertrag als eine „Vereinbarung, einschließlich einer Vereinbarung aufgrund gegenseitiger Testamente“ verstanden wird, „die mit oder ohne Gegenleistung Rechte am künftigen Nachlass oder künftigen Nachlässen einer oder mehrerer an dieser Vereinbarung beteiligter Personen begründet, ändert oder entzieht“.

86 Mit der og Definition verfolgt die EuErbVO ein objektives Verständnis des gemeinschaftlichen Testaments (so auch BeckOGK/Braun [1. 2. 2022] § 2265 Rn 8.1), und zwar deutlicher als das Reichsgericht (s Rn 20). Allerdings ist noch nicht ganz geklärt, ob das Verständnis von der Urkunde in der EuErbVO formal zu verstehen ist, und zwar so, dass tatsächlich nur ein Dokument gemeint ist, mit der Folge, dass die in Deutschland nach der herrschenden subjektiven Theorie bekannten gemeinschaftlichen Testamente in zwei oder mehr Urkunden den EuErbVO-Normen für gemeinschaftliche Testamente nicht unterfallen würden (sie können aber immer noch Erbverträge im Sinne von Art 3 Abs 1 lit b) und Art 25 EuErbVO darstellen, s Rn 89 ff). Dafür spricht zwar der Wortlaut in der deutschen Sprache (Nordmeier ZEV 2013, 117 [120]; jurisPK/Eichel[9] Art 3 EuErbVO Rn 5), andere Sprachfassungen der EuErbVO lassen aber ggf andere Auslegungsergebnisse zu (Nordmeier ZEV 2012, 512 [513]; BeckOGK/J Schmidt [1. 2. 2022] Art 3 EuErbVO Rn 11), und im Unionsrecht sind bekanntlich alle Sprachfassungen maßgeblich (Baldus/Raff, Enzyklopädie Europarecht, in Gebauer/Wiedmann, Bd 6[2], § 3 Rn 96 ff; zur ErbVO Gebauer/Wiedmann/Baldus[3] Art 1 EuErbVO Rn 12 ff). Die Frage, ob gemeinschaftliche Testamente iSd Art 3 lit c) EuErbVO vorliegen oder nicht, wird freilich nur selten praktisch (MünchKomm/Dutta[8] Art 3 EuErbVO Rn 7; vgl aber Rn 70 zur Frage, ob eine Verbotsvorschrift inhaltlichen oder formellen Charakter hat).

Während der Begriff des gemeinschaftlichen Testaments hinsichtlich des Errichtungsakts also eng sein mag, ist die Verordnung offen für einen gegenüber dem deutschen Sachrechtsbegriff erweiterten Personenkreis („zwei oder mehr Personen“). **87**

Welche Rückwirkung die Begriffsbildung in der Verordnung auf das nationale Sachrecht hat, bleibt zu beobachten (s dazu Lehmann ZEV 2015, 309; Rückwirkung abl BeckOGK/Braun [1. 2. 2022] § 2265 Rn 8.1). Immerhin regt die Definition des gemeinschaftlichen Testaments in Art 3 Abs 1 lit c) EuErbVO an, über den Sinn eines objektiven Verständnisses des gemeinschaftlichen Testaments (wie es das Reichsgericht hatte) wieder verstärkt nachzudenken. Ähnliches dürfte für Schenkungen auf den Todesfall gelten (vgl EuGH 9. 9. 2021 – C-277/20). **88**

2. Errichtungsstatut

Für das gemeinschaftliche Testament gibt es in der EuErbVO anders als für den Erbvertrag keine eigene Sonderanknüpfung für Zulässigkeit, materielle Wirksamkeit und Bindungswirkung (im deutschen Recht geht es zB um solche Testamente, die wechselbzgl Verfügungen enthalten, Dutta/Weber/Bauer/Weber[2] Art 25 EuErbVO Rn 7). Daher ist streitig, ob die allgemeine Kollisionsnorm in **Art 24** oder die spezielle für den Erbvertrag in **Art 25** greift (Für **Art 24** Hilbig-Lugani IPrax 2014, 480 [484 ff]; Gebauer/Wiedmann/Nordmeier[3] Art 24 EuErbVO Rn 2; Nordmeier ZEV 2012, 513 [514]; Nordmeier ZEV 2013, 117 [120]; Schaal BWNotZ 2013, 29 [30]; Simon/Buschbaum NJW 2012, 2393 [2396]. Für **Art 25 (hM)** OLG München FamRZ 2020, 1951 [1952] m Anm Fornasier; Gebauer/Wiedmann/Baldus[3] Art 3 EuErbVO Rn 13; Geimer/Schütze/Frank, Oktober 2021, Art 24 EuErbVO Rn 10; Geimer/Schütze/Döbereiner, Oktober 2021, Art 25 EuErbVO Rn 26; Geimer/Schütze/Schall/Simon, Juni 2015, Art 3 EuErbVO Rn 13; Dutta/Weber/Bauer/Weber[2] Art 25 EuErbVO Rn 7; Hüsstege/Mansel/Looschelders[3] Art 3 EuErbVO Rn 14 ff; BeckOGK/J Schmidt [1. 2. 2022] Art 3 EuErbVO Rn 10; Heinig RNotZ 2014, 197 [200]; Kanzleiter ZEV 2014, 225 [227]; Soutier ZEV 2015, 515 [520]; Lechner NJW 2013, 26 [27]; MünchKomm/Dutta[8] Art 3 EuErbVO Rn 11; NK-BGB/Looschelders Art 3 Rn 14 ff; van Meegen 200 f). Die Frage ist erheblich, weil nur Art 25 Abs 3 eine einheitliche Rechtswahl für Zulässigkeit, materielle Wirksamkeit und Bindungswirkung erlaubt (diese Rechtswahl muss im Übrigen nicht ausdrücklich erfolgen, s dazu BGH FamRZ 2021, 802 m Anm Fornasier = NJW 2021, 1159; allerdings legte der BGH dem EuGH das Verfahren nicht vor, was er freilich hätte tun sollen, denn ein *acte clair* lag sicher nicht vor; mittlerweile dürfte ein Teilaspekt der Entscheidung – autonome Auslegung – geklärt sein, vgl EuGH 9. 9. 2021 – C-277/20). Für die hM spricht die Definition des Erbvertrags in Art 3 Abs 1 lit b) EuErbVO: „einschließlich einer Vereinbarung aufgrund gegenseitiger Testamente“, so dass mindestens wechselbzgl gemeinschaftliche Testamente von Art 25 EuErbVO erfasst sein dürften (Geimer/Schütze/Döbereiner, Oktober 2021, Art 25 EuErbVO Rn 26; **aA** **89**

Nordmeier ZEV 2013, 117 [120], der bei wechselbzgl Testamenten den Vereinbarungscharakter vermisst sowie darauf hinweist, dass ein in *einer* Urkunde errichtetes Testament keine Vereinbarung aufgrund gegenseitiger *Testamente* (Betonung auf dem Plural) darstellen könne). Wie jede andere unionsrechtliche Vorschrift sind die genannten Normen autonom und einheitlich auszulegen (zu Art 3 Abs 1 lit b EuErbVO EuGH – C-277/20 Rn 29; darauf verweist im Übrigen etwa zutr Geimer/Schütze/Frank, Oktober 2021, Art 24 EuErbVO Rn 10), so dass es auf Terminologie und Verständnis nach deutschem Recht nicht ankommt. Inwiefern freilich sich die Debatten auf IPR-Ebene und auf Sachrechtsebene wechselseitig befruchten, insb mit Blick auf eine irgendwann ggf zu treffende Entscheidung durch den EuGH, bleibt spannend: Die deutsche Literatur wird gelesen, und sie ist gerade auch zu dieser Detailfrage sicher die größte Textmasse.

90 Teils umstritten ist auch, ob die Kollisionsnorm des Art 25 auch für solche gemeinschaftlichen Testamente greift, die keine wechselbzgl Verfügungen enthalten. Einige sind der Auffassung, dass nur gemeinschaftliche Testamente mit wechselbezüglichen Verfügungen (vgl § 2270 BGB) Art 25 unterfallen (BGH FamRZ 2021, 802, Rn 10, m Anm Fornasier = NJW 2021, 1159, Rn 10; MünchKomm/Dutta[8] Art 3 EuErbVO Rn 11; BeckOGK/J Schmidt [1. 2. 2022] Art 3 EuErbVO Rn 10; Burandt/Rojahn/Burandt/Schmuck Art 3 EuErbVO Rn 4). Andere meinen, auch Testamente mit zwar gegenseitigen, nicht aber wechselbezüglichen Verfügungen (dazu Olzen/Looschelders[6] Rn 454 f) unterfielen Art 25 (Hüsstege/Mansel/Looschelders[3] Art 3 EuErbVO Rn 16 aE; Leipold ZEV 2014, 139 [144]). Weitgehend einig ist man sich dagegen, dass solche gemeinschaftlichen Testamente von Art 25 nicht erfasst sind, bei denen die Testierenden weder wechselseitige noch gegenseitige Verfügungen errichten, sondern lediglich die Formvorschrift des § 2267 BGB ausnutzen (Hüsstege/Mansel/Looschelders[3] Art 3 EuErbVO Rn 16 aE; Leipold ZEV 2014, 139 [144]).

91 Der zuletzt genannte Fall ist nur von theoretischem Interesse. Derartige gemeinschaftliche Testamente, bei denen nur Papier gespart werden solle, kommen in der Praxis nicht vor. So gibt es im Übrigen gemeinschaftliche Testamente, die zwar keine wechselbezüglichen Verfügungen enthalten, deren Verfügungen aber auf welche Weise auch immer zueinander in Beziehung stehen. Alle diese Testamente sollten ohne weitere Differenzierungen von Art 25 EuErbVO erfasst sein; der Wortlaut des Art 3 Abs 1 lit b) EuErbVO lässt das zu, und Sinn und Zweck einer einheitlichen Anknüpfung verlangen das nachgerade: Die Rechtswahlmöglichkeit nach Art 25 Abs 3 EuErbVO ist von immenser Wichtigkeit für die so typischen Pendlerfälle (zwei Nationalitäten, zwei Wohnsitze): Will man diese Fälle wirklich dem Zufall überlassen? Man mag und sollte sich in der Gestaltungspraxis auf den Erbvertrag konzentrieren (s Rn 77 ff), allerdings gibt es zum einen viele Anwälte, die auf der Basis von gemeinschaftlichen Testamente beraten (weil sie nicht beurkundungspflichtig sind), und natürlich schreiben zahlreiche unberatene Paare ein gemeinschaftliches Testament. Diese gesellschaftliche Realität muss auch zu einem praktikablen Resultat von kollisionsrechtlicher Qualifikation und Anknüpfung führen. Schließlich darf nicht übersehen werden, dass auch in der notariellen Praxis in einem Fall gemeinschaftliche Testamente denkbar sind, nämlich in solchen Fällen, in denen bestehende Erbverträge geändert werden, man also „Nachträge“ zu Erbverträgen schreibt. Wenn in derartigen Nachträgen keine vertragsmäßigen Verfügungen enthalten sind (also beispielsweise als einseitig widerruflich gestaltete Schlusserbfolge geändert wird – was bekanntlich hin und wieder vorkommt), dann handelt es sich nach einer Ansicht um ein gemeinschaftliches Testament (vgl dazu

KORNEXL ZEV 2003, 62; dazu Replik LEHMANN ZEV 2003, 234; dazu wiederum Duplik KORNEXL ZEV 2003, 235; s näher § 2278 Rn 6). Soll dann der ursprüngliche Erbvertrag (der in weiten Teilen weitergilt, in anderen abgeändert wurde) nach Art 25 EuErbVO angeknüpft werden, das gemeinschaftliche Testament dagegen nach Art 24 EuErbVO? Man ist sich einig, dass der Erbvertrag einheitlich nach Art 25 EuErbVO beurteilt wird, also auch die darin enthaltenen einseitigen Verfügungen (siehe nur MünchKomm/DUTTA[8] Art 3 EuErbVO Rn 11 mwN). Das sollte dann auch für Abänderungen der Erbverträge gelten, die nach deutschem Verständnis möglicherweise gemeinschaftliche Testamente sind.

Da die Rechtslage höchstrichterlich (also durch den EuGH) bislang nicht geklärt ist, **92**
ist vor Errichtung eines gemeinschaftlichen Testaments mit Beteiligten, die einen Bezug zu einer fremden Rechtsordnung haben (Regelanknüpfung nach Art 21, 24 EuErbVO der gewöhnliche Aufenthalt bei Tod bzw Testamentserrichtung), stets zu prüfen, ob damit die Rechtsnachfolge von Todes wegen wirksam geregelt wird. Wenn die Ehegatten die Absicht erkennen lassen, aus Deutschland in einen anderen Mitgliedstaat der Union ziehen zu wollen, sollte ein Erbvertrag beurkundet werden (KANZLEITER ZEV 2014, 225 [227] mwN), der einem gemeinschaftlichen Testament ohnehin vorzuziehen ist (siehe Rn 77 ff).

Art 25 Abs 3 erlaubt den Vertragspartnern lediglich eine Rechtswahl, um Zulässig- **93**
keit, materielle Wirksamkeit und Bindungswirkung eines Erbvertrags abzusichern. Damit ist das auf die Rechtsnachfolge der jeweiligen Vertragspartner anwendbare Erbrecht noch nicht fixiert; das richtet sich nach Art 21 bis 23 EuErbVO (SOUTIER ZEV 2015, 515 [517]).

3. Formstatut

Beim Formstatut ist der Vorrang des Haager Testamentsformübereinkommens von **94**
1961 zu beachten, Art 75 Abs 1 UAbs 2 EuErbVO. Für gemeinschaftliche Testamente gilt daher Art 4 HTestFormÜ, sofern sie in *einer* Urkunde errichtet sind; im Übrigen, also für gemeinschaftliche Testamente in getrennten Urkunden, gilt dagegen Art 27 EuErbVO (OLG München FamRZ 2020, 1951 [1953] mwN und zust Anm FORNASIER).

§ 2265
Errichtung durch Ehegatten

Ein gemeinschaftliches Testament kann nur von Ehegatten errichtet werden.

Materialien: E I § 1913; E II § 2132 rev § 2239; E III § 2238; Mot V 253 ff; Prot V 424; JAKOBS/SCHUBERT ER II 1672–1685; HORN 1053 ff.

Schrifttum

ALBRECHT, Die Lehre von den Erbverträgen von Georg Beseler, KritJbfdtRechtswiss 6, 321
BERNEITH, Umdeutung nichtiger gemeinschaftlicher Testamente mit wechselbezüglichen Verfügungen?, ZEV 2019, 241
BESELER, Die Lehre von den Erbverträgen (1835, 1837, 1840)

Gossrau, Behandlung gemeinschaftlicher Testamente von Nichtehegatten, NJW 1947/1948, 365
Hartmann, Zur Lehre von den Erbverträgen und gemeinschaftlichen Testamenten (1860)
Hasse, Über Erbvertrag, Vertrag über eine fremde Erbschaft, Schenkung todeshalber und wechselseitiges Testament, Rheinisches Museum für Jurisprudenz 2, 149 ff, 300 ff; 3, 1 ff, 239 ff, 490 ff
Kanzleiter, Die Aufrechterhaltung der Bestimmungen in unwirksamen gemeinschaftlichen Testamenten als einseitige letztwillige Verfügungen, DNotZ 1973, 133
ders ZEV 1996, 306
ders, Gemeinschaftliche Testamente bitte nicht auch für Verlobte!, FamRZ 2001, 1198
Kollmeyer, Umdeutung unwirksamer Verfügungen in gemeinschaftlichen Testamenten, NJW 2018, 662
Lutter, Zur Umdeutung nichtiger gemeinschaftlicher Testamente von Nicht-Ehegatten, FamRZ 1959, 273
v Proff, Das gemeinschaftliche Testament von Nichtehegatten, ZErb 2008, 254
Stein, Errichtung letztwilliger Verfügungen und Verfügungen von Todes wegen durch Vertrag, Gutachten aus dem Anwaltsstande über die erste Lesung des Entwurfs eines Bürgerlichen Gesetzbuches (1890) 470
Wacke, Gemeinschaftliche Testamente von Verlobten, FamRZ 2001, 457.

Systematische Übersicht

Alphabetische Übersicht

I. Allgemeines, Voraussetzungen

1 Nach § 2265 BGB können **nur Eheleute** ein gemeinschaftliches Testament errichten (über die Vorgeschichte dieser Regelung s Vorbem 5 f zu §§ 2265 ff, Rn 2 und Prot V 427 = Horn

§ 2265 Rn 17 ff); nach § 10 Abs 4 LPartG zusätzlich auch eingetragene Lebenspartner. Verlobte (OLG Düsseldorf FamRZ 1997, 518; NK-BGB/Gierl[6] Rn 17), Verwandte, insbesondere Geschwister (BayObLG FamRZ 1993, 1370; weitere Nachweise in Rn 6), oder nicht verwandte Personen (BayObLG FamRZ 2001, 1563) können kein gemeinschaftliches Testament errichten. Das Gesetz verweist sie auf die Form des Erbvertrags (vgl für Verlobte § 2276 Abs 2 BGB). Das ist mit dem Grundgesetz vereinbar (BVerfG NJW 1989, 1986). Eine analoge Anwendung der §§ 2265 ff BGB auf **nichteheliche Lebensgemeinschaften** ist abzulehnen (zutr v Proff ZErb 2008, 255). Zwar sind nichteheliche Lebensgemeinschaften seit einiger Zeit stark verbreitet, aber sie sind eben ein soziales Phänomen ohne rechtliche Förmlichkeiten. Genau eine solche, nämlich die Eheschließung, setzt das gemeinschaftliche Testament voraus. Ob eine Ehe vorliegt, kann eindeutig festgestellt werden; nichteheliche Lebensgemeinschaften sind demgegenüber vielgestaltig. Das gemeinschaftliche Testament war von vornherein als Zugeständnis an die gelebte Praxis von *Eheleuten* in manchen Regionen Deutschlands gedacht. Im Zuge des Gesetzgebungsverfahrens wurde ua darüber diskutiert, das gemeinschaftliche Testament auch Verlobten zu öffnen; dies wurde abgelehnt (Prot V 7338 f).

Ein von **Verlobten** errichtetes gemeinschaftliches Testament wird auch dann nicht wirksam, wenn die Verlobten einander heiraten (ganz **hM**, RGZ 87, 33; Erman/S Kappler/T Kappler[16] Rn 2; jurisPK/Reymann[9] Rn 10; NK-BGB/Gierl[6] Rn 17; MünchKomm/Musielak[9] Rn 2; BeckOK/Litzenburger [1. 2. 2022] Rn 16; BeckOGK/Braun [1. 10. 2021] Rn 119; Planck/Greiff Anm 1; v Proff ZErb 2008, 254 [257]; **aA** Wacke FamRZ 2001, 457: dagegen Kanzleiter FamRZ 2001, 1198). Wacke vertritt in seinem Aufsatz in der FamRZ die Auffassung, schon *de lege lata* könnten Verlobte ein gemeinschaftliches Testament errichten, das mit deren Hochzeit wirksam werde. Der Wortlaut von § 2265 BGB ist dafür offen (**aA** etwa BeckOGK/Braun [1. 10. 2021] Rn 119). In den Beratungen zum BGB wurden freilich Änderungsanträge abgelehnt, denen zufolge das von Verlobten errichtete gemeinschaftliche Testament mit Eheschließung wirksam werden sollte (Prot V 423 ff = Horn § 2265 Rn 24 ff). Das sieht auch Wacke. In der Tat können die Gesetzgebungsmaterialien aus dem 19. Jahrhundert heute sicher nicht mehr binden – wenn sie überhaupt Bindungswirkungen haben (dagegen zutr Baldus, Gut meinen, gut verstehen? Historischer Umgang mit historischen Intentionen, in: Baldus / Theisen / Vogel [Hrsg], „Gesetzgeber" und Rechtsanwendung. Entstehung und Auslegungsfähigkeit von Normen [2013] 5-28); vielmehr ist zu fragen, ob die Sachgründe, die damals zu der Entscheidung geführt haben, heute fortgelten oder jedenfalls andere Gründe gegen die Lösung Wackes sprechen. Die in den Materialien aufgeführten Gründe (vgl Horn § 2265 Rn 24 ff) sind bis auf einen pragmatischen Einwand am Ende zeitbezogen. Der pragmatische aber bleibt: „Endlich verursache die unumgänglich nöthige Abhängigmachung des Bestandes eines von Verlobten errichteten gemeinschaftlichen Testaments von dem Zustandekommen der Ehe komplizierte Bestimmungen und mache dadurch das ohnehin nicht einfache Recht der gemeinschaftlichen Testamente noch künstlicher." Den Verlobten bleibt der Erbvertrag, der früher regelmäßig mit einem Ehevertrag verknüpft wurde (auch darauf verweisen zutr die Gesetzesverfasser). Hinzu kommen allgemeine Bedenken gegen das eigenhändige gemeinschaftliche Testament (dazu Vorbem 45 ff zu §§ 2265 ff, Vorbem 77 ff zu §§ 2265 ff und Kanzleiter FamRZ 2001, 1198 [1199 ff]). 2

§ 2265 BGB schließt dagegen nicht aus, dass mehrere Personen, die nicht miteinander verheiratet sind, ihre letztwilligen **Verfügungen auf demselben Blatt Papier** niederschreiben, ohne dass sie damit den Willen bekunden, gemeinsam über ihr Vermögen 3 letztwillig zu verfügen; denn in einem solchen Fall liegt kein gemeinschaftliches Testament iS des Gesetzes vor (RGZ 72, 205; RG JW 1911, 766; OLG Dresden JFG 6, 150; LG Braunschweig DNotZ 1966, 378; Erman/S Kappler/T Kappler[16] Rn 1; MünchKomm/Musielak[9] Vor § 2265 Rn 12; über den Begriff des gemeinschaftlichen Testaments näher s Vorbem 17 ff zu §§ 2265 ff).

4 Die Testatoren müssen **zur Zeit der Errichtung** des gemeinschaftlichen Testaments in einer gültigen Ehe oder Lebenspartnerschaft miteinander leben (über den Begriff der Ehegatten s Staudinger/Werner [2016] § 1931 Rn 7 ff). Die Aufhebung der Ehe nach § 1313 BGB wirkt (anders als früher die Nichtigerklärung nach § 23 EheG) nicht mehr zurück.

5 Wenn die Testierenden zur Zeit der Errichtung des gemeinschaftlichen Testaments nicht miteinander verheiratet waren, so hat die **nachträgliche Eheschließung** (wie oben Rn 2 dargelegt) **keine heilende Wirkung** (zu den weiteren Rechtsfolgen s Rn 6 ff). Dagegen wird umgekehrt das gemeinschaftliche Testament unwirksam, wenn die Ehe vor dem Tod eines Ehegatten etwa durch Scheidung oder durch Aufhebung aufgelöst wird, ausgenommen die Verfügungen, die der Erblasser auch für diesen Fall getroffen hätte (§§ 2268 Abs 2, 2077 BGB).

II. Aufrechterhaltung der Bestimmungen in gemeinschaftlichen Testamenten von Nichtehegatten als einseitige letztwillige Verfügungen; Aufrechterhaltung bei einseitigen Mängeln

1. Problemstellung

6 Immer wieder versuchen Geschwister (RGZ 87, 33; BayObLG OLGE 40, 146; KG KGJ 35, A 93; OLGE 35, 19; JFG 14, 160; JFG 23, 369 = DNotZ 1943, 137; OLGZ 1973, 88 = NJW 1972, 2133; OLG Frankfurt MDR 1976, 667; OLG Koblenz HEZ 1, 283 = NJW 1947/1948, 384; OLG Zweibrücken FamRZ 1989, 790; BayObLG FamRZ 1993, 1370), sonstige Verwandte (OLG Braunschweig NJW-RR 2005, 1027), Verlobte (OLG Neustadt NJW 1958, 1785; OLG Düsseldorf FamRZ 1997, 518) oder Personen, die in einer engen Gemeinschaft leben, ohne verheiratet zu sein (KG OLGZ 1969, 252 = NJW 1969, 798; OLG Hamm ZEV 1996, 304m **abl** Anm Kanzleiter; BayObLG FamRZ 2001, 1563), gemeinsam zu testieren, weil sie nicht wissen, dass die Form des gemeinschaftlichen Testaments nach § 2265 BGB nur Ehegatten vorbehalten ist. Regelmäßig treten auch Fälle auf, in denen Ehegatten vergebens die Errichtung eines gemeinschaftlichen Testaments angestrebt haben, der Mangel, der das wirksame Zustandekommen eines gemeinschaftlichen Testaments verhindert, aber nur den Verfügungen eines der Ehegatten anhaftet (sei es zB, dass einer der Ehegatten testierunfähig ist, sei es, dass die Beitrittserklärung eines der Ehegatten zu dem gemeinschaftlichen Testament unter einem formellen Mangel leidet, vgl zB KG DNotZ 1943, 204; OLG Hamm Rpfleger 1972, 403 m Anm Haegele).

2. Lösungsvorschläge in Rechtsprechung und Literatur

7 Ob die Verfügungen in einem solchen unwirksamen gemeinschaftlichen Testament **als einseitige letztwillige Verfügungen aufrechterhalten werden** können, wenn sie der Form für ein einseitiges Testament genügen, wurde lange unterschiedlich beurteilt.

Auch heute besteht wohl noch keine allg Meinung, aber eine (ganz) herrschende Meinung hat sich herausgebildet:

a) Nach Inkrafttreten des BGB war die **Rechtsprechung** zunächst der einhelligen Auffassung, der in §§ 2265 und 2268 Abs 1 BGB zum Ausdruck kommende Wille des Gesetzes, das gemeinschaftliche Testament nur Ehegatten offenzuhalten, führe zur Nichtigkeit von gemeinschaftlichen Testamenten Nichtverheirateter und schließe auch deren Aufrechterhaltung als einseitige Verfügungen von Todes wegen aus (grundlegend RGZ 87, 33; BayObLG OLGE 40, 146; KG KGJ 35, A 93; JFG 14, 160; so später noch OLG Neustadt NJW 1958, 1785, 1786). 8

b) Davon abweichend hielt das KG in seiner Entsch v 17. 9. 1942 (JFG 23, 369 = DNotZ 1943, 137) die Aufrechterhaltung nicht wechselbezüglicher Verfügungen in einem gemeinschaftlichen Testament als einseitige letztwillige Verfügungen für möglich. Die lange Zeit hM folgte dieser Differenzierung und vertrat dementsprechend die Auffassung, dass die Aufrechterhaltung nicht wechselbezüglicher Verfügungen möglich, die Aufrechterhaltung wechselbezüglicher Verfügungen dagegen ausgeschlossen sei (vgl KG OLGZ 1969, 252 = NJW 1969, 798; OLG Düsseldorf 3. 8. 1955 – 7 U 165/54 und BGH 14. 12. 1955 – IV ZR 289/55, beide unveröffentlicht, zitiert nach Lutter FamRZ 1959, 273; Lutter FamRZ 1959, 273; Bartholomeyczik[9] § 26 II 2; BGB-RGRK/Johannsen[11] Rn 14; Soergel/Siebert/Ehard/Eder[9] Rn 4; Staudinger/Dittmann[10/11] Rn 6 f). Diese Unterscheidung greift das OLG Hamm (ZEV 1996, 304 m **abl** Anm Kanzleiter) später wieder auf. Teilweise wird von dieser Unterscheidung ausgegangen und die Aufrechterhaltung mit der großzügigen Feststellung gerechtfertigt, die Verfügungen seien nicht wechselbezüglich gewesen (vgl OLG Zweibrücken FamRZ 1989, 790). In jüngerer Zeit wird auch vertreten, § 2270 BGB und § 140 BGB schlössen sich aus (Kollmeyer NJW 2018, 662). 9

c) Weitergehend blieben nach BGB-RGRK/Johannsen Rn 14 wechselbezügliche Verfügungen unter der Voraussetzung, dass jede von ihnen formgültig als Einzeltestament getroffen ist, gültig, soweit sie sich nur in ihrer Gültigkeit gegenseitig bedingen und eine Bindung nach dem Tode des Erstverstorbenen nicht in Betracht kommt, da die Verfügung des Überlebenden damit gegenstandslos geworden ist. 10

d) Das KG beschritt in seiner Entsch v 15. 8. 1972 (OLGZ 1973, 88 = NJW 1972, 2133) einen neuen Weg zur Aufrechterhaltung von Verfügungen in fehlgegangenen gemeinschaftlichen Testamenten, insbesondere in Testamenten von Nichtehegatten: Das gemeinschaftliche Testament bestehe aus den – rechtlich selbständigen – letztwilligen Verfügungen verschiedener Personen. Die „Gemeinschaftlichkeit" des Testierens nehme den Verfügungen nicht ihre Selbständigkeit und führe auch nicht zu ihrer rechtsgeschäftlichen Verklammerung. Wenn von Nichtehegatten ein gemeinschaftliches Testament errichtet werde, denen vom Gesetz die Möglichkeit, ihre Verfügungen in dieser Weise zu verbinden, nicht eingeräumt sei, so entfalle damit nur diese Verbindung, die selbständigen Verfügungen blieben dagegen unberührt. Auch die Unwirksamkeit der Verfügungen eines der beiden Beteiligten führe nicht zur Nichtigkeit der Verfügungen des anderen, da zwischen beiden Verfügungen nur ein Zusammenhang im Motiv bestehe (dem KG stimmt – mit weniger differenzierter Begründung – das OLG Frankfurt MDR 1976, 667 zu; der Gedankengang des KG ist angedeutet bei Gossrau NJW 1947/1948, 365, 367). 11

12 **e)** Schließlich wird (wie unter Rn 13 ff darzulegen sein wird) zu Recht die mittlerweile herrschende Auffassung vertreten, dass auch die **Umdeutung wechselbezüglicher Verfügungen unter den allgemeinen Voraussetzungen** des § 140 BGB uneingeschränkt **möglich** ist (BGH FamRZ 2012, 468 Rn 16; OLG Braunschweig NJW-RR 2005, 1027; OLG Düsseldorf FamRZ 2016, 1206; Kanzleiter DNotZ 1973, 133; ders ZEV 1996, 306; Erman/S Kappler/T Kappler[16] Rn 4, 6; Grüneberg/Weidlich Rn 3, 4; Soergel/Leiss[14] Rn 5; Lange/Kuchinke[5] § 34 V 1 mit Fn 148). Zu den allgemeinen Voraussetzungen gehört zunächst die Einhaltung der für die Verfügung, in die umgedeutet werden soll, vorausgesetzten Form (näher s Rn 15). Ferner muss die Umdeutung dem mutmaßlichen Willen des Testierenden entsprechen (Erman/S Kappler/T Kappler[16] Rn 6; näher Rn 16).

3. Stellungnahme

13 **a)** Die Lösung des KG (vgl oben Rn 11) ist abzulehnen, weil das BGB das gemeinschaftliche Testament als ein besonderes Rechtsinstitut mit besonderen Rechtsfolgen ausgestaltet hat, dessen Zustandekommen neben den objektiven Voraussetzungen eine andere Willensrichtung der Beteiligten als bei der Errichtung einer einseitigen letztwilligen Verfügung voraussetzt. Unzutreffend ist deshalb der Ausgangspunkt des KG, das gemeinschaftliche Testament sei nichts anderes als die Zusammenfassung von zwei (selbständigen) letztwilligen Verfügungen, die nur im Motiv miteinander zusammenhängen (s ausführlich Kanzleiter DNotZ 1973, 133, 135 ff; ebenfalls ablehnend OLG Hamm ZEV 1996, 304 m in diesem Punkt zust Anm Kanzleiter; BGB-RGRK/Johannsen Rn 14; MünchKomm/Musielak[9] Rn 7).

14 Die überwM sieht deshalb zu Recht im Gegensatz zum KG die Möglichkeit, den in einem unwirksamen gemeinschaftlichen Testament von Nichtehegatten getroffenen Verfügungen zur Wirksamkeit zu verhelfen, nur in der **Umdeutung** in einseitige letztwillige Verfügungen gemäß § 140 BGB (Nachweise in Rn 12). Da dem Gesetz (entgegen den unter Rn 5–7 wiedergegebenen Auffassungen) **kein Umdeutungsverbot** entnommen werden kann (weder § 2265 BGB noch § 2268 Abs 1 BGB, s im Einzelnen Kanzleiter DNotZ 1973, 133, 140 ff), ist (entsprechend der Auffassung unter Rn 12) die Aufrechterhaltung der in einem unwirksamen gemeinschaftlichen Testament enthaltenen Bestimmungen als einseitige letztwillige Verfügungen unter den allgemeinen Voraussetzungen möglich (Nach Kollmeyer NJW 2018, 662 schließen sich § 2270 und § 140 gegenseitig aus. Kollmeyer NJW 2018, 662 und Berneith ZEV 2019, 241 finden auf der Ebene der dem § 140 vorrangigen Auslegung häufig dieselben Ergebnisse wie die hM).

15 Die Umdeutung ist selbstverständlich nur dann möglich, wenn die in dem unwirksamen gemeinschaftlichen Testament getroffene Verfügung allen Erfordernissen einer einseitigen letztwilligen Verfügung entspricht (vgl BGH NJW-RR 1987, 1410; BayObLG FamRZ 2001, 518 = NJW-RR 2000, 1534; FamRZ 2004, 224; LG Bonn FamRZ 2004, 405 = NJW-RR 2004, 10; Erman/S Kappler/T Kappler[16] Rn 5; Grüneberg/Weidlich § 2267 Rn 4; MünchKomm/Musielak[9] Rn 6; v Proff ZErb 2008, 254 [257]). Dazu gehört namentlich die **Form.** Das bedeutet insbesondere, dass in den praktisch wichtigen Fällen des § 2267 BGB eine Umdeutung nur für den Erblasser in Betracht kommt, der geschrieben und unterzeichnet hat; für den Mitzeichner scheidet die Umdeutung aus (Düsseldorf FamRZ 1997, 518; Erman/S Kappler/T Kappler[16] Rn 5; zu einem weiteren Fall der Umdeutung bei § 2267 s § 2267 Rn 26).

Ferner muss der wirkliche, falls dieser nicht ermittelt werden kann, der **mutmaßliche Wille** des Erblassers eine solche Umdeutung erlauben (näher v PROFF ZErb 2008, 254 [258]; zu seiner Ermittlung bei einseitigen Verfügungen s auch Vorbem 67 zu §§ 2265 ff). 16

b) Unter Anlegung der allgemeinen Maßstäbe des § 140 BGB können **auch wechselbezügliche Verfügungen häufig umgedeutet** werden (Nachweise in Rn 12 und näher zu den einzelnen Fallgestaltungen und den dabei bestehenden Interessenlagen und vermutlich bestehenden Willensrichtungen KANZLEITER DNotZ 1973, 133, 145 ff; v PROFF ZErb 2008, 254 [258 f]; enger MünchKomm/MUSIELAK[9] Rn 8, wonach die **Lebenserfahrung** in der Regel gegen den Willen zur Aufrechterhaltung wechselbezüglicher Verfügungen spreche; grds anders KOLLMEYER NJW 2018, 662 und BERNEITH ZEV 2019, 241): Teilweise unterschiedliche Gesichtspunkte gelten bei der Umdeutung für die Fälle gegenseitiger Zuwendungen, insbesondere der gegenseitigen Erbeinsetzung einerseits, und die Fälle andererseits, in denen die Verfügung des einen Beteiligten zugunsten eines Dritten, der dem anderen Beteiligten nahesteht, „Gegenleistung" für eine Verfügung des anderen Beteiligten ist. In beiden Fällen ist es möglich, dass die Verfügungen aller an dem unwirksamen gemeinschaftlichen Testament Beteiligten den Formerfordernissen einseitiger letztwilliger Verfügungen entsprechen oder dass nur die Verfügung eines der Beteiligten die Form eines Einzeltestaments wahrt. 17

c) Für die **Umdeutung von fehlgegangenen Testamenten, in denen sich die Beteiligten gegenseitig bedenken**, gelten die folgenden Erwägungen: Entsprechen die Verfügungen beider an einem fehlgegangenen gemeinschaftlichen Testament Beteiligten, in denen sie sich gegenseitig bedenken, den Formerfordernissen einseitiger letztwilliger Verfügungen, so können sie immer in Einzeltestamente umgedeutet werden, weil wohl kein Fall denkbar ist, in dem ein Beteiligter nicht eine gleichlautende einseitige letztwillige Verfügung getroffen hätte, wenn ihm bekannt gewesen wäre, dass das angestrebte gemeinschaftliche Testament unwirksam war. In der überwiegenden Zahl der Fälle unwirksamer gemeinschaftlicher Testamente entspricht nur die Verfügung eines der Beteiligten der Form eines einseitigen Testaments. 18

Die formgerechte Verfügung des einen Beteiligten kann dann nicht in ein Einzeltestament umgedeutet werden, wenn die Verfügungen in einem strengen Wechselverhältnis standen, wenn also die formgerechte Verfügung des einen Beteiligten nur für den Fall gelten sollte, dass auch die anderen Beteiligten eine wirksame Verfügung mit dem gemeinsam vereinbarten Inhalt treffen (s LG Karlsruhe BWNotZ 1989, 62). Nur in diesem Sinne ist der Grundsatz richtig, dass wechselbezügliche Verfügungen nicht aufrechterhalten werden können. 19

Meist wird aber für die Verfügung jedes Einzelnen das **gegenseitige Vertrauen** entscheidend gewesen sein, das in dem Versuch eines gemeinschaftlichen Testaments zum Ausdruck kam (zust v PROFF ZErb 2008, 254 [259]). Jeder Beteiligte wird seine Verfügung meist nicht nur für den Fall getroffen haben, dass die gegenläufige Verfügung des anderen Beteiligten auch tatsächlich wirksam ist, sondern unter der Voraussetzung, dass die Verfügung des anderen Beteiligten nach außen hin – wenn auch rechtsunwirksam – verlautbart wurde und von ihm tatsächlich gewollt war (vgl LG Bonn NJW-RR 2004, 10). Denn bei der gegenseitigen Erbeinsetzung kann sowieso nur einer der beiden Erblasser – der Überlebende – letztlich tatsächlich erben, nur die Verfügung des vorverstorbenen Erblassers ist im Ergebnis überhaupt von rechtlicher 20

Bedeutung, während die Verfügung des Überlebenden schließlich unabhängig von ihrer rechtlichen Wirksamkeit oder Unwirksamkeit keine Rechtsfolgen mit sich bringt. Die rechtliche Wirksamkeit oder Unwirksamkeit der Verfügung des Überlebenden ist also letztlich bedeutungslos, bedeutungslos auch für die Entscheidung des Verstorbenen bei der Errichtung seiner Verfügung, bei der es ihm regelmäßig nur auf das in der tatsächlichen Errichtung der entsprechenden Verfügung zu seinen Gunsten durch den anderen Beteiligten zum Ausdruck kommende Vertrauen ankam.

21 **d)** Während bei der gegenseitigen Erbeinsetzung, bei der letztlich nur eine der sich gegenüberstehenden Verfügungen für die Erbfolge Bedeutung erlangt, regelmäßig nur das gegenseitige Vertrauen der Testierenden Grundlage ihrer jeweiligen Verfügungen ist, wird mit einer Verfügung ein weiterer Zweck verfolgt, wenn ihr als **„Gegenleistung" die Bedenkung einer dritten**, dem Erblasser nahestehenden **Person** gegenübersteht. Zusätzliche mit der eigenen Verfügung verfolgte Absicht ist es dann, den Begünstigten zu der gegenläufigen Verfügung zugunsten des dem Erblasser nahestehenden Dritten zu veranlassen; die angestrebte Bindung soll sicherstellen, dass die Zuwendung an den Dritten nicht nachträglich aufgehoben werden kann. Anders als in den Fällen bloßer gegenseitiger Erbeinsetzung wird hier häufig die Umdeutung in ein einseitiges Testament unter Beifügung einer Bedingung, die die Verfügung davon abhängig macht, dass der letztbegünstigte Dritte das ihm Zugewendete erhält, dem Willen des Erblassers entsprechen (s dazu näher Kanzleiter DNotZ 1973, 133, 149 f).

22 **e)** Grundsätzlich die gleichen Gesichtspunkte gelten in allen Fällen, in denen die erstrebte Errichtung eines gemeinschaftlichen Testaments scheitert, also nicht nur bei Errichtung durch Nichtehegatten, sondern auch, wenn die Erklärung eines Ehegatten – wegen Testierunfähigkeit (vgl OLG München ZEV 2010, 471 = FamRZ 2010, 1769; OLG Düsseldorf FamRZ 2012, 1587; OLG Düsseldorf ErbR 2016, 351) oder wegen eines **formellen Mangels** – unwirksam ist (wobei die vorausgehende, auf tatsächlichem Gebiet liegende Frage die ist, ob die von einem Ehegatten – etwa im Plural – abgefasste Verfügung als einseitiges Testament oder als Teil eines sukzessiv errichteten gemeinschaftlichen Testaments gewollt ist; vgl BayObLG FamRZ 1991, 111). Erfüllt ein fehlgeschlagenes gemeinschaftliches Testament die Formerfordernisse eines eigenhändigen Einzeltestamentes (§ 2247 Abs 1 BGB), so ist es selbstverständlich grundsätzlich rechtlich zulässig, die in dem Entwurf des gemeinschaftlichen Testaments enthaltenen Anordnungen als wirksame einseitige Verfügung aufrechtzuerhalten (BGH NJW-RR 1987, 1410; BayObLG FamRZ 2001, 518 = NJW-RR 2000, 1534; FamRZ 2004, 224, 225; OLG Stuttgart FamRZ 2019, 1827). Das gilt auch für den Fall des Ehegatten, der die Unterschrift des anderen Ehegatten gefälscht hat, um vorzutäuschen, es liege ein wirksames gemeinschaftliches Testament vor (OLG Stuttgart FamRZ 2019, 1827). Wie das OLG zutreffend feststellt, mag der Erblasser eine Straftat gem § 267 StGB begangen haben, aber hieraus, insb auch nicht aus § 134 BGB, kann nicht gefolgert werden, die einseitigen Verfügungen des Erblassers seien ebenfalls unwirksam.

23 Bleibt die Beitrittserklärung eines Ehegatten aus, so wird die Umdeutung in eine einseitige Verfügung seltener möglich sein, gerade bei der von einem Ehegatten im eigenhändig geschriebenen und unterzeichneten Entwurf eines gemeinschaftlichen Testaments vorgesehenen Erbeinsetzung iS von § 2269 Abs 1 BGB (Berliner Testament, BayObLG NJW-RR 2003, 659 = Rpfleger 2003, 296; BayObLGZ 2000, 174 = NJW-RR 2000,

1534 = FamRZ 2001, 518 = Rpfleger 2000, 457). Denn diese von einem Erblasser getroffene, als Bestandteil eines gemeinschaftlichen Testaments gewollte Verfügung kann nur als einseitiges Testament aufrechterhalten werden, wenn ihre Wirksamkeit nach dem mutmaßlichen Willen des Erblassers sofort eintreten und nicht von einer entsprechenden Erklärung des anderen Ehegatten abhängig sein sollte (BayObLG FamRZ 1992, 353 = NJW-RR 1992, 332; OLG München ErbR 2014, 435; OLG Frankfurt FamRZ 1998, 1394 = Rpfleger 1998, 342 = FGPrax 1998, 145; OLG Frankfurt FamRZ 2012, 330; § 2084 BGB gilt nicht). Häufig wird sie aber von dem vom Testierenden erwarteten Vertrauensbeweis des anderen Ehegatten abhängen, der in dessen gegenläufiger Erklärung liegt (zur Umdeutung in diesen Fällen s ebenfalls Kanzleiter DNotZ 1973, 133, 145 ff; vgl auch BGH NJW-RR 1987, 1410; Schmidt FGPrax 2004, 1, 4). Gegen die Umdeutung kann beim Berliner Testament sprechen, dass die vom Testierenden und Erstverstorbenen vorgesehene Schlusserbeinsetzung bedeutsam war (s OLG München ErbR 2014, 435).

Denkbar ist natürlich auch die Umdeutung in einen **Erbvertrag** (s näher Vorbem 52 zu **24**
§§ 2265 ff). Das setzt freilich voraus, dass die Form des § 2276 BGB eingehalten ist (Erman/S Kappler/T Kappler[16] Rn 4) und dass die weitergehende Bindung (Bindung zu Lebzeiten, § 2298 BGB) gewünscht wird (Erman/S Kappler/T Kappler[16] Rn 7).

§ 2266
Gemeinschaftliches Nottestament

Ein gemeinschaftliches Testament kann nach den §§ 2249, 2250 auch dann errichtet werden, wenn die dort vorgesehenen Voraussetzungen nur bei einem der Ehegatten vorliegen.

Materialien: E II § 2133 rev § 2240; E III § 2239; Prot V 426 ff; Jakobs/Schubert ER II 1680–1686; Horn 1061.

Schrifttum

Schultheis, Die Gültigkeitsdauer der gemeinschaftlichen Dorftestamente, ZBlFG 1917, 174.

Systematische Übersicht

I. Textgeschichte

1 In seiner ursprünglichen Fassung hatte das BGB in § 2266 BGB bestimmt, dass ein gemeinschaftliches Testament auch dann nach § 2249 BGB, also vor dem Bürgermeister (früher dem Gemeinde- oder Gutsvorsteher) errichtet werden könne, wenn die Voraussetzung dieser Vorschrift (nahe Todesgefahr) nur auf Seiten eines der Ehegatten vorliege. § 28 Abs 3 TestG dehnte diese erweiterte Zulassung des gemeinschaftlichen Nottestaments auf den Fall des § 24 TestG, jetzt § 2250 BGB, aus (Absperrung oder besonders nahe Todesgefahr). Das hing damit zusammen, dass das TestG in § 24 (jetzt § 2250 BGB) den Absatz 2 (besonders nahe Todesgefahr) neu eingefügt hatte. Durch das GesEinhG wurde die Bestimmung des § 28 Abs 3 TestG als § 2266 BGB (unverändert) wieder in das BGB eingefügt.

II. Bedeutung

2 § 2266 BGB erleichtert die Anwendung der §§ 2249, 2250 BGB dergestalt, dass die dort beschriebenen Notsituationen nur bei einem Ehegatten oder Lebenspartner vorhanden sein müssen, wenn beide in der Form testieren wollen. Die Vorschrift sorgt gerade deswegen aber auch für Probleme, namentlich mit Blick auf das Außerkrafttreten (Rn 6 ff).

3 Die **Bedeutung** der §§ 2249 ff BGB ist beim gemeinschaftlichen Testament noch geringer als beim Einzeltestament, weil nicht nur überall Notare zur Verfügung stehen, sondern weil auch die Möglichkeit der Mitunterzeichnung nach § 2267 BGB die Errichtung erleichtert. Besteht die Situation der §§ 2249, 2250 BGB nur bei einem Ehegatten, so können trotzdem beide Ehegatten in dieser Form testieren. Besteht die Situation der §§ 2249, 2250 BGB bei beiden Ehegatten oder Lebenspartnern gleichzeitig (das wird bei Absperrung oft der Fall sein), so gelten für die Errichtung des Nottestaments keine Abweichungen von §§ 2249 ff BGB. Ist nur einer der Ehegatten in der Notsituation, so ist nach der hM die Errichtung auch in der Weise möglich, dass der betroffene Ehegatte nach §§ 2249, 2250 BGB, der andere nach den allgemeinen Vorschriften (§ 2231 f BGB) testiert (**ganz hM**, s Muscheler, ErbR I Rn 2073; BeckOK/Litzenburger [1. 8. 2022] Rn 2; J Mayer/Sammet in: Reimann/Bengel/Dietz[7] Rn 2 m zahlr Nachw in Rn 3; BeckOGK/Braun [1. 2. 2022] Rn 2; anders nur MünchKomm/Musielak[9] Rn 2, der fordert, dass sich beim gemeinschaftlichen Nottestament beide Ehegatten derselben Testamentsform bedienen).

4 § 2251 BGB ist im Gesetz nicht erwähnt, weil beim Seetestament dafür offenbar kaum ein praktisches Bedürfnis besteht; die Ehegatten, die sich auf demselben Schiff befinden, können selbstverständlich ein gemeinschaftliches Testament als **Seetestament** errichten (s auch jurisPK/Reymann[9] Rn 3; J Mayer/Sammet, in: Reimann/Bengel/Dietz[7] Rn 1; BeckOGK/Braun [1. 4. 2022] Rn 3). Das mag anders sein, wenn die Ehegatten auf unterschiedlichen Schiffen sind, oder sich einer an Land, der andere auf dem Schiff befindet; hier könnte § 2266 BGB – analog – anzuwenden sein (ausführlich BeckOGK/Braun [1. 4. 2022] Rn 3.2).

5 Für die **Form** des gemeinschaftlichen Testamentes gelten grundsätzlich die gleichen Regeln wie für andere Testamente, also auch die über die außerordentlichen Testamentsarten, die **Nottestamente** nach den §§ 2249–2251 BGB (vgl Prot V 428 f = Horn

§ 2265 Rn 32 ff). Insbesondere ist etwa § 2233 BGB zu beachten (MünchKomm/Sticherling[9] § 2233 Rn 17; BeckOGK/Braun [1. 4. 2022] Rn 5).

III. Außerkrafttreten nach Ablauf der Dreimonatsfrist

6 Problematisch ist das Außerkrafttreten nach Ablauf der Dreimonatsfrist aufgrund § 2252 BGB. Dem § 2266 BGB selbst kann dazu nichts entnommen werden, weil er sich nur mit der Errichtung gemeinschaftlicher Testamente befasst. Die Auslegung der Vorschrift muss davon ausgehen, dass § 2252 Abs 1 BGB die Unwirksamkeit zwingend anordnet und den Ehegatten die vorläufige Wirkung ihres Testaments bekannt ist oder es jedenfalls ihre Sache wäre, sich zu unterrichten.

7 Die Unwirksamkeit tritt dann ein, wenn **beide Ehegatten** nach §§ 2249 ff BGB testieren und beide **die Frist überleben** (BeckOGK/Braun [1. 4. 2022] Rn 13 ff). Wenn dagegen nur einer die Nottestamentsformen verwendet, der andere ordentlich testiert, aber beide erst nach Ablauf der Dreimonatsfrist versterben, werden jedenfalls die Verfügungen desjenigen unwirksam, der nach §§ 2249 ff BGB testiert hat; das Schicksal der Verfügungen des anderen richtet sich nach den allgemeinen Vorschriften, insb nach § 140 BGB und nach § 2270 BGB (BeckOGK/Braun [1. 4. 2022] Rn 15).

8 **Überlebt** nur **ein Ehegatte** die Dreimonatsfrist, greift § 2252 BGB nicht. Das gemeinschaftliche Testament bleibt dann also wirksam (KG BeckRS 1918, 5; missverständlich BeckOGK/Braun [1. 4. 2022] Rn 18). Dabei kommt es nicht darauf an, welcher der Ehegatten innerhalb der Frist verstirbt; das kann auch derjenige sein, in dessen Person die Voraussetzungen der §§ 2249 ff BGB nicht vorlagen (BeckOGK/Braun [1. 4. 2022] Rn 19 f mwN). Auch bleiben alle Verfügungen im gemeinschaftlichen Testament wirksam; auf die Frage, ob es sich um einseitige, gegenseitige oder gar wechselbzgl Verfügungen handelt, kommt es nach inzwischen ganz hM nicht an (BeckOGK/Braun [1. 4. 2022] Rn 22 mwN; **aA** noch Staudinger/Kanzleiter [2014] Rn 5 f).

IV. Verhinderung unglücklicher Folgen eines gemeinschaftlichen Nottestaments

9 In den seltenen Fällen gemeinschaftlicher Nottestamente können unglückliche Folgen durch Auslegung und Anfechtung verhindert werden.

Die Entscheidung RGZ 104, 320 bezieht sich auf den entgegengesetzten Fall, in dem gesetzliche Erben (erfolglos) versuchten, von einem Testament mit der Begründung loszukommen, der Erblasser habe angenommen, ein Nottestament zu errichten, das durch Fristablauf unwirksam geworden sei.

§ 2267
Gemeinschaftliches eigenhändiges Testament

Zur Errichtung eines gemeinschaftlichen Testamentes nach § 2247 genügt es, wenn einer der Ehegatten das Testament in der dort vorgeschriebenen Form errichtet und der andere Ehegatte die gemeinschaftliche Erklärung eigenhändig mitunterzeichnet. Der mitunterzeichnende Ehegatte soll hierbei angeben, zu welcher Zeit (Tag, Monat, Jahr) und an welchem Ort er seine Unterschrift beigefügt hat.

Materialien: E II § 2134 rev § 2241; E III § 2240; Prot V 426 ff; Jakobs/Schubert ER II 1678–1688; Horn 1062.

Schrifttum

Asbeck, Das eigenhändige Ehegattentestament, Betrieb 1961, 869
Baron, Die Errichtung letztwilliger Verfügungen, AcP 75, 177, 240
Coing, Zur Form des gemeinschaftlichen eigenhändigen Testaments, JZ 1952, 611
Eichner (mit Zacher-Röder), Wirksamkeit eines Nachtrags zu einem gemeinschaftlichen Testament nach § 2267 BGB, ZEV 2010, 63
Firsching, Fragen des Testamentsrechts, DNotZ 1955, 283
Kanzleiter, Empfiehlt es sich, das privatschriftliche gemeinschaftliche Testament abzuschaffen?, ZEV 2011, 1
Kreher, Von der Errichtung, Eröffnung und Wiederverwahrung gemeinschaftlicher Testamente und Erbverträge, WürttNotV 1932, 45
Rötelmann, Erfordernisse des eigenhändigen gemeinschaftlichen Testaments, Rpfleger 1958, 146
Schmitz, Tücken eigenhändig errichteter gemeinschaftlicher Testamente, ErbR 2011, 135
Vogels, Das neue Testamentsrecht, DJ 1938, 1269
Weyer, Das neue Testamentsrecht, DNotZ 1938, 574
Zacher-Röder (mit Eichner), Wirksamkeit eines Nachtrags bei einem gemeinschaftlichen Testament nach § 2267 BGB, ZEV 2010, 63.

Systematische Übersicht

Alphabetische Übersicht

I. Geschichte der Vorschrift, Entwicklung

§ 2267 BGB lautete ursprünglich: „Zur Errichtung eines gemeinschaftlichen Testamentes nach § 2231 Nr 2 BGB genügt es, wenn einer der Ehegatten das Testament in der dort vorgeschriebenen Form errichtet und der andere Ehegatte die Erklärung beifügt, dass das Testament auch als sein Testament gelten solle. Die Erklärung muss unter Angabe des Ortes und Tages eigenhändig geschrieben und unterschrieben werden.“ 1

Obwohl diese Bestimmung die Errichtung von gemeinschaftlichen eigenhändigen Testamenten erleichterte, wurde sie doch für viele gemeinschaftliche Testamente zum Verhängnis, weil die vorgesehene Beitrittserklärung unter allen Umständen die Angabe des (wahren!, s RGZ 147, 193; KG DNotZ 1936, 112) Tages und Ortes der Erklärung enthalten musste und nach der Rechtsprechung nicht durch bloße Mitunterzeichnung der Haupterklärung ersetzt werden konnte (s Staudinger/Dittmann[10/11] Rn 2; KG JFG 14, 288 = DJ 1936, 1696 m Anm Vogels). Die Vorschrift wurde daher vielfach angegriffen (s vHippel, Formalismus und Rechtsdogmatik 121 ff).

Das **TestG** ersetzte sie, entsprechend den Vorschlägen des ErbrA der AkDR (1. Denkschrift 60), durch die mildere Bestimmung des § 28 Abs 2 TestG, die unverändert als § 2267 BGB in das BGB übernommen worden ist. Nunmehr genügt eigenhändige Mitunterzeichnung der Haupterklärung durch den anderen Ehegatten; die Forderung der Angabe von Zeit und Ort ist, entsprechend der allgemeinen Regelung für das eigenhändige Testament in § 2247 Abs 2 BGB, zu einer Empfehlung abgeschwächt worden. 2

II. Bedeutung der Vorschrift

§ 2267 BGB betrifft die **Form** des gemeinschaftlichen Testaments, regelt sie aber nicht abschließend. Vielmehr geht aus dem Wort „genügt“ deutlich hervor, dass sich die Form des gemeinschaftlichen Testaments an sich aus anderen Vorschriften ergibt und dass nur neben dieser Form oder diesen Formen zur Erleichterung auch die in § 2267 BGB beschriebene Art der Errichtung zugelassen wird. Die Frage, wie ein gemeinschaftliches Testament sonst errichtet werden kann, muss mit Hilfe der allgemeinen Vorschriften über die Errichtung von Testamenten beantwortet werden. 3

III. Die Form des gemeinschaftlichen Testaments im Allgemeinen

4 Die Errichtung eines gemeinschaftlichen Testaments ist **grundsätzlich in jeder Testamentsform möglich**. Nach den Darlegungen über Definition und Voraussetzungen eines gemeinschaftlichen Testaments (Vorbem 17 ff zu §§ 2265 ff) brauchen sich beide Ehegatten nicht der gleichen Testamentsform zu bedienen. Vielmehr ist jede **Kombination** möglich: Der eine Ehegatte kann seine Verfügungen privatschriftlich, der andere in einem öffentlichen Testament niederlegen. Bei Errichtung in öffentlicher Form können die beiden Ehegatten unterschiedliche Formen des öffentlichen Testaments wählen, ihre Verfügungen zu verschiedenen Zeiten und vor verschiedenen Notaren errichten, wenn nur die unter Vorbem 18 ff zu §§ 2265 ff dargelegten Voraussetzungen erfüllt sind (statt vieler NK-BGB/Gierl[6] Rn 2). Zu Einschränkungen der Kombinationsmöglichkeiten s Rn 8, 10 ff und 16 ff.

5 Soweit früher die Auffassung vertreten wurde, eine „Kombination" der Testamentsformen sei ausgeschlossen oder eingeschränkt, insbesondere ein öffentliches Testament könne nur in einheitlicher Verhandlung bei Anwesenheit beider Ehegatten vor einem Notar errichtet werden (vgl Staudinger/Dittmann[10/11] Rn 2, 3, 6 – anders schon Kipp/Coing § 33 I, VI 2; Planck/Greiff Vorbem 3a vor §§ 2265 ff; heute allgM, s nur J Mayer/Sammet, in: Reimann/Bengel/J Mayer/Dietz[7] Rn 2), wirkt die frühere objektive Auffassung des RG über das gemeinschaftliche Testament nach.

6 Freilich wird eine solche Kombination der Testamentsformen die Ausnahme sein. Regelmäßig werden öffentliche gemeinschaftliche Testamente in einer einheitlichen Verhandlung vor dem Notar errichtet. Typischerweise wird auch ein privatschriftliches gemeinschaftliches Testament in einem einheitlichen Errichtungsakt oder jedenfalls in unmittelbarer sukzessiver Aufeinanderfolge errichtet. Notwendig ist dies aber nicht.

7 Da bei der Errichtung eines gemeinschaftlichen Testamentes eine **Kombination** der unterschiedlichen Testamentsformen möglich ist, gelten die gesetzlichen Anforderungen für die beiden Errichtungsakte grundsätzlich unabhängig voneinander. Dies gilt aber dann nicht, wenn eine Vorschrift zum Schutz eines Ehegatten nach ihrem Schutzzweck auch auf die Verfügungen des anderen Ehegatten angewendet werden muss. Das ist aber nur ausnahmsweise der Fall, wie im Folgenden im Einzelnen darzulegen sein wird. Regelmäßig genügt zum Schutz jedes Ehegatten das grundsätzliche Erfordernis des gemeinschaftlichen Testaments, dass ihm die Anordnungen des anderen Ehegatten bekannt sind und dass er sie billigt.

IV. Verfügungen in öffentlicher Form

1. Allgemeines

8 Für die Verfügungen in öffentlicher Testamentsform gelten die §§ 2232 f BGB und die Vorschriften des **BeurkG**, insbesondere §§ 27 ff, 22 ff und 11 Abs 2. Die einzelnen Arten des öffentlichen Testaments (§ 2232 BGB) stehen den testierenden Eheleuten wahlweise zu Gebote. Es ist also nicht nur zulässig, dass beide ihren letzten Willen mündlich oder durch Übergabe einer gemeinsamen Schrift oder durch Verbindung beider Errichtungsarten erklären, sondern auch, dass der eine mündlich, der andere durch Übergabe einer Schrift testiert oder dass jeder eine gesonderte Schrift übergibt

oder dass nur ein Ehegatte die übergebene Schrift durch mündliche Erklärungen oder umgekehrt ergänzt (NK-BGB/Gierl[6] Rn 2; MünchKomm/Musielak[9] Rn 4 ff; BeckOGK/Braun [1. 4. 2022] Rn 46; Kretzschmar LZ 1917, 888; Strohal § 43 N 8 ff; Planck/Greiff § 2265 Anm 3a; Vogels/Seybold § 28 TestG Anm 5; OLG Dresden JFG 6, 154; **aA** Werneburg DNotZ 1916, 233).

Jeweils muss allerdings gewährleistet sein, dass jeder Ehegatte von den Verfügungen des anderen Ehegatten Kenntnis hat (J Mayer/Sammet, in: Reimann/Bengel/Dietz Rn 2, 4 f). Ob die Errichtung oder der Widerruf eines gemeinschaftlichen Testaments im Rahmen eines gerichtlichen Vergleichs nach **§ 127a BGB** möglich ist, ist umstr (ablehnend Staudinger/Baumann § 2231 Rn 37 f). Jedenfalls dem Widerruf stehen aber keine Bedenken im Weg, er setzt freilich die persönliche Anwesenheit beider Ehegatten beim Vergleichsabschluss und ihre Genehmigung des Vergleichs voraus (entspr §§ 2274, 2276 Abs 1 BGB; OLG Bremen FamRZ 2013, 661). 9

2. Besonderheiten für Verfügungen in unterschiedlichen Urkunden

Werden die Verfügungen **in unterschiedlichen Urkunden** getroffen, so sind die gesetzlichen Anforderungen jeweils gesondert zu beachten. Notar oder Zeugen sind nur ausgeschlossen, wenn sie aufgrund der Verfügungen des betreffenden Erblassers ausgeschlossen sind. Ist ein Ehegatte beeinträchtigt, so brauchen nur bei der Errichtung seiner Verfügungen die einschlägigen Sondervorschriften beachtet zu werden. Kann ein Erblasser zB **Geschriebenes nicht lesen**, so kann er nach § 2233 Abs 2 BGB ein Testament nur durch Erklärung gegenüber dem Notar errichten. Es ist dann nicht erforderlich, dass der andere Ehegatte sich ebenfalls dieser Form bedient (MünchKomm/Musielak[9] Rn 7; BGB-RGRK/Johannsen § 2265 Rn 12; BeckOGK/Braun [1. 4. 2022] Rn 50; **aA** J Mayer/Sammet, in: Reimann/Bengel/Dietz[7] Rn 9 m zahlr Nachw; NK-BGB/Gierl[6] Rn 3; Grüneberg/Weidlich Rn 5; jurisPK-BGB/Reymann[9] Rn 14). Der Leseunfähige ist durch die Belehrungspflicht des Notars ausreichend geschützt. 10

Ist ein **Ehegatte stumm**, so kann er ein öffentliches Testament seit Streichung des § 2233 Abs 3 BGB nicht mehr nur durch Übergabe einer Schrift, sondern in jeder ihm möglichen Form der Erklärung (durch Nicken, notfalls, bei „Mehrfachbehinderung", unter Beachtung von § 24 BeurkG) errichten. Alle früheren Einschränkungen sind aufgehoben, es gelten die allgemeinen Anforderungen und Kombinationsmöglichkeiten für beide Ehegatten. 11

Ein **minderjähriger Erblasser** kann nach § 2233 Abs 1 BGB nur durch Erklärung vor dem Notar oder durch Übergabe einer offenen Schrift testieren. Diese Vorschrift soll die Belehrung des Minderjährigen durch den Notar über den Inhalt seiner Verfügung gewährleisten und will den Minderjährigen damit vor der Errichtung von Verfügungen schützen, deren Konsequenzen er möglicherweise nicht voll übersieht. 12

Die rechtlichen Konsequenzen der Verfügungen in einem gemeinschaftlichen Testament hängen teilweise (insbesondere hinsichtlich der Bindung des Überlebenden) auch von den Verfügungen des anderen Ehegatten ab. Der Notar kann daher seiner **Belehrungspflicht gegenüber dem Minderjährigen** nur entsprechen, wenn ihm zu dem Zeitpunkt, zu dem der Minderjährige testiert, die korrespondierenden Verfügungen des anderen Ehegatten offen vorliegen. Der notwendigen Unzweideutigkeit wegen ist auch für diese die nach § 2233 Abs 1 BGB vorgeschriebene Form zu verlangen. 13

Die Errichtung eines gemeinschaftlichen Testaments durch einen minderjährigen Ehegatten setzt deshalb voraus, dass zum Zeitpunkt der Errichtung seiner Verfügungen die korrespondierenden Verfügungen des anderen Ehegatten in der Form des § 2233 Abs 1 BGB bereits vorliegen (deren Errichtung vor demselben Notar ist nicht erforderlich) oder dass sie in dieser Form gleichzeitig errichtet werden (J Mayer/Sammet, in: Reimann/Bengel/Dietz[7] Rn 8; jurisPK/Reymann[9] Rn 18; NK-BGB/Gierl[6] Rn 3; **aA** BeckOGK/Braun [1. 4. 2022] Rn 50 ff). Das bedeutet, dass eine sukzessive Errichtung eines gemeinschaftlichen Testaments unter Beteiligung eines Minderjährigen nicht möglich ist (**aA** BeckOGK/Braun [1. 4. 2022] Rn 50.1 f, der deswegen – konsequent – eine isolierte Betrachtung anstellt).

14 Da eine § 2267 BGB entsprechende Erleichterungsvorschrift fehlt, müssen die Verfügungen jedes Ehegatten in dessen Testamentsurkunde selbst enthalten sein. Eine Bezugnahme ist im Rahmen der allgemeinen Grundsätze über die Testamentserrichtung möglich.

15 Auch bei Errichtung des gemeinschaftlichen Testaments in einer Verhandlung (tatsächlich die Regel) ist die Wahl unterschiedlicher Formen des öffentlichen Testaments durch die Ehegatten möglich. Ist einem Ehegatten eine bestimmte Form wegen Minderjährigkeit oder Behinderung nicht zugänglich, so gelten die Darlegungen unter Rn 10 ff entsprechend. Die formellen Vorschriften über die Beurkundung gelten dann für die gesamte einheitliche Verhandlung. Dies gilt zB auch für die Vorschriften über den Ausschluss als Zeuge und Notar, sodass schon derjenige ausgeschlossen ist, der im Verhältnis zu einem Ehegatten und dessen Verfügungen verhindert ist (vgl §§ 3, 6, 26 BeurkG).

V. Verfügungen in privatschriftlichen Testamenten

1. Verfügungen in zwei Urkunden

16 Die zu einem gemeinschaftlichen Testament gehörenden Verfügungen eines Ehegatten können in einem privatschriftlichen Testament enthalten sein, das § 2247 BGB entspricht. Korrespondieren kann ein öffentliches Testament oder ein weiteres, § 2247 BGB entsprechendes privatschriftliches Testament des anderen Ehegatten. In beiden Fällen bestehen keine Besonderheiten.

2. Verfügungen in einer Urkunde

a) Allgemeines

17 Eine **Formerleichterung** für die Errichtung eines privatschriftlichen gemeinschaftlichen Testaments gewährt demgegenüber § 2267 BGB: Es genügt, wenn einer der Ehegatten das Testament durch eine eigenhändig geschriebene und unterschriebene Erklärung errichtet und der andere Ehegatte die gemeinschaftliche Erklärung eigenhändig mitunterzeichnet. Das Gesetz geht also davon aus, dass der eine das Testament komplett verfasst und der andere mitunterzeichnet.

18 Zulässig ist nach hM aber auch die **abwechselnde Niederschrift** der Verfügungen und deren gemeinsame Unterzeichnung (KG HRR 1928, 718; LG München FamRZ 1998, 1391; jurisPK/Reymann[9] Rn 22; BeckOGK/Braun [1. 10. 2021] Rn 9; Baumann ErbR 2021, 799 f; **aA**

MünchKomm/Musielak[9] Rn 21; ders FamRZ 1992, 358 [359]; offengelassen von OLG Düsseldorf FamRZ 2021, 1416 = ErbR 2021, 796 m Anm Baumann). Musielak stützt seine ablehnende Haltung auf den Wortlaut und meint, das Gesetz sehe eine „klare Rollenverteilung" zwischen dem schreibenden und dem mitunterzeichnenden Ehegatten vor. Tatsächlich dürfte ein abwechselndes Schreiben die Formzwecke des eigenhändigen gemeinschaftlichen Testaments sogar stärken, da beide Ehegatten schreiben, also „mitzeichnen", und einer nicht nur auf das Mit*unter*zeichnen verwiesen ist (zutr Baumann ErbR 2021, 799 f). Der herrschenden Meinung ist daher zuzustimmen und ein abwechselndes Schreiben jedenfalls insoweit zuzulassen, als ein Schreiben des einen wie des anderen Ehegatten noch zu erkennen ist (Baumann zieht die Grenze dort, wo abwechselnd einzelne Buchstaben geschrieben würden).

Auch die Selbstbezeichnung in einem Abschlussvermerk ist eine wirksame Unter- 19
schrift. Immer aber müssen sämtliche Verfügungen von den Unterschriften beider Ehegatten gedeckt sein (BGHZ 9, 113 = NJW 1958, 547; OLG Hamm OLGZ 1972, 139 = DNotZ 1972, 99). Deshalb kann nicht ein Ehegatte vorweg „blanko" unterzeichnen (OLG Hamm FamRZ 1993, 606 = NJW-RR 1993, 269; allgM, s nur jurisPK-BGB/Reymann Rn 24).

b) Anordnungen für den Nachlass beider Ehegatten

Bei Errichtung eines gemeinschaftlichen Testaments nach § 2267 BGB muss die 20
„Haupterklärung" des einen Ehegatten letztwillige **Anordnungen für den Nachlass beider Ehegatten** enthalten. Bloße Kenntnisnahme und/oder Billigung der Anordnungen eines Erblassers führt noch nicht zu einem gemeinschaftlichen Testament, sondern ist als solches unwirksam und kann ggf in ein Einzeltestament umgedeutet werden (OLG Düsseldorf FamRZ 2021, 1416 = ErbR 2021, 796 m Anm Baumann). Ob Anordnungen für beide Nachlässe vorliegen oder nur Kenntnisnahme, ist nach den allgemeinen Auslegungsgrundsätzen festzustellen (OLG Düsseldorf FamRZ 2021, 1416 = ErbR 2021, 796 m Anm Baumann). Von Bedeutung sind insbesondere der Wortlaut der Haupterklärung selbst, aber auch ein der Mitunterzeichnung beigefügter Zusatz; außerhalb des Testaments selbst liegende Umstände können nach den allgemeinen Grundsätzen herangezogen werden (vgl BGH LM Nr 1 zu § 2267 BGB = NJW 1958, 547; BayObLGZ 1959, 199 = NJW 1959, 1669; KG KGJ 31, A 112; 42, A 116; OLG Schleswig SchlHAnz 1955, 21). Ferner ist auch die Mitunterzeichnung selbst zu berücksichtigen und sind ggf Umstände außerhalb des Testaments heranzuziehen (BayObLGZ 1959, 199 = NJW 1959, 1969).

Hat ein Ehegatte in Ich-Form seine letztwillige Verfügung niedergeschrieben und un- 21
terzeichnet der andere Ehegatte diese mit dem Zusatz: „Dieses Testament ist auch mein letzter Wille", so kann eine Auslegung ergeben, dass er für seine Person damit keine letztwilligen Verfügungen – die denjenigen des das Testament errichtenden Ehegatten sinngemäß entsprechen – treffen wollte (BayObLG FamRZ 2004, 1237 = FGPrax 2004, 33); näher liegt es aber, dass er damit in korrespondierender Weise testiert; selbst für die Auslegung, dass er damit den anderen Ehegatten zum Erben einsetzt, würde es nicht an der notwendigen Andeutung fehlen. Für die Anforderungen an die Niederlegung der Haupterklärung durch den einen und die Mitunterzeichnung durch den anderen Ehegatten gilt § 2247 BGB.

c) Mitunterzeichnung

22 Die Unterschrift wird regelmäßig auf demselben Blatt stehen, auf dem bereits derjenige unterzeichnet hat, der die Haupturkunde entworfen hat. Aber auch die **Unterschrift auf der Rückseite** oder auf einem **besonderen Blatt** ist Mitunterzeichnung iSv § 2267 BGB, wenn sie die Haupterklärung deckt und mit Testier-, nicht nur Billigungswillen beigefügt worden ist (BayObLG FamRZ 1994, 193 = NJW-RR 1993, 1157). Die frühere Rspr zu der Frage, ob eine Beitrittserklärung auf der Rückseite der Haupterklärung oder auf einem besonderen Blatt ausreicht (BayObLGZ 5, 272 = RJA 4, 197; KG KGJ 52, A 82 = RJA 17, 58; vgl Planck/Greiff Anm 4e), kann herangezogen werden.

23 Der beitretende Ehegatte soll bei der Mitunterzeichnung angeben, zu welcher Zeit (Tag, Monat, Jahr) und an welchem Ort er seine Unterschrift beigefügt hat (§ 2267 S 2 BGB). Die Angabe des Datums, die früher ein wesentliches Erfordernis der Beitrittserklärung war, wird also jetzt nur noch empfohlen. **Fehlt die Angabe von Zeit oder Ort der Mitunterzeichnung**, so ist § 2247 Abs 5 BGB entsprechend anzuwenden (keine Bedenken bestanden im vom OLG Düsseldorf ZErb 2017, 82 entschiedenen Fall). Sind Zeit oder Ort angegeben, so braucht die Angabe nicht richtig zu sein; aber für ihre Richtigkeit spricht eine tatsächliche Vermutung.

24 Die „Mitunterzeichnung" ist auch dann wirksam, wenn sie nach den angegebenen Daten vor der „Errichtung" des Testaments geschehen ist. Allerdings wurde zum früheren § 2267 BGB aF angenommen, dass die Beitrittserklärung entweder denselben oder einen späteren Tag aufweisen müsse als die Haupterklärung, weil sie erst nach Abschluss der Haupterklärung niedergeschrieben werden dürfe (BayObLGZ 31, 293 = JFG 8, 123; KG KGJ 26, 44; 51, 82; Planck/Greiff Anm 4b). Aber diese Auffassung lässt sich nicht mehr aufrechterhalten; denn § 2267 BGB nF behandelt die Unterschriften der beiden Ehegatten als völlig gleichwertig.

25 Deshalb ist auch die **Reihenfolge der Unterschriften gleichgültig** (vgl OLG Frankfurt NJW 1953, 1554). Auch derjenige Ehegatte, der die Verfügungen niedergeschrieben hat, kann zuletzt unterzeichnen. Wenn § 2267 S 2 BGB davon spricht, dass der mitunterzeichnende Ehegatte seine Unterschrift „beifügt", so besagt das nur, dass der vom anderen Ehegatten geschriebene Wortlaut des Testaments zu diesem Zeitpunkt vorliegen muss, nicht, dass der Mitunterzeichnende als Zweiter und Letzter unterschreiben müsste. Die Tendenz des Gesetzes, die Errichtung von gemeinschaftlichen Testamenten zu vereinfachen und zu erleichtern und das Scheitern gemeinschaftlicher Testamente an Formvorschriften einzuschränken, spricht für die weitere Auslegung.

26 Der beitretende Ehegatte wird seine **Unterschrift** in der Regel unmittelbar nach der Niederlegung und Unterzeichnung der gemeinschaftlichen Erklärung durch den anderen Ehegatten beifügen. Er kann dies aber auch **später** tun (OLG Celle OLG 18, 350; OLG München FamRZ 2012, 581), allerdings nur mit Wissen und Willen des anderen Teils und ohne Rückwirkung auf den Zeitpunkt der Niederlegung der Haupterklärung (Kipp/Coing § 33 VI aE; **aA** KG KGJ 51, A 82 = RJA 16, 224) und nur, wenn der Ehegatte, der das Testament zunächst errichtet hat, den späteren Beitritt des anderen zumindest in Betracht gezogen hat (vgl Pfeiffer FamRZ 1993, 1266, 1271, davon ist aber auch nach Ablauf längerer Zeit regelmäßig auszugehen). Denn sonst kann ein gemeinschaftliches Testament nicht zustande kommen. Freilich wird sich die Zustimmung des ersten Ehegatten oft schon aus der Haupterklärung ergeben („Wir bestimmen" oder ähnlich;

Planck/Greiff Anm 4e); aber diese Einwilligung kann erlöschen, wenn der errichtende Ehegatte nicht mehr mit dem Beitritt des anderen Ehegatten rechnet (vgl § 183 BGB). In einem solchen Fall kann das Testament uU als einseitiges Testament aufrechterhalten werden (§ 140 BGB; s § 2265 Rn 12 ff und unten Rn 29). Für das fortdauernde Einverständnis des errichtenden Ehegatten spricht eine tatsächliche Vermutung (Planck/Greiff Anm 4e; NK-BGB/Radlmayr[4] Rn 14; zurückhaltender MünchKomm/Musielak[9] Rn 14; jurisPK-BGB/Reymann[9] Rn 24; gegen die Annahme einer tatsächlichen Vermutung NK-BGB/Gierl[6] Rn 14).

Nach dem Tod des Ehegatten, der die Haupterklärung errichtet hat, kann die Mitunterzeichnung durch den anderen Ehegatten nicht mehr nachgeholt werden, weil ja dann die Beitrittserklärung nicht mehr mit Wissen und Willen des anderen Teils abgegeben werden kann (KG KGJ 35, A 100; 51, A 82 = OLGE 40, 142; MünchKomm/Musielak[9] Rn 14 mwN). 27

d) Zusätze durch den Mitunterzeichner

Unnötige Zusätze bei der Unterschrift sind unschädlich und brauchen von der Unterschrift des anderen Ehegatten nicht gedeckt zu sein. Dies gilt für Bemerkungen wie „einverstanden", „genehmigt" oder eine Beitrittserklärung entsprechend § 2267 BGB aF. Nicht von der Unterschrift des ersten Ehegatten brauchen auch Zusätze des zweiten Ehegatten gedeckt zu sein, in denen dieser die Verfügungen des ersten Ehegatten wiederholt. Insgesamt sind alle Zusätze unschädlich, weil unnötig, wenn auch bei bloßer Unterzeichnung der von der Unterschrift des ersten Ehegatten gedeckten Erklärungen durch den zweiten Ehegatten ein gemeinschaftliches Testament wirksam zustande gekommen wäre, und zwar mit demselben Inhalt, wobei zur Auslegung die von der Unterschrift des ersten Ehegatten nicht gedeckten Zusätze des zweiten Ehegatten herangezogen werden können (demnach hätte im Falle OLG Hamm OLGZ 1972, 139 = DNotZ 1972, 99 entgegen der Entscheidung des Gerichts ein wirksames gemeinschaftliches Testament angenommen werden können). 28

Weichen die Zusätze des zweiten Ehegatten inhaltlich ab (dies ist auch der Fall, wenn sie eigene Verfügungen enthalten, die die Verfügungen des ersten Ehegatten ergänzen), kommt Umdeutung in eine einseitige letztwillige Verfügung nach § 140 BGB in Frage (zur Umdeutung § 2265 Rn 12 ff). Weil unnötige Zusätze unschädlich sind, kann auch die Beitrittserklärung des zweiten Ehegatten noch vom ersten geschrieben sein und der zweite Ehegatte dann lediglich unterschreiben (LG Tübingen BWNotZ 1986, 17). 29

VI. Änderungen des gemeinschaftlichen Testaments

Für die **einseitige Änderung** eines gemeinschaftlichen Testaments durch einen Ehegatten gelten die Ausführungen über die einseitige Aufhebung (s § 2271 Rn 9 ff) entsprechend. 30

Wollen **beide** Ehegatten das gemeinschaftliche Testament ändern oder ergänzen, so können sie das in einem weiteren (öffentlichen oder privaten) gemeinschaftlichen Testament tun; sie können auch dem ursprünglichen Testament einen **Zusatz** beifügen und ihn beide unterschreiben. Sie können aber auch so vorgehen, dass der eine Ehegatte mit Billigung des anderen den Text des ursprünglichen Testaments ändert oder ergänzt, und zwar so, dass die Änderung oder Ergänzung durch die ursprüngli- 31 chen Unterschriften gedeckt wird (hM; BGH NJW 1974, 1083; OLG München ErbR 2010, 56; Strohal § 43 N 6; BeckOK/Litzenburger [1. 2. 2022] Rn 9; BGB-RGRK/Johannsen Rn 14; zurückhaltend jurisPK/Reymann[8] Rn 42; kritisch J Mayer/Sammet, in: Reimann/Bengel/Dietz[7] Rn 36 unter Hinweis auf die Beweisprobleme; **aA** Planck/Greiff Anm 8, die nur ein neues gemeinschaftliches Testament zulassen; Zweifel auch bei Grüneberg/Weidlich Rn 3; s Zacher-Röder/Eichner ZEV 2010, 63; BeckOGK/Braun [1. 4. 2022] Rn 24.2).

32 Zusätze, die durch die ursprüngliche Unterschrift nicht mehr gedeckt sind **(Nachträge)**, sind nur dann gültig, wenn sie von beiden Ehegatten eigens unterschrieben sind (RG DNotZ 1933, 67 = SeuffA 87 Nr 46; BeckOK/Litzenburger [1. 2. 2022] Rn 9; NK-BGB/Gierl[6] Rn 18). Auch die Unterschrift unter der Änderung muss mit dem Willen beigefügt werden, zu testieren; will der unterzeichnende Ehegatte nur ausdrücken, dass er von dieser Änderung Kenntnis genommen hat, so genügt dies nicht (vgl BayObLGZ 1959, 199, 207).

33 Ein **nur von einem Ehegatten unterzeichneter Nachtrag** ist selbstständig rechtlich zu beurteilen: Handelt es sich um ein wirksames einseitiges Testament? Oder liegt ein nach § 2271 Abs 1 S 2 BGB unwirksames einseitiges Testament vor? Falls der Nachtrag gleichzeitig formuliert wurde: Ist er Bestandteil der Erklärung des betreffenden Ehegatten für das gemeinschaftliche Testament, mit der Folge, dass dieses ganz oder teilweise unwirksam sein könnte?

34 Ein **nicht unterschriebener Zusatz** ist als solcher zweifellos unwirksam; bei einem solchen Zusatz stellen sich prinzipiell die gleichen Fragen: Hat ihn ein Ehegatte als Bestandteil seiner Erklärung im gemeinschaftlichen Testament angesehen, entscheidet über die Wirksamkeit seiner Erklärung § 139 BGB, bei Unwirksamkeit entscheiden über die Wirksamkeit der Erklärungen des anderen Ehegatten als einseitiges Testament die Überlegungen in § 2265 Rn 22 ff. Haben ihn beide Ehegatten als Bestandteil ihrer Erklärung angesehen, so entscheidet über die Wirksamkeit der Erklärung jedes Ehegatten § 139 BGB; wäre danach nur die Erklärung eines Ehegatten wirksam, entscheiden zusätzlich die Überlegungen in § 2265 Rn 22 ff. Als **konkreten Fall** s BayObLG FamRZ 2004, 1141 = DNotZ 2004, 801: Wird einem gemeinschaftlichen Testament, in dem sich die Eheleute gegenseitig zu Alleinerben einsetzten (und Verfügungen für die gemeinsamen Kinder und bezüglich der erstehelichen Tochter des Mannes treffen) von der Erblasserin unterhalb der beiden Unterschriften der Eheleute der handschriftliche, aber nicht unterschriebene Text angefügt: „Der überlebende Teil darf nicht mehr heiraten“, so führt das deshalb insgesamt zur Formnichtigkeit der letztwilligen Verfügung (§ 2247 BGB), wenn diese nicht in den formunwirksamen und den wirksam bleibenden Teil aufgespalten werden kann.

VII. Rechtsfolgen

35 Ist ein gemeinschaftliches Testament nach dem Vorstehenden unwirksam, ist immer noch eine Umdeutung möglich in ein wirksames Einzeltestament oder sogar in zwei wirksame Einzeltestamente (dazu ausführlich § 2265 Rn 12 ff). Dafür muss jeweils ein abgeschlossenes handschriftliches Testament mit Unterschrift vorliegen. Das ist beim abwechselnd geschriebenen Testament (Rn 18) regelmäßig nicht der Fall (OLG Düsseldorf FamRZ 2021, 1416 = ErbR 2021, 796 m Anm Baumann).

VIII. Beweislast

36 Die Beweislast für das Zustandekommen eines gemeinschaftlichen Testaments trägt zwar grundsätzlich derjenige, der aus ihm Rechte herleitet. Entspricht aber eine Testamentsurkunde nach ihrem äußeren Bild den Anforderungen des § 2267 BGB, so spricht eine tatsächliche Vermutung dafür, dass es auch ordnungsgemäß errichtet wurde (OLG Hamm FamRZ 1993, 606 = NJW-RR 1993, 269: dass es nicht auf der unwirksamen Blankounterschrift eines Ehegatten beruht).

§ 2268
Wirkung der Ehenichtigkeit oder -auflösung

(1) Ein gemeinschaftliches Testament ist in den Fällen des § 2077 seinem ganzen Inhalt nach unwirksam.

(2) Wird die Ehe vor dem Tode eines der Ehegatten aufgelöst oder liegen die Voraussetzungen des § 2077 Abs. 1 Satz 2 oder 3 vor, so bleiben die Verfügungen insoweit wirksam, als anzunehmen ist, dass sie auch für diesen Fall getroffen sein würden.

Materialien: E II § 2133 rev § 2242; E III § 2241; Prot V 446 ff, Jakobs/Schubert ER II 1685 f; Horn S 1063 ff.

Schrifttum

Battes, Die Änderung erbrechtlicher Vorschriften im Zusammenhang mit der Reform des Scheidungsrechts, FamRZ 1977, 433
ders, Zur Wirksamkeit von Testamenten und Erbverträgen nach der Ehescheidung, JZ 1978, 733
Kanzleiter, Keine wechselbezüglichen Verfügungen in gemeinschaftlichen Testamenten nach der Ehescheidung!, ZEV 2005, 181
Keim, Anm zum Urt des BGH v 7. 7. 2004 – IV ZR 187/03, ZEV 2004, 425
Köster, Das Schicksal des gemeinschaftlichen Testaments nach Auflösung der Ehe: Probleme des § 2268 BGB, JuS 2005, 407
Kuchinke, Anm zum Beschl des BayObLG v 23. 5. 1995 – 1 Z BR 128/94 (Weitergeltung eines gemeinschaftlichen Testaments bei Scheidung und Wiederheirat), DNotZ 1996, 306
Lehmann, Anm zum Urt des BGH v 7. 7. 2004 – IV ZR 187/03, NotBZ 2004, 480
J Mayer, Der Fortbestand letztwilliger Verfügungen bei Scheitern von Ehe, Verlöbnis und Partnerschaft, ZEV 1997, 280
Muscheler, Der Einfluß der Eheauflösung auf das gemeinschaftliche Testament, DNotZ 1994, 733
Musielak, Anm zum Urt des BGH v 7. 7. 2004 – IV ZR 187/03, LMK 2004, 208
Schlitt, Das Erbrecht in der Ehekrise, ZEV 2005, 96.

Systematische Übersicht

Alphabetische Übersicht

I. Allgemeines

1. Bedeutung der Vorschrift

1 Da das Gesetz gemeinschaftliche Testamente nur für Ehegatten und Lebenspartner zulässt (§ 2265 BGB bzw § 10 Abs 5 LPartG), bildet der Bestand oder Fortbestand der Ehe bzw der Lebenspartnerschaft der Testatoren die Grundlage des gemeinschaftlichen Testaments. Mit dem Wegfall der Grundlage Ehe oder Lebenspartnerschaft muss auch das Testament seine Wirkung einbüßen (Prot V 447 = Horn Rn 3).

2 Während aber nach § 2077 BGB zunächst nur die Zuwendungen an den anderen Ehegatten unwirksam wären und die Wirksamkeit weiterer Verfügungen nach den §§ 2085, 2270 BGB zu beurteilen wäre, ordnet § 2268 BGB (die Vorschrift gilt entsprechend bei Lebenspartnern, § 10 Abs 4 S 2 LPartG) an, dass ein gemeinschaftliches Testament seinem ganzen Inhalt nach unwirksam ist, wenn die Ehe der Erblasser zu Lebzeiten beider wegfällt. Dabei ist es gleichgültig, ob das gemeinschaftliche Testament ein gegenseitiges, ein wechselbezügliches oder weder das eine noch das andere ist. Die Vorschrift des § 2268 BGB geht der des § 2077 BGB insgesamt als *lex specialis* vor (hM, s nur Muscheler DNotZ 1994, 733, 735 f; J Mayer/Sammet, in: Reimann/Bengel/Dietz[7] Rn 2; BeckOGK/Braun [1. 4. 2022] Rn 2; **aA** nur OLG Hamm MittbayNot 2016, 43).

3 Entgegen der überwM (BGHZ 160, 33 = NJW 2004, 3113; MünchKomm/Musielak[9] Rn 3; Grüneberg/Weidlich Rn 1) handelt es sich nicht um eine gesetzliche Auslegungsregel, sondern um einen **dispositiven Rechtssatz** (J Mayer/Sammet, in: Reimann/Bengel/Dietz, Testament und Erbvertrag[7] Rn 3; BeckOGK/Braun [1. 4. 2022] Rn 6.1; Muscheler DNotZ 1994, 733; Kanzleiter MittBayNot 2016, 45). Allerdings ist die Unterscheidung praktisch wohl nicht relevant (in diese Richtung BeckOGK/Braun [1. 4. 2022] Rn 7).

Haben die Eheleute nicht ein gemeinschaftliches Testament, sondern **zwei selbständige Testamente** errichtet, so gilt nicht § 2268 BGB, sondern nur § 2077 BGB. 4

2. Redaktionsgeschichte

§ 2077 Abs 1 S 2 BGB ist durch § 28 der 1. DVO zum EheG v 27. 7. 1938 (RGBl I 923) geändert worden. Damit hatte auch § 2268 BGB einen Bedeutungswandel erfahren. Durch das **1. EheRG** wurde auch § 2077 Abs 1 BGB dem neuen Scheidungsrecht aufgrund des Zerrüttungsprinzips angepasst. § 2077 Abs 1 S 2 BGB regelt seither die Fälle, in denen der verstorbene Ehegatte die Scheidung beantragt oder ihr zugestimmt hatte und die Scheidungsvoraussetzungen vorlagen, § 2077 Abs 1 S 3 BGB die Fälle, in denen der Verstorbene den (berechtigten) Antrag auf Aufhebung der Ehe gestellt hatte. Dementsprechend verweist § 2268 Abs 2 BGB seither auf § 2077 Abs 1 S 2 und 3 BGB. 5

§ 2268 BGB war bis zum **Eheschließungsrechtsgesetz** v 4. 5. 1998 (BGBl I 833) auch anwendbar bei Nichtigkeit der Ehe (§§ 16 ff EheG aF). Die Nichtigerklärung wurde durch dieses Gesetz mit Wirkung v 1. 7. 1998 abgeschafft. Eine Übergangsregelung enthält das Gesetz nicht. Wurde eine Ehe vor dem 1. 7. 1998 für nichtig erklärt, wirkte die Nichtigerklärung nach § 23 EheG aF auf den Zeitpunkt der Eheschließung zurück. Bei dieser Wirkung muss es auch nach der Änderung des Gesetzes für Erbfälle nach dem 1. 7. 1998 verbleiben. Für solche Fälle s deshalb Staudinger/Kanzleiter[12]. 6

Auch wenn das gemeinschaftliche Testament als solches unwirksam ist, können die Anordnungen der Erblasser unter den Voraussetzungen des **§ 140 BGB als Einzeltestamente aufrechterhalten werden**. Dem § 2268 Abs 1 BGB konnte (durch Umkehrschluss zu § 2268 Abs 2 BGB für den dort nicht aufgeführten Fall der nichtigen Ehe) kein Umdeutungsverbot entnommen werden (s ausführlich zu dieser Frage § 2265 Rn 6 ff; Kanzleiter DNotZ 1973, 133, 141 f; **aA** Gossrau NJW 1947/48, 365, 366; Lutter FamRZ 1959, 273, 274 f; vgl auch schon KGJ 35, A 93/96; wie hier die hM, Muscheler DNotZ 1994, 733, 741; Staudinger/Dittmann[10/11] Rn 2; Schlüter § 26 II 1 b; Lange/Kuchinke § 24 I 4; Erman/S Kappler/T Kappler[16] Rn 6; Grüneberg/Weidlich Rn 5; Soergel/Leiss[14] Rn 2 und Soergel/Leiss[14] § 2265 Rn 5). Zur Aufrechterhaltung bei Nichtigerklärung der Ehe vor dem 1. 7. 1998, aber Versterben des Erblassers nach diesem Zeitpunkt, s Staudinger/Kanzleiter[12]. 7

II. Die einzelnen Fälle

1. Nichtehe

Wenn Personen, die eine sog **Nichtehe** (vgl § 1310 BGB) geschlossen haben, ein gemeinschaftliches Testament errichten, so ist dieses schon nach § 2265 BGB nichtig. 8

2. Auflösung der Ehe

Ein gemeinschaftliches Testament wird weiter unwirksam, wenn die **Ehe oder Lebenspartnerschaft vor dem Tode eines Ehegatten aufgelöst** wird. Zur Auflösung der Ehe führen deren rechtskräftige Scheidung (§ 1564 S 2 BGB) oder Aufhebung (§ 1313 Abs 1 BGB) sowie die Wiederverheiratung eines Ehegatten, nachdem der andere zu Unrecht für tot erklärt worden ist (§ 1319 Abs 2 BGB); zur Aufhebung 9 der Lebenspartnerschaft s § 15 LPartG. Das gilt nicht für eine Zwangsscheidung aus rassistischen Gründen in der NS-Zeit (s LG Berlin FamRZ 2008, 2065).

10 Ein gemeinschaftliches Testament, das durch die rechtskräftige Scheidung der Ehe der Testatoren unwirksam geworden ist, **lebt** auch **nicht wieder auf**, wenn sie einander erneut heiraten (BayObLG NJW 1996, 133 = DNotZ 1996, 302 m Anm Kuchinke; KG FamRZ 1968, 217m krit Anm Bosch; OLG Hamm ZEV 2011, 265 = NotBZ 2011, 183 m abl Anm Lange; Kuchinke DNotZ 1996, 306; Frommhold Anm 1; Planck/Greiff Anm 2b; Erman/S Kappler/T Kappler[16] Rn 5; Grüneberg/Weidlich Rn 5; jurisPK/Reymann[9] Rn 29; BeckOGK/Braun [1. 4. 2022] Rn 39; BGB-RGRK/Johannsen Rn 2; **aA** Keuk, Der Erblasserwille post testamentum und die Auslegung des Testaments [1965] 53 f; zu anderen Konsequenzen führt auch die Auffassung, der Fall der Wiederheirat sei von § 2077 auszunehmen; Jauernig/Stürner[18] Rn 1; Lange NotBZ 2011, 184).

11 Das Wiederaufleben durch Wiederheirat ist nach geltendem Recht nicht zu begründen. Ein entsprechender Irrtum der Ehegatten (vgl Keuk 53 f; Bosch 217) wird ebenso wenig geschützt wie in anderen Fällen, in denen sie zu Unrecht angenommen haben, sie hätten ein wirksames Testament errichtet. Allerdings kann ein Fall des Abs 2 vorliegen (Rn 15 ff).

3. Antrag auf Scheidung oder Zustimmung zur Scheidung

12 Schließlich wird ein gemeinschaftliches Testament unwirksam, wenn die Voraussetzungen des § 2077 Abs 1 S 2 oder 3 BGB vorliegen, dh der **verstorbene Ehegatte die Scheidung der Ehe beantragt oder ihr zugestimmt** oder (begründete) Aufhebungsklage erhoben hatte.

13 Beim Tod des anderen Ehegatten (der die Ehescheidung nicht beantragt und ihr auch nicht zugestimmt und der die Aufhebungsklage nicht erhoben hatte) während des Verfahrens bleibt das gemeinschaftliche Testament dagegen wirksam. Dies war bereits zur alten Fassung der §§ 2268, 2077 BGB vor dem 1. EheRG umstr und ist es noch heute; als „Erblasser" iSv § 2077 BGB kann beim gemeinschaftlichen Testament auch der letztlich überlebende Ehegatte aufgefasst werden, da er ebenfalls testiert hat (zur alten Fassung wie im Text Staudinger/Dittmann[10/11] Rn 4; Dernburg V § 91 N 2; Goldmann 68; Leonhard Anm II c; Strohal § 43 N 23; zur alten Fassung **aA** Planck/Greiff Anm 2c; BGB-RGRK/Johannsen Rn 3; zur neuen Fassung wie im Text Lange/Kuchinke[5] § 24 I 6; Erman/S Kappler/T Kappler[16] Rn 4; BeckOGK/Braun [1. 4. 2022] Rn 22; **aA** MünchKomm/Musielak[9] Rn 12). Dass der Gesetzgeber bei der Änderung des § 2077 BGB durch das 1. EheRG (in Kenntnis des Meinungsstreits) eine Formulierung beibehalten hat, deren Wortlaut in diese Richtung weist, ist ein zusätzliches Argument für die hier vertretene Auffassung. In einem solchen Fall können also nur die allgemeinen Grundsätze über Auslegung und Anfechtung letztwilliger Verfügungen dazu führen, dass das gemeinschaftliche Testament ganz oder teilweise als unwirksam angesehen wird, indem etwa angenommen wird, dass der eine Ehegatte dem anderen nur unter der stillschweigenden Voraussetzung etwas zugewendet habe, dass die Ehe nicht zerrüttet werde (vgl dazu bei § 2077 BGB).

14 Hat der Gegner des Scheidungsantrags dem Antrag zugestimmt und löst damit die Wirkungen des § 2077 Abs 1 S 2 BGB aus, kann er diese Erklärung nach § 134 Abs 2 FamFG bis zum Schluss der mündlichen Verhandlung widerrufen. Eine einfache Pro-

tokollerklärung, er wolle an der Ehe festhalten und das Scheidungsverfahren aussetzen, reicht für einen solchen Widerruf aber nicht (OLG Oldenburg ErbR 2019, 171 = FamRZ 2019, 926).

III. Die Ausnahme des § 2268 Abs 2

1. Allgemeines

15 Während bei nichtiger Ehe der Testierenden die Regel des § 2268 Abs 1 BGB unbedingt gilt, enthält **Abs 2 für** den Fall der **Scheidung oder Aufhebung** der Ehe und für die gleichgestellten Fälle eine **Ausnahme**: In diesen Fällen bleiben die Verfügungen insoweit wirksam, als anzunehmen ist, dass sie auch für den Fall der Scheidung oder Aufhebung der Ehe oder des begründeten Scheidungs- oder Aufhebungsbegehrens getroffen sein würden.

16 Es kommt zunächst auf den wirklichen, dann auf den **hypothetischen Willen** zum Zeitpunkt der Errichtung der Verfügung an (BGH ZEV 2004, 423 m Anm Keim = ZErb 2004, 319; FamRZ 1970, 28). Die Annahme des Fortbestehens wird bei gegenseitigen Verfügungen und bei Verfügungen zugunsten einseitiger Verwandter meist ausgeschlossen sein, dagegen wird sie in der Regel begründet sein bei Verfügungen zugunsten gemeinschaftlicher Abkömmlinge (vgl dazu BayObLG FamRZ 1994, 193 = NJW-RR 1993, 1157; Dieterle BWNotZ 1970, 171) und bei Verfügungen, die mit der Ehe der Erblasser in keinem Zusammenhang stehen, sowie bei einseitigen Verfügungen (enger BGB-RGRK/Johannsen Rn 2, wonach die Annahme der Aufrechterhaltung bei wechselbezüglichen Verfügungen regelmäßig ausgeschlossen sei; zur Möglichkeit der Aufrechterhaltung vgl auch BGH FamRZ 1960, 28, 29; FamRZ 1971, 364, 366; OLG Stuttgart OLGZ 1976, 17).

17 Die Aufrechterhaltung setzt voraus, dass der Fortbestand der Ehe auch als mitbestimmendes Motiv für die Verfügung keine wesentliche Bedeutung hatte (vgl OLG Hamm FamRZ 1992, 478 = NJW-RR 1992, 330). Die Gründe für die Annahme der Aufrechterhaltung können auch aus Umständen entnommen werden, die außerhalb des Testaments liegen (Planck/Greiff Anm 3). Die Beweislast für die Gründe hat derjenige, der aus dem gemeinschaftlichen Testament Rechte herleitet (OLG Hamm FamRZ 1992, 478 = NJW-RR 1992, 330 mit im konkreten Fall sehr hohen Anforderungen; BGB-RGRK/Johannsen Rn 3).

18 Wenn geschiedene Eheleute einander wieder heiraten, ist es schwierig, die Verfügungen aufrechtzuerhalten. Nach **hM** ist im Grundsatz von der Unwirksamkeit auszugehen (Rn 9). Es dürfte **häufig** dem Willen der Erblasser entsprechen, dass das gemeinschaftliche Testament mit der Scheidung insgesamt **unwirksam** wird. Das dürfte jedenfalls dann gelten, wenn ein oder beide Ehegatten nach der Scheidung wieder testieren (etwa OLG Oldenburg ErbR 2019, 171 [173] = FamRZ 2019, 926 [927]) oder sich ermitteln lässt, dass die Eheleute auf die gesetzliche Erbfolge vertrauen.

19 Gleichwohl kann die **Weitergeltung** dem tatsächlichen oder hypothetischen Willen *beider* Testierenden *zum Zeitpunkt der Testamentserrichtung* entsprechen (BayObLG NJW 1996, 133; BGH FamRZ 2004, 1565 [1566] mwN). Spätere Umstände können bei der Ermittlung dieses Willens als Indizien herangezogen werden. Wenn die Eheleute etwa erwarten, die Ehe halte bis zum Tod und sie heiraten recht kurz nach der Scheidung erneut, mag man bei weiteren Indizien von der Weitergeltung ausgehen (Bay-

ObLG NJW 1996, 133 [134]). Nach Kuchinke (DNotZ 1996, 306, 310 ff) erlaubt ferner ein auf den Todeszeitpunkt des betreffenden Ehegatten festgestellter tatsächlicher Wille seiner Beerbung nach dem Inhalt des gemeinschaftlichen Testaments den sicheren Schluss auf einen hypothetischen Willen zum Wiederaufleben des Testaments zum Zeitpunkt seiner Errichtung (so auch OLG Düsseldorf ZErb 2017, 172 = FamRZ 2017, 1790). Diese Standpunkte fördern freilich nicht gerade die Rechtssicherheit. Vielfach gehen die Eheleute davon aus, die Scheidung stelle einen klaren Schnitt da. Sie meinen, jedenfalls die gegenseitige Erbeinsetzung sei erledigt. Wäre der Standpunkt von Kuchinke richtig, hinge jedes gemeinschaftliche Testament geschiedener Eheleute in der Schwebe, und das widerspräche der Grundregel des § 2268 Abs 1 BGB. Es ist also in diesen Fällen Zurückhaltung geboten, und der Rechtsanwender sollte sich jedes Mal aufs Neue das Regel-Ausnahme-Verhältnis der Absätze 1 und 2 des § 2268 BGB vor Augen führen.

2. Insbesondere: Wechselbezügliche Verfügungen

20 Bei entsprechendem – wirklichem oder hypothetischem – Willen können auch **wechselbezügliche Verfügungen** aufrechterhalten werden. Welche Rolle die Auflösung der Ehe auf wechselbezügliche Verfügungen hat, ist umstritten. Umstritten ist konkret, ob wechselbezügliche Verfügungen nach Auflösung der Ehe wechselbezüglich bleiben oder einseitig aufhebbar werden.

21 Nach der in den 90er Jahren des 20. Jahrhunderts gebildeten Auffassung in der dann herrschenden Literatur entfällt mit der Auflösung der Ehe zwangsläufig die **Wechselbezüglichkeit**, weil Grundlage für den Vertrauensschutz durch §§ 2070, 2071 BGB die zwischen den Erblassern bestehende Ehe sei: Die Verfügungen seien nach der Ehescheidung frei widerruflich (so KG 30. 6. 2003 – 23 U 4246/00, juris; Muscheler DNotZ 1994, 733, 742 ff mit ausführlicher Begründung; Kuchinke DNotZ 1996, 310; Kanzleiter ZEV 2005, 181 mit zahlr Nachw zur bisher überwM; jurisPK-BGB/Reymann[9] Rn 16 ff; Erman/Schmidt[11] Rn 5; Staudinger/Kanzleiter [2019] Rn 11; NK-BGB/Radlmayr[4] Rn 10). Eine über die Auflösung der Ehe hinaus bestehende Bindung (jeder Art) könne nur in einem Erbvertrag vereinbart werden.

22 Dem ist der BGH mit seiner Entscheidung aus dem Jahr 2004 (Revisionsentscheidung zur in Rn 21 genannten Entscheidung des KG) indes nicht gefolgt (BGHZ 160, 33 = FamRZ 2004, 1565 = DNotZ 2005, 51 = ZEV 2004, 423, 424 und ihm folgend Musielak LMK 2004, 208; OLG Frankfurt ErbR 2015, 634; OLG Hamm ErbR 2015, 256 = MittBayNot 2016, 43 m abl Anm Kanzleiter; Schlitt ZEV 2005, 96, 98; Erman/S Kappler/T Kappler[16] Rn 4; Grüneberg/Weidlich Rn 2; BeckOGK/Braun [1. 4. 2022] Rn 44-50). Der BGH hat dafür so einfach wie überzeugend auf den Wortlaut von § 2268 Abs 2 BGB verwiesen, dem eine entsprechende Einschränkung nicht zu entnehmen sei. § 2268 Abs 2 BGB sei „nach Wortlaut und Zweck" nicht missverständlich (BGH FamRZ 2004, 1565 [1566]). Ferner verweist der BGH auf das Gefüge von § 2268 Abs 1 und Abs 2 BGB: Abs 1 enthält die Regel, nach der im Zweifel alle gemeinschaftlichen Testamente unwirksam sind – unabhängig davon, welcher Art die Verfügung ist; Abs 2 differenziert ebenfalls nicht danach, ob wechselbezügliche, gegenseitige oder einseitige Verfügungen vorliegen (BGH FamRZ 2004, 1565 [1566]).

23 **Stellungnahme**: Nach der bisher hL kann eine über die Ehe hinaus bestehende Bindung (jeder Art) nur in einem Erbvertrag vereinbart werden. So darf man sich den

Regelfall vorstellen, wie er sich aus dem Verhältnis von § 2268 Abs 1 zu Abs 2 BGB ergibt. Aber das muss nicht die zwingende Lösung sein. Entscheidend ist, wenn kein wirklicher Wille zu ermitteln ist, der hypothetische Wille der Erblasser im Zeitpunkt der Errichtung des Testaments (BGH FamRZ 2004, 1565 mwN – hier gilt daher dasselbe wie in Rn 19). Und so mag es gerade in der heutigen Zeit, in der Ehen häufig geschieden werden, Fälle geben, in denen Ehegatten durchaus mit der Scheidung rechnen, aber gleichwohl wechselbezügliche Verfügungen anordnen wollen, etwa mit Blick auf gemeinsame Kinder oder einen gemeinnützigen Verein, den beide gleichermaßen bedacht wissen wollen.

§ 2269
Gegenseitige Einsetzung

(1) Haben die Ehegatten in einem gemeinschaftlichen Testament, durch das sie sich gegenseitig als Erben einsetzen, bestimmt, dass nach dem Tode des Überlebenden der beiderseitige Nachlass an einen Dritten fallen soll, so ist im Zweifel anzunehmen, dass der Dritte für den gesamten Nachlass als Erbe des zuletzt versterbenden Ehegatten eingesetzt ist.

(2) Haben die Ehegatten in einem solchen Testament ein Vermächtnis angeordnet, das nach dem Tode des Überlebenden erfüllt werden soll, so ist im Zweifel anzunehmen, dass das Vermächtnis dem Bedachten erst mit dem Tode des Überlebenden anfallen soll.

Materialien: E II § 2136 rev § 2243; E III § 2242; Prot V 406, 450; Jakobs/Schubert ER II 1686–1688; Horn 1065 f.

Schrifttum

Asbeck, Testamentseröffnung und Erbscheinserteilung beim „Berliner Testament“ mit „Wiederverheiratungsklausel“, MDR 1959, 897
Bab, Erbschein nach dem Erstverstorbenen, zugunsten des überlebenden Ehegatten aufgrund eines gemeinschaftlichen Testamentes, JR 1952, 468
Beierlein, Einheits- und Trennungsgedanke beim gemeinschaftlichen Testament des Bürgerlichen Gesetzbuches (Diss Breslau 1932)
Bitter, Verfügungen von Todes wegen kinderloser Ehegatten, DJ 1941, 904
Brambring, Das „Berliner Testament“ als Testamentstyp und die Auswirkungen des neuen Erbschaftsteuerrechts, in: FS 200 Jahre Rheinisches Notariat (1998) 145
Britz, Ersatzerbeneinsetzung statt Schlusserbeneinsetzung im Berliner Testament, RNotZ 2000, 319
Brox, Die Bestimmung des Nacherben oder des Gegenstandes der Zuwendung durch den Vorerben, in: FS Bartholomeyczik (1973) 41
Buchholz, Berliner Testament (§ 2269 BGB) und Pflichtteilsrecht der Abkömmlinge – Überlegungen zum Ehegattenerbrecht, FamRZ 1985, 872
ders, Gestaltungsprobleme des Ehegattenerbrechts. Teilungsprinzip oder Nutzungsprinzip, MDR 1990, 375
Carlebach, Das Berliner Testament, DNotZ 1912, 490
vDickhuth-Harrach, Ärgernis Pflichtteil? Möglichkeiten der Pflichtteilsreduzierung im

Überblick, in: FS 200 Jahre Rheinisches Notariat (1998) 185
DIPPEL, Zur Auslegung von Wiederverheiratungsklauseln in gemeinschaftlichen Testamenten und Erbverträgen, AcP 177, 349
EBBECKE, Gemeinschaftliches Testament der Ehegatten, Recht 1929, 84
EBELING, Korrekturvermächtnisse im Berliner Testament und deren erbschaftsteuerliche Folgen, ZEV 2000, 87
FLATTEN, Gemeinschaftliches Testament oder Erbvertrag, DNotZ 1941, 47
FLIK, Gemeinschaftliches Testament bei überschuldetem Ehegatten, BWNotZ 1979, 53
GIESEN, Der „doppelte" Pflichtteil beim Berliner Testament, ErbR 2018, 13
GOLDMANN, Das gemeinschaftliche Testament unter besonderer Berücksichtigung des Berliner Testaments, Gruchot 48, 54
GRUNDMANN, Zur Errichtung eines gemeinschaftlichen Testaments durch italienische Ehegatten in Deutschland, IPRax 1986, 94
GRZIWOTZ, Erbrechtliche Gestaltungen bei gleichgeschlechtlichen Paaren, ZEV 2002, 55
GÜTHE, Zur Auslegung des § 2269 Abs 1 BGB, DNotZ 1902, 41
HABERMANN, Stillschweigender Erb- und Pflichtteilsverzicht im notariellen gemeinschaftlichen Testament, JuS 1979, 169
HAEGELE, Rechtlich und steuerlich zweckmäßige Güter- und Erbrechtsgestaltung zwischen Ehegatten (1953)
ders, Testamentarische Wiederverheiratungsklauseln, Büro 1968, 87
ders, Wiederverheiratungsklauseln, Rpfleger 1976, 73
HAUSSMANN, Gedanken zur Ausgestaltung von Ehegattenerbverträgen, BWNotZ 1972, 93
HERKT, Das gegenseitige gemeinschaftliche Testament und der gegenseitige Erbvertrag (Diss Marburg 1907)
HUKEN, Bleibt in einem gemeinschaftlichen Testament mit Wiederverheiratungsklausel die letztwillige Verfügung des überlebenden Ehegatten nach seiner Wiederverheiratung im Zweifel bestehen?, DNotZ 1965, 729
HURST, Wiederverheiratungsklauseln in letztwilligen Verfügungen, MittRhNotK 1962, 435
JACUBEZKY, Bemerkungen zu dem Entwurfe eines Bürgerlichen Gesetzbuches für das Deutsche Reich (1892)
JASTROW, Wie können sich Eheleute bei einem Testament nach § 2269 BGB gegen die Vereitelung ihrer Absichten durch Pflichtteilsansprüche der Kinder sichern?, DNotZ 1904, 424
KANOLDT, Pflichtteilsanspruch des Dritten im Falle des § 2269 BGB, ArchBürgR 40, 262
KANZLEITER, Das Berliner Testament immer aktuell und fast immer ergänzungsbedürftig, ZEV 2014, 225
ders, Verdient das „Supervermächtnis" diese Bezeichnung?, in: FS Brambring (2011) 225
KAPP, Gemeinschaftliche Testamente Kinderloser, WürttZ 1941, 46
KEIM, Regelungen für den „gemeinsamen" oder „gleichzeitigen" Tod im Ehegattentestament, ZEV 2005, 10
ders, „Super" oder „(super) falsch?" – Das „Supervermächtnis" zur Erbschaftsteuerersparnis beim Berliner Testament, ZEV 2016, 6
ders, Wechselbezüglichkeit und erbvertragliche Bindung bei Patchworkfamilien, DNotZ 2020, 805
KELLER, Überlegungen zum Ehegatten-Testament, BWNotZ 1970, 49
KÖSSLER, Gemeinschaftliches Testament und Pflichtteilsanspruch, DJZ 1906, 1181
KOHLER, Das Nießbrauchsvermächtnis als Ersatz des Berliner Testaments, NJW 1948, 361
KLINGELHÖFFER, Zuwendungen unter Ehegatten und Erbrecht, NJW 1993, 1097
KUCHINKE, Enttäuschte Erberwartungen eines Schlusserben – BGHZ 82, 274, JuS 1988, 853
LANGENFELD, Freiheit oder Bindung beim gemeinschaftlichen Testament oder Erbvertrag von Ehegatten, NJW 1987, 1577
ders, Die Bestandskraft ehebedingter Zuwendungen im Verhältnis zu Vertragserben und Pflichtteilsberechtigten, ZEV 1994, 129
ders, BGH-Rechtsprechung aktuell: Der BGH – Schutzpatron der pflichtteilsberechtigten Abkömmlinge, NJW 1994, 2133
ders, Das Ehegattentestament (3. Aufl 2002)
ders, Testamentsgestaltung und Steuerrecht: Das Berliner Testament mit Supervermächtnis, JuS 2002, 351
LEIPOLD, Die Wirkungen testamentarischer Wiederverheiratungsklauseln, FamRZ 1988, 352

ders, Erbrecht 1995, JZ 1996, 287
LITZENBURGER, Die interessengerechte Gestaltung des gemeinschaftlichen Testaments von Eltern zugunsten behinderter Kinder, RNotZ 2004, 138
LÖFFLERS, Das Berliner Testament unter besonderer Berücksichtigung des Pflichtteilsrechts (Diss Hamburg 1948)
LÜBBERT, Verwirkung der Schlusserbfolge durch Geltendmachung des Pflichtteils, NJW 1988, 2706
LÜTZELER, Über zweckmäßige Vorbehalte bei gemeinschaftlichen Testamenten, RhNotV 1930, 110
ders, Verfügungen von Todes wegen unter Ehegatten, RhNotV 1933, 105
J MAYER, Berliner Testament ade? – Ein Auslaufmodell wegen zu hoher Erbschaftsteuerbelastung?, ZEV 1998, 50
ders, Gemeinsame erbrechtliche Gestaltungen, FRP 2013, 317
U MAYER, Auf der Suche nach dem Bindungswillen beim Berliner Testament – Hinweise aus der Praxis, ZEV 2016, 420
MEIER-KRAUT, Zur Wiederverheiratungsklausel in gemeinschaftlichen Testamenten mit Einheitslösung, NJW 1992, 143
MEINCKE, Vorteile und Nachteile von Ehegatten-Testamenten und Erbverträgen, DStR 1981, 523
MERSMANN, Über die praktische Verwendbarkeit des Berliner Testaments, ArchBürgR 37, 271
MORHARD, „Unbenannte Zuwendungen" zwischen Ehegatten – Rechtsfolgen und Grenzen der Vertragsgestaltung, NJW 1987, 1734
MÜNZBERG, Die Beeinträchtigung des Vertragserben durch den Erblasser, JuS 1961, 386
MUSCHELER, Der Einfluss der Eheauflösung auf das gemeinschaftliche Testament, DNotZ 1994, 733
MUSIELAK, Zum Begriff und Wesen des gemeinschaftlichen Testaments, in: GS Johann Riederer (1981) 181
NEHLSEN-vSTRYK, Zur Anwendbarkeit von § 2102 Abs 1 BGB bei der Auslegung gemeinschaftlicher Testamente, DNotZ 1988, 147
OLSHAUSEN, Die Sicherung gleichmäßiger Vermögensteilhabe bei Berliner Testamenten mit nicht-gemeinsamen Kindern als Schlußerben, DNotZ 1979, 707
PENKMAYER, Über die zweckmäßige Gestaltung gemeinschaftlicher Testamente, SeufflBl 76, 470
PFEIFFER, Das gemeinschaftliche Testament – Konzept, Bindungsgrund und Bindungswirkungen, FamRZ 1993, 1266
PÖHLEMANN, Berliner Testament und pflichtteilsberechtigte Angehörige, GrundE 1965, 392
PRIESTER, Vertragsgestaltung: Das private Ehegattentestament, JuS 1987, 394
RAFF, Zur Auslegung von Erbverträgen und notariellen Testamenten – Überlegungen zur Entlastung der Gerichte, ErbR 2020, 330
RAITZ vFRENTZ, Gestaltungsformen zur Abgrenzung der Rechte von überlebenden Ehegatten und Kindern in gemeinschaftlichen Testamenten und Erbverträgen, DNotZ 1962, 635
REMMELE, „Lebzeitiges Eigeninteresse" bei Schenkung zugunsten des zweiten Ehegatten, NJW 1981, 2290
VAN RENS/WOLFFSKEEL v REICHENBERG, Der Begriff des „gleichzeitigen Versterbens" – Reichweite und Folgen, ZErb 2015, 116
REUBOLD, Die Aushöhlung des Erbvertrags und des bindend gewordenen gemeinschaftlichen Testaments (Diss Frankfurt 1970)
RIPFEL, Die Nacherbschaft bei Wiederverheiratung des überlebenden Ehegatten, Rpfleger 1952, 577
ders, Das Testament für den Fall des gemeinschaftlichen Unfalltodes von Ehegatten, BB 1961, 583
RODE, Die Wiederverheiratungsklausel in gemeinschaftlichen Testamenten, LZ 1924, 716
ROHS, Verfügungen von Ehegatten von Todes wegen bei Nichtvorhandensein von Abkömmlingen, DJ 1941, 774
SCHERMANN, Der Schutz des Vermächtnisnehmers im gemeinschaftlichen Testament und Erbvertrag, Berlin 2006
SCHEUREN-BRANDES, Zur Entstehungsgeschichte des § 2269 BGB …, Jura 2002, 734
SCHIEDERMAIR, Bedeutung der Formulierungen „Nacherbe" und „Alleinerbe", DR 1939, 937
S SCHMIDT, Ehegattentestament und neues Erbschaftsteuerrecht, BWNotZ 1998, 97
SENFT, Gemeinschaftliches Testament oder Erbvertrag?, DNotZ 1941, 242

Simshäuser, Auslegungsfragen bei Wiederverheiratungsklauseln in gemeinschaftlichen Testamenten und Erbverträgen, FamRZ 1972, 273
Spellenberg, Die sogenannte Testamentsaushöhlung und die §§ 2287, 2288 BGB, FamRZ 1972, 349
ders, Schenkungen und unentgeltliche Verfügungen zum Nachteil des Erben oder Pflichtteilsberechtigten, FamRZ 1974, 350
ders, Verbotene Schenkungen gebundener Erblasser in der Rechtsprechung, NJW 1986, 2351
Speth, Schutz des überlebenden Ehegatten bei gemeinschaftlichem Testament, NJW 1985, 463
Steffan, Eröffnung von Ehegattentestamenten, RdL 1980, 4
Steffen, Zur Auslegung von Testamenten und Erbverträgen, RdL 1983, 57
Sticherling, Zum Begriff des Berliner Testaments, JuS 2002, 1248
Strobel, Nochmals: Pflichtteilsstrafklausel im Ehegattentestament, MDR 1980, 363
Tanck, Pflichtteilsklauseln im gemeinschaftlichen Testament (Berliner Testament) – zivilrechtliche und teuerliche Gestaltung bei der Einheitslösung, ZErb 2018, 8
Unruh, Das Berliner Testament nach § 2269 und das Pflichtteilsrecht der Abkömmlinge (Diss Hamburg 1951)
Wacke, Rechtsfolgen testamentarischer Verwirkungsklauseln, DNotZ 1990, 403
Weegmann, Gemeinschaftliche Testamente kinderloser Ehegatten. Zur Auslegung der §§ 2287 und 2288, Beeinträchtigung des Vertragserben und Vertragsvermächtnisnehmers durch Schenkungen des Erblassers, WürttNotV 1933, 196
Wegmann, Ehegattentestament und Erbvertrag (3. Aufl 2004)
Weihe, Gemeinschaftliches Testament oder Erbvertrag, Wiederverheiratungsklausel in gemeinschaftlichen Testamenten, DNotZ 1939, 9
ders, Zur Wiederverheiratungsklausel in gemeinschaftlichen Testamenten, DNotZ 1939, 247
Weiss, Pflichtteilsstrafklausel im Ehegattentestament, MDR 1979, 812
Wendt, James-Dean-Testamente „Denn sie wissen nicht, was sie tun". Auslegungsprobleme beim gemeinschaftlichen Testament, ErbR 2015, 466
Wilhelm, Wiederverheiratungsklausel, bedingte Erbeinsetzung und Vor- und Nacherbfolge, NJW 1990, 2857
M Wolf, Schutz der Nachlassgläubiger bei auflösend bedingter Vollerbschaft und Vorerbschaft, in: FS vLübtow (1991) 325
Zawar, Zur Wiederverheiratungsklausel, in: FS Schippel (1996) 327.

Systematische Übersicht

Alphabetische Übersicht

I. Grundlage der Vorschrift; Vorgeschichte

1. Zugrundeliegende Absicht der Ehegatte

1 Viele Eheleute sind darüber einig, dass ihr beiderseitiges Vermögen nach dem Tode des Zuerstversterbenden sich in der Hand des Überlebenden vereinigen und

dieser entweder nach Gutdünken darüber verfügen oder aber es als Treuhänder für die Familie oder für die gemeinsamen Kinder verwalten, zugleich aber für die Befriedigung seines eigenen Lebensbedarfs nutzen soll, und weiter, dass nach dem Tod des überlebenden Ehegatten die Substanz des beiderseitigen Vermögens oder doch, was von ihm noch übrig ist, entweder als Einheit auf nicht notwendigerweise aber regelmäßig gemeinsame Abkömmlinge oder auf einen Dritten übergehen oder nach gewissen Grundsätzen oder Bestimmungen auf verschiedene Personen oder Personengruppen (etwa die beiderseitigen Verwandten) verteilt werden soll. Dieser Wunsch hat vielfach zur Errichtung gemeinschaftlicher Testamente geführt, in denen Eheleute sich gegenseitig zu Erben einsetzen und bestimmen, dass nach dem Tode des Überlebenden der beiderseitige Nachlass an einen oder mehrere Dritte fallen soll.

2. Rechtliche Beurteilung vor Inkrafttreten des BGB

Bei der rechtlichen Beurteilung von Testamenten dieser Art sind in der Zeit **vor** dem **BGB** hauptsächlich folgende Auffassungen vertreten worden (vgl Planck/Greiff Anm II 1; Kipp/Coing[10] § 27 N 10): 2

a) Jeder Ehegatte beruft den anderen zu seinem Alleinerben (und Fiduziar), ersucht ihn aber durch **Universalfideikomiss**, sowohl die Erbschaft als auch sein eigenes Vermögen für den Fall seines Todes einem Dritten (Fideikommissar) zuzuwenden. Nach dieser Auffassung wird das Vermögen der beiden Eheleute als Einheit behandelt und der Dritte ist, zum mindesten nach der Herausgabe des beiderseitigen Vermögens an ihn, (mittelbarer) Erbe des zuerstverstorbenen Ehegatten (vgl Windscheid, Pandektenrecht[2] III § 667).

b) Jeder Ehegatte setzt in erster Linie den anderen zu seinem Erben ein, beruft 3
aber zugleich einen Dritten zum **Nacherben** (fideikommissarischen Substituten) **und** für den Fall, dass der andere Ehegatte zuerst sterben sollte, zu seinem **Ersatzerben** (Vulgarsubstituten, vgl jetzt §§ 2096, 2102 Abs 1 BGB). Nach dieser Auffassung, die in der neueren gemeinrechtlichen und preußischen Rechtslehre und Rechtsprechung vorherrschte (vgl Dernburg, Pand III § 97 Anm § 7; Dernburg, Preußisches Privatrecht III § 183 bei Anm 5 ff; RGZ 11, 258; 25, 138), erhält der Dritte den beiderseitigen Nachlass aus verschiedenen Berufungsgründen: den Nachlass des zuerstversterbenden Ehegatten als dessen Nacherbe, den des Überlebenden als dessen Ersatzerbe. Man spricht daher auch vom sog **„Trennungsprinzip“**.

c) Jeder Ehegatte setzt den anderen Ehegatten zu seinem Erben und für den Fall, 4
dass dieser vor ihm sterben sollte, einen **Dritten** zu seinem **Ersatzerben ein**. Hier erwirbt der Dritte den gesamten beiderseitigen Nachlass aus einem Berufungsgrund, nämlich als Erbe des überlebenden Ehegatten **(„Einheitsprinzip“)**. Von dieser Auffassung ist das Reichsgericht zuletzt in gemeinrechtlichen Fällen ausgegangen (RGZ 27, 150; 38, 217). Für Testamente dieser Art hat sich der Ausdruck **„Berliner Testament“** eingebürgert, obwohl sie gerade nach preußischem Recht (s Rn 3) anders auszulegen waren als nach der Regel des § 2269 BGB (Kipp/Coing § 79 N 22; gegen den Ausdruck „Berliner Testament“ Endemann JW 1933, 1350; zum Aufkommen dieser Bezeichnung s Scheuren-Brandes Jura 2002, 734; Sticherling JuS 2002, 1248).

II. Modelle der Ehegattentestamente heute im Generellen

5 Es kommen auch heute diverse Modelle in Betracht, die Eheleute wählen können, wenn sie ein gemeinschaftliches Testament errichten wollen. Zunächst können sie, wie auch § 2269 BGB es nahelegt, sich für den ersten Erbfall gegenseitig zu Alleinerben und als Erben des Längerlebenden („Schlusserben") Personen einsetzen, die nach dem Tod des Längerlebenden den gesamten Nachlass erhalten (Einheitsprinzip, Rn 4). Möglich, aber selten, da kompliziert, ist ferner, dass sich die Eheleute wechselseitig nur zum Vorerben einsetzen, bestimmte Personen zum Nacherben (Trennungslösung, Rn 3). Diese Trennungslösung spielt in Patchworksituationen bisweilen eine Rolle (vgl etwa die Entscheidung des OLG München ErbR 2018, 216; ferner Rn 75). Außerdem ist es möglich, dass die Eheleute sich wechselseitig den Nießbrauch (zumeist an einzelnen Gegenständen wie der gemeinsam bewohnten Immobilie) zuwenden, dagegen andere Personen zu Erben einsetzen. Auch diese Lösung spielt vor allem in Patchworkkonstellationen eine Rolle (Rn 72). Nicht selten nehmen die Eheleute hier auch vom gemeinschaftlichen Testament Abstand und wählen die flexiblere und niedrigere Gebühren auslösende (aber natürlich für den anderen Teil unsichere) Lösung des Einzeltestaments.

III. Grundgedanke des § 2269 als Auslegungsregel

1. Inhalt und Grundgedanke der Auslegungsregel

6 Die Bestimmung des § 2269 BGB, der beim Erbvertrag § 2280 BGB entspricht, enthält eine **Auslegungsregel, keine gesetzliche Vermutung** (allgM; s statt aller BGH WM 1973, 41; Erman/S Kappler/T Kappler[16] Rn 5). Sie schreibt für gemeinschaftliche Testamente der unter Abschnitt I bezeichneten Art vor, dass im Zweifel die unter Rn 4 dargelegte Auslegung nach dem sog „Einheitsprinzip" zu wählen ist. Die individuelle Lösung der Erblasser, die durch Auslegung zu ermitteln ist (Rn 7 ff), hat gegenüber der Auslegungsregel Vorrang (zur Auslegung von gemeinschaftlichen Testamenten im Allgemeinen s Vorbem 64 ff zu §§ 2265 ff).

7 Bei der Schaffung der Vorschrift hat der Gesetzgeber erwogen, dass Ehegatten, die in der beschriebenen Weise testieren, vermutlich ihr Vermögen als eine Einheit ansehen und daher regelmäßig sowohl ein verschiedenes Rechtsverhältnis während der Lebensdauer des überlebenden Ehegatten, als auch die Möglichkeit einer Trennung der beiderseitigen Vermögensmassen bei seinem Tod ausschließen wollen (vgl Mot V 338; Prot V 406 = Horn § 2269 Rn 1 ff; Jacubezky 321; RGZ 79, 277; 113, 240; RG Recht 1923 Nr 757; OLG Köln HEZ 3, 36). Außerdem befürchtete der Gesetzgeber, dass bei der Regelung nach dem Trennungsprinzip die Interessen der Gläubiger unbilligerweise beeinträchtigt werden könnten (Prot V 406). Weiter spricht für die **Auslegung nach dem „Einheitsprinzip"**, dass die gemeinsame Lebensführung eine weitgehende Verbindung der beiderseitigen Vermögensmassen mit sich bringt, sodass nach einer langen Ehe vielfach gar nicht mehr zu erkennen ist, was dem einen und was dem anderen Ehegatten gehört (vgl BayObLG 22. 1. 1952 – II 216/51, zitiert nach Staudinger/Dittmann[10/11]).

8 Ein letzter **Gesichtspunkt**, der die Auslegungsregel nach den im Laufe der Zeiten gewandelten, **heute** weithin verbreiteten Anschauungen über die vermögensrechtliche

Stellung des überlebenden Ehegatten trägt, ist derjenige, dass die Ehegatten dem Überlebenden regelmäßig eher eine freie als eine eingeschränkte vermögensrechtliche Stellung einräumen wollen, die ihn in die Lage versetzt, unter Lebenden über das beiderseitige Vermögen nach seinem Gutdünken, dh nach den von ihm eingeschätzten Notwendigkeiten uneingeschränkt (nicht von den Schutzvorschriften zugunsten des Nacherben eingeschränkt) zu verfügen.

2. Auslegung geht vor

9 § 2269 BGB entbindet nicht von der Notwendigkeit, zunächst den Sinn eines gemeinschaftlichen Testaments und den **wirklichen Willen der Erblasser** nach den allgemeinen Grundsätzen für die Auslegung von Verfügungen von Todes wegen (§§ 133, 2084 BGB) zu erforschen, nötigenfalls unter Heranziehung von Umständen, die außerhalb des Testaments liegen; nur wenn diese Untersuchung nicht zu einem sicheren Ergebnis führt, wenn also nach Prüfung aller in Betracht kommenden Umstände begründete, auf andere Weise nicht zu lösende Zweifel über die Bedeutung der letztwilligen Verfügung bleiben, ist die Auslegungsregel des § 2269 BGB anzuwenden (BGH WM 1973, 41; RGZ 59, 84; 113, 240; RG HRR 1929 Nr 207; KG JR 1925 Nr 1640; BayObLGZ 16, A 37; 18, A 193; BayObLG BayZ 1918, 257; OLG Dresden OLGE 32, 68; KG OLGE 40, 142 Fn 1; BayObLGZ 1951, 469; 1954, 123; 1957, 292; 1959, 199, 204; BayObLG FamRZ 1988, 542; OLG Oldenburg HEZ 1, 107 = NdsRpflege 1947, 86). Zur Auslegung von gemeinschaftlichen Testamenten im Allgemeinen s Vorbem 64 ff zu §§ 2265 ff.

10 Deshalb ist das Grundbuchamt befugt, die Vorlage eines Erbscheins zu verlangen, wenn sich ihm berechtigte Zweifel aufdrängen, ob das ihm vorgelegte öffentliche Testament nach § 2269 BGB auszulegen ist, und diese Zweifel unter Umständen durch Ermittlungen geklärt werden können, für die nicht das Grundbuchamt, sondern das Nachlassgericht zuständig ist (OLG Hamm OLGZ 1968, 485 = MDR 1968, 1012). § 2269 BGB legt der Partei, die eine von der gesetzlichen Regel abweichende Auslegung des gemeinschaftlichen Testaments geltend macht, die **Beweislast** für die Umstände auf, die eine solche Auslegung rechtfertigen sollen (RGZ 60, 117; RG HRR 1929 Nr 207; jurisPK/Reymann[9] Rn 249; Planck/Greiff Anm II 3).

3. Verhältnis zu § 2084

11 **Gegenüber** der Auslegungsregel des **§ 2084 BGB soll** nach einer früher vertretenen Auffassung die des **§ 2269 BGB zurücktreten**, wenn die letztwillige Verfügung des einen Ehegatten wegen Formmangels nichtig ist und die des anderen bei Auslegung iSd § 2269 BGB wegen ihrer Wechselbezüglichkeit nach § 2270 Abs 1 BGB gleichfalls unwirksam wäre, während sie bei einer anderen, ebenfalls möglichen Auslegung Erfolg haben könnte (KG JW 1937, 1410 = HRR 1937 Nr 564, OLG München JFG 18, 8 = DFG 1938, 157; vorsichtig zustimmend auch BeckOGK/Braun [1. 4. 2022] Rn 4.1). Hiernach könne zB ein gemeinschaftliches Testament, das an sich unter die Vorschrift des § 2269 BGB fiele, das aber hinsichtlich der Verfügungen der Frau wegen Formmangels nichtig ist, uU dahin ausgelegt werden, dass die Frau nur Vorerbin und der Dritte Nacherbe des Mannes werden sollte (KG JW 1937, 1410). Nach den Darlegungen unter § 2265 Rn 13 ff, 21 liegt es näher, dass die Ehefrau in diesem Falle nach dem Willen des Ehemannes dessen unbeschränkte Alleinerbin werden sollte, uU unter der Bedingung, dass sie ihrerseits den Dritten zu ihrem Erben einsetzt (vgl auch J Mayer/Sam-

MET, in: REIMANN/BENGEL/DIETZ[7] § 2265 Rn 13; MünchKomm/MUSIELAK[9] Rn 22; **aA** für den in KG JW 1937, 1410 entschiedenen Fall wohl SOERGEL/LEISS[14] Rn 13).

4. Abweichender Wille des Ehegatten

12 Für die Frage, ob ein gemeinschaftliches Testament nach der Regel des § 2269 BGB auszulegen ist, ist nach dem Dargelegten entscheidend, ob sein Inhalt und etwaige zur Auslegung heranzuziehende sonstige Umstände erkennen lassen, dass die Ehegatten die beiderseitigen Vermögen als eine Einheit angesehen und daher sowohl eine verschiedene Rechtsstellung des überlebenden Ehegatten zu den beiden ursprünglichen Teilen dieses Gesamtvermögens während seiner Lebensdauer als auch die Möglichkeit der Trennung der beiden Vermögensmassen bei seinem Tode haben ausschließen wollen (RGZ 113, 240; RG Recht 1923 Nr 757; BayObLGZ 1951, 469; OLG Karlsruhe JFG 7, 131; EBBECKE Recht 1923, 89). Bei dieser Prüfung ist zu bedenken, wie sich die beiden grundsätzlich in Betracht kommenden Auslegungsmöglichkeiten, also die nach dem Einheitsgrundsatz und die nach dem Trennungsgrundsatz, auf die Gestaltung der Erbfolge und der erbrechtlichen Verhältnisse auswirken. Besonders wichtig wird danach sein, ob die Ehegatten nach den Umständen dem Überlebenden eine freie oder durch die Kontrollrechte der Nacherben eingeschränkte Befugnis zur lebzeitigen Verfügung über das Vermögen des Erstversterbenden einräumen wollten.

IV. Auswirkungen der Auslegung nach dem Einheitsgrundsatz

1. Rechtsstellung des überlebenden Ehegatten

a) Vollerbenstellung

13 Bei der Auslegung nach dem Einheitsgrundsatz wird der **überlebende Ehegatte „Vollerbe"**, dh gewöhnlicher Erbe und nicht nur Vorerbe des erstversterbenden Ehegatten (RGZ 79, 277; RG WarnR 1913 Nr 331; JW 1905, 206; OLG Schleswig-Holstein FamRZ 2017, 403 [406]; über die Terminologie s auch RGZ 160, 109; J MAYER FRP 2013, 317 [318 f]). Er kann also über das von dem verstorbenen Ehegatten ererbte Vermögen grundsätzlich frei verfügen wie über sein eigenes Vermögen (im Einzelnen und zu den Ausnahmen s Rn 14 ff). Das von dem verstorbenen Ehegatten stammende Vermögen vereinigt sich mit dem eigenen Vermögen des überlebenden Ehegatten und mit dem, was er später hinzuerwirbt, zu einem einheitlichen Vermögen, das bei seinem Tode, soweit es noch vorhanden ist, einheitlich auf den Dritten als Erben (Vollerben) des überlebenden Ehegatten – sog **„Schlusserben"** im Gegensatz zum Nacherben – übergeht (RGZ 58, 64; KG KGJ 26, A 51; OLG Oldenburg OLGE 6, 178; OLG Rostock OLGE 30, 222; OLG Schleswig-Holstein FamRZ 2017, 403 [406]).

14 Wie bereits kurz ausgeführt, kann der überlebende Ehegatte als Vollerbe grundsätzlich frei über den Nachlass des verstorbenen Ehegatten verfügen (KG OLGE 36, 237 = RJA 15, 181; OLG Hamburg Recht 1915 Nr 2064; OGHZ 2, 160 = NJW 1949, 581). Er ist Alleininhaber einer von dem verstorbenen Ehegatten hinterlassenen Firma (KG RJA 14, 170).

15 Die **Verfügungsbeschränkungen**, die das Gesetz dem Vorerben auferlegt (§§ 2113 ff BGB), **gelten nicht** (RGZ 58, 64; KG OLGE 21, 263). Als Vollerbe ist der Überlebende auch freier gestellt als ein befreiter Vorerbe: Denn während dieser nach §§ 2136, 2137, 2113 Abs 2 BGB grundsätzlich keine Nachlassgegenstände verschenken darf, ist der überlebende Ehegatte bei Anwendung der Regel des § 2269 BGB zu **Schenkungen** aus dem Nachlass des verstorbenen Ehegatten befugt.

b) Anwendung der §§ 2287, 2288

Ist die Schlusserbeinsetzung wechselbezüglich und danach nach dem Tode des erstverstorbenen Ehegatten gem § 2271 BGB unwiderruflich geworden, so gelten die Grundsätze zum Schutze des erbvertraglich Bedachten, insbesondere **§§ 2287, 2288 BGB, entsprechend** (s § 2271 Rn 147; neben den dortigen Nachw RGZ 58, 65; 77, 5, 113; BayObLG Recht 1906 Nr 2870; 1909 Nr 699; 1926 Nr 2147; OGHZ 1, 161 = NJW 1948, 690; OGHZ 2, 160 = NJW 1949, 581; BGH DNotZ 1951, 344; Boehmer MDR 1949, 287). Wenn dem überlebenden Ehegatten in dem gemeinschaftlichen Testament auch die Freiheit zur Errichtung abweichender letztwilliger Verfügungen eingeräumt ist, so können dagegen die §§ 2287, 2288 BGB nicht entsprechend angewendet werden (BGH LM § 1922 Nr 13 = NJW 1983, 2376, 2376). 16

Der Anspruch des Schlusserben gegen den Beschenkten auf Herausgabe des Geschenks entsprechend § 2287 BGB ist nicht dadurch ausgeschlossen, dass der Schlusserbe auf das nach dem Tode des überlebenden Ehegatten noch vorhandene Vermögen eingesetzt war; denn diese Beschränkung, die bei der Nacherbfolge, also bei der Anwendung des Trennungsgrundsatzes bedeutungsvoll ist (§ 2137 BGB), ist bei der Auslegung nach dem Einheitsgrundsatz gegenstandslos, weil der Vollerbe begrifflich nur das erwirbt, was beim Erbfall von dem Vermögen des Erblassers noch vorhanden ist (§ 1922 BGB; RG Recht 1926 Nr 2147 = WarnR 1926 Nr 188). Die Auslegung einer solchen Bestimmung in dem Sinne, dass die Anwendung der §§ 2287, 2288 BGB damit ausgeschlossen sein soll, ist bei Vorliegen weiterer, in diese Richtung deutender Umstände aber möglich. S im Übrigen die Erl zu den §§ 2286 ff BGB. 17

c) Verfügung über das Vermögen

Über sein **eigenes** (nicht von dem anderen Ehegatten ererbtes) **Vermögen kann** der **überlebende Ehegatte** unter Lebenden **frei verfügen**. Er kann diese Verfügungsbefugnis auch nicht in dem gemeinschaftlichen Testament einschränken (§ 137 BGB; BGHZ 12, 115, 123; Planck/Greiff § 2271 Anm VII). Eine Verpflichtung, unter Lebenden nicht zu verfügen, ist aber möglich (§ 137 S 2 BGB; s § 2286 Rn 31 ff; s auch hier zum Schutze des Schlusserben [bzw Vermächtnisnehmers] die Erl zu den §§ 2286 ff). 18

Solange beide Ehegatten leben, sind sie selbstverständlich durch das gemeinschaftliche Testament **in** der **Verfügung** über ihr Vermögen unter Lebenden **in keiner Weise beschränkt** (RG LZ 1920, 698). Fühlt sich ein Ehegatte durch solche Verfügungen, zB Schenkungen des anderen, in den Voraussetzungen getäuscht, von denen er bei der Errichtung des gemeinschaftlichen Testaments ausgegangen ist, so mag er nach § 2271 BGB widerrufen (Planck/Greiff § 2271 Anm VII). 19

Nach § 2271 BGB ist der **überlebende Ehegatte nach** dem **Tode des Erstverstorbenen an** seine **wechselbezüglichen Verfügungen** grundsätzlich **gebunden**, dh er kann sie nur ausnahmsweise durch neue Verfügungen von Todes wegen aufheben oder zu Ungunsten des Bedachten ändern, wenn er das ihm Zugewendete ausschlägt (§ 2271 Abs 2 S 1 BGB) oder wenn sich der Bedachte einer Verfehlung schuldig macht, die ihn zur Entziehung des Pflichtteils berechtigt (§ 2271 Abs 2 S 2 BGB) oder wenn die wechselbezügliche Anordnung durch Widerruf zu Lebzeiten beider Eheleute (§ 2271 20

Abs 1 BGB), durch vorzeitigen Tod des bedachten Dritten (§§ 1923, 2160, 2069 BGB), durch dessen Ausschlagung (§ 1953 BGB), Erbverzicht (§ 2352 BGB) oder Erbunwürdigkeit (§ 2344 BGB) oder durch Anfechtung (§ 2078 BGB) gegenstandslos geworden ist oder wenn ihm der Widerruf seiner eigenen letztwilligen Anordnungen in dem gemeinschaftlichen Testament vorbehalten war (s § 2271 Rn 95 ff).

2. Rechtsstellung des bedachten Dritten, insbesondere des „Schlusserben"

a) Kein Anwartschaftsrecht

21 Auch **nach** dem **Tode des erstversterbenden Ehegatten** hat selbst der bindend eingesetzte Dritte (Schlusserbe oder Vermächtnisnehmer) bei der „Einheitslösung" entsprechend § 2269 BGB (anders als bei der „Trennungslösung", bei der ihm die Nacherbenanwartschaft zusteht) nicht mehr als eine **rechtlich begründete Aussicht** (LANGE NJW 1963, 1571, 1573), die Erbfolge nach dem Tode des überlebenden Ehegatten anzutreten. Diese Aussicht ist **kein Anwartschaftsrecht** (BGHZ 37, 331 offengelassen von BGH 6. 5. 1954 – IV ZR 217/53; gegen ein Anwartschaftsrecht auch SCHLÜTER § 26 VI 5; vLÜBTOW II 622; ERMAN/S KAPPLER/T KAPPLER[16] Rn 2; BGB-RGRK/JOHANNSEN Rn 23), das den Schutz des § 823 Abs 1 BGB genießen könnte (RG Gruchot 50, 391; GÜTHE DNotZ 1902, 53; PLANCK/GREIFF Anm II 2 a). Für diese Position sollte deshalb besser auch die Bezeichnung „Anwartschaft" vermieden werden, da sie geeignet ist, Verwirrung zu stiften (J MAYER/SAMMET, in: REIMANN/BENGEL/DIETZ[7] Rn 54; von einer „Anwartschaft" sprechen BGH 6. 5. 1954 – IV ZR 217/53, zitiert nach BGB-RGRK/JOHANNSEN Rn 23; GRÜNEBERG/WEIDLICH § 2271 Rn 9; SOERGEL/LEISS[14] § 2271 Rn 24).

b) Rechtsschutz des bedachten Dritten

22 Es ist zwar ohne Weiteres möglich zu formulieren, dass zwischen dem Schlusserben und dem überlebenden Ehegatten **„rechtlich geregelte Beziehungen"** bestehen (BGHZ 37, 331, 334); daraus können aber nicht die in Rn 23 f dargestellten Folgerungen der hM gezogen werden. Einigkeit besteht darüber, dass die Rechtsstellung des Schlusserben vor dem zweiten Erbfall nicht übertragbar, nicht belastbar und nicht vererblich ist (BGHZ 37, 319, 321 = NJW 1962, 1910 = LM zu Nr 13 § 2271 m Anm MATTERN). Nur schuldrechtliche Verträge zwischen den Schlusserben über die erwartete Erbschaft – etwa über unter ihnen zu leistende Abfindungen – sind im Rahmen des § 311b Abs 5 BGB vor dem zweiten Erbfall wirksam (BGHZ 104, 279).

23 **Nach dem Tode des erstversterbenden Ehegatten** hat der bindend eingesetzte Dritte (Schlusserbe oder Vermächtnisnehmer) nur eine – rechtlich begründete – Aussicht zu erben, gleichwohl wird von der **hM** die Auffassung vertreten, er könne uU zu Lebzeiten des überlebenden Ehegatten Feststellungsklage gegen **den Längerlebenden** erheben mit dem Ziel der Feststellung,

- das Testament sei wirksam und er sei Schlusserbe (BGHZ 37, 331; OLG Düsseldorf ZEV 1994, 171; MünchKomm/MUSIELAK[9] Rn 39; SOERGEL/LEISS[14] Rn 24; BeckOK/LITZENBURGER [1. 2. 2022] Rn 28; NK-BGB/GIERL[6] Rn 30, 139 ff; J MAYER/SAMMET, in: REIMANN/BENGEL/DIETZ[7] Rn 55; jurisPK/REYMANN[9] Rn 232 f; HOHMANN ZEV 1994, 133 f; **aA** LANGE NJW 1963, 1571, 1574; KUCHINKE, in: FS Henckel [1995] 475, 479; LANGE/KUCHINKE § 24 VI 7 b);

- eine vom überlebenden Ehegatten erklärte Anfechtung oder ein Widerruf sei unwirksam (BGHZ 37, 331; RG HRR 1928 Nr 843; OLG Düsseldorf ZEV 1994, 171; Münch-

Komm/Musielak[9] Rn 39; BeckOK/Litzenburger [1. 2. 2022] Rn 27; NK-BGB/Gierl[6] Rn 140; Jauernig/Stürner[18] Rn 6; Hohmann ZEV 1994, 133 f; **aA** Lange/Kuchinke § 24 VI 7 b);

- eine von ihm vorgenommene Schenkung verstoße gegen § 2287 BGB (OLG Koblenz MDR 1987, 935; OLG Düsseldorf NJW 1957, 266; 23; Soergel/M Wolf Rn 23; J Mayer/Sammet, in: Reimann/Bengel/Dietz[7] Rn 56; **aA** Lange/Kuchinke § 24 VI 7 b);
- eine vom überlebenden Ehegatten vorgenommene Verfügung unter Lebenden sei wegen Aushöhlung oder Umgehung des Widerrufsverbots des § 2271 Abs 2 BGB unwirksam (OLG Düsseldorf NJW 1987, 935; OLG Koblenz MDR 1987, 935; Soergel/Leiss[14] Rn 24; BeckOK/Litzenburger [1. 2. 2022] Rn 28; Mattern BWNotZ 1962, 239; Lange NJW 1963, 1571, 1574, der im Ausnahmefall des § 2271 Abs 2 S 2 BGB wegen des Interesses des Bedachten an rascher Klärung eine Feststellungsklage für zulässig erachtet)

Außerdem wird vertreten, der Schlusserbe könne bei Vorliegen eines schutzwürdigen Interesses auch **gegen einen Erbkonkurrenten** auf Feststellung des künftigen Erbrechts klagen (RG HRR 1928 Nr 843; OLG Düsseldorf NJW 1957, 266; MünchKomm/Musielak[9] Rn 39; Soergel/Leiss[14] Rn 24; **aA** OLG Karlsruhe FamRZ 1989, 1351 [1353]; OLG Celle MDR 1954, 567; NK-BGB/Gierl[6] Rn 145; J Mayer/Sammet, in: Reimann/Bengel/Dietz[7] Rn 55; Kuchinke, in: FS Henckel S 479 Fn 62; Lange/Kuchinke § 24 VI 7 c) oder **gegen den beschenkten Dritten** mit dem Ziel der Feststellung eines Verstoßes gegen § 2287 BGB (OLG Koblenz MDR 1987, 935; Soergel/M Wolf Rn 23; J Mayer/Röhl, in: Reimann/Bengel/Dietz[7] § 2287 Rn 128; Kuchinke, in: FS Henckel S 494; Lange/Kuchinke § 24 VI 7 d; Hohmann ZEV 1994, 133, 135; nur in Ausnahmefällen OLG München FamRZ 1996, 475 = NJW-RR 1996, 328; **aA** Lange NJW 1963, 1571, 1574). Es erscheint freilich widersprüchlich, gegen den Erblasser eine Feststellungsklage zuzulassen, gegen den Erbkonkurrenten aber nicht. Das Argument, gegenüber dem Mitschlusserben bestehe weder ein feststellungsfähiges Rechtsverhältnis noch ein Feststellungsinteresse, trifft zu, nur gilt das genauso für Klagen gegen den längerlebenden Erblasser. Die Differenzierung überzeugt nicht und belegt zusätzlich die dogmatische Schwäche der hM. **24**

Dem Schlusserben wird ferner sogar vorläufiger Rechtsschutz gewährt **25**

- gegen den überlebenden Ehegatten (Soergel/Zecca-Jobst Rn 5 zu § 2286; einschränkend J Mayer/Sammet, in: Reimann/Bengel/Dietz[7] Rn 56);
- gegen den beschenkten Dritten (OLG München FamRZ 1996, 253: ausnahmsweise BayObLGZ 1952, 289, 290; OLG Koblenz MDR 1987, 935, 936; Soergel/Leiss[14] Rn 24: auch gem §§ 935, 938 ZPO für ein Veräußerungsverbot; NK-BGB/Gierl[6] Rn 147: unter engen Voraussetzungen, im Übrigen verneinend; **aA** Kuchinke S 492; Hohmann ZEV 1994, 133, 135). Die Einschränkungen und Ausnahmen sind ebenfalls widersprüchlich.

Der hM kann nicht gefolgt werden (ebenfalls ablehnend BeckOGK/Braun [1. 4. 2022] Rn 113, für einen speziellen Rechtsstreit unter künftiger Mitschlusserben auch OLG Karlsruhe FamRZ 1989, 1351). Seine Aussicht zu erben, gibt dem Schlusserben bei richtiger Betrachtung keine rechtliche Möglichkeit, zu Lebzeiten des überlebenden Ehegatten gegen diesen, einen von ihm Beschenkten oder gegen einen Erbkonkurrenten oder sonstigen Dritten Feststellungsklage zu erheben oder gar einstweiligen Rechtsschutz zu begehren, denn es fehlt an den Zulässigkeitsvoraussetzungen. Tatsache ist (und **26**

Übereinstimmung besteht darüber), dass der Schlusserbe aufgrund des gemeinschaftlichen Testaments vor dem zweiten Erbfall nur eine rechtliche Aussicht zu erben besitzt, dass ihm mithin kein Anwartschaftsrecht am Nachlass oder an Nachlassteilen zusteht.

27 Alle Formulierungen, die seiner Stellung mehr Gewicht verleihen sollen („Anwartschaft" GRÜNEBERG/WEIDLICH § 2271 Rn 9; SOERGEL/LEISS[14] Rn 24; ein einer Anwartschaft gleichkommendes Recht, OLG Koblenz MDR 1987, 936; Anwartschaft als bedingtes Recht besonderer Art OLG Düsseldorf NJW 1957, 266) vermögen daran genauso wenig etwas zu ändern wie die Feststellung, nach dem ersten Erbfall sei der Erwerb des Nachlasses für den Schlusserben weitgehend gesichert (SOERGEL/ZECCA-JOBST[14] § 2286 Rn 5). Die Bindung des Längstlebenden (§ 2271 Abs 2 BGB) beruht eben nicht auf einem Rechtsverhältnis zum bedachten Dritten, dem Schlusserben oder Vermächtnisnehmer, sondern auf der Beziehung zum verstorbenen Ehegatten, die für den Bedachten nur einen Reflex darstellt (LANGE/KUCHINKE § 24 VI 7 a) und deswegen kein Feststellungsinteresse für eine Klage gem § 256 ZPO begründet, weder gegenüber dem überlebenden Ehegatten noch gegenüber Erbkonkurrenten oder beschenkten Dritten. Dem Umstand, dass nach dem ersten Erbfall der Bedachte kein Anwartschaftsrecht erwirbt, entspricht, dass der **Erblasser davor zu schützen** ist, zu seinen Lebzeiten **mit Prozessen über seinen Nachlass überzogen zu werden**, den Inhalt des gemeinschaftlichen Testaments und die Umstände, die zu seiner Formulierung geführt haben, offenbaren zu müssen, die zum Gegenstand einer öffentlich geführten Gerichtsverhandlung würden, und im Prozess gegen den beschenkten Dritten als Zeuge aussagen und seine Erwägung für die Zuwendung darlegen zu müssen.

28 Das Interesse des Schlusserben und das allgemeine Interesse daran, dass rechtliche Konflikte möglichst richtig entschieden werden, die für eine Führung des Rechtsstreits zu Lebzeiten des überlebenden Ehegatten sprechen, wenn die Beweislage möglicherweise noch besser ist, müssen hinter diesen Überlegungen zurückstehen und können die Zulässigkeitsvoraussetzungen für eine Feststellungsklage nicht ersetzen: Die Feststellungsklage ist **kein „Beweissicherungsverfahren" für den Schlusserben**, der möglicherweise ohnehin „leer" ausgeht.

c) Erleben des Schlusserbfalls; Ersatzerbeinsetzung

29 Da der Dritte bei der „Einheitslösung" Vollerbe des überlebenden Ehegatten werden soll, kann er nur dann und erst dann Erbe werden, wenn er den Tod des überlebenden Ehegatten erlebt (§ 1923 BGB). Stirbt er vor dem überlebenden Ehegatten, so ist seine Berufung zum Schlusserben gegenstandslos. Ein **Ersatzerbe** tritt an seine Stelle, sei es dass er ausdrücklich bestimmt oder aufgrund der Auslegungsregel des § 2069 BGB berufen ist, wenn zum Schlusserben ein Abkömmling des überlebenden Ehegatten berufen war. Die Auslegung kann aber auch ergeben, dass sich die Bindungswirkung, wenn der in einem Berliner Testament als Schlusserbe eingesetzte Sohn vor dem überlebenden Ehegatten verstirbt, hinsichtlich der Ersatzerbfolge nicht auf die Auswahl der an die Stelle des Sohnes tretenden Abkömmlinge erstreckt (BayObLG FamRZ 1998, 388).

30 Bei einseitigen Abkömmlingen des erstverstorbenen Ehegatten trifft § 2069 BGB seinem Wortlaut nach nicht zu; doch ist diese Auslegungsregel auch in solchen Fällen entsprechend anzuwenden, da nicht anzunehmen ist, dass die Testatoren die Schlusserbfolge unterschiedlich regeln wollten, je nachdem, wer von ihnen zuerst stirbt (BayObLGZ 4, 755 = RJA 4, 17 = OLGE 9, 391; widersprüchlich BayObLG NJW-RR 1991, 8; KG KGJ 51, 101; Henle DJZ 1904, 305; Planck/Greiff Anm II 2 a). Bei Ermittlung des gemeinsamen Willens der Ehegatten zur Ersatzerbfolge bei Wegfall der Schlusserben sind alle Umstände heranzuziehen. War der verstorbene Schlusserbe Stiefsohn des einen und einziges Kind des anderen Ehegatten, ist es naheliegend, dass dessen Abkömmlinge an seine Stelle treten sollen (OLG München ZEV 2017, 409 m Anm Kollmeyer). Haben sie nach dem Tod des Schlusserben nicht neu testiert, ist das kein (nicht nur kein zwingendes, so das OLG München) Indiz für den Willen der Ehegatten, bewusst von der Anordnung einer Ersatzerbfolge abgesehen zu haben.

d) Gegenstand der Erbfolge des Dritten

31 Gegenstand der Erbfolge des Dritten ist das Vermögen des überlebenden Ehegatten zur Zeit seines Todes (§ 1922 BGB). Der Dritte erbt also das Vermögen beider Ehegatten, soweit es beim Tode des Überlebenden noch vorhanden ist (KG KGJ 26, A 51), einschließlich des Vermögens, das der überlebende Ehegatte nach dem Tode des Vorverstorbenen hinzuerworben hat (OLG Rostock OLGE 30, 222). Hinsichtlich des von dem erstverstorbenen Ehegatten stammenden Vermögens ist der Schlusserbe nach dem „Einheitsgrundsatz" schlechter gestellt als nach dem „Trennungsgrundsatz"; denn nach Letzterem gelten die Vorschriften zum Schutze des Nacherben (§§ 2113 ff BGB), als Schlusserbe gilt zu seinen Gunsten nur § 2287 BGB.

e) Rechtsstellung bei Ausschlagung des Längerlebenden

32 Schlägt der **überlebende Ehegatte** die Erbschaft des vorverstorbenen **aus**, so kann im Allgemeinen angenommen werden, dass der Dritte auch für diesen Fall als Ersatzerbe des verstorbenen Ehegatten eingesetzt ist (OLG Stuttgart BWNotZ 1979, 11; vgl § 2097 BGB). Das gilt besonders, wenn die Ehegatten als Schlusserben ihre gemeinsamen Kinder berufen haben (§ 2069 BGB). Gesetzlicher Erbe kann der überlebende Ehegatte nur werden, wenn die Auslegung ergibt, dass die Eheleute den Schlusserben nicht zum Ersatzerben berufen wollten (OLG Stuttgart BWNotZ, 1979, 11).

V. Auswirkungen der Auslegung nach dem „Trennungsgrundsatz"

1. Rechtsstellung des überlebenden Ehegatten

33 Bei der Auslegung nach dem „Trennungsgrundsatz", also entgegen der Regel des § 2269 BGB, ist der **überlebende Ehegatte Vorerbe** des erstversterbenden Ehegatten. Er kann daher nur in beschränktem Umfang unter Lebenden über die zum Nachlass des verstorbenen Ehegatten gehörenden Gegenstände verfügen, es sei denn, dass ihn der verstorbene Ehegatte durch Verfügung von Todes wegen von den gesetzlichen Beschränkungen befreit hat (§§ 2112 ff, 2136 ff BGB). **Bei Verfügungen von Todes wegen** ist der überlebende Ehegatte ebenso an seine in dem gemeinschaftlichen Testament enthaltenen wechselbezüglichen Verfügungen **gebunden wie bei** der **„Einheitslösung" (§ 2271 BGB)**.

34 Auch für den Fall der „Trennungslösung" kann dem überlebenden Ehegatten in dem gemeinschaftlichen Testament das Recht eingeräumt werden, die Einsetzung des Dritten zum Erben (auch insoweit, als er Nacherbe des vorverstorbenen Ehegatten ist) zu widerrufen und über den beiderseitigen Nachlass anderweitig zu verfügen

(BGHZ 2, 35 = NJW 1951, 959 = LM Nr 1 zu § 2084 mAnm Ascher; BGHZ 15, 199, 204; BGH JZ 1954, 98; RGZ 95, 278 = JW 1920, 286 m zust Anm Kipp; RG DNotZ 1942, 374; JW 1936, 3264; KG OLGE 46, 237; JFG 20, 139; DRW 1939, 1443 m Anm Vogels; BayObLGZ 17, A 18; 22, A 275; Raape AcP 140, 239: kein Verstoß gegen § 2065, weil der überlebende Ehegatte nur über sein eigenes Vermögen verfügt; **aA** Maenner LZ 1925, 572 ff). In einem solchen Fall ist die Berufung des Dritten zum Nacherben des erstversterbenden Ehegatten an die Bedingung geknüpft, dass der überlebende Ehegatte nicht anders von Todes wegen verfügt; da somit bei anderweitiger Verfügung des überlebenden Ehegatten die Nacherbfolge wegfällt, wird er durch seine eigene Verfügung Vollerbe und damit befugt, auch über das von dem verstorbenen Ehegatten ererbte Vermögen unter Lebenden und von Todes wegen zu verfügen (was sich letztlich allerdings erst bei seinem Tod entscheidet). In gleicher Weise können die Ehegatten in einem gemeinschaftlichen Testament, das nach dem „Trennungsgrundsatz" auszulegen ist, den überlebenden Ehegatten ermächtigen, unter den zu Nacherben des erstversterbenden Ehegatten eingesetzten Abkömmlingen den Hoferben im Sinne der HöfeO auszuwählen (BGH LM Nr 2 zu § 2065. S zur Möglichkeit, dem Überlebenden die Abänderung zu gestatten, außerdem § 2271 Rn 110 ff).

2. Rechtsstellung des Dritten

a) Zu Lebzeiten beider Ehegatten

35 Zu Lebzeiten beider Ehegatten hat der **Dritte weder** ein **Recht noch** eine **Anwartschaft** auf ihr Vermögen. Denn solange beide Ehegatten leben, kann die Berufung des Dritten zum Erben (Nacherben) nicht nur von beiden Ehegatten gemeinsam (insbesondere durch neues gemeinschaftliches Testament oder Erbvertrag), sondern auch einseitig von jedem Ehegatten widerrufen werden, gegebenenfalls mit der Folge, dass auch die Erbeinsetzung des widerrufenden Ehegatten durch den anderen Ehegatten unwirksam wird (§ 2271 Abs 1, § 2270 Abs 1 BGB).

b) Zu Lebzeiten nur des Längerlebenden

36 Mit dem **Tode des erstversterbenden Ehegatten** erlangt der Dritte als Nacherbe die grundsätzlich veräußerliche und vererbliche **Nacherbenanwartschaft** hinsichtlich des Nachlasses des erstverstorbenen Ehegatten. Er kann das Anwartschaftsrecht entsprechend den Regeln des § 2033 BGB (unbeschadet der Rechte eines eventuellen Ersatznacherben) auf einen anderen übertragen. Er kann über die Anwartschaft auch von Todes wegen verfügen, sofern nicht ausdrücklich oder stillschweigend – § 2069 BGB – ein Ersatznacherbe bestimmt oder die Vererblichkeit des Anwartschaftsrechts sonst ausgeschlossen ist. Darauf hinzuweisen ist nochmals, dass sich das Anwartschaftsrecht des Dritten nur auf den Nachlass des erstverstorbenen Ehegatten bezieht. Hinsichtlich des Vermögens des überlebenden Ehegatten hat der Dritte zu dessen Lebzeiten auch bei der „Trennungslösung" keine andere Stellung als bei der „Einheitslösung". Schlägt der überlebende Ehegatte die Erbschaft des Erstversterbenden aus, so tritt der zum Nacherben berufene Dritte kraft Gesetzes an seine Stelle (§ 2102 BGB; vgl KG FamRZ 1987, 413 = NJW-RR 1987, 451).

c) Nach dem Tod des Längerlebenden

37 Mit dem **Tod des überlebenden Ehegatten** erwirbt der Dritte dessen Vermögen als **Vollerbe**, das des erstverstorbenen Ehegatten als **Nacherbe**. Die beiden Vermögensmassen vereinigen sich nun in seiner Hand. Wenn die Ehegatten sich gegenseitig zu Vorerben, die Kinder zu Nacherben bestimmen, ist dem schon durch Auslegung die

Einsetzung der Kinder zu Erben des überlebenden Ehegatten zu entnehmen (OLG Frankfurt FamRZ 2012, 1977).

VI. Voraussetzungen der Auslegungsregel

1. Gegenseitige Erbeinsetzung im gemeinschaftlichen Testament

§ 2269 BGB setzt zunächst ein (wirksames) von Ehegatten errichtetes **gemeinschaftliches Testament** voraus. Eine entsprechende Anwendung auf ein einseitiges Testament eines Ehegatten (oder auf zwei einseitige Testamente beider Ehegatten) ist nicht möglich (KG DNotZ 1943, 137; OLG Düsseldorf JW 1925, 2148 m Anm Kipp). 38

§ 2269 BGB setzt voraus aus, dass sich die Ehegatten in dem gemeinschaftlichen Testament **gegenseitig zu Alleinerben einsetzen** (RG BayZ 1907, 64; LZ 1919, 1241; BayObLG FamRZ 1984, 211, 212 auch für den Fall, dass der überlebende Ehegatte vermögenslos ist). Ob das so ist, ist ebenfalls durch Auslegung zu ermitteln. Auch wenn dies regelmäßig naheliegt, ist es nicht jedem Ehegattentestament immanent. So genügt die Verwendung der Begriffe „nach unserem Tod" oder „wir" allein nicht als Andeutung, um einen solchen Willen gegenseitiger Erbeinsetzung festzustellen (BGH NJW 1981, 1737 [1738]; OLG München FamRZ 2020, 460 = MittBayNot 2020, 473 m zust Anm Braun, der plakativ von der „vergessenen gegenseitigen Erbeinsetzung" spricht; OLG München FamRZ 2020, 1415). Das ändert sich auch nicht, wenn die Ehegatten in demselben Testament davon sprechen, dass der Sohn „nach unserem Tod" das gemeinsame Haus erhalten solle, denn auch dies reicht nicht aus, um eine gegenseitige Erbeinsetzung anzunehmen (OLG München FamRZ 2020, 461 = MittBayNot 2020, 473 m zust Anm Braun; **aA** Riemer ErbR 2020, 112 f). Nichts anderes gilt, wenn im gemeinschaftlichen Testament am Ende steht, das Testament sei nur gültig, wenn beide tot seien (OLG München FamRZ 2020, 1415). Nichts davon kann das Fehlen einer gegenseitigen Erbeinsetzung ersetzen. Es mag durchaus dem hypothetischen Willen der Erblasser entsprochen haben, dass der Längerlebende zunächst so weiterwirtschaften kann wie bisher. Das ist auch häufig das, was Eheleute im Beratungsgespräch kommunizieren. Aber dieser hypothetische Wille muss sich im Testament niederschlagen, und dafür sorgen die og Schlagworte nicht. 39

2. Keine Anwendung auf sonstige Fallkonstellationen

Die Vorschrift ist nicht entsprechend anzuwenden, wenn sich die Eheleute nur für einen bestimmten ideellen oder realen Teil ihres Nachlasses zu Erben bestimmen (MünchKomm/Musielak[9] Rn 12; BeckOGK/Braun [1. 4. 2022] Rn 21; **aA** Staudinger/Kanzleiter [2019] Rn 23). Es mag sein, dass auch in diesen Fällen der Wille der Ehegatten regelmäßig dahin geht, dem Überlebenden eine freie Befugnis zur Verfügung unter Lebenden über das ihm Zugewandte einzuräumen. § 2269 BGB geht aber davon aus, das Vermögen beider Erblasser als Einheit zu behandeln; dies fehlt, wenn ein Ehegatte neben dem anderen auch einen Dritten zu seinem Erben bestimmt (MünchKomm/Musielak[9] Rn 12). Eine entsprechende Auslegung ist nach den Umständen des Einzelfalles auch hier selbstverständlich möglich, nur greift in Zweifelsfällen eben keine Auslegungsregel. 40

Auch auf inhaltlich § 2269 BGB entsprechende Verfügungen von Nichtehegatten – etwa in einem Erbvertrag – ist die Auslegungsregel des § 2269 BGB nicht entspre- 41 chend anzuwenden, auch nicht wenn das Vertrauensverhältnis unter ihnen ähnlich stark ist wie bei Ehegatten (zutr BeckOGK/Braun [1. 4. 2022] Rn 4 mwN; **aA** – wohl hM – OLG Köln FamRZ 1974, 387; Staudinger/Kanzleiter [2019] Rn 23; NK-BGB/Gierl[6] Rn 4). Denn man mag schon an einer Regelungslücke zweifeln, weil Ehegatten einerseits und nicht verheiratete Partner andererseits rechtlich etwas ganz anderes sind; wer die rechtliche Verfasstheit der Ehe haben will, soll sie schließen. Ferner kann man sich fragen, ob es bezogen auf Auslegungsregeln überhaupt Regelungslücken geben kann. Unabhängig davon fehlt es wohl an der subjektiven Planwidrigkeit, da der Gesetzgeber bei der Einführung der Lebenspartnerschaft die für den Erbvertrag parallele Vorschrift des § 2280 BGB zwar auf Lebenspartner ausdrücklich erweiterte, nicht aber auf sonstige Verbindungen zweier Menschen (BeckOGK/Braun [1. 4. 2022] Rn 4 mwN).

3. Schlusserbeneinsetzung

a) Allgemeines

42 Ferner müssen die Ehegatten bestimmt haben, dass nach dem Tode des Überlebenden der beiderseitige Nachlass an einen Dritten fallen soll. Die Verknüpfung des Vermögensüberganges mit einem anderen Zeitpunkt oder Ereignis (vgl § 2104 BGB) genügt nicht (zu den „Wiederverheiratungsklauseln" s unten Rn 78 ff). In dem gemeinschaftlichen Testament muss also auch der **zweite Erbfall geregelt** sein.

43 Allerdings braucht die Bestimmung, dass der beiderseitige Nachlass nach dem Tode des Überlebenden an einen Dritten fallen soll, **nicht ausdrücklich** getroffen zu werden. War der Dritte zum „Nacherben" beider Ehegatten eingesetzt, so gilt beim Tode des Überlebenden § 2102 Abs 1 BGB: Im Zweifel wird er als Ersatzerbe Erbe des Überlebenden (KG FamRZ 1987, 413 = NJW-RR 1987, 451; OLG Düsseldorf FamRZ 2020, 874 [875 f]; Nehlsen-vStryk DNotZ 1988, 147; Muscheler JZ 1994, 630; vgl auch BGH NJW 1983, 277 = FamRZ 1982, 1206; **aA** OLG München JFG 15, 246 = HRR 1937 Nr 1094; OLG Karlsruhe FamRZ 1970, 293).

b) Bezug auf „gesetzliche Bestimmungen"/gesetzliche Erbfolge

44 Auch die Anordnung, dass es nach dem Tod des Überlebenden bei den **gesetzlichen Bestimmungen** verbleibt, ist auslegungsfähig: sie kann, muss aber nicht, eine Erbeinsetzung der gesetzlichen Erben enthalten (vgl BayObLG NJW 1965, 916; BayObLGZ 1964, 69, allerdings zu Regelungen für beide Erbfälle; OLG Hamm FamRZ 2016, 411; BeckOGK/Braun, [1. 4. 2022] Rn 25; Keim ZEV 2021, 514 [515]). Tatsächlich sind mindestens vier Auslegungsergebnisse denkbar: Die Erblasser könnten für den Schlusserbfall keine Regelung getroffen haben wollen; die Erblasser könnten diejenigen Personen zu Schlusserben berufen haben, die zum Zeitpunkt der *Errichtung* des Testaments die gesetzlichen Erben des Längerlebenden wären; die Erblasser könnten auch diejenigen eingesetzt haben, die zum Zeitpunkt des Todes des Erstversterbenden die gesetzlichen Erben des Längerlebenden wären; schließlich könnten die Personen gemeint sein, die zum Zeitpunkt des Todes des Längerlebenden die gesetzlichen Erben wären (Keim ZEV 2021, 514 [515] spricht für die letztere Konstellation treffend von einer „dynamischen Verweisung").

45 Es gibt freilich eine Zweifelsregel: Bei Einsetzung der „Verwandten" oder der „gesetzlichen Erben" als Schluss- oder Nacherben sind (auch beim erstverstorbenen Ehegatten) – **im Zweifel** – diejenigen berufen, die zur Zeit des zweiten Erbfalls die gesetzlichen Erben wären (§§ 2066, 2067, 2104 BGB; vgl Mot V 338; KG OLGE 11,

253; OLG München JFG 14, 471; Ebbecke Recht 1923, 84; zur Schlusserbeinsetzung der gesetzlichen Erben beider Ehegatten durch eine Bestimmung, dass erst „nach unserem Tode" die Angehörigen erben, s OLG München ZEV 2012, 367).

Ohne eine solche Anordnung ist – insbesondere bei Vorhandensein gemeinschaftlicher Abkömmlinge – zu prüfen, ob sich ein vom Willen der Ehegatten getragener Anhalt dafür im Testament findet, an wen der Nachlass nach dem Tode des Überlebenden fallen soll (s BGH 3. 4. 1952 – IV ZR 128/51, zitiert nach BGB-RGRK/Johannsen Rn 5: bei Vorhandensein gemeinschaftlicher Abkömmlinge ist zu prüfen, ob ein Wille der Erblasser festgestellt werden kann, dass nach dem Tode des Längstlebenden die Abkömmlinge Erben werden). Sogar aus einer Regelung in einem Ehevertrag, dass nach Beendigung einer fortgesetzten Gütergemeinschaft das Vermögen unter den Abkömmlingen geteilt werden soll, kann deren Einsetzung zu Schlusserben entnommen werden (BayObLG FamRZ 1986, 1151). Ebenso aus einer Klausel in Übereinstimmung mit § 8 HöfeO aF, dass der überlebende Ehegatte eines der gemeinsamen Kinder zum Hoferben bestimmen kann, nach Wegfall der Hofeigenschaft die Schlusserbeinsetzung der gemeinsamen Kinder zu gleichen Teilen (OLG Hamm FamRZ 2012, 1905). 46

In Nuancen umstr ist, ob der bei Vorhandensein mehrerer gemeinschaftlicher Abkömmlinge nicht seltenen Anordnung, dass diejenigen Abkömmlinge, die beim Tode des erstversterbenden Ehegatten den Pflichtteil verlangen, auch beim Tode des Überlebenden nur den Pflichtteil erhalten sollen, regelmäßig eine **Erbeinsetzung der anderen Abkömmlinge** auf den Tod des überlebenden Ehegatten entnommen werden kann (dazu neigend BayObLGZ 1959, 199; Staudinger/Dittmann[10/11] Rn 18; BGB-RGRK/Johannsen Rn 5 in Auseinandersetzung mit OLG Hamm DNotZ 1951, 41; s zu der Frage auch Haegele Justiz 1958, 345; Schopp Rpfleger 1954, 545; Soergel/Leiss[14] Rn 14). Demgegenüber ist der Auffassung zuzustimmen (OGH MDR 1950, 669; OLG Hamm DNotZ 1951, 41 m Anm Rohs; OLG Bremen ZEV 1994, 365; OLG Karlsruhe FamRZ 2006, 1303; in diesem Sinne auch OLG Celle MDR 2003, 813: eine solche Auslegung ist jedenfalls nicht zwingend; s auch Fischer ZEV 2005, 189), dass einer solchen Anordnung *alleine* die Erbeinsetzung der anderen Abkömmlinge nach dem Tode des überlebenden Ehegatten nicht entnommen werden kann, weil eine solche Anordnung auch dann sinnvoll ist, wenn die Ehegatten bei der Errichtung des gemeinschaftlichen Testaments davon ausgehen, der überlebende Ehegatte werde bei seinem Tode voraussichtlich der gesetzlichen Erbfolge freien Lauf lassen, dies aber letztlich der freien Entscheidung des Überlebenden überlassen wollen. Einen Anhaltspunkt für die Erbeinsetzung der anderen Abkömmlinge nach dem Tode des letztversterbenden Ehegatten enthält eine solche Anordnung aber zweifellos, sodass letztlich der zu ermittelnde Wille der Ehegatten entscheidend ist. 47

Ein zusätzlicher Anhaltspunkt für die Schlusserbeinsetzung der Kinder ist die **Kombination der Pflichtteilsklausel mit einer Wiederverheiratungsklausel** (OLG München NJW-RR 2013, 202 = FamRZ 2013, 405, zu Wiederverheiratungsklauseln näher unten Rn 78 ff). Eine Pflichtteilsklausel in Kombination mit der Anordnung der Gleichbehandlung der gemeinsamen Kinder kann für die wechselbezügliche Anordnung von deren Einsetzung als Schlusserben sprechen (OLG München ErbR 2015, 222). Ähnlich OLG München ErbR 2017, 161: Die Ehegatten hatten sich zu Alleinerben eingesetzt und zum Ausdruck gebracht, dass die Kinder bis zum Tod des Überlebenden auf ihren Pflichtteil verzichteten. Soweit die Feststellung eines anderen Willens der Ehegatten nicht 48 möglich ist, muss es dabei bleiben, dass der überlebende Ehegatte frei ist, über sein Vermögen auch von Todes wegen zu bestimmen (OLG Hamm DNotZ 1951, 41). Haben die Ehegatten, von denen einer ein voreheliches Kind hat, „die Kinder" zu Erben eingesetzt, verbunden mit einer Pflichtteilsstrafklausel, ist das ein Anhaltspunkt dafür, dass nur die gemeinsamen Kinder Schlusserben werden sollen, weil nur sie nach dem Tode beider Eltern pflichtteilsberechtigt sind (vgl BayObLG FamRZ 1988, 878 = NJW-RR 1988, 968). Ist dem Wortlaut nach die Schlusserbeneinsetzung nur für den Fall des Überlebens eines Elternteils getroffen, kann aus dem Gesamtzusammenhang auf eine Schlusserbeneinsetzung nach dem Tode des (jeweils) überlebenden Ehegatten geschlossen werden (BayObLG FamRZ 1988, 878 = NJW-RR 1988, 968).

4. Verfügung über beiderseitigen Nachlass

49 § 2269 BGB erfordert weiter, dass die Ehegatten für den zweiten Erbfall über ihren **„beiderseitigen Nachlass" verfügt** haben. Das hindert nicht, dass die Testatoren ihr beiderseitiges Vermögen für den Fall, dass sie beide tot sind, mehreren Personen oder Personengruppen zuwenden, zB ihren nächsten Verwandten (Rn 45).

50 Die früher allgemein vertretene Auffassung, § 2269 BGB sei unanwendbar, wenn das Vermögen der Ehegatten nach ihrem letzten Willen beim Tode des Überlebenden in seine ursprünglichen Bestandteile auseinanderfällt, indem der Nachlass des erstversterbenden Ehegatten diesem, der des Überlebenden jenem zukommen soll (RGZ 79, 277; RG Recht 1923 Nr 757; Planck/Greiff Anm II 2 d; BGB-RGRK/Johannsen Rn 11; anders, wenn das beiderseitige Vermögen aufgrund Gütergemeinschaft zu einer Einheit verbunden war und jeder Erblasser unter seinem Nachlass nur die Hälfte des beim Tode des Überlebenden vorhandenen Gesamtvermögens verstanden hat, RG LZ 1914, 1361), berücksichtigt ausschließlich den Gesichtspunkt des Trennungsprinzips im Gegensatz zum Einheitsprinzip und lässt außer Acht, dass dieser Unterschied § 2269 BGB nicht alleine trägt, vielmehr zusätzlich der Gesichtspunkt entscheidend ist, dass die Ehegatten in der Regel dem Überlebenden das Recht zur freien Verfügung über das Gesamtvermögen unter Lebenden einräumen wollen. Wird dies mitberücksichtigt, so ist die Aufteilung des Nachlasses beim Tode des Überlebenden nur ein (aber nicht der allein entscheidende) Gesichtspunkt zur Widerlegung der Regel des § 2269 BGB (ebenso BeckOK/Litzenburger [1. 2. 2022] Rn 16; BeckOGK/Braun [1. 4. 2022] Rn 46).

51 Dagegen soll nach der allgM § 2269 BGB insbesondere dann (nach Staudinger/Dittmann[10/11] Rn 19 „in der Regel") widerlegt sein, wenn in dem gemeinschaftlichen Testament die Verwandten des Ehemannes als Erben für seinen Nachlass und die der Ehefrau als Erben für ihren Nachlass bezeichnet sind (RG LZ 1914, 1361; RGZ 79, 277; KG OLGE 40, 123; BayObLG 22. 1. 1952 – II 216/51; OLG Düsseldorf FamRZ 2019, 480; so auch BeckOK/Litzenburger [1. 2. 2022] Rn 16; BeckOGK/Braun [1. 4. 2022] Rn 30.1; **aA** KG JW 1934, 1423 m Anm Zilkens: Verteilung auf die beiderseitigen Verwandten als Erben des letztversterbenden Ehegatten nach dem Verhältnis der Werte der beiden Nachlässe zur Zeit des zweiten Erbfalles uU mit Teilungsanordnung). In solchen Fällen soll regelmäßig Vor- und Nacherbfolge vorliegen (eine Ausnahme hiervon nahm aber schon das BayObLG 22. 1. 1952 – II 216/51 an; vgl auch KG JW 1934, 1423; **aA** auch Staudinger/Kanzleiter [2019] Rn 25).

52 Nach hM ist § 2269 BGB dagegen grundsätzlich anwendbar, wenn die Erblasser bestimmt haben, dass nach ihrem beiderseitigen Ableben die Verwandten des Eheman-

nes und die der Ehefrau je die Hälfte des noch vorhandenen Gesamtvermögens erhalten sollen; denn in diesem Fall haben die Ehegatten einheitlich über ihren beiderseitigen Nachlass verfügt (RGZ 79, 277; RG Recht 1923 Nr 757; KG OLGE 24, 100; 40, 123; 44, 102; OLG Rostock ZBlFG 15, 560; vgl KG KGJ 23, A 200; BeckOGK/BRAUN [1. 4. 2022] Rn 30; **aA** RG Recht 1923 Nr 1023). Hieran ändert es nach hM nichts, wenn die Ehegatten durch Vermächtnis bestimmte Gegenstände und Geldsummen, die ihr eingebrachtes Vermögen darstellen, den gesetzlichen Erben beider Teile besonders zuweisen (KG OLGE 44, 102; vgl OLG Köln HEZ 3, 36). Ebenso liege der Fall des § 2269 BGB vor, wenn das beiderseitige Vermögen der Ehegatten aufgrund Gütergemeinschaft zu einer Einheit verbunden war und jeder Erblasser unter seinem Nachlass nur die Hälfte des beim zweiten Erbfall vorhandenen Gesamtvermögens verstanden hat (RG LZ 1914, 1361).

VII. Auslegungsgrundsätze und Einzelfragen

1. Auslegung und ergänzende Auslegung

a) Vorrang der Auslegung

§ 2269 BGB gibt eine **Auslegungsregel**, die **nur „im Zweifel" anzuwenden** ist, also nur dann, wenn der Wille der Erblasser nicht nach den allgemeinen Auslegungsgrundsätzen festgestellt werden kann (s oben Rn 9 ff). Bei der Auslegung – auch bei der ergänzenden – ist der Wille beider Ehegatten maßgebend (zur Auslegung im Allgemeinen s Vorbem 64 ff zu §§ 2265 ff), sofern es sich – wie regelmäßig – um wechselbezügliche Verfügungen handelt. Bei fehlender Wechselbezüglichkeit gilt die Auslegungsregel des § 2269 BGB ebenso. Für die Frage, ob eine Nacherbeinsetzung getroffen werden sollte, kommt es dann auf den Willen des erstversterbenden Ehegatten an. Entscheidend ist, welche der beiden möglichen Gestaltungen („Einheitslösung" mit Vollerbfolge bei beiden Erbfällen oder „Trennungslösung" mit Vor- und Nacherbfolge für den Nachlass des erstversterbenden Ehegatten) dem Willen der Erblasser entspricht (zur Abwägung, vor allem unter den Gesichtspunkten „Einheitsprinzip – Trennungsprinzip", vgl RGZ 79, 277; 113, 234, 240; BayObLG NJW 1966, 1223; NJW 1967, 1136; FamRZ 1984, 211 = Rpfleger 1983, 402; OLG Bremen ZEV 1994, 365). § 2269 BGB ist widerlegt, wenn sich aus dem Testament nach den üblichen Auslegungsgrundsätzen ergibt, dass der überlebende Ehegatte nur (befreiter) Vorerbe und die Kinder Nacherben des Erstversterbenden sein sollen (RGZ 59, 84; RG JW 1911, 220; Recht 1923 Nr 1023; KG OLGE 21, 337, 364; OLG Kiel SchlHAnz 1934, 213). 53

b) Gebrauch der Worte „Vorerbe" und „Nacherbe"

Der **Gebrauch der Worte „Vorerbe" und „Nacherbe"** ist nicht entscheidend (§ 133 BGB; BGH NJW 1983, 277, 278; RG LZ 1919, 1187; JR 1925 Nr 1016; KG OLGE 21, 362, 363; HRR 1932 Nr 12; DNotZ 1955, 408; BayObLG MDR 1990, 1118; NJW-RR 1992, 200; KG FamRZ 1987, 413 = NJW-RR 1987, 451; s aber auch KG OLGE 26, 326; OLG Braunschweig OLGE 24, 102; OLG Karlsruhe FamRZ 1970, 255; BeckOGK/BRAUN [1. 4. 2022] Rn 39, jurisPK/REYMANN[9] Rn 126 f). Das gilt insbesondere für **privatschriftliche Testamente** von Laien; denn solchen sind diese nicht ganz einfachen Rechtsbegriffe vielfach nicht geläufig (OLG München JFG 15, 246 = HRR 1937 Nr 1094; vgl BGH NJW 1983, 277, 278; BGH ZEV 2015, 343 aus dem Verhalten der Beteiligten geschlossen; trotz Wortwahl „befreiter Vorerbe" OLG Schleswig ErbR 2017, 90). 54

55 Schwerer wiegt die Benützung der Ausdrücke „Vorerbe" und „Nacherbe" in einem **notariellen Testament**, jedenfalls, wenn es die Erblasser durch mündliche Erklärung vor einem Notar errichtet haben, eingeschränkter, wenn es durch die Übergabe einer offenen Schrift errichtet wurde. In beiden Fällen kann davon ausgegangen werden, dass der Notar den Inhalt des Testaments mit den Erblassern erörtert und ihnen die erwähnten Rechtsbegriffe erläutert hat (vgl § 17 BeurkG), im ersteren Falle stärker als im zweiten, dass die Erblasser ihren letzten Willen also aufgrund dieser Erläuterungen auch unter Benutzung der zutreffenden Rechtsbegriffe niedergelegt haben (vgl zur Auslegung notarieller Verfügungen von Todes wegen auch Raff ErbR 2020, 330). Diese Annahme entfällt aber, wenn der sonstige Inhalt des Testaments nicht dem Sinn der darin verwendeten Rechtsbegriffe entspricht (BGH 14. 6. 1951 – IV ZR 10/50; 2. 10. 1952 – IV ZR 24/52; ähnlich RG DRW 1944, 493). Zu beachten ist auch, dass es für die Auslegung nie darauf ankommt, welchen Sinn der Notar mit den in der Urkunde verwendeten Begriffen verbunden hat, sondern, wie die Erblasser sie aufgefasst haben (BGH LM Nr 1 zu § 2100 BGB; JZ 1983, 147; KG DR 1943, 1108; FamRZ 1987, 413 = NJW-RR 1987, 451; OLG München JFG 15, 246). Trotzdem ist der Auffassung des RG (RGZ 160, 109) zuzustimmen, dass die Auslegung iSd § 2269 BGB „in der Regel" ausgeschlossen sei, wenn in einem von einem Notar entworfenen eigenhändigen gemeinschaftlichen Testament die Erblasser ihre Abkömmlinge zu „Nacherben" eingesetzt haben (dagegen Schiedermair DR 1939, 937). Andererseits stellt das KG in DNotZ 1956, 406, 410 durchaus zutreffend fest, dass die Bezeichnung des Bedachten als „Nacherbe" der Auslegung eines notariellen gemeinschaftlichen Testaments iSd § 2269 BGB nicht unbedingt entgegensteht (gegen die notarielle Wortwahl wurde ein Testament auch ausgelegt durch OLG Düsseldorf, 1. 6. 2012 – I-3 Wx 113/12, juris Rn 28 f).

56 Die Bezeichnung des Dritten als **„Nacherben" des zuletztversterbenden Ehegatten** steht der Auslegung iSd § 2269 BGB schon deswegen nicht entgegen, weil sie, wörtlich genommen, rechtlich unmöglich ist (RG JR 1925 Nr 1016; KG DRW 1943, 1108; vgl auch KG FamRZ 1987, 413 = NJW-RR 1987, 451). Wenn dagegen die Ehegatten bestimmt haben, dass ihre Abkömmlinge „nach dem Tode des überlebenden Ehegatten als Nacherben eintreten sollen", so kann ihre Verfügung dahin ausgelegt werden, dass die Abkömmlinge Nacherben des erstversterbenden und Vollerben des überlebenden Ehegatten sein sollen (OLG München JFG 15, 246 = HRR 1937 Nr 1094; vgl auch KG FamRZ 1987, 413 = NJW-RR 1987 im Gegensatz zu OLG München richtigerweise unter Anwendung von § 2102 Abs 1, vgl Rn 43). Setzen Ehegatten sich in einem gemeinschaftlichen Testament zu Vorerben ein sowie die Kinder des Ehemannes aus früherer Ehe als Nacherben, so ist durch Auslegung zu ermitteln, ob und inwieweit der Nacherbe auch als Ersatzerbe für den Nachlass des überlebenden Ehegatten eingesetzt ist (OLG Celle FamRZ 2003, 887).

c) Alleinerbe/Vollerbe

57 Zu beachten ist auch, dass **„Alleinerbe" nicht dasselbe wie „Vollerbe"** bedeutet: die Berufung des überlebenden Ehegatten zum „Alleinerben" schließt die Annahme von Vor- und Nacherbfolge schon deshalb nicht aus, weil auch der Vorerbe Alleinerbe ist, wenn für die Zeit seiner Rechtsstellung als Vorerbe neben ihm kein anderer Erbe berufen ist (vgl RGZ 160, 109, 111; BayObLG 22. 1. 1952 – II 216/51; BayObLGZ 1966, 49; KG DNotZ 1955, 408, 411; OLG Köln HEZ 3, 36); dasselbe gilt für die Berufung als „Universalerbe" (s RG DNotZ 1924, 906; BayObLG DNotZ 1967, 436; KG SoergRspr 1929 § 2087 BGB Nr 2). Andererseits darf auch nicht verkannt werden, dass der Ausdruck „Vollerbe" bei Laien nicht sehr gebräuchlich ist und dass nicht selten stattdessen die Bezeichnung „Alleinerbe“ oder „Universalerbe“ gewählt wird, um den Gedanken an eine bloße Vorerbschaft auszuschließen (BayObLG 21. 1. 1952 – II 216/51; KG OLGE 37, 255; Schiedermair DR 1939, 937). Das gilt erst recht, wenn der überlebende Ehegatte nicht nur zum alleinigen, sondern auch zum **„ausschließlichen“ Erben** des erstversterbenden Ehegatten bestimmt wird. Steht fest, dass sich die Ehegatten gegenseitig zu Alleinerben eingesetzt haben, lässt sich aber durch Auslegung nicht klären, ob der überlebende Ehegatte in seiner Verfügungsmacht in irgendeiner Weise beschränkt sein soll, so muss davon ausgegangen werden, dass er unbeschränkter Alleinerbe sein soll (OLG Hamm DNotZ 1951, 41 m Anm Rohs).

d) Die Verwendung des Begriffs „Schlusserben“

Die Berufung von **„Schlusserben“** setzt begrifflich die gegenseitige Erbeinsetzung der Ehegatten voraus. Wenn bei der Auslegung eines gemeinschaftlichen Testaments Umstände darauf hindeuten, dass „Schlusserben“ berufen sein sollen, so ist zu prüfen, ob eine gegenseitige Erbeinsetzung möglicherweise nur unterlassen wurde, weil sie die Ehegatten als selbstverständlich vorausgesetzt haben (vgl BayObLG NJW 1967, 1136). Die Wahl des Wortes „Schlusserbe“ ist freilich ebenso wenig ausschlaggebend wie die Wahl der Begriffe „Vollerbe“, „Vorerbe“ oder „Nacherbe“ (s dazu oben Rn 54 ff). 58

e) Bezug auf gleichzeitiges Versterben etc

Haben die Ehegatten **dem Wortlaut nach nur** eine **Regelung für** den Fall ihres **gleichzeitigen Versterbens** getroffen, so ist durch Auslegung zu ermitteln, welche Tragweite diese Anordnung hat (zu den sog Katastrophenklauseln eingehend van Rens/Wolffskeel v Reichenberg Zerb 2015, 116 [117 ff]; ferner Horn/Kroiss/Horn § 26 Rn 14). Diese Formulierungen sind von anderen zu unterscheiden, die – neutraler – zB auf das beiderseitige Ableben (OLG Düsseldorf, 28. 4. 2021 – I-3 Wx 193/20, FamRZ 2021, 1756 = ErbR 2021, 793 m Anm Horn) oder das gemeinsame Ableben/den gemeinsamen Tod abstellen (die Unterscheidung unterstreicht zutr Litzenburger FD-ErbR 2019, 418919; s auch OLG Düsseldorf, 28. 4. 2021 – I-3 Wx 193/20, FamRZ 2021, 1756 = ErbR 2021, 793 m Anm Horn; **aA** OLG Thüringen FamRZ 2016, 412 m insoweit krit Anm Gottwald, das diesen Fall dem gleichstellt, in dem die Ehegatten Formulierungen wie „zeitgleich“ verwenden; OLG Schleswig NJW-RR 2004, 368, das die Klausel „bei gemeinsamem Tod“ der eines zeitgleichen Versterbens gleichstellt). Die Frage hat uU wegen § 2270 Abs 2 BGB gravierende Konsequenzen. Bisweilen hat man den Eindruck, dass Testamente auch zur Vermeidung eines Ergebnisses, das zur Anwendung des § 2270 BGB führen könnte, ausgelegt werden (vgl etwa OLG Schleswig NJW-RR 2004, 368, das die Klausel „bei gemeinsamem Tod“ der eines zeitgleichen Versterbens gleichstellt – unter besonderer Betonung von „bei“). 59

Sicherlich gilt die Erbeinsetzung zunächst einmal für das gleichzeitige Versterben, worunter auch die Fälle zu verstehen sind, in denen die Reihenfolge des Versterbens nicht mehr sicher festgestellt werden kann, denn dann wird gem § 11 VerschG vermutet, die Eheleute seien gleichzeitig verstorben. Der Schlusserbe wird bei (annähernd) gleichzeitigem Tod der Ehegatten entsprechend Erbe jedes von ihnen (falls nicht ganz ausnahmsweise ein anderer Wille festzustellen ist). 60

Das tatsächlich zeitgleiche Ableben ist freilich sehr selten (OLG Thüringen FamRZ 2016, 412 m Anm Gottwald). Daher zählen außerdem zu den Fällen des „gleichzeitigen Ablebens“ in analoger Anwendung von § 2269 solche Regelungen, in denen die Eheleute zeitnah nacheinander versterben und der Längerlebende typischerweise nicht 61 mehr die Möglichkeit hatte, zu testieren (zB OLG Düsseldorf FamRZ 2016, 408 – „Sollten wir beide durch einen Unfall zu gleicher Zeit sterben"; OLG München FamRZ 2014, 1064 = NJW-RR 2014, 71 [72]; Burandt/Rojahn/Braun[3] Rn 28; NK-BGB/Gierl[6] Rn 57). Das zeitnahe Versterben kann, muss aber nicht, auf demselben Todesereignis basieren (NK-BGB/Gierl[6] Rn 57; für einen solchen Fall OLG Stuttgart FamRZ 1982, 1136). Zum – nicht für jeden Fall passenden – Argumentationszusammenhang zwischen zeitlichem Abstand und der Möglichkeit, neu zu testieren s Rn 65 ff.

62 Im Übrigen ist umstritten und es hängt vom Einzelfall ab, ob solche Klauseln auch weitere Fälle erfassen, also Schlusserbeinsetzungen ohne zeitliche Fristen. – mit der Folgefrage, ob diese Schlusserbeinsetzung wechselbezüglich gem § 2270 BGB ist (dazu Rn 53). Nach **hM** gilt die Anordnung nicht mehr, wenn die Ehegatten nacheinander in erheblichem zeitlichem Abstand versterben (BGH, 19. 6. 2019 – IV ZB 30/18, FamRZ 2019, 1462 = ErbR 2019 642 m Anm Wendt ErbR 2019, 625, m Anm Riemer ErbR 2020, 112, m Anm Reinert ErbR 2021, 316 = NJW 2019, 2317 m Anm Wolffskeel v Reichenberg; OLG Frankfurt/Main DNotZ 2019, 368 [Vorinstanz zur BGH-Entscheidung] m abl Anm Litzenburger FD-ErbR 2019, 413653; OLG Düsseldorf FamRZ 2016, 408: „durch einen Unfall zu gleicher Zeit"; BayObLG FamRZ 2004, 1235 = ZEV 2004, 200; OLG Karlsruhe MDR 2004, 336; früher schon KG FamRZ 1968, 217, nach dem dies wegen des klaren und Laien verständlichen Wortlautes die Regel sein soll, wobei allerdings im konkreten Fall zusätzliche Gesichtspunkte für diese Auslegung sprachen; in den konkreten Fällen ähnlich KG FamRZ 2006, 511; OLG München FamRZ 2011, 504 unter Hinweis auf die sorgfältige Formulierung ohne sprachliche Fehler; NK-BGB/Gierl[6] Rn 57 mwN; zu den allgemeinen Fragen der Auslegung erbrechtlicher Verfügungen s Rn 53 ff). Ein solcher erheblicher Abstand soll bei einem Zeitraum von über drei Monaten erreicht sein (vgl Horn ErbR 2021, 795; Horn/Kroiss/Horn § 26 Rn 14; nicht mehr nach fünf Monaten: OLG Karlsruhe MDR 2004, 336; **aA** Wolffskeel v Reichenberg NJW 2019, 2319). Etwas anderes gilt nach hM nur dann, wenn **weitere Umstände im Testament** auf eine **Schlusserbeinsetzung** auch außerhalb des vorgenannten zeitlichen Korsetts deuten (OLG München FamRZ 2014, 1064 [1066]; OLG München FamRZ 2011, 504 [505 f]; OLG Hamm FamRZ 2012, 64 = ZEV 2011, 536 m Anm Böttcher – gegen OLG Hamm ZEV 2011, 427; BayObLG, 17. 12. 1979 – Breg 1 Z 76/79: Begleitschreiben als Andeutung ; zur „Andeutungstheorie" s ausführlich Staudinger/Otte [2019] Vorbem 28 ff zu §§ 2064 ff mwN). Solche Umstände können etwa Regelungen zur Wechselbezüglichkeit und Änderungsbefugnisse für den Längerlebenden sein (s etwa OLG München FamRZ 2014, 1064). Das war aber im Fall, zu dem der BGH die Rechtsbeschwerde zu entscheiden, nach dessen Auffassung nicht so Insbesondere allein die Bezeichnung als „unsere" Neffen und Nichten charakterisiert danach nur ein verwandtschaftliches Näheverhältnis und lässt eine solche Andeutung nach hM für sich genommen nicht zu (BGH, 19. 6. 2019 – IV ZB 30/18, FamRZ 2019, 1462, Rn 23). Generell kann die Formulierung „gleichzeitiges Ableben" oä nach hA nicht so verstanden werden, dass sie eine generelle Schlusserbeinsetzung erfasst, auch weil der allgemeine Sprachgebrauch eine zeitliche Nähe voraussetze (NK-BGB/Gierl[6] Rn 57 mwN). Gerade mit Blick auf den entschiedenen Fall hätte man das auch anders sehen können, denn die Nichten und Neffen *beider* Ehegatten werden gleichermaßen eingesetzt, und die Lösung von OLG Frankfurt/Main und BGH führt dazu, dass es vom Zufall abhängt, welche Seite dann – aufgrund der gesetzlichen Erbfolge – profitiert, nämlich die Neffen und Nichten des Längerlebenden (Litzenburger FD-ErbR 2019, 413653).

63 Die Gegenauffassung stellt deutlich weniger strenge Anforderungen an die Andeutung im Testament und tut sich entsprechend leichter, unter ein „gleichzeitiges Versterben“ auch eine Schlusserbeinsetzung ohne zeitliche Befristung zu subsumieren (weitgehend OLG Hamm ZEV 2011, 427 m Anm HERRLER = FamRZ 2011, 1428 – übrigens zu einer notariellen Verfügung). Jedenfalls gibt es Fälle, in denen der Regelung eine Erbeinsetzung durch den Überlebenden, uU in Form einer Schlusserbeinsetzung (mit gegenseitiger Erbeinsetzung), entnommen werden kann (so das KG FamRZ 1968, 217; der Sache nach BayObLG NJW-RR 1987, 263; FamRZ 2001, 1563; FGPrax 2000, 149 „für den Fall des plötzlichen Todes“ OLG Karlsruhe NJW-RR 1988, 9 = DNotZ 1988, 180; OLG Frankfurt FamRZ 1998, 1393 = FGPrax 1998, 110; OLG Frankfurt Rpfleger 1988, 483, wenn die Formulierung im Testament „für den Fall, dass uns gemeinsam etwas zustoßen sollte“ ergänzt ist durch „und kein Überlebender vorhanden“ ist; BayObLG FamRZ 1997, 1570, wenn im Testament ergänzt ist, der überlebende Ehegatte soll berechtigt sein, über sein Vermögen frei zu verfügen; OLG München FamRZ 2008, 921, gestützt auf ein im Testament angegebenes Motiv; OLG München FamRZ 2008, 2312 mit überzeugenden Erwägungen, auch zu einzelnen Formulierungen im Testament, zB „unserem beider Ableben“; OLG Frankfurt ErbR 2016, 37: die ausdifferenzierte Regelung deutet auf Schlusserbeinsetzung; „im Falle des Ablebens von uns beiden“, OLG Köln FamRZ 1996, 310 = FGPrax 1996, 27; OLG Düsseldorf ErbR 2017, 674: Andeutung durch Pflegeerwartung und weitere Anhaltspunkte; auch OLG Düsseldorf, 28. 4. 2021 – I-3 Wx 193/20, FamRZ 2021, 1756 = ErbR 2021, 793 m Anm HORN: „im Falle eines gemeinsamen Ablebens“ – Auslegung in diese Richtung auch bei Ableben in größerem Abstand möglich; ebenso BayObLG FamRZ 2000, 1186 = FGPrax 2000, 70: „bei gemeinsamem Tode“). Dass auch diese Auslegung möglich ist, schließen diejenigen selbstverständlich nicht aus, die eine Einschränkung auf den Fall des gleichzeitigen Todes oder jedenfalls noch den eines Ablebens kurz nacheinander für die nächstliegende Auslegung halten.

Rspr und Literatur argumentieren immer noch recht häufig damit, ob eine Verfü- **64**
gung auslegungsbedürftig oder auslegungsfähig sei (OLG Karlsruhe MDR 2004, 336; KG FamRZ 1968, 217; FamRZ 1970, 148; OLG Karlsruhe NJW-RR 1988, 9). Das gipfelt in der folgenden Formulierung von J Mayer (J MAYER in: REIMANN/BENGEL/MAYER[6] Rn 25): „Je weniger eng die Formulierung gefasst ist, desto auslegungsfähiger ist sie“. Hinter dieser und ähnlichen Formulierungen steckt ein Fehlverständnis von Auslegung. Jeder Text, der Rechtsfolgen erzeugt, sei er ein Gesetz, sei er eine Willenserklärung, bedarf der Auslegung. Dazu gehören insb auch solche Texte, die angeblich klar sind und deswegen nach hA keiner Auslegung bedürfen, denn die Feststellung, eine Willenserklärung sei eindeutig, ist „zwangsläufig das Ergebnis eines interpretatorischen Vorgangs“ (STAUDINGER/SINGER [2021] § 133 Rn 9 mwN; siehe zu diesen Fragen auch eingehend STAUDINGER/OTTE [2019] Vorbem 52 ff zu §§ 2064 ff mwN). Insbesondere ein scheinbar eindeutiger Wortlaut setzt der Auslegung keine Grenzen (BGH, 8. 12. 1982 – Iva ZR 94/81, juris Rn 16 = BGHZ 86, 41). Diese Frage ist kein rechtstheoretisches Glasperlenspiel, sondern wird hier prägend: Wenn Formulierungen wie „gleichzeitiges Versterben“ vermeintlich klar sind, gerät die Rede von der Bedeutung des Erblasserwillens schnell zum Feigenblatt, denn man nagelt den Erblasser ggf zu schnell am geschriebenen Wort fest.

Innerhalb der hM überzeugt jedenfalls das zeitliche Kriterium des „gleichzeitigen **65**
Versterbens“ nicht recht. Das Hauptargument dafür, auch bei gewissem zeitlichen Abstand die Erbregelung als Schlusserbfolge anzusehen, besteht in der (Un-)Möglichkeit für den Längerlebenden, neu zu testieren. Das hat aber nicht immer nur mit zeitlichen Momenten zu tun, sondern auch mit körperlichen oder geistigen Fähigkeiten. Ein dementer Mensch, der den zuerst verstorbenen Ehegatten um viele Jahre

überlebt, konnte auch nicht neu testieren. Auch derjenige, der nach der akuten Trauerphase sich anschickt neu zu testieren und nach notarieller Beratung und ersten Entwürfen vor Beurkundung, aber sechs Monate nach dem Ehegatten verstirbt, „konnte" nicht mehr rechtzeitig testieren.

66 Davon unabhängig ist das Ergebnis der hM unbefriedigend. Sicher ist: Die Form hat ihren Sinn, und hier wie andernorts wurde dargelegt, dass das gemeinschaftliche Testament entweder abgeschafft oder mit notarieller Form versehen gehört (s Vorbem 21 zu §§ 2274 ff; Vorbem 45 zu §§ 2265 ff). Aber solange es das holographische gemeinschaftliche Testament mit den Formerleichterungen des § 2267 BGB gibt, muss der Rechtsanwender ernsthaft und offen danach fragen, was die Erblasser unter „gleichzeitigem Versterben" verstanden haben.

67 Es geht also nicht um die grundsätzliche Frage, wie ein bestimmter Erblasserwille im Testament angedeutet sein muss, sondern um die Frage, wie ein bestimmtes Wort, das er verwendet, zu verstehen ist. „Gleichzeitig" kann (freilich seltener Gebrauch) ua heißen: „auch noch" (Beispiel: Ein Studierender arbeitet gleichzeitig als Barkeeper.). Kann „gleichzeitiges Versterben" dann nicht auch heißen ‚wenn der andere auch tot ist'? Tatsächlich deutet die Formulierung nämlich regelmäßig zwei Willensrichtungen der Ehegatten an, wenn sie – wie meist – mit einer gegenseitigen Erbeinsetzung verbunden ist: einerseits, dass sie davon ausgehen, der überlebende Ehegatte werde später die endgültige Nachfolgeregelung treffen, falls die Ehegatten nicht gleichzeitig versterben (mit der Folge, dass der Überlebende an die getroffenen Bestimmungen nicht gebunden ist), andererseits aber doch, dass die eingesetzten Personen Erben nach dem beiderseitigen Tod werden sollen (mit der Folge, dass die getroffene Regelung bis zu einem Widerruf für die Beerbung des Überlebenden gilt). Denn warum sollten die Ehegatten den (seltenen) Fall des gleichzeitigen Versterbens regeln, den anderen Fall aber offenlassen (zutr OLG Frankfurt/Main Rpfleger 1998, 250 = FamRZ 1998, 1393)? Das Gleiche gilt für die Formulierung „im Fall, dass uns beiden etwas zustoßen sollte und kein Überlebender vorhanden ist" (vgl OLG Frankfurt Rpfleger 1988, 483, 484). Denn wenn die Formulierung des „gleichzeitigen Versterbens" so wichtig wäre, dürfte man auch nicht in einem Fall, in dem diese präzisiert wurde um „durch einen Unfall zu gleicher Zeit sterben", so auslegen, dass ein Versterben kurz nacheinander aufgrund eines natürlichen Todes erfasst wäre (so aber OLG Düsseldorf FamRZ 2016, 408).

68 Unabhängig davon sind die Entscheidungen des OLG Frankfurt und des BGH als Rechtsbeschwerdeinstanz (Rn 62) zwar im Ansatz zu begrüßen, weil sie die Bedeutung der Formgebundenheit der Willenserklärung unterstreichen (ebenso Wolffskeel v Reichenberg NJW 2019, 2319; Litzenburger FD-ErbR 2019, 418919). Aber sie vermengen erläuternde und ergänzende Vertragsauslegung (eingehend Litzenburger FD-ErbR 2019, 413653; zur Unterscheidung im Generellen Staudinger/Otte [2019] Vorbem 77 ff zu §§ 2064 ff). Jedenfalls hätte man sich hierzu Klarstellungen erwartet.

69 Jedenfalls kann einer Erklärung, die als gemeinschaftliches Testament für den beiderseitigen Tod ausgelegt werden kann, kein Ausschluss einzelner gesetzlicher Erben nach dem Tod des erstversterbenden Ehegatten entnommen werden (OLG München Zerb 2013, 33 = FamRZ 2013, 1064).

2. Vermögenslosigkeit eines Ehegatten

Umstr ist, inwieweit die **Vermögenslosigkeit eines Ehegatten** (oder der erheblich geringere Wert des Vermögens eines Ehegatten) ein Gesichtspunkt ist, der für die Anordnung einer Vor- und Nacherbfolge spricht, weil der andere Ehegatte in einem solchen Fall Wert darauflegen mag, dass die Substanz seines Vermögens möglichst ungeschmälert auf den Letztberufenen übergeht. Unter dem Gesichtspunkt, dass die Auslegungsregel des § 2269 BGB auch von dem regelmäßigen Willen der Ehegatten getragen wird, dem Überlebenden eine freie Stellung einzuräumen, ist dieser **Umstand für die Widerlegung des § 2269 BGB von geringer Bedeutung** (allgemein wurde diesem Gesichtspunkt früher größere Bedeutung zugemessen; vgl insbesondere KG DNotZ 1955, 408, 411; 1956, 406, 410 – regelmäßig Vor- und Nacherbfolge; vgl auch RGZ 79, 278; geringes Gewicht messen ihm aber zu: RG Recht 1914 Nr 944 und BayObLG NJW 1966, 1223 – dieser Gesichtspunkt allein führe nicht zur Annahme von Vor- und Nacherbfolge; ebenso BayObLG FamRZ 1984, 211 = Rpfleger 1983, 402; OLG München ZEV 2012, 367 [368]; BeckOGK/Braun [1. 4. 2022] Rn 64 f). 70

3. Überlebender zur „freien" Verfügung befugt

Als Vollerbe, nicht nur als befreiter Vorerbe, ist der überlebende Ehegatte regelmäßig anzusehen, wenn die Ehegatten bestimmen, der Überlebende von ihnen solle bis an sein Lebensende den vollen Besitz und Genuss (oder den Genuss und die Verwaltung) des gesamten gemeinschaftlichen Vermögens behalten und zur freien und unbeschränkten Verfügung unter Lebenden befugt sein (ohne zur Aufstellung eines Inventars, zur Bestellung einer Sicherheit oder zur Rechnungslegung verpflichtet zu sein), beim Tode des Längstlebenden solle der dann noch vorhandene beiderseitige Nachlass an die Kinder fallen (RGZ 113, 234; RG Recht 1909 Nr 698; 1913 Nr 219; KG SeuffBl 75, 256; KGJ 20, 288; DNotZ 1942, 223 = DFG 1942, 46; OLGE 16, 68; Ebbecke Recht 1923, 89; BeckOGK/Braun [1. 4. 2022] Rn 51 f). Das heißt aber nicht, dass eine wie auch immer sprachlich gefasste oder angedeutete „freie Verfügungsmöglichkeit" stets zur Einheitslösung führen muss, diese kann genauso gut mit einer Einsetzung zum befreiten Vorerben verbunden sein (OLG Hamm FamRZ 2002, 201 [202 f]; Burandt/Rojahn/Braun[3] Rn 14 mwN). 71

Sind die **Befugnisse des überlebenden Ehegatten im Testament im Einzelnen aufgezählt**, so ist (uU unter ergänzender Auslegung) festzustellen, welche Rechtsstellung ihm damit zugewiesen wird (s KG OLGE 21, 363 f). Wenn Eheleute einander nur das Recht der Verwaltung und den Nießbrauch am Nachlass des Erstversterbenden zuwenden (und den Begriff des „Nießbrauchs" nicht verkennen), ist der überlebende Ehegatte nicht als Vollerbe anzusehen, auch wenn er von jeder Sicherheitsleistung befreit ist (KG OLGE 21, 337; OLG Darmstadt OLGE 34, 291; **anders** KG OLGE 18, 337; OLGE 32, 70 bei Zuwendung des unbeschränkten Nießbrauchs und der freien Verwaltung in Verbindung mit gegenseitiger Erbeinsetzung; KG OLGE 43, 397). In solchen Fällen ist entweder Vor- und Nacherbfolge oder Nießbrauchsvermächtnis mit Testamentsvollstreckung anzunehmen. Die Entscheidung für Vor- und Nacherbfolge liegt auch dann nahe, wenn der Überlebende nur über den Ertrag des Nachlasses des Erstversterbenden verfügen darf (KG DFG 1936, 34) oder wenn er zur Verwaltung des Nachlasses des Erstversterbenden nur in Gemeinschaft mit „Nacherben" befugt sein soll (RGZ 60, 115) oder wenn den Letztberufenen ein gewisses Überwachungsrecht eingeräumt ist, ferner wenn er über den Nachlass zu Lebzeiten frei verfügen können soll, aber im Übrigen Indizien 72 für die Einsetzung als befreiten Vorerben sprechen (OLG Hamm FamRZ 2002, 201 [202 f]).

4. Erklärung und Verhalten des überlebenden Ehegatten

73 Von Bedeutung sind die Erklärungen, die der überlebende Ehegatte nach dem Tode des Erstversterbenden (zB in der Nachlassverhandlung) abgegeben hat, obwohl er sich auch da noch geirrt haben mag, weil der Unterschied zwischen Vollerbschaft und befreiter Vorerbschaft für den Laien nur schwer verständlich ist (BayObLG 18. 12. 1951 – II 99/51). Bei der Auslegung gemeinschaftlicher Testamente ist stets zu prüfen, ob ein nach dem Verhalten des Ehegatten mögliches Auslegungsergebnis auch dem Willen des anderen Teils entsprochen hat (Bestätigung vom BGH NJW 1993, 256 unter 2). Die Interpretation von letztwilligen Verfügungen des Erstverstorbenen kann auch von dem Verhalten des Längstlebenden nach dem Tod des Ehegatten bestimmt sein (im konkreten Fall Erfüllung von Pflichtteilsansprüchen für die Frage, ob er als Voll- oder als Vorerbe eingesetzt ist). Erst wenn außerhalb der Urkunde liegende Umstände für die Erforschung des wirklichen Erblasserwillens nicht ausreichen, kann das Gericht gehalten sein, sich auf eine Ausdeutung des Wortlauts zu beschränken (Bestätigung von BGHZ 86, 41 [45]; BGH 10. 12. 2014 – IV ZR 31/14, Leitsätze von Wendt ErbR 2015, 138).

5. Zuwendung des „beidseitigen" Vermögens an die „Verwandten" oder „gesetzlichen Erben"

74 Wenn die Ehegatten anordnen, dass ihr (beiderseitiges) Vermögen nach dem Tode des Letztversterbenden an ihre (beiderseitigen) Verwandten oder ihre (beiderseitigen) gesetzlichen Erben fallen solle, so ist nach der Regel des § 2269 BGB im Zweifel anzunehmen, dass die Verwandten oder gesetzlichen Erben das beiderseitige Vermögen, soweit beim zweiten Erbfall noch vorhanden, als Vollerben des letztversterbenden Ehegatten (Schlusserben) einheitlich, also ohne Rücksicht auf seine Herkunft von dem Ehemann oder der Ehefrau erhalten sollen (OLG Düsseldorf FamRZ 2017, 68; Planck/Greiff Anm II 2 d). Es ist dann durch Auslegung weiter zu klären, ob die beiderseitigen Verwandten oder gesetzlichen Erben nach Kopfteilen berufen sein sollen oder, was näherliegt, die eine Hälfte des Gesamtvermögens den Verwandten (gesetzlichen Erben) des Ehemannes, die andere Hälfte denen der Ehefrau, untereinander jeweils im Verhältnis ihrer gesetzlichen Erbteile, zufallen soll (§§ 2066, 2067 BGB; BGH LM Nr 2 zu § 2270 BGB; BayObLG 22. 1. 1952 – II 216/51). Die Auslegung kann aber auch ergeben, dass das Gesamtvermögen nach dem Verhältnis der Werte der beiderseitigen Vermögen auf die Verwandten des Ehemannes und der Ehefrau zu verteilen ist (RGZ 79, 278). In einem solchen Fall ist im Zweifel der Wert zum Zeitpunkt des zweiten Erbfalles maßgebend (KG JW 1934, 1423).

75 Haben die Eheleute in einem gemeinschaftlichen Testament als Erben des Überlebenden „unsere gemeinschaftlichen **Kinder**, soweit solche aus unserer Ehe hervorgehen" als Schlusserben eingesetzt, so kann die Testamentsauslegung ergeben, dass die Ehegatten nur leibliche Kinder gemeint haben, nicht auch Adoptivkinder (OLG Düsseldorf FamRZ 1998, 1206; zur Auslegung in Patchwork-Situationen eingehend Keim DNotZ 2020, 805). Wird nur auf „unsere Kinder" Bezug genommen, können dann lediglich die gemeinschaftlichen Kinder als Schlusserben eingesetzt sein, wenn es dem

Sprachgebrauch der Eheleute entsprach, ausschließlich die gemeinschaftlichen als „unsere“ Kinder zu bezeichnen (OLG Düsseldorf FamRZ 2019, 478). Haben die Eheleute in einem Berliner Testament ihren Kindern den gesamten Nachlass ohne Bestimmung von Erbquoten zugewendet, wobei einer von ihnen das elterliche Geschäft spätestens im Zeitpunkt des Todes des zuletzt Versterbenden erhalten und „Erbteile“ an die anderen auszahlen soll, so kann die Auslegung ergeben, dass eine Ausgleichsregelung für die durch die Zuweisung des Geschäfts zurückgesetzten Kinder anzunehmen ist (BayObLG FamRZ 1999, 470 = FGPrax 1998, 187). Werden die Söhne der Ehegatten zu Schlusserben berufen und deren eheliche Abkömmlinge zu „Schluss- und Ersatzerben“, so kann die Bestimmung, wenn solche Abkömmlinge weder im Zeitpunkt der Testamentserrichtung noch im Zeitpunkt des Schlusserbfalles vorhanden sind, dahin auszulegen sein, dass im Falle des Vorversterbens des Sohnes oder der Söhne die Schlusserbfolge nach Stämmen eintritt (BayObLG FamRZ 1998, 324 = Rpfleger 1998, 72).

76 Es ist auch zulässig, dass die Ehegatten in dem gemeinschaftlichen Testament **nur die Person der Schlusserben bestimmen, die Festlegung der Erbteile aber dem überlebenden Ehegatten überlassen** (OLG Oldenburg OLGE 6, 178). § 2065 BGB steht dem nicht entgegen, weil der überlebende Ehegatte im Regelfall des § 2269 BGB Vollerbe des erstversterbenden Ehegatten ist, sodass er bei der Bestimmung der Erbteile der Schlusserben nur über seinen eigenen Nachlass verfügt. Die Ehegatten können auch bestimmen, dass nach dem Tode des Längstlebenden das Vermögen des Ehemannes seinen Verwandten, das der Ehefrau ihren Verwandten zufallen soll, und die nähere Bestimmung der so bedachten Personen dem überlebenden Teil überlassen (BayObLG 22. 1. 1952 – II 216/51). Wäre der überlebende Ehegatte nur Vorerbe des Vorverstorbenen, so könnte ihm dagegen wegen § 2065 BGB die Bestimmung der Nacherben oder deren Erbteile nicht überlassen werden. (Im konkreten Fall war das BayObLG von der Vollerbschaft des überlebenden Ehegatten ausgegangen – trotz der Auseinanderhaltung der Vermögen beider Ehegatten nach dem Tode des Letztversterbenden.) Innerhalb des von dem gemeinschaftlichen Testament gezogenen Rahmens (§ 2271 Abs 2 BGB) kann der überlebende Ehegatte den Schlusserben auswählen, und zwar auch für das von dem verstorbenen Ehegatten herrührende Vermögen. Sind – entsprechend dem vom BayObLG entschiedenen Fall – die beiderseitigen Verwandten bedacht, unter denen der überlebende Ehegatte auswählen kann, so greift § 2067 BGB ein, wenn er von seinem Wahlrecht keinen Gebrauch macht.

77 Hat der Ehemann bestimmt, dass **nach** dem **Tode der überlebenden Ehefrau** seine **gesetzlichen Erben und die der Frau je die Hälfte** des Gesamtnachlasses **erhalten** sollen, zugleich aber die Ehefrau von den Beschränkungen eines Vorerben befreit, so kann diese Bestimmung, zumal wenn die Verfügung der Ehefrau nichtig ist, dahin ausgelegt werden, dass die beiderseitigen gesetzlichen Erben Nacherben sind; es ist aber auch die Auslegung möglich, dass hinsichtlich des Nachlasses des Ehemannes dessen gesetzliche Erben als Nacherben eingesetzt sind, insbesondere wenn die beiderseitigen Vermögen ungefähr gleich groß sind (OLG München DFG 1937, 62). Zur Einsetzung von „gesetzlichen Erben“ zu Schlusserben s im Übrigen Rn 44 ff.

VIII. Wiederverheiratungsklauseln*

1. Anordnung einer Wiederverheiratungsklausel, Inhalt

78 Nicht selten werden in gemeinschaftliche Testamente, vor allem in privatschriftliche Testamente, die nach der Regel des § 2269 BGB dahingehend auszulegen sind, dass

---

* **Älteres Schrifttum:** Domke JW 1937, 2521; Kayser DNotZ 1939, 631, 638; Munzinger SJZ 1950, 67; Ripfel, Die Nacherbschaft bei Wiederverheiratung des überlebenden Ehegatten, Rpfleger 1951, 577; Weihe, Gemeinschaftliches Testament oder Erbvertrag? Wiederverheiratungsklausel in gemeinschaftlichen Testamenten, DNotZ 1939, 9; ders, Zur Wiederverheiratungsklausel in Gemeinschaftlichen Testamenten, DNotZ 1939, 247.
Neueres Schrifttum: Asbeck, Testamentseröffnung und Erbscheinserteilung beim Berliner Testament mit Wiederverheiratungsklausel, MDR 1959, 897; Buchholz, Berliner Testament (§ 2269 BGB) und Pflichtteilsrecht der Abkömmlinge – Überlegungen zum Ehegattenerbrecht, FamRZ 1985, 872; ders, Gestaltungsprobleme des Ehegattenerbrechts. Teilungsprinzip oder Nutzungsprinzip, MDR 1990, 375; ders, Erbfolge und Wiederverheiratung (1986); Forster, Die Wiederverheiratungsklausel in Verfügungen von Todes wegen (Diss Passau 1989); Johannsen, Die Rechtsprechung des BGH zum Erbrecht, WM 1985, Sonderbeilage Nr 1; Haegele, Testamentarische Wiederverheiratungsklauseln, Büro 1968, 87; Haussmann, Gedanken zur Ausgestaltung von Ehegattenerbverträgen, BWNotZ 1972, 93; Hilgers, Die bedingte Erbeinsetzung, MittRhNotK 1962, 381, 388; Huken, Bleibt in einem Gemeinschaftlichen Testament mit Wiederverheiratungsklausel die letztwillige Verfügung des überlebenden Ehegatten nach seiner Wiederverheiratung im Zweifel bestehen?, DNotZ 1965, 729; Hurst, Wiederverheiratungsklauseln in letztwilligen Verfügungen, MittRhNotK 1962, 435; Jünemann, Rechtsstellung und Bindung des überlebenden Ehegatten bei vereinbarter Wiederverheiratungsklausel im gemeinschaftlichen Testament, ZEV 2000, 81; Keller, Überlegungen zum Ehegattentestament, BWNotZ 1970, 49; Langenfeld, Freiheit oder Bindung beim gemeinschaftlichen Testament oder Erbvertrag von Ehegatten?, NJW 1987, 1577; Leipold, Die Wirkungen testamentarischer Wiederverheiratungsklauseln, FamRZ 1988, 352; Meier-Kraut, Zur Wiederverheiratungsklausel in gemeinschaftlichen Testamenten mit Einheitslösung, NJW 1992, 143; Muscheler, Der Einfluss der Eheauflösung auf das gemeinschaftliche Testament, DNotZ 1994, 733; Otte, Bespr von Buchholz, Erbfolge und Wiederverheiratung, AcP 187 (1987) 603; ders, Die Bedeutung der „Hohenzollern"-Entscheidung des Bundesverfassungsgerichts für die Testierfreiheit, ZEV 2004, 393; Priester, Vertragsgestaltung: Das private Ehegattentestament, JuS 1987, 394; Raitz vFrentz, Gestaltungsformen zur Abgrenzung der Rechte von überlebenden Ehegatten und Kindern in gemeinschaftlichen Testamenten und Erbverträgen, DNotZ 1962, 635; Scheuren-Brandes, Wiederverheiratungsklauseln nach der „Hohenzollern"-Entscheidung – Handlungsbedarf für die Gestaltungspraxis?, ZEV 2005, 185; Simshäuser, Auslegungsfragen bei Wiederverheiratungsklauseln in gemeinschaftlichen Testamenten und Erbverträgen, FamRZ 1972, 273; Tanck, Die Sittenwidrigkeit von Wiederverheiratungsklauseln in gemeinschaftlichen Verfügungen von Todes wegen, ZErb 2015, 297; Völzmann, Wiederverheiratungsklauseln, RNotZ 2012, 1; Wacke, Rechtsfolgen testamentarischer Verwirkungsklauseln, DNotZ 1990, 403; Wilhelm, Wiederverheiratungsklausel, bedingte Erbeinsetzung und Vor- und Nacherbfolge, NJW 1990, 2857; M Wolf, Schutz der Nachlassgläubiger bei auflösend bedingter Vollerbschaft und Vorerbschaft, in: FS vLübtow (1991) 325; Zawar, Der bedingte oder befristete Erwerb von Todes wegen, DNotZ 1986, 515; ders, Der auflösend bedingte Vollerbe, NJW 1988, 16; ders, Zur Wiederverheiratungsklausel, in: FS Schippel (1996) 327.

der überlebende Ehegatte grundsätzlich unbeschränkter Vollerbe werden soll, sog „Wiederverheiratungsklauseln" aufgenommen, die die grundsätzlich unbeschränkte Vollerbenstellung des Überlebenden für den Fall seiner Wiederheirat (regelmäßig zugunsten der Schlusserben, meist zugunsten der gemeinschaftlichen Abkömmlinge) einschränken (zu Wiederverheiratungsklauseln aus jüngerer Zeit ausf VÖLZMANN RNotZ 2012, 1).

Solche Klauseln bergen gestalterische Schwierigkeiten, sollten wohlüberlegt sein und **79** die jeweilige Situation berücksichtigen, in der Ehegatten testieren, namentlich welches Alter die Erblasser haben. Zu bedenken ist auch, dass eine Ehe heutzutage nach allgemeiner Lebenserfahrung häufig eben nicht mehr darauf gerichtet ist, die einzige zu bleiben.

Unabhängig davon sind solche Verfügungen im Anschluss an die „Hohenzollern"- **80** Entscheidung auch an § 138 BGB zu messen, über den auch die Wertungen des Grundgesetzes zu berücksichtigen sind (wobei die Einbeziehung der Grundrechte nach OTTE ErbR 2015, 574 gar nicht erforderlich ist). Nicht alle Wiederverheiratungsklauseln sind verfassungsrechtlich unbedenklich (OLG Saarbrücken ErbR 2015, 567 [569] m zust Anm OTTE = DNotZ 2015, 691 [693] m zust Anm WEBER; OLG Zweibrücken FamRZ 2011, 1902; eingehend STAUDINGER/OTTE [2019] § 2074 Rn 58 ff; MünchKomm/MUSIELAK[9] Rn 47; BeckOK/LITZENBURGER [1. 2. 2022] Rn 31; BeckOGK/BRAUN [1. 4. 2022] Rn 58.2 f; zu der „Hohenzollern"-Entscheidung des BVerfG – einer Kammer-Entscheidung – NJW 2004, 2008 = DNotZ 2004, 798 m **abl** Aufsatz ISENSEE S 754 = ZEV 2004, 241; s auch OTTE ZEV 2004, 393; SCHEUREN-BRANDES ZEV 2005, 185; **aA** STAUDINGER/KANZLEITER [2019] Rn 39; ERMAN/S KAPPLER/T KAPPLER[16] Rn 12; früher BGH FamRZ 1965, 600). Die Testierfreiheit hat hier keinen Vorrang vor der Eheschließungsfreiheit, die zwar nur mittelbar, aber eben doch beeinträchtigt sein kann. MUSIELAK differenziert nach der Zielrichtung (MünchKomm/MUSIELAK[9] Rn 47): Soll den Schlusserben der Nachlass erhalten werden oder soll der Längerlebende von der Wiederheirat abgehalten werden (ersteres soll zulässig, letzteres unzulässig sein)? Tatsächlich dürfte die Zielrichtung nicht immer leicht zu ermitteln sein; besser sollte auf die Auswirkung abgestellt werden (STAUDINGER/OTTE [2019] § 2074 Rn 60).

Unzulässig dürften daher Klauseln sein, die dem Längerlebenden für den Fall der **81** Wiederheirat weniger belassen als seinen Pflichtteil (GAIER ZEV 2006, 2 [5]; BeckOK/LITZENBURGER [1. 2. 2022] Rn 43), jedenfalls, wenn dieses Ergebnis nicht anderweitig kompensiert wird (OLG Saarbrücken ErbR 2015, 567), ferner Klauseln, in denen der Nacherbfall *ohne Kompensation* für den Längerlebenden mit der Wiederheirat des Längerlebenden eintritt (STAUDINGER/OTTE [2019] § 2074 Rn 59), *mit Kompensation* kann der Nacherbfall aber sehr wohl mit dem Zeitpunkt der Wiederheirat eintreten (zutr WEBER DNotZ 2015, 699 [702 f]). OTTE geht noch weiter. Seines Erachtens sollen „alle Wiederverheiratungsklauseln verworfen werden, die den Ehegatten bei Wiederheirat über das zur Sicherung des Nachlasses für die Abkömmlinge des Erblassers erforderliche Maß hinaus belasten" (STAUDINGER/OTTE [2019] § 2074 Rn 60 mwN). Dies wiederum dürfte die Testierfreiheit zu stark einschränken.

Ob Klauseln, die zu weit gehen, geltungserhaltend reduziert werden können, ist be- **82** denkenswert, um dem Willen des Erblassers zum Erfolg zu verhelfen (so OLG Saarbrücken ErbR 2015, 572; ablehnend STAUDINGER/OTTE [2019] § 2074 Rn 60).

83 Wiederverheiratungsklauseln können Unterschiedliches regeln. Sie haben aber häufig einen der folgenden Inhalte (s auch SIMSHÄUSER FamRZ 1972, 273 f):

84 **a)** Entweder wird angeordnet, dass der überlebende Ehegatte bei Wiederheirat den **gesamten Nachlass** des Erstversterbenden an die gemeinsamen **Abkömmlinge herausgeben** muss, die Abkömmlinge werden also bedingt durch den Fall der Wiederheirat zu Nacherben des Gesamtnachlasses des erstversterbenden Ehegatten eingesetzt (vgl RGZ 156, 172, 181 = DNotZ 1938, 175; KG Recht 1930 Nr 322; OLG Kiel SchlHAnz 1928, 41; diese Klausel dürfte heute in dieser Reichweite nicht mehr zulässig errichtet werden, s Rn 80).

b) Es wird bestimmt, dass der überlebende Ehegatte sich bei Wiederheirat **mit den Abkömmlingen nach** den **Regeln der gesetzlichen Erbfolge auseinanderzusetzen** hat, die Abkömmlinge werden also, bedingt für den Fall der Wiederheirat, zu Nacherben hinsichtlich ihrer gesetzlichen Erbteile berufen.

c) Oder den **Abkömmlingen wird** bedingt durch die Wiederheirat ein **Vermächtnis** (in Höhe eines bestimmten Geldbetrages oder eines Teils des Nachlasswertes – häufig in Höhe des gesetzlichen Erbteils – oder hinsichtlich bestimmter Gegenstände) **zugewendet**.

In allen drei Fällen kann (was allerdings nur selten geschieht) die Erfüllung der Anordnungen zugunsten der Abkömmlinge auf den Zeitpunkt des Todes des überlebenden Ehegatten aufgeschoben werden, im Fall a) dürfte so die Klausel auch nach der Hohenzollern-Rechtsprechung zulässig sein.

85 Alle vorstehenden Anordnungen können ausdrücklich oder **stillschweigend** getroffen werden. Eine Anordnung iSv a) kann zB auch darin liegen, dass bestimmt wird, der überlebende Ehegatte solle bei Wiederheirat „sein Erbrecht verlieren" oder der Nachlass solle bei Wiederheirat „den Kindern zufallen". Ob eine Nacherbeinsetzung a), b) oder ein Vermächtnis c) angeordnet ist, kann ebenfalls zweifelhaft und durch Auslegung zu ermitteln sein (vgl den Fall OLG Neustadt MDR 1961, 602: der erste Satz des Testaments deutet eher auf Vermächtnis, der zweite eher auf Nacherbfolge; vgl weiter OLG München JFG 15, 39, 41 f). Wenn der Gesamtnachlass herauszugeben ist a), wird in aller Regel Nacherbfolge, nicht Vermächtnis gewollt sein.

2. Bedingte Nacherbfolge

86 Bei den beiden Gestaltungen nach Rn 40 a) und b) liegt jeweils eine **bedingte Nacherbfolge** vor, dh es ist nicht nur die Erbfolge der Schlusserben in den Nachlass des Erstversterbenden und der Eintritt der Nacherbfolge bedingt – was ja ohnehin zum Wesen der Nacherbfolge gehört, vgl §§ 2105, 2139 BGB –, sondern auch die Anordnung der Nacherbfolge selbst (vgl KG DNotZ 1935, 827; **aA** ASBECK MDR 1959, 897: nur der Eintritt des Nacherbfalls sei bedingt, der Begriff des bedingten Vorerben sei schief, weil in dem Begriff des Vorerben bereits die Bedingtheit seiner Rechtsstellung enthalten sei; ebenso ZAWAR DNotZ 1986, 515; 1986, 544; BUCHHOLZ 48; OTTE AcP 187 [1987] 603, 605; ders JZ 1986, 1107; WILHELM NJW 1990, 2857). Daher ist der überlebende Ehegatte zunächst Vollerbe und er bleibt es, wenn er nicht heiratet, wenn also die (aufschiebende) Bedingung für die Nacherbfolge der Schlusserben nicht eintritt, bis zu seinem Tode (KG DNotZ 1943, 137; **aA** OLG

Celle NdsRpfleger 1950, 71: die gegenseitige Erbeinsetzung sei hier zu einer befreiten Vorerbschaft abgeschwächt). Daneben ist er freilich auch bedingter Vorerbe (BGHZ 96, 198 = FamRZ 1986, 155 = NJW-RR 1986, 493 = DNotZ 1986, 541 m **abl** Anm Zawar = JR 1986, 156 m zust Anm Bökelmann; die Auffassung, von bedingter Vor- und Vollerbschaft auszugehen, verdient den Vorzug, weil zwar die Vor- und Nacherbfolge ihrer Natur nach die Anordnung bedingter Erbfolgen bedeutet, aber mit den Folgen des vom Gesetz ausführlich geregelten eigenen Rechtsinstituts). Nach der alternativen Konstruktion ist er zunächst auflösend bedingter Vorerbe und gleichzeitig aufschiebend bedingter Vollerbe, für den Fall, dass er nicht wieder heiratet (so MünchKomm/Musielak[9] Rn 56, 60; Völzmann RNotZ 2012, 1).

Nach **hM** (vgl Staudinger/Avenarius [2019] § 2100 Rn 33 und MünchKomm/Lieder[9] **87**
§ 2113Rn 32 jeweils mwN; OLG Hamm ZEV 2011, 589; **aA** etwa OLG Celle ZEV 2013, 40) gelten die **Schutzvorschriften der §§ 2113 ff BGB auch zugunsten der nur bedingt eingesetzten Nacherben**; aus diesem Grund ergeben sich im Ergebnis keine Unterschiede zu der Auffassung, die den überlebenden Ehegatten in diesem Fall von vornherein als Vorerben ansieht (so zu Recht Wilhelm NJW 1990, 2857, 2863).

An diesem Grundsatz des Rechts der Nacherbschaft scheitert die Auffassung von **88**
Musielak (MünchKomm/Musielak[9] Rn 55 ff), der den überlebenden Ehegatten von den Verfügungsbeschränkungen **vollständig freistellt**, solange die Bedingung – Wiederheirat – nicht eingetreten ist, weil der überlebende Ehegatte zunächst Vollerbe, die Nacherbfolge aufschiebend bedingt angeordnet sei und der Bedingungseintritt nicht zurückwirken und damit nicht zur Anwendung der Verfügungsbeschränkungen auf den vergangenen Zeitraum führen könne (ebenso Meier-Kraut NJW 1992, 143, 147; im Ergebnis ebenso Buchholz 55 f; vgl dazu auch Otte AcP 187 [1987] 603, 605). Tritt die Bedingung ein, ist es aber gerechtfertigt, den Nachlass den Schutzvorschriften zugunsten des Nacherben mit Rückwirkung vom Erbfall an zu unterwerfen (**aA** MünchKomm/Musielak[9] Rn 55). Es ist dann weiter gerechtfertigt, die Schutzvorschriften auch während des Schwebezustandes bis zur Entscheidung über Eintritt oder Ausfall der Bedingung anzuwenden; fällt die Bedingung aus, fallen die Beschränkungen mit Rückwirkung weg, was allerdings praktische Schwierigkeiten des bedingten Vorerben in der Verfügung über den Nachlass während des Schwebezustandes nicht rückwirkend beseitigen kann; dies ist aber im Interesse des Nacherbenschutzes für den Fall des Bedingungseintritts hinzunehmen. Für die Anwendung der §§ 2113 ff BGB ist es gleichgültig, ob man von einer auflösend bedingten Vollerbeneinsetzung, verbunden mit einer aufschiebend bedingten Vorerbeneinsetzung oder umgekehrt von einer auflösend bedingten Einsetzung zum Vorerben, verbunden mit einer aufschiebend bedingten Einsetzung zum Vollerben ausgeht (**aA** MünchKomm/Musielak[9] Rn 54 ff; Meier-Kraut NJW 1992, 143, 146 f); entscheidend ist der Wille der Erblasser (s nur Münch Komm/Musielak[9] Rn 54 ff; Meier-Kraut NJW 1992, 143, 145 f), dem die erste Sichtweise meist eher entspricht.

Darüber, ob der überlebende Ehegatte von den gesetzlichen Beschränkungen befreit **89**
ist, entscheidet ebenfalls der Erblasserwille (vgl Leipold FamRZ 1988, 352). **Umstr ist, ob** bei der bedingten Nacherbeinsetzung in einer Wiederverheiratungsklausel gemäß Rn 84 Fälle a und b bei Fehlen entgegenstehender Anhaltspunkte **anzunehmen** ist, dass der **überlebende Ehegatte von** den **gesetzlichen Beschränkungen** soweit möglich (vgl § 2136 BGB) **befreit** sein soll. In jedem Fall hat die Auslegung Vorrang (OLG Köln ZEV 2017, 96; BeckOGK/Braun [1. 4. 2022] Rn 58.9 mwN). Im Übrigen gilt:

90 Die **überwM** nimmt an, dass der Längerlebende regelmäßig befreiter Vorerbe sei, weil dem Überlebenden sonst die ihm grundsätzlich zugedachte unbeschränkte Stellung als Vollerbe praktisch wieder entzogen würde (KG KGJ 42, 109, 114 f; Recht 1930 Nr 322; HRR 1936 Nr 198; JFG 13, 155, 157 ff = JW 1936, 395; JFG 15, 325 = JW 1937, 2520; JW 1938, 2748; BayObLGZ 1966, 227 = FamRZ 1967, 695, 697; OLG Hamm DNotZ 1972, 96 – noch weitergehend, auch bei unbedingter Nacherbeinsetzung der Kinder im Zweifel für Befreiung; LG Darmstadt MDR 1959, 213 – im Testament sprachen allerdings zusätzliche Umstände für Befreiung; s auch LG Köln MittRhNotK 1962, 549; Hankel, Neuere Rechtsprechung auf dem Gebiete des Vor- und Nacherbenrechts [1939] 157, 160 ff; Kayser DNotZ 1939, 631, 638 f; Simshäuser FamRZ 1972, 273, 274 mwNw in Fn 9; Weihe DNotZ 1939, 247, 248; BeckOK/Litzenburger [1. 2. 2022] Rn 37; BeckOGK/Braun [1. 4. 2022] Rn 58.9; **aA** gegen eine solche Auslegungsregel OLG Stuttgart JFG 6, 162 ff; LG Mannheim MDR 1960, 497; Staudinger/Seybold[10/11] § 2136 Rn 6; vgl auch Ripfel Rpfleger 1951, 580; **aA** auch jedenfalls für ländliche Verhältnisse bei einem gemeinschaftlichen Testament kinderloser Ehegatten BGH NJW 1951, 354; letztlich ohne Entscheidung BGH FamRZ 1961, 275, 277 mit unrichtigem Leitsatz, weil im Testament zusätzliche Anhaltspunkte vorlagen; offen gelassen auch in BGH FamRZ 1986, 155 [156]). Diese Erwägung würde jedoch in jedem Falle aufschiebend bedingt angeordneter Nacherbfolge gegen die Anwendung der Schutzvorschriften sprechen. Teilweise wird sogar angenommen, dass der Längerlebende über die Grenzen von § 2136 BGB hinaus von allen gesetzlichen Beschränkungen freigestellt sei (vgl dazu Rn 88).

91 Richtigerweise ist im Rahmen der Auslegung auf das Maß des gegenseitigen Vertrauens abzustellen, das in der Erbregelung zum Ausdruck gekommen ist (BGH FamRZ 1961, 275, 277). Danach ist bei der bedingten Nacherbeinsetzung in einer Wiederverheiratungsklausel **zu differenzieren**: dadurch, dass der überlebende Ehegatte nicht unbedingt nur zum Vorerben, sondern zum Vollerben eingesetzt wurde, bringen die Ehegatten ihr Vertrauen in seine alleinige Verantwortung für die Verwaltung des Nachlasses zum Ausdruck. Die Wiederverheiratungsklausel beruht nicht auf einem Misstrauen gegen die Wirtschaftsführung des Überlebenden, sondern dahin, ob er trotz Wiederverheiratung die dem Erstverstorbenen Nahestehenden noch angemessen berücksichtigen wird. Danach ist anzunehmen, dass die Ehegatten den Überlebenden von all den Beschränkungen grundsätzlich befreien wollen, die seine alleinige Verantwortung für die Verwaltung des Nachlasses einschränken (§§ 2113 Abs 1, 2114, 2116–2119, 2127–2131 BGB). Andererseits soll die Wiederverheiratungsklausel bei Wiederheirat den Übergang der Substanz des vom erstverstorbenen Ehegatten Hinterlassenen (oder eines Teiles von ihr) auf die Letztbedachten, meistens die Abkömmlinge, gewährleisten. Die Beschränkungen des Vorerben, die diesem Zweck dienen (§§ 2133, 2134 BGB), bleiben daher eher anwendbar.

92 An die Annahme von **Anhaltspunkten für eine andere Auslegung**, entweder – so häufig – vollständige Befreiung des Überlebenden (s BGH FamRZ 1961, 275; LG Darmstadt MDR 1959, 213; im konkreten Fall bedenklich, da der zusätzliche Anhaltspunkt nur für die Befreiung von den Verfügungsbeschränkungen sprach) oder Anwendung aller Schutzvorschriften, sind keine hohen Anforderungen zu stellen. Sollte, insbesondere nach den wirtschaftlichen Verhältnissen der Ehegatten, auch die Substanz des Nachlasses des Erstverstorbenen in erster Linie dem Überlebenden zur Verfügung stehen, so ist Befreiung von allen Beschränkungen anzunehmen, umgekehrt gelten auch die Verfügungsbeschränkungen des Vorerben (oder die für das betreffende Wirtschaftsgut geltende Beschränkung), wenn es den Ehegatten für den Fall der Wiederheirat

nicht nur auf den Übergang der Nachlass-Substanz des Erstverstorbenen dem Werte, sondern auch der Zusammensetzung nach auf die Letztbedachten ankam (dies wird nicht selten bei Grundbesitz, etwa einem Hausanwesen für § 2113 Abs 1 BGB der Fall sein [diese Erwägung mag auch der Entscheidung des BGH NJW 1951, 354 zugrunde gelegen haben, in der für ländliche Verhältnisse eine für die Befreiung sprechende Auslegungsregel abgelehnt wird]). Auch die **Person der Letztberufenen** kann von Bedeutung sein, insbesondere wenn sie beiden Ehegatten unterschiedlich nahestehen (vgl BGH NJW 1951, 354). Je näher sie den Ehegatten stehen, desto größer wird einerseits deren Wille zur Sicherung der Letztberufenen sein, desto größer wird andererseits aber auch das Vertrauen in den überlebenden Ehegatten sein, dass er die Interessen der Letztberufenen wahrt. Wenn die Letztberufenen beiden Ehegatten unterschiedlich nahestehen, kann sogar die Befreiung nur eines der Ehegatten für den Fall seines Überlebens von den Verfügungsbeschränkungen des Vorerben anzunehmen sein.

Die Kombination der gegenseitigen Vollerbeinsetzung mit einer durch die Wiederheirat aufschiebend bedingt angeordneten Nacherbfolge – das Standardbeispiel einer „Wiederverheiratungsklausel" – ist vorbehaltlich von § 138 BGB (s oben Rn 80 ff) im Rahmen der § 2100 ff BGB möglich und verlangt eine Auslegung im Rahmen dieser gesetzlichen Regelungen. Auf der Basis einer Entscheidung des KG (3. 6. 2016 – 6 W 127/15) kommt Wendt in diesem Zusammenhang zu verschiedenen richtigen Feststellungen (ErbR 2017, 30): **93**

- Bei dieser Kombination von Vollerbeinsetzung mit bedingter Nacherbfolge (mit oder ohne Befreiung des Vorerben von den gesetzlichen Beschränkungen) kann dem überlebenden Ehegatten kein Erbschein als Vollerbe ohne Hinweis auf die bedingte Nacherbfolge erteilt werden (siehe dazu auch Rn 103).

- Die zeitliche Staffelung von Erbeinsetzungen steht nur im Rahmen der §§ 2100 ff BGB zur Disposition der Ehegatten.

- Eine testamentarische Gestaltung der Erbfolge mit zeitlicher Abfolge von verschiedenen (Voll-)Erben nach einem Erblasser ist rechtlich nicht möglich. Ein auf Vollerbenstellung ohne jede Beschränkung des Längstlebenden gerichteter Wille der Erblasser steht im unlösbaren Widerspruch zu dem bei Wiederheirat angeordneten rückwirkenden Wechsel der Erbenstellung.

- Auch eine Beschränkung für einen Vorerben erst vom Zeitpunkt der Wiederverheiratung an bei vorheriger unbeschränkter Verfügungsfreiheit scheide aus Rechtsgründen aus (entgegen OLG Celle ZEV 2013, 40); eine (auch befristete) Befreiung des Vorerben ist nur im Rahmen des § 2136 BGB möglich; ist eine weitergehende Befreiung von den Erblassern gewollt, kann das zur Auslegung als Vollerbschaft mit schuldrechtlichen Einschränkungen führen (Wendt ErbR 2017, 30: „Eine ergänzende Testamentsauslegung aufgrund der so entstandenen planwidrigen Regelungslücke setzt die Feststellung von Vorstellungen der Erblasser voraus, ob sie sich bei Kenntnis der Unwirksamkeit ihrer Gestaltung für eine Beschränkung der Stellung des überlebenden Ehegatten oder für einen Verzicht des Wegfalls der Erbenstellung bei Wiederheirat verbunden mit einem Herausgabevermächtnis auf den Überrest zugunsten der Nacherben entschieden hätten").

3. Wegfall der Bindung des Überlebenden

94 Wird die Rechtsstellung des überlebenden Ehegatten hinsichtlich des Nachlasses des Erstverstorbenen bei Wiederheirat aufgrund einer Wiederverheiratungsklausel ganz oder teilweise eingeschränkt, so ist fraglich, wie sich dies auf die für sein Ableben wechselbezüglich getroffenen Anordnungen auswirkt. Meist wird es sich um die Schlusserbeinsetzung der erstehelichen Abkömmlinge handeln; die folgenden Erwägungen gelten aber auch für andere wechselbezügliche Anordnungen und auch dann, wenn der überlebende Ehegatte – bis zur Wiederheirat – nicht alleiniger Vollerbe, sondern nur Miterbe, nur Vorerbe [s dazu Planck/Greiff § 2271 Anm VIII] oder sogar nur Vermächtnisnehmer des erstversterbenden Ehegatten gewesen ist. Denn Grundlage seiner eigenen wechselbezüglichen Anordnungen war ja die (mit der Wiederheirat ganz oder teilweise entfallene) Beteiligung am Nachlass des erstverstorbenen Ehegatten.

95 Eine **Anfechtung nach § 2079 BGB scheidet regelmäßig aus**, weil die Aufnahme der Wiederverheiratungsklausel in das gemeinschaftliche Testament gerade zeigt, dass die Ehegatten die Frage der Wiederheirat des Überlebenden (und damit auch gegebenenfalls das Hinzutreten von Abkömmlingen zweiter Ehe) bedacht und trotzdem so testiert haben, jedenfalls geht die Auslegung des gemeinschaftlichen Testaments der Anfechtung vor (vgl KG JFG 15, 325, 330 = JW 1937, 2520, 2521; JW 1938, 2748; NJW 1963, 766; BayObLGZ 1962, 137, 139 f = DNotZ 1963, 115, 117; J Mayer/Sammet in: Reimann/Bengel/Dietz[7] Rn 95; **aA** MünchKomm/Musielak[9] Rn 62 aE; BeckOK/Litzenburger [1. 2. 2022] Rn 41).

96 Enthält ein wechselbezügliches gemeinschaftliches Testament dagegen **keine Wiederverheiratungsklausel**, so ist – falls die Auslegung nichts anderes ergibt – anzunehmen, dass die wechselbezüglichen Verfügungen auch im Falle der Wiederverheiratung des überlebenden Ehegatten als wechselbezügliche Verfügungen weiter gelten sollen (AG Nettetal FamRZ 1998, 1331); § 2079 BGB ist dann ohne Einschränkung anwendbar. Im Testament sollte dieser Fall geregelt werden.

97 Entscheidend ist freilich in jedem Fall der durch Auslegung zu ermittelnde Wille oder hypothetische Wille der Ehegatten bei Errichtung des gemeinschaftlichen Testaments. **Drei grundsätzliche Ergebnisse der Auslegung sind möglich**:

- entweder **dass** die **Bindung** an die Anordnung des überlebenden Ehegatten trotz Wiederheirat und Eingreifen der Wiederverheiratungsklausel **bestehen bleibt**,
- oder **dass** die **Bindung** des Überlebenden **vollständig wegfällt**,
- oder **dass** die **Bindung teilweise wegfällt** und teilweise bestehen bleibt.

Bei – ganzem oder teilweisem – Wegfall der Bindung können **entweder** die **Anordnungen** für den zweiten Todesfall insoweit **gegenstandslos werden** (Eintritt der gesetzlichen Erbfolge, falls der Überlebende nicht testiert) **oder** sie können bis zur Errichtung eines entgegenstehenden Testaments **bestehen bleiben** (Beerbung nach den Anordnungen im gemeinschaftlichen Testament, falls der Überlebende nicht abweichend testiert). Alle Ergebnisse der Auslegung sind im Einzelfall möglich. Von wesentlicher Bedeutung ist stets, wie groß die Einbuße ist, die der überlebende Ehegatte bei Wiederheirat erleidet, im Verhältnis zu dem, was er ohne Wiederheirat aus dem Nachlass des Erstverstorbenen erhalten hat (was also Grundlage seiner Anordnungen für den Fall seines Todes gewesen ist).

Umstr ist, welche Rechtsfolgen eintreten, welcher hypothetische Wille der Ehegatten also anzunehmen ist, **wenn außer dem Wortlaut** der Anordnung für den Fall der Wiederheirat (iS einer Bestimmung nach Rn 83 Varianten a bis c) **keine weiteren Anhaltspunkte** für die Auslegung vorliegen. 98

a) Die **hM lässt** grundsätzlich in allen Fällen der Wiederverheiratungsklauseln die **Bindung des Überlebenden vollständig wegfallen** (BGH FamRZ 2002, 747 [748] = ZEV 2002, 150 m Anm Otte; KG JFG 15, 325, 329 = JW 1937, 2520; DFG 1938, 204 = JW 1938, 2748; NJW 1957, 1073 = DNotZ 1957, 557; FamRZ 1968, 331; BayObLGZ 1962, 137, 139 = NJW 1962, 1727; OLG Hamm JR 1987, 376; NJW-RR 1994, 1355 = ZEV 1994, 365; BayObLG NJW-RR 2002, 366 [367]; OLG Zweibrücken ZEV 2013, 395; KG ErbR 2016, 343 [344] = FamRZ 2016, 1309; OLG München HRR 1938 Nr 881; OLG Kiel SchlHAnz 1940, 73, 76; OLG Karlsruhe NJW 1961, 1410; OLG Köln FamRZ 1976, 552; Huken DNotZ 1965, 729; Hurst MittRhNotK 1962, 450, 452 f; MünchKomm/Musielak[9] Rn 62; Erman/S Kappler/T Kappler[16] Rn 17; Staudinger/Dittmann[10/11] Rn 30 f mwN; dies gilt sicherlich nicht, wenn die Wiederheirat nur ein Vermächtnis von verhältnismäßig untergeordneter Höhe auslöst, ein solcher Fall ist aber auch nicht Gegenstand der Erörterung an den vorstehend zitierten Stellen gewesen; **gegen die hM**, also für grundsätzliche Aufrechterhaltung der Bindung das KG in seiner früheren, aufgegebenen Rspr, s KG OLGE 37, 261; ebenso Domke JW 1937, 2521; J Mayer/Sammet, in: Reimann/Bengel/Dietz[7] Rn 90; einschränkend auch BGB-RGRK/Johannsen § 2271 Rn 33, der grundsätzlich keine Auslegungsregel anerkennt und die Bindung in der Regel – ebenfalls zu schematisch – entfallen lassen will, wenn dem Ehegatten aufgrund der Wiederverheiratungsklausel nicht mehr verbleibt als der Wert seines gesetzlichen Erbteils; differenzierend auch Buchholz 96 ff; differenzierende Bemühungen um die Ermittlung des wirklichen und hypothetischen Willens der Ehegatten s auch bei Jünemann ZEV 2000, 81; ausführliche Darstellung des Streitstands und Diskussion auch bei J Mayer/Sammet, in: Reimann/Bengel/Dietz[7] Rn 86 ff).

b) Der hM ist zuzustimmen, soweit mit der Wiederheirat aufgrund Eintritts der Nacherbfolge oder aufgrund bedingten Vermächtnisses dem Überlebenden die Vorteile vollständig (oder nahezu vollständig) entzogen werden, die ihm beim Tode des Erstverstorbenen zugefallen sind (so also bei Wiederverheiratungsklauseln nach Rn 84 Variante a oder ähnlich weitgehendem Vermächtnis; vgl Simshäuser FamRZ 1972, 273, 276 ff, der aber zu seinen zutreffenden Ergebnissen zum Wegfall der Bindung über den unnötigen und gekünstelten Umweg einer Anwendung des § 2270 Abs 1 gelangt, indem er diese Fälle als solche eines – vollständigen oder teilweisen – Widerrufs behandelt). 99

Braucht der überlebende Ehegatte bei Wiederheirat das aus dem Nachlass des Erstverstorbenen **Erlangte nur zum Teil herauszugeben**, so wird der (jedenfalls hypothetische) Wille beider Ehegatten unter angemessener Berücksichtigung der Interessen des Erstverstorbenen (möglichst weitgehende Bedenkung der im gemeinschaftlichen Testament Berufenen) und des überlebenden Ehegatten (möglichst weitgehende Bedenkung des zweiten Ehegatten und der Abkömmlinge aus zweiter Ehe) häufig auch auf einen nur teilweisen Wegfall der Bindung an die für den Tod des überlebenden Ehegatten getroffenen Anordnungen gehen. Nicht selten ist es der Fall, dass sich der überlebende Ehegatte bei Wiederheirat mit den ersteheIichen Abkömmlingen nach 100 den Regeln der gesetzlichen Erbfolge auseinandersetzen (Wiederverheiratungsklausel nach Rn 84 Variante b) oder an sie Zahlungen im Wert ihrer gesetzlichen Erbteile leisten muss (Wiederverheiratungsklausel nach Rn 84 Variante c), ohne dass die Ehegatten geregelt haben, inwieweit der Überlebende an die Schlusserbeinsetzung der Abkömmlinge gebunden ist. Hier haben die Ehegatten die Beteiligung der gemeinschaftlichen Abkömmlinge in Höhe ihres gesetzlichen Erbteils beim Tod des Erstverstorbenen geregelt, deren Beteiligung am Nachlass des Überlebenden aber meist nicht bedacht. Es erscheint dann bei Berücksichtigung aller Interessen angemessen, davon auszugehen, dass ihnen auch beim Tod des Zweitversterbenden ein Anteil in Höhe ihres gesetzlichen Erbteils (unter Berücksichtigung aller erst- und zweitehelichen Abkömmlinge und unter Zugrundelegung des erstehelichen Güterstandes) zwingend verbleibt, dass die Ehegatten sich also bei Bedenken dieser Frage in diesem Sinne entschieden hätten und ihnen damit der hypothetische Wille zu unterstellen ist, die Bindung des überlebenden Ehegatten an die getroffene Anordnung in diesem Umfang aufrechtzuerhalten; dies liegt besonders nahe bei Behandlung des gemeinschaftlichen Nachlasses im gemeinschaftlichen Testament – entsprechend § 2269 BGB – nach dem „Einheitsgrundsatz" (im Ergebnis – unter Anwendung des § 2270 Abs 1 – ebenso SIMSHÄUSER FamRZ 1972, 273, 278 f; interessant ist, dass BATTES [§§ 32 ff] bei seinen Erwägungen de lege ferenda zu ganz ähnlichen Ergebnissen kommt; seine ins Einzelne gehenden Erörterungen zu den Interessenlagen können schon de lege lata zur Ermittlung des – hypothetischen – Willens herangezogen werden). Wie weit die Bindung des überlebenden Ehegatten in anderen Fällen des teilweisen Wegfalls zugewendeter Vorteile bei Wiederheirat bestehen bleibt, ist unter entsprechender Heranziehung dieser Überlegungen zu entscheiden (vgl die Erwägungen von BATTES §§ 32 ff).

101 **c)** Zu entscheiden bleibt schließlich, **ob** bei Wegfall der Bindung die **getroffenen Anordnungen** – im Zweifel! – im Umfang des Wegfalls **gegenstandslos werden** (so die wohl überwM, KG NJW 1957, 1073 = DNotZ 1957, 557; FamRZ 1968, 331 – Ausnahmefall von der aufrechterhaltenen Regel; OLG Hamm JR 1987, 376; NJW-RR 1994, 1355 = ZEV 1994, 365 für den Fall, dass der Überlebende jegliche Beteiligung am Nachlass verliert; HAEGELE Büro 1968, 90; eingehend SIMSHÄUSER FamRZ 1972, 273, 276 ff; de lege ferenda auch BATTES § 36 III) **oder** bis zur Äußerung eines entgegenstehenden testamentarischen Willens durch den überlebenden Ehegatten **wirksam bleiben** (OLG Hamm JR 1987, 376; NJW-RR 1994, 1355 = ZEV 1994, 365 für den Fall, dass der überlebende Ehegatte – erhebliche – Zuwendungen behält; HUKEN DNotZ 1965, 729; HÜBER Rpfleger 1981, 41, 44; LANGE/KUCHINKE § 24 IV 3 d; BROX § 19 V 5; MünchKomm/MUSIELAK[9] Rn 62; ERMAN/S KAPPLER/T KAPPLER[16] Rn 17; J MAYER/SAMMET, in: REIMANN/BENGEL/DIETZ[7] Rn 92). Für die erste Auffassung spricht zwar, dass der überlebende Ehegatte nicht selten von der Gegenstandslosigkeit ausgehen und es deshalb – aber wohl doch nur in Ausnahmefällen – unterlassen mag, ein für unnötig gehaltenes Testament iSd gesetzlichen Erbfolge zu errichten (vgl SIMSHÄUSER FamRZ 1972, 273, 277 mwN). Die Ehegatten hätten sich aber in Kenntnis des Problems und bei interessengerechter Abwägung bei Errichtung des gemeinschaftlichen Testaments (auf ihren hypothetischen Willen, also unter Einschluss des Erstverstorbenen kommt es an, s nur KG FamRZ 1968, 331, 333) regelmäßig für die zweite Auffassung, die Aufrechterhaltung der Bestimmungen bis zur Errichtung eines entgegenstehenden Testaments des überlebenden Ehegatten entschieden, weil bei dieser Lösung der wirkliche Wille des Überlebenden stets verwirklicht werden kann (nahm er an, dass die Verfügung gegenstandslos geworden sei, kann mit Anfechtung nach § 2078 Abs 2 BGB geholfen werden; so mit Recht LANGE/KUCHINKE § 24 IV 3 d; J MAYER/SAMMET, in: REIMANN/BENGEL/

DIETZ[7] Rn 93), während bei Gegenstandslosigkeit der Anordnungen, aber Ausgehen des Überlebenden von ihrer Weiterwirkung, kein Ausweg den Eintritt der gesetzlichen Erbfolge vermeiden kann.

d) Ist der überlebende Ehegatte nach den vorstehenden Darlegungen durch seine Wiederheirat von der Bindung – ganz oder teilweise – frei geworden, so führt eine **Auflösung der zweiten Ehe** nicht zur Wiederherstellung der Bindung (RG DJZ 1934, 281; ERMAN/S KAPPLER/T KAPPLER[16] Rn 17; STAUDINGER/DITTMANN[10/11] Rn 30). **102**

4. Fassung des Erbscheins

Über die Fassung des Erbscheins bei gemeinschaftlichem Testament mit Wiederverheiratungsklausel s (Nacherbvermerk bei bedingter Nacherbfolge) ASBECK MDR 1959, 897; HAEGELE Rpfleger 1975, 78; HILGERS MittRhNotK 1962, 381, 388; HURST MittRhNotK 1962, 439; MUNZINGER SJZ 1950, 67; RIPFEL Rpfleger 1951, 578; NK-BGB/GIERL Rn 149; J MAYER/SAMMET, in: REIMANN/BENGEL/DIETZ[7] Rn 96; WENDT ErbR 2017, 30. **103**

IX. Pflichtteilsansprüche der Abkömmlinge bei Berliner Testamenten*

1. Pflichtteilsansprüche bei der „Trennungslösung"

Bei der „Trennungslösung" – Vor- und Nacherbfolge in das Vermögen des erstversterbenden Ehegatten – können die Schlusserben (zB die Kinder der Erblasser), die **104**

---

* **Schrifttum** auch zu den sog „Pflichtteilsstrafklauseln": BIRK, Die Problematik der Verwirkungsklausel in letztwilligen Verfügungen, DNotZ 1972, 284; BUCHHOLZ, Berliner Testament (§ 2269 BGB) und Pflichtteilsrecht der Abkömmlinge – Überlegungen zum Ehegattenerbrecht, FamRZ 1985, 872; ders, Gestaltungsprobleme des Ehegattenerbrechts. Teilungsprinzip oder Nutzungsprinzip, MDR 1990, 375; vDICKHUTH-HARRACH, Ärgernis Pflichtteil? Möglichkeiten der Pflichtteilsreduzierung im Überblick, in: FS 200 Jahre Rheinisches Notariat (1998) 185; FISCHER, Die Pflichtteilstrafklausel beim gemeinschaftlichen Testament bei Fehlen einer ausdrücklichen Schlusserbeinsetzung der gemeinsamen Kinder, ZEV 2005, 189; HAUSSMANN, Gedanken zur Ausgestaltung von Ehegatten-Erbverträgen, BWNotZ 1972, 93; JASTROW, Wie können sich Eheleute bei einem Testament nach § 2269 BGB gegen die Vereitelung ihrer Absichten durch Pflichtteilsansprüche des Kindes sichern?, DNotZ 1904, 424; KANZLEITER, Anm zu OLG Frankfurt Beschl v 2. 8. 2010, DNotZ 2011, 555; KARCH, Nochmals zur sogenannten Pflichtteilsstrafklausel, BWNotZ 1989, 75; KELLER, Überlegungen zum Ehegatten-Testament, BWNotZ 1970, 49; KLEENSANG, in: BRAMBRING/MUTTER, Beck'sches Formularbuch Erbrecht E II 7, § 2, 4; KÖSSINGER, in: NIEDER/KÖSSINGER, Hdb der Testamentsgestaltung § 14 Rn 77 ff; LANGENFELD, Freiheit oder Bindung beim gemeinschaftlichen Testament oder Erbvertrag von Ehegatten?, NJW 1987, 1577; LÜBBERT, Verwirkung der Schlusserbfolge durch Geltendmachung des Pflichtteils, NJW 1988, 2706; J MAYER, Der Pflichtteil der Schwiegertochter, Überlegungen zur Tauglichkeit von Pflichtteilsstrafklauseln …, MittBayNot 1996, 80; ders, in: MAYER/SÜSS/TANCK/BITTLER/WÄLZHOLZ, Hdb Pflichtteilsrecht (2. Aufl 2010) § 12 Rn 44 ff; ders, Zur Reichweite von Pflichtteilsklauseln: … MittBayNot 2007, 19; MODEL, Testamentsrecht § 18 VII 3; MÜLLER/GRUND, Pflichtteilsklausel und einvernehmliche Geltendmachung des Pflichtteils aus erbschaftsteuerlichen Gründen zivilrechtliche Risiken – steuerliche Alternativen, ZErb 2007, 205; vOLSHAUSEN, Die Sicherung gleichmäßiger Vermögensteilha-

hier Nacherben des Erstversterbenden sind, beim ersten Erbfall den Pflichtteil nur dann verlangen, wenn sie die Nacherbfolge ausschlagen (§ 2306 Abs 2, Abs 1 S 2 BGB). Den anderen Nacherben wächst für diesen Fall der Anteil des Ausschlagenden zu, § 2094 Abs 1 S 1 BGB; sind keine weiteren Nacherben vorhanden, wird der Vorerbe im Zweifel unbeschränkter Vollerbe, § 2142 Abs 2 BGB (MünchKomm/Musielak[9] Rn 63). Wenn der Nacherbe, der ausschlägt, für diesen Fall auch von der Erbfolge in das Vermögen des überlebenden Ehegatten ausgeschlossen, etwa auf den Pflichtteil gesetzt ist (§§ 2303, 2304 BGB), kann er beim zweiten Erbfall nochmals den Pflichtteil fordern, aber nur von dem Vermögen des überlebenden Ehegatten.

2. Pflichtteilsansprüche bei der „Einheitslösung"; Pflichtteilsstrafklauseln

a) Einleitung

105 Anders liegt es bei der „Einheitslösung" (Vollerbfolge des überlebenden Ehegatten): Hier können die Schlusserben, soweit sie pflichtteilsberechtigt sind, beim ersten Erbfall den Pflichtteil aus dem Nachlass des erstversterbenden Ehegatten verlangen, ohne einen Erbteil ausschlagen zu müssen; denn sie haben kein Erbrecht an dem Nachlass des Erstversterbenden (RG Recht 1923 Nr 1023; BayObLG OLGE 44, 106; OLG Kiel SchlHAnz 1924, 173; BGHZ 22, 364). Der Schlusserbe, der beim ersten Erbfall den Pflichtteil fordert, erhält trotzdem beim zweiten Erbfall seinen Erbteil aus dem Nachlass des Zuletztverstorbenen einschließlich der darin enthaltenen Vermögenswerte des erstverstorbenen Ehegatten; die anderen Schlusserben erhalten dagegen nur ihren Erbteil, dessen Wert durch die Entrichtung des Pflichtteils beim ersten Erbfall geschmälert ist (MünchKomm/Musielak[9] Rn 64; Planck/Greiff Anm II 2 e).

106 Gescheitert sind die Versuche, dem Schlusserben, der sich durch die Forderung des Pflichtteils beim Tode des Erstversterbenden gegen den Willen der Erblasser auflehnt, entweder den Anspruch auf den Pflichtteil aus dem Nachlass des Erstversterbenden abzusprechen (Kanoldt ArchBürgR 40, 262 ff) oder aber das Erbrecht am Nachlass des überlebenden Ehegatten (Goldmann 81 ff; zur stillschweigenden Enterbung s unten Rn 117, 126) oder ihn durch entsprechende Anwendung des § 2306 BGB zur Wahl zwischen Pflichtteil und Erbteil zu zwingen (Leonhard Anm IV; Röttger [Diss Marburg 1913]). Alle diese Versuche finden im Gesetz (§§ 2303, 2306 BGB) keine Stütze (Planck/Greiff Anm II 2 e; vgl Kössler DJZ 1906, 1181 ff; Mersmann ArchBürgR 37, 271 ff; vgl den Reformvorschlag von Buchholz FamRZ 1985, 872). Die Angst vor den Folgen für den überlebenden Ehegatten, wenn Kinder beim Tod des Erstversterbenden den Pflicht-

---

be bei „Berliner Testamenten" mit nicht-gemeinsamen Kindern als Schlusserben, DNotZ 1979, 707; Pöhlemann, Berliner Testament und pflichtteilsberechtigte Angehörige, GrundE 1965, 392; Priester, Vertragsgestaltung: Das private Ehegattentestament, JuS 1987, 394; Raitz Vfrentz, Gestaltungsformen zur Abgrenzung der Rechte von überlebenden Ehegatten und Kindern in gemeinschaftlichen Testamenten und Erbverträgen, DNotZ 1962, 635; Strobel, Nochmals: Pflichtteilsstrafklausel im Ehegatten-Testament, MDR 1980, 363; Wacke, Rechtsfolgen testamentarischer Verwirkungsklauseln, DNotZ 1990, 403; Weiss, Pflichtteilsstrafklausel im Ehegattentestament, MDR 1979, 812; Wendt, Pflichtteilsvermeidungsstrategien in „guter" wie in „böser" Absicht, ErbR 2012, 66; Winkler, Unternehmensnachfolge und Pflichtteilsrecht – Wege zur Minimierung des Störfaktors „Pflichtteilsansprüche", ZEV 2005, 89; Worm, Pflichtteilserschwerungen und Pflichtteilsstrafklauseln, RNotZ 2003, 535.

teil geltend machen würden, sind aber regelmäßig übertrieben und deshalb **überwiegen regelmäßig** die **Nachteile** solcher „Pflichtteilsstrafklauseln" (KANZLEITER DNotZ 2011, 555, 558). Bei größeren Vermögen ist das sog „Berliner Testament" in der Regel sowieso nicht die gebotene Gestaltung.

Häufig treffen die Erblasser deshalb Anordnungen, die nach Möglichkeit verhindern **107** sollen, dass die Pflichtteilsberechtigten (Abkömmlinge) beim Tod des erstversterbenden Ehegatten ihren Pflichtteil geltend machen.

b) Typische Anordnungen, Wirksamkeit

Am häufigsten findet sich die **Anordnung, dass Schlusserben, die beim ersten Erbfall** **108** **den Pflichtteil fordern, auch beim zweiten Erbfall nur den Pflichtteil erhalten** sollen. Allerdings bekommt ein solcher Schlusserbe beim zweiten Erbfall den Pflichtteil aus dem Nachlass des zuletztverstorbenen Ehegatten einschließlich der darin enthaltenen Vermögenswerte des Erstversterbenden, erhält also den Pflichtteil für das Vermögen des erstverstorbenen Ehegatten, soweit dieses beim zweiten Erbfall noch vorhanden ist, praktisch doppelt (OLG Dresden OLGE 32, 68). Er braucht sich den ersten Pflichtteil auch insoweit nicht auf den zweiten anrechnen zu lassen, als der Nachlass des zuletztverstorbenen Ehegatten aus dem des Erstverstorbenen stammt (OLG Stettin LZ 1927, 547; BayObLGZ 1966, 49 [55]). Hieran könnte auch eine gegenteilige Anordnung der Erblasser nichts ändern, weil der Pflichtteil grundsätzlich von Anordnungen der Erblasser unabhängig ist (J MAYER/SAMMET in: REIMANN/BENGEL/DIETZ[7] Rn 119; **aA** EBBECKE Recht 1923, 84, 88 ff).

Ob eine **allgemeine „Verwirkungsklausel"** (s BIRK DNotZ 1972, 284, ferner etwa die Klausel **109** in OLG Frankfurt FamRZ 2014, 1143 = ZEV 2014, 257 m Anm LITZENBURGER) auch als Pflichtteilsstrafklausel auszulegen ist, ist zweifelhaft (ablehnend im konkreten Fall OLG Frankfurt FamRZ 2014, 1143 = ZEV 2014, 257 mit zu Recht krit Anm LITZENBURGER); mit diesem Ziel ist sie also völlig ungeeignet. Allgemeine Verwirkungsklauseln werden ohnehin häufig recht unbestimmt sein (eingehend MünchKomm/LEIPOLD[9] § 2074 Rn 30 ff).

Die Regelung hingegen, dass der Abkömmling, der nach dem Tod des erstverster- **110** benden Elternteils den Pflichtteil verlangt, auch beim Tod des Überlebenden nur den Pflichtteil erhalten soll, dient dem Schutz des überlebenden Ehegatten und unterliegt dagegen **keinen grundsätzlichen Bedenken** (etwa aus § 138 BGB, BayObLG NJW-RR 1990, 969; FamRZ 1994, 1206, 1208; BayObLG NJW-RR 1994, 1495 = ZEV 1995, 191) und zwar auch dann nicht, wenn die Pflichtteilsklausel die Gefahr mit sich bringt, dass die einseitigen Kinder des erstverstorbenen Ehegatten letztlich leer ausgehen könnten, obwohl von ihm das Vermögen im Wesentlichen stammt (BayObLG NJW-RR 1994, 1495 = ZEV 1995, 191).

c) Objektive und subjektive Voraussetzungen

Eine solche Anordnung, dass derjenige Abkömmling, der beim Tode des Erstverster- **111** benden den Pflichtteil geltend macht, auch beim Tode des Überlebenden nur den Pflichtteil erhalten soll, ist **im Zweifel** dahin auszulegen, dass ihre **Anwendung ein subjektives Element voraussetzt**, dass der Pflichtteilsberechtigte also bewusst in Kenntnis der Verwirkungsklausel den Pflichtteil verlangt (BayObLGZ 1990, 58, 62 = FamRZ 1990, 1158 = NJW-RR 1990, 969; BayObLGZ 2004, 5, 9 = FamRZ 2004, 1672; nach LG München FamRZ 2008, 1118 = ZEV 2008, 341 = FGPrax 2008, 75 kann auch die Geltendmachung eines nicht mehr bestehenden, weil erlassenen Pflichtteils als „Verlangen" anzusehen sein; böswilliges Handeln ist nicht erforderlich; BayObLG NJW-RR 1996, 262; **aA** LÜBBERT NJW 1988, 2706, der allein auf die objektive Verwirklichung des Pflichtteilsverlangens abstellt, weil es allein auf das Vermögensopfer des überlebenden Ehegatten durch Auszahlung des Pflichtteils ankomme, das ihm durch die Strafklausel erspart werden solle).

112 Ist Voraussetzung für die Strafklausel, dass der Pflichtteil **„verlangt"** wird, setzt das im Zweifel nur seine ernsthafte Geltendmachung, nicht die Bezifferung oder gar Auszahlung voraus (BayObLGZ 1990, 58, 62 = FamRZ 1990, 1158 = NJW-RR 1990, 969, 970; OLG Düsseldorf FamRZ 2012, 331; LÜBBERT NJW 1988, 2706, 2710; jurisPK/REYMANN[9] Rn 159). Ein Auskunftsverlangen gem § 2314 BGB allein genügt dagegen nicht (jurisPK/REYMANN[9] Rn 158; BayObLG NJW-RR 1991, 394).

113 Mit Rücksicht auf den Zweck der Klausel kann sie so auszulegen sein, dass sie auch eingreift, wenn der Pflichtteilsberechtigte die **Unwirksamkeit des Testaments geltend macht** und seinen gesetzlichen Erbteil fordert (OLG München FamRZ 2011, 1691 m krit Anm von ODERSKY notar 2011, 337).

114 Selbstverständlich kann die Klausel einerseits auch so **auszulegen** sein, dass es nur auf die **objektive** Verwirklichung ihrer Voraussetzungen ankommt, andererseits auch in dem Sinne als „Strafklausel", dass das Verlangen des Pflichtteils beim Tode des Erstversterbenden nur dann den Verlust des Erbrechts beim Tode des Überlebenden bewirkt, wenn das Pflichtteilsverlangen eine „Auflehnung" gegen den Erblasserwillen enthält (BayObLGZ 1963, 272, 275 = FamRZ 1964, 472; BayObLG FamRZ 1995, 1019, 1020; vgl auch OLG Braunschweig OLGZ 1977, 185, 188: „vorwerfbare Missachtung des Erblasserwillens"; OLG Stuttgart OLGZ 1968, 246; also nicht zB bei Gewährung des Pflichtteils in einer Notlage des Abkömmlings mit Einverständnis des überlebenden Ehegatten, BayObLG 275).

115 Allgemein ist die Strafklausel regelmäßig dahingehend auszulegen, dass sie nicht eingreift, wenn die Auszahlung des Pflichtteils **im Einverständnis mit dem überlebenden Ehegatten** erfolgt (BayObLGZ 1963, 272, 275 = FamRZ 1964, 472; vgl auch BayObLG FamRZ 1995, 1019; jurisPK/REYMANN[9] Rn 84, 162 ff; **aA** OLG Frankfurt DNotZ 2011, 552 mit **abl** Anm KANZLEITER), denn sie soll ja den überlebenden Ehegatten schützen. Deshalb führen auch „Umgehungsgestaltungen" im Einvernehmen mit dem überlebenden Ehegatten nicht zum Eintritt der auflösenden Bedingung (anders OLG München FamRZ 2008, 721).

116 Ist in der Pflichtteilsklausel die Berufung der Abkömmlinge des erstversterbenden Ehegatten zu Schlusserben davon abhängig gemacht, dass die Abkömmlinge ihren Pflichtteil nach dem ersten Erbfall nicht „geltend gemacht und erhalten" haben, dann kann die Geltendmachung des Pflichtteilsanspruchs allein nicht genügen, um die Strafklausel auszulösen (zur Auslegung, wenn die Berufung der Abkömmlinge zu Schlusserben davon abhängig ist, und der Pflichtteil geltend gemacht, aber vor dem zweiten Erbfall nicht ausgezahlt wurde, s OLG Zweibrücken FamRZ 1999, 468; jurisPK/REYMANN[9] § 2280 Rn 9).

117 Auch **ohne** entsprechende **ausdrückliche Regelung** im Testament kann der Wille der Erblasser dahingegangen sein, dass ein Pflichtteilsberechtigter, der seinen Pflichtteil von dem Nachlass des zuerstversterbenden Ehegatten verlangt, nicht Erbe des Zuletztversterbenden werden solle. Aber wenn sie das nicht ausdrücklich bestimmt haben, so kann nur unter besonderen, im Testament wenigstens angedeuteten Umständen angenommen werden, dass die Pflichtteilsberechtigten nur unter der stillschweigenden Bedingung zu Schlusserben eingesetzt seien, dass sie ihr Pflichtteilsrecht beim Tode des Erstversterbenden nicht geltend machen (Planck/Greiff Anm II 2 e).

Die Aufnahme von **Verhandlungen** über die Rechtsstellung des Pflichtteilsberechtigten – eventuelle Sicherung seiner Rechtsstellung nach dem Tod des überlebenden Ehegatten unter Hinweis auf die Möglichkeit, den Pflichtteil geltend zu machen – löst die Strafklausel noch nicht aus (Schleswig-Holsteinisches OLG ZEV 1997, 331 m Anm Lübbert; selbstverständlich kann die Strafklausel auch strenger formuliert werden, dass sie dadurch schon ausgelöst wird). 118

Nach BGH DNotZ 2006, 928 = FamRZ 2006, 1443 kann der Abkömmling die Klausel auch noch **nach dem zweiten Erbfall** trotz Annahme der Erbschaft nach dem zweiten Erbfall und Verjährung des Pflichtteilsanspruchs nach dem Tod des Erstverstorbenen auslösen und damit seine Erbenstellung nach dem Tod des Überlebenden beseitigen (dagegen nach Verjährung des Pflichtteilsanspruchs zu Recht kritisch Fischer ZEV 2006, 503; kritisch auch Knauss FamRZ 2007, 435). 119

Ob die **Rückzahlung des Pflichtteils** an den überlebenden Ehegatten die Wirkung der Enterbung bei dessen Tod beseitigt, entscheidet die Auslegung der Pflichtteilsklausel (anders die hM: BayObLG ZEV 2004; 2002 m zust Anm von Ivo: kein Entfallen der Enterbung; jurisPK/Reymann[9] Rn 166). 120

d) Verwirkung durch Dritte

Das Verhalten seines **gesetzlichen Vertreters** (auch Betreuers oder Ergänzungspflegers) muss sich der Pflichtteilsberechtigte zurechnen lassen (BayObLGZ 1990, 58, 62 = FamRZ 1990, 1158 = NJW-RR 1990, 969, 970; OLG Braunschweig OLGZ 1977, 185, 188). 121

Die Anwendung einer Verwirkungsklausel in einem Ehegattenerbvertrag mit Schlusserbeneinsetzung, nach der die Geltendmachung des Pflichtteils am Nachlass des Erstversterbenden die Entziehung der Schlusserbenstellung zur Folge hat, ist auch nicht von vornherein ausgeschlossen, wenn der **Pflichtteil durch einen Dritten verlangt** wird, der **Erbe** des pflichtteilsberechtigten Abkömmlings geworden ist (BayObLG NJW-RR 1996, 262). Ob die Erblasser ein Eingreifen der Klausel wollten oder gewollt hätten, ist aber nicht nur durch erläuternde Auslegung, sondern auch durch ergänzende Auslegung zu ermitteln, wenn die Erblasser den eingetretenen Ablauf nicht vorhergesehen haben (BayObLG NJW-RR 1996, 262); im konkreten Fall: Versterben eines Sohnes kurz nach dem Vater; löst das Verlangen des Pflichtteils durch seine zweite Ehefrau als seine Erbin den Verlust des Erbteils für seinen erstehelichen Sohn nach dem Tode der Großmutter aus? Es liegt eine ergänzende Auslegung dahingehend nahe, dass der Enkel als Erbe seiner Großmutter nicht ausgeschlossen ist, sich aber anrechnen lassen muss, was die zweite Ehefrau seines Vaters als Pflichtteil nach dem Großvater erlangt hat. 122

Umstr sind die Rechtsfolgen, wenn der **Sozialhilfeträger nach SGB XII § 93** den **Pflichtteilsanspruch** eines Hilfeempfängers geltend macht: Das OLG Frankfurt hat (ZEV 2004, 24; ebenso LG Konstanz MittBayNot 2003, 398) die Auffassung vertreten, führe die Geltendmachung des Pflichtteils nach dem erstversterbenden Elternteil aufgrund 123 einer Pflichtteilsstrafklausel zum Verlust des Erbteils nach dem Tod des überlebenden Ehegatten, könne ihn der Sozialhilfeträger nicht geltend machen, weil er damit wie bei der Ausschlagung, deren Erklärung höchstpersönlich, nicht überleitbar ist, über Bestehen oder Verlust eines Erbrechts entscheide. Das verkennt den Unterschied zwischen der höchstpersönlichen Entscheidung über die Ausschlagung und der dem Sozialhilfeträger gerade übertragenen Entscheidung zur Geltendmachung eines Anspruchs und deren mittelbarer Folge (s Spall in seiner Anm ZEV 2004, 28). Das OLG Karlsruhe (ZEV 2004, 26 = FamRZ 2004, 410 = RNotZ 2004, 95) sieht demgegenüber keinen Grund, dem Sozialhilfeträger die Geltendmachung des übergeleiteten Pflichtteilsanspruchs zu verweigern, und hilft zur Rettung des Erbrechts nach dem Tod des überlebenden Ehegatten trotz Pflichtteilsstrafklausel durch deren Auslegung: Die Auslegung der Verfügung, die den besonderen Interessen des Kindes durch Anordnungen zur Verhinderung des Zugriffs des Trägers der Sozialhilfe Rechnung trägt, könne ergeben, dass die für diesen Fall angeordnete Sanktion des Ausschlusses des Erbrechts auf das Ableben des Letztversterbenden für die Geltendmachung des Pflichtteilsanspruchs nicht gelten soll. Der BGH hat in ZEV 2005, 117 = FamRZ 2005, 448 die Auffassung des OLG Karlsruhe in beiden Punkten – Möglichkeit des Sozialhilfeträgers zur Geltendmachung des übergeleiteten Sozialhilfeanspruchs (entschiedene Ablehnung in seiner Anm ZEV 2005, 119 durch Muscheler) und einschränkende Auslegung der Pflichtteilsklausel (auch dazu krit Muscheler und schon Spall ZEV 2004, 28) – gebilligt und diese Auffassung im Urt v 19. 10. 2005, ZEV 2006, 76 bestätigt; das OLG Hamm (RNotZ 2013, 307) sieht die Überlegungen des BGH beschränkt auf übliche „Behindertentestamente" und wendet eine Pflichtteilsklausel mit allen Konsequenzen an. Wenn aus Sicht der testierenden Eltern ein Kind auf Sozialhilfe angewiesen sein könnte, ist eine Pflichtteilsstrafklausel – über die allgemeinen Bedenken hinaus – ungeeignet.

e) Klauselvarianten

124 Bei einer Bestimmung, die Abkömmlinge auf den Pflichtteil setzt, kann zweifelhaft sein, **ob sie sich nur auf** den **ersten oder auch auf** den **zweiten Erbfall bezieht**. Entscheidend ist, ob der Wille der Ehegatten dahinging, den betreffenden Abkömmling schon endgültig von der Erbfolge auszuschließen, oder ob mit einer entsprechenden Anordnung (nochmals) der möglichst ungeschmälerte Vermögensübergang auf den Überlebenden und die Einräumung einer möglichst freien Stellung für ihn ausgedrückt werden sollte (vgl OLG Neustadt MDR 1963, 137).

125 Eine mögliche „mildere" Anordnung ist, dass sich der **Schlusserbe, der beim ersten Erbfall** den **Pflichtteil erhalten hat**, den **Wert** des Pflichtteils **auf** seinen **Erbteil am Nachlass des letztversterbenden Ehegatten anrechnen lassen muss**. Auch eine stillschweigende Anordnung der Erblasser in diesem Sinne kann nur festgestellt werden, wenn der Inhalt des gemeinschaftlichen Testaments Anhaltspunkte für eine solche Annahme bietet.

126 Die Ehegatten haben auch die Möglichkeit, einen Abkömmling, der beim Tode des Erstversterbenden den Pflichtteil verlangt, nicht von vornherein im gemeinschaftlichen Testament auch für den Tod des Überlebenden auf den Pflichtteil zu setzen, aber den **Überlebenden für diesen Fall von seiner Bindung hinsichtlich der Schlusserbeinsetzung des Abkömmlings zu befreien**. Auch eine solche Anordnung kann ausdrücklich oder stillschweigend getroffen werden. Jedenfalls die Befreiung des über-

lebenden Ehegatten von der Bindung zugunsten des Abkömmlings wird häufig nahe liegen, wenn die Ehegatten wenigstens zum Ausdruck gebracht haben, dass sie die Geltendmachung des Pflichtteils beim Tod des Ersterbenden von ihnen als Auflehnung gegen ihren Willen missbilligen. So wurde einer Bestimmung, dass ein Kind nur den Pflichtteil erhalte, wenn es das Testament anfechte, die Befreiung des überlebenden Ehegatten von der Bindung zugunsten eines Abkömmlings als Schlusserbe entnommen, weil dieser den Pflichtteil nach dem Tode des Erstversterbenden geltend gemacht hatte (OLG Dresden OLGE 40, 143; näher gelegen hätte wohl, diese Bestimmung – weitergehend – entsprechend Rn 108 ff dahingehend auszulegen, dass ein solcher Abkömmling auch beim Tode des Überlebenden nur den Pflichtteil erhalten solle).

Nicht selten treffen die Ehegatten Anordnungen, die einen Abkömmling, der beim Tode des Erstversterbenden den Pflichtteil geltend macht, beim Tode des Überlebenden gegenüber der bloßen Anordnung, dass er auch beim zweiten Erbfall nur den Pflichtteil erhalten soll, **zusätzlich schlechterstellen**. Damit soll der Anreiz für die Abkömmlinge weiter vermindert werden, beim Tode des erstversterbenden Ehegatten den Pflichtteil zu verlangen. Entsprechend dem von **Jastrow** (DNotZ 1904, 424 ff) gemachten Vorschlag können die Ehegatten für den Fall, dass ein Abkömmling beim ersten Erbfall den Pflichtteil fordert, allen anderen Abkömmlingen aus dem Nachlass des erstversterbenden Ehegatten als Vermächtnis Geldbeträge in Höhe des Wertes ihres gesetzlichen Erbteils (milder: in Höhe ihres Pflichtteiles) zuwenden, die zwar beim ersten Erbfall anfallen, aber erst beim Tod des überlebenden Ehegatten fällig werden. Sie mindern damit den Wert des Nachlasses, von dem der Pflichtteil beim Tod des Zweitversterbenden berechnet wird. Eine weitere Schmälerung dieses Werts wird erreicht, wenn die Vermächtnisse mit einem höheren Wert als dem der gesetzlichen Erbteile angeordnet werden (zB durch die Anordnung einer Verzinsung zwischen dem ersten und dem zweiten Erbfall, durch die Anordnung von Vermächtnissen in Höhe eines Mehrfachen des gesetzlichen Erbteils oder eines bestimmten Anteils am Wert des Nachlasses des Erstverstorbenen bis hin zu dessen völliger Erschöpfung [zu Jastrow, „Jastrow modifiziert" und „neuer Jastrow" s nur vDickhuth-Harrach, Hdb der Erbfolge – Gestaltung § 54 Rn 102 ff; J Mayer/Sammet, in: Reimann/Bengel/Dietz[7] Rn 120 mwNw]). Zur Erstreckung der Pflichtteilsstrafklauseln auf Abkömmlinge des Abkömmlings, der den Pflichtteil beim Tode des Erstversterbenden verlangt, für den Fall, dass dieser Abkömmling vor dem überlebenden Ehegatten unter Hinterlassung von Abkömmlingen verstirbt, s Strobel MDR 1980, 363, ergänzend zu Weiss MDR 1979, 812. 127

Wenn die Erblasser ihre Abkömmlinge zu Schlusserben eingesetzt haben und wenn sie mit diesen einig sind, so können sie mit ihnen einen **Vertrag** schließen, **in dem** die **Abkömmlinge auf** ihr **Pflichtteilsrecht** für den ersten oder zweiten Erbfall oder für beide Erbfälle **verzichten** (§§ 2346, 2348 BGB). Wenn Ehegatten in einem Erbvertrag sich gegenseitig zu Alleinerben und die am Erbvertrag beteiligten Kinder zu Schlusserben einsetzen sowie den anderen Kindern Vermächtnisse für den Fall zuwenden, dass sie keine Pflichtteilsansprüche geltend machen, so kann dem uU auch ohne ausdrückliche Vereinbarung ein Verzicht der Schlusserben auf ihr Pflichtteilsrecht beim Tod des erstversterbenden Ehegatten entnommen werden (BGHZ 22, 364 = NJW 1957, 422 = JR 1957, 339 m Anm vLübtow). 128

X. Vermächtnis im Berliner Testament (§ 2269 Abs 2)

1. Grundgedanke, Widerlegung der Auslegungsregel

129 § 2269 Abs 2 BGB beruht wie § 2269 Abs 1 BGB auf dem Grundgedanken, dass bei der gegenseitigen Erbeinsetzung durch Ehegatten die Zuwendungen an Dritte im Zweifel als Anordnungen des überlebenden Ehegatten gelten sollen (vgl RGZ 27, 150; RG WarnR 1938 Nr 51; jurisPK/Reymann[9] Rn 238; Planck/Greiff Anm III 1); nach diesem Grundgedanken ist § 2269 Abs 2 BGB entsprechend anzuwenden, wenn die gegenseitige Erbeinsetzung in einseitigen Testamenten getroffen wurde, die der Vermächtnisanordnung im gemeinschaftlichen Testament vorausgingen (BGH LM Nr 5 zu § 2269 BGB).

130 Hieraus folgt, dass ein **Vermächtnis**, das die Ehegatten in dem gemeinschaftlichen Testament ausgesetzt haben und das erst nach dem Tode des Überlebenden erfüllt werden soll – das also nur einem Dritten zugedacht sein kann –, **im Zweifel erst mit** dem **Tode des überlebenden Ehegatten anfällt** (§ 2176 BGB, jurisPK/Reymann[9] Rn 244; Schermann § 3 II. 1., S 71).

131 Die Bestimmung bedeutet außerdem – über ihren Wortlaut hinaus –, dass das **Vermächtnis im Zweifel als vom überlebenden Ehegatten angeordnet anzusehen** ist (BGH 28. 5. 1958 – IV ZR 328/57, zitiert nach BGB-RGRK/Johannsen Rn 37; BGH NJW 1983, 277, 278; jurisPK/Reymann[9] Rn 245), der überlebende Ehegatte selbst also nicht beschwert ist.

132 Der Gesetzgeber hielt es für nötig, diese Auslegungsregel aufzustellen, weil vor dem BGB meist angenommen wurde, dass jeder Ehegatte das ganze Vermächtnis aussetze, sodass dieses schon mit dem Tode des Erstversterbenden anfalle und dass nur seine Fälligkeit bis zum Tode des Überlebenden hinausgeschoben sei (RGZ 11, 258). Möglich ist eine solche Anordnung selbstverständlich auch heute noch, wenn die Auslegungsregel des § 2269 Abs 2 BGB widerlegt wird (vgl RGZ 95, 14; OLG Stuttgart JW 1934, 1294; BGH LM Nr 5 zu § 2269 BGB = MDR 1960, 912: der BGH weist darauf hin, dass § 2269 Abs 2 auf einer Lebenserfahrung beruht, was bei Prüfung der Frage berücksichtigt werden muss, ob die Widerlegung gelungen ist). Möglich ist auch die weniger weitgehende Widerlegung, dass das Vermächtnis vom erstversterbenden Ehegatten angeordnet, sein Anfall nach § 2177 BGB bis zum Tode des Überlebenden aber aufgeschoben ist. Ein Wille der Ehegatten im Sinne der beiden vorstehenden Auslegungsmöglichkeiten liegt besonders dann nahe, wenn ein bestimmter, dem erstversterbenden Ehegatten gehöriger Gegenstand vermacht ist, der nach dem Willen der Erblasser in seiner Familie bleiben soll (Planck/Greiff Anm III 2).

133 Möglich ist schließlich auch die weitestgehende Widerlegung, dass das Vermächtnis schon beim Tode des erstversterbenden Ehegatten fällig sein soll.

2. Rechtsstellung des Vermächtnisnehmers

134 Ist das Vermächtnis, entsprechend der Auslegungsregel, als Zuwendung des überlebenden Ehegatten anzusehen, wird die Vermächtnisanordnung des erstversterbenden Ehegatten mit seinem Tode gegenstandslos (Planck/Greiff Anm III 1). Der **Bedachte kann** das **Vermächtnis nur erlangen, wenn er** den **Tod des überlebenden Ehe-**

gatten erlebt (§ 2160 BGB). Der überlebende Ehegatte ist an die Vermächtnisanordnung zwar gebunden, soweit sie zu einer Verfügung des vorverstorbenen Ehegatten wechselbezüglich ist (§ 2271 Abs 2 BGB); der Bedachte hat aber vor seinem Tode noch kein Recht und keine Anwartschaft, die er übertragen oder vererben könnte; die §§ 2177, 2179, 2074 BGB sind nicht anwendbar (jurisPK/Reymann[9] Rn 248; NK-BGB/Gierl[6] Rn 85; Schermann § 4, S 121 ff).

Wenn der Bedachte ein Abkömmling des überlebenden Ehegatten ist und er vor diesem stirbt, so kommt eine stillschweigende Ersatzberufung seiner Abkömmlinge in Frage (§ 2069 BGB, NK-BGB/Gierl[6] Rn 85; Gleiches wird die Auslegung nicht selten bei anderen nahen Angehörigen ergeben). **135**

3. Verfügung unter Lebenden **136**

Ist das Vermächtnis – entsprechend der Auslegungsregel – als vom Überlebenden angeordnet anzusehen, so **kann dieser über** den **vermachten Gegenstand zu** seinen **Lebzeiten** frei **verfügen**. Ein zusätzlicher Vertrag der Ehegatten zugunsten des Vermächtnisnehmers, nicht zu verfügen, ist zwar formfrei möglich (jurisPK/Reymann[9] Rn 248; NK-BGB/Gierl[6] Rn 81, 86), aber nur bei Vorliegen eindeutig in diese Richtung weisender Anhaltspunkte anzunehmen (vgl Rudy ErbR 2009, 385 und § 2286 Rn 34).

Hat der überlebende Ehegatte über den Gegenstand verfügt, so kann zugunsten des Vermächtnisnehmers ein Verschaffungsvermächtnis angeordnet bleiben (vgl §§ 2169 f BGB und die Erl hierzu). Das Vermächtnis kann sich auch auf das Surrogat, dh den Erlös beziehen (eine solche Auslegung liegt beim gemeinschaftlichen Testament, bei dem es auf den Willen beider, auch des vorverstorbenen Ehegatten ankommt, näher als bei der einseitigen letztwilligen Verfügung, vgl allgemein zu dieser Frage BGHZ 22, 357 = LM Nr 1 zu § 2169 m Anm Johannsen, aber auch BGHZ 31, 13). **137**

Über die Auslegung des Vermächtnisses hinaus gilt zugunsten des Vermächtnisnehmers bei Beeinträchtigung durch den überlebenden Ehegatten § 2288 BGB entsprechend (allgM, BGHZ 26, 274; jurisPK/Reymann[9] Rn 248; s auch die Erl zu § 2288). **138**

§ 2270
Wechselbezügliche Verfügungen

(1) Haben die Ehegatten in einem gemeinschaftlichen Testament Verfügungen getroffen, von denen anzunehmen ist, dass die Verfügung des einen nicht ohne die Verfügung des anderen getroffen sein würde, so hat die Nichtigkeit oder der Widerruf der einen Verfügung die Unwirksamkeit der anderen zur Folge.

(2) Ein solches Verhältnis der Verfügungen zueinander ist im Zweifel anzunehmen, wenn sich die Ehegatten gegenseitig bedenken oder wenn dem einen Ehegatten von dem anderen eine Zuwendung gemacht und für den Fall des Überlebens des Bedachten eine Verfügung zugunsten einer Person getroffen wird, die mit dem anderen Ehegatten verwandt ist oder ihm sonst nahe steht.

(3) Auf andere Verfügungen als Erbeinsetzungen, Vermächtnisse, Auflagen und die Wahl des anzuwendenden Erbrechts findet Absatz 1 keine Anwendung.

Materialien: E II § 2137 rev § 2244; E III § 2243; Prot V 448 ff; VI 397; JAKOBS/SCHUBERT ER II 1672–1686; HORN 1066 ff.

Schrifttum

BASTY, Bindungswirkung beim Erbvertrag und gemeinschaftlichem Testament, MittBayNot 2000, 73

BAUMANN, Zur Bindungswirkung wechselbezüglicher Verfügungen bei gem § 2069 BGB ermittelten Ersatzerben, zugl Anm zu BayObLG ZEV 1994, 362, ZEV 1994, 351

BENGEL, Zum Begriff „nahestehende Person" in § 2270 Abs 2 BGB, DNotZ 1977, 5

BRAMBRING, Bindung beim Ehegattentestament und -erbvertrag, ZAP 1993, 619

BUCHHOLZ, Einseitige Korrespektivität, Rpfleger 1990, 45

BÜHLER, Zur Wechselbezüglichkeit und Bindung beim gemeinschaftlichen Testament und Erbvertrag, DNotZ 1962, 359

DAMM, Testamentsvollstreckung und weitere letztwillige Verfügungen als wechselbezügliche bzw vertragsmäßige Verfügungen de lege ferenda, BWNotZ 2015, 135

DÖBEREINER, Das Gesetz zum internationalen Erbrecht und zur Änderung von Vorschriften zum Erbschein, NJW 2015, 2449

DOHR, Überwindung der aufgrund gemeinschaftlichen Testaments oder Erbvertrages entstandenen erbrechtlichen Bindungswirkungen, MittRhNotK 1998, 381

ders, Erbrechtliche Gestaltungsmöglichkeiten für die Beschränkung des erbrechtlich zu bindenden überlebenden Ehegatten auf die Einsetzung der gemeinschaftlichen Abkömmlinge (Diss Würzburg 2002)

HÄUSSERMANN, Korrespektivität von Testamenten, BWNotZ 1960, 256

HELMS, Der Widerruf und die Anfechtung wechselbezüglicher Verfügungen bei Geschäfts- und Testierunfähigkeit, DNotZ 2003, 104

HERRMANN, Der Inhalt correspectiver Verfügungen, WürttNotV 1930, 83

HORN, Zehn Optimierungsmöglichkeiten für das Berliner Testament, NJW 2013, 2166

HUBER, Freistellungsklauseln in gemeinschaftlichen Testamenten, Rpfleger 1981, 41

JAKOBS, Gemeinschaftliches Testament und Wechselbezüglichkeit letztwilliger Verfügungen, in: FS Bosch (1976) 447

KEGEL, Zur Bindung an das gemeinschaftliche Testament im deutschen internationalen Privatrecht, in: FS Jahrreiss (1964) 154

KEIM, Anwachsung und Bindungswirkung bei Erbvertrag und gemeinschaftlichem Testament, ZEV 2019, 683

ders, Der Wegfall des vertragsmäßig eingesetzten Erben und seine Auswirkungen auf beeinträchtigende Verfügungen von Todes wegen des Erblassers, ZEV 1999, 413

ders, Das BGH-Urteil vom 16. Januar 2002: eine Erleichterung für den Testamentsgestalter?, ZEV 2002, 437

ders, Anm zu BayObLG v 9. 1. 2004 – 1 ZBR 95/03, ZEV 2004, 245 (keine Anwendung von § 2270 Abs 2 bei Ersatzberufung nur nach § 2069)

KISS, Zur juristischen Konstruktion der korrespektiven Verfügungen im gemeinschaftlichen Testament, ArchBürgR 25, 175

KLEIN, Das gemeinschaftliche Testament: Schreckgespenst Bindung, ErbR 2015, 482

LANGE, Bindung des Erblassers an seine Verfügungen, NJW 1963, 1571

LANGENFELD, Freiheit oder Bindung beim gemeinschaftlichen Testament oder Erbvertrag von Ehegatten, NJW 1987, 1577

J MAYER, Zur Wechselbezüglichkeit bei gemeinschaftlichen Testamenten, ZErb 2007, 38, 81

U MAYER, Auf der Suche nach dem Bindungswillen beim Berliner Testament – Hinweise aus der Praxis, ZEV 2016, 420

Müller, Änderung erlaubt, Auslegungsprobleme rund um den Änderungsvorbehalt im Ehegattentestament, NotBZ 2015, 87
Musielak, Die Aufhebung bindend gewordener Verfügungen im gemeinschaftlichen Testament, in: FS Kegel (1987) 433
Nathan, Gilt für die in einem gemeinschaftlichen Testament enthaltene Beschränkung eines Abkömmlings auf den Pflichtteil die Korrespektivitätsvermutung des § 2270 Abs 2 BGB?, WürttJb 29, 204
Oswalt, Zum Begriff der korrespektiven Verfügungen, DJZ 1904, 735
Pfeiffer, Das gemeinschaftliche Ehegattentestament – Konzept, Bindungsgrund und Bindungswirkungen, FamRZ 1993, 1266
Schmucker, Die Wechselbezüglichkeit von Verfügungen im gemeinschaftlichen Testament in der Rechtsprechung des BayObLG, MittBayNot 2001, 526
Soutier, Verbindliche Rechtswahlen im Erbrecht, ZEV 2015, 515
Tanck, Bindungswirkung bei gemeinschaftlichen Testamenten: wann kann der überlebende Ehegatte neu testieren?, ZEV 2020, 15
Wendt, Auslegungsprobleme beim gemeinschaftlichen Testament, ErbR 2015, 466
ders, Die „nahestehende juristische Person“: Was Erbrechtler und Insolvenzrechtler mit ihr verbindet, ErbR 2017, 700
ders, Wechselbezüglichkeit und juristische Personen als Schlusserben, ErbR 2018, 194
Werneburg, Die gegenseitigen Verfügungen von Todes wegen, DNotZ 1923, 84
Zimmer, Aktuelle Entwicklungen im Bereich wechselbezüglicher Verfügungen beim gemeinschaftlichen Testament, ZEV 2015, 450.

Systematische Übersicht

Alphabetische Übersicht

I. Begriff der wechselbezüglichen Verfügung

1. Zusammenhang der Verfügungen

Als wechselbezüglich (korrespektiv) bezeichnet Abs 1 Verfügungen, die zwei Erblasser von Todes wegen treffen und die so eng miteinander zusammenhängen, **dass die Verfügung des einen Erblassers nicht ohne die des anderen getroffen** worden wäre (vgl dazu früher schon BayLR III cap 4 § 11 Nr 1). 1

Das BGB regelt die rechtliche Bedeutung dieses Zusammenhangs nur für den Fall, dass Ehegatten in einem gemeinschaftlichen Testament oder mehrere Erblasser in einem Erbvertrag wechselbezügliche Verfügungen treffen (§§ 2270, 2298 BGB). Wenn zwei Erblasser getrennt testieren, mögen sie miteinander verheiratet sein oder nicht, so kann § 2270 BGB nicht angewendet werden; vielmehr kommt dann, wenn eine Verfügung nichtig ist oder widerrufen wird und die andere Verfügung nicht unter der Bedingung der Wirksamkeit der ersten getroffen ist, nur die Anfechtung der zweiten Verfügung wegen Irrtums im Beweggrund (§ 2078 Abs 2, § 2281 BGB) in Frage (Mot V 254; KG OLGE 42, 142 Fn 3; jurisPK/Reymann[9] Rn 9; NK-BGB/Müssig[6] Rn 15; Strohal § 43 N 32; Planck/Greiff Anm 5; vgl auch BayObLG FamRZ 2001, 1563; **aA** Leonhard Anm IV). 2

2. Wechselbezüglichkeit der einzelnen Verfügung

Wechselbezüglich **ist immer nur die einzelne Verfügung** zu einer anderen einzelnen Verfügung, **nicht das gemeinschaftliche Testament als solches**. Es ist daher, streng genommen, nicht richtig, von einem wechselbezüglichen Testament zu sprechen. Auch wenn alle in einem gemeinschaftlichen Testament enthaltenen Verfügungen wechselbezüglich sind, so liegen doch zwei letztwillige Verfügungen vor, nicht eine einheitliche Verfügung beider Ehegatten (RGZ 50, 308). 3

Die Frage der Wechselbezüglichkeit muss für jede einzelne Verfügung gesondert geprüft werden (BGHZ 36, 201 = NJW 1962, 736; BayObLGZ 1982, 474, 477; BayObLG FamRZ 1984, 1154; 1986, 604, 606; 1988, 879; KG JFG 17, 45; OLG Hamburg MDR 1955, 168; OLG München JFG 15, 262 = DNotZ 1937, 704; OLG Düsseldorf FamRZ 2008, 307; unabhängig davon, ob der Entscheidung zuzustimmen ist – kritisch Walter, Rpfleger 2008, 34 –, führt das zur Mahnung an den Rechtsgestalter, genau zu definieren, zwischen welchen Verfügungen Wechselbezüglichkeit besteht, Münch FamRZ 2009, 826, 827; OLG München FamRZ 2010, 1846 [1847]; OLG München FamRZ 2017, 1793; OLG Schleswig FamRZ 2016, 1306; OLG Schleswig ZEV 2018, 717 [718]; ferner jurisPK/Reymann[9] Rn 11; NK-BGB/Müssig[6] Rn 18; BeckOGK/Braun [1. 4. 2022] Rn 12; Gockel ErbR 2019, 340 [341]). Dabei kann sich ergeben, dass ein Ehegatte neben wechselbezüglichen Verfügungen auch solche getroffen hat, die von denen des anderen Ehegatten unabhängig sind (vgl RGZ 116, 148). Für solche selbstständigen Verfügungen gilt § 2270 BGB nicht; die Nichtigkeit oder der Widerruf der Verfügungen des anderen Ehegatten kann hier nur uU die Anfechtbarkeit der selbstständigen Verfügung nach § 2078 Abs 2, § 2281 BGB zur Folge haben (vgl Nachweise in Rn 2). 4

Da die Verfügungen eines Ehegatten in dem gemeinschaftlichen Testament (gleichgültig, ob wechselbezüglich oder nicht) in ihrer Wirksamkeit voneinander abhängen können, die Unwirksamkeit der einen Verfügung die der anderen gem § 2085 BGB 5 nach sich ziehen kann, ist es möglich, dass zunächst die Unwirksamkeit der Verfügung eines Ehegatten zur Unwirksamkeit der wechselbezüglichen Verfügungen des anderen Ehegatten nach § 2270 BGB und diese wiederum zur Unwirksamkeit einer einseitigen Verfügung nach § 2085 BGB führt (jurisPK/Reymann[9] Rn 71; Krause NotBZ 2002, 349 [357]).

3. Verfügungen in mehreren Testamenten und im Erbvertrag

6 Es ist möglich, dass nicht nur die Verfügungen in einem einzigen gemeinschaftlichen Testament der Ehegatten wechselbezüglich sind, sondern auch die **Verfügungen in mehreren gemeinschaftlichen Testamenten** (vgl BayObLG FamRZ 1993, 1126 allgemein zu der in mehreren Testamenten niedergelegten Gesamtregelung, im konkreten Fall mit der gegen eine Wechselbezüglichkeit späterer Schlusserbeneinsetzung sprechenden Bestimmung in einem früheren Testament, dass der Überlebende frei verfügen kann; im konkreten Fall wenig überzeugend im gleichen Sinn BGH NJW 1987, 901 = DNotZ 1987, 430 m **abl** Anm Kanzleiter; vgl ferner Keim MittBayNot 2018, 211 [212 f]). Auch wenn die Eheleute in zeitlich (im Fall des BayObLG mehr als zwei Jahre; im Fall des OLG Hamm ErbR 2018, 34 = ZErb 2018, 19 = ZEV 2018, 93: 39 Jahre) auseinander liegenden gemeinschaftlichen Testamenten zunächst nur sich gegenseitig als Erben und dann ohne ausdrückliche Bezugnahme auf das frühere Testament nur die Schlusserben eingesetzt haben und die zweite testamentarische Verfügung mit der Formel bekräftigen: „Dieses ist unser gemeinsamer Wille", so kann die Auslegung genauso ergeben, dass die Schlusserbeinsetzung jedes Ehegatten zur Schlusserbeinsetzung des anderen Ehegatten, aber auch zur Erbeinsetzung dieses Ehegatten durch den anderen Ehegatten im früheren Testament wechselbezüglich ist (s BayObLG FamRZ 1999, 1538 = NJW-RR 1999, 878 = MittRhNotK 1999, 56).

7 Es muss aber in jedem Fall **erkennbar** werden, dass die Ehegatten nicht nur frühere Verfügungen ergänzen, sondern zwischen den früheren und den späteren ein **Abhängigkeitsverhältnis** schaffen wollten. Das ist zunächst durch Auslegung zu ermitteln (OLG Schleswig FamRZ 2016, 1306 [1308]; OLG Schleswig ZEV 2018, 717 [720]; OLG München ErbR 2009, 259 [262]). Anders als das OLG Schleswig (ZEV 2018, 717 [720]) meint, reichen dafür aber Bezugnahmen wie im dortigen Fall erkenntlich („Nachtrag" und „Nach dem Ableben des zuletzt verstorbenen Ehegatten geht das Vermögen ..."). Das OLG meint, „der Wille der Eheleute zur Zusammenfassung des späteren mit dem früheren Testaments im Sinne einer sachlichen Ergänzung [...]" reiche nicht, um Wechselbezüglichkeit anzunehmen. Es mag sein, dass allein daraus eine Wechselbezüglichkeit nicht positiv festgestellt werden kann, aber für diesen Fall ist § 2270 Abs 2 BGB da, wenn dessen Anwendungsvoraussetzungen vorliegen. Man mag § 2270 Abs 2 BGB für rechtspolitisch verfehlt halten; für die Abschaffung der Zweifelsregel ist aber der Gesetzgeber zuständig, nicht das Gericht.

8 Auch die Verfügungen in einem **Ehegatten-Erbvertrag und einem gemeinschaftlichen Testament** können untereinander im Verhältnis der Wechselbezüglichkeit stehen (BayObLGZ 1987, 23 = FamRZ 1987, 638; vgl § 2292 BGB), wenn ein solcher Bezug erkennbar ist (OLG München ErbR 2009, 259 [262]). Auch für solche Verfügungen gilt die Auslegungsregel des § 2270 Abs 2 BGB. Haben sich Eheleute in einem Erbvertrag gegenseitig zu Erben eingesetzt und in einem ihn ergänzenden gemeinschaftlichen Testament ihren Enkel zum Schlusserben bestimmt, so sind diese Verfügungen deshalb im Zweifel wechselbezüglich (BayObLGZ 1956, 205).

4. Zusammenhang des Motivs

Die Definition **der Wechselbezüglichkeit** hat die II. Kommission darin gefunden, dass jede Verfügung mit Rücksicht auf die andere getroffen sei und nach dem Willen der Erblasser mit ihr stehe und falle; es bestehe also der Zusammenhang des Motivs, nicht aber eine wechselseitige Bedingtheit der Anordnungen oder das Verhältnis von Leistung und Gegenleistung wie bei gegenseitigen Verträgen (Prot V 450 = Horn Rn 4; RGZ 116, 148; RG Recht 1915 Nr 572; KG NJW 1972, 2134; Strohal § 43 N 28a; Dernburg V § 92 Nr II; Goldmann 84; Planck/Greiff Anm 2; jurisPK/Reymann[9] Rn 2). 9

Der Begriff der Wechselbezüglichkeit **erfordert nicht**, dass die Ehegatten sich **gegenseitig** zu Erben einsetzen oder sich auch nur gegenseitig **bedenken** (BayObLGZ 19, A 143 = BayZ 1919, 144). Es ist auch nicht nötig, dass die gegenseitige Abhängigkeit der Verfügungen voneinander in dem Testament ausdrücklich festgelegt wird. Wechselbezügliche Verfügungen können auch in einer (sprachlich betrachtet) einzigen, freilich von beiden Ehegatten getroffenen Verfügung gefunden werden, insbesondere in einer Verfügung zugunsten des nämlichen Dritten, der beiden Ehegatten nahesteht (RGZ 88, 330; RG WarnR 1920 Nr 18; s OLG Hamm FamRZ 2001, 1647). 10

Gleichlautende Verfügungen, mögen sie gegenseitige Zuwendungen der Erblasser enthalten oder zugunsten desselben Dritten getroffen sein, werden häufig auch wechselbezüglich sein (vgl OLG Hamm FamRZ 1994, 1210). 11

Wichtig ist, dass die Wechselbezüglichkeit (als tatsächliche Voraussetzung) nur an die Tatsache anknüpft, dass die eine Verfügung ohne die (rein tatsächliche) Errichtung der gegenläufigen Verfügung nicht getroffen worden wäre. Ob die gegenläufige Verfügung wirksam oder (wegen Formnichtigkeit, Testierunfähigkeit oder aus anderen Gründen) unwirksam ist, ist für die Wechselbezüglichkeit selbst ohne Bedeutung und bedeutsam erst für die Frage, welche Rechtsfolgen die Unwirksamkeit der einen Bestimmung für die wechselbezügliche andere Bestimmung hat. 12

5. Einseitige Wechselbezüglichkeit

Die §§ 2270, 2271 BGB gehen an sich davon aus, dass die Abhängigkeit der beiderseitigen Verfügungen eine gegenseitige ist, dass also die Verfügung des Ehemannes nicht ohne die der Ehefrau und die der Ehefrau nicht ohne die des Ehemannes getroffen worden wäre. Es ist aber auch möglich, dass nur die Verfügung des einen Ehegatten von der des anderen abhängig ist, nicht umgekehrt (vgl auch unten Rn 26). Man spricht hier von einseitiger Wechselbezüglichkeit (Kipp/Coing § 35 N 3 bezeichnen diesen Ausdruck als wenig glücklich, er hat sich aber eingebürgert; besser wäre es, von einseitiger Abhängigkeit zu sprechen, so J Mayer/Sammet, in: Reimann/Bengel/Dietz[7] Rn 17). In solchen Fällen sind die §§ 2270, 2271 BGB entsprechend anzuwenden (mittlerweile anerkannt, KG JFG 10, 67 = HRR 1933 Nr 1324; DFG 1938, 37; jurisPK/Reymann[9] Rn 15; BeckOGK/Braun [1. 4. 2022] Rn 16 ff; BGB-RGRK/Johannsen Rn 3; **aA** noch KG KGJ 42, 122; Strohal § 43 N 28; § 43a N 9). 13

6. Entscheidung der Ehegatten über Wechselbezüglichkeit und Einschränkungen

Die Ehegatten, die ein gemeinschaftliches Testament errichten, können frei bestimmen, ob und inwieweit ihre letztwilligen Anordnungen wechselbezüglich sein sollen 14

(BGHZ 2, 35 = NJW 1951, 959; BGHZ 30, 265; BGH NJW 1964, 2056). Freilich ist der Zusammenhang, der nach § 2270 BGB die Wechselbezüglichkeit begründet, streng genommen eine Tatsache, über die aber auch der Wille der Beteiligten, und zwar nicht deren rechtlicher Wille, sondern deren tatsächlicher Wille, entscheidet.

15 Darüber hinaus steht es den Ehegatten grundsätzlich frei, die **Wirkungen**, die das Gesetz an die Wechselbezüglichkeit knüpft, **auszuschließen** oder zu **beschränken**. Ob ein solcher, § 2270 Abs 1 BGB einschränkender Wille der Ehegatten besteht, ist durch Auslegung nach den allgemeinen Grundsätzen zu ermitteln. § 2270 Abs 1 BGB enthält also selbst wieder eine Auslegungsregel, wenn aufgrund Auslegung (oder der Auslegungsregel des § 2270 Abs 2 BGB) ermittelt wurde, dass eine Verfügung wechselbezüglich zu einer anderen ist.

a) Ursprüngliche Unwirksamkeit einer wechselbezüglichen Verfügung

16 Bei dieser Feststellung eines den § 2270 Abs 1 BGB einschränkenden Willens sind die zur Umdeutung unwirksamer gemeinschaftlicher Testamente (§ 2265 Rn 13 ff) dargelegten Gesichtspunkte zu berücksichtigen. Da die dortigen Ausführungen auf allgemeiner Lebenserfahrung beruhen, gehen sie der Auslegungsregel des § 2270 Abs 1 BGB vor. Für die ursprüngliche, von den Ehegatten nicht erkannte Unwirksamkeit einer wechselbezüglichen Verfügung ist § 2270 Abs 1 BGB nach den Darlegungen in § 2265 Rn 13 ff also verfehlt und durch eine regelmäßig entgegenstehende Auslegung einzuschränken (vgl dazu auch Kanzleiter DNotZ 1973, 133, 145 ff, 148; ders ZEV 1996, 306; Battes § 23 II c).

17 Regelmäßig wird die Wechselbezüglichkeit nicht das Abhängigmachen von einer rechtlich wirksamen gegenläufigen Verfügung, sondern nur von dem **Vertrauen** des Ehegatten bedeuten, das in einer als wirksam angesehenen gegenläufigen Verfügung seinen Ausdruck gefunden hat. Ist die gegenläufige Verfügung des überlebenden Ehegatten durch das Vorversterben des anderen sowieso gegenstandslos geworden (so vor allem bei gegenseitiger Erbeinsetzung), so ist die Verfügung des Erstverstorbenen zugunsten des Überlebenden aufgrund Auslegung unter den gleichen Voraussetzungen als wirksam anzusehen, unter denen die Aufrechterhaltung bei unwirksamen gemeinschaftlichen Testamenten nach § 2265 Rn 13 ff möglich ist. Bleibt die (unwirksame) Verfügung des Überlebenden für sein Ableben bedeutsam, so gelten für die Auslegung ebenfalls die für die Umdeutung dargelegten Gesichtspunkte (§ 2265 Rn 13 ff). Unter den dort dargelegten Voraussetzungen bleibt auch dann die Verfügung des Erstverstorbenen zugunsten des Überlebenden (uU unter Beifügung einer Bedingung) wirksam.

b) Spätere Unwirksamkeit einer wechselbezüglichen Verfügung

18 Regelmäßig führt § 2270 Abs 1 BGB dagegen in allen Fällen späterer Unwirksamkeit, insbesondere des Widerrufs einer wechselbezüglichen Verfügung, zur Unwirksamkeit der zu ihr korrespektiven Verfügungen. Auch hier steht es den Ehegatten aber frei, Einschränkungen anzuordnen. Zu den Einzelheiten und Fragen der Auslegung s ergänzend § 2271 Rn 95 ff.

19 **aa)** Es kann sein, dass die Ehegatten, obwohl sie gewisse Verfügungen nur mit Rücksicht auf die des anderen Teils getroffen hatten, doch nicht wünschten, dass diese Verfügungen auch in ihrem weiteren rechtlichen Schicksal voneinander abhängig

sein sollten, dass sie also die rechtlichen Wirkungen der an sich gegebenen Wechselbezüglichkeit schlechthin ausschließen wollten (vgl Planck/Greiff § 2271 Anm IV 3 a). Dieser Wille der Ehegatten kann uU auch schon daraus gefolgert werden, dass sie den Überlebenden von ihnen ermächtigen, seine Verfügungen nach Belieben zu ändern oder aufzuheben oder über seinen Nachlass frei zu verfügen (RGZ 79, 34; RG LZ 1920, 705; BGH FamRZ 1956, 83; BayObLGZ 1987, 23 = FamRZ 1987, 638; ähnlich BayObLG FamRZ 1993, 1126; OLG Zweibrücken MittBayNot 2004, 196; Planck/Greiff Anm 2). Dann ist § 2270 Abs 1 BGB unanwendbar; der Widerruf der wechselbezüglichen Verfügungen des einen Ehegatten hat also nicht zur Folge, dass auch die entsprechenden Verfügungen des anderen unwirksam werden. In einem solchen Fall ist auch das allgemeine Anfechtungsrecht (§§ 2078 ff BGB) nicht nach dem entsprechend anwendbaren § 2285 BGB beschränkt (BGH FamRZ 1956, 83).

bb) Es ist aber auch möglich, dass die Ehegatten durch die Ermächtigung des Überlebenden zum Widerruf seiner Verfügung nur die gesetzliche Bindung an seine wechselbezüglichen Verfügungen nach dem Tode des erstversterbenden Ehegatten (§ 2271 Abs 2 S 1 BGB) ausschließen wollten. Dann verbleibt es dabei, dass der Widerruf zu Lebzeiten des anderen Ehegatten nach § 2270 Abs 1 BGB die Unwirksamkeit der wechselbezüglichen Verfügungen des anderen Ehegatten zur Folge hat (BGH LM Nr 3 zu § 2270 BGB = FamRZ 1964, 501 unter Abgrenzung von BGH FamRZ 1956, 83; in diesem Sinne OLG Stuttgart DNotZ 1986, 553 = NJW-RR 1986, 632 = MDR 1986, 674). Im Zweifel wird diese Auslegung vor der unter Rn 19 dargelegten den Vorzug verdienen, weil auch bei Freistellung des überlebenden Ehegatten nach dem Tod des Erstversterbenden ein legitimes Interesse jedes Ehegatten besteht, dass zu beider Lebzeiten ein Widerruf nur in der Form des § 2271 Abs 1 BGB erfolgt (BGB-RGRK/Johannsen Rn 8) und zur Unwirksamkeit der wechselbezüglichen Verfügungen des anderen Ehegatten führt. 20

cc) Die Ehegatten können dem Überlebenden auch das Recht zum Widerruf einräumen, ohne die Wirkungen der Wechselbezüglichkeit im Übrigen einzuschränken. Dann führt der Widerruf des überlebenden Ehegatten nach § 2270 Abs 1 BGB zur Unwirksamkeit der wechselbezüglichen Verfügungen des anderen Ehegatten. 21

dd) Nicht selten wird dem überlebenden Ehegatten – unter Aufrechterhaltung der Wechselbezüglichkeit seiner Schlusserbenbestimmung – das Recht eingeräumt, über das Vermögen, das er nach dem Tode des Erstversterbenden hinzuerwirbt oder über das „von ihm stammende Vermögen“ (s zu einem solchen Fall BGH WM 1973, 205) durch Vermächtnisanordnung frei zu verfügen. Im ersten Fall kann er Vermächtnisse bis zum Gesamtwert seines Mehrerwerbs nach dem Tod des erstversterbenden Ehegatten, im zweiten bis zum Gesamtwert seines Vermögens (unter Ausschluss des vom erstverstorbenen Ehegatten ererbten) anordnen, wobei jedoch im ersten Fall keine beim Tode des Erstverstorbenen vorhandenen, im zweiten Falle keine diesem (ganz oder teilweise) gehörenden Gegenstände zugewendet werden dürfen (bei Verstoß gegen letzteren Grundsatz – Folge: § 2271 Abs 2 S 1 BGB – ist Umdeutung in ein Geldvermächtnis zu prüfen). 22

ee) Die Ehegatten können auch die gegenseitige Abhängigkeit der wechselbezüglichen Verfügungen nur für bestimmte Fälle ausschließen, zB für den Fall der Wiederverheiratung des überlebenden Ehegatten (KG OLG 37, 262; JFG 15, 325 = JW 1937, 2520). 23

24 Die vorstehend dargelegten Einschränkungen sind nur Beispiele. Die Ehegatten sind in der Wahl ihrer Regelungen vollständig frei. Sie können zB den überlebenden Ehegatten hinsichtlich eines Bruchteils seines Vermögens oder hinsichtlich eines bestimmten Betrages von der Bindung freistellen, sie können beiden Ehegatten zu ihrer beider Lebzeiten die einseitige Anordnung von Vermächtnissen in bestimmter Höhe gestatten usw. Zu bedenken ist schließlich bei der Auslegung solcher Regelungen, dass die Freistellung auch nur Verfügungen unter Lebenden betreffen kann, während der überlebende Ehegatte von Todes wegen gebunden sein soll; in diesem Sinne ist eine Bestimmung, dass der betroffene Ehegatte „in der Verfügung über den Nachlass des Erstversterbenden nicht beschränkt ist", mangels anderer Anhaltspunkte auszulegen (BayObLG FamRZ 1985, 209; Auslegung in dieser Richtung auch durch OLG Schleswig ErbR 2014, 444; vgl auch § 2271 Rn 99).

7. Aufhebung der Wechselbezüglichkeit durch spätere Verfügung von Todes wegen

25 Die Ehegatten können die gegenseitige Abhängigkeit ihrer wechselbezüglichen Verfügungen durch ein neues gemeinschaftliches Testament (oder einen Erbvertrag oder auch durch zwei einseitige Testamente) wieder aufheben.

26 Es kann aber auch ein Ehegatte allein die Abhängigkeit seiner wechselbezüglichen Verfügungen von denen des anderen Ehegatten aufheben. Hierfür stehen ihm zwei Wege offen:

a) Er kann seine letztwilligen Anordnungen in einem neuen einseitigen Testament wiederholen mit der Folge, dass ihre Geltung nun nicht mehr von der Wirksamkeit der wechselbezüglichen Verfügungen des anderen Ehegatten abhängt (KG JFG 17, 44 = JW 1938, 680; vgl auch KG JFG 18, 332 = DNotZ 1939, 132; JFG 20, 143). Die Aufhebung der Wechselbezüglichkeit kann wie stets durch Auslegung aus dem neuen Testament ermittelt werden (vgl BayObLGZ 1966, 242 = DNotZ 1967, 436 = Rpfleger 1966, 330 m zust Anm Haegele: Einsetzung des anderen Ehegatten zum „Universalerben" als Befreiung von der Bindung an ein früheres gemeinschaftliches Testament).

b) Er kann auch in einem einseitigen Testament lediglich bestimmen, dass seine früheren Verfügungen nunmehr ohne Rücksicht auf die des anderen Ehegatten gelten sollen. Wenn eine solche Erklärung als Verzicht auf die Bindung des anderen Ehegatten bezeichnet wird (vgl KG JFG 17, 44), so ist das nicht unbedenklich, weil beim gemeinschaftlichen Testament der eigentümlichen erbrechtlichen Bindung an wechselbezügliche Verfügungen kein subjektives Recht der Ehegatten auf Aufrechterhaltung der Verfügungen entspricht und weil der Verzicht seinem Wesen nach eine empfangsbedürftige Willenserklärung erfordert.

27 In beiden Fällen bleibt der Ehegatte, der die gegenseitige Abhängigkeit der wechselbezüglichen Verfügungen (teilweise) aufhebt, im Rahmen der §§ 2270, 2271 BGB an seine wechselbezüglichen Verfügungen gebunden; nur der andere Ehegatte wird frei. Da er also durch die Änderung bessergestellt wird, steht § 2271 BGB der (teilweisen) Beseitigung der Bindung nicht entgegen.

8. Wechselbezüglichkeit nur bei Erbeinsetzungen, Vermächtnissen, Auflagen und Wahl des anzuwendenden Erbrechts

An sich könnten letztwillige Anordnungen aller Art wechselbezüglich sein. Der Gesetzgeber beschränkt aber in § 2270 Abs 3 BGB die Geltung der Vorschriften für wechselbezügliche Verfügungen (§§ 2270, 2271 BGB) ausdrücklich auf Erbeinsetzungen, Vermächtnisse, Auflagen (Prot VI 397 = Horn Rn 24) und die Wahl des anzuwendenden Erbrechts (s Art 22, 24, 25 Abs 3 EuErbVO, seit dem Gesetz zum Internationalen Erbrecht und zur Änderung von Vorschriften zum Erbschein etc vom 29. 6. 2015, BGBl I 1042) für Erbfälle seit dem 17. 8. 2015 (allerdings kann auch eine früher getroffene Rechtswahl wechselbezüglich sein, das ist durch Auslegung zu ermitteln). 28

Eine **Bindung** tritt erst **nach dem Tod des anderen Ehegatten** ein (vorher gilt selbstverständlich § 2271 BGB, Soutier ZEV 2015, 515, 520). Alle anderen Anordnungen (wie etwa die **Enterbung** eines Abkömmlings; BayObLG FamRZ 1993, 240 = DNotZ 1993, 450) können daher nicht wechselbezüglich iSv §§ 2270, 2271 BGB sein (ganz hM; BeckOGK/Braun [1. 4. 2022] Rn 11 mwN; **aA** für die Teilungsanordnung BeckOK/Litzenburger [1. 2. 2022] Rn 4; weitergehend Wolf, in: FS Musielak [2004] 693). 29

a) Dies gilt vor allem für die Anordnung der **Testamentsvollstreckung** oder einer **Teilungsanordnung**, die selbst dann nicht wechselbezüglich, sondern frei widerruflich sind, wenn sie wechselbezüglich gewollt waren (BayObLG FamRZ 1988, 660 f zur Teilungsanordnung; BeckOGK/Braun [1. 4. 2022] Rn 11; **aA** für die Teilungsanordnung BeckOK/Litzenburger [1. 2. 2022] Rn 4; weitergehend Wolf, in: FS Musielak [2004] 693; de lege ferenda Damm BWNotZ 2015, 135). Hat ein Ehegatte Testamentsvollstreckung angeordnet, so kann er diese Anordnung grundsätzlich einseitig aufheben, aber auch ändern, zB einen anderen Testamentsvollstrecker bestimmen, da auch darin grundsätzlich keine unzulässige Beschwerung des eingesetzten Erben liegt (KG MDR 1977, 757; LG Stade DNotZ 1960, 431 = MDR 1960, 142; zur Testamentsvollstreckung s auch KG KGJ 48, 99; OLG Darmstadt DNotZ 1936, 380; klarzustellen ist, dass umgekehrt eine einseitige Anordnung der Testamentsvollstreckung nicht möglich ist, weil sie den wechselbezüglich eingesetzten Erben beeinträchtigt, vgl § 2271 Rn 31, 57). Die Problematik – vor allem zu **nachträglichen Änderungen bei der Testamentsvollstreckung** – entspricht der beim Erbvertrag, s deshalb § 2289 Rn 12 ff. Die gemeinsame Anordnung der Feuerbestattung kann selbstverständlich ebenfalls nicht wechselbezüglich sein (Meene Recht 1916, 42). 30

Da eine Teilungsanordnung weder wechselbezüglich sein noch erbvertragsmäßig vereinbart werden kann (§ 2278 Abs 2 BGB), besteht eine Tendenz der Rspr vor allem zum Erbvertrag, im Zweifel anstelle einer Teilungsanordnung ein (Voraus-)Vermächtnis anzunehmen (vgl § 2278 Rn 35; Lange NJW 1963, 1571, 1577; die – sicherlich nicht einfache – Abgrenzung zwischen Vorausvermächtnissen und Teilungsanordnungen ist ein Argument von Wolf und Litzenburger dafür, die Teilungsanordnung könne wechselbezüglich verfügt werden, BeckOK/Litzenburger [1. 2. 2022] Rn 4; Wolf, in: FS Musielak [2004] 693). 31

Auch zwischen Verfügungen, die nach § 2270 Abs 3 BGB nicht wechselbezüglich sein können, kann aber durch die **Beifügung von Bedingungen** eine Abhängigkeit hergestellt werden (vgl dazu Bühler DNotZ 1962, 359 ff und vor allem Lange NJW 1963, 1571; so etwa bei der Anordnung von Testamentsvollstreckung oder der Ernennung einer bestimmten Person 32 zum Testamentsvollstrecker). Schließlich kann die **Anfechtung** einer solchen Verfügung nach § 2078 BGB in Frage kommen, wenn eine andere Verfügung unwirksam ist, von der sie abhängig sein sollte (jurisPK/Reymann[9] Rn 9 und NK-BGB/Müssig[6] Rn 15 jeweils mwN).

33 **b)** Der beiderseitige **Verzicht** von Ehegatten in einem (notariell beurkundeten) gemeinschaftlichen Testament **auf Erb- und Pflichtteilsansprüche** ist nicht wechselbezüglich (BGHZ 30, 261, 265; richtigerweise braucht dazu nicht § 2270 Abs 3 BGB herangezogen zu werden, dies ergibt sich vielmehr schon daraus, dass die gegenseitigen Erbverzichte keine Verfügungen von Todes wegen sind). Wenn die Ehegatten gleichzeitig im gemeinschaftlichen Testament jeweils die gemeinsamen Kinder zu Erben einsetzen, kann ein solcher gegenseitiger Verzicht der Ehegatten aber als Anhaltspunkt für eine gewollte Wechselbezüglichkeit dieser Verfügungen zu werten sein (OLG Hamm FamRZ 2001, 581 = DNotZ 2001, 395 = MittBayNot 2001, 75 = Rpfleger 2001, 71 = FGPrax 2002, 33).

II. Auslegung im Allgemeinen

1. Frage der Wechselbezüglichkeit auf tatsächlichem Gebiet

34 Ob zwischen Verfügungen von Ehegatten in einem gemeinschaftlichen Testament der in § 2270 Abs 1 BGB umrissene Zusammenhang besteht, ist nach den **allgemeinen Regeln und Auslegungsgrundsätzen** (§§ 133, 2084, 157 BGB) zu entscheiden (BGH LM Nr 2 zu § 2270 BGB; BayObLG FamRZ 1985, 1288 = Rpfleger 1985, 445; BayObLG FamRZ 1984, 1154, 1155). Dabei ist vor allem zu erforschen, ob die Verfügungen nach dem übereinstimmenden Willen der Erblasser voneinander abhängig sein sollten (RGZ 170, 163 [172]; OLG Hamm FamRZ 2002, 201 = Rpfleger 2001, 595; FamRZ 2001, 1647, 1648; NK-BGB/Müssig[6] Rn 18; zu den Fällen des § 2269 s auch § 2269 Rn 53 ff).

35 Hierfür können auch **Umstände** herangezogen werden, die **außerhalb des Testaments** liegen, wie frühere oder spätere Äußerungen der Erblasser oder ihre Vermögensverhältnisse (RGZ 116, 148 = JW 1927, 1205; BayObLG FamRZ 1995, 251, 252; OLG München FamRZ 2017, 1793 = ZEV 2017, 409 [410]; für sich genommen wenig aussagekräftige Anhaltspunkte für die Wechselbezüglichkeit sind der Grad der Verwandtschaft, die wortgleiche Niederschrift auf einem Doppelbogen und das **Alter** der Ehegatten, BayObLG FamRZ 1995, 251, 253; KG KGJ 42, 119; OLG Dresden LZ 1917, 1281; Planck/Greiff Anm 4; dem Alter mag man allenfalls die Bedeutung zumessen, dass der Erfahrung nach mit zunehmendem Alter sich die tatsächlichen Verhältnisse verstetigen und dies bisweilen für einen Bindungswillen sprechen kann, s U Mayer ZEV 2016, 420 [421]).

36 Die Frage der Wechselbezüglichkeit liegt (im Wesentlichen) **auf tatsächlichem Gebiet** (RG Recht 1915 Nr 571; KG NJW 1963, 766, 767); daher kann die Feststellung der Wechselbezüglichkeit, wenn sie nicht auf einer irrigen Auffassung über die Definition der Wechselbezüglichkeit beruht, nicht mit der weiteren Beschwerde angefochten werden (wenn nicht gegen Denkgesetze, Erfahrungsgrundsätze oder Verfahrensvorschriften verstoßen wurde, BGHZ 121, 357, 363; BayObLG FamRZ 2002, 269; OLG Rostock JFG 3, 163; OLG München FamRZ 2007, 2111). Die Wechselbezüglichkeit ist für jede Verfügung gesondert festzustellen (Rn 3 ff).

37 Wenn die Voraussetzungen des § 2270 Abs 2 BGB nicht vorliegen, besteht nicht etwa eine Vermutung gegen die Wechselbezüglichkeit der Verfügungen, vielmehr ist dann nach freiem richterlichen Ermessen unter **Berücksichtigung aller Umstände des Einzelfalls** über die Frage der Wechselbezüglichkeit zu entscheiden (BayObLGZ 21, A 90, 93), wobei jedoch nach allgemeinen Grundsätzen bei Zweifeln davon auszugehen ist, dass keine Wechselbezüglichkeit besteht (BayObLG FamRZ 1991, 1232). Es besteht nicht etwa ein allgemeiner Lebenserfahrungssatz, dass Eheleute ihre in einem gemeinschaftlichen Testament erklärten letztwilligen Verfügungen in der Regel als insgesamt wechselbezüglich bindend ansehen (BayObLG FamRZ 2001, 1734), erst recht dann nicht, wenn für die beiden Nachlässe der Eheleute eine unterschiedliche Regelung getroffen wird.

38 Ob die gegenseitige Abhängigkeit der Verfügungen dem Willen der Erblasser entsprach, kann uU auch durch **ergänzende Auslegung** des Testaments geklärt werden (KG DR 1941, 2448; OLG München HRR 1942 Nr 839; OLG München DNotZ 1944, 11; BGH 14. 12. 1961 – V ZB 20/61, zitiert nach KG; KG NJW 1963, 766, 768 = JR 1963, 100; BayObLG FamRZ 1995, 251 = ZEV 1994, 362). Die Wechselbezüglichkeit kann zu verneinen sein, wenn nach der Errichtung des Testaments unvorhergesehene Umstände eingetreten sind und die Erblasser, falls sie diese Umstände bei der Errichtung vorausschauend bedacht hätten, die Wechselbezüglichkeit für diesen Fall ausgeschlossen hätten (BayObLG FamRZ 2004, 1233, 1234 = ZEV 2004, 282; OLG München HRR 1942 Nr 839; DNotZ 1944, 11; OLG Kiel HEZ 2, 332). Ein nach dem Tod des Ehegatten eingetretener Sinneswandel hat außer Betracht zu bleiben (BayObLG FamRZ 1994, 191, 193 = DNotZ 1994, 791; FamRZ 1995, 251, 253), weil es auch für die Wechselbezüglichkeit auf den gemeinschaftlichen Willen bei Errichtung des Testaments ankommt (s Vorbem 65 zu §§ 2265 ff).

2. Wechselbezüglichkeit trotz Nichtvorliegen der Voraussetzungen des Abs 2

39 Wechselbezüglichkeit kann nicht nur dann vorliegen, wenn jeder Ehegatte den anderen oder dessen Verwandte oder Freunde bedenkt (§ 2270 Abs 2 BGB; vgl BayObLG FamRZ 2004, 142; KG OLGE 44, 100, 102; Brütt 387). Liegt keiner der Fälle des § 2270 Abs 2 BGB vor, so besteht (wie in Rn 37 dargelegt) nicht etwa eine Vermutung gegen die Wechselbezüglichkeit, hierüber ist dann vielmehr nach freiem richterlichen Ermessen zu entscheiden (BayObLGZ 21, A 90, 93). Verfügungen können sogar dann wechselbezüglich sein, wenn jeder Ehegatte seine Verwandten bedenkt; denn diese Regelung mag dem anderen Ehegatten erwünscht und immerhin willkommener sein als die Zuwendung des Vermögens an einen Fremden (s aber RG JW 1909, 52; s zur Wechselbezüglichkeit der Einsetzung eigener Verwandter bei Verständigung der Ehegatten RG SchlHAnz 1920, 33; OLG Dresden JFG 2, 162). Gleichheit des Zweckes oder Beweggrundes der Verfügungen kann für ihre Wechselbezüglichkeit sprechen, ist aber weder erforderlich noch genügend (RG JW 1909, 52; RG Recht 1921 Nr 1633).

40 Ausnahmsweise trifft, auch wenn die Voraussetzungen des § 2270 Abs 2 BGB nicht vorliegen, die **materielle Feststellungslast** trotzdem diejenigen, die aus der fehlenden Wechselbezüglichkeit Rechte herleiten, wenn deutliche Anhaltspunkte für die Wechselbezüglichkeit bestehen und letzte Zweifel nicht ausgeräumt werden können, weil der überlebende Ehegatte das Testament widerrechtlich vernichtet hat (OLG Hamm ZEV 1996, 272).

3. Gegenstandslosigkeit wegen Vorablebens

41 Wenn die beiderseitigen Verfügungen der Eheleute zugunsten Dritter wechselbezüglich sind, so ändert sich daran nichts dadurch, dass die Verfügungen des einen Ehegatten durch sein Vorversterben gegenstandslos werden (BayObLGZ 19, A 143 = BayZ 1919, 144).

4. Einzelfälle

42 Setzen kinderlose Ehegatten in einem gemeinschaftlichen Testament einander zu Alleinerben ein und bestimmen sie, dass nach dem Tod des Überlebenden der beiderseitige Nachlass an dessen gesetzliche Erben fallen soll, so ist die Schlusserbeneinsetzung regelmäßig nicht wechselbezüglich zur gegenseitigen Erbeinsetzung der Ehegatten (OLG Frankfurt FamRZ 1997, 1572 = Rpfleger 1997, 528), nach der Lebenserfahrung ist ferner regelmäßig nicht wechselbezüglich die Schlusserbeinsetzung gemeinsamer Bekannter (OLG München FamRZ 2007, 2111; für weitere Einzelfälle s auch Rn 8, Rn 10, Rn 11, Rn 33; Kasuistik auch bei jurisPK/Reymann[9] Rn 27 ff). Umgekehrt kann die Lebenserfahrung dafür sprechen, dass die gegenseitige Alleinerbeinsetzung kinderloser Eheleute und die Einsetzung von Verwandten beider Ehegatten zu Schlusserben wechselbezüglich sind (OLG Düsseldorf ErbR 2022, 803).

III. Die Auslegungsregel des § 2270 Abs 2

1. Allgemeines zu § 2270 Abs 2 als Auslegungsregel

43 Nach § 2270 Abs 2 BGB ist Wechselbezüglichkeit der Verfügungen im Zweifel anzunehmen, wenn sich die Ehegatten gegenseitig bedenken (also zu Erben einsetzen oder ein Vermächtnis zuwenden) oder wenn dem einen Ehegatten (A) von dem anderen (B) eine Zuwendung gemacht und auf den Fall des Überlebens des Bedachten (A) (von diesem!) eine Verfügung zugunsten einer Person getroffen wird, die mit dem anderen Ehegatten (B) verwandt ist oder ihm sonst nahesteht. Im Falle des § 2270 Abs 2, 2. Fall BGB kann die Verfügung „für den Fall des Überlebens des Bedachten" nur von diesem selbst getroffen sein, da sie sonst nicht wechselbezüglich mit Verfügungen des anderen Ehegatten sein könnte (Planck/Greiff Anm 4; unzutreffend daher D 297 = Horn § 2265 Rn 43; vgl weiter RG JW 1909, 52).

44 Die Bestimmung des § 2270 Abs 2 BGB hat ihr Vorbild in § 493 II 1 des ALR, nicht in einer Norm des gemeinen Rechts. Sie ist als **Auslegungsregel**, nicht als gesetzliche Vermutung anzusehen (BayObLGZ 1964, 94; Löwenwald 31 f; Grüneberg/Weidlich Rn 7; jurisPK-BGB/Reymann[9] Rn 37; BeckOK/Litzenburger [1. 2. 2022] Rn 16; BGB-RGRK/Johannsen Rn 6; **aA** MünchKomm/Musielak[9] Rn 9 – gegen Musielak BeckOGK/Braun [1. 4. 2022] Rn 35; D 297 = Horn § 2265 Rn 43; s die Nachw zu beiden Auffassungen, die nicht zu unterschiedlichen Ergebnissen führen, bei NK-BGB/Müssig[6] Rn 22). Doch ist die Unterscheidung ohne praktische Bedeutung, da der Begriff der Auslegungsregel und der der Rechtsvermutung sich decken, soweit es sich um den Sinn einer Willenserklärung handelt (Planck/Greiff Anm 1, 4; MünchKomm/Musielak[9] Rn 9).

45 Die Regel greift nur „**im Zweifel**" Platz, also nur dann, wenn die Auslegung durch Willenserforschung weder die gegenseitige Abhängigkeit noch die gegenseitige Unabhängigkeit der beiderseitigen Verfügungen ergibt (RG DNotZ 1940, 152 = DR 1940, 723 m Anm VOGELS; RGZ 116, 148 = JW 1927, 1205; KG JFG 14, 285; NJW 1963, 766, 767; OLG München HRR 1942 Nr 839; BayObLG FamRZ 1988, 879; OLG Köln FamRZ 1993, 1371 = NJW-RR 1994, 397; OLG Saarbrücken FamRZ 1990, 1285; OLG Hamm FamRZ 2007, 678; OLG Koblenz FamRZ 2007, 1917; OLG München FamRZ 2008, 728; OLG Schleswig FamRZ 2012, 402 [besonderes Näheverhältnis eines Ersatzerben zum erstverstorbenen Ehegatten]). Man kann das auch – weniger genau – so ausdrücken, dass die Auslegungsregel widerlegbar sei (KG OLGE 21, 339; 37, 262; KGJ 42, A 119; OLG Freiburg DRZ 1948, 197).

Nicht nur die erläuternde Auslegung, sondern auch die **ergänzende Testamentsauslegung geht der Auslegungsregel vor**. Auf die Auslegungsregel darf also erst zurückgegriffen werden, wenn keine von beiden zu einem eindeutigen Ergebnis führen (besonders deutlich: jurisPK/REYMANN[9] Rn 38; allgM). 46

Im **Erbscheinsverfahren** (etwa bei Prüfung eines späteren Testaments, das im Widerspruch zu einer möglicherweise wechselbezüglichen Verfügung steht), hat das Nachlassgericht selbst diese Würdigung vorzunehmen (BayObLG FamRZ 1974, 393, 395). 47

Für die Auslegung gelten die **allgemeinen Regeln**; alle Gesichtspunkte – innerhalb und außerhalb des Testaments – sind heranzuziehen; mehrere Indizien können zusammengenommen die Auslegung fehlender Wechselbezüglichkeit begründen (vgl OLG Zweibrücken FamRZ 2004, 984 = MittBayNot 2004, 190 = ZEV 2004, 153). 48

Einzelfälle: Für die vor Anwendung der Auslegungsregel erforderliche Auslegung nach dem tatsächlichen Willen der Erblasser besteht allerdings kein Erfahrungssatz, dass jeder Ehegatte die gemeinsamen Kinder nur deshalb bedenkt, weil dies auch der andere tut (BayObLG FamRZ 1985, 1287; OLG Düsseldorf FamRZ 1999, 1544 = FGPrax 1999, 183; OLG Köln FamRZ 1993, 1371 = NJW-RR 1994, 397; KG ErbR 2016, 343 = FamRZ 2016, 1309); wohl aber gibt es den Erfahrungssatz, dass ein Ehegatte bei der gegenseitigen Erbeinsetzung seine Kinder beim Tod als Erstversterbender nur enterbt, weil er darauf vertraut, dass das gemeinsame Vermögen beim Tod des Überlebenden auf die gemeinsamen Kinder übergehen wird (OLG Bamberg ErbR 2016, 89 im Anschluss an OLG München NJW-RR 2011, 227 und 1020; OLG Düsseldorf FamRZ 2018, 1704, OLG Köln ZErb 2014, 118; OLG Düsseldorf FamRZ 2020, 874 [876 f]; OLG München FamRZ 2016, 1402 [1403 f] mwN). Es gibt auch keinen Erfahrungssatz des Inhalts, dass ein notarielles Ehegattentestament regelmäßig eine Klarstellung zur Wechselbezüglichkeit enthält, sodass bei deren Fehlen angenommen werden kann, dass diese nicht gewollt sei (BayObLG FamRZ 1993, 366 = DNotZ 1993, 127). Eine Freistellung des überlebenden Ehegatten für Verfügungen unter Lebenden bedeutet nicht auch seine Freistellung für Verfügungen von Todes wegen (BayObLG FamRZ 1993, 366; 1994, 1422; OLG Hamm DAVorm 1988, 632); die Anordnung in einem gemeinschaftlichen Testament, der überlebende Ehegatte solle über sein Vermögen frei verfügen können, enthält im Zweifel nur die Ermächtigung, über den Nachlass unter Lebenden frei zu verfügen (KG FamRZ 1998, 124 = FGPrax 1997, 232 = Rpfleger 1998, 23). Selbstverständlich ist die Auslegungsregel des § 2270 Abs 2 BGB auch dann anzuwenden, wenn die Anordnungen in verschiedenen Verfügungen von Todes wegen enthalten sind, die nach Rn 3 als Gesamtregelung anzusehen sind (BayObLG FamRZ 1994, 191; FamRZ 1999, 1538 = NJW-RR 1999, 878 = MittRhNotK 1999, 56). 49

2. Gegenseitige Zuwendungen der Ehegatten (1. Alternative) und Zuwendungen an Verwandte des anderen Ehegatten (2. Alternative)

a) Begriff des Bedenkens

50 Gegenseitig **bedenken** können sich die Eheleute durch Erbeinsetzung jeder Art (Einsetzung zum Miterben, Vorerben, Nacherben oder Ersatzerben, jurisPK/Reymann[9] Rn 41 mwN). Ebenfalls erfasst ist die Aussetzung eines Vermächtnisses (BeckOK/Litzenburger [1. 2. 2022] Rn 17). Es genügt auch die Begünstigung durch eine Auflage (BeckOK/Litzenburger [1. 2. 2022] Rn 17; BeckOGK/Braun [1. 4. 2022] Rn 52; nur in entsprechender Anwendung, da der Begriff des „Bedenkens" enger sei: Staudinger/Kanzleiter [2019] Rn 27; **aA** BGB-RGRK/Johannsen Rn 14).

51 Es genügt, dass ein Ehegatte den anderen zum Erben einsetzt und dieser ihn mit einem Vermächtnis bedenkt oder dass die Ehegatten sich gegenseitig Vermächtnisse zuwenden (vgl OLG Hamm FamRZ 1994, 1210, 1212). Die Verfügungen müssen also zueinander nicht „symmetrisch" sein, wie Braun zutreffend festgestellt hat (BeckOGK/Braun [1. 4. 2022] Rn 52, zur Indizienbildung solcher Tatsachen bei der vorrangigen Auslegung s aber Rn 54 ff).

b) Reichweite der Anwendbarkeit der Auslegungsregel

52 Wenn die Auslegungsregel des § 2270 Abs 2 BGB anwendbar ist, so **bedeutet** das noch **nicht**, dass **alle Verfügungen** des einen Ehegatten zu allen Verfügungen des anderen **wechselbezüglich** sind. Wenn zB die Eheleute sich gegenseitig zu Erben einsetzen und ihre gemeinschaftlichen Kinder zu Erben des Überlebenden berufen (vgl § 2269 BGB), so ist die Erbeinsetzung des Ehegatten (A) durch den Ehegatten (B) wechselbezüglich mit der Einsetzung des (B) durch (A) und mit der Berufung der Kinder durch (A) (und umgekehrt; hinsichtlich der Einsetzung der Kinder kann schon das nach der Lebenserfahrung zweifelhaft sein), nicht aber die Berufung der Kinder durch (A) mit ihrer Berufung durch (B) (s BayObLG FamRZ 1985, 1287; OLG München FamRZ 2000, 705; **aA** wohl OLG Köln FamRZ 1993, 1371 = NJW-RR 1994, 397). Wenn kinderlose Ehegatten einander zu Erben einsetzen und bestimmen, dass nach dem Tode des Überlebenden der beiderseitige Nachlass teils an Verwandte des Ehemannes, teils an Verwandte der Ehefrau fallen solle, so ist die Erbeinsetzung des Ehegatten (A) durch (B) wechselbezüglich mit der Einsetzung des (B) und seiner Verwandten durch (A). Dagegen sind die Berufung der Verwandten des (A) durch ihn selbst und die Berufung der Verwandten des (B) durch (B) nicht wechselbezüglich. Wenn also der Ehemann zuerst stirbt, so bleibt die Ehefrau gebunden an die Berufung der Verwandten des Mannes (§ 2271 Abs 2 BGB); dagegen kann sie die Berufung ihrer eigenen Verwandten (im Zweifel) umstoßen. Wenn sich die Eheleute in einem gemeinschaftlichen Testament gegenseitig zu Erben einsetzen und bestimmen, dass nach dem Tod des Überlebenden der beiderseitige Nachlass an ihre gesetzlichen Erben fallen solle, so kann das Testament dahin ausgelegt werden, dass zu Erben des überlebenden Ehegatten die gesetzlichen Erben beider Eheleute nach Kopfteilen oder, näherliegend, die gesetzlichen Erben des Ehemannes und die der Ehefrau je zur Hälfte eingesetzt sein sollen. Dann ist zwar die von der Ehefrau ausgesprochene Einsetzung der gesetzlichen Erben des Ehemannes wechselbezüglich zu ihrer Erbeinsetzung durch den Ehemann, (im Zweifel) aber nicht auch die von ihr ausgesprochene Einsetzung ihrer eigenen gesetzlichen Erben (BGH LM Nr 2 zu § 2270 BGB = DNotZ 1957, 553; OLG Karlsruhe/Freiburg FGPrax 2007, 87 ohne Heranziehung von Abs 2; vgl

Rn 24, 32). Die Wechselbezüglichkeit kann sich also auf die Einsetzung der Verwandten des erstversterbenden Ehegatten beschränken.

In einem solchen Fall trifft die **Beweislast** dafür, dass die Verfügung des überlebenden Ehegatten auch insoweit, als sie die Einsetzung der eigenen gesetzlichen Erben enthält, wechselbezüglich ist, denjenigen, der dies geltend macht. Denn für diesen Teil des Testaments gilt die Auslegungsregel des § 2270 Abs 2 BGB nicht. Dagegen muss derjenige, der behauptet, dass die Einsetzung der gesetzlichen Erben des anderen Ehegatten entgegen der Auslegungsregel des § 2270 Abs 2 BGB nicht wechselbezüglich sei, dies beweisen (BGH DNotZ 1957, 553). Setzen Eheleute durch letztwillige Verfügung sich gegenseitig zu Erben und die gemeinsamen Kinder zu Schlusserben ein, so gilt die Auslegungsregel des § 2270 Abs 2 BGB für die gegenseitige Erbeinsetzung und für die Erbeinsetzung der Kinder durch einen Ehegatten zu seiner Erbeinsetzung durch den anderen (BayObLG FamRZ 1985, 1287; OLG Köln FamRZ 1993, 1371 = NJW-RR 1994, 397), nicht aber für die Erbeinsetzung der Kinder durch einen Ehegatten zur Einsetzung der Kinder durch den anderen (**aA** wohl OLG Köln NJW-RR 1994, 397). Haben sich Ehegatten gegenseitig zu Erben eingesetzt und sind zu Schlusserben Geschwisterkinder des überlebenden Ehegatten bestimmt, kann die Wechselbezüglichkeit der Schlusserbeneinsetzung seitens des überlebenden Ehegatten zu seiner Erbeinsetzung seitens des vorverstorbenen Ehegatten aufgrund der Auslegungsregel des § 2270 Abs 2 BGB nicht allein aus der Erwägung hergeleitet werden, zwischen den Schlusserben und dem vorverstorbenen Ehegatten habe eine dem verwandtschaftlichen Verhältnis zwischen dem überlebenden Ehegatten und den Schlusserben entsprechende Beziehung bestanden und deshalb sei anzunehmen, die Schlusserben hätten dem vorverstorbenen Ehegatten in einer die Vermutung der Wechselbezüglichkeit begründenden Weise nahegestanden (KG FamRZ 1993, 1251 = OLGZ 93, 398 = DNotZ 1993, 825 = Rpfleger 1993, 344). In gleicher Weise spricht keine tatsächliche Vermutung dafür, dass die Ehefrau den Ehemann in einem gemeinschaftlichen Testament nur deswegen zu ihrem Erben eingesetzt hat, weil der Mann in demselben Testament zugunsten seiner erstehelichen, mit der zweiten Frau nicht verwandten Kinder Verfügungen getroffen hat (KG DNotZ 1932, 122 = HRR 1932 Nr 627). Auch daraus, dass die Ehegatten in einem gemeinschaftlichen Testament, in dem sie sich gegenseitig zu Alleinerben eingesetzt haben, für die Zeit nach dem Tod des Überlebenden einem Dritten einen Gegenstand vermacht haben, der zur Zeit der Testamentserrichtung ihnen beiden gehört, folgt noch nicht zwingend, dass ihre Verfügungen wechselbezüglich sind. 53

c) Indizien für und gegen Wechselbezüglichkeit

Für die Frage der Wechselbezüglichkeit kann das **Verhältnis der beiderseitigen Vermögen** von Bedeutung sein (s auch U Mayer ZEV 2016, 420). Die Tatsache, dass der eine Ehegatte vermögend ist, während der andere kein oder nur geringes Vermögen besitzt, zwingt jedoch nicht zur Verneinung der Abhängigkeit (RG HRR 1940 Nr 541 = DNotZ 1940, 152 = DR 1940, 723 m Anm Vogels; BayObLG FamRZ 1984, 1154; OLG Hamm FamRZ 1995, 1022 = ZEV 1995, 146; OLG Saarbrücken FamRZ 1990, 1285, 1286). Diese Situation gibt besonderen Anlass zu der Prüfung, ob sich auch der vermögende Ehegatte für den Fall, dass er der Überlebende sei, binden wollte (OLG Hamm FamRZ 1995, 1022 = ZEV 1995, 146, 147; s auch OLG Saarbrücken, 17. 12. 2021 – 5 U 22/21, juris Rn 44 ff). Die Auslegungsregel des § 2270 Abs 2 BGB bedürfte aber jedenfalls der Widerlegung (s überzeugend OLG Frankfurt ErbR 2016, 650 = FamRZ 2016, 2037). 54

54a Insbesondere nach langer Ehe und bei Mitarbeit des vermögenslosen Ehegatten kann davon ausgegangen werden, dass der formalen Zuordnung des Vermögens zum Eigentum eines Ehegatten nur geringere Bedeutung zugemessen wird (OLG Hamm FamRZ 1995, 1022 = ZEV 1995, 146). Dies gilt auch dann, wenn nach dem Tod des Zuerstverstorbenen das Vermögen vollständig verloren geht und der Überlebende später neues Vermögen erwirbt (OLG Kiel HEZ 2, 329). Die Auslegungsregel des § 2270 Abs 2 BGB ist aber widerlegt, wenn festgestellt werden kann, dass der allein vermögende Ehegatte die Absicht hatte, den anderen Ehegatten abzusichern, gleichgültig, ob auch er seinerseits von dem anderen wirksam zum Erben eingesetzt wurde oder nicht (KG JW 1935, 1442) oder wenn wenigstens festgestellt wird, dass der eine Ehegatte wegen der Vermögenslosigkeit des anderen zu dessen Erbeinsetzung nicht durch die gegenläufige Erbenberufung bestimmt wurde (vgl KG HRR 1935 Nr 269), in solchen Fällen ist (in der Regel) die Schlusserbeinsetzung durch den vermögenden Ehegatten erst recht nicht wechselbezüglich zu seiner Erbeinsetzung durch den (vorverstorbenen) vermögenslosen, weil der vermögende an ihr regelmäßig kein Interesse hatte (OLG Brandenburg FamRZ 1999, 1541; OLG Hamm ErbR 2016, 33). Unterschiedliche Vermögensverhältnisse der Eheleute sind für sich allein aber noch kein hinreichendes Indiz gegen die Wechselbezüglichkeit der gegenseitigen Erbeinsetzung (OLG Hamm FamRZ 2004, 1239; s auch J Mayer/Sammet, in: Reimann/Bengel/Dietz[7] § 2269 Rn 42).

55 Auch die **Höhe der beiderseitigen Zuwendungen** kann für die Frage der Wechselbezüglichkeit ausschlaggebend sein. Wird einem Ehegatten in dem gemeinschaftlichen Testament von dem anderen eine Zuwendung gemacht, die (erheblich) hinter seinem gesetzlichen Erbteil oder gar hinter seinem Pflichtteil zurückbleibt, so ist eine Bindung an seine eigenen zugunsten der Verwandten des anderen Ehegatten über seinen gesamten größeren Nachlass getroffenen Verfügungen entgegen der Auslegungsregel des § 2270 Abs 2 BGB regelmäßig zu verneinen (KG JFG 22, 106 = HRR 1941 Nr 182a = DR 1940, 2171 m Anm Vogels; vgl auch BayObLG FamRZ 1993, 1370).

56 Dass zur Wechselbezüglichkeit keine ausdrücklichen Hinweise im Testament enthalten sind, kann nicht als Indiz *gegen* die Wechselbezüglichkeit herangezogen werden (OLG Stuttgart FamRZ 2019, 1197 [1198]); sonst würde § 2270 Abs 2 BGB in sein Gegenteil verkehrt.

3. Verwandte des anderen Ehegatten

a) Allgemeines

57 Über den Begriff der Verwandtschaft s § 1589 BGB (ausf jurisPK/Di Cato[9] § 1589 Rn 12 ff). Als Verwandte kommen auch (und gerade) die **gemeinschaftlichen Kinder** in Betracht (RGZ 116, 150 = JW 1927 m Anm Titze; vgl auch BayObLGZ 1964, 94; OLG Stuttgart BWNotZ 1960, 258; OLG Hamm FamRZ 2011, 1333; OLG München FamRZ 2011, 679 – auch schon die Auslegung hätte zum selben Ergebnis geführt: schwere Erkrankung des Erstverstorbenen bei Testamentserrichtung; selbstverständlich ebenso Adoptivkinder, auch wenn sie das leibliche Kind des überlebenden Ehegatten sind, der sie letztlich enterben wollte; OLG Frankfurt FamRZ 2012, 1977). Zwar geht es nicht darum, dass typischerweise der eine Ehegatte die Kinder einsetzt, weil auch der andere Ehegatte die Kinder einsetzt, sondern der eine Ehegatte setzt den anderen Ehegatten unter Umgehung seiner eigenen Kinder ein, verbunden mit dem Wunsch, dass nach dem Tod des zweiten das gesamte Vermögen auf die gemeinsamen Kinder übergeht (Nachweise s Rn 49).

58 Bei Abkömmlingen nur eines Ehegatten spricht vieles dafür, dass die Alleinerbeinsetzung des kinderlosen Ehegatten wechselbezüglich ist zur Einsetzung des Stiefkindes zum Schlusserben durch den kinderlosen Ehegatten (OLG München, 23. 11. 2016 – 3 U 796/16, juris Rn 53; s auch BeckOK/Litzenburger [1. 2. 2022] Rn 20).

59 Da die Verfügung zugunsten der Verwandten „**getroffen**" sein muss, genügt die Anordnung der Ehegatten nicht, dass beim Tod des Überlebenden die gesetzliche Erbfolge eintreten soll, auch nicht mit Ergänzung durch eine **Pflichtteilsstrafklausel** (OLG Hamm FamRZ 2016, 411 = ErbR 2016, 96; OLG München FamRZ 2015, 1835 = MittBayNot 2016, 241 m Anm Braun). Wird die Pflichtteilsklausel allerdings mit anderen kombiniert, so etwa damit, dass Kinder gleich behandelt werden sollen, können diese Klauseln gemeinsam dafür sprechen, dass die Schlusserbeinsetzung wechselbezüglich sein soll (OLG München FamRZ 2015, 1835 = MittBayNot 2016, 241 m im Wesentlichen zust Anm Braun; zu weitgehend KG DNotZ 2019, 297 = FamRZ 2018, 1700 [1702] m krit Anm Litzenburger FD-ErbR 2018, 406556). Zur Bedeutung von Pflichtteilsklauseln für die Annahme von (bindenden) Schlusserbeinsetzungen s auch § 2269 Rn 48.

60 Entscheidend ist stets die **Auslegung des Einzelfalls** unter Heranziehung aller Umstände. Das gilt auch für die Frage, ob durch Auslegung oder ergänzende Auslegung ein Widerrufsvorbehalt zu ermitteln ist (s § 2271 Rn 97 ff). Bei Einsetzung von bestimmten Kindern kann die Auslegung auch eine Bindung zugunsten der Abkömmlinge, aber mit dem Recht zur freien Verteilung unter ihnen, also Wechselbezüglichkeit mit Änderungsvorbehalt, ergeben. Das OLG Hamm (FamRZ 2011, 1172) sieht die Anordnung, dass der überlebende Ehegatte verpflichtet ist, als Rechtsnachfolger nach seinem Tod nur gemeinsame Kinder zu bestimmen, zu Recht als Erbeinsetzung der Kinder zu Schlusserben mit beschränktem Änderungsvorbehalt.

b) Kombination von § 2069 und § 2270 Abs 2?

61 Bei **Abkömmlingen**, die **an die Stelle der eigentlich Berufenen** getreten sind, gilt die Auslegungsregel nach hM nur, wenn sich positiv feststellen lässt, dass der Erblasser die Lücke durch Ersatzberufung der Abkömmlinge im Verhältnis der gesetzlichen Erbfolge schließen wollte, wenn sich also die Ersatzberufung durch Auslegung ermitteln lässt, nicht jedoch, wenn sie allein auf die Auslegungsregel des **§ 2069 BGB** gestützt werden muss (BGHZ 149, 363 [insoweit in Abweichung von der Auffassung in BGH NJW 1983, 277] = NJW 2002, 1126 = FamRZ 2002, 747 = DNotZ 2002, 661 [Anm Schmucker] = JZ 2002, 893 [abl Anm Leipold] = LM Nr 4 § 2270 [Anm Wolf] = Rpfleger 2002, 206 = ZEV 2002, 150 [krit Anm Otte], dazu Beitrag Keim ZEV 2002, 437; so auch BayObLG FGPrax 2001, 148 = MittBayNot 2002, 119; ZEV 2004, 244 [Anm Keim]; OLG München FamRZ 2010, 1846; OLG Schleswig FamRZ 2011, 66; OLG Frankfurt ErbR 2016, 92; KG ErbR 2015, 501; OLG Köln ErbR 2019, 710 [712] m insoweit zust Anm Tamoj; OLG Brandenburg ZEV 2020, 381 [Ls]; LG Konstanz FamRZ 2002, 1744; AG Essen RNotZ 2003, 266; Baumann ZEV 1994, 351; jurisPK/Reymann[9] Rn 52; **anders** BayObLG FamRZ 1995, 251 = ZEV 1994, 362 m **abl** Beitrag Baumann ZEV 1994, 351; OLG Frankfurt FamRZ 1998, 772 = FGPrax 1998, 65 = Rpfleger 1998, 291; OLG München NJW-RR 2017, 907; NK-BGB/Müssig[6] Rn 38 f; Leipold JZ 2002, 895; Otte ZEV 2002, 151). Sonst muss über die Wechselbezüglichkeit der Ersatzberufung ohne Hilfe des Abs 2 durch Auslegung entschieden werden (vgl Baumann ZEV 1996, 351, 353; LG Köln MittRhNotK 1991, 23; Keim ZEV 2004, 245 f).

62 Die Oberlandesgerichte legen unterschiedliche Maßstäbe an, um festzustellen, ob ein weiterer Abkömmling ersatzweise berufen ist, um so zur Anwendung des § 2270

Abs 2 BGB zu gelangen (ausf jurisPK/Reymann[9] Rn 53 ff). Nach dem OLG Hamm ist die Einsetzung eines Kindes im Testament durchaus ein ausreichender Anhaltspunkt für die durch Auslegung ermittelte Wechselbezüglichkeit der Ersatzberufung seiner Abkömmlinge nach § 2069 BGB; die bloße Nichterwähnung von Ersatzerben reiche nicht, um § 2069 BGB anzuwenden (OLG Hamm FamRZ 2004, 662). Reymann (jurisPK/Reymann[9] Rn 54) hat festgestellt, dass das OLG Hamm aufgrund dieser geringen Anforderungen offenbar erst in einer Entscheidung eine konkludente Erbeinsetzung mittels Auslegung abgelehnt hat (OLG Hamm ErbR 2019, 436). Andere Oberlandesgerichte sind demgegenüber mit Recht strenger (**aA** Staudinger/Kanzleiter [2019] Rn 31); enge familiäre Bindungen oder nur die allgemeine Lebenserfahrung reichen danach nicht aus, um mittels individueller Auslegung zur Erbeinsetzung zu kommen; vielmehr ist in diesem Fall auf § 2069 BGB zurückzugreifen – mit der Folge, dass § 2270 Abs 2 BGB nicht greift (vgl OLG Schleswig FamRZ 2011, 66 [67 f]; KG FamRZ 2015, 876 [877| = MittBayNot 2016, 154 m insoweit zust Anm Braun; OLG Frankfurt FamRZ 2016, 1012 [1014]; OLG Schleswig FamRZ 2014, 248 [250]).

c) Kombination von § 2094 und § 2270 Abs 2?

63 Ob ähnliches auch für § **2094 BGB** gilt, ist ebenfalls umstritten. Teilweise wird die BGH-Rechtsprechung zu § 2069 BGB auf § 2094 BGB übertragen (Staudinger/Kanzleiter [2019] Rn 316; Braun DNotZ 2018, 153 ff), dh nur wenn die Auslegung *ohne* Anwendung von § 2094 BGB zur Wechselbezüglichkeit führe, sei von Wechselbezüglichkeit auszugehen (unter Verweis auf die zu § 2069 ergangene BGH-Entscheidung DNotZ 2002, 661 mit ausführlicher zust Anm von Schmucker). Dafür spricht, dass § 2270 Abs 2 BGB bekanntlich weitreichende und jedenfalls von Urhebern handschriftlicher gemeinschaftlicher Testamente häufig verkannte Bindungswirkungen hat. Dogmatik, die zu weniger Anwendungsfällen von § 2270 Abs 2 BGB führt, ist daher zu begrüßen (Schmucker DNotZ 2002, 665 [666 f]). Allerdings hat § 2094 BGB eine andere Zielrichtung als § 2069 BGB. Während § 2069 BGB erst dazu führt, dass eine Person Erbe wird, erhöht sich bei § 2094 BGB lediglich der Erbteil einer bereits eingesetzten Person (Ivo ZEV 2004, 205; Keim ZEV 2019, 683 [686]). (Das weitere Argument, § 2094 BGB sei auch nicht als Auslegungsregel konzipiert, sondern stelle eine sog Ergänzungsregel dar, ausf jurisPK/Reymann[9] Rn 57, trägt dagegen nicht; beides lässt sich nicht unterscheiden, näher Staudinger/Otte [2019] Vorbem 98 ff zu §§ 2064 ff; Keim ZEV 2019, 683 [685]). Daher wendet die hM § 2270 Abs 2 BGB mit Recht auf den angewachsenen ganzen Erbteil an (OLG Nürnberg FamRZ 2017, 1624 = ZEV 2017, 642 mit zust Anm Litzenburger = ErbR 2017, 517 = DNotZ 2018, 148 mit **abl** Anm Braun = MittBay Not 2018, 160 m **abl** Anm Everts ; OLG Hamm FamRZ 2015, 1057 = ErbR 2015, 507 = MittBayNot 2015, 413 m Anm Baumann: bei entgeltlichem Zuwendungsverzicht mit Erstreckung auf die Abkömmlinge eines der beiden Kinder; jurisPK/Reymann[9] Rn 57; NK-BGB/Müssig[6] Rn 40A; Keim ZEV 2019, 683 [685]; **aA** OLG München FamRZ 2021, 393 [394] zu § 2278 Abs 2; Braun DNotZ 2018, 153 ff; BeckOGK/Braun [1. 4. 2022] Rn 11.6 ff; Staudinger/Kanzleiter [2019] Rn 31; Grüneberg/Weidlich Rn 10). Die Kritik von Braun (DNotZ 2018, 153 ff) überzeugt nicht recht (sie wird von Keim ZEV 2019, 683 [685 ff] auch Punkt für Punkt hinterfragt): Zwar tritt die Anwachsung von Gesetzes wegen ein, so dass diese selbst natürlich keine Verfügung im Sinne von § 2271 BGB ist, aber sie bezieht sich auf eine verfügte Erbeinsetzung und ist im Zusammenhang mit dem Erbteil, der durch Anwachsung erhöht wurde, zu sehen. § 2095 BGB bestätigt das, denn dort wird die getrennte Betrachtung hinsichtlich *Vermächtnisse* und *Auflagen* eigens angeordnet; es ist aber doch ein einheitlicher Erbteil.

4. Dem Ehegatten nahestehende Personen

a) Allgemeines

64 Ob der Begriff der **„nahestehenden Person“** in § 2270 Abs 2 BGB erfüllt wird, ist unter **Berücksichtigung der Umstände des Einzelfalls** zu entscheiden (BayObLGZ 1982, 474; BayObLG FamRZ 1994, 191, 193; KG ErbR 2016, 718 Pflegekind; OLG Frankfurt ErbR 2016, 648; Wendt ErbR 2017, 700 [703]).

b) Juristische Personen

65 Die Formulierung des Gesetzes („sonst“ nahestehende Person, Verwandtschaft als Beispiel des „Nahestehens“) deutet darauf hin, dass an juristische Personen nicht gedacht ist, nur natürliche Personen in Frage kommen. Das schließt jene aber gleichwohl nicht aus dem Anwendungsbereich aus; der Wortlaut ist offen, denn eine Person kann – selbstverständlich – eine **juristische** oder eine **natürliche** sein, und auch eine juristische **Person** kann einem Erblasser nahestehen. Das entspricht mittlerweile der **hM** (OLG München ZEV 2000, 104; J Mayer/Sammet, in: Reimann/Bengel/Dietz[7] Rn 70; Muscheler ErbR Rn 2125; Lange/Kuchnk/e[5] § 24 V 2 Fn 139; Wendt ErbR 2018, 194 [199]; ders ErbR 2017, 700 [703]; jedenfalls für Stiftungen Erman/S Kappler/T Kappler[16] Rn 7; **aA** Staudinger/Kanzleiter [2019] Rn 31a; jurisPK/Reymann[9] Rn 50; unentschieden BeckOGK/Braun [1. 4. 2022] Rn 62; vgl auch den Fall des OLG München ErbR 2018, 206, in dem die Wechselbezüglichkeit einer Schlusserbeinsetzung einer gemeinnützigen Organisation abgelehnt wurde). Das Nahestehen ist nicht mit einem natürlich-persönlichen Näheverhältnis gleichzusetzen, sondern kann zB in einem besonderen Engagement der Erblasser für eine Einrichtung gesehen werden (Wendt ErbR 2017, 700 [703] mwN).

c) Natürliche Personen

66 **Natürliche Personen, die** dem anderen Ehegatten **nahestehen**, sind etwa Freunde, langjährige Hausgenossen (vgl dazu Staudinger/Raff [2020] § 2028 Rn 6 ff) oder Angestellte sowie Personen, zu denen er enge persönliche Beziehungen und innere Bindungen hatte, nicht ohne Weiteres aber Verschwägerte (KG JFG 17, 44, näher Rn 68). Es ist ein **strenger Maßstab** anzulegen (BayObLG FamRZ 1985, 1287, 1289; 1991, 1232; 1994, 191, 193; KG FamRZ 1993, 1251 = OLGZ 1993, 398; OLG Koblenz FamRZ 2007, 1917 [1918]; jurisPK/Reymann[9] Rn 48; Lange/Kuchnke[5] § 24 V 2 Fn 139): Dass zu Erben Personen eingesetzt werden, die auch zu dem anderen Ehegatten in einer Beziehung gestanden haben, ist die allgemeine Regel, kann aber die Anwendung der Auslegungsregel mit ihrer Bindungsfolge nicht rechtfertigen.

67 Die Anknüpfung in dem Wort **„sonst“** zeigt, dass die Beziehungen mindestens so eng gewesen sein müssen, wie es dem üblichen Verhältnis zu Verwandten entspricht (BayObLGZ 1982, 474 = Rpfleger 1983, 155; BayObLG FamRZ 1984, 1154), „mindestens“ deshalb, weil nach der Lebenserfahrung allein die Verwandtschaft (ohne Rücksicht auf die Enge der Beziehung im konkreten Fall) regelmäßig die Verbindung zwischen der Zuwendung des erstversterbenden Ehegatten und der Bedenkung seiner Verwandten begründet. „Gutnachbarliche Beziehungen“ reichen deshalb nicht aus (BayObLG FamRZ 1991, 1232; s auch OLG Hamm FamRZ 2001, 1647; OLG München FamRZ 2007, 2111, 2112: nicht „gemeinsame Bekannte“; ebenfalls nicht „Patenschaft“, OLG Hamm FamRZ 2010, 1201). Nach der Lebenserfahrung ist davon auszugehen, dass beim Fehlen verwandtschaftlicher Beziehungen zwischen dem testierenden Ehegatten und dem eingesetzten Schlusserben der eine Ehegatte dem anderen das Recht belassen will, die Schlusser-

beneinsetzung nach dem Tod des Erstversterbenden jederzeit zu ändern (OLG Hamm FamRZ 2001, 1647, 1648; BayObLG FamRZ 1991, 1232). Es ist ausgeschlossen, den Begriff der nahestehenden Person auf solche zu erstrecken, die im Zeitpunkt der Testamentserrichtung noch nicht geboren oder dem Erblasser sonst noch unbekannt waren (KG FamRZ 1983, 98 = Rpfleger 1983, 26).

68 Die gleichen Grundsätze gelten für **Verschwägerte**: Sie fallen nicht ohne Weiteres unter Abs 2, sondern können nur als „nahestehende Personen" unter den erörterten Voraussetzungen angesehen werden (vgl BayObLG FamRZ 1991, 1232; 1994, 191, 193). Das gilt vor allem dann, wenn die Schwägerschaft durch den anderen Ehegatten vermittelt wird (s OLG Koblenz FamRZ 2007, 1917): wenn der Ehemann, der von seiner zweiten Frau als Erbe eingesetzt ist, für den Fall seines Überlebens seine **erstehelichen Kinder** zu Erben einsetzt, so hängt es von den Umständen des einzelnen Falles ab, ob diese Personen, die mit der Frau nur verschwägert sind, als ihr nahestehend anzusehen sind (KG HRR 1932 Nr 627 = DNotZ 1932, 122; s oben Rn 66); dasselbe gilt, wenn der Ehemann seine Kinder aus zwei Ehen, die zweite Ehefrau nur die gemeinsamen Kinder zu Erben einsetzt (dahingestellt gelassen von BGHZ 30, 261, 264). Der Satz der Lebenserfahrung, dass die Einsetzung der Verwandten des vorverstorbenen Ehegatten (bei der Bedenkung des Überlebenden durch den Vorverstorbenen) regelmäßig wechselbezüglich getroffen ist, die der Verwandten des Überlebenden nicht, ist aber auch bei der Auslegung des Begriffs der „nahestehenden Person" zu berücksichtigen: Er führt dazu, dass die eigenen Verwandten des überlebenden Ehegatten regelmäßig nicht als dem Erstverstorbenen nahestehende Personen iSv Abs 2 anzusehen sind. Abs 2 ist in der Konsequenz einschränkend dahin auszulegen, dass er die Personen nicht umfasst, die dem überlebenden Ehegatten noch näher als dem erstverstorbenen stehen (vgl KG FamRZ 1993, 1251 = OLGZ 1993, 398). Wird die Schwägerschaft nicht durch den anderen Ehegatten vermittelt, gelten diese Einschränkungen nicht.

IV. Wirkung der Wechselbezüglichkeit

1. Unwirksamkeit wechselbezüglicher Verfügungen

69 Wenn eine Erbeinsetzung, ein Vermächtnis oder eine Auflage in einem gemeinschaftlichen Testament angeordnet ist und wenn sich diese Anordnung als nichtig erweist (vgl hierzu jedoch die Einschränkung in Rn 16 f) oder wirksam widerrufen wird (vgl § 2271 BGB), so sind auch die von dieser Anordnung abhängigen (wechselbezüglichen) Verfügungen des anderen Ehegatten unwirksam (§ 2270 Abs 1 BGB; anders OLG Celle ZEV 2009, 138 m krit Anm Lustig) und zwar kraft Gesetzes, also ohne ausdrücklichen Widerruf. Einseitige Verfügungen werden dagegen von der Unwirksamkeit anderer Verfügungen nicht berührt (OLG Düsseldorf FamRZ 2012, 1587).

70 Führt die Auslegung nach Rn 16 f nicht zu einem anderen Ergebnis, so ist es für die Anwendung des § 2270 Abs 1 BGB gleichgültig, ob die erste Verfügung **wegen formeller oder sachlicher Mängel nichtig** ist (KG KGJ 42, A 119; NK-BGB/Müssig[6] Rn 43; BeckOGK/Braun [1. 4. 2022] Rn 72) und ob sie von vornherein nichtig ist oder erst infolge einer erfolgreichen Anfechtung (etwa nach § 2078 BGB – hier gelten die Erwägungen unter Rn 16 f nicht). Dagegen genügt die bloße Möglichkeit, dass sich eine wechselbezügliche Verfügung eines Ehegatten aufgrund einer Änderung der tatsächlichen Verhältnisse später einmal als nichtig erweisen könnte, noch nicht, um die Wirksamkeit der wechselbezüglichen Verfügungen des anderen Ehegatten schon für die Zeit des Erbfalls zu erschüttern (KG JFG 21, 94 = DNotZ 1940, 409 = DR 1940, 544 m Anm Vogels; im konkreten Fall konnte die Bestimmung des Anerben bei Änderung der Verhältnisse in Widerspruch zum Reichserbhofgesetz geraten).

Wenn die Nichtigkeit einer Verfügung des einen Ehegatten dem anderen schon bei der Errichtung des Testaments bekannt war oder wenn dieser seine Verfügungen auch bei Kenntnis der Nichtigkeit jener Verfügung getroffen hätte, so wird in der Regel anzunehmen sein, dass die Verfügungen nicht wechselbezüglich waren (BGH FamRZ 2011, 468 [470] = NJW 2011, 1353 [1354]; KG DNotZ 1943, 204; OLG Karlsruhe JFG 9, 85; NK-BGB/Müssig[6] Rn 43). Ohne Bedeutung ist es dagegen, wenn ein Ehegatte nach der Errichtung des Testaments erfährt, dass die wechselbezüglichen Verfügungen des anderen Ehegatten nichtig sind (Planck/Greiff Anm 3a; NK-BGB/Müssig[6] Rn 43), da es für die rechtlichen Auswirkungen auf seine Verfügungen nicht auf diesen Zeitpunkt, sondern auf den der Testamentserrichtung ankommt. 71

Der **wirksame Widerruf** einer wechselbezüglichen Verfügung durch einen Ehegatten nach § 2271 BGB führt zur Unwirksamkeit der entsprechenden Verfügungen des anderen Ehegatten. Macht der Widerrufende den Widerruf „rückgängig“, indem er im Sinne der widerrufenen Anordnung neu testiert, bleibt es bei der Unwirksamkeit der wechselbezüglichen Verfügung des anderen Ehegatten (BGH FamRZ 2011, 468). Ob dieser von dem Widerruf erfährt und ob er ihm zustimmt, ist belanglos; freilich sorgt die Vorschrift des § 2271 Abs 1 BGB dafür, dass der Ehegatte des Widerrufenden in der Regel von dem Widerruf Kenntnis erhält. Wenn er seine Verfügung belassen will, so genügt es nicht, dass er sie ausdrücklich oder stillschweigend bestätigt, vielmehr kann er sie nur durch einseitiges Testament neu errichten. Der Widerruf bewirkt auch, dass ein einseitiges Testament, das ein Ehegatte nach dem gemeinschaftlichen Testament errichtet hatte und das wegen Widerspruchs zu diesem nach § 2271 Abs 1 S 2 BGB zunächst unwirksam war, wirksam wird (RGZ 65, 275; vgl auch LG Braunschweig NdsRpflege 1969, 181). Das Gleiche gilt im Zweifel für ein früheres einseitiges Testament (vgl §§ 2257, 2258 Abs 2 BGB). 72

Wenn ein Ehegatte eine wechselbezügliche Verfügung nur **teilweise widerruft**, so kommt es darauf an, ob anzunehmen ist, dass der andere Ehegatte seine wechselbezüglichen Verfügungen auch getroffen hätte, wenn die teilweise widerrufene Verfügung von Anfang an den beschränkten Inhalt gehabt hätte, den sie durch den Widerruf erhalten hat (Planck/Greiff Anm 3c; NK-BGB/Müssig[6] Rn 44; **aA** Löwenwald 56 ff; s § 2271 Rn 30). Denn wenn der widerrufene Teil einer Verfügung für ihr wechselbezügliches Verhältnis zu einer Verfügung des anderen Ehegatten nicht wesentlich ist, so kann er deren Unwirksamkeit nicht zur Folge haben. 73

2. (Grundsätzlich) keine Unwirksamkeit nicht wechselbezüglicher Verfügungen

Die in § 2270 Abs 1 BGB verordnete Unwirksamkeit erstreckt sich immer nur auf die Verfügungen eines Ehegatten, die zu der nichtigen oder widerrufenen Verfügung des anderen Ehegatten wechselbezüglich sind (RGZ 116, 148 = JW 1927, 1205 m Anm Titze; RG WarnR 1913 Nr 247; RG JW 1911, 986; KG OLGE 44, 100, 102; Brütt 387). Wird danach eine wechselbezügliche Verfügung des anderen Ehegatten unwirksam, so richtet sich 74 die Unwirksamkeit seiner nicht wechselbezüglichen Verfügungen nach § 2085 BGB (RGZ 116, 149; OLG Hamburg MDR 1955, 168).

3. Unwirksamkeit oder Gegenstandslosigkeit gegenläufiger Verfügungen

75 Nur die Nichtigkeit oder der Widerruf einer wechselbezüglichen Verfügung führt *kraft Gesetzes* zur Unwirksamkeit der wechselbezüglichen Verfügungen des anderen Ehegatten, nicht dagegen ihre bloße **Unwirksamkeit oder Gegenstandslosigkeit**, etwa infolge vorzeitigen Todes, Ausschlagung des bedachten Dritten oder Ausfalls einer hinzugefügten Bedingung (BayObLGZ 19, A 143 = BayZ 1919, 144; BayObLG OLGE 44, 104; Planck/Greiff Anm 3d; **aA** früher Dernburg V § 93 III 4; Leonhard Anm III C). Das gilt auch für die Unwirksamkeit nach § 2270 Abs 1 BGB selbst. Wenn also ein Ehegatte von zwei Verfügungen, die mit ein und derselben Verfügung des anderen Ehegatten wechselbezüglich sind, nur eine widerruft, so wird zwar die wechselbezügliche Verfügung des anderen Ehegatten unwirksam; das hat aber nicht zur Folge, dass nun auch die andere Verfügung des widerrufenden Ehegatten außer Kraft treten würde. Allerdings ist es ohne Weiteres möglich, dass die Erblasser die Wirksamkeit oder sogar die Durchführung der einen Verfügung schlechthin zur Bedingung der Wirksamkeit der anderen machen, dass sie also (ausdrücklich oder stillschweigend) bestimmen, dass die wechselbezügliche Verfügung des einen Ehegatten auch schon bei bloßer Unwirksamkeit oder Gegenstandslosigkeit der wechselbezüglichen Verfügung des anderen kraftlos werden soll (Planck/Greiff Anm 3d). Welche Rechtswirkungen in diesen Fällen eintreten sollen, ist jeweils durch Auslegung auf der Grundlage des wirklichen oder hypothetischen Willens der Ehegatten zu ermitteln (NK-BGB/Müssig[6] Rn 45).

V. Übergangsrecht

76 Zum Übergangsrecht und zum anwendbaren Recht bei Errichtung eines gemeinschaftlichen Testaments in der DDR s § 2271 Rn 151.

§ 2271
Widerruf wechselbezüglicher Verfügungen

(1) Der Widerruf einer Verfügung, die mit einer Verfügung des anderen Ehegatten in dem im § 2270 bezeichneten Verhältnisse steht, erfolgt bei Lebzeiten der Ehegatten nach der für den Rücktritt von einem Erbvertrag geltenden Vorschrift des § 2296. Durch eine neue Verfügung von Todes wegen kann ein Ehegatte bei Lebzeiten des anderen seine Verfügung nicht einseitig aufheben.

(2) Das Recht zum Widerruf erlischt mit dem Tode des anderen Ehegatten; der Überlebende kann jedoch seine Verfügung aufheben, wenn er das ihm Zugewendete ausschlägt. Auch nach der Annahme der Zuwendung ist der Überlebende zur Aufhebung nach Maßgabe des § 2294 und des § 2336 berechtigt.

(3) Ist ein pflichtteilsberechtigter Abkömmling der Ehegatten oder eines der Ehegatten bedacht, so findet die Vorschrift des § 2289 Abs. 2 entsprechende Anwendung.

Materialien: E II § 2138, rev § 2245; E III § 2244; Prot V 451 ff; Jakobs/Schubert ER II 1673–1687.

Schrifttum

Apfelbacher, Ehebedingte Zuwendungen und Ehegatteneigenheimgesellschaft – Möglichkeit zur Beeinträchtigung von Pflichtteilsansprüchen durch vorweggenommene Erbfolge unter Ehegatten (Diss Regensburg 1992)
Aunert-Micus, Der Begriff der Beeinträchtigungsabsicht in § 2287 BGB beim Erbvertrag und beim gemeinschaftlichen Testament (Diss Münster 1991)
Bärmann, Anm zu BGH v 13. 7. 1959 (V ZB 4/59), NJW 1960, 142 (einseitige Besserstellung des anderen Ehegatten zulässig?)
Baumann, Zur Bindungswirkung wechselbezüglicher Verfügungen bei gem § 2069 BGB ermittelten Ersatzerben, zugl Anm zu BayObLG ZEV 1994, 362, ZEV 1994, 351
Beckmann, Die Aushöhlung von Erbverträgen und gemeinschaftlichen Testamenten durch Rechtsgeschäft unter Lebenden, MittRhNotK 1977, 25
Benkö, Zur Aushöhlung bindender Verfügungen von Todes wegen (Diss Köln 1974)
Boehmer, Sittenwidrige Beeinträchtigung des Vertragserben durch lebzeitige Zuwendungen des Erblassers?, FamRZ 1961, 253
Brambring, Bindung beim Ehegattentestament und -erbvertrag, ZAP 1993, 619
Brox, Die Bestimmung des Nacherben oder des Gegenstandes der Zuwendung durch den Vorerben, in: FS Bartholomeyczik (1973) 41
Brüggemann, Beeinträchtigung von Erbanwartschaften durch den Erblasser, JA 1978, 209
Brütt, Inwieweit kann nach dem Bürgerlichen Gesetzbuch ein Ehegatte, welcher ein korrespektives Testament errichtet hat, noch einseitig Vermächtnisse und Auflagen anordnen?, ArchBürgR 29, 385
Buchholz, Einseitige Korrespektivität, Rpfleger 1990, 45
Buchka, Über correspective Testamente, ZfDR 12, 210
Bühler, Zur Wechselbezüglichkeit und Bindung beim gemeinschaftlichen Testament und Erbvertrag, DNotZ 1962, 359
Burkart, Aushöhlung gemeinschaftlicher Testamente durch den überlebenden Ehegatten, NJW 1956, 1501
ders, Die Rechtsprechung des Bundesgerichtshofs über die Aushöhlung von Testamenten, NJW 1959, 2093
Dilcher, Der Widerruf wechselbezüglicher Verfügungen im gemeinschaftlichen Testament, JuS 1961, 20
ders, Anm zu BGH v 19. 10. 1967 (III ZB 18/67), JZ 1968, 185 (Zugang der Widerrufsausfertigung erst nach dem Tod des Widerrufenden)
ders, Die Grenzen erbrechtlicher Bindung zwischen Verfügungsfreiheit und Aushöhlungsnichtigkeit, Jura 1988, 72
Dittmann, Aushöhlung des gemeinschaftlichen Testaments, DNotZ 1958, 619
Draschka, Unbenannte Zuwendungen und der erbrechtliche Schutz gegen unentgeltliche Vermögensverfügungen, DNotZ 1993, 100
Eickelberg, Die Anforderungen an den Widerruf beim gemeinschaftlichen Testament, ZEV 2019, 557
Finger/Füser/Hamm/Weber, Aushöhlung letztwilliger Verfügungen – Ende der „Aushöhlungsnichtigkeit“?, FamRZ 1975, 251
Fleischmann, Lebzeitige Verfügungsfreiheit bei erbrechtlicher Bindung und Pflichtteilsberechtigung nach den Vorschriften des BGB (1989)
Grunsky, Kein Widerruf wechselbezüglicher Verfügungen bei Testierunfähigkeit des anderen Ehegatten, ErbR 2013, 98
Häussermann, Korrespektivität von Testamenten, BWNotZ 1960, 256
Harrer, Rücktritt und Widerruf beim gebundenen Erblasserwillen, LZ 1924, 11
Heiseke, Der Zugang formbedürftiger Erklärungen, MDR 1968, 899 (zum Widerruf gemeinschaftlicher Testamente)
Helfrich, Die Grenzen der Bindungswirkung des § 2271 Abs 2 S 1, HS 1 (Diss Köln 1972)

HERSCHEL, Der Widerruf des wechselbezüglichen Testaments, DR 1944, 109
HIEBER, Zustellung einer Ausfertigung oder einer beglaubigten Abschrift, DNotZ 1960, 240 (zum Widerruf gemeinschaftlicher Testamente)
HILDERSCHEID, Der einseitige Widerruf eines gemeinschaftlichen Testaments und der einseitige Rücktritt vom Erbvertrag in der notariellen Praxis, DNotZ 1942, 204
HÜBER, Freistellungsklauseln in gemeinschaftlichen Testamenten. Zum Vorbehalt des Widerrufs wechselbezüglicher Verfügungen, Rpfleger 1981, 41
ders, Freistellungsklauseln in gemeinschaftlichen Testamenten, Rpfleger 1981, 41
JAKOBS, Gemeinschaftliches Testament und Wechselbezüglichkeit letztwilliger Verfügungen, in: FS Bosch (1976) 447
JANSEN, Anm zu BGH v 28. 9. 1959 (III ZR 112/58), NJW 1960, 475 (Zugang von Ausfertigung beim Widerruf notwendig?)
JOHANNSEN, Der Schutz der durch gemeinschaftliches Testament oder Erbvertrag berufenen Erben, Sonderheft 75 Jahre DNotZ 1977, 69*
ders, Die Rechtsprechung des Bundesgerichtshofs auf dem Gebiet des Erbrechts, WM 1985, Sonderbeilage Nr 1, 1
KAGERMANN, Die Bindung der Ehegatten und die Anfechtung letztwilliger Verfügungen bei einem wechselseitigen Testament nach Deutschem Bürgerlichen Recht (Diss Erlangen 1913)
KANZLEITER, Die entsprechende Anwendung von Vorschriften über den Erbvertrag auf das gemeinschaftliche Testament, in: FS Otte (2005) 157
KEGEL, Zur Bindung an das gemeinschaftliche Testament im deutschen internationalen Privatrecht, in: FS Jahreiss (1964) 154
KEIM, Die Selbstanfechtung durch den Erblasser beim gemeinschaftlichen Testament und ihre fatalen Folgen, notar 2019, 147
ders, Erbvertragliche Bindung und Austausch des Testamentsvollstreckers, ZEV 2021, 129
ders, Widerruf wechselbezüglicher Verfügungen eines gemeinschaftlichen Testaments auch gegenüber dem Bevollmächtigten des anderen Ehegatten?, ZEV 2010, 358
ders, Wiederaufleben früherer letztwilliger Verfügungen durch Selbstanfechtung beim gemeinschaftlichen Testament, MittBayNot 2018, 211
KISS, Zur juristischen Konstruktion der korrespektiven Verfügungen im gemeinschaftlichen Testament, ArchBürgR 25, 175
KOHLER, Die schuldrechtlichen Ersatzansprüche wegen der Aushöhlung eines Nachlasses, NJW 1964, 1393
KORMANN, Die Tragweite des Widerrufsverbots beim gemeinschaftlichen korrespektiven Testament, JW 1912, 721
KREMER, Die Aushöhlung von gemeinschaftlichen Testamenten und Erbverträgen, MittRhNotK 1963, 42
KUCHINKE, – Enttäuschte Erwartungen eines Schlusserben – BGHZ 82, 274, JuS 1988, 853
ders, Beeinträchtigende Anordnungen des an seine Verfügungen gebundenen Erblassers, in: FS vLübtow (1991) 283
LANGE, Bindung des Erblassers an seine Verfügungen, NJW 1963, 1471
W LANGE, Beseitigung von letztwilligen Verfügungen durch Betreuer, ZEV 2008, 313
LANGENFELD, Die Bestandskraft ehebedingter Zuwendungen im Verhältnis zu Vertragserben und Pflichtteilsberechtigten, ZEV 1994, 129
ders, BGH-Rechtsprechung aktuell: Der BGH – Schutzpatron der pflichtteilsberechtigten Abkömmlinge?, NJW 1994, 2133
ders, Freiheit oder Bindung beim gemeinschaftlichen Testament oder Erbvertrag von Ehegatten?, NJW 1987, 1577
LEMCKE, Ansprüche des Vertragserben wegen beeinträchtigender Schenkungen (Diss Augsburg 1997)
LORITZ, Freiheit des gebundenen Erblassers und Schutz des Vertrags- und Schlusserben vor Zweitverfügungen (Diss Berlin 1992)
LUDWIG, Bestandskraft ehebedingter Zuwendungen gegenüber Dritten, FuR 1992, 1
MANTEY, Darf der überlebende Ehegatte das korrespektive Testament anfechten?, Gruchot 52, 384
MATTERN, Die Aushöhlung von Testamenten und Erbverträgen, MDR 1960, 1
ders, Nochmals: Sittenwidrige Beeinträchtigung des Vertragserben?, FamRZ 1961, 418
ders, Zur Rechtsstellung des von Todes wegen bindend Bedachten, BWNotZ 1962, 229
ders, Die Rechtsprechung des Bundesgerichtshofs zur Testamentsaushöhlung, DNotZ 1964, 196

ders, Die Testamentsaushöhlung, Mitteilungen aus der Praxis 1966, 1
ders, Zur Aushöhlungsnichtigkeit nach § 138 BGB, AgrarR 1973, 286
MEISTER, Unentgeltliche Zuwendungen und ihre Drittwirkung (Diss Freiburg 1993)
MORHARD, Unbenannte Zuwendungen zwischen Ehegatten – Rechtsfolgen und Grenzen der Vertragsgestaltung, NJW 1987, 1734
MÜHLENPFORDT, Die Widerruflichkeit correspectiver Testamente (Diss Erlangen 1896)
MUSIELAK, Die Aufhebung bindend gewordener Verfügungen in gemeinschaftlichen Testamenten, in: FS Kegel (1987) 433
ders, Die Bindung an wechselbezügliche Verfügungen im gemeinschaftlichen Testament, ZErb 2008, 189
NATTER, Der Widerruf korrespektiver Verfügungen von Todes wegen bei Lebzeiten der Ehegatten, JZ 1954, 381
OSWALT, Zum Begriff der korrespektiven Verfügungen, DJZ 1904, 735
PAGENDARM, Anm zu BGH v 28. 9. 1959 (III ZR 112/58), NJW 1960, 475 (Zugang von Ausfertigung beim Widerruf notwendig?)
PENKMAYER, Die Entstehung neuer Pflichtteilsrechte nach Errichtung eines gemeinschaftlichen Testaments. Kann der überlebende Ehegatte nach § 2079 anfechten? (Diss Heidelberg 1910)
PETER, Anfechtung oder Zuwendungsverzicht? Überwindung der Bindung an gemeinschaftliche, wechselbezügliche Verfügungen, BWNotZ 1977, 113
PFEIFFER, Das gemeinschaftliche Ehegattentestament – Konzept, Bindungsgrund und Bindungswirkungen, FamRZ 1993, 1266
PUTSCH, Über die Zulässigkeit der einseitigen Abänderung gemeinschaftlicher Testamente (Diss Erlangen 1895)
RAPPENGLITZ, Der Widerruf wechselbezüglicher Verfügungen mittels postmortal zugegangener Widerrufserklärung, Rpfleger 2001, 531
REISLER, Anwendbarkeit des § 2079 BGB bei gemeinschaftlichen Wechselseitigen Testamenten unter Ehegatten, Recht 1903, 501
REUBOLD, Die Aushöhlung des Erbvertrags und des bindend gewordenen gemeinschaftlichen Testaments (Diss Frankfurt 1970)
RÖLL, Die Zustellung einer Ausfertigung beim Rücktritt vom Erbvertrag und beim Widerruf wechselbezüglicher Verfügungen in gemeinschaftlichen Testamenten, DNotZ 1961, 312
RUHE, Möglichkeiten und Grenzen rechtsgeschäftlicher Vorsorgemaßnahmen für den Todesfall durch den aufgrund eines gemeinschaftlichen Testaments gebundenen Ehegatten (Diss Bielefeld 1978)
SACHS, Die Bindungswirkung des Berliner Testaments, ErbR 2011, 80
SANDWEG, Ehebedingte Zuwendungen und ihre Drittwirkung, NJW 1989, 1965
ders, Zuwendungen zwischen Ehegatten in der notariellen Praxis, BWNotZ 1985, 34
R SCHMIDT, Zum Widerruf korrespektiver Verfügungen von Todes wegen bei Lebzeiten der Ehegatten, JZ 1954, 605
SCHMITZ, Zur Bindungswirkung Berliner Testamente, ErbR 2013, 162
SCHNEBELE-SCHULTE, Die Aufhebung oder Änderung eines gemeinschaftlichen Testaments nach dem Höferecht, DNotZ 1951, 304
SCHNEIDER, Zur Verfügungsfreiheit des überlebenden Ehegatten beim gemeinschaftlichen Testament, Büro 1965, 201
SCHOECK, Die entsprechende Anwendung der Vorschriften aus dem Erbvertragsrecht auf das gemeinschaftliche Testament (Diss Tübingen 1966)
SCHOTTEN, Ehebedingte Zuwendungen im Verhältnis zu Dritten, NJW 1991, 2687
ders, Die ehebedingte Zuwendung – ein überflüssiges Rechtsinstitut?, NJW 1990, 2841
SCHUBERT, Anm zu BGH v 30. 11. 1977 (IV ZR 165/76), JR 1978, 287 (Ausnahme von der Bindungswirkung für Verfügung, mit der sittliche Pflicht erfüllt werden soll?)
SCHULTE, Zur Aushöhlungsnichtigkeit nach § 138 BGB – eine Ergänzung, AgrarR 1973, 388
SPECKMANN, Die Aushöhlung gemeinschaftlicher Testamente durch Rechtsgeschäft unter Lebenden, NJW 1968, 222
ders, Aushöhlung von Erbverträgen und gemeinschaftlichen Testamenten, zur neueren Rechtsprechung des BGH, NJW 1971, 176
ders, Aushöhlungsnichtigkeit und § 2287 BGB bei Erbverträgen und gemeinschaftlichen Testamenten, NJW 1974, 341

ders, Zur Frage der Beeinträchtigungsabsicht in § 2287 BGB, JZ 1974, 543
Spellenberg, Die sogenannte Testamentsaushöhlung und die §§ 2287, 2288 BGB, FamRZ 1972, 349
ders, Schenkungen und unentgeltliche Verfügungen zum Nachteil des Erben oder Pflichtteilsberechtigten, FamRZ 1974, 350
ders, Verbotene Schenkungen gebundener Erblasser in der Rechtsprechung, NJW 1986, 2531
Speth, Schutz des überlebenden Ehegatten bei gemeinschaftlichem Testament, NJW 1985, 463
Sticherling, Schenkungen in fraudem testamenti (Diss Kiel 2005 Berlin 2005)
Strunz, Der Anspruch des Vertrags- und Schlusserben wegen beeinträchtigender Schenkungen – § 2287 BGB (Diss München 1989)
Sündig, Das korrespektive Testament, insbesondere seine Aufhebung … (Diss Leipzig 1948)
Tanck, Bindungswirkung bei gemeinschaftlichen Testamenten: wann kann der überlebende Ehegatte neu testieren?, ZEV 2020, 15
Teichmann, „Aushöhlung“ erbrechtlicher Bindungen als methodisches Problem, MDR 1972, 1
Tiedtke, Umdeutung nichtiger Verfügungen von Todes wegen in Rechtsgeschäfte unter Lebenden, NJW 1978, 2572
ders, Zur Bindung des überlebenden Ehegatten an das gemeinschaftliche Testament bei Ausschlagung der Erbschaft als eingesetzter, aber Annahme als gesetzlicher Erbe – Zugleich Besprechung von KG vom 24. 7. 1990, NJW-RR 1991, 330 –, FamRZ 1991, 1259
Weegmann, Gemeinschaftliche Testamente kinderloser Ehegatten. Zur Auslegung der §§ 2287 und 2288, Beeinträchtigung des Vertragserben und Vertragsvermächtnisnehmers durch Schenkungen des Erblassers, WürttNotV 1933, 196
Weidlich, Anforderungen an den Zugang einer Widerrufserklärung nach § 2271 Abs 1 Satz 1 BGB bei Zustellung durch den Gerichtsvollzieher, MittBayNot 2018, 425
Wendt, Auslegungsprobleme beim gemeinschaftlichen Testament, ErbR 2015, 466
Zimmer, Der Widerruf wechselbezüglicher Verfügungen bei Geschäftsunfähigkeit des Widerrufsgegners, ZEV 2007, 313
Zimmer, Rücktritt vom Erbvertrag bei Testier- und Geschäftsunfähigkeit, NJW 2021, 1434
ders/Jodexnus-Dixen, Die Beseitigung wechselbezüglicher Verfügungen, ErbR 2007, 105.

Systematische Übersicht

Alphabetische Übersicht

I. Bedeutung der Vorschrift

§ 2271 BGB ist die wichtigste Vorschrift für die in einem gemeinschaftlichen Testament enthaltenen wechselbezüglichen Verfügungen. Sie verwirklicht die, bei Verwendung durch unberatene Laien hochgefährliche, erbrechtliche Bindung, die die Wechselbezüglichkeit mit sich bringt. Zum einen verlangt die Norm für den Widerruf zu Lebzeiten des anderen Ehegatten dieselbe Form wie beim Rücktritt von einem Erbvertrag (§ 2296 BGB), durch die der andere Ehegatte vom Widerruf erfährt, zum anderen ist die Widerrufsmöglichkeit nach dem Tode des erstverstorbenen Ehegatten für den Überlebenden stark eingeschränkt (Abs 2). 1

Die Regelung des § 2271 BGB hat generell große Ähnlichkeit mit der, die für den Erbvertrag mit vorbehaltenem Rücktritt gilt (vgl §§ 2296, 2289 Abs 1 S 2 BGB; § 2298 Abs 2 S 2, 3 BGB; §§ 2294, 2289 Abs 2 BGB). 2

Grundlegender Unterschied zwischen gemeinschaftlichem Testament und Erbvertrag im Allgemeinen ist, dass beim gemeinschaftlichen Testament jeder Ehegatte seine Verfügungen, auch die wechselbezüglichen, zu Lebzeiten des anderen Ehegatten grundsätzlich einseitig widerrufen kann, während beim Erbvertrag ohne Rücktrittsvorbehalt jeder Ehegatte an vertragsmäßige Verfügungen grundsätzlich schon zu Lebzeiten des anderen Ehegatten gebunden ist (§ 2289 Abs 1 S 2 BGB). Deshalb ist eine Verfügung von Todes wegen, die als gemeinschaftliches Testament bezeichnet ist, in der aber die Unwiderruflichkeit der beiderseitigen wechselbezüglichen Verfügungen schlechthin vereinbart ist oder in der Änderungen nur bei beiderseitiger Einwilligung zugelassen sind, bei Wahrung der Form des § 2276 BGB als Erbvertrag anzusehen (s Vorbem 48 zu §§ 2265 ff). Der überlebende Ehegatte kann in diesem Fall die Freiheit der letztwilligen Verfügung über seinen Nachlass nicht durch Ausschlagung des ihm Zugewendeten zurückgewinnen. 3

II. Herkunft, Rechtsvergleichung

Die Regelung des BGB entspricht der gemeinrechtlichen Praxis (Kipp/Coing § 35 III 2 a; s Vorbem 3 f zu §§ 2265 ff). 4

Besondere Fragen bringt die notarielle Form des Widerrufs mit sich (näher Rn 21 ff). 5
Denn während die Erstellung des gemeinschaftlichen Testaments, bei dem das Vorliegen wechselbezüglicher Verfügungen gem § 2270 Abs 2 BGB sogar vermutet werden kann, eigenhändig möglich ist, bedarf der Widerruf der notariellen Beurkundung. Dies könnte mit der wechselvollen Redaktionsgeschichte von Testament und Erbvertrag zusammenhängen (ausführlich Vorbem 5 ff zu §§ 2265 ff; Einl 30 zu §§ 2274 ff): Im Ersten Entwurf war das gemeinschaftliche Testament nicht enthalten, in den Zweiten Entwurf wurde es überhastet aufgenommen, aber nur unvollständig geregelt; Verweise auf den Erbvertrag wurden dabei nicht konsequent vorgenommen. Bei der Beratung im Reichstag wurde schließlich noch die holographische Form des Testaments zugelassen (vgl die Zusammenstellung der Diskussionen bei Horn § 2231 Rn 48 ff, Rn 86 ff). Im Zuge dessen wurde manche Unstimmigkeit übersehen.

Allgemein freier stellte das **DDR-ZGB** den überlebenden Ehegatten (s §§ 389, 390, 393 ZGB); nach Art 235 § 2 Abs 2 S 2 EGBGB gelten bei Testamenten, die in der 6

DDR vor dem 3. 10. 1990 errichtet wurden, für die Bindungswirkung die Vorschriften des ZGB auch dann, wenn der Erbfall erst danach eintritt (BGH NJW 1995, 1087; OLG Dresden DtZ 1995, 140; OLG Brandenburg FamRZ 1997, 1030; vgl LEIPOLD ZEV 1995, 222). Zu weiteren rechtsvergleichenden Fragen s Vorbem 82 ff zu §§ 2265 ff.

III. Widerruf des gemeinschaftlichen Testaments im Allgemeinen

7 Das gemeinschaftliche Testament kann im Ganzen nur durch eine gemeinsame Handlung beider Ehegatten widerrufen werden, nämlich durch

- ein neues gemeinschaftliches Testament, das entweder das frühere Testament ausdrücklich widerruft oder durch widersprechende Verfügungen in der Sache aufhebt (§§ 2254, 2258 BGB),
- durch einen Erbvertrag der Ehegatten (§ 2289 Abs 1 S 1 BGB),
- bei dahingehendem Willen der Beteiligten durch Prozessvergleich zwischen den Ehegatten (OLG Köln OLGZ 1970, 114),
- durch gemeinschaftliche Vernichtung der Testamentsurkunde (§ 2255 BGB; es genügt Handeln eines Ehegatten im Einverständnis – dh mit vorheriger Zustimmung – des anderen, PLANCK/GREIFF § 2272 Anm 3; s unten Rn 38),
- durch gemeinschaftliche Rücknahme aus der amtlichen Verwahrung, die aber nur bei einem öffentlichen Testament Widerrufswirkung hat (§§ 2256, 2272 BGB)
- und, sofern es nur Auflagen oder Vermächtnisse enthält, durch einseitige Testamente beider Erblasser mit gegenseitiger, notariell beurkundeter Zustimmung (entsprechend § 2291 BGB, s unten Rn 7, angesichts der Umständlichkeit eine wohl nur theoretische Möglichkeit).

8 Ob einer späteren Verfügung inhaltlich ein Widerruf der früheren zu entnehmen ist, entscheidet die Auslegung nach den allgemeinen Grundsätzen: Wird in einem späteren gemeinschaftlichen Testament die gegenseitige Erbeinsetzung wiederholt, aber nicht auch die Bestimmung über die Schlusserbfolge, so muss ein Wille der Ehegatten, die Erbfolge ohne Schlusserbeneinsetzung abschließend regeln zu wollen, im Wege der Testamentsauslegung festgestellt werden (BayObLGZ 1991, 10 = FamRZ 1991, 886 = NJW-RR 1991, 645). Wird in einem späteren einseitigen Testament des überlebenden Ehegatten die Schlusserbeinsetzung wiederholt, die ausdrücklich von der Bindung ausgenommene Ersatzerbregelung aber nicht mehr erwähnt, kann dies ihre Aufhebung bedeuten (OLG Köln NJW-RR 1992, 1418).

IV. Widerruf einseitiger Verfügungen

1. Widerruf wie beim einseitigen Testament

9 Einseitige, also nicht wechselbezügliche Verfügungen kann jeder Ehegatte jederzeit – auch noch nach dem Tode des anderen Ehegatten – in gleicher Weise wie ein einseitiges Testament einseitig und frei, dh ohne Zustimmung des anderen Ehegatten widerrufen, insbesondere durch Widerrufstestament, widersprechendes Testament oder widersprechenden Erbvertrag (§§ 2254, 2258, 2289 Abs 1 S 1 BGB; BayObLG FamRZ 1984, 1154).

Das gilt insbesondere für alle Verfügungen, die keine Erbeinsetzungen, Vermächtnisse, Auflagen oder Rechtswahlen sind (vgl § 2270 Abs 3 BGB) und damit gar nicht erst wechselbezüglich sein können. Wenn zB beide Ehegatten in einem gemeinschaftlichen Testament einem gemeinsamen Kind den Pflichtteil entzogen haben, so kann der überlebende Ehegatte diese Anordnung für seinen Nachlass widerrufen (RG WarnR 1933 Nr 152). Zur Anordnung der **Testamentsvollstreckung** s § 2270 Rn 30. 10

2. Widerrufsmöglichkeiten

Wenn sich das gemeinschaftliche Testament nicht in besonderer amtlicher Verwahrung befindet (§ 2248, §§ 34, 34a BeurkG), so kann jeder Ehegatte seine einseitigen Verfügungen, soweit sie sich von denen des anderen Ehegatten trennen lassen, auch dadurch widerrufen, dass er sie **durchstreicht** oder den sie enthaltenden Teil der Testamentsurkunde **vernichtet** (§ 2255 BGB; Staudinger/Baumann § 2255 Rn 16; Vogels/Seybold § 33 TestG Anm 12; Grüneberg/Weidlich § 2255 Rn 5). Die Meinung, es bedürfe hierzu der Zustimmung des anderen Ehegatten (Planck/Greiff § 2272 Anm 3), ist ebensowenig haltbar wie die Ansicht, die Zustimmung sei nur dann entbehrlich, wenn jeder Ehegatte seine Verfügungen besonders niedergeschrieben habe (so Strohal § 43a Anm 7; hiergegen zu Recht Schmidt MDR 1951, 325). 11

Der überlebende Ehegatte kann seine einseitigen Verfügungen auch noch nach dem Tode des erstverstorbenen Ehegatten durch Streichen oder teilweise Vernichtung der Testamentsurkunde widerrufen, wenn sich das Testament nicht in **besonderer amtlicher Verwahrung** befindet und solange es nicht an das Nachlassgericht abgeliefert ist; dann freilich – aus rein tatsächlichen Gründen – nicht mehr, weil er das Testament nicht zurückerhält (§§ 2259, 2272, 2273 Abs 2 BGB; KG KGJ 49, 55; Schmidt MDR 1951, 325; Vogels/Seybold § 34 TestG Anm 13 aE, § 44 TestG Anm 6; Planck/Greiff § 2272 Anm 2). Allerdings ist der überlebende Ehegatte nach § 2259 BGB nicht nur gegenüber den anderen Beteiligten (zivilrechtlich), sondern auch gegenüber dem Staat (öffentlichrechtlich) verpflichtet, das Testament nach dem Tode des erstverstorbenen Ehegatten unverzüglich an das Nachlassgericht abzuliefern, wenn es sich nicht ohnehin schon in besonderer amtlicher Verwahrung befindet. Da die Ablieferungspflicht besteht, um das Testament eröffnen zu können, und die Verfügungen des überlebenden Ehegatten, soweit sie sich trennen lassen, weder verkündet noch sonst bekanntgegeben werden (§ 2273 Abs 1 BGB), und da auch das teilweise eröffnete Testament nur wegen der Verfügungen des verstorbenen Ehegatten nicht mehr zurückgegeben wird (Planck/Greiff § 2273 Anm 2 c), erstreckt sich die Ablieferungspflicht nicht auf die Teile der Testamentsurkunde, die ausschließlich einseitige Verfügungen des überlebenden Ehegatten enthalten. 12

Solange beide Ehegatten leben, kann jeder von ihnen auch einseitige Verfügungen des anderen durch Vernichtung oder Durchstreichen widerrufen, wenn er hierzu von dem anderen ermächtigt ist (Grüneberg/Weidlich § 2255 Rn 13; Schmidt MDR 1951, 325). Dagegen genügt die nachträgliche formlose Billigung durch den anderen Ehegatten 13 nicht, um der Vernichtung oder Streichung die Wirkung des Widerrufs zu verleihen (Grüneberg/Weidlich § 2255 Rn 13; **aA** Schmidt MDR 1951, 325).

3. Rücknahme aus der amtlichen Verwahrung

14 Durch Rücknahme des öffentlichen gemeinschaftlichen Testaments aus der amtlichen Verwahrung (§ 2256 BGB) kann ein Ehegatte auch seine einseitigen Verfügungen nicht ohne die Zustimmung des anderen Ehegatten widerrufen, weil nach § 2272 BGB ein gemeinschaftliches Testament nur von beiden Ehegatten aus der amtlichen Verwahrung zurückgenommen werden kann und diese Vorschrift sowohl für öffentliche wie private Testamente, für nur äußerlich gemeinschaftliche wie für wechselbezügliche Testamente gilt (Vogels/Seybold § 34 TestG Anm 13). Nach dem Tode eines Ehegatten kann ein gemeinschaftliches Testament überhaupt nicht mehr zurückgenommen werden (Planck/Greiff § 2272 Anm 2).

V. Widerruf wechselbezüglicher Verfügungen zu Lebzeiten beider Ehegatten

1. Gemeinsame Aufhebung

15 Wechselbezügliche Verfügungen können die Eheleute und Lebenspartner, wenn sie einig sind und gemeinsam handeln wollen, in derselben Form widerrufen, wie das ganze gemeinschaftliche Testament, also

- durch Errichtung eines **neuen gemeinschaftlichen Testaments** oder
- durch Errichtung eines **Erbvertrags**,
- durch gemeinschaftliche **Rücknahme** des öffentlichen Testaments aus der amtlichen Verwahrung,
- durch gemeinschaftliche Vernichtung des betreffenden Teils der Urkunde oder durch gemeinsames Durchstreichen der Verfügung, die aufgehoben werden soll (vgl § 2271 Abs 1 S 2 BGB: „einseitig"; s unten Rn 34 f, 37 f und § 2272 Rn 1 ff).

16 Dagegen genügt es nicht, dass nur der eine Ehegatte ein neues einseitiges Testament errichtet und der andere diesem formlos zustimmt (KG HRR 1932 Nr 14; DNotZ 1935, 400; JFG 14, 280, 285 = JW 1937, 476; OLG Dresden OLGE 40, 145 = JW 1919, 516; Planck/Greiff Anm II 2 b).

17 **§ 2291 BGB** ist aber entsprechend anwendbar, weil beim gemeinschaftlichen Testament keine strengeren Anforderungen als beim Erbvertrag gelten. Deshalb genügt es für die Aufhebung von Vermächtnissen oder Auflagen, dass der Ehegatte, der das Vermächtnis oder die Auflage angeordnet hat, diese Verfügung durch einseitiges Testament widerruft und der andere Ehegatte in einer öffentlich beurkundeten Erklärung zustimmt (Kipp/Coing § 35 N 22; Grüneberg/Weidlich Rn 2; BGB-RGRK/Johannsen Rn 8).

2. Einseitiger Widerruf

a) Allgemeines

18 Wenn ein Ehegatte eine von ihm getroffene wechselbezügliche Verfügung einseitig, dh ohne Mitwirkung des anderen Ehegatten zu dessen Lebzeiten widerrufen will, so kann er dies grundsätzlich nur in der Form tun, die für den Rücktritt von einem Erbvertrag vorgesehen ist, also durch persönliche, notariell beurkundete Erklärung gegenüber dem anderen Ehegatten (§ 2271 Abs 1 S 1, § 2296 BGB; zu dieser Form im Einzelnen s die Erläuterungen zu § 2296).

19 Der **Widerruf** ist, wenn auch seine Form im Gesetz besonders geregelt ist, seinem Wesen nach eine **Verfügung von Todes wegen** (OLG München DNotZ 1944, 114; Planck/Greiff Anm II 1). Er kann daher nicht von einem Vertreter ausgesprochen werden, auch nicht von einem gesetzlichen Vertreter (§ 2296 Abs 1 S 1 BGB; vgl § 2064 BGB und § 2296 Rn 5). Die Erklärung kann wohl durch einen Boten dem anderen Ehegatten übermittelt werden, sie kann aber nicht von einem Boten abgegeben werden; denn der Notar kann immer nur die Erklärung einer anwesenden Person beurkunden (vgl § 13 Abs 1 S 1 BeurkG).

b) Testierfähigkeit des Erklärenden

20 Da der Widerruf sachlich eine Verfügung von Todes wegen darstellt, ist für ihn nicht Geschäftsfähigkeit, sondern **Testierfähigkeit** erforderlich und genügend (vgl § 2229 BGB; Mot V 297). Nicht widerrufen können also insbesondere Geisteskranke und Geistesschwache iSv § 2229 Abs 4 BGB. Minderjährige unter 16 Jahren konnten noch nie widerrufen, vorher aber auch nicht testieren, § 2229 Abs 1 BGB. Da Minderjährige nicht mehr heiraten dürfen (§ 1303 Abs 1 S 1 BGB), stellt sich die Frage nach dem Widerruf eines gemeinschaftlichen Testaments durch oder gegenüber einem Minderjährigen nicht mehr (zur früheren Rechtslage s Staudinger/Kanzleiter [2019] Rn 10).

c) Form und Übermittlung des Widerrufs

21 Der Widerruf bedarf der notariellen **Beurkundung** (§ 2296 Abs 2 S 2 BGB). Das gilt auch, wenn eine wechselbezügliche Verfügung widerrufen werden soll, die in einem privaten gemeinschaftlichen Testament getroffen ist, mag dieses auch von den Ehegatten selbst verwahrt werden (vgl § 2248 BGB). Auch in einem solchen Falle genügt es nicht, wenn ein Ehegatte seine wechselbezügliche Verfügung mit Zustimmung des anderen Ehegatten in einem neuen eigenhändigen einseitigen Testament widerruft oder wenn er einen solchen Widerruf dem anderen Ehegatten mündlich mitteilt.

22 Der Widerruf ist eine **einseitige empfangsbedürftige Willenserklärung**; denn er erfolgt durch Erklärung gegenüber dem anderen Teil (§ 2296 Abs 2 S 1 BGB). Die Erklärung muss eigentlich an den anderen Teil gerichtet („adressiert") werden. Es genügt aber, wenn ein Ehegatte seine wechselbezügliche Verfügung in einem einseitigen notariell beurkundeten Testament widerruft und diese Erklärung dem anderen Ehegatten zugehen lässt (§ 130 BGB, näher Rn 24 f). Denn dann ergibt sich aus den Umständen, dass sie für den anderen Ehegatten bestimmt war (**aA** KG JFG 14, 280 = JW 1937, 476; OLG Dresden JFG 8, 127; Soergel/Leiss[14] Rn 6: aus der beurkundeten Erklärung müsse hervorgehen, dass sie gegenüber dem anderen Ehegatten abgegeben werden soll). Sollte die Erklä-

rung gegen den Willen des Widerrufenden in die Hände des anderen Ehegatten gelangen, so würde überhaupt keine Willenserklärung vorliegen.

23 Für die **Übermittlung des Widerrufs** gilt das gleiche wie zu § 2296 BGB s § 2296 Rn 14 ff, es bedarf also des Zugangs einer **Ausfertigung** der Widerrufserklärung beim Erklärungsgegner. Beim Widerruf gemeinschaftlicher Testamente treten freilich die Probleme häufiger zu Tage als beim Erbvertrag: Der Erblasser, der mit seinem Gatten ein handschriftliches gemeinschaftliches Testament errichtet hat, weiß nicht notwendigerweise, dass der Widerruf der notariellen Beurkundung bedarf (dazu plastisch Eickelberg ZEV 2019, 557 ff).

24 Der **Zugang** des Widerrufs hat nach § 130 BGB zu erfolgen. Stirbt derjenige, der widerrufen hat, ist das nach § 130 Abs 2 BGB unerheblich, sofern der Widerrufende alles getan hat, was er tun musste, damit die Erklärung zugehen konnte, die Erklärung muss also bereits „auf dem Weg" zum Empfänger sein (BGHZ 48, 374; OLG Oldenburg FamRZ 2018, 1707). Außerdem muss der Zugang „alsbald" (BGHZ 48, 374) nach dem Tod erfolgen. In dem Fall des OLG Oldenburg genügte nach dem Gericht, dass der Notar, der Monate zuvor zunächst nur eine beglaubigte Abschrift zugestellt hatte, wenige Tage nach dem Tod eine Ausfertigung nachschob (zu diesem Urteil eingehend Weidlich MittBayNot 2018, 425). Das dürfte den Anforderungen des § 130 BGB nicht entsprechen, denn der Erklärende ist gestorben, ohne dass eine Ausfertigung bereits auf dem Weg gewesen wäre (so zutr Weidlich MittBayNot 2018, 425 [426] im Anschluss an eine Entscheidung des OLG Hamm FamRZ 1991, 1486). Anders lag es wohl in einem jüngeren Fall des OLG Koblenz (OLG Koblenz MDR 2017, 1251 = ErbR 2017, 627), in dem der Zustellungsauftrag nicht als abgeschlossen galt, weil die Versendung einer beglaubigten Abschrift kurzfristig moniert und sogleich eine Ausfertigung nachgeschoben wurde. Nicht mehr genügend sind in jedem Fall sieben Monate zwischen Tod und Zugang (BGHZ 48, 374); auch viereinhalb Monate sind zu lang (OLG Karlsruhe ErbR 2014, 35 m zust Anm Stahmer).

d) Geschäftsfähigkeit des Erklärungsempfängers

25 Ist der Ehegatte, demgegenüber der Widerruf zu erklären ist, **geschäftsunfähig** oder **in der Geschäftsfähigkeit beschränkt** (§§ 104 ff BGB), so muss der Widerruf, um wirksam zu werden, dem gesetzlichen Vertreter zugehen, § 131 BGB. Daher kann der Widerruf jedenfalls dem Betreuer zugehen, dessen Aufgabenkreis Vermögensangelegenheiten einschließt (näher Eickelberg ZEV 2019, 557 [561 f]; zur Bestellung eines Ergänzungsbetreuers, wenn der Ehegatte Betreuer ist, s AG München FamRZ 2011, 1760; OLG Nürnberg ZEV 2013, 450: Tochter des Ehegatten). Der Geschäftskreis zur Entgegennahme von Post, „Postvollmacht", soll nach hM nicht genügen (OLG Karlsruhe FamRZ 2016, 586 [588]; vorsichtig zust BeckOGK/Braun [1. 4. 2022] Rn 50). Das ist aber rabulistisch und überzeugt nicht.

26 Möglich ist auch der Zugang bei einem **Bevollmächtigten**, dessen Vollmacht die Entgegennahme solcher Erklärungen einschließt (hM, für den Rücktritt vom Erbvertrag: BGH FamRZ 2021, 708 [709] m Anm Zimmermann = ErbR 2021, 410 m Anm Horn = DNotZ 2021, 528 = ZEV 2021, 245 m Anm Reimann = MittBayNot 2021, 460 m Anm Keim; LG Leipzig FamRZ 2010, 403; ausführlich Keim ZEV 2010, 358; ders ZEV 2013, 452; Müller-Engels DNotZ 2021, 501; einschränkend Zimmer NJW 2021, 1434; **aA** Zimmer ZEV 2007, 159 [162]; ders ZEV 2013, 307 [310]; W Lange ZEV 2008, 313 [319]; Eickelberg ZEV 2019, 557 [562 f]), denn § 131 Abs 1 BGB schließt den Zugang beim rechtsgeschäftlich Bevollmächtigten nicht aus; es

besteht nämlich kein „struktureller Unterschied zwischen dem Zugang beim gesetzlichen Vertreter und dem beim Zugangsbevollmächtigten" (zutr KEIM ZEV 2010, 358 [360]).

Das soeben gewonnene Ergebnis ist aber für einen Fall teleologisch zu reduzieren. **27**
Unzulässig ist nämlich der Widerruf gegenüber dem Widerrufenden selbst, der Betreuer oder Bevollmächtigter ist, auch wenn dieser, wie es in General- und Vorsorgevollmachten häufig der Fall ist, von den Beschränkungen des § 181 BGB befreit ist. Denn der Widerruf gegenüber sich selbst dürfte ohne ausdrückliche Ermächtigung für diesen Fall Missbrauch der Vertretungsmacht sein (s VOLMER ZErb 2007, 235; ZIMMER ZEV 2007, 159; ZIMMER NJW 2021, 1434; ausf auch DNotI-Report 14/2015, 105; BeckOGK/MÜLLER-ENGELS [1. 10. 2022] § 2296 Rn 15 lässt die Frage offen, plädiert aber für die Bestellung eines Betreuers).

Der Zugang an den anderen Ehegatten selbst genügt aber, wenn dieser wenigstens **28**
beschränkt geschäftsfähig ist und der gesetzliche Vertreter seine Einwilligung erteilt hat (§ 131 Abs 2 S 2 BGB). Ist der Empfänger zwar in der Geschäftsfähigkeit beschränkt, wäre er nach den Darlegungen oben Rn 21 aber in der Lage, selbstständig zu widerrufen, so kann er auch den Widerruf des anderen Ehegatten selbst entgegennehmen.

Dass der **andere** Ehegatte, wenn er **testierunfähig** ist, auf den Widerruf nicht mit einer **29**
neuen Verfügung von Todes wegen reagieren kann, ist eine unerfreuliche Konsequenz, die es aber nicht rechtfertigt, ihm gegenüber den Widerruf auszuschließen (hM, s nur J MAYER/SAMMET, in: REIMANN/BENGEL/DIETZ[7] Rn 20 mit Nachw; **aA** für die Unzulässigkeit des Widerrufs gegenüber dem testierunfähigen Ehegatten GRUNSKY ErbR 2013, 98; kritisch, aber unentschieden EICKELBERG ZEV 2019, 557 [560 f]). Die Bindungswirkung in § 2270 Abs 2 BGB ist nämlich problematisch und die *ratio* der Norm zweifelhaft, so dass man sie nicht ohne Not auf nicht ausdrücklich geregelte Fälle erweitern sollte. Denn wenn man ehrlich ist, lautet die Frage, ob man § 2270 Abs 2 BGB analog auf Fälle wie die Geschäftsunfähigkeit erweitern sollte. Würde man dies tun, könnte die Bindungswirkung häufig noch deutlich früher eintreten als jetzt schon. Die Menschen werden bekanntlich zunehmend älter, entsprechend steigt die Chance, dass Menschen, bevor sie sterben, geschäftsunfähig werden.

3. Teilweiser Widerruf

a) Beim teilweisen Widerruf ist zu unterscheiden: Falls anzunehmen ist, dass der **30**
Ehegatte des widerrufenden Erblassers seine **Verfügungen auch dann getroffen** hätte, wenn der widerrufene Teil des gemeinschaftlichen Testaments von Anfang an gefehlt hätte, so ist der widerrufene Teil der letztwilligen Verfügung gar nicht wechselbezüglich. Der Widerruf unterliegt daher nicht den Formvorschriften des § 2296 BGB, er kann wie sonst bei einseitigen Verfügungen erklärt werden. Dagegen müssen die Anforderungen des § 2296 BGB beachtet werden, wenn anzunehmen ist, dass der Widerruf den anderen Ehegatten von der Niederlegung einer wechselbezüglichen Verfügung abgehalten hätte (RG WarnR 1920 Nr 18).

b) Dem teilweisen Widerruf steht es gleich, wenn ein Ehegatte denjenigen, den er **31**
in einer wechselbezüglichen Verfügung bedacht hat, **durch** eine **neue Anordnung be-**

schränken oder beschweren will, etwa durch Einsetzung eines Nacherben, durch die Ernennung eines Testamentsvollstreckers (s zunächst unten Rn 58 ff; s auch §§ 2203 ff, 2211 ff, 2271 Abs 3, § 2289 Abs 2, § 2338 BGB; RG Recht 1919 Nr 2139; KG KGJ 42, 123; DNotZ 1933, 578; DNotZ 1967, 438; BayObLGZ 19, A 171 = OLGE 40, 129; OLG Dresden JFG 8, 127; OLG München HRR 1942 NR 839; JFG 15, 262 = DNotZ 1937, 704; du Chesne Recht 1910, 205; s aber auch KG RJA 16, 253; OLG Zweibrücken Wpg 1975, 87 und KG DNotZ 1967, 438, wo entsprechend den allgemeinen Grundsätzen dargelegt wird, dass die Anordnung von Testamentsvollstreckung dem überlebenden Ehegatten ausdrücklich oder stillschweigend gestattet werden kann; ebenso OLG Köln NJW-RR 1991, 525 = FamRZ 1990, 1402), durch eine Teilungsanordnung, durch Anordnung eines Vermächtnisses oder einer Auflage (KG OLGE 12, 386; vgl Brütt 389 ff; vgl zum Ganzen Kormann JW 1912, 721). Das folgt aus dem Schutzzweck des § 2271 BGB, aber auch aufgrund argumentum e contrario aus § 2271 Abs 3 BGB und aus § 2306 BGB; denn aus dieser Vorschrift geht hervor, dass das Gesetz Beschränkungen oder Beschwerungen der angeführten Art als teilweise Aufhebung der Zuwendung ansieht (**aA** Frommhold § 2271 Anm 3; Dernburg V § 93 Nr VI 2).

32 Die nachträgliche Einsetzung eines Testamentsvollstreckers (dasselbe gilt für eine nachträgliche Teilungsanordnung) ist nicht etwa deswegen zulässig, weil sie nach § 2270 Abs 3 BGB von den Wirkungen des wechselbezüglichen Verhältnisses ausgenommen ist. Denn hier handelt es sich nicht darum, ob die Ernennung eines Testamentsvollstreckers in einem gemeinschaftlichen Testament wechselbezüglich sein kann, sondern darum, ob durch die **nachträgliche Ernennung eines Testamentsvollstreckers** eine früher getroffene wechselbezügliche Verfügung teilweise widerrufen wird (vgl dazu auch Rn 58 ff), und diese Frage ist, da der Bedachte durch die Einsetzung eines Testamentsvollstreckers in seinen Rechten beschränkt wird, regelmäßig zu bejahen (s aber auch nochmals KG RJA 16, 253; OLG Zweibrücken Wpg 1975, 87; KG DNotZ 1967, 438; OLG Köln NJW-RR 1991, 525 = FamRZ 1990, 1402). Der überlebende Ehegatte kann nur die von ihm selbst vorgenommene Ernennung eines Testamentsvollstreckers einseitig widerrufen (vgl OLG Hamburg Recht 1920 Nr 1914, 2460). Eine andere Frage ist es, ob der überlebende Ehegatte einem der Erben zum Zwecke der Erbteilung eine **Generalvollmacht** erteilen kann (BayObLGZ 19, A 171).

33 **c)** Soweit nach dem Dargelegten die Änderung einer wechselbezüglichen Verfügung als teilweiser Widerruf der Form des § 2296 BGB bedarf, genügt deren Einhaltung nur, um die negative Wirkung der teilweisen Aufhebung der früheren Verfügung herbeizuführen. Will der Erblasser **zugleich** eine **positive Regelung** treffen – so bei der Anordnung einer Nacherbfolge oder bei der Anordnung eines Vermächtnisses –, muss er außerdem eine Verfügung von Todes wegen in den hierfür vorgeschriebenen Formen errichten.

4. Ausschluss anderer Widerrufsmöglichkeiten

a) Allgemeines

34 Indem § 2271 Abs 1 S 1 BGB für den Widerruf wechselbezüglicher Verfügungen bei Lebzeiten der Ehegatten eine besondere Form vorschreibt, schließt er die Anwendung der Bestimmungen über den Widerruf letztwilliger Verfügungen durch eine neue Verfügung von Todes wegen (ohne Mitwirkung des anderen Ehegatten), durch Vernichtung oder Veränderung der Testamentsurkunde oder durch einseitige Rück-

nahme aus der amtlichen Verwahrung entgegen § 2272 BGB aus (vgl §§ 2254 ff, 2299, 2289 Abs 1 S 1 BGB).

Der Ehegatte, der eine wechselbezügliche Verfügung zu Lebzeiten des anderen Ehegatten widerrufen will, kann dies also nicht einseitig durch eine neue Verfügung von Todes wegen tun. § 2271 Abs 1 S 2 BGB spricht dies ausdrücklich aus und stellt damit zugleich nach der anderen Seite hin klar, dass **beide Ehegatten gemeinsam** wechselbezügliche Verfügungen durch ein neues gemeinschaftliches Testament oder einen Erbvertrag aufheben können (§§ 2253 ff, 2289, 2292 BGB). Dies kann auch in der Weise geschehen, dass der eine Ehegatte in dem neuen gemeinschaftlichen Testament seine wechselbezügliche Verfügung widerruft, während der andere darin nur seine Zustimmung erklärt (KG DNotZ 1935, 400). 35

b) Einzelfälle

Unzulässig und wirkungslos ist hiernach auch die Aufhebung einer wechselbezüglichen Verfügung durch einen Erbvertrag mit einem Dritten (OLG Dresden JW 1919, 516 = OLGE 40, 145). Ebensowenig kann ein Ehegatte seine wechselbezügliche Verfügung dadurch widerrufen, dass er ein Widerrufstestament (§ 2254 BGB) oder ein widersprechendes Testament (§ 2258 BGB) errichtet und dies dem anderen Ehegatten mündlich mitteilt (vgl RG DR 1940, 154). Dagegen ist ein wirksamer Widerruf anzunehmen, wenn ein Ehegatte das notariell beurkundete Widerrufstestament dem anderen Ehegatten zugehen lässt, mag auch die Erklärung nicht an diesen gerichtet sein; denn auch dann ist sie „gegenüber" dem anderen Teil abgegeben und die Form des § 2296 BGB ist gewahrt (§ 2271 Abs 1 S 1 BGB; **aA** KG JFG 14, 280 = JW 1937, 476; s außerdem oben Rn 11). 36

Durch eine neue Verfügung von Todes wegen kann ein Ehegatte seine wechselbezügliche Verfügung zu Lebzeiten beider Ehegatten auch dann nicht aufheben, wenn der **andere Teil formlos zustimmt** (RG DR 1945, 76; KG DNotZ 1933, 578; 1940, 152; JFG 8, 129; 14, 285; OLG München DFG 8, 446; OLG Schleswig SchlHAnz 1957, 181; KÜNZTEL Gruchot 41, 583, 605; **aA** WILKE 3). Zwar würde der Wortlaut des § 2271 Abs 1 S 2 BGB diese Art des Widerrufs zulassen, nicht aber Abs 1 S 1, der klare Verhältnisse schaffen und den Beweis des Widerrufs sichern will. Die Aufhebung von wechselbezüglichen Vermächtnissen und Auflagen durch einseitiges Testament ist mit notariell beurkundeter Zustimmung des anderen Ehegatten entsprechend § 2291 BGB zulässig (s Rn 17). 37

c) Insbesondere: Vernichten des Testaments

Die Aufhebung durch (teilweises) **Vernichten** oder Durchstreichen setzt gemeinsames Handeln der Ehegatten voraus, wofür aber Handeln eines Ehegatten mit Einverständnis (vorheriger formloser Zustimmung) des anderen Ehegatten genügt (s oben Rn 2; J MAYER/SAMMET, in: REIMANN/BENGEL/DIETZ[7] Rn 2; jurisPK-BGB/REYMANN[9] Rn 8; GRÜNEBERG/WEIDLICH § 2255 Rn 13; STAUDINGER/BAUMANN § 2255 Rn 49; **aA** STAUDINGER/DITTMANN[10/11] Rn 21; einzuräumen ist, dass die hier vertretene Auffassung zu Beweisschwierigkeiten führen kann, die Gegenmeinung ist aber weltfremd und fordert praktisch Unmögliches). Bei einverständlichem Handeln im vorstehenden Sinne können Verfügungen beider Ehegatten aufgehoben werden, unabhängig davon, wer beim Durchstreichen oder Vernichten tätig wird (**aA** STAUDINGER/DITTMANN[10/11] Rn 21). Nach hM soll es nicht genügen, dass einer ohne das Einverständnis des anderen das Testament zunächst zerstört, der andere dies später „genehmigt" (BeckOGK/BRAUN [1. 4. 2022] Rn 27.1; OLG München FamRZ 38

2020, 466 [467]). Lässt man einmal die faktische Situation beiseite, nach der viele solcher Fälle gar nicht erst publik werden dürften, ist nicht einsichtig, warum ein Erblasser sein Einverständnis nicht auch nachträglich soll erteilen können. Der Wortlaut von § 2255 BGB ist dafür nicht ergiebig, denn er stellt auf das Einzeltestament ab, und dass das nur mit Aufhebungsabsicht widerrufen werden kann, ist klar. Wenn nun bei einem gemeinschaftlichen Testament einer das Testament vernichtet und das Einvernehmen erst nachträglich einholt, sollte man dies nicht für unzulässig erklären. Man hielte sonst Erblasser an einem Testament fest, das beide für unwirksam hielten, dessen Original auch vernichtet wurde und das nur dann noch Wirkung entfalten kann, wenn – zufällig – eine Kopie vorhanden ist und in einen Prozess eingeführt werden kann:

39 Dass das Testament mit Einverständnis beider vernichtet wurde, muss derjenige **darlegen und beweisen**, dem das günstig ist. Dass etwa das Original-Testament verloren gegangen ist und nur eine Kopie vorliegt, genügt nicht, um zu vermuten, dass es mit Einverständnis beider vernichtet wurde. Das Gericht muss also davon überzeugt sein, dass ein einvernehmliches Vernichten vorliegt, wofür nach der Rechtsprechung „ein für das praktische Leben brauchbarer Grad von Gewissheit" reicht (OLG München FamRZ 2020, 466 [466 f]; s im Übrigen Rn 44 f).

5. Einschränkungen nur bei Widerspruch gegen wechselbezügliche Anordnungen

40 § 2271 Abs 1 S 2 BGB schließt neue einseitige Verfügungen von Todes wegen nur insoweit aus, als sie früheren wechselbezüglichen Anordnungen widersprechen und den Bedachten beeinträchtigen (§ 2289 Abs 1 S 2 BGB analog; Planck/Greiff Anm II 2 b; Grüneberg/Weidlich Rn 14), dann aber auch, wenn sie nur einzelne Vermögensteile betreffen (s OLG Hamm FamRZ 2004, 1239). Neue einseitige Verfügungen sind zulässig, wenn die **wechselbezüglichen Anordnungen** durch Widerruf, Vorversterben oder gleichzeitigen Tod des bedachten Dritten **unwirksam** oder gegenstandslos geworden sind (RGZ 149, 200 = DNotZ 1936, 372 = HRR 1936 Nr 405: gemeinsamer Selbstmord der Eheleute) oder wenn sie *alle* in wechselbezüglichen Verfügungen Bedachten, insbesondere den anderen Ehegatten rechtlich besser stellen, als sie nach dem gemeinschaftlichen Testament stehen würden (KG JW 1938, 680; BGHZ 30, 261 = NJW 1959, 1730; 1960, 142 m Anm Bärmann = Rpfleger 1959, 376 m Anm Haegele gegen OLG Neustadt NJW 1959, 792; BayObLGZ 1966, 245; s außerdem unten Rn 67); auch die **Besserstellung des Ehegatten** zu Lasten eines anderen wechselbezüglich Bedachten wird jedem Ehegatten nach dem – durch Auslegung oder ergänzende Auslegung zu ermittelnden Willen – häufig gestattet sein (s BGH NJW 1960, 142).

41 § 2271 BGB hindert auch nicht, dass ein Ehegatte seine wechselbezügliche Anordnung in einem einseitigen Testament wiederholt, sei es, um ihre Wirkung von den wechselbezüglichen Verfügungen des anderen Ehegatten unabhängig zu machen, sei es – durch Wiederholung in einem öffentlichen Testament –, um den Erbschein, insbesondere bei Berichtigung des Grundbuchs, entbehrlich zu machen (vgl § 35 GBO; KG JFG 17, 44 = JW 1938, 680; JFG 18, 332 = JW 1939, 353 m Anm Vogels; BayObLGZ 1961, 12; OLG Hamm OLGZ 1967, 77).

42 Der Ehegatte kann dagegen nicht eine wechselbezügliche Verfügung ohne förmlichen Widerruf nach § 2271 Abs 1 S 1 BGB und ohne Verständigung des anderen

Ehegatten in einem späteren einseitigen Testament durch eine neue einseitige Verfügung – mag diese auch für den Bedachten oder für den anderen Ehegatten wirtschaftlich vorteilhafter sein – so ersetzen, dass die wechselbezügliche Verfügung und seine Bindung an diese wegfallen würden (missverständlich KG DNotZ 1943, 276; durch erläuternde bzw ergänzende Auslegung kann sich freilich ergeben, dass dem Ehegatten die Ersetzung einer wechselbezüglichen Verfügung durch eine wirtschaftlich vorteilhaftere einseitige Verfügung gestattet sein sollte).

6. Erleichterung einseitiger Aufhebung

43 Es steht den Ehegatten frei, die einseitige **Aufhebung** wechselbezüglicher Verfügungen zu Lebzeiten beider in dem gemeinschaftlichen Testament zu **erleichtern** (Planck/Greiff Anm II 6). Wenn aber einem Ehegatten schlechthin gestattet wird, eine Verfügung zu Lebzeiten des anderen Ehegatten oder auch nach dessen Tode durch einseitiges Testament wieder aufzuheben, so würde es sich regelmäßig gar nicht um eine wechselbezügliche Verfügung handeln. Anders liegt es dagegen, wenn sich die Ermächtigung nur auf die Zeit nach dem ersten Erbfall bezieht (vgl § 2270 Rn 20; Planck/Greiff Anm II 6).

7. Beweislast bei Vernichtung des Testaments

44 Wenn ein Ehegatte die Testamentsurkunde **ohne Einwilligung** des anderen Ehegatten, also rechtswidrig, vernichtet und der Inhalt des gemeinschaftlichen Testaments nicht mehr festgestellt werden kann, so ist die Lage *tatsächlich* ebenso, wie wenn das Testament einschließlich seiner wechselbezüglichen Verfügungen ordnungsgemäß aufgehoben worden wäre. Das ergibt sich natürlich nicht aus den vorgenannten – oder anderen – materiellen Zivilrechtsnormen, sondern ist „nur" eine Folge der Unmöglichkeit, den Nachweis zu führen (s aber Rn 38 f).

45 Hat bei einem gemeinschaftlichen wechselseitigen Testament, in dem ein Abkömmling der Ehegatten zum Alleinerben nach dem Tode des Letztversterbenden bestimmt wurde, der Letztversterbende die Testamentsurkunde vernichtet (was wegen § 2271 BGB die Erbeinsetzung des Abkömmlings nicht rückgängig machen konnte), so muss später nicht der eingesetzte Abkömmling die Wirksamkeit der Testamentserrichtung nachweisen, sondern umgekehrt derjenige, der als Rechtsnachfolger des letztversterbenden Ehegatten aus der Formunwirksamkeit des Testaments Rechte herleitet den Formmangel (OGHZ 1, 268 = NJW 1949, 146 = DRZ 1949, 113 m Anm Leonhard, der der Vernichtung der Testamentsurkunde keine negativen Rechtswirkungen beilegen möchte, weil der letztversterbende Ehegatte aufgrund entschuldbaren Rechtsirrtums angenommen hat, er sei zur Vernichtung der Urkunde berechtigt; zur Veränderung der Beweislast bei widerrechtlicher Vernichtung der Urkunde s auch OLG Hamm ZEV 1996, 272; s im Übrigen den Fall des OLG München in Rn 38 f).

8. Beschränkung in guter Absicht

46 Wenn in dem gemeinschaftlichen Testament ein pflichtteilsberechtigter Abkömmling der Ehegatten oder eines von ihnen bedacht ist und er sich so der Verschwendung ergibt oder in eine so erhebliche Überschuldung gerät, dass der spätere Erwerb gefährdet wird (Tatbestand des § 2338 BGB), so kann jeder Ehegatte, der ihm etwas

zugewendet hat, schon zu Lebzeiten des anderen Ehegatten in einem einseitigen Testament die Zuwendung durch eine **Anordnung nach § 2338 BGB beschränken** (§ 2271 Abs 3 iVm § 2289 Abs 2, § 2338 BGB). Er braucht also nicht die Form des § 2271 Abs 1 BGB zu beachten. Gleichgültig ist dabei, ob der Bedachte ein Abkömmling des Verfügenden oder des anderen Ehegatten ist (Lange/Kuchinke § 24 IV 3; jurisPK-BGB/Reymann[9] Rn 109), wenn nur die Zuwendung, die beschränkt werden soll, von dem Ehegatten gemacht ist, der nunmehr die beschränkende Anordnung treffen will.

9. Unwirksamwerden wechselbezüglicher Anordnungen

47 Der wirksame Widerruf einer wechselbezüglichen Verfügung eines Ehegatten bewirkt nach § 2270 BGB, dass auch die entsprechenden Verfügungen des anderen Ehegatten unwirksam werden. Beide Ehegatten können dann neue Verfügungen von Todes wegen treffen, soweit nicht andere, fortbestehende wechselbezügliche Verfügungen entgegenstehen. Eine weitere Folge des Widerrufs ist, dass ein Testament, das der widerrufende Ehegatte vor dem Widerruf im Widerspruch mit der wechselbezüglichen Verfügung errichtet hat, nunmehr wirksam wird (RGZ 65, 275; OLG Bremen ErbR 2013, 221); das Gleiche gilt für ein früheres widersprechendes Testament des anderen Ehegatten, wenn dieses nicht auch aus anderen Gründen widerrufen worden war.

10. Widerruf des Widerrufs

48 Ein Widerruf des Widerrufs nach § 2271 Abs 1 BGB ist unzulässig und unwirksam (Lange/Kuchinke § 24 VI 2 Fn 158; Planck/Greiff Anm II 3; BGB-RGRK/Johannsen Rn 10; NK-BGB/Müssig Rn 20; eine Anfechtung dagegen nach § 2078 zulässig, MünchKomm/Musielak[9] Rn 11; NK-BGB/Müssig[6] Rn 20). § 2257 BGB ist insoweit nicht anwendbar. Das gilt aber nur für den **Widerruf nach § 2271 Abs 1 BGB**, nicht für einen Widerruf durch neues gemeinschaftliches Testament. Den Widerruf nach § 2271 Abs 1 BGB kann jeder Ehegatte nur für seinen Widerruf, nicht für den des anderen Ehegatten widerrufen (OLG Hamm FamRZ 2013, 157); der Widerruf des anderen Ehegatten kann auch nicht als Folge nach § 2270 Abs 1 BGB unwirksam werden (§ 2270 Abs 3 BGB, OLG Hamm FamRZ 2013, 157). Diese Leitsätze musste das OLG Hamm tatsächlich treffen, so selbstverständlich sie sein mögen. In dem der Entscheidung zugrundeliegenden Sachverhalt hatten Ehegatten zunächst in einem holographischen gemeinschaftlichen Testament wechselbezügliche Verfügungen getroffen, später dann ein notarielles gemeinschaftliches Testament errichtet, in dem sie alle früheren Verfügungen von Todes wegen widerriefen und sodann wieder wechselbezügliche Verfügungen trafen. Die Verfügungen in beiden Testamenten hatten im Wesentlichen denselben Inhalt. Später widerrief dann die Ehefrau formgemäß (§ 2271 Abs 1 S 1, § 2296 BGB) ihre Verfügung mit der Folge, dass auch die Verfügung des Ehegatten unwirksam wurde, § 2270 Abs 1 BGB. Im Erbscheinsverfahren meinte die Ehegattin dann zu Unrecht, das frühere handschriftliche Testament gelte wieder.

11. Widerruf wechselbezüglicher oder einseitiger Verfügungen

49 Wenn ein Ehegatte sowohl wechselbezügliche als auch einseitige Verfügungen bei Lebzeiten des anderen Ehegatten einseitig widerrufen will, so muss er sowohl die

Form des § 2296 BGB als auch eine der Formen der §§ 2254 bis 2258 BGB einhalten (Planck/Greiff Anm I 2 c; BGB-RGRK/Johannsen Rn 9; **aA** Herschel 109; die Widerrufsform wahrt regelmäßig die Form eines öffentlichen Widerrufstestaments).

VI. Aufhebung wechselbezüglicher Verfügungen nach dem Tode des erstverstorbenen Ehegatten

1. Die Bindung des überlebenden Ehegatten

a) Mit dem Tode des erstversterbenden Ehegatten wird der überlebende Ehegatte in ähnlicher Weise an seine wechselbezüglichen Verfügungen gebunden, wie der Erblasser beim Erbvertrag grundsätzlich von vornherein an vertragsmäßige Verfügungen gebunden ist (vgl §§ 2278, 2289 Abs 1 S 2 BGB; § 2298 Abs 2 S 2 BGB): nach § 2271 Abs 2 S 1 BGB erlischt das Recht zum Widerruf wechselbezüglicher Verfügungen (grundsätzlich) mit dem Tode des anderen Ehegatten. Die Bindung tritt kraft Gesetzes mit dem Tode des erstverstorbenen Ehegatten ein, nicht erst, wie nach dem gemeinen Recht und nach ALR II 1 § 492, mit der Annahme der Zuwendungen des Verstorbenen durch den Überlebenden (vgl Prot V 454 ff; RGZ 6, 174; 31, 238; 41, 168; BayObLGZ 7, 458; Planck/Greiff Anm III), freilich unbeschadet des Rechtes des überlebenden Ehegatten, das ihm Zugewendete auszuschlagen und so seine Verfügungsfreiheit zurückzugewinnen (§ 2271 Abs 2 S 1 HS 2 BGB). Die Bindung des überlebenden Ehegatten ist also nach dem BGB auflösend bedingt dadurch, dass er ausschlägt, während sie nach dem früheren Recht aufschiebend bedingt war durch den Erwerb des Zugewendeten. Hieraus folgt, dass die Bindung des überlebenden Ehegatten auch dann wirksam ist, wenn er stirbt, ohne das ihm Zugewendete angenommen oder ausgeschlagen zu haben (RGZ 95, 218; RG Recht 1919 Nr 940; RG JW 1920, 378; Planck/Greiff Anm 3; vgl Weegmann WürttNotV 5, 149 ff). Das ist besonders dann von Bedeutung, wenn dem überlebenden Ehegatten nur ein Vermächtnis zugewendet ist, weil es hier im Gegensatz zur Erbfolge an einer Frist für die Ausschlagung fehlt (§§ 1944, 1943, 2180 BGB). 50

Der überlebende Ehegatte ist im Allgemeinen auch dann gebunden, wenn ihm der sog **Dispositionsnießbrauch** vermacht ist, dh der Nießbrauch am Nachlass, verbunden mit dem Recht der freien Verfügung über ihn; denn im Zweifel ist anzunehmen, dass der überlebende Ehegatte nur ermächtigt ist, unter Lebenden frei über den Nachlass des erstversterbenden Ehegatten zu verfügen, nicht auch von Todes wegen (vgl OLG Darmstadt HessRspr 16, 147). 51

Die Bindung des überlebenden Ehegatten tritt auch dann ein, wenn der verstorbene Ehegatte den Überlebenden gar nicht bedacht hat. Sie erstreckt sich nicht nur auf den Nachlass des verstorbenen Ehegatten, sondern auch auf das eigene Vermögen des Überlebenden und sogar auf die Vermögenswerte, die er erst nach dem Tode des anderen Teils unter Lebenden oder von Todes wegen erwirbt (RG JW 1915, 1121; Planck/Greiff Anm 3). 52

b) Die Vorschriften über die Bindung an wechselbezügliche Verfügungen sind **zwingend**; Billigkeitserwägungen können von ihrer Einhaltung nicht befreien (OLG München DNotZ 1944, 11). Das Widerrufsverbot darf nicht umgangen werden (OGHZ 2, 53

160 = NJW 1949, 581). Immerhin wird die Regel der Unwiderruflichkeit doch durch eine Reihe von Ausnahmen durchbrochen (s Rn 71 ff, 75 ff, 85 ff).

54 Da die Bindung des überlebenden Ehegatten dem Erstverstorbenen gegenüber besteht, genügt die formlose Zustimmung des bindend Bedachten nicht, um einer widersprechenden Verfügung von Todes wegen zur Wirksamkeit zu verhelfen (BGH LM Nr 7 zu § 2271 BGB = FamRZ 1958, 275 m Anm Bosch; FamRZ 1969, 207); vielmehr ist ein formgerechter Zuwendungsverzicht erforderlich (s unten Rn 71 ff).

55 Schließt aber der in einem gemeinschaftlichen Testament eingesetzte Erbe nach dem Tod des erstversterbenden mit dem überlebenden Ehegatten einen Erbvertrag, so soll ihm die Einrede der Arglist entgegengehalten werden können, wenn er sich später auf die Unwirksamkeit des unter seiner Mitwirkung geschlossenen Erbvertrags nach § 2271 BGB beruft (BGH LM Nr 7 zu § 2271 BGB = FamRZ 1958, 275 m Anm Bosch: Vermächtnis an die langjährige Haushälterin; OLG Oldenburg 8. 7. 2019 – 3 W 49/19, juris Rn 40). Die Entscheidungen sind im Ergebnis richtig, aber die Begründung überzeugt nicht: Die Erbverträge lassen sich als teilweise Zuwendungsverzichtsverträge gem § 2352 BGB auslegen oder mindestens in solche umdeuten. Das bedeutet freilich: Liegt die notarielle Form nicht vor, hilft die Auslegung/Umdeutung nicht weiter, und die Formvoraussetzung darf auch nicht mittels Arglisteinwands umgangen werden (**aA** LG Düsseldorf FamRZ 1988, 661).

56 **c)** Zur Rechtsstellung des nach dem Tode des Überlebenden (bindend) Bedachten vor dem Tode des überlebenden Ehegatten sowie zur Zulässigkeit von Feststellungsklagen vor dessen Tode gilt das Gleiche wie für den erbvertragsmäßig Eingesetzten. S dazu § 2269 Rn 23 ff, unten Rn 131 und § 2281 Rn 54.

2. Der Inhalt der Bindung

57 **a)** Die Bindung des überlebenden Ehegatten nach § 2271 Abs 2 S 1 BGB bedeutet, dass er seine wechselbezüglichen Verfügungen grundsätzlich nicht mehr aufheben oder ändern darf (vgl RG WarnR 1920 Nr 18). Trifft er nach dem Tode des erstverstorbenen Ehegatten neue Verfügungen von Todes wegen, so sind diese unwirksam, soweit sie den wechselbezüglichen Anordnungen in dem gemeinschaftlichen Testament widersprechen und die Rechte der in diesen Verfügungen Bedachten oder auch nur die wirtschaftliche Bedeutung einer wechselbezüglichen Verfügung beeinträchtigen (vgl § 2289 Abs 1 S 2 BGB; RGZ 130, 213 = JW 1931, 1793 m Anm Kipp; BayObLGZ 22, A 121 = OLGE 44, 104; OLG Naumburg OLGE 24, 73).

58 Dem überlebenden Ehegatten ist es somit im Allgemeinen untersagt, den Erben, den er durch eine wechselbezügliche Verfügung eingesetzt hat, nachträglich mit einem **Vermächtnis** zu beschweren (OLG Rostock SeuffA 78 Nr 145; BGH FamRZ 1969, 207; NJW 1978, 423 = JR 1978, 287 m Anm Schubert; KG DNotZ 1977, 749; vgl OLG Köln DRiZ 1929 Nr 42; BayObLG FamRZ 1989, 1234) oder ihn durch die Anordnung einer **Nacherbfolge** oder einer **Teilungsanordnung** oder durch die **Einsetzung eines Testamentsvollstreckers** zu beschränken (vgl § 2306 BGB; zur Unzulässigkeit der nachträglichen Anordnung von Testamentsvollstreckung s BayObLG FamRZ 1991, 111; KG KGJ 42, 123 = RJA 12, 18; HRR 1936 Nr 340; JW 1936, 3264 = HRR 1936 Nr 1221; DNotZ 1967, 438; OLG München JFG 15, 262; OLG Frankfurt WM 1993, 803; OLG Köln NJW-RR 1991, 525 = FamRZ 1990, 1402; Boehmer JW 1933, 1302; s auch BGH FamRZ 1964, 502; anders anscheinend HARRACH LZ 1926, 214; dazu, dass der einseitige Widerruf der Testamentsvollstreckung oder die einseitige Änderung der Person des Testamentsvollstreckers zulässig ist, s Rn 59 und § 2270 Rn 30; KG MDR 1977, 757). Auch die **Erweiterung der Befugnisse** des Testamentsvollstreckers ist unwirksam (KEIM ZEV 2021, 129 [132 f] mwN).

Wird **Testamentsvollstreckung** dagegen **aufgehoben** oder soll die Person des Testamentsvollstreckers ausgetauscht werden, so wird das teilweise ohne Einschränkungen bejaht (MünchKomm/MUSIELAK[8] Rn 17), von der hM zumindest im Grundsatz bejaht (näher auch § 2289 Rn 20, 28 ff; BGH FamRZ 2011, 885; OLG Schleswig ZEV 2020, 158 m Anm KNITTEL; KG FamRZ 1977, 485; OLG Düsseldorf ZEV 1994, 302; OLG Hamm ZEV 2001, 271 m Anm REIMANN; KEIM ZEV 2021, 129 ff; BeckOGK/MÜLLER-ENGELS [1. 4. 2022] § 2289 Rn 65 ff), teilweise aber auch abgelehnt (MEYDING ZEV 1994, 98 [100]). Der hM ist im Wesentlichen zuzustimmen, denn es handelt sich hier stets um einseitige Verfügungen des Erblassers, die jederzeit einseitig widerruflich sind (§ 2270 Abs 3, § 2278 Abs 2 BGB). 59

Unter den Anhängern der hM werden namentlich folgende **Ausnahmen und Einschränkungen** gemacht: Nach Auffassung des BGH kann die Auswechslung des Testamentsvollstreckers den Bedachten beeinträchtigen, wenn die Auslegung der Verfügung dies ergibt (BGH FamRZ 2011, 885 [888]). Wenn Testamentsvollstreckung bisher ohne Vergütungsklausel angeordnet war, soll der Wechsel zu einer Person mit Vergütungspflicht unzulässig sein (OLG Schleswig ZEV 2020, 158 = MittBayNot 2020, 595 m Anm WEIDLICH). Zutreffend daran ist, dass die Vergütungspflicht eine *rechtliche*, nicht nur eine wirtschaftliche Beeinträchtigung darstellt, da die Erben als Gesamtschuldner zur Erfüllung des Vergütungsanspruchs verpflichtet sind (zustimmend auch KEIM ZEV 2021, 129 [133]). Davon zu trennen ist aber der Wechsel in der Person des Testamentsvollstreckers, was zulässig bleibt; dieser kann sich im Übrigen ggf mit den Erben auf eine Vergütung einigen (überzeugend KEIM ZEV 2021, 129 [133]). 60

Die – bei wechselbezüglicher gegenseitiger Erbeinsetzung – unwirksame einseitige Anordnung von **Testamentsvollstreckung** kann durch Auslegung für den Fall aufrechterhalten werden, dass der dies anordnende Ehegatte als Überlebender verstirbt (BayObLG FamRZ 1991, 111). 61

Unwirksam ist auch die Anordnung einer Schiedsgerichtsklausel (OLG Frankfurt ErbR 2013, 252 m Anm STAHMER – im konkreten Fall wegen Fehlen der Bindungswirkung abgelehnt; überzeugend WENDT ErbR 2016, 248 gegen OLG Celle ErbR 2016, 268; grundsätzlich zu den Grenzen der Zulässigkeit letztwilliger Schiedsklauseln LANGE ZZP 128 [2015] 407; STAUDINGER/OTTE [2017] Vorbem 7 ff zu §§ 1937 ff). 62

Die Auffassung von STAUDINGER/DITTMANN[10/11] (dort Rn 33), zulässig seien trotz der Bindung Belastungen jeder Art, zum Beispiel mit einem Nießbrauchs- oder sonstigen Vermächtnis, wenn damit in angemessenem Rahmen eine aus der Familienzugehörigkeit fließende oder eine sonstige sittliche, nach „gesundem Rechtsempfinden" selbstverständliche oder gebotene Pflicht erfüllt werden soll, so die Pflicht zur Unterstützung hilfsbedürftiger Familienangehöriger, die Belohnung langjähriger oder besonderer Dienstleistungen (so auch OLG Köln HRR 1928 Nr 2111 = LZ 1928, 1710; OLG Braunschweig JFG 5, 313), hat der BGH (NJW 1978, 423 = JR 1978, 287 m Anm SCHUBERT; kritisch auch KG DNotZ 1977, 749) zu Recht abgelehnt. Danach sind auch letztwillige Ver- 63 fügungen, mit denen einer sittlichen Pflicht oder einer auf den Anstand zu nehmenden Rücksicht entsprochen werden soll, von der Bindung nur ausgenommen, wenn ein (ausdrücklicher oder stillschweigender) Vorbehalt (s dazu Rn 95 ff) sie zulässt.

64 Das Recht des überlebenden Ehegatten, einem Erben zum Zwecke der Erbteilung eine über den Tod hinaus wirksame **Generalvollmacht** zu erteilen, wird durch § 2271 BGB dagegen nicht berührt (BayObLGZ 19, A 171; allerdings Widerrufsmöglichkeit durch die Erben).

65 **b)** Die Bindung bezieht sich nur auf das dem Bedachten Zugewendete selbst, nicht auf das Rechtsverhältnis des Bedachten zu seinem Ehegatten oder zu seinen Eltern als gesetzlichen Vertretern. Eine Bestimmung der Zuwendung zu Vorbehaltsgut (§ 1418 Abs 2 Nr 2 BGB) und den Entzug der Verwaltungsbefugnis durch die Eltern als gesetzliche Vertreter (§ 1638 Abs 1 BGB) kann der überlebende Ehegatte daher sowohl einseitig anordnen als auch aufheben (KG HRR 1936 Nr 340; OLG Braunschweig DNotZ 1951, 374; OLG Düsseldorf JZ 1951, 24; **aA** OLG Hamburg Recht 1912 Nr 2298 ZBlFG 13, 214, 454).

66 **c)** Haben die Ehegatten in dem gemeinschaftlichen Testament ihren Kindern den **Pflichtteil entzogen**, so kann der überlebende Ehegatte diese Bestimmung für seinen Tod aufheben mit der Wirkung, dass die Kinder zwar nicht aus dem Nachlass des verstorbenen Ehegatten, wohl aber aus dem des überlebenden den Pflichtteil erhalten, auch wenn hierdurch andere wechselbezüglich Bedachte wirtschaftlich beeinträchtigt werden (§ 2270 Abs 3 BGB; vgl RG WarnR 1933 Nr 152; enger früher Staudinger/Dittmann[10/11] Rn 34).

67 **d)** Das Widerrufsverbot hindert den überlebenden Ehegatten nicht, seine wechselbezügliche Verfügung in einem **einseitigen Testament zu wiederholen** (s Rn 41; BayObLGZ 1961, 12; OLG Hamm OLGZ 1967, 77; anders KG KGJ 20, 139) oder durch eine einseitige Verfügung von Todes wegen den Bedachten besserzustellen (etwa durch Einsetzung zum Alleinerben statt der Zuwendung des lebenslänglichen Nießbrauchs: BGHZ 30, 261 = NJW 1959, 1730; NJW 1960, 142 m **abl** Anm Bärmann = Rpfleger 1959, 376 m Anm Hägele; **aA** Vorlagebeschl – wegen Abweichung von KG JW 1938, 680 = JFG 17, 44 und KG DNotZ 1943, 276 = DR 1943, 697 – des OLG Neustadt NJW 1959, 792; BayObLGZ 1966, 245; die von Bärmann NJW 1960, 142 zusammengefassten Gründe für die entgegengesetzte Auffassung überzeugen nicht; vgl oben Rn 21).

68 **e)** Eine **einseitige Verfügung** von Todes wegen, die der überlebende Ehegatte vor (OLG Frankfurt FamRZ 1995, 1026) oder nach dem Tode des Erstverstorbenen **im Widerspruch zu** einer **wechselbezüglichen Verfügung** errichtet, **ist oder wird wirksam**, wenn sich die wechselbezügliche Verfügung des überlebenden Ehegatten als unwirksam erweist – etwa infolge einer erfolgreichen Anfechtung nach §§ 2078 ff BGB oder entsprechend §§ 2281 ff BGB – oder wenn sie durch vorzeitigen Tod des von dem überlebenden Ehegatten bedachten Ehegatten oder Dritten (§§ 1923, 2160 BGB), durch Ausschlagung der Zuwendung (§§ 1953, 2180 Abs 3 BGB), durch Erbverzicht (§§ 2346 ff BGB) oder Erbunwürdigkeit (§ 2344 BGB) gegenstandslos ist oder wird (RGZ 130, 213; 149, 200; RG WarnR 1918 Nr 124; KG JW 1938, 681; OLGE 44, 104; BayObLGZ 22, 120; 32, 411; OLG Celle ErbR 2018, 269; OLG Hamm FamRZ 1982, 203; OLG Frankfurt FamRZ 1995, 1026; OLG Hamm NJW-RR 1991, 1349, 1351; OLG Bremen FamRZ 2013, 661; OLG Braun-

schweig 31. 5. 2021 – 3 W 53/21, ErbR 2021, 790 [791]; LG Braunschweig NdsRpfleger 1969, 181; Beispiel: der überlebende Ehegatte heiratet wieder, setzt seinen zweiten Ehegatten zum Erben ein und dieser ficht das frühere Testament mit Erfolg nach § 2079 an; hier ist das gemeinschaftliche Testament unwirksam und daher das zweite Testament wirksam, RGZ 130, 213). Die Heilung ist möglich, weil die in § 2271 Abs 2 S 1 BGB angeordnete Bindung des überlebenden Ehegatten nur seine Testierfreiheit, nicht aber seine Testierfähigkeit beschränkt (RGZ 130, 213 = JW 1931, 1793 m Anm Kipp; Kipp/Coing § 35 III 4 a).

Zu beachten ist aber, dass die wechselbezügliche Verfügung nicht gegenstandslos ist, 69 wenn an die Stelle des Bedachten ein Ersatzerbe oder sonstiger Ersatzmann tritt (§§ 2096, 2069, 2102, 2190 BGB; OLG Hamm FamRZ 1982, 203) oder wenn der zugewendete Anteil an der Erbschaft oder an dem Vermächtnisgegenstand beim Wegfall des Bedachten den übrigen Bedachten anwächst (§§ 2094, 2158 BGB; BayObLG DNotZ 1935 BayBeil 129).

Gleichgültig ist, ob der Bedachte vor oder nach der Errichtung der einseitigen Verfü- 70 gung von Todes wegen wegfällt. In letzterem Fall kann man sagen, dass die einseitige Verfügung durch die Erledigung der wechselbezüglichen Verfügung geheilt wird.

f) Der überlebende Ehegatte kann sich durch Abschluss eines **Zuwendungsver-** 71 **zichtsvertrags gem § 2352 BGB** mit dem in der wechselbezüglichen Verfügung Bedachten von der Bindung freimachen (vgl RG Recht 1918 Nr 1394 = WarnR 1918 Nr 124; KG RJA 16, 236; BGH LM Nr 7 zu § 2271 BGB = DNotZ 1958, 495 = FamRZ 1958, 275 m Anm Bosch; FamRZ 1969, 207; BayObLG FamRZ 2001, 319; ausf jurisPK/Reymann[9] Rn 97 ff) oder sich durch einen Teilerbverzicht das Recht einräumen lassen, den künftigen Erben Beschränkungen in Form von Vermächtnissen aufzuerlegen (OLG Köln FamRZ 1983, 837) oder sich auch im Übrigen nur punktuell von einzelnen Beschränkungen befreien lassen (jurisPK/Reymann[9] Rn 98).

Bis zum Inkrafttreten des Gesetzes zur Änderung des Erb- und Verjährungsrechts 72 zum 1. 1. 2010 hatte der Zuwendungsverzicht freilich den Schwachpunkt, dass er die Rechtsstellung wechselbezüglich eingesetzter Ersatzerben bzw anderer ersatzweise Bedachter nicht erfasste (vgl zur früheren Rechtslage im Einzelnen Kanzleiter ZEV 1997, 261; jurisPK/Reymann[9] Rn 99 mwN; ferner etwa OLG Hamm FamRZ 1982, 203). § 2352 S 3 BGB verweist nunmehr ausdrücklich auch auf § 2349 BGB. Für Altfälle bleibt die alte Rechtslage freilich streitig (dazu im Einzelnen Staudinger/Schotten [2022] § 2352 Rn 73 ff; jurisPK/Reymann[9] Rn 100 mwN).

Über die Frage, ob und unter welchen Voraussetzungen die Zustimmung des Be- 73 dachten auch ohne förmlichen Erbverzicht einer von dem überlebenden Ehegatten im Widerspruch zu früheren wechselbezüglichen Verfügungen getroffenen Verfügung von Todes wegen Wirkung verleihen kann, s vorstehend Rn 53 ff; RGZ 134, 325; RG WarnR 1918 Nr 124; KG JW 1938, 2746; BGH LM Nr 7 zu § 2271 BGB = DNotZ 1958, 495 = FamRZ 1958, 275 m Anm Bosch. Im letzten Falle waren die durch das gemeinschaftliche Testament eingesetzten Schlusserben an dem Erbvertrag beteiligt, mit dem der überlebende Ehegatte ein Vermächtnis zugunsten seiner Haushälterin aussetzte; der BGH vertrat die Auffassung, der Einwand der Arglist lasse die Geltendmachung der Unwirksamkeit des Vermächtnisses nicht zu, obwohl den Schlusserben bei Abschluss des Erbvertrages ihre Erbenstellung nicht bekannt war.

74 **g)** Die Bindung des überlebenden Ehegatten kann auch dadurch wegfallen, dass eine **Verwirkungsklausel** (s bei § 2074 BGB) in Kraft tritt und der wechselbezüglichen Verfügung die Wirkung nimmt (Sächs OLG 40, 174 = OLGE 40, 143). Dagegen wird das gemeinschaftliche Testament nicht dadurch gegenstandslos, dass der zuerst versterbende Ehegatte nichts hinterlässt (OLG Kiel HEZ 2, 239).

3. Befreiung von der Bindung durch Ausschlagung

75 **a)** Nach § 2271 Abs 2 S 1 HS 2 BGB kann der überlebende Ehegatte seine (wechselbezügliche) Verfügung aufheben, wenn er das ihm von dem verstorbenen Ehegatten Zugewendete – sei es die Erbschaft, ein Erbteil oder ein Vermächtnis – ausschlägt (§§ 1942 ff, 1953, 2176, 2180 BGB). Ob es möglich ist, die **Auflage**, die den überlebenden Ehegatten begünstigt, auszuschlagen, ist umstritten. Jedenfalls muss es möglich sein, sich von der Bindung zu befreien, ansonsten wäre der überlebende Ehegatte hinsichtlich der Bindungswirkungen einer Auflage schlechter gestellt als hinsichtlich Erbeinsetzung oder Aussetzung eines Vermächtnisses (BeckOK/Litzenburger [1. 2. 2022] Rn 40; jurisPK/Reymann[9] Rn 64).

76 Während die Erbschaftsausschlagung nach § 1944 BGB bekanntermaßen fristgebunden ist, gilt dies für das Vermächtnis nicht; § 2180 BGB verweist hierauf nicht. Auch die Ausschlagung eines Vermächtnisses mit der Wirkung des Abs 2 S 1, 2. HS ist nicht fristgebunden (BGH NJW 2011, 1353 = FamRZ 2011, 468); freilich kann der Vermächtnisnehmer das Vermächtnis nicht mehr ausschlagen, sobald er es angenommen hat, § 2180 Abs 1. Hat der überlebende Ehegatte das Vermächtnis ausgeschlagen und seine wechselbezügliche Verfügung widerrufen mit der Folge, dass nach § 2270 Abs 1 BGB eine wechselbezügliche Verfügung des vorverstorbenen Ehegatten unwirksam wurde, tritt diese Wirkung sofort ein, obwohl der überlebende Ehegatte seinen Widerruf rückgängig machen könnte (BGH NJW 2011, 1353 ; s Rn 78).

77 Wenn der verstorbene Ehegatte dem Überlebenden **nichts zugewendet** hat, seine Verfügungen (zugunsten Dritter) aber doch wechselbezüglich zu denen des überlebenden Ehegatten sind, so kann dieser nichts ausschlagen, sich also auch nicht von seiner Bindung befreien (Planck/Greiff Anm IV 1 b). Wenn in einem solchen Fall der von dem verstorbenen Ehegatten bedachte Dritte die Zuwendung ausschlägt, so kann diese Ausschlagung der durch den überlebenden Ehegatten auch dann nicht gleichgestellt werden, wenn der Dritte ihm nahesteht (vgl § 2270 Abs 1 BGB; ebenso J Mayer/Sammet, in: Reimann/Bengel/Dietz[7] Rn 49; BGB-RGRK/Johannsen Rn 26; Planck/Greiff Anm IV b; MünchKomm/Musielak[9] Rn 23; ders, in: FS Kegel [1987] 433, 445; Erman/S Kappler/T Kappler[16] Rn 15; NK /Müssig[6] Rn 53; **aA** Soergel/Leiss[14] Rn 20; Kipp/Coing § 35 III 3 b; Leonhard Anm III D; Dernburg V § 93 VI 4; Hellwig, Verträge auf Leistung an Dritte 648; freilich kann der überlebende Ehegatte für den Fall der Ausschlagung durch den bedachten Dritten – ausdrücklich oder stillschweigend – freigestellt werden). Andererseits kommt es auf den wirtschaftlichen Wert dessen, was dem Überlebenden zugewendet ist, nicht an. Auch bei Ausschlagung einer wirtschaftlich wertlosen Zuwendung entfällt die Bindung (BGH MDR 1961, 402; OLG Kiel HEZ 2, 333).

b) Hat der zuerst verstorbene Ehegatte sowohl den überlebenden Ehegatten als auch einen Dritten in Wechselbeziehung zu einer Verfügung des überlebenden Ehegatten bedacht, so genügt es zur Beseitigung der Bindung des Überlebenden nach dem Wortlaut und Sinn des Gesetzes, dass der Überlebende das ihm Zugewendete ausschlägt (Planck/Greiff Anm IV 1 b; Musielak, in: FS Kegel [1987] 433, 446; J Mayer/Sammet, in: Reimann/Bengel/Dietz[7] Rn 42; Erman/S Kappler/T Kappler[16] Rn 15; **aA** Strohal § 43a N 33: beide müssten ausschlagen). Wenn der überlebende Ehegatte ausschlägt und seine frühere Verfügung aufhebt, so wird auch die Verfügung des verstorbenen Ehegatten zugunsten des Dritten unwirksam (§ 2270 Abs 1 BGB); sie bleibt auch dann unwirksam, wenn der überlebende Ehegatte die Aufhebung seiner Verfügung rückgängig macht (Planck/Greiff Anm IV 1 b; BGH NJW 2011, 1353 [1355] = FamRZ 2011, 468 [471]; **aA** Strohal § 43a N 34). **78**

c) Wenn der Erblasser der **gesetzlichen Erbfolge freien Lauf** lässt, so liegt darin an sich keine Zuwendung, sodass die Ausschlagung der gesetzlichen Erbfolge durch den überlebenden Ehegatten (§§ 1931, 1371 BGB) ihn nicht von der Bindung an seine wechselbezüglichen Verfügungen befreien kann. Wenn es aber der zuerst verstorbene Ehegatte in einem gemeinschaftlichen Testament mit Rücksicht auf eine Verfügung des anderen Ehegatten zu seinen Gunsten oder zugunsten einer ihm nahestehenden Person bei der (teilweisen) gesetzlichen Erbfolge des überlebenden Ehegatten belassen hat, so kann darin eine wechselbezügliche Zuwendung an den überlebenden Ehegatten erblickt werden, deren Ausschlagung diesen berechtigt, seine eigenen wechselbezüglichen Verfügungen zu widerrufen (Planck/Greiff Anm IV 1 b ß; BGB-RGRK/Johannsen Rn 25). In gleicher Weise ist die Rechtslage zu beurteilen, wenn beide Ehegatten im Verhältnis zueinander bewusst der gesetzlichen Erbfolge freien Lauf lassen oder sich auf den gesetzlichen Erbteil förmlich einsetzen (OLG München JFG 15, 36 = DNotZ 1937, 338 = HRR 1937 Nr 808). Ein solcher Fall wird anzunehmen sein, wenn die Ehegatten in Ermangelung näherer Verwandter nach dem Gesetz gegenseitig zu Alleinerben berufen sind und hiervon auch in ihrem gemeinschaftlichen Testament stillschweigend ausgehen, in diesem aber weiter bestimmen, dass gewisse beiderseitige entferntere Verwandte nach dem Tode des überlebenden Ehegatten den gemeinsamen Nachlass erhalten sollen (Planck/Greiff Anm IV 1 b β). **79**

d) Gehört der überlebende **Ehegatte auch zu** den **gesetzlichen Erben**, erreicht er trotzdem seine Verfügungsfreiheit wieder, wenn er das ihm Zugewendete ausschlägt (Musielak, in: FS Kegel [1987] 433, 448 ff; Tiedtke FamRZ 1991, 1259 mit zahlr Nachw; BeckOGK/Braun [1. 4. 2022] Rn 82; **aA** Staudinger/Dittmann[10/11] Rn 43; OLG München DNotZ 1937, 338; Kipp/Coing § 35 N 23; vgl auch § 2298 Rn 31 ff; nach KG NJW-RR 1991, 330 führt allein die Ausschlagung des wechselbezüglich Zugewendeten nur zur Wiederherstellung der Testierfreiheit, wenn der gesetzliche Erbteil erheblich hinter dem Zugewendeten zurückbleibt, was bei einer Minderung um nur ein Viertel regelmäßig nicht der Fall sei). Eine Frage der erläuternden oder der ergänzenden Auslegung ist es dann, ob der überlebende Ehegatte dann auch nicht gesetzlicher Erbe wird, weil er nach dem Willen des Erstverstorbenen enterbt ist, wenn er seine Bindung durch Ausschlagung des Zugewendeten beseitigt (Tiedtke, FamRZ 1991, 1259; Grüneberg/Weidlich Rn 18; Musielak ZErb 2008, 189). Dies ist nur anzunehmen, wenn besondere Gesichtspunkte dafürsprechen (Tiedtke FamRZ 1991, 1259, 1264 f; Erman/S Kappler/T Kappler[16] Rn 14; **aA** – das entspreche regelmäßig dem Willen des Erblassers, wenn der testamentarische Erbteil gleich groß wie der gesetzliche Erbteil oder geringer als der gesetzliche Erbteil ist – Holzhauer, Erbrechtliche Untersuchungen [1973] 101 f, 136 ff; Musie- **80**

Lak, in: FS Kegel [1987] 450; MünchKomm/Musielak[9] Rn 25). Ist der testamentarische Erbteil geringer als der gesetzliche, ist das allerdings ein starkes Indiz für die „Enterbung", jedenfalls für die „Entziehung" des gesetzlichen Erbteils, soweit er über den testamentarischen hinausgeht (MünchKomm/Musielak[9] Rn 25).

81 **e)** Der Ausschlagung steht es nicht gleich, wenn der überlebende Ehegatte nach Errichtung der aufhebenden letztwilligen Verfügung stirbt, ohne die Zuwendung des verstorbenen Ehegatten angenommen oder ausgeschlagen zu haben, mag auch die **Ausschlagungsfrist bei seinem Tode noch nicht abgelaufen** sein (RGZ 95, 218; Planck/Greiff Anm IV 1 a gegen Strohal § 43a N 27 ff). Zwar geht das Ausschlagungsrecht des überlebenden Ehegatten, wenn es bei seinem Tod noch besteht, auf seine Erben über (§§ 1952, 2180 Abs 3 BGB). Die Erben können aber der aufhebenden Verfügung des überlebenden Ehegatten nicht dadurch (nachträglich) Kraft verleihen, dass sie an seiner statt die Zuwendung des zuerst verstorbenen Ehegatten ausschlagen (**aA** Musielak, in: FS Kegel [1987] 433, 456 f). Denn die Möglichkeit, durch den Verzicht auf das Zugewendete die Testierfreiheit wiederzuerlangen, steht nur dem überlebenden Ehegatten selbst zu (iE ebenso BGB-RGRK/Johannsen Rn 25; Müller DNotZ 2008, 385, 386 mit Nachw). Deshalb kommt es nicht auf die Erwägung an, dass weder die durch das gemeinschaftliche Testament noch die durch das einseitige (bei Wegfall des gemeinschaftlichen Testaments wirksam werdende) Testament eingesetzten Schlusserben des Ehegatten das diesem Zugewendete mit der Wirkung des (nachträglichen) Wegfalls seiner Bindung an das gemeinschaftliche Testament ausschlagen könnten, weil (im ersten Falle) damit auch deren Erbenstellung wegfiele (gegen diese Erwägung Musielak, in: FS Kegel [1987] 456 f mit der Begründung, der „vorläufige" Erbe könne wirksam ausschlagen), während sie (im zweiten Falle) bis zum Wegfall des gemeinschaftlichen Testaments gar nicht Erben wären, sodass überhaupt nur die gesetzlichen Erben des überlebenden Ehegatten mit der Wirkung des (nachträglichen) Wegfalls seiner Bindung an das gemeinschaftliche Testament die Ausschlagung vornehmen könnten (s Staudinger/Dittmann[10/11] Rn 43; Planck/Greiff Anm IV 1 a; BGB-RGRK/Johannsen Rn 27; vLübtow I 508; RGZ 95, 214, 218 f).

82 **f)** In keinem Fall genügt die Ausschlagung allein, um die wechselbezüglichen Verfügungen außer Kraft zu setzen, vielmehr muss der **Widerruf** (s Rn 68) des überlebenden Ehegatten hinzukommen (KG KGJ 48, A 99; OLG Kiel HEZ 2, 329). Der Widerruf kann praktisch nur durch Widerrufstestament (§ 2254 BGB), widersprechendes Testament (§ 2258 BGB) oder durch Erbvertrag (§ 2289 BGB) geschehen, nicht durch Vernichtung der Testamentsurkunde oder durch Rücknahme aus der amtlichen Verwahrung (§ 2256 BGB).

83 **g)** Der überlebende Ehegatte kann immer nur eigene Verfügungen widerrufen, nicht auch solche des vorverstorbenen Ehegatten. Der Widerruf hat aber dann zur Folge, dass auch die **wechselbezüglichen Verfügungen des verstorbenen Ehegatten** unwirksam werden (§ 2270 BGB), was dazu führt, dass bisher wegen des Widerspruchs zu einer dieser wechselbezüglichen Verfügungen unwirksame Verfügungen, die er getroffen hat, wirksam werden (OLG Bremen FamRZ 2013, 661; Keim ZEV 1999, 412, 415 richtig gegen die erörterte Entsch des OLG Karlsruhe). Daran würde sich nichts ändern, wenn der überlebende Ehegatte wieder im ursprünglichen Sinn testieren würde (BGH FamRZ 2011, 468).

h) Da die Ausschlagung auf den Erbfall zurückwirkt (§ 1953 BGB), macht sie auch einen Widerruf, der zwischen Erbfall und Ausschlagung ausgesprochen worden ist, wirksam (RGZ 65, 275; BayObLGZ 22, A 120). **84**

4. Beschränkende Anordnungen bei Verfehlungen, Verschwendung oder Überschuldung des Bedachten

a) Nach § 2271 Abs 2 BGB iVm § 2294 BGB und § 2333 BGB ist der überlebende Ehegatte auch nach der Annahme der Zuwendung des verstorbenen Ehegatten berechtigt, seine wechselbezügliche Verfügung aufzuheben, wenn sich der in ihr Bedachte einer Verfehlung schuldig macht, die den überlebenden Ehegatten zur Entziehung des Pflichtteils berechtigt oder, falls der Bedachte nicht zu den Pflichtteilsberechtigten gehört, ihn zu der Entziehung berechtigen würde, wenn der Bedachte ein Abkömmling von ihm wäre (vgl RGZ 63, 120 = JW 1904, 343). Die Befugnis zur Entziehung des Pflichtteils muss dem überlebenden Ehegatten zustehen, auf eine eventuelle Befugnis des vorverstorbenen Ehegatten kommt es nicht an (**aA** Planck/Greiff Anm IV 2). Der überlebende Ehegatte kann die in einem gemeinschaftlichen Testament getroffene wechselbezügliche Verfügung auch noch nach dem Tod des Bedachten wegen einer von diesem begangenen, schweren, vorsätzlichen Verfehlung widerrufen (LG München FamRZ 2000, 853). **85**

b) Die einzelnen Entziehungsgründe sind in § 2333 BGB aufgeführt. Soweit er Verfehlungen gegenüber dem Ehegatten des Erblassers anführt, kommen hier auch Verfehlungen gegenüber dem verstorbenen Ehegatten in Betracht (insoweit zutreffend Planck/Greiff Anm IV 2). **86**

Die Aufhebung kann einerseits nur auf Verfehlungen gestützt werden, die nach der Errichtung des gemeinschaftlichen Testaments begangen worden sind (jurisPK/Reymann[9] Rn 95). Verfehlungen, die bei Errichtung des gemeinschaftlichen Testaments schon begangen und bekannt waren, scheiden nach dem Sinn des § 2271 Abs 2 S 2 BGB und der Fassung des § 2294 BGB aus. Waren sie unbekannt, so können sie uU die Selbstanfechtung entsprechend § 2078 Abs 2, §§ 2281 ff BGB rechtfertigen. Andererseits kann die Aufhebung auch nur auf Verfehlungen gestützt werden, die erst nach dem Tode des erstversterbenden Ehegatten bekannt geworden sind. Verfehlungen, die nach der Errichtung des gemeinschaftlichen Testaments begangen und vor dem Tode des erstversterbenden Ehegatten bekannt werden, können Anlass zum Widerruf wechselbezüglicher Verfügungen nach § 2271 Abs 1 S 1, § 2296 BGB bieten. Dagegen besteht kein Grund, dem überlebenden Ehegatten zu gestatten, dass er nach dem Tode des anderen Ehegatten einerseits dessen wechselbezügliche Zuwendung annimmt, andererseits aber aufgrund jener Verfehlungen, die ihm zu Lebzeiten des anderen Ehegatten bekannt wurden, seine wechselbezügliche Verfügung zugunsten des Schuldigen aufhebt. **87**

Zur Aufhebung berechtigen aber auch Verfehlungen, die schon vor Errichtung des Testaments begangen und danach zu Lebzeiten des erstverstorbenen Ehegatten weiter begangen werden, wenn sie über den Tod des erstverstorbenen Ehegatten hinaus fortgesetzt werden (BayObLGZ 1963, 271 = FamRZ 1964, 472 zum damaligen Pflichtteilsrecht; vgl außerdem § 2294 Rn 3 ff). **88**

89 **c)** § 2271 Abs 2 S 2 BGB geht von dem Fall aus, dass der überlebende Ehegatte die Zuwendungen des anderen Teils annimmt. Daher hat hier die Aufhebung der wechselbezüglichen Verfügungen des überlebenden Ehegatten nicht zur Folge, dass die Zuwendung des verstorbenen Ehegatten an den Überlebenden nach § 2270 Abs 1 BGB unwirksam werden würde (jurisPK/Reymann[9] Rn 95).

90 **d)** Der überlebende Ehegatte kann nur seine eigene Verfügung aufheben, nicht die des verstorbenen Ehegatten. Wenn aber ein sog Berliner Testament vorliegt und damit der Nachlass des überlebenden Ehegatten auch den des Erstverstorbenen umfasst, so kann der überlebende Ehegatte durch die Aufhebung der Schlusserbeinsetzung den im gemeinschaftlichen Testament berufenen Schlusserben praktisch auch von der Erbfolge in das Vermögen des verstorbenen Ehegatten ausschließen (s hierzu außerdem unten Rn 110 f).

91 **e)** Für die Form der Aufhebung gilt § 2336 BGB: der überlebende Ehegatte kann seine wechselbezügliche Verfügung nur durch eine letztwillige Verfügung aufheben, in der der Grund der Aufhebung angegeben ist, § 2336 Abs 2 S 1 BGB (KG OLGE 21, 340). Der Grund muss zur Zeit der Errichtung der letztwilligen Verfügung bestehen und im Streitfall von dem bewiesen werden, der sich auf die Aufhebung beruft.

92 **f)** Die Aufhebung führt nicht zum Wegfall dessen, der sich der Verfehlung schuldig macht, iSv § 2069 BGB (mit der Folge, dass seine Kinder als Ersatzerben an seine Stelle treten würden und der überlebende Ehegatte hieran wiederum gebunden wäre), der überlebende Ehegatte wird durch die Aufhebung vielmehr frei, beliebig zu testieren (BayObLGZ 1963, 271 = FamRZ 1964, 472; jurisPK/Reymann[9] Rn 96). Über die Bindung des Überlebenden trotz der Aufhebung entscheidet letztlich aber der (mutmaßliche) Wille der Erblasser bei Errichtung des gemeinschaftlichen Testaments, mit der Folge, dass der überlebende Ehegatte an ausdrücklich eingesetzte Ersatzerben regelmäßig gebunden bleibt.

93 **g)** Wenn ein Ehegatte einen eigenen pflichtteilsberechtigten Abkömmling oder einen pflichtteilsberechtigten Abkömmling des anderen Ehegatten in dem gemeinschaftlichen Testament bedacht hat und der Bedachte durch Verschwendung oder Überschuldung seinen späteren Erwerb erheblich gefährdet, so kann der Erblasser die Zuwendung vor oder nach dem Tode des anderen Ehegatten auf verschiedene Weise beschränken (sog **Beschränkung in guter Absicht**, § 2271 Abs 3, § 2289 Abs 2, §§ 2338, 2336 BGB): Er kann anordnen, dass der Bedachte nur Vorerbe oder Vorvermächtnisnehmer sein soll und dass nach seinem Tod seine gesetzlichen Erben das ihm Hinterlassene als Nacherben oder Nachvermächtnisnehmer nach dem Verhältnis ihrer gesetzlichen Erbteile erhalten sollen (§§ 2100, 2191 BGB). Der Erblasser kann auch die Verwaltung des Zugewandten für die Lebenszeit des Abkömmlings einem Testamentsvollstrecker übertragen; in diesem Fall hat aber der Abkömmling Anspruch auf den jährlichen Reinertrag (gegen eine Ausdehnung des § 2338 über die Zulässigkeit der Anordnung von Testamentsvollstreckung auf andere Fälle KG DNotZ 1967, 438). Die Anordnungen sind unwirksam, wenn sich der bedachte Abkömmling zur Zeit des Todes des Erblassers dauernd von dem verschwenderischen Leben abgewendet hat oder wenn er zu dieser Zeit nicht mehr überschuldet ist (§ 2338 Abs 2 BGB).

Die Beschränkung der Anordnung kann nur durch letztwillige Verfügung getroffen werden (§ 2336 BGB). Der Grund der Beschränkung muss bei der Errichtung der letztwilligen Verfügung bestehen und in der Verfügung angegeben werden; es genügt nicht, dass die Überschuldung droht (OLG Köln MDR 1983, 318). Der Erblasser kann die Beschränkung zu Lebzeiten beider Ehegatten oder auch – wenn er den anderen Ehegatten überlebt – nach dessen Tod anordnen. Im ersteren Fall stellt § 2271 Abs 3 BGB eine Ausnahme von der Formvorschrift des § 2271 Abs 1 S 1 BGB dar, im anderen Fall eine Ausnahme von der Bindung des überlebenden Ehegatten nach § 2271 Abs 2 BGB (Planck/Greiff Anm V). Jeder Ehegatte kann auch Zuwendungen an einseitige Abkömmlinge des anderen Ehegatten beschränken, aber immer nur eigene Zuwendungen, nicht auch Zuwendungen des anderen Ehegatten. Wie sich aus der Stellung des § 2271 Abs 3 BGB ergibt, betrachtet das Gesetz die dort zugelassenen Beschränkungen nicht als Widerruf iSd § 2271 Abs 1 BGB, also auch nicht iSd § 2270 Abs 1 BGB. Daher berühren beschränkende Anordnungen eines Ehegatten nach § 2271 Abs 3 BGB nicht die wechselbezüglichen Verfügungen des anderen Ehegatten (Planck/Greiff Anm V). 94

5. Einräumung des Rechts zum Widerruf im gemeinschaftlichen Testament

a) Zulässigkeit eines Änderungsvorbehalts, Anordnung

Da es den Ehegatten freisteht zu bestimmen, ob und inwieweit ihre letztwilligen Anordnungen wechselbezüglich sein sollen, können sie in dem gemeinschaftlichen Testament einander auch das Recht einräumen, eigene wechselbezügliche Verfügungen nach dem Tode des anderen Ehegatten einseitig aufzuheben oder zu ändern, ohne dass sie damit aufhören würden, wechselbezügliche Verfügungen zu sein (RG DNotZ 1932, 348; WarnR 1921 Nr 75; BGHZ 2, 35 = NJW 1951, 959; BGH FamRZ 1956, 83; DB 1959, 943; KG OLGE 12, 386; 44, 102; DNotZ 1977, 749; OLG Düsseldorf FamRZ 2016, 2040 [2041 f]; OLG Hamm NJW-RR 1995, 777; OLG Rostock FamRZ 2021, 642 [643]; OLG Zweibrücken NJW-RR 1992, 587, 588; jurisPK/Reymann[9] § 2269 Rn 61), während eine Verfügung nicht wechselbezüglich ist, deren einseitige Aufhebung durch Änderungstestament schon zu Lebzeiten des anderen in das Belieben des Ehegatten gestellt ist. 95

Das **Recht zur Aufhebung** kann dem Überlebenden uneingeschränkt, aber auch mit **beliebigen Einschränkungen** eingeräumt werden. Die Ermächtigung kann unbedingt oder unter beliebigen Bedingungen erteilt werden, etwa unter der Bedingung des Einverständnisses mit dem Testamentsvollstrecker (OLG Bremen ZEV 2018, 90 mit **abl** Anm Graf Wolffskeel v Reichenberg = ErbR 2018, 43 = MittBayNot 2018, 257 mit **zust** Anm C Braun; **abl** auch Litzenburger FD-ErbR 2018, 403325. § 2065 BGB greift hier nicht, weil die Wirksamkeit der Verfügung nur mittelbare Folge der Einschränkung der Bindung ist; die Eheleute treffen ihre Verfügungen jeweils selbst, nur die Frage der Bindung legen sie in die Hände Dritter), auflösend bedingt mit der Wiederheirat des Überlebenden oder aufschiebend bedingt damit, dass ein Abkömmling beim Tod des Erstverstorbenen den Pflichtteil geltend macht, ersteres, wenn dem Abänderungsrecht hinzugefügt wird, dass der „Überlebende im Fall der Wiederheirat an die Schlusserbeinsetzung in jedem Fall gebunden ist" (OLG Hamm FamRZ 2011, 1901, dann steht erst bei seinem Tod fest, ob ein abweichendes Testament wirksam ist, weil er nicht wieder geheiratet hat), letzteres ist häufig bei Pflichtteilsklauseln der Fall (s § 2269 Rn 107 ff). Insgesamt sind die Ehegatten in der inhaltlichen Gestaltung ihres Änderungsvorbehalts weitgehend frei (s etwa OLG Karlsruhe FamRZ 2012, 400). Ein Änderungsvorbehalt für den überlebenden Ehegatten zur 96

Kürzung der Erbteile der Kinder um bis zu einem Viertel kann dahin auszulegen sein, dass er auch die Anordnung von Testamentsvollstreckung erlaubt (OLG Köln ZEV 2014, 255 mit zust Anm Goetz).

b) Ermittlung eines Änderungsvorbehalts durch Auslegung

97 Ob und ggf inwieweit dem überlebenden Ehegatten ein Aufhebungsvorbehalt zusteht, ist durch **Auslegung** zu ermitteln (anschauliches Beispiel in OLG Rostock FamRZ 2021, 642). Ein Widerrufsvorbehalt kann auch stillschweigend eingeräumt werden oder durch **ergänzende Auslegung** zu ermitteln sein (KG DNotZ 1967, 438; DNotZ 1977, 749). Der stillschweigende Vorbehalt des Widerrufs ist aber nicht schon deshalb anzunehmen, weil der erstversterbende Ehegatte vermögenslos war (OLG München DNotZ 1937, 704). Auf eine sorgfältige Formulierung ist in jedem Fall zu achten, um Zweifelsfälle möglichst zu vermeiden (jurisPK/Reymann[9] Rn 95). Treten nach der Testamentserrichtung **Umstände** ein, die die Ehegatten **nicht vorausgesehen** haben, kann sich ein Änderungsvorbehalt aufgrund ergänzender Testamentsauslegung ergeben: So etwa Widerrufsvorbehalt für einen solchen späteren Vermögenserwerb des überlebenden Ehegatten, der die vorhersehbare wirtschaftliche Situation grundlegend umgestaltet (OLG Zweibrücken NJW-RR 1992, 587 m zust Anm Gerken Rpfleger 1992, 252, ähnlich OLG München MittBayNot 2011, 505 = FamRZ 2011, 1817: Abänderungsbefugnis aufgrund ergänzender Testamentsauslegung, wenn der überlebende Ehegatte nach dem Tod des Vorverstorbenen von seiner Verwandtschaft Vermögen erhalten hat, im konkreten Fall abgelehnt, weil sowohl hinsichtlich der Annahme als auch des Umfangs der Abänderungsbefugnis ein strenger Maßstab anzulegen sei). Dagegen kann von keinem Erfahrungssatz dahin ausgegangen werden, in den Fällen, in denen Eltern ihre gemeinschaftlichen Kinder zu Schlusserben bestimmen, entspreche es ihrem gemeinschaftlichen Willen, dass der überlebende Elternteil zu einer Änderung des Testaments berechtigt sein soll, wenn es nach dem Tod des Erstversterbenden zu einem Vermögenszuwachs oder zu Familienstreitigkeiten kommt (OLG Hamm FamRZ 2002, 777 = FGPrax 2002, 33 = Rpfleger 2002, 150).

c) Weitere Einzelfälle

98 Ist nach der Formulierung des Testaments „den Eltern" die Befugnis eingeräumt, das Testament „abzuändern", kann das dahin ausgelegt werden, dass den Ehegatten diese Befugnis nur gemeinsam zusteht (BayObLG NJW-RR 1989, 587; aber natürlich auch im Sinne eines Änderungsvorbehalts). Umgekehrt kann die Einräumung einer Änderungsbefugnis zB darin gefunden werden, dass die Ehegatten sich in dem gemeinschaftlichen Testament vorbehalten, Änderungen durch „Nachzettel" zu treffen (RG Recht 1923 Nr 54).

99 Die Bestimmung eines gemeinschaftlichen Testaments, der überlebende Ehegatte solle **zur freien Verfügung über die Erbschaft** berechtigt sein, enthält im Zweifel nur die Ermächtigung des Überlebenden, über die Erbschaft unter Lebenden, nicht aber von Todes wegen frei zu verfügen (vgl § 2137 Abs 2 BGB; KG HRR 1936 Nr 1221 = JW 1936, 3264; BayObLG FamRZ 1985, 209; KG FamRZ 1998, 124 = FGPrax 1997, 232 = Rpfleger 1993, 23; OLG Schleswig NJW-RR 2014, 965; OLG Düsseldorf FamRZ 2018, 1704; OLG Hamburg FamRZ 2019, 486 [487]; s auch BGH NJW 1958, 547; im Fall OLG Frankfurt FamRZ 2010, 152 kam es darauf nicht an, zur Feststellung freier Verfügungsmöglichkeit des Überlebenden zog das Gericht auch eine dem Testament beigefügte Generalvollmacht „zur freien Verfügung über das gesamte Vermögen" heran). Unterstreichen die Ehegatten die Befugnis des Überlebenden zur freien Verfügung unter Lebenden besonders, kann auch daraus nicht auf eine Befugnis zur Änderung der Schlusserbeinsetzung geschlossen werden (OLG Hamm DAVorm 1988, 632; vgl auch BayObLG FamRZ 1994, 1422). Im Gegenteil kann sich aus der Bestimmung, dass der Überlebende über das gesamte Vermögen unter Lebenden frei verfügen kann, sogar ein Indiz für den Bindungswillen von Todes wegen ergeben (OLG Düsseldorf ZEV 2015, 222 = MittBayNot 2016, 47 = ErbR 2015, 503).

Die Tatsache, dass die Ehegatten verhältnismäßig jung sind, ist für sich allein ohne Bedeutung (BayObLG FamRZ 1995, 251, 253 = ZEV 1994, 362). Das Gleiche gilt für das Fehlen einer Wiederverheiratungsklausel (BayObLG, FamRZ 1995, 253). **100**

Eine Bestimmung, dass ein zum Schlusserben bestimmtes Kind beim Tode des überlebenden Ehegatten nur den Pflichtteil erhalten solle, wenn es beim Tode des Erstversterbenden den Pflichtteil verlange, kann dahin auszulegen sein, dass der überlebende Ehegatte die Aufhebungsbefugnis erlange, wenn das Kind beim Tode des Erstversterbenden den Pflichtteil geltend gemacht hat (OLG Dresden OLGE 40, 143). **101**

Wird dem überlebenden Ehegatten das Recht vorbehalten, die an sich vorgesehene gleichberechtigte Erbfolge der gemeinsamen Kinder „aus triftigen Gründen" anders zu regeln, bedarf es hierfür sachlich vernünftiger und gerechter Gründe (s OLG Koblenz DNotZ 1998, 218 zu einem Ehegattenerbvertrag). Wenn der Vorbehalt darin besteht, dass es „mit unserem Sohn zu familiären Zuwiderhandlungen kommt", genügt mangelnde Kontaktpflege des Sohnes zum Vater jedenfalls dann nicht, wenn das darauf zurückzuführen ist, dass der Längerlebende eine Beziehung weiter pflegte, die schon zu Lebzeiten des Vorverstorbenen als außereheliche Beziehung bestanden und die Ehe mit der Erstverstorbenen stark belastet hatte (OLG Bamberg FamRZ 2021, 389). Wenn die Änderungsbefugnis des überlebenden Ehegatten davon abhängig gemacht ist, dass ein bestimmter Tatbestand vorliegt oder eintritt, und hinzugefügt wird, dass abändernde Verfügungen des überlebenden Ehegatten keiner gerichtlichen Nachprüfung unterliegen sollen, so fehlt dem Gericht die Befugnis, die Berechtigung des Widerrufs des überlebenden Ehegatten sachlich zu überprüfen (BGH NJW 1951, 959). Bringen die Erblasser zum Ausdruck, dass sie vom Schlusserben die Versorgung des überlebenden Ehegatten erwarten, und wollen sie damit dessen Versorgung sicherstellen, legt der Versorgungscharakter des Testaments die Annahme nahe, dass der überlebende Ehegatte zu einer anderweitigen Verfügung von Todes wegen berechtigt sein sollte, wenn er annehmen kann, dass seine persönliche Versorgung durch den Schlusserben nicht mehr gewährleistet sei (OLG Hamm FamRZ 1995, 1022 = ZEV 1995, 146 m insoweit krit Anm Kössinger). **102**

In jedem Falle ist bei der Prüfung der Frage, ob dem überlebenden Ehegatten weitgehende Änderungsbefugnisse zustehen, gewisse **Zurückhaltung** geboten (so auch BayObLG FamRZ 1991, 1488 = DNotZ 1992, 520). Wenn zB in einem gemeinschaftlichen Testament die Ehegatten bestimmen, dass der Überlebende berechtigt sein soll, die „Erbfolge" nach dem Überlebenden einseitig zu ändern, so erstreckt sich die Änderungsbefugnis im Zweifel nicht auf Vermächtnisse, mit denen der Erstversterbende die Erbschaft nach dem Überlebenden beschwert hat (OLG Stuttgart JW 1934, 1294 m Anm Zilkens). Wenn in einem gemeinschaftlichen Testament die Erblasser sich das Recht vorbehalten haben, das Testament durch Zusätze, insbesondere durch weitere Vermächtnisanordnungen zu ergänzen, so kann dies dahin auszulegen sein, dass damit dem überlebenden Ehegatten nicht das Recht verliehen wird, eine Zuwendung **103** einem Bedachten zu entziehen (RG LZ 1920, 705 = Recht 1920 Nr 423). Wenn dem überlebenden Ehegatten nur Anordnungen über die Art der Verteilung unter den Kindern vorbehalten sind, so kann dies (einschränkend) bedeuten, dass er nicht die Erbteile der Kinder verändern darf (BayObLG BayZ 1919, 105). Andererseits kann eine Klausel, nach der der Längerlebende „in Bezug auf die Verteilung des Vermögens unter unseren gemeinschaftlichen Kindern und deren Abkömmlingen" Abänderungen vornehmen darf, diesen ggf auch ermächtigen, ein Kind zum Alleinerben zu berufen (OLG Frankfurt ErbR 2020, 734). Wenn der überlebende Ehegatte eine „Abfindung" (als Vermächtnis) zugunsten eines nicht als Schlusserbe berufenen Kindes anordnen darf, kann das dahin auszulegen sein, dass den zu Erben eingesetzten Kindern wertmäßig jedenfalls der gesetzliche Erbteil verbleiben muss (BGH NJW 1983, 277 = JZ 1983, 147 m Anm Stürner = FamRZ 1982, 1206). Der überlebende Ehegatte, dem in einem gemeinschaftlichen Testament die Bestimmung der Anteile der Verwandten an einer vermachten Geldsumme anheimgestellt ist, darf an der Person der Vermächtnisnehmer nichts ändern (RG Recht 1914 Nr 945).

104 Die **nachträgliche Ernennung eines Testamentsvollstreckers** (s bereits Rn 58 ff) für den Schlusserben ist zulässig, wenn nach dem zu vermutenden Willen der Eheleute anzunehmen ist, dass der überlebende Ehegatte zur nachträglichen Anordnung einer Testamentsvollstreckung befugt sein solle (KG HRR 1936 Nr 1221). Es genügt aber nicht, dass der überlebende Ehegatte annimmt, dass die Anordnung einer Testamentsvollstreckung von dem erstverstorbenen Ehegatten gebilligt werden würde, vielmehr ist es nötig, dass diese Voraussetzung objektiv (unter Berücksichtigung der allgemeinen Grundsätze über die ergänzende Testamentsauslegung) feststellbar ist (KG DNotZ 1942, 101 = JFG 23, 45; ähnlich OLG Köln NJW-RR 1991, 525). Allein die Tatsache, dass der Schlusserbe in der damaligen DDR wohnhaft war, genügt nicht zu der Annahme, dem überlebenden Ehegatten solle seine Beschwerung durch Anordnung von Testamentsvollstreckung gestattet sein (KG DNotZ 1967, 438). Falls eine ausdrückliche Bestimmung fehlt, muss derjenige, der Rechte aus einer ergänzenden Testamentsauslegung herleiten will, die sie rechtfertigenden Anhaltspunkte darlegen (OLG Köln NJW-RR 1991, 525).

105 Eines Änderungsvorbehalts bedarf eine abändernde Verfügung aber nur bei Beeinträchtigung eines wechselbezüglich Bedachten: Der in einem gemeinschaftlichen Testament ernannte Testamentsvollstrecker kann vom überlebenden Ehegatten durch letztwillige Verfügung ausgewechselt werden, wenn die wechselbezüglich bedachten Erben dadurch nicht beeinträchtigt werden (OLG Hamm FamRZ 2001, 1176 = DNotZ 2001, 713 = MittBayNot 2001, 217 = Rpfleger 2001, 531; s auch Rn 58 ff; gleiche Problematik wie beim Erbvertrag, s § 2289 Rn 27 ff).

106 Würde eine **Pflichtteilsstrafklausel** zum Pflichtteil eines sozialhilfebedürftigen Abkömmlings beim Tod des überlebenden Ehegatten führen, ist zu bedenken, dass diese Klausel in aller Regel den Interessen des überlebenden Ehegatten dient (J Mayer, in: Mayer/Süss/Bittler/Wälzholz, Handbuch Pflichtteilsrecht [2. Aufl 2010] § 12 Rn 51 ff): Dem überlebenden Ehegatten dürfte dann die Errichtung eines abändernden Testaments gestattet sein, in dem er den behinderten Abkömmling (mit den Anordnungen in seinem und dem Interesse der anderen Abkömmlinge) zum Miterben bestimmt (Kanzleiter DNotZ 2014, 5, 9 ff gegen OLG Hamm DNotZ 2014, 60). Haben die Ehegatten im gemeinschaftlichen Testament mit gegenseitiger Erbeinsetzung und Pflichtteilsstrafklausel beim Tod des überlebenden Ehegatten das behinderte Kind zum Miterben (unter Anordnung von Nacherbfolge und Testamentsvollstreckung) eingesetzt, ist das Testament (nachdem der Sozialhilfeträger beim Tod des Erstversterbenden den Pflichtteil für den Behinderten geltend gemacht hat) dahin auszulegen, dass die Pflichtteilsstrafklausel beim Tod des Überlebenden nur für die nicht behinderten Kinder gelten kann, sodass das behinderte Kind Miterbe mit den getroffenen Anordnungen geworden ist (OLG Karlsruhe ZEV 2004, 26 = FamRZ 2004, 410, bestätigt durch BGH DNotZ 2005, 296 mit zust Anm SPALL = ZEV 2005, 117).

107 Wenn sich Ehegatten in einem gemeinschaftlichen Testament gegenseitig zu Alleinerben einsetzen, der Ehemann aber auswandert, sich mehrere Jahre im Ausland aufhält und dann in Verschollenheit gerät, so ist nach den Grundsätzen über die ergänzende Testamentsauslegung zu prüfen, ob die Ehegatten bei vorausschauender Berücksichtigung der später eingetretenen Umstände die Wechselbezüglichkeit ihrer Verfügungen nicht mehr gewollt hätten, sodass jeder Ehegatte einseitig von Todes wegen über seinen Nachlass verfügen konnte (OLG München DNotZ 1944, 11).

108 Das OLG Köln (LZ 1928, 1710 = Recht 1928 Nr 2111) vertrat die (für den Überlebenden großzügige) Auffassung, bei Ehegatten, die in einem gemeinschaftlichen Testament wechselbezügliche Bestimmungen lediglich über die gegenseitige Beerbung und den Heimfall des Nachlasses an ihre Abkömmlinge nach ihrer beider Tode treffen, liege es in der Regel fern, einander die Möglichkeit zu nehmen, Wünsche des Längstlebenden, die sich erst nach dem Ableben des anderen als gerechtfertigt herausstellen und die in dem gemeinschaftlichen Testament getroffene Regelung nicht wesentlich beeinträchtigen können, durch nachträgliche eigene letztwillige Verfügung durchzusetzen; das müsse insbesondere von verhältnismäßig geringfügigen Zuwendungen für persönliche Dienste in der Zeit nach dem Tode des Erstversterbenden gelten. Einschränkend zu Recht jedoch der BGH (NJW 1978, 423 = JR 1978, 287 m Anm SCHUBERT): Wer eine Dankesschuld abzustatten hat, muss dies in einem solchen Falle durch Schenkung unter Lebenden tun.

d) Insb Wiederverheiratung

109 Als bedingtes Widerrufsrecht ist es insbesondere häufig, dass dem Überlebenden ein Aufhebungsrecht für den Fall seiner Wiederheirat eingeräumt wird (s KG OLGE 37, 262). Setzen sich Ehegatten in einem gemeinschaftlichen Testament gegenseitig zu Vollerben und ihre Kinder zu Erben des überlebenden Ehegatten ein und bestimmen sie weiter, dass im Falle der Wiederverheiratung des überlebenden Ehegatten diesem die Verpflichtung auferlegt wird, sich mit den Kindern nach den Vorschriften über die gesetzliche Erbfolge auseinanderzusetzen, so ist im Zweifel anzunehmen, dass sie den überlebenden Ehegatten für den Fall seiner Wiederverheiratung mindestens von der Bindung an die von ihm verfügte Einsetzung der Kinder auf seinen Nachlass haben befreien wollen (KG JFG 15, 325 = JW 1937, 2520 m Anm DOMKE; BayObLG NJW 1962, 1727 = DNotZ 1963, 115). Der überlebende Ehegatte kann dann über den nach der Teilung ihm verbleibenden Teil des Nachlasses und über sein sonstiges Vermögen frei verfügen, ohne an das gemeinschaftliche Testament gebunden zu sein (OLG Kiel SchlHAnz 1940, 73). Er kann dies erst recht, wenn die Bindung an seine wechselbezüglichen Verfügungen für den Fall seiner Wiederverheiratung in dem gemeinschaftlichen Testament schlechthin ausgeschlossen ist (KG OLGE 37, 263). Die Verfügungsfreiheit, die der überlebende Ehegatte nach dem gemeinschaftlichen Tes-

tament durch seine Wiederverheiratung erlangt, verliert er nicht, wenn seine neue Ehe wieder geschieden wird (RG DJZ 1934, 281). Zu den Auswirkungen von sog **„Wiederverheiratungsklauseln"** auf die Bindung des überlebenden Ehegatten s ausführlich § 2269 Rn 78 ff. Umgekehrt kann aus dem Fehlen einer Wiederverheiratungsklausel nicht auf eine Änderungsbefugnis des überlebenden Ehegatten geschlossen werden (BayObLG FamRZ 1995, 251, 253 = ZEV 1994, 362).

e) Befugnis zur Änderung der eigenen Verfügungen

110 Der überlebende Ehegatte kann immer nur ermächtigt werden, seine **eigenen Verfügungen** aufzuheben oder zu ändern, nicht auch Verfügungen des erstverstorbenen Ehegatten (§ 2065 BGB; RGZ 79, 32; RG DNotZ 1932, 348; KG JR 1925 Nr 1640 = JW 1925, 2121; OLG Jena LZ 1922, 170). Wird dem überlebenden Ehegatten das Recht eingeräumt, das gemeinschaftliche Testament nach dem Tode des Erstverstorbenen abzuändern, so kann das deshalb nur bedeuten, dass der Überlebende berechtigt ist, seine eigenen Anordnungen zu ändern (RG DNotZ 1932, 348).

111 Die Anwendung dieses Grundsatzes bereitet bei einem sog **Berliner Testament** keine Schwierigkeiten, wenn, entsprechend der Regel des § 2269 BGB, anzunehmen ist, dass der Dritte (Schlusserbe) ausschließlich Erbe des überlebenden Ehegatten ist; denn dann kann dieser, wenn er in dem gemeinschaftlichen Testament dazu ermächtigt ist, nach dem Tode des erstverstorbenen Ehegatten einen anderen Erben bestimmen und damit praktisch auch die Nachfolge in den Nachlass des verstorbenen Ehegatten neu regeln.

112 Wenn dagegen der überlebende Ehegatte als **Vorerbe**, der Dritte als Nacherbe des erstversterbenden Ehegatten anzusehen ist, so könnte die Bestimmung eines anderen Erben durch den überlebenden Ehegatten für den Nachlass des verstorbenen Ehegatten keine Auswirkung mehr haben, weil der Überlebende die letztwilligen Verfügungen des Verstorbenen nicht ändern könnte. Die Ehegatten können aber auch für diesen Fall dem überlebenden Ehegatten die Neuregelung der Erbfolge für den beiderseitigen Nachlass überlassen, wenn sie die Berufung des Dritten zum Nacherben des erstversterbenden Ehegatten (ausdrücklich oder stillschweigend) an die **Bedingung** knüpfen, **dass der überlebende Ehegatte nicht anders** von Todes wegen **verfügt** (RGZ 95, 278 mwNw; BGHZ 2, 35 = NJW 1951, 959; BGHZ 59, 220; BayObLG FamRZ 1991, 1488 = DNotZ 1992, 520; Staudinger/Otte [2019] § 2065 Rn 49 ff).

113 In gleicher Weise soll dem überlebenden Ehegatten das Recht zum Widerruf von Vermächtnissen des Erstversterbenden (deren Erfüllung auf den Tod des Überlebenden aufgeschoben ist) dadurch eingeräumt werden können, dass die Vermächtnisse nur unter der Bedingung angeordnet werden, dass der Überlebende sie nicht widerruft (so RG WarnR 1921 Nr 75; Recht 1924 Nr 1526; KG JR 1925 Nr 1640; § 2065 stehe nicht entgegen, RG WarnR 1921 Nr 75 unter Berufung auf RGZ 95, 278; richtigerweise handelt es sich in diesen Fällen jedoch um Vermächtnisse des letztversterbenden Ehegatten).

f) Recht zur Aufhebung der Verfügungen für den Todesfall

114 Wenn dem überlebenden Ehegatten das **Recht zur Aufhebung der Verfügungen** für den Fall seines Todes eingeräumt ist, macht er von diesem Recht durch Verfügung von Todes wegen Gebrauch (OLG Stuttgart DNotZ 1986, 553 = MDR 1986, 674 = NJW-RR 1986, 632; OLG Hamm FGPrax 1996, 28). Entgegen der **hM**, die – soweit sie sich zum methodischen Weg äußert – § 2297 BGB analog anwendet (OLG Stuttgart und OLG Hamm mwNw; MünchKomm/Musielak[9] Rn 33; Grüneberg/Weidlich Rn 23), schließt das den Widerruf durch Vernichtung des Testaments nach § 2255 S 1 BGB nicht aus, wenn der überlebende Ehegatte im Besitz der Urkunde ist (wenn es noch nicht dem Nachlassgericht abgeliefert wurde oder wenn das gemeinschaftliche Testament in zwei Urkunden enthalten ist, ebenso BeckOGK/Braun [1. 4. 2022] Rn 167).

Hat der überlebende Ehegatte die Urkunde über das gemeinschaftliche Testament **115** beider Ehegatten in Widerrufsabsicht vernichtet, haben die dadurch Begünstigten die materielle Feststellungslast zu tragen, wenn deutliche Anhaltspunkte für die Wechselbezüglichkeit von Schlusserbregelungen zugunsten Dritter bestehen und letzte Zweifel wegen der Vernichtung der Testamentsurkunde nicht ausgeräumt werden können (OLG Hamm FGPrax 1996, 28 = ZEV 1996, 272).

Ist dem Überlebenden eine unbeschränkte Abänderungsbefugnis eingeräumt, so **116** kann er nach dem Tod des erstverstorbenen Ehegatten über seinen gesamten Nachlass frei verfügen, auch soweit er ihn vom Erstverstorbenen ererbt hat (s Schneider Büro 1965, 201). Ob ein schon vor dem Tode des erstverstorbenen Ehegatten vom Überlebenden – für den Fall seines Überlebens – errichtetes einseitiges Änderungstestament mit dem Tode des Erstversterbenden wirksam wird, entscheidet die Auslegung des Aufhebungsvorbehalts im gemeinschaftlichen Testament; im Zweifel ist dies anzunehmen. Die Angabe des Widerrufsgrundes ist regelmäßig entbehrlich, insbesondere auch dann, wenn das Widerrufsrecht nur für den Fall eines Widerrufsgrundes eingeräumt war (OLG Düsseldorf JMBl NRW 1963, 272).

g) Wirkung der vorbehaltenen Aufhebung

Auch über die **Wirkung der** vorbehaltenen **Aufhebung** durch den überlebenden Ehe- **117** gatten entscheiden das gemeinschaftliche Testament und dessen Auslegung. In aller Regel bleibt die Aufhebung auf die Beerbung des erstverstorbenen Ehegatten, auch durch den Überlebenden, ohne Einfluss (anders Staudinger/Dittmann[10/11] Rn 63 unter Berufung auf RG SeuffA 76 Nr 163; OLG München JFG 15, 262).

VII. Die Anfechtung des gemeinschaftlichen Testaments

1. Zu Lebzeiten beider Ehegatten

Zu Lebzeiten beider Ehegatten braucht regelmäßig keiner von ihnen das gemein- **118** schaftliche Testament anfechten zu können, weil er es ja widerrufen kann (§ 2271 Abs 1 BGB; RGZ 87, 95; 132, 1; MünchKomm/Musielak[9] Rn 34). Eine Anfechtung durch Dritte scheidet vor dem (ersten) Erbfall schon nach den allgemeinen Grundsätzen über die Testamentsanfechtung aus (MünchKomm/Musielak[9] Rn 42).

Besonderheiten gelten für testierunfähige Erblasser, die ihre Verfügungen deswegen **119** nicht widerrufen können. Hier ist eine **Anfechtung** in analoger Anwendung von § 2282 Abs 2 BGB zuzulassen (MünchKomm/Musielak[8] Rn 35; Harke JZ 2004, 180 [183]; Zimmer NJW 2007, 1713 [1714]; Lange ZEV 2008, 313 [318]; **aA** OLG Bamberg FamRZ 2016, 83; BeckOK/Litzenburger [1. 2. 2022] § 2078 Rn 2), da der testierunfähige Erblasser faktisch in gleicher Weise gebunden ist wie ein Erblasser bei wechselbezüglichen Verfügungen nach dem Tod des Erstversterbenden; und dort ist die analoge Anwendung der

§§ 2281 ff BGB anerkannt (Rn 120 ff). Die Argumente des OLG Bamberg (FamRZ 2016, 83) gegen eine analoge Anwendung überzeugen nicht. Dass dem Gesetzgeber der Fall des testierunfähigen Erblassers bewusst war und ihn dazu gebracht hat, für den Erbvertrag eine Regelung zu treffen, bedeutet nicht, dass damit hinsichtlich der §§ 2265 ff BGB keine planwidrige Regelungslücke vorliege. So werden mehrere Vorschriften aus dem Bereich des Erbvertrags auf das gemeinschaftliche Testament angewandt, gerade weil die §§ 2265 ff BGB das gemeinschaftliche Testament nur lückenhaft regeln. Das weitere Argument, die befürchtete Interessenkollision auf Seiten des Betreuers, gilt für den Erbvertrag genauso wie für das gemeinschaftliche Testament und taugt daher nicht, die Anwendung von § 2282 BGB auf das gemeinschaftliche Testament abzulehnen.

2. Die Anfechtung nach dem Tode des erstverstorbenen Ehegatten

a) Die Anfechtung durch Dritte

120 Dritte können Verfügungen des verstorbenen Ehegatten in dem gemeinschaftlichen Testament nach den allgemeinen Vorschriften der §§ 2078, 2079, 2080 ff BGB anfechten (vgl KG OLGE 11, 257). Insbesondere können Pflichtteilsberechtigte, die zwischen der Errichtung des gemeinschaftlichen Testaments und dem ersten Erbfall hinzugekommen sind, die Verfügungen des erstverstorbenen Ehegatten anfechten (§ 2079 BGB). Soweit die Anfechtung die Nichtigkeit einer wechselbezüglichen Verfügung eines Ehegatten bewirkt, sind auch die wechselbezüglichen Verfügungen des anderen Ehegatten nichtig (§ 2270 Abs 1 BGB). Verfügungen des überlebenden Ehegatten können Dritte erst nach seinem Tod, nicht zu seinen Lebzeiten anfechten (s KG FamRZ 1968, 219); denn Dritte können eine Verfügung von Todes wegen immer erst nach dem Erbfall anfechten.

121 Auf die Anfechtung von (wechselbezüglichen) Verfügungen des erstverstorbenen Ehegatten – sei es vor oder nach dem Tod des überlebenden Ehegatten – kann § 2285 BGB nicht entsprechend angewendet werden (hM s BGH ZEV 2016, 442 = DNotZ 2016, 797 mit zust Anm Kanzleiter; J Mayer/Sammet, in: Reimann/Bengel/Dietz[7] Rn 81; Weidlich ZEV 2015, 480, 481 f; BayObLG FamRZ 2004, 1068 = Rpfleger 2004, 50 mit weiteren Nachw für die hM; **aA** LG Karlsruhe NJW 1958, 714). Denn § 2285 BGB schließt die Anfechtung durch Dritte nur für solche (vertragsmäßige) Verfügungen aus, die vom Erblasser selbst nach §§ 2281 ff BGB angefochten (aber nicht widerrufen) werden können.

122 Eine entsprechende Anwendung von § 2285 BGB auf das gemeinschaftliche Testament kommt nur bei solchen Verfügungen in Betracht, die ein Ehegatte nach § 2271 Abs 2 BGB grundsätzlich nicht mehr widerrufen kann und für die ihm daher die Rechtsprechung das Recht zur Selbstanfechtung entsprechend §§ 2281 ff BGB zugebilligt hat, also nur bei Verfügungen des überlebenden Ehegatten. Die Tatsache, dass der erstverstorbene Ehegatte von Umständen gewusst hat, die Dritte zur Anfechtung nach §§ 2078 ff BGB berechtigen können, trotzdem aber keinen Anlass gesehen hat, seine wechselbezüglichen Verfügungen nach § 2271 Abs 1 S 1, § 2296 BGB zu widerrufen, kann das Anfechtungsrecht Dritter hier ebensowenig ausschließen wie bei einem einseitigen Testament (auch zum „geflissentlichen“ Weiterbestehenlassen des Testaments – hier in Form des Unterlassens des Widerrufs – gilt das Gleiche wie beim einseitigen Testament, s dazu BayObLGZ 1971, 151 und die Erläuterungen zu §§ 2078, 2079). Der BayObLG (FamRZ 2004, 1068 = Rpfleger 2004, 50) äußert dagegen Bedenken, ob dieser hM in allen Fällen gefolgt werden kann, insbesondere wenn der Irrtum ausschließlich in der Sphäre des Erblassers liegt (der sich nach dem Vorbringen des anfechtenden Dritten über den Verlauf seiner Ehe getäuscht habe); mit dem durch § 2271 Abs 1 BGB verfolgten Zweck, dass auf dem einseitigen Widerruf der wechselbezüglichen Verfügung durch den einen Ehegatten der andere durch eigene letztwillige Verfügung angemessen zu reagieren vermöge, sei eine uneingeschränkte Anfechtung durch Dritte (nach dem Tod des Erstversterbenden) kaum vereinbar. Das Interesse daran, dass sich der Wille des erstverstorbenen Ehegatten für seine Beerbung durchsetzt, verdient aber den Vorrang; wechselbezügliche Verfügungen des überlebenden Ehegatten werden nach § 2270 Abs 1 BGB unwirksam. Das praktische Bedürfnis spricht dafür, in Fällen, in denen etwa der zuerstversterbende Ehegatte infolge von Drohungen des anderen Ehegatten nicht gewagt hat, seine wechselbezüglichen Verfügungen gemäß § 2271 Abs 1 S 1 BGB zu widerrufen, Dritten das gewöhnliche Anfechtungsrecht zuzubilligen. In solchen Fällen wird § 2285 BGB beim Erbvertrag kaum zu anderen Folgen führen, weil die Frist zur Selbstanfechtung durch den Erblasser erst beginnt, wenn die Zwangslage aufhört.

b) Die Anfechtung durch den überlebenden Ehegatten

aa) Die Anfechtung von Verfügungen des erstverstorbenen Ehegatten

Der überlebende Ehegatte kann die Verfügungen des verstorbenen Ehegatten nach **123** § 2078 BGB anfechten; dagegen kommt für ihn das Anfechtungsrecht nach § 2079 BGB wegen § 2080 Abs 3 BGB nicht in Frage. Soweit die Anfechtung Erfolg hat, bewirkt sie nach § 2270 Abs 1 BGB auch die Nichtigkeit der wechselbezüglichen eigenen Verfügungen des überlebenden Ehegatten.

bb) Die Zulässigkeit der Selbstanfechtung

Der überlebende Ehegatte kann aber auch seine eigenen wechselbezüglichen Ver- **124** fügungen unter denselben Voraussetzungen und in gleicher Weise anfechten wie der Erblasser seine vertragsmäßigen Verfügungen in einem Erbvertrag (§§ 2281 ff iVm §§ 2078 ff BGB). Zwar steht beim gemeinschaftlichen Testament dem Erblasser grundsätzlich kein Anfechtungsrecht zu, da er es ja widerrufen kann (§§ 2080, 2253 BGB). Anders liegt das beim Erbvertrag, bei dem die vertragsmäßigen Verfügungen unwiderruflich sind (§§ 2278, 2289 Abs 1 S 2, 2299 BGB), sodass ein Bedürfnis für die Zulassung der Selbstanfechtung vertragsmäßiger Verfügungen besteht. Soll die Bindung an die wechselbezüglichen Verfügungen in einem gemeinschaftlichen Testament nicht stärker sein als die an vertragsmäßige Verfügungen in einem Erbvertrag, so müssen **wechselbezügliche Verfügungen** in einem gemeinschaftlichen Testament **nach dem Tod des erstverstorbenen Ehegatten** in gleichem Umfang anfechtbar sein wie vertragsmäßige Verfügungen in einem Erbvertrag (allgM; BGHZ 37, 331, 333 = FamRZ 1962, 426; BGH FamRZ 1970, 79, 80; RGZ 77, 165, 172; 87, 95, 98; 132, 4; RG WarnR 1917 Nr 121; 1918 Nr 213; KG OLGE 30, 227; 37, 263; KGJ 44, A 92; OLG Braunschweig OLGE 30, 170; OLG Dresden JFG 5, 174; OLG Düsseldorf DNotZ 1972, 42; OLG Jena ThürBl 52, 81; LG Berlin FamRZ 1976, 293; Kanzleiter, in: FS Otte [2005] 157, 160 f; ders MittBayNot 2012, 264; C Braun MittBayNot 2016, 435 f; Planck/Greiff Anm IV 3 d, VIII; Lange/Kuchinke § 24 VI 7; Kipp/Coing § 35 III 4 b; **aA** Mantey Gruchot 52, 384 ff; Penkmayer 30 ff; teilweise auch Iversen ZEV 2004, 55).

Wie beim Erbvertrag berechtigt auch ein Irrtum über die Bindungswirkung zur An- **125** fechtung (überwM J Mayer/Sammet, in: Reimann/Bengel/Dietz[7] § 2271 Rn 8; Kanzleiter MittBayNot 2012, 264, beide mwN; C Braun MittBayNot 2017, 279; **aA** OLG München MittBay-

Not 2011, 505 = FamRZ 2011, 1817; OLG Bamberg FamRZ 2016, 589 [591] m abl Anm C Braun MittBayNot 2017, 279; in MittBayNot 2016, 435 [436] hält C Braun die Selbstanfechtung für diesen Fall dagegen offenbar noch nicht für möglich). Auch hier ist (wie beim Erbvertrag, vgl § 2281 Rn 22) nach §§ 2078 Abs 1, 2079 S 2 BGB die Anfechtung ausgeschlossen, wenn anzunehmen ist, dass der Erblasser die Verfügung auch bei Kenntnis der Sachlage getroffen hätte; bei der Entscheidung, ob dies der Fall ist, ist auch der Wille des erstverstorbenen Ehegatten mit maßgebend (zum auch hier geltenden Gebot der Rücksichtnahme auf den verstorbenen Ehegatten s § 2281 Rn 22, 29). Will man die Anfechtung nicht wie beim Erbvertrag über § 2078 Abs 1 BGB konstruieren, weil sich die Bindung aus dem Gesetz (§ 2270 Abs 1 BGB) und nicht aus Rechtsgeschäft selbst ergibt, dann bleibt immer noch § 2078 Abs 2 BGB (Motivirrtum, so C Braun MittBayNot 2017, 279).

126 Eigene **einseitige Verfügungen** kann der überlebende Ehegatte im Grundsatz ebensowenig anfechten wie der Erblasser, der in einem Erbvertrag eine einseitige Verfügung getroffen hat, denn er kann sie ja widerrufen (§§ 2299, 2253 ff BGB; OLG Braunschweig OLGE 30, 169). Er braucht sie allerdings nicht zu widerrufen, wenn er eigene wechselbezügliche Verfügungen anficht und deren Unwirksamkeit nach § 2085 BGB auch seine einseitigen Verfügungen ergreift. Ferner gilt auch hier das in Rn 119 Gesagte für testierunfähige Erblasser. Auch kann im Zeitpunkt der Anfechtung nicht sicher sein, ob die Verfügung, die angefochten wird, wechselbezüglich ist zur Verfügung des vorverstorbenen Erblassers. Die Anfechtung sollte also auch insoweit zugelassen werden (vgl zB OLG München MittBayNot 2016, 433 m Anm C Braun).

127 Die erfolgreiche Anfechtung einer eigenen wechselbezüglichen Verfügung durch den überlebenden Ehegatten hat nach § 2270 Abs 1 BGB zur Folge, dass auch die **wechselbezüglichen Verfügungen des vorverstorbenen Ehegatten kraftlos** werden. Bei teilweiser Anfechtung gilt dies freilich nur eingeschränkt: hier bleiben die Verfügungen des verstorbenen Ehegatten wirksam, wenn anzunehmen ist, dass er sie auch dann getroffen hätte, wenn die Verfügungen des überlebenden Ehegatten schon bei der Errichtung des gemeinschaftlichen Testaments den Inhalt gehabt hätten, den sie nach der Anfechtung haben (vgl die ähnliche Rechtslage beim teilweisen Widerruf oben Rn 30 ff und § 2270 Rn 73). Stellt sich jedoch heraus, dass die Verfügung des vorverstorbenen Erblassers nicht wechselbezüglich ist zur Verfügung des Längerlebenden, bleibt die Verfügung bestehen (OLG München MittBayNot 2016, 433 m Anm C Braun).

128 Die Anfechtung nach § 2078 BGB kann der überlebende Ehegatte auf einen Teil seiner letztwilligen Anordnungen beschränken. Dagegen ergreift die Anfechtung nach § 2079 BGB häufig, aber nicht notwendig (s OLG Köln NJW 1956, 1522; OLG Hamm Rpfleger 1978, 179: dies ergibt sich schon aus der Anwendung des § 2079 S 2, der zur nur teilweisen Anfechtbarkeit führen kann) seine sämtlichen in dem gemeinschaftlichen Testament enthaltenen Verfügungen (s dazu eingehend Staudinger/Otte [2019] § 2079 Rn 14 mwN auch zur Gegenansicht). Zur Anfechtung aufgrund des Verhaltens mehrerer Bedachter s OLG Hamburg MDR 1955, 168.

129 Die Selbstanfechtung nach §§ 2079, 2281 ff BGB kommt vor allem dann in Frage, wenn der überlebende Ehegatte wieder heiratet, Mutter bzw Vater eines Kindes wird oder ein Kind annimmt (für den zuletztgenannten Fall s zB OLG München MittBayNot 2016, 433 m Anm C Braun). Die Anfechtung eines gemeinschaftlichen Testaments nach dem Tode des erstverstorbenen Ehegatten bei Wiederheirat des Überlebenden durch diesen selbst oder nach seinem Tod durch seinen ihn überlebenden zweiten Ehegatten oder die Kinder aus zweiter Ehe hat regelmäßig unerfreuliche Folgen (eingehend KEIM notar 2019, 147), weil aufgrund des Wegfalls der wechselbezüglichen Verfügungen des erstverstorbenen Ehegatten – häufig die Erbeinsetzung des Überlebenden – sich dessen Beerbung oft lange Zeit nach dem Erbfall ändert und damit Rückabwicklungen notwendig werden. Insbesondere kann die Anfechtung nämlich auch heißen, dass an die Stelle der gewillkürten Alleinerbeinsetzung des Längerlebenden nicht etwa die gesetzliche Erbfolge tritt (so dass der Längerlebende beim gesetzlichen Güterstand und Vorhandensein von Abkömmlingen immerhin noch zur Hälfte am Vermögen des Erstversterbenden partizipieren würde), sondern eine gewillkürte Ersatzerbfolge (zB Alleinerbeinsetzung der Abkömmlinge für den Nachlass des Erstversterbenden) oder etwa eine frühere Verfügung von Todes wegen (anschaulich KEIM notar 2019, 147 [150]). Die Folgen der Selbstanfechtung sind häufig also schwer vorhersehbar.

Um diese Folgen zu vermeiden, haben vor allem früher manche empfohlen, in das gemeinschaftliche Testament eine **Wiederverheiratungsklausel** aufzunehmen, der zufolge für den Fall der Wiederverheiratung eine Nacherbfolge – etwa der gemeinsamen Kinder in den Überrest – angeordnet wird, während der überlebende Ehegatte in diesem Fall nur eine Quote des Überrestes behält und von der Bindung an das gemeinschaftliche Testament befreit wird (PLANCK/GREIFF Anm 8; dagegen PENKMAYER 24 ff, 40 ff; vgl auch PENKMAYER SeuffBl 76, 470 ff; MANGLER SächsArch 14, 684 ff; REISLER Recht 1903, 501 ff). Solche „Patentrezepte" taugen jedoch nur in seltenen Fällen. Richtig ist aber, dass es zweckmäßig ist, die Rechtsfolgen einer eventuellen Wiederheirat des überlebenden Ehegatten unter Berücksichtigung der Umstände des einzelnen Falles im gemeinschaftlichen Testament selbst zu regeln und in Verbindung damit die Anfechtung für den Fall der Wiederheirat und den Fall des Hinzutretens weiterer Kinder des überlebenden Ehegatten auszuschließen. **130**

Mit LANGE (NJW 1963, 1571, 1573 f) ist der bedachte Erbe oder Vermächtnisnehmer nicht berechtigt, **zu Lebzeiten des überlebenden Ehegatten gegen diesen Feststellungsklage** zu erheben, dass die Anfechtung unwirksam ist (**aA** BGHZ 37, 331 = NJW 1962, 1913; SOERGEL/LEISS[14] Rn 40; s zum Parallelproblem beim Erbvertrag § 2281 Rn 54; über die umgekehrte Feststellungsklage des überlebenden Ehegatten gegen den im gemeinschaftlichen Testament Bedachten, dass er mit Recht das Testament angefochten habe, s ebenfalls LANGE NJW 1963, 1571, 1573 f m zahlr Nachw; RG SeuffA 71 Nr 217; OLG Braunschweig OLGE 30, 169). **131**

Unzulässig ist die Selbstanfechtung, wenn der überlebende Ehegatte die Voraussetzungen für die Anfechtung nach § 2078 Abs 2 BGB selbst durch ein **Verhalten** herbeigeführt hat, das **gegen Treu und Glauben** verstößt (BGHZ 4, 91; BGH FamRZ 1962, 428; LM Nr 2 zu § 2079 BGB = NJW 1970, 279 = DNotZ 1970, 167; vgl § 2281 Rn 27). Wenn eine Annahme als Kind nur dazu dient, die Anfechtung des gemeinschaftlichen Testaments zu ermöglichen, so ist die auf sie gestützte Anfechtung wegen Verstoßes gegen die guten Sitten nichtig (BGH FamRZ 1970, 79; RG JW 1917, 536 = WarnR 1917 Nr 121; vgl § 2281 Rn 27); dies trifft aber nicht zu, wenn Annahme und Anfechtung durchgeführt werden, um dem Angenommenen die Erbschaft zukommen zu lassen, denn dies ist ein mit der Annahme legitim zu verfolgender Zweck (s LG Hamburg MDR 1964, 507). **132**

133 Wenn die Anfechtung Erfolg hat, so bewirkt sie auch, dass eine frühere Verfügung von Todes wegen, die durch das gemeinschaftliche Testament aufgehoben worden war, wie eine spätere Verfügung, die wegen Widerspruchs zu wechselbezüglichen Verfügungen des gemeinschaftlichen Testaments zunächst nicht in Kraft treten konnte, als von Anfang an wirksam anzusehen ist (RGZ 65, 275; 130, 213 = JW 1931, 1793 m Anm Kipp; OLG München Rpfleger 2018, 27, 28 = FamRZ 2018, 209 [im konkreten Fall eindeutig nicht gegeben]; MünchKomm/Musielak[9] Rn 45; BGB-RGRK/Johannsen Rn 52; Keim MittBayNot 2018, 211).

cc) Form und Frist der Selbstanfechtung

134 Die Selbstanfechtung durch den Erblasser bedarf auch hier der notariellen Beurkundung (§ 2282 Abs 3 BGB entsprechend; RGZ 87, 95, 98 = JW 1915, 1013; OLG Düsseldorf DNotZ 1972, 42; MünchKomm/Musielak[9] Rn 40; **aA** KG OLGE 32, 76; Plum JW 1915, 1057 Anm 10).

135 Für die Frist der Selbstanfechtung gilt **§ 2283 BGB** entsprechend (MünchKomm/Musielak[9] Rn 40): Die Anfechtung muss binnen Jahresfrist erklärt werden. Die Frist beginnt bei der Anfechtung wegen Drohung mit dem Aufhören der Zwangslage, bei der Anfechtung wegen Irrtums, sobald der Erblasser von dem Anfechtungsgrund Kenntnis erlangt, dh von den Tatsachen, aus denen sich die Anfechtbarkeit der letztwilligen Verfügungen ergibt. Besteht der Anfechtungsgrund darin, dass die Erwartung des Erblassers fehlschlägt, der Bedachte werde fortlaufende Zahlungen an ihn leisten, so beginnt die Kenntnis vom Anfechtungsgrund erst, wenn Zahlungen in einem Umfang ausgeblieben sind, bei dessen Voraussicht der Erblasser von der Bedenkung abgesehen hätte (BayObLGZ 1963, 260 = NJW 1964, 205 zu einem Erbvertrag). Besteht schon bei Errichtung des gemeinschaftlichen Testaments ein Spannungsverhältnis zwischen Erblasser und Bedachtem, von dessen Bereinigung der Erblasser ausgeht, so beginnt die Frist erst, wenn sich bei dem Erblasser die Überzeugung gebildet hat, zu einem friedlichen und harmonischen Zusammenleben mit den Bedachten könne es nicht mehr kommen (BGH FamRZ 1973, 539 ebenfalls zu einem Erbvertrag).

136 Die Frist läuft auch dann, wenn der Erblasser das gemeinschaftliche Testament vergisst oder zeitweise nicht daran denkt (OLG Kiel HEZ 2, 334). Darauf, ob der Erblasser von seinem Anfechtungsrecht Kenntnis hat und ob er von der Notwendigkeit der Anfechtung weiß, kommt es nicht an (RGZ 107, 193; 132, 1). Nach der Rspr des RG, die vom BGH bestätigt und weitergeführt wurde, ist ein **Rechtsirrtum** beachtlich, wenn er die Unkenntnis einer die Anfechtung begründenden Tatsache zur Folge hat, dagegen unbeachtlich, wenn es sich nur um eine rechtsirrtümliche Beurteilung des Anfechtungstatbestandes selbst handelt (so BGH DNotZ 1970, 167 = FamRZ 1970, 79; s auch RGZ 107, 194; 132, 4; im zweiten Punkt **aA** OLG Dresden JFG 1, 163; 5, 174). Dieser Rspr ist zu folgen, da sie zu einer den Interessenlagen gerecht werdenden Abgrenzung führt, die in Einzelfällen Zweifel zwar nicht vollständig vermeidet, aber noch praktikabel ist. Von dieser Auffassung aus wird angenommen, die Anfechtungsfrist laufe nicht, solange der Erblasser irrtümlich meint, das gemeinschaftliche Testament sei wegen Formmangels nichtig oder durch seine Wiederverheiratung oder durch die Geldentwertung hinfällig geworden (RGZ 132, 1; RG JW 1935, 2716; KG JW 1937, 2976) oder es sei bereits wirksam angefochten (KG OLGZ 1968, 112 = FamRZ 1968, 218). Dagegen ist der Irrtum über die Gültigkeit des gemeinschaftlichen Testaments für unerheblich erklärt worden, wenn der Erblasser die Ungültigkeit rechtsirrtümlich aus dem Anfechtungs-

tatbestand herleitet (RGZ 132, 1; OLG Kiel HEZ 2, 336; dies sind die Fälle, die Abgrenzungsschwierigkeiten bereiten). Nach OLG Koblenz (NJW 1948, 628 m **abl** Anm SOMMER) hindert eine rechtsirrtümliche Auslegung des gemeinschaftlichen Testaments den Lauf der Anfechtungsfrist nicht (s dazu im Übrigen die Erl zu § 2283).

Die dreißigjährige Ausschlussfrist des § 2082 Abs 3 BGB gilt für die Selbstanfechtung des überlebenden Ehegatten nicht, weil ihm auf Lebensdauer die Möglichkeit bleiben soll, bei Kenntnis von einem neuen Anfechtungsgrund die von ihm getroffene Erbregelung rückgängig zu machen (das Recht zur Selbstanfechtung ersetzt nach dem Tode des erstverstorbenen Ehegatten die vorher bestehende Widerrufsmöglichkeit; s BGB-RGRK/JOHANNSEN Rn 45). **137**

Soweit der Erblasser das gemeinschaftliche Testament anfechten kann, kann er es auch **bestätigen**, und zwar durch einseitige formlose Erklärung (§§ 144, 2284 BGB; BayObLGZ 1954, 71, 77). Zum „geflissentlichen Weiterbestehenlassen" als Bestätigung s BayObLGZ 1971, 151 und STAUDINGER/OTTE (2019) § 2080 Rn 24 ff. **138**

3. Die Anfechtung nach dem Tode des zuletztverstorbenen Ehegatten

Nach dem Tode des zuletztverstorbenen Ehegatten können Personen, denen die Aufhebung des gemeinschaftlichen Testaments oder einzelner in ihm enthaltener Verfügungen unmittelbar zustattenkommen würde, das Testament, uU auch eine einzelne Verfügung, nach §§ 2078 ff BGB anfechten, also durch Erklärung gegenüber dem Nachlassgericht (§ 2081 BGB). Die Erklärung braucht nicht – wie bei der Selbstanfechtung durch den Erblasser nach dem entsprechend anzuwendenden § 2282 Abs 3 BGB – notariell beurkundet zu werden (BayObLG NJW-RR 1989, 1090). **139**

Pflichtteilsberechtigte, die zwischen der Errichtung des gemeinschaftlichen Testaments und dem zweiten Erbfall hinzugetreten sind, können die Verfügungen des überlebenden Ehegatten anfechten (§ 2079 BGB; vgl SCHOLTEN NJW 1958, 935). An sich ist es auch denkbar, dass Verfügungen des erstverstorbenen Ehegatten erst nach dem Tode des überlebenden Ehegatten von Dritten angefochten werden, wenn zu dieser Zeit die Anfechtungsfrist (§ 2082 BGB) noch läuft. Praktisch wird aber nach dem Tode des zuletztverstorbenden Ehegatten hauptsächlich die Anfechtung seiner Verfügungen in Frage kommen. So kann zB der neue Ehegatte des zuletztverstorbenen Testators dessen Verfügungen uU nach § 2079 BGB anfechten mit der Folge, dass ihm der gesetzliche Erbteil zufällt (RGZ 132, 1; KG FamRZ 1968, 219; BayObLG NJW-RR 1989, 1090). **140**

Das Recht dritter Personen zur Anfechtung wechselbezüglicher Verfügungen des zuletztverstorbenen Ehegatten ist jedoch beschränkt durch die entsprechend anwendbare Vorschrift des **§ 2285 BGB**: Wenn der zuletztverstorbene Ehegatte bei seinem Tode das Recht zur Selbstanfechtung eigener wechselbezüglicher Verfügungen durch Fristablauf oder Bestätigung (§§ 2283, 2284 BGB) verloren hatte, so können auch Dritte diese Verfügungen nicht mehr anfechten (RGZ 77, 165; 132, 1, 4; KG NJW 1963, 767; FamRZ 1968, 219; BayObLG NJW-RR 1989, 1090; FamRZ 2004, 1068 = Rpfleger 2004, 50; LANGENFELD NJW 1987, 1579; OLG Dresden JFG 5, 174; OLG Düsseldorf DNotZ 1972, 42; LG Berlin FamRZ 1976, 293). Diese Einschränkung gilt aber nur für wechselbezügliche Verfügungen; denn nur bei diesen sind auf die Selbstanfechtung durch den Erblasser die Vor- **141** schriften über den Erbvertrag – §§ 2281 ff BGB – entsprechend anzuwenden. Hieraus ergibt sich auf den ersten Blick eine merkwürdige Folge: Hat der überlebende Ehegatte in dem gemeinschaftlichen Testament neben wechselbezüglichen Verfügungen auch einseitige getroffen, so können diese nach seinem Tode uU von Dritten nach §§ 2078 ff BGB angefochten werden; die Unwirksamkeit der einseitigen Verfügungen kann aber dann die Unwirksamkeit der wechselbezüglichen Verfügungen des überlebenden Ehegatten nach sich ziehen (§ 2085 BGB) und diese wieder die Unwirksamkeit der wechselbezüglichen Verfügungen des erstverstorbenen Ehegatten (§ 2270 Abs 1 BGB; s BGB-RGRK/Johannsen Rn 56). Ist das Recht zur Selbstanfechtung wechselbezüglicher Verfügungen erloschen, so werden allerdings einseitige Verfügungen häufig als stillschweigend bestätigt anzusehen sein, sodass sie auch nicht mehr angefochten werden können. Darüber hinaus geht die Bestandskraft wechselbezüglicher Verfügungen § 2085 BGB vor.

4. Beweislast

142 Die Beweislast für das Vorliegen der der Anfechtung zugrundeliegenden Tatsachen trägt in jedem Falle derjenige, der die Anfechtung geltend macht (BGHZ 37, 331 = NJW 1962, 1913; BayObLGZ 1963, 260 = NJW 1964, 205; OLG Hamm OLGZ 1966, 497).

143 Wird ein gemeinschaftliches Testament wegen Motivirrtums des Erblassers zu Lebzeiten des anderen Ehegatten von einem Dritten angefochten, so muss im Rahmen der Kausalitätsprüfung ein strenger Maßstab angelegt werden (MünchKomm/Leipold[9] § 2078 Rn 6). Maßgeblich kommt es dabei nicht auf die objektive Sicht eines Dritten, sondern auf die subjektive Sicht des Erblassers mit allen Besonderheiten seiner Persönlichkeit an (BayObLG FamRZ 2004, 1068 = Rpfleger 2004, 50).

VIII. Pflichtteilsrechte

144 Die in § 2271 BGB angeordnete erbrechtliche Bindung des überlebenden Ehegatten ist ohne Einfluss auf die Pflichtteilsrechte der ihm nahestehenden Personen (§§ 2303 ff BGB). Sie hindert auch nicht, dass solche Pflichtteilsrechte nach dem Tode des erstversterbenden Ehegatten neu begründet werden, etwa durch die Wiederverheiratung des überlebenden Ehegatten, die Geburt von Kindern aus der neuen Ehe oder die Annahme eines Kindes. Wenn der überlebende Ehegatte wieder heiratet, können deshalb nach seinem Tode der neue Ehegatte und die Kinder aus der neuen Ehe von den im gemeinschaftlichen Testament eingesetzten Erben den Pflichtteil verlangen, unbeschadet ihrer Befugnis, das gemeinschaftliche Testament uU nach § 2079 BGB anzufechten.

145 Auch an **ehevertraglichen** Vereinbarungen mit dem zweiten Ehegatten, die sich auf das Pflichtteilsrecht auswirken, etwa die Vereinbarung von Gütertrennung, die in bestimmten Fällen Pflichtteilsquoten erhöhen kann (vgl § 1931 Abs 4 BGB), ist der Überlebende nicht gehindert (BGH FamRZ 1969, 207). Die Problematik entspricht derjenigen bei der Bindung an den Erbvertrag (s daher im Übrigen §§ 2286 ff BGB, insbesondere § 2286 Rn 10).

IX. Verfügungen unter Lebenden

1. Zu Lebzeiten beider Ehegatten

Zu Lebzeiten beider Ehegatten wird ihre Befugnis, über ihr beiderseitiges Vermögen unter Lebenden zu verfügen, durch das gemeinschaftliche Testament nicht beschränkt (s nur RG LZ 1920, 698; PLANCK/GREIFF Anm VII). 146

2. Nach dem Tode des erstverstorbenen Ehegatten

Auch nach dem Tode des erstverstorbenen Ehegatten ist der Überlebende in seiner Verfügung über sein eigenes Vermögen frei, in der Verfügung über den Nachlass des Erstverstorbenen nur nach den allgemeinen Vorschriften der Vor- und Nacherbfolge beschränkt, wenn er nicht Voll-, sondern nur Vorerbe des erstversterbenden Ehegatten geworden ist. Ansonsten ist er ebenso frei, unter Lebenden zu verfügen, wie der Erblasser, der einen Erbvertrag errichtet hat (die Erläuterungen zu § 2286 gelten daher entsprechend). Wegen der Bindung an seine wechselbezüglichen Verfügungen von Todes wegen besteht nach dem Tode des erstverstorbenen Ehegatten dieselbe Interessenlage wie beim (unter Rücktrittsvorbehalt zu Lebzeiten des anderen Ehegatten abgeschlossenen) Erbvertrag. Nach hM (Prot V 452 ff, 457; RGZ 58, 64; 77, 6, 112; 132, 1; OGHZ 1, 161; 2, 160; st Rspr des BGH seit LM Nr 4 zu § 2271 BGB = DNotZ 1955, 85 [Beginn der „Aushöhlungsrechtsprechung"]; BGH LM Nr 6 zu § 2271 BGB = NJW 1958, 547; s näher § 2287 Rn 3) gelten daher die Regeln über den Schutz des Bedachten, insbesondere §§ 2287, 2288 BGB, aber auch – in Ausnahmefällen – §§ 138, 826 BGB in gleicher Weise. Daher kann auf die Erläuterungen zu den §§ 2286–2288 BGB insoweit vollständig verwiesen werden. 147

Da die Ehegatten die Möglichkeit haben, die Bindung des Überlebenden in jeder Weise beliebig einzuschränken, können sie ihm im gemeinschaftlichen Testament auch das Recht einräumen, zu seinen Lebzeiten beliebige Schenkungen vorzunehmen, ohne dass dies Ansprüche der nach seinem Tode Bedachten zur Folge haben soll (s OLG Hamburg OLGE 34, 311: Wenn dem Überlebenden das Recht eingeräumt ist, mit seinem Vermögen, insbesondere dem vom Erstverstorbenen ererbten, zu seinen Lebzeiten zu schalten und zu walten, wie es ihm beliebt). 148

X. Umdeutung einer wegen Verstoßes gegen die Bindung unwirksamen Verfügung

Die Umdeutung einer Verfügung von Todes wegen, die wegen Verstoßes gegen die Bindung aufgrund eines gemeinschaftlichen Testaments unwirksam ist, in ein Rechtsgeschäft unter Lebenden ist möglich (BGH NJW 1978, 423 = JR 1978, 287 m Anm SCHUBERT). In Frage kommt insbesondere die Umdeutung in eine Schenkung auf den Todesfall, die wirksam ist, wenn sie ihre Erfüllung in sich trägt (s § 2301 BGB; im Falle des BGH [NJW 1978, 423] aufschiebend bedingter Schulderlass). § 2271 BGB ist kein Umdeutungsverbot zu entnehmen (**aA** TIEDTKE NJW 1978, 423). Das Vorliegen der Voraussetzungen des § 140 BGB ist nicht ausgeschlossen (**aA** TIEDTKE NJW 1978, 423, weil die Wirkungen eines Rechtsgeschäfts unter Lebenden über die einer Verfügung von Todes wegen stets hinausgingen; dies interpretiert § 140 BGB aber zu eng). 149

XI. Übergangsrecht; anwendbares Recht

150 S dazu Art 213, 214 EGBGB und Staudinger/Dittmann[10/11] Rn 86.

151 Über die Anwendbarkeit des früheren Rechts der DDR entscheiden Art 235 Abs 2, Abs 5 EGBGB (bis zum 31. 12. 1975 BGB, ab 1. 1. 1976 DDR-ZGB). Soweit es um die aus der Wechselbezüglichkeit folgende Bindungswirkung und damit um die Testierfreiheit des überlebenden Ehegatten geht, ist das sog Errichtungsstatut der Testierenden maßgeblich (vgl MünchKomm/Birk[3] Art 26 EGBGB Rn 104); im Falle eines in der DDR vor Inkrafttreten des ZGB-DDR am 1. 1. 1976 errichteten gemeinschaftlichen Testaments sind das §§ 2270 f BGB (LG Leipzig NJW 2000, 438). Das ZGB enthielt keine § 2270 BGB entsprechende Bestimmung zur Wechselbezüglichkeit (s OLG Naumburg FamRZ 2007, 1132); nach § 390 ZGB erstreckte sich die Bindungswirkung auf alle im gemeinschaftlichen Testament enthaltenen Verfügungen (OLG Brandenburg FamRZ 2010, 933 = ZEV 2007, 432).

§ 2272
Rücknahme aus amtlicher Verwahrung

Ein gemeinschaftliches Testament kann nach § 2256 nur von beiden Ehegatten zurückgenommen werden.

Materialien: E II § 2139 rev § 2246; E III § 2245; Prot V 459; Jakobs/Schubert ER II 1687; Horn 1075.

Systematische Übersicht

Alphabetische Übersicht

I. Aufhebung eines gemeinschaftlichen Testaments im Allgemeinen

Für die Aufhebung und den Widerruf eines gemeinschaftlichen Testaments gelten im Allgemeinen die Grundsätze der §§ 2253 ff BGB (vgl § 2271 Rn 7 ff). Für wechselbezügliche Verfügungen trifft § 2271 BGB Sonderbestimmungen (vgl § 2271 Rn 15 ff). § 2272 BGB ändert für das gemeinschaftliche Testament die Vorgaben des § 2256 BGB über die Rücknahme eines Testamentes aus der amtlichen Verwahrung. Während in § 2256 BGB auf die Rückgabe an den Erblasser abgestellt wird, kann das gemeinschaftliche Testament nur von beiden Ehegatten zurückgenommen werden. 1

Mit der Vorschrift soll zweierlei gesichert werden. Erstens dürfen beide Ehegatten darauf vertrauen, dass ihre Verfügungen nicht ohne ihr Wissen aus der Verwahrung genommen werden – mit der Folge, dass der andere Ehegatte allein dadurch bereits den Widerruf bewirkt hätte (§ 2256 Abs 1 BGB) oder jedenfalls die Möglichkeit bekäme, das – handschriftliche – Testament zu vernichten (vgl § 2256 Abs 3 Hs 2 BGB). Zweitens unterstreicht die Vorschrift die Höchstpersönlichkeit beim Widerruf von Verfügungen von Todes wegen (ähnlich BeckOGK/Braun [1. 10. 2021] Rn 2, der aber auf die Errichtung abstellt). 2

II. Anwendungsbereich

§ 2272 BGB gilt unabhängig davon, ob ein öffentliches oder ein privates Testament vorliegt, ob also die Rücknahme einen Widerruf in sich schließt oder nicht (§ 2256 Abs 1 S 1, Abs 3 HS 2 BGB, MünchKomm/Musielak[9] Rn 2; BeckOGK/Braun [1. 10. 2021] Rn 3). Auch kommt es nicht darauf an, ob das Testament wechselbezügliche Verfügungen enthält oder gar darauf, ob nur einer der beiden Ehegatten wechselbezügliche Verfügungen getroffen hat. § 2272 BGB gilt auch für gemeinschaftliche Nottestamente (vgl §§ 2249 f, 2266 BGB) und nach hM auch für konsularische Testamente (s nur Staudinger/Baumann § 2256 Rn 14 mwN; **aA** mit beachtlichen Argumenten BeckOGK/Braun [1. 10. 2021] Rn 41 f). 3

Unerheblich ist ferner, ob das Testament überhaupt (noch) wirksam ist, etwa, weil es schon bei Errichtung fehlerbehaftet war oder zu einem späteren Zeitpunkt (auf anderem Weg) widerrufen wurde. Denn ob das Testament tatsächlich unwirksam ist, lässt sich im Herausgabeverfahren gar nicht prüfen (OLG Hamm FamRZ 2013, 582; BeckOGK/Braun [1. 10. 2021] Rn 10). Nichts anderes gilt, wenn die Ehe der Erblasser durch Scheidung oder Aufhebung aufgelöst worden ist (KG KGJ 48, A 103 = RJA 14, 266; DNotI-Report 20/2012, 165 mwN). Allerdings wird in diesem Fall das gemeinschaftliche Testament in der Regel unwirksam sein (§ 2268 BGB). 4

5 Ferner gilt § 2272 BGB auch für die Zeit nach dem Tode des erstverstorbenen Ehegatten, sodass ein amtlich verwahrtes gemeinschaftliches Testament nach dem Tode eines Ehegatten überhaupt nicht mehr zurückverlangt werden kann (allg Meinung, Erman/S Kappler/T Kappler[16] Rn 2; NK-BGB/Horn[6] Rn 6). Eine Ausnahme ist auch dann nicht gerechtfertigt, wenn der überlebende Ehegatte das ihm Zugewandte ausschlägt, sodass er an seine Verfügungen nicht mehr gebunden ist (§ 2271 Abs 2 BGB), während die Verfügungen des Verstorbenen bereits durch Eröffnung des gemeinschaftlichen Testaments bekanntgeworden sind (ebenso BeckOGK/Braun [1. 10. 2021] Rn 11.1). Denn auch in einem solchen Fall ist es mit dem gemeinschaftlichen Testament und mit § 2272 BGB nicht vereinbar, dass der eine Erblasser das Testament des anderen, das dieser der amtlichen Verwahrung anvertraut hat, einseitig aus dieser zurücknimmt (s J Mayer/Sammet, in: Reimann/Bengel/Dietz[7] Rn 5; Planck/Greiff Anm 2).

6 Die Norm gilt auch für gemeinschaftliche Testamente von Lebenspartnern, § 10 Abs 4 S 2 LPartG.

III. Rücknahme eines gemeinschaftlichen Testamentes aus der amtlichen Verwahrung

1. Rückgabeverlangen

7 Nach § 2256 Abs 2 S 1 BGB kann der Erblasser jederzeit verlangen, dass ihm die nach § 34 Abs 1 BeurkG oder § 2248 BGB in amtliche Verwahrung genommene Testamentsurkunde zurückgegeben wird. Nach § 2272 BGB kann ein gemeinschaftliches Testament nur von beiden Ehegatten gemeinsam zurückgenommen werden. Es müssen beide Ehegatten dafür zunächst gemeinsam die Rückgabe verlangen. Ob das Rückgabeverlangen (dazu näher Bumiller/Harders/Schwab/Harders[12] § 344 FamFG Rn 14 ff) *selbst* durch beide gleichzeitig und höchstpersönlich eingelegt werden muss, ist streitig (dafür LG Augsburg 21. 4. 1998 – 5 T 629/98, juris; dagegen – hM – BeckOK/Litzenburger [1. 2. 2022] Rn 3; Burandt/Rojahn/Braun[3] Rn 5), aber kaum praktisch relevant (eingehend Staudinger/Baumann § 2256 Rn 17), denn:

2. Rückgabe

8 Die Ehegatten müssen zur Rücknahme beide persönlich und gleichzeitig beim verwahrenden Gericht erscheinen (§ 2256 Abs 2 S 2 BGB; Planck/Greiff Anm 1); eine Bevollmächtigung ist nicht möglich (OLG Saarbrücken NJW-RR 1992, 586; MünchKomm/Musielak[9] Rn 4; Burandt/Rojahn/Braun[3] Rn 6; BeckOGK/Braun [1. 10. 2021] Rn 8). Können sie sich nicht einigen, zu welcher Zeit und an welchem Ort das Testament zurückgenommen werden soll, so kann es nicht zurückgegeben werden (J Mayer/Sammet, in: Reimann/Bengel/Dietz[7] Rn 6; Planck/Greiff Anm 1). Ist das Gericht für die Beteiligten zu weit entfernt, kann zunächst ein Antrag auf Hinterlegung bei einem anderen Nachlassgericht, typischerweise das des Wohnorts, gestellt werden (§ 344 Abs 1 S 2 FamFG; Burandt/Rojahn/Braun[3] Rn 6; Bumiller/Harders/Schwab/Harders[12] § 346 FamFG Rn 16 mit Verweis auf § 27 Abs VIII AktO). Ferner ist ein Auswärtstermin des Rechtspflegers bei den Ehegatten zu Hause möglich – der Rechtspfleger darf das dann nicht verweigern –, wenn mindestens einer von ihnen aus gesundheitlichen Gründen das Haus nicht oder nur unter erschwerten Bedingungen verlassen kann (Staudinger/Bau-

MANN [2022] § 2256 Rn 24 mwN). Eine Zusendung der Urkunde mit der Post scheidet in jedem Fall aus (NK-BGB/HORN[6] Rn 3 mwN).

Wenn der eine Ehegatte das – öffentliche – gemeinschaftliche Testament zurücknehmen will, der andere aber seine Zustimmung verweigert, so steht es dem Ersteren frei, seine Verfügungen in einer anderen gesetzlich zugelassenen Form (§§ 2254, 2255, 2258 BGB) zu widerrufen oder aufzuheben, soweit ihn nicht das wechselbezügliche Verhältnis seiner Verfügungen zu denen des anderen Ehegatten daran hindert (§ 2271 BGB). 9

3. Testierfähigkeit

Ob die Rücknahme eines Testaments ein Rechtsgeschäft darstellt, ist umstr (dafür ohne nähere Begründung ERMAN/S KAP LER/T KAPPLER[16] Rn 5; aA BeckOGK/BRAUN [1. 10. 2021] Rn 15 ff, dem zufolge Verfahrensfähigkeit iSv § 9 FamFG genügt. Das wirkt sich allenfalls im Fall der Rücknahme durch einen Minderjährigen aus, § 2229 Abs 1. Da Minderjährige in der Praxis nicht testieren – und erst recht nicht zurücknehmen – ist die Frage praktisch nicht relevant. Ein gemeinschaftliches Testament können Minderjährige ohnehin nicht mehr schließen, da § 2265 es Ehegatten vorbehält und § 1303 Abs 2 aF mit Wirkung zum 31. 12. 2017 gestrichen wurde. S im Übrigen die Erläuterungen zu § 2256). Sie führt teils Rechtswirkungen unabhängig davon herbei, ob sie gewollt werden, denn bei einem öffentlichen Testament gilt sie als Widerruf. Andererseits ist das Rückgabeverlangen selbst unmittelbar auf die Setzung von Rechtsfolgen gerichtet – Beendigung des Verwahrverhältnisses (vgl STAUDINGER/BAUMANN § 2256 Rn 29). Die Rückgabe eines **öffentlichen gemeinschaftlichen Testaments** ist daher jedenfalls mindestens rechtsgeschäftsähnliche Handlung. Die Rückgabe notarieller Testamente ist ferner nach hM **Verfügung von Todes wegen** (BGHZ 23, 207 [211]; BayObLG FamRZ 2006, 294; MünchKomm/MUSIELAK[9] Rn 4; aA J MAYER/SAMMET, in: REIMANN/BENGEL/DIETZ[7] Rn 7; v LÜBTOW I 244; BeckOGK/BRAUN [1. 10. 2021] Rn 13). Hier gilt dasselbe wie für die Frage, ob ein Rechtsgeschäft vorliegt: Da es auf den Willen des Rücknahmeberechtigten nicht ankommt, liegt zwar keine Verfügung von Todes wegen vor, aber angesichts der Rechtsfolgen, die die Rückgabe für notarielle gemeinschaftliche Testamente zeitigt, ist sie wie eine solche zu behandeln. Die Rückgabe erfordert daher, dass beide Ehegatten in gleichem Maße testierfähig sind, wie sie es für den Widerruf sein müssten, dass sie also die sog negative Testierfähigkeit besitzen (ERMAN/S KAPPLER/T KAPPLER[16] Rn 1; NK-BGB/HORN[6] Rn 3; DNotI-Report 12/2021, 89), und zwar zum Zeitpunkt der Rückgabe, nicht auch zur Zeit des Antrags auf Rückgabe (§§ 2229, 2253 Abs 2 BGB). 10

Die Rückgabe eigenhändiger gemeinschaftlicher Testamente hat demgegenüber *keine* (auch und gerade keine ungewollten) Rechtsfolgen. Auch ist sie keine Verfügung von Todes wegen. Das Testament bleibt wirksam, soweit es nicht anderweitig widerrufen wird, § 2256 Abs 3 Hs 2 BGB. Allerdings kann man auch hier bei der Vorstufe, dem Rückgabeverlangen, ansetzen, das Rechtsfolgen zeitigt (s Rn 10). Deswegen kann man durchaus der Auffassung sein, ein Rechtsgeschäft liege vor (STAUDINGER/BAUMANN § 2256 Rn 29). Unabhängig davon, ob die Rücknahme des eigenhändigen gemeinschaftlichen Testaments Rechtsgeschäft, geschäftsähnliche Handlung oder Realakt ist, ist auch dafür Testierfähigkeit zu verlangen (OLG Hamm FamRZ 2013, 582; ERMAN/S KAPPLER/T KAPPLER[16] Rn 1; NK-BGB/HORN[6] Rn 4a; BeckOGK/BRAUN [1. 10. 2021] Rn 14; PLANCK/GREIFF Anm 1). Nach der Gegenauffassung soll 11

„natürliche Einsichtsfähigkeit" genügen (BeckOK/LITZENBURGER [1. 2. 2022] Rn 4). Die Gegenauffassung überzeugt aus zwei Gründen nicht. Erstens ist nicht recht klar, was unter der Kategorie „natürliche Einsichtsfähigkeit" zu verstehen ist (etwas zwischen Testierfähigkeit und Testierunfähigkeit? Etwas anderes?). Immerhin muss der Rechtspfleger dies prüfen, und dafür muss die Dogmatik ihm handhabbare Kategorien anbieten. Zweitens sprechen dagegen pragmatische Erwägungen: Selbst wenn man der Auffassung sein sollte, dass die Rücknahme keine geschäftsähnliche Handlung oder Rechtsgeschäft sein sollte, sondern nur Realakt, dürfte die Rückgabe aus der gesicherten amtlichen Verwahrung regelmäßig zur tatsächlichen Vernichtung des gemeinschaftlichen Testaments führen (zum Widerruf nur im Falle der einvernehmlichen Vernichtung, vgl STAUDINGER/BAUMANN § 2255 Rn 40; für die einvernehmliche Vernichtung mit Widerrufswirkung müssen beide testierfähig sein).

12 Fehlt bei einem Ehegatten die Testierfähigkeit im vorstehend dargelegten Umfang, so muss der verwahrende Beamte die Rückgabe ablehnen und eine trotzdem geschehene Rückgabe hätte beim öffentlichen Testament nicht die Wirkung des Widerrufs (so auch BGHZ 23, 207 [211]: die Zurücknahme eines Testaments aus der amtlichen Verwahrung hat nur dann die Wirkung des Widerrufs, wenn der Zurücknehmende zur Zeit der Rücknahme geschäftsfähig, insbesondere testierfähig ist; denn die Rücknahme ist eine – negative – Verfügung von Todes wegen; DNotI-Report 12/2021, 89 ff). Ist die Originalurkunde nach unzulässiger Rückgabe vernichtet worden, ist dadurch gleichwohl kein wirksamer Widerruf erfolgt, denn auch dies setzt Testierfähigkeit voraus (STAUDINGER/BAUMANN [2018] § 2255 Rn 49). Der Erbrechtsnachweis erfolgt in diesen Fällen mit allen zulässigen Beweismitteln (zB Vorlage einer Kopie oder Vernehmung des Notars als Zeugen, vgl dazu DNotI-Report 12/2021, 89 [91] mwN).

13 **4. Einsichtnahme**

Einsicht in ein amtlich verwahrtes gemeinschaftliches Testament kann auch jeder Ehegatte allein verlangen (KG JFG 4, 159 = JW 1927, 1650; jurisPK/REYMANN[9] Rn 8; ERMAN/S KAPPLER/T KAPPLER[16] Rn 1; HK/HOEREN[11] Rn 4; JAUERNIG/STÜRNER[18] Rn 1; SOERGEL/M WOLF[13] Rn 2).

5. Rechtsfolgen

14 Die Rechtsfolgen unterscheiden sich: Bei einem eigenhändigen gemeinschaftlichen Testament bleibt dieses gem § 2256 Abs 3 Hs 2 BGB wirksam.

15 Ein notarielles Testament dagegen gilt als widerrufen, § 2256 Abs 1 BGB: Auf den Willen der Ehegatten kommt es nicht an (dazu STAUDINGER/BAUMANN § 2256 Rn 28; KROISS/HORN/SOLOMON[2] § 346 FamFG Rn 33). Auch nur ein Ehegatte, § 2281 BGB analog (vDICKHUTH-HARRACH RNotZ 2002, 384 [394]), oder ein Dritter, § 2080 BGB, kann wohl wegen Irrtums aber anfechten, §§ 2078 ff BGB (zur Anfechtung iE und durchaus kritisch STAUDINGER/BAUMANN § 2256 Rn 39; s auch STAUDINGER/OTTE [2021] § 2078 Rn 11: Inhaltsirrtum). Für einen Inhaltsirrtum nach § 2078 BGB setzt das freilich voraus, dass der jeweilige Ehegatte tatsächlich keine Kenntnis von den Rechtsfolgen hatte; bei der Rückgabe soll der Rechtspfleger allerdings beide Ehegatten über genau diese Rechtsfolgen zu belehren und die erfolgte Belehrung dokumentieren, § 2256 Abs 1 S 2 BGB (was ein weiterer Grund ist, Testierfähigkeit beider zu verlangen: BayObLG FamRZ 2006, 294 f). Daher dürfte ein solcher Irrtum selten praktisch sein; aber auch sonstige Irrtümer (zB we-

gen Drohung nach § 2079 BGB) dürften selten praktisch werden. Ausgeschlossen sind sie aber nicht, und eine Anfechtung sollte möglich sein.

16 Freilich ist zu klären, wann die Anfechtung erklärt werden kann und welche *Folgen* die Anfechtungserklärung(en) hat/haben, wenn ein oder beide Ehegatten sie abgeben. Eine Anfechtungserklärung *beider* Ehegatten ist unnötig, denn in diesem Fall können sie ein neues gemeinschaftliches Testament errichten (BeckOGK/Braun [1. 10. 2021] Rn 34). Zu Lebzeiten und auch bei fortbestehender Testierfähigkeit beider Ehegatten kann der anfechtungswillige Ehegatte sowohl seine eigene Rücknahme anfechten als auch die des anderen Ehegatten mit der Folge, dass alle, insb die wechselbezüglichen Verfügungen, wiederaufleben (aA ohne nähere Begr BeckOGK/Braun [1. 10. 2021] Rn 36, 39: Die Verfügungen des anderen Ehegatten leben nicht wieder auf, und damit auch nicht die wechselbezüglichen des Anfechtenden. Dann bräuchte man aber gar keine Anfechtung der Rücknahme, denn der Anfechtungswillige könnte jederzeit ein einseitiges Testament errichten). Denn sein Irrtum beruhte gerade darauf, dass er nicht gewusst hatte, dass mit der Rücknahme *alle* Verfügungen, auch die zu seinen Gunsten, beseitigt wurden. Dagegen wird gesagt, man müsse den anderen Ehegatten schützen, der auf die Widerrufswirkung vertraue (BeckOGK/Braun [1. 10. 2021] Rn 36). Dem wird man dadurch begegnen können, dass dem anderen Ehegatten die Anfechtungserklärung zugehen muss (§ 2281 Rn 31). Erst recht kann der anfechtungswillige Ehegatte anfechten, wenn der andere Ehegatte testierunfähig oder verstorben sein sollte. Auch dann kann der längerlebende Ehegatte sowohl die Rücknahme des Verstorbenen als auch seine eigene Rücknahme anfechten (nur für diesen Fall BeckOGK/Braun [1. 10. 2021] Rn 35).

17 Nicht geregelt ist, welche Folgen die Rückgabe des öffentlichen gemeinschaftlichen Testaments an nur einen Ehegatten entgegen § 2272 BGB hat. Wechselbezügliche Verfügungen bleiben trotz der Rückgabe wirksam, insoweit verdient der Schutz des Vertrauens des anderen Ehegatten den Vorrang (allgM; s NK-BGB/Horn[6] Rn 5; BeckOK/Litzenburger [1. 2. 2022] Rn 6; Burandt/Rojahn/Braun[3] Rn 7; BeckOGK/Braun [1. 10. 2021] Rn 28; Soergel/Leiss[14] Rn 2; BGB-BGB-RGRK/Johannsen Rn 1; Planck/Greiff Anm 1). Schon aus Gründen der Rechtssicherheit muss dasselbe auch für die einseitigen Verfügungen gelten, nicht nur, aber auch weil diese nicht immer einfach zu unterscheiden sind (hM, Erman/S Kappler/T Kappler[16] Rn 1; NK-BGB/Horn[6] Rn 5; BeckOK/Litzenburger [1. 2. 2022] Rn 6; Burandt/Rojahn/Braun[3] Rn 7; BeckOGK/Braun [1. 10. 2021] Rn 29; Soergel/Leiss[14] Rn 2; BGB-BGB-RGRK/Johannsen Rn 1; Planck/Greiff Anm 1; aA noch Staudinger/Kanzleiter [2019] Rn 3).

6. Verfahrensfragen

18 Das Verfahren richtet sich nach den §§ 344 ff FamFG. Das Herausgabeverlangen ist – formfrei (jurisPK/Bauermeister[9] § 2256 Rn 5) – an das verwahrende Gericht zu richten, ggf. ist zunächst ein Antrag auf Verwahrung bei einem anderen Gericht, zB beim Gericht des Wohnsitzes der Ehegatten zu stellen, § 344 Abs 1 S 2 FamFG. Die Herausgabe ist vom Richter anzuordnen (funktional zuständig ist gem § 3 Nr 2 lit c RPflG der Rechtspfleger) und sodann vom Richter und vom Urkundsbeamten der Geschäftsstelle gemeinsam zu bewirken, § 346 Abs 1 FamFG.

19 Gegen die Entscheidung, mit der die Herausgabe abgelehnt wird (etwa wegen Fehlens der Testierfähigkeit), ist die Beschwerde gem § 11 Abs 1 RPflG iVm §§ 58 ff

FamFG statthaft, die gem § 64 FamFG beim Nachlassgericht, das die Entscheidung getroffen hat, einzulegen ist; wird der Beschwerde nicht abgeholfen, entscheidet das OLG (iE Kroiss/Horn/Solomon/Poller[2] Rn 34).

20 Kosten: Mit der Verwahrungsgebühr wird auch die etwaige Herausgabe aus der amtlichen Verwahrung abgegolten, KV-Nr 12100.

§ 2273
Eröffnung

(weggefallen)

Abschnitt 4
Erbvertrag

Einleitung zu §§ 2274 ff

Schrifttum

1. Älteres Schrifttum zur Rechtslage vor dem BGB und zum Gesetzgebungsverfahren

ALBRECHT, Die Lehre von den Erbverträgen von Georg Beseler, KritJbfdtRechtswiss 6, 321

BESELER, Die Lehre von den Erbverträgen (1835, 1837, 1840)

HARTMANN, Zur Lehre von den Erbverträgen und gemeinschaftlichen Testamenten (1860)

HASSE, Über Erbvertrag, Vertrag über eine fremde Erbschaft, Schenkung todeshalber und wechselseitiges Testament, Rheinisches Museum für Jurisprudenz 2, 149 ff, 300 ff; 3, 1 ff, 239 ff, 490 ff

STEIN, Errichtung letztwilliger Verfügungen und Verfügungen von Todes wegen durch Vertrag, Gutachten aus dem Anwaltsstande über die erste Lesung des Entwurfs eines Bürgerlichen Gesetzbuches (1890) 470.

2. Schrifttum zum BGB bis 1945

BICKERT, Verfügungen von Todes wegen kinderloser Ehegatten, DJ 1941, 904

BOEHMER, Schenkungen von Todes wegen und Schenkungen unter Lebenden, ZAkDR 1939, 610

BOLLENBECK, Zur Theorie und Praxis der Erbverträge zwischen Ehegatten (1905)

COHN, Begriff und geschäftliche Behandlung des Erbvertrags, JW 1900, 731

CREMERIUS, Testament und Erbvertrag, StAZ 1930, 142

ELDEN, Die Rechtsstellung des gemeinschaftlichen Testaments zum Einzeltestament und Erbvertrag (Diss Freiburg 1929)

FLATTEN, Gemeinschaftliches Testament oder Erbvertrag?, DNotZ 1941, 47

HARRER, Rücktritt und Widerruf beim gebundenen Erblasserwillen, LZ 1924, 16

ders, Der Testamentsvollstrecker und das Recht des Vertragserben, LZ 1926, 214

HELLWIG, Verträge auf Leistung an Dritte (1899) 591

HERCKT, Das gegenseitige gemeinschaftliche Testament und der gegenseitige Erbvertrag (Diss Marburg 1906)

HILDERSCHEID, Die Amtspflichten des Notars bei der Beurkundung von Testamenten und Erbverträgen, DNotZ 1939, 13

ders, Der einseitige Widerruf eines gemeinschaftlichen Testaments und der einseitige Rücktritt vom Erbvertrag in der notarischen Praxis, DNotZ 1942, 204

ISCHINGER, Die Bestätigung anfechtbarer Verfügungen von Todes wegen, Rpfleger 1951, 159

KRELLER, Von der Errichtung, Eröffnung und Wiederverwahrung gemeinschaftlicher Testamente und Erbverträge, WürttNotV 1932, 45

KRETZSCHMAR ZBlFG 10, 425

LÜTZELER, Verfügungen von Todes wegen unter Ehegatten, RhNotZ 1933, 105

MEISCHEIDER, Recht 1900, 201

NEUBECKER, Der Ehe- und Erbvertrag im internationalen Verkehr (1915)

PROSKE, Die Unterschiede zwischen einem gemeinschaftlichen Testament und einem Erbvertrag (Diss Breslau 1905)

ROHS, Verfügungen von Ehegatten von Todes wegen bei Nichtvorhandensein von Abkömmlingen, DJ 1941, 774

SCHIFFNER, Der Erbvertrag nach dem BGB (1899)

SENFT, Gemeinschaftliches Testament oder Erbvertrag?, DNotZ 1941, 42

WEIHE, Gemeinschaftliches Testament oder Erbvertrag, DNotZ 1939, 9

WEIN, Der vorbehaltene Rücktritt im Erbvertrag, BayZ 1916, 123
WERNEBURG, Die gegenseitigen Verfügungen von Todes wegen, DNotZ 1916, 209
WEYER, Bindung durch Erbvertrag, DNotZ 1938, 366.

3. Schrifttum seit 1945

APFELBACHER, Ehebedingte Zuwendungen und Ehegatteneigenheimgesellschaft – Möglichkeiten zur Beeinträchtigung von Pflichtteilsansprüchen durch vorweggenommene Erbfolge (Diss Regensburg 1992)
AREND, Übertragungen zwischen Ehegatten, MittRhNotK 1990, 65
AUNERT-MICUS, Der Begriff der Beeinträchtigungsabsicht in § 2287 BGB beim Erbvertrag und beim gemeinschaftlichen Testament (Diss Münster 1991)
BASTY, Bindungswirkung bei Erbvertrag und gemeinschaftlichem Testament, MittBayNot 2000, 73
BATTES, Gemeinschaftliches Testament und Ehegattenerbvertrag als Gestaltungsmittel für die Vermögensordnung der Familie (1974)
ders, Der erbrechtliche Verpflichtungsvertrag im System des Deutschen Zivilrechts – Ziele, Dogmatik und praktische Auswirkungen des § 2302 BGB, AcP 178 (1978) 337
ders, Zur Wirksamkeit von Testamenten und Erbverträgen nach der Ehescheidung, JZ 1978, 733
BENKÖ, Zur Aushöhlung bindender Verfügungen von Todes wegen (Diss Köln 1974)
BOEHMER, Entgeltliche Erbverträge, ein Rechtsgutachten, in: FS Heinrich Lehmann (1956) 461
ders, Sittenwidrige Beeinträchtigung des Vertragserben durch lebzeitige Zuwendungen des Erblassers?, FamRZ 1961, 253
BRAMBRING, Bindung beim Ehegattentestament und -erbvertrag, ZAP 1993, 619
ders, Abschied von der ehebedingten Zuwendung, außerhalb des Scheidungsfalls und neue Lösungswege, ZEV 1996, 248
ders, Abschied oder kein Abschied von der ehebedingten Zuwendung? – Duplik zum Vorstehenden von Langenfeld, ZEV 1997, 7
BÜHLER, Zur Wechselbezüglichkeit und Bindung beim gemeinschaftlichen Testament und Erbvertrag, DNotZ 1962, 359
ders, Zur Eröffnung eines gemeinschaftlichen Testaments, BWNotZ 1980, 34
BUND, Die Bindungswirkung des Erbvertrages, JuS 1968, 268
BURKART, Aushöhlung gemeinschaftlicher Testamente durch den überlebenden Ehegatten, NJW 1956, 1501
ders, Die Rechtsprechung des Bundesgerichtshofs über die Aushöhlung von Testamenten, NJW 1959, 2093
COING, Wie ist die bindende Wirkung von Erbverträgen zu ermitteln?, NJW 1958, 68
COMMICHAU, Erbvertrag: Amtliche Verwahrung des Aufhebungsvertrages?, MittBayNot 1998, 235
vDICKHUTH-HARRACH, Die Rückgabe eines Erbvertrages aus der notariellen Verwahrung, RNotZ 2002, 384
ders, Gemeinschaftliches Testament oder Erbvertrag?, in: BAUMANN ua (Hrsg), Gesetz. Recht. Rechtsgeschichte – Festschrift für Gerhard Otte zum 70. Geburtstag (2005) 55-100
DILCHER, Die Grenzen erbrechtlicher Bindung zwischen Verfügungsfreiheit und Aushöhlungsnichtigkeit, Jura 1988, 72
DITTMANN, Aushöhlung des gemeinschaftlichen Testaments, DNotZ 1958, 619
DOHR, Überwindung der aufgrund gemeinschaftlichen Testaments oder Erbvertrages entstandenen erbrechtlichen Bindungswirkung, MittRhNotK 1998, 381
ders, Erbrechtliche Gestaltungsmöglichkeiten für die Beschränkung des erbvertraglichen zu bindenden überlebenden Ehegatten auf die Einsetzung der gemeinschaftlichen Abkömmlinge (Diss Würzburg 2002)
DRASCHKA, Unbenannte Zuwendungen und der erbrechtliche Schutz gegen unentgeltliche Vermögensverfügungen, DNotZ 1993, 100
DRESSEL, Zur Anfechtung eines Erbvertrages durch den überlebenden Ehegatten, AgrarR 1974, 189
EBENROTH/FUHRMANN, Konkurrenzen zwischen Vermächtnis- und Pflichtteilsansprüchen bei erbvertraglicher Unternehmensnachfolge, BB 1989, 2049
ECKEBRECHT, Die Stellung des erbrechtlichen

Anwärters vor und nach dem Erbfall (Diss Berlin 1991)
Felix, Testament und Erbvertrag, DStZ 1987, 599
Finger/Füser/Hamm/Weber, Aushöhlung letztwilliger Verfügungen – Ende der „Aushöhlungsnichtigkeit"?, FamRZ 1975, 251
Firsching, Der Ehe- und Erbvertrag im deutschen, österreichischen und schweizerischen Recht, DNotZ 1954, 229
Fleischmann, Lebzeitige Verfügungsfreiheit bei erbrechtlicher Bindung und Pflichtteilsberechtigung nach den Vorschriften des BGB (Diss Frankfurt 1989)
Gather, Aufhebung und Anfechtung letztwilliger Verfügungen, DWW 1973, 62
Gerken, Die Entstehung der Bindungswirkung beim Erbvertrag, BWNotZ 1992, 93
Giencke, Ergänzende Auslegung von Erbverträgen gemäß § 2066 BGB unter Berücksichtigung nichtehelicher Kinder des Erblassers als gesetzliche Erben, FamRZ 1974, 241
Häsemeyer, Zur Anwendung des § 139 BGB auf Erbverträge, FamRZ 1967, 30
ders, Die Abhängigkeit erbrechtlicher Verträge von Verkehrsgeschäften (Diss Göttingen 1966)
ders, Die gesetzliche Form der Rechtsgeschäfte (1971)
Haussmann, Gedanken zur Ausgestaltung von Ehegattenerbverträgen, BWNotZ 1972, 93
Hayler, Die Drittwirkung ehebedingter Zuwendungen im Rahmen der §§ 2287, 2288 II, 2325, 2329 – Problemlösung durch Rückgriff auf Wertungen des Güterrechts?, MittBayNot 2000, 290
Heiseke, Der Zugang formbedürftiger Erklärungen, MDR 1968, 899 (zum Rücktritt vom Erbvertrag)
Hieber, Sicherung eines erbvertraglichen Anspruches durch Vormerkung, DNotZ 1952, 432
ders, Noch einmal: Die Vormerkbarkeit des erbrechtlichen Anspruchs, DNotZ 1953, 635
ders, Sicherung eines Grundstücksvermächtnisses durch Auflassungsvormerkung, DNotZ 1958, 306
ders, Zustellung einer Ausfertigung oder einer beglaubigten Abschrift, DNotZ 1960, 240 (zum Rücktritt vom Erbvertrag)
Höfer, Der Rücktritt vom Erbvertrag, BWNotZ 1984, 113
Hohmann, Rechtsfolgen von Störungen im Rahmen eines entgeltlichen Erbvertrags und Sicherung der Rechte der Vertragsparteien (Diss Würzburg 1993)
ders, Die Sicherung des Vertragserben vor lebzeitigen Verfügungen des Erblassers, ZEV 1994, 133
Holthöfer, Sicherung des Vertragserben zu Lebzeiten des Erblassers, DRiZ 1954, 141; JR 1955, 11
Hornung, Die geschäftliche Behandlung der Verfügungen von Todes wegen im Hinblick auf das Verfahren zur Eröffnung von Testamenten und Erbverträgen, JVBl 1964, 225
Huber, Freistellungsklauseln in gemeinschaftlichen Testamenten, Rpfleger 1981, 41
Huckinghaus, Anm zu BGH v 5. 2. 1957 – V BLw 37/56, LM § 7 HöfeO Nr 17 (zur formlosen Hoferbenbestimmung)
Hülsmeier, Die bindende Wirkung des Erbvertrages (Diss Münster 1985)
ders, Der Vorbehalt abweichender Verfügungen von Todes wegen beim Erbvertrag, NJW 1986, 3115
Ivo, Die Zustimmung zur erbvertragswidrigen Verfügung von Todes wegen, ZEV 2003, 58
ders, Die Zustimmung zur erbvertragswidrigen lebzeitigen Verfügung, ZEV 2003, 101
Johannsen, Anm zu BGH v 5. 7. 1972 – IV ZR 125/70, LM § 2286 BGB Nr 6 (zur Aushöhlung von Erbverträgen durch Rechtsgeschäfte unter Lebenden)
ders, Die Rechtsprechung des Bundesgerichtshofs auf dem Gebiet des Erbrechts – das Recht des Erbvertrags, WM 1969, 1222, 1314; 1973, 530; 1977, 270, 277; 1979, 630; 1982, Sonderbeilage Nr 2, 1; WM 1985, Sonderbeilage Nr 1, 1
ders, Der Schutz der durch gemeinschaftliches Testament oder Erbvertrag berufenen Erben, Sonderheft 75 Jahre DNotZ 1977, 69*
Kanzleiter, Bedarf die Zustimmung des bindend bedachten Erben zu einer ihn beeinträchtigenden Schenkung der notariellen Beurkundung?, DNotZ 1990, 776
ders, „Umverteilung" des Nachlasses mit Zustimmung des Vertragserben und Eintritt der Ersatzerbfolge, ZEV 1997, 261

ders, Die Form des Rücktritts von einem Vertrag, in dem ein Erbvertrag mit anderen Vereinbarungen verbunden ist, DNotZ 1999, 122
ders, Die Bindung an Verfügungen im Erbvertrag und gemeinschaftlichem Testament, in: Tiedtke/Kanzleiter (Hrsg), Aktuelle Entwicklungen des Erbrechts (2007) 22 ff
Kapp, Der Erbvertrag in zivilrechtlicher und erbschaftsteuerlicher Sicht, BB 1980, 845
Keim, Der Wegfall des vertragsmäßig eingesetzten Erben und seine Auswirkungen auf beeinträchtigende Verfügungen von Todes wegen, ZEV 1999, 413
ders, Der Änderungsvorbehalt beim Erbvertrag – bei richtiger Handhabung ein sicheres Gestaltungsmittel, ZEV 2005, 365
Keller, Aufhebung, Änderung und Ergänzung eines Erbvertrags durch die Vertragspartner, ZEV 2004, 93
Klingelhöffer, Zuwendungen unter Ehegatten und Erbrecht, NJW 1993, 1097
Knieper, Die Verbindung des Erbvertrages mit anderen Verträgen, DNotZ 1968, 331
J Kohler, Erblasserfreiheit oder Vertragserbenschutz und § 826 BGB, FamRZ 1990, 464
R Kohler, Die schuldrechtlichen Ersatzansprüche wegen der Aushöhlung eines Nachlasses, NJW 1964, 1393
Kollhosser, Aktuelle Fragen der vorweggenommenen Erbfolge, AcP 194 (1994) 231
ders, Ehebezogene Zuwendungen und Schenkungen unter Ehegatten, NJW 1994, 2313
Kornexl, Gibt es einen Nachtrag zum Erbvertrag?, ZEV 2003, 62, 235
Kraker, Die Bedeutung des § 2286 BGB, BWNotZ 1958, 265
Krebber, Die Anfechtbarkeit des Erbvertrags wegen Motivirrtums – Ein Beitrag zum Verständnis des Erbvertrags – DNotZ 2003, 20
ders, Die Sicherung erbrechtlicher Erwerbsaussichten im Lichte erbrechtlicher Prinzipien, AcP 204 (2004) 149
Kuchinke, Enttäuschte Erwartungen eines Schlußerben, BGHZ 82, 274, JuS 1988, 853
ders, Beeinträchtigende Anordnungen des an seine Verfügungen gebundenen Erblassers, in: FS vLübtow (1991) 283
ders, Zur Sicherung des erbvertraglich oder letztwillig bindend Bedachten durch Feststellungsurteil, Vormerkung, und Gewährung einstweiligen Rechtsschutzes, in: FS Henckel (1995) 475
Kupsch-Hoch, Steueroptimale Gestaltung einer vorweggenommenen Erbfolge bei gewerblichen Unternehmen, FR 1984, 517
Küster, Grenzen des Rücktrittsvorbehalts im Erbvertrag?, JZ 1958, 394
Heinrich Lange, Bindung des Erblassers an seine Verfügungen, NJW 1963, 1571
Hermann Lange, Gegenseitiger Erbvertrag und Scheidungsrechtstreit, JuS 1965, 347
Langenfeld, Die Bestandskraft ehebedingter Zuwendungen im Verhältnis zu Vertragserben und Pflichtteilsberechtigten, ZEV 1994, 129
ders, BGH-Rechtsprechung aktuell: Der BGH – Schutzpatron der pflichtteilsberechtigten Abkömmlinge?, NJW 1994, 2133
ders, Freiheit oder Bindung beim gemeinschaftlichen Testament oder Erbvertrag von Ehegatten?, NJW 1987, 1577
ders, Kein „Abschied von der ehebedingten Zuwendung im Verhältnis zu den pflichtteilsberechtigten Abkömmlingen“, ZEV 1997, 6
D Lehmann, Erhöhter Druck auf Erbvertrag, gemeinschaftliches Testament sowie Vor- und Nacherbfolge durch die EuErbVO, ZEV 2015, 309
R Lehmann, Zur Entbehrlichkeit des „Änderungsvorbehalts“, NotBZ 2004, 210
ders, Die Änderung einer vertragsmäßigen Erbeinsetzung, ZErb 2009, 351
Leipold, Der vergeßliche Erblasser und die Anfechtung, ZEV 1995, 99
ders, Erbrecht 1995, JZ 1996, 287
Lemcke, Ansprüche des Vertragserben wegen beeinträchtigender Schenkungen (Diss Augsburg 1997)
Loritz, Freiheit des gebundenen Erblassers und Schutz des Vertrags- und Schlußerben vor Zweitverfügungen (Diss Berlin 1992)
Ludewig, Pflichtteilskürzung durch Schenkung an den Pflichtteilsberechtigten beim Erbvertrag?, MDR 1985, 373
Ludwig, Bestandskraft ehebedingter Zuwendungen gegenüber Dritten, FuR 1992, 1
Lüdtke-Handjery, Beteiligung der Miterben beim Übergabe- und Erbvertrag, AgrarR 1982, 7

ders, Hofübergabe und erbrechtliche Nachfolge, DNotZ 1985, 332
Lüke, Vertragliche Störungen beim „entgeltlichen" Erbvertrag (Diss Freiburg 1990)
Mattern, Die Aushöhlung von Testamenten und Erbverträgen, MDR 1960, 1
ders, Nochmals: Sittenwidrige Beeinträchtigung des Vertragserben?, FamRZ 1961, 418
ders, Zur Rechtsstellung des von Todes wegen bindend Bedachten, BWNotZ 1962, 229
ders, Die Rechtsprechung des Bundesgerichtshofs zur Testamentsaushöhlung, DNotZ 1964, 196
ders, Die Testamentsaushöhlung, Mitteilungen aus der Praxis (1966) 1
ders, Zur Aushöhlungsnichtigkeit nach § 138 BGB, AgrarR 1973, 286
Mayer, Der Änderungsvorbehalt beim Erbvertrag, erbrechtliche Gestaltung zwischen Bindung und Dynamik, DNotZ 1990, 755
ders, Die Rückforderung der vorweggenommenen Erbfolge, DNotZ 1996, 604
Meincke, Zuwendungen unter Ehegatten, NJW 1995, 2769
ders, 25 Jahre „unbenannte" Zuwendung, ZEV 1995, 81
Meister, Unentgeltliche Zuwendungen und ihre Drittwirkung (Diss Freiburg 1993)
R G Meyer, Die formlose Hoferbenbestimmung (Diss Tübingen 1968)
Meyding, Erbvertrag und nachträgliche Auswechslung des Testamentsvollstreckers, ZEV 1994, 98
Morhard, Unbenannte Zuwendungen zwischen Ehegatten- Rechtsfolgen und Grenzen der Vertragsgestaltung, NJW 1987, 1734
Moser, Die Zulässigkeitsvoraussetzungen der Feststellungsklage unter besonderer Berücksichtigung erbrechtlicher Streitigkeiten zu Lebzeiten des Erblassers (Diss Erlangen-Nürnberg 1981)
Müller-Rottach, Der Rücktritt vom Erbvertrag, BWNotZ 1987, 42
Münzberg, Die Beeinträchtigung des Vertragserben durch den Erblasser, JuS 1962, 386
Münzenberger, Die „Aushöhlung der Testamente" und die Aushöhlung der Rechtssicherheit, BWNotZ 1958, 143
ders, Die Aushöhlung des § 2286 BGB – eine Entgegnung auf BWNotZ 58, 265 und DNotZ 58, 619, BWNotZ 1959, 1
Muscheler, Zur Frage der Nachlaßzugehörigkeit des Anspruches aus § 2287 BGB, FamRZ 1994, 1361
Musielak, Die Aufhebung bindend gewordener Verfügungen in gemeinschaftlichen Testamenten, in: FS Kegel (1987) 433
ders, Zur Bindung an den Erbvertrag und zu den rechtlichen Möglichkeiten einseitiger Änderungen, ZEV 2007, 245
C Nolting, Inhalt, Ermittlung und Grenzen der Bindung beim Erbvertrag (Diss Bonn 1985)
D Nolting, Der Erbvertrag, JA 1993, 129
ders, Der Änderungsvorbehalt beim Erbvertrag (Diss Passau 1994)
Nordmeier, Erbverträge und Nachlass bezogene Rechtsgeschäfte in der EuErbVO – eine Begriffsklärung, ZEV 2013, 117
Olzen, Die vorweggenommene Erbfolge (1984)
Otte, Aufhebung der Hofeigenschaft trotz bindender Bestimmung eines Hofnachfolgers, NJW 1988, 672
ders, Die Bedeutung der „Hohenzollern"-Entscheidung des Bundesverfassungsgerichts für die Testierfreiheit, ZEV 2004, 393
Picenoni, Die Auslegung von Testament und Erbvertrag (1955)
Piepenbrock, Anm zu BGH v 3. 11. 1961 – V ZR 48/60, LM § 2276 BGB Nr 4 (zur Formlosigkeit der Vereinbarung von Verpflichtungen des Vertragserben zu Gegenleistungen)
Raape, Der Notar und das internationale Privatrecht, DNotZ 1950, 188
Raitz vFrentz, Gestaltungsformen zur Abgrenzung der Rechte von überlebenden Ehegatten und Kindern in gemeinschaftlichen Testamenten und Erbverträgen, DNotZ 1962, 635
Recker, Schutz des von Todes wegen Bedachten, MittRhNotK 1978, 125
Reimann/Bengel/Dietz, Testament und Erbvertrag (7. Aufl 2020)
Reithmann, Erbverträge zwischen mehr als zwei Beteiligten, DNotZ 1957, 527
Remmele, „Lebzeitiges Eigeninteresse" bei Schenkung zugunsten des zweiten Ehegatten?, NJW 1981, 2290
Reubold, Die Aushöhlung des Erbvertrags und

des bindend gewordenen gemeinschaftlichen Testaments (Diss Frankfurt 1970)
Röll, Die Zustellung einer Ausfertigung beim Rücktritt vom Erbvertrag und beim Widerruf wechselbezüglicher Verfügungen in gemeinschaftlichen Testamenten, DNotZ 1961, 312
Safferling, Vererbungsabreden und Grundbuch – Vormerkung für Eigentumsverschaffungsansprüche an der Nahtstelle zwischen Erbrecht und Schuldrecht –, Rpfleger 1973, 413
Sandweg, Ehebedingte Zuwendungen und ihre Drittwirkung, NJW 1989, 1965
ders, Zuwendungen zwischen Ehegatten in der notariellen Praxis, BWNotZ 1985, 34
Sarres, Auskunftspflichten zwischen Miterben bei gesetzlicher oder gewillkürter Erbfolge, ZEV 1996, 300
Sarres/Afraz, Auskunftsansprüche gegenüber Vertragserben sowie gegenüber der Erblasser-Bank bei lebzeitigen Zuwendungen des Erblassers, ZEV 1995, 433
Schmidt-Kessel, Erbrecht in der Rechtsprechung des Bundesgerichtshofes 1985–1987, WM 1988, Sonderbeilage 8, 1
Schmidt-Liebig, Erwerb von Wirtschaftsgütern im Rahmen der vorweggenommenen Erbfolge, BB 1986, 2244
Schneider, Darf zu Lebzeiten des Erblassers Klage erhoben werden auf Feststellung, ob eine Verfügung von Todes wegen bestimmte Folgen hat?, ZEV 1996, 56
ders, Wie ist der Rücktritt vom Erbvertrag, wie der Widerruf eines gemeinschaftlichen Testaments zu erklären?, ZEV 1996, 220
Schönfeld, Die Vormerkbarkeit erbrechtlicher Ansprüche vor Eintritt des Erbfalls (Diss Tübingen 1956)
Scholten, Erbvertrag und Zugewinngemeinschaft, NJW 1958, 935
Schotten, Ehebedingte Zuwendungen im Verhältnis zu Dritten, NJW 1991, 2687
ders, Die ehebedingte Zuwendung – ein überflüssiges Rechtsinstitut?, NJW 1990, 2841
ders, Die Erstreckung der Wirkung eines Zuwendungsverzichts auf die Abkömmlinge des Verzichtenden, ZEV 1997, 1
Schulte, Erbvertrag und Übergabevertrag, RdL 1951, 29
ders, Wie kann der Eigentümer einer landwirtschaftlichen Besitzung für seinen Todesfall seinen Ehegatten sichern und zugleich die Besitzung seinen Abkömmlingen erhalten?, DNotZ 1953, 355
ders, Anm zu OLG Hamm v 5. 10. 1963 – 10 Wlw 42, 63, RdL 1965, 125 (zum formlosen Erbvertrag)
ders, Zur Aushöhlungsnichtigkeit nach § 138 BGB – eine Ergänzung, AgrarR 1973, 386
ders, Formlose bäuerliche Übergabe und Erbverträge, RdL 1956, 177; NJW 1958, 361, 820; 1962, 2086
ders, Verhältnis zwischen Übergabevertrag und späterem Erbvertrag, RdL 1960, 316
Schultz-Zabel, Das Verhältnis des Erbvertrags zum gemeinschaftlichen Testament (Diss Köln 1969)
Schulze zur Wiesche, Vermögensübertragungen im Wege der vorweggenommenen Erbfolge, BB 1986, 1134
Siebert, Die Bindungswirkung des Erbvertrags, in: FS Hedemann (1958) 237
Simshäuser, Auslegungsfragen bei Wiederverheiratungsklauseln in gemeinschaftlichen Testamenten und Erbverträgen, FamRZ 1972, 273
Speckmann, Die Aushöhlung gemeinschaftlicher Testamente durch Rechtsgeschäft unter Lebenden, NJW 1968, 2222
ders, Aushöhlung von Erbverträgen und gemeinschaftlichen Testamenten, zur neueren Rechtsprechung des BGH, NJW 1971, 176
ders, Aushöhlungsnichtigkeit und § 2287 BGB bei Erbverträgen und gemeinschaftlichen Testamenten, NJW 1974, 341
ders, Zur Frage der Beeinträchtigungsabsicht in § 2287 BGB, JZ 1974, 543
Spellenberg, Die sog Testamentsaushöhlung und die §§ 2287, 2288 BGB, FamRZ 1972, 349
ders, Anm zu BGH v 5. 7. 1972 – IV ZR 125/70, FamRZ 1973, 133 (Aufgabe der Rechtsprechung zur „Aushöhlungsnichtigkeit“)
ders, Schenkungen und unentgeltliche Verfügungen zum Nachteil des Erben oder Pflichtteilsberechtigten, FamRZ 1974, 350
ders, Verbotene Schenkungen gebundener Erblasser in der Rechtsprechung, NJW 1986, 2531
Steffen, Kann ein aufgehobener Erbvertrag verheimlicht werden?, AgrarR 1974, 274

STEPPUHN, Übergabevertrag oder Erbvertrag?, RdL 1960, 229
STÖCKER, Erbenschutz zu Lebzeiten des Erblassers bei der Betriebsnachfolge in Familienunternehmen und Höfe, WM 1980, 482
STROBEL, Mittelbare Sicherung erbrechtlicher Erwerbsaussichten (Diss Tübingen 1982)
STRUNZ, Der Anspruch des Vertrags- und Schlusserben wegen beeinträchtigender Schenkungen – § 2287 BGB (Diss München 1989)
STÜRZEBECHER, Rücktritt vom entgeltlichen Erbvertrag (1987)
ders, Zur Anwendbarkeit der § 320 ff BGB auf den entgeltlichen Erbvertrag, NJW 1988, 2717
STUMPF, Wirksamkeit und Formbedürftigkeit der Einwilligung des bedachten Erbvertragspartners in eine ihn beeinträchtigende letztwillige Verfügung, FamRZ 1990, 1057
TEICHMANN, „Aushöhlung" erbrechtlicher Bindungen als methodisches Problem, MDR 1972, 1
ders, Anm zu BGH v 5. 7. 1972 – IV ZR 125/70, JZ 1974, 30 (zur Aufgabe der Rechtsprechung über die „Aushöhlungsnichtigkeit")
THIEME, Sicherung des Vertragserben oder Vermächtnisnehmers zu Lebzeiten des Erblassers, JR 1956, 292
TIEDTKE, Die Umdeutung eines Vermächtnisses in ein Rechtsgeschäft unter Lebenden, NJW 1978, 2572
ders, Die Umdeutung eines nach §§ 1365, 1366 BGB nichtigen Rechtsgeschäftes in einen Erbvertrag, FamRZ 1981, 1
ULRICH, Der Erbvertrag als Problem von Rechtswissenschaft (Diss Bayreuth 2017)
VAN VEENROY, § 2293 BGB und die Theorie des Erbvertrags, JZ 1987, 10
VEIT, Die Anfechtung von Erbverträgen (Diss München 1991)
ders, Die Anfechtung von Erbverträgen durch den Erblasser, NJW 1993, 1553
VOLLMAR, Der entgeltliche Erbvertrag (Diss 2002)
dies, Der entgeltliche Erbvertrag – Behandlung von Leistungsstörungen, ZErb 2003, 274
WAHL, Umgehung erbvertraglicher Bindungen durch Vertrag zugunsten Dritter auf den Todesfall?, ErbR 2014, 250
WALTERMANN, Benachteiligende Schenkungen des testamentarisch gebundenen Erblassers – OLG Frankfurt, NJW-RR 1991, 1157, JuS 1993, 276
WEILER, Änderungsvorbehalt und Vertragsmäßigkeit der erbvertraglichen Verfügung, DNotZ 1994, 427
WEIRICH, Der gegenständlich beschränkte Pflichtteilsverzicht, DNotZ 1986, 5
ders, Das Rücknahmeverbot beim Erbvertrag – eine Fehlkonstruktion des Gesetzes, DNotZ 1997, 7
WERTHMANN, Die unbenannte Zuwendung im Privatrechtssystem (Diss Bielefeld 1990)
WIEACKER, Hoferbenbestimmung durch schlüssiges oder sozialtypisches Verhalten?, FamRZ 1957, 287
WINKLER VON MOHRENFELS, Die Auskunfts- und Wertermittlungspflicht des vom Erblasser Beschenkten, NJW 1987, 2557.

Systematische Übersicht

Alphabetische Übersicht

I. Geschichte

1. Bis zum BGB

Nach der für die Entwicklung zum BGB maßgebenden (teilweise in Zweifel gezogenen, s die Nachw bei Battes § 2) herrschenden gemeinrechtlichen Auffassung im 19. Jahrhundert verwarf das **römische Recht** Verträge über das Erbrecht, weil ihm die vertragliche Beschränkung der Testierfreiheit als eine unzulässige und unsittliche Bindung in einer Angelegenheit persönlicher Entschließung erschien (vgl Battes § 2). Tatsächlich hat das römische Recht Erbverträge verboten (Jul D 45,1,61; Diocl C 5,14,4 und Diocl C 8,38(39),4, s dazu Kaser RP I² 251, 341, 677 f und Kaser RP II² 475 f; HRP/Finkenauer § 21 Rn 47). Das ist allerdings nicht ganz unumstritten (dagegen – aber nicht überzeugend – Daskalopoulos, Die falsche Interpretation der römischen Quellen in Bezug auf die Unsittlichkeit der Erbverträge, 2017). 1

In Deutschland hatte sich im **Mittelalter** „aus der Vergabung von Todes wegen … der Erbvertrag entwickelt, welcher ohne Auflassung dem Kontrahenten ein Erbrecht an einem ganzen Vermögen, an bestimmten Mobilien, einer Geldsumme oder auch an einzelnen Grundstücken einräumte" (Stobbe DPR 5, 310). Im Fortwirken dieser Vorstellungen wurde im 19. Jahrhundert vielfach die wesentliche Grundlage für das Institut des Erbvertrags gesehen. Tatsächlich haben auch bei der Ausbildung dieses Rechtsinstituts römisch-rechtliche und deutsch-rechtliche Einflüsse zusammengewirkt (s Battes § 2 f; über die weitere Ausbildung des Instituts im gemeinen Recht und 2 in den Partikularrechten s Mot V 310 ff; Gerber DPR § 257; Endemann III § 79; BayLR Teil III cap 11 § 1; Ulrich, Erbvertrag als Problem von Rechtswissenschaft).

2. Aufnahme des Erbvertrags in das BGB

3 Gegen die Zulassung des Erbvertrags im BGB erhoben sich verschiedene Stimmen (s Ubbelohde AcP 75, 54; Pfitzer DNotZ 1889, 41; Petersen Beiträge zur Erl 16. Heft, 76 ff; vgl die Zusammenstellung der gutachtlichen Äußerungen zu einem Entwurf des BGB V, 54 ff). Neben der „bestrittenen juristischen Konstruktion" (Mot V 311 = Horn 1077 f, dazu eingehend Ulrich, Erbvertrag als Problem von Rechtswissenschaft, 283 ff) sah man die Gefahr der erbvertraglichen Bindung einerseits für den Erblasser darin, dass er seine Verfügung nicht mehr veränderten Umständen anpassen kann, für den Vertragserben darin, dass dieser sich in trügerischer Sicherheit wiegt, obwohl ihn der Erblasser durch lebzeitige Verfügung noch um das zugesagte Erbe bringen kann.

4 Trotzdem waren die Verfasser des BGB von Anfang an entschlossen, den Erbvertrag zuzulassen. Man entschied sich dafür, den Erbvertrag nicht nur Ehegatten vorzubehalten, sondern den Kreis der Vertragschließenden nicht einzuschränken. Ein Bedürfnis für den Erbvertrag sah der Gesetzgeber insbesondere für Ehegatten und Verlobte, für bäuerliche Verhältnisse, für die bisherigen „Einkindschaftungen" (Gleichstellung von Kindern aus verschiedenen Ehen) und „Verpfründungsverträge" (Aufnahme in eine öffentliche oder private Anstalt gegen die Zusicherung des Erbrechts), schließlich für Fälle, in denen die Verpflichtung zur Versorgung einer älteren Person gegen die Einräumung des Erbrechts übernommen wird (Mot V 311; Prot V 371 ff). Der Gesetzgeber dachte hierbei besonders an Geschwister oder andere durch Verwandtschaft oder sonstige Beziehungen nahe verbundene ältere Personen, die ohne sonstigen Familienanschluss lange zusammengelebt und einen gemeinschaftlichen Haushalt geführt haben und daher den Wunsch hegen, nach dem Tode des Erstversterbenden solle der Überlebende in der bisherigen Weise weiterleben können und zu diesem Zweck das beiderseitige Vermögen ungeschmälert übernehmen.

5 Im Bereich der **Landwirtschaft** wurde der Erbvertrag insofern als nützlich angesehen, als sich durch dessen Abschluss uU ein junger Landwirt für die Weiterführung des Anwesens eines arbeitsunfähig gewordenen älteren Bauern entscheiden werde. Erbverträge können aber auch in anderen Interessensituationen geschlossen werden, so etwa zwischen Eltern und Kindern, um Befürchtungen der Kinder zu zerstreuen, die Eltern könnten in höherem Alter ihr Vermögen Fremden zuwenden und sie seien dann entweder auf den Pflichtteil angewiesen oder müssten in einem langwierigen Rechtsstreit mit ungewissem Ausgang beweisen, dass die Erblasser bei Errichtung des für die Kinder nachteiligen Testaments nicht testierfähig gewesen seien. Ein solcher Erbvertrag kann uU für die gedeihliche Zusammenarbeit zwischen der älteren und der jüngeren Generation in einem Familienunternehmen von Bedeutung sein. Der Erbvertrag kann auch umgekehrt den Eltern Gewähr dafür bieten, dass die Kinder das Vermögen der Familie an die Enkel oder an bestimmte Enkel weitergeben, so wenn der Vater mit dem Sohn einen Erbvertrag schließt, in dem der Sohn seinen Sohn, also den Enkel, zu seinem Erben einsetzt (Sicherung der Familienerbfolge, vgl Reithmann DNotZ 1957, 528; s auch Battes insbes 220 ff). Wie in Rn 43 ff dargelegt wird, könnte den Interessen der Beteiligten allerdings häufig auch der Abschluss eines Rechtsgeschäfts unter Lebenden gerecht werden.

II. Definition des Erbvertrags

1. Allgemeines

Der Erbvertrag ist ein einheitliches, abstraktes, unentgeltliches Rechtsgeschäft von Todes wegen und gleichzeitig ein echter Vertrag („**Doppelnatur**" des Erbvertrages s Brox/Walker[28] § 14 Rn 2; K W Lange[2] § 17 Rn 143; jurisPK/B Hamdan/M Hamdan[9] § 2274 Rn 2; Erman/S Kappler/T Kappler[16] Vorbem 1 zu §§ 2274 ff; MünchKomm/Musielak[9] Vor § 2274 Rn 2; BeckOGK/Röhl [1. 5. 2022] § 2274 Rn 6; NK-BGB/Hölscher/Kornexl[6] Vor § 2274 Rn 18; Burandt/Rojahn/Burandt[4] § 2274 Rn 2; Tanck/Kind[4] Vor §§ 2274 ff Rn 2; K W Lange, Erbrecht[2] § 16 Rn 142; kritisch Ulrich, Erbvertrag als Problem von Rechtswissenschaft, 453 ff, der eine groß angelegte Studie zum Konstruktionsproblem des Erbvertrags seit dem 17. Jh präsentiert, aber selbst leider kein Lösungsangebot unterbreitet), der eine erbrechtliche Bindung der Vertragschließenden an vertragsmäßige Verfügungen von Todes wegen begründet (zum erbrechtlichen Charakter des Erbvertrags s auch Staudinger/Otte [2017] § 1941 Rn 4). 6

2. Einheitliches Rechtsgeschäft, echter Vertrag

Der Erbvertrag ist ein **einheitliches Rechtsgeschäft** (allgM, s Mot V 311 ff = Horn § 2274 Rn 7; nicht – wie vor allem von Hartmann zum gemeinen Recht vertreten – ein „Doppelgeschäft", bestehend aus einer einseitigen Verfügung von Todes wegen und einem nur äußerlich damit verbundenen vertragsmäßigen Widerrufsverzicht, zu Hartmanns Lehre und die Diskussion darüber s Ulrich, Erbvertrag als Problem von Rechtswissenschaft, 325 ff). Er ist ein echter Vertrag (s BGHZ 26, 204, 207 = NJW 1958, 498 = LM Nr 3 zu § 2289 BGB m Anm Johannsen), sodass ein in ihm eingesetzter Erbe durch den Vertrag, nicht etwa durch eine vom Erblasser allein ausgehende, von dem Vertragsgegner nur angenommene einseitige Verfügung von Todes wegen zur Erbfolge berufen ist. 7

3. Verfügung von Todes wegen

Der Erbvertrag ist – wie das Testament – eine **Verfügung von Todes wegen**, dh eine Anordnung, die mit dem Tode des Erblassers wirksam wird und die Rechtsverhältnisse hinsichtlich des Nachlasses regelt. Die Verfügungen von Todes wegen stehen im Gegensatz zu den Rechtsgeschäften unter Lebenden (§ 2286 BGB). Sie unterscheiden sich von diesen dadurch, dass sie zu Lebzeiten des Verfügenden keine Rechte oder Pflichten zwischen den Beteiligten begründen, sondern Rechtswirkungen erst bei seinem Ableben haben (BGHZ 8, 23, 30). Durch eine Verfügung von Todes wegen wird, auch wenn sie vertragsmäßig getroffen ist, niemals ein Anspruch gegen den Erblasser begründet (BGHZ 12, 115, 118 = NJW 1954, 633; JZ 1954, 436 m Anm Coing = DNotZ 1954, 264 m Anm Hieber). Rechte der Bedachten entstehen erst mit dem Erbfall; soweit sie schuldrechtlicher Art sind, nicht gegen den Erblasser, sondern gegen den Erben oder gegen Dritte, etwa den Erbschaftsbesitzer (§ 2018 BGB). Der Vertragserbe und erst recht der vertragsmäßig bedachte Vermächtnisnehmer haben vor dem Erbfall nicht einmal eine rechtlich gesicherte Anwartschaft auf das Vermögen des Erblassers oder auf den vermachten Gegenstand, sondern nur eine (rechtlich begründete) tatsächliche Aussicht (Mot V 348; BGHZ 12, 115, 118 = NJW 1954, 633 = JZ 1954, 436 m Anm Coing = DNotZ 1954, 264 m Anm Hieber; s außerdem unten Rn 17). 8

9 Der Erbvertrag hindert den Erblasser nicht, über sein Vermögen unter Lebenden zu verfügen (§§ 2286 ff BGB).

4. Unterschied zum Rechtsgeschäft unter Lebenden

10 Keine Verfügung von Todes wegen, kein Erbvertrag, sondern ein Rechtsgeschäft unter Lebenden liegt vor, wenn jemand zwar für den Fall seines Todes, aber doch mit sofortiger rechtlicher Bindung eine Verfügung trifft oder eine Verpflichtung eingeht, sei es, dass die Wirksamkeit der Verfügung oder der Rechtsbestand der Verpflichtung durch den Erbfall aufschiebend oder auflösend bedingt ist oder dass nur die Erfüllung der Verpflichtung, also das dingliche Vollzugsgeschäft bis zum Erbfall hinausgeschoben ist (BGHZ 8, 31; vgl § 2301 BGB und die Erläuterungen zu dieser Vorschrift).

5. Abstraktes, unentgeltliches Geschäft, kein schuldrechtlicher, gegenseitiger Vertrag

11 Der Erbvertrag ist ein **abstraktes, unentgeltliches Geschäft**, er ist kein schuldrechtlicher und kein gegenseitiger Vertrag, und zwar auch dann nicht, wenn sich die Parteien gegenseitig vertragsmäßig bedenken oder wenn sich der Vertragsgegner zu einer Leistung an den Erblasser verpflichtet (Staudinger/Otte [2017] § 1941 Rn 4; Planck/Greiff Vorbem 2 Abs 2 vor § 2274; BeckOGK/Röhl [1. 5. 2022] § 2274 Rn 10; dagegen nahmen Oertmann, Entgeltliche Geschäfte [1912] 109 ff und Kipp/Coing § 36 N 14 an, dass der Erbvertrag entgeltlich sein könne).

12 Die Vorschriften über gegenseitige Verträge (**§§ 320 ff BGB**) finden auf den Erbvertrag im Grundsatz keine Anwendung (BGH FamRZ 2010, 2072 = NJW 2011, 224; BeckOGK/Röhl [1. 5. 2022] § 2274 Rn 10; Hellwig 604 ff; Leonhard § 2276 Anm IV A; Kipp/Coing § 36 IV 1; s auch § 2295 Rn 7). Auch wenn sich der Vertragsgegner im Erbvertrag zu einer Leistung an den Erblasser verpflichtet, insbesondere wenn eine vertragsmäßige Verfügung „mit Rücksicht auf eine rechtsgeschäftliche Verpflichtung des Bedachten, dem Erblasser … Unterhalt zu gewähren", getroffen wird (§ 2295 BGB) oder wenn sich der Erblasser durch die Erbeinsetzung die Pflege bis zum Tod sichern will (BayObLG FamRZ 1998, 1142 = NJW-RR 1998, 729 = BayObLGZ 1998, 222), bildet die Leistung des Bedachten nicht das Entgelt im Rechtssinne oder die Gegenleistung für die vertragsmäßige Zuwendung iSd §§ 320 ff BGB, sondern nur den Beweggrund, aber auch den rechtlichen Grund iSd § 812 BGB für die Verfügung von Todes wegen (**aA** Kipp/Coing § 36 IV 1: Die Zuwendung von Todes wegen erfolge immer mortis causa). Deshalb kann der Erblasser, wenn die Verpflichtung des Bedachten entgegen seiner Annahme nicht wirksam entstanden oder später wieder weggefallen ist, außerhalb des Regelungsbereichs von § 2295 BGB und unabhängig von der Anfechtungsmöglichkeit nach § 2078 Abs 2, § 2281 BGB von dem anderen Vertragschließenden die Einwilligung in die Aufhebung des Erbvertrags oder doch der vertragsmäßigen Verfügung fordern (Knieper DNotZ 1968, 331, 334 f; Planck/Greiff § 2295 Anm 4; BGB-RGRK/Kregel § 2295 Rn 3; **aA** Kipp/Coing § 36 IV 1). Die Vertragsteile können die Leistung oder Verpflichtung des Bedachten auch zur Bedingung der vertragsmäßigen Zuwendung machen (§§ 2279, 2074 BGB). §§ 320 ff BGB können hingegen dann Anwendung finden, wenn im Rahmen des Erbvertrags wechselseitige Pflichten unter Lebenden geregelt werden, beispielsweise wenn der Erblasser neben der Erbeinsetzung die Verpflich-

tung eingeht, ein Grundstück nicht zu veräußern, und der Bedachte sich im Gegenzug zur Pflege des Erblassers verpflichtet (so im Fall des BGH NJW 2011, 224 = FamRZ 2010, 2072).

6. Zusammenfassung mit anderen Rechtsgeschäften

Der Erbvertrag kann **mit ergänzenden Vereinbarungen unter Lebenden** beliebiger Art 13
zu einem einheitlichen Rechtsgeschäft **zusammengefasst** werden, etwa mit einem Unterhalts- oder einem Übergabevertrag oder weiteren wechselseitigen Verpflichtungen unter Lebenden (vgl RG JW 1937, 3153 m Anm Vogels; BGH FamRZ 2010, 2072 = NJW 2011, 224; BayObLGZ 28, 634 = JFG 6, 159; OLG Colmar ZBlFG 11, 626; Meyer Recht 1906, 235). Auch die (äußerliche oder innere) Verbindung mit einem Erbverzicht ist möglich (BGHZ 22, 364; Rohmer ElsLothNotZ 26, 202; sie macht, da der Verzichtende die im Erbverzicht liegende Verfügung nicht als Erblasser trifft, den Erbvertrag nicht zu einem zweiseitigen, RG LZ 1914, 760).

Wegen der grundsätzlichen Unabhängigkeit des Erbvertrags wird es sich aber häufig 14
um zwei Rechtsgeschäfte handeln (vgl BGHZ 36, 65 = NJW 1962, 249; BGH NJW 1963, 1602 = FamRZ 1963, 357; FamRZ 1967, 470 = WM 1967, 643). Bei Einheitlichkeit des Rechtsgeschäfts ist auch § 139 BGB anwendbar (BGH LM Nr 34 zu § 139 BGB; BGHZ 50, 72; Boehmer, in: FS Lehmann [1956] I 467; Knieper DNotZ 1968, 331, 337; Kipp/Coing § 36 IV 1; Grüneberg/Weidlich § 2295 Rn 1; grundsätzlich **aA** Häsemeyer FamRZ 1967, 30). Auch die Vereinbarung eines Bedingungszusammenhangs in der Weise, dass die Wirksamkeit der mit dem Erbvertrag verbundenen Vereinbarung oder die Erbringung der vereinbarten Leistung durch den Vertragsgegner Bedingung für die vertragsmäßige Zuwendung ist, ist möglich; dann fällt die vertragsmäßige Zuwendung mit Eintritt der Bedingung weg (§ 158 BGB).

7. Erbrechtliche Bindung als Charakteristikum

Prägend für den Erbvertrag ist die **Bindung** des Erblassers **an vertragsmäßige Verfügungen**. Der Erbvertrag muss wenigstens eine vertragsmäßige Verfügung enthal- 15
ten, der Vorbehalt der Änderung *aller* Verfügungen durch einseitiges Testament würde ihn seines Charakters entkleiden (BGHZ 26, 204, 208 f; BGH MDR 1958, 223; OLG Hamm ErbR 2021, 608; OLG Koblenz FamRZ 2016, 405 [406] = ErbR 2015, 389 [391]; BeckOGK/Röhl [1. 5. 2022] § 2274 Rn 6; v Dickhuth-Harrach 74, 79 f; Siebert, in: FS Hedemann [1958] 244; Johannsen Anm zu BGH LM § 2289 Nr 3; Schlüter § 25 V 3 b, bb; Lange/Kuchinke § 24 IV 3; **aA** Leonhard § 2274 Anm II D 2, § 2299 Anm II A 1; vgl auch Küster JZ 1958, 395; vLübtow I 427). Enthält eine als „Erbvertrag" bezeichnete Verfügung von Todes wegen keine vertragsmäßige Verfügung, so handelt es sich tatsächlich um ein Testament (und zwar, je nachdem, um ein einseitiges Testament, um zwei einseitige Testamente oder ein gemeinschaftliches Testament), für das nicht die Rechtsgrundsätze über den Erbvertrag, sondern für Testamente gelten (zur Umdeutung s Rn 36 ff).

Die für den Erbvertrag kennzeichnende Bindung ist eine erbrechtliche, keine schuld- 16
rechtliche: Sie bedeutet nicht, dass der Erblasser gegenüber dem anderen Vertragschließenden oder gegenüber dem vertragsmäßig Bedachten zu einer Leistung verpflichtet wäre, sondern nur, dass sowohl frühere letztwillige Verfügungen des Erblassers als auch spätere Verfügungen von Todes wegen grundsätzlich unwirksam

sind, soweit sie das Recht des vertragsmäßig Bedachten beeinträchtigen (§ 2289 Abs 1 BGB). Die Bindung an vertragsmäßige Verfügungen schränkt also in ähnlicher Weise wie die an wechselbezügliche Verfügungen in einem gemeinschaftlichen Testament (nach dem Tode des erstverstorbenen Ehegatten, § 2271 BGB) die Testierfreiheit des Erblassers ein (wohl ebenso – in der Formulierung aber möglicherweise weiter – BeckOGK/Röhl [1. 5. 2022] § 2274 Rn 9). Sie ist durch verschiedene Ausnahmen durchbrochen: Die vertragsmäßige Verfügung kann durch Anfechtung (§§ 2281 ff BGB), Aufhebung (§§ 2290 ff BGB) und vorbehaltenen oder gesetzlichen Rücktritt (§§ 2293 ff BGB) ihre Kraft verlieren; sie kann durch Vorableben des Bedachten, Ausschlagung, Erbunwürdigkeit oder Erbverzicht gegenstandslos werden (§§ 1923, 2160, 1953, 2176, 2344, 2345, 2346, 2352 BGB); gewisse wohlwollende Beschränkungen bleiben immer zulässig (§ 2289 Abs 2 BGB). Ferner kann sie durch Änderungsvorbehalte eingeschränkt, jedoch nie ganz beseitigt werden (Rn 15).

17 Die Bindung des Erblassers an vertragsmäßige Verfügungen besteht nur gegenüber dem anderen Vertragschließenden, der nicht mit dem Bedachten identisch sein muss. Sie beschränkt nur die Freiheit des Erblassers zur Verfügung von Todes wegen, nicht aber seine Freiheit zur Verfügung unter Lebenden (§ 2286 BGB). Deshalb hat der vertragsmäßig Bedachte vor dem Erbfall **keine** rechtlich gesicherte **Anwartschaft** (von einer Anwartschaft sprechen BGH 6. 5. 1954, zit in BGH NJW 1962, 1910, 1911 mwN; Knieper DNotZ 1968, 331, 334 f; da die Bezeichnung als Anwartschaftsrecht einer einseitig nicht mehr entziehbaren, übertragbaren Rechtsposition vorbehalten werden sollte, sollte auch der Begriff „Anwartschaft" besser vermieden werden), die vererbt oder übertragen werden könnte (BGHZ 37, 319; Lange NJW 1963, 1571, 1573; Mattern BWNotZ 1962, 229, 235; Brox Rn 373). Seine Rechtsstellung ist **nicht mehr als eine Aussicht** (BGHZ 12, 115, 118 = NJW 1954, 633; BGH LM Nr 2 zu § 2228 BGB; Kuchinke, in: FS Henckel [1995] 475; J Mayer/Dietz, in: Reimann/Bengel/Dietz[7] vor §§ 2274 Rn 11; J Mayer/Röhl, in: Reimann/Bengel/Dietz[7] § 2286 Rn 7 ff m zahlr Nachw). Da dem vertragsmäßig Bedachten kein künftiger Anspruch zusteht, kann für denjenigen, dem in einem Erbvertrag ein Grundstück vertragsmäßig vermacht ist, vor dem Erbfall selbst dann keine Auflassungsvormerkung eingetragen werden, wenn der Erblasser die Eintragung bewilligt (BGHZ 12, 115, 118 = NJW 1954, 633; OLG Hamm DNotZ 1956, 151; Hieber DNotZ 1952, 432; 1953, 635; BGB-RGRK/Kregel Vorbem 5 zu § 2274; s auch Holthöfer JR 1955, 11). Eine ausdrückliche Bestimmung in E I § 1954 BGB, dass das Recht des Vertragserben aus der Erbeinsetzung nicht auf seinen Erben übergehe, wenn er den Erblasser nicht überlebe, wurde nicht in das Gesetz aufgenommen, weil man sie angesichts der allgemein lautenden Fassung des § 1923 Abs 1 BGB zu Recht für überflüssig hielt (Prot V 398; Mot V 322).

18 Umstr ist die Zulässigkeit von **Feststellungsklagen** (dafür etwa OLG Koblenz MDR 1987, 935, Grüneberg/Weidlich § 2287 Rn 17 ; Zöller/Greger § 256 ZPO Rn 3a; Hohmann ZEV 1994, 133; ders [Diss Würzburg 1993] 136; eingeschränkt auf den Fall des entgeltlichen Erbvertrages Kuchinke, in: FS Henckel [1995] 475, 485; nur ausnahmsweise: OLG München FamRZ 1996, 253; grundsätzlich zurückhaltend Lange NJW 1963, 1571, 1573 ff, s zu dieser Frage ausführlich § 2269 Rn 23 f: Die dortigen Erwägungen gelten auch für den Erbvertrag).

III. Erbvertrag und Testament

1. Gemeinsamkeiten und Unterschiede

Als Verfügungen von Todes wegen sind der Erbvertrag und das Testament nahe verwandt (vgl §§ 1937, 1941, 2278 BGB). Beide können als Verfügungen von Todes wegen vom Erblasser nur persönlich vorgenommen werden (§§ 2274, 2064 BGB). Auch in sachlicher Hinsicht besteht eine nahe Verwandtschaft. Auf vertragsmäßige Zuwendungen und Auflagen finden die für letztwillige Zuwendungen und Auflagen geltenden Vorschriften (grundsätzlich) entsprechende Anwendung (§ 2279 Abs 1 BGB); einseitige Verfügungen, die in einem Erbvertrag enthalten sind, sind vollständig nach Testamentsrecht zu beurteilen (§ 2299 BGB). **19**

Der nach dem gesetzlichen Leitbild größte Unterschied zwischen Erbvertrag und Testament besteht darin, dass das Testament grundsätzlich widerruflich ist (§§ 2253 ff BGB), der Erbvertrag hingegen – wenigstens hinsichtlich vertragsmäßiger Verfügungen – grundsätzlich unwiderruflich (§ 2289 Abs 1 S 2 BGB); ein Rücktritt kann freilich vorbehalten werden, § 2293 BGB. Dazu kommen Unterschiede bei der Regelung der Geschäftsfähigkeit, bei den Formvorschriften und bei der Anfechtung, die beim Erbvertrag auch dem Erblasser selbst offensteht (§§ 2275, 2276, 2281 ff BGB; §§ 2229, 2265 ff BGB). Das gemeinschaftliche Testament (§§ 2270, 2271 BGB) nähert sich, soweit es wechselbezügliche Verfügungen enthält, insbesondere in den Rechtsfolgen nach dem Tode des erstverstorbenen Ehegatten insoweit dem Erbvertrag an (Coing NJW 1958, 689). **20**

Zwar mögen daher die Unterschiede zwischen dem gemeinschaftlichen Testament und dem Erbvertrag nach der Gesetzesanlage recht deutlich sein (s auch Vorbem 25 ff zu §§ 2265 ff), in der notariellen Praxis dominiert aber der Erbvertrag auch dort, wo das gemeinschaftliche Testament gewählt werden könnte. Denn mit dem Erbvertrag können die Vertragsparteien im Wesentlichen all das regeln, was auch im gemeinschaftlichen Testament vorgesehen werden könnte. Der Erbvertrag geht zugleich über die Regelungsmöglichkeiten des gemeinschaftlichen Testaments weit hinaus. Es gibt tatsächlich so gut wie keinen praktischen Grund, das gemeinschaftliche Testament zu verwenden (s auch Vorbem 28 ff zu §§ 2265 ff). Das ist im Einzelnen darzulegen: **21**

a) Definitionen, Rechtsnatur, Zweck

Der Erbvertrag unterscheidet sich ganz entscheidend von schuldrechtlichen Verträgen. Wegen § 2302 BGB darf sich der Erblasser nicht dazu *verpflichten*, eine Verfügung von Todes wegen zu errichten oder aufzuheben. Umgekehrt erlaubt es das BGB, eine Verfügung von Todes wegen in Vertragsform zu errichten. § 1941 Abs 1 BGB enthält dazu eine knappe Definition: Der Erblasser kann durch Vertrag einen Erben einsetzen, Vermächtnisse und Auflagen anordnen sowie das anzuwendende Erbrecht wählen (Erbvertrag). Wegen der Verbindung von Vertrag und Verfügung von Todes wegen unterstreicht die herrschende Meinung eine „**Doppelnatur**" des Erbvertrags (näher Rn 6). **22**

Dagegen ist das gemeinschaftliche Testament kein Vertrag zwischen den Testierenden, sondern nur die „Zusammenfassung" letztwilliger Verfügungen der Erblasser (Olzen/Looschelders Erbrecht[5] Rn 422). Das gemeinschaftliche Testament kann daher **23**

Verfügungen der Testierenden enthalten, die voneinander völlig unabhängig sind (Vorbem 36 zu §§ 2265 ff), etwa von einer Seite eine Erbeinsetzung des anderen Teils, während die andere Seite wiederum einen Dritten zum Erben bestimmt oder nur Vermächtnisse zugunsten eines Dritten aussetzt. Das gemeinschaftliche Testament erlaubt es den Beteiligten in diesem Fall, Papier zu sparen. Die jeweiligen unabhängigen Verfügungen können von dem Testierenden später auch ohne Mitwirkung des anderen aufgehoben werden, § 2271 BGB *e contrario* (§ 2271 Rn 9 ff).

24 Das gemeinschaftliche Testament gewinnt seine Eigenart aber daraus, dass bestimmte Verfügungen wechselbezüglich sein, dh zu Verfügungen werden können, „von denen anzunehmen ist, dass die Verfügung des einen nicht ohne die Verfügung des anderen getroffen sein würde", § 2270 Abs 1 BGB. Dies kann bei Erbeinsetzungen, Vermächtnissen, Auflagen und einer Rechtswahl der Fall sein, § 2270 Abs 3 BGB. Gemeinschaftliche Testamente enthalten typischerweise solche wechselbezüglichen Verfügungen; das Gesetz vermutet sie in einem wichtigen Fall sogar, § 2270 Abs 2 BGB (zu den damit verbundenen Gefahren, der „Bindungsfalle", s auch Vorbem 77 zu §§ 2265 ff).

b) Personenkreis und Geschäftsfähigkeit

25 Einen Erbvertrag kann jeder schließen, der geschäftsfähig ist, § 2275 Abs 1 BGB. Im Übrigen gibt es keine Beschränkungen, insbesondere was den Personenkreis angeht. Das gemeinschaftliche Testament können demgegenüber nur Ehegatten und Lebenspartner errichten (§ 2265 BGB, § 10 Abs 4 S 1 LPartG). Es verlangt nicht Geschäftsfähigkeit, sondern „nur" Testierfähigkeit; vor allem können bereits Sechzehnjährige gemeinschaftliche Testamente errichten, § 2229 Abs 1 BGB (allerdings nur in der Form des § 2233 BGB, s auch § 2227 Abs 4 BGB), wobei dies keine praktische Relevanz hat, weil Jugendliche nicht testieren.

c) Vertragsmäßige bzw wechselseitige und einseitige Verfügungen

26 Der Erbvertrag muss mindestens eine vertragsmäßige Verfügung iSv § 2278 BGB enthalten (v Dickhuth-Harrach 74, 79 f; zur Frage, ob diese Verfügung vorbehaltlos sein muss, s Rn 15 ff, 20 und MünchKomm/Musielak[9] § 2278 Rn 15 ff). Vertragsmäßig bedeutet *nicht* wechselbezüglich: Ein Vertragspartner kann die Verfügung eines anderen auch lediglich zur Bindung annehmen; er muss nicht selbst reziprok testieren. Als vertragsmäßige Verfügungen kommen nach dem *numerus clausus* nur Erbeinsetzung, Vermächtnis, Auflage und Rechtswahl in Betracht, § 1941 Abs 1, § 2278 Abs 2 BGB. Im Übrigen können im Erbvertrag einseitige Verfügungen getroffen werden.

27 Das gemeinschaftliche Testament dagegen kennt *wechselbezügliche* Verfügungen iSv § 2270 BGB, die zu einer Bindung nach dem Erstversterbenden führen, § 2271 Abs 2 BGB, die einer erbvertraglichen Bindung gleichkommt. Nach der Legaldefinition in § 2270 Abs 1 BGB ist eine Verfügung wechselbezüglich, wenn anzunehmen ist, dass die Verfügung des einen nicht ohne die Verfügung des anderen getroffen worden wäre. Wie beim Erbvertrag kommen beim gemeinschaftlichen Testament hierfür nur Erbeinsetzung, Vermächtnis, Auflage und Rechtswahl in Betracht. Zugleich kann das Testament auch ein gemeinschaftliches sein kann, ohne dass eine wechselbezügliche Verfügung darin enthalten sein müsste. Die Zusammenfassung von einseitigen Verfügungen in einer Urkunde (*testamentum mere simultaneum*) ist tatsächlich möglich; praktische Bedeutung haben solche Testamente aber nicht (v Dickhuth-Harrach 74), und zwar auch wegen Nachstehendem:

28 Von großer praktischer Bedeutung ist nämlich die Auslegungsregel in § 2270 Abs 2 BGB: Wechselbezüglichkeit ist im Zweifel anzunehmen, wenn sich die Ehegatten gegenseitig bedenken oder wenn dem einen Ehegatten von dem anderen eine Zuwendung gemacht und für den Fall des Überlebens des Bedachten eine Verfügung zugunsten einer Person getroffen wird, die mit dem anderen Ehegatten verwandt ist oder ihm sonst nahesteht. Diese Konstellation kommt häufig vor: Ehegatten setzen sich jeweils zu Alleinerben ein, Schlusserben des Längerlebenden sollen sodann die gemeinsamen Kinder sein. Die Auslegungsregel, die es beim notariellen Erbvertrag so nicht gibt, kann gravierende Auswirkungen haben, weil Eheleute die aus der Wechselbezüglichkeit folgende Bindung häufig nicht einschätzen können. Schon deswegen enthalten handschriftliche gemeinschaftliche Testamente regelmäßig keine Hinweise zur Frage, ob Bindung gewollt ist. Entsprechend greift im Zweifel die Auslegungsregel.

d) Form

29 Der Erbvertrag kann nur unter Mitwirkung eines Notars geschlossen werden, entweder zur Niederschrift eines Notars bei gleichzeitiger Anwesenheit aller Vertragsteile, § 2276 Abs 1 S 1 BGB, oder diese übergeben dem Notar eine offene oder verschlossene Schrift mit der Erklärung, dass die Schrift den jeweils letzten Willen enthalte, §§ 2276 Abs 1 S 2, 2232 BGB. Beim gemeinschaftlichen Testament ist demgegenüber neben den zum Erbvertrag vorgenannten und für das gemeinschaftliche Testament gleichermaßen möglichen Formen (§§ 2231 Nr 1, 2232 BGB) auch das handschriftliche Testament zulässig, §§ 2231 Nr 1, 2247 BGB. Das handschriftliche gemeinschaftliche Testament kann unter anderem auch dergestalt errichtet werden, dass ein Ehegatte es verfasst und der andere eigenhändig mitunterzeichnet, § 2267 BGB. Diese **Formdivergenz** hat sich später noch verschärft. Für das eigenhändige Testament hatten bei Inkrafttreten des BGB weitere formelle Anforderungen gegolten, so die zwingende Nennung von Ort und Datum im Testament. Diese und andere Anforderungen wurden durch Gesetz und Rechtsprechung nach unten angepasst, weil die Erblasser sie offensichtlich nicht beherrschten, man aber das handschriftliche Testament auch nicht abschaffen wollte (Staudinger/Baumann § 2247 Rn 2 ff).

30 Dass es zu der Formerleichterung gegenüber dem Erbvertrag kam (Im gemeinen Recht war das gemeinschaftliche Testament sogar formstrenger als der Erbvertrag: ersteres verlangte die Mitwirkung von sieben Zeugen, letzterer konnte nach herrschender Meinung formfrei geschlossen werden; Windscheid[8] § 541 [zum Testament] und § 540, Fn 4 [zum Erbvertrag]), ist im Ergebnis wohl ein Versehen während des langen **Gesetzgebungsverfahrens** (zur Gesetzgebungsgeschichte instruktiv v Dickhuth-Harrach 62 ff). Der Erste Entwurf sah nur Einzeltestament und Erbvertrag vor. Das gemeinschaftliche Testament lehnte die erste Kommission als „unklare Mitte zwischen Testament und Erbvertrag" ab (Mot V 253 = Horn § 2265 Rn 6). Die zweite Kommission hingegen übernahm das gemeinschaftliche Testament mit der lakonischen Begründung, es entspreche „der Gewohnheit in weiten Kreisen", und die „Regierungen und die Kritik hätten sich überwiegend für die Zulassung ausgesprochen" (Prot V 426 = Horn § 2265 Rn 22 f). Die entscheidende Weiche stellte aber erst die Reichstagskommission: Das handschriftliche Testament wurde mit 12 gegen 8 Stimmen aufgenommen (§ 2205 E III BGB) und vom Reichstag später beschlossen (Mugdan V 886 ff = Horn § 2231 Rn 86 ff). Damit wurde auch das handschriftliche gemeinschaftliche Testament zulässig. Das ist bei den Beratungen offenbar nicht aufgefallen. Sachlich gerechtfertigt ist die Formerleichterung gegen-

über der Beurkundungspflicht von Erbverträgen kaum, denn aufgrund von wechselbezüglichen Verfügungen erreicht das gemeinschaftliche Testament bei Tod eines Ehegatten dieselbe – ggf gefährliche – Bindungswirkung wie beim Erbvertrag. Der Schutzzweck würde hier ebenso wie beim Erbvertrag eine notarielle Beurkundung mit vorausgehender Beratung verlangen.

31 Ferner ist es beim gemeinschaftlichen Testament **nicht erforderlich**, dass beide Ehegatten bzw Lebenspartner **gleichzeitig** beim Notar **anwesend** sind, um zu testieren. Ein gemeinschaftliches Testament kann auch sukzessive errichtet werden, und zwar bei unterschiedlichen Notaren ebenso wie in unterschiedlicher Form – eine privatschriftliche gefolgt von einer öffentlichen Urkunde oder umgekehrt (v Dickhuth-Harrach 69 f). Das ist natürlich wenig praktisch und führt zu großen Abgrenzungsschwierigkeiten zwischen zwei Einzeltestamenten einerseits und gemeinschaftlichem Testament andererseits (üblicherweise mit bindenden wechselbezüglichen Verfügungen).

e) Lösung von Erbvertrag und gemeinschaftlichem Testament

32 Sofern noch alle Vertragspartner leben und übereinstimmen, kann der **Erbvertrag** durch notariell beurkundeten Vertrag aufgehoben werden, § 2290 BGB. Auch können der gesamte Erbvertrag oder bestimmte Verfügungen durch einen Vertragspartner per Testament aufgehoben werden, wenn die anderen Vertragspartner zustimmen, § 2291 BGB. Die Zustimmungserklärung bedarf der notariellen Beurkundung (§ 2291 Abs 2 BGB), während das Aufhebungstestament auch handschriftlich errichtet werden kann. Schließlich können Ehepartner oder Lebenspartner einen Erbvertrag durch gemeinschaftliches Testament aufheben. Will sich nur eine Seite vom Erbvertrag lösen, kann der Vertragspartner zurücktreten, wenn der Rücktritt im Vertrag vorbehalten ist (§ 2293 BGB), bei bestimmten Verfehlungen des Bedachten (§ 2294 BGB) sowie bei Aufhebung einer Verpflichtung, insbesondere Unterhalt (§ 2295 BGB). Der Rücktritt erfolgt durch Erklärung gegenüber dem anderen Teil in notarieller Form (§ 2296 Abs 2 BGB). Häufig werden im Erbvertrag zusätzlich oder alternativ zum Rücktrittsrecht dem Längerlebenden Änderungen vorbehalten, etwa dass er innerhalb der Schlusserben anders quotieren oder einen Schlusserben enterben oder Schlusserben austauschen kann (s zu den zahllosen Gestaltungsmöglichkeiten hinsichtlich Änderungsvorbehalten § 2289 Rn 36 ff und NK-BGB/Hölscher/Kornexl[6] § 2278 Rn 18 ff und 45 ff). Im Übrigen bleibt zum einen unter engen Voraussetzungen (etwa unwissentliche Übergehung eines Pflichtteilsberechtigten, § 2079) die Anfechtung des Vertrages, § 2281. Zum anderen kann ein Vertragspartner bei vertragsmäßigen Verfügungen seine Verfügungsfreiheit dadurch wiedergewinnen, dass er das ihm Zugewandte ausschlägt, allerdings nur dann, wenn im Erbvertrag ein Rücktrittsrecht vorbehalten ist, § 2298 Abs 2 S 3 BGB. Bei einseitigen Verfügungen mit Rücktrittsvorbehalt kann der Erblasser seine Verfügung nach dem Tod des Vertragspartners durch Testament ändern, § 2297 BGB.

33 Ein **gemeinschaftliches Testament** kann bei Lebzeiten und unter Übereinstimmung beider Verfügender jederzeit durch Testament (§ 2254 BGB), durch Vernichtung (§ 2255 BGB) oder – soweit es amtlich verwahrt wird – durch gemeinschaftliche Rücknahme aus der amtlichen Verwahrung (§§ 2256, 2272 BGB) widerrufen werden. Enthält ein gemeinschaftliches Testament *keine* wechselbezüglichen Verfügungen, ist das gemeinschaftliche Testament also nur papiersparende Zusammenfassung mehrerer einseitiger Verfügungen der Ehegatten, kann jeder Ehegatte unabhängig vom anderen seine Verfügungen jederzeit durch Testament aufheben oder abändern. Enthält ein gemeinschaftliches Testament dagegen, was typischerweise der Fall ist, wechselseitige Verfügungen gem § 2270 BGB, kann der eine Ehepartner ohne Zustimmung des anderen diese Verfügungen grundsätzlich nur widerrufen, solange der andere Ehepartner lebt, es sei denn, er schlägt zugleich aus, was der andere ihm zugewandt hat (die Ausnahmen sind in §§ 2271 Abs 2, 2294, 2336 BGB – im Wesentlichen: Verfehlungen des Bedachten – zu finden). Entscheidend ist hier ferner die Formvoraussetzung: Der Widerruf wechselbezüglicher Verfügungen muss dieselben Anforderungen erfüllen wie der Rücktritt vom Erbvertrag: notariell beurkundete Erklärung gegenüber dem anderen Teil, §§ 2271 Abs 1 S 1, 2296 BGB. Das ist natürlich widersprüchlich: Die Errichtung eines gemeinschaftlichen Testaments, das wechselbezügliche Verfügungen enthält, soll durch holographische Form möglich sein; die Lösung von solchen Verfügungen erfordert aber notariell beurkundete Erklärung gegenüber dem anderen Teil (zur Erklärung dieser Formdivergenz näher § 2271 Rn 21 ff und NK-BGB/Müssig[6] § 2271 Rn 11). Auch das gemeinschaftliche Testament kann der Verfügende unter engen Voraussetzungen anfechten, § 2281 BGB analog (näher § 2271 Rn 122); ferner kann er seine Verfügung aufheben, wenn er das ihm Zugewandte ausschlägt, § 2271 Abs 1 HS 2 BGB. Beides hat zur Folge, dass das gemeinschaftliche Testament hinfällig wird.

Sowohl für Erbvertrag als auch für gemeinschaftliches Testament bleibt schließlich noch die Möglichkeit des Zuwendungsverzichts gem § 2352 BGB. 34

Die **Ausschlagungsmöglichkeit** und ihre Folgen laufen im Ergebnis bei Erbvertrag und gemeinschaftlichem Testament folglich parallel (v Dickhuth-Harrach 79). Denn beim Erbvertrag ist erforderlich, dass ein Rücktrittsrecht vorbehalten ist. Das wiederum ist beim gemeinschaftlichen Testament nicht erforderlich, weil zu Lebzeiten beider Ehegatten sich jeder durch Widerruf auch von wechselbezüglichen Verfügungen lösen kann, § 2271 Abs 1 BGB. 35

2. Möglichkeit der Umdeutung

Erbverträge, die als solche unwirksam sind, sei es wegen Mangels der vorgeschriebenen Form (§ 2276 BGB) oder der in der Regel erforderlichen vollen Geschäftsfähigkeit des Erblassers (§ 2275 Abs 1 BGB), können uU nach **§ 140 BGB** als gemeinschaftliches Testament (unter dessen Voraussetzungen) oder als einseitiges Testament aufrechterhalten werden (Mot I 218; V 317; KG KGJ 28, A 18 = OLGE 10, 313; KGJ 31, A 112; RJA 6, 169; 9, 12; OGH JR 1950, 536; Erman/S Kappler/T Kappler[16] Vor § 2274 Rn 3; jurisPK/B Hamdan/M Hamdan[9] § 2274 Rn 12). Enthält eine als „Erbvertrag" bezeichnete Verfügung von Todes wegen keine einzige vertragsmäßige Verfügung, so ist sie tatsächlich ein nur falsch bezeichnetes Testament, die Umdeutung nach § 140 BGB ist dann nicht erforderlich (**aA** Staudinger/Dittmann[10/11] Vorbem 14 zu § 2274; KG KGJ 28, A 16; OLG Hamm ErbR 2021, 608 [609]). Auch dann, wenn der Erbvertrag als solcher unwirksam ist, können die in ihm enthaltenen einseitigen Verfügungen von Todes wegen (§ 2299 BGB) wirksam sein, wenn sie von dem Grund der Unwirksamkeit nicht betroffen sind, sofern sie den Anforderungen genügen, die das Gesetz in Bezug auf Geschäftsfähigkeit des Erblassers, Form und Inhalt an letztwillige Verfügungen stellt und wenn die Aufrechterhaltung dem Willen des Erblassers ent- 36 spricht (§ 2299 Rn 4 ff). Ferner können vertragsmäßige Verfügungen, die als solche nicht zulässig sind (§ 2278 Abs 2 BGB), als einseitige Verfügungen aufrechterhalten werden (KG KGJ 28, A 16 = OLGE 10, 313; OLGE 11, 256; RG LZ 1923, 321).

37 Andererseits kann ein **gemeinschaftliches Testament**, das, weil von Nichtehegatten errichtet, unwirksam ist, uU in einen Erbvertrag umgedeutet werden (BayObLGZ 19, A 213; s § 2265 Rn 6 ff).

IV. Abgrenzung von verwandten Verträgen

1. Vertrag über den Nachlass eines lebenden Dritten

38 Der Vertrag über den Nachlass eines noch lebenden Dritten, der nach § 311b Abs 4 BGB in der Regel nichtig ist, unterscheidet sich vom Erbvertrag einmal dadurch, dass er nach hM nur schuldrechtliche, nicht erbrechtliche und auch nicht sachenrechtliche Bedeutung hat (RGZ 169, 99; BGHZ 37, 319 [324]; Grüneberg/Grüneberg § 311b Rn 70; BeckOGK/Schreindorfer [1. 5. 2022] § 311b Rn 438; **aA** Staudinger/Schumacher [2018] § 311b Abs 4 Rn 3 mwN), vor allem aber dadurch, dass der Erblasser selbst an seinem Abschluss nicht beteiligt ist. Das schließt aber nicht aus, dass ein Vertrag nach § 311b Abs 4 BGB mit einem Erbvertrag verbunden wird (OGHZ 2, 175 = NJW 1949, 666). Ein unwirksamer Erbvertrag kann uU in einen Vertrag nach § 311b Abs 4 BGB umgedeutet werden (§ 140 BGB; RG JR 1927 Nr 1403). Andererseits kann auch ein nach § 311b Abs 2 BGB nichtiger **Vertrag über die Übertragung eines künftigen Vermögens** uU in einen Erbvertrag umgedeutet werden (BGHZ 28, 34).

2. Vertrag zugunsten Dritter

39 Verträge zugunsten Dritter sind auch dann Rechtsgeschäfte unter Lebenden und daher nicht den Vorschriften, insbesondere den Formvorschriften für den Erbvertrag unterworfen, wenn der eine Teil die Leistung an den Dritten für den Fall des Todes des anderen Teils verspricht (vgl § 331 BGB; Näheres zu den Verträgen zugunsten Dritter s bei § 2301 Rn 98 ff).

3. Schenkungsversprechen auf den Todesfall

40 Große Ähnlichkeit mit einem Erbvertrag weist ein **Schenkungsversprechen** auf, das **für den Fall des Todes des Schenkers** unter der Voraussetzung des Überlebens des Beschenkten erteilt wird (vgl §§ 1923, 2160 BGB) und das auch erst nach dem Tode des Schenkers vollzogen werden soll. Ein solches Schenkungsversprechen wird in § 2301 BGB dem Erbvertrag gleichgestellt (sog Schenkung von Todes wegen, *donatio mortis causa*). Dagegen gelten die Vorschriften für die Schenkung unter Lebenden, wenn das Schenkungsversprechen noch zu Lebzeiten des Schenkers erfüllt wird (§ 2301 Abs 2 BGB; zur Abgrenzung der Schenkung von Todes wegen von der lebzeitigen Schenkung s im Übrigen § 2301 Rn 22 ff).

4. Verpflichtung zur Errichtung einer Verfügung von Todes wegen

41 Der Erbvertrag ermöglicht eine erbrechtliche Bindung des Erblassers an eine bestimmte Verfügung von Todes wegen. Dagegen ist ein schuldrechtlicher **Vertrag, in**

dem sich jemand verpflichtet, eine **Verfügung von Todes wegen zu errichten** oder nicht zu errichten, aufzuheben oder nicht aufzuheben, nichtig, weil er die Testierfreiheit des Erblassers übermäßig beeinträchtigen würde (§ 2302 BGB). Seine Umdeutung in einen Erbvertrag ist möglich (§ 2302 Rn 22 ff).

5. Erbverzicht, Zuwendungsverzicht

Das Gegenstück zum Erbvertrag bildet der **Erbverzicht**: ein Vertrag mit dem Erblas- 42
ser, in dem jemand auf sein gesetzliches Erbrecht oder auf eine Zuwendung in einer Verfügung von Todes wegen verzichtet (§§ 2346, 2352 BGB). Statt eines Erbverzichts können die Beteiligten auch einen Pflichtteilsverzicht vereinbaren, § 2346 Abs 2 BGB; das ist auch der praktisch wichtigere Fall.

6. Entgeltliches Rechtsgeschäft unter Lebenden

Zur **Abgrenzung des Erbvertrags vom entgeltlichen Rechtsgeschäft unter Lebenden** 43
(Kaufvertrag, Übergabevertrag) s zunächst Rn 8, Rn 11, § 2301 Rn 8 f, 9 f, 36. Maßgeblicher Unterschied ist, ob der Anspruch des Vertragspartners sofort entstehen, nur seine Erfüllung auf den Zeitpunkt des Todes aufgeschoben sein soll (dann Rechtsgeschäft unter Lebenden) oder ob der Anspruch selbst erst beim Tode des Schuldners entstehen, ob also das Schicksal des Vermögens erst nach dem Tode festgelegt werden soll (OLG Koblenz ZEV 1997, 255 m zust Anm Notthoff). Entscheidend ist der im Einzelfall zu ermittelnde Wille der Vertragsteile (RG HRR 1930 Nr 1464; BGB-RGRK/Kregel Vorbem 6 zu § 2274; vgl auch BGHZ 31, 13, 20). Ist der Anspruch Entgelt für eine bereits erbrachte Gegenleistung des Vertragspartners, ist das ein Umstand, der auf ein Rechtsgeschäft unter Lebenden deutet. So liegt ein wirksamer Kaufvertrag vor, wenn ein Geschäftsmann jemandem gegen Gewährung eines Darlehens das Recht einräumt, nach seinem Tode das Geschäft ohne Entgelt zu übernehmen (OLG Hamburg MDR 1950, 615; vgl BGHZ 8, 23, 31; BGB-RGRK/Kregel Vorbem 6 zu § 2274; **aA** Kipp/Coing § 81 V: Vermächtnisvertrag, der der Form des Erbvertrages bedürfe).

Unter dem gleichen Gesichtspunkt sind **gesellschaftsvertragliche Nachfolgeregelungen** 44
für den Fall des Todes eines Gesellschafters als Rechtsgeschäft unter Lebenden, nicht als Erbvertrag zu qualifizieren (vgl BGH WM 1966, 367; s § 2301 Rn 116).

Auch sog „entgeltliche" Erbverträge sind aber durchaus häufig: Maßgebend ist der 45
Wille dessen, der die Zuwendung macht, über sein Vermögen zu Lebzeiten oder erst nach dem Tode zu verfügen (OLG Koblenz ZEV 1997, 255 m zust Anm Notthoff). Der Begriff des entgeltlichen Erbvertrags ist freilich unklar (zutr BeckOGK/Röhl [1. 5. 2022] § 2274 Rn 10): Der Erbvertragsteil ist und bleibt unentgeltlich (Rn 11), er kann aber mit entgeltlichenVerpflichtungen verbunden werden.

7. Verpflichtung, zu Lebzeiten nicht zu verfügen

Um ein (formlos wirksames) Rechtsgeschäft unter Lebenden handelt es sich auch 46
bei dem (häufig mit einem Erbvertrag verbundenen) **Vertrag, in dem** sich der eine **Vertragsteil verpflichtet, über** einen **bestimmten Gegenstand zu Lebzeiten nicht** (oder nicht in anderer Weise, als im Erbvertrag für den Todesfall vorgesehen) **zu verfügen** (s dazu BGH FamRZ 2010, 2072 = NJW 2011, 224, und auch Rn 82, § 2286 Rn 31 ff).

V. Arten des Erbvertrags

1. Einseitiger und zweiseitiger Erbvertrag

47 Man unterscheidet **einseitige** von **zweiseitigen Erbverträgen**. Von einem einseitigen Erbvertrag spricht man, wenn in ihm nur ein Vertragsteil vertragsmäßige Verfügungen von Todes wegen trifft, mag auch der andere Teil in ihm einseitige Verfügungen von Todes wegen niedergelegt haben (§ 2299 BGB), von einem zweiseitigen Erbvertrag, wenn beide Vertragsteile in dem Vertrag vertragsmäßige Verfügungen von Todes wegen treffen (§§ 2278, 2298 BGB). Der zweiseitige Erbvertrag kann als Verbindung von zwei einseitigen Erbverträgen aufgefasst werden, wenn die beiderseitigen vertragsmäßigen Verfügungen voneinander unabhängig sind (Planck/Greiff Vorbem 3 vor § 2274; Werneburg 228; BeckOGK/Röhl [1. 5. 2022] § 2274 Rn 18). Jedoch schließt das Gesetz aus der äußeren Verbindung auf einen inneren Zusammenhang und unterstellt eine gegenseitige Abhängigkeit der beiderseitigen vertragsmäßigen Verfügungen (§ 2298 BGB).

2. Mehrseitiger Erbvertrag

48 Ein **Erbvertrag** kann auch **zwischen drei und mehr Personen** geschlossen werden, und zwar nicht nur so, dass ein Beteiligter als Erblasser verfügt und sich gegenüber jedem der übrigen Beteiligten hinsichtlich der Zuwendungen an ihn oder hinsichtlich aller Zuwendungen bindet, sondern auch in der Gestalt, dass alle Beteiligten vertragsmäßige Verfügungen von Todes wegen treffen (RGZ 67, 65; BeckOGK/Röhl [1. 5. 2022] § 2274 Rn 19; s zum Folgenden auch Reithmann DNotZ 1957, 527, dessen Beitrag die nachstehenden Darlegungen folgen). Im Zweifel ist anzunehmen, dass jeder Vertragschließende den ganzen Vertrag akzeptiert, der Erblasser also jedem gegenüber nicht nur hinsichtlich der Verfügungen zu seinen Gunsten, sondern auch hinsichtlich der Zuwendungen an andere Vertragschließende gebunden ist, sodass der Erbvertrag nur von allen Beteiligten gemeinsam nach § 2290 BGB aufgehoben werden kann. Wenn einer der Mitkontrahenten gestorben ist, so kann der Erbvertrag im Zweifel überhaupt nicht mehr durch Vertrag aufgehoben werden. Insbesondere kann der Erblasser nicht etwa mit den Erben des verstorbenen Mitkontrahenten einen Vertrag zur Aufhebung des Erbvertrages schließen (Reithmann DNotZ 1957, 527 [529]).

49 Haben mehrere Vertragsparteien vertragsmäßige Verfügungen getroffen, so kann jede von ihnen nach §§ 2078, 2079 BGB anfechten, wenn die Voraussetzungen dieser Bestimmungen vorliegen. Ficht nur einer an, so hängt der Rechtsbestand der vertragsmäßigen Verfügungen der übrigen Erblasser davon ab, ob sie zu der angefochtenen Verfügung wechselbezüglich sind (§ 2298 BGB). Beim vorbehaltenen oder gesetzlichen Rücktrittsrecht muss der Rücktritt durch Erklärung gegenüber allen Vertragspartnern ausgeübt werden (§ 2296 Abs 2 BGB). Ist ein Vertragspartner verstorben, so wird die Erklärung an die noch lebenden Vertragspartner genügen, der Erblasser braucht sie nicht auch noch in einer letztwilligen Verfügung (§ 2297 BGB) niederzulegen. Inwieweit die vertragsmäßigen Verfügungen mehrerer Erblasser zueinander wechselbezüglich sind (§ 2298 BGB), ist für jede einzelne Verfügung gesondert zu prüfen, es ist also zu untersuchen, ob eine bestimmte Verfügung eines Erblassers zu einer bestimmten Verfügung eines anderen Erblassers wechselbezüglich ist (Reithmann 531; BGH DNotZ 1957, 553).

Mehrseitige Erbverträge sind für die Vertragsgestaltung kompliziert (BeckOGK/Röhl [1. 5. 2022] § 2274 Rn 20). Es sollte für jede einzelne Verfügung und jedes Vertragsverhältnis gesondert die Bindungswirkung geregelt werden. Bisweilen mag sich anbieten, statt einem mehrseitigen Erbvertrag mehrere eigenständige Erbverträge zu schließen (dazu Keim RNotZ 2012, 496 [499]). 50

3. Zugunsten Dritter

Der Erblasser kann in dem Erbvertrag **zugunsten seines Vertragspartners, aber auch zugunsten Dritter** von Todes wegen verfügen (§ 1941 Abs 2 BGB). In letzterem Fall kann man von Erbverträgen zugunsten Dritter sprechen, wobei es aber nicht um Verträge zugunsten Dritter iSv §§ 328 ff BGB geht, da es sich um Verfügungen von Todes wegen handelt, sodass diese Vorschriften nicht anwendbar sind (RG WarnR 1917 Nr 91; BeckOGK/Röhl [1. 5. 2022] § 2274 Rn 26). 51

VI. Inhalt des Erbvertrags

1. Verfügungen von Todes wegen

Ein Erbvertrag kann **sowohl vertragsmäßige als auch einseitige Verfügungen von Todes wegen** aufweisen (§§ 2278, 2299 BGB); um Erbvertrag zu sein, muss aber wenigstens eine vertragsmäßige Verfügung in ihm enthalten sein (Rn 15). Vertragsmäßig können nur Erbeinsetzungen, Vermächtnisse, Auflagen oder Rechtswahlen angeordnet werden (§ 2278 Abs 2 BGB). Je nachdem spricht man von Erbeinsetzungs-, Vermächtnis-, Auflage- oder Rechtswahlvertrag. Eine Erbeinsetzung braucht der Erbvertrag so wenig wie ein Testament zu enthalten. Einseitig kann im Erbvertrag jede Verfügung getroffen werden, die auch durch Testament getroffen werden könnte (§ 2299 Abs 1 BGB). Die einseitigen Verfügungen in einem Erbvertrag stehen in der Regel mit den vertragsmäßigen nur in einem äußerlichen Zusammenhang. Sie können aber ggf mit einer Bedingungskonstruktion miteinander verknüpft werden (Rn 12, 14). 52

2. Verbindung mit anderem Vertrag

Der Erbvertrag kann **mit** einem **beliebigen anderen Vertrag**, etwa einem Ehevertrag (§ 2276 Abs 2 BGB), einem Unterhaltsvertrag zugunsten des Erblassers oder einem Erbverzichtsvertrag **verbunden** werden (vgl § 34 Abs 2, HS 2 BeurkG; Knieper DNotZ 1968, 331; s außerdem oben Rn 13 f). 53

VII. Häufige Erbverträge

1. Unter Ehegatten

Erbverträge werden überwiegend unter Ehegatten abgeschlossen. Sie enthalten dann die Regelungen, die auch in einem gemeinschaftlichen Testament getroffen werden können (zum üblichen Inhalt von Ehegattenerbverträgen s daher Vorbem 59 ff zu §§ 2265 ff). 54

2. Unter anderen sich nahestehenden Personen

55 Anders als das gemeinschaftliche Testament ist der Erbvertrag aber nicht ausschließlich Ehegatten (und Partnern einer eingetragenen Lebenspartnerschaft) vorbehalten. Den Erbvertrag wählen daher häufig Personen zur Gestaltung ihrer Nachfolge von Todes wegen, die in einem ähnlichen Vertrauensverhältnis miteinander leben wie Ehegatten, etwa zusammenlebende Geschwister oder Personen, zwischen denen eine eheähnliche Partnerschaft besteht. Vom Grundgedanken her stimmt der Inhalt solcher Erbverträge mit dem Inhalt von Erbverträgen und gemeinschaftlichen Testamenten überein, die zwischen Ehegatten abgeschlossen werden.

3. Sicherung des Übergangs bestimmter Vermögensgegenstände

56 Ganz allgemein kann das Rechtsinstitut des Erbvertrags gewählt werden (und wird ein Erbvertrag häufig errichtet), um sicherzustellen, dass das Vermögen einer Person oder bestimmte Vermögensgegenstände nach ihrem Tod bestimmten begünstigten Personen zufallen. Meist soll damit gewährleistet sein, dass bestimmte Vermögensgegenstände, etwa eine Unternehmensbeteiligung oder ein landwirtschaftliches Anwesen, nicht an familienfremde Personen fallen können. Mit diesem Ziel kann etwa ein Erbvertrag zwischen Geschwistern oder zwischen Eltern und Sohn abgeschlossen werden, in letzterem Falle etwa, wenn die Eltern landwirtschaftlichen Grundbesitz unter Lebenden dem Sohn geschenkt haben und der Sohn als Nachfolger von Todes wegen für diesen Grundbesitz seinen Eltern gegenüber erbvertragsmäßig seinen Sohn, also den Enkel seiner Eltern beruft.

4. Erbvertrag mit „Gegenleistungen"

57 Während beim gemeinschaftlichen Testament Motiv für die Errichtung wechselbezüglicher Verfügungen stets die damit in Zusammenhang stehende wechselbezügliche Verfügung des anderen Ehegatten ist, kann Anlass für eine erbvertragliche Zuwendung auch eine Leistung des Vertragspartners unter Lebenden sein. Wenn sich der Vertragsgegner zur Versorgung des Erblassers verpflichtet, so kann der Erblasser als „Gegenleistung" den Vertragspartner oder eine diesem nahestehende Person in einem Erbvertrag zum Erben einsetzen oder mit Vermächtnissen bedenken (s dazu auch oben Rn 12, Rn 45).

VIII. Form des Erbvertrags

58 Zur Form des Erbvertrags s § 2276 BGB und die Erläuterungen zu dieser Vorschrift.

IX. Auslegung des Erbvertrags

59 Bei der Auslegung von Erbverträgen gelten grundsätzlich die gleichen Rechtsgrundsätze wie bei der Auslegung einseitiger letztwilliger Verfügungen, einschließlich der gesetzlichen Auslegungsregeln (§ 2279 Abs 1, § 2299 Abs 2 BGB; zur Andeutungstheorie s Staudinger/Otte [2019] Vorbem 28 ff zu § 2064, aber auch Raff ErbR 2020, 330). Die Besonderheiten der notariellen Form sind zu berücksichtigen (Rn 63); im Übrigen sind für einseitige Verfügungen Erbverträgen (§ 2299 Abs 2 BGB) gegenüber Einzelhei-

ten keine weiteren Einschränkungen zu machen, selbst wenn sie in einer gemeinsamen Formulierung enthalten sind („der Überlebende …").

Für die **vertragsmäßigen Verfügungen** gelten daneben (und die Rechtsgrundsätze für die Auslegung einseitiger letztwilliger Verfügungen modifizierend) die Auslegungsregeln für Verträge. Maßgebend ist daher zunächst der gemeinsame Wille der Vertragsteile zum Zeitpunkt der Errichtung des Erbvertrags (vgl BGH FamRZ 1973, 189; BayObLGZ 1962, 142; BayObLG FamRZ 1976, 549; was für wechselbezügliche Verfügungen in gemeinschaftlichen Testamenten gilt, gilt für erbvertragsmäßige Verfügungen erst recht). Nach den allgemeinen Grundsätzen schadet eine gemeinsame *falsa demonstratio* nicht (s dazu näher Vorbem 65 zu §§ 2265 ff). Ging der Wille der Erblasser auseinander, so muss sich jeder nach den Grundsätzen des § 157 BGB am dem Vertragspartner erkennbaren Sinn seiner vertragsmäßigen Verfügungen festhalten lassen (vgl BGH NJW 1951, 960; WM 1969, 1223; Giencke FamRZ 1974, 241, 242) und ist gegebenenfalls auf die Anfechtung wegen Irrtums zu verweisen. **60**

Für die **Ermittlung des mutmaßlichen Willens** ist bei einseitigen Verfügungen die Willensrichtung des betreffenden Erblassers, bei vertragsmäßigen Verfügungen die Willensrichtung beider Vertragsteile maßgebend (vgl BGH LM § 242 BGB A Nr 7; BayObLGZ 1962, 142; KG OLGZ 1966, 506). Die ergänzende Auslegung eines Erbvertrags über einen Hof nach der HöfeO nach Wegfall der Hofeigenschaft dahin, dass die als Hoferben in Frage kommenden beiden Kinder erbvertraglich je zur Hälfte des vorhandenen Hofvermögens eingesetzt sein sollen, liegt nahe (s OLG Hamm FamRZ 2012, 1905). Eine ergänzende Auslegung kann daran scheitern, dass unterschiedliche Varianten zur Verfügung stehen und im Erbvertrag keine Anhaltspunkte dafür bestehen, wie die Erblasser die Lücke geschlossen hätten (so OLG Düsseldorf FamRZ 2012, 823 in einem Fall, in dem die Eltern ua ihren Sohn zum Schlusserben eingesetzt hatten, ohne dessen spätere geistige Behinderung vorauszusehen; OLG Düsseldorf ZEV 2012, 484 = FamRZ 2012, 1758 m Anm Zimmermann zur ähnlichen Problematik der Geschäftsunfähigkeit des Testamentsvollstreckers). **61**

Führt die Auslegung zu der Feststellung, dass ein Vertrag, etwa wegen Dissenses, nicht zustande gekommen ist, so kann die Verfügung des Erblassers unter den allgemeinen Voraussetzungen in eine einseitige letztwillige Verfügung umgedeutet werden. **62**

Die **Besonderheiten der notariellen Form** sind bei der Auslegung zu berücksichtigen (dazu näher Raff ErbR 2020, 330): Jedenfalls dann, wenn in der Urkunde technische Rechtsbegriffe verwendet werden, spricht eine zivilprozessuale Vermutung (Anscheinsbeweis) dafür, dass die verwandten Begriffe das zum Ausdruck bringen, was sie im Gesetz bedeuten. **63**

X. Wirksamkeit des Erbvertrags

1. Formmangel, Verstoß gegen Gesetz oder gute Sitten

Ein Erbvertrag kann wie jedes Rechtsgeschäft wegen Mangels der erforderlichen **Form**, wegen **Verstoßes gegen** ein **gesetzliches Verbot oder** gegen die **guten Sitten nichtig** sein (§§ 125, 134, 138 BGB). Die Frage der Sittenwidrigkeit eines Erbvertrages ist grundsätzlich nach den Verhältnissen zur Zeit seiner Errichtung zu beurteilen (vgl BGH NJW 1956, 865 = LM § 138 BGB Cd Nr 6 [zu einem Testament]; OLG Celle NJW 2021, 1681 **64** m Anm Graf Wolffskeel v Reichenberg [zu einem Testament]; BeckOGK/Röhl [1. 5. 2022] § 2274 Rn 47; **aA** in der NS-Zeit RG DRW 1943, 91; 1944, 494).

65 Ob eine Verfügung im Rahmen eines Erbvertrags **sittenwidrig** ist und ggf gem § 139 BGB zu einer Gesamtnichtigkeit des Erbvertrags führt, bedarf wie ansonsten auch der Gesamtwürdigung aller Umstände (eingehend zur Sittenwidrigkeit von Verfügungen Staudinger/Otte [2019] Vorbem 145 ff zu §§ 2064 ff). Ausgangspunkt ist auch für Erbverträge, ob eine Verfügung gegen das Anstandsgefühl aller billig und gerecht Denkender verstößt (für Erbverträge OLG Koblenz FamRZ 2016, 405 [406]). Manche meinen, der BGH stelle an die Sittenwidrigkeit des Erbvertrags erhöhte Anforderungen (BeckOGK/Röhl [1. 5. 2022] § 2274 Rn 47). Dazu ist zu sagen: Der Erbvertrag bedarf notarieller Beurkundung, und der Notar kann das Verfahren so gestalten, dass der Einfluss anderer auf den Erbvertrag jedenfalls für den Moment der Beurkundung gemindert wird, zB indem er je nach Situation die Beurkundung unter Ausschluss Dritter durchführt. So mag die Gefahr der Einflussnahme durch Dritte, die ua zur Sittenwidrigkeit führen kann, im Rahmen notarieller Beurkundungen zumindest geringer sein als bei der Errichtung handschriftlicher Testamente. Abgesehen von Verfahrensaspekten dürften ansonsten aber keine „besonderen Anforderungen" an die Sittenwidrigkeit zu stellen sein. Wie bei jeder Generalklausel kommt es auf Einzelfälle und, nach einer gewissen Fortentwicklung durch die Rechtsprechung, auf die Einordnung in Fallgruppen an (bei Staudinger/Otte [2019] Vorbem 146 ff zu §§ 2064 ff werden folgende Fallgruppen besprochen: Belohnung sittenwidrigen Verhaltens, Verletzung familiärer Pflichten, Behindertentestamente, unangemessene Beeinflussung des Erblassers).

66 **Beispielsfälle** gibt es recht wenige: Während das „schlichte Benutzen einer günstigen Lage und die Zurückstellung fremder Interessen gegenüber den eigenen" nicht genügen soll, um Sittenwidrigkeit zu begründen (wörtliches Zitat aus BGHZ 50, 63 [71]; nur in leicht anderem Wortlaut vorher BGH FamRZ 1966, 445 = WM 1966, 899), soll die „bewußte Ausnutzung der [...] psychischen Zwangslage des Erblassers [...] durch das Verlangen unwiderruflicher Erbeinsetzung unter Abreisedrohung dagegen ausreichen (BGHZ 50, 63 [71]). Dies nahm der BGH LM § 138 BGB Bc Nr 1 in einem Fall an, in dem der geistig beschränkte Erblasser von seiner Schwester unter Ausnützung ihrer Stellung als Schwester und Pflegerin zur Errichtung des Erbvertrags bestimmt wurde. Die Tatsache, dass ein Erbvertrag einseitig nur eine Partei begünstigt, genügt für Sittenwidrigkeit selbstverständlich nicht (OLG Koblenz FamRZ 2016, 405).

67 **Heiratsklauseln** im Erbvertrag eines Fürstenhauses sind an § 138 BGB zu messen (s auch § 2269 Rn 80; eingehend Staudinger/Otte [2019] § 2074 Rn 58 ff). Über § 138 BGB wirken die Grundrechte (insb Art 14 Abs 1, Art 6 Abs 1) in die Privatrechtsordnung ein (wobei die Einbeziehung der Grundrechte nach Otte ErbR 2015, 574 gar nicht erst erforderlich ist). Heiratsklauseln verstoßen jedenfalls dann nicht gegen § 138 BGB, wenn die Enterbung wegen einer konkreten Eheschließung, zu der das im Erbvertrag vorgesehene Schiedsgericht die Zustimmung versagte, erfolgt und der Betroffene zumutbaren Lösungen zur Verwaltung des Familienvermögens ohne Enterbung nicht zugestimmt hat; eine solche Heiratsklausel ist auch nicht nach den Generalklauseln der §§ 138, 242 BGB als nichtig anzusehen (BVerfG NJW 2000, 2495). Bei einer „Ebenbürtigkeitsklausel" in einem Erbvertrag des Hochadels ist aber (nach BVerfG NJW 2004, 765 = DNotZ 2004, 798 = ZEV 2004, 241 unter Aufhebung von BGHZ 140, 118 m krit Anm Gutmann NJW 2004, 2347, der darauf hinweist, die Kammer habe der Drittwirkungslehre im Privatrecht mit ihrem Beschluss jede

Kontur genommen; dagegen zustimmend OTTE ZEV 2004, 393) zu prüfen, ob eine Beeinträchtigung der Eheschließungsfreiheit des Erben vorliegt, die geeignet ist, auf ihn einen unzumutbaren Druck zur Nicht-Eingehung einer Ehe zu erzwingen, was als sitten- bzw treuwidrig anzusehen sein könne.

Verfügungen zugunsten von Menschen mit Behinderung werden allgemein für zulässig gehalten (ausf STAUDINGER/OTTE [2019] Vorbem 166 ff zu §§ 2064 ff). 68

Die durch Art 14 Abs 1 S 1 GG geschützte Testierfreiheit erlaubt dem Erblasser, über seine Beerbung im Grundsatz allein nach seinen Vorstellungen ohne Rücksicht auf allgemeine Maßstäbe zu bestimmen. Nach hM soll Art 3 Abs 3 GG daher auf erbrechtliche Verfügungen nicht einwirken (diskursiv STAUDINGER/OTTE [2019] Vorbem 149 ff zu §§ 2064 ff mwN). Sicher ist: Der Erblasser ist von Verfassung wegen nicht zur Gleichbehandlung seiner Abkömmlinge **im Erbvertrag** gezwungen (BVerfG NJW 2000, 2495 = FamRZ 2000, 945 = DNotZ 2000, 391). Ob dem Erblasser allerdings jede Diskriminierung erlaubt sein soll, ist zu bezweifeln. 69

Für die Anwendung des **§ 138 Abs 2 BGB** genügt es nicht, dass der wirtschaftliche Vorteil, den der Vertragserbe durch die Erbeinsetzung erlangt, erheblich größer ist als seine „Gegenleistungen", die den Erblasser veranlasst haben, den Erbvertrag zu schließen (zum einen ist der Erbvertrag kein gegenseitiger Vertrag, zum anderen ist der Zuwendung von Todes wegen die Freigebigkeit immanent; vgl BGH 30. 9. 1954 – IV ZR 68/54). 70

2. Geschäftsfähigkeit

Die Geschäftsfähigkeit ist beim Erbvertrag besonders geregelt: Nach § 2275 Abs 1 BGB kann einen Erbvertrag als Erblasser nur schließen, wer unbeschränkt geschäftsfähig ist (zur früheren Ausnahme gem § 2275 Abs 2 s § 2275 Rn 8). 71

3. Willensmängel, Anfechtung

Die Bedeutung von Willensmängeln richtet sich grundsätzlich nach den allgemeinen Vorschriften der §§ 116 ff BGB; insbesondere sind auf vertragsmäßige Verfügungen auch § 116 S 2 BGB (geheimer Vorbehalt mit Wissen des Gegners) und § 117 BGB (Scheingeschäft) anwendbar, weil vertragsmäßige Verfügungen im Gegensatz zum Testament aus empfangsbedürftigen Willenserklärungen bestehen (vgl RGZ 134, 327). Die Nichtigkeit des Erbvertrags nach § 116 S 2 BGB oder § 117 BGB wirkt auch gegen einen in dem Vertrag bedachten gutgläubigen Dritten (PLANCK/GREIFF § 2279 Anm 2b; ebenso BeckOGK/RÖHL [1. 5. 2022] § 2274 Rn 46). 72

Nach § 2281 BGB ist auch dem **Erblasser selbst die Anfechtung seiner vertragsmäßigen Verfügungen gestattet**; eine solche Regelung ist beim Erbvertrag anders als beim einseitigen Testament erforderlich, weil der Erblasser vertragsmäßige Verfügungen nicht nach Belieben widerrufen kann (soweit der Erblasser an wechselbezügliche Verfügungen in einem gemeinschaftlichen Testament gebunden ist, besteht dieselbe Interessenlage wie beim Erbvertrag und werden die §§ 2281 ff BGB deshalb entsprechend angewendet, s Vorbem 72 f zu §§ 2265 ff, § 2271 Rn 124 ff). Auf der anderen Seite ist die **Anfechtung durch Dritte** insofern erschwert, als diese den Erbvertrag (nach dem 73

Tode des Erblassers) nur dann anfechten können, wenn das Anfechtungsrecht des Erblassers bei seinem Tode noch bestanden hat (§ 2285 BGB).

74 Die sachlichen Voraussetzungen der Anfechtung sind beim Erbvertrag dieselben wie beim Testament (§§ 2078, 2079, 2279 Abs 1, § 2281 Abs 1 BGB); die Anfechtung wegen Irrtums ist also in weiterem Umfang gestattet als bei der gewöhnlichen Anfechtung nach § 119 BGB, insbesondere berechtigt auch der bloße Irrtum im Beweggrund zur Anfechtung. Die Vorschriften der §§ 2281 ff BGB enthalten keine selbstständige, in sich geschlossene Regelung der Anfechtung des Erbvertrags; sie bauen auf den Bestimmungen über die Anfechtung des Testaments auf (§ 2281 Abs 1, § 2285 BGB).

75 Der **Vertragsgegner** des Erblassers kann den Erbvertrag nur nach den allgemeinen Bestimmungen der §§ 119 ff BGB anfechten (ebenso BeckOGK/Röhl [1. 5. 2022] § 2274 Rn 46).

4. Unwirksamwerden

76 Ein zunächst wirksamer Erbvertrag kann durch Anfechtung (s dazu Rn 72 ff), Aufhebung durch die Vertragspartner (§§ 2290–2292 BGB) oder durch einseitigen Rücktritt eines Erblassers (§§ 2293–2297, § 2298 Abs 2 BGB) später unwirksam werden.

XI. Anwendung des Testamentsrechts

1. Recht des einseitigen Testaments

77 Nach § 2299 Abs 2 S 1 BGB gelten für einseitige Verfügungen in einem Erbvertrag ohne Einschränkung alle Vorschriften für einseitige Testamente. Aber auch auf vertragsmäßige Zuwendungen und Auflagen finden nach § 2279 Abs 1 BGB die für letztwillige Zuwendungen und Auflagen geltenden Vorschriften grundsätzlich entsprechende Anwendung. Damit werden in erster Linie die besonderen Vorschriften des 3. Abschnitts über das Testament (§§ 2064 ff BGB) für entsprechend anwendbar erklärt. Das gilt auch für die Bestimmungen über bedingte Anordnungen, über die Anwachsung und über die Ersatzberufung (§§ 2074 ff, 2094 f, 2096 ff BGB). Aber auch die allgemeinen Bestimmungen über Erbfolge, Vermächtnis und Auflage (§§ 1922 f, 1937–1941 BGB) und über die rechtliche Stellung des Erben (§§ 1942–2063 BGB) finden, soweit das Gesetz nicht ausdrücklich etwas anderes bestimmt, auf die Anordnung einer Erbfolge, eines Vermächtnisses oder einer Auflage in einem Erbvertrag entsprechende Anwendung. Die Rechtsfolgen der Anordnungen in einem Erbvertrag sind nach dem Tode des Erblassers grundsätzlich dieselben wie die von Anordnungen in einem Testament; das gilt zB für die Vorschriften über Pflichtteil, Erbunwürdigkeit, Erbverzicht, Erbschein und Erbschaftskauf (§§ 2303–2385 BGB). Wegen des Erbverzichts hinsichtlich einer vertragsmäßigen Zuwendung s § 2352 S 2, 3 BGB (ferner § 2290 Rn 7 ff).

2. Recht des gemeinschaftlichen Testaments

78 Weder unmittelbar noch entsprechend anwendbar sind die Vorschriften über das gemeinschaftliche Testament (§§ 2265–2273 BGB). Die Beschränkung auf Ehegatten

(§ 2265 BGB) besteht beim Erbvertrag nicht. Aus § 2279 Abs 1 BGB kann nicht etwa gefolgert werden, dass die Zulässigkeit gegenseitiger vertragsmäßiger Zuwendungen entsprechend § 2265 BGB auf Ehegatten beschränkt wäre (RGZ 67, 66). § 2266 BGB kommt nicht in Betracht, weil es beim Erbvertrag keine Erleichterung der Form für Notfälle gibt (§ 2276 Abs 1 S 2 BGB). Anstelle von § 2267 BGB gelten beim Erbvertrag für die Form die §§ 2274, 2276 BGB iVm §§ 2231 Nr 1, 2232 BGB und die Vorschriften des BeurkG. Anstelle von § 2268 BGB (Auswirkungen der Eheauflösung) gilt beim Erbvertrag § 2279 Abs 2 BGB. § 2269 BGB („Berliner Testament“) ist dagegen nach der ausdrücklichen Bestimmung des § 2280 BGB entsprechend anwendbar. Den Bestimmungen über wechselbezügliche gemeinschaftliche Testamente (§§ 2270, 2271 BGB) entspricht beim Erbvertrag § 2298 BGB. Eine § 2272 BGB (Rücknahme aus der amtlichen Verwahrung) entsprechende Regelung enthält seit dem G v 23. 7. 2002 § 2300 Abs 2 BGB.

3. Form des Erbvertrags

Die Vorschriften über die Form der letztwilligen Verfügungen (§§ 2231 ff, 2247 ff BGB) sind beim Erbvertrag nur teilweise anwendbar (§ 2276 Abs 1 BGB). Vor allem ist die Errichtung durch eigenhändige Erklärung (§ 2247 BGB) beim Erbvertrag ausgeschlossen. **79**

XII. Eröffnung des Erbvertrags

Die Eröffnung des Erbvertrags regeln jetzt die §§ 348 ff FamFG. Besonderheiten für Erbverträge finden sich in § 349 FamFG. **80**

XIII. Beurteilung des Erbvertrags als Rechtsinstitut

Das eigenhändige gemeinschaftliche Testament ist mit komplizierten Rechtsfolgen verbunden, die in ihrer langfristigen Konsequenz von den Erblassern oft nicht bedacht werden. Diese Nachteile (insbesondere des eigenhändigen gemeinschaftlichen Testaments) gleicht der Erbvertrag aus. **81**

Zum einen sind die Rechtsfolgen des Erbvertrages (grundsätzliche Bindung an erbvertragliche Verfügungen zu Lebzeiten des Vertragspartners und nach dessen Tod) klar und auch dem juristischen Laien verständlich, zum anderen bedarf der Erbvertrag der notariellen Beurkundung und der Notar ist nach § 17 BeurkG verpflichtet, die Beteiligten über die Konsequenzen des von ihnen abgeschlossenen Rechtsgeschäfts aufzuklären und eventuelle Zweifel oder Irrtümer auszuräumen. Ein (auch während des Gesetzgebungsverfahrens zum BGB vorgetragenes) hauptsächliches Argument gegen die Zulassung des Erbvertrags ist die grundsätzliche Problematik bindender Verfügungen von Todes wegen, die es einerseits dem Erblasser verbieten, seinen letzten Willen an veränderte Umstände anzupassen, andererseits aber auch dem Vertragserben keine vollständige Sicherheit bieten, weil das ihm Zugewendete noch durch lebzeitige Verfügungen des Erblassers geschmälert werden kann (s oben Rn 3 f). **82**

Entscheidend ist daher die Frage, ob ein Bedürfnis für das Rechtsinstitut des Erbvertrags besteht, das es rechtfertigt, diese Problematik hinzunehmen. Der Gesetzgeber **83** des BGB hat dieses Bedürfnis möglicherweise überschätzt (s oben Rn 4), weil in vielen Fällen Rechtsgeschäfte unter Lebenden, insbesondere Schenkungen auf den Todesfall, den Interessen der Beteiligten in gleicher Weise oder sogar besser gerecht werden (der Beschenkte ist besser gesichert als der vertragsmäßig von Todes wegen Bedachte) und ihre Rechtsfolgen noch klarer sind als die eines Erbvertrags. Trotzdem bleiben Fälle übrig, in denen der Abschluss eines Erbvertrags den Interessen der Beteiligten am besten entspricht; die mit einem Erbvertrag verbundene Problematik für beide Vertragsseiten sollte durch das Erfordernis der notariellen Beurkundung und der damit verbundenen Aufklärung der Beteiligten weitgehend ausgeräumt sein. Insbesondere dort, wo die Erblasser zu Lebzeiten ihre jeweilige lebzeitige Verfügungsbefugnis über ihr Vermögen nicht verlieren, aber auch nicht einschränken wollen, ist der Erbvertrag die beste Lösung, um Bindung für den Erbfall zu erzeugen, aber Freiheit zu Lebzeiten zu erhalten.

XIV. Terminologie

84 Der „Erbvertrag" umfasst den Erbeinsetzungsvertrag, den Vermächtnisvertrag, den Auflagevertrag und den Rechtswahlvertrag. Die Personen, die den Erbvertrag schließen, werden vom Gesetz im Allgemeinen als die „Vertragschließenden" (§ 2278 BGB) bezeichnet. Der Beteiligte, der im Erbvertrag eine oder mehrere vertragsmäßige Verfügungen von Todes wegen trifft, ist der „Erblasser" (vgl §§ 2275, 2278, 2299 BGB); der ihm gegenüberstehende Beteiligte wird wenig schön „der andere Vertragschließende" genannt, so zB in § 2281 Abs 2 BGB, während der Ausdruck „annehmen" vermieden wird. Der vertragsmäßig berufene Erbe heißt „Vertragserbe" (§ 2287 BGB). „Rücktritt" ist die einseitige Aufhebung des Erbvertrags nach §§ 2293–2295 BGB, von „Aufhebung" spricht das Gesetz bei der Beseitigung des Erbvertrags oder einer vertragsmäßigen Verfügung im beiderseitigen Einverständnis (§§ 2290–2292 BGB) sowie (inkonsequent) bei Ausübung des Rücktrittsrechts durch letztwillige Verfügung nach dem Tode des anderen Teils (§ 2297 BGB).

XV. Überblick über die gesetzliche Regelung

85 Die §§ 2274–2276 BGB behandeln den Abschluss des Erbvertrages, die §§ 2278–2280 BGB seinen Inhalt, die §§ 2281–2285 BGB die Anfechtung. Die §§ 2286–2288 BGB regeln die Bedeutung des Erbvertrages für das Recht des Erblassers zur Verfügung unter Lebenden, § 2289 BGB seine Auswirkung auf frühere und spätere Verfügungen von Todes wegen. Die §§ 2290–2297 BGB befassen sich mit der Beseitigung des Erbvertrags durch Vertrag, Testament oder Rücktritt. § 2298 BGB regelt die Abhängigkeit der Verfügungen in einem zweiseitigen Erbvertrag, § 2299 BGB unterstellt einseitige Verfügungen in einem Erbvertrag praktisch dem Testamentsrecht. § 2300 BGB regelt die Verwahrung und die eventuelle Rücknahme aus der Verwahrung. § 2301 BGB behandelt die Schenkung von Todes wegen. § 2302 BGB schützt die Testierfreiheit, indem er Verpflichtungen, in bestimmtem Sinne zu testieren, für nichtig erklärt.

XVI. Rechtsvergleichung, IPR

86 In ausländischen Rechten sind erbvertragliche Verfügungen von Todes wegen teilweise überhaupt nicht, teilweise nur eingeschränkt, teilweise nur unter besonderen

Voraussetzungen zugelassen. So ist der Erbvertrag in Frankreich nach wie vor verboten (Art 968 Code civil), in Italien im Grundsatz ebenso (Art. 458, 589 Codice civile) – allerdings gibt es seit 2006 mit dem *patto di famiglia* (Art. 768bis ff Codice civile) eine Ausnahme. In der Schweiz dagegen kennt man zB den Erbvertrag, der ebenfalls nur in öffentlicher Form errichtet werden kann (Art 512 ff ZGB).

Vor Errichtung eines Erbvertrages mit Beteiligten, die einen Bezug zu einer fremden Rechtsordnung haben, ist stets zu prüfen, ob dadurch die Rechtsnachfolge von Todes wegen wirksam geregelt wird; wenn die Voraussetzungen von Art 22, 25 Abs 3 EuErbVO vorliegen, kann eine Rechtswahl helfen. Die allgemeine Rechtswahl des anwendbaren Erbrechts nach Art 22 EuErbVO bezieht sich auf jeden Erblasser gesondert, nach Art 25 Abs 3 EuErbVO kann für die Errichtung des Erbvertrags deutsches Recht gewählt werden, wenn nur ein Beteiligter deutscher Staatsangehöriger ist (zum Begriff des Erbvertrags und zur Rechtswahl s EuGH 9. 9. 2021 – C-277/20 [UM], m Anm WENDLAND FamRZ 2021, 1827; zur EuErbVO und zur Rechtswahl und deren Konsequenzen s im Übrigen die Kommentierungen zur EuErbVO). 87

§ 2274
Persönlicher Abschluss

Der Erblasser kann einen Erbvertrag nur persönlich schließen.

Materialien: E I § 1942; E II § 2142 rev § 2249; E III § 2248; Mot V 314; Prot V 374 ff; JAKOBS/SCHUBERT ER II 1965–1752; HORN 1078 ff.

Systematische Übersicht

I. Bedeutung der Vorschrift, Allgemeines

§ 2274 BGB stimmt mit § 29 Abs 1 TestG und mit dem früheren § 2274 BGB überein. 1

Die Vorschrift bestimmt für den Erbvertrag – genauer für die Mitwirkung des Erblassers beim Abschluss des Erbvertrags – dasselbe, was § 2064 BGB für das Testament vorschreibt. Auf die Erläuterungen zu § 2064 BGB kann daher verwiesen werden. Die **Form** des Erbvertrags betrifft § 2274 BGB nicht; diese ist (allein) in § 2276 BGB geregelt (RG JW 1901, 474). 2

3 Das Gesetz verlangt, dass der Erblasser den Erbvertrag persönlich schließt. Damit verbietet es sowohl die Stellvertretung im Willen als auch in der Erklärung. Der **Erblasser** (vgl Rn 4) kann sich also beim Abschluss des Erbvertrags weder durch einen gesetzlichen Vertreter noch durch einen Bevollmächtigten vertreten lassen (§ 2275 Rn 1 ff). Ein durch einen Vertreter geschlossener Erbvertrag ist nichtig. Daher kann ein Geschäftsunfähiger überhaupt keinen Erbvertrag als Erblasser schließen (§ 2275 Abs 1 BGB spricht das ausdrücklich aus). Bis 2017 gab es unter engen Grenzen Möglichkeiten für beschränkt geschäftsfähige Erblasser, einen Erbvertrag zu schließen, § 2275 Abs 2 und Abs 3 BGB aF. Diese sind durch das Gesetz zur Bekämpfung von Kinderehen vom 17. 7. 2017 (BGBl 2017 I 2429) abgeschafft worden. Bei einem Betreuten greift der Einwilligungsvorbehalt nicht, § 1903 Abs 2 Nr 2 BGB (ab 1. 1. 2023 § 1825 Abs 2 Nr 2). Erklärt der Erblasser selbst seinen Willen, gebraucht er zur Übermittlung aber einen **Boten**, verstößt dies zwar nicht gegen § 2274 BGB, scheitert aber natürlich an § 2276 BGB (zutr Erman/S Kappler/T Kappler[16] Rn 1).

4 **Umdeutung** eines nichtigen Erbvertrags in ein Testament scheitert an § 2064 BGB, in ein Rechtsgeschäft unter Lebenden ist schwer vorstellbar (vgl Erman/S Kappler/T Kappler[16] Rn 3), in einen Erbschaftsvertrag nach § 311b Abs 4 und Abs 5 BGB (NK-BGB/Kornexl[5] Rn 10). Wenn der nichtige Erbvertrag neben Verfügungen von Todes wegen auch Rechtsgeschäfte unter Lebenden enthält, ist § 139 BGB anzuwenden (vgl § 2275 Rn 13).

II. Persönlicher Geltungsbereich

5 § 2274 BGB gilt nur für den Erblasser, also denjenigen, der **vertragsmäßige Verfügungen** trifft, nicht für denjenigen Vertragspartner, der einseitige Verfügungen trifft; für letzteren greift aber § 2064 BGB (Erman/S Kappler/T Kappler[16] Rn 1; NK-BGB/Kornexl[5] Rn 2; MünchKomm/Musielak[9] Rn 2; Soergel/Zecca-Jobst[14] Rn 4). § 2274 BGB gilt damit auch nicht für den anderen Vertragschließenden, wenn dieser nicht auch seinerseits in dem Vertrag vertragsmäßige Verfügungen von Todes wegen getroffen hat und damit gleichfalls Erblasser iSv § 2274 BGB ist. Der **Vertragsgegner** kann sich also nach den allgemeinen Regeln durch einen gesetzlichen Vertreter oder Bevollmächtigten vertreten lassen und den durch einen vollmachtlosen Vertreter in seinem Namen abgeschlossenen Erbvertrag genehmigen. Vertragsgegner kann damit auch eine **juristische Person** sein, die in der üblichen Weise vertreten wird. Gleichgültig ist, ob der Vertragsgegner in dem Erbvertrag bedacht ist oder nicht.

6 Jeder Vertragschließende kann zugleich Erblasser und Vertragsgegner sein (**zweiseitiger Erbvertrag**; vgl §§ 2278, 2298, 2299 BGB; Einl 47 zu §§ 2274 ff). Es können auch auf jeder Seite des Vertrags mehrere Personen beteiligt sein (Einl 48 zu §§ 2274 ff). Dabei kann es sich um eine bloß äußerliche Zusammenfassung mehrerer Erbverträge handeln, es ist aber auch möglich, dass jeder Beteiligte nicht nur die ihm selbst gemachte Zuwendung, sondern auch die dem anderen gemachten Zuwendungen annimmt, und dies ist im Zweifel anzunehmen (Planck/Greiff Anm 3).

III. Sachlicher Geltungsbereich

7 Zum **Begriff des Erbvertrags** s § 1941 BGB mit Erläuterungen sowie Einl 6 ff zu §§ 2274 ff. Die Höchstpersönlichkeit gilt auch im Fall eines **Prozessvergleichs**, in dem die Be-

urkundung durch Aufnahme der Erklärungen in das Protokoll gem § 127a BGB ersetzt wird, natürlich auch bei Anwaltszwang (OLG Frankfurt FamRZ 2015, 1318 [1320]; OLG Bremen FamRZ 2013, 661 [662]; Erman/S Kappler/T Kappler[16] Rn 2).

Wie § 2274 BGB für den Abschluss des Erbvertrags persönliches Handeln des Erblassers vorschreibt, bestimmt dies § 2284 BGB für die **Bestätigung** eines anfechtbaren Erbvertrags, § 2290 BGB für die **Aufhebung**, § 2296 Abs 1 BGB für den **Rücktritt**, § 2300 Abs 2 S 2 BGB für die **Rücknahme aus der Verwahrung** (str, s § 2300 Rn 15); mit Einschränkungen gilt das auch für § 2347 BGB (**Erbverzicht**) und für § 2282 BGB (**Anfechtung** des Erbvertrags). 8

§ 2275
Voraussetzungen

Einen Erbvertrag kann als Erblasser nur schließen, wer unbeschränkt geschäftsfähig ist.

Materialien: E I § 1942; E II § 2142 rev § 2249; E III § 2248; Mot V 314; Prot V 374 ff; Jakobs/Schubert ER II 1705–1752; Horn 1082 ff.

Schrifttum

S die Angaben bei Staudinger/Baumann zu § 2229.

Systematische Übersicht

I. Erfordernis der unbeschränkten Geschäftsfähigkeit des Erblassers

In einem Erbvertrag kann vertragsmäßige Verfügungen von Todes wegen nur treffen, wer unbeschränkt geschäftsfähig ist. Diese Regelung steht im Gegensatz zu dem früheren gemeinen und bayerischen Recht, wonach auch Minderjährige mit Einwilligung oder Mitwirkung ihres gesetzlichen Vertreters Erbeinsetzungsverträge schließen durften (Mot V 314, 315 = Horn Rn 3). 1

Andererseits wird von dem Erblasser auch nicht mehr verlangt als unbeschränkte Geschäftsfähigkeit: Der Gesetzgeber hielt es nicht für erforderlich, die Fähigkeit zum Abschluss eines Erbvertrages von der Vollendung eines höheren Lebensalters, 2 etwa des 30. oder des 50. Lebensjahres abhängig zu machen (Prot V 376 = HORN § 2274 Rn 11).

3 Während das Gesetz beim Testament einen besonderen Begriff der Testierfähigkeit geschaffen hat (§§ 2229, 2247 Abs 4 BGB), knüpft es beim Erbvertrag an den allgemeinen Begriff der Geschäftsfähigkeit an (§§ 104 ff BGB). Weder ein Geschäftsunfähiger (§§ 104 f BGB) noch ein in der Geschäftsfähigkeit Beschränkter (§ 106 BGB) kann einen Erbvertrag als Erblasser schließen, auch nicht durch seinen gesetzlichen Vertreter (§ 2274 BGB; Mot V 249); ein Einwilligungsvorbehalt kann sich nicht auf die Errichtung eines Erbvertrags als Erblasser erstrecken (§ 1903 Abs 2 BGB).

4 Zur Geschäftsunfähigkeit gelten vollständig die Vorschriften der §§ 104 ff BGB. Danach bewirkt Geistesschwäche, solange sie nicht nach § 104 Nr 2 BGB Geschäftsunfähigkeit bedingt, keine Beschränkung der Geschäftsfähigkeit (RG JW 1908, 323; vgl zur Testierfähigkeit § 2229 Abs 4 BGB). Zur bei **einseitigen Verfügungen** genügenden Testierfähigkeit s § 2299 Rn 5.

5 Ein Erbvertrag, den ein Geschäftsunfähiger oder in der Geschäftsfähigkeit Beschränkter als Erblasser schließt, ist nichtig (allgM). Die Mitwirkung oder Zustimmung des gesetzlichen Vertreters ändert daran nichts (vgl § 2274 BGB).

6 Der Mangel wird **nicht geheilt**, wenn der Erblasser unbeschränkt geschäftsfähig wird, auch wenn er den Erbvertrag genehmigen sollte (Mot V 346; PLANCK/GREIFF Anm 1; BeckOGK/RÖHL [1. 5. 2022] Rn 4).

7 Der nichtige Erbvertrag kann unter den allgemeinen Voraussetzungen nach **§ 140 BGB** als Testament aufrechterhalten werden, wenn der Erblasser testierfähig ist – § 2229 BGB – (Mot V 317; RGZ 28, 217; BayObLG Rpfleger 1982, 286; MünchKomm/MUSIELAK[9] Rn 4). Für eine solche Umdeutung besteht zwar keine Vermutung (STROHAL § 45 bei Fn 66 gegen HELLWIG 602; BeckOGK/RÖHL [1. 5. 2022] Rn 4), sie wird aber häufig dem Willen des Erblassers entsprechen.

8 Die **Ausnahme für beschränkt geschäftsfähige Ehegatten und Verlobte** ist durch das Gesetz zur Bekämpfung von Kinderehen vom 17. 7. 2017 (BGBl 2017 I 2429) weggefallen. Für vor dessen Inkrafttreten geschlossene Erbverträge gilt das frühere Recht, dh diese Erbverträge bleiben wirksam (ebenso GRÜNEBERG/WEIDLICH[81] Rn 3; BeckOGK/RÖHL [1. 5. 2022] Rn 7; zur früheren Rechtslage ausf BeckOGK/RÖHL [1. 5. 2022] Rn 10 ff).

II. Geschäftsfähigkeit des Vertragsgegners

1. Allgemeines

9 Für die Geschäftsfähigkeit des dem Erblasser gegenüberstehenden anderen Vertragsteils gelten die allgemeinen Vorschriften über Verträge (§§ 104, 106 BGB), wenn der andere Vertragsteil nicht auch seinerseits gleichzeitig als Erblasser verfügt (BeckOGK/RÖHL [1. 5. 2022] Rn 17).

2. Geschäftsunfähigkeit

Ist er **geschäftsunfähig**, so kann sein gesetzlicher Vertreter für ihn abschließen, wenn der Vertragsgegner selbst keine Verfügungen von Todes wegen trifft, weil § 2274 BGB für ihn nicht gilt. Fehlt es an der Mitwirkung eines geschäftsfähigen Vertreters des Vertragsgegners, ist eine Umdeutung des Erbvertrags in ein Einzeltestament des Erblassers möglich (BayObLG ZEV 1995, 413 [414] = FamRZ 1995, 449; NK-BGB/Hölscher/Kornexl[6] Rn 17, näher zur Umdeutung Einl 36 zu §§ 2274 ff). § 105a ist nicht anwendbar, da der Erbvertrag kein Geschäft des täglichen Lebens darstellt (NK-BGB/Hölscher/Kornexl[6] Rn 17). 10

3. Beschränkte Geschäftsfähigkeit

Ist der Vertragsgegner **beschränkt geschäftsfähig**, so bedarf er dann nicht der Zustimmung seines gesetzlichen Vertreters, wenn er durch den Vertrag nur einen rechtlichen Vorteil erlangt oder das Rechtsgeschäft für ihn wenigstens neutral ist (§ 107 BGB; BeckOK/Litzenburger [1. 2. 2022] Rn 6; Planck/Greiff Anm III; MünchKomm/Musielak[9] Rn 6; NK-BGB/Hölscher/Kornexl[6] Rn 18). Ein solches mindestens neutrales Rechtsgeschäft ist beispielsweise die bloße Annahme der Verfügungen des Erblassers als vertragsmäßig (NK-BGB/Hölscher/Kornexl[6] Rn 18). Dabei ist gleichgültig, welchen Inhalt die Verfügungen des Erblassers haben, weil sie erst nach dem Tod des Erblassers Wirkungen zeitigen, also erst ab da Verpflichtungen für den Vertragspartner begründen können (J Mayer/Dietz, in: Reimann/Bengel/Dietz[7] Rn 9) und der Vertragspartner dann immer noch ausschlagen kann; er steht insoweit nicht anders, als wenn der Erblasser ihn in einem Einzeltestament bedacht hätte (NK-BGB/Hölscher/Kornexl[6] Rn 18). 11

Anders liegt es, wenn der beschränkt geschäftsfähige Vertragsgegner in dem Vertrag auch Verpflichtungen übernimmt, etwa die Verpflichtung, den Erblasser zu unterhalten (§ 2295 BGB) oder andere Pflichten, die den Erbvertrag zu einem entgeltlichen werden lassen. Dann bedarf zunächst der Vertragsteil, der Rechtsgeschäft unter Lebenden ist, der Zustimmung des gesetzlichen Vertreters des Vertragspartners gem § 108 BGB (insoweit unstr, s nur J Mayer/Dietz, in: Reimann/Bengel/Dietz[7] Rn 11 mwN). Viele erstrecken die Zustimmungspflicht pauschal auf den ganzen Vertrag oder differenzieren nicht oder lassen die Rechtsfolgen im Übrigen offen (vgl Staudinger/Kanzleiter [2019] Rn 5; BeckOK/Litzenburger [1. 2. 2022] Rn 6; Lange/Kuchinke § 25 II 2; Burandt/Rojahn/Burandt[3] Rn 5). 12

Im Übrigen gibt es zwei Ansichten, welche Rechtsfolge die Unwirksamkeit des Rechtsgeschäfts unter Lebenden auf den Erbvertragsteil hat. Nach Musielak ist die Genehmigung des gesetzlichen Vertreters auch für den Erbvertragsteil erforderlich, wenn beide Elemente eine rechtliche Einheit bilden (MünchKomm/Musielak[9] Rn 7; ihm folgend BeckOGK/Röhl [1. 5. 2022] Rn 19). Nach der Gegenansicht führt die Einheit zwar zu einem Bedingungszusammenhang, aber nicht dazu, dass der Erbvertrag seinerseits genehmigungsbedürftig wird (J Mayer/Dietz, in: Reimann/Bengel/Dietz[7] Rn 11; NK-BGB/Hölscher/Kornexl[6] Rn 20). Der praktische Unterschied zwischen beiden Ansichten liegt darin, dass nach der zweiten Lösung der Erbvertrag wirksam bleibt, der Erblasser aber ggf ein Anfechtungsrecht nach § 2281 BGB hat. Entscheidend für die Lösung der Frage ist der Wille der Beteiligten (zutr BeckOGK/Röhl [1. 5. 2022] Rn 19). Es spricht nichts dagegen, dass diese den Zusammenhang zwischen Erbvertragsteil 13 und Rechtsgeschäft unter Lebenden so miteinander verknüpfen, dass der Erbvertrag nicht ohne das Rechtsgeschäft unter Lebenden wirksam sein soll; dann führt die Unwirksamkeit des einen auch zur Unwirksamkeit des anderen. Gem § 139 BGB wird das im Zweifel auch so sein.

III. Verfahrensfragen

14 Zur Beweislast, insbesondere hinsichtlich der Geschäftsunfähigkeit, gelten die allgemeinen Grundsätze (BGH FamRZ 1984, 1003; OLG Düsseldorf FamRZ 1998, 1064; BayObLG FamRZ 2002, 62 = RNotZ 2001, 524; Soergel/Zecca-Jobst[14] Rn 2; BeckOGK/Röhl [1. 5. 2022] Rn 23). Derjenige, der aus der Geschäftsunfähigkeit Vorteile zöge, muss deren Vorliegen also darlegen und beweisen. Solange die Geschäftsunfähigkeit zweifelhaft bleibt, ist von der Geschäftsfähigkeit auszugehen. Das Rechtsbeschwerdegericht kann anhand der vom Tatsachengericht erhobenen Tatsachen die Fragen der Geschäftsfähigkeit beurteilen, auch wenn jenes unzutreffend die Testierfähigkeit geprüft hat (BayObLG FamRZ 2002, 62 = RNotZ 2001, 524).

§ 2276
Form

(1) Ein Erbvertrag kann nur zur Niederschrift eines Notars bei gleichzeitiger Anwesenheit beider Teile geschlossen werden. Die Vorschriften des § 2231 Nr. 1 und der §§ 2232, 2233 sind anzuwenden; was nach diesen Vorschriften für den Erblasser gilt, gilt für jeden der Vertragschließenden.

(2) Für einen Erbvertrag zwischen Ehegatten oder zwischen Verlobten, der mit einem Ehevertrag in derselben Urkunde verbunden wird, genügt die für den Ehevertrag vorgeschriebene Form.

Materialien: E I §§ 1943, 1944; E II § 2143 rev § 2250; E III § 2249; Mot V 315 ff; Prot V 379 ff; Jakobs/Schubert ER II 1695–1756; Horn 1086 ff.

Schrifttum

Häsemeyer, Die gesetzliche Form der Rechtsgeschäfte (1971)
ders, Zur Anwendung des § 139 BGB auf Erbverträge, FamRZ 1967, 30
Hilderscheid, Die Amtspflichten des Notars bei der Beurkundung von Testamenten und Erbverträgen, DNotZ 1939, 13
Hückinghaus, Anm zu BGH v 5. 2. 1957 – V BLw 37/56, LM § 7 HöfeO Nr 17 (zur formlosen Hoferbenbestimmung)
Kanzleiter, Bedürfen Rechtsgeschäfte „im Zusammenhang" mit Ehe- und Erbverträgen der notariellen Beurkundung?, NJW 1997, 217
R G Meyer, Die formlose Hoferbenbestimmung (Diss Tübingen 1968)
Otte, Die Rechtsprechung des BGH zur formlosen Hoferbenbestimmung als Fortsetzung erbhofrechtlichen Denkens, in: FS Kroeschel (1997) 915
Piekenbrock, Anm zu BGH v 3. 11. 1961 – V ZR 48/60, LM § 2276 BGB Nr 4 (zur Formlo-

sigkeit der Vereinbarung von Verpflichtungen des Vertragserben zu Gegenleistungen)
Schulte, Erbvertrag und Übergabevertrag, RdL 1951, 29
ders, Anm zu OLG Hamm v 5. 10. 1963 – X Wlw 42/63, RdL 1965, 125 (zum formlosen Erbvertrag)
ders, Formlose bäuerliche Übergabe- und Erbverträge, RdL 1956, 177; NJW 1958, 361, 820; 1962, 2086
ders, Verhältnis zwischen Übergabevertrag und späterem Erbvertrag, RdL 1960, 316
Wieacker, Hoferbenbestimmung durch schlüssiges oder sozialtypisches Verhalten?, FamRZ 1957, 287
Zempel, Gerichtliche Protokollierung an Stelle notarieller Beurkundung – Möglichkeiten und Grenzen, NJW 2015, 2859.

Systematische Übersicht

Alphabetische Übersicht

I. Historische Entwicklung

Über die Form des Erbvertrags **nach früherem Recht** s Mot V 315 = Horn Rn 2 (ferner Roth-Becher III § 362 und Staudinger/Herzfelder[9] Anm 1). 1

§ 2276 Abs 1 BGB wurde durch das BeurkG v 28. 8. 1969 (BGBl S 1513) neu gefasst: 2
Wie alle Formvorschriften wurde auch § 2276 BGB der neuen Rechtslage angepasst, dass seither nur noch die Notare (nicht mehr die Gerichte) zu öffentlichen Beurkundungen zuständig sind. Nachdem die Beurkundung von Testamenten (früher §§ 2234 ff BGB) nicht mehr im BGB, sondern im BeurkG geregelt ist, wurde die

Verweisung in § 2276 Abs 1 S 2 BGB angepasst. Im Übrigen entspricht § 2276 BGB inhaltlich § 30 TestG. Diese Vorschrift stimmte ihrerseits mit § 2276 BGB aF überein, aufgrund der Verweisung auf die Testamentsvorschriften ergab sich eine sachliche Änderung aber insofern, als die Milderung der Formvorschriften für das Testament mittelbar auch für den Erbvertrag galt.

II. Form des gewöhnlichen Erbvertrags

1. Erbvertrag zur Niederschrift eines Notars

3 Nach Abs 1 S 1 kann ein Erbvertrag nur **zur Niederschrift eines Notars bei gleichzeitiger Anwesenheit** beider Teile geschlossen werden. Damit fordert das Gesetz für den Erbvertrag dasselbe wie für den Ehevertrag (§ 1410 BGB). Das Erfordernis der gleichzeitigen Anwesenheit beider Teile schließt die Anwendung des § 128 BGB, also die sukzessive Beurkundung durch Angebot und dessen Annahme, aus (allgM). Ein bindendes Angebot zum Abschluss eines Erbvertrags kann daher nicht abgegeben werden (vgl § 2302 BGB; Mot V 320).

4 **Persönlich** braucht nur der Erblasser anwesend zu sein (§ 2274 BGB). Der gesetzliche Vertreter des Erblassers braucht bei der Beurkundung nicht anwesend zu sein, da er den Erbvertrag nicht schließt, sondern nur dem Erbvertrag zustimmt, den der beschränkt Geschäftsfähige selbst abschließt. Diese Zustimmung kann auch nachträglich (formlos) erteilt werden (§ 182 Abs 2 BGB).

5 Der Vertragsgegner, der keine Verfügung von Todes wegen trifft, braucht dagegen nicht persönlich anwesend zu sein; dieser kann sich vertreten lassen (§ 2274 Rn 5). Ein Vertreter des Vertragsgegners muss aber beim Abschluss des Erbvertrags in jedem Fall zugegen sein, denn beurkundet werden muss der Austausch der beiderseitigen Erklärungen (RG JW 1901, 474; jurisPK/B Hamdan/M Hamdan[9] Rn 8).

6 Ein **Vertreter ohne Vertretungsmacht** genügt, wenn der Vertragsgegner seine Erklärung genehmigt (§ 177 BGB); der Erblasser kann auch gleichzeitig den Vertragspartner vollmachtlos vertreten (ebenso NK-BGB/Hölscher/Kornexl[6] Rn 5). Die Genehmigung unterliegt keinem Formerfordernis, § 182 Abs 2 BGB, soll aber nach hM bis zum Tod des Erblassers wirksam werden müssen (BeckOK/Litzenburger [1. 2. 2022] Rn 6; MünchKomm/Musielak[9] Rn 5; BeckOGK/Röhl [1. 5. 2022] Rn 13; **aA** NK-BGB/ Hölscher/ Kornexl[6] Rn 5). §§ 177 f BGB sehen Verfahren vor, um die Genehmigungsfähigkeit zu beseitigen (zusammenfassend Staudinger/Schilken [2019] § 177 Rn 8). Ergreift der Vertretene diese Möglichkeiten nicht, sehen die Vorschriften keine Frist vor, innerhalb der die Genehmigung zu erteilen ist, so dass der Vertragspartner auch noch nach dem Tod des Erblassers den Vertrag genehmigen kann. Ein Zeitablauf ist ggf gesondert zu regeln. Das Ergebnis erscheint auf den ersten Blick unbefriedigend, denn so hat es der Vertragspartner ggf in der Hand, die Erbfolge nach dem Tod des Erblassers umzugestalten. Allerdings können Erben ua über das Instrument der Ausschlagung Einfluss nehmen auf die Erbfolge. Aufgrund der Parallelsituation der Ausschlagung erscheint eine analoge Anwendung des § 1944 BGB angemessen, so dass der Vertragspartner die dort genannten Fristen einzuhalten haben dürfte, wobei für den Beginn auf den Zeitpunkt abzustellen ist, in welchem der Vertragspartner von der Genehmigungsmöglichkeit Kenntnis erlangt.

Der Vertreter kann nur die Erklärung des Erblassers annehmen, er kann aber – für den Vertretenen – weder vertragsmäßige Verfügungen von Todes wegen (§ 2274 BGB) noch einseitige treffen (§ 2299 Abs 2 S 1, § 2064 BGB). 7

2. Gerichtlicher Vergleich

Ein Erbvertrag kann auch **im Rahmen eines gerichtlichen Vergleiches** geschlossen und beurkundet werden (§ 127a BGB; allgM; BGH DNotZ 1955, 190m zust Anm von Keidel; OLG Celle DNotZ 1954, 423; OLG Köln OLGZ 1970, 115; Erman/S Kappler/T Kappler[16] Rn 1; dazu allgemein Zempel NJW 2015, 2859). Bei Abschluss eines Erbvertrags in einem gerichtlichen Vergleich, gelten alle Rechtsgrundsätze zu § 127a BGB; er kann dann auch in einem Zuweisungsverfahren nach dem LwVG geschlossen werden (OLG Celle DNotZ 1954, 423; Keidel DNotZ 1954, 343 Fn 20; gerichtlicher Vergleich ua im Zuweisungsverfahren zulässig, nicht aber im Genehmigungs-, Zustimmungs- und Beanstandungsverfahren). Ein Vergleich im schriftlichen Verfahren gem 278 Abs 6 ZPO genügt nicht (hM, Erman/S Kappler/T Kappler[16] Rn 2; vgl auch OLG Celle FamRZ 2014, 795 [796]; unentschieden Zempel NJW 2015, 2859 [2860]). 8

Besteht für das Verfahren **Anwaltszwang**, so müssen die Erklärungen vom Erblasser (wegen § 2274 BGB) und von seinem Anwalt (wegen des Anwaltszwangs) gemeinsam abgegeben werden (BGH NJW 1980, 2307; BayObLGZ 1965, 86; OLG Stuttgart NJW 1989, 2700 = FamRZ 1989, 1235 = MDR 1989, 995; OLG Düsseldorf FGPrax 2007, 27 = DNotZ 2007, 135 = ZEV 2007, 95 m Anm Damrau; OLG Frankfurt FamRZ 2015, 1318 [1320]; OLG Bremen FamRZ 2013, 661; Appell FamRZ 1970, 523; unklar Zempel NJW 2015, 2859 [2860]). Dass die Partei den Erbvertrag ebenfalls gebilligt hat, muss sich nicht ausdrücklich aus dem Protokoll ergeben (OLG Stuttgart NJW 1989, 2700; OLG Düsseldorf DNotZ 2007, 135 = FamRZ 2007, 1050; J Mayer/Dietz, in: Reimann/Bengel/Dietz[7] Rn 5; Grüneberg/Weidlich Rn 1; MünchKomm/Musielak[9] Rn 7; Erman/S Kappler/T Kappler[16] § 2274 Rn 2). Die Billigung des Vergleichs durch den Erblasser muss aber festgestellt werden; sie lässt sich bei Anwesenheit der Partei nicht aus der allgemeinen Lebenserfahrung ableiten (OLG Stuttgart NJW 1989, 2700 = FamRZ 1989, 1235 = MDR 1989, 995). 9

3. Beurkundungsverfahren

Abs 1 S 2 verlangt die Einhaltung der für das öffentliche Testament geltenden Formvorschriften der § 2231 Nr 1 BGB (Erwähnung unnötig, da der Sache nach in § 2276 Abs 1 S 1 BGB schon vorgeschrieben), §§ 2232 und 2233 BGB. Das Beurkundungsverfahren ist im BeurkG, insbes §§ 8 ff, 27 ff BeurkG, geregelt (für den Vertragspartner des Erblassers vgl § 33 BeurkG). 10

Nach § 2232 BGB kann der Erbvertrag durch mündliche Erklärung und durch Übergabe einer offenen oder verschlossenen Schrift errichtet werden. Die Möglichkeit, eine Schrift zu übergeben, hat während der Lockdown-Phasen der Corona-Pandemie eine gewisse Bedeutung erlangt; im Übrigen wird diese Vorgehensweise selten gewählt. 11

Nach Abs 1 S 2 HS 2 gilt das, was nach §§ 2231 Nr 1, 2232 und 2233 BGB für den Erblasser gilt, für jeden Vertragschließenden, auch wenn er nicht Erblasser ist. Das bedeutet nicht, dass die Einschränkungen für Menschen mit Behinderung nach 12

§ 2233 Abs 2 BGB für alle Beteiligten gelten, wenn nur einer von ihnen minderjährig oder behindert ist. Vielmehr ist die Anwendung für jeden Beteiligten, gleichgültig, ob Erblasser oder anderer Vertragsteil, gesondert zu prüfen. Die Einschränkung gilt dann jeweils nur für denjenigen, bei dem die Voraussetzungen selbst vorliegen (Planck/Greiff Anm 2; grundsätzlich ebenso Staudinger/Dittmann[10/11] Rn 5; J Mayer/Dietz, in: Reimann/Bengel/Dietz[7] Rn 6; Grüneberg/Weidlich Rn 4).

13 Mit Blick auf Minderjährige geht die Verweisung auf § 2233 BGB mittlerweile ins Leere, da durch das Gesetz zur Bekämpfung von Kinderehen vom 17. 7. 2017 (BGBl 2017 I 2429) § 2275 Abs 2 BGB aF abgeschafft wurde (§ 2275 Rn 8). Entsprechend bestehen dieselben Altersanforderungen an Ehe- wie Erbverträge, da § 1303 BGB Volljährigkeit und § 2275 BGB unbeschränkte Geschäftsfähigkeit verlangen.

14 Die Vertragsschließenden können für ihre Erklärungen unterschiedliche Erklärungsmittel wählen – ein Vertragsteil eine offene Schrift übergeben, der andere mündlich erklären (auch wenn die Zurverfügungstellung dieser Form für den nicht testierenden Vertragsteil kaum sinnvoll ist). Alle Beteiligten können aber auch eine gemeinsame Schrift übergeben, die die Verfügungen von Todes wegen und deren erbvertragsmäßige Annahme enthält. Die Art der Erklärung muss aber so sein, dass sie vom anderen Vertragsteil verstanden werden kann (MünchKomm/Musielak[9] Rn 4; J Mayer/Dietz, in: Reimann/Bengel/Dietz[7] Rn 9; Grüneberg/Weidlich Rn 4; Soergel/Zecca-Jobst[14] Rn 8; NK-BGB/Hölscher/Kornexl[6] Rn 10 f). Ist der selbst nicht testierende Vertragsteil vertreten (vgl § 2274 BGB), kommt es für die Anwendung des § 2233 BGB auf die Person des Vertreters an (BGB-RGRK/Kregel Rn 7; J Mayer/Dietz, in: Reimann/Bengel/Dietz[7] Rn 6); über die Anwendbarkeit der beurkundungsverfahrensrechtlichen Vorschriften des BeurkG – zB der Mitwirkungsverbote – entscheidet allein das Beurkundungsverfahrensrecht des BeurkG selbst (abzulehnen daher in diesem Punkt BGB-RGRK/Kregel Rn 7).

III. Erleichterte Form für den Ehe- und Erbvertrag

1. Ehevertrag und Erbvertrag

15 Nach Abs 2 genügt für einen Erbvertrag zwischen Ehegatten oder Verlobten, der mit einem Ehevertrag (§ 1408 BGB) in derselben Urkunde verbunden wird, die für den Ehevertrag vorgeschriebene Form, also die Einhaltung der Vorschriften in § 1410 BGB iVm den §§ 8 ff BeurkG über die Beurkundung von Rechtsgeschäften unter Lebenden. Diese Vorschrift war von erheblicher Bedeutung, solange § 2233 BGB für das öffentliche Testament und damit § 2276 Abs 1 S 2 BGB auch für den Erbvertrag die Zuziehung von Überwachungspersonen zwingend forderte, während beim Ehevertrag nur in Ausnahmefällen Überwachungspersonen hinzugezogen werden mussten (zur historischen Entwicklung hin zur praktischen Bedeutungslosigkeit des § 2276 Abs 2 s ausf NK-BGB/Hölscher/Kornexl[6] Rn 16 ff).

16 Die Vorschrift hat heute, da sich die Formvorschriften für den Ehevertrag und den Erbvertrag grundsätzlich entsprechen, **kaum noch Bedeutung**; die letzten wirklich praktischen Sonderfälle bei Beteiligung von Menschen mit Behinderung sind seit 2002 entfallen (dazu auch näher NK-BGB/Hölscher/Kornexl[6] Rn 18). Seit BVerfG E 99, 341 (= NJW 1999, 1853 = DNotZ 1999, 409 m Anm v Rossak) und dem G vom 23. 7. 2002

(OLG-Vertretungsänderungsgesetz, BGBl 2002 I 2850) mit der Änderung von §§ 2232, 2233 BGB und der Streichung von § 31 BeurkG ist die Erleichterung noch weniger bedeutsam. Die Formvorschriften des BeurkG, die die Errichtung einer Verfügung von Todes wegen durch Übergabe einer Schrift betreffen (§ 30, 31 BeurkG), sind bei Wahl der Ehevertragsform gegenstandslos, da Errichtung durch Schriftübergabe für den Ehevertrag nicht in Frage kommt, auch eine dem Beurkundungsorgan „übergebene" Schrift zu verlesender Niederschriftsbestandteil wird (§§ 9 Abs 1 S 2, 13 Abs 1 S 1 BeurkG), sodass es sich nur für den Erbvertrag um eine übergebene Schrift iS der Vorschriften über die Errichtung von Verfügungen von Todes wegen handeln kann. Auch bestehen mittlerweile dieselben Altersanforderungen (Rn 13).

Bis zur letzten großen Reform der Notargebühren (Übergang von der KostO zum GNotKG) wurde die Verbindung von Erbvertrag und Ehevertrag aus Kostengründen bisweilen gewählt, da es für diese Verbindung ein Gebührenprivileg gab (§ 46 KostO aF). Mit dem GNotKG ist dieses Gebührenprivileg entfallen. Mit der Verknüpfung von Erbvertrag und Ehevertrag ist zudem ein Nachteil verbunden: Der verbundene Vertrag kann nicht gem § 2300 Abs 2 BGB aus der amtlichen Verwahrung genommen werden, da er nicht nur Verfügungen von Todes wegen enthält. Die Folge ist, dass der Vertrag nach dem Tode des Erblassers stets eröffnet wird, auch wenn er aufgehoben ist. 17

Praktisch erleichtert § 2275 Abs 2 BGB die Rechtsanwendung für die Vertragspartner nur noch insoweit, als §§ 28 bis 33 BeurkG nicht eingehalten werden müssen (BeckOK/Litzenburger [1. 2. 2022] Rn 9; NK-BGB/Hölscher/Kornexl[6] Rn 20 mwN). Die Befreiungswirkung erstreckt sich nicht auf § 34 BeurkG (NK-BGB/Hölscher/Kornexl[6] Rn 20; **aA** BeckOK/Litzenburger [1. 2. 2022] Rn 9). Der frühere Streit darüber, ob § 2276 Abs 2 BGB auch von Formvorschriften des BGB befreit (vgl Staudinger/Kanzleiter [2019] Rn 12) dürfte sich nunmehr erledigt haben. 18

Bei Verbindung des Erbvertrags mit einem Ehevertrag haben die Vertragsteile die Wahl, ob sie den Erbvertrag in der Form des Ehevertrags oder unter Beachtung der für den Erbvertrag vorgesehenen Formvorschriften errichten wollen. Beim **Ehevertrag** muss dagegen **stets die Ehevertragsform** beachtet werden, seine Errichtung in Erbvertragsform (etwa durch Übergabe einer Schrift) ist nicht möglich. Auch bei Verbindung in einer Urkunde kann für den Ehevertrag dessen Form (mündliche Erklärung), für den Erbvertrag Erbvertragsform (Übergabe einer Schrift) gewählt werden. 19

Ist entweder der **Ehevertrag oder der Erbvertrag aufgrund Formmangels oder aus einem anderen Grunde unwirksam**, so erstreckt sich die Unwirksamkeit nur auf den anderen Vertrag, wenn beide als einheitliches Rechtsgeschäft gewollt sind (da grundsätzlich von gegenseitiger Unabhängigkeit auszugehen ist, ist hierfür beweispflichtig derjenige, der die Einheitlichkeit behauptet) und nicht anzunehmen ist, dass der jeweils andere Vertrag auch ohne den unwirksamen abgeschlossen worden wäre (§ 139 BGB; beweispflichtig derjenige, der dies behauptet). Der Rücktritt vom Erbvertrag oder dessen Anfechtung lassen den Ehevertrag grundsätzlich unberührt (BGHZ 29, 120; allgM). 20

2. Voraussetzungen der Formerleichterung

21 Verbindung in derselben Urkunde liegt vor, wenn die Verträge in einer Niederschrift beurkundet sind (Planck/Greiff Anm 4; BeckOGK/Röhl [1. 5. 2022, Rn 17). Die äußerliche Verbindung zweier, auch in unmittelbarem zeitlichem Zusammenhang errichteter, getrennter Niederschriften, etwa durch Zusammenheften genügt nicht (ebenso BeckOGK/Röhl [1. 5. 2022] Rn 17). Eine Niederschrift über Ehe- und Erbvertrag kann nach § 8 BeurkG dann errichtet werden, wenn beide Verträge in einer einheitlichen (wenn auch möglicherweise unterbrochenen und später fortgesetzten) Verhandlung abgeschlossen werden.

22 Ein **Ehevertrag muss gleichzeitig tatsächlich abgeschlossen werden**; der bloße Umstand, dass ein Erbvertrag von Ehegatten oder Verlobten geschlossen wird, genügt nicht. Über den Begriff des Ehevertrags s § 1408 BGB und Staudinger/Thiele [2018] § 1408 Rn 3 ff. Als Ehevertrag iSv § 2276 Abs 2 BGB genügt auch die mit einem Erbvertrag verbundene Vereinbarung Verlobter, in ihrer Ehe solle das gesetzliche Güterrecht gelten (RGZ 133, 20; hM). Dasselbe gilt (entgegen Staudinger/Dittmann[10/11] Rn 15 mwNw) auch, wenn Ehegatten ehevertraglich vereinbaren, dass für ihre Ehe das gesetzliche Güterrecht ohne Abweichungen gelten soll, weil es sich dabei um einen echten Ehevertrag handelt, durch den das gesetzliche Güterrecht von den Ehegatten für ihre Ehe bewusst akzeptiert wird (dem folgend BeckOGK/Röhl [1. 5. 2022] Rn 17).

23 Der unter Inanspruchnahme der Formerleichterung von Verlobten errichtete **Erbvertrag bleibt wirksam, wenn das Verlöbnis aufgelöst** wird, bevor einer der Verlobten stirbt (BeckOK/Litzenburger [1. 2. 2022] Rn 10; Planck/Greiff Anm 4). Freilich wird in diesem Fall nach den sachlichrechtlichen Vorschriften der §§ 2077 Abs 2, 2279 Abs 2 BGB in der Regel auch der Erbvertrag unwirksam, doch kann sich aufgrund § 2077 Abs 3 BGB etwas anderes ergeben. Bei Auflösung durch Tod bleibt der Erbvertrag wirksam; in der Regel ist er ja gerade für diesen Fall geschlossen (KG KGJ 37, A 115). Die Beifügung einer aufschiebenden Bedingung, dass der Erbvertrag erst mit der Eheschließung wirksam werden soll, ist selbstverständlich möglich, eine solche Bedingung muss sich aber nach den allgemeinen Rechtsgrundsätzen durch Auslegung aus dem Erbvertrag ergeben.

3. Auswirkungen der Erleichterung

24 Auch der Abschluss des Ehevertrags erfordert nach § 1410 BGB gleichzeitige Anwesenheit beider Teile vor dem Notar. Daran, dass der Erblasser den Erbvertrag nur persönlich schließen kann, ändert Abs 2 ebenfalls nichts, denn § 2274 BGB ist keine Formvorschrift, sondern eine sachlich-rechtliche Bestimmung. Auch die Vorschriften über die erforderliche **Geschäftsfähigkeit** des Erblassers (§ 2275 BGB) werden durch § 2276 Abs 2 BGB nicht berührt. Nach § 7 BeurkG ist die Beurkundung von Willenserklärungen insoweit unwirksam, als diese darauf gerichtet ist, dem Notar oder dessen nahen Angehörigen einen Vorteil zu verschaffen. Dies gilt nach § 27 BeurkG entsprechend, wenn diese Personen bedacht oder als Testamentsvollstrecker eingesetzt sind. Auch diese beiden Vorschriften haben materiellen Charakter, so dass § 27 BeurkG von § 2276 Abs 2 BGB ebenfalls nicht berührt wird.

4. Inhalt

Der mit einem Ehevertrag verbundene Erbvertrag kann wie jeder Erbvertrag auch **einseitige Verfügungen von Todes wegen enthalten** (§ 2299 BGB). Auch der Vertrag über die Aufhebung eines Erbvertrags kann mit einem Ehevertrag verbunden werden (§ 2290 Abs 4 BGB). 25

IV. Formloser Erbvertrag, HöfeO

Nach der st Rspr des BGH und der Obergerichte kann unter dem Gesichtspunkt von Treu und Glauben einer formlosen Vereinbarung (ausnahmsweise) die Wirkung eines formgerechten Übergabe- oder **Erbvertrags über einen Hof** zukommen. Der BGH hat diese Rspr mit der Entsch v 16. 2. 1954 (BGHZ 12, 286 = NJW 1954, 1644 = DNotZ 1954, 357) begründet und ausgeführt: Habe der Hofeigentümer durch Art, Umfang und Dauer der Beschäftigung eines Abkömmlings auf dem Hof zu erkennen gegeben, dass dieser den Hof übernehmen solle und habe der Abkömmling sich darauf eingestellt, so könne darin eine Vereinbarung über die künftige Hoffolge dieses Abkömmlings und zugleich seine Bestimmung zum Hoferben liegen; an eine solche – regelmäßig wegen Formmangels nichtige – Vereinbarung könne der Hofeigentümer nach Treu und Glauben rechtlich gebunden sein. An dieser Auffassung hat der BGH in den Entsch v 9. 2. 1955 (DNotZ 1956, 134 = RdL 1955, 109), 3. 5. 1955 (DNotZ 1956, 138 = RdL 1955, 197) und 5. 5. 1983 (BGHZ 87, 237, wobei der geschützte Personenkreis auf Abkömmlinge des Hofeigentümers beschränkt sei) festgehalten. 26

In einem Beschl v 5. 2. 1957 (BGHZ 23, 249 = NJW 1957, 787) hat der BGH seine Rechtsprechung ergänzt und festgestellt, dass diese Grundsätze nicht nur für einen Übergabevertrag (oder für den Vorvertrag zu einem solchen), sondern auch für einen Erbvertrag gültig seien, da auch erbrechtliche Vereinbarungen dem Grundsatz von Treu und Glauben unterstünden. 27

Über die allgemeinen Rechtsgrundsätze über die unzulässige Rechtsausübung bei der Berufung auf einen Formmangel, die auf dem Grundsatz von Treu und Glauben beruhen (s RGZ 153, 59; 170, 203; BGHZ 16, 334; 20, 172), geht der BGH unter Berufung auf die besonderen Verhältnisse des Höferechts bewusst hinaus (der Rspr des BGH haben sich **angeschlossen**: OLG Hamm NJW 1955, 1065; RdL 1959, 325; OLG Celle DNotZ 1956, 429, 492, 659; NdsRpfleger 1959, 221; 1961, 195; OLG Schleswig RdL 1955, 330; vgl außerdem OLG Braunschweig RdL 1963, 100; OLG Celle NdsRpfleger 1964, 131; Rötelmann RdL 1954, 311; NJW 1954, 1644; MDR 1958, 74; Schulte RdL 1956, 177; NJW 1958, 361, 821; NJW 1962, 2086; trotz Bedenken wird die Auffassung des BGH im Ergebnis gebilligt von Reinicke MDR 1954, 641; 1955, 1065; Gerckens FamRZ 1955, 163; sie wird **abgelehnt** von Barnstedt DNotZ 1969, 14; Baur JZ 1954, 631; BWNotZ 1960, 318; Bosch FamRZ 1955, 172; Fassbender AgrarR 1977, 197; Gernhuber, in: FS Schmidt-Rimpler [1957] 151; Humbert NJW 1956, 1857; Krause FamRZ 1957, 161; Küchenhoff RdA 1958, 121, 127; Lange NJW 1963, 1571, 1575 mwNw in Fn 55 ff; Otte, in: FS Kroeschel [1997] 915 ff; Pikalo RdL 1954, 193; Riedel JZ 1955, 109; 1956, 114; Römer DNotZ 1957, 283; Wieacker DNotZ 1956, 115; FamRZ 1957, 287). 28

Die **spätere Rspr zeigt eine einschränkende Tendenz**: Der BGH hat seine Rspr ausdrücklich auf den Bereich der Hoferbfolge eingeschränkt und jede Ausdehnung abgelehnt (ausführlich BGHZ 47, 184; vorher bereits MDR 1962, 122; WM 1963, 1066, 1068; NJW 29

1965, 812, 813 = WM 1965, 315, 316; MDR 1966, 227; vgl auch BGHZ 119, 387, 389), hält sie für diesen Bereich freilich ausdrücklich aufrecht (BGH LM Nr 27 zu § 7 HöfeO; Nr 16a zu § 242 BGB D). Das OLG Hamm betont (RdL 1965, 125), an die tatsächlichen Voraussetzungen für die Annahme eines formlosen Erbvertrags seien die allerhöchsten Anforderungen zu stellen (ähnlich BGH LM Nr 16a zu § 242 BGB D; vgl auch BGHZ 119, 387, 389). Für den Bereich des Hoferbrechts nach der HöfeOBrZ wurde die Auseinandersetzung durch den Gesetzgeber entschieden: Die Neufassung des § 7 Abs 2 HöfeO erkennt die Rechtsverbindlichkeit der formlosen Hoferbenbestimmung nunmehr ausdrücklich an. Die Rechtsprechung hält der BGH aber aufrecht, sofern und soweit der Schutz der neuen Vorschriften in der HöfeO nicht ausreichen sollte (BGH NJW 1993, 267; BGH DNotZ 1984, 54; Erman/S Kappler/T Kappler[16] Rn 8).

30 Mit Staudinger/Dittmann[10/11] Rn 26 war die **Rspr** des BGH und der ihm folgenden Obergerichte **abzulehnen**; dies **gilt weiterhin für** den **gesamten Bereich außerhalb** der später geschaffenen Vorschrift des **§ 7 HöfeO** (ebenso Erman/S Kappler/T Kappler[16] Rn 8). Entscheidend hierfür ist weniger, dass mit der Anerkennung formloser Erbverträge der Schutz der Formvorschrift im konkreten Fall vorenthalten würde (im konkreten Einzelfall ist es durchaus möglich, dass dieser Schutz auf andere Weise gewährleistet wurde und daher anderen Gesichtspunkten der Vorzug gegeben werden könnte). Entscheidend ist, dass die Zulassung ungeschriebener Ausnahmen von gesetzlichen Formgeboten zu einer erheblichen Beeinträchtigung der Rechtssicherheit führen, Rechtsstreitigkeiten mit ungewissem Ausgang provozieren und die allgemeine Durchsetzung der Formvorschriften, die einerseits zur allgemeinen Erreichung ihrer Zwecke unabdingbar ist und andererseits auf der entsprechenden Überzeugung der am Rechtsverkehr Beteiligten beruht, beeinträchtigen müsste. Demjenigen, der in seinem Vertrauen auf die Einhaltung eines formlosen Zuwendungsversprechens enttäuscht wurde, können dagegen unter den allgemeinen Voraussetzungen Ansprüche aus culpa in contrahendo oder aus **§ 826 BGB** zustehen, wenn er etwa vom Erblasser bewusst getäuscht und dadurch zu nachteiligen Vermögensdispositionen veranlasst wurde.

V. Umfang des Formerfordernisses

31 Die **Zwecke des § 2276 BGB** entsprechen denen anderer Formvorschriften, insbes §§ 311b und 1410 BGB (s die Erläuterungen zu diesen Vorschriften). Zweck der Notwendigkeit notarieller Beurkundung ist es, die Beteiligten vor Übereilung zu schützen („Funktion des Schutzes vor Übereilung"), sie auf die besondere Bedeutung des betreffenden Rechtsgeschäfts hinzuweisen („Warnfunktion"), dessen rechtlich einwandfreie und eindeutige Abfassung und Niederlegung sicherzustellen („Funktion rechtlich einwandfreier Gestaltung") und durch die Einschaltung des Notars die Beratung und Belehrung der Beteiligten zu gewährleisten („Schutzfunktion").

32 Beim Erbvertrag beziehen sich alle diese Zwecke nur auf die Verfügung von Todes wegen (und deren erbvertragsmäßige Annahme) selbst, nicht auf irgendwelche damit verbundenen Erklärungen. Die Formvorschrift des § 2276 BGB gilt deshalb nur für den Erbvertrag selbst, nicht für andere Rechtsgeschäfte, mögen sie auch mit dem Erbvertrag verbunden sein und mit ihm sogar ein einheitliches Rechtsgeschäft bilden (Kanzleiter DNotZ 1994, 275, 279 f; ders NJW 1997, 217; nur auf den ersten Blick eingeschränkter und im letzten Punkt scheinbar **aA** BGHZ 36, 65 = NJW 1962, 249, der formuliert, in der Regel sei die erbvertragliche Form nicht erforderlich, wohl aber dann, wenn das mit dem Erbvertrag zusammenhängende Geschäft mit ihm eine rechtliche Einheit bilde: Denn diese rechtliche Einheit wird dann immer verneint; s auch BGH FamRZ 1967, 470 = WM 1967, 643; BGH DNotZ 1969, 759, 760 = WM 1969, 1055; **aA** auch J MAYER/DIETZ, in: REIMANN/BENGEL/DIETZ[7] Rn 41 ff; HOHMANN ZEV 1996, 24; NK-BGB/HÖLSCHER/KORNEXL[6] Rn 33). Dies gilt zB für eine Verpflichtung des Erbvertragspartners zu „Gegenleistungen" unter Lebenden oder die – deshalb auch stillschweigend mögliche – Verpflichtung des Erblassers, über einen von Todes wegen zugewendeten Gegenstand unter Lebenden nicht anders zu verfügen. Falls diese Verpflichtung ein Grundstück betrifft, bedarf sie als bloße negative, nicht positive Verpflichtung auch nicht der Form des § 311b BGB (vgl BGH FamRZ 1967, 470 = WM 1967, 643 und STAUDINGER/SCHUMACHER [2018] § 311b Rn 76).

§ 2277
Besondere amtliche Verwahrung

(weggefallen)

§ 2278
Zulässige vertragsmäßige Verfügungen

(1) In einem Erbvertrag kann jeder der Vertragschließenden vertragsmäßige Verfügungen von Todes wegen treffen.

(2) Andere Verfügungen als Erbeinsetzungen, Vermächtnisse, Auflagen und die Wahl des anzuwendenden Erbrechts können vertragsmäßig nicht getroffen werden.

Materialien: E I § 1940 Abs 3, § 1956 Abs 4; E II § 2145 rev § 2252; E III § 2251; Mot V 313, 333 ff; Prot V 366, 373, 400 ff; JAKOBS/SCHUBERT ER II 1692–1752; HORN 1094 ff.

Schrifttum

BASTY, Bindungswirkung bei Erbvertrag und gemeinschaftlichem Testament, MittBayNot 2000, 73
BECKER, Ersatzlösungen de lege lata für die fehlende Möglichkeit einer wechsel- bzw vertragsmäßigen Testamentsvollstreckung, notar 2015, 371
BRAMBRING, Bindung beim Ehegattentestament und -erbvertrag, ZAP 1993, 619
BUCHHOLZ, Zur bindenden Wirkung des Erbvertrags, FamRZ 1987, 440
DÖBEREINER, (Bindende?) Rechtswahlen nach der EU-Erbrechtsverordnung, DNotZ 2014, 323
ders, Das Gesetz zum Internationalen Erbrecht und zur Änderung von Vorschriften zum Erbschein, NJW 2015, 2449
HARRER, Der Testamentsvollstrecker und das Recht des Vertragserben, LZ 1926, 220
HERLITZ, Abänderungs- und Rücktrittsvorbehalt beim Erbvertrag, MittRhNotK 1996, 153
HÜLSMEIER, Die bindende Wirkung des Erbvertrages (Diss Münster 1985)
ders, Der Vorbehalt abweichender Verfügungen von Todes wegen beim Erbvertrag, NJW 1986, 3115
KEIM, Der Abänderungsvorbehalt beim Erbver-

trag – bei richtiger Handhabung ein sicheres Gestaltungsmittel, ZEV 2005, 365
ders, Änderungsvorbehalte in Ehegattenerbverträgen, NJW 2009, 818
Kuchinke, Beeinträchtigende Anordnungen des an seine Verfügungen gebundenen Erblassers, in: FS vLübtow (1991) 283
Langenfeld, Freiheit oder Bindung beim gemeinschaftlichen Testament oder Erbvertrag von Ehegatten?, NJW 1987, 1577
Lehmann, Der Vorbehalt der Beschränkung und Beschwerung eines vertragsmäßig Bedachten, BWNotZ 2000, 129
J Mayer, Der Änderungsvorbehalt beim Erbvertrag, erbrechtliche Gestaltung zwischen Bindung und Dynamik, DNotZ 1990, 755
Meyding, Erbvertrag und nachträgliche Auswechslung des Testamentsvollstreckers, ZEV 1994, 98
G Müller, Änderung erlaubt? – Auslegungsprobleme rund um den Änderungsvorbehalt im Ehegattentestament, NotBZ 2015, 87
Musielak, Die Aufhebung bindend gewordener Verfügungen in gemeinschaftlichen Testamenten, in: FS Kegel (1987) 433
ders, Zur Bindung an den Erbvertrag und zu den rechtlichen Möglichkeiten einseitiger Änderungen, ZEV 2007, 245
C Nolting, Inhalt, Ermittlung und Grenzen der Bindung beim Erbvertrag (Diss Bonn 1985)
D Nolting, Der Erbvertrag, JA 1993, 129
ders, Der Änderungsvorbehalt beim Erbvertrag (Diss Passau 1994)
Soutier, Verbindliche Rechtswahlen im Erbrecht, ZEV 2015, 515
F Weiler, Änderungsvorbehalt und Vertragsmäßigkeit der erbvertraglichen Verfügung, DNotZ 1994, 427.

Systematische Übersicht

Alphabetische Übersicht

I. Allgemeines

1 § 2278 BGB ergänzt die grundlegende Vorschrift des § 1941 BGB in doppelter Richtung: **Abs 1** stellt einerseits erweiternd klar, dass in einem Erbvertrag nicht nur ein Vertragsteil als Erblasser auftreten und vertragsmäßige Verfügungen von Todes wegen (§ 1941 Abs 1 BGB) treffen kann, dass dies vielmehr jedem Vertragschließenden offensteht, also auch dem, der die vertragsmäßige Verfügung des anderen annimmt, mag er selbst bedacht sein oder nicht (vgl § 1941 Abs 2 BGB). Das unterscheidet den Erbvertrag ua vom gemeinschaftlichen Testament, § 2265 BGB, in dem Verfügungen *beider* Ehegatten enthalten sein müssen (zur Abgrenzung von Erbvertrag und gem Testament ausführlich Einl 19 ff zu §§ 2274 ff).

2 Andererseits bringt **Abs 2** die einschränkende Bestimmung, dass nur die Verfügungen von Todes wegen vertragsmäßig getroffen werden können, die in § 1941 Abs 1 BGB angeführt sind, also Erbeinsetzungen, Vermächtnisse, Auflagen und Rechtswahlen. Damit ist schon angedeutet, dass auch Verfügungen anderer Art, zB die Anordnung von Testamentsvollstreckung, in einem Erbvertrag niedergelegt werden können, aber nicht vertragsmäßig, sondern nur einseitig. § 2299 BGB spricht dies ausdrücklich aus. Aber auch Erbeinsetzungen, Vermächtnisse, Auflagen und Rechtswahlen brauchen, wenn sie in einem Erbvertrag enthalten sind, nicht unbedingt vertragsmäßige Verfügungen zu sein, auch sie können vielmehr einseitig getroffen werden (§ 2299 BGB).

3 Die Beschränkung der vertragsmäßigen Verfügungen auf Erbeinsetzungen, Vermächtnisse, Auflagen und die Wahl des anzuwendenden Rechts entspricht der Regelung, die in § 2270 Abs 3 BGB für wechselbezügliche gemeinschaftliche Testamente getroffen ist. Sie lehnt sich an das frühere gemeine Recht an, das nur Erbeinsetzungs- und Vermächtnisverträge kannte (Dernburg, Pand III § 126; Mot V 336 = Horn Rn 12). Die Auflageverträge waren noch im E I ausgeschlossen und wurden erst später von der II. Kommission eingefügt (vgl Prot V 405 = Horn Rn 48 ff).

4 Die Möglichkeit, in vertragsmäßiger Weise das anzuwendende Recht zu wählen, kam erst 2015 mit dem IntErbRVG in das Gesetz. Anlass hierfür war die Tatsache, dass die EuErbVO nunmehr die maßgeblichen Regelungen zu Wahlen des anzuwendenden Rechts enthält; Hauptgrund der Regelung dürfte aber gewesen sein, dass es auf der Basis des Art 25 EGBGB aF umstritten war, ob eine Rechtswahl vertragsmäßig verfügt werden konnte (dazu ausführlich Döbereiner DNotZ 2014, 323 [332 f]).

II. Inhalt des Erbvertrags

1. Vertragsmäßige Verfügungen

5 Den Kern des Erbvertrags bilden die vertragsmäßigen Verfügungen. Wenn der Vertrag nicht mindestens eine (wirksame) vertragsmäßige Verfügung enthält, so ist er kein Erbvertrag (BGHZ 26, 204, 208 f; BGH MDR 1958, 223; OLG Hamm RNotZ 2020, 513; OLG München FGPrax 2015, 88; MünchKomm/Musielak[9] Rn 2; Soergel/Zecca-Jobst[14] Rn 3; BeckOGK/Röhl [1. 5. 2022] Rn 8; Siebert, in: FS Hedemann [1958] 244; Lange/Kuchinke § 25 IV 3 Fn 59; Schlüter § 25 V 3 bb; vgl auch Küster JZ 1958, 395; vLübtow I S 427; Einl 15 zu §§ 2274 ff). Es handelt sich dann um ein Testament oder um mehrere zusammengefasste Testamente (unter den allgemeinen Voraussetzungen kann auch ein gemeinschaftliches Testament vorliegen, OLG Hamm RNotZ 2020, 513), auf das bzw die ausschließlich die Vorschriften für Testamente, nicht die für den Erbvertrag anzuwenden sind.

6 Auf **Formenklarheit** ist in der **notariellen Vertragsgestaltung** genau zu achten: Wenn ein Notar unter der Überschrift eines Erbvertrags beurkundet, alle Verfügungen seien einseitig in jederzeit frei widerruflicher Weise getroffen, ist zwar kein Schaden entstanden, weil der Erbvertrag in ein gemeinschaftliches Testament ohne wechselbezügliche Verfügungen oder in einseitige Testamente umgedeutet werden kann (Einl 36 zu §§ 2274 ff), streitanfällig ist das aber schon (vgl OLG Hamm RNotZ 2020, 513). Gestalterische Fragen stellen sich in der notariellen Praxis vor allem bei Nachträgen zu Erbverträgen. Häufig betreffen die Änderungen einseitige Verfügungen. Nach Ansicht von Kornexl soll es keinen Nachtrag zu einem Erbvertrag geben; derartige „Nachträge" sind hiernach, wenn sie von beiden in einer Urkunde getroffen wurden, gemeinschaftliche Testamente (ausf Kornexl ZEV 2003, 62 und ZEV 2003, 234; **aA** insbes Lehmann ZEV 2004, 234; Weber ZfPW 2020, 38 [57] mwN; Keim ZEV 2005, 365 [370]). Es ist aber nicht recht einsichtig, warum ein Erbvertrag mitsamt „Nachtrag" nicht als einheitliches Rechtsgeschäft angesehen werden kann, mit der Folge, dass Erbvertrag mitsamt Nachtrag oder Nachträgen *insgesamt* nur die Anforderungen an einen Erbvertrag erfüllen, also mindestens eine vertragsmäßige Verfügung enthalten muss (Weber ZfPW 2020, 38 [57]).

2. Zweiseitiger Erbvertrag

7 Wenn zwei Personen einen Erbvertrag miteinander schließen und beide vertragsmäßige Verfügungen von Todes wegen treffen, so spricht man von einem zweiseitigen Erbvertrag (s Einl 47 zu §§ 2274 ff). Dieser ist kein gegenseitiger Vertrag iSd §§ 320 ff BGB (s Einl 12 zu §§ 2274 ff), doch vermutet das Gesetz, dass die vertragsmäßigen Verfügungen voneinander abhängig sind und bestimmt daher, dass die Nichtigkeit einer solchen Verfügung oder der Rücktritt des einen Teils die Unwirksamkeit oder Aufhebung des ganzen Vertrags bewirkt (§ 2298 BGB), wenn nicht ein anderer Wille der Vertragschließenden anzunehmen ist. Einen Fall der Abhängigkeit einer vertragsmäßigen Verfügung von einem Rechtsgeschäft unter Lebenden (Unterhaltsvertrag) behandelt § 2295 BGB.

3. Begünstigte

8 Der Erblasser kann im Erbvertrag den **Vertragsgegner oder** auch einen **Dritten bedenken** (§ 1941 Abs 2 BGB). Auch wenn der Erbvertrag ausschließlich eine Zuwendung

an einen Dritten enthält, was ohne Weiteres zulässig ist (BGHZ 12, 115 = NJW 1954, 633 = JZ 1954, 436m zust Anm von Coing = DNotZ 1954, 264m zust Anm von Hieber), ist er kein Vertrag zugunsten Dritter iSv § 328 BGB (BGHZ 12, 115 = NJW 1954, 633; RG WarnR 1917 Nr 91).

4. Abgrenzung des Erbvertrags

Zur Abgrenzung des Erbvertrags von den Verträgen unter Lebenden wird zunächst 9 auf die Erläuterungen zu § 2301 BGB (§ 2301 Rn 22 ff) verwiesen. Entscheidend ist, ob die Wirksamkeit des Geschäfts schlechthin durch den Tod des Verfügenden oder sich Verpflichtenden bedingt ist oder ob nur der Vollzug der Verfügung oder die Erfüllung der Verpflichtung bis zum Erbfall hinausgeschoben ist (s OLG Düsseldorf NJW 1954, 1041, wonach ein Vertrag nicht dadurch zu einer Verfügung von Todes wegen wird, dass die Erfüllung der Verpflichtung bis nach dem Tode des sich Verpflichtenden hinausgeschoben wird; ähnlich OLG Hamburg MDR 1950, 615: ein Kaufvertrag liege vor, wenn Ansprüche bereits mit Vertragsschluss entstehen und nur ihre Fälligkeit bis zum Tode eines Vertragsteils hinausgeschoben ist). Maßgebend ist der Wille der Vertragsteile, der durch Auslegung zu ermitteln ist (vgl BGHZ 8, 23 = NJW 1954, 182; BayObLGZ 1953, 226 = DNotZ 1953, 599).

III. Vertragsmäßige Verfügungen

1. Auslegung

Zu den vertragsmäßigen Verfügungen iE s zunächst Einl 15 ff zu §§ 2274 ff. 10

Da nach § 2299 BGB in einem Erbvertrag auch einseitige Verfügungen von Todes 11 wegen getroffen werden können, ist eine Erbeinsetzung oder die Anordnung eines Vermächtnisses oder einer Auflage nicht unbedingt schon deshalb vertragsmäßig getroffen, weil sie in einem Erbvertrag enthalten ist. Hierüber entscheidet vielmehr der Wille der Vertragsteile. Zumeist wird im Erbvertrag ausdrücklich festgehalten, welche Verfügungen vertragsmäßig getroffen werden und welche nicht. Fehlt eine solche Klausel, heißt das nicht, dass dann keine Verfügung vertragsmäßig wäre. Der Vertrag ist gem §§ 133, 157 BGB auszulegen (BGHZ 26, 204 = NJW 1958, 498; DRiZ 1966, 398; 1971, 26; BayObLGZ 1961, 206; BayObLG FamRZ 1994, 196 = MittBayNot 1995, 58 m Anm von Hohmann; OLG Saarbrücken ZEV 2020, 299 [300]; BeckOGK/Röhl [1. 5. 2022] Rn 13; G Müller NotBZ 2015, 87 [92]). Eine ausdrückliche Annahme der vertragsmäßigen Verfügung durch den anderen Vertragsteil und deren Aufnahme in die Erbvertragsurkunde ist auch dann nicht erforderlich, wenn dieser selbst keine vertragsmäßige Verfügung trifft (**aA** OLG Oldenburg DNotZ 1966, 249 m abl Anm von Mattern). Vielmehr ist allein die Tatsache, dass die Verfügung in einem Erbvertrag getroffen ist, ausreichender Anhaltspunkt, um die Frage der Vertragsmäßigkeit nach den allgemeinen, für die Auslegung formbedürftiger Erklärungen geltenden Grundsätzen zu ermitteln (s zur Ermittlung der Annahme der vertragsmäßigen Verfügung durch den anderen Vertragsteil bei unvollkommenem Ausdruck in der Urkunde insbes Mattern DNotZ 1996, 249).

2. Allgemeine Auslegungsgrundsätze

Eine ausdrückliche Auslegungsregel enthält das Gesetz nicht. Im E I war in § 1956 12 BGB eine solche Auslegungsregel enthalten, nach der Verfügungen in einem Erbvertrag im Zweifel als vertragsmäßig anzusehen seien (vgl dazu Mot V 336 = Horn Rn 13 ff; Prot V 402 = Horn Rn 33). Die II. Kommission strich diese Auslegungsregel als entbehrlich, weil sich schon aus dem Charakter eines Erbvertrags ergebe, dass die in ihm enthaltenen Verfügungen im Zweifel vertragsmäßig seien. Eine solche Zweifelsregel ist dagegen in § 2270 Abs 2 BGB enthalten mit der problematischen Folge, dass wechselbezügliche Verfügungen nach dem Gesetz näher liegen als vertragsmäßige Verfügungen – und das, obwohl gemeinschaftliche Testamente handschriftlich errichtet werden können. Der Erbvertrag sorgt an dieser Stelle der gesetzlichen Anordnung nach also für weniger Bindungswirkung als gemeinschaftliche Testamente im Bereich des § 2270 Abs 2 BGB (zur Heranziehung von § 2270 Abs 2 bei der Auslegung des Erbvertrags s Rn 18 ff und § 2270 Rn 8).

13 Da die og subjektive Auffassung des Gesetzgebers im Gesetz keinen objektiven Niederschlag gefunden hat, hat das RG zu Recht einen anderen Standpunkt eingenommen: Der Tatrichter habe nach den allgemeinen Auslegungsgrundsätzen (§ 133 BGB) unter Berücksichtigung der Umstände des Falles den vermutlichen Willen der Vertragschließenden zu erforschen und zu entscheiden, ob und inwieweit bei der einzelnen Verfügung gegenseitige Bindung oder freie Widerruflichkeit beabsichtigt gewesen sei (RG LZ 1916, 1032; RGZ 116, 321; **aA** früher entsprechend der dargelegten Auffassung des Gesetzgebers des BGB Staudinger/Herzfelder[9] Anm 6).

14 Zunächst ist der **Wortlaut** von Bedeutung: Wenn ausdrücklich „im Wege des Erbvertrages" eine Verfügung angeordnet wird, ist die nächstliegende Bedeutung, dass die Verfügung vertragsmäßig gegenüber dem anderen Vertragsteil angeordnet ist (BayObLGZ 1995, 383 = FamRZ 1996, 566).

3. Auslegung mit Blick auf Begünstigte

15 Nach hM ist **in der Regel** davon auszugehen, dass die **Zuwendung zugunsten einer am Abschluss** des Erbvertrags **beteiligten Person vertragsmäßig** getroffen ist (BGH NJW 1958, 498; BGHZ 106, 359 = DNotZ 1990, 50 = FamRZ 1989, 496; Erman/ S Kappler/T Kappler[16] Rn 3); insbesondere dann, wenn ein Vertragsteil ein Interesse an der Bindung des anderen hatte (BayObLG FamRZ 2004, 29, 60).

16 Soweit in einem Erbvertrag **Verfügungen von Todes wegen zugunsten Dritter** getroffen sind, ist an der Rechtsprechung des RG festzuhalten, wobei die Aufnahme einer Verfügung in einen Erbvertrag immerhin ein gewisses Indiz für ihre Vertragsmäßigkeit bedeutet (BGHZ 26, 204, 208; BGH DNotZ 1970, 356, 358 = WM 1970, 482; Bühler DNotZ 1962, 359, 370; Mattern DNotZ 1966, 249). Den Ausschlag im Einzelfall gibt, ob der Vertragsgegner des Erblassers ein (diesem bekanntes) **Interesse an** dessen **Bindung** gehabt hat oder mindestens haben konnte (RG LZ 1916, 1032; JW 1927, 2573 m Anm von Tietze; BayObLG FamRZ 1989, 1353, 1354; BayObLG Rpfleger 1993, 448, 449; KG JW 1937, 2203; OLG Düsseldorf HRR 1942 Nr 523; OLG Stuttgart OLGZ 1976, 17, 18; OLG Saarbrücken ZEV 2020, 299 [300]; BeckOGK/Röhl [1. 5. 2022] Rn 15 ff; jurisPK/B Hamdan/M Hamdan[9] Rn 7; Coing NJW 1958, 689, 690; Kipp/Coing § 42 IV; Brox Rn 345; **aA** Weyer DNotZ 1938, 366; C Nolting S 34 ff). Auch ein moralisches Interesse des Vertragsgegners genügt (RGZ 116, 321; BayObLG Rpfleger 1983, 70; Buchholz FamRZ 1987, 440, 441; Erman/S Kappler/ T Kappler[16] Rn 3).

17 Dagegen hat der zum Erben eingesetzte oder mit einem **Vermächtnis** bedachte Vertragsgegner in der Regel kein Interesse an der Bindung des Erblassers an ein Vermächtnis, mit dem er selbst – der Vertragsgegner – beschwert ist (RG LZ 1916 1032 = WarnR 1917 Nr 91; OLG Karlsruhe BadRpr 91, 97 = JahrbDR 24, 462).

18 Zur Auslegung kann die rechtsähnliche Regelung des **§ 2270 BGB** über die Wechselbezüglichkeit von Verfügungen in einem gemeinschaftlichen Testament mit herangezogen werden (BGH NJW 1961, 120 = DNotZ 1961, 417; DNotZ 1970, 356 = WM 1970, 482; OLG Zweibrücken FamRZ 1995, 1021). Wenn Ehegatten schlechthin oder für den Fall des Todes des Überlebenden die beiderseitigen Verwandten oder einzelne von ihnen, etwa die beiderseitigen Geschwister, zu Erben eingesetzt haben, so liegt es nahe anzunehmen, dass kein Ehegatte an die Verfügung zugunsten seiner eigenen Verwandten gebunden sein sollte (BGH NJW 1961, 120), dass aber jeder Ehegatte ein Interesse an der Bindung an die Verfügungen zugunsten der eigenen Verwandten hatte (BayObLG NJW-RR 1999, 1167 = FamRZ 1999, 1236 = FGPrax 1999, 111 = BayObLGZ 1999, 46). Der überlebende Vertragspartner kann im Einzelfall aber auch an die Erbeinsetzung eines seiner Kinder gebunden sein, wenn es dem vorverstorbenen Vertragspartner (von dem es nicht abstammt) besonders nahegestanden hat (OLG München ErbR 2015, 99).

19 Die Zuwendung an **gemeinsame Kinder** ist in der Regel als bindend anzusehen, weil regelmäßig davon ausgegangen werden kann, dass der Erblasser oder der andere Vertragschließende bei der Einsetzung von gemeinsamen Kindern ein Interesse an der Bindung gehabt hat (OLG Saarbrücken NJW-RR 1994, 844). Auch bei Einsetzung sowohl eigener als auch der Kinder des anderen Ehegatten kann eine Bindung naheliegen (OLG Saarbrücken ZEV 2020, 299; BeckOGK/Röhl [1. 5. 2022] Rn 18 und 18.1). Auch in der Anordnung von Ehegatten in einem Ehe- und Erbvertrag, in dem sie sich gegenseitig zu Alleinerben eingesetzt haben, dass nach fortgesetzter Gütergemeinschaft die Teilung unter den Abkömmlingen erfolgen soll, kann eine vertraglich bindende Einsetzung der Abkömmlinge als Schlusserben liegen (BayObLG FamRZ 1986, 1151). Haben Ehegatten sich mit Pflichtteilsverwirkungsklausel und Wiederverheiratungsklausel gegenseitig zum Erben eingesetzt und enthält die Verfügung keine Bestimmung darüber, wer Erbe des Längstlebenden sein soll, so kann dies bei einem Erbvertrag ebenfalls bedeuten, dass die Kinder bindend zu Erben des Überlebenden eingesetzt sind (OLG Saarbrücken [5. Senat] NJW-RR 1994, 844, 845 gegen OLG Saarbrücken [7. Senat] NJW-RR 1992, 841).

20 Ferner kann die Bindung zugunsten von Abkömmlingen bestehen, die nach **§ 2069 BGB** an die Stelle eines verstorbenen Kindes getreten sind (OLG Celle FamRZ 2013, 1164, Indiz: Interesse des verstorbenen Sohnes, der am Erbvertrag beteiligt war). Bei § 2069 BGB ist aber wie bei jeder Auslegungsregel zunächst sorgfältig zu prüfen, ob die Auslegung, und zwar auch die ergänzende Auslegung, kein Ergebnis liefert – in die eine oder die andere Richtung, so dass eine Ersatzerbfolge schon nicht angeordnet sein kann oder jedenfalls nicht vertragsmäßig verfügt sein muss (OLG München FamRZ 2022, 485). In der Entscheidung des OLG München waren vertragsmäßig eine gegenseitige Erbeinsetzung der Ehegatten und der Sohn des Ehemanns zum Schlusserben bestimmt worden. Dann heißt es: „Diese Erbeinsetzung ist jedoch nicht die Anordnung einer Vor- und Nacherbschaft. Sonst wollen wir nicht [sic] bestimmen.“ Das OLG München kam bei der Auslegung zum Ergebnis, dass eine Ersatzschlusserbein-

setzung bewusst unterblieb, so dass auch keine unbewusste Lücke bestand, die Voraussetzung für eine ergänzende Vertragsauslegung gewesen wäre. Auch für § 2069 BGB war dann kein Raum, weil das Ergebnis nach der Auslegung ja feststand (vgl auch § 2270 Rn 61 f). Zu **§ 2094 BGB** s ausf § 2270 Rn 63.

4. Vorbehalt nachträglicher anderweitiger Verfügung

21 Von der Frage der Bindung ist die Frage des Umfangs der Bindung, für den auch ausschließlich der Parteiwille maßgebend ist, insbesondere die Frage zu unterscheiden, ob die an sich gegebene Bindung durch einen Vorbehalt nachträglicher anderweitiger Verfügung eingeschränkt oder gelockert ist (vgl nur BGH WM 1982, 211).

a) Zulässigkeit des Vorbehalts

22 Da der Erblasserwille die maßgebende Richtschnur für die Beurteilung von Verfügungen von Todes wegen ist, entspricht die **Zulässigkeit von Änderungsvorbehalten** mit Recht der ganz hM (BGHZ 26, 204, 208; BGH WM 1970, 482, 483; NJW 1982, 441 = 1982, 211; BayObLG FamRZ 1991, 1359 f; DNotZ 1990, 812, 814; FamRZ 1995, 899 = DNotZ 1995, 306; OLG Köln MDR 1994, 71; OLG Stuttgart NJW-RR 1986, 165 = DNotZ 1986, 551; MünchKomm/Musielak[9] Rn 15; Soergel/Zecca-Jobst[14] Rn 7; J Mayer/Dietz, in: Reimann/Bengel/Dietz[7] Rn 15 ff; Erman/S Kappler/T Kappler[16] Rn 4; Grüneberg/Weidlich § 2289 Rn 8 ff; NK/Hölscher/Kornexl[6] Rn 18 ff; BeckOGK/Röhl [1. 5. 2022] Rn 23 ff; Lange/Kuchinke § 25 VI 4; Muscheler Rn 2235 f; D Nolting [Diss Passau 1994] 55 ff; Langenfeld NJW 1987, 1577, 1579; Brambring ZAP 1993, 619, 622; Mayer DNotZ 1990, 755, 757 f; Weiler DNotZ 1994, 427, 429; Keim ZEV 2005, 365; ders NJW 2009, 818; **aA** zuletzt Lehmann BWNotZ 2000, 129 [130 f]; davor Harrer LZ 1926, 220 ff). Lehmann (BWNotZ 2000, 129 [130]) meint, für den Änderungsvorbehalt gebe es keine Existenzberechtigung, denn alles sei durch Rücktrittsvorbehalt gestaltbar. Das mag sein, bedeutet aber, dass der Erblasser, der ändern möchte, nach den §§ 2296, 2297 BGB vorgehen müsste. Demgegenüber stellt der Änderungsvorbehalt eine Erleichterung dar, so dass er durchaus eine Existenzberechtigung hat. Außerdem ist der Rücktritt vom Erbvertrag von der Gesetzesstruktur her auf die ganze Beseitigung des Erbvertrags gerichtet; wenn Lehmann recht hätte, müsste man ständig mit Teilrücktritten arbeiten – und zu Lebzeiten des anderen Teils könnte man auch nicht ohne Wissen des anderen Änderungen vornehmen (Musielak ZEV 2007, 245 [246]).

23 Stärker umstritten ist noch die Frage, wie weitreichend ein Änderungsvorbehalt sein darf. Nach hM muss mindestens **eine vertragsmäßige Verfügung** enthalten bleiben, dh eine Verfügung, bei der die Bindung des Erblassers zwar eingeschränkt sein kann, aber nicht ganz beseitigt sein darf (BGHZ 26, 204, 208; BGH WM 1970, 482, 483; NJW 1982, 441 = 1982, 211; WM 1986, 1221; BayObLG FamRZ 1991, 1359 f = NJW-RR 1991, 586, 587; DNotZ 1990, 812, 814; FamRZ 1995, 899 = DNotZ 1995, 306, 307; OLG Köln NJW-RR 1994, 651 = MDR 1994, 71; OLG Stuttgart NJW-RR 1986, 165 f = DNotZ 1986, 551, 552; J Mayer/Dietz, in: Reimann/Bengel/Dietz[7] Rn 17 ff, 23 ff; Soergel/M Wolf[13] Rn 3; BeckOK/Litzenburger [1. 5. 2022] Rn 13; BeckOGK/Röhl [1. 5. 2022] Rn 23 ff; Leipold ErbR [2016] Rn 504; Ebenroth ErbR Rn 258; F Weiler DNotZ 1994, 427 [436 ff]). Denn die Vertragsteile können dem Erblasser nicht ermöglichen, den Vertrag auf andere Weise als im Wege der §§ 2290 ff, 2293 ff BGB außer Kraft zu setzen. Wer den Willen hat, eine Verfügung von Todes wegen als vertragsmäßige zu errichten, kann nicht wollen, dass sie nur eine einseitige sein solle (Strohal I 376 f; BGHZ 26, 204), da sich dies ausschließt.

24 Der Vorbehalt darf jedoch nicht dazu führen, dem Erblasser den Rücktritt vom Erbvertrag unter Umgehung der §§ 2293 ff BGB zu ermöglichen. Der Erblasser kann sich daher nicht vorbehalten, eine vertragsmäßige Verfügung nach seinem Gutdünken in beliebiger Weise oder durch formlose Erklärung gegenüber dem Vertragsgegner oder durch letztwillige Verfügung schlechthin zu widerrufen (**Totalvorbehalt**). In einem solchen Fall liegt in Wirklichkeit **keine vertragsmäßige Verfügung** vor. Diese Verfügung ist vielmehr nur einseitig angeordnet. Enthält der Erbvertrag nur derartige Verfügungen, handelt es sich um ein **Testament**, das nur in die äußere Form eines Erbvertrags gekleidet ist. Soweit die Auffassung vertreten wird, ein Vorbehalt, alle Verfügungen im Erbvertrag einseitig zu ändern, sei zulässig, die Ausübung des Änderungsrechts bedürfe aber der Form für den Rücktritt (Küster JZ 1958, 395; Lange/Kuchinke § 25 VI 4; vLübtow 1. Hb S 426 f; C Nolting S 113 ff, S 120, s auch Lehmann FamRZ 2002, 1517 generell krit zum Änderungsvorbehalt), ist dies nur im Ergebnis zutreffend: ein solcher Änderungsvorbehalt ist als Rücktrittsvorbehalt anzusehen, wenn das dem Willen der Vertragsteile entspricht; andernfalls kann die Verfügung auch in ein Testament umgedeutet werden (ebenso BeckOK/Litzenburger [1. 5. 2022] Rn 14).

25 Darüber hinaus bestehen aber keine Einschränkungen. Zu streng ist daher Musielak, der verlangt, dass bei jeder Anordnung ein selbstständiger Teil erhalten bleibt (ausführlich Musielak ZEV 2007, 245 [246 f]; MünchKomm/Musielak[9] Rn 18 ff). Zulässig ist folglich auch ein **Vorbehalt im Ganzen**, soweit nur seine Ausübung an das **Vorliegen bestimmter Voraussetzungen** gebunden ist, und somit für Willkür kein Raum bleibt (OLG München DNotZ 2007, 53 = FamRZ 2008, 547 = ZEV 2007, 33; Buchholz FamRZ 1987, 440; Erman/S Kappler/T Kappler[16] Rn 4; Hülsmeier NJW 1986, 3115, 3117 f; Mayer DNotZ 1990, 757, 774; Grüneberg/Weidlich § 2289 Rn 8 f, 11; F Weiler DNotZ 1994, 427, 436 ff; die Bedenken von Herlitz MittRhNotK 1996, 153, 158 ändern an der Zulässigkeit eines solchen Vorbehalts nichts). Dem entspricht ein Vorbehalt zur Änderung durch den überlebenden Elternteil, wenn das Verhalten der Kinder als Schlusserben „nach seinem Ermessen Veranlassung hierzu" gibt (OLG München DNotZ 2009, 138 ff = FGPrax 2008, 254).

b) Inhalt des Vorbehalts

26 Auch inhaltlich sind die Vertragschließenden **frei**. Vor allem ist es nicht erforderlich, dass der bindende Rest Gegenstand einer bindenden Anordnung iSv § 2278 Abs 2 BGB sein könnte (so D Nolting S 188 ff; MünchKomm/Musielak[9] Rn 18 f). Zulässig ist es deshalb, dem Erblasser die Verteilung des Nachlasses unter den Abkömmlingen durch eine Bestimmung freizustellen, dass er zwar die Erbregelung ändern, aber nur Abkömmlinge bedenken darf. Der Erblasser, der vertraglich eine Person zum Erben eingesetzt hat, kann sich vorbehalten, über einzelne Gegenstände seines Vermögens anderweitig durch Anordnung von Vermächtnissen oder Auflagen zu verfügen oder eine Testamentsvollstreckung anzuordnen. Er kann sich auch die Anordnung von Vermächtnissen oder Auflagen beliebigen Umfangs vorbehalten (OLG Düsseldorf OLGZ 1966, 68). Wenn der Erblasser in dem Vertrag den Vertragsgegner zum alleinigen Erben eingesetzt hat, kann er sich vorbehalten, neben diesem noch andere Personen zu einem bestimmten Bruchteil als Erben einzusetzen; in diesem Fall wäre der Vertragserbe von vornherein nur zu einem geringeren Bruchteil vertraglich als Erbe berufen. Entgegen BGHZ 26, 204 bleibt es auch eine vertragsmäßige Verfügung, wenn sich der Erblasser, der jemanden vertragsmäßig als alleinigen Vorerben eingesetzt hat, das Recht vorbehält, diese Bestimmung durch irgendeine andere zu erset-

zen, die für den vertragsmäßig Bedachten wirtschaftlich günstiger ist (der BGH lehnt ebd die Auslegung eines Vermächtnisvorbehalts als Berechtigung zur Bruchteilserbenberufung ab).

c) Form des Vorbehalts, Auslegung

27 Der Vorbehalt ist Teil des Erbvertrags. Er bedarf daher auch der Niederlegung im Erbvertrag. Es ist aber nicht erforderlich, dass dies ausdrücklich geschieht; vielmehr genügt es, wenn der Vorbehalt in irgendeiner Bestimmung des Erbvertrags wenigstens andeutungsweise zum Ausdruck gekommen ist, sodass er dieser Bestimmung im Wege der **Auslegung** entnommen werden kann (BGHZ 26, 204; BGHZ 108, 252, 254; OLG Köln NJW-RR 1994, 651; zum „stillschweigenden Vorbehalt" vgl BayObLG FamRZ 1995, 899 = DNotZ 1995, 306, 307; KG JW 1938, 2746).

28 Es gelten die **allgemeinen Grundsätze für die Auslegung** formbedürftiger Erklärungen, dh bei der Auslegung können auch Umstände außerhalb der Urkunde herangezogen werden und ferner sind die Grundsätze der ergänzenden Auslegung anwendbar. Bei der Erforschung des Willens und des hypothetischen Willens der Vertragsteile bei Abschluss des Erbvertrags ist auch deren beiderseitige Interessenlage zu berücksichtigen.

29 Die Annahme eines Vorbehalts liegt umso näher, je ferner der Begünstigte dem Vertragsgegner und je näher er dem Erblasser steht und umgekehrt. Auch für einen Vorbehalt, den Vertragsgegner zu Lasten anderer erbvertragsmäßig Bedachter durch spätere einseitige letztwillige Verfügung zu bedenken, gelten die vorstehenden Grundsätze (obwohl ein solcher Vorbehalt naturgemäß besonders nahe liegt und oft auch im Wege ergänzender Vertragsauslegung aufgrund der Interessenlage bei Errichtung des Erbvertrags ermittelt werden kann). Auch eine solche Begünstigung des Vertragspartners ist daher nur zulässig, wenn sie nach den vorstehenden Grundsätzen vorbehalten war (BayObLG NJW 1961, 1866 = BayObLGZ 1961, 206; weitergehend für die Zulassung nachträglicher einseitiger Begünstigung des Vertragspartners KG JFG 15, 229 = JW 1937, 2203).

30 Wird dem überlebenden Ehegatten das Recht vorbehalten, die an sich vereinbarte gleichberechtigte Erbfolge der gemeinsamen Kinder aus triftigen Gründen anders zu regeln, dann bedarf es hierfür sachlich vernünftiger und gerechter Gründe (OLG Koblenz DNotZ 1998, 218. Weitere Einzelfälle: BayObLG FamRZ 2000, 58 und FamRZ 2000, 1252 = FGPrax 1999, 229 zur Auslegung eines unklaren Änderungsvorbehalts in einem Ehegattenerbvertrag: „Der Überlebende von uns ist berechtigt, allenfalls noch eine andere letztwillige Verfügung zu treffen" und OLG Köln RNotZ 2001, 397 zur möglichen Ungleichbehandlung von Abkömmlingen durch den überlebenden Ehegatten). Behalten Eheleute in einem Erbvertrag, in dem sie die gemeinsamen Kinder vertragsmäßig je zur Hälfte zu Schlusserben einsetzen, dem Überlebenden vor, den Nachlass **unter den** eingesetzten **Kindern** durch Vorausvermächtnisse und Teilungsanordnungen zu **verteilen**, so ist die dann erfolgte Anordnung eines Vorausvermächtnisses zugunsten eines der Kinder über den gesamten Nachlass unwirksam, die Auslegung kann aber ergeben, dass die Anordnung hinsichtlich von Einzelgegenständen als wirksam angesehen werden kann (OLG Stuttgart FamRZ 2004, 407). Soll der Überlebende berechtigt sein, die Anordnung, insbesondere durch eine anderweitige Festlegung der Erbquoten, zu ändern, geht die nächstliegende Auslegung dahin, dass er auch berechtigt sein soll, ein Kind ganz auszuschließen (Schmucker DNotZ 2007, 777 gegen OLG Düsseldorf DNotZ 2007, 774 = FamRZ 2007, 769; kri-

tisch dazu auch MÜNCH FamRZ 2007, 1145, 1146). Das alles ist aber eine Frage der Auslegung im Einzelfall.

31 Bei der **Vertragsgestaltung** sollte entsprechend darauf geachtet werden, den Vorbehalt nicht zu komplex zu gestalten. Wenn der Längerlebende zB innerhalb der bedachten Schlusserben Abänderungen soll vornehmen dürfen, sollte man ihm das entweder als solches zugestehen (auch mit der ausdrücklichen Erlaubnis, bestimmte Abkömmlinge ganz auszuschließen) oder von solchen Gründen abhängig machen, die nicht streitanfällig sind: „triftige Gründe" sind streitanfällig, die Geltendmachung des Pflichtteils ist dagegen zB ein präziser Eingriffstatbestand (vgl für weniger gelungene Beispiele aus der Rspr etwa OLG Düsseldorf DNotZ 2007, 774 = FamRZ 2007, 769; OLG München FamRZ 2009, 547: Abänderung der Schlusserbeinsetzung der Kinder gestattet, „wenn deren Verhalten ihm nach seinem Ermessen Veranlassung hierzu" gibt; OLG München FamRZ 2008, 547 = ZEV 2007, 33: „wenn Tatsachen ernste Zweifel an der Eignung des S für die ordnungsgemäße Fortführung des Betriebs rechtfertigen").

d) Ausübung des Vorbehalts

32 Die Ausübung des wirksamen Vorbehalts geschieht in einer Verfügung von Todes wegen, muss also nicht die Form des § 2296 Abs 2 BGB einhalten (ganz hM, s nur KEIM NJW 2009, 818 [819] mwN; **aA** LEHMANN BWNotZ 2000, 129 [131]).

5. Wiederheirat

33 Die für den Umfang der Bindung dargelegten Gesichtspunkte gelten entsprechend für deren Wegfall unter bestimmten Voraussetzungen. Haben Ehegatten sich gegenseitig zu Alleinerben, die gemeinschaftlichen Kinder als Schlusserben eingesetzt und bestimmt, dass der Überlebende bei seiner eventuellen Wiederheirat an die Abkömmlinge Vermächtnisse in Höhe ihrer gesetzlichen Erbteile auszuzahlen habe, so ist dies regelmäßig dahingehend auszulegen, dass der Überlebende bei Wiederheirat nicht an die Erbeinsetzung der Abkömmlinge gebunden sein soll (OLG Karlsruhe NJW 1961, 1410; KG JW 1938, 2748; Bedenken bei DOMKE JW 1937, 252; dasselbe gilt beim gemeinschaftlichen Testament, vgl § 2269 Rn 78 ff, auch – Rn 94 ff – zu der Frage, ob durch die Wiederheirat nur die Bindung entfällt oder die Erbeinsetzung der Abkömmlinge dadurch gegenstandslos wird).

6. Gegenstand einer vertragsmäßigen Verfügung von Todes wegen

34 Gegenstand einer vertragsmäßigen Verfügung von Todes wegen können nur **Erbeinsetzungen, Vermächtnisse, Auflagen und die Wahl des anzuwendenden Erbrechts** sein (Abs 2).

35 Andere Verfügungen können vertragsmäßig nicht getroffen werden. Wird dies trotzdem versucht, so sind sie als vertragsmäßige Verfügungen unwirksam, werden jedoch in der Regel nach **§ 140 BGB** als einseitige Verfügungen aufrechtzuerhalten sein (vgl § 2299 BGB; KG KGJ 28, 16; OLGE 10, 313; 11, 256; PLANCK/GREIFF Anm 3). Das gilt besonders für die Anordnung von **Testamentsvollstreckung** (Mot V 334 f = HORN Rn 8; Prot V 405 = HORN Rn 50; RGZ 116, 321; RG LZ 1923, 321). Ferner können nur einseitig angeordnet werden die Ausschließung eines gesetzlichen Erben von der Erbfolge (§ 1938 BGB; MEYER Recht 1905, 11 ff), **Teilungsanordnungen** (§ 2048 BGB), sofern sie nicht im Einzelfall als mittelbare Bestimmung der Erbteile, als Vorausvermächtnis

oder als Auflage aufzufassen sind (Strohal I § 44 I Anm 1; Planck/Greiff Anm 2c; zur Neigung, anstelle einer Teilungsanordnung ein Vorausvermächtnis anzunehmen, s BGHZ 36, 115 = NJW 1962, 343; BGH LM Nr 5a zu § 2048 BGB; Coing JZ 1962, 529; Emmerich JuS 1962, 269; Grunsky JZ 1963, 250; Lange NJW 1963, 1571, 1577; Natter JZ 1959, 151; § 2150 Rn 9; ausf zu Ersatzlösungen hinsichtlich Testamentsvollstreckung Becker notar 2015, 371) und die Entziehung des Pflichtteils (§§ 2333 ff BGB; vgl auch – zur Auflassungsvollmacht – OLG Köln DNotZ 1951, 36).

36 Die Wirksamkeit nicht vertragsmäßiger Verfügungen kann aber durch **Bedingungszusammenhang** von der Wirksamkeit anderer Anordnungen abhängig gemacht werden (vgl Lange NJW 1963, 1571, 1577 f). Auch eine Anfechtung gemäß § 2078 BGB kann in Frage kommen, wenn eine andere Anordnung nicht wirksam aufrechterhalten bleibt, von der eine Verfügung des Erblassers nach seinem Willen abhängig war.

37 Nach § 83 BGB kann ein **Stiftungsgeschäft** nicht nur in einem Erbvertrag, sondern auch durch einen solchen, also vertragsmäßig durch Verfügung von Todes wegen vorgenommen werden, wenn die Stiftung zum Erben eingesetzt oder durch Vermächtnis oder Auflage bedacht wird. Das Stiftungsgeschäft kombiniert Errichtung der Stiftung mit Vermögenszuweisung und ist kein gesonderter Verfügungstypus neben Erbeinsetzung, Vermächtnis und Auflage (eingehend Staudinger/Hüttemann/Rawert [2017] § 83 Rn 4 mwN auch zur **aA**). Im Rahmen eines Erbvertrags können die Vertragspartner auch so verfügen, dass nach dem Tod des Erstversterbenden die Stiftung entstehen soll; dann werden Rechtsgeschäft unter Lebenden und Verfügung von Todes wegen verbunden (Staudinger/Hüttemann/Rawert [2017] § 83 Rn 7 mwN).

IV. Erbeinsetzungsverträge

38 Im Erbeinsetzungsvertrag kann jeder der Vertragschließenden den Vertragsgegner oder einen Dritten zum Erben (Alleinerben, Miterben, Vor- oder Nacherben, Ersatzerben) einsetzen (§§ 1941, 2087, 2100, 2096 BGB), sei es für die ganze Erbschaft oder für einen Bruchteil neben gesetzlichen oder testamentarischen Erben (vgl § 2088 BGB).

39 Verzichtet der Erblasser vertragsmäßig gegenüber seinen gesetzlichen Erben auf das Recht, die Erbfolge durch Verfügung von Todes wegen zu ändern, so ist dieser Verzicht als Erbeinsetzungsvertrag auszulegen, wenn dem Verzichtsvertrag der Wille zugrunde lag, dem Vertragsgegner die künftige Erbfolge zu sichern. Der Gesetzgeber hielt eine besondere Vorschrift zu diesem Fall für überflüssig (Mot V 314). Ein solcher erbvertragsmäßiger Verzicht darauf, eine in einem Testament getroffene Erbeinsetzung zu ändern (vgl OLG Stuttgart NJW 1989, 2700 = FamRZ 1989, 1235 = MDR 1989, 995), kann als positiver Erbeinsetzungsvertrag angesehen werden, auch wenn das in Bezug genommene Testament ein privatschriftliches ist: Dessen Inhalt kann dann zur Auslegung des (beurkundeten) Vertrags über den Widerrufsverzicht herangezogen werden.

40 Wenn in einem Erbvertrag einer der Vertragschließenden als Erbe eingesetzt ist, und diesem zugleich ein gesetzliches Erbrecht gegenüber dem Erblasser zusteht, so ist es Auslegungsfrage, ob der Vertragserbe durch den Vertragsschluss, insbesondere durch die Annahme der Berufung zum Vertragserben, auf sein gesetzliches Erbrecht oder auf sein etwaiges Pflichtteilsrecht verzichtet hat (vgl PLANCK/GREIFF Anm 2a; WERNEBURG 293). Der E I hatte in § 1950 BGB eine Auslegungsregel enthalten, dass in solchen Fällen im Zweifel kein Verzicht anzunehmen sei (vgl Mot V 326). Diese Auslegungsregel ist aber von der II. Kommission gestrichen worden (s Prot V 387 f). Trotzdem kann ein solcher Verzicht nur angenommen werden, wenn sich für eine Auslegung in dieser Richtung Anhaltspunkte im Erbvertrag finden. Der Wille, auf das gesetzliche Erbrecht oder das Pflichtteilsrecht zu verzichten, sollte deshalb im Erbvertrag deutlich zum Ausdruck kommen (vgl Mot V 327). Wenn der Vertragserbe, der zum Kreis der gesetzlichen Erben gehört, auf einen Teil der Erbschaft eingesetzt ist, für den Rest also nach § 2088 BGB die gesetzliche Erbfolge eintritt, so nimmt der Vertragserbe auch an der gesetzlichen Erbfolge teil, wenn sich nicht durch Auslegung nach den allgemeinen Grundsätzen ermitteln lässt, dass er von ihr ausgeschlossen sein soll (vgl §§ 1948, 1951 BGB).

Wenn in einem Erbvertrag der Eltern die Kinder für den Fall der Anfechtung des Erbvertrags auf den **Pflichtteil** verwiesen werden, so kann daraus allein nicht eine Einsetzung der Kinder zu Erben des letztversterbenden Elternteils entnommen werden (OGH MDR 1950, 669). Wenn sich der Erblasser in dem Erbvertrag mit seinem Ehegatten vorbehalten hat, über die Verteilung der Hälfte seines Nachlasses unter seine gesetzlichen Erben, denen nach dem Erbvertrag diese Hälfte zukommen soll, von den Vorschriften über die gesetzliche Erbfolge abweichende Bestimmungen zu treffen, so hat er sich (vorbehaltlich einer anderen Auslegung im Einzelfall aufgrund der allgemeinen Grundsätze) damit nicht seinem Ehegatten gegenüber gebunden, diese Hälfte ausschließlich seinen gesetzlichen Erben, wenn auch in beliebiger Verteilung, zuzuwenden (BayObLGZ 7, 400. S zu diesen Auslegungsfragen insbes die Erl zu § 2269, vor allem § 2269 Rn 38 f, 57 f). 41

Der Erbeinsetzungsvertrag bewirkt, dass der Bedachte zur Erbfolge berufen wird. 42
Eine solche Berufung unterscheidet sich von der durch Testament dadurch, dass sie grundsätzlich unwiderruflich ist (s aber §§ 2290 ff BGB). Unberührt bleibt, wenigstens grundsätzlich, das Recht des Erblassers zur Verfügung unter Lebenden (§§ 2286 ff BGB) und die Befugnis des Bedachten, die Erbschaft auszuschlagen (§§ 1942 ff BGB), auch wenn der Bedachte Vertragspartner des Erbvertrags gewesen ist.

V. Vermächtnisverträge

Im Vermächtnisvertrag kann der Erblasser den Vertragsgegner oder einen Dritten 43
mit einem Vermächtnis bedenken (§ 1941 BGB). Er kann damit den gesetzlichen, den Vertrags- oder Testamentserben, aber auch einen vertragsmäßig oder letztwillig berufenen Vermächtnisnehmer beschweren (§§ 2147, 2279 BGB). Auch ein vertragsmäßiges Vorausvermächtnis (§ 2150 BGB) ist zulässig und häufig. Wenn ein bestimmter Gegenstand vertragsmäßig vermacht ist (vgl §§ 2157, 2169 BGB), so geht das vertragsmäßige Vermächtnis einem früheren testamentarischen Vermächtnis desselben Gegenstandes oder einer späteren Verfügung von Todes wegen über ihn grundsätzlich vor (§ 2289 Abs 1 BGB).

Der Vermächtnisvertrag begründet wie das testamentarische Vermächtnis nur eine 44
Forderung auf Leistung des vermachten Gegenstandes, die erst mit dem Erbfall, uU

noch später entsteht (§§ 2174, 2176 ff, 2279 BGB). Der Vermächtnisnehmer erlangt vor Eintritt des Erbfalls weder einen künftigen Anspruch noch eine rechtlich gesicherte Anwartschaft, sondern nur eine tatsächliche Aussicht auf den vermachten Gegenstand; daher ist bei einem vertraglichen Vermächtnis eines Grundstücks die Eintragung einer Auflassungsvormerkung zugunsten des Vermächtnisnehmers vor Eintritt des Erbfalls unzulässig, selbst wenn der Erblasser die Eintragung bewilligt hat (BGHZ 12, 115; vgl Einl 17 zu §§ 2274 ff).

VI. Auflageverträge

45 Der Auflagevertrag hat keine große praktische Bedeutung, zumal auch bei der vertragsmäßigen Auflage die Klage auf Vollziehung nur den in § 2194 BGB bezeichneten Personen, nicht aber dem Partner des Erbvertrags zusteht (Planck/Greiff Anm 2c).

VII. Rechtswahl

46 Durch § 16 des Gesetzes zum Internationalen Erbrecht und zur Änderung von Vorschriften zum Erbschein etc vom 29. 6. 2015 (BGBl I 1042) wurde die Anwendung von Abs 3 auf die „Wahl des anzuwendenden Erbrechts“ ausgedehnt (s auch Rn 4). Ist in einem Erbvertrag eine Rechtswahl getroffen, ist in aller Regel davon auszugehen, dass die Vertragspartner sie vertragsmäßig vereinbaren wollten. Das gilt deshalb im Zweifel auch für einen Erbvertrag, der schon vor Inkrafttreten der Änderung geschlossen wurde. Eine vor dem Inkrafttreten der EuErbVO getroffene Rechtswahl richtet sich nach Art 83 Abs 2 EuErbVO, wird also mit Tod eines Erblassers nach Inkrafttreten wirksam (BGH FamRZ 2019, 1561 = MittBayNot 2020, 184 m zust Anm Ackermann; zum Problem der konkludenten Rechtswahl s insb Mankowski in seiner Anm zu diesem BGH-Judikat, ErbR 2021, 561 mwNw).

VIII. Verbindung mit anderen Verträgen

47 Der Erbvertrag **kann in beliebiger Weise mit anderen Rechtsgeschäften verbunden werden**. Häufig ist seine Verbindung mit einem Rechtsgeschäft unter Lebenden, etwa einem Vertrag, nach dem sich der Vertragspartner des Erbvertrags verpflichtet, den Erblasser auf Lebensdauer zu unterhalten, oder in dem sich der Erblasser verpflichtet, über einen bestimmten Gegenstand seines Vermögens zu seinen Lebzeiten nicht ohne Zustimmung des vertraglich Bedachten zu verfügen. Auch die Verbindung mit einem Erb- oder Pflichtteilsverzichtsvertrag ist möglich (s dazu Einl 13 f zu §§ 2274 ff).

§ 2279
Vertragsmäßige Zuwendungen und Auflagen; Anwendung von § 2077

(1) Auf vertragsmäßige Zuwendungen und Auflagen finden die für letztwillige Zuwendungen und Auflagen geltenden Vorschriften entsprechende Anwendung.

(2) Die Vorschrift des § 2077 gilt für einen Erbvertrag zwischen Ehegatten, Lebenspartnern oder Verlobten auch insoweit, als ein Dritter bedacht ist.

Materialien: E I §§ 1946, 1948 Abs 2; E II § 2146 rev § 2253; E III § 2252; Mot V 320, 323; Prot V 373, 382 ff; Jakobs/Schubert ER II 1758–1778; Horn 1102 ff.

Schrifttum

Battes, Die Änderung erbrechtlicher Vorschriften im Zusammenhang mit der Reform des Scheidungsrechts, FamRZ 1977, 433
ders, Zur Wirksamkeit von Testamenten und Erbverträgen nach der Ehescheidung, JZ 1978, 733
Hermann Lange, Gegenseitiger Erbvertrag und Scheidungsrechtsstreit, JuS 1965, 347
J Mayer, Der Fortbestand letztwilliger Verfügungen bei Scheitern von Ehe, Verlöbnis und Partnerschaft, ZEV 1997, 280
Muscheler, Der Einfluss der Eheauflösung auf das gemeinschaftliche Testament, DNotZ 1994, 733.

Systematische Übersicht

Alphabetische Übersicht

I. Redaktionsgeschichte

1 Seit dem 1. 1. 2017 können keine neuen Lebenspartnerschaften nach dem LPartG mehr geschlossen werden; bestehende Lebenspartnerschaften können, müssen aber nicht in Ehen formgewechselt werden (Gesetz zur Einführung des Rechts auf Eheschließung für Personen gleichen Geschlechts vom 20. 7. 2017, BGBl I 2787). Es kann nunmehr keine Verlobten „im Sinne des Lebenspartnerschaftsgesetzes" mehr geben, so dass die vorher vorhandene Passage in Abs 2 entsprechend gestrichen wurde (durch das Gesetz zur Umsetzung des Gesetzes zur Einführung des Rechts auf Eheschließung für Personen gleichen Geschlechts vom 18. 12. 2018, BGBl I 2639).

II. Entsprechende Anwendung des Testamentsrechts

1. Allgemeines

2 Nach **Abs 1** sind auf vertragsmäßige Zuwendungen und Auflagen die für letztwillige Zuwendungen und Auflagen geltenden Vorschriften entsprechend anzuwenden. Während die Form des Erbvertrags wenigstens teilweise durch besondere, von denen des Testamentsrechts abweichende Bestimmungen geregelt ist und für seine Wirkung im Gegensatz zum Testament der Grundsatz der Unwiderruflichkeit gilt – der ja gerade den wichtigsten Unterschied des Erbvertrags zum Testament bildet –, ist in anderen Beziehungen, insbesondere hinsichtlich des Inhalts vertragsmäßiger Anordnungen (§ 2278 BGB), ihrer Auslegung, des Anfalls und Erwerbs der Zuwendungen, das Testamentsrecht entsprechend anzuwenden (vgl RGZ 67, 66). Seine Anwendung ist nur ausgeschlossen, wenn sie durch Spezialvorschriften oder die besonderen Rechtsgrundsätze des Erbvertragsrechts ersetzt bzw ausgeschlossen wird: Wie die Motive (Mot V 320 = Horn Rn 3) ausführen, kann eine Anzahl der in Betracht kommenden Vorschriften über letztwillige Zuwendungen und Auflagen „nicht wohl Anwendung finden. Soweit für die Anwendbarkeit Raum nicht vorhanden ist, wird die Bezugnahme nicht nachteilig sein. Dagegen würde die Bezeichnung der einzelnen anwendbaren Vorschriften leicht zu einer Auslassung führen können".

3 Für einseitige Verfügungen in einem Erbvertrag gilt nach § 2299 Abs 2 BGB das Testamentsrecht schlechthin. Der Unterschied zu § 2299 Abs 1 BGB liegt darin, dass es in § 2279 Abs 1 BGB nur um eine *entsprechende* Anwendung geht, die nur greift, soweit und sofern §§ 2274 ff BGB keine andere Regelung treffen (Rn 2; jurisPK/B Hamdan/M Hamdan[9] Rn 4; MünchKomm/Musielak[9] Rn 1; NK-BGB/Hölscher/Kornexl[6] Rn 3; BeckOGK/Röhl [1. 5. 2022] Rn 2 ff).

2. Anwendbare Vorschriften

4 Auf vertragsmäßige Verfügungen sind **unmittelbar oder entsprechend anzuwenden**:

a) §§ 1923, 2108, 2160 BGB, wonach der Bedachte (Erbe, Nacherbe, Vermächtnisnehmer) **den Erbfall erleben muss**: Auch der im Erbvertrag Bedachte (Vertragserbe, vertragsmäßige Nacherbe oder Vermächtnisnehmer) muss den Erbfall erleben (ebenso BeckOGK/Röhl [1. 5. 2022] Rn 6).

5 **b)** §§ 1937–1959, 2176–2180 BGB über den **möglichen Inhalt letztwilliger Verfügun-**

gen und über **Anfall, Annahme und Ausschlagung** der Erbschaft oder des Vermächtnisses. Das Ausschlagungsrecht steht dem Bedachten auch dann zu, wenn er die Zuwendung in dem Erbvertrag angenommen hat, da hierin keine Annahme iSd §§ 1943, 2180 BGB liegt. Ein vertragsmäßiger Verzicht auf das Ausschlagungsrecht (gegenüber dem Erblasser) wäre nach §§ 1946, 2180 Abs 2 S 2 BGB unwirksam (ebenso BeckOGK/Röhl [1. 5. 2022] Rn 7.1). Gegenüber einem anderen künftigen gesetzlichen Erben des Erblassers ist das dagegen nach § 311b Abs 5 BGB möglich (Staudinger/Schumacher [2018] § 311b Rn 30). Auch gegenüber einem anderen künftigen *gewillkürten* Erben besteht eine solche Möglichkeit, allerdings nur, soweit sie über die gesetzlichen Erbteile nicht hinausgehen (hM, näher Staudinger/Schumacher [2018] § 311b Rn 34 mwN; **aA** Staudinger/Kanzleiter [2019] Rn 3).

c) §§ 2064–2076, 2084 ff BGB über die **Notwendigkeit der persönlichen Äußerung des letzten Willens** und über die **Auslegung letztwilliger Verfügungen**. Das gilt auch für die §§ 2074–2076 BGB über bedingte letztwillige Zuwendungen. Neben diesen Vorschriften sind auch beim Erbvertrag für bedingte Verfügungen die Vorschriften des Allgemeinen Teils maßgebend. Für die Frage, inwieweit die Beifügung einer Bedingung, die die Wirksamkeit der Verfügung von einer im Belieben eines Dritten stehenden Handlung oder Erklärung abhängig macht, zu deren Unwirksamkeit führt, gilt § 2065 BGB. Macht der Erblasser die Wirksamkeit der Verfügung durch auflösende Bedingung von einer in seinem eigenen Belieben stehenden Erklärung abhängig, so liegt tatsächlich keine erbvertragsmäßige, sondern eine einseitige Verfügung vor (vgl BGH NJW 1958, 498; ebenso BeckOGK/Röhl [1. 5. 2022] Rn 8). Zur Erstreckung der erbvertraglichen Bindung auf die Auslegungsregel des § 2069 BGB s § 2278 Rn 20. 6

Über § 2077 BGB **(Zuwendungen an den Ehegatten)** s § 2279 Abs 2 BGB (Rn 19 ff), über §§ 2078–2083 BGB **(Anfechtung)** s §§ 2281 ff BGB und die Erläuterungen hierzu. Die allgemeinen **Auslegungsregeln** in §§ 2084–2086 BGB gelten auch hier, doch wird § 2085 BGB (teilweise Unwirksamkeit) beim zweiseitigen Erbvertrag modifiziert durch § 2298 BGB (im Zweifel Gesamtnichtigkeit, Abs 1 und Abs 3). 7

Die §§ 2089 ff, 2157 BGB über die **Erhöhung oder Minderung der Bruchteile** von Erben oder Vermächtnisnehmern finden beim Erbvertrag nicht nur im Verhältnis mehrerer vertragsmäßig Bedachter untereinander, sondern auch im Verhältnis der vertragsmäßig Bedachten zu einseitig Bedachten (§ 2299 BGB) Anwendung; denn bei der Ermittlung des wirklichen Willens des Erblassers, der sich in der Bezeichnung der Bruchteile der von ihm eingesetzten Erben vergriffen hat, ist der ganze Inhalt des Erbvertrags in Betracht zu ziehen (Mot V 321 = Horn Rn 9; Planck/Greiff Anm 2a; ebenso BeckOGK/Röhl [1. 5. 2022] Rn 10). Dagegen kann das Recht des Vertragserben durch die Einsetzung weiterer Erben in einem Testament nicht beeinträchtigt werden (§ 2289 BGB; Mot V 321 = Horn Rn 9). 8

d) §§ 2094, 2095, 2158, 2159 BGB über die **Anwachsung** bei der Erbeinsetzung und beim Vermächtnis (s aber auch § 2088 BGB; Mot V 320 = Horn Rn 5 f). Die Anwachsung kommt im Allgemeinen nur dann in Betracht, wenn die mehreren Erben oder Vermächtnisnehmer in demselben Erbvertrag bedacht sind; sind sie dagegen in verschiedenen Erbverträgen oder einige durch Erbvertrag, andere durch letztwillige Verfügung berufen, so findet eine Anwachsung nicht statt, sofern der Erblasser dies 9 nicht bestimmt hat oder sich sein hierauf gerichteter Wille durch Auslegung ermitteln lässt (Mot V 320 f = HORN Rn 5 f; ebenso BeckOGK/RÖHL [1. 5. 2022] Rn 11).

10 **e)** §§ 2096–2099, 2190 BGB über **Ersatzerbfolge** und Ersatzvermächtnis finden ebenfalls Anwendung.

11 **f)** Auch §§ 2100–2146, 2191 BGB über **Nacherbfolge** und Nachvermächtnis greifen.

12 **g)** Sodann sind §§ 2147–2191 BGB über das **Vermächtnis** anzuwenden. Auch § 2169 BGB gilt über § 2279 BGB für ein Vermächtnis, das in einem Erbvertrag angeordnet ist (BGHZ 31, 13, 17 = NJW 1959, 2252 = DNotZ 1960, 209 m Anm von HIEBER = MDR 1960, 296 m Anm von BAUMGÄRTEL). § 2288 BGB verstärkt den Schutz des Vermächtnisnehmers (s § 2288 Rn 1).

13 **h)** Schließlich sind auch die §§ 2192–2196 BGB über die **Auflage** zu beachten; das ergibt sich direkt aus dem Wortlaut von Abs 1.

3. §§ 2265 ff

14 Die **Vorschriften über** das **gemeinschaftliche Testament** (§§ 2265–2272 BGB) können beim Erbvertrag (grundsätzlich) nicht entsprechend angewendet werden (Einl 79 zu §§ 2274 ff; ebenso BeckOGK/RÖHL [1. 5. 2022] Rn 3).

4. Willensmängel

15 Über **Willensmängel** und **Anfechtung** s Einl 73 ff zu §§ 2274 ff und die Erl zu den §§ 2281 ff BGB. Bei allen Willensmängeln ist zu unterscheiden, ob sie sich inhaltlich auf die Verfügung von Todes wegen oder nur auf deren Vertragsmäßigkeit, also auf die Bindung des Erblassers beziehen (STROHAL I § 45 Anm 2, 5; PLANCK/GREIFF Anm 2b).

III. Anwendung der allgemeinen Vorschriften für Rechtsgeschäfte und Verträge

16 Die allgemeinen Vorschriften über Rechtsgeschäfte sind auch auf den Erbvertrag anzuwenden, soweit die Spezialvorschriften über den Erbvertrag nichts anderes bestimmen. Dies gilt insbesondere für § 133 BGB (Auslegung), §§ 134, 138 BGB (Nichtigkeit wegen Verstoßes gegen ein gesetzliches Verbot oder gegen die guten Sitten) und §§ 158 ff BGB (Bedingung). Auch etwa § 116 BGB ist anwendbar (vgl RGZ 134, 325 [327]; NK-BGB/HÖLSCHER/KORNEXL[6] Rn 18).

17 Auch die Vorschriften des Allgemeinen Teils über Verträge sind anzuwenden, soweit es die besondere rechtliche Natur des Erbvertrags zulässt (Mot V 321 = HORN Rn 8; die Motive befassen sich dort mit dem Problem, dass auf den Erbvertrag gleichzeitig die Vorschriften über Verfügungen von Todes wegen und über Verträge anzuwenden sind). Anwendbar sind die §§ 154 Abs 1, 155 und 157 BGB (vgl BGHZ 106, 359 = DNotZ 1990, 50; BayObLG FamRZ 1991, 493; SOERGEL/ZECCA-JOBST[14] Rn 3), nicht dagegen die §§ 145 ff BGB (mit Ausnahme von § 147 Abs 1 BGB), weil beim Erbvertrag ein bindender Vertragsantrag ausgeschlossen ist (s § 2276 Abs 1 S 1 BGB, § 2276 Rn 3).

18 Da der Erbvertrag kein schuldrechtliches Rechtsgeschäft ist, können die Vorschriften über schuldrechtliche Verträge (§§ 311 ff BGB) insgesamt zumindest unmittelbar nicht angewendet werden (s dazu Einl 12 zu §§ 2274 ff, ferner für einzelne Vorschriften oder Gruppen von Vorschriften MünchKomm/Musielak[9] Vorbem 6, 19, 25, 27, 28 zu §§ 2274 ff).

IV. Erbvertrag zwischen Ehegatten, Lebenspartnern und Verlobten

1. Anwendung von § 2077

a) Allgemeines

19 § 2077 BGB ist schon aufgrund Abs 1 (OLG Stuttgart OLGZ 1976, 17 mwNw) auf einen Erbvertrag, in dem der Erblasser seinen Ehegatten, Lebenspartner oder Verlobten bedacht hat, entsprechend anzuwenden. Das gilt sowohl für einen Erbvertrag der Ehegatten oder Verlobten untereinander als auch für einen Erbvertrag mit einem Dritten, in dem der Erblasser seinem Ehegatten oder Verlobten eine Zuwendung gemacht hat (BGB-RGRK/Kregel Rn 3; Soergel/Zecca-Jobst[14] Rn 4; J Mayer/Sammet, in: Reimann/Bengel/Dietz[7] Rn 13).

20 Die (vertragsmäßige) Zuwendung an den Ehegatten oder Verlobten in einem solchen Erbvertrag ist also grundsätzlich (zur Widerlegung nach § 2077 Abs 3 s Rn 30) unwirksam, wenn die Ehe vor dem Tod des Erblassers aufgelöst worden ist oder die Voraussetzungen für die Scheidung der Ehe vorlagen und der Erblasser die Scheidung beantragt oder ihr zugestimmt oder wenn er (begründete) Klage auf Aufhebung der Ehe erhoben hatte oder wenn das Verlöbnis vor dem Tod des Erblassers (nicht durch seinen Tod) aufgelöst worden ist (bei Nichtigerklärung vor dem 1. 7. 1998 gilt nichts anderes, vgl § 2268 Rn 5 und 6). Diese Regelung beruht auf der Annahme, dass der Erblasser seinen Ehegatten oder Verlobten nur wegen dieser engen Beziehung zu ihm bedacht hat und dass er die Verfügung regelmäßig nicht getroffen hätte, wenn er vorausgesehen hätte, dass bei seinem Tod die Ehe oder das Verlöbnis nicht mehr bestand oder dass doch zu dieser Zeit die Auflösung der Ehe durch ihn veranlasst worden war. Der Gegenbeweis ist allerdings zulässig (§ 2077 Abs 3 BGB).

21 Wenn im Einzelfall bejaht werden soll, dass die Verfügungen iSv §§ 2279, 2077 BGB auch für den Fall Bestand haben sollen, wenn die Ehe zur Zeit des Erbfalls nicht mehr besteht, müssen besondere Umstände festgestellt werden; allein die Tatsache, dass die – später geschiedene – Ehe bei Abschluss des Erbvertrags bereits in der Krise war, reicht dazu nicht aus (OLG Zweibrücken NJW-RR 1998, 941, s dazu auch unten Rn 30 ff).

b) Wiederheirat

22 Der Erbvertrag lebt im Grundsatz nicht wieder auf, wenn die Ehegatten wieder heiraten (BayObLG NJW 1996, 133; NK-BGB/Hölscher/Kornexl[6] Rn 41; es kann aber ein Fall des § 2077 Abs 3 greifen, s Rn 30 ff und vgl zu diesen Fragen auch § 2268 Rn 9 f und § 2268 Rn 18 f).

c) Nichteheliche Lebensgemeinschaft

23 Noch nicht abschließend geklärt ist, ob § 2077 BGB greift, wenn die Beteiligten bei Vertragsschluss noch nicht verheiratet waren. Lag ein Verlöbnis vor, greift § 2077 BGB (DNotI-Report 8/2018, 57; NK-BGB/Hölscher/Kornexl[6] Rn 41; BeckOGK/Röhl [1. 5. 2022] Rn 18). Anders dürfte es aber liegen, wenn kein solches Verlöbnis vorgelegen hatte, insbesondere nur eine nichteheliche Lebensgemeinschaft vorgelegen hatte

(OLG Frankfurt ErbR 2016, 453). Wurde eine Verfügung in Erwartung späterer Eheschließung getroffen, dürfte ebenfalls kein Fall des § 2077 BGB gegeben sein (Staudinger/Otte [2019] § 2077 Rn 11; **aA** NK-BGB/Hölscher/Kornexl[6] Rn 41 unter Verweis auf BGH FamRZ 1961, 364; Staudinger/Kanzleiter [2019] Rn 12), denn in § 2077 BGB wird die Unwirksamkeit an Ehe oder Verlöbnis angeknüpft. Wer zunächst unverheiratet ist und sich später scheiden lässt, muss sich an seinen Verfügungen daher festhalten lassen. Es mag freilich gewisse Abgrenzungsschwierigkeiten geben zwischen Verlöbnis und einer sonstigen nichtehelichen Lebensgemeinschaft. Doppeltes Pech hatte entsprechend die von der geschiedenen Erblasserin zur Erbin eingesetzte Enkelin in dem Fall, über den das OLG Frankfurt am 7. 7. 2015 (ErbR 2016, 453) zugunsten des überlebenden geschiedenen Ehemannes entschieden hat: Der Erbvertrag wurde zwei Monate vor der Ehe geschlossen (und das Gericht lehnt die entsprechende Anwendung von §§ 2279, 2077 BGB auf die nichteheliche Lebensgemeinschaft generell ab) und die Anfechtungsfrist wurde verpasst (die Enkelin argumentierte, die Großmutter sei von der Unwirksamkeit des Erbvertrags aufgrund der Ehescheidung ausgegangen, s § 2283 Rn 17).

d) Tod des Antragsgegners vor Rechtskraft des Scheidungsbeschlusses

24 Umstr ist, welche Rechtsfolgen eintreten, **wenn vor Rechtskraft des Scheidungs- oder Aufhebungsbeschlusses** nicht der Ehegatte **verstirbt**, der den Scheidungsantrag gestellt (oder ihm zugestimmt bzw die Aufhebungsklage erhoben) hatte, sondern **der andere Ehegatte** (vgl zu dem parallelen Problem beim gemeinschaftlichen Testament § 2268 Rn 13). Eine Auffassung nimmt beim zweiseitigen Erbvertrag unter Heranziehung der §§ 2279, 2298 BGB (im Zweifel) Unwirksamkeit des Erbvertrages an (BGB-RGRK/Kregel Rn 3; MünchKomm/Musielak[9] Rn 8, 9; am weitesten gehend Planck/Greiff Anm 3, die auch beim einseitigen Erbvertrag Unwirksamkeit eintreten lassen wollten).

25 Diese – an sich wünschenswerte, mit Rücksicht auf die Möglichkeit zur Aufrechterhaltung jedenfalls unschädliche – Folgerung wird aber durch den Gesetzeswortlaut nicht mehr gedeckt. Denn nach § 2077 BGB ist eine Zuwendung nur unwirksam, wenn der zuwendende Ehegatte Scheidungsantrag gestellt hat und der Scheidungsantrag noch zu Lebzeiten des Erblassers zugestellt wurde (§ 167 ZPO = § 270 Abs 3 ZPO aF gilt nicht entsprechend, vgl BGHZ 11, 329, 331, 333 = FamRZ 1990, 1109; BGH FamRZ 1994, 1173, 1174; OLG Saarbrücken FamRZ 1983, 1274; MünchKomm/Musielak[9] Rn 7) bzw die Aufhebungsklage erhoben hatte.

26 Die Anwendung des § 2077 BGB auf den Erbvertrag kann nur bedeuten, dass es für die Frage der Unwirksamkeit darauf ankommt, ob der erstversterbende Ehegatte den Scheidungsantrag gestellt (ihm zugestimmt oder Aufhebungsklage erhoben) hatte (hM, wie hier: BayObLG NJW-RR 1990, 200; OLG Hamm FamRZ 1965, 78, 79 = JuS 1965, 158m zust Anm von Lange JuS 1965, 347; Dieterle BWNotZ 1970, 171; Schlüter § 25 III 3 b; Strohal I § 45 N 4; Staudinger/Dittmann[10/11] Rn 10; J Mayer/Sammet, in: Reimann/Bengel/Dietz[7] Rn 16; NK-/HölscherKornexl[6] Rn 49; Soergel/Zecca-Jobst[14] Rn 5; BeckOK/Litzenburger [1. 5. 2022] Rn 5; BeckOGK/Röhl [1. 5. 2022] Rn 23; Erman/S Kap ler/T Kappler[16] Rn 4; Muscheler ErbR Rn 2300; Lange/Kuchinke[5] § 25 VIII 2 Fn 289).

27 Stirbt während des Scheidungsverfahrens der andere Ehegatte, so bleiben daher dessen Verfügungen wirksam (will er sie beseitigen, muss er sie zu Lebzeiten anfechten, wenn er dem Scheidungsantrag nicht zustimmen will, oder – falls die Voraussetzungen der §§ 2294, 2335 BGB vorliegen – zurücktreten). Auch der überlebende Ehegatte muss dann gegebenenfalls darauf verwiesen werden, die für den Fall seines Todes getroffenen Anordnungen anzufechten (BayObLG NJW-RR 1990, 200; Soergel/ Zecca-Jobst[14] Rn 6; BeckOGK/Röhl [1. 5. 2022] Rn 23; Anfechtungsgrund: Die Anordnungen beruhten auf der Auffassung, die Ehe werde beim Tode des erstversterbenden Ehegatten nicht zerrüttet sein). Die erfolgreiche Anfechtung kann dann nach § 2298 BGB zur Unwirksamkeit des gesamten Erbvertrags und damit zum rückwirkenden Wegfall der Verfügungen des erstverstorbenen Ehegatten führen (Beispiel: Ehegatten setzten sich gegenseitig zu Alleinerben, der Überlebende einen einseitigen Sohn der Ehefrau zum Erben ein. Die Voraussetzungen zur Ehescheidung liegen vor, der Ehemann hatte Antrag auf Scheidung gestellt, die Ehefrau dem Antrag jedoch nicht zugestimmt. Verstirbt nun die Ehefrau, so wird sie vom überlebenden Ehemann allein beerbt, da die Erbeinsetzung wirksam bleibt. Will der Ehemann die Einsetzung des Sohnes der Ehefrau beseitigen, so muss er anfechten. Die erfolgreiche Anfechtung beseitigt dann rückwirkend seine eigene Berufung nach dem Tod der vorverstorbenen Ehefrau).

2. Zuwendungen an einen Dritten

§ 2279 Abs 2 BGB erweitert den Geltungsbereich des § 2077 BGB, indem er auch für Zuwendungen an einen Dritten in einem Erbvertrag zwischen Ehegatten, Lebenspartnern oder Verlobten einen Zusammenhang mit dem ehelichen Verhältnis, der Lebenspartnerschaft oder dem Verlöbnis unterstellt. Auch hier kommt Unwirksamkeit nach § 2077 BGB nicht in Frage, wenn der zuwendende Ehegatte das Scheidungs- oder Aufhebungsverfahren eingeleitet hatte, vor dessen rechtskräftiger Beendigung der andere Ehegatte verstirbt (Strohal I § 45 N 4, § 43 N 23; Dernburg V § 91 Anm 1; BeckOGK/Röhl [1. 5. 2022] Rn 24; **aA** Kretzschmar § 52 Anm 1; Crome V § 659 Anm 13; Planck/Greiff Anm 3; MünchKomm/Musielak[9] Rn 10; beim einseitigen Erbvertrag wie im Text, beim zweiseitigen dagegen **aA** BGB-RGRK/Kregel Rn 4), ebensowenig aber, wenn nicht der zuwendende Ehegatte, sondern nur der andere das Scheidungs- oder Aufhebungsverfahren eingeleitet hatte und der zuwendende Ehegatte während des Verfahrens verstirbt. 28

3. Gesamtunwirksamkeit

Soweit die Anwendung des § 2077 BGB zur Feststellung der Unwirksamkeit einer vertragsmäßigen Verfügung führt, kann dies nach § 2298 BGB, uU auch nach § 2085 BGB zur Unwirksamkeit des ganzen Erbvertrags führen. 29

4. Widerlegung

Auch wenn die Voraussetzungen des § 2077 Abs 1 oder 2 BGB vorliegen, **kann deren Auslegungsregel widerlegt werden** (§ 2077 Abs 3 BGB). Dies nahm das OLG Stuttgart (OLGZ 1976, 17) aufgrund des hypothetischen Erblasserwillens nach Scheidung und Wiederheirat zugunsten der im ersteehelichen Ehegattenerbvertrag (teilweise) eingesetzten Kinder an. Tatsächlich liegt die Widerlegung generell nicht fern, wenn der Bedachte dem Erblasser nahe stand (dies stellt J Mayer ZEV 1997, 280, 281 als Tendenz der Rechtsprechung fest); wichtigster Beispielsfall dafür sind die Kinder und Enkel (s den Fall des OLG München ZEV 2008, 290 = FamRZ 2008, 1288 = FGPrax 2008, 116, in dem die Ehegatten die Kinder schon zu Erben des Erstversterbenden eingesetzt hatten, insoweit kritisiert Purru- 30 cker ZEV 2008, 291 zu Recht; trotzdem kommt das OLG München zum richtigen Ergebnis, weil durch die Ehescheidung die Bindung weggefallen war, s im Folgenden). Die Widerlegung setzt dann keine konkreten Feststellungen über die Vorstellungen beim Abschluss des Erbvertrags voraus (**anders** aufgrund der konkreten Situation – auch aus der zweiten Ehe des wiederverheirateten Erblassers war ein Kind vorhanden – LG Tübingen BWNotZ 1986, 67), auch ein nur hypothetischer Wille der Erblasser geht vor.

31 Regelmäßig fällt aber die erbvertragliche Bindung weg (so jedenfalls richtig OLG Hamm OLGZ 1994, 326 = ZEV 1994, 367 m Anm J Mayer, s dazu auch Kanzleiter ZEV 2005, 181, 183; im Ergebnis ebenso OLG Stuttgart FamRZ 2012, 480; anders die Vorinstanz zu OLG München FamRZ 2008, 1288 = ZEV 2008, 290). Das gilt auch für den Fall der Rücknahme des Scheidungsantrags: Grundsätzlich haben die Verfügungen dadurch nicht wieder Bestand (OLG Düsseldorf ErbR 2019, 438). Umgekehrt liegt es auch nahe, dass die Enterbung bestimmter Personen weitergelten soll (s OLG München DNotZ 2006, 132: Enterbung einseitiger Verwandter, zu denen ein dauerhaft schlechtes Verhältnis bestanden hat). S außerdem § 2268 Rn 15 ff.

32 Trotz der Auslegungsregel der §§ 2077, 2279 Abs 2 BGB muss dem Erblasser insgesamt geraten werden, in jedem Fall ausdrücklich neu zu testieren, worauf das BayObLG (FamRZ 2001, 944) hinweist.

§ 2280
Anwendung von § 2269

Haben Ehegatten oder Lebenspartner in einem Erbvertrag, durch den sie sich gegenseitig als Erben einsetzen, bestimmt, dass nach dem Tode des Überlebenden der beiderseitige Nachlass an einen Dritten fallen soll, oder ein Vermächtnis angeordnet, das nach dem Tode des Überlebenden zu erfüllen ist, so findet die Vorschrift des § 2269 entsprechende Anwendung.

Materialien: E II § 2147 rev § 2254; E III § 2253; Prot V 406; Jakobs/Schubert ER II 1776–1779; vgl Horn 1109.

Systematische Übersicht

I. Bedeutung der Vorschrift

1 § 2280 BGB erklärt die Auslegungsregeln, die § 2269 BGB für das sog „Berliner Testament“ und für bestimmte Vermächtnisse aufstellt, bei gleichartigen Erbverträgen für entsprechend anwendbar. Im Allgemeinen kann daher auf die Erläuterungen zu § 2269 BGB verwiesen werden. Auch wenn sich Ehegatten in einem Erbvertrag gegenseitig als Erben eingesetzt und bestimmt haben, dass nach dem Tode des Überlebenden der beiderseitige Nachlass an einen Dritten fallen soll, so ist im Zweifel – also vorbehaltlich des Gegenbeweises oder anderweitiger Bestimmung – anzunehmen, dass der Dritte für den gesamten Nachlass als Vollerbe des zuletzt versterbenden Ehegatten eingesetzt ist (Einheitslösung), nicht etwa als Nacherbe des Zuerstversterbenden und Ersatzerbe des Zuletztversterbenden (Trennungsprinzip). Die Anordnungen sind also im Zweifel so zu verstehen, dass jeder Teil den anderen zum Vollerben einsetzt und zugleich für den Fall, dass er der Überlebende sein sollte, den Dritten zu seinem Ersatzerben beruft.

Wenn die Ehegatten in einem solchen Erbvertrag ein Vermächtnis angeordnet haben, das nach dem Tode des Überlebenden erfüllt werden soll, so ist im Zweifel anzunehmen, dass das Vermächtnis erst mit dem Tode des Überlebenden anfallen soll, dem Bedachten vorher also kein – auch kein aufschiebend bedingter – Anspruch zusteht (BeckOGK/Röhl [1. 5. 2022] Rn 3; Werneburg DNotZ 1916, 209). 2

§ 2280 BGB enthält, wie § 2269 BGB, nur eine **Auslegungsregel** (OLG Oldenburg HEZ 1, 107 = NdsRpflege 1947, 86; BayObLGZ 1986, 242, 248 = FamRZ 1986, 1151; BeckOGK/Röhl [1. 5. 2022] Rn 4). Wird sie nicht widerlegt, so ist der überlebende Ehegatte Vollerbe und kann über das beiderseitige Vermögen unter Lebenden frei verfügen (die §§ 2287 f BGB sind freilich anwendbar). Der überlebende Ehegatte wird durch § 2290 Abs 1 S 2 BGB auch nicht gehindert, mit dem im Erbvertrag Bedachten einen Erbverzichtsvertrag zu schließen (KG RJA 15, 183 = OLG 36, 237; vgl im Übrigen die Erl zu § 2290). 3

II. Zweifelsfragen

Anders als ein gemeinschaftliches Testament können auch **Nichtehegatten** einen Erbvertrag errichten, und zwar selbstverständlich auch mit einem Inhalt, der § 2280 BGB entspricht, also mit gegenseitiger Erbeinsetzung und der Bestimmung, dass mit dem Tod des Überlebenden der beiderseitige Nachlass an einen Dritten fallen soll. In einem solchen Fall gilt in entsprechender Anwendung die Auslegungsregel des § 2280 BGB auch dann, wenn zwischen den Vertragschließenden ein ähnlich **starkes Vertrauensverhältnis** wie zwischen Ehegatten besteht (BGH NJW-RR 1998, 577 [578] für zwei Schwestern; OLG Köln FamRZ 1974, 387; BayObLG FamRZ 1986, 1151; jurisPK/B Hamdan/M Hamdan[9] Rn 2; BeckOK/Litzenburger [1. 5. 2022] Rn 4; MünchKomm/Musielak[9] Rn 4; BeckOGK/Röhl [1. 5. 2022] Rn 11; Lange/Kuchinke § 25 VIII 2 Fn 285; **aA** NK/Hölscher/Kornexl[6] Rn 5 ff und Erman/S Kappler/T Kappler[16] Rn 2 – beide mit konsequenter Ausnahme von der ablehnenden Ansicht für Verlobte; wiederum anders Soergel/Zecca-Jobst[14] Rn 2: auch ohne starkes Vertrauensverhältnis). 4

Nicht anwendbar ist § 2280 BGB, wenn einer der Vertragschließenden nur einseitig verfügt (§ 2299 BGB) oder wenn die Ehegatten (für den ersten Erbfall) noch andere Personen zu Erben einsetzen. Im letzteren Fall ist die Vorschrift auch nicht entsprechend heranzuziehen (s § 2269 Rn 40 f; **aA** Staudinger/Kanzleiter [2019] Rn 4). 5

Wenn die Regel des § 2280 BGB anzuwenden ist, können **Pflichtteilsberechtigte** des erstversterbenden Ehegatten bei dessen Tod ihren Pflichtteil fordern, selbst wenn sie im Erbvertrag als Erben des überlebenden Ehegatten berufen sind, da sie beim Tode des erstversterbenden Ehegatten keine Zuwendung erhalten haben (vgl wegen der möglichen Gestaltungen § 2269 Rn 104 ff). 6

7 Setzen sich Ehegatten gegenseitig zu Erben ein und verweisen Kinder für den Fall, dass sie den Erbvertrag anfechten sollten, für den zweiten Erbfall auf den Pflichtteil, so kann daraus allein noch nicht entnommen werden, dass sie zu Erben des überlebenden Ehegatten eingesetzt sein sollen, wenn sich eine **Auslegung** in diesem Sinne nicht noch auf andere Umstände stützen kann (OLG Düsseldorf FamRZ 2014, 1231; OGH MDR 1950, 669; BeckOGK/Röhl [1. 5. 2022] Rn 13 mwN). Wenn bei gegenseitiger Erbeinsetzung Erben des Überlebenden die Kinder werden sollen, die beim Tod des Erstversterbenden den Pflichtteil nicht verlangen, ist der Erbvertrag nach § 2280 BGB auszulegen (BayObLGZ 19, A 307 vgl auch BGHZ 22, 364; zur durch Auslegung ermittelten Schlusserbenberufung der Kinder s OLG Hamm JMBl NRW 1960, 125; OLG München FamRZ 2012, 398; insgesamt vgl § 2269 Rn 42 ff).

§ 2281
Anfechtung durch den Erblasser

(1) Der Erbvertrag kann aufgrund der §§ 2078, 2079 auch von dem Erblasser angefochten werden; zur Anfechtung aufgrund des § 2079 ist erforderlich, dass der Pflichtteilsberechtigte zur Zeit der Anfechtung vorhanden ist.

(2) Soll nach dem Tode des anderen Vertragschließenden eine zugunsten eines Dritten getroffene Verfügung von dem Erblasser angefochten werden, so ist die Anfechtung dem Nachlassgericht gegenüber zu erklären. Das Nachlassgericht soll die Erklärung dem Dritten mitteilen.

Materialien: E I § 1948 Abs 1; E II § 2148 Abs 1, 3 rev § 2255; E III § 2254; Mot V 322; Prot V 385, 395 ff, 418; Jakobs/Schubert ER II 1758–1778; Horn 1110 ff.

Schrifttum

Bengel, Zum Verzicht des Erblassers auf Anfechtung bei Verfügungen von Todes wegen, DNotZ 1984, 132
Dohr, Überwindung der aufgrund gemeinschaftlichen Testaments oder Erbvertrages entstandenen erbrechtlichen Bindungswirkung, MittRhNotK 1998, 381
Dressel, Zur Anfechtung eines Erbvertrages durch den überlebenden Ehegatten, AgrarR 1974, 189
Gather, Aufhebung und Anfechtung letztwilliger Verfügungen, DWW 1973, 62
Jversen, Die Selbstanfechtung beim gemeinschaftlichen Testament, ZEV 2004, 55
Kanzleiter, Der Irrtum über die Bindungswirkung als Grundlage der Selbstanfechtung von wechselbezüglichen Verfügungen in einem gemeinschaftlichen Testament durch den Erblasser, MittBayNot 2012, 264
ders, Die Anfechtung wegen Übergehens eines Pflichtteilsberechtigten nach §§ 2079, 2281 BGB bei Erbvertrag und gemeinschaftlichem Testament, DNotZ 2016, 745
Karpf, Das Selbstanfechtungsrecht des Erblassers beim Erbvertrag (Diss Bayreuth 1993)
Keim, Wiederaufleben früherer letztwilliger Verfügungn durch Selbstanfechtung beim gemeinschaftlichen Testament, MittBayNot 2018, 211
Krebber, Die Anfechtbarkeit des Erbvertrags wegen Motivirrtums – Ein Beitrag zum Verständnis des Erbvertrags – DNotZ 2003, 20
Mankowski, Selbstanfechtungsrecht des Erblas-

sers beim Erbvertrag und Schadensersatzpflicht nach § 122 BGB, ZEV 1998, 46
Musielak, Der Irrtum des Erblassers und der Erben, ZEV 2016, 353
Otte, Testamentsanfechtung nach § 2079 BGB wegen Anfechtung eines Pflichtteilsverzichts?, ZEV 2011, 233
Peter, Anfechtung oder Zuwendungsverzicht, BWNotZ 1977, 113
Rohlfing/Mittenzwei, Der Erklärungsgegner bei der Anfechtung eines Erbvertrags oder gemeinschaftlichen Testaments, ZEV 2003, 49
Sammet/Graf Wolffskeel v Reichenberg, Wechselbezügliche Verfügungen Minderjähriger und das Gesetz zur Bekämpfung von Kinderehen, ZEV 2019, 510
Schubert/Czub, Die Anfechtung letztwilliger Verfügungen, JA 1980, 257, 334
Veit, Die Anfechtung von Erbverträgen (Diss München 1991)
ders, Die Anfechtung von Erbverträgen durch den Erblasser, NJW 1993, 1553
Vollmer, Gemeinschaftliches Testament und Erbvertrag bei nachträglicher Geschäftsunfähigkeit – Lösungswege bei bindenden Verfügungen, ZErb 2007, 235.

Systematische Übersicht

Alphabetische Übersicht

I. Allgemeines

1. Geltende Vorschriften

1 Für die Anfechtung eines Erbvertrags gelten nach § 2279 BGB zunächst die Vorschriften über die Anfechtung letztwilliger Verfügungen, also vor allem die §§ 2078 ff BGB. Jedoch werden diese beim Erbvertrag geändert und ergänzt durch die §§ 2281–2285 BGB. Von diesen betreffen die §§ 2281–2284 BGB die Anfechtung durch den Erblasser, § 2285 BGB die Anfechtung durch andere Personen. Soweit die Spezialvorschriften des Erbrechts nichts anderes bestimmen, gelten außerdem ergänzend die allgemeinen Vorschriften der §§ 119 ff, 142 ff BGB (zur Frage, wie sich die Anfechtung einzelner Verfügungen auf den ganzen Erbvertrag auswirkt, s insb Rn 3, 40, 46).

2. Selbstanfechtungsrecht beim Erbvertrag

Der Hauptunterschied zwischen der Regelung der Anfechtung beim Erbvertrag und der beim Testament ist der, dass beim Erbvertrag auch dem Erblasser selbst das Anfechtungsrecht eingeräumt ist (§ 2281 Abs 1 BGB), während beim Testament das stärkere Recht des jederzeitigen freien Widerrufs das Anfechtungsrecht für den Erblasser entbehrlich macht. Die Motive (Mot V 323 = Horn § 2279 Rn 15) begründen die Gewährung des Anfechtungsrechts an den Erblasser damit, dass er durch den Fortbestand des Vertrags, zu dessen Abschluss er durch einen Irrtum oder widerrechtlich durch Drohung oder durch unwissentliche Übergehung eines Pflichtteilsberechtigten veranlasst worden ist, in seinen Rechten beeinträchtigt werde. Den Gesichtspunkt, dass die nach dem Abschluss des Erbvertrags dem Erblasser bekannt gewordenen Umstände oder die neu hinzutretenden Pflichtteilsberechtigten bis zum Erbfall wieder wegfallen könnten, hält der Gesetzgeber nicht für durchgreifend: „Denn es ist anzunehmen, der Verfügende würde einen Erbvertrag überhaupt nicht abgeschlossen haben, wenn ihm die Änderung der Sachlage, welche durch den Wegfall der ihn zur Verfügung bestimmenden Tatsache eingetreten ist, bekannt gewesen wäre. Dazu kommt, dass der Verfügende ein höchst beachtenswertes Interesse haben kann, während seiner Lebenszeit feststellen zu lassen, dass der Erbvertrag unwirksam ist, damit er für eine anderweitige Verfügung Sicherheit gewinne.“ 2

3. Rücktritt im Unterschied zur Anfechtung

Von der Anfechtung ist der Rücktritt vom Erbvertrag zu unterscheiden (§§ 2293 ff BGB): Dieser muss im Allgemeinen im Erbvertrag selbst vorbehalten sein (§ 2293 BGB); nur für einige Fälle einer besonders einschneidenden Änderung der Verhältnisse gewährt das Gesetz selbst das Rücktrittsrecht (§§ 2294, 2295 BGB). **Rücktritts- und Anfechtungsgrund können sich allerdings überschneiden**, etwa bei einem Irrtum des Erblassers über die Erfüllung einer vom Vertragserben im Erbvertrag übernommenen Verpflegungsverpflichtung. Deshalb kann eine Rücktrittserklärung in eine Anfechtungserklärung umgedeutet werden (RG DNotZ 1935, 678; jurisPK/B Hamdan/M Hamdan[9] Rn 8; BeckOGK/Röhl [1. 5. 2022] Rn 7) und umgekehrt. Die Anfechtung muss auch nicht den gesamten Erbvertrag erfassen, sondern kann sich auch nur gegen einzelne Verfügungen richten (jurisPK/B Hamdan/M Hamdan[9] Rn 3, s auch Rn 40, 46). 3

II. Anfechtungsberechtigte

1. Der Erblasser selbst

Zur Anfechtung ist in erster Linie der Erblasser selbst berechtigt (Abs 1). Sein Anfechtungsrecht beschränkt sich auf **vertragsmäßige Verfügungen**. Denn einseitige Verfügungen kann er jederzeit widerrufen, für sie gilt nicht § 2281 Abs 1 BGB (jurisPK/B Hamdan/M Hamdan[9] Rn 4), sondern § 2299 Abs 2 BGB (der Widerruf einseitiger Verfügungen bedarf eines Testaments, §§ 2253, 2254 BGB; die §§ 2255, 2256 BGB sind beim Erbvertrag nicht anwendbar). Da bei Verfügungen von Todes wegen (im Gegensatz zu Rechtsgeschäften unter Lebenden, §§ 119 ff BGB) in der Regel nur die Anfechtung durch Dritte zugelassen ist (§§ 2078 ff BGB), kann man die Anfechtung durch den Erblasser, die beim Erbvertrag ausnahmsweise gestattet ist, als „**Selbstanfechtung**“ bezeichnen. 4

2. Dritte

5 § 2281 Abs 1 BGB schließt das Anfechtungsrecht anderer Personen nicht aus (dies ergibt sich aus der Formulierung „auch“). Auch **Dritte** sind daher nach den allgemeinen Vorschriften der §§ 2078 f, 2080, 2279 BGB zur Anfechtung des Erbvertrags berechtigt, soweit ihnen dessen Aufhebung unmittelbar zustatten kommen würde (§ 2080 Abs 1 BGB; Ausnahme: § 2080 Abs 2 BGB), aber im Unterschied zum Erblasser erst nach dessen Tode, also nach dem Erbfall.

6 Im Falle des **§ 2079 BGB** (unwissentliche Übergehung eines Pflichtteilsberechtigten) steht das Anfechtungsrecht – außer dem Erblasser – nur dem Pflichtteilsberechtigten zu (§ 2080 Abs 3 BGB), und zwar dem zur Zeit des Erbfalls Pflichtteilsberechtigten (§ 2079 BGB); denn § 2281 Abs 1 HS 2 BGB bezieht sich nur auf die Anfechtung durch den Erblasser (ebenso BeckOGK/Röhl [1. 5. 2022] Rn 38). Nach § 2285 BGB können Dritte den Erbvertrag nicht mehr gemäß §§ 2078, 2079 BGB anfechten, wenn das Anfechtungsrecht des Erblassers zur Zeit des Erbfalls erloschen ist, sei es durch Bestätigung des Erbvertrags (§§ 144, 2284 BGB), sei es durch Fristablauf (§ 2283 BGB); zu den Einzelheiten s die Erläuterungen zu § 2285 BGB.

7 Ist mit dem Erbvertrag ein anderer Vertrag verbunden (§ 2295 BGB), so steht jedem Teil hinsichtlich dieses Vertrags ein besonderes Anfechtungsrecht nach den allgemeinen Vorschriften für die Rechtsgeschäfte unter Lebenden zu (MünchKomm/Musielak[9] Rn 2; Hellwig 655; Planck/Greiff Anm 1). Soweit in manchen, auch Kommentierungen jüngeren Datums, § 2277 Abs 1 S 2 BGB zitiert wird (etwa BeckOGK/Röhl [1. 5. 2022] Rn 6), geht das fehl: § 2277 BGB wurde mit Wirkung zum 1. 1. 2009 aufgehoben.

3. Der Vertragspartner

8 Für den Vertragspartner, der bloß die Verfügungen des Erblassers annimmt, gilt § 2281 Abs 1 BGB nicht. Dieser kann die Verfügungen des Erblassers nur nach den §§ 2078, 2079, 2279 BGB – nach dem Tode des Erblassers – anfechten, wenn ihm der Wegfall des Erbvertrags oder einer in ihm enthaltenen Verfügung unmittelbar zustatten käme. Außerdem kann er in seiner Eigenschaft als Vertragschließender vor oder nach dem Tod des Erblassers seine eigenen Erklärungen in dem Erbvertrag nach den allgemeinen Vorschriften der §§ 119 ff, 142 ff BGB wegen eines eigenen Irrtums usw anfechten (Strohal § 45 N 6; Planck/Greiff Anm 1; NK-BGB/Hölscher/Kornexl[6] Rn 6; BeckOK/Litzenburger [1. 5. 2022] Rn 4; **aA** noch Hellwig 638, 657; Endemann III § 85 IV b, die dem Vertragsgegner als solchem kein Anfechtungsrecht zugestehen wollten). Freilich wird das Anfechtungsrecht schon nach den allgemeinen Grundsätzen kaum je gegeben sein, denn der nur annehmende Teil wird kaum je arglistig getäuscht sein – § 123 BGB – oder bei Kenntnis der wahren Sachlage bei verständiger Würdigung seine Erklärung nicht abgegeben haben – § 119 BGB. Da mit der Anfechtung durch den Vertragspartner nur dessen Erklärung unwirksam wird, ist die Umdeutung des Erbvertrags in ein Testament des Erblassers möglich (NK-BGB/Hölscher/Kornexl[6] Rn 6).

III. Anfechtungsvoraussetzungen

1. Überblick

Nach §§ 2078, 2079, 2279, 2281 Abs 1 BGB kann der Erbvertrag angefochten werden, wenn und soweit der Erblasser über den Inhalt seiner Erklärung im Irrtum **(Inhaltsirrtum)** war oder eine Erklärung dieses Inhalts überhaupt nicht abgeben wollte und anzunehmen ist, dass er die Erklärung bei Kenntnis der Sachlage nicht abgegeben hätte **(Erklärungsirrtum)**; ferner, soweit er zu der Verfügung durch die irrtümliche Annahme oder Erwartung des Eintritts oder Nichteintritts eines Umstandes **(Motivirrtum)** oder widerrechtlich durch **Drohung** bestimmt worden ist; endlich, wenn der Erblasser einen zur Zeit der Anfechtung (Abs 1 im Gegensatz zu § 2079 BGB) vorhandenen **Pflichtteilsberechtigten übergangen** hat, dessen Existenz ihm bei der Errichtung des Erbvertrags nicht bekannt war oder der erst nach der Errichtung geboren oder pflichtteilsberechtigt geworden ist, es sei denn, dass anzunehmen ist, dass der Erblasser die Verfügung auch bei Kenntnis der Sachlage getroffen hätte (s im Einzelnen Rn 11 ff). 9

Über die Voraussetzungen der Anfechtung nach den §§ 2078, 2079 BGB im Einzelnen s auch die Erläuterungen zu diesen Vorschriften. 10

2. Arglistige Täuschung

Durch §§ 2078, 2079, 2279, 2281 BGB ist die rechtliche Bedeutung eines Irrtums des Erblassers beim Erbvertrag selbständig und so umfassend geregelt, dass auch der Fall einer arglistigen Täuschung des Erblassers einbezogen ist und für die Anwendung der §§ 119, 123 BGB kein Raum bleibt. Hieraus folgt, dass ein Irrtum, der auf arglistiger Täuschung beruht, die Anfechtung auch dann rechtfertigt, wenn die Täuschung nicht vom Vertragsgegner des Erblassers, sondern ohne dessen Kenntnis von einem Dritten verübt worden ist. E I § 1948 Abs 1, der § 123 Abs 2 BGB für anwendbar erklären wollte, ist nicht in das Gesetz aufgenommen worden (Prot V 385 f = Horn § 2279 Rn 24). Wohl aber können die §§ 119, 123 BGB – ausnahmsweise – eine Anfechtung wegen Irrtums oder arglistiger Täuschung des annehmenden Teils begründen (s Rn 9). 11

3. Irrtum über die Tragweite eines Erbvertrags

Der Fall, dass der Erblasser eine Erklärung dieses Inhalts überhaupt nicht abgeben wollte, liegt auch vor, wenn er sich **nicht vertragsmäßig binden wollte** oder wenn er sich **über die Tragweite eines Erbvertrags nicht klar** war und bei Kenntnis der Rechtsfolgen eines Erbvertrags einen solchen nicht geschlossen hätte (OLG Colmar ZBlFG 14, 473; BayObLG MittBayNot 1998, 110 = MittRhNotK 1997, 401; ebenso BeckOGK/Röhl [1. 5. 2022] Rn 21). Die Umdeutung des angefochtenen Erbvertrags in ein Testament ist in diesem Falle möglich. 12

4. Motivirrtum

Als Irrtum iSv § 2078 Abs 2 BGB können auch **irrige unbewusste Vorstellungen oder Erwartungen** angesehen werden (BGHZ 4, 95; RG WarnR 1931, Nr 50). Da auch die irr- 13 tümliche Annahme des Eintritts bestimmter Voraussetzungen zur Anfechtung berechtigt, ist die Selbstanfechtung des Erblassers möglich, wenn der Vertragsgegner oder der Bedachte von ihm erwartete Leistungen nicht in der erwarteten Weise erbringt (BGH BWNotZ 1961, 181; BayObLGZ 1963, 260 = NJW 1964, 205) oder wenn der Erblasser annimmt, die Beziehungen zum Bedachten würden sich bessern (BGH FamRZ 1973, 539) oder es würde zwischen dem Erblasser und dem Bedachten nicht zu einer Zerstörung des persönlichen Vertrauensverhältnisses kommen, die zu einer gerichtlichen Auseinandersetzung führt (BayObLG FamRZ 1998, 1625 = NJW-RR 1999, 86).

14 Bei der Anfechtung eines Erbvertrags durch den Erblasser wegen eines bereits bei Errichtung des Erbvertrags bestehenden Irrtums im Beweggrund kommt es allein auf die Vorstellungen des Erblassers mit allen Besonderheiten seiner Persönlichkeit an (BGH FamRZ 1983, 898). Im Rahmen des § 2078 Abs 2 BGB können aber nur solche Irrtümer die Anfechtung rechtfertigen, die bewegender Grund für den letzten Willen waren (BGH NJW-RR 1987, 1412, 1413; BayObLG 2001, 1254, 1255; OLG München ZEV 2007, 530). Eine irrige Annahme oder Erwartung iSv § 2078 Abs 2 BGB liegt nicht vor, wenn der Erblasser die künftige Entwicklung als letztlich ungewiss ansieht und deshalb in seinem Testament Regelungen für verschiedene Möglichkeiten der künftigen Entwicklung trifft (BayObLG FamRZ 2001, 873 = BayObLGZ 2001, 279). Dabei können nicht nur ausdrücklich genannte, sondern auch unbewusste Vorstellungen des Erblassers und solche, die auf nicht konkreten, aber als selbstverständlich angenommenen Voraussetzungen beruhen, enttäuscht werden, was ggf zur Anfechtung gemäß § 2078 Abs 2 BGB berechtigt (BGH FamRZ 1983, 898; BayObLG FamRZ 1984, 1270, 1271; MünchKomm/Musielak[9] Rn 10).

15 Es trifft zu, dass eine präzise Grenzziehung aufgrund der in Rn 13 f genannten Kriterien nicht möglich ist (Veit NJW 1993, 1553, 1555 f; wie ist zB der Fall einzuordnen, dass bei Abschluss des Erbvertrags die Möglichkeit der deutschen Wiedervereinigung nicht bedacht wurde?). Sie ist aber auch nicht erforderlich: Die Überlegungen, die der gesetzlichen Regelung zugrunde liegen, lassen es zu, für das Recht zur Selbstanfechtung des Erblassers auf dessen hypothetischen Willen abzustellen, ohne dass es darauf ankommt, ob die Umstände, von denen die Wirklichkeit oder der tatsächliche spätere Verlauf abgewichen sind, beim Erblasser zu „unbewussten Vorstellungen" iS insbesondere der Rspr geführt haben (vgl Veit NJW 1993, 1553, 1555 f). Die Rspr des BGH dürfte zu identischen Ergebnissen kommen, wenn sie „selbstverständliche Vorstellungen" beim Erblasser genügen lässt.

5. Übergehung eines Pflichtteilsberechtigten

16 Bei der Anfechtung wegen unwissentlicher Übergehung eines Pflichtteilsberechtigten (§ 2079 BGB) ist es nach § 2281 Abs 1 HS 2 BGB im Gegensatz zu § 2079 BGB (wonach der Pflichtteilsberechtigte zur Zeit des Erbfalls vorhanden sein muss) für die Selbstanfechtung erforderlich (und genügend), dass der Pflichtteilsberechtigte zur Zeit der Anfechtung vorhanden ist, dh dass er am Leben ist und pflichtteilsberechtigt wäre, wenn der Erblasser zur Zeit der Anfechtung versterben würde (ebenso, aber ohne die Vorkommentierung von Kanzleiter zu zitieren, BeckOGK/Röhl [1. 5. 2022] Rn 32; **aA** NK-BGB/Hölscher/Kornexl[6] Rn 45, aber die Gegenansicht kann nicht richtig sein, denn es wäre absurd, wenn der Erblasser bei jeder Geburt eines Enkel- oder gar Urenkelkinds anfechten könnte, obwohl nähere Abkömmlinge vorhanden sind; das widerspräche auch dem Grundsatz aus

§ 2309). Ein Irrtum des Erblassers über den erbvertraglichen Ausschluss des Anfechtungsrechts wegen Übergehung eines Pflichtteilsberechtigten (§ 2079 BGB) kann ihn als Rechtsirrtum zur Anfechtung nach § 2078 BGB berechtigen. Besteht beim Erblasser außerdem ein Irrtum über die Bindungswirkung des Erbvertrags, der ihn gem § 2078 Abs 1 BGB zur Anfechtung berechtigen kann, so stehen beide Anfechtungsgründe selbständig nebeneinander (BayObLG MittBayNot 1998, 110 = MittRhNotK 1997, 401).

Dem Erblasser soll durch die Selbstanfechtung die Möglichkeit gegeben werden, eine Klärung schon zu seinen Lebzeiten herbeizuführen, da er ohne das Recht der Selbstanfechtung befürchten müsste, dass der Pflichtteilsberechtigte den Erbvertrag dann nach seinem Tode anficht (Mot V 323 = Horn § 2279 Rn 15; Planck/Greiff Anm 2b; BGH NJW 1970, 279 = DNotZ 1970, 167). Davon unabhängig soll das Selbstanfechtungsrecht dem Erblasser die Möglichkeit geben, seine Erbregelung so zu korrigieren, wie er dies mit Rücksicht auf den neu hinzugetretenen Pflichtteilsberechtigten für richtig hält. Das dem Erblasser eingeräumte Anfechtungsrecht wird deshalb (nach Voraussetzungen und Wirkungen) nicht allein durch den Schutz und das Interesse des Pflichtteilsberechtigten bestimmt, sondern dient auch dem Interesse des Erblassers selbst (BGH NJW 1970, 279 = LM Nr 2 zu § 2079 BGB = WarnR 1969 Nr 321). Das Interesse des Erblassers steht sogar im Vordergrund, von ihrer Rechtfertigung her steht die Anfechtung wegen Übergehung eines Pflichtteilsberechtigten der Anfechtung wegen Irrtums gleich, ja sie ist ein Sonderfall der Irrtumsanfechtung (BGH FamRZ 1960, 29). 17

Da es nach dem Gesetz nur auf das Pflichtteilsrecht zur Zeit der Anfechtung ankommt, bleibt die Anfechtung wirksam, auch wenn der **Pflichtteilsberechtigte oder sein Pflichtteilsrecht vor dem Erbfall wegfällt** oder wenn er aus der Erbschaft des anfechtenden Erblassers nichts erhält (BGH FamRZ 1970, 82; NK-BGB/Hölscher/Kornexl[6] Rn 43 f; Planck/Greiff Anm 2b; Küntzel Gruchot 41, 608; Hellwig 656; Strohal § 45 N 9, der aber die Bestimmung de lege ferenda beanstandet und meint, die Anfechtung sollte nur insoweit wirksam sein, als sie dem übergangenen Pflichtteilsberechtigten wirklich zugutekommt). 18

Wenn jemand mit seinem Ehegatten einen Erbvertrag schließt, sich scheiden lässt und wieder heiratet, so kann er den Erbvertrag – soweit dieser nicht ohnehin nach §§ 2077, 2279 Abs 2 BGB (s § 2279 Rn 19 ff) unwirksam ist – nach §§ 2079, 2281 BGB anfechten (BayObLGZ 21, A 10). Wenn aber ein Erblasser nach Abschluss eines Erbvertrags zugunsten eines Kindes oder eines anderen Verwandten eine Ehe eingeht, die er schon beim Abschluss des Erbvertrags im Sinn gehabt hat, so soll er den Erbvertrag dann (aber auch nur dann) anfechten können, wenn er darlegt, dass er beim Vertragsschluss nicht gewusst hat, dass die Heirat für den Ehegatten ein Pflichtteilsrecht begründen werde (OLG Celle OLGE 34, 313; richtigerweise ist in einem solchen Fall die Anfechtung überhaupt ausgeschlossen). 19

Kein Anfechtungsrecht nach §§ 2079, 2281 BGB hat der Erblasser nach zutreffender Auffassung, wenn er einem Pflichtteilsberechtigten, zu dessen Enterbung er berechtigt war, nach § 2336 BGB durch den Erbvertrag den **Pflichtteil entzogen** (und andere Personen zu Erben eingesetzt) hat und **später das Recht zur Entziehung des Pflichtteils wegfällt**, etwa durch Besserung oder Verzeihung (§§ 2336 Abs 4, 2337 BGB): Hat sich der Erblasser für einen solchen Fall nicht den Rücktritt vorbehalten oder anderweitig Vorsorge getroffen, so kann er weder nach §§ 2079, 2281 BGB anfechten noch 20 vom Erbvertrag zurücktreten, §§ 2293 ff BGB (ebenso BeckOGK/Röhl [1. 5. 2022] Rn 36; **aA** MünchKomm/Musielak[9] Rn 14; BeckOK/Litzenburger [1. 5. 2022] Rn 12; Erman/S Kappler/T Kappler[16] Rn 5; J Mayer/Dietz in: Reimann/Bengel/Dietz[7] Rn 20). Eine Anfechtung wegen Irrtums nach §§ 2078, 2281 BGB ist aber denkbar, zB im Falle der „Besserung" des Pflichtteilsberechtigten, wenn der Erblasser beim Abschluss des Erbvertrags von der Voraussetzung ausgegangen ist, dass sich der Pflichtteilsberechtigte nicht bessern werde (Strohal § 45 N 8). Im Übrigen kann der Erblasser die Pflichtteilsentziehung selbst natürlich widerrufen, da sie eine einseitige Verfügung darstellt (BeckOGK/Röhl [1. 5. 2022] Rn 36).

21 Die Anfechtung ist grundsätzlich auch dann zulässig, wenn der Erblasser ihre Voraussetzungen, insbesondere die Entstehung eines Pflichtteilsrechts, selbst herbeigeführt hat, etwa durch eine Eheschließung oder eine Kindesannahme (NK-BGB/Hölscher/Kornexl[6] Rn 50). Unter besonderen Umständen soll es möglich sein, dass das Rechtsgeschäft, das zur Entstehung des Pflichtteilsrechts führt, oder doch die hierauf gestützte Anfechtung nach § 138 BGB nichtig oder die Ausübung des Anfechtungsrechts wegen Verstoßes gegen Treu und Glauben unzulässig ist, so wenn der Erblasser einzig und allein, um von einem lästig gewordenen Erbvertrag loszukommen, einen Dritten als Kind annimmt (BGH NJW 1970, 279 = DNotZ 1970, 171; RG JW 1917, 536 = WarnR 1917 Nr 121; abweichend RGZ 138, 373; richtigerweise ist ein solcher Fall über § 2079 S 2 BGB zu lösen, weil es für die Beurteilung auf den mutmaßlichen Willen des Erblassers zu dem Zeitpunkt ankommt, zu dem er den Erbvertrag abgeschlossen hat).

6. Ausschluss des Anfechtungsrechts

a) Kenntnis

22 Die Anfechtung ist ausgeschlossen, wenn der Erblasser den **Erbvertrag auch bei Kenntnis der Sachlage geschlossen** hätte (§ 2078 Abs 1, § 2079 S 2 BGB); bei der Selbstanfechtung wegen Übergehung eines hinzugetretenen Pflichtteilberechtigten also, wenn der Erblasser auch bei Kenntnis seines Hinzutretens nicht anders testiert hätte, KG Zerb 2017, 257: wenn der Erblasser zum Ausdruck brachte, die Verfügung ohne Rücksicht auf bestehende oder hinzutretende Pflichtteilsberechtigte zu treffen. Bei der Feststellung, ob dies der Fall ist, ist auch auf den Willen des (möglicherweise bereits verstorbenen) Vertragspartners Rücksicht zu nehmen (OLG Hamm Rpfleger 1978, 179).

b) Verzicht

23 Aus §§ 2078 Abs 1, 2079 S 2 BGB folgt, dass der Erblasser in dem Erbvertrag ganz oder teilweise **auf das Anfechtungsrecht verzichten** kann (und zwar schon im Erbvertrag, BGH NJW 1983, 2247 = WM 1983, 369, 371; vgl dazu allgemein Bengel DNotZ 1984, 132, 137 ff; jurisPK/B Hamdan/M Hamdan[9] Rn 7). Denn damit erklärt er, dass der Vertrag auch dann gelten solle, wenn er in dem einen oder anderen Punkt von einer falschen Vorstellung ausgegangen sein sollte. Das liegt für bestimmte Anfechtungsgründe oft nahe, etwa den des Hinzutretens eines neuen Pflichtteilsberechtigten (Bengel DNotZ 1984, 132; Keim MittBayNot 2018, 211).

24 Der Erblasser stellt mit dem „Verzicht" den Geltungsbereich seiner Verfügung klar. Deshalb ist dieser „Verzicht" nicht Rechtsgeschäft unter Lebenden, sondern Bestandteil der erbvertraglichen Verfügung. Freilich kann ein solcher Verzicht auch so auszulegen sein, dass der Erblasser nur die Unerheblichkeit solcher Umstände festlegen will, mit denen er rechnet oder deren Eintritt er wenigstens, wenn auch nur ganz unbestimmt und im Allgemeinen, in Betracht zieht; die Anfechtung wegen unvorhergesehener Umstände wird im Zweifel nicht ausgeschlossen sein. Einen sehr weitgehenden Ausschluss erblickte das OLG Celle (NJW 1963, 353 = MDR 1963, 221) in einer Klausel, nach der die Vertragsteile „allen wider diesen Vertrag nur irgend zu erdenkenden Einreden und Ausflüchten entsagt" hatten, und lehnte deshalb dessen Anfechtung durch den überlebenden Ehegatten nach dessen Wiederheirat ab. Solche unspezifischen Klauseln sollten daher vermieden werden.

25 Am wichtigsten ist der „Verzicht" auf das Anfechtungsrecht für den Fall, dass weitere pflichtteilsberechtigte Personen hinzutreten sollten, bzw die Erklärung, dass die getroffenen Regelungen auch für den Fall gelten sollen, dass später noch pflichtteilsberechtigte Personen hinzutreten (BGH NJW 1983, 2247, 2249: „gleichviel, ob und welche Pflichtteilsberechtigten zur Zeit unseres Todes vorhanden sind").

26 Die Bestätigung nach § 2284 BGB, die gem § 144 BGB zum Ausschluss des Anfechtungsrechts führt, stellt der Sache nach ebenfalls einen Verzicht auf das Anfechtungsrecht dar (§ 2284 Rn 3 f).

c) Verstoß gegen Treu und Glauben

27 Nach allgemeinen Grundsätzen ist die Ausübung des Anfechtungsrechts nicht zulässig, wenn der Erblasser die Voraussetzungen des Anfechtungsrechts durch ein gegen Treu und Glauben verstoßendes Verhalten selbst herbeigeführt hat, so, wenn das Verhalten des Vertragserben, auf das er die Anfechtung nach § 2078 Abs 2 BGB stützt, auf sein eigenes vertragswidriges Verhalten zurückzuführen ist (BGHZ 4, 91 = NJW 1952, 419 unter Bezugnahme auf Fischer JherJb 71, 187, 230; BayObLG 10. 11. 1999 – 1 Z BR 169/99, juris Rn 23; Staudinger/Otte [2019] § 2080 Rn 30). Dies ist jedoch nur ganz ausnahmsweise der Fall (vgl LG Hamburg MDR 1964, 507: abgelehnt bei Adoption einseitiger Kinder der zweiten Ehefrau). Die gleichen Gesichtspunkte gelten – wiederum in besonderen Ausnahmefällen –, wenn das Ausbleiben einer vom Erblasser gehegten Erwartung – etwa ein bestimmtes Verhalten des Bedachten – aufgrund der eigenen, gegen Treu und Glauben verstoßenden Verhaltensweise des Erblassers ausbleibt (BGH FamRZ 1973, 539, 541).

d) Sonstiges

28 Ferner kann das Anfechtungsrecht ausgeschlossen sein bei Verstößen gegen §§ 138, 226, 826 BGB (jurisPK/B Hamdan/M Hamdan[9] Rn 7).

29 Über die unter Rn 22 ff erörterten Einschränkungen des Anfechtungsrechts hinaus kann nur in seltenen Ausnahmefällen unter dem Gesichtspunkt des „venire contra factum proprium" eine Anfechtung rechtsmissbräuchlich sein (zu großzügig in dieser Richtung Lange NJW 1963, 1571, 1578). Von solchen Ausnahmefällen abgesehen geht aber im Bereich der Verfügungen von Todes wegen nach dem geltenden Recht (§§ 2078, 2079, 2281 BGB) der Wille des Erblassers dem Schutz des Vertrauens Dritter vor (vgl nur Krebber DNotZ 2003, 2037 m zahlr Nachw). Dritten können nur – unter den unter Rn 52 f erörterten Voraussetzungen – Schadensersatz-, Rückgewähr- oder Bereicherungsansprüche zustehen.

IV. Anfechtungsfrist

30 S § 2283 BGB und die Erläuterungen § 2283 Rn 1 ff.

V. Form der Anfechtung

1. Zu Lebzeiten des Vertragspartners

31 Zu Lebzeiten des Vertragspartners muss der Erblasser die Anfechtungserklärung diesem gegenüber abgeben (§ 143 Abs 1, 2 BGB; §§ 130 ff BGB; über die Frage, wem gegenüber Dritte die Anfechtung zu erklären haben, s § 2285 Rn 5 f). Dies gilt trotz § 2279 BGB auch für die Anfechtung von Erbeinsetzungen und anderen in § 2081 BGB bezeichneten Verfügungen. Denn § 2081 BGB betrifft nur die Anfechtung durch Dritte und kann auf die Anfechtung eines Erbvertrags durch den Erblasser nicht angewendet werden (Planck/Greiff Anm 3b; Staudinger/Otte [2019] § 2081 Rn 1). Beim mehrseitigen Erbvertrag muss die Anfechtung gegenüber allen Vertragspartnern erfolgen (Veit NJW 1993, 1553, 1557; Rohlfing/Mittenzwei ZEV 2003, 49, 52).

2. Inhalt der Anfechtungserklärung

32 Zum Inhalt der Anfechtungserklärung s Staudinger/Otte [2019] § 2081 Rn 11 f. Die in einem Ehe- und Erbvertrag mit der zweiten Ehefrau betonte Aufrechterhaltung ihres gesetzlichen Erbrechts kann die Anfechtung des mit der ersten Ehefrau geschlossenen Erbvertrags nicht ersetzen (BayObLGZ 21, A 10). Dagegen kann eine Rücktrittserklärung, die damit begründet ist, dass der Vertragserbe den im Erbvertrag übernommenen Verpflichtungen nicht nachgekommen sei, in eine Anfechtungserklärung umgedeutet werden (RG DNotZ 1935, 678; s oben Rn 3).

3. Notarielle Beurkundung

33 Während die Anfechtung eines Testaments nach §§ 2078 ff BGB keine besondere Form erfordert, bedarf die Anfechtung des Erbvertrags durch den Erblasser nach §§ 2078 ff, 2081 ff BGB der notariellen Beurkundung (§ 2282 Abs 3 BGB). Das gilt aber nur für die Selbstanfechtung des Erblassers, nicht für die Anfechtung des Vertrags durch Dritte oder durch den Vertragsgegner (Erman/S Kappler/T Kappler[16] § 2282 Rn 3).

4. Höchstpersönlichkeit

34 Das **Anfechtungsrecht des Erblassers ist höchstpersönlich**. Es kann grundsätzlich nicht durch einen Vertreter ausgeübt werden (§ 2282 Abs 1 S 1 BGB, s § 2282 Rn 3 ff). Nur für einen geschäftsunfähigen Erblasser kann dessen Betreuer mit Genehmigung des Betreuungsgerichts anfechten (§ 2282 Abs 2 BGB, das Genehmigungserfordernis ergibt sich ab 1. 1. 2023 aus § 1851 Nr 4; s § 2282 Rn 5 ff).

35 Das Anfechtungsrecht geht nicht auf die Erben des Erblassers über (jurisPK/B Hamdan/M Hamdan[9] Rn 6). Wenn die in § 2080 BGB bezeichneten Personen nach dem Tode des Erblassers den Erbvertrag anfechten, so tun sie dies aus eigenem Recht,

mag auch ihr Anfechtungsrecht bis zu einem gewissen Grad von dem des Erblassers abhängen (§ 2285 BGB).

5. Anfechtung nach dem Tode des Vertragsgegners

a) Verfügungen zugunsten des Vertragsgegners

36 Die **Verfügungen** des Erblassers **zugunsten des Vertragsgegners** sind durch dessen Vorableben gegenstandslos geworden, sie können also nicht mehr angefochten werden.

b) Verfügungen zugunsten Dritter

37 Verfügungen, die der Erblasser in dem Erbvertrag **zugunsten Dritter** getroffen hat, kann er weiterhin gemäß §§ 2078 ff, 2279, 2281 Abs 1, 2282 Abs 3 BGB anfechten; er muss die Anfechtung jetzt gegenüber dem Nachlassgericht erklären (§ 2281 Abs 2 S 1 BGB). Örtlich zuständig ist das Nachlassgericht, das für den verstorbenen Vertragsteil zuständig ist (§ 343 FamFG), nicht das Gericht, das als Nachlassgericht für die Beerbung des Erblassers zuständig wäre, wenn dieser zum Zeitpunkt der Anfechtung versterben würde (vgl jurisPK/B Hamdan/M Hamdan[9] Rn 9; RGZ 143, 383; Veit NJW 1993, 1553, 1556, mit älteren Nachw bei Staudinger/Dittmann[10/11] Rn 20). Eine Erklärung „gegenüber dem Nachlassgericht" setzt voraus, dass sie für dieses bestimmt ist und ihm so zugeht, dass das Nachlassgericht erkennen kann, es solle die Erklärung als Nachlassgericht entgegennehmen; es genügt also nicht, dass sie dem mit der Auseinandersetzung des Nachlasses befassten Notar gegenüber abgegeben wird und dieser die Erklärung in einem Bericht über den Stand der Angelegenheit an das Amtsgericht (damals als Vormundschaftsgericht) erwähnt (BayObLGZ 9, 603, 614).

38 Wenn es zweifelhaft ist, ob der Vertragsgegner noch lebt oder bereits verstorben ist, so empfiehlt es sich, die Anfechtungserklärung vorsichtshalber sowohl dem Nachlassgericht als auch ihm selbst zu übermitteln oder nach § 132 Abs 2 BGB öffentlich zustellen zu lassen (dazu Staudinger/Singer/Benedict [2021] § 132 Rn 9 ff). Ist beim mehrseitigen Erbvertrag ein Vertragspartner verstorben, während ein anderer noch lebt, ist Anfechtung gegenüber dem noch lebenden Vertragspartner und gegenüber dem Nachlassgericht erforderlich (Veit NJW 1993, 1553, 1557).

39 Das Nachlassgericht soll nach der Ordnungsvorschrift des Abs 2 S 2 die Anfechtung dem bedachten Dritten mitteilen. Eine Mitteilung an denjenigen, dem die Anfechtung zugute kommt (§ 2080 BGB), ist nicht vorgesehen.

40 Wenn bei einem zweiseitigen Erbvertrag der **überlebende Teil** eine **Zuwendung des Verstorbenen** erhalten und **angenommen** hat, so wird er dadurch nicht gehindert, eine vertragsmäßige Verfügung anzufechten, die er zugunsten eines Dritten getroffen hat (Planck/Greiff Anm 3b; OLG München FamRZ 2018, 209 = ErbR 2017, 668 = ZErb 2017, 318= MittBayNot 2018, 262). Die durch die Anfechtung bewirkte Nichtigkeit der Verfügung zugunsten des Dritten kann allerdings die Nichtigkeit des ganzen Erbvertrags, einschließlich der Zuwendungen des Vorverstorbenen zugunsten des Überlebenden, der angefochten hat, zur Folge haben (§ 2298 BGB); diese Konsequenz hatte der überlebende Ehegatte im vom OLG München entschiedenen Fall anscheinend übersehen, seine eigene Anfechtung konnte er nicht ihrerseits anfechten, weil er aufgrund Hinweises des Notars keinem Irrtum unterlegen war (OLG München FamRZ 2018, 209 = ErbR 2017, 668 = ZErb 2017, 318 = MittBayNot 2018, 262).

c) Verfügungen des Vertragsgegners zugunsten des Erblassers

41 Verfügungen, die der **Vertragsgegner zugunsten des Erblassers getroffen hat**, kann dieser nicht anfechten, da ihm ihre Aufhebung nicht zustatten kommen würde (§ 2080 BGB).

d) Verfügungen des Vertragsgegners zugunsten Dritter

42 Verfügungen, die der **Vertragsgegner zugunsten Dritter getroffen hat**, kann der Erblasser nach §§ 2078 ff, 2279 BGB anfechten. Wem gegenüber anzufechten ist, richtet sich in diesem Fall nach § 2081 BGB (**aA** J Mayer/Dietz, in: Reimann/Bengel/Dietz[7] Rn 42, der Abs 2 anwendet).

VI. Wirkung der Anfechtung

1. Nichtigkeit von Anfang an

43 Die Wirkung der Anfechtung bestimmt sich nach § 142 BGB. Der anfechtbare, in richtiger Form und rechtzeitig angefochtene Erbvertrag ist somit als **von Anfang an nichtig** anzusehen; selbstverständlich fällt, wenn wechselbezüglich, die Stellung des überlebenden Ehegatten als Erbe des Erstverstorbenen weg, wenn er den Erbvertrag (das gemeinschaftliche Testament) anficht (OLG München FamRZ 2018, 209 = MittBayNot 2018, 262 = ZErb 2017, 318 = ErbR 2017, 668; Keim MittBayNot 2018, 211). Die Verfügungen des Erstverstorbenen bleiben aber wirksam, wenn die angefochtene Verfügung des Überlebenden von vornherein nur den Inhalt gehabt hätte, den sie nach der Anfechtung hat (OLG München ZEV 2015, 474).

44 Eine **Rücknahme** der Anfechtung und Bestätigung ist nach erfolgter Anfechtungserklärung nicht mehr möglich (BGH NJW 1983, 2247, 2249).

45 Ist durch die Anfechtung eine wechselbezügliche Verfügung weggefallen, könnte eine frühere Verfügung dieses Erblassers wieder wirksam werden (BayObLG MittBayNot 2000, 119), aber nur, wenn sie nicht in das „Geflecht" der wechselbezüglichen Verfügungen einbezogen wurde (s Keim MittBayNot 2018, 211). Bezieht sich der Irrtum oder der Einfluss der Drohung nur auf die vertragsmäßige Bindung, nicht auf den Inhalt der Verfügung von Todes wegen, dann kann diese als letztwillige Verfügung aufrechterhalten werden (§§ 139, 140 BGB; Strohal, Das deutsche Erbrecht auf der Grundlage des BGB [3. Aufl 1903/04] § 45 I 1 f; Werneburg DNotZ 1916, 209, 220).

2. Unwirksamkeit nur einzelner Verfügungen

46 Wenn auch Abs 1 von der Anfechtung „des Erbvertrags" spricht, so ergibt sich schon aus Abs 2, dass sich die Anfechtung uU auch nur auf eine einzelne Verfügung beziehen kann. Aus § 2078 Abs 1, 2 BGB („soweit") und § 2079 S 2 BGB geht klar hervor, dass der Erbvertrag und die in ihm enthaltenen einzelnen Verfügungen nur insoweit anfechtbar sind, als sie auf dem Irrtum, der Drohung oder der Unkenntnis über das Pflichtteilsrecht des übergangenen Berechtigten beruhen (BGH NJW 1985, 2025, 2026; Soergel/Zecca-Jobst[14] Rn 8). Wenn hiernach nur einzelne Verfügungen des Erbvertrags ganz oder teilweise anfechtbar, angefochten und nichtig sind, so hat diese teilweise Nichtigkeit bei einem zweiseitigen Erbvertrag doch im Zweifel Unwirksamkeit des ganzen Vertrages zur Folge (§ 2298 BGB), während die Nichtigkeit einer einsei-

tigen Verfügung im Zweifel auf diese beschränkt bleibt (§ 2085 BGB; BGB-RGRK/Kregel Rn 1).

3. Rein negative Lösung

Die Wirkung der Anfechtung erschöpft sich grundsätzlich in der Vernichtung der anfechtbaren und angefochtenen Verfügung, sie ist also rein negativ. Die naheliegende Frage, welche Verfügung der Erblasser positiv getroffen hätte, wenn er die wahre Sachlage gekannt hätte, ist bei der Anfechtung nutzlos, sie kann nur bei der ergänzenden Auslegung zu einer befriedigenden Lösung führen (Kipp/Coing § 24 III 4). So kommt es, dass die Rechtsprechung mehr und mehr dazu übergegangen ist, den wirklichen oder mutmaßlichen Willen des Erblassers auf dem Wege der **ergänzenden Auslegung** zur Geltung zu bringen, der nach allgemeinen Grundsätzen der Vorrang vor der Anfechtung zukommt (vgl BGH MDR 1951, 474; KG NJW 1963, 766; 1971, 1992; MünchKomm/Musielak[9] Rn 20; Erman/S Kappler/T Kappler[16] Rn 1; J Mayer/Dietz, in: Reimann/Bengel/Dietz[7] Rn 51; anders Veit NJW 1993, 1553, 1554). 47

4. Umfang der Anfechtung bei Übergehung eines Pflichtteilsberechtigten

Besondere Schwierigkeiten bereitet die Feststellung des Umfangs der Anfechtung nach § 2079 BGB wegen unwissentlicher Übergehung eines Pflichtteilsberechtigten. Es kommt darauf an, ob der Pflichtteilsberechtigte selbst (§ 2080 Abs 3 BGB) oder der Erblasser (§ 2281 Abs 1 BGB) anficht. 48

Wenn der **übergangene Pflichtteilsberechtigte** den Erbvertrag (nach dem Tode des Erblassers) gemäß § 2079 BGB **anficht**, so ist die Wirkung der Anfechtung eine Frage des § 2079 BGB. Hierzu sind daher die Erläuterungen zu dieser Vorschrift zu vergleichen (Staudinger/Otte [2019] § 2079 Rn 14 ff). 49

Anders ist die Rechtslage, **wenn der Erblasser selbst** den Erbvertrag nach §§ 2079, 2279, 2281 BGB **anficht**. Denn hier soll die Anfechtung dem Erblasser freie Hand geben, damit er den neuen Pflichtteilsberechtigten bedenken kann. Das Gesetz bietet keinen Anhaltspunkt für die Annahme, dass es dem Erblasser Zuwendungen an den neuen Pflichtteilsberechtigten nur im Rahmen seines gesetzlichen Erbteils gestatten wollte (vgl BGH WarnR 1969 Nr 321 = NJW 1970, 279). Vielmehr kann hier nach § 2079 S 2 BGB nur darauf abgestellt werden, wie der Erblasser verfügt hätte, wenn er von dem Pflichtteilsberechtigten Kenntnis gehabt hätte. Für die Beantwortung dieser Frage werden die Verfügungen, die der Erblasser nach der Anfechtung zugunsten des Pflichtteilsberechtigten trifft, einen Anhaltspunkt bieten, wobei allerdings der Erblasserwille bei Errichtung des Erbvertrags, nicht zum Zeitpunkt der Anfechtung maßgebend ist. 50

5. Schadensersatzpflicht

Ficht der Erblasser selbst den Erbvertrag an, so hat er dem Vertragspartner das **negative Interesse zu ersetzen** (§ 122 BGB; Mankowski ZEV 1998, 46; Erman/S Kappler/T Kappler[16] Rn 8; Soergel/Zecca-Jobst[14] Rn 6; Jauernig/Stürner[18] Rn 6; **aA** – hM – Muscheler Rn 2290; NK-BGB/Hölscher/Kornexl[6] Rn 63 ff; J Mayer/Dietz, in: Reimann/Bengel/Dietz[7] Rn 53; MünchKomm/Musielak[9] Rn 21; BeckOK/Litzenburger [1. 5. 2022] Rn 20; Lange/Kuchinke § 37 51

VI 4, die für die Kosten bei der Beurkundung nur einen Anspruch aus *culpa in contrahendo* gewähren; **aA** auch OLG München NJW 1997, 2331 = ZEV 1998, 69; **aA** – überhaupt kein Schadensersatzanspruch – VEIT NJW 1993, 1553, 1556; HK/HOEREN[11] Rn 11; jurisPK/B HAMDAN/M HAMDAN[9] Rn 25); zu ersetzen ist nach § 122 BGB aber selbstverständlich nur das negative Interesse.

52 Die Vorschrift des § 2078 Abs 3 BGB, die nur die Anfechtung durch einen Dritten im Auge hat, ist hier trotz § 2279 BGB nicht anwendbar (**aA** VEIT NJW 1993, 1556; Beck-OK/LITZENBURGER [1. 5. 2022] Rn 20; J MAYER/DIETZ, in: REIMANN/BENGEL/DIETZ[7] Rn 53; MünchKomm/MUSIELAK[9] Rn 21; NK-BGB/HÖLSCHER/KORNEXL[6] Rn 64 f; MUSCHELER Rn 2290 trotz seinem Hinweis, dass die Verweisung in § 2281 Abs 1 „aufgrund …" die Rechtsfolgevorschrift in § 2078 Abs 3 nicht einschließen muss). Sie beruht auf dem Gedanken, dass es unbillig wäre, den anfechtenden Dritten für die Folgen eines Irrtums des Erblassers haften zu lassen (PLANCK/FLAD § 2078 Anm 4). Dieser Gesichtspunkt kommt aber bei der Selbstanfechtung durch den Erblasser, anders als bei der Anfechtung durch Dritte, nicht in Betracht. Generell wird gegen die Anwendbarkeit von § 122 BGB eingewandt, der Vertragserbe habe bis zum Erbfall kein Anwartschaftsrecht (statt vieler NK-BGB/HÖLSCHER/KORNEXL[6] Rn 64). Das trifft zu, schließt allerdings eine *entsprechende* Anwendung von § 122 BGB nicht aus. Hinsichtlich der Konstruktion ist zu sagen: Ob man nun § 2078 Abs 3 BGB von §§ 2279 Abs 1, 2281 Abs 1 BGB gar nicht erst erfasst sieht oder insoweit eine teleologische Reduktion unter Rückgriff auf das vorgenannte Argument von PLANCK vornimmt, ist gleich.

6. Bestätigung des Erbvertrags

53 Die Anfechtung durch den Erblasser ist ausgeschlossen, wenn dieser den anfechtbaren **Erbvertrag bestätigt** hat (§§ 144, 2284 BGB). S hierzu im Einzelnen die Erl zu § 2284 BGB.

VII. Prozessuale Fragen

1. Feststellungsklage zu Lebzeiten des Erblassers?

54 Mit Recht lehnt es LANGE (NJW 1963, 1571, 1574) ab, einem Erbinteressenten zu Lebzeiten des Erblassers eine Feststellungsklage gemäß § 256 ZPO zuzubilligen, vor allem, weil diese mit den bis zum Todesfall vorgehenden Interessen des Erblassers unvereinbar wäre (**aA** BGB-RGRK/KREGEL Rn 5 unter Berufung auf RG 13. 10. 1904 – IV 172/04; J MAYER/DIETZ, in: REIMANN/BENGEL/DIETZ Rn 55; STAUDINGER/DITTMANN[10/11] Rn 7; MünchKomm/MUSIELAK[9] Rn 22; **aA** auch BGHZ 37, 331 = NJW 1962, 1913; RGZ 92, 4; RG WarnR 1917 Nr 121; OLG Dresden OLGE 30, 226; zur Möglichkeit der Feststellungsklage durch den Erblasser selbst s ebenfalls LANGE aaO; allgemein zur Möglichkeit von Feststellungsklagen zu Lebzeiten des Erblassers s § 2269 Rn 22 ff).

2. Beweislast

55 Die **Feststellungslast** für das Vorliegen eines Anfechtungsgrundes und seiner Kausalität für den Abschluss des Erbvertrags trägt allgemein derjenige, der sich auf die Anfechtung beruft (BGHZ 37, 331 = NJW 1962, 1913; BayObLGZ 1963, 260 = NJW 1964, 205; BayObLG FamRZ 1997, 772, 773; OLG München FamRZ 2008, 550; OLG Hamm OLGZ 1966, 497). An den Nachweis sind strenge Anforderungen zu stellen (BayObLG FamRZ 2006, 1631 =

NJW-RR 2006, 372, 375; OLG München FamRZ 2008, 550, 551; OLG Frankfurt ErbR 2016, 453 [456]; eingehend NK-BGB/Hölscher/Kornexl[6] Rn 34).

VIII. Anwendung auf gemeinschaftliche Testamente

Die Vorschriften der §§ 2281–2285 BGB sind auf wechselbezügliche Verfügungen in einem **gemeinschaftlichen Testament** (§§ 2270, 2271 BGB) **entsprechend anzuwenden** (BGHZ 37, 331, 333 = FamRZ 1962, 426; BGH WarnR 1969 Nr 321 = LM Nr 2 zu § 2079 BGB = NJW 1970, 279; RGZ 87, 95 ff; 132, 1; KG KGJ 44, A 92; OLG Düsseldorf DNotZ 1972, 42; OLG München JFG 15, 353, 358; OLG München ErbR 2017, 668; LG Berlin FamRZ 1976, 293; Kanzleiter, in: FS Otte [2005] 157, 160 f), nicht aber auf einseitige Verfügungen in einem solchen Testament (BGH FamRZ 1956, 83). S § 2271 Rn 124 ff. 56

§ 2282
Vertretung, Form der Anfechtung

(1) Die Anfechtung kann nicht durch einen Vertreter des Erblassers erfolgen.

(2) Für einen geschäftsunfähigen Erblasser kann sein Betreuer den Erbvertrag anfechten; die Genehmigung des Betreuungsgerichts ist erforderlich.

(3) Die Anfechtungserklärung bedarf der notariellen Beurkundung.

Materialien: E I § 1948 Abs 4; E II §§ 2148 Abs 2, 2149 Abs 1, 2 rev § 2256; E III § 2255; Mot V 324; Prot V 385 f; Jakob/Schubert ER II 1760–1778; Horn 1112 f.

Schrifttum

S Schrifttum zu § 2281 BGB.

Systematische Übersicht

I. Redaktionsgeschichte

Mit dem Gesetz zur Bekämpfung von Kinderehen vom 17. 7. 2017 (BGBl 2017 I 2429) 1
hat der Gesetzgeber das (problematische) Anfechtungsrecht des beschränkt Ge-

schäftsfähigen (Abs 1 S 2 BGB aF) ersatzlos gestrichen (s dazu Staudinger/Kanzleiter [2014] Rn 2). Das ist konsequent, weil beschränkt Geschäftsfähige seither keine Erbverträge mehr schließen können (s § 2275 Rn 8) und war ohnehin immer schon ein theoretisches Problem, weil Minderjährige so gut wie nie testieren; noch etwa bestehende Altfälle haben sich mittlerweile erledigt. Für gemeinschaftliche Testamente bestehen die *theoretischen* Fragen dann fort, wenn Minderjährige unter Gesetzesverstoß geheiratet haben (die Ehe besteht und ist nur aufhebbar) oder wenn es sich um eine im Ausland geschlossene, in Deutschland anzuerkennende Ehe handelt (dazu eingehend Sammet/Graf Wolffskeel v Reichenberg ZEV 2019, 510). Abs 2 Hs 2 wird mit Wirkung vom 1. 1. 2023 gestrichen und in § 1851 Nr 4 übertragen (Gesetz zur Reform des Vormundschafts- und Betreuungsrechts, BGBl 2021 I 882 [901, 908]).

II. Anwendbarkeit

2 Die Vorschrift ist entsprechend anzuwenden auf Verfügungen in gemeinschaftlichen Testamenten (§ 2271 Rn 119; Erman/S Kappler/T Kappler[16] Rn 1; Soergel/Zecca-Jobst[14] Rn 1).

III. Fähigkeit zur Anfechtung

1. Grundsatz: Höchstpersönlichkeit, Abs 1

3 Die Anfechtung des Erbvertrags kann nicht durch einen Vertreter, sondern nur durch den Erblasser persönlich erklärt werden (Abs 1). Das Gesetz geht davon aus, dass bei so weittragenden Erklärungen auf die persönliche Willensentscheidung des Verfügenden besonderes Gewicht zu legen ist (Mot V 324 = Horn § 2279 Rn 20). Deshalb ist die Vertretung auch beim Abschluss des Erbvertrags, bei der Bestätigung, der Aufhebung und dem Rücktritt ausgeschlossen (§§ 2274, 2284, 2290 Abs 2, 2296 Abs 1 BGB).

4 Abs 1 schließt nicht nur die Vertretung im Willen, sondern auch die Vertretung in der Erklärung des Willens aus (Lent DNotZ 1951, 151; Soergel/Zecca-Jobst[14] Rn 2). Ein Bevollmächtigter, insbesondere ein Vorsorgebevollmächtigter, kann anders als der Betreuer (Rn 5 ff) nicht im Namen des Erblassers die Anfechtung erklären (Soergel/Zecca-Jobst[14] Rn 2).

2. Geschäftsunfähiger Erblasser

5 Ist der **Erblasser geschäftsunfähig**, so kann sein Betreuer den Erbvertrag mit Genehmigung des Betreuungsgerichtsgerichts anfechten (§ 2282 Abs 2 BGB – ab 1. 1. 2023 folgt die Genehmigungspflicht aus § 1851 Nr 4; anders §§ 2229, 2275 BGB für die Errichtung eines Testaments oder Erbvertrags). Der Gesetzgeber war der Auffassung „es liege meist im Interesse aller Beteiligten, dass die Anfechtung nicht mehr nach allzu langer Zeit erfolge. Wenn nun im Falle der Geschäftsunfähigkeit unter Umständen ein längerer Zeitraum vergehe, bis der Anfechtungsberechtigte sein Anfechtungsrecht selbständig auszuüben in der Lage sei, so liege es im Interesse einer schleunigen Erledigung der Anfechtung, dass dem gesetzlichen Vertreter [jetzt: Betreuer] mit Genehmigung des Vormundschaftsgerichts [jetzt: Betreuungsgericht] ein Anfechtungsrecht gegeben werde“ (Prot V 386 = Horn § 2279 Rn 32).

6 Versäumt der Betreuer die Anfechtungsfrist, so kann uU der Erblasser noch selbst anfechten, wenn er geschäftsfähig wird (§ 2283 Abs 3 BGB, s § 2283 Rn 22).

7 Wenn von mehreren Betreuern nur einem die Sorge für das Vermögen des Erblassers zusteht, so ist dieser berufen, für den geschäftsunfähigen Erblasser anzufechten (Planck/Greiff Anm 1; ebenso BeckOGK/Röhl [1. 5. 2022] Rn 5).

8 Für die Erteilung der Genehmigung ist funktionell der **Rechtspfleger** zuständig, § 3 Nr 2b RPflG (Soergel/Zecca-Jobst[14] Rn 5).

IV. Inhalt der Anfechtungserklärung

9 Die Anfechtungserklärung muss natürlich nicht als solche bezeichnet werden, sondern ist wie jede Willenserklärung auszulegen; sie ist bedingungs- und befristungsfeindlich (BeckOK/Litzenburger [1. 5. 2022] Rn 3).

10 Eine andere Gestaltungserklärung wie zB eine Rücktrittserklärung kann bei Unwirksamkeit in eine Anfechtungserklärung umgedeutet werden (MünchKomm/Musielak[9] Rn 4; BeckOGK/Röhl [1. 5. 2022] Rn 15).

V. Form der Anfechtung

11 Während für die Anfechtung eines Testaments nach §§ 2078 ff BGB keine Formvorschrift besteht (abgesehen von der Bestimmung über die Adressierung in § 2081 BGB), bedarf die Anfechtung eines Erbvertrags durch den Erblasser – und den Betreuer (Rn 12) – nach § 2282 Abs 3 BGB der notariellen Beurkundung. Der Grund für diese Formvorschrift ist der gleiche wie für den Rücktritt vom Erbvertrag (§ 2296 Abs 2 BGB; s § 2296 Rn 9; auf § 2296 BGB verweist im Übrigen § 2271 Abs 1 S 1 BGB für den Widerruf des gemeinschaftlichen Testaments). Dem Gesetzgeber schien es insgesamt bedenklich, zu gestatten, dass eine formelle Verfügung von Todes wegen durch formlose Erklärung außer Kraft gesetzt werde (Prot V 386 = Horn § 2279 Rn 29).

12 § 2282 Abs 3 BGB bezieht sich, wie Abs 1, nur auf die Anfechtung des Erbvertrags durch den Erblasser, nicht auf die durch den Vertragsgegner (nach § 2080 BGB oder §§ 119 ff BGB) oder durch Dritte (nach § 2080 BGB). Diese können also formlos anfechten, nur müssen sie in gewissen Fällen die Anfechtung gegenüber dem Nachlassgericht erklären (§ 2081 BGB; OLG Dresden JW 1934, 2635; BayObLG FamRZ 1983, 1275, 1277; BeckOGK/Röhl [1. 5. 2022] Rn 10). Da für die Selbstanfechtung eigener Verfügungen im gemeinschaftlichen Testament durch den überlebenden Ehegatten die §§ 2281 ff BGB entsprechend gelten, bedarf diese auch der Form des § 2282 Abs 3 BGB (OLG Düsseldorf DNotZ 1972, 42). Die notarielle Form gilt auch für die Anfechtung durch den Betreuer nach § 2282 Abs 2 BGB (Soergel/Zecca-Jobst[14] Rn 3).

13 **Beurkundet werden muss nur die Anfechtungserklärung selbst**, nicht auch ihre Begebung durch den Notar aufgrund einer entsprechenden Anweisung durch den Anfechtenden (BGH FamRZ 2013, 1396 mit Anm Walker/Schmitt/Kästner S 1479 = ErbR 2013, 314, ebenso Vorinstanz OLG Frankfurt FamRZ 2013, 150 = ZEV 2012, 542 m Anm von Keim; Erman/S Kappler/T Kappler[16] Rn 3; eine beurkundete „Freigabe“ durch den Anfechtenden ist nicht

erforderlich; **aA** OLG Frankfurt – anderer Senat – ZEV 2012, 417) oder ihr Zugehen beim Anfechtungsgegner; dieses kann auch auf andere Weise bewiesen werden (Prot V 438).

14 Andererseits bedarf die Anfechtungserklärung des Erblassers auch dann der Beurkundung, wenn sie gegenüber dem Nachlassgericht abzugeben ist (§ 2281 Abs 2 BGB). Hinsichtlich der Form, in der die Anfechtungserklärung zugehen muss, gilt dasselbe wie zum Zugang des Widerrufs gemäß § 2270 BGB und des Rücktritts nach § 2296 BGB (zutreffend BayObLGZ 1963, 260 = NJW 1964, 205; auch insofern, als das BayObLG mit der höchstrichterlichen Rspr zu § 2270 und § 2296 Zugang in Urschrift oder Ausfertigung verlangt; s dazu § 2296 Rn 14; BeckOGK/Röhl [1. 5. 2022] Rn 13; **aA** Staudinger/Kanzleiter [2019] Rn 6).

§ 2283
Anfechtungsfrist

(1) Die Anfechtung durch den Erblasser kann nur binnen Jahresfrist erfolgen.

(2) Die Frist beginnt im Falle der Anfechtbarkeit wegen Drohung mit dem Zeitpunkt, in welchem die Zwangslage aufhört, in den übrigen Fällen mit dem Zeitpunkt, in welchem der Erblasser von dem Anfechtungsgrund Kenntnis erlangt. Auf den Lauf der Frist finden die für die Verjährung geltenden Vorschriften der §§ 206, 210 entsprechende Anwendung.

(3) Hat im Falle des § 2282 Abs. 2 der gesetzliche Vertreter den Erbvertrag nicht rechtzeitig angefochten, so kann nach dem Wegfall der Geschäftsunfähigkeit der Erblasser selbst den Erbvertrag in gleicher Weise anfechten, wie wenn er ohne gesetzlichen Vertreter gewesen wäre.

Materialien: E I § 1948 Abs 5; E II § 2150 rev § 2257; E III § 2256; Mot V 324; Prot V 385; Jakobs/Schubert ER II 1758–1779; Horn 1113 f.

Systematische Übersicht

Alphabetische Übersicht

I. Allgemeines

1 § 2283 BGB setzt für die Anfechtung des Erbvertrags durch den Erblasser (§ 2281 Abs 1 BGB) eine einjährige Frist. Die nähere Regelung stimmt im Wesentlichen mit den Bestimmungen in § 124 BGB (Frist für die Anfechtung einer Willenserklärung wegen arglistiger Täuschung oder Drohung) und § 2082 BGB überein. Sie unterscheidet sich von diesen Bestimmungen dadurch, dass die zehn- bzw dreißigjährige Ausschlussfrist gem § 124 Abs 3 bzw § 2082 Abs 3 BGB fehlt (weil der Erblasser auch ein Testament widerrufen kann, solange er lebt; Mot V 324 = Horn § 2279 Rn 21) und dass die Vorschrift des § 211 BGB, die für den Erblasser nicht in Frage kommt, nicht für anwendbar erklärt ist, die §§ 206 und 210 BGB dagegen wie bei § 124 und § 2082 BGB schon.

2 Die Frist des § 2283 BGB gilt nur für die Anfechtung eines Erbvertrags **durch den Erblasser**. Für die Anfechtung durch den Vertragsgegner oder Dritte nach § 2080 BGB ist § 2082 BGB maßgebend, für die des Vertragsgegners nach §§ 119, 123 BGB (s § 2281 Rn 8) sind die §§ 121, 124 BGB anzuwenden (Planck/Greiff Anm 4).

3 Die in Abs 1 bestimmte Frist ist eine **Ausschlussfrist**. Ist sie versäumt, so ist die Anfechtung ausgeschlossen. Ihr Ablauf ist im Rechtsstreit von Amts wegen zu beachten. Ein Leistungsverweigerungsrecht analog § 2083 BGB besteht nicht, wenn der Erblasser die Frist nach § 2283 BGB versäumt hat (BGHZ 106, 359 = BGH NJW 1989, 2885 = DNotZ 1990, 50).

4 Die Vorschriften über die **Hemmung** und **Unterbrechung** der Verjährung sind grundsätzlich nicht anwendbar. Eine Ausnahme gilt nach der ausdrücklichen Vorschrift in § 2283 Abs 2 S 2 BGB für die §§ 206, 210 BGB.

5 **Verfügen** in einem Erbvertrag **mehrere Personen** als Erblasser, treffen also mehrere Vertragspartner vertragsmäßige Verfügungen (§ 2278 BGB), so läuft für jeden von ihnen die Frist zur Anfechtung der eigenen vertragsmäßigen Verfügungen (§ 2283 Abs 1 BGB) gesondert (vgl Reithmann DNotZ 1957, 529; Veit NJW 1993, 1553, 1557). Eigene einseitige Verfügungen (§ 2299 BGB) kann jeder Erblasser jederzeit nach §§ 2253 ff BGB widerrufen, er braucht sie nicht anzufechten und kann das auch nicht (§ 2281 Rn 4).

6 Soweit ein Erblasser die Verfügungen eines Vertragsgegners oder Mitbeteiligten nach §§ 2078–2080 BGB anfechten kann, muss er die Frist des § 2082 BGB einhalten.

II. Beginn der Frist

1. Anfechtung wegen Drohung

7 Nach § 2282 Abs 2 S 1 BGB beginnt die Frist für die Anfechtung durch den Erblasser bei der Anfechtbarkeit **wegen Drohung** (§ 2078 Abs 2 BGB) mit dem Zeitpunkt, in dem die Zwangslage aufhört (vgl auch § 124 Abs 2 S 1 BGB).

2. Irrtumsanfechtung

a) Allgemeines zur Kenntniserlangung

8 Bei der Anfechtbarkeit **wegen Irrtums** (§§ 2078 Abs 1, 2, 2079 BGB) beginnt die Frist mit dem Zeitpunkt, in dem der Erblasser von dem Anfechtungsgrund Kenntnis erlangt (vgl auch § 1944 Abs 2 S 1, § 1954 Abs 2 S 1 BGB), in dem er sich also über Inhalt und Tragweite seiner Verfügung klar wird oder erfährt, dass der Umstand, dessen Annahme oder Erwartung ihn zu der Verfügung bewogen hat, nicht eintritt oder dass ein nicht erwarteter Umstand eingetreten ist, schließlich, wenn er von der Existenz, der Geburt oder dem Pflichtteilsrecht eines **übergangenen Pflichtteilsberechtigten erfährt**. Es kommt nur darauf an, wann der Erblasser tatsächlich Kenntnis von dem Anfechtungsgrund erlangt hat (s OLG Frankfurt FamRZ 1998, 194), nicht darauf, wann er die Kenntnis hätte erlangen können. „Kenntnis von dem Anfechtungsgrund" erfordert sichere und überzeugte Kenntnis aller für die Anfechtung wesentlichen Umstände (BGH FamRZ 1973, 539; BayObLGZ 1963, 260, 263 = NJW 1964, 205, 206; Johannsen WM 1969, 1230; J Mayer/Sammet, in: Reimann/Bengel/Dietz[7] Rn 4; BGB-RGRK/Kregel Rn 2; Soergel/Zecca-Jobst[14] Rn 2), Kenntnis aller Einzelheiten des Irrtums ist allerdings nicht erforderlich (RG JW 1938, 2202; BayObLGZ 1963, 260, 263 = NJW 1964, 205, 206).

9 Die Entscheidung über den Beginn der Frist setzt eine **genaue Feststellung des Anfechtungsgrundes** voraus (BayObLGZ 1963, 260 = NJW 1964, 205, 206; BayObLG NJW-RR 1990, 200 = FamRZ 1990, 322).

b) Insbesondere: Tatsachenirrtum

10 Ein Irrtum über **Tatsachen** schließt Kenntnis aus (so zutr Staudinger/Otte [2019] § 2082 Rn 6 mwN und weiteren Beispielen). Etwa:

11 Besteht die irrtümliche Erwartung des Erblassers darin, ein bei Abschluss des Erbvertrags bestehendes **Spannungsverhältnis** mit dem Bedachten werde sich verbessern, so hat er Kenntnis vom Anfechtungsgrund erst, wenn sich bei ihm die Überzeugung gebildet hat, zu einem friedlichen und harmonischen Zusammenleben mit ihm könne es nicht mehr kommen (BGH FamRZ 1973, 539 = WM 1973, 974; BayObLG FamRZ 1983, 1275, 1277: bei Erwartung, die Ehe werde sich harmonisch weiterentwickeln, wenn der Erblasser zur Überzeugung gelangt, dass sie endgültig gescheitert ist), oder bei Erwartung eines harmonischen Zusammenlebens, wenn er die sichere Überzeugung vom Scheitern dieser Erwartung gewonnen hat (OLG Koblenz ErbR 2015, 383 in Anknüpfung an BGH 18. 6. 1973 – IV ZR 121/70). Die Frist beginnt erneut, wenn der Erblasser diese Überzeugung aufgibt, nach einiger Zeit aber erneut gewinnt (BayObLG FamRZ 1983, 1275, 1277).

12 Besteht die irrtümliche Erwartung des Erblassers darin, auf den Bestand der Ehe zu vertrauen, so beginnt die Anfechtungsfrist regelmäßig mit Erhebung der Scheidungs-

klage (BayObLG NJW-RR 1990, 200). Besteht die irrtümliche Erwartung darin, der Bedachte werde fortlaufende Zahlungen an ihn leisten, so fehlt grundsätzlich seine Kenntnis vom Anfechtungsgrund, solange nicht Zahlungen in dem Umfang ausbleiben, bei dessen Voraussicht der Erblasser vom Erbvertrag abgesehen hätte (BayObLGZ 1963, 260 = NJW 1964, 205).

Bei Anfechtung wegen **Übergehens eines Pflichtteilsberechtigten** schafft jedes Hinzutreten eines weiteren Pflichtteilsberechtigten einen neuen Anfechtungsgrund, sodass jeweils auch die Frist des § 2283 BGB neu läuft (Johannsen WM 1973, 531; BGB-RGRK/Kregel Rn 2). 13

c) Insbesondere: Rechtsirrtum

Ob und ggf unter welchen Voraussetzungen ein **Rechtsirrtum** beachtlich ist, ist noch nicht geklärt (s dazu insbes Staudinger/Otte [2019] § 2082 Rn 7 ff; MünchKomm/Musielak[9] Rn 4; NK-BGB/Hölscher/Kornexl[6] Rn 16 ff; Erman/S Kappler/T Kappler[16] Rn 3; jurisPK/B Hamdan/M Hamdan[9] Rn 6; Burandt/Rojahn/Burandt[3] Rn 4; HK/Hoeren[11] Rn 4). Entsprechend sind Entscheidungen in diesem Bereich nicht immer vorhersehbar (anschaulich MünchKomm/Musielak[9] Rn 4). 14

Entscheidend dürfte mit Musielak sein, „ob der Irrtum des Erblassers die Unkenntnis einer die Anfechtung begründenden Tatsache zur Folge hat" (MünchKomm/Musielak[9] Rn 4). Die irrtümliche Beurteilung des Anfechtungstatbestands ist unbeachtlich (BGH ZEV 2011, 422 = FamRZ 2011, 1224). Um dem näherzukommen, unterscheidet eine Auffassung danach, ob es um die materiellen Voraussetzungen der Anfechtung geht (dann soll der Rechtsirrtum beachtlich sein). Anders liegt es dieser Ansicht nach (dann unbeachtlich), wenn der Erblasser nicht weiß, dass seine Verfügungen anfechtungsbedürftig sind oder er sich über die verfahrensrechtlichen Voraussetzungen nicht im Klaren ist (J Mayer/Sammet, in: Reimann/Bengel/Dietz[7] Rn 12; NK-BGB/Hölscher/Kornexl[6] Rn 16 ff; eingehend Staudinger/Otte [2019] § 2082 Rn 11 f). Dem wird man folgen können. In der Praxis werden Fälle wie folgt entschieden: 15

Die irrtümliche Beurteilung des Anfechtungstatbestands, etwa ein Irrtum über die Notwendigkeit der Anfechtung oder darüber, dass auch ein gemeinschaftliches Testament uU vom Erblasser angefochten werden kann, hindert den Ablauf der Anfechtungsfrist nicht (BGH DNotZ 1970, 167 = FamRZ 1970, 79; RGZ 132, 1; 148, 224; RG Recht 1920 Nr 424 = BayZ 1919, 424; JW 1935, 2716; BayObLG NJW-RR 1991, 454; ZEV 1997, 380; KG OLGZ 1968, 112 = NJW 1968, 1141; Soergel/Zecca-Jobst[14] Rn 2; wohl abweichend für den Irrtum, dass Anfechtung erforderlich ist, OLG Dresden JFG 1, 163 = Recht 1924, Nr 1523). 16

Zu den tatsächlichen Voraussetzungen der Kenntnis vom Anfechtungsgrund gehört auch die Kenntnis des Erblassers, dass überhaupt ein der Anfechtung bedürftiger Erbvertrag besteht. An dieser Kenntnis fehlt es, wenn der Erblasser (auch aufgrund Rechtsirrtums) annimmt, der Erbvertrag sei automatisch, zB durch die Wiederheirat (BayObLG FamRZ 1992, 1102 = NJW-RR 1992, 1223), durch die Ehescheidung (nicht in Erwägung gezogen von OLG Frankfurt ErbR 2016, 453, 455), durch rechtshängigen Scheidungsantrag oder durch tatsächlich veränderte Verhältnisse (vgl BayObLG NJW-RR 1990, 200, 221; NJW-RR 1991, 454) unwirksam geworden (vgl BGH DNotZ 1970, 167 = FamRZ 1970, 79, 80; ebenso BeckOGK/Röhl [1. 5. 2022] Rn 15), oder er sei bereits (durch ihn selbst oder einen anderen) wirksam angefochten (KG OLGZ 1968, 112 = NJW 1968, 1141; vgl auch 17

OLG Köln OLGZ 1967, 496 – Irrtum, ein gemeinschaftliches Testament sei bereits wirksam widerrufen; anders BGH DNotZ 1970, 167 = FamRZ 1970, 79). Da – erste – Voraussetzung für die Anfechtung die Kenntnis von der anzufechtenden Verfügung ist, schließt fehlende Kenntnis den Fristbeginn grundsätzlich aus (BayObLG ZEV 1995, 105; OLG Kiel HEZ 2, 329; Leipold ZEV 1995, 99). Den „Einwand der Vergesslichkeit" darf man auch nicht im Interesse der Rechtssicherheit und dessen, der auf die anfechtbare Verfügung vertraut, einschränken, denn Kennenmüssen setzt die Frist nun einmal nicht in Gang (s dazu Staudinger/Otte [2019] § 2082 Rn 10; **aA** Staudinger/Kanzleiter [2019] Rn 8a mwN; Soergel/Zecca-Jobst[14] Rn 2).

18 Das in Rn 15 f Gesagte ist allerdings nicht unproblematisch, da die Einordnung in der Praxis nicht ganz einfach getroffen werden kann (daher kritisch MünchKomm/Leipold[9] § 2082 Rn 5), denn der Irrtum darüber, ob die Änderung der Vermögensverhältnisse Auswirkungen auf die **Bindungswirkung** des Erbvertrags hat, soll anders als die in Rn 15 f genannten Fälle unbeachtlich sein (BGH ZEV 2011, 422 = FamRZ 2011, 1224). Das gilt auch dann, wenn er auf der Annahme beruht, die Bindung sei durch die Ausschlagung der Erbschaft entfallen (Vorinstanz des BGH: OLG Köln ZEV 2011, 83 m insoweit zust Anm Keim; zust auch Münch FamRZ 2011, 1112 [1113]). Diese Auffassung – nämlich der Rechtsirrtum darüber, die Bindungswirkung sei durch spätere Ereignisse entfallen, hindere den Fristlauf nicht (so auch OLG München FamRZ 2012, 581) – führt tatsächlich zu einer Einschränkung des Anfechtungsrechts. Im vom OLG Köln entschiedenen Fall, in dem sich alles anders entwickelte, als bei Testamentserrichtung gedacht, hätte ggf mit ergänzender Auslegung geholfen werden können (vgl etwa OLG München FamRZ 2011, 1817; das Gericht legt allerdings sowohl hinsichtlich der Annahme als auch des Umfangs der Abänderungsbefugnis einen strengen Maßstab an).

19 Dass ein **Irrtum über** die **Bindungswirkung** die Anfechtung rechtfertigt, bedeutet **nicht**, dass er auch den **Fristbeginn hindern** müsste (s OLG München MittBayNot 2012, 300 = FamRZ 2012, 581). Meint der Erblasser irrtümlich, sein Erbvertrag mit seiner ersten Ehefrau enthalte keine Erbeinsetzung seiner Kinder aus erster Ehe, er könne daher seine Kinder aus zweiter Ehe zu Erben einsetzen, so irrt er nicht über das (objektive) Anfechtungsrecht, sondern über eine sachliche Voraussetzung für sein (subjektives) Recht zur Anfechtung; denn sein Irrtum über den Inhalt seiner Erklärung (§ 2078 BGB) ist ihm nicht bewusst; falls er an dieser irrigen Ansicht bis zu seinem Lebensende festhält, bleibt sein Anfechtungsrecht erhalten; uU können dann die Kinder aus zweiter Ehe den Erbvertrag anfechten (§§ 2080, 2285 BGB; Sommer NJW 1948, 628; **aA** OLG Koblenz NJW 1948, 628). Das Gleiche gilt, wenn dem Erblasser aufgrund Rechtsirrtums unbekannt ist, dass seine zweite Ehefrau pflichtteilsberechtigt ist (BGH FamRZ 1970, 79, 80 = DNotZ 1970, 167).

III. Lauf der Frist

20 Die entsprechende Anwendbarkeit des § 206 BGB bedeutet, dass der **Lauf der Frist gehemmt** ist, solange höhere Gewalt, insbesondere Stillstand der Rechtspflege, den Erblasser innerhalb der letzten sechs Monate der Frist an der Anfechtung hindert. Das gilt nicht nur für die Anfechtung durch Erklärung gegenüber dem Nachlassgericht, sondern auch für die durch Erklärung gegenüber dem Vertragsgegner.

Ist der Erblasser geschäftsunfähig und ohne gesetzlichen Vertreter, so endet die Frist erst 6 Monate, nachdem er unbeschränkt geschäftsfähig geworden ist (§ 210 BGB). Damit wird dem Erblasser oder seinem gesetzlichen Vertreter noch eine „Nachfrist" zur Anfechtung gewährt. 21

Wenn der Erblasser geschäftsunfähig war und er – im Gegensatz zu dem Fall des § 210 BGB – einen Betreuer hat, dieser aber den anfechtbaren Erbvertrag nicht rechtzeitig nach § 2282 Abs 2 BGB angefochten hat, so ist nach dem **Wegfall der Geschäftsunfähigkeit** der Erblasser selbst – mag er unbeschränkt geschäftsfähig oder auch nur beschränkt geschäftsfähig geworden sein – berechtigt, den Erbvertrag anzufechten, wie wenn er ohne gesetzlichen Vertreter gewesen wäre, dh die Anfechtungsfrist läuft auch in diesem Fall erst 6 Monate nach dem Wegfall der Geschäftsunfähigkeit ab (§ 2283 Abs 3 BGB). 22

Für die **Berechnung der Frist** gelten die §§ 187 ff BGB (ebenso BeckOGK/Röhl [1. 5. 2022] Rn 17). 23

IV. Prozessuales

Ob Tatsachen vorliegen, die eine Anfechtung begründen, muss der Anfechtungsberechtigte darlegen und beweisen (NK-BGB/Hölscher/Kornexl[6] Rn 9). 24

Die **Beweislast für das Verstreichen der Anfechtungsfrist** trifft denjenigen, der die Verspätung der Anfechtung behauptet (hM, BayObLGZ 1963, 260, 264 = NJW 1964, 205, 207; OLG Düsseldorf FamRZ 2007, 1272; NK-BGB/Hölscher/Kornexl[6] Rn 14; BeckOK/Litzenburger [1. 5. 2022] Rn 4; **aA** Arnold AcP 209, 285, 307 f; MünchKomm/Musielak[9] Rn 6; BGB-RGRK/Johannsen § 2082 Rn 16; BeckOGK/Röhl [1. 5. 2022] Rn 23; Johannsen WM 1972, 642, 652). Die Gegenansicht überzeugt nicht recht, denn sie würde bedeuten, der Anfechtungsberechtigte müsste darlegen und beweisen, er habe nicht schon früher Kenntnis von den die Anfechtung berechtigten Gründen gehabt. Das erscheint nicht praktikabel. Man wird aber dem Anfechtungsberechtigten eine sekundäre Darlegungslast auferlegen müssen, wenn der Anfechtungsgegner substantiiert zu einer früheren Kenntnis vorträgt (überzeugend NK-BGB/Hölscher/Kornexl[6] Rn 12 f). 25

Der Ablauf der jeweiligen **Ausschlussfrist** (§§ 124 Abs 3, 2082 Abs 3 BGB) ist ebenfalls vom Anfechtungsgegner darzulegen und zu beweisen (für § 124 Staudinger/Singer/v Finckenstein [2021] § 124 Rn 15; für § 2082 Abs 3 MünchKomm/Leipold[9] § 2082 Rn 13; **aA** Staudinger/Kanzleiter [2019] Rn 3: von Amts wegen zu beachten). 26

§ 2284
Bestätigung

Die Bestätigung eines anfechtbaren Erbvertrags kann nur durch den Erblasser persönlich erfolgen.

Materialien: E I § 1948 Abs 4; E II § 2149 rev § 2258; E III § 2257; Mot V 323; Prot V 385; JAKOBS/SCHUBERT ER II 1758–1778; HORN 1115.

Schrifttum

BENGEL, Zum Verzicht des Erblassers auf Anfechtung bei Verfügung von Todes wegen, DNotZ 1984, 132

ISCHINGER, Die Bestätigung anfechtbarer Verfügungen von Todes wegen, Rpfleger 1951, 159.
S auch Schrifttum zu § 2281 BGB.

Systematische Übersicht

Alphabetische Übersicht

I. Allgemeines; Bestätigung nur durch den Erblasser persönlich

1 Nur der Erblasser persönlich kann einen anfechtbaren Erbvertrag bestätigen.

2 Der frühere Satz 2, dass die Bestätigung durch einen in der Geschäftsfähigkeit beschränkten Erblasser ausgeschlossen ist, wurde mit dem Gesetz zur Bekämpfung von Kinderehen vom 17. 7. 2017 (BGBl 2017 I 2429) als entbehrlich gestrichen. Es besteht Einigkeit, dass die Bestätigung ebenso wie die Anfechtung unbeschränkte Geschäftsfähigkeit voraussetzt (BENGEL DNotZ 1984, 132 [134]; NK-BGB/HÖLSCHER/KORNEXL[6] Rn 5 ff; BeckOK/LITZENBURGER [1. 5. 2022] Rn 3; BURANDT/ROJAHN/BURANDT[3] Rn 5; HK/HOEREN[11] Rn 3; BeckOGK/RÖHL [1. 5. 2022] Rn 2).

3 Nach § 144 Abs 1 BGB ist die Anfechtung ausgeschlossen, wenn das anfechtbare Rechtsgeschäft von dem Anfechtungsberechtigten bestätigt wird. Das gilt auch für einen anfechtbaren Erbvertrag; denn das Gesetz regelt in § 2284 BGB nur Einzelheiten der Bestätigung eines anfechtbaren Erbvertrags und verweist damit im Übrigen auf die allgemeinen Regelungen. Der E I hatte in § 1948 Abs 3 BGB ausdrücklich bestimmt, dass der anfechtbare Erbvertrag durch die Genehmigung des Erblassers unanfechtbar werde. Die II. Kommission hatte diese Bestimmung sachlich gebilligt, mit Rücksicht auf § 144 BGB aber als entbehrlich gestrichen (Prot V 386 = HORN § 2279 Rn 30).

Die Bestätigung ist der Sache nach ein **Verzicht auf das Anfechtungsrecht** (BayObLG NJW 1954, 1039 [1040]; ERMAN/S KAPPLER/T KAPPLER[16] Rn 1; jurisPK/B HAMDAN/M HAMDAN[9] Rn 1; NK-BGB/HÖLSCHER/KORNEXL[6] Rn 2; MünchKomm/MUSIELAK[9] Rn 1; BeckOK/LITZENBURGER [1. 5. 2022] Rn 2; BeckOGK/RÖHL [1. 5. 2022] Rn 2; zu weiteren Ausschlussgründen s § 2281 Rn 27 ff). 4

Kann ein Rechtsgeschäft **von mehreren angefochten** werden, so berührt der Verzicht des einen grundsätzlich nicht das Anfechtungsrecht der übrigen Anfechtungsberechtigten. Dies gilt bei der Bestätigung eines Erbvertrags dann nicht, wenn das Anfechtungsrecht des Dritten von dem Anfechtungsrecht des Erblassers abhängig ist (s § 2285 BGB). Daher hat die Bestätigung durch den Erblasser (§ 2284 BGB) zur Folge, dass die Anfechtung des Dritten ebenfalls ausgeschlossen ist, wenn sie vom Weiterbestehen des Anfechtungsrechts des Erblassers abhängig war (NK-BGB/HÖLSCHER/KORNEXL[6] Rn 16). 5

Weiter folgt aus § 2284 S 1 BGB, dass eine Bestätigung des Erbvertrags in diesem weittragenden Sinn nur dem Erblasser selbst zusteht. Andere Anfechtungsberechtigte können wohl auf ihr Anfechtungsrecht verzichten, aber dieser Verzicht berührt das Anfechtungsrecht der übrigen nicht (NK-BGB/HÖLSCHER/KORNEXL[6] Rn 16; J MAYER/SAMMET, in: REIMANN/BENGEL/DIETZ[7] Rn 3). 6

Wie bei § 2080 BGB (vgl BayObLGZ 1965, 258, 265; STAUDINGER/OTTE [2019] § 2080 Rn 28 f) kann jeder Anfechtungsberechtigte durch einseitige Erklärung bestätigen (nach OTTE handelt es sich nämlich um Bestätigung iSv § 144 Abs 1; eingehend MünchKomm/MUSIELAK[9] Rn 2; **aA** NK-BGB/HÖLSCHER/KORNEXL[6] Rn 17 f und J MAYER/SAMMET, in: REIMANN/BENGEL/DIETZ[7] Rn 3 – nur Vertrag). 7

Der Verzicht auf ein Recht setzt nach hM Kenntnis des Rechts voraus, die Bestätigung also **Kenntnis des Anfechtungsrechts** und damit des Anfechtungsgrundes oder mindestens Zweifel darüber (BeckOGK/RÖHL [1. 5. 2022] Rn 3; zu §§ 141, 144 s auch STAUDINGER/ROTH [2020] § 141 Rn 20 mwNw). Die Zweifel über das Bestehen müssen aber bei objektiver Betrachtungsweise nach außen auch erkennbar sein; bloß innere Willensrichtung genügt nicht (vgl dazu STAUDINGER/ROTH [2020] § 141 Rn 20; SCHWAB JuS 2012, 1027 [1028 f]). Der Erblasser kann einen wegen Drohung anfechtbaren Erbvertrag erst bestätigen, wenn die Zwangslage aufgehört hat. Das Gesetz geht entsprechend davon aus, dass der Erblasser den Erbvertrag, der wegen Irrtums anfechtbar ist, bestätigen kann, wenn er den Irrtum (nach außen erkennbar) erkannt hat. Grundsätzlich setzt also die Bestätigung den Wegfall des Anfechtungsgrundes voraus (PLANCK/GREIFF Anm 1). Wichtig ist das wegen der Anfechtungsfrist, deren Beginn § 2283 Abs 2 BGB regelt. Wie ein Verzicht auf möglicherweise eintretende Anfechtungsmöglichkeiten im Voraus möglich ist (vgl § 2281 Rn 23), kann aber auch die Bestätigung ohne Rücksicht auf die Anfechtungsmöglichkeit und die vollständige Kenntnis des Anfechtungsgrundes erklärt werden. 8

Eine Bestätigung iSd §§ 144, 2284 BGB ist nur für den anfechtbaren, nicht aber für den bereits angefochtenen Erbvertrag möglich. Der anfechtbare und wirksam ange- 9 fochtene Erbvertrag ist nichtig (§ 142 BGB) und kann nur neu abgeschlossen werden (§ 141 BGB). Die Anfechtung kann auch nicht „zurückgenommen“ (BGH NJW 1983, 2247, 2248), sondern nur nach den allgemeinen Vorschriften (§§ 119 ff BGB) ihrerseits angefochten werden (PLANCK/GREIFF Anm 4). Ein wegen Formmangels nichtiger Erbvertrag kann auch nicht von den Erben des Vertragsgegners oder des vertragsmäßig Bedachten bestätigt werden.

10 § 2284 BGB gilt wie § 2281 BGB nur **für vertragsmäßige Verfügungen**. Einseitige Verfügungen (§ 2299 BGB) unterliegen nicht der Anfechtung durch den Erblasser, können von ihm also auch nicht iSv § 2284 BGB bestätigt werden. Ihre Bestätigung mit der Folge, dass ein Anfechtungsrecht Dritter nach § 2080 BGB ausgeschlossen ist, ist aber möglich (s STAUDINGER/OTTE [2019] § 2080 Rn 28).

II. Form der Bestätigung

11 Die **Bestätigung bedarf keiner besonderen Form**, insbesondere nicht der Form, die in § 2276 BGB für den Abschluss des Erbvertrags vorgeschrieben ist (§ 144 Abs 2 BGB; Mot V 323; BayObLGZ 1954, 71 = NJW 1954, 1039; VEIT NJW 1993, 1553, 1557; STROHAL § 45 I 1 e; PLANCK/GREIFF Anm 1; MünchKomm/MUSIELAK[9] Rn 5; GRÜNEBERG/WEIDLICH Rn 2; NK-BGB/HÖLSCHER/KORNEXL[6] Rn 13; **aA** HELLWIG 661; FROMMHOLD Anm 2; BENGEL DNotZ 1984, 132, 134 ff unter ausführlicher Auseinandersetzung mit der – auch hier vertretenen – hM; J MAYER/SAMMET, in: REIMANN/BENGEL/DIETZ[7] Rn 9). Der Einwand, die Bestätigung komme in ihrer Wirkung einem neuen Vertragsschluss gleich, scheitert an der ausdrücklichen Vorschrift des § 144 Abs 2 BGB; der Einwand, bei letztwilligen Verfügungen sei eine Bestätigung iSd § 144 BGB ausgeschlossen, also nach § 2279 BGB auch bei Erbverträgen, wird durch § 2284 BGB widerlegt.

12 Die Bestätigung braucht nicht gegenüber dem Vertragsgegner oder gegenüber dem Nachlassgericht erklärt zu werden, sie ist nicht empfangsbedürftig und kann auch durch schlüssige Handlung erfolgen (Mot V 323 = HORN § 2279 Rn 18; RGZ 68, 399; BayObLGZ 1954, 71, 77 = NJW 1954, 1039; KRETSCHMAR § 52 II 2 f; jurisPK/B HAMDAN/M HAMDAN[9] Rn 12 f; PLANCK/GREIFF Anm 1; BGB-RGRK/KREGEL Rn 1; SOERGEL/M WOLF[13] Rn 2; **aA** STROHAL § 45 Nr 16; zum „geflissentlichen Weiterbestehenlassen“ als Bestätigung s BayObLGZ 1971, 151; 1980, 42). PLANCK/GREIFF (Anm 1) empfehlen allerdings dem Erblasser, die Bestätigung bei Lebzeiten des Vertragsgegners diesem gegenüber, nach dessen Tode gegenüber den übrigen Anfechtungsberechtigten zu erklären; ob nicht de lege ferenda für die Bestätigung dieselbe Form gefordert werden sollte wie für die Anfechtung, mag dahingestellt bleiben.

13 Nach § 2284 S 1 BGB kann die Bestätigung nur durch den Erblasser persönlich erfolgen, also nicht durch einen gewillkürten oder gesetzlichen Vertreter (vgl §§ 2064, 2274 BGB). Auch Vertretung in der Erklärung ist nicht zulässig, weil die Fassung „nur durch den Erblasser persönlich“ auch eine solche Vertretung ausschließt. Anders als bei der Anfechtung selbst, dort gem § 2282 Abs 2 BGB, ist eine Bestätigung durch den Betreuer nicht möglich (allgM, statt aller MünchKomm/MUSIELAK[6] Rn 6; NK-BGB/HÖLSCHER/KORNEXL[6] Rn 6). Das lässt sich damit begründen, dass die Bestätigung zwar nach ganz hM einen Verzicht auf das Anfechtungsrecht bedeutet (Rn 4), aber doch der Neuvornahme einer Verfügung von Todes wegen nahekommt (NK-BGB/HÖLSCHER/KORNEXL[6] Rn 6).

§ 2285
Anfechtung durch Dritte

Die in § 2080 bezeichneten Personen können den Erbvertrag aufgrund der §§ 2078, 2079 nicht mehr anfechten, wenn das Anfechtungsrecht des Erblassers zur Zeit des Erbfalls erloschen ist.

Materialien: E I § 1949 Abs 2; E II § 2151 rev § 2259; E III § 2258; Mot V 325; Prot V 386; Jakobs/Schubert ER II 1758–1779; Horn 1116 f.

Systematische Übersicht

I. Anfechtung durch Dritte

1 Wie schon an anderer Stelle bemerkt (§ 2281 Rn 5), befassen sich die §§ 2281–2284 BGB nur mit der Anfechtung des Erbvertrags durch den Erblasser selbst, während für die Anfechtung durch den Vertragsgegner oder sonstige Dritte nach § 2279 BGB die Bestimmungen über die Anfechtung letztwilliger Verfügungen (§§ 2078 ff BGB) und ergänzend (soweit nicht durch die besonderen Vorschriften der §§ 2078 ff BGB ausgeschlossen) die Vorschriften des Allgemeinen Teils über die Anfechtung von Rechtsgeschäften gelten (§§ 119 ff, 142 ff BGB; vgl § 2281 Rn 5 ff). Der E I hatte das Anfechtungsrecht der in § 2080 BGB bezeichneten Personen in § 1949 Abs 1 S 1 BGB ausdrücklich festgelegt, die II. Kommission hatte diesen Satz aber als entbehrlich gestrichen (Prot V 386 = Horn Rn 8). In der Tat ergibt sich schon aus der Fassung des § 2285 BGB eindeutig, dass für das Anfechtungsrecht Dritter die §§ 2078 ff BGB gelten.

2 Die Anfechtung durch Dritte kommt erst in Betracht, wenn der Erblasser gestorben ist (NK-BGB/Hölscher/Kornexl[6] Rn 4).

3 Auch der **Vertragsgegner** des Erblassers kann wie jeder Dritte dessen Verfügungen nach §§ 2078 ff BGB anfechten, soweit ihm ihre Aufhebung unmittelbar zustatten kommt (§ 2080 Abs 1 BGB).

4 Im Übrigen folgt aus der Anwendung der §§ 2078 ff BGB auf die Anfechtung durch Dritte (vgl hierzu Planck/Greiff Anm 1; jurisPK/B Hamdan/M Hamdan[9] Rn 2 ff): Das Anfechtungsrecht der übergangenen Pflichtteilsberechtigten (§§ 2079, 2080 Abs 3 BGB) hängt nicht davon ab, ob sie schon beim Abschluss des Erbvertrags pflichtteilsberechtigt waren (Mot V 325 = Horn Rn 2; KG OLGE 11, 257); vielmehr kommt es

darauf an, ob sie es beim Erbfall sind (§ 2079 BGB). Die Anfechtungsfrist bemisst sich nach § 2082 BGB (BGH DNotZ 1970, 167 = FamRZ 1970, 79, 81; Erman/S Kappler/T Kappler[16] Rn 1), nicht nach § 2283 BGB. Das Leistungsverweigerungsrecht nach § 2083 BGB steht dem anfechtungsberechtigten Beschwerten nicht zu, wenn der Erblasser die Frist nach § 2283 BGB hat verstreichen lassen (BGHZ 106, 359 = NJW 1989, 2285 = DNotZ 1990, 50), weil dann der Anfechtung nicht § 2082 BGB, sondern schon § 2285 BGB entgegensteht.

II. Anfechtungsgegner

5 Wenn der Dritte eine vertragsmäßige Verfügung anfechten will, durch die ein Erbe eingesetzt oder eine Auflage angeordnet wurde, so muss er die Anfechtung gegenüber dem Nachlassgericht erklären (§ 2081 BGB, zutr NK-BGB/Hölscher/Kornexl[2] Rn 5, weitergehend Staudinger/Kanzleiter [2019] Rn 3 und ihm folgend BeckOGK/Röhl [1. 5. 2022] Rn 7, hingegen können – wie Hölscher und Kornexl bemerken – die übrigen in § 2081 genannten Fälle wegen § 2278 Abs 2 nicht bindend angeordnet werden).

6 Bei vertragsmäßigen Verfügungen anderer Art, insbesondere bei **Vermächtnissen**, ist Anfechtungsgegner derjenige, der durch die Verfügung unmittelbar einen rechtlichen Vorteil erlangt hat, also der Bedachte, nicht der Vertragsgegner oder seine Erben (§ 143 Abs 1, 4, § 2279 BGB; RGZ 143, 350, 353; Hellwig 666; Strohal § 45 N 20; Kipp/Coing § 36 N 11; Lange/Kuchinke § 25 IX 3 a Fn 315; Planck/Greiff Anm 1; BGB-RGRK/Kregel Rn 1; J Mayer/Sammet, in: Reimann/Bengel/Dietz[7] Rn 4; MünchKomm/Musielak[9] Rn 2; **aA** Mot V 325 = Horn Rn 4; Staudinger/Dittmann[10/11]; Frommhold § 2281 Anm 4). Zwar hatte der E I in § 1949 Abs 2 S 2 BGB bestimmt, dass auch im Falle der Anfechtung durch Dritte Anfechtungsgegner derjenige sei, mit dem der Erblasser den Erbvertrag geschlossen habe. Aber dieser Satz wurde gestrichen, wenn auch nur deswegen, weil er als überflüssig angesehen wurde. § 143 Abs 2 BGB ist nicht anwendbar, weil diese Vorschrift nur die Anfechtung durch den Urheber der Willenserklärung selbst im Auge hat. Auch wäre die Anfechtung gegenüber den Erben des verstorbenen Vertragsgegners recht unzweckmäßig.

III. Abhängigkeit vom Anfechtungsrecht des Erblassers

7 Das Anfechtungsrecht des Dritten nach § 2080 BGB ist zwar von dem des Erblassers nach § 2281 BGB verschieden, es ist ein eigenes, selbständiges Recht (Mot V 325 = Horn Rn 1). Es ist aber doch insofern von dem Anfechtungsrecht des Erblassers abhängig, als es mit diesem erlischt (oder, wenn man annimmt, dass es frühestens mit dem Erbfall entstehen könne: insofern, als das Erlöschen des Anfechtungsrechts des Erblassers zu seinen Lebzeiten auch die Anfechtung durch Dritte ausschließt). § 2285 BGB bestimmt nämlich: Wenn das Anfechtungsrecht des Erblassers zur Zeit des Erbfalls – nicht erst durch den Erbfall! – durch Bestätigung, § 2284 BGB, oder Fristablauf, § 2283 BGB, erloschen ist, so können auch die in § 2080 BGB bezeichneten Personen den Erbvertrag nicht mehr anfechten (vgl OLG Jena OLGE 4, 127, 131; zum Grund der Vorschrift RGZ 77, 165, 170 sowie OLG Kiel HEZ 2, 329; BayObLG ZEV 1995, 105, 106; MünchKomm/Musielak[9] Rn 5). War beim Erbfall die Frist zur Anfechtung durch den Erblasser erst teilweise abgelaufen, so führt dies nicht dazu, dass die Frist für die Anfechtung durch Dritte, die erst nach dem Erbfall möglich ist, um den für den Erblasser bereits abgelaufenen Teil der Frist gekürzt würde. Denn das Anfechtungsrecht

steht ihnen nicht als Rechtsnachfolgern des Erblassers, sondern als ein besonderes und eigenes Recht zu (Mot V 325 = HORN Rn 3; MünchKomm/MUSIELAK[9] Rn 3).

War der Erblasser aus mehreren Gründen zur Anfechtung berechtigt, so ist es möglich, dass das Recht zur Anfechtung aus dem einen Grund vor dem Erbfall bereits erloschen ist, während das aus einem anderen Grund fließende Anfechtungsrecht zur Zeit des Erbfalls noch bestanden hat. In diesem Falle können auch Dritte nur den zweiten Anfechtungsgrund geltend machen (MünchKomm/MUSIELAK[9] Rn 5). 8

Das **Anfechtungsrecht des Erblassers** ist **nicht erloschen, wenn** er es **ohne Erfolg ausgeübt** hat, wenn etwa seine auf die Anfechtung gestützte Klage auf Feststellung der Nichtigkeit des Erbvertrags rechtskräftig abgewiesen worden ist (BGHZ 4, 91 = NJW 1952, 419 – vgl auch JOHANNSEN WM 1973, 531 = LM Nr 1 zu § 2285 BGB m Anm ASCHER; MünchKomm/MUSIELAK[9] Rn 6 mwNw). Die Rechtskraft eines solchen Urteils wirkt nicht gegen den anfechtungsberechtigten Dritten, da dieser das Anfechtungsrecht nicht als Rechtsnachfolger des Erblassers erworben hat (BGH NJW 1952, 419; Nk-BGB/KORNEXL Rn 12; MünchKomm/MUSIELAK[9] Rn 6; GRÜNEBERG/WEIDLICH[81] Rn 2; J MAYER/SAMMET, in: REIMANN/BENGEL/DIETZ[7] Rn 7). 9

§ 2285 BGB kann auch nicht etwa ein allgemeiner Grundgedanke dahingehend entnommen werden, dass die in § 2080 BGB bezeichneten Personen das Anfechtungsrecht nicht mehr ausüben können, wenn der Erblasser es bereits ergebnislos ausgeübt hat (so jedoch ASCHER in seiner Anm zu BGH LM Nr 1 zu § 2285; BGBRGRK/KREGEL Rn 4; SOERGEL/ZECCA-JOBST[14] Rn 2; vgl auch LG Karlsruhe NJW 1958, 714 = DNotZ 1958, 601). Denn diese Ansicht liefe entweder darauf hinaus, dass das gegen den Erblasser ergangene Urteil sachlich-rechtliche Wirkung hätte, was mit der herrschenden und zutreffenden Lehre von der Rechtskraft unvereinbar wäre, oder darauf, dass das Urteil gegen die anfechtungsberechtigten Dritten wirken würde, was nach § 325 ZPO nicht angenommen werden kann (und auch von BGHZ 4, 91 = NJW 1952, 419 = LM Nr 1 zu § 2285 BGB mAnm ASCHER abgelehnt wird). 10

Jedenfalls kann der Dritte, wenn es nach dem Anfechtungsgrund auf das Gesamtverhalten des Anfechtungsgegners ankommt, zur Unterstützung der neu vorgebrachten Anfechtungstatbestände auch auf solche zurückgreifen, auf die eine selbstständige Anfechtung nicht mehr gestützt werden kann (BGH NJW 1952, 419; BGB-RGRK/KREGEL Rn 4; SOERGEL/ZECCA-JOBST[14] Rn 2). 11

IV. Verzicht auf das Anfechtungsrecht

Nur der Erblasser kann den Erbvertrag iSv § 2284 BGB, also mit Wirkung für und gegen alle, bestätigen. Anfechtungsberechtigte Dritte können nur auf ihr eigenes Anfechtungsrecht verzichten, und zwar auch durch einseitige Erklärung (§ 2284 Rn 7; widersprüchlich insoweit STAUDINGER/KANZLEITER [2019] Rn 6, der hier von der Vertragsform sprach, bei der in Verweisung genommenen Vorschrift aber einseitige Erklärung zuließ). 12

V. Anwendung auf gemeinschaftliche Testamente

§ 2285 BGB ist auch auf wechselbezügliche Verfügungen des überlebenden Ehegatten in gemeinschaftlichen Testamenten entsprechend anzuwenden (§§ 2270, 2271 13

BGB; RGZ 132, 1, 4; 77, 165; BayObLGZ 1954, 71 = NJW 1954, 1039: das Anfechtungsrecht der pflichtteilsberechtigten zweiten Ehefrau des Erblassers ist ausgeschlossen, wenn der Erblasser seine Anfechtungsfrist versäumt – § 2283 – oder das wechselbezügliche gemeinschaftliche Testament bestätigt – § 2284; vgl auch KG FamRZ 1968, 218, 219). Dagegen wird bei nicht wechselbezüglichen Verfügungen in gemeinschaftlichen Testamenten das allgemeine Anfechtungsrecht nach §§ 2078 ff BGB nicht durch § 2285 BGB beschränkt (BGH FamRZ 1956, 83), das Gleiche gilt für wechselbezügliche Verfügungen des erstverstorbenen Ehegatten (BGH ZEV 2016, 443 = DNotZ 2016, 797 m zust Anm Kanzleiter; Weidlich ZEV 2015, 480, 481 f; **aA** die Vorinstanz OLG Stuttgart ErbR 2015, 630 = ZEV 2015, 476; s § 2271 Rn 121).

VI. Prozessuales

14 Die Feststellungslast dafür, dass das Recht eines Dritten zur Anfechtung eines gemeinschaftlichen Testaments entsprechend § 2285 BGB ausgeschlossen ist, trifft den Anfechtungsgegner (OLG Stuttgart FamRZ 1982, 1137; BayObLG FamRZ 1995, 1024; auch MünchKomm/Musielak[9] Rn 8, der nur die Beweislast hinsichtlich des Fristablaufs anders verteilt, s § 2283 Rn 25).

§ 2286
Verfügungen unter Lebenden

Durch den Erbvertrag wird das Recht des Erblassers, über sein Vermögen durch Rechtsgeschäft unter Lebenden zu verfügen, nicht beschränkt.

Materialien: E I § 1951; E II § 2152 rev § 2260; E III § 2259; Mot V 327; Prot V 388; Jakobs/Schubert ER II 1780–1782; Horn 1117 ff.

Schrifttum zu §§ 2286–2292

Apfelbacher, Ehebedingte Zuwendungen und Ehegatteneigenheimgesellschaft – Möglichkeiten zur Beeinträchtigung von Pflichtteilsansprüchen durch vorweggenommene Erbfolge (Diss Regensburg 1992)
Arend, Übertragungen zwischen Ehegatten, MittRhNotK 1990, 65
Aunert-Micus, Der Begriff der Beeinträchtigungsabsicht in § 2287 BGB beim Erbvertrag und beim gemeinschaftlichen Testament (Diss Münster 1991)
Basty, Bindungswirkung bei Erbvertrag und gemeinschaftlichem Testament, MittBayNot 2000, 73
Battes, Gemeinschaftliches Testament und Ehegattenerbvertrag als Gestaltungsmittel für die Vermögensordnung der Familie (1974)
ders, Der erbrechtliche Verpflichtungsvertrag im System des Deutschen Zivilrechts – Ziele, Dogmatik und praktische Auswirkungen des § 2302 BGB, AcP 178 (1978) 337
ders, Zur Wirksamkeit von Testamenten und Erbverträgen nach der Ehescheidung, JZ 1978, 733
Beckmann, Die Aushöhlung von Erbverträgen und gemeinschaftlichen Testamenten durch Rechtsgeschäfte unter Lebenden, MittRhNotK 1977, 25
Beisenherz, „Berechtigte Erberwartung" des Vertragserben, Anwachsung und Ausschlagung, ZEV 2004, 8
Benkö, Zur Aushöhlung bindender Verfügungen von Todes wegen (Diss Köln 1974)
Boehmer, Sittenwidrige Beeinträchtigung des

Vertragserben durch lebzeitige Zuwendungen des Erblassers?, FamRZ 1961, 253
Brambring, Bindung beim Ehegattentestament und -erbvertrag, ZAP 1993, 619
ders, Abschied von der ehebedingten Zuwendung außerhalb des Scheidungsfalls und neue Lösungswege, ZEV 1996, 248
ders, Abschied oder kein Abschied von der ehebedingten Zuwendung? – Duplik zum Vorstehenden von Langenfeld, ZEV 1997, 7
Bühler, Zur Wechselbezüglichkeit und Bindung beim gemeinschaftlichen Testament und Erbvertrag, DNotZ 1962, 359
ders, Zur Eröffnung eines gemeinschaftlichen Testaments, BWNotZ 1980, 34
Bund, Die Bindungswirkung des Erbvertrages, JuS 1968, 268
Burkart, Aushöhlung gemeinschaftlicher Testamente durch den überlebenden Ehegatten, NJW 1956, 1501
ders, Die Rechtsprechung des Bundesgerichtshofs über die Aushöhlung von Testamenten, NJW 1959, 2093
Coing, Wie ist die bindende Wirkung von Erbverträgen zu ermitteln?, NJW 1958, 689
Damrau, Zu den Grenzen und Gestaltungsmöglichkeiten des Erbschaftsvertrages, ZErb 2004, 206
ders, Wann muss bei beeinträchtigenden Schenkungen der Miterbe, wann der Beschenkte in Anspruch genommen werden?, ZEV 2016, 413
vDickhuth-Harrach, Die analoge Anwendung der §§ 2287, 2288 BGB auf gemeinschaftliche Testamente schon vor Eintritt der Bindungswirkung, FamRZ 2005, 322
Dilcher, Die Grenzen erbrechtlicher Bindung zwischen Verfügungsfreiheit und Aushöhlungsnichtigkeit, Jura 1988, 72
Dittmann, Aushöhlung des gemeinschaftlichen Testaments, DNotZ 1958, 619
Draschka, Unbenannte Zuwendungen und der erbrechtliche Schutz gegen unentgeltliche Vermögensverfügungen, DNotZ 1993, 100
Dressel, Zur Anfechtung eines Erbvertrages durch den überlebenden Ehegatten, AgrarR 1974, 189
Ebenroth/Fuhrmann, Konkurrenzen zwischen Vermächtnis- und Pflichtteilsansprüchen bei erbvertraglicher Unternehmensnachfolge, BB 1989, 2049
Eckebrecht, Die Stellung des erbrechtlichen Anwärters vor und nach dem Erbfall (Diss Berlin 1991)
Felix, Testament und Erbvertrag, DStZ 1987, 599
Finger/Füser/Hamm/Weber, Aushöhlung letztwilliger Verfügungen – Ende der „Aushöhlungsnichtigkeit"?, FamRZ 1975, 251
Fleischmann, Lebzeitige Verfügungsfreiheit bei erbrechtlicher Bindung und Pflichtteilsberechtigung nach den Vorschriften des BGB (Diss Frankfurt 1989)
Frieser, Der Begriff der Schenkung in § 2287 BGB, ErbR 2008, 34
ders, Freiheit vs. Bindung – Zur Missbrauchsprüfung im Rahmen des § 2287 BGB, ErbR 2015, 457
ders, Zur Auslegung des Begriffs „Beeinträchtigungsabsicht im § 2287 BGB, in: FS Eduard Picker (2010) S 249
Gather, Aufhebung und Anfechtung letztwilliger Verfügungen, DWW 1973, 62
Gerken, Die Entstehung der Bindungswirkung beim Erbvertrag, BWNotZ 1992, 93
Giencke, Ergänzende Auslegung von Erbverträgen gemäß § 2066 BGB unter Berücksichtigung nichtehelicher Kinder des Erblassers als gesetzliche Erben, FamRZ 1974, 241
Häsemeyer, Zur Anwendung des § 139 BGB auf Erbverträge, FamRZ 1967, 30
ders, Die Abhängigkeit erbrechtlicher Verträge von Verkehrsgeschäften (Diss Göttingen 1966)
Haussmann, Gedanken zur Ausgestaltung von Ehegattenerbverträgen, BWNotZ 1972, 93
Heiseke, Der Zugang formbedürftiger Erklärungen, MDR 1968, 899 (zum Rücktritt vom Erbvertrag)
Hieber, Zustellung einer Ausfertigung oder einer beglaubigten Abschrift, DNotZ 1960, 240 (zum Rücktritt vom Erbvertrag)
ders, Sicherung eines erbvertraglichen Anspruches durch Vormerkung, DNotZ 1952, 432
ders, Noch einmal: Die Vormerkbarkeit des erbrechtlichen Anspruchs, DNotZ 1953, 635
ders, Sicherung des Grundstücksvermächtnisses durch Auflassungsvormerkung, DNotZ 1958, 306

HÖFER, Der Rücktritt vom Erbvertrag, BWNotZ 1984, 113
HÖFLING, Die Schenkung und die unentgeltliche Verfügung im Erbrecht (Diss 2019)
HOHMANN, Rechtsfolgen von Störungen im Rahmen eines entgeltlichen Erbvertrags und Sicherung der Rechte der Vertragsparteien (Diss Würzburg 1993)
ders, Die Sicherung des Vertragserben vor lebzeitigen Verfügungen des Erblassers, ZEV 1994, 133
HOLTHÖFER, Sicherung des Vertragserben zu Lebzeiten des Erblassers, DRiZ 1954, 141; JR 1955, 11
HUBER, Freistellungsklauseln in gemeinschaftlichen Testamenten, Rpfleger 1981, 41
HUCKINGHAUS, Anm zu BGH v 5. 2. 1957 – V BLw 37/56, LM § 7 HöfeO Nr 17 (zur formlosen Hoferbenbestimmung)
HÜLSMEIER, Die bindende Wirkung des Erbvertrages (Diss Münster 1985)
ders, Die Abwertung der Rechtsstellung des Vertragserben, NJW 1981, 2043
ders, Der Vorbehalt abweichender Verfügungen von Todes wegen beim Erbvertrag, NJW 1986, 3115
JOHANNSEN, Anm zu BGH v 5. 7. 1972 – IV ZR 125/70, LM § 2286 BGB Nr 6 (zur Aushöhlung von Erbverträgen durch Rechtsgeschäfte unter Lebenden)
ders, Die Rechtsprechung des Bundesgerichtshofs auf dem Gebiet des Erbrechts – das Recht des Erbvertrags, WM 1969, 1222, 1314; 1973, 530; 1977, 270, 277; 1979, 630; 1982, Sonderbeilage Nr 2, 1; WM 1985, Sonderbeilage Nr 1, 1
ders, Der Schutz der durch gemeinschaftliches Testament oder Erbvertrag berufenen Erben, Sonderheft 75 Jahre DNotZ 1977, 69*
KANZLEITER, Bedarf die Zustimmung des bindend bedachten Erben zu einer ihn beeinträchtigenden Schenkung der notariellen Beurkundung?, DNotZ 1990, 776
ders, „Umverteilung" des Nachlasses mit Zustimmung des Vertragserben und Eintritt der Ersatzerbfolge, ZEV 1997, 261
ders, Die entsprechende Anwendung von Vorschriften über den Erbvertrag auf das gemeinschaftliche Testament, in: FS Otte (2005) 157
ders, Die Beeinträchtigung des durch Erbvertrag eingesetzten Erben durch die einvernehmliche Aufhebung eines Pflichtteilsverzichts, DNotZ 2009, 86
ders, Der eingeschränkte Schutz des Vertragserben gegen Korrekturmaßnahmen des Erblassers, notar 2011, 351
KAPP, Der Erbvertrag in zivilrechtlicher und erbschaftsteuerlicher Sicht, BB 1980, 845
KLINGELHÖFFER, Zuwendungen unter Ehegatten und Erbrecht, NJW 1993, 1097
KNIEPER, Die Verbindung des Erbvertrages mit anderen Verträgen, DNotZ 1968, 331
J KOHLER, Erblasserfreiheit oder Vertragserbenschutz und § 826 BGB, FamRZ 1990, 464
R KOHLER, Die schuldrechtlichen Ersatzansprüche wegen der Aushöhlung eines Nachlasses, NJW 1964, 1393
KOLLHOSSER, Aktuelle Fragen der vorweggenommenen Erbfolge, AcP 194 (1994) 231
ders, Ehebezogene Zuwendungen und Schenkungen unter Ehegatten, NJW 1994, 2313
KRAKER, Die Bedeutung des § 2286 BGB, BWNotZ 1958, 265
KREIENBERG, „Einpreisen" von sogenannten „Wart- und Pflegeverpflichtungen", ZErb 2015, 101
KRICKE, Die Beschränkung der Verfügungsfreiheit beim gemeinschaftlichen Testament (1995)
KROPPENBERG, Missbräuchliche Schenkungen des gebundenen Erblassers – Prä- und postmortaler Schutz, Hereditare Bd 2 S 39 ff
KUCHINKE, Enttäuschte Erwartungen eines Schlusserben – BGHZ 82, 274, JuS 1988, 853
ders, Beeinträchtigende Anordnungen des an seine Verfügungen gebundenen Erblassers, in: FS vLübtow (1991) 283
ders, Zur Sicherung des erbvertraglich oder letztwillig bindend Bedachten durch Feststellungsurteil, Vormerkung und Gewährung einstweiligen Rechtsschutzes, in: FS Henckel (1995) 475
KUPSCH-HOCH, Steueroptimale Gestaltung einer vorweggenommenen Erbfolge bei gewerblichen Unternehmen, FR 1984, 517
KÜSTER, Grenzen des Rücktrittsvorbehalts im Erbvertrag?, JZ 1958, 394
HEINRICH LANGE, Bindung des Erblassers an seine Verfügungen, NJW 1963, 1571

Hermann Lange Gegenseitiger Erbvertrag und Scheidungsrechtstreit, JuS 1965, 347
Langenfeld, Die Bestandskraft ehebedingter Zuwendungen im Verhältnis zu Vertragserben und Pflichtteilsberechtigten, ZEV 1994, 129
ders, BGH-Rechtsprechung aktuell: Der BGH – Schutzpatron der pflichtteilsberechtigten Abkömmlinge?, NJW 1994, 2133
ders, Freiheit oder Bindung beim gemeinschaftlichen Testament oder Erbvertrag von Ehegatten?, NJW 1987, 1577
ders, Kein Abschied von der ehebedingten Zuwendung im Verhältnis zu den pflichtteilsberechtigten Abkömmlingen, ZEV 1997, 6
Leipold, Der vergessliche Erblasser und die Anfechtung, ZEV 1995, 99
ders, Erbrecht 1995, JZ 1996, 287
Lemcke, Ansprüche des Vertragserben wegen beeinträchtigender Schenkungen (Diss Augsburg 1997)
Loritz, Freiheit des gebundenen Erblassers und Schutz des Vertrags- und Schlusserben vor Zweitverfügungen (Diss Berlin 1992)
Ludewig, Pflichtteilskürzung durch Schenkung an den Pflichtteilsberechtigten beim Erbvertrag?, MDR 1985, 373
ders, Bestandskraft ehebedingter Zuwendungen gegenüber Dritten, FuR 1992, 1
Lüdtke-Handjery, Beteiligung der Miterben beim Übergabe- und Erbvertrag, AgrarR 1982, 7
ders, Hofübergabe und erbrechtliche Nachfolge, DNotZ 1985, 332
Lüke, Vertragliche Störungen beim „entgeltlichen“ Erbvertrag (Diss Freiburg 1990)
Mattern, Die Aushöhlung von Testamenten und Erbverträgen, MDR 1960, 1
ders, Nochmals: Sittenwidrige Beeinträchtigung des Vertragserben?, FamRZ 1961, 418
ders, Zur Rechtsstellung des von Todes wegen bindend Bedachten, BWNotZ 1962, 229
ders, Die Rechtsprechung des Bundesgerichtshofs zur Testamentsaushöhlung, DNotZ 1964, 196
ders, Die Testamentsaushöhlung, Mitteilungen aus der Praxis (1966) 1
ders, Zur Aushöhlungsnichtigkeit nach § 138 BGB, AgrarR 1973, 286
Mayer, Der Änderungsvorbehalt beim Erbvertrag, erbrechtliche Gestaltung zwischen Bindung und Dynamik, DNotZ 1990, 755
ders, Die Rückforderung der vorweggenommenen Erbfolge, DNotZ 1996, 604
Meincke, Zuwendungen unter Ehegatten, NJW 1995, 2769
ders, 25 Jahre „unbenannte“ Zuwendung, ZEV 1995, 81
Meister, Unentgeltliche Zuwendungen und ihre Drittwirkung (Diss Freiburg 1993)
Meyding, Erbvertrag und nachträgliche Auswechslung des Testamentsvollstreckers, ZEV 1994, 98
R G Meyer, Die formlose Hoferbenbestimmung (Diss Tübingen 1968)
Morhard, Unbenannte Zuwendungen zwischen Ehegatten – Rechtsfolgen und Grenzen der Vertragsgestaltung, NJW 1987, 1734
Moser, Die Zulässigkeitsvoraussetzungen der Feststellungsklage unter besonderer Berücksichtigung erbrechtlicher Streitigkeiten zu Lebzeiten des Erblassers (Diss Erlangen-Nürnberg 1981)
Müller-Rottach, Der Rücktritt vom Erbvertrag, BWNotZ 1987, 42
Münzberg, Die Beeinträchtigung des Vertragserben durch den Erblasser, JuS 1962, 386
Münzenberger, Die „Aushöhlung der Testamente“ und die Aushöhlung der Rechtssicherheit, BWNotZ 1958, 143
ders, Die Aushöhlung des § 2286 BGB – eine Entgegnung auf BWNotZ 58, 265 und DNotZ 58, 619, BWNotZ 1959, 1
Muscheler, Zur Frage der Nachlasszugehörigkeit des Anspruches aus § 2287 BGB, FamRZ 1994, 1361
Musielak, Die Aufhebung bindend gewordener Verfügungen in gemeinschaftlichen Testamenten, in: FS Kegel (1987) 433
ders, Der Irrtum des Erblassers und der Erben, ZEV 2016, 353 (S 357 ff zum Irrtum über die Bindungswirkung)
C Nolting, Inhalt, Ermittlung und Grenzen der Bindung beim Erbvertrag (Diss Bielefeld 1985)
D Nolting, Der Erbvertrag, JA 1993, 129
ders, Der Änderungsvorbehalt beim Erbvertrag (Diss Passau 1994)
Olzen, Die vorweggenommene Erbfolge (1984)
Otte, Aufhebung der Hofeigenschaft trotz bin-

dender Bestimmung eines Hofnachfolgers, NJW 1988, 672
Piepenbrock, Anm zu BGH v 3. 11. 1961 – V ZR 48/60, LM § 2276 BGB Nr 4 (zur Formlosigkeit der Vereinbarung von Verpflichtungen des Vertragserben zu Gegenleistungen)
Quantius, Die Aufhebung des Erbverzichts (2001)
Raitz vFrentz, Gestaltungsformen zur Abgrenzung der Rechte von überlebenden Ehegatten und Kindern in gemeinschaftlichen Testamenten und Erbverträgen, DNotZ 1962, 635
Recker, Schutz des von Todes wegen Bedachten, MittRhNotK 1978, 125
Reithmann, Erbverträge zwischen mehr als zwei Beteiligten, DNotZ 1957, 527
Remmele, „Lebzeitiges Eigeninteresse" bei Schenkung zugunsten des zweiten Ehegatten?, NJW 1981, 2290
Reubold, Die Aushöhlung des Erbvertrags und des bindend gewordenen gemeinschaftlichen Testaments (Diss Frankfurt 1970)
Röll, Die Zustellung einer Ausfertigung beim Rücktritt vom Erbvertrag und beim Widerruf wechselbezüglicher Verfügungen in gemeinschaftlichen Testamenten, DNotZ 1961, 312
Safferling, Vererbungsabreden und Grundbuch – Vormerkung für Eigentumsverschaffungsansprüche an der Nahtstelle zwischen Erbrecht und Schuldrecht –, Rpfleger 1973, 413
Sandweg, Ehebedingte Zuwendungen und ihre Drittwirkung, NJW 1989, 1965
ders, Zuwendungen zwischen Ehegatten in der notariellen Praxis, BWNotZ 1985, 34
Sarres, Auskunftspflichten zwischen Miterben bei gesetzlicher oder gewillkürter Erbfolge, ZEV 1996, 300
Sarres/Afraz, Auskunftsansprüche gegenüber Vertragserben sowie gegenüber der Erblasser-Bank bei lebzeitigen Zuwendungen des Erblassers, ZEV 1995, 433
Schermann, Der Schutz des Vermächtnisnehmers im gemeinschaftlichen Testament und Ehegattenerbvertrag (2006)
Schindler, Pflichtteilsverzicht und Pflichtteilsverzichtsaufhebungsvertrag – oder: die enttäuschten Schlusserben, DNotZ 2004, 824
ders, Irrtum über die rechtliche Bindung und Beeinträchtigungsabsicht nach § 2287 BGB, ZEV 2005, 334
ders, Objektive Beeinträchtigung iSv § 2287 BGB, Pflichtteilsrecht und Herausgabe der Schenkung, ZErb 2007, 39
ders, Beeinträchtigende Schenkungen gem § 2287 BGB aus forensischer Sicht, ErbR 2015, 526
ders/Walter, Reform der erbrechtlichen Verjährungsvorschriften durch das ErbVerjÄndG bei §§ 2287, 2329 BGB: eine Reform ohne (inhaltliche) Änderung?, ZEV 2017, 7
Schmidt-Kessel, Erbrecht in der Rechtsprechung des Bundesgerichtshofes 1985–1987, WM 1988, Sonderbeilage 8, 1
Schmidt-Liebig, Erwerb von Wirtschaftsgütern im Rahmen der vorweggenommenen Erbfolge, BB 1986, 2244
Schmitz, Die Verteilung der Beweislast in den Fällen des § 2287 BGB, ErbR 2010, 45
ders, Nochmals: Die Verteilung der Beweislast in den Fällen des § 2287 BGB, ErbR 2016, 624
Schneider, Darf zu Lebzeiten des Erblassers Klage erhoben werden auf Feststellung, ob eine Verfügung von Todes wegen bestimmte Folgen hat?, ZEV 1996, 56
Schönfeld, Die Vormerkbarkeit erbrechtlicher Ansprüche vor Eintritt des Erbfalls (Diss Tübingen 1956)
Schotten, Ehebedingte Zuwendungen im Verhältnis zu Dritten, NJW 1991, 2687
ders, Die ehebedingte Zuwendung – ein überflüssiges Rechtsinstitut?, NJW 1990, 2841
ders, Die Erstreckung der Wirkung eines Zuwendungsverzichts auf die Abkömmlinge des Verzichtenden, ZEV 1997, 1
Schulte, Wie kann der Eigentümer einer landwirtschaftlichen Besitzung für seinen Todesfall seinen Ehegatten sichern und zugleich die Besitzung seinen Abkömmlingen erhalten?, DNotZ 1953, 355
ders, Erbvertrag und Zugewinngemeinschaft, DNotZ 1958, 934
ders, Anm zu OLG Hamm v 5. 10. 1963 – 10 Wlw 42, 63, RdL 1965, 125 (zum formlosen Erbvertrag)
ders, Zur Aushöhlungsnichtigkeit nach § 138 BGB – eine Ergänzung, AgrarR 1973, 386
ders, Formlose bäuerliche Übergabe und Erb-

verträge, RdL 1956, 177; NJW 1958, 361, 820; 1962, 2086
ders, Verhältnis zwischen Übergabevertrag und späterem Erbvertrag, RdL 1960, 316
Schultz-Zabel, Das Verhältnis des Erbvertrags zum gemeinschaftlichen Testament (Diss Köln 1969)
Schulze zur Wiesche, Vermögensübertragungen im Wege der vorweggenommenen Erbfolge, BB 1986, 1134
Siebert, Die Bindungswirkung des Erbvertrags, in: FS Hedemann (1958) 237
Simshäuser, Auslegungsfragen bei Wiederverheiratungsklauseln in gemeinschaftlichen Testamenten und Erbverträgen, FamRZ 1972, 273
Speckmann, Die Aushöhlung gemeinschaftlicher Testamente durch Rechtsgeschäft unter Lebenden, NJW 1968, 2222
ders, Aushöhlung von Erbverträgen und gemeinschaftlichen Testamenten, zur neueren Rechtsprechung des BGH, NJW 1971, 176
ders, Aushöhlungsnichtigkeit und § 2287 BGB bei Erbverträgen und gemeinschaftlichen Testamenten, NJW 1974, 341
ders, Zur Frage der Beeinträchtigungsabsicht in § 2287 BGB, JZ 1974, 543
Spellenberg, Die sog Testamentsaushöhlung und die §§ 2287, 2288 BGB, FamRZ 1972, 349
ders, Anm zu BGH v 5. 7. 1972 – IV ZR 125/70, FamRZ 1973, 133 (Aufgabe der Rechtsprechung zur „Aushöhlungsnichtigkeit")
ders, Schenkungen und unentgeltliche Verfügungen zum Nachteil des Erben oder Pflichtteilsberechtigten, FamRZ 1974, 350
ders, Verbotene Schenkungen gebundener Erblasser in der Rechtsprechung, NJW 1986, 2531
Steffen, Kann ein aufgehobener Erbvertrag verheimlicht werden?, AgrarR 1974, 274
Steppuhn, Übergabevertrag oder Erbvertrag?, RdL 1960, 229
Sticherling, Schenkungen in fraudem testamenti (Diss Kiel 2005, Berlin 2005)
Stöcker, Erbenschutz zu Lebzeiten des Erblassers bei der Betriebsnachfolge in Familienunternehmen und Höfe, WM 1980, 482
Strobel, Mittelbare Sicherung erbrechtlicher Erwerbsaussichten (Diss Tübingen 1982)
Strunz, Der Anspruch des Vertrags- und Schlußerben wegen beeinträchtigender Schenkungen – § 2287 BGB (Diss München 1989)
Stürzebecher, Rücktritt vom entgeltlichen Erbvertrag (1987)
ders, Zur Anwendbarkeit der § 320 ff BGB auf den entgeltlichen Erbvertrag, NJW 1988, 2717
Stumpf, Wirksamkeit und Formbedürftigkeit der Einwilligung des bedachten Erbvertragspartners in eine ihn beeinträchtigende letztwillige Verfügung, FamRZ 1990, 1057
Tanck, Die Absicherung der Unternehmensnachfolge als lebzeitiges Eigeninteresse im Sinne von § 2287 BGB, ZErb 2015, 220
Teichmann, „Aushöhlung" erbrechtlicher Bindungen als methodisches Problem, MDR 1972, 1
ders, Anm zu BGH v 5. 7. 1972 – IV ZR 125/70, JZ 1974, 30 (zur Aufgabe der Rechtsprechung über die „Aushöhlungsnichtigkeit")
Thieme, Sicherung des Vertragserben oder Vermächtnisnehmers zu Lebzeiten des Erblassers, JR 1956, 292
Tiedtke, Die Umdeutung eines Vermächtnisses in ein Rechtsgeschäft unter Lebenden, NJW 1978, 2572
ders, Die Umdeutung eines nach §§ 1365, 1366 BGB nichtigen Rechtsgeschäftes in einen Erbvertrag, FamRZ 1981, 1
van Venrooy, § 2293 BGB und die Theorie des Erbvertrags, JZ 1987, 10
Veit, Die Anfechtung von Erbverträgen (Diss München 1991)
ders, Die Anfechtung von Erbverträgen durch den Erblasser, NJW 1993, 1553
Vollmer, Gemeinschaftliches Testament und Erbvertrag bei nachträglicher Geschäftsunfähigkeit – Lösungswege bei bindenden Verfügungen, ZErb 2007, 235
Waltermann, Benachteiligende Schenkungen des testamentarisch gebundenen Erblassers – OLG Frankfurt, NJW-RR 1991, 1157, JuS 1993, 276
Weiler, Änderungsvorbehalt und Vertragsmäßigkeit der erbvertraglichen Verfügung, DNotZ 1994, 427
Werthmann, Die unbenannte Zuwendung im Privatrechtssystem (Diss Bielefeld 1990)
Weyer, Bindung durch Erbvertrag, DNotZ 1938, 366
Winkler von Mohrenfels, Die Auskunfts- und

Wertermittlungspflicht des vom Erblasser Beschenkten, NJW 1987, 2557
Wübben, Anwartschaftsrechte im Erbrecht (2001)
Zellmann, Dogmatik und Systematik des Erbverzichts und seiner Aufhebung im Rahmen der Lehre von den Verfügungen von Todes wegen (1990).

Systematische Übersicht

Alphabetische Übersicht

I. Wirkung des Erbvertrags im Allgemeinen

1 Der Erbvertrag ist, wie das Testament, eine Verfügung von Todes wegen. Seine Wirkung ist daher eine erbrechtliche, dh die Rechtsfolgen treten erst mit dem Erbfall ein, sie beziehen sich auf die Erbschaft, also auf das Vermögen des Erblassers zur Zeit seines Todes. Die Wirkung des Erbvertrags unterscheidet sich von der des Testaments nur dadurch, dass der Erblasser seine vertragsmäßigen Verfügungen nicht nach seinem Belieben einseitig widerrufen kann. Ferner hat der Erbvertrag ggf Fernwirkungen auf Rechtsgeschäfte des Erblassers unter Lebenden, §§ 2287 f BGB.

II. Verfügungsrecht des Erblassers

1. Allgemeines

Durch die vertragsmäßigen Verfügungen im Erbvertrag wird das Recht des Erblassers, über sein Vermögen von Todes wegen zu verfügen, beschränkt (§ 2289 BGB). Dagegen wird sein Recht, über sein Vermögen durch Rechtsgeschäft unter Lebenden zu **verfügen**, durch den Erbvertrag grundsätzlich nicht beeinträchtigt (§ 2286 BGB; so schon im früheren Recht, zB ALR I 12 § 624; D 300; Dernburg Pand III § 126; vgl Mot V 327 = Horn Rn 3; vgl dazu auch den Fall des BGH NZFam 2020, 772 m Anm Milzer = FamRZ 2020, 1347 m Anm Bergschneider: In einer Scheidungsfolgenvereinbarung setzte ein Ehegatte bindend zugunsten der gemeinsamen Kinder Vermächtnisse aus; die lebzeitige Verfügungsbefugnis war nicht ausgeschlossen. Nach der Scheidung veräußerte der Ehegatte den Vermächtnisgegenstand. Der andere Ehegatte hat daraufhin den in der Urkunde mitvereinbarten Ausschluss des Versorgungsausgleichs angefochten – erfolglos). Denn die Bindung des Erblassers an seine vertragsmäßigen Verfügungen von Todes wegen ist nur eine erbrechtliche. Gegen den Missbrauch der Verfügungsfreiheit des Erblassers unter Lebenden sollen den vertragsmäßig Bedachten die §§ 2287, 2288 BGB schützen, und zwar nach dem Tod des Erblassers. Daher ist weder § 823 Abs 1 einschlägig noch sind die §§ 2287, 2288 BGB Schutzgesetze iSv § 823 Abs 2 BGB (näher BeckOGK/Müller-Engels [1. 4. 2022] Rn 23; zu § 826 s Rn 5 ff). 2

Verfügen umfasst nicht nur Verfügungs-, sondern auch **Verpflichtungsgeschäfte** (BeckOGK/Müller-Engels [1. 4. 2022] Rn 3; s Rn 8 ff). 3

Das frühere, vor allem das gemeine Recht, hat dem vertragsmäßig Bedachten demgegenüber einen stärkeren Schutz gewährt hat als das BGB, einmal insofern, als es die „Anfechtung" wegen eines *dolus* des Erblassers nicht nur bei Schenkungen, sondern auch bei entgeltlichen Verfügungen unter Lebenden zuließ (s RGZ 28, 171, 174), und weiter auch insofern, als es, wenigstens in manchen Entscheidungen, eine „fraudulöse Absicht" schon in dem Bewusstsein fand, dass der Vertragserbe durch die Verfügung in seinem Erbteil verkürzt werde (RGZ 41, 168; **aA** BayObLGZ 7, 511; 16, 35; Kipp/Coing § 38 III; vgl auch Mot V 328 = Horn Rn 5). Siehe zu §§ 138, 826 BGB heute Rn 5 ff. 4

2. Anwendung von §§ 138, 826

In **besonders schweren Fällen des Missbrauchs** soll der vertragsmäßig Bedachte durch die **§§ 138, 826 BGB** nach Ansicht der Gesetzesverfasser geschützt werden können (vgl Mot V 330 = Horn § 2287 Rn 11: „kann der Praxis und der Doktrin überlassen werden"; Prot V 392 = Horn § 2287 Rn 17 ff). Dies dürfte aber ohnehin nur unter den allgemeinen (und strengen) Anforderungen gelten, die an das Vorliegen der §§ 138 und 826 BGB zu stellen sind (Rn 7; zu geringe Anforderungen stellen Staudinger/Dittmann[10/11] Rn 3; Kipp/Coing § 34 II 4; Spellenberg FamRZ 1973, 133, 138; vgl auch die frühere Rspr des BGH: 5

BGHZ 53, 376; BGH FamRZ 1973, 537 – ebenfalls mit zu geringen Anforderungen; Finger/Füser/Hamm/Weber FamRZ 1975, 251, 255; zur neueren Rspr des BGH s Rn 7).

6 Die Existenz der §§ **2287, 2288 BGB** zeigt, dass der Verstoß gegen die erbvertragliche Bindung allein niemals zur Nichtigkeit nach § 138 BGB führen kann (Boehmer FamRZ 1961, 253), dass vielmehr zusätzliche Umstände hinzukommen müssen (BGH FamRZ 1973, 537, 538; vgl auch Spellenberg FamRZ 1973, 136, 137). §§ 2287, 2288 BGB ist auch zu entnehmen, dass das eigene erbvertragswidrige Verhalten des Erblassers allein zu keinen stärkeren Konsequenzen als den in diesen Vorschriften niedergelegten führen kann (und dass das für entgeltliche Verfügungen des Erblassers erst recht gelten muss). Das Verhalten des begünstigten Dritten, das gegen den Erblasser oder den Vertragserben gerichtet sein kann, kann daher richtigerweise allenfalls dann zur Anwendung von **§ 826 BGB** führen, wenn das schuldrechtliche Grundgeschäft zwischen Erblasser und Drittem nach § 138 BGB nichtig ist, weil es sonst auch den Vertragserben bindet (BGHZ 108, 73 = NJW 1989, 2389 = DNotZ 1990, 801 = FamRZ 1989, 961; BGH NJW 1991, 1952; im Ergebnis wie der BGH: MünchKomm/Musielak[9] Rn 5; Erman/S Kappler/T Kappler[16] Rn 2; Soergel/Zecca-Jobst[14] § 2287 Rn 27; Lange/Kuchinke § 25 V 4 Fn 75; vLübtow I 431; Schlüter § 25 V 3 c; Hohmann 132; dagegen **aA** Staudinger/Kanzleiter [2019] Rn 4, teilweise differenzierend RGZ 111, 151 [156]; Johannsen WM 1969, 1226; R Kohler NJW 1964, 1395; Recker MittRhNotK 1978, 126 f; Lüke 64; J Kohler FamRZ 1990, 466; Schubert JR 1990, 159; Dilcher Jura 1988, 72, 77).

7 **§ 138 BGB** hält der BGH daher zutreffend nach seiner neueren Rechtsprechung nur dann für anwendbar, wenn neben dem Erbvertrag eine Verpflichtung unter Lebenden besteht (BGHZ 103, 235, 241; BGH NJW 1991, 1952, 1953: Die Verleitung zum Bruch eines Verfügungsunterlassungsvertrages könne § 138 unterfallen; vgl auch OLG Hamm 27. 2. 1997 – 22 U 51/96; für gänzliche Unanwendbarkeit des § 138 neben §§ 2286 ff: OGHZ 2, 160 [170]; Reubold 141 ff; Mattern MDR 1960, 4; zu den Versuchen, den Vertragserben über die §§ 2286 ff hinaus zu schützen, durch die Annahme nichtiger, widersprechender Geschäfte bei **„Aushöhlung des Erbvertrages“** s unten Rn 26 ff und durch Ausdehnung des Begriffs der Verfügung von Todes wegen in § 2289 s dort § 2289 Rn 50).

3. Verfügungs- und Verpflichtungsgeschäfte, tatsächliche Handlungen

8 § 2286 BGB hat zunächst (rechtliche) Verfügungen und Verpflichtungsgeschäfte des Erblassers über sein Vermögen zum Gegenstand wie etwa auch Schenkungen, die erst nach dem Tod des Erblassers unter den Voraussetzungen des § 2287 BGB zu Ansprüchen des Vertragserben führen können.

9 Zu § 2286 BGB gehören, wie sich mittelbar aus § 2288 BGB ergibt, ferner rechtsgeschäftsähnliche und tatsächliche Handlungen (Schiffner 123; BeckOGK/Müller-Engels [1. 4. 2022] Rn 7).

4. Familienrechtliche Rechtsgeschäfte, Aufhebung eines Erbverzichts

10 § 2286 BGB hat Rechtsgeschäfte aus dem Familienrecht (Eheschließung, Eingehung einer eingetragenen Lebenspartnerschaft, Adoption) zwar nicht vor Augen, aber der Erbvertrag kann die Freiheit des Erblassers zur Vornahme solcher Rechtsgeschäfte nicht berühren, obwohl diese Rechtsgeschäfte uU Pflichtteilsrechte Dritter begrün-

den und so mittelbar den vertragsmäßig Bedachten beeinträchtigen können (s auch BeckOGK/Müller-Engels [1. 4. 2022] Rn 8). Denn einerseits sind solche Rechtsgeschäfte keine Vermögensverfügungen; andererseits kann der Erbvertrag die zwingenden Vorschriften über das Pflichtteilsrecht nicht außer Kraft setzen.

Dasselbe gilt für **ehevertragliche** Vereinbarungen, deren Konsequenzen für das Pflichtteilsrecht und hinsichtlich eventueller Zugewinnausgleichs- oder Auseinandersetzungsansprüche der Vertragserbe hinnehmen muss (BGH FamRZ 1969, 207), einschließlich der Vereinbarung der Gütergemeinschaft oder – trotz einschneidender Rechtsfolgen nach dem Tode eines Ehegatten – der fortgesetzten Gütergemeinschaft. 11

Hier gelten aber ebenfalls die Vorschriften zum Schutz des erbvertraglich Bedachten, insbesondere §§ 2287, 2288 BGB, zumindest entsprechend; im Abschluss eines Ehevertrags mit Vereinbarung der Gütergemeinschaft ist aber nur ausnahmsweise – bei Verfolgung ehefremder Zwecke – eine Schenkung iSv § 2287 BGB zu sehen (BGHZ 116, 178 = NJW 1992, 558 = DNotZ 1992, 513; vgl Kollhosser NJW 1994, 2313, 2314). 12

Dies gilt schließlich auch für die Aufhebung eines **Erb- oder Pflichtteilsverzichts** nach § 2351 BGB, die weder Verfügung von Todes wegen noch beeinträchtigende Schenkung ist (BGHZ 77, 264 = WM 1980, 1126; Quantius 36; Damrau ZErb 2004, 206, 209; Kanzleiter DNotZ 2009, 86; **aA** Schindler DNotZ 2004, 824, 830 ff); in (extremen) Ausnahmefällen kann § 242 BGB der Aufhebung des Pflichtteilsverzichts im Wege stehen (insoweit übereinstimmend J Mayer/Röhl, in: Reimann/Bengel/Dietz[7] § 2287 Rn 42; Schindler DNotZ 2004, 824, 836; Kanzleiter DNotZ 2009, 86, 90). Hatte der Pflichtteilsberechtigte für den Pflichtteilsverzicht eine Gegenleistung erhalten und wird diese nicht zurückverlangt, liegt darin eine unentgeltliche Zuwendung an den Pflichtteilsberechtigten, die zu einem Anspruch nach § 2287 BGB führen kann (Keim NotBZ 1999, 1, 7; Kanzleiter DNotZ 2009, 86, 91). 13

Die sog **„ehebedingte"** oder „unbenannte" **Zuwendung** unter Ehegatten ist dagegen – unabhängig von der weiteren rechtlichen Beurteilung – selbstverständlich Verfügung iSv § 2286 BGB (s nur BGHZ 116, 167 = NJW 1992, 564 = DNotZ 1992, 513; BGH ZEV 1996, 25). 14

5. Besonderheiten bei der Hofübergabe

Auch der **Übergabevertrag über einen Hof** nach der HöfeO ist Rechtsgeschäft unter Lebenden, nicht Verfügung von Todes wegen (OLGZ 2, 160). Die Bestimmungen der HöfeO verleihen ihm **keine „Doppelnatur"** (**aA** die hM; vgl BGH DNotZ 1951, 343; LM Nr 5 zu § 23 LVO; BGHZ 8, 23, 33; LM Nr 4 zu § 17 HöfeO; LM Nr 3 zu § 12 HöfeO; RdL 1963, 270; 1968, 293 m Anm Barnstedt; AgrarR 1973, 83; NJW 1976, 1635; OLG Celle NdsRpfleger 1960, 62; Lüdtke-Handjery DNotZ 1985, 332, 342 f mNw; J Mayer/Röhl, in: Reimann/Bengel/Dietz[7] Rn 5; referierend, ohne eindeutig Position zu beziehen, BeckOGK/Müller-Engels [1. 4. 2022] Rn 12; **aA** auch Staudinger/Dittmann[10/11] Rn 13; die weitgehende Gleichstellung der „Hoferbenbestimmung" durch Verfügung von Todes wegen und Übergabevertrag – s insbes §§ 7, 17 HöfeO – ändert an der Rechtsnatur des Übergabevertrages nichts). Auch für den Hofübergabevertrag über einen Hof nach der HöfeO ist daher § 2286 BGB, nicht § 2289 BGB maßgebend (**aA** aufgrund ihrer Auffassung, der Hofübergabevertrag über einen Hof nach der HöfeO sei auch Verfügung von 15

Todes wegen, die hM, s die vorstehenden Nachw; die Unterscheidung zwischen der Übergabe von Höfen nach der HöfeO und anderen Hofanwesen wurde abgelehnt von OLG Hamm NJW 1954, 1504, aufgehoben durch BGHZ 8, 23, 33; wohl auch von Wöhrmann RdL 1952, 134, jedoch mit der umgekehrten Konsequenz, auch Übergabeverträge über andere Anwesen als Höfe iS der HöfeO als Verfügungen von Todes wegen anzusehen und § 2289 zu unterstellen; gegen diese Gleichstellung BGH LM Nr 3 zu § 12 HöfeO; Nr 5 zu § 23 LVO; Zweifel an der hM äußerte BGB-RGRK/Kregel Rn 5).

16 Die Erklärung über die Aufhebung der Hofeigenschaft sieht der BGH selbst – zu Recht – als Rechtsgeschäft unter Lebenden an (BGH NJW 1976, 1635; DNotZ 1988, 37).

III. Anwendung auf gemeinschaftliche Testamente

17 Die Vorschriften der §§ 2286–2288 BGB sind auf wechselbezügliche Verfügungen in gemeinschaftlichen Testamenten entsprechend anzuwenden (allgM, BGH DNotZ 1951, 345; BGHZ 66, 9 = NJW 1976, 749; NJW 1982, 43; OGHZ 1, 161 = MDR 1949, 287 m Anm Boehmer; OLG Hamm 7. 3. 2017 – I-10 U 5/16, juris Rn 69; OGHZ 2, 160; Soergel/Zecca-Jobst Rn 1; BeckOGK/Müller-Engels [1. 4. 2022] Rn 4; s § 2287 Rn 3).

18 Dies gilt allerdings nicht für gemeinschaftliche Testamente, die vor dem Beitritt in der ehemaligen **DDR** errichtet wurden (Art 235 § 2 S 2 EGBGB; BGH NJW 1995, 1087; OLG Dresden DNotZ 1995, 140; OLG Brandenburg FamRZ 1997, 1030).

IV. Rechtsstellung des vertragsmäßig Bedachten

1. Vor dem Erbfall

19 Vor dem Erbfall hat der Bedachte kein Recht – auch kein bedingtes – und keinen Anspruch, sei es gegen den Erblasser oder gegen einen Dritten (BGHZ 12, 115, 118; 21, 343, 349). Denn die Ansprüche des Erben und des Vermächtnisnehmers entstehen erst mit dem Erbfall (§§ 1922, 2032, 2176 BGB; OLG Hamm ErbR 2016, 269).

20 Der Bedachte hat vor dem Erbfall nicht einmal, wie der Nacherbe nach dem Vorerbfall, eine rechtlich gesicherte Anwartschaft (vgl Einl 17 zu §§ 2274 ff), sondern nur eine **rechtlich begründete Aussicht**, die auf der erbrechtlichen Bindung des Erblassers (§ 2289 BGB) und auf den Vorschriften der §§ 2287, 2288 BGB beruht (Soergel/Zecca-Jobst[14] Rn 2), die aber geschmälert oder zerstört werden kann, wenn der Erblasser außerhalb des Rahmens der §§ 2287, 2288 BGB über Teile seines Vermögens oder über den vermachten Gegenstand verfügt (§§ 2286, 2169 BGB), wenn er ein etwa vorbehaltenes Rücktrittsrecht ausübt (§ 2293 BGB) oder wenn er den mit einem Dritten geschlossenen Erbvertrag oder die vertragsmäßige Verfügung mit Zustimmung des Vertragsgegners, wenn auch ohne Zustimmung des Bedachten aufhebt (§§ 2290–2292 BGB).

21 Die Aussicht des Bedachten unterliegt weder der **Zwangsvollstreckung** noch gehört sie in der **Insolvenz** des Bedachten zur Insolvenzmasse (OLG Oldenburg OLGE 6, 178; Planck/Greiff Anm 2).

22 Vor dem Erbfall kann das künftige Recht des vertragsmäßig Bedachten, das er möglicherweise mit dem Erbfall erwerben wird, **nicht** durch **Vormerkung** im Grundbuch bei einem Grundstück des Erblassers oder durch eine **einstweilige Verfügung** gegen diesen gesichert werden, und zwar schon deswegen nicht, weil der Bedachte keinen Anspruch gegen den Erblasser hat (BGHZ 12, 115 = NJW 1954, 633 = JZ 1954, 436 m Anm Coing = DNotZ 1954, 264 m Anm Hieber; BGH FamRZ 1967, 470; BayObLGZ 1953, 226, 230; KG KGJ 48, 189; JFG 23, 148; OLGE 21, 362; OLG Frankfurt NJW 1953, 1848; OLG Hamm DNotZ 1956, 151; Soergel/Zecca-Jobst[14] Rn 2; BeckOGK/Müller-Engels [1. 4. 2022] Rn 24; **aA** OLG Celle NJW 1953, 27; Schulte DNotZ 1953, 355, 360 ff).

Das gilt auch dann, wenn die Beteiligten schuldrechtlich vereinbaren, dass der Vermächtnisanspruch vorgemerkt werden solle und der Erblasser die Eintragung dieser Vormerkung bewilligt (BGHZ 12, 115, 121; **aA** Schulte DNotZ 1953, 360 ff). Der BGH hält die Eintragung einer solchen Vormerkung (wohl im Gegensatz zu Hieber DNotZ 1952, 432; 1953, 635; 1954, 269; 1958, 306; vgl zur Vereinbarung eines vormerkbaren Übertragungsanspruchs unten Rn 36) auch dann für unzulässig, wenn die Beteiligten in dem Erbvertrag oder in Verbindung mit diesem schuldrechtlich vereinbaren, das Eigentum an einem Grundstück, das der Erblasser in dem Erbvertrag vertragsmäßig vermacht hat, solle mit dem Erbfall auf den Bedachten übertragen werden. Denn auch in diesem Fall würde der Anspruch des Vermächtnisnehmers gesichert werden, der aber nicht vormerkungsfähig ist. Durch die Vormerkung würde die erbrechtliche Bindung des Erblassers entgegen § 2286 BGB in unzulässiger Weise verstärkt; auch die Annahme eines Schenkungsversprechens, das unter der Bedingung des Überlebens des Beschenkten erteilt ist, könnte wegen § 2301 BGB an der Rechtslage nichts ändern. Diesen Erwägungen ist zuzustimmen, weil bei den genannten Gestaltungen neben die erbrechtliche Berufung kein vormerkungsfähiger schuldrechtlicher Anspruch tritt (nach § 2301 BGB bewirkt auch die Schenkung von Todes wegen erbrechtliche Berufung, nicht schuldrechtliche Verpflichtung). 23

Etwas anderes gilt für das (nicht durch das Überleben des Beschenkten bedingte) **Schenkungsversprechen**, bei dem nur die Erfüllung auf den Tod des Schenkers aufgeschoben ist (ebenso Staudinger/Dittmann[10/11] Rn 7 gegen die insoweit nicht eindeutige Entscheidung BGHZ 12, 115), da dieses Schenkungsversprechen Schenkung unter Lebenden ist (RGZ 53, 296; s § 2301 Rn 3 ff; zur Möglichkeit, die durch den Verstoß gegen eine vom Erblasser übernommene Verpflichtung, unter Lebenden nicht zu verfügen, bedingte Übertragungsverpflichtung durch Vormerkung zu sichern, s unten Rn 36). 24

2. Nach dem Erbfall

Nach dem Erbfall hat der Vertragserbe die Rechtstellung des Erben, der Vertragsvermächtnisnehmer den Anspruch auf Leistung des vermachten Gegenstandes (§ 2174 BGB). Beide können nunmehr gegebenenfalls die Ansprüche nach §§ 2287, 2288 BGB geltend machen. 25

V. „Aushöhlung" des Erbvertrags

1. Frühere Rechtsprechung des BGH

Der Schutz des vertragsmäßig Bedachten durch die §§ 2286 ff BGB gegen lebzeitige Verfügungen des Erblassers ist weithin als unzureichend angesehen worden. Deshalb wurde versucht, den Schutz über diese Vorschriften hinaus auszudehnen. Eine be- 26 sondere Rolle spielte die frühere Rechtsprechung des BGH zur Nichtigkeit des lebzeitigen Zweitgeschäfts wegen **„Aushöhlung" des Erbvertrags**.

27 Am Anfang steht die Entscheidung vom 8. 7. 1954, LM Nr 4 zu § 2271 BGB (mit tatsächlich eklatantem Sachverhalt). Der BGH sah ein Zweitgeschäft unter Lebenden, das inhaltlich dem Erbvertrag entgegenlief, als nichtig an, weil es das gemeinschaftliche Testament aushöhle, der Erblasser diesen Zweck auch ausdrücklich verfolgt habe und die Verfügung zwar in die äußere Form eines Rechtsgeschäfts unter Lebenden gekleidet worden, sachlich aber als Verfügung von Todes wegen zu betrachten sei.

28 Diese Rechtsprechung hat der BGH bis zum Jahre 1971 mit unterschiedlichen Abweichungen, Einschränkungen und Präzisierungen weiterverfolgt, wobei später stets herausgestellt wurde, dass die Aushöhlungsnichtigkeit nur in besonderen Ausnahmefällen in Frage komme (s im Einzelnen BGH 27. 11. 1957 – nicht veröffentlicht, erwähnt bei Mattern MDR 1960, 1; BGHZ 26, 274 = NJW 1958, 547 = LM Nr 6 zu § 2271 BGB mit Anm Johannsen; DNotZ 1958, 654; NJW 1960, 524 = LM Nr 9 zu § 2271 BGB; FamRZ 1961, 76; NJW 1961, 1111 = LM Nr 11 zu § 2271 BGB; NJW 1964, 547 = LM Nr 15 zu § 2271 BGB [zu den letzteren Entscheidungen s Lüderitz AcP 168, 321, 342 f]; FamRZ 1964, 429; DNotZ 1965, 357; DNotZ 1965, 617; NJW 1968, 2052; DNotZ 1969, 759; BGH WarnR 1970, 227 = NJW 1971, 188; FamRZ 1971, 641; Übersichten über die Rechtsprechung des BGH vgl bei Mattern MDR 1960, 1 u DNotZ 1964, 196; Johannsen WM 1969, 1227; Spellenberg FamRZ 1972, 349; Finger/Füser/Hamm/Weber FamRZ 1975, 251; erörtert werden die Rspr und der Fragenkreis von Dilcher Jura 1988, 72; vgl auch OLG Düsseldorf NJW 1957, 266; OLG Karlsruhe DNotZ 1969, 304).

2. Bewertung und Rechtsprechungsänderung

29 Die Rechtsprechung des BGH hat im **Schrifttum** vereinzelt Zustimmung gefunden (s Kipp/Coing § 38 IV 3 d – mit Einschränkungen; Palandt/Keidel[30] § 2271 Anm 3a; BGB-RGRK/Johannsen[11] Rn 14; nicht in der Begründung, im Wesentlichen aber im Ergebnis Teichmann MDR 1972, 1). Sie ist jedoch **überwiegend kritisiert** worden (Lange, Erbrecht[1] § 38 II 5; ders NJW 1963, 1571, 1576; Dittmann DNotZ 1958, 268; Staudinger/Dittmann[10/11] Rn 15; Soergel/Zecca-Jobst[14] Rn 10; Boehmer FamRZ 1961, 253; Brox Rn 159; Bund JuS 1968, 268; Lüderitz AcP 168, 329, 339 ff; Mattern MDR 1960, 1; Speckmann NJW 1968, 2222; ders NJW 1971, 176; Spellenberg FamRZ 1972, 349). Zutreffende Hauptargumente gegen die Rechtsprechung des BGH waren, sie finde im Gesetz angesichts des § 2287 BGB, der nur einen Bereicherungsanspruch gewährt, keine Stütze und habe eine unnötige Rechtsunsicherheit hervorgerufen.

30 Diese Gesichtspunkte hat der BGH (nach Wechsel der Zuständigkeit unter den Senaten) in der **Entscheidung vom 5. 7. 1972** anerkannt und seine **Rechtsprechung zur „Aushöhlungsnichtigkeit" aufgegeben** (BGHZ 59, 343 = NJW 1973, 240 = FamRZ 1973, 133 m Anm Spellenberg = JZ 1974, 30 mit Anm von Teichmann = JR 1973, 343 mit Anm von Strätz = LM Nr 6 zu § 2286 BGB m Anm Johannsen; die Ablehnung der früheren Rechtsprechung zur „Aushöhlungsnichtigkeit" wird aufrechterhalten von BGH WM 1973, 680; FamRZ 1973, 537; BGHZ 66, 9 = NJW 1976, 749; FamRZ 1977, 314).

VI. Zusätzliche Verpflichtungen unter Lebenden in Ergänzung des Erbvertrags

31 Ohne Zweifel kann der Erblasser – im Erbvertrag oder in einer gesonderten Vereinbarung – zusätzlich zur erbvertraglichen Verfügung von Todes wegen eine **lebzeitige**

schuldrechtliche Verpflichtung (durch Vertrag, § 311 Abs 1 BGB) gegenüber dem bedachten Vertragsgegner (aber auch gegenüber dem Vertragsgegner oder Testamentspartner – daher auch beim gemeinschaftlichen Testament möglich – zugunsten des bedachten Dritten im Wege des Vertrages zugunsten Dritter) eingehen, zu seinen Lebzeiten über den vermachten Gegenstand oder über besonders wesentliche Vermögensgegenstände **keine dem Erbvertrag widersprechenden Verfügungen zu treffen**, sie insbesondere nicht zu veräußern oder zu belasten (Mot V 327 f = Horn Rn 4; BGHZ 12, 115, 122; BGH LM Nr 2 zu § 2278 BGB = DNotZ 1957, 548, dazu Hieber DNotZ 1958, 306; NJW 1959, 2252 = DNotZ 1960, 207 m Anm Hieber; BGHZ 31, 13; BGH NJW 1963, 1602; FamRZ 1967, 470; DNotZ 1969, 759; WM 1970, 1366; OLG Hamm DNotZ 1956, 151). Der „Verzicht" auf das Recht der freien Verfügung unter Lebenden wäre in eine solche Verpflichtung umzudeuten (Staudinger/Dittmann[10/11] Rn 5).

Die Verpflichtung, nicht zu verfügen, hat nach **§ 137 BGB** nur schuldrechtliche, keine dingliche Wirkung (statt aller s BGH FamRZ 1967, 470). Die negative Verpflichtung kann auf bestimmte Verfügungsarten – zB die Veräußerung – beschränkt, Verfügungen in bestimmten Situationen – zB im Falle der Not des Erblassers – können ausgenommen werden (BGH NJW 1963, 1602; FamRZ 1967, 470). **32**

Die bloß negative Verpflichtung bedarf auch dann keiner **Form**, wenn das positive Verpflichtungsgeschäft – insbesondere aufgrund § 311b Abs 1 BGB – formbedürftig wäre (BGH FamRZ 1967, 470). Sie bedarf auch dann nicht der Erbvertragsform, wenn beide Verträge eine Einheit bilden (Kanzleiter DNotZ 1994, 275, 280; NJW 1997, 217; Soergel/Zecca-Jobst[14] Rn 4; **aA** Hohmann ZEV 1996, 24; s § 2276 Rn 32). Die Vereinbarung kann auch stillschweigend getroffen und durch Auslegung ermittelt werden (BGHZ 31, 13; BGH NJW 1963, 1602; DNotZ 1969, 759; FamRZ 1970, 470). In gleicher Weise können auch Einschränkungen der Verpflichtung durch Auslegung (auch ergänzende gemäß § 157 BGB) festgestellt werden (BGH FamRZ 1967, 470, 472; vom BGH werden bei Eintritt einer Notlage auch Wegfall der Geschäftsgrundlage und unzulässige Rechtsausübung des sich auf die Vereinbarung Berufenden erwogen). **33**

Eine solche Verpflichtung, nicht zu verfügen, setzt zusätzlich zum Erbvertrag einen gesonderten Verpflichtungswillen voraus (BGH FamRZ 1964, 429; FamRZ 1970, 641). Dafür bestehen keine Beweiserleichterungen (beweispflichtig ist daher derjenige, der sich darauf beruft, BGHZ 31, 13, 19; BGH NJW 1963, 1602; FamRZ 1967, 470, 471; wobei strenge Anforderungen zu stellen sind, BGH DNotZ 1969, 759, 760; WM 1970, 1366; OLG Köln ZEV 1996, 23; Lange NJW 1963, 1571, 1577) oder gar Vermutungen (BGH FamRZ 1964, 429; FamRZ 1967, 470; FamRZ 1970, 641, 642), auch nicht beim „entgeltlichen" Erbvertrag (BGH NJW 1963, 1602, 1603; DNotZ 1969, 759; Lange NJW 1963, 1571, 1576), obwohl hier eine solche Bindung den Interessen der Vertragsteile häufiger entsprechen und daher häufiger vereinbart werden wird (Lange NJW 1963, 1576). **34**

Auch eine solche zusätzlich zum Erbvertrag getroffene negative Verpflichtung, zu Lebzeiten nicht zu verfügen, kann bei Grundbesitz nicht durch Vormerkung gesichert werden (vgl nur BGH FamRZ 1967, 470, 472; Staudinger/Kohler [2021] § 137 Rn 59). Sie kann aber zu Lebzeiten des Erblassers nach noch **hM** trotz § 137 BGB Grundlage eines durch einstweilige Verfügung zu verhängenden Verfügungs-, insbesondere Veräußerungsverbots sein (OLG Stuttgart BWNotZ 1959, 70; Furtner NJW 1966, 182, 183; Erman/Arnold[16] § 137 Rn 10; Staudinger/Dilcher[12] § 137 Rn 8; **aA** Staudinger/Kohler [2021] **35**

§ 137 Rn 62 m zahlreichen Nachw zu beiden Ansichten; LANGE NJW 1963, 1576, Fn 84; OERTMANN Recht 1916, 57). Wurde gegen das Verfügungsverbot verstoßen, so soll nach BGH (NJW 1959, 2252) schon zu Lebzeiten des Erblassers ein Schadensersatzanspruch bestehen. Er geht nach dem Tode des Erblassers jedenfalls auch dann nur auf Schadensersatz in Geld, wenn der Erbe Inhaber des Gegenstandes ist, auf den sich das Verfügungsverbot bezogen hat (TEICHMANN JZ 1974, 32, 34; BGH NJW 1964, 549; KOHLER NJW 1964, 1395). Ein unmittelbarer Anspruch gegen den Dritten steht dem Vertragserben dann zu, wenn mit dem Dritten eine Vereinbarung dahingehend getroffen wurde, dass er sich verpflichtet, zu Lebzeiten des Erblassers von diesem keine Zuwendungen oder keine Zuwendungen hinsichtlich bestimmter Gegenstände anzunehmen (vgl OLG Köln ZEV 1996, 23; BGH WM 1977, 689). Zur Möglichkeit einer **Feststellungsklage** s Einl 18 zu §§ 2274 ff und § 2269 Rn 23.

36 Ergänzend zur negativen Verpflichtung kann eine **(bedingte) positive Verpflichtung** zur Übertragung bestimmter Vermögensgegenstände (wiederum unmittelbar gegenüber dem begünstigten Vertragspartner oder im Wege des Vertrages zugunsten eines Dritten) eingegangen werden: Der Erblasser verpflichtet sich, für den Fall eines Verstoßes gegen das übernommene Verfügungsverbot den vermachten Gegenstand unentgeltlich auf den Bedachten zu übertragen (HOLTHÖFER DRiZ 1954, 141; JR 1955, 11; STAUDINGER/DITTMANN[10/11] Rn 8). Eine solche bedingte lebzeitige Übertragungsverpflichtung kann bei Grundbesitz durch Vormerkung im Grundbuch gesichert werden (BayObLG DNotZ 1989, 370; Rpfleger 1997, 59; HOLTHÖFER DRiZ 1954, 141; JR 1955, 11; STAUDINGER/DITTMANN[10/11] Rn 8; HIEBER DNotZ 1952, 432; 1953, 635; 1954, 269; 1958, 306; PIKALO DNotZ 1972, 651; SOERGEL/ZECCA-JOBST[14] Rn 2; Formulierungsvorschlag: BeckOGK/MÜLLER-ENGELS [1. 4. 2022] Rn 36.1).

37 Eine bedingte Übertragungsverpflichtung kann auch unabhängig von einem Verfügungsverbot vereinbart werden: Ehegatten können zB vereinbaren, dass der Überlebende im Falle seiner Wiederheirat ein Anwesen auf bestimmte Abkömmlinge zu übertragen hat. Eine bedingte positive Übertragungsverpflichtung bedarf der allgemein für die Übertragungsverpflichtung – insbesondere aufgrund § 311b Abs 1 BGB – vorgeschriebenen Form. Bei Eingehen einer Übertragungsverpflichtung zugunsten eines Dritten ist nach den allgemeinen Grundsätzen – falls nicht ausdrücklich vereinbart – durch Auslegung (wichtigste Auslegungsgrundlage: die Interessen der Vertragsteile) zu ermitteln, ob sich die Vertragschließenden das Recht vorbehalten haben, die Vereinbarung ohne Zustimmung des begünstigten Dritten gemeinsam wieder aufzuheben. Dies ist in derartigen Fällen fast ausnahmslos anzunehmen (vgl LG Mosbach MDR 1971, 222; J MAYER/RÖHL, in: REIMANN/BENGEL/DIETZ[7] Rn 32; eine ausdrückliche Vereinbarung beseitigt letzte Zweifel, vgl auch STAUDINGER/KLUMPP [2015] § 328 Rn 69 ff).

38 Sowohl eine negative als auch eine bedingte positive Übertragungsverpflichtung können auch durch Verfügung von Todes wegen – etwa im gemeinschaftlichen Testament oder gegenseitigen Ehegattenerbvertrag – dem überlebenden Ehegatten auferlegt werden (vgl MATTERN BWNotZ 1966, 11).

§ 2287
Den Vertragserben beeinträchtigende Schenkungen

(1) Hat der Erblasser in der Absicht, den Vertragserben zu beeinträchtigen, eine Schenkung gemacht, so kann der Vertragserbe, nachdem ihm die Erbschaft angefallen ist, von dem Beschenkten die Herausgabe des Geschenkes nach den Vorschriften über die Herausgabe einer ungerechtfertigten Bereicherung fordern.

(2) Die Verjährungsfrist des Anspruchs beginnt mit dem Erbfall.

Materialien: E I § 1952 Abs 1, 2; E 11 § 2153 rev § 2261; E III § 2260; Mot V 328 ff; Prot V 389 ff, VI 351; Jakobs/Schubert ER II 1782–1789; Horn 1119 ff.

Schrifttum

S die Nachw bei § 2286.

Systematische Übersicht

Alphabetische Übersicht

I. Allgemeines; Gesetzgebungsgeschichte

1 Der Erbvertrag belässt dem Erblasser die Freiheit, über sein Vermögen durch Rechtsgeschäft unter Lebenden zu verfügen, also es zu veräußern, zu belasten usw (§ 2286 BGB, § 2286 Rn 2 ff). Dieser Grundsatz bringt die Gefahr mit sich, dass der Erblasser den wirtschaftlichen Erfolg einer vertragsmäßigen Erbeinsetzung durch Verfügungen unter Lebenden, insbesondere durch Schenkungen, mehr oder weniger vereitelt und so das Verbot einer beeinträchtigenden Verfügung von Todes wegen (§ 2289 Abs 1 S 2 BGB) umgeht. Um den Vertragserben gegen **Missbrauch der Verfügungsfreiheit des Erblassers** zu schützen, gibt ihm das Gesetz in § 2287 BGB bei **sog**

„böslichen Schenkungen" des Erblassers einen Anspruch auf Herausgabe des Geschenkes, freilich erst für die Zeit nach dem Anfall der Erbschaft, nur gegen den Beschenkten und nur nach den Vorschriften über die ungerechtfertigte Bereicherung (Mot V 329 = Horn 3).

2 E I hatte den Anspruch für alle Schenkungen des Erblassers gewährt, ohne eine Beeinträchtigungsabsicht zu fordern; die II. Kommission hat aber die aus dem Gesetz ersichtliche Einschränkung vorgenommen und einen Antrag, auch entgeltliche Verfügungen einzubeziehen, die in Beeinträchtigungsabsicht getroffen werden, abgelehnt, weil das dem Sinn des Erbvertrags nicht entspreche und in eklatanten Fällen mit Hilfe des § 826 BGB einem Missbrauch entgegengetreten werden könne (Prot V 392 f = Horn Rn 16 f; Mot V 330 = Horn Rn 11; zu §§ 138, 826 s § 2286 Rn 5 ff).

II. Anwendung auf gemeinschaftliche Testamente

3 § 2287 BGB ist auf bindend gewordene wechselbezügliche Erbeinsetzungen in gemeinschaftlichen Testamenten entsprechend anzuwenden (ganz hM; BGH DNotZ 1951, 344; NJW 1958, 547; FamRZ 1965, 41; BGHZ 66, 9 = NJW 1976, 749; BGH NJW 1982, 43; NJW 1983, 1487 = WM 1983, 411; ErbR 2012, 218; FamRZ 2014, 200 [201]; ZEV 2016, 641 [642]; OGHZ 1, 161 = MDR 1949, 287 m Anm Boehmer; OGHZ 2, 160; RGZ 132, 1; RG WarnR 1926 Nr 188; Harrer LZ 1924, 11, 20; Kanzleiter, in: FS Otte [2005] 157, 161 ff; Sticherling 168; Erman/S Kappler/T Kappler[16] Rn 1; jurisPK/Geiger[9] Rn 10; BeckOGK/Müller-Engels [1. 4. 2022] Rn 5; **aA** Kricke 45 ff; Fleischmann 15 ff für die entsprechende Anwendung nur, wenn das dem Willen der Ehegatten entspricht; da die erbvertragliche Bindung größeres Gewicht hat als der Vertrauensschutz des überlebenden Ehegatten beim gemeinschaftlichen Testament, ist bei ihm die Missbrauchsgrenze seltener erreicht). Die entsprechende Anwendung beim gemeinschaftlichen Testament gilt nur für bindend gewordene Verfügungen nach dem Tod des erstverstorbenen Ehegatten (s nur BGHZ 87, 19 = NJW 1983, 1487 = WM 1983, 411; OLG Stuttgart MittBayNot 2019, 599 [600] m zust Anm Weidlich; **aA** vDickhuth-Harrach FamRZ 2005, 322; Sticherling 169 ff mit Nachw); der überlebende Ehegatte ist grundsätzlich bei Schenkungen des später Vorverstorbenen nicht geschützt, er muss die Vermögensdispositionen des anderen Ehegatten beobachten und eventuell – zB mit einem Widerruf des gemeinschaftlichen Testaments – reagieren. Die Reaktionsmöglichkeit ist dem Längerlebenden bei den Vergabeformen freilich unmöglich, die zwar durch Rechtsgeschäft unter Lebenden erfolgen, deren Wirkungen aber erst beim Tod des erstverstorbenen Ehegatten eintreten (vgl § 2289 Rn 50 ff); deshalb soll nach einer Ansicht bei ihnen die **entsprechende Anwendung** des § 2287 BGB zugunsten des überlebenden Ehegatten gerechtfertigt sein (Speth NJW 1985, 463, 465; MünchKomm/Musielak[9] § 2271 Rn 47; v Dickhuth-Harrach FamRZ 2005, 322, 325; Staudinger/Kanzleiter [2019] Rn 2). Diese Ansicht ist aber mit der hM (OLG Stuttgart MittBayNot 2019, 599 [600] m Anm Weidlich; jurisPK/Geiger[9] Rn 11; BeckOGK/Müller-Engels [1. 4. 2022] Rn 6) abzulehnen, denn zu Lebzeiten beider Erblasser besteht nun mal keine Bindung. Auch hier mag eine Schwäche des gemeinschaftlichen Testaments gegenüber dem Erbvertrag liegen, wobei bei Vereinbarung eines Erbvertrags darauf geachtet werden sollte, kein freies Rücktrittsrecht zu vereinbaren (Weidlich MittBayNot 2019, 600 [602]).

4 Für gemeinschaftliche Testamente, die in der früheren **DDR** vor der Wiedervereinigung errichtet wurden, gilt § 2287 BGB nicht (Art 235 § 2 EGBGB; s BGH NJW 1995, 1087; OLG Dresden DtZ 1995, 140; OLG Brandenburg FamRZ 1997, 1030).

III. Voraussetzungen des Anspruchs

1. Schenkung des Erblassers

a) Allgemeines

5 Zum **Begriff der Schenkung** s zunächst §§ 516, 517 BGB. Nach § 516 Abs 1 BGB ist Schenkung jede Zuwendung, durch die jemand aus seinem Vermögen einen anderen bereichert, wenn beide Teile darüber einig sind, dass die Zuwendung unentgeltlich ist. Alle Schenkungen, die gem §§ 516 f BGB Schenkungen sind, sind auch Schenkungen gem § 2287 BGB (BGH FamRZ 2016, 2004 [2005] = NJW 2017, 329; Erman/S Kappler/T Kappler[16] Rn 2). Für den Begriff der Schenkung kommt es nicht darauf an, welchen Wert der zugewendete Gegenstand hat und in welchem Verhältnis sein Wert zu dem des Nachlasses steht (Mot V 329 = Horn Rn 5; Prot V 393 = Horn Rn 21).

6 Die Vorschrift gilt nicht nur für Verfügungen, sondern auch für reine Verpflichtungsgeschäfte, also für Schenkungsversprechen (§ 518 BGB; OLG Celle MDR 1948, 142 m Anm Kleinrahm; J Mayer/Röhl, in: Reimann/Bengel/Dietz[7] Rn 26; Soergel/Zecca-Jobst[14] Rn 4; NK-BGB/Horn[6] Rn 19; BeckOK/Litzenburger [1. 5. 2022] Rn 4; **aA** MünchKomm/Musielak[9] Rn 3). Musielak hält § 2287 BGB für nicht vollzogene **Schenkungsversprechen** für unanwendbar und will dem Vertragserben nur den Arglisteinwand geben, wenn der Versprechensempfänger seinen Anspruch geltend macht. Dieser Weg erscheint aber umständlich: Herausgabe nach den Vorschriften über die Herausgabe einer ungerechtfertigten Bereicherung (Rechtsfolge von § 2287 BGB) kann ja auch heißen, dass ein Vertrag aufgehoben wird (näher NK-BGB/Horn[6] Rn 72).

7 Eine Schenkung liegt auch vor, wenn der Erblasser die Zuwendung nicht aus dem Stamm seines Vermögens, sondern aus den **Nutzungen** oder aus seinen **laufenden Einkünften** gewährt (NK-BGB/Horn[6] Rn 11a; Planck/Greiff Anm 2b; Strohal § 45 N 33; v Lübtow I 435; **aA** Staudinger/Herzfelder[9]; Schiffner 128 N 17; Gramming BayNotZ 1909, 442 unter Berufung auf einen Beschluss der II. Kommission, der aber nicht Gesetz geworden ist; vgl Prot V 392 = Horn Rn 19 f). Freilich wird bei einer Schenkung aus den Einkünften ein Missbrauch der lebzeitigen Verfügungsbefugnis selten anzunehmen sein.

8 Auch Schenkungen, durch die einer sittlichen Pflicht oder einer auf den Anstand zu nehmenden Rücksicht entsprochen wird (§ 534 BGB), ferner solche, die zu idealen Zwecken oder aus persönlichen Rücksichten vorgenommen werden, sind Schenkungen (jurisPK/Geiger[9] Rn 20). Eine andere Frage ist es wiederum, ob bei solchen Schenkungen ein Missbrauch der Verfügungsbefugnis des Vertragserben angenommen werden kann.

9 Eine **Ausstattung** gilt insoweit als Schenkung, als sie das den Umständen entsprechende Maß übersteigt (§ 1624 BGB, MünchKomm/Musielak[9] Rn 3).

10 In Betracht kommen nur Schenkungen, die **nach dem Abschluss des Erbvertrages** gemacht werden, denn nur solche können den Vertragserben beeinträchtigen (Planck/Greiff Anm 2b; Erman/S Kappler/T Kappler[16] Rn 2; Soergel/Zecca-Jobst[14] Rn 8; jurisPK/Geiger[9] Rn 32; **aA** Strohal § 45 N 35 für den Fall, dass die Schenkung vor dem Erbvertrag gemacht ist, in der Absicht, die Vorschrift des § 2287 zu umgehen). Eine dem **§ 2325 Abs 3 BGB** entsprechende Vorschrift existiert für § 2287 BGB nicht; sie ist auch nicht analog anzuwenden.

b) Nutzungsrechte

11 Die Schenkung muss von der Leihe, § 598 BGB, abgegrenzt werden: Während jene eine dauernde Minderung des Vermögens voraussetzt, geht es bei dieser um eine nur vorübergehende Gebrauchsüberlassung (dazu zunächst STAUDINGER/CHIUSI [2021] § 516 Rn 17, 20 ff). Dieses im Ausgangspunkt klare Abgrenzungskriterium führt zu Unsicherheiten im Umgang mit Fällen, in denen der Erblasser einen Vermächtnisgegenstand, typischerweise eine Immobilie, einem Dritten für einen sehr langen Zeitraum unentgeltlich oder gegen ein sehr geringes (nicht marktgerechtes) Entgelt überlassen hat.

12 Heutige Rspr und hL wollen an der vorgenannten vertragstypologischen Abgrenzung festhalten und § 2287 auf die Fälle auch längerer Gebrauchsüberlassung im Grundsatz nicht anwenden (KG ErbR 2007, 158 m zust Anm ROGLER; BGH FamRZ 2007, 1649 = ZEV 2008, 192 m abl Anm J MAYER; MünchKomm/MUSIELAK[9] Rn 3; eingehend STAUDINGER/CHIUSI [2021] § 516 Rn 20 ff auch zur Entwicklung der Rspr; jurisPK/GEIGER[9] Rn 16 f; NK-BGB/HORN[6] Rn 24; BURANDT/ROJAHN/BURANDT[3] Rn 3; JAUERNIG/STÜRNER[18] Rn 1; HK/HOEREN[11] Rn 4; BeckOGK/MÜLLER-ENGELS [1. 4. 2022] Rn 32). Eine **Ausnahme** gilt für die (dingliche) Einräumung eines Nießbrauchrechts an einer Immobilie mit unentgeltlichem Kausalgeschäft, das nach dem BGH § 2287 BGB unterfallen soll (BGH ZEV 1996, 25; NJW 1992, 564; ebenso jurisPK/GEIGER[9] Rn 17). Für die Einräumung eines dinglichen Wohnungsrechts, § 1093, dürfte dieselbe Ausnahme von diesem Grundsatz gelten (jurisPK/GEIGER[9] Rn 17; vgl zur Einräumung von Dienstbarkeiten mit unentgeltlicher causa in diesem Zusammenhang eingehend STAUDINGER/CHIUSI [2021] § 516 Rn 23).

13 Die Gegenauffassung setzt beim Normzweck an und will § 2287 BGB auf dauerhafte und (weitgehend) unentgeltliche Gebrauchsüberlassungen anwenden (teils differenzierend: J MAYER ZEV 2008, 192; J MAYER/RÖHL, in: REIMANN/BENGEL/DIETZ[7] Rn 25; STAUDINGER/KANZLEITER [2019] Rn 3; ERMAN/S KAPPLER/T KAPPLER[16] Rn 2; BeckOK/LITZENBURGER [1. 5. 2022] Rn 2).

14 **Stellungnahme**: So stellt sich die Frage, ob man § 2287 BGB spezifisch erbrechtlich verstehen muss, ob also der Schenkungsbegriff über den von §§ 516 f BGB hinausgeht (zur Schenkung iS erbrechtlicher Vorschriften s etwa SPELLENBERG FamRZ 1974, 350; J MAYER ZEV 2008, 192; FRIESER ErbR 2008, 34). Das ist nicht erforderlich. Die oben referierte eingängige Abgrenzung von Leihe und Schenkung sollte nicht aufgeweicht werden, sondern der Rechtsanwender sollte, wenn er § 2287 BGB auf Nutzungsrechte anwenden will, eine Analogie ziehen. Besteht über einen Nachlassgegenstand ein lebenslanges unentgeltliches Wohnrecht, ob nun ein schuldrechtliches oder gar ein dingliches, ist es dem Zugriff des Erben zwar nicht rechtlich, aber doch faktisch entzogen. Gerade wenn der Wohnrechtsinhaber jung ist, kann der Erbe dauerhaft von der Nutzungsbefugnis des Objekts ausgeschlossen sein. Die Interessenlage mit einer beeinträchtigenden Schenkung ist also vergleichbar. Allerdings sagt § 517 BGB selbst, dass eine Schenkung nicht vorliegt, wenn jemand zugunsten eines anderen einen Vermögenserwerb unterlässt, also bei Nutzungsrechten zB kein oder kein marktgerechtes Entgelt zieht (NK-BGB/HORN[6] Rn 24). Im Übrigen führt die Anwendung von § 2287 BGB auf diese Fälle zu unvermeidbaren Abgrenzungsschwierigkeiten: Wie viel Entgelt muss der Erblasser ziehen, damit keine Schenkung gem § 2287 BGB vorliegt? Entscheidend muss bleiben, dass die Gebrauchsüberlassung von anderen Vertragstypen, insbesondere der Leihe, erfasst wird und dass die Substanz des Gegenstands beim

Erblasser bleibt. Nach zutr Auffassung des BGH ändert daran auch der Ausschluss der Eigenbedarfskündigung nichts (BGH FamRZ 2016, 709 [711] m Anm Reimann = MittBayNot 2017, 472 m abl Anm R Kössinger). Ob etwas anderes gilt, wenn infolge der Gebrauchsüberlassung der wirtschaftliche Wert der Sache „ausgehöhlt" ist, so dass man doch eine Schenkung annehmen könnte, hat der BGH offengelassen. Kriterien, mit denen man hier verlässlich arbeiten könnte, sind indes nicht ersichtlich, so dass in Extremfällen nur § 242 BGB helfen dürfte.

c) Entgeltliche Verfügungen

15 Entgeltliche Verfügungen des Erblassers fallen selbst dann nicht unter § 2287 BGB, wenn sie in der Absicht getroffen sind, das „Recht" des Vertragserben zu beeinträchtigen (Soergel/Zecca-Jobst[14] Rn 3). Auch die Weggabe des ganzen Vermögens gegen (angemessenes) Entgelt, zB gegen eine Leibrente, ist keine Schenkung.

16 Ob eine entgeltliche Verfügung oder zB eine gemischte Schenkung (Rn 18) vorliegt, ist nicht immer einfach zu bestimmen. Schenkung setzt subjektiv voraus, dass sich die Parteien über die (Teil-)Unentgeltlichkeit einig sind (BGH NJW 1982, 43 [44]; NK-BGB/Horn[6] Rn 12). Die Parteien sind im Grundsatz frei, zu bestimmen, ob eine Zuwendung ein Entgelt für eine Leistung des Empfängers der Zuwendung ist, mag die Leistung des Empfängers auch objektiv deutlich hinter der Zuwendung zurückfallen (NK-BGB/Horn[6] Rn 12 nennt plastisch den Kauf zum Freundschaftspreis). Auch eine Pflegeverpflichtung kann zur Entgeltlichkeit führen (BeckOGK/Müller-Engels [1. 4. 2022] Rn 28). Die Grenze zur Willkür dürfte schwer zu ziehen sein (dazu NK-BGB/Horn[6] Rn 13 mwN).

17 Eine *immaterielle* Gegenleistung (bekanntes Beispiel: Zuwendung, die den Partner veranlasst, die Ehe oder Beziehung weiterzuführen) kann (auch Ernstlichkeit vorausgesetzt) kein Entgelt iSv § 2287 BGB sein (BGH NJW 1991, 1610 – aber zum AnfG; **aA** Staudinger/Kanzleiter [2019] Rn 3). Wegen der Abfindung für einen Erb-, Pflichtteils- und Zuwendungsverzicht wird auf die Erläuterungen zu den dortigen Vorschriften verwiesen (vgl dazu Kollhosser AcP 1914, 260; Staudinger/Herzog [2021] § 2325 Rn 94 ff; Staudinger/Schotten [2022] § 2346 Rn 227 ff).

d) Gemischte Schenkungen/Schenkungen unter Auflage

18 Auch die **verschleierte** und die **gemischte Schenkung** fallen unter § 2287 BGB (RGZ 148, 236, 240; OGHZ 2, 161; OLG Hamburg OLGE 32, 73; MünchKomm/Musielak[9] Rn 3). Der BGH (ZEV 2016, 641 = ZErb 2017, 20 m zust Anm Kanzleiter LMK 2017, 385366 zur zutreffenden Berücksichtigung und Bewertung von Nießbrauchsvorbehalt, Pflegeverpflichtung und Rücktrittsrecht und zur Wertberechnung auf den Zeitpunkt der Schenkung unter Berücksichtigung des Kaufkraftschwunds) weist auf die beiden zu unterscheidenden Voraussetzungen der Schenkung einerseits, der Beeinträchtigungsabsicht (= des Missbrauchs der Verfügungsbefugnis) andererseits hin.

e) Schenkungen auf den Todesfall

19 Sie gilt weiter für Schenkungen, die der Erblasser für den Fall seines Todes unter der Bedingung des Überlebens des Beschenkten versprochen, aber noch vor seinem Tod vollzogen hat (§ 2301 Abs 2 BGB; Mot V 330), und für alle unbedingten Schenkungen auf den Todesfall oder Schenkungen unter anderen Bedingungen (vgl die Erl zu § 2301). Ist die **Schenkung auf den Todesfall** unter der Bedingung, dass der Beschenkte den Schenker überlebt, beim Tod des Schenkers noch nicht vollzogen, so ist sie wie

eine Verfügung von Todes wegen zu behandeln (§ 2301 Abs 1 BGB), ist also unwirksam, soweit sie das Recht des Vertragserben beeinträchtigt (§ 2289 Abs 1 Satz 2 BGB; Planck/Greiff Anm 2b).

Die üblichen **Übergabeverträge** über landwirtschaftliche Anwesen stellen im Allgemeinen gemischte Schenkungen oder Schenkungen unter Auflagen dar (BGHZ 3, 206). Damit ist § 2287 BGB auf sie grundsätzlich anwendbar, wobei es eine Frage des einzelnen Falles ist, ob die Übergabe entgegen erbvertraglicher Bindung missbräuchlich ist. Bei grobem Missverhältnis zwischen Leistung und Gegenleistung spricht eine tatsächliche Vermutung (mit der Folge der Beweiserleichterung) dafür, dass sich die Vertragsschließenden über die – teilweise – Unentgeltlichkeit einig waren (BGH DNotZ 1973, 626). **20**

f) Ehebedingte Zuwendungen

Auch eine **„ehebedingte"** oder **„unbenannte"** Zuwendung unter Ehegatten oder eingetragenen Lebenspartnern ist „Schenkung" iSd § 2287 BGB (BGH NJW 1992, 564 = DNotZ 1992, 513 = FamRZ 1992, 300 = LM Nr 20 zu § 2287 BGB m Anm Hohloch; BGH ZEV 2008, 192 = FamRZ 2007, 1649; jurisPK/Geiger[9] Rn 21; Erman/S Kappler/T Kappler[16] Rn 2; NK-BGB/Horn[6] Rn 21). Die „causa Ehe" schließt die **objektive Unentgeltlichkeit** der Zuwendung nicht aus. Schon allgemein neigt sich die Waagschale dahin, dass die ehebedingte Zuwendung im Sinne erbrechtlicher Vorschriften als Schenkung anzusehen ist (zu § 2325 s zuletzt BGH FamRZ 2018, 775 m Anm Weber), und bei § 2287 BGB muss das erst recht gelten. Abgesehen davon, dass das Rechtsinstitut der ehebedingten Zuwendung viel jünger ist als § 2287 BGB und das, was als ehebedingte Zuwendung angesehen wird, ohne Weiteres in den ursprünglichen (und unveränderten!) gesetzlichen Anwendungsbereich des § 2287 BGB fällt (Kollhosser NJW 1994, 2313, 2316), fordert auch der Zweck des § 2287 BGB seine grundsätzliche Anwendung auf ehe- oder partnerschaftsbedingte Zuwendungen: Allein die Tatsache, dass es sich um eine solche Zuwendung handelt, nimmt ihr nicht die Unentgeltlichkeit iSv § 2287 BGB (eingehend auch NK-BGB/Horn[6] Rn 21). **21**

Zu prüfen ist aber immer, ob der Zuwendung nicht eine „echte" (auch immaterielle) **Gegenleistung** gegenübersteht (zB: Nießbrauch wird bestellt für eine angemessene Alterssicherung, OLG Schleswig FamRZ 2011, 506 = MittBayNot 2011, 148 m Anm Herrler; Übertragung von Gegenständen von Erblasser auf Ehefrau, um eine dreißigjährige Mitarbeit in der Praxis zu entlohnen). Soweit die Ehegatten der Zuwendung eine Gegenleistung beimessen, steht dem nicht das Bedenken der unzulässigen „Kommerzialisierung" persönlicher Betreuung entgegen: Geprüft werden kann auch, ob der Zuwendende damit nicht im Rahmen seiner gesetzlichen Verpflichtungen nach §§ 1360, 1360a BGB handelt (die auch die angemessene Alterssicherung einschließt, s BGHZ 116, 164 = NJW 1992, 564 = DNotZ 1992, 513; BGH FamRZ 2018, 775 m Anm Weber; BeckOGK/Müller-Engels [1. 4. 2022] Rn 33; kritisch Kollhosser NJW 1994, 2313, 2319). **22**

g) Eheverträge

Wechseln die Ehegatten mit einem Ehevertrag den Güterstand, §§ 1408 ff BGB, und kommt es infolgedessen zu einem Vermögenstransfer, zB zur Auskehr von Zugewinn von einem auf den anderen Ehegatten, so ist das nach **hM** regelmäßig ein entgeltlicher Vorgang; die Diskussion stammt im Wesentlichen aus der Dogmatik zu § 2325 **23**

BGB (eingehend zu allen Fragen Staudinger/Herzog [2021] § 2325 Rn 86 ff), die auf § 2287 BGB übertragen werden kann (näher BeckOGK/Müller-Engels [1. 4. 2022] Rn 35 ff).

24 Zu prüfen ist in diesem Zusammenhang, ob durch die Zuwendung die berechtigte Erberwartung des Vertragserben beeinträchtigt wird. Das ist nach Kanzleiter (Staudinger/Kanzleiter [2019] Rn 4) nicht der Fall, wenn sich die Zuwendung in einem Umfang hält, der dem Ehegatten nach einer zulässigen familienrechtlichen Maßnahme kraft Gesetzes zugestanden hätte (Vereinbarung der Gütertrennung mit der Folge, dass dem anderen Ehegatten der Anspruch auf Zugewinnausgleich nach den §§ 1372 ff BGB zustünde; eine Zuwendung in diesem Umfang beeinträchtigt nach Kanzleiter die berechtigten Erberwartungen des Vertragserben nicht und führt deshalb nicht zu einem Anspruch nach § 2287 BGB, ohne dass vorher Gütertrennung vereinbart werden müsste – „**fliegender Zugewinnausgleich**"). Es dürfte aber zu verlangen sein, dass der Ehevertrag tatsächlich geschlossen wird, weil nur dann der Zugewinnausgleichsanspruch rechtlich ausgelöst wird (Staudinger/Herzog [2021] § 2325 Rn 92 mwN; zu § 2287 auch BeckOGK/Müller-Engels [1. 4. 2022] Rn 37).

25 Das in Rn 24 Gesagte gilt insbesondere auch (insoweit auch schon nach Kanzleiter) für eine Zuwendung im Rahmen dessen, was dem Ehegatten bei Vereinbarung der Gütergemeinschaft zufließen würde: Die Vereinbarung der Gütergemeinschaft hat so erhebliche Nebenfolgen, dass die Erberwartungen des Vertragserben solange berechtigt sind, solange nicht tatsächlich Gütergemeinschaft mit allen Nebenfolgen vereinbart wurde. Auch dann kann es sich im Übrigen noch ausnahmsweise um eine Schenkung handeln, wenn Gütergemeinschaft nicht zur Regelung der güterrechtlichen Verhältnisse, sondern „donandi causa" vereinbart wird (BGHZ 116, 178 = NJW 1992, 558 = DNotZ 1992, 513; vgl § 2286 Rn 11; generell zu der Frage, wann ein Güterstandswechsel Schenkung sein kann, also zu ehefremden Zwecken vereinbart wurde, Staudinger/Herzog [2021] § 2325 Rn 87).

2. Beeinträchtigung

26 Eine Schenkung löst den Anspruch nach § 2287 BGB nur aus, wenn und soweit sie die **berechtigte Erberwartung des Vertragserben beeinträchtigt**. Dies ist nicht der Fall, wenn der Erblasser durch Rechtsgeschäft unter Lebenden Verfügungen trifft, die er durch Verfügung von Todes wegen hätte treffen dürfen (BGHZ 82, 274, 278; 83, 44, 48; 88, 269, 272), so etwa eine lebzeitige Schenkung, die er als Vermächtnis anordnen dürfte (BGH WM 1986, 1221, 1222; Johannsen WM 1982, Sonderbeil 2 S 13) oder eine lebzeitige Aufteilung unter verschiedenen Vertragserben (oder lebzeitige Zuwendungen an einen Vertragserben mit Ausgleichsanordnung zugunsten des anderen) im Wege der vorweggenommenen Erbfolge, die der Erblasser – aufgrund eines ausdrücklichen oder stillschweigenden Vorbehalts – durch eine Teilungsanordnung in einer Verfügung von Todes wegen hätte vornehmen dürfen (BGHZ 82, 274 = NJW 1982, 43 = MDR 1982, 124, dazu Kuchinke JuS 1988, 853; zur Zulässigkeit nachträglicher einseitiger Teilungsanordnungen s § 2289 Rn 32).

27 Die berechtigte Erberwartung des Vertragserben wird auch nicht beeinträchtigt, wenn der Erblasser seinem Ehegatten Zuwendungen in einem Umfang macht, der ihm nach der Aufhebung eines Erbverzichts (zulässig nach den Darlegungen unter § 2286 Rn 13) als Pflichtteil zugestanden hätte (BGHZ 77, 264 = WM 1980, 1126; Soergel/Zecca-

Jobst[14] Rn 10; jurisPK/Geiger[9] Rn 37; **aA** Schindler DNotZ 2004, 824). Allgemein gilt das für alle Zuwendungen an Pflichtteilsberechtigte, die sich im Rahmen ihres Pflichtteils halten, ohne dass ein eventueller Pflichtteilsverzicht zuvor aufgehoben werden müsste, vorausgesetzt allerdings, dass er aufgehoben werden könnte. Das ist nicht der Fall, wenn die Aufhebung des Pflichtteilsverzichts, weil in einem mehrseitigen Vertrag getroffen, der Zustimmung des Vertragserben bedürfte (s OLG Karlsruhe ZEV 2000, 108; OLG Düsseldorf ZEV 2013, 392).

Eine berechtigte Erberwartung soll auch dann nicht bestehen, wenn der Erblasser die vertragsmäßige Verfügung nach §§ 2281 ff BGB anfechten könnte, für Schenkungen während des Laufs der Anfechtungsfrist (BGH ZEV 2006, 505); der nicht amtliche Leitsatz darf aber nicht verallgemeinert werden, weil in die Beurteilung, ob der Erblasser seine lebzeitige Verfügungsbefugnis missbraucht, wenn er schenkt, ohne anzufechten, zusätzlich die Auswirkungen einer möglichen Anfechtung einbezogen werden müssen (s krit OLG Koblenz OLGZ 1991, 235). **28**

3. Beeinträchtigungsabsicht; Missbrauch der Verfügungsbefugnis

a) Gesetzgebungsgeschichte

Das Problem, wie die Beeinträchtigungsabsicht zu deuten ist, war schon Gegenstand ausführlicher Diskussionen im Gesetzgebungsverfahren. Namentlich in der II. Kommission wurde die Problematik ausführlich erörtert. Die Erwägungen, die angestellt wurden, gehen in unterschiedliche Richtungen, die Diskussion verlief nach der Wiedergabe in den Protokollen (Prot V 389 ff = Horn Rn 13 ff) schwankend, und es wurden wohl von verschiedenen Kommissionsmitgliedern sehr unterschiedliche Standpunkte vertreten (in Prot V 390 ff = Horn Rn 16 ff befassen sich die Protokolle ausführlich mit dem Vorschlag, auch entgeltliche Verfügungen in den Schutz einzubeziehen): Ausgangspunkt war die vorgeschlagene Regelung im I. Entwurf, die (s Rn 2) den Bereicherungsanspruch bei beeinträchtigenden Schenkungen – abgesehen von Pflicht- und Anstandsschenkungen – ohne weitere Voraussetzungen einräumen wollte. **29**

Einerseits teilen die Prot mit, dass man die Problematik erkannte, zu der es führen würde, wenn man den Anspruch von der Beeinträchtigungsabsicht des Erblassers abhängig mache (Prot V 393 = Horn Rn 21: „Es sei darauf hingewiesen, dass die Untersuchung darüber, welche Absichten der Erblasser bei einer Handlung gehabt habe, stets misslich sei und dass in vielen Fällen, wenn der Erblasser mehrere Zwecke im Auge gehabt habe und der Dolus nicht offensichtlich prävalire, der Vertragserbe schutzlos sein würde"), und am Ende der Diskussion wurde festgestellt (Prot V 393 = Horn Rn 21): Wenn vorgetragen werde, „die Rücksicht auf Treu und Glauben erfordere, dass er – der Erblasser – Schenkungen, die nicht durch den Anstand oder eine sittliche Pflicht geboten seien, überhaupt unterlasse", werde diese Auffassung „dem Wesen des Erbvertrags nicht gerecht. Der Erblasser denke jedenfalls beim Abschlusse des Vertrags nicht daran, sich in dieser Weise dem Vertragserben zu unterwerfen. Das Gesetz dürfe eine so weitgehende Beschränkung der persönlichen Freiheit nicht begünstigen". **30**

Andererseits bleiben aber alle konkreten Beispiele, die zur Rechtfertigung einer großzügigeren Auffassung gegenüber dem Entwurf I vorgetragen wurden, hinter einer Freistellung bis zur Grenze absichtlicher Beeinträchtigung weit zurück (Prot V 393 = Horn Rn 21). **Gemeinsamer Nenner** aller Vorschläge war der, einem **Missbrauch** **31**

des Verfügungsrechts des Erblassers entgegenzutreten (Prot V 390 = Horn Rn 16: „Der Entw. (Entwurf I) und die sämmtlichen Anträge wollten einem Missbrauche des Verfügungsrechts des Erblassers durch Schenkungen entgegentreten, wichen aber im Einzelnen von einander ab"). Wenn „einem Missbrauch des Verfügungsrechts" entgegengetreten werden soll, verlangt das einen objektiven Maßstab und von diesem Gesichtspunkt aus ist es gerechtfertigt, als „Absicht, das Recht des Vertragserben zu beeinträchtigen" den Vorsatz genügen zu lassen, der auf eine solche missbräuchliche Verfügung gerichtet ist.

32 Die Diskussion war, wie man sich nach der Lektüre dieser Stellen denken konnte, nach Inkrafttreten des BGB nicht zu Ende, denn allein aufgrund des subjektiven Tatbestandes für die Schenkung beim Erblasser ist keine sachgerechte Entscheidung möglich: Die Absicht, die Zuwendung einem anderen zukommen zu lassen, schließt die Absicht, den erbvertraglich Bedachten zu beeinträchtigen, notwendigerweise ein (BGHZ 59, 343, 350; BGH DNotZ 2012, 301 = ZEV 2012, 37 = FamRZ 2012, 28 m Anm Löhnig S 118). Würde diese subjektive Einstellung des Erblassers als „Beeinträchtigungsabsicht" gewertet, würde jede Schenkung zum Bereicherungsanspruch führen und die Absicht der II. Kommission zur Einschränkung damit ins Leere laufen. So steht man vor dem Dilemma zwischen weitgehendem Leerlauf von § 2287 BGB bei „Beeinträchtigungsabsicht als überwiegend bestimmender Gesichtspunkt" und nahezu vollständigem Leerlauf der Einschränkung von § 2287 BGB (im Widerspruch zur Regel des § 2286 BGB und zur Absicht der II. Kommission) bei „Beeinträchtigungsabsicht" als bloßer Vorsatz zur Kürzung der Zuwendung an den Vertragserben.

b) Frühere Rechtsprechung und Kritik

33 Der Vertragserbe kann nach dem **Wortlaut** der Vorschrift nur dann die Herausgabe des Geschenkes verlangen, wenn der Erblasser die Schenkung in der Absicht gemacht hat, den Vertragserben zu beeinträchtigen. Die **früher ganz allgM** ging (unter Berufung auf die Erwägungen des historischen Gesetzgebers, vgl Sticherling S 98 f, 138 ff, 157) davon aus, es genüge nicht das Bewusstsein, dass die Schenkung den Nachlass vermindern und so den Vertragserben benachteiligen werde, vielmehr müsse die Verkürzung seiner Aussicht auf die Erbschaft der eigentliche Zweck der Schenkung sein. Die Benachteiligung des Vertragserben brauche zwar nicht der ausschließliche Beweggrund für die Schenkung zu sein, sie müsse aber doch der **eigentlich leitende und bestimmende**, jedenfalls der überwiegende (BGH FamRZ 1961, 72, 74) **Beweggrund** sein (BGH LM Nr 1 zu § 146 KO; Nr 2 zu § 2288 BGB; Nr 5 zu § 2287 BGB; BGHZ 31, 23; BGH LM Nr 10 zu § 2271 BGB; FamRZ 1961, 72, 74; FamRZ 1961, 271; DNotZ 1969, 759; RGZ 77, 111; RG DJ 1938, 1368 m Anm Vogels; OGHZ 1, 161 = NJW 1947/48, 690; OGHZ 2, 160 = NJW 1949, 581; aus dem Schrifttum s Dittmann DNotZ 1958, 619). Der den Schenkungswillen des Erblassers bestimmende Wunsch, dass der Vertragserbe den verschenkten Gegenstand nicht erhalten möge, vielmehr in seiner Erwartung, ihn demnächst zu erlangen, enttäuscht werden solle, müsse in dem Erblasser erkennbar stärker gewirkt haben, als der Wunsch, dem Beschenkten den Gegenstand zu verschaffen (BGH LM Nr 5 zu § 2287 BGB). Bedingter Vorsatz genüge nicht.

34 Unter den verschiedenen Überlegungen, den Schutz des erbvertraglich Bedachten zu verbessern, wurde mehrfach vorgeschlagen, die **Anforderungen an** die **Beeinträchtigungsabsicht** zu **vermindern** und damit den Anwendungsbereich des § 2287 BGB zu erweitern (s Bund JuS 1968, 268, 274; Kipp/Coing § 38 IV 2 c; Palandt/Rechenmacher – übernommen von KEIDEL – [19. Aufl] Anm 1; LANGE NJW 1963, 1571, 1577, der mit Rücksicht darauf, dass der Beweis der Beeinträchtigungsabsicht nur schwer zu führen ist, vor allem Beweiserleichterungen vorschlägt). SPELLENBERG (FamRZ 1972, 349) hat seine zutreffende Kritik an der früheren Rechtsprechung des BGH zur „Aushöhlungsnichtigkeit" mit dem Vorschlag verbunden, von Beeinträchtigungsabsicht stets dann auszugehen, wenn der Erblasser **kein „lebzeitiges Eigeninteresse"** an der getroffenen, der erbvertraglichen Zuwendung widersprechenden Verfügung hat (vor allem S 355). Die höchstrichterliche Rechtsprechung des RG und OGH hatte in drei Entscheidungen, die jedoch Episode blieben, eine großzügigere Auslegung des Begriffes der Beeinträchtigungsabsicht angedeutet (RG DJ 1938, 1368; OGHZ 1, 161, 164 = NJW 1947/48, 690; OGHZ 2, 161, 167 = NJW 1949, 581).

c) Jüngere Rechtsprechung: Lebzeitiges Eigeninteresse

In seinem Urteil vom 5. 7. 1972 (BGHZ 59, 343 = NJW 1973, 240 = FamRZ 1973, 133 m Anm **35**
SPELLENBERG = JZ 1974, 30 m Anm TEICHMANN = LM Nr 6 zu § 2286 BGB m Anm JOHANNSEN = JR 1973, 343 m Anm STRÄTZ = DNotZ 1973, 421), in dem der BGH seine Rechtsprechung zur „Aushöhlungsnichtigkeit" aufgegeben hat, hat er gleichzeitig unter Anknüpfung an die drei Entscheidungen des RG und OGH und unter Billigung der Darlegungen von SPELLENBERG auch seine frühere ständige Rechtsprechung zum Begriff der *„Beeinträchtigungsabsicht"* grundlegend revidiert. Nach dieser seither vom BGH vertretenen Auffassung (st Rspr, zuletzt BGH FamRZ 2016, 2004 [2006] = ErbR 2016, 698 [699]; DNotZ 2012, 301 = ZEV 2012, 37 = FamRZ 2012, 28 m Anm LÖHNIG S 118, zuvor DNotZ 1973, 626; BGHZ 66, 8 = NJW 1976, 749; FamRZ 1977, 314; BGHZ 77, 264 = WM 1980, 1126; BGHZ 88, 269; NJW 1980, 2307; 1984, 731; 1986, 1755; 1992, 2630; NJW-RR 1998, 577; aus der oberlandesgerichtlichen Judikatur zuletzt KG, 4. 12. 2019 – 4 U 8/18, juris, Rn 28; OLG Düsseldorf, 27. 1. 2017 – I-7 U 40/16, juris, Rn 75; vgl zur Auffassung des BGH auch die Darlegungen von JOHANNSEN Sonderheft 75 Jahre DNotZ 1977, 69*, 85* ff) muss die Absicht, dem Bedachten die Vorteile zu entziehen oder zu schmälern, nicht der leitende Beweggrund der Schenkung gewesen sein. Es komme vielmehr darauf an, dass die Schenkung ihrem Gehalt nach auf eine Korrektur des Erbvertrags angelegt war, was dann der Fall sei, wenn der Erblasser **ohne ein anerkennenswertes lebzeitiges Eigeninteresse** anstelle des Bedachten wesentliche Vermögenswerte – ohne angemessene Gegenleistung – anderen zuwende. Zur Feststellung des **Missbrauchs** bedürfe es einer **umfassenden Abwägung der Bindung** des Erblassers **an den Erbvertrag** einerseits **und der Gründe für die Benachteiligung des Vertragserben** andererseits (BGH NJW-RR 1986, 1135, 1136). Nicht alle Fälle fehlenden Missbrauchs könnten unter dem Gesichtspunkt des lebzeitigen Eigeninteresses subsumiert werden, ausnahmsweise könnten auch andere Gesichtspunkte den Missbrauch entfallen lassen (s Rn 44 ff), sodass aus der Sicht des BGH der Missbrauch der Verfügungsfreiheit selbst die allgemeine Voraussetzung des Anspruchs ist (zur Kritik KANZLEITERS, die er später aufgegeben hat, s STAUDINGER/KANZLEITER [2006] Rn 13 und STAUDINGER/KANZLEITER [2019] Rn 12).

Der BGH befindet sich mit dieser Rechtsprechung im Einklang mit den oben refe- **36**
rierten Überlegungen der II. Kommission (Rn 29 ff), wenn er den Grundgedanken des § 2287 BGB auf den **Missbrauch der Verfügungsbefugnis durch den erbvertraglich gebundenen Erblasser** zurückführt. (S im Beschl des BGH vom 26. 10. 2011 im Anschluss an die nochmalige Feststellung, da die Benachteiligungsabsicht mit der Absicht, den Beschenkten zu begünstigen, meist untrennbar verbunden ist, wäre sie von Ausnahmefällen abgesehen in einer solchen Lage praktisch immer gegeben: „Dennoch greift die Vorschrift nicht zwangsläufig bei jeder Schen-

kung ein. Erforderlich ist vielmehr, dass der Erblasser das ihm verbliebene Recht zu lebzeitigen Verfügungen missbraucht hat".) Auch im Schrifttum wird der Missbrauch der trotz erbvertraglicher Bindung verbleibenden lebzeitigen Verfügungsbefugnis überwiegend als entscheidender Gesichtspunkt angesehen (LANGE, Erbrecht, Kap 11 Rn 80 ff; MUSCHELER, Erbrecht, Bd I Rn 2313; SCHINDLER ZEV 2005, 334, 335; BeckOK/LITZENBURGER [1. 5. 2022] Rn 12 ff; jurisPK/GEIGER[9] Rn 42 ff; MünchKomm/MUSIELAK[9] Rn 12; NK-BGB/HORN[6] Rn 40 ff; GRÜNEBERG/WEIDLICH Rn 6 f; J MAYER/RÖHL, in: REIMANN/BENGEL/DIETZ[7] Rn 74 ff; SOERGEL/ZECCA-JOBST[14] Rn 12 ff; BeckOGK/MÜLLER-ENGELS [1. 4. 2022] Rn 57 ff); die grundsätzliche Auffassung des BGH ist demnach weitgehend akzeptiert (auch wenn sie in der Vergangenheit mit Rücksicht auf den Wortlaut der Vorschrift nicht nur von KANZLEITER in den Voraufl – zuletzt Bearb 2006 Rn 13, sondern auch von anderen herb kritisiert wurde, s FINGER/FÜSER/HAMM/WEBER FamRZ 1975, 251; SPECKMANN NJW 1974; 341; JZ 1974, 543; TEICHMANN JZ 1974, 32; NOLTING JA 1993, 135; LEMCKE, Ansprüche des Vertragserben wegen beeinträchtigender Schenkungen [Diss Augsburg 1997] Ergebnis S 118; s auch STICHERLING S 39, 158 mit Nachw).

37 Nach Auffassung des BGH (s FamRZ 2016, 2004 [2006]; DNotZ 2012, 301 = ZEV 2012, 37 = FamRZ 2012, 28 m Anm LÖHNIG S 118) liegt ein solcher Missbrauch nicht vor, wenn der Erblasser ein **anerkennenswertes lebzeitiges Eigeninteresse** an der von ihm vorgenommenen Schenkung hatte. Dem ist mit Rücksicht auf die Grundlegung der freien lebzeitigen Verfügungsbefugnis in § 2286 BGB zuzustimmen. Das anerkennenswerte lebzeitige Eigeninteresse des Erblassers ist ein wichtiger Gesichtspunkt, der einen Missbrauch des lebzeitigen Verfügungsrechts des Erblassers ausschließen kann (aber nicht der einzige, s Rn 43). Der BGH hat in zahlreichen Entscheidungen (BGHZ 66, 8; 77, 264; 82, 274; 83, 44; 88, 269; BGH DNotZ 1973, 626; NJW 1973, 1645; WM 1977, 201; FamRZ 1977, 539; WM 1979, 442; NJW 1980, 2307; NJW 1984, 731; WM 1986, 648; NJW 1986, 1755; NJW-RR 1986, 1135 = WM 1986, 977; NJW 1992, 2630; FamRZ 2012, 28; FamRZ 2016, 2004 [2006]) fallgruppenweise (krit zur Fallgruppenbildung J MAYER/RÖHL, in: REIMANN/BENGEL/DIETZ[7], Testament und Erbvertrag, Rn 66 ff) den Begriff des lebzeitigen Eigeninteresses präzisiert: Ein solches lebzeitiges Eigeninteresse brauche kein materielles, sondern könne auch ein ideelles sein (BGHZ 66, 8 = NJW 1976, 749).

38 Als **lebzeitiges Eigeninteresse sei anzuerkennen**, dass der Erblasser durch die Verfügung seine Altersversorgung sicherstelle (BGH FamRZ 1977, 539, 540; OLG Düsseldorf FamRZ 1999, 1621), einer Person Dank abstatte, die ihm in besonderem Maß geholfen hat (BGHZ 66, 8 = NJW 1976, 749), einer sittlichen Verpflichtung nachkomme (BGHZ 66, 8, 16; 83, 44, 46 = NJW 1982, 1100 = WM 1982, 401 = MDR 1982, 466; OLG Düsseldorf FamRZ 2017, 2073: angemessenes Hochzeitsgeschenk, das je nach Vermögenssituation auch eine Motoryacht sein kann), seine Betreuung und Pflege absichere (BGHZ 83, 44, 46 = NJW 1982, 1100 = WM 1982, 401 = MDR 1982, 466), auch nur Pflege bei Bedarf (BGH FamRZ 2016, 2004 [2006]), sich die Betreuung und Pflege durch seine Ehefrau erhalte (BGH NJW 1992, 2630, 2631 = FamRZ 1992, 1067 = WM 1992, 1830 = MDR 1992, 783), wobei in diesem Fall auch das Bedürfnis, die jüngere Ehefrau durch Schenkungen an sich zu binden, anerkennenswert sei, und die Erwägung des Berufungsgerichts, der Erblasser habe mit der Zuwendung eine gedeihliche Grundlage für die eheliche Lebensgemeinschaft schaffen wollen, vom BGH nicht beanstandet wird.

39 Ein lebzeitiges Eigeninteresse an einer Schenkung könne auch vorliegen, wenn der Beschenkte ohne rechtliche Bindung Leistungen – etwa zur Betreuung im weiteren

Sinn – übernimmt, tatsächlich erbringt und auch in der Zukunft vornehmen will (BGH 26. 10. 2011, ZEV 2012, 37 = DNotZ 2012, 301 = FamRZ 2012, 28 m Anm LÖHNIG S 118).

Die Anerkennung eines lebzeitigen Eigeninteresses soll auch nicht davon abhängig sein, dass der dafür maßgebliche Gesichtspunkt erst nach dem Abschluss des Erbvertrags hervorgetreten ist (BGHZ 83, 44, 45 = NJW 1982, 1100 = WM 1982, 401 = MDR 1982, 466); notwendig ist aber, dass sich die Sachlage seit Abschluss des Erbvertrags geändert hat (BGHZ 77, 264, 268 ff = NJW 1980, 2307; BGHZ 83, 44, 46 = NJW 1982, 1100 = WM 1982, 401 = MDR 1982, 466; BGH NJW 1984, 731, 732). 40

Hingegen liege **mangels lebzeitigem Eigeninteresse ein Missbrauch** der lebzeitigen Verfügungsmacht vor, wenn die Schenkung nur der nachträglichen Korrektur der erbvertraglichen Regelung zugunsten einer nunmehr genehmeren Person dienen soll (BGHZ 66, 8, 15; BGH WM 1977, 201; NJW 1980, 2307, 2308; OLG Hamm ErbR 2018, 34) oder vorgenommen wird, weil unerwartet ein erheblicher Vermögenszuwachs stattfand (BGHZ 83, 44, 47 = NJW 1982, 1100 = WM 1982, 401 = MDR 1982, 466), oder nur aufgrund der Erkenntnis, den beschenkten Ehegatten zu gering bedacht zu haben (BGHZ 77, 264 = WM 1980, 1126; OLG München, 23. 11. 2016 – 3 U 796/16, juris) oder weil die Erblasserin meint, der Vertragserbe habe „zu Lebzeiten genug erhalten“ (OLG Düsseldorf FamRZ 2018, 1865 [1867]). 41

Die Instanzgerichte (OLG Düsseldorf NJW-RR 1986, 806; OLG München NJW-RR 1987, 1484; OLG Köln NJW-RR 1992, 200; OLG Koblenz OLGZ 1991, 235; OLG Oldenburg FamRZ 1994, 1423) folgen der Rechtsprechung des Bundesgerichtshofes und führen dessen Linie in Einzelfragen zu Fallgruppen des lebzeitigen Eigeninteresses und zur Darlegungs- und Beweislast weiter: Ein lebzeitiges Eigeninteresse soll sich auch dann nicht aus der bloßen personalen Verbundenheit zwischen Erblasser und Beschenktem ergeben, wenn nur ein unter ein Fünftel liegender Bruchteil des Vermögens verschenkt wurde (OLG Köln NJW-RR 1992, 200). Wenn die Altersbetreuung bereits absprachegemäß durch mehrere Kinder sichergestellt ist, fehle es an einem anerkennenswerten objektiven Interesse, ein Hausgrundstück zur Sicherung einem Kind schenkweise zu überlassen (OLG Oldenburg FamRZ 1994, 1423); eher großzügig das OLG Köln ZErb 2014, 196, 199, wenn „sich die Erblasserin persönliche Zuwendung“ und die Erfüllung ihrer „Lebensbedürfnisse“ erwartet, sowie LG Düsseldorf ZErb 2017, 143, wenn der Erblasser ein Kind an sich binden und dessen Wegzug verhindern will, wobei die Beeinträchtigungsabsicht durch das hohe Lebensalter des erbvertraglich Bedachten gemindert ist. 42

Leider hat sich der **Gesichtspunkt des „lebzeitigen Eigeninteresses“** teilweise **verselbständigt** und ist so geeignet, ohne Einbeziehung des Verstoßes gegen die erbvertragliche Bindung in die Überlegungen wohlwollend zugebilligt zu werden. Eigentliche Schranke ist aber nicht das lebzeitige Eigeninteresse des Erblassers (das bei genügend wohlwollender Betrachtung gefunden werden kann), sondern die durch **umfassende Abwägung aller Umstände** zu treffende Feststellung, dass der Erblasser seine lebzeitige Verfügungsbefugnis nicht missbraucht hat (BGH FamRZ 2016, 2004 [2006]; BeckOGK/MÜLLER-ENGELS [1. 4. 2022] Rn 57 ff) und – s Rn 48 – der Missbrauch durch rechtfertigende Gesichtspunkte nicht für den gesamten Gegenstand der Schenkung ausgeschlossen sein muss, sondern auch nur einen Teil der Schenkung rechtfertigen kann (BGH 26. 10. 2011, DNotZ 2012, 301 = ZEV 2012, 37 = FamRZ 2012, 28 m Anm LÖHNIG S 118). 43

d) Weitere Rechtfertigungsgründe

44 Eine Schenkung trotz erbvertraglicher Bindung kann auch durch **andere Gesichtspunkte** als das lebzeitige Eigeninteresse des Erblassers **gerechtfertigt**, der Missbrauch der lebzeitigen Verfügungsbefugnis trotz erbvertraglicher Bindung durch andere Gesichtspunkte ausgeschlossen werden. Der Entwurf I hatte **Pflicht- und Anstandsschenkungen** ausdrücklich vom Anspruch des Vertragserben ausgenommen, der Gesetzgeber des BGB hielt das für unnötig, weil Schenkungen „durch die einer sittlichen Pflicht oder einer auf den Anstand zu nehmenden Rücksicht entsprochen wird" (§ 534 BGB) nicht missbräuchlich sind (s Prot V 394 = Horn Rn 21).

45 Gleiches gilt für Schenkungen **zu idealen Zwecken** („Dresdner Frauenkirche"), soweit sie in einem angemessenen Verhältnis zum Vermögen des Erblassers stehen, mit der gleichen Einschränkung für belohnende Schenkungen und Schenkungen, um Dank abzustatten (zusätzlich mit der Einschränkung, dass sie in einem angemessenen Verhältnis zum Anlass stehen), soweit sie nicht schon durch ein lebzeitiges Eigeninteresse des Schenkers gerechtfertigt sind.

46 Ähnliches gilt bei Schenkungen **aus familiären oder anderen persönlichen Rücksichten**, bei deren Angemessenheit allerdings strengere Maßstäbe anzulegen sind, weil die Schwelle zur missbräuchlichen Korrektur der erbvertraglichen Zuwendung niedriger liegt. Angesichts der Vermögensverhältnisse des Erblassers kann ein wertvolles Hochzeitsgeschenk an die künftige Ehefrau gerechtfertigt sein (s OLG Düsseldorf ZEV 2017, 328 = FamRZ 2017, 2073).

47 In jedem Fall ist eine Schenkung nicht missbräuchlich, die dem **Interesse des Vertragserben** dient (s BGH DNotZ 1987, 115). Zu den Fällen der Zustimmung und des Verzichts s Rn 88 ff.

48 Möglich ist, dass das lebzeitige Eigeninteresse oder andere Gesichtspunkte die Schenkung nur zum Teil rechtfertigen können, nicht die Schenkung insgesamt, aber ihr **Übermaß als Missbrauch** der lebzeitigen Verfügungsbefugnis des Erblassers erscheint (BGH 26. 10. 2011, DNotZ 2012, 301 = ZEV 2012, 37 = FamRZ 2012, 28 m Anm Löhnig S 118). Nach den Grundsätzen über die gemischte Schenkung ist dann der gesamte geschenkte Gegenstand gegen Wertersatz des Teils, dessen Schenkung nicht missbräuchlich gewesen wäre, herauszugeben, wenn der missbräuchliche Teil überwiegt, sonst Wertersatz für den missbräuchlichen Teil der Schenkung zu leisten (BGH 26. 10. 2011, BGHZ 77, 264, 266, 271 f).

e) Gesamtabwägung

49 Ob und wie ein Anspruch wegen einer missbräuchlichen Schenkung besteht, hängt von einer **Gesamtwürdigung aller Umstände** ab, dem Wert der Schenkung und dem Vermögen des Erblassers, eine relativ geringfügige Schenkung wird nicht als missbräuchlich erscheinen; Gleiches gilt für eine Schenkung aus den laufenden Vermögenserträgen (die auch bei Anordnung der Nacherbfolge dem Vorerben zur freien Verfügung zustünden, J Mayer/Röhl, in: Reimann/Bengel/Dietz[7] Rn 95). Spannungen zwischen Erblasser und Vertragserben oder Verfehlungen des Vertragserben rechtfertigen eine Korrektur durch Rechtsgeschäft unter Lebenden nur, wenn der Erblasser anfechten oder zurücktreten könnte und deshalb die Erberwartung des Vertragserben nicht mehr berechtigt ist (BeckOGK/Müller-Engels [1. 4. 2022] Rn 57 ff).

4. Beweislast

50 Nach den allgemeinen Grundsätzen trifft die Darlegungs- und Beweislast für alle Voraussetzungen des Anspruchs nach § 2287 BGB den Vertragserben (BGHZ 66, 8 = NJW 1976, 749; BGH NJW 1986, 1677; BGH NJW 1982, 43 [45]; BGH NJW 2017, 329 [331]; vgl dazu auch OLG München NJW-RR 1987, 1484; OLG Köln NJW-RR 1992, 200 = FamRZ 1992, 607; OLG Köln ZErb 2003, 21). Das gilt auch und insbesondere dafür, dass es sich um eine Schenkung unter Missbrauch der lebzeitigen Verfügungsbefugnis gehandelt hat, für die Fallgruppe: dass der Erblasser kein gerechtfertigtes lebzeitiges Eigeninteresse hatte. Soweit – wie regelmäßig – die Umstände, die die Verfügung als gerechtfertigt erscheinen lassen, aus dem Bereich zwischen Erblasser und Beschenktem herrühren, trifft die sekundäre Darlegungslast – etwa für das lebzeitige Eigeninteresse des Erblassers – den Beschenkten (BGH NJW 1986, 1755; BGH 28. 9. 2016, NJW 2017, 329 [331] = LMK 2017, 385366 m zust Anm Kanzleiter; OLG Köln ZErb 2003, 21). Unterlässt der Beschenkte die Darlegung, ist davon auszugehen, dass kein lebzeitiges Eigeninteresse vorgelegen hat (Schmitz ErbR 2016, 624 [625]). Erst wenn der Beschenkte die Umstände, die die Missbräuchlichkeit ausschließen, schlüssig darlegt, trifft dann die Beweislast für deren Widerlegung aufgrund der Grundregel den Vertragserben (BGH NJW 2017, 329 [331] = LMK 2017, 385366 m zust Anm Kanzleiter).

51 Besteht ein grobes Missverhältnis zwischen Leistung und Gegenleistung, besteht eine tatsächliche Vermutung für die Unentgeltlichkeit (BGH NJW 1972, 1709 [1710]; NK-BGB/Horn[6] Rn 81).

IV. Anfall der Erbschaft

52 Der Anspruch entsteht, wenn die Erbschaft dem Vertragserben anfällt, also grundsätzlich mit dem Tode des Erblassers (§§ 1922, 1942 BGB). Schlägt der Vertragserbe die Erbschaft aus, so gilt der Anfall an ihn als nicht erfolgt (§ 1953 BGB); daher gilt auch der Anspruch nach § 2287 BGB als nicht entstanden (BGB-RGRK/Kregel Rn 8; jurisPK/Geiger[9] Rn 63; Erman/S Kappler/T Kappler[16] Rn 6; NK-BGB/Horn[6] Rn 57). Daraus folgt freilich nicht, dass etwa zur Entstehung des Anspruchs auch die Annahme der Erbschaft erforderlich wäre (Planck/Greiff Anm 3). Der Anspruch steht dem Vertragserben auch dann nicht zu, wenn er die Erbschaft wegen vermeintlicher Überschuldung des Nachlasses ausgeschlagen hat (Planck/Greiff Anm 3; **aA** Strohal § 45 N 43). Für diesen Fall eine Ausnahme aufzustellen, besteht umso weniger Anlass, als der Irrtum über die Überschuldung des Nachlasses einen Grund zur Anfechtung der Ausschlagung wegen Irrtums bilden kann (vgl Staudinger/Otte [2019] § 1954 Rn 15).

53 Vor dem Erbfall besteht der Anspruch nicht, auch nicht als bedingter. Er kann daher zu Lebzeiten des Erblassers nicht durch Arrest, einstweilige Verfügung oder Vormerkung im Grundbuch gesichert werden (s § 2286 Rn 22; BayObLGZ 1952, 289, 290; OLG Koblenz MDR 1987, 935, 936; Werneburg 243; vgl auch Kohler NJW 1964, 1398; **aA** Hohmann ZEV 1994, 133, 136 mwNw; Strohal § 45 N 38; Kuchinke, in: FS Henckel [1995] 475, 489 f mwNw; J Mayer/Röhl, in: Reimann/Bengel/Dietz[7] Rn 126). Die Vormerkbarkeit scheitert unabhängig von allgemeinen Erwägungen zur Vormerkbarkeit künftiger Ansprüche am besonderen Charakter des Anspruchs nach § 2287 BGB als Anspruch nach dem Erbfall.

54 Der Anspruch kann vor dem Erbfall auch nicht Gegenstand einer **Feststellungsklage** sein (wie hier ERMAN/S KAPPLER/T KAPPER[16] Rn 6; vgl auch Einl 18 zu §§ 2274 ff; § 2281 Rn 54 und § 2269 Rn 23 ff; **aA** OLG Koblenz MDR 1987, 935; J MAYER/RÖHL, in: REIMANN/BENGEL/DIETZ[7] Rn 126 ff; GRÜNEBERG/WEIDLICH Rn 17; ZÖLLER/STEPHAN Rn 3 zu § 256 ZPO; HOHMANN ZEV 1994, 133, 136; KUCHINKE, in: FS Henckel [1995] 475, 485; nur ausnahmsweise: OLG München FamRZ 1996, 253). Die Argumente für die Zulassung der Feststellungsklage (vgl HOHMANN ZEV 1994, 133, 136; KUCHINKE, in: FS Henckel [1995] 475, 488 f) müssen gegenüber dem Gesichtspunkt zurücktreten, dass der Erblasser zu seinen Lebzeiten nicht (auch nicht als Zeuge) in einen Rechtsstreit über seine Beerbung hineingezogen werden darf (vgl allgemein LANGE NJW 1963, 1571; außerdem OLG München NJW-RR 1996, 338 = FamRZ 1996, 253). Gegen die Genehmigung eines Übergabevertrages über ein landwirtschaftliches Anwesen hat ein Dritter, der durch Erbvertrag zum Alleinerben des Übergebers eingesetzt ist, kein Beschwerderecht (BGH LM Nr 1 zu § 2287 BGB; nach Auffassung des BGH gilt dies aber nur für ein Anwesen, das nicht der HöfeO unterliegt, s § 2286 Rn 15).

V. Gläubiger des Anspruchs

1. Persönlicher Anspruch des Vertragserben

a) Allgemeines

55 Der Anspruch nach § 2287 BGB steht dem Vertragserben persönlich zu, und zwar frühestens vom Erbfall an. Da er also von vornherein in der Person des Erben entsteht, **gehört er nicht zum Nachlass** (RGZ 77, 5; BGHZ 78, 1, 3 = NJW 1980, 2461; BGHZ 88, 269, 271; BGH NJW 1989, 2389, 2391; BGH FamRZ 2021, 983 = ErbR 2021, 678 [679]; kritisch SPELLENBERG NJW 1986, 2531, 2540).

56 Da der Anspruch nach § 2287 BGB nicht zum Nachlass gehört, erstreckt sich die Übertragung des Anteils eines Miterben am Nachlass (§ 2033 BGB) nicht auf ihn. Doch wird im Zweifel anzunehmen sein, dass der Anspruch als Ausfluss des Erbrechts mit übertragen sein soll (vgl § 2374 BGB; STROHAL § 45 bei N 42). Über die Berechtigung der Miterben s Rn 66.

b) Testamentsvollstreckung

57 Der Anspruch aus § 2287 BGB entsteht originär in der Person des Erben (J MAYER/RÖHL, in: REIMANN/BENGEL/DIETZ[7] Rn 104) und kann daher nicht vom **Testamentsvollstrecker** geltend gemacht werden, weder durch Klage noch durch Einrede (RGZ 77, 5; RG JW 1912, 142; 1915, 1015; MünchKomm/MUSIELAK[9] Rn 21; BeckOGK/MÜLLER-ENGELS [1. 4. 2022] Rn 85). MUSCHELER (FamRZ 1994, 1361) ist aber zuzustimmen, dass einzelne Rechtsfolgen aus dieser Einordnung unbefriedigend scheinen, stellt sich doch der Erbe bei angeordneter Verwaltungsvollstreckung (§ 2209 BGB) nach erfolgreicher Geltendmachung des Anspruchs aus § 2287 BGB besser, als wenn der Erblasser den Gegenstand nie veräußert hätte.

58 Dieser unbefriedigenden Konsequenz entgeht man am besten durch die Zubilligung eines Anspruchs an den Testamentsvollstrecker, die Abtretung des Anspruchs nach § 2287 BGB an den Nachlass für den Fall zu verlangen, dass ihn der Erbe geltend macht (worüber er selbst zu entscheiden hat; etwas anders MUSCHELER FamRZ 1994, 1361 [1368 f], ihm folgend J MAYER/RÖHL, in: REIMANN/BENGEL/DIETZ[7] Rn 104: Wenn der Erbe den Anspruch aus § 2287 erfolgreich geltend gemacht hat, soll der Gegenstand der Testamentsvollstreckung unterliegen; im Ergebnis zustimmend, ohne sich auf eine Konstruktion festzulegen, BeckOGK/Müller-Engels [1. 4. 2022] Rn 87).

c) Pflichtteilsansprüche

Auf **Pflichtteilsansprüche** wirkt sich der Anspruch nach § 2287 BGB nicht aus: für sie gelten allein die Vorschriften über die Pflichtteilsergänzung (Muscheler 1365 ff, s dort auch zu weiteren Einzelfragen, etwa: Führt die Pflichtteilsergänzung zu einem wirtschaftlich günstigeren Ergebnis als der Pflichtteilsanspruch bei Nachlasszugehörigkeit des verschenkten Gegenstandes, gebührt dieser Vorteil dem Beschenkten). 59

d) Vor- und Nacherbschaft

Sind Vor- und Nacherben beiderseits als Vertragserben eingesetzt, gilt: Der Anspruch aus § 2287 BGB entsteht in der Person des **Vorerben** (jurisPK/Geiger[9] Rn 64). Wenn die Erbschaft sodann dem **Nacherben** anfällt (§ 2139 BGB) und der Anspruch aus § 2287 BGB noch nicht erfüllt ist, dürfte er in der Person des Nacherben neu entstehen (jurisPK/Geiger[9] Rn 64; von der Konstruktion unklar Staudinger/Kanzleiter [2019] Rn 22; s auch RG WarnR 1938 Nr 144 = JW 1938, 2353), denn einen Rechtsübergang sieht das Gesetz nicht vor. Einen Anspruch, dass der vom Vorerben zurückgeholte Gegenstand als Bestandteil des der Nacherbfolge unterliegenden Nachlasses behandelt wird, hat der Nacherbe (wiederum etwas anders Muscheler 1369 ff); die Anspruchsgrundlage hierfür dürfte in § 816 Abs 2 BGB zu finden sein (jurisPK/Geiger[9] Rn 64). Problematisch ist in diesem Zusammenhang die **Verjährung** des Anspruchs gegen den Beschenkten. Zutreffend dürfte für den Anspruch des Nacherben eine gesonderte Verjährung zu laufen beginnen (iE ebenso J Mayer/Röhl, in: Reimann/Bengel/Dietz[7] Rn 105; **aA** NK-BGB/Horn[6] Rn 61). 60

Ist nur der Vorerbe vertragsmäßig eingesetzt und setzt dieser den Anspruch aus § 2287 BGB durch, dürfte der Vorerbe den Gegenstand nicht als unbeschränktes Eigenvermögen erhalten, da er ansonsten von der vertragswidrigen Schenkung stärker profitieren würde, als hätte die Schenkung nie stattgefunden (Staudinger/Kanzleiter [2019] Rn 22; NK-BGB/Horn[6] Rn 62; **aA** Muscheler FamRZ 1994, 1361 [1368 f]; BeckOGK/Müller-Engels [1. 4. 2022] Rn 90). 61

Ist nur der Nacherbe vertragsmäßig berufen, steht auch nur diesem der Anspruch aus § 2287 BGB zu, und auch erst ab Eintritt des Nacherbfalls (näher NK-BGB/Horn[6] Rn 63; Muscheler FamRZ 1994, 1361 [1370]). 62

Ist der Nacherbe zugleich Vertragserbe des Vorerben, so ist er gegen unentgeltliche Verfügungen des Vorerben über Gegenstände, die zur Erbschaft des erstverstorbenen Erblassers gehören, und gegen Verpflichtungen zu solchen Verfügungen durch § 2113 Abs 2 BGB, gegen unentgeltliche Verfügungen des Vorerben über sein eigenes sonstiges Vermögen und gegen entsprechende Verpflichtungen durch § 2287 BGB geschützt (RG LZ 1919, 1187; WarnR 1926 Nr 188; OLG Celle MDR 1948, 142 m Anm Kleinrahm; NK-BGB/Horn[6] Rn 64). 63

2. Kein Anspruch des Vertragsgegners; Rechte der Nachlassgläubiger

Der **Vertragsgegner** des Erblassers als solcher, also der bloß annehmende Teil, hat weder den Anspruch nach § 2287 BGB noch kann er sonst aus der Schenkung 64

Rechte herleiten. Nur in ganz besonderen Fällen wird er aufgrund von § 138 BGB oder § 826 BGB wegen der Schenkung gegen den Erblasser vorgehen können.

65 Die **Nachlassgläubiger** können den Anspruch des Vertragserben nach § 2287 BGB nicht als Bestandteil des Nachlasses behandeln, sie können also auf ihn oder auf das, was der Vertragserbe aufgrund des Anspruchs erlangt, nur dann zugreifen, wenn er ihnen persönlich haftet (Planck/Greiff Anm 3). Im Übrigen bleibt ihnen nur das Recht, die Eröffnung des Nachlassinsolvenzverfahrens und so uU die Anfechtung der Schenkung durch den Insolvenzverwalter herbeizuführen oder selbst außerhalb des Insolvenzverfahrens anzufechten.

3. Mehrere Vertragserben

66 Mehreren Vertragserben steht der Anspruch nach § 2287 BGB, der nicht zum Nachlass gehört, nicht nach §§ 2032 ff BGB zur gesamten Hand, sondern, sofern die Herausgabe des Geschenkes eine teilbare Leistung darstellt, nach §§ 420, 741 ff BGB nach Bruchteilen zu, und zwar jedem zu dem seinem Erbteil entsprechenden Bruchteil (BGH FamRZ 1961, 76, 78; NJW 1980, 2462; NJW 1989, 2389, 2391; FamRZ 2021, 983 = ErbR 2021, 678 [679]; OLG Hamm, NJW-RR 2018, 454; RGZ 77, 7; RG JW 1912, 142; RG WarnR 1926 Nr 188; MünchKomm/Musielak[9] Rn 21; Erman/S Kappler/T Kappler[16] Rn 8; BeckOGK/Müller-Engels [1. 4. 2022] Rn 84; Planck/Greiff Anm 7). § 2039 BGB ist hier nicht anwendbar (Strohal § 45 N 46). Wenn die **Leistung unteilbar** ist, sind die mehreren Vertragserben Mitgläubiger nach § 432 BGB. Ist der Vertragserbe nur auf einen Bruchteil der Erbschaft eingesetzt, während im Übrigen die Erbfolge durch Gesetz oder Testament bestimmt ist, so beschränkt sich der Anspruch des Vertragserben auf einen seinem Erbteil entsprechenden Teil des Geschenks (so ausdrücklich E I § 2153 Abs 1 S 2 BGB; vgl Prot VI 351).

67 Von den Miterben kann der Vertragserbe im Allgemeinen wegen der Schenkung keinen Ausgleich oder Ersatz verlangen (Planck/Greiff Anm 7; Leonhard III B; Schiffner 129; **aA** Strohal § 45 bei N 47; vgl Prot V 394 = Horn Rn 22; VI 351 = Horn Rn 32 ff). Eine Ausnahme wäre höchstens dann denkbar, wenn der Vertragserbe einen Anspruch nach § 826 BGB gegen den Erblasser erlangt hätte und diesen gegen die Miterben geltend machen könnte (**aA** Planck/Greiff Anm 7).

VI. Schuldner des Anspruchs

68 Schuldner des Anspruchs ist der **Beschenkte**, nicht etwa der Erblasser oder etwaige Miterben (Rn 67). Ist der Erbe in seinen berechtigten Erberwartungen durch mehrere Vermögensverschiebungen zusammen beeinträchtigt, gilt unter Heranziehung des Rechtsgedankens der §§ 2329 Abs 3, 528 Abs 2 BGB der Grundsatz der Posteriorität (BGHZ 116, 167, 177 = NJW 1992, 564; BGH NJW-RR 1996, 133, 134 = ZEV 1996, 25, 26; NK-BGB/Horn[6] Rn 65; zu § 528s BGH NJW 1991, 1824; zu § 2339 Abs 3 s BGHZ 85, 274, 283 f).

VII. Inhalt des Anspruchs

1. Herausgabe nach Bereicherungsgrundsätzen

Wenn die oben (Rn 5 bis Rn 68) beschriebenen Voraussetzungen vorliegen, kann der Vertragserbe von dem Beschenkten die **Herausgabe des Geschenkes** verlangen, und zwar nach den Vorschriften über die Herausgabe einer **ungerechtfertigten Bereicherung**. Diese Vorschriften sind aber nur für den Umfang des Anspruchs maßgebend, nicht für seine Voraussetzungen, die in § 2287 BGB selbstständig geregelt sind, **Rechtsfolgenverweisung** (allgM, statt aller J Mayer/Röhl, in: Reimann/Bengel/Dietz[7] Rn 114). In Betracht kommen die Vorschriften der §§ 818–821 BGB. 69

Die Verpflichtung zur Herausgabe ist also im Allgemeinen ausgeschlossen, soweit der Empfänger nicht mehr bereichert ist (§ 818 Abs 3 BGB). Über die Haftung für Nutzungen sowie auf Wert- und Schadensersatz s § 818 Abs 1, 2, 4, §§ 819, 820 BGB (zur steuerlichen Behandlung der Zahlung von Wertersatz s BFH FamRZ 2021, 2000). Nach § 819 BGB haftet der Beschenkte in verschärftem Maße, sobald er von den Tatsachen Kenntnis erhält, die seine Pflicht zur Herausgabe begründen (MünchKomm/Musielak[9] Rn 22 f; BeckOK/Litzenburger [1. 5. 2022] Rn 26). Liegt dieser Zeitpunkt vor dem Erbfall, so wirkt § 819 BGB auf ihn zurück (Strohal § 45 N 40; Planck/Greiff Anm 4). 70

Obwohl **§ 822 BGB** nicht bloß den Umfang des Bereicherungsanspruchs betrifft, sondern einen besonderen Anspruch begründet, sprechen die überwiegenden Gesichtspunkte (entgegen der zuletzt in der Bearb 2014 vertretenen Auffassung) für seine entsprechende Anwendung (BGHZ 199, 123 = DNotZ 2014, 371 = ZEV 2014, 98; BeckOK/Litzenburger [1. 5. 2022] Rn 25; J Mayer/Röhl, in: Reimann/Bengel/Dietz[7] Rn 118; MünchKomm/Musielak[9] Rn 23). 71

Überträgt der Erblasser im Wege der vorweggenommenen Erbfolge auf einen Vertragserben Vermögensgegenstände, die er ihm in zulässiger Weise durch Teilungsanordnung von Todes wegen (mit Ausgleichsanordnung) hätte zuwenden dürfen (s oben Rn 26), so geht der Anspruch eines anderen Vertragserben nicht auf Herausgabe des Gegenstandes, sondern auf Wertersatz in Geld (BGH NJW 1982, 43 = MDR 1982, 124). 72

Der Anspruch ist der Höhe nach durch die Beeinträchtigung beschränkt, die der Schlusserbe erlitten hat (auch wenn der Erblasser eine darüber hinausgehende Benachteiligung beabsichtigt hatte, BGH FamRZ 1989, 175 m Anm Musielak = NJW-RR 1989, 259 = WM 1988, 1759); deshalb ist ein Ausgleich zugunsten des Erben (etwa nach §§ 2052, 2050 Abs 3 BGB) zu berücksichtigen (BGH FamRZ 1989, 175). Da § 2287 BGB den Erben nur in seiner berechtigten Erberwartung schützt (vgl Rn 26), ist der Anspruch gegen den pflichtteilsberechtigten Beschenkten auf das beschränkt, was über den Pflichtteil hinausgeht (BGH NJW 1984, 121 = JuS 1984, 147 m zust Anm Hohloch = FamRZ 1983, 1219 = JZ 1984, 102 = WM 1983, 1289; inhaltlich gelten für den Anspruch die Grundsätze wie bei einer gemischten Schenkung, s Rn 78 ff). 73

2. Nicht erfülltes Schenkungsversprechen

74 Wenn der Erblasser nach Abschluss des Erbvertrages in der Absicht, den Vertragserben zu beeinträchtigen, einem Dritten ein **Schenkungsversprechen** gemacht, dieses aber bis zum Erbfall nicht erfüllt hat, so kann der Vertragserbe von dem Empfänger die Rückgabe des Versprechens, also die Befreiung von der Verbindlichkeit, verlangen (NK-BGB/Horn[6] Rn 72). Er kann aber auch die Erfüllung des Versprechens verweigern, und zwar selbst dann, wenn der Anspruch auf Befreiung nach § 2287 BGB verjährt ist. Entwurf I hatte dies ausdrücklich ausgesprochen (Mot V 330 = Horn Rn 6). Die II. Kommission hat eine besondere Bestimmung für überflüssig gehalten, weil der angeführte Satz sich aus § 821 BGB ergebe (Prot V 394 = Horn Rn 29; VI 351 = Horn 35). Dieser Ansicht ist beizutreten (Planck/Greiff Anm 6; Schiffner 130; Kleinrahm MDR 1948, 142).

3. Auskunftsanspruch

75 Der Vertragserbe hat in der Regel weder nach § 2287 BGB noch nach §§ 2027, 2028 BGB einen Anspruch gegen den Beschenkten auf **Erteilung von Auskunft** über das Geschenk oder seinen Verbleib. § 2287 BGB bietet für einen solchen Anspruch keine Grundlage (restriktiv zu einem Wertermittlungsanspruch gegen den Beschenkten OLG Düsseldorf ZEV 2012, 156 = FamRZ 2013, 158; restriktiv auch zum Auskunftsanspruch gegen die Bank – den vererbten Auskunftsanspruch können nur alle Miterben gemeinsam geltend machen – Sarres/Afraz ZEV 1995, 433). Die §§ 2027, 2028 BGB sind nicht anwendbar, weil ein Gegenstand, den der Erblasser zu Lebzeiten verschenkt, also einem Dritten übereignet hat, nicht zu seinem Nachlass gehört (BGHZ 18, 67 = NJW 1955, 1354; BGB-RGRK/Kregel Rn 10).

76 Dem Vertragserben steht aber dann nach **§ 242 BGB** ein Auskunftsanspruch gegen den vermeintlich Beschenkten zu, wenn er den Hauptanspruch schlüssig darlegt und in substantiierter Weise Tatsachen vorträgt und beweist, die greifbare Anhaltspunkte für eine sein Erbrecht beeinträchtigende Schenkung ergeben (BGHZ 97, 188, 193 = NJW 1986, 1755 = JZ 1986, 250 m Anm Kuchinke = DNotZ 1986, 547; BeckOGK/Müller-Engels [1. 4. 2022] Rn 126; für einen Auskunftsanspruch in Gesamtanalogie zu §§ 2028, 2314 BGB schon bei begründetem Verdacht von Schenkungen Stürner, Die Aufklärungspflichten der Parteien im Zivilprozess [1976] 319 f; für Anspruch in Analogie zu § 2028 Winkler von Mohrenfels NJW 1987, 2257, 2258 und Loritz [Diss Berlin 1992] 161).

77 Gewährt man dem Vertragserben einen Auskunftsanspruch, dürfte ihm in der Konsequenz auch ein Anspruch auf Angabe aller Daten zuzugestehen sein, die er braucht, um selbstständig und auf eigene Kosten eine **Wertermittlung** vorzunehmen (einleuchtend Spanke ZEV 2012, 158; Erman/S Kappler/T Kappler[16] Rn 9 und jurisPK/Geiger[9] Rn 113 mwN), denn ansonsten wäre der Vertragserbe bei der Klageerhebung jedenfalls dann stark beeinträchtigt, wenn er aus § 818 Abs 2 BGB einen Wertersatzanspruch hat, weil die Herausgabe in Natur nicht (mehr) möglich ist. Eines weitergehenden Wertermittlungsanspruchs (so aber Soergel/Zecca-Jobst[14] Rn 26; BeckOK/Litzenburger [1. 5. 2022] Rn 30) bedarf der Vertragserbe allerdings nicht (generell Wertermittlung ablehnend BeckOGK/Müller-Engels [1. 4. 2022] Rn 127; sehr kritisch auch, aber ohne Entscheidung, OLG Düsseldorf ZEV 2012, 156 m abl Anm Spanke).

4. Gemischte Schenkung

78 Bei einer **gemischten Schenkung** geht der Anspruch nach § 2287 BGB nur dann auf Herausgabe des geschenkten Gegenstandes (gegen Erstattung der Gegenleistung), wenn der unentgeltliche Charakter des Geschäftes überwiegt (BGH LM Nr 2 zu § 2287 BGB = NJW 1953, 501; FamRZ 1961, 76, 78; 1964, 429, 430; BGHZ 77, 264, 272 = NJW 1980, 2307; FamRZ 2012, 28 [29 f] = ZEV 2012, 37 [39]; NK-BGB/Horn[6] Rn 69b; jurisPK/Geiger[9] Rn 98; ebenso für den Anspruch nach § 531 Abs 2 BGHZ 30, 120 = NJW 1959, 1363; **aA** OGHZ 1, 258; 2, 160: es komme darauf an, ob der geschenkte Gegenstand dem Beschenkten ohne die teilweise Schenkung überhaupt nicht zugefallen wäre). Für die Frage, ob der unentgeltliche Charakter überwiegt, gibt ein Vergleich des Wertes des überlassenen Gegenstandes mit dem Wert der Gegenleistung einen Anhaltspunkt (BGH NJW 1959, 1363). Zum objektiven Missverhältnis zwischen Leistung und Gegenleistung muss noch der Wille der Vertragsteile auf Unentgeltlichkeit in entsprechendem Umfang hinzukommen (BGH FamRZ 1961, 76, 78; dass dieser Wille bei grobem Missverhältnis zu vermuten ist, s unter Rn 20, 51). Wie bei jedem Fall des § 2287 BGB muss auch bei der gemischten Schenkung zwischen Schenkung und Beeinträchtigungsabsicht unterschieden werden (BGH FamRZ 2016, 2004 = NJW 2017, 329).

79 Wenn nicht festgestellt werden kann, dass das Geschäft überwiegend unentgeltlich war, so kann der Vertragserbe von dem Erwerber nur die Auszahlung des Unterschiedes zwischen dem Wert des vom Erblasser Hingegebenen und dem Wert der Gegenleistungen des Erwerbers (in Geld) verlangen (BGH LM Nr 2 zu § 2287 BGB = NJW 1953, 501; OLG Karlsruhe ErbR 2016, 643 [646] m Anm Görtz; RGZ 148, 236).

80 Bei der Beurteilung, ob es sich um eine gemischte Schenkung (mit Überwiegen des entgeltlichen oder unentgeltlichen Teils) handelt, kommt es nur auf die Umstände zum Zeitpunkt der Schenkung an, der spätere Verlauf bis zum Zeitpunkt des Todes des Erblassers hat keinen Einfluss mehr (BGH FamRZ 1964, 429, 431), falls es sich nicht zusammen mit der Schenkung selbst um einen einheitlichen Vorgang handelt. (Es ändert nichts mehr, wenn der Erblasser vor seinem Tode den Anspruch auf die Gegenleistung erlässt oder zurückzahlt; hierin liegt vielmehr eine erneute Schenkung, die wiederum einen Anspruch nach § 2287 BGB auslösen kann.).

81 Leistung und Gegenleistung werden auf den Zeitpunkt der Schenkung unter Berücksichtigung der Inflationsentwicklung **bewertet** (BGH FamRZ 2016, 2004 [2006] m Anm Müller FamRZ 2016, 2100 = NJW 2017, 329 [331] m Anm Keim; NK-BGB/Horn[6] Rn 69). Vorbehaltene Rechte wie ein Nießbrauchsrecht oder ein Rückforderungsrecht sowie vereinbarte Gegenleistungen wie etwa eine Pflegeverpflichtung werden bei der Bewertung von Leistung und Gegenleistung berücksichtigt (BGH FamRZ 2016, 2004 m Anm Müller FamRZ 2016, 2100 = NJW 2017, 329 m Anm Keim; NK-BGB/Horn[6] Rn 69).

82 Die gleichen Grundsätze gelten bei Schenkungen an einen Pflichtteilsberechtigten (BGHZ 77, 264, 272 = NJW 1980, 2307; BGH NJW 1984, 121, 122 = JuS 1984, 147 m zust Anm Hohloch = FamRZ 1983, 1219 = JZ 1984, 102 = WM 1983, 1289; vgl Rn 64).

VIII. Verjährung

83 § 2287 unterliegt der regelmäßigen Verjährung des § 195 BGB; die Frist beträgt also drei Jahre (Erman/S Kappler/T Kappler[16] Rn 12). Das gilt auch, wenn es sich bei dem Gegenstand um ein Grundstück handelt; § 196 greift nicht (Schindler/Walter ZEV 2017, 7; Erman/S Kappler/T Kappler[16] Rn 12; Jauernig/Stürner[10] Rn 10).

84 Die Verjährungsfrist beginnt nach dem BGB mit dem Erbfall der Erbschaft (§§ 1922, 1942 BGB; redaktionelle, nicht inhaltliche Änderung 2010, s jurisPK/Geiger[9] Rn 123). Auf den Zeitpunkt der Schenkung kommt es nicht an (anders § 2325 Abs 2 BGB). Es ist auch gleichgültig, wann der Vertragserbe von der Schenkung Kenntnis erlangt (Erman/S Kappler/T Kappler[16] Rn 12).

85 Die **kurze Verjährungsfrist** des § 2287 Abs 2 BGB wurde in Anlehnung an § 852 BGB aF gewählt, weil es ratsam sei, die Frage der „Anfechtung" der Schenkung in möglichst kurzer Zeit zur Entscheidung zu bringen (Prot V 394 = Horn Rn 27). Der Gesetzgeber glaubte, auf vereinzelte Fälle, in denen der Vertragserbe zu spät Kenntnis erlangt, keine Rücksicht nehmen zu können (Prot V 394 = Horn Rn 27).

86 Über die Hemmung der Verjährung s §§ 203–210 BGB, über die Berechnung der Verjährungsfrist §§ 187, 188 BGB.

IX. Ausschluss, Verzicht

1. Vorbehalt von Schenkungen

87 Da sich der Erblasser im Erbvertrag den Rücktritt vorbehalten kann (§ 2293 BGB), kann er sich als das Minus auch das **Recht vorbehalten**, nach Belieben **Schenkungen zu machen** (BGB-RGRK/Kregel Rn 2; J Mayer/Röhl, in: Reimann/Bengel/Dietz[7] Rn 134; Münch Komm/Musielak[8] Rn 24; **aA** Kipp/Coing § 38 IV 2 c). Tut er das, so ist seine Bindung an eine erbvertragsmäßige Erbeinsetzung von vornherein abgeschwächt, die Rechtsstellung des Vertragserben von Anfang an entsprechend beschränkt; eine Schenkung des Erblassers an einen Dritten erzeugt dann keinen Anspruch nach § 2287 BGB.

2. Einverständnis von Vertragserbe oder Erbvertragspartner

88 Die Beteiligten können im Erbvertrag vereinbaren, dass Ansprüche des Vertragserben nach § 2287 BGB ausgeschlossen sein sollen (OLG Köln ZEV 2003, 76 [77]; wohl auch OLG München ZEV 2005, 61 [62]; Strohal § 45 N 36, 48; BeckOK/Litzenburger [1. 5. 2022] Rn 22; J Mayer/Röhl, in: Reimann/Bengel/Dietz[7] Rn 133; BGB-RGRK/Kregel Rn 2; **aA** Planck/Greiff Anm 8; Kipp/Coing § 38 Fn 26; das OLG Frankfurt ZEV 2009, 393m zust Anm von Kummer entnimmt den Ausschluss durch Auslegung der dem Erbvertrag beigefügten gegenseitigen Generalvollmachten). Ein solcher Ausschluss ist nicht sittenwidrig, weil es sich nur um einen Ausfluss der Vertragsfreiheit handelt (MünchKomm/Musielak[9] Rn 26; **aA** Kipp/Coing § 38 IV 2 b).

89 Der Anspruch nach § 2287 BGB ist aber nicht schon dann ausgeschlossen, wenn der Vertragserbe auf den „Überrest" eingesetzt ist (vgl §§ 2137, 2113 Abs 2 BGB; RG LZ 1919, 1187; WarnR 1926 Nr 188; NK-BGB/Horn[6] Rn 78; **aA** OLG Frankfurt 17. 12. 2021 – 10 U 225/

19, juris; ERMAN/S KAPPLER/T KAPPLER[16] Rn 10) oder wenn sich der Erblasser in dem Erbvertrag den Rücktritt vorbehalten hat, denn solange der Rücktritt nicht erklärt ist, ist der Vorbehalt für die Wirkung des Erbvertrags grundsätzlich bedeutungslos (Mot V 330 = HORN Rn 10); im Rahmen der Missbrauchsprüfung kann der Rücktrittsvorbehalt ein Gesichtspunkt sein. Ein Ausschluss der §§ 2287, 2288 BGB ist aber anzunehmen, wenn dem Erblasser (insbesondere dem überlebenden Ehegatten) das Recht eingeräumt ist, mit seinem Vermögen (einschließlich des vom erstverstorbenen Ehegatten ererbten) zu seinen Lebzeiten „zu schalten und zu walten, wie es ihm beliebt" (s OLG Hamburg OLGE 34, 311).

Setzen Eheleute sich gegenseitig durch **Erbvertrag** zu Erben ein und wird weiter bestimmt, dass dann, wenn die Ehefrau die Überlebende ist, sie das zu dem Gesamtgut der allgemeinen Gütergemeinschaft der Eheleute gehörende landwirtschaftliche Anwesen an die gemeinsamen Kinder zu übergeben hat – es sei denn, keines der Kinder sei zur Übernahme bereit und in der Lage – und wurde der Bruder des Ehemannes mehrfach bedingt zum Schlusserben nach dem Tod der Ehefrau eingesetzt, ua mit der Bedingung, wenn diese stirbt „ohne übergeben zu haben", so kann die Auslegung ergeben, dass für die Ehefrau – nachdem die Kinder zur Übernahme des Hofes nicht bereit waren – eine Bindung an die Schlusserbeneinsetzung ihres Schwagers nicht bestand, sondern dass sie das Anwesen unter Vereinbarung eines ihre Altersversorgung sicherstellenden Leibgedings nach freiem Ermessen an eine von ihr ausgewählte Person übergeben kann (BayObLG FamRZ 2004, 59). **90**

Hat sich der **Vertragserbe** gegenüber dem Erblasser mit der Schenkung – vorher oder später (JOHANNSEN Sonderheft 75 Jahre DNotZ 1977, 88*) – in Kenntnis der erbvertraglichen Verfügung **einverstanden** erklärt, so ist der Anspruch nach § 2287 BGB ausgeschlossen, und zwar schon deswegen, weil es dem Vertragserben gestattet sein muss, auf den Schutz des Gesetzes zu verzichten. Bei einer Schenkung im Einverständnis mit dem Vertragserben kann auch weder eine missbräuchliche Verfügung des Erblassers angenommen werden noch eine „ungerechtfertigte" Bereicherung des Beschenkten (RG DJ 1938, 1368; BGH WM 1973, 680; JOHANNSEN Sonderheft 75 Jahre DNotZ 1977, 88*; KANZLEITER ZEV 1997, 261, 265; ausführlich J MAYER/RÖHL, in: REIMANN/BENGEL/DIETZ[7] Rn 47 ff, 133 f; SOERGEL/ZECCA-JOBST[14] Rn 10; grundsätzlich auch OGHZ 2, 161, 169; **aA** BGHZ 83, 44, 51 = NJW 1982, 1100 = WM 1982, 401 = MDR 1982, 466). Deshalb ist die Zustimmung der Ersatzerben (von Sonderfällen: Zustimmung des todkranken Erben, abgesehen) nicht erforderlich (KANZLEITER ZEV 1997, 261, 266; KEIM ZEV 2001, 93, 95; eingehend J MAYER/RÖHL, in: REIMANN/BENGEL/DIETZ[7] Rn 52 ff; **aA** WÜBBEN 352). **91**

Der Vertrag über das Einverständnis des Bedachten (oder seinen Verzicht auf den Anspruch aufgrund § 2287 BGB) bedarf der notariellen Beurkundung, denn § 2348 BGB ist auf den Verzicht auf den konkreten Anspruch nach § 2287 BGB entsprechend anzuwenden (hM; BGHZ 108, 252 = DNotZ 1990, 803 = NJW 1989, 2618 = FamRZ 1989, 1076; OLG Düsseldorf FamRZ 2017, 2075; J MAYER/RÖHL, in: REIMANN/BENGEL/DIETZ[7] Rn 54 ff mwN; jurisPK/GEIGER[9] Rn 71; BeckOGK/MÜLLER-ENGELS [1. 4. 2022] Rn 119; DAMRAU FamRZ 1991, 552; nach Auffassung des BGH bedarf die Zustimmung der notariellen Beurkundung und kann die formlose Zustimmung nur den Einwand der Arglist gegen die spätere Geltendmachung des Anspruchs nach § 2287 rechtfertigen; **aA** STAUDINGER/KANZLEITER [2019] Rn 19; KANZLEITER DNotZ 1990, 776; ZEV 1997 261, 265 f; LANGE/KUCHINKE § 25 V 8; SOERGEL/ZECCA-JOBST[14] Rn 10; ERMAN/S KAPPLER/T KAPPLER[16] Rn 10). Die Voraussetzungen für eine analoge Anwendung **92** liegen vor: §§ 2287 f BGB enthalten keine Vorschriften zum Verzicht auf diesen Anspruch, insbesondere auch nicht zur Form des Verzichts. Zugleich kann der Verzicht auf Ansprüche nach § 2287 BGB einem Zuwendungsverzicht gleichkommen (zutr BeckOGK/Müller-Engels [1. 4. 2022] Rn 119), § 2352 BGB, auf den gem §§ 2352 S 3, 2348 BGB die notarielle Beurkundungsform anzuwenden ist. Dass der Vertragserbe bei Unterschrift wisse, dass ein bestimmter Gegenstand aus dem Vermögen ausscheide (so die Argumentation von Kanzleiter), überzeugt als Gegenargument nicht recht.

93 Auch kann der Vertragspartner die **Zustimmung zur Schenkung** erteilen, so dass die Beeinträchtigungsabsicht entfällt, weil sie einen bewussten Verstoß gegen die erbvertragliche Bindung voraussetzt. Diese Zustimmung bedarf ebenfalls der für die jeweilige Verfügung von Todes wegen geltenden Form (J Mayer/Röhl, in: Reimann/Bengel/Dietz[7] Rn 48 f; Damrau FamRZ 1991, 552; **aA** Staudinger/Kanzleiter [2019] Rn 19). Insoweit sind §§ 2290 ff BGB entsprechend anzuwenden (**aA** Staudinger/Kanzleiter [2019] Rn 19). Die Zustimmung kann auch schon im Erbvertrag selbst erteilt werden (dazu und zu Formulierungsmöglichkeiten BeckOGK/Müller-Engels [1. 4. 2022] Rn 113).

94 Die Beweislast für die Zustimmung trägt derjenige, der sie behauptet.

3. Verzicht nach dem Erbfall

95 Nur ein Vertrag unter Beteiligung von Erblasser und Bedachtem ist formbedürftig. Erteilt der Bedachte nach Anfall der Erbschaft gegenüber dem Beschenkten sein Einverständnis, ist dies – ähnlich wie bei einem Verzicht des Pflichtteilsberechtigten nach dem Tod des Erblassers gegenüber dem Erben auf die Geltendmachung des einmal entstandenen Pflichtteilsanspruchs – formlos möglich; das ergibt sich aus § 397 BGB (Staudinger/Kanzleiter [2019] Rn 33; BeckOGK/Müller-Engels [1. 4. 2022] Rn 119; OGHZ 2, 160).

X. Unwirksamkeit des Erbvertrags

96 Der Anspruch nach § 2287 BGB entsteht nicht, wenn der **Erbvertrag** oder die vertragsmäßige Erbeinsetzung **kraftlos** geworden ist, sei es durch Anfechtung (§§ 2281 ff BGB), Aufhebung (§§ 2290–2292 BGB) oder Rücktritt (§§ 2293 ff, 2298 Abs 2 BGB), oder wenn sie von vornherein unwirksam ist, etwa wegen Geschäftsunfähigkeit des Erblassers (§ 2275 BGB), Formmangels (§§ 2274, 2276 BGB), Widerspruchs zu einem früheren Erbvertrag (§ 2289 Abs 1 S 2 BGB) oder Nichtigkeit einer vertragsmäßigen Verfügung des Vertragsgegners (§ 2298 Abs 1 BGB).

§ 2288
Beeinträchtigung des Vermächtnisnehmers

(1) Hat der Erblasser den Gegenstand eines vertragsmäßig angeordneten Vermächtnisses in der Absicht, den Bedachten zu beeinträchtigen, zerstört, beiseite geschafft oder beschädigt, so tritt, soweit der Erbe dadurch außerstande gesetzt ist, die Leistung zu bewirken, an die Stelle des Gegenstandes der Wert.

(2) Hat der Erblasser den Gegenstand in der Absicht, den Bedachten zu beeinträchtigen, veräußert oder belastet, so ist der Erbe verpflichtet, dem Bedachten den Gegenstand zu verschaffen oder die Belastung zu beseitigen; auf diese Verpflichtung findet die Vorschrift des § 2170 Abs. 2 entsprechende Anwendung. Ist die Veräußerung oder die Belastung schenkweise erfolgt, so steht dem Bedachten, soweit er Ersatz nicht von dem Erben erlangen kann, der im § 2287 bestimmte Anspruch gegen den Beschenkten zu.

Materialien: E I § 1956 Abs 3 S 2; E II § 2154 rev § 2262; E III § 2261; Mot V 337; Prot V 404; Jakobs/Schubert ER II 1725–1758; Horn 1126 f.

Schrifttum

S auch die Nachw bei § 2286.

Damrau, Wann muss bei beeinträchtigenden Schenkungen (§§ 2288, 2287 BGB) der Miterbe, wann der Beschenkte in Anspruch genommen werden?, ZEV 2016, 413

Schermann, Der Schutz des Vermächtnisnehmers im gemeinschaftlichen Testament und Ehegattenerbvertrag (Diss Leipzig 2006).

Systematische Übersicht

Alphabetische Übersicht

I. Allgemeines, Anwendbarkeit

1 Der durch den Erbvertrag vertragsmäßig (NK-BGB/Horn[6] Rn 1) mit einem Vermächtnis Bedachte bedarf eines weitergehenden Schutzes als der Vertragserbe. Denn nach §§ 2279, 2169, 2171 BGB würde das Vermächtnis eines bestimmten Gegenstandes in der Regel nur dann Bestand haben, wenn der vermachte Gegenstand zur Zeit des Erbfalls noch vorhanden ist und sich im Nachlass befindet. Der Erblasser hätte es also regelmäßig in der Hand, durch Zerstörung oder Veräußerung des vermachten Gegenstandes das Recht des Vermächtnisnehmers vollständig zu vereiteln. Ein solches Ergebnis würde aber dem Zweck des Vermächtnisvertrages zuwiderlaufen (Prot V 404 = Horn § 2278 Rn 45). Deshalb **schützt** das Gesetz in § 2288 BGB (als **dispositiver Norm**, nicht bloßer Auslegungsregel, s Rn 32) den **Vertragsvermächtnisnehmer gegen arglistige Beeinträchtigung durch tatsächliche Maßnahmen** (Zerstörung, Beiseiteschaffen oder Beschädigung des vermachten Gegenstandes, § 2288 Abs 1 BGB) und **durch Veräußerung oder Belastung** (§ 2288 Abs 2 S 1 BGB), sei es gegen Entgelt oder unentgeltlich (§ 2288 Abs 2 S 2 BGB).

2 Der Schutz geht insofern weiter als der des Vertragserben nach § 2287 BGB, als außer Schenkungen auch entgeltliche (rechtliche) Verfügungen und tatsächliche Maßnahmen (Zerstörung usw) einbezogen sind. Ferner gewährt § 2288 BGB nicht nur einen Bereicherungsanspruch gegen den Beschenkten wie § 2287 BGB, sondern anstelle oder neben einem solchen Bereicherungsanspruch (§ 2288 Abs 2 S 2 BGB) einen Wertersatzanspruch oder Verschaffungsanspruch vermächtnisrechtlicher Art gegen den Erben. In subjektiver Hinsicht verlangt § 2288 BGB die Absicht des Erblassers, den Bedachten zu beeinträchtigen iS von Rn 29 ff.

3 § 2288 BGB gewährt wie § 2287 BGB nur schuldrechtliche Ansprüche, ändert aber nichts an der grundsätzlichen **Wirksamkeit der Verfügungen des Erblassers unter Lebenden** (§ 2286 BGB). Ein Rechtsgeschäft, durch das der Erblasser trotz der Bindung an die Anordnung eines Vermächtnisses in einem Erbvertrag (oder gemeinschaftlichen Testament) über den Gegenstand des Vermächtnisses unter Lebenden verfügt, ist grundsätzlich rechtswirksam; dem bedachten Vermächtnisnehmer stehen mit seltenen Ausnahmen (Nichtigkeit der widersprechenden Verfügung nach § 138 BGB; Anspruch gemäß § 826 BGB, s § 2286 Rn 5 f) nur die Ansprüche aus § 2288 BGB zu (BGHZ 26, 274 = NJW 1958, 547 = LM Nr 6 zu § 2271 BGB m Anm Johannsen).

4 Solange der **Erblasser am Leben** ist, kann der nach seinem Tode dem Bedachten hinsichtlich eines zugewendeten Grundstücks zustehende Anspruch nicht durch Eintragung einer Vormerkung im Grundbuch gesichert werden, auch wenn sie der Erblasser bewilligt (BGHZ 12, 115 = NJW 1954, 633 = JZ 1954, 436 m Anm Coing = DNotZ 1954, 264 m Anm Hieber; **aA** OLG Celle DNotZ 1952, 236; Schulte DNotZ 1953, 360). Der Schuldner des Anspruchs nach § 2288 BGB ist nicht der Erblasser als derzeitiger Grundstückseigentümer (zur Absicherung einer parallel zum Erbvertrag eingegangenen Verpflichtung des Erblassers, unter Lebenden (nicht) zu verfügen, s § 2286 Rn 36 f, zur Absicherung des Begünstigten allgemein Schermann, va 310 ff; zur aufschiebend befristeten Übertragung durch Rechtsgeschäfte unter Lebenden s etwa BGH LM Nr 2 zu § 2288 BGB; häufig ist die negative Verpflichtung, nicht zu verfügen, gesichert durch aufschiebend bedingte Verfügung für den Fall des Verstoßes, s auch NK-BGB/Horn[6] Rn 22).

Bei der Vereitelung erbvertragsmäßiger **Auflagen** hat der Vollziehungsberechtigte aus § 2194 BGB in entsprechender Anwendung von § 2888 BGB einen Anspruch (Soergel/Zecca-Jobst[14] Rn 1; J Mayer/Röhl, in: Reimann/Bengel/Dietz[7] Rn 14; **aA** Erman/S Kappler/T Kappler[16] Rn 1; jurisPK/Geiger[9] Rn 7; BeckOGK/Müller-Engels [1. 4. 2022] Rn 9; BeckOK/Litzenburger [1. 5. 2022] Rn 1; MünchKomm/Musielak[9] Rn 7; Damrau/Tanck/Kind[4] Rn 1); ansonsten wäre der Auflagebegünstigte völlig schutzlos. In Ausnahmefällen können auch § 138 BGB oder § 826 BGB helfen. 5

§ 2288 BGB ist grundsätzlich auf bindend gewordene **wechselbezügliche Verfügungen** in gemeinschaftlichen Testamenten entsprechend anzuwenden (OLG Hamm, 9. 1. 2014 – I-10 U 10/13, juris = ErbR 2014, 180 [185]; LG Offenburg, 12. 9. 2019 – 2 O 268/19, juris Rn 25; OGHZ 1, 161; Soergel/Zecca-Jobst[14] Rn 1; jurisPK/Geiger[9] Rn 8; NK-BGB/Horn[6] Rn 2; s § 2286 Rn 17, § 2287 Rn 3). 6

Ist der Erbe mit einem Vorausvermächtnis bedacht, stehen ihm – unter den jeweiligen Voraussetzungen – sowohl der Anspruch nach § 2287 BGB als auch der nach § 2288 BGB zu (Skibbe ZEV 1997, 425 f zu OLG Köln ZEV 1997, 423). 7

II. Tatsächliche Beeinträchtigungen des Vermächtnisses

1. Zerstörung, Beschädigung

Hat der Erblasser den vermachten Gegenstand in der Absicht, den Bedachten zu beeinträchtigen, **zerstört, beiseitegeschafft oder beschädigt**, so tritt, soweit der Erbe dadurch außerstande gesetzt ist, die Leistung zu bewirken, also den vermachten Gegenstand auf den Bedachten zu übertragen (§ 2174 BGB), an die Stelle des Gegenstandes der Wert, dh **als vermacht gilt** dann der **Wert des Gegenstandes** (§ 2288 Abs 1 BGB). Aus dem einschränkenden Nebensatz kann gefolgert werden, dass der Vermächtnisnehmer zunächst verlangen kann, dass der vermachte Gegenstand wiederhergestellt oder wieder herbeigeschafft werde, wenn der Verpflichtete dazu imstande ist. 8

Soweit der Erbe zur Wiederherstellung oder Verschaffung außerstande ist, muss er dem Vermächtnisnehmer den Wert bezahlen (s zum Wertersatzanspruch Schindler ZEV 2010, 410, 411). 9

Bei **Beschädigung** muss der Beschwerte dem Bedachten den vermachten Gegenstand herausgeben und außerdem den Minderwert ersetzen. Maßgebend ist der gemeine Wert, den der vermachte Gegenstand zZ des Vermächtnisanfalls (§ 2176 BGB) gehabt hätte (J Mayer/Röhl, in: Reimann/Bengel/Dietz[7] Rn 28; jurisPK/Geiger[9] Rn 12; Damrau/Tanck/Kind[4] Rn 6; BeckOGK/Müller-Engels [1. 4. 2022] Rn 23; **aA** MünchKomm/Musielak[9] Rn 5: Wert zur Zeit des Erbfalls). Das Interesse des Bedachten ist irrelevant (J Mayer/Röhl, in: Reimann/Bengel/Dietz[7] Rn 28). Zinsen können nur nach den allgemeinen Grundsätzen verlangt werden (vgl § 290 BGB). 10

2. Verbrauch, Verbindung, Vermischung

§ 2288 Abs 1 BGB ist auch anzuwenden, wenn der vermachte Gegenstand durch **Verbrauch** (in der Absicht der Beeinträchtigung iS von Rn 29 ff) untergeht oder wenn das 11

Eigentum des Erblassers an der vermachten Sache durch **Verbindung, Vermischung** oder dgl untergeht, sodass die Erfüllung des Vermächtnisses an sich als unmöglich anzusehen ist (§§ 2172, 2279 BGB; BGH FamRZ 1994, 165 [166] = NJW 1994, 317; NK-BGB/Horn[6] Rn 9; Planck/Greiff Anm 2a).

3. Unterlassungen

12 Ob und ggf unter welchen Voraussetzungen § 2288 BGB auf Unterlassungen ebenfalls anzuwenden ist, beurteilen Rspr und Lehre unterschiedlich. Eine Auffassung lehnt die Anwendung generell ab (Burandt/Rojahn/Burandt[4] Rn 6; Damrau/Tanck/Kind[4] Rn 2; wohl auch jurisPK/Geiger[9] Rn 10; BeckOK/Litzenburger [1. 5. 2022] Rn 2). Eine weitere Literaturauffassung sieht eine recht weitgehende Haftung bei Unterlassen (Siegmann ZEV 1994, 38 [39]; Hohmann MittbayNot 1994, 232; Erman/S Kappler/T Kappler[16] Rn 2; MünchKomm/Musielak[9] Rn 2). Tatsächlich dürfte das Unterlassen der aktiven Beeinträchtigung nur gleichzustellen sein, wenn den Fällen ein gleichwertiger Unrechtsgehalt beigemessen werden kann (einleuchtend J Mayer/Röhl, in: Reimann/Bengel/Dietz[7] Rn 25). Denn der Erblasser ist nicht verpflichtet, den Vermächtnisgegenstand so zu erhalten, wie er ist.

13 Daher bestehen jedenfalls keine Ansprüche aus § 2288 BGB, wenn Schäden an dem dem Vermächtnisnehmer zugewandten Grundstück allein darauf beruhen, dass der Erblasser das Objekt zu seinen Lebzeiten nicht instandgehalten hat (BGH NJW 1994, 317 = DNotZ 1994, 386 = FamRZ 1994, 165 = ZEV 1994, 37 m **abl** Anm Siegmann = LM Nr 6 zu § 2288 BGB m Anm M Wolf). Auch dürfte § 2288 BGB nicht anwendbar sein, nur, weil der Erblasser Maßnahmen der notwendigen Erhaltung unterlässt wie zB eine Dachreparatur (J Mayer/Röhl, in: Reimann/Bengel/Dietz[7] Rn 25). Es muss sich letztlich um ein Unterlassen handeln, dem die Beeinträchtigungsabsicht immanent ist. Derartige Fälle mag es geben; die Schwierigkeit wird darin liegen, die Beeinträchtigungsabsicht nachzuweisen (vgl das Beispiel bei J Mayer/Röhl, in: Reimann/Bengel/Dietz[7] Rn 25).

14 Einer Beeinträchtigung durch Unterlassen steht gleich, wenn der Erblasser zum Handeln **verpflichtet** war; auch eine stillschweigende Übernahme einer Handlungspflicht kann sich aus dem Erbvertrag ergeben (J Mayer/Röhl, in: Reimann/Bengel/Dietz[7] Rn 25).

15 Korrektiv ist in jedem Fall die Beeinträchtigungsabsicht nach Rn 29 ff.

4. Anspruchsschuldner

16 Verpflichtet wäre nach § 2174 BGB der Beschwerte, also je nachdem der Erbe oder ein Vermächtnisnehmer (§ 2147 BGB). **§ 2288 BGB verpflichtet in jedem Fall den Erben** (mehrere Erben nach §§ 2058 ff BGB) zum Wertersatz, auch wenn er nicht der ursprünglich Beschwerte ist (hM, MünchKomm/Musielak[9] Rn 9; Soergel/Zecca-Jobst[14] Rn 3; Erman/S Kappler/T Kappler[16] Rn 5; BGB-RGRK/Kregel Rn 4; Planck/Greiff Anm 1; NK-BGB/Horn[6] Rn 11; **aA** mit der Begründung, die Haftung könne nicht weitergehen als die für den primären Anspruch, J Mayer/Röhl, in: Reimann/Bengel/Dietz[7] Rn 7 mwN). Dies findet seine Rechtfertigung darin, dass die Ersatzpflicht auf einer vom Erblasser gesetzten Ursache beruht, für deren Folgen nach seinem Tod der Erbe als Gesamtrechtsnachfolger einzustehen hat. Im Allgemeinen kann angenommen werden, dass der Gegenwert des vermachten Gegenstandes oder der Belastung in das Vermögen des Erblas-

sers geflossen ist und daher, wenn er überhaupt beim Erbfall noch vorhanden ist, dem Erben zugutekommt. Aber auch wenn die Veräußerung oder Belastung unentgeltlich geschehen ist, ist es im Allgemeinen gerechter, die Pflicht zur Beschaffung oder Beseitigung dem Erben (als dem Gesamtrechtsnachfolger des Erblassers) aufzuerlegen als dem etwa beschwerten Vermächtnisnehmer.

III. Veräußerung oder Belastung des vermachten Gegenstandes

Hat der Erblasser den vermachten Gegenstand in der Absicht, den Bedachten zu beeinträchtigen, **veräußert oder belastet** – sei es gegen Entgelt oder schenkungsweise –, so ist der Erbe verpflichtet, dem Bedachten den Gegenstand zu verschaffen oder die Belastung zu beseitigen (§ 2288 Abs 2 S 1 BGB). Diese Bestimmung enthält, wie schon angedeutet, für den Fall der Veräußerung eine Abweichung von §§ 2169, 2279 BGB, für den Fall der Belastung eine solche von §§ 2165, 2279 BGB. **17**

Der in § 2288 Abs 2 S 1 BGB bestimmte Anspruch auf Verschaffung des vermachten Gegenstandes oder Beseitigung der Belastung hat dieselbe rechtliche Natur wie das Verschaffungsvermächtnis (§ 2170 BGB). Deshalb schreibt das Gesetz die entsprechende Anwendung von § 2170 Abs 2 BGB vor. Das bedeutet: Wenn der **Erbe außerstande** ist, den **Gegenstand zu verschaffen** oder die Belastung zu beseitigen, so hat er den Wert zu entrichten. Wenn die Verschaffung oder Beseitigung nur mit unverhältnismäßigen Aufwendungen möglich ist, so kann er sich durch Entrichtung des Wertes befreien. **18**

§ 2288 Abs 2 BGB ist entsprechend anzuwenden, wenn der **Erblasser** die **vermachte Forderung selbst einzieht**. In diesem Fall wird freilich häufig § 2173 BGB eingreifen und dazu führen, dass das Vermächtnis trotz der Unmöglichkeit der unmittelbaren Erfüllung (§§ 2171, 2174 BGB) aufrechterhalten werden kann. Der Anspruch nach § 2173 BGB richtet sich gegen den Beschwerten. Soweit aber § 2173 BGB nicht anwendbar ist, kann sich der Vermächtnisnehmer nach § 2288 Abs 2 BGB an den Erben halten (Roth/Maulbetsch/Schulte/Maulbetsch, VermächtnisR[1] § 5 Rn 76; Planck/Greiff Anm 2b; Schiffner 134; Crome § 660 N 118). **19**

IV. Verschenken des vermachten Gegenstandes

Wenn der Erblasser den vermachten Gegenstand schenkweise (§ 516 BGB) veräußert oder belastet hat, so hat der Bedachte in erster Linie nach § 2288 Abs 2 S 1 BGB einen Anspruch gegen den Erben auf Verschaffung des Gegenstandes oder Beseitigung der Belastung, gegebenenfalls auf Ersatz des Wertes; erst in zweiter Linie, nämlich soweit er von dem Erben den Gegenstand oder Ersatz für ihn nicht erlangen kann, hat er nach § 2288 Abs 2 S 2 BGB gegen den Beschenkten den Anspruch nach § 2287 BGB auf Herausgabe des Geschenkes nach den Vorschriften über die Herausgabe einer ungerechtfertigten Bereicherung. Soweit nämlich der Erbe den Vermächtnisnehmer entschädigen kann, liegt kein Grund vor, dem Vermächtnisnehmer den Rückgriff auf den Beschenkten zu gestatten, der von der Beeinträchtigung des Vermächtnisnehmers meist nichts wissen wird (Prot V 405 = Horn § 2278 Rn 45). **20**

Aus welchem Grund von dem Erben kein Ersatz zu erlangen ist, ist im Grundsatz gleichgültig. Es genügt, dass der Erbe die Beschränkung seiner Haftung geltend **21** macht und der Nachlass zur Befriedigung des Vermächtnisnehmers nicht ausreicht (Planck/Greiff Anm 3; widersprüchlich BeckOGK/Müller-Engels [1. 4. 2022] Rn 40: Zahlungsunfähigkeit als Beispiel, aber zugleich soll „bloße" Zahlungsunfähigkeit nicht genügen), zB Überschuldung. Auch Zahlungsunfähigkeit des Nachlasses dürfte ausreichen (**aA** Damrau ZEV 2016, 413 [416]), nicht aber Zahlungsstockung (vgl zur Abgrenzung BGH NJW 2005, 3062).

22 Dass er von dem Erben keinen Ersatz erhalten kann, hat im Streitfall der Vermächtnisnehmer darzulegen und zu **beweisen**. Er hat vorzutragen, dass er den Erben vorab in Anspruch genommen hat (OLG Hamm ErbR 2014, 180).

23 Der **mit dem Vermächtnis belastete Erbe** kann dagegen **nicht selbst Herausgabe** von dem Beschenkten **verlangen** (OLG Frankfurt NJW-RR 1991, 1157; NK-BGB/Horn[6] Rn 14), auch wenn er den Anspruch des Vermächtnisnehmers erfüllt hat: Das Geschenk an den Dritten geht grundsätzlich zu Lasten des Erben, soweit das Vermächtnis zugunsten eines Dritten angeordnet war, weil dann die berechtigte Erwartung der Erben den Vermächtnisgegenstand von vorneherein nicht umfasste. Etwas anderes gilt nur, wenn er auch durch Erbvertrag eingesetzt ist und zu seinen Gunsten § 2287 BGB eingreift (der Erblasser machte das Geschenk, um Vermächtnisnehmer und Vertragserben zu benachteiligen).

24 Ist dem Vertragserben ein Vorausvermächtnis zugewendet, fällt der Vermächtnisgegenstand in den Bereich der berechtigten Erberwartung des Erben (vgl Skibbe ZEV 1997, 425; **aA** OLG Köln ZEV 1997, 423); unter den jeweiligen Voraussetzungen steht ihm dann sowohl der Anspruch nach § 2287 BGB als auch der nach § 2288 BGB zu.

V. Gattungsvermächtnis und Verschaffungsvermächtnis

25 § 2288 Abs 2 S 2 BGB schützt auch **Geld- und sonstige Gattungsvermächtnisse** (BGHZ 111, 138 = NJW 1990, 2063; jurisPK/Geiger[9] Rn 18; Grüneberg/Weidlich Rn 1; Erman/S Kappler/T Kappler[16] Rn 1). Bei einem Verschaffungs-, Gattungs- oder Summenvermächtnis ist der Bereicherungsanspruch nach § 2288 Abs 2 S 2 BGB auch dann zu gewähren, wenn der Erblasser durch Schenkungen sein **Vermögen erschöpft** und so den Vermächtnisanspruch vereitelt hat (BGHZ 111, 138 = NJW 1990, 2063; Grüneberg/Weidlich Rn 4; Strohal I § 45 N 61; J Mayer/Röhl, in: Reimann/Bengel/Dietz[7] Rn 34; **aA** Staudinger/Dittmann[10/11] Rn 10; Planck/Greiff Anm 3).

26 Beim **Gattungsvermächtnis** (§ 2155 BGB) kommt § 2288 BGB im Übrigen (dh mit Ausnahme von § 2288 Abs 2 S 2 BGB, s dazu Rn 25) nur dann in Betracht, wenn der Erblasser eine bestimmte Menge aus einem ihm gehörigen Vorrat von gewissen, der Gattung nach bezeichneten Gegenständen vermacht hat und dann durch tatsächliche oder rechtliche Verfügung über diesen Vorrat die Erfüllung des Vermächtnisses unmöglich macht, also bei einem auf den Nachlass beschränkten Gattungsvermächtnis (Planck/Greiff Anm 1; Strohal I § 45 II 3; NK-BGB/Horn[6] Rn 7; **aA** Staudinger/Herzfelder[9]: Gattungsvermächtnis scheide aus; vgl BGH NJW 1984, 731, 732 = FamRZ 1984, 165, 166). Ansprüche nach § 2182 BGB sind in diesem Fall nicht gegeben.

27 Beim **Verschaffungsvermächtnis** (§ 2170 BGB) ist § 2288 BGB anwendbar, vorausgesetzt natürlich, dass der Erblasser in Beeinträchtigungsabsicht gehandelt hat. Die

Vorschriften über das Verschaffungsvermächtnis überschneiden sich wohl mit denen des § 2288 BGB, machen aber (wie PLANCK/GREIFF in Anm 1 darlegt) die Heranziehung des § 2288 BGB nur in einem Teil der Fälle entbehrlich: Hat der Erblasser einen bestimmten Gegenstand ohne Rücksicht darauf, ob er zur Zeit des Erbfalls zur Erbschaft gehören werde, vermacht, so führen bei Veräußerung oder Belastung des Gegenstandes die §§ 2170, 2182 Abs 2 BGB iVm § 435 BGB zu dem gleichen Ergebnis wie § 2288 Abs 2 BGB (NK-BGB/HORN[6] Rn 6). Dagegen kann bei Zerstörung oder Beschädigung des vermachten Gegenstandes nur § 2288 Abs 1 BGB eine Ersatzpflicht des Erben begründen, da § 2170 Abs 2 BGB nur für den Fall der subjektiven Unmöglichkeit gilt, während bei objektiver Unmöglichkeit das Vermächtnis unwirksam ist (§ 2171 BGB) und eine Beschädigung des bestimmten vermachten Gegenstandes grundsätzlich keine Ersatzpflicht auslöst (NK-BGB/HORN[6] Rn 6).

Nach § 2169 BGB ist das Vermächtnis eines bestimmten Gegenstandes grundsätzlich unwirksam, wenn der Gegenstand zZ des Erbfalls nicht zur Erbschaft gehört. Die Vorschrift beruht auf dem Gedanken, dass der Erblasser das Vermächtnis im Allgemeinen nur unter der Voraussetzung und für den Fall angeordnet haben will, dass der Gegenstand noch bei seinem Tod zu seinem Vermögen gehört und dass er nicht, etwa durch Veräußerung, ausgeschieden ist. Da der Erblasser auch durch die Anordnung eines Vermächtnisses in einem Erbvertrag oder in einem bindenden gemeinschaftlichen Testament nicht gehindert ist, über den vermachten Gegenstand unter Lebenden anderweitig zu verfügen, so gilt § 2169 BGB über § 2279 BGB auch für ein Vermächtnis, das in einem Erbvertrag oder in einem bindenden gemeinschaftlichen Testament angeordnet ist (BGH NJW 1959, 2252; vgl BGHZ 12, 115, 118; 26, 274, 279; JOHANNSEN Anm zu BGH LM Nr 1 zu § 2169 BGB, Nr 6 zu § 2271 BGB; OLG Stuttgart BWNotZ 1958, 307). 28

VI. Beeinträchtigungsabsicht; Missbrauch der lebzeitigen Verfügungsbefugnis

Die Bedeutung der „Beeinträchtigungsabsicht" als Anspruchsvoraussetzung ist bei den tatsächlichen Beeinträchtigungen nach Abs 1 und den beeinträchtigenden Verfügungen nach Abs 2 unterschiedlich (SCHERMANN S 217 f; eingehend J MAYER/RÖHL, in: REIMANN/BENGEL/DIETZ[7] Rn 19 f; **aA** MünchKomm/MUSIELAK[9] Rn 4 m Fn 13). **Bei Abs 1** ist die **Beeinträchtigungsabsicht entscheidende Anspruchsvoraussetzung**, das Bewusstsein, dass dem Vermächtnis der Boden entzogen wird (vgl BGH NJW 1984, 731, 732; ZEV 1998, 68, Entsch zu Abs 2; ebenso OLG Celle ZEV 2010, 409 m Anm SCHINDLER = FamRZ 2010, 1273). Nach dem Schutzzweck der Vorschrift wird man bei Zerstörung, Beiseiteschaffen oder Beschädigung durch den Erblasser von ihm erwarten können, dass er sein anzuerkennendes Motiv darlegt (zB dass das wertvolle Pferd wegen einer Krankheit eingeschläfert wurde, zur Beweislast s LANGE NJW 1963, 1571, 1577). 29

Bei einer **beeinträchtigenden Verfügung** (Abs 2) steht der erbvertraglichen Bindung die grundsätzlich freie lebzeitige Verfügungsmöglichkeit des Erblassers nach § 2286 BGB gegenüber, sodass Voraussetzung des Anspruchs wie bei § 2287 BGB (s § 2287 Rn 35 ff) der **Missbrauch der lebzeitigen Verfügungsbefugnis ist**. Der BGH hat seine Rechtsprechung, dass der Missbrauch insbesondere durch ein anerkennenswertes „lebzeitiges Eigeninteresse des Erblassers" ausgeschlossen wird, zu Recht auch auf die Beeinträchtigung von Vermächtnissen ausgedehnt (BGH NJW 1984, 731 = FamRZ 1984, 165 = WM 1984, 215 = MDR 1984, 384). Danach muss sich das lebzeitige Eigeninte- 30 resse gerade auf die Veräußerung des vermachten Gegenstandes richten und setzt voraus, dass der erstrebte Zweck nicht auch durch andere wirtschaftliche Maßnahmen zu erreichen gewesen wäre (ebenso BGH NJW-RR 1998, 577, 578 = FamRZ 1998, 427 = DNotZ 1998, 834; vgl auch OLG Köln ZEV 1996, 23, 24 m Anm HOHMANN).

31 Die Beeinträchtigungsabsicht ist nicht schon deswegen zu verneinen, weil der Erblasser **zum Rücktritt vom Erbvertrag berechtigt** ist (§§ 2293–2295 BGB). Denn solange er den Rücktritt nicht ordnungsgemäß (§ 2296 BGB) erklärt hat, ist er gebunden (§ 2287 Rn 87). Gleiches gilt, wenn er nach § 2281 BGB anfechten könnte. Im Bereich beeinträchtigender Verfügungen kann aber die Berechtigung zum Rücktritt oder die Anfechtbarkeit die Missbräuchlichkeit der Verfügung entfallen lassen (s § 2287 Rn 28), wenn sie als das „mildere Mittel" erscheint.

VII. Ausschluss der Ansprüche

32 § 2288 BGB enthält keine bloßen Auslegungsregeln; er ist also anzuwenden, ohne dass der mutmaßliche Wille der Vertragsteile beim Abschluss des Erbvertrags erforscht werden müsste (Prot V 405 f = HORN § 2278 Rn 41 ff). Andererseits sind seine Vorschriften nicht zwingend; ihre Anwendung kann also im Erbvertrag ausgeschlossen oder modifiziert werden (STROHAL I § 45 N 48; J MAYER/RÖHL, in: REIMANN/BENGEL/DIETZ[7] Rn 35; GRÜNEBERG/WEIDLICH Rn 1; s OLG Köln ZEV 2003, 76; **aA** PLANCK/GREIFF Anm 5; KIPP/COING § 38 Fn 26).

33 Die Absicht, den Bedachten zu beeinträchtigen, ist auch dann ausgeschlossen, wenn der Erblasser von dem **Vertragsgegner die Zustimmung** zu der Maßnahme erhalten hat, die das Vermächtnis beeinträchtigt: Denn die Beeinträchtigungsabsicht setzt einen bewussten Verstoß gegen die erbvertragliche Bindung voraus (vgl § 2287 Rn 35 ff). Diese Zustimmung bedarf der notariellen Form (SCHERMANN 213 mwN; **aA** STAUDINGER/KANZLEITER [2019] Rn 18; ausführlich § 2287 Rn 88 ff). Hat der Vertragsgegner die Zustimmung in der Form des § 2291 BGB erteilt, fehlt es nicht nur an der Beeinträchtigungsabsicht, sondern schon am Eingriff in die berechtigte Erberwartung des Bedachten (anders STAUDINGER/KANZLEITER[12]; im Ergebnis bei Vorliegen der Zustimmung nach § 2291 ebenso STAUDINGER/HERZFELDER[9]; PLANCK/GREIFF Anm 4; STROHAL I § 46 I 4). Entsprechend den Darlegungen unter § 2287 Rn 88 ff schließt die Zustimmung des Bedachten zu der Maßnahme den Anspruch nach § 2288 BGB aus.

34 Wenn der Erbvertrag oder die vertragsmäßige Anordnung des Vermächtnisses unwirksam ist oder wird (zB aufgrund § 2289 BGB), so entfallen auch die Ansprüche nach § 2288 BGB (vgl § 2287 Rn 96).

VIII. Verjährung

35 Der **Bereicherungsanspruch verjährt** entsprechend § 2287 Abs 2 BGB in drei Jahren von dem Anfall des Vermächtnisses an (§ 2176 ff BGB).

§ 2289
Wirkung des Erbvertrags auf letztwillige Verfügungen; Anwendung von § 2338

(1) Durch den Erbvertrag wird eine frühere letztwillige Verfügung des Erblassers aufgehoben, soweit sie das Recht des vertragsmäßig Bedachten beeinträchtigen würde. In dem gleichen Umfang ist eine spätere Verfügung von Todes wegen unwirksam, unbeschadet der Vorschrift des § 2297.

(2) Ist der Bedachte ein pflichtteilsberechtigter Abkömmling des Erblassers, so kann der Erblasser durch eine spätere letztwillige Verfügung die nach § 2338 zulässigen Anordnungen treffen.

Materialien: E I § 1953 Abs 1 S 1, Abs 2; E II § 2155, rev § 2263; E III § 2262; Mot V 331; Prot V 395, 422, VI 351 ff; D 739; Jakobs/Schubert ER II 1790–1796; Horn 1127 ff.

Schrifttum

S die Nachw bei § 2286.

Systematische Übersicht

Alphabetische Übersicht

I. Allgemeines

1 Die Freiheit des Erblassers, über sein Vermögen unter Lebenden zu verfügen, wird durch den Erbvertrag grundsätzlich nicht berührt (§ 2286 BGB). Wohl aber wird der Erblasser an seine vertragsmäßigen Verfügungen erbrechtlich gebunden, nämlich so, dass er einerseits gehindert wird, weitere Verfügungen von Todes wegen zu errichten, die das Recht des vertragsmäßig Bedachten beeinträchtigen würden, und dass andererseits die vertragsmäßigen Verfügungen frühere letztwillige Verfügungen des Erblassers insoweit verdrängen, als diese den vertragsmäßig Bedachten beeinträchtigen würden. Diese erbrechtliche Bindung, die in § 2289 BGB festgelegt wird, ist stärker als die beim wechselbezüglichen gemeinschaftlichen Testament (§ 2270 BGB), weil sich bei diesem der Testator zu Lebzeiten des anderen Ehegatten jederzeit einseitig von seinen wechselbezüglichen Verfügungen lossagen kann – und nach dem Tode des anderen Ehegatten immerhin noch durch Ausschlagung des ihm Zugewendeten (§ 2271 BGB), während der Erblasser von einer vertragsmäßigen Verfügung

in der Regel nur dann zurücktreten kann – freilich auch nach dem Tode des Vertragsgegners –, wenn er sich den Rücktritt in dem Erbvertrag vorbehalten hat (§§ 2293 ff, 2297 BGB).

Abs 1 S 1 stimmt mit dem früheren Recht überein (Mot V 331 N 1 = Horn Rn 3). 2
Auch die Regelung in Abs 1 S 2 ist im Ergebnis der des gemeinen Rechts ähnlich (Mot V 332 N 1 = Horn Rn 7; RGZ 4, 175; s auch prALR I 12 § 627).

II. Wirkung des Erbvertrags gegenüber früheren Verfügungen von Todes wegen

1. Aufhebungswirkung

a) Frühere letztwillige Verfügung

Gegenüber früheren letztwilligen, also einseitigen Verfügungen (zur Terminologie Staudinger/Otte [2017] § 1937 Rn 1 ff; MünchKomm/Leipold[9] § 1937 Rn 6) des Erblassers erweist 3
sich der Erbvertrag wegen seiner Vertragsnatur als stärker: Frühere letztwillige Verfügungen des Erblassers werden durch den Erbvertrag **aufgehoben, soweit sie das Recht des vertragsmäßig Bedachten beeinträchtigen** würden. Die Wirkung eines späteren Erbvertrags ist also eine andere als die eines späteren Testaments; denn dieses hebt ein früheres Testament (nur) insoweit auf, als es mit ihm in Widerspruch steht (§ 2258 BGB). Die Wirkung des Erbvertrags geht insofern weiter, als die frühere letztwillige Verfügung, soweit sie das Ergebnis der späteren vertragsmäßigen Verfügung – für die Zeit des Erbfalls betrachtet – beeinträchtigen würde, auch dann außer Kraft tritt, wenn sie rechtlich mit ihr vereinbar wäre (BGHZ 26, 204; KG RJA 16, 253; Planck/Greiff Anm 2a; BGB-RGRK/Kregel Rn 1; NK-BGB/Hölscher/Kornexl[6] Rn 6). Eine letztwillige Vermächtnisanordnung zugunsten des A wird daher (in der Regel) durch eine spätere vertragsmäßige Berufung des B zum Erben aufgehoben, während sie durch ein späteres Testament gleichen Inhalts grundsätzlich nicht berührt wird (§§ 2258, 2161 BGB; Mot V 331 = Horn Rn 3).

Bleibt die vertragsmäßige Zuwendung hinter der letztwillig verfügten zurück – wird 4
etwa der durch Testament eingesetzte Alleinerbe in dem Erbvertrag nur auf die Hälfte der Erbschaft berufen oder der testamentarisch ernannte Miterbe im Erbvertrag nur mit einem Vermächtnis bedacht –, so kann es sein, dass die letztwillige Anordnung durch die vertragsmäßige (teilweise) verstärkt oder (durch ein Vorausvermächtnis, § 2150 BGB) ergänzt werden soll; dann bleibt die letztwillige Verfügung unberührt, weil sie das Recht des vertragsmäßig Bedachten nicht beeinträchtigt. Es kann aber auch sein, dass der Erblasser den Bedachten auf die vertragsmäßige Zuwendung beschränken wollte. Auch dann ist die vertragsmäßige Verfügung als solche nicht geeignet, die letztwillige Verfügung ganz oder teilweise außer Kraft zu setzen, weil diese die Rechte des Bedachten aus der vertragsmäßigen Anordnung nicht verkürzt, sondern ihm im Gegenteil weitere Rechte gibt. In diesem Fall wird aber die Verfügung in dem Erbvertrag dahin ausgelegt werden müssen, dass sie auch eine **einseitige Aufhebung der letztwilligen Verfügung** enthält (§§ 2299, 2253, 2258 BGB).

Ist der in einem Erbvertrag vertragsmäßig Bedachte vor Eintritt des Erbfalls verstor- 5
ben, so kann eine frühere letztwillige Verfügung das Recht des Bedachten nicht beeinträchtigen und behält deshalb grundsätzlich ihre Wirkung, es sei denn, aus dem

Erbvertrag lässt sich der Wille des Erblassers entnehmen, die früher getroffene Verfügung von Todes wegen in jedem Fall aufzuheben (OLG Zweibrücken FamRZ 1999, 1545 = FGPrax 1999, 113). Der Erblasser sollte, um eine klare Rechtslage zu schaffen, in dem Erbvertrag die letztwillige Verfügung ausdrücklich widerrufen (§§ 2299, 2253, 2254 BGB).

6 Ob der Erblasser beim Abschluss des Erbvertrags den Willen hatte, seine frühere letztwillige Verfügung aufzuheben, und ob er diesen Willen in dem Erbvertrag zum Ausdruck gebracht hat, ist unerheblich (Mot V 331 = Horn Rn 3). Das hindert freilich nicht, dass der Erblasser im Erbvertrag mit Zustimmung des anderen Teils – ebenso, wie er sich grundsätzlich das Recht vorbehalten kann, nachträglich abweichende Verfügungen zu treffen (Rn 36 ff) – die vernichtende Wirkung des Erbvertrags (insbesondere einer vertragsmäßigen Erbeinsetzung) gegenüber entgegengesetzten früheren letztwilligen Verfügungen ausschließen oder die frühere Verfügung (etwa die Anordnung eines Vermächtnisses zugunsten eines Dritten) aufrechterhalten kann. Eine solche Anordnung kann nicht nur ausdrücklich getroffen werden, sie kann uU auch im Wege der **Auslegung**, sogar der ergänzenden Auslegung, festgestellt werden (vgl für den Fall des Vorbehalts nachträglicher Verfügungen Coing NJW 1958, 689; auch NK-BGB/Hölscher/Kornexl[6] Rn 13). Die Kenntnis des Vertragsgegners von der früheren letztwilligen Verfügung genügt aber nicht, um dem Erbvertrag die aufhebende Wirkung zu nehmen; vielmehr ist es erforderlich, dass beide Vertragsteile wollen, dass die frühere Verfügung bestehen bleibt (Planck/Greiff Anm 2a; Coing NJW 1958, 689; NK-BGB/Hölscher/Kornexl[6] Rn 13).

7 Obwohl bei der Auflage weder von einem Bedachten noch von dem Recht eines solchen die Rede sein kann, ist die aufhebende Wirkung nach dem Sinn des Gesetzes doch auch der vertragsmäßigen Anordnung einer **Auflage zuzusprechen** (Schiffner 138 N 4; Strohal I § 45 N 80; Planck/Greiff Anm 2a; Nieder/Kössinger/Kössinger/Zintl[6] § 11 Rn 5).

b) Früherer Erbvertrag

8 Abs 1 S 1 regelt nur das Verhältnis des Erbvertrags zu einer früheren letztwilligen Verfügung, nicht das zu einem **früheren Erbvertrag**. Wenn der Erblasser den früheren Erbvertrag mit einer dritten Person geschlossen hat, so ist der neue Erbvertrag unwirksam, soweit er das Recht der Personen, die in dem früheren Erbvertrag vertragsmäßig bedacht worden sind, beeinträchtigen würde (Abs 1 S 2). Ist aber der frühere Erbvertrag von denselben Personen geschlossen worden wie der neue, so ist – falls nicht ausdrücklich geregelt – durch Auslegung zu bestimmen, ob der neue Erbvertrag zusätzlich neben den früheren tritt oder ob durch ihn der frühere Vertrag aufgehoben wird (s § 2290 Rn 4; Mot V 341).

c) Früheres gemeinschaftliches Testament

9 Ein **gemeinschaftliches Testament** fällt an sich unter Abs 1 S 1, wird also durch einen späteren Erbvertrag insoweit aufgehoben, als die früheren Verfügungen des Erblassers das Recht des vertragsmäßig Bedachten beeinträchtigen würden (NK-BGB/Hölscher/Kornexl[6] Rn 3). Für wechselbezügliche Verfügungen (§ 2270 BGB) ordnet aber § 2271 BGB eine gewisse erbrechtliche Bindung des Testators und damit Ausnahmen von dem in § 2289 BGB ausgesprochenen Vorrang des Erbvertrags an: Nach § 2271 Abs 1 S 2 BGB kann ein Ehegatte seine wechselbezügliche Verfügung zu Lebzeiten des anderen nicht einseitig durch eine neue Verfügung von Todes wegen aufheben, also auch nicht durch einen Erbvertrag mit einem Dritten, sofern nicht etwa der andere Ehegatte zustimmt. Dagegen kann ein gemeinschaftliches Testament durch einen Erbvertrag der Ehegatten, die das gemeinschaftliche Testament errichtet haben, aufgehoben werden, und zwar nicht nur insoweit, als seine Anordnungen die Rechte der vertragsmäßig Bedachten beeinträchtigen würden (§ 2289 Abs 1 S 1 BGB), sondern schlechthin (arg § 2292 BGB; § 2271 Abs 1 S 2 BGB steht nicht entgegen; STROHAL I § 45 IV 2; BeckOGK/MÜLLER-ENGELS [1. 7. 2022] Rn 7).

Nach dem Tode des anderen Ehegatten kann der Erblasser eine wechselbezügliche Verfügung des gemeinschaftlichen Testaments nur dann durch einen Erbvertrag (mit einem Dritten) aufheben, wenn er das ihm von dem verstorbenen Ehegatten Zugewendete ausschlägt (§ 2271 Abs 2 S 1 BGB) oder wenn sich der Bedachte gewisser Verfehlungen schuldig macht (§ 2271 Abs 2 S 2 BGB; §§ 2294, 2336, 2299 BGB). 10

d) Fazit

Insgesamt setzt also § 2289 Abs 1 S 1 BGB voraus, dass der Erblasser nicht an die frühere Verfügung durch Erbvertrag oder gemeinschaftliches Testament gebunden war (BayObLGZ 21, A 15; BGB-RGRK/KREGEL Rn 2). 11

2. Beeinträchtigung des vertragsmäßig Bedachten

Das **Recht des vertragsmäßig Bedachten wird beeinträchtigt** durch eine letztwillige Verfügung, die die vertragsmäßige Zuwendung mindert, beschränkt oder belastet (s BGHZ 26, 204; KG RJA 16, 253). 12

Hierzu gehört zB die Anordnung einer Testamentsvollstreckung (BGH NJW 1962, 912; BayObLGZ 30, 59; KG HRR 1934 Nr 17) oder die Beschwerung des Vertragserben mit einem Vermächtnis oder einer Auflage (vgl BGHZ 26, 204; BGB-RGRK/KREGEL Rn 1; NK-BGB/HÖLSCHER/KORNEXL[6] Rn 32; KIPP/COING § 38 II 2). Vermacht der Erblasser einen bestimmten Gegenstand zunächst durch letztwillige Verfügung dem A, dann vertragsmäßig dem B, so beeinträchtigt die frühere Anordnung das Recht des B auf jeden Fall, mag der Erblasser die Absicht gehabt haben, sie aufzuheben, oder nur, die beiden Bedachten zu Gesamtgläubigern zu machen (§§ 428 ff BGB); sie wird also aufgehoben (Mot V 331 = HORN Rn 3; s Rn 6; PLANCK/GREIFF Anm 2b). Wird ein Erbe, der in einer letztwilligen Verfügung bereits zu einer bestimmten Quote oder als alleiniger eingesetzt war, nun vertragsmäßig zu einem solchen bestimmt, zu einer geringeren, zu einer größeren Quote oder nunmehr zu einem Alleinerben, so hebt die spätere vertragsmäßige Einsetzung die frühere letztwillige auf (NK-BGB/HÖLSCHER/KORNEXL[6] Rn 30). Zu der **vermuteten Ersatzerbeinsetzung** (§ 2069 BGB) und zur **Anwachsung** (§ 2094 BGB) s § 2278 Rn 20, § 2270 Rn 61 f, § 2270 Rn 63. 13

Für das Vorliegen einer Beeinträchtigung ist der Zeitpunkt des Erbfalls maßgeblich, nicht der des Vertragsschlusses (OLG Zweibrücken FamRZ 1999, 1545 = FGPrax 1999, 103; s auch OLG Düsseldorf FamRZ 2020, 1777 [1778] = ErbR 2020, 648; NK-BGB/HÖLSCHER/KORNEXL[6] Rn 24; BeckOGK/MÜLLER-ENGELS [1. 10. 2022] Rn 43; **aA** BeckOK/LITZENBURGER [1. 5. 2022] Rn 3, zur Begründung der erstgenannten – herrschenden – Meinung s auch Rn 16). Bei **Gattungsvermächtnissen** geht, wenn der Nachlass zur Erfüllung beider Vermächtnisse nicht ausreicht, das vertragliche Vermächtnis dem letztwilligen vor; in der Nachlassinsol- 14 venz ist daher § 327 Abs 2 S 2 InsO anzuwenden (vgl § 1991 Abs 4, § 1922 BGB; NK-BGB/Hölscher/Kornexl[6] Rn 32 mwN; Strohal I § 45 N 81).

3. Unwirksamkeit des Erbvertrages

15 Die aufhebende Wirkung kommt nur einem **wirksamen Erbvertrag** zu, nicht aber einem Erbvertrag, der aus irgendwelchen Gründen nichtig (zB Formnichtigkeit gem §§ 125, 2276 BGB, NK-BGB/Hölscher/Kornexl[6] Rn 21). Auch fehlt die aufhebende Wirkung, wenn der Erbvertrag wirksam angefochten wurde (vgl §§ 2078, 2079, 2279, 2281 ff BGB) mit der Folge, dass der Erbvertrag gem § 142 Abs 1 BGB als von Anfang an unwirksam anzusehen ist. Die aufhebende Wirkung fehlt zudem, wenn der Erbvertrag oder die vertragsmäßige Verfügung, deren Beeinträchtigung in Frage steht, durch Aufhebung oder Rücktritt aus der Welt geschafft wurde (§§ 2290–2292; 2293 ff BGB; vgl §§ 2279, 2258 Abs 2 BGB).

16 Die Aufhebungswirkung entfällt schließlich auch, wenn und soweit der Erbvertrag oder die vertragsmäßige Verfügung gegenstandslos wird, sei es durch Vorableben des Bedachten (§§ 1923, 2160 BGB, zB OLG Düsseldorf FamRZ 2020, 1777 = ErbR 2020, 648; Soergel/Zecca-Jobst[14] Rn 6), Ausschlagung (§§ 1942, 1953 BGB), Erbverzicht (§§ 2346, 2352 S 2 BGB; § 2069 BGB), Zuwendungsverzicht – auch mit Wirkung für die Abkömmlinge des Verzichtenden (§§ 2352, 2349 BGB, OLG Köln FamRZ 2021, 1926 [1927]), Erbunwürdigkeit (§§ 2339, 2344 BGB; NK-BGB/Hölscher/Kornexl[6] Rn 22; Planck/Greiff Anm 2b; BGB-RGRK/Kregel Rn 2; Kipp/Coing § 38 N 8) oder Verstoß des Bedachten gegen eine Verwirkungsklausel (BayObLG 1990, 58).

17 Die letztwillige Verfügung ist trotzdem dann aufgehoben, wenn der Erbvertrag einen ausdrücklichen (gegebenenfalls zweckmäßig!) oder einen stillschweigenden **einseitigen Widerruf** der letztwilligen Verfügung enthält (§§ 2299, 2253, 2254 BGB; KG HRR 1928 Nr 169 = JFG 5, 182; BGB-RGRK/Kregel Rn 2), der von der Gegenstandslosigkeit der vertragsmäßigen Verfügung nicht betroffen wird und der auch von Aufhebung, Rücktritt oder Anfechtung des Erbvertrags ausgenommen sein kann (der E I hatte eine Bestimmung enthalten, nach der die frühere letztwillige Verfügung auch dann als aufgehoben gelte, wenn der Vertragserbe vor dem Anfall der Erbschaft sterbe oder die Erbschaft ausschlage, die von der II. Kommission aber gestrichen wurde, s dazu Prot V 355, 396). Der einseitige Widerruf ist aber nicht automatisch im aufhebenden Erbvertrag gleichsam als „Minus“ zur Aufhebungswirkung enthalten, wenn der aufhebende Erbvertrag (nachträglich) unwirksam wird, denn die Aufhebungswirkung kann willensunabhängig eintreten, während der Widerruf einen entsprechenden Erblasserwillen voraussetzt (NK-BGB/Hölscher/Kornexl[6] Rn 24; § 2258 ist daher auch kein Widerruf, s Staudinger/Baumann § 2258 Rn 4).

4. Aufhebungswirkung gegenüber allen

18 Soweit eine letztwillige Verfügung nach Abs 1 S 1 **unwirksam** ist, ist sie es schlechthin **gegenüber allen**, nicht nur gegenüber dem vertragsmäßig Bedachten (statt aller: J Mayer/Röhl, in: Reimann/Bengel/Dietz[7] Rn 21). Daher kann sich auch ein Dritter auf die Unwirksamkeit berufen, etwa beim Widerstreit zweier Erbeinsetzungen der Schuldner einer Nachlassforderung, bei einem mehrfachen Vermächtnis desselben Gegen-

standes der Beschwerte (PLANCK/GREIFF Anm 3a; BGB-RGRK/KEGEL Rn 1; STROHAL I § 46 N 3; **aA** SCHIFFNER 140 N 20).

5. Einseitige Verfügungen im Erbvertrag

Auf **einseitige Verfügungen im Erbvertrag** (§ 2299 BGB) **selbst** ist § 2289 BGB nicht anwendbar (OLG Düsseldorf MittRhNotK 1995, 97, 98 = MDR 1994 1016). Solche Verfügungen werden mit Wissen und mindestens stillschweigender Zustimmung des Vertragsgegners getroffen, ihre Anordnung ist daher bei der vertragsmäßigen Zuwendung vorbehalten und sie sind daher wirksam, auch wenn sie die vertragsmäßigen Verfügungen beeinträchtigen. Für die Ermittlung des Umfangs der Beeinträchtigung der erbvertraglichen Zuwendungen, der aufgrund des in der einseitigen Zuwendung liegenden Vorbehalts dann auch in späteren Verfügungen höchstens zulässig ist, gelten die allgemeinen Auslegungsgrundsätze für erbvertragliche Vereinbarungen (nicht für einseitige letztwillige Verfügungen). 19

Bei Einsetzung eines **Testamentsvollstreckers** (die nach § 2278 Abs 2 BGB nur einseitig getroffen werden kann) kann durch Auslegung oder ergänzende Vertragsauslegung ermittelt werden, dass der Erblasser berechtigt ist, den Testamentsvollstrecker „auszuwechseln" – soweit das den Vertragserben überhaupt beeinträchtigt, s Rn 28 – (davon geht OLG Düsseldorf MittRhNotK 1995, 97 im Regelfall zu Recht aus; vgl auch MEYDING ZEV 1994, 98), oder dass er jedenfalls berechtigt ist, bei Wegfall des Testamentsvollstreckers einen Ersatztestamentsvollstrecker zu benennen, oder dass dann durch das Nachlassgericht ein Ersatzvollstrecker zu bestellen ist (etwas anders, aber wohl mit übereinstimmendem Ergebnis, OLG Hamm OLGZ 1976, 20, das die Grundsätze der Auslegung einseitiger Testamente anwendet und zusätzlich mutmaßliches Einverständnis des Vertragsgegners fordert; für den zulässigen Umfang von beeinträchtigenden Verfügungen gelten aber die Grundsätze des Vorbehalts – § 2278 Rn 21 ff –, für dessen Ermittlung also die Grundsätze für die Auslegung von Erbverträgen, vgl BayObLG Rpfleger 1983, 70; zur Rechtslage beim gemeinschaftlichen Testament s § 2270 Rn 30). 20

III. Wirkung des Erbvertrags gegenüber späteren Verfügungen von Todes wegen

1. Unwirksamkeit beeinträchtigender Verfügungen

Soweit das Recht eines durch Erbvertrag vertragsmäßig Bedachten durch eine spätere Verfügung von Todes wegen – sei es Testament oder Erbvertrag – beeinträchtigt werden würde, ist die **spätere Verfügung unwirksam** (Abs 1 S 2; bei späteren Erbverträgen und gemeinschaftlichen Testamenten selbstverständlich nur, wenn sie mit einem anderen Partner abgeschlossen werden, bei Abschluss mit demselben Partner s §§ 2290, 2292 BGB). 21

Der aufgrund eines Erbvertrags Gebundene ist gemäß Abs 1 S 2 **in seiner Testierfreiheit**, wenn auch nicht in seiner Testierfähigkeit **beschränkt** (RGZ 149, 201). 22

2. Beeinträchtigung des vertragsmäßig Bedachten

a) Allgemeines

Zum Begriff der Beeinträchtigung s zunächst Rn 12 ff. Eine Beeinträchtigung liegt zB in der späteren Verfügung von Vermächtnis oder Auflage (OLG Frankfurt FamRZ 23

2018, 641 [642]). Gleiches gilt für die nachträgliche Anordnung einer **Schiedsklausel** (OLG Frankfurt 2012, 665; s dazu überzeugend Wendt ErbR 2016, 248 gegen OLG Celle ErbR 2016, 268). Weitere Einzelfälle s Rn 27 ff.

24 **Keine Beeinträchtigung** einer vertragsmäßigen Verfügung liegt vor, wenn sich die spätere Verfügung auf einen **anderen Gegenstand** (Bruchteil der Erbschaft oder einzelnen Nachlassgegenstand) bezieht oder über denselben Gegenstand dasselbe bestimmt wie die vertragsmäßige Verfügung oder wenn die spätere Verfügung nur für den Fall getroffen wird, dass die vertragsmäßige Verfügung unwirksam ist oder wird oder gegenstandslos wird (Schiffner 140; Planck/Greiff Anm 3a). Daher hindert die gegenseitige Erbeinsetzung von Ehegatten in einem Erbvertrag nicht, schon zu Lebzeiten beider für den Fall, dass der andere Ehegatte zuerst sterben sollte, durch einseitiges Testament anderweitig über den gesamten Nachlass (OLG Stuttgart JW 1933, 2797) oder einzelne Gegenstände zu verfügen.

25 Das Recht des vertragsmäßig Bedachten wird nicht beeinträchtigt, wenn der Erblasser in einer weiteren Verfügung von Todes wegen **seine Rechtsstellung verbessert** (BGHZ 30, 261 = NJW 1959, 1730 mit **abl** Anm Bärmann NJW 1960, 142). Zu Lasten anderer vertragsmäßig Bedachter kann eine solche Besserstellung aber mit Rücksicht auf die vertragsmäßige Bindung diesen gegenüber nur gehen, wenn die Auslegung des Erbvertrags dies zulässt (vgl KG JFG 15, 229 = JW 1937, 2203). Eine formlose Zustimmung des Vertragsgegners würde nicht genügen (§§ 2290–2292 BGB; s unten Rn 41).

26 Die Beeinträchtigung des Bedachten wird nur durch Verbesserung seiner rechtlichen Stellung ausgeschlossen; seine **wirtschaftliche Besserstellung** steht der Beeinträchtigung nicht entgegen: Eine letztwillige Verfügung, die einer in einem Erbvertrag vertragsmäßig getroffenen widerspricht, beeinträchtigt das Recht des vertragsmäßig Bedachten auf jeden Fall. Sie kann nicht deswegen wirksam sein, weil sie, wirtschaftlich betrachtet, für den vertragsmäßig Bedachten günstiger ist als die erbvertragliche Regelung (BGHZ 26, 204 = NJW 1958, 498 = LM Nr 3 zu § 2289 BGB m Anm Johannsen = JZ 1958, 399 m krit Aufsatz Küster 394; BGH ZEV 2011, 306 [308]; OLG Frankfurt/Main FamRZ 2018, 641 [642]; Siebert, in: FS Hedemann [1958] 250 ff, 256 ff; vgl auch Coing NJW 1958, 689). Der Erblasser ist daher, wenn er sich nicht auf einen entsprechenden Vorbehalt im Erbvertrag berufen kann, nicht befugt, dem vertragsmäßig Bedachten das zugewandte Recht (Berufung zum alleinigen Vorerben) einseitig zu entziehen und ihm dafür ein Recht mit anderem Inhalt (Einsetzung zum Vollerben für einen Bruchteil der Erbschaft) zukommen zu lassen, mag dieses auch wirtschaftlich wertvoller sein (BGH NJW 1958, 498). In solchen Fällen ist allerdings zu prüfen, ob die Auslegung des Erbvertrags einen entsprechenden Vorbehalt zu der vom Erblasser vorgenommenen Änderung ergibt (NK-BGB/Hölscher/Kornexl[6] Rn 29 mit Zustimmung ua von Erman/S Kappler/T Kappler[16] Rn 3 sprechen daher eingängig davon, ob die spätere Verfügung mit dem **Nachlassverteilungsplan** des Erblassers vereinbar ist).

b) Testamentsvollstreckung

27 Beeinträchtigt wird der Vertragserbe zB durch die nachträgliche Anordnung einer **Testamentsvollstreckung** (BGH NJW 1962, 912; RGZ 139, 41 m Anm Boehmer JW 1933, 1301; KG HRR 1934 Nr 17; Kretzschmar JW 1914, 957; OLG München FamRZ 2009, 460; eingehend dazu auch Staudinger/Dutta [2021] Vorbem 48 ff zu § 2197; jurisPK/B Hamdan/M Hamdan/Schlinker[9] Rn 17; **aA** noch Harrer LZ 1926, 214; dass das Gesetz die Anordnung einer

Testamentsvollstreckung als Beeinträchtigung ansieht, ergibt sich auch aus Abs 2 iVm § 2338 Abs 1 BGB, vgl KG RJA 12, 18). Die nachträgliche einseitige Anordnung einer Testamentsvollstreckung ist grundsätzlich auch dann unwirksam, wenn der Vertragserbe vor oder nach dem Erbfall formlos zustimmt (KG JW 1938, 2746; Kipp/Coing § 38 N 12); seine Zustimmung bedarf der Form des § 2348 BGB (vgl Rn 41).

Zur Zulässigkeit späterer Änderungen im Rahmen angeordneter Testamentsvollstreckung gelten nicht nur die Erwägungen Rn 20 (vgl dazu auch Meyding ZEV 1994, 98); denn durch Änderungen in der Regelung der Testamentsvollstreckung kann auch der Vertragserbe beeinträchtigt sein. Ob er beeinträchtigt ist, ist durch einen Vergleich der Anordnungen im Erbvertrag mit den späteren Anordnungen festzustellen (BGH ZEV 2011, 306 m Anm Reimann = DNotZ 2011, 774 m Anm Muscheler/Metzler = FamRZ 2011, 885 gegen die Vorinstanz KG FamRZ 2010, 498 m Anm Reimann, das die spätere Verfügung anders ausgelegt hatte; BGH FamRZ 2012, 1869; jurisPK/B Hamdan/M Hamdan/Schlinker[9] Rn 17). 28

Aus § 2278 Abs 2 BGB ergibt sich, dass Regelungen, die die Testamentsvollstreckung betreffen, nicht vertragsmäßig sind, also vom Erblasser auch geändert werden können (Auswechslung des Testamentsvollstreckers), während eine „Verstärkung" der Testamentsvollstreckung den Erben beeinträchtigt (vgl Muscheler/Metzler = FamRZ 2011, 885). In den Entscheidungen v 17. 7. 2012 (ZEV 2013, 36 = FamRZ 2012, 1869) und v 13. 9. 2012 (ZEV 2013, 39) gibt der BGH zu erkennen, dass die Auswechslung des Testamentsvollstreckers den Vertragserben beeinträchtigen kann, wenn ihm der neue Testamentsvollstrecker weniger „nahe steht" (im ersten Fall Nähe zur Stiftung als Erbin, im zweiten Fall Ersetzen eines Familienangehörigen durch einen Familienfremden); die Wertung des § 2278 Abs 2 BGB und das Gebot der Rechtssicherheit verlangen zur Feststellung einer Beeinträchtigung des Vertragserben einen objektiven und strengen Maßstab; die Bestimmung eines zusätzlichen Testamentsvollstreckers allein genügt dem nicht (vgl BGH ZEV 2011, 306 m Anm Reimann). 29

Die Rechte eines Nießbrauchsvermächtnisnehmers werden durch die Anordnung einer Testamentsvollstreckung nicht beeinträchtigt, es sei denn, dass es sich um eine Vermächtnisvollstreckung nach § 2223 BGB handelt (KG RJA 16, 253; Kipp/Coing § 38 N 5). Wird die „angemessene" Vergütung eines Testamentsvollstreckers präzisiert, dh werden die in Tabellen, die in der Praxis üblich sind, vorgesehenen Prozentsätze nicht überschritte, dürfte keine Beeinträchtigung vorliegen (NK-BGB/Hölscher/Kornexl[6] Rn 35 mwN); anders liegt es dagegen, wenn – mit der wohl zulässigen Auswechslung der Person des Testamentsvollstreckers – überhaupt erst eine Vergütung eingeführt wird (OLG Schleswig ZEV 2020, 158 m Anm Knittel). 30

c) Vollmacht

Eine transmortale **General- und Vorsorgevollmacht** beeinträchtigt den Vertragserben schon im Ansatz grundsätzlich nicht, weil sie ein Rechtsgeschäft unter Lebenden darstellt. Sie kann daher helfen, wenn der Erblasser wegen der erbvertraglichen Bindung keinen Testamentsvollstrecker ernennen kann (Staudinger/Dutta [2021] Vorbem 97 zu § 2197). Anders dürfte es auch dann nicht liegen, wenn die Vollmacht als im Schwerpunkt oder ausschließlich postmortale Vollmacht ausgestaltet und unwiderruflich erteilt ist; selbst dann dürfte keine planwidrige Regelungslücke vorliegen, die mit einer analogen Anwendung von § 2289 Abs 1 S 2 BGB geschlossen werden 31 müsste (anders NK-BGB/Hölscher/Kornexl[6] Rn 35), denn der Vertragserbe kann seine Erbrechte ja wahrnehmen; diese sind durch die Vollmacht nicht ausgeschlossen, die Vollmacht steht nur daneben.

d) Teilungsanordnung

32 Nach der gesetzlichen Wertung ist auch eine **Teilungsanordnung** (selbst bei vollem Wertausgleich) als Beeinträchtigung anzusehen (s § 2306 Abs 1 BGB, § 2271 Rn 31, 56), kann also nachträglich einseitig nur getroffen werden, wenn sie ein – ausdrücklicher oder stillschweigender – Vorbehalt im Erbvertrag zulässt (**aA** BGH NJW 1982, 43 = MDR 1982, 124 unter nicht zutreffender Heranziehung des § 2270 Abs 3; **aA** auch BeckOGK/Müller-Engels [1. 7. 2022] Rn 69; NK-BGB/Hölscher/Kornexl[6] Rn 36; wie im Text dagegen MünchKomm/Musielak[9] Rn 10). Zwar trifft es zu, dass dem Miterben dann, wenn er auf eine bestimmte Quote eingesetzt und sonst nichts geregelt ist, nur ein Anteil am Auseinandersetzungsguthaben zusteht, nicht aber ein Anrecht auf einen bestimmten Gegenstand. Aber umgekehrt nimmt eine Teilungsanordnung, mit der ein Gegenstand einer bestimmten Person zugewiesen wird, den anderen Miterben die *Aussicht*, den Gegenstand zu erhalten. Das genügt für eine Beeinträchtigung.

e) Anrechnungsbestimmung

33 Durch die Bestimmung, sich eine Schenkung auf die erbvertragliche Zuwendung **anrechnen zu lassen**, wird der Bedachte ebenfalls beeinträchtigt (BGH ZEV 2010, 33, das Problem lag im unwirksamen Versuch, die Anrechnung durch schriftlichen Schenkungsvertrag unter Lebenden zu vereinbaren, die Beeinträchtigung ist selbstverständlich, Vorinstanz OLG München ZEV 2008, 344).

3. Unwirksamkeit des Erbvertrags

34 Wie schon erwähnt, ist Abs 1 S 2 nur anwendbar, wenn der (frühere) Erbvertrag wirksam ist und bleibt. Die spätere Verfügung von Todes wegen ist also wirksam, wenn der Erbvertrag oder die vertragsmäßige Verfügung, deren Beeinträchtigung in Frage steht, nichtig oder erfolgreich angefochten ist, wenn sie durch Aufhebung oder Rücktritt beseitigt oder wenn sie wegen Vorablebens des Bedachten, Ausschlagung, Erbverzichts oder Erbunwürdigkeit gegenstandslos wird (s Rn 15 ff; OLG Zweibrücken FamRZ 1989, 1355, 1356; = Rpfleger 1989, 459; Mot V 332 = Horn Rn 4; Strohal § 46 N 2; Planck/Greiff Anm 3a; BGB-RGRK/Kregel Rn 2).

4. Einseitige Verfügung

35 Die erbrechtliche Bindung des Erblassers nach Abs 1 S 2 bezieht sich nur auf **vertragsmäßige Verfügungen**. Einseitige Verfügungen (§ 2299 BGB) kann er jederzeit durch einseitige oder vertragliche Verfügungen von Todes wegen widerrufen oder ändern.

IV. Ausnahmen von der Bindung des Erblassers nach Abs 1 S 2

1. Vorbehalt abweichender Verfügungen

36 Nach dem Grundsatz der **Vertragsfreiheit** kann sich der Erblasser in dem Erbvertrag das Recht vorbehalten, später abweichende Verfügungen von Todes wegen zu tref-

fen, die getroffene Anordnung aufzuheben oder zu ändern oder beschränkende oder beschwerende Anordnungen wie die Ernennung eines Nacherben oder eines Testamentsvollstreckers, die Anordnung von Vermächtnissen oder Auflagen hinzuzufügen (BGHZ 26, 204 = NJW 1958, 498 = JZ 1958, 399 mit Aufsatz Küster 394 = LM Nr 3 zu § 2289 BGB m Anm Johannsen; RG DRW 1939, 312; KG JFG 15, 229; BayObLGZ 1961, 206 = NJW 1961, 1866; OLG Düsseldorf OLGZ 1966, 68; NK-BGB/Hölscher/Kornexl[6] Rn 39; Planck/Greiff Anm 3b; s ausführlich § 2278 Rn 21 ff).

Der Vorbehalt muss in der Form des § 2276 BGB vereinbart sein (BGHZ 26, 204); er kann aber durch **Auslegung** und auch **ergänzende Auslegung** zu ermitteln sein; es gelten die gleichen Erwägungen wie beim gemeinschaftlichen Testament (s deshalb § 2271 Rn 95 ff); auch der genaue Inhalt – Änderungsbefugnis unter Voraussetzungen, die unbestimmt sind – kann durch Auslegung ermittelt werden (OLG München FamRZ 2009, 547). 37

Die vorbehaltenen Verfügungen beeinträchtigen das Recht des vertragsmäßig Bedachten nicht, weil sein Recht von vornherein durch den Vorbehalt eingeschränkt war. Der Gesetzgeber sah keinen Anlass, einem solchen Vorbehalt Schranken zu ziehen: „Jeder Vorbehalt muss zulässig sein, sofern ein solcher nur nicht den Vertrag inhaltslos macht" (Mot V 332 = Horn Rn 7). 38

Zum zulässigen Inhalt solcher Vorbehalte, insbesondere zur Frage, ob sich die Erblasser im Erbvertrag die einseitige Aufhebung aller Verfügungen vorbehalten können oder ob dies mit dem Erbvertrag unvereinbar ist, s § 2278 Rn 21 ff. 39

Macht der Erblasser von dem Vorbehalt keinen Gebrauch, so berührt das die Wirksamkeit der vertragsmäßigen Verfügung nicht (§§ 2086, 2279 BGB; Planck/Greiff Anm 3b). Von dem Vorbehalt weiterer Verfügungen von Todes wegen ist zu unterscheiden – schon wegen der Verschiedenheit der Form des vorbehaltenen Geschäfts – der **Vorbehalt des Rücktritts** vom Erbvertrag (§§ 2293 ff BGB). In dem bloßen Vorbehalt des Rücktritts liegt nicht auch der Vorbehalt abändernder Verfügungen von Todes wegen (BGB-RGRK/Kregel Rn 3; zu den Unterschieden zwischen Rücktritts- und Änderungsvorbehalt s insbes J Mayer/Dietz, in: Reimann/Bengel/Dietz[7] § 2278 Rn 16 ff). 40

2. Zustimmung des Vertragsgegners oder des Bedachten

Die **formlose Zustimmung des Vertragsgegners** genügt nicht, um einer Verfügung von Todes wegen Wirkung zu verleihen, die das Recht des in einem früheren Erbvertrag vertragsmäßig Bedachten beeinträchtigen würde. Denn nach § 2291 Abs 2 BGB bedarf eine solche Zustimmung mindestens notarieller Beurkundung, wenn nicht sogar ein Aufhebungsvertrag nach § 2290 BGB erforderlich ist. Noch weniger kann die formlose **Zustimmung des Bedachten** (notwendig Beachtung von §§ 2352, 2348 BGB) genügen (BGHZ 108, 252, 254 = NJW 1989, 2618; OLG Köln NJW-RR 1994, 651, 653; KG JW 1938, 2746; OLG Hamm OLGZ 1974, 378 = NJW 1974, 1774; BayObLGZ 1974, 401 = MDR 1975, 318; Ivo ZEV 2003, 58; Lange/Kuchinke § 25 VI 3; Grüneberg/Weidlich Rn 7; Soergel/Zecca-Jobst[14] Rn 13 f; MünchKomm/Musielak[9] Rn 18; J Mayer/Röhl, in: Reimann/Bengel/Dietz[7] Rn 53 ff; Kipp/Coing § 38 III 6; Gegenauffassung s bei OLG Hamm OLGZ 1974, 378 und BayObLG 1974, 401; Siebert, in: FS Hedemann [1958] 262 will auch noch eine Zustim- 41 mung des Bedachten nach Eintritt des Erbfalls zulassen, die dann der Frist und Form der §§ 1944, 1945 bedürfe).

42 Allerdings kann die Zustimmung des Vertragsgegners, insbesondere aber die des Bedachten, den **Einwand der Arglist** begründen, wenn er sich später auf die Unwirksamkeit der mit seiner Zustimmung getroffenen beeinträchtigenden Verfügung beruft (s RGZ 134, 325; BGHZ 108, 252, 254 = NJW 1989, 2618 = DNotZ 1990, 803; OLG Düsseldorf ZEV 2017, 645 = ErbR 2017, 568: schriftliche Zustimmung und jahrzehntelange Zahlung der vermachten Leibrente ohne Einwendungen; BGH MDR 1958, 430 = DNotZ 1958, 495: Schließt der in einem gemeinschaftlichen Testament eingesetzte Schlusserbe später mit dem überlebenden Ehegatten einen Erbvertrag, so kann ihm die Einrede der Arglist entgegengehalten werden, wenn er sich auf die Unwirksamkeit des unter seiner Mitwirkung geschlossenen Erbvertrags nach § 2289 beruft).

3. Beschränkung in guter Absicht

43 Ist der vertragsmäßig Bedachte ein pflichtteilsberechtigter Abkömmling des Erblassers (vgl § 2303 Abs 1, § 2309 BGB), so kann dieser durch eine spätere letztwillige Verfügung ohne Zustimmung des Vertragsgegners, sogar ohne dessen Wissen und (wenn der Vertragsgegner ein Dritter ist) noch nach seinem Tod die nach § 2338 BGB zulässigen Anordnungen treffen (§ 2289 Abs 2 BGB), also die vertragsmäßige Zuwendung durch die Anordnung einer Nacherbfolge (§ 2100 BGB) oder eines Nachvermächtnisses (§ 2191 BGB) zugunsten der gesetzlichen Erben des Abkömmlings oder durch die Anordnung einer Verwaltungsvollstreckung für die Lebenszeit des Abkömmlings (§ 2209 BGB) beschränken – sog Beschränkung in guter Absicht. Obwohl es nach dem Wortlaut des Gesetzes („zulässigen") zweifelhaft sein könnte, ob § 2289 Abs 2 BGB nur wegen des Inhalts der Anordnungen oder auch hinsichtlich ihrer Voraussetzungen auf § 2338 BGB verweist, wird doch aufgrund des Zwecks der Vorschrift allgemein angenommen, dass der Erblasser die vertragsmäßige Zuwendung an den pflichtteilsberechtigten Abkömmling nur dann gemäß § 2338 BGB beschränken kann, wenn auch die dort vorgeschriebenen **Voraussetzungen** (Verschwendung oder Überschuldung) vorliegen (Planck/Greiff Anm 3b; Kipp/Coing § 38 II 5; BeckOGK/Müller-Engels [1. 7. 2022] Rn 100).

44 Dagegen ergibt sich der Gegenstand der Beschränkung aus § 2289 BGB, nicht aus § 2338 BGB: Der Erblasser kann die ganze vertragsmäßige Zuwendung, nicht bloß den Pflichtteil des Abkömmlings, durch eine Anordnung nach § 2338 BGB beschränken (KGJ 48, A 143; MünchKomm/Musielak[9] Rn 20).

45 Der Erblasser kann die Anordnung nur durch letztwillige Verfügung treffen (Abs 2, vgl § 2338 Abs 2 S 1 BGB iVm § 2336 Abs 1 BGB), nicht in der Form des Rücktritts (§ 2296 BGB). Ist die Anordnung in einem späteren Erbvertrag mit demselben Vertragsgegner enthalten, so ist sie als teilweise Aufhebung nach § 2290 BGB wirksam. Wird sie in einem Erbvertrag mit einem Dritten getroffen, so kann sie als einseitige Verfügung (§ 2299 BGB) gelten. Der Grund der Beschränkung muss zur Zeit der Anordnung bestehen und in ihr angegeben werden (vgl OLG Köln MDR 1983, 318). Der Beweis des Grundes obliegt dem, der sich auf die Beschränkung beruft (§ 2336 Abs 2, 3 BGB iVm § 2338 Abs 2 S 1 BGB). Hat sich der Abkömmling zur Zeit des Erbfalls dauernd von dem verschwenderischen Leben abgewendet oder ist er zu die-

sem Zeitpunkt nicht mehr überschuldet, so ist die Anordnung unwirksam (§ 2338 Abs 2 S 2 BGB; Planck/Greiff Anm 3b).

Da das Recht des Erblassers zur Beschränkung nach Abs 2 auf der familienrechtlichen Fürsorgepflicht der Eltern (und Voreltern) beruht, verstößt ein **Verzicht** auf dieses Recht gegen die guten Sitten und ist daher nichtig (§ 138 BGB; Prot V 422; VI 352; hM, Harrer LZ 1924, 29; MünchKomm/Musielak[9] Rn 20; kritisch, aber ohne klare Positionierung BeckOGK/Müller-Engels [1. 7. 2022] Rn 104). Auch läge darin ein Verstoß gegen § 2302 BGB (MünchKomm/Musielak[9] Rn 20; NK-BGB/Hölscher/Kornexl[6] Rn 51). **46**

§ 2289 Abs 2 BGB gestattet dem Erblasser nur, die vertragsmäßige Zuwendung zu beschränken, nicht aber, sie einseitig aufzuheben. Wenn sich aber der **Bedachte einer Verfehlung schuldig macht**, die den Erblasser gegenüber Abkömmlingen zur Entziehung des Pflichtteils berechtigt, so kann er von der vertragsmäßigen Verfügung zurücktreten (§ 2294 BGB) und dann dem Bedachten auch den Pflichtteil entziehen (§ 2333 BGB). Ohne vorherigen Rücktritt kann er das nicht, weil die Entziehung das Recht des vertragsmäßig Bedachten beeinträchtigt (Abs 1 S 2; BGB-RGRK/Kregel Rn 4). **47**

4. Beweislast

Die Darlegungs- und Beweislast für Tatsachen, die dem Recht des Vertragserben entgegenstehen, trägt derjenige, dem diese Tatsachen günstig sind, also zB derjenige, dem es zugutekäme, wenn die Voraussetzungen eines Änderungsvorbehalts vorlägen (OLG Düsseldorf FamRZ 2021, 395 [396] = ErbR 2020, 646 [648]; jurisPK/B Hamdan/M Hamdan/Schlinker[9] Rn 9.1). **48**

V. Auswirkung nur auf Verfügungen von Todes wegen

1. Andere Maßnahmen oder Rechtshandlungen

Die erbvertragliche Bindung wirkt sich nur auf beeinträchtigende Verfügungen von Todes wegen aus. An **anderen Maßnahmen oder Rechtshandlungen** ist der Erblasser nicht gehindert, auch soweit sie die Stellung des erbvertragsmäßig Eingesetzten – etwa durch die Schaffung neuer Pflichtteilsberechtigter oder die Erhöhung von Pflichtteilsansprüchen – beeinträchtigen. Dies gilt zB für die Eheschließung, den Abschluss eines Ehevertrags, die Adoption oder die Aufhebung eines Erbverzichts (s § 2286 Rn 13), aber auch für die Hoferklärung und für die Aufhebung der Hofeigenschaft (BGH NJW 1976, 1635). Zur Bedeutung einer Vollmacht s Rn 31. **49**

2. Ausdehnung auf lebzeitige Verfügungen

Als weiterer Versuch zur Verbesserung des Schutzes des vertragsmäßig Bedachten (vgl dazu § 2286 Rn 19 ff und § 2287 Rn 34 ff) wurde der Bereich der gemäß § 2289 BGB unwirksamen **Verfügungen von Todes wegen** zu Lasten des Bereichs der nach § 2286 BGB wirksamen lebzeitigen Verfügungen im Wege der Auslegung oder der analogen Anwendung des § 2289 BGB **ausgedehnt**. Am weitesten in diese Richtung ging Teichmann (MDR 1972, 1), der davon ausging, dass eine der Ausfüllung bedürftige Gesetzeslücke bestehe. Unter Zugrundelegung einer wirtschaftlichen Betrachtungs- **50** weise will er alle Verfügungen (der analogen Anwendung des) § 2289 BGB unterwerfen, die allein den Nachlass und nicht mehr den Erblasser selbst belasten, worunter seiner Ansicht nach auch Übertragungen unter Lebenden unter Vorbehalt des Nießbrauchs (bzw entsprechender Rechte, insbesondere eines Wohnungsrechts) fallen (TEICHMANN MDR 1972, 8). Dieser Gedanke schwang auch in den Entscheidungen des BGH zur „Aushöhlungsnichtigkeit" mit, wenn der BGH es als eines der Tatbestandsmerkmale unwirksamer Aushöhlungsgeschäfte ansah, dass diese nur in die äußerliche Form eines Rechtsgeschäfts unter Lebenden gekleidet, sachlich aber als Verfügungen von Todes wegen zu betrachten seien, weil der Erblasser kein eigenes lebzeitiges Interesse an ihnen habe und kein eigenes Opfer erbringe; der Gedanke hat sich schließlich in der Rspr des BGH zur „Beeinträchtigungsabsicht" iSv § 2287 BGB fortgesetzt, die vorliege, wenn der Erblasser kein „lebzeitiges eigenes Interesse" verfolge; vgl § 2286 Rn 26 ff und § 2287 Rn 35 ff). Mit Recht hat allerdings BUND (JuS 1968, 268, 272; vgl auch DITTMANN DNotZ 1958, 619, 629; SPELLENBERG FamRZ 1972, 349, 353) dargelegt, dass eine Gesetzeslücke nicht besteht, sodass eine ausdehnende Anwendung des § 2289 BGB im Wege der Analogie nicht möglich ist. Zur früheren Diskussion ausführlicher STAUDINGER/KANZLEITER (2019) Rn 23.

51 **Aufgabe des Gesetzgebers**, nicht der Anwendung des geltenden Rechts wäre es, an dem **unvollkommenen Schutz** des vertraglich Bedachten etwas **zu ändern**. Hierfür besteht jedoch kein Bedürfnis, zumal ein Schutz des vertraglich Bedachten durch ergänzende Vereinbarungen zum Erbvertrag, insbesondere die dinglich gesicherte Verpflichtung des Erblassers, über den zugewendeten Gegenstand nicht anderweitig zu verfügen, oder durch eine Zuwendung unter Lebenden, die auf den Tod aufschiebend bedingt oder deren Erfüllung auf den Tod aufgeschoben ist, anstelle eines Erbvertrags auch nach geltendem Recht möglich ist. Im Gegenteil ist durchaus nicht unzweifelhaft, ob für die Möglichkeit bindender Verfügungen von Todes wegen überhaupt eine Notwendigkeit besteht (s Einl 83 zu §§ 2274 ff).

§ 2290
Aufhebung durch Vertrag

(1) Ein Erbvertrag sowie eine einzelne vertragsmäßige Verfügung kann durch Vertrag von den Personen aufgehoben werden, die den Erbvertrag geschlossen haben. Nach dem Tode einer dieser Personen kann die Aufhebung nicht mehr erfolgen.

(2) Der Erblasser kann den Vertrag nur persönlich schließen.

(3) Ist für den anderen Teil ein Betreuer bestellt und wird die Aufhebung vom Aufgabenkreis des Betreuers erfasst, ist die Genehmigung des Betreuungsgerichts erforderlich.

(4) Der Vertrag bedarf der im § 2276 für den Erbvertrag vorgeschriebenen Form.

Materialien: E I § 1957; E II § 2156 rev § 2264; E III § 2263; Mot V 339 ff; Prot V 407 f, VI 100; JAKOBS/SCHUBERT ER II 1712–1756; HORN 1132 ff.

Schrifttum

S die Nachw bei § 2286.

Systematische Übersicht

Alphabetische Übersicht

I. Überblick über die §§ 2290–2292, Textgeschichte, Ausblick

Das Gesetz regelt in §§ 2290–2292 BGB die Aufhebung des Erbvertrags oder einzelner vertragsmäßiger Verfügungen in beiderseitigem Einverständnis, und zwar in § 2290 BGB die Aufhebung durch Vertrag zwischen den Personen, die den Erbvertrag geschlossen haben, in § 2291 BGB die Aufhebung einer vertragsmäßigen Vermächtnis- oder Auflagenanordnung durch Testament des Erblassers mit Zustimmung des anderen Vertragsteils, in § 2292 BGB die Aufhebung eines zwischen Ehegatten geschlossenen Erbvertrags durch gemeinschaftliches Testament der Ehegatten. In §§ 2293 ff BGB finden sich sodann Vorschriften für den Rücktritt vom Erbvertrag. 1

2 Die Vorschrift ist durch das Gesetz zur Bekämpfung von Kinderehen modifiziert worden (BGBl 2017 I 2499); so wurde Abs 2 S 2 aF aufgehoben, weil seither nur noch unbeschränkt Geschäftsfähige einen Erbvertrag schließen können (§ 2275 BGB). Entsprechend war Abs 2 S 2 nicht mehr nötig. § 2290 Abs 3 BGB wird mit Wirkung zum 1. 1. 2023 durch das Gesetz zur Reform des Vormundschafts- und Betreuungsrechts (BGBl 2021 I 882) ebenfalls aufgehoben, da die Genehmigungspflicht sich fortan aus § 1851 Nr 5 BGB nF ergibt; Abs 4 wird sodann zum Abs 3.

II. Der Aufhebungsvertrag

3 Wie schon aus der Rechtsnatur des Erbvertrags als eines echten Vertrags folgt, kann sowohl der Erbvertrag im Ganzen als auch eine einzelne in einem Erbvertrag vertragsmäßig getroffene Verfügung (§ 2278 BGB) durch Vertrag der Personen, die den Erbvertrag geschlossen haben, aufgehoben werden (Aufhebungsvertrag nach § 2290 Abs 1 S 1 BGB; Mot V 339 = Horn Rn 3 ff). Auch der Aufhebungsvertrag ist ein echter Vertrag (Strohal I § 462; NK-BGB/Horn[6] Rn 2). Er ist aber kein Erbvertrag (OLG Brandenburg NJW-RR 2021, 328; NK-BGB/Horn[6] Rn 2), was Folgen für die Möglichkeit der amtlichen Verwahrung hat (Rn 23).

4 Nach dem allgemeinen Grundsatz, dass ein Vertrag, der durch übereinstimmende Willenserklärung mehrerer Personen zustande gekommen ist, durch Einigung dieser Personen aufgehoben werden kann, können die Personen, die einen Erbvertrag geschlossen haben, diesen auch durch einen **späteren Erbvertrag** aufheben, ohne einen ausdrücklichen Aufhebungsvertrag nach § 2290 BGB abzuschließen oder in dem neuen Erbvertrag ausdrücklich zu erklären, dass der alte Erbvertrag aufgehoben sein solle (BayObLG FamRZ 1994, 190 = Rpfleger 1993, 448; jurisPK/B Hamdan/M Hamdan[9] Rn 8; Michalski/Schmidt, ErbR[5] Rn 298). Eine Regel, wie sie § 2258 BGB für das Testament gibt, hielt der Gesetzgeber beim Erbvertrag nicht für erforderlich, da die Frage, ob und inwieweit ein früherer Vertrag durch einen späteren aufgehoben oder aufrechterhalten wurde, nach den allgemeinen Grundsätzen über die Auslegung von Verträgen zu entscheiden sei (Mot V 341 = Horn Rn 9). Ob eine Verfügung des früheren Erbvertrags aufgehoben ist oder weiter gilt, entscheidet der spätere Erbvertrag und dessen Auslegung. Wird in dem späteren Erbvertrag von Ehegatten nur deren gegenseitige Erbeinsetzung wiederholt, die Bestimmung über die Schlusserbfolge aus dem früheren Erbvertrag dagegen nicht erwähnt, so liegt darin nicht eindeutig deren Widerruf (BayObLG Rpfleger 1993, 448 = MittRhNotK 1993, 121; gegen den Widerruf sprachen im konkreten Fall die Situation und weitere Umstände).

5 Aufgehoben werden können durch einen Aufhebungsvertrag sowohl **vertragsmäßige** als auch **einseitige Verfügungen** im Erbvertrag (s Rn 26). Eine im Erbvertrag einseitig getroffene Verfügung (§ 2299 BGB) kann der Erblasser einseitig aufheben wie eine letztwillige Verfügung (§ 2299 Abs 2 S 1, §§ 2253 ff BGB). Sie kann aber auch in einem Aufhebungsvertrag oder durch Ausübung des Rücktrittsrechts aufgehoben werden (§ 2299 Abs 2 S 2, 3 BGB). In einem Aufhebungsvertrag können auch **Verfügungen in** einem **Testament** aufgehoben werden.

6 Erleichtert ist die Aufhebung vertragsmäßiger Verfügungen bei **Vermächtnis- und Auflageanordnungen (§ 2291 BGB)** und bei **Erbverträgen zwischen Ehegatten (§ 2292 BGB).**

III. Vertragspartner des Aufhebungsvertrags; Aufhebungsvertrag und Erbverzicht; Rechtsverhältnis zu Erbvertragspartner und Bedachtem

1. Vertragspartner

Vertragspartner des Erblassers beim Aufhebungsvertrag ist nur der Vertragsgegner des Erbvertrags (Soergel/Zecca-Jobst[14] Rn 3), unabhängig davon, ob dieser im Erbvertrag bedacht ist oder nicht, beim mehrseitigen Erbvertrag sind es alle Vertragsgegner, nicht ein im Erbvertrag bedachter Dritter. 7

2. Verhältnis zum Zuwendungsverzicht

Mit dem Bedachten ist der Abschluss eines Erbverzichtsvertrags möglich (KG RJA 15, 180 = OLGE 36, 237), soweit er nicht der (einzige) Vertragsgegner des Erbvertrags war und eine vertragsmäßige, nicht nur einseitige Verfügung zu seinen Gunsten aufgehoben werden soll, weil dann § 2352 S 2 BGB einen Zuwendungsverzicht ausschließt und nur die Aufhebung nach § 2290 BGB zulässt (s OLG Stuttgart OLGZ 1979, 129 = DNotZ 1979, 107; kritisch Soergel/Zecca-Jobst[14] Rn 3; eingehend zum Verhältnis von Aufhebungsvertrag und Zuwendungsverzichtsvertrag Staudinger/Schotten [2022] § 2346 Rn 36 ff). Dies ist wegen der in verschiedenen Punkten unterschiedlichen Anforderungen des Gesetzes an Aufhebungsvertrag und Zuwendungsverzicht wichtig (für die allerdings kein sachlicher Grund zu erkennen ist). 8

§ 2352 S 2 BGB schließt nur den Zuwendungsverzicht mit dem (einzigen) Vertragspartner hinsichtlich vertragsmäßiger Verfügungen aus (s BayObLGZ 1965, 188; OLG Hamm FamRZ 2012, 1171; eingehend Staudinger/Schotten [2022] § 2352 Rn 44; Soergel/Zecca-Jobst[14] Rn 3; jeweils mit Nachw). Die bloße Mitunterzeichnung soll den Bedachten nicht in jedem Falle schon zum Vertragspartner machen und damit den Zuwendungsverzicht ausschließen (Endemann JW 1925, 2791; Planck/Greiff § 2352 Anm 3b; **aA** BayObLGZ 24, A 232 = OLGE 46, 241; Staudinger/Herzfelder[9]). Auf jeden Fall ist der **Zuwendungsverzicht beim mehrseitigen Erbvertrag** (wie er zwischen Eltern und Kindern nicht selten ist) zwischen jedem Erblasser und jedem Bedachten möglich (BayObLGZ 1965, 188 = NJW 1965, 1552; J Mayer ZEV 1996, 127, 129 f; ders/Röhl, in: Reimann/Bengel/Dietz[7] Rn 10). 9

Ein unwirksamer Aufhebungsvertrag kann in einen Zuwendungsverzicht umgedeutet werden (OLG Hamm FamRZ 2012, 1171 im Anschluss an BayObLGZ 1965, 188; zur Umdeutung in die Erklärung des Rücktritts vom Erbvertrag s unten Rn 25). 10

3. Zustimmungserfordernisse

Zur Aufhebung eines Erbvertrags oder einer vertragsmäßigen Verfügung nach § 2290 BGB ist die **Zustimmung des bedachten Dritten nicht erforderlich**, weil dieser vor dem Erbfall kein Recht, nicht einmal eine Anwartschaft, sondern nur eine rechtlich begründete Aussicht hat (Einl 8, 17 zu §§ 2274 ff; § 2286 Rn 19 f; BGHZ 12, 115, 118; jurisPK/B Hamdan/M Hamdan[7] Rn 7; Mot V 348; Schiffner JherJb 40, 93; Hellwig 626 ff). Trotzdem hat der bedachte Dritte schon vor dem Erbfall eine rechtlich begründete Aussicht mit einigem Schutz: Der Erblasser kann ihm die vertragsmäßige Zuwendung – außer bei Vorbehalt des Rücktritts nach § 2293 BGB, oder in den seltenen 11

Fällen des gesetzlichen Rücktrittsrechts nach §§ 2294, 2295 BGB – nicht einseitig entziehen (§ 2289 Abs 1 S 2, §§ 2290–2292 BGB) und nach dem Tode des Vertragsgegners überhaupt nicht mehr (§ 2290 Abs 1 S 2 BGB). Der Vertragsgegner wiederum kann ihm ohne den Erblasser seine Aussicht nicht verkürzen (ein Vorbehalt nach § 332 BGB wäre schon wegen § 2065 Abs 2 BGB unzulässig; zur Möglichkeit einer Feststellungsklage nach dem Tod des Erstversterbenden s Einl 18 zu §§ 2274 ff und § 2269 Rn 23 ff). Hingegen kann der Bedachte durch Vertrag mit dem Erblasser ohne Mitwirkung des Vertragsgegners auf die Zuwendung verzichten (§ 2352 BGB).

12 Wenn auch nur eine der Parteien des Erbvertrags stirbt, so ist eine Aufhebung nach § 2290 BGB nicht mehr möglich (§ 2290 Abs 1 S 2 BGB). Beim „mehrseitigen" Erbvertrag – nicht selten zwischen Eltern und Kindern – ist im Zweifel jeder Beteiligte Vertragspartner jedes anderen, sodass schon nach dem Tode eines Beteiligten die Aufhebung durch Aufhebungsvertrag ausgeschlossen ist (BGH vom 8. 11. 1965, wiedergegeben bei Johannsen WM 1969, 1222, 1229; andererseits ist beim mehrseitigen Erbvertrag ein Erbverzicht des Erblassers mit jedem Bedachten möglich, s oben Rn 9). **Stirbt der Vertragsgegner**, so kann der Erblasser einen Aufhebungsvertrag nicht etwa mit dessen Erben schließen (Mot V 339 = Horn Rn 3; OLG Schleswig NJW-RR 2006, 1665 [1666]; Erman/S Kappler/T Kappler[16] Rn 2). Diese Regelung soll, wie die angegebene Motivstelle (Mot V 339 = Horn Rn 3) berichtet, insbesondere auch den Bedachten schützen: Der Erblasser soll dieses Recht nicht mit Zustimmung des Erben des Vertragsgegners beseitigen können. Unter den allgemeinen Voraussetzungen kann der Erblasser allerdings den Erbvertrag auch dann noch durch **Anfechtung** oder **Rücktritt** beseitigen (§ 2281 Abs 2 BGB; § 2297 BGB; Ausnahme: § 2298 Abs 2 S 2 BGB).

13 In der Regel kann der Erblasser seine Verfügungsfreiheit nicht durch **Ausschlagung** des ihm von dem verstorbenen Vertragsgegner Zugewendeten zurückgewinnen. Eine Ausnahme gilt beim zweiseitigen Erbvertrag (§ 2298 Abs 2 S 3 BGB) entsprechend der Vorschrift des § 2271 Abs 2 S 1 BGB für das wechselbezügliche gemeinschaftliche Testament.

14 Während beim Aufhebungsvertrag die Zuziehung oder gar Zustimmung des Bedachten nicht erforderlich ist (s Rn 11 f), bedarf umgekehrt der Zuwendungsverzicht nicht der Zuziehung oder Zustimmung des Vertragsgegners, ist also auch noch nach dessen Tod möglich. § 2290 Abs 1 S 2 BGB steht nicht entgegen, weil er nur den Aufhebungsvertrag betrifft (KG RJA 15, 180 = OLGE 36, 237). Auch wenn der Vertrag des Erblassers mit dem vertragsmäßig bedachten Dritten nicht in der Form des § 2348 BGB abgeschlossen ist, so kann er doch uU bewirken, dass der Bedachte sich seine Zustimmung zu der Aufhebung oder Änderung der zu seinen Gunsten getroffenen vertragsmäßigen Verfügungen entgegenhalten lassen muss, wenn er die formgerechte Aufhebung arglistig verhindert hat (RGZ 134, 325; vgl auch BGH MDR 1958, 430 = DNotZ 1958, 495; BGHZ 108, 252 = DNotZ 1990, 803; MünchKomm/Musielak[9] Rn 5).

4. Vertragliche Bindung gegenüber dem vertragsmäßig Bedachten

15 Der Erblasser kann die Rechtsstellung des vertragsmäßig bedachten Dritten dadurch verstärken, dass er sich nachträglich auch ihm gegenüber vertraglich bindet. Ein solcher Vertrag ist, auch wenn er als Beitritt des Dritten zum Erbvertrag bezeichnet wird, in Wahrheit ein weiterer Erbvertrag, den der Erblasser mit dem bedachten

Dritten schließt (Mot V 348; Schiffner 81). Er bewirkt, dass die vertragsmäßige Zuwendung dem Dritten ohne seine Zustimmung nicht mehr entzogen werden kann, sofern nicht etwa der Erblasser sich den Rücktritt vorbehalten hat oder sonst ein Grund zum Rücktritt vorliegt (§§ 2293 ff BGB).

IV. Abschluss des Aufhebungsvertrags, Form

Die formalen Erfordernisse des Aufhebungsvertrages sind im Allgemeinen dieselben wie beim Erbvertrag (§§ 2274–2276 BGB). Der Erblasser kann den Aufhebungsvertrag wie den Erbvertrag nur persönlich schließen (§ 2290 Abs 2 BGB; vgl §§ 2064, 2274, 2284, 2296 BGB; s BGH ErbR 2013, 148). Er kann hierbei weder im Willen noch in der Erklärung, weder durch einen gesetzlichen Vertreter noch durch einen Bevollmächtigten vertreten werden. Einem **Einwilligungsvorbehalt** kann der betreute Erblasser für den Abschluss des Aufhebungsvertrags nicht unterstellt werden (vgl § 1903 Abs 2 Nr 4 BGB = § 1825 Abs 2 Nr 4 ab 1. 1. 2023 und Staudinger/Bienwald [2017] § 1903 Rn 95 ff). Ein Geschäftsunfähiger oder beschränkt Geschäftsfähiger (zur Abschaffung von Abs 2 S 2 aF s Rn 2) kann einen Aufhebungsvertrag nach § 2290 BGB nicht schließen. Dies gilt aber nur für den Vertragsteil, der als Erblasser beteiligt ist, nicht auch für den Vertragsgegner (dazu ausf Rn 18), es sei denn, dass dieser zugleich auch als Erblasser handelt. 16

Auch in einem **Prozessvergleich** kann ein Aufhebungsvertrag nur geschlossen werden, wenn der Erblasser persönlich anwesend ist (Haberstumpf BayNotZ 1915, 10; zur Aufhebung eines gemeinschaftlichen Testaments durch Prozessvergleich s OLG Köln OLGZ 1970, 114); im Anwaltsprozess müssen die Erklärungen sowohl vom Erblasser als auch von seinem Anwalt abgegeben werden (BayObLGZ 1965, 86 = NJW 1965, 1276, vgl § 2276 Rn 8 f). 17

Für den Vertragsgegner, der nicht zugleich Erblasser ist, gelten die allgemeinen Regeln über Geschäftsfähigkeit, gesetzliche Vertretung und Vollmacht, §§ 104, 164 ff BGB (s dazu ausf NK-BGB/Horn[6] Rn 10 ff). Ist er geschäftsunfähig, so kann sein gesetzlicher Vertreter für ihn handeln (§§ 1629, 1793, 109 BGB). Ist er in der Geschäftsfähigkeit beschränkt, so bedarf er zum Abschluss des Vertrages der Zustimmung seines gesetzlichen Vertreters (§§ 107, 108 BGB). 18

Wenig überzeugend ist, dass § 2290 Abs 3 BGB in der Fassung durch das Gesetz zur Bekämpfung von Kinderehen v 17. 7. 2017 (BGBl I 2429) bei Tätigwerden eines Betreuers die Genehmigung des Betreuungsgerichts vorschreibt, nicht aber bei Vertretung des Vertragspartners durch Eltern oder Vormund (kritisch auch Grüneberg/Weidlich Rn 2 unter Hinweis auf § 2347 BGB). Die Norm entfällt mit Wirkung ab 1. 1. 2023 (s Rn 2); ihr Inhalt findet sich ab dann in § 1851 Nr 4 BGB nF. 19

Mit Rücksicht auf die nach Abs 4 (ab 1. 1. 2023: Abs 3) vorgeschriebene Form dürften sich aus dem in Rn 19 Gesagten kaum negative Konsequenzen ergeben. Die Zustimmung des gesetzlichen Vertreters und die Genehmigung des Familien- bzw Betreuungsgerichts können auch nachträglich erteilt werden (§§ 108, 1829, 1908i, 1643 Abs 3 BGB). Auch wenn der Vertragsgegner zugleich als Erblasser verfügt, ist die Genehmigung des Betreuungsgerichts doch insoweit erforderlich, als er die aufhebenden (oder ändernden, also teilweise aufhebenden) Erklärungen des Erblassers annimmt. 20

21 Nach § 2290 Abs 4 BGB (ab 1. 1. 2023: § 2290 Abs 3 BGB) bedarf der Aufhebungsvertrag derselben Form wie der Erbvertrag, also der notariellen Beurkundung (§ 2276 Abs 1 BGB; vgl Mot V 341 N 1 = Horn Rn 7). Wird der Aufhebungsvertrag zwischen Ehegatten oder Verlobten mit einem Ehevertrag in derselben Urkunde verbunden, so genügt beim Aufhebungsvertrag wie beim Erbvertrag die Form des Ehevertrags (§§ 2276 Abs 2, 1410 BGB).

22 Die formlose Zustimmung des Vertragsgegners oder des vertragsmäßig Bedachten (oder beider) genügen nicht, um einer beeinträchtigenden Verfügung von Todes wegen Wirkung zu verleihen (BGHZ 108, 252, 254 = NJW 1989, 2618 = DNotZ 1990, 803; BayObLGZ 1974, 401 = MDR 1975, 318; OLG Hamm OLGZ 1974, 378 = NJW 1974, 1774; s dazu § 2289 Rn 41); stimmt der Bedachte einer beeinträchtigenden Verfügung zu, so kann aber der Einwand der Arglist entgegenstehen, wenn er die Unwirksamkeit dieser Verfügung später geltend macht (s § 2289 Rn 42).

23 Nicht anwendbar sind die Vorschriften über die besondere amtliche Verwahrung (**aA** Commichau MittBayNot 1998, 235). Der – bloße – Aufhebungsvertrag kann daher nicht in die besondere **amtliche Verwahrung** gegeben werden (OLG Brandenburg NJW-RR 2021, 328; NK-BGB/Horn[6] Rn 2). Auch § 2300 Abs 2 BGB gilt für ihn nicht, eine Rücknahme aus der Verwahrung des Notars nach § 2300 Abs 2 BGB – gar mit Aufhebungswirkung – ist vom Gesetz nicht vorgesehen.

24 Die einvernehmliche Rücknahme des amtlich verwahrten Erbvertrags aus der Verwahrung hat nach § 2300 Abs 2 BGB (eingefügt durch G v 23. 7. 2002, BGBl I 2850) die Wirkung der Aufhebung.

25 Die **Umdeutung** der Erklärung des Erblassers in einem (form-)unwirksamen Aufhebungsvertrag in dessen Rücktritt vom Erbvertrag ist möglich (OLG Hamm DNotZ 1977, 751), wegen der Bedingungsfeindlichkeit des Rücktritts aber nicht, wenn unter einer Bedingung abgegeben (OLG Stuttgart DNotZ 1979, 107). Zur Umdeutung in einen Erbverzichtsvertrag s oben Rn 10.

V. Wirkung des Aufhebungsvertrags

26 Der Aufhebungsvertrag bewirkt, dass der aufgehobene Erbvertrag oder die aufgehobenen **vertragsmäßigen Verfügungen** kraftlos werden. Im letzteren Fall bleiben die übrigen vertragsmäßigen Verfügungen bestehen. Dagegen erstreckt sich die vernichtende Wirkung des Aufhebungsvertrages im Zweifel auch auf **einseitige Verfügungen**, die in dem Erbvertrag getroffen waren (§ 2299 Abs 3 BGB). Geht die Absicht der Beteiligten nur dahin, die Bindung des Erblassers an den Erbvertrag, genauer: an seine vertragsmäßigen Verfügungen, zu beseitigen, so bleiben diese als einseitige Verfügungen bestehen (Strohal I § 46 II; Hellwig 632; Schiffner 159; Planck/Greiff Anm 1; Soergel/Zecca-Jobst[14] Rn 9; NK-BGB/Horn[6] Rn 14; Leonhard III D nahm in diesem Fall eine Verbindung von Aufhebungsvertrag und Testament an; ebenso Kipp/Coing § 39 N 1).

27 Wird eine vertragsmäßige Verfügung in einem Aufhebungsvertrag oder in einem neuen Erbvertrag nicht schlechthin aufgehoben, sondern **geändert**, so wird darin im Allgemeinen eine Aufhebung der alten Verfügung, verbunden mit einer neuen ver-

tragsmäßigen Verfügung, zu erblicken sein. Es ist aber auch denkbar, dass die neue Verfügung nur die Bedeutung einer einseitigen Verfügung (§ 2299 BGB) haben soll.

Wird der Aufhebungsvertrag seinerseits aufgehoben oder sonstwie beseitigt, so lebt der ursprüngliche Erbvertrag im Zweifel wieder auf (Hellwig 670; Strohal I § 46 N 32; Leonhard V; Planck/Greiff Anm 5; Kipp/Coing § 39 IV; NK-BGB/Horn[6] Rn 15; BeckOK/Litzenburger [1. 5. 2022] Rn 8). Die entsprechende Anwendung der Vorschriften in §§ 2257, 2258 Abs 2 BGB (es handelt sich jeweils um eine Zweifelsregel; abweichende Ergebnisse sind also denkbar, Staudinger/Baumann § 2258 Rn 33) lässt sich zwar nicht auf § 2279 BGB stützen, sie entspricht aber dem Grundgedanken jener Bestimmung. Da die Aufhebung des Aufhebungsvertrags dem Abschluss eines neuen Erbvertrags gleichkommt, müssen hierbei die Vorschriften der §§ 2274–2276 BGB eingehalten werden. Wenn die Wiederherstellung des alten Erbvertrags beabsichtigt ist, so empfiehlt es sich, ihn in dem neuen Erbvertrag ausdrücklich zu erneuern (Kretzschmar § 52 N 17). 28

VI. Unwirksamkeit des Aufhebungsvertrags; keine Insolvenzanfechtung

1. Verstoß gegen die guten Sitten

Die Aufhebung eines Erbvertrages verstößt nur ganz ausnahmsweise unter den allgemeinen strengen Voraussetzungen gegen die guten Sitten. Ein solcher Verstoß liegt nicht vor, wenn der Erbteil, der dem Sohn des Erblassers zugedacht war, nunmehr den Abkömmlingen des Sohnes zugewendet wird, um ihn dem Zugriff der Gläubiger des Sohnes zu entziehen. Denn eine solche Absicht entspricht dem Grundgedanken des § 2338 Abs 1 BGB und der vertragsmäßig Bedachte hat vor dem Erbfall kein Recht auf die Zuwendung (RG LZ 1919, 436). Deshalb ist auch eine Aufhebung in der Absicht, die Erbschaft einem Dritten zukommen zu lassen, ohne dass hierfür in der Person des bisher Bedachten ein Grund vorläge, nicht sittenwidrig. 29

Hat der Vertragsgegner die Aufhebung des Erbvertrags arglistig herbeigeführt, so ist die Aufhebung zwar wirksam (Lange/Kuchinke § 25 VII 3 Fn 238), kann aber uU angefochten werden (s Rn 31); der geschädigte Bedachte kann gegen den Vertragsgegner uU Schadensersatzansprüche nach § 823 Abs 2, § 826 BGB erheben. Hat der Bedachte die Aufhebung des Erbvertrags arglistig verhindert, so kann er sich auf den Erbvertrag nicht berufen, ihm gegenüber gilt die Aufhebung als erfolgt (RGZ 134, 325; im konkreten Fall war der Erbvertrag von vornherein formunwirksam). 30

2. Anfechtung

Für die Anfechtung des Aufhebungsvertrags gelten die §§ 2078 ff BGB entsprechend. Zwar sieht § 2279 BGB die entsprechende Anwendung des Testamentsrechts nur für „vertragsmäßige Zuwendungen und Auflagen" vor. Es liegt aber nahe, die Vorschriften, die für vertragsmäßige Verfügungen gelten, auch auf ihr Gegenstück, die Rechtsgeschäfte zur Aufhebung vertragsmäßiger Verfügungen, entsprechend anzuwenden, zumal das Gesetz in § 2081 BGB positive und negative Verfügungen gleichstellt (hM; Grüneberg/Weidlich Rn 4; BeckOK/Litzenburger [1. 5. 2022] Rn 8; Planck/Greiff Anm 4b; Kipp/Coing § 39 V; Lange/Kuchinke § 25 III 3 d; vLübtow I 455; Münch 31

Komm/Musielak[9] Rn 12 mwNw in Fn 28; BeckOGK/Müller-Engels [1. 7. 2022] Rn 37; **aA** BGB-RGRK/Kregel Rn 9; Staudinger/Herzfelder[9] Anm 6; Soergel/Wolf[13] Rn 10; widersprüchlich Soergel/Zecca-Jobst[14] Rn 10).

32 Zur Anfechtung berechtigt sind auf jeden Fall die Personen, denen der Wegfall des Aufhebungsvertrages unmittelbar zustattenkommt (§§ 2080, 2279 BGB), also die in dem aufgehobenen Erbvertrag oder in der aufgehobenen vertragsmäßigen Verfügung Bedachten. Aber auch der Erblasser selbst muss zur Anfechtung berechtigt sein. Zwar gestattet ihm § 2281 BGB nur die Anfechtung des Erbvertrags. Die entsprechende Anwendung auf den Aufhebungsvertrag ist aber wegen der Ähnlichkeit der Rechtslage und wegen des Zusammenhangs zwischen dem Anfechtungsrecht des Erblassers und dem der in § 2080 BGB bezeichneten Personen (§ 2085 BGB) geboten (Planck/Greiff Anm 4b). Wohl könnte der Erblasser jederzeit eine einseitige Verfügung von Todes wegen errichten, die den gleichen Inhalt hat wie die aufgehobene vertragsmäßige Verfügung (Prot V 408 = Horn Rn 25); aber diese Möglichkeit macht die Anfechtung des Aufhebungsvertrags nicht überflüssig, weil die einseitige Verfügung eine schwächere Wirkung hat als die vertragsmäßige. Der Erblasser kann zB ein Interesse daran haben, durch Anfechtung des Aufhebungsvertrags eine vertragsmäßige Verfügung rückwirkend wiederherzustellen, weil dann ein inzwischen abgeschlossener Erbvertrag zugunsten eines Dritten unwirksam bleibt (§ 2289 Abs 1 S 2 BGB), während der erneute Abschluss des ursprünglichen Erbvertrags oder eine einseitige Verfügung von Todes wegen in dessen Sinne diese Wirkung nicht herbeiführen könnten.

33 Der **Vertragsgegner**, der den Aufhebungsvertrag nicht zugleich als Erblasser abgeschlossen hat, kann ihn nur dann nach §§ 2078 ff BGB anfechten, wenn er in dem aufgehobenen Erbvertrag oder in der aufgehobenen vertragsmäßigen Verfügung bedacht war, sodass er zu dem in § 2080 BGB umschriebenen Personenkreis gehört. Andernfalls kann er nur nach §§ 119 ff BGB anfechten.

3. Keine Insolvenzanfechtung

34 Wie ein Erbverzicht ist auch die Mitwirkung des Vertragserben an der Aufhebung des Erbvertrags höchstpersönlich und deshalb **nicht** nach **§§ 129 ff InsO** anfechtbar (BGH ZEV 2013, 266 = FamRZ 2013, 373 = ErbR 2013, 148; s § 83 Abs 1 InsO).

§ 2291
Aufhebung durch Testament

(1) Eine vertragsmäßige Verfügung, durch die ein Vermächtnis oder eine Auflage angeordnet sowie eine Rechtswahl getroffen ist, kann von dem Erblasser durch Testament aufgehoben werden. Zur Wirksamkeit der Aufhebung ist die Zustimmung des anderen Vertragschließenden erforderlich; die Vorschrift des § 2290 Abs. 3 findet Anwendung.

(2) Die Zustimmungserklärung bedarf der notariellen Beurkundung; die Zustimmung ist unwiderruflich.

Materialien: E II § 2157 rev § 2265; E III § 2264; Prot V 415, VI 397; Jakobs/Schubert ER II 1722–1755; Horn 1138 ff

Schrifttum

S die Nachw bei § 2286.

I. Grund und Inhalt der Vorschrift

§ 2291 BGB wurde – entgegen Entwurf I und den Darlegungen in Mot V 346, aber in Übereinstimmung mit § 1516 BGB – in das Gesetz aufgenommen, um für die Aufhebung weniger wichtiger vertragsmäßiger Verfügungen einen einfacheren Weg zu schaffen als den des Aufhebungsvertrags (Prot V 417 = Horn § 2299 Rn 32 f). In dem Stadium des Gesetzgebungsverfahrens, in dem § 2291 BGB eingefügt wurde, war das privatschriftliche Testament noch nicht vorgesehen. Nach Zulassung des privatschriftlichen Testaments bedeutet § 2291 BGB nun, dass für das Widerrufstestament selbst die Form des eigenhändigen Testaments nach § 2247 BGB genügt, während die Zustimmungserklärung des Vertragsgegners der notariellen Beurkundung bedarf (§ 2291 Abs 2 BGB). 1

Die Erleichterung, die § 2291 BGB den Beteiligten gewährt, gilt nur für die Aufhebung vertragsmäßiger Vermächtnis- und Auflageanordnungen und einer vertragsmäßigen Rechtswahl, nicht für vertragsmäßige Erbeinsetzungen. Große praktische Bedeutung hat die Vorschrift nicht erlangt. 2

Abs 1 Hs 2 wird mit Wirkung zum 1. 1. 2023 durch das Gesetz zur Reform des Vormundschafts- und Betreuungsrechts (BGBl 2021 I 882) aufgehoben; das Erfordernis zur Genehmigung folgt ab dann aus § 1851 Nr 6 kF BGB (s auch § 2290 Rn 2). 3

II. Rechtliche Natur des Aufhebungstestaments

§ 2291 BGB hält daran fest, dass zur Aufhebung einer vertragsmäßigen Verfügung eine hierauf gerichtete Willenserklärung beider Parteien des Erbvertrags erforderlich ist. Er erleichtert nur die Form für diese Willenserklärungen. Deshalb handelt es sich nur der Form nach um ein Testament, der Sache nach aber um einen Vertrag (Erman/S Kappler/T Kappler[16] Rn 1; Grüneberg/Weidlich[81] Rn 1; BeckOK/Litzenburger [1. 5. 2022] Rn 2; J Mayer/Röhl, in: Reimann/Bengel/Dietz[7] Rn 2; NK-BGB/Horn[6] Rn 2; HK/Hoeren[11] Rn 2; Burandt/Rojahn/Burandt[4] Rn 2; Lange/Kuchinke § 25 VII 3 b Fn 242; Keller ZEV 2004, 93 [94]; **aA** Staudinger/Herzfelder[9]; Planck/Greiff Anm 3; MünchKomm/Musielak[9] Rn 2 f; BeckOGK/Müller-Engels [1. 7. 2022] Rn 6; Damrau/Tanck/Kind[4] Rn 2; wohl auch Soergel/Zecca-Jobst[14] Rn 6 wegen der Positionierung zur Frage, ob der Widerruf nur mit Zustimmung des anderen Teils zulässig ist; offengelassen von jurisPK/B Hamdan/M Hamdan[9] Rn 3, 7). Das ist wichtig für die Frage, welche Bedeutung dem Widerruf des Aufhebungstestaments zukommt (s Rn 1). 4

III. Form und Inhalt des Aufhebungstestaments

5 Der Erblasser kann die vertragsmäßige Vermächtnis- oder Auflageanordnung und die Rechtswahl sowohl durch öffentliches als auch durch eigenhändiges Testament oder Nottestament sowie durch Verfügung in einem gemeinschaftlichen Testament oder in einem Erbvertrag aufheben (§§ 2232 f, 2247, 2249–2251, 2265, 2278 Abs 2, 2299 BGB). Das Aufhebungstestament kann die vertragsmäßige Anordnung schlechthin widerrufen, es kann aber auch durch eine widersprechende Verfügung die Aufhebung oder Änderung (also teilweise Aufhebung) zum Ausdruck bringen (§§ 2254, 2258 BGB). Ob der Erblasser fähig ist, ein Aufhebungstestament zu errichten, ist nach § 2229 BGB zu beurteilen (NK-BGB/Horn[6] Rn 3). Teilweise wird gesagt, die Fähigkeit, ein Aufhebungstestament zu errichten, richte sich nicht nach § 2290 Abs 2 BGB (zB BeckOGK/Müller-Engels [1. 7. 2022] Rn 8; NK-BGB/Horn[6] Rn 3). Seit der Abschaffung von § 2290 Abs 2 S 2 BGB im Jahr 2017 (§ 2290 Rn 2) geht der Verweis auf § 2290 Abs 2 aber ohnehin ins Leere; dort war vorher geregelt, dass ein in der Geschäftsfähigkeit beschränkter Erblasser zur Aufhebung nicht der Zustimmung seines gesetzlichen Vertreters bedurfte.

IV. Zustimmung des Vertragsgegners

6 Das Aufhebungstestament bedarf zu seiner Wirksamkeit der Zustimmung des Vertragsgegners (§ 2291 Abs 1 S 2 BGB). Da Aufhebungstestament und Zustimmungserklärung zusammen der Sache nach Vertrag sind (Rn 4), können die §§ 182 ff BGB direkt angewandt werden (die übrige Literatur wendet §§ 182 ff entsprechend an, NK-BGB/Horn[6] Rn 4; MünchKomm/Musielak[9] Rn 4 m Fn 7). Der Vertragsgegner kann daher seine Zustimmung vor Errichtung des Aufhebungstestaments (Einwilligung) oder danach (Genehmigung) erteilen.

7 Die Zustimmung zur Aufhebung eines vertragsmäßigen Vermächtnisses oder einer Auflage kann auch schon im Erbvertrag im Voraus erklärt werden. Wenn sich freilich der Vertragsgegner im Erbvertrag ohne jede Einschränkung mit der Aufhebung einverstanden erklärt, so wird die Anordnung des Vermächtnisses oder der Auflage nicht als vertragsmäßige Verfügung angesehen werden können (Strohal I 399; Grüneberg/Weidlich[81] Rn 2; Erman/S Kappler/T Kappler[16] Rn 2).

8 Die Zustimmung liegt nicht schon darin, dass der Vertragsgegner im Erbvertrag auf den Vorbehalt des Rücktritts (§ 2293 BGB) eingeht; denn der Rücktritt unterliegt strengeren Formvorschriften als das Aufhebungstestament (§ 2296 Abs 2 BGB; MünchKomm/Musielak[9] Rn 5; Planck/Greiff Anm 2a; Strohal I § 46 N 46; **aA** Hellwig 643).

9 Nach dem Tod des Vertragsgegners kann die Zustimmung nicht mehr erteilt werden, sie kann nicht etwa von seinen Erben erklärt werden (Prot V 421; OLG Hamm DNotZ 1974, 627, 630; Planck/Greiff Anm 2b; Soergel/Zecca-Jobst[14] Rn 3). Denn da die Aufhebung nach § 2291 BGB der nach § 2290 BGB gleicht (s Rn 4), ist § 2290 Abs 1 S 2 BGB hier entsprechend anzuwenden, zumal diese Bestimmung nur zur Ausräumung jeden Zweifels getroffen worden ist, obwohl „das Recht, in die Aufhebung oder Änderung eines Erbeinsetzungsvertrages zu willigen, schon an sich als ein höchstpersönliches Recht des anderen Vertragschließenden angesehen werden kann" (Mot V 339). Dass die Rechte des Vertragsgegners, die sich aus der Bindung des Erblassers

an den Erbvertrag ergeben, nach Ansicht des Gesetzes nicht auf seine Erben übergehen, zeigt sich auch darin, dass sich das Recht zum Rücktritt vom Erbvertrag nach dem Tod des Vertragsgegners in ein Recht zur (rein einseitigen) Aufhebung verwandelt (§§ 2297, 2298 Abs 2 S 3 BGB).

Nach § 130 BGB ist eine Zustimmungserklärung auch dann wirksam, wenn sie dem Erblasser erst nach dem Tode des Zustimmenden zugeht (vgl Kipp/Coing § 39 II). Hat der Vertragsgegner zugestimmt, so kann der Erblasser die vertragsmäßige Verfügung auch noch nach dem Tode des Vertragsgegners aufheben (ebenso BeckOGK/Müller-Engels [1. 7. 2022] Rn 16). 10

Auch nach dem Tod des Erblassers kann die Zustimmung nicht mehr erklärt werden. § 2290 Abs 1 S 2 BGB gilt wiederum entsprechend. Außerdem folgt dies aus der allgemeinen Erwägung, dass – da nach dem BGB mit dem Erbfall sofort die Erbfolge eintritt (§ 1922 BGB) – nur solche Verfügungen von Todes wegen Wirkungen entfalten können, die zZ des Erbfalls bereits abgeschlossen sind. Die Zustimmung kann deshalb nach dem Tode des Erblassers auch nicht mehr wirksam zugehen, selbst wenn sie vorher erklärt wurde (Lange/Kuchinke § 25 IV 2; vLübtow I 456; Soergel/Zecca-Jobst[14] Rn 3). Die nach dem Erbfall erteilte Zustimmung kann daher auch nicht – entsprechend § 184 BGB – auf den Zeitpunkt der Errichtung des Aufhebungstestaments zurückwirken. Sie kann nicht mit der Anfechtung oder der bedingten Zuwendung verglichen werden; denn die Anfechtung (§§ 2078 ff, 2281 ff, 142 BGB) ist keine Verfügung von Todes wegen, der Eintritt der Bedingung (§§ 2074 ff BGB) ist nicht Bestandteil der Verfügung von Todes wegen, in der die bedingte Zuwendung enthalten ist. 11

Die Zustimmungserklärung des Vertragsgegners bedarf der notariellen Beurkundung (§ 2291 Abs 2 HS 1 BGB). Seine formlose Zustimmung genügt also nicht (vgl BayObLGZ 1974, 401 = MDR 1975, 318; OLG Hamm OLGZ 1974, 378 = NJW 1974, 1774; NK-BGB/Horn[6] Rn 7). Es ist erforderlich, dass dem Erblasser von der Zustimmungserklärung eine Ausfertigung zugeht (BeckOK/Litzenburger [1. 5. 2022] Rn 6), denn er soll wissen, dass er die unbeschränkte Testierfreiheit zurückgewonnen hat (§ 130 BGB; vgl § 182 BGB; Planck/Greiff Anm 2b; Harrer LZ 1924, 15). 12

Für einen Geschäftsunfähigen gilt dasselbe wie beim Aufhebungsvertrag (s § 2290 Rn 18 ff). § 2290 Abs 3 BGB ist ausdrücklich für anwendbar erklärt (§ 2291 Abs 1 S 2 BGB), wird aber mit Wirkung zum 1. 1. 2023 ebenso wie Abs S 2 aufgehoben (Rn 3). Steht der Vertragsgegner unter Betreuung und besteht für den Aufhebungsvertrag ein Einwilligungsvorbehalt – was insoweit zulässig ist, da es kein höchstpersönliches Rechtsgeschäft darstellt; § 1903 Abs 2 Nr 4 BGB (zum 1. 1. 2023 § 1825 Abs 2 Nr 4 BGB) ist teleologisch zu reduzieren – so bedarf die Zustimmung, die vom Betreuer zu erteilen ist, der Genehmigung des Betreuungsgerichts (eingehend NK-BGB/Horn[6] Rn 7a, NK-BGB/Horn[6] § 2290 Rn 11a mwN). 13

Die Zustimmung ist, wenn sie einmal erklärt ist, unwiderruflich (§ 2291 Abs 2 HS 2 BGB). Sie kann auch nicht etwa bis zur Errichtung des Aufhebungstestaments widerrufen werden (Planck/Greiff Anm 2b; BeckOGK/Müller-Engels [1. 7. 2022] Rn 12; anders § 183 BGB). Die Zustimmung bleibt wirksam, wenn der Vertragsgegner stirbt, sodass der Erblasser das Aufhebungstestament auch noch nach dem Tode des Vertragsgegners errichten kann (s Rn 10). 14

15 Die **Zustimmung des bedachten Dritten** ist – wie beim Aufhebungsvertrag – weder erforderlich noch ausreichend. Dazu, dass die (auch formlose) Zustimmung des Bedachten den Einwand der Arglist gegen die Geltendmachung der erbvertragsmäßigen Zuwendung begründen kann, s § 2289 Rn 19.

V. Widerruf des Aufhebungstestaments

16 Wenn der Erblasser das Aufhebungstestament ohne vorherige Zustimmung des Vertragsgegners errichtet hat, so kann er es nach den Vorschriften des Testamentsrechts (§§ 2253 ff BGB) widerrufen, solange der Vertragsgegner noch nicht zugestimmt hat (NK-BGB/Horn[6] Rn 10). Die Folgen ergeben sich aus §§ 2257, 2258 Abs 2 BGB.

17 Ist die Zustimmung wirksam geworden, so kann der Erblasser das Aufhebungstestament nicht mehr einseitig widerrufen, weil Aufhebungstestament und Zustimmung ihrem Inhalt nach ein Vertrag sind (s Rn 4; wie hier Harrer LZ 1924, 14; Grüneberg/Weidlich[81] Rn 3; Kipp/Coing § 39 IV; Höfer BWNotZ 1984, 113, 116; Soergel/Zecca-Jobst[14] Rn 6; Damrau/Tanck/Kind[4] Rn 3; Erman/S Kappler/T Kappler[16] Rn 3; **aA** – einseitiger Widerruf sei zulässig – Planck/Greiff Anm 3; Staudinger/Herzfelder[9] Anm 2; vLübtow I 456 f; MünchKomm/Musielak[9] Rn 6; BeckOGK/Müller-Engels [1. 7. 2022] Rn 24. Nach Müller-Engels soll die vertragsmäßige Verfügung nach Widerruf ohne Zustimmung des Vertragspartners als einseitige Verfügung wieder aufleben. Das ist konsequent, zeigt aber, dass die hM – Vertragscharakter von Aufhebungstestament mit Zustimmungserklärung – näher liegt. Nach MünchKomm/Musielak[9] Rn 6 soll auch bei einem Widerruf ohne Zustimmung die vertragsmäßige Verfügung wieder als vertragsmäßige aufleben.).

18 Ein danach unwirksamer einseitiger Widerruf kann bei Wahrung der entsprechenden Form in die Errichtung einer (einseitigen) Verfügung von Todes wegen mit dem entsprechenden Inhalt umgedeutet werden.

19 Mit Zustimmung des Vertragsgegners, die wiederum der Form des § 2291 Abs 2 BGB bedarf, kann das Aufhebungstestament dagegen widerrufen werden (dass der Widerruf jedenfalls in dieser Form möglich ist, entspricht allgM). Durch einen solchen Widerruf mit Zustimmung des Vertragsgegners wird die Verfügung wieder wirksam, wie wenn sie nicht aufgehoben worden wäre (entsprechend §§ 2257, 2258 Abs 2 BGB).

§ 2292
Aufhebung durch gemeinschaftliches Testament

Ein zwischen Ehegatten oder Lebenspartnern geschlossener Erbvertrag kann auch durch ein gemeinschaftliches Testament der Ehegatten oder Lebenspartner aufgehoben werden; die Vorschrift des § 2290 Abs. 3 findet Anwendung.

Materialien: E II § 2158 rev § 2266; E III § 2265;
Prot V 446; Jakobs/Schubert ER II 1752–1755;
Horn 1140 f.

Schrifttum

S die Nachw bei § 2286.

I. Grund der Vorschrift, Textgeschichte

1 Die Aufhebung eines zwischen Ehegatten geschlossenen Erbvertrags durch gemeinschaftliches Testament lässt § 2292 BGB zu, weil der später formgerecht niedergelegte gemeinschaftliche Wille der Ehegatten einer früheren Verfügung von Todes wegen auch dann vorgehen soll, wenn diese als Erbvertrag in der strengeren Form niedergelegt war (s Prot V 446 = Horn Rn 3; Planck/Greiff Anm 1). Die Aufhebung des Erbvertrags bedürfte sonst der notariellen Beurkundung (§§ 2290 Abs 4 BGB – ab 1. 1. 2023 Abs 3 –, 2276, 2291 Abs 2 BGB).

2 Hs 2 wird mit Wirkung zum 1. 1. 2023 durch das Gesetz zur Reform des Vormundschafts- und Betreuungsrechts (BGBl 2021 I 882) aufgehoben; das Erfordernis zur Genehmigung folgt ab dann aus § 1851 Nr 7 kF BGB (s auch § 2290 Rn 2).

II. Voraussetzungen der Vorschrift

1. Berechtigte

3 § 2292 BGB erleichtert die Aufhebung eines **„zwischen Ehegatten“** oder Lebenspartnern geschlossenen Erbvertrags. Das gemeinschaftliche Aufhebungstestament muss von den Ehegatten (oder Lebenspartnern) errichtet werden, die den aufzuhebenden Erbvertrag (ohne dritten Vertragspartner) miteinander geschlossen haben (MünchKomm/Musielak[9] Rn 2). Hat ein dritter Vertragspartner mitgewirkt, unabhängig davon, ob er bedacht wurde oder nicht, kann der Erbvertrag nicht gem § 2292 BGB aufgehoben werden.

4 Der Wortlaut des Gesetzes deutet zwar darauf hin, dass die Vorschrift nur anwendbar sei, wenn die Vertragsteile schon beim Abschluss des Erbvertrags verheiratet (oder eingetragene Lebenspartner) waren. Nach dem Sinn der Vorschrift setzt sie jedoch nur voraus, dass die Ehegatten bei Errichtung des gemeinschaftlichen Testaments, das den früheren Erbvertrag aufhebt, verheiratet sind, auch wenn sie bei Abschluss des Erbvertrags erst miteinander verlobt waren (BayObLGZ 8, 350 = OLGE 16, 73) oder noch nicht in einer familienrechtlichen Beziehung zueinander standen (ganz hM; BayObLG NJW-RR 1996, 457; OLG Köln DNotZ 1974, 371; Erman/S Kappler/T Kappler[16] Rn 1; jurisPK/B Hamdan/M Hamdan[9] Rn 3; Lange/Kuchinke § 25 VII 3 Fn 245, 246, jeweils mwNw; **aA** früher Schiffner 167; Leonhard Anm 2 A); Gleiches gilt für die Lebenspartnerschaft.

2. Form und Inhalt des gemeinschaftlichen Aufhebungstestaments

a) Formfragen

5 Das gemeinschaftliche Aufhebungstestament kann in jeder Form errichtet werden, die in §§ 2231, 2232 f, 2247, 2249–2251 BGB zugelassen ist, also sowohl als ordentliches öffentliches oder privates (eigenhändiges) Testament (vgl § 2267 BGB) oder

als Nottestament (§ 2266 BGB). Nicht genügend sind zwei selbstständige Testamente der Ehegatten (die *kein* gemeinschaftliches Testament sind, s Vorbem 25 ff zu §§ 2265 ff), mögen sich diese auch über die Aufhebung des Erbvertrags einig sein (BayObLGZ 20, A 117; Grüneberg/Weidlich[81] Rn 2; MünchKomm/Musielak[9] Rn 3; BeckOGK/Müller-Engels [1. 7. 2022] Rn 12; unklar Soergel/Zecca-Jobst[14] Rn 3).

b) Inhaltliches

6 Das Aufhebungstestament kann den ganzen Erbvertrag aufheben oder auch nur einzelne in ihm getroffene Verfügungen (BayObLGZ 1960, 192; BayObLG FamRZ 1986, 392, 393; OLG Hamm, 3. 3. 2009 – 10 U 95/08, juris Rn 43; argumentum a maiore ad minus). Es kann den Erbvertrag entsprechend § 2254 BGB aufheben, aber auch – entsprechend § 2258 BGB – dadurch, dass es widersprechende Verfügungen trifft (BGH NJW 1987, 901 = DNotZ 1987, 430 m Anm Kanzleiter; BayObLG FamRZ 1985, 839, 841; FamRZ 2001, 1327 = MittBayNot 2002, 295 = Rpfleger 2002, 267). Widerspricht das gemeinschaftliche Testament dem Erbvertrag sachlich zwar nicht in allen Punkten, ist es aber als umfassende und abschließende Regelung auszulegen, so hat das die gesamte Aufhebung des Erbvertrags zur Folge (BayObLG NJW-RR 2002, 116 = BayObLGZ 2002, 66 = FamRZ 2002, 1434 = MittBayNot 2002, 194 = Rpfleger 2002, 446).

7 Im Gegensatz zu dem Aufhebungstestament nach § 2291 BGB kann das gemeinschaftliche Aufhebungstestament nach § 2292 BGB auch eine vertragsmäßige Erbeinsetzung aufheben (s RGZ 134, 327; NK-BGB/Horn[6] Rn 1). Der Erbvertrag kann in dem gemeinschaftlichen Testament auch so ergänzt werden, dass die vertragsmäßig getroffenen Verfügungen mit den testamentarischen wechselbezüglich werden, wenn nämlich der Wille der Testatoren dahin geht, dass nunmehr auch die vertraglichen Verfügungen nur für den Fall der Wirksamkeit der testamentarischen gelten sollen. Erbvertrag und ergänzendes Testament können in diesem Fall wie ein einziges gemeinschaftliches Testament behandelt werden (BayObLGZ 1956, 205; BayObLG FamRZ 1986, 392; NJW-RR 2003, 658 = FamRZ 2003, 1509 = DNotZ 2603, 867). Der Inhalt der beiden Verfügungen von Todes wegen kann so eine einheitliche Gesamtregelung bilden (BGH NJW 1987, 901 = DNotZ 1987, 430 m Anm Kanzleiter: im konkreten Fall unter Einbeziehung einer Freistellungsklausel im früheren Erbvertrag). Eine größere Zeitspanne (im Falle von BGH NJW 1987, 901 26 Jahre) bildet kein Hindernis, erfordert aber eine sorgfältige Willenserforschung (Kanzleiter DNotZ 1987, 433, 434).

8 Nicht erforderlich ist, dass der Erblasser oder der Ehegatte (bzw Lebenspartner), der beim Erbvertrag bloß annehmender Teil war, außer der Aufhebungsverfügung in dem gemeinschaftlichen Testament auch noch neue positive Verfügungen trifft. Vielmehr genügt es, dass der Erblasser den Erbvertrag oder eine in diesem getroffene vertragsmäßige Verfügung aufhebt und der andere Teil seine Zustimmung erklärt (Strohal I § 46 N 21; Planck/Greiff 1).

III. Testierfähigkeit

9 Die Frage, ob der **Erblasser** fähig ist, bei der Errichtung eines gemeinschaftlichen Aufhebungstestamentes nach § 2292 BGB mitzuwirken, richtet sich nach §§ 2229 ff BGB. Denn wenn auch das gemeinschaftliche Aufhebungstestament in seinem Wesen dem Aufhebungsvertrag nach § 2290 BGB ähnlich ist, so führt doch der Umstand, dass das Gesetz nur hinsichtlich der Mitwirkung des Vertragsgegners auf

§ 2290 BGB (Abs 3, künftig § 1851 Nr 5 BGB, s § 2290 Rn 2) verweist, zu dem Schluss, dass es für den Erblasser beim Testamentsrecht verbleiben soll. Dass der minderjährige Erblasser ein öffentliches Aufhebungstestament errichten kann (§§ 2247 Abs 4 BGB), spielt seit der Abschaffung von § 2275 Abs 2 BGB im Jahre 2017 (s § 2275 Rn 8) nicht einmal mehr eine theoretische Rolle; schon vorher haben Minderjährige in der Praxis nicht testiert.

Für die **Fähigkeit des Vertragsgegners**, der nicht zugleich als Erblasser gehandelt hat, zur Mitwirkung bei dem gemeinschaftlichen Aufhebungstestament gilt nicht Testamentsrecht, vielmehr ist diese nach den gleichen Grundsätzen zu beurteilen wie beim Aufhebungsvertrag nach § 2290 BGB. Indem das Gesetz noch auf § 2290 Abs 3 BGB (ab 1. 1. 2023 gilt § 1851 Nr 5 BGB, s § 2290 Rn 2) verweist, bringt es zum Ausdruck, dass Mängel der Geschäftsfähigkeit des „anderen Teils" hier dieselbe Bedeutung haben wie im Falle des § 2290 BGB (§ 2290 Rn 18 ff, so Planck/Greiff Anm 3c; NK-BGB/Horn[6] Rn 5; Strohal I § 46 N 23; Kipp/Coing § 39 III). Da § 2292 BGB Ehegatten und Lebenspartnern vorbehalten und eine Eheschließung unter Beteiligung Minderjähriger seit 2017 nicht mehr zulässig ist, sind Fragen im Zusammenhang mit der Vertretung Minderjähriger mittlerweile nicht mehr relevant (BeckOGK/Müller-Engels [1. 7. 2022] Rn 15). 10

Steht der **Vertragsgegner unter Betreuung** (unabhängig davon, ob er geschäftsfähig ist oder nicht), so kann sein Betreuer für ihn handeln, wenn sein Aufgabenkreis die Aufhebung erfasst, und eine betreuungsgerichtliche Genehmigung ist erforderlich, §§ 2292 Hs 2, 2290 Abs 3 BGB – § 1851 Nr 7 kF BGB (J Mayer/Röhl, in: Reimann/Bengel/Dietz[7] Rn 11; BeckOGK/Müller-Engels [1. 7. 2022] Rn 15; **aA** Staudinger/Kanzleiter [2019] Rn 8). § 2064 BGB steht, anders als Kanzleiter meint, nicht entgegen, da es um den *nicht als Erblasser handelnden* Vertragspartner geht (zutr BeckOGK/Müller-Engels [1. 7. 2022] Rn 15; J Mayer/Röhl, in: Reimann/Bengel/Dietz[7] Rn 11). 11

Wenn der geschäftsunfähige Vertragsgegner die Zustimmung seines Betreuers oder die erforderliche Genehmigung des Betreuungsgerichts nicht einholt oder nicht erlangt hat, so kann er, nachdem er **unbeschränkt geschäftsfähig** geworden ist, die Aufhebung des Erbvertrags durch das gemeinschaftliche Testament nachträglich **selbst genehmigen**, natürlich nur, solange der Erblasser noch am Leben ist (§ 108 Abs 3 BGB; Strohal I § 46 N 25; NK-BGB/Horn[6] Rn 6a J Mayer/Röhl, in: Reimann/Bengel/Dietz[7] Rn 13; Erman/S Kappler/T Kappler[16] Rn 2; Grüneberg/Weidlich[81] Rn 2; Schiffner 168 Nr 12; **aA** die ältere Literatur, Staudinger/Herzfelder[9]; Planck/Greiff Anm 3c; BGB-RGRK/Kregel Rn 3; Harrer LZ 1924, 16; Lange/Kuchinke § 37 Fn 85; vLübtow I 457 f; Hellwig 632 N 305). Der Grundsatz, dass ein unwirksames Testament nicht durch formlose Bestätigung wirksam werden kann (vgl Staudinger/Baumann § 2231 Rn 27 ff), wird dadurch nicht verletzt, weil die Aufhebung des Erbvertrags nach § 2292 BGB zwar in der Form einer letztwilligen Verfügung vorgenommen wird, ihrem Wesen nach aber doch der vertragsmäßigen Aufhebung nach § 2290 BGB gleicht (vgl Planck/Greiff Anm 3c). 12

IV. Wirkung des gemeinschaftlichen Aufhebungstestaments

Durch die Errichtung eines gemeinschaftlichen Aufhebungstestamentes nach § 2292 BGB wird der aufgehobene Erbvertrag oder die aufgehobene vertragsmäßige Verfü- 13 gung außer Kraft gesetzt. Da das Aufhebungstestament an die Stelle eines Aufhebungsvertrags nach § 2290 BGB tritt und im Grunde vertraglicher Natur ist, kann es nicht nach §§ 2253, 2271 BGB einseitig vom Erblasser widerrufen werden mit der Folge, dass der Erbvertrag oder die aufgehobene vertragsmäßige Verfügung wieder als solche in Kraft treten würde (Grüneberg/Weidlich[81] Rn 3; Erman/S Kappler/T Kappler[16] Rn 5; **aA** Kipp/Coing § 39 IV; MünchKomm/Musielak[9] Rn 5; Staudinger/Herzfelder[9]; BeckOGK/Müller-Engels [1. 7. 2022] Rn 22; die Positionierung hängt davon ab, ob man dem Aufhebungstestament Vertragscharakter zuweist, vgl § 2291 Rn 16 ff); vielmehr kann diese Wirkung nur durch eine gleichwertige Rechtshandlung, also durch einen Erbvertrag, einen Vertrag nach § 2290 BGB, ein Testament des Erblassers mit öffentlich beurkundeter Zustimmung des Vertragsgegners (entsprechend § 2291 BGB) oder durch ein neues gemeinschaftliches Testament der Ehegatten (entsprechend § 2292 BGB) herbeigeführt werden.

§ 2293
Rücktritt bei Vorbehalt

Der Erblasser kann von dem Erbvertrag zurücktreten, wenn er sich den Rücktritt im Vertrag vorbehalten hat.

Materialien: E I § 158 Abs 1 S 1; E II § 2159 rev § 2267; E III § 2266; Mot V 342; Prot V 409; Jakobs/Schubert ER II 1797–1805; Horn 1141 ff.

Schrifttum

Harrer, Rücktritt und Widerruf beim gebundenen Erblasserwillen, LZ 1924, 11
Herlitz, Abänderungs- und Rücktrittsvorbehalt beim Erbvertrag, MittRhNotK 1996, 153
Hilderscheid, Der einseitige Widerruf eines gemeinschaftlichen Testaments und der einseitige Rücktritt vom Erbvertrag in der notariellen Praxis, DNotZ 1942, 204
Höfer, Der Rücktritt vom Erbvertrag, BWNotZ 1984, 113
Küster, Grenzen des Rücktrittsvorbehalts im Erbvertrag, JZ 1958, 394
Lehmann, Der Rücktrittsvorbehalt beim Erbvertrag – ein wenig genutztes Gestaltungsmittel, NotBZ 2000, 85
Müller/Rottach, Der Rücktritt vom Erbvertrag, BWNotZ 1987, 42
Stürzebecher, Rücktritt vom entgeltlichen Erbvertrag (1987)
ders, Zur Anwendbarkeit der §§ 320 ff BGB auf den entgeltlichen Erbvertrag, NJW 1988, 2717
van Venrooy, § 2293 BGB und die Theorie des Erbvertrages, JZ 1987, 10
Wein, Über den vorbehaltenen Rücktritt vom Erbvertrag, BayZ 1916, 123.

Systematische Übersicht

Alphabetische Übersicht

I. Allgemeines

Unter Rücktritt vom Erbvertrag versteht das Gesetz eine Erklärung, durch die sich der Erblasser trotz seiner grundsätzlichen Bindung einseitig, also ohne Zustimmung des Vertragsgegners, von dem Erbvertrag oder einer einzelnen vertragsmäßigen Verfügung lossagen kann. Den Ausdruck „Widerruf" vermeidet das Gesetz, um die einseitige Aufhebung des Erbvertrags oder erbvertragsmäßiger Verfügungen von dem **Widerruf** der in einem Erbvertrag getroffenen einseitigen Verfügungen zu unterscheiden (vgl § 2299 BGB; Mot V 342 = Horn Rn 3). Der Rücktritt steht auch im Gegensatz zu der Aufhebung des Erbvertrags oder vertragsmäßiger Verfügungen in beiderseitigem Einverständnis (§§ 2290–2292 BGB) und zur Anfechtung nach § 2281 BGB. 1

Das BGB gestattet dem Erblasser den Rücktritt, wenn er entweder **vertraglich vorbehalten** ist (§ 2293 BGB) oder wenn **Verfehlungen des Bedachten** (§ 2294 BGB) oder der **Wegfall laufender Gegenleistungen** (§ 2295 BGB) der Zuwendung die Grundlage entziehen. 2

Der **Vorbehalt des Rücktritts** (§ 2293 BGB) ist mit der Vertragsnatur des Erbvertrags oder der vertragsmäßigen Verfügung, der er beigefügt ist, ebenso vereinbar wie der entsprechende Vorbehalt bei schuldrechtlichen Verträgen mit der Bindung des Schuldners (§§ 346 ff BGB; Planck/Greiff Anm 1; Schiffner 63, 184 f; J Mayer/Röhl, in: Reimann/Bengel/Dietz[7] Rn 4; vgl van Venrooy JZ 1987, 10; rechtspolitische Bedenken äußert zu Unrecht Hellwig 639 ff). Solange nämlich der Erblasser von dem Rücktrittsrecht keinen Gebrauch macht, besteht der Erbvertrag oder die vertragsmäßige Verfügung und äußert alle Wirkungen, die das Gesetz ihr beilegt (s bes §§ 2287–2289 BGB; vgl auch OLG Stuttgart 26. 3. 2018 – 19 U 48/18, juris Rn 18). 3

Der Vorbehalt des Rücktritts genügt daher für sich alleine nicht, um einem Erbvertrag oder einer vertragsmäßigen Verfügung die vertragliche Natur zu nehmen (**anders** Mot V 343 für den Fall, dass das Rücktrittsrecht nur hinsichtlich einer einzelnen vertragsmäßigen Verfügung vorbehalten ist: Im Zweifel werde die Auslegung in einem solchen Falle zu dem Ergebnis führen, dass sie nur den Charakter einer einseitigen Verfügung haben solle). 4

5 Der Vorbehalt des Rücktritts ist **zu unterscheiden**:

a) von dem **Vorbehalt späterer abweichender Verfügungen von Todes wegen** (§ 2289 Rn 36 ff). Dieser unterscheidet sich von dem Vorbehalt des Rücktritts inhaltlich dadurch, dass er nicht schlechthin die einseitige Aufhebung des Erbvertrags oder einzelner vertragsmäßiger Verfügungen zum Gegenstand haben kann, sofern der Vertrag ein Erbvertrag, die Verfügung eine vertragsmäßige bleiben sollen, und formell insofern, als der Rücktritt – abgesehen von dem Fall des § 2297 BGB – nicht durch Verfügung von Todes wegen, sondern nur durch öffentlich beurkundete Erklärung gegenüber dem Vertragsgegner geschehen kann (§ 2296 Abs 2 BGB). In der Formulierung, welche einem „Vertragsteil das Recht einräumt, beliebige andere Verfügungen von Todes wegen zu errichten", kann auch ein Rücktrittsvorbehalt gesehen werden (BayObLG FamRZ 1989, 1353). Diese Formulierung ist freilich gestalterisch nicht zu empfehlen; Klauseln zur Bindungswirkung sollten von einem etwaigen Rücktrittsvorbehalt getrennt sein.

6 **b)** von der **auflösenden Bedingung** – zB der Wiederverheiratung des Erblassers – dadurch, dass beim Eintritt der Bedingung der Erbvertrag oder die bedingte vertragsmäßige Verfügung von selbst außer Kraft treten, ohne dass es noch einer Rechtshandlung des Erblassers bedürfte (§ 158 Abs 2 BGB). Solche auflösenden Bedingungen sind grundsätzlich zulässig, soweit sie nicht im Widerspruch zur bindenden Kraft des Erbvertrags oder der vertragsmäßigen Verfügung stehen (vgl Mot V 344 = Horn Rn 12). Besteht die auflösende Bedingung in einer Handlung des Erblassers, was grundsätzlich statthaft ist, so nähert sich die Beifügung der Bedingung dem Vorbehalt des Rücktritts oder, je nach ihrem Inhalt, dem Vorbehalt späterer abweichender Verfügung von Todes wegen; der Erblasser kann sich dann, indem er den Eintritt der Bedingung herbeiführt, ohne Beobachtung der Formvorschriften für den Rücktritt (§ 2296 BGB) von der Bindung freimachen (Planck/Greiff Anm 2; J Mayer/Röhl, in: Reimann/Bengel/Dietz[7] Rn 7).

7 **c)** von dem **Vorbehalt des Rücktritts von einem schuldrechtlichen Vertrag** nach §§ 346 ff BGB. Diese Vorschriften finden auf den Rücktritt vom Erbvertrag (als solchen) keine Anwendung (Harrer LZ 1924, 16; Wein BayZ 1916, 123; J Mayer/Röhl, in: Reimann/Bengel/Dietz[7] Rn 8; s aber Rn 21 ff; § 2295 Rn 16).

II. Der Vorbehalt des Rücktritts

8 Nach § 2293 BGB kann der Erblasser von dem Erbvertrag zurücktreten, wenn er sich den Rücktritt im Vertrag vorbehalten hat. Der Vorbehalt des Rücktritts ist möglich für den ganzen Vertrag oder nur für einzelne vertragsmäßige Verfügungen, schlechthin oder nur für gewisse Fälle, bedingt oder unbedingt, befristet oder unbefristet (vgl Mot V 343, 346 = Horn Rn 7; MünchKomm/Musielak[9] Rn 2; Harrer LZ 1924, 17; Wein BayZ 1916, 125).

9 Der Vorbehalt muss entweder im Erbvertrag selbst oder in einem Nachtrag zum Erbvertrag vereinbart werden. Wird er im Nachtrag vereinbart, liegt darin eine teilweise Aufhebung des Erbvertrags und er bedarf der Form des § 2290 BGB (iVm § 2276 BGB; Schiffner 185 N 9; Strohal I § 46 N 38; Planck/Greiff Anm 2; Erman/S Kapp-

LER/T KAPPLER[16] Rn 2; jurisPK/B HAMDAN/M HAMDAN/SCHLINKER[9] Rn 2; J MAYER/RÖHL, in: REIMANN/BENGEL/DIETZ[7] Rn 9; WEIN 124).

10 Der Rücktrittsvorbehalt ist häufig **zweckmäßig**: Einerseits erlaubt er dem Erblasser, einer Veränderung der Verhältnisse oder seiner Absichten Rechnung zu tragen, andererseits erfährt der Vertragsgegner, wenn der Erblasser anderen Sinnes wird – hierin liegt die Unterscheidung vom Änderungsvorbehalt; die gesetzliche Form des Rücktritts gewährleistet Rechtssicherheit und Unterrichtung der Beteiligten (KÜSTER JZ 1958, 394; J MAYER/RÖHL, in: REIMANN/BENGEL/DIETZ[7] Rn 9).

11 Bestimmte Worte müssen nicht gebraucht werden; allerdings ist zu empfehlen, die gesetzliche Terminologie nachzubilden. Es ist durch **Auslegung** zu ermitteln, ob ggf ein Rücktrittsvorbehalt gemeint war, zB mit den Begriffen „widerrufen", „aufheben" oä (MünchKomm/MUSIELAK[9] Rn 3). Ist aber im Erbvertrag ein einseitiger Rücktrittsvorbehalt ausdrücklich ausgeschlossen, kommt ein stillschweigender Rücktrittsvorbehalt für den Fall veränderter Vermögensverhältnisse nicht in Betracht (BGH FamRZ 2011, 1224 [1225]).

12 Auch die Bedeutung eines Vorbehalts, der zwar auf bestimmte Gründe beschränkt ist, dem Erblasser aber das Recht einräumt, allein über das Vorliegen dieser Gründe zu entscheiden, ist durch Auslegung zu ermitteln: Da die Vertragsteile dem Erblasser auch ein freies Rücktrittsrecht einräumen könnten, kann die Auslegung zu dem Ergebnis führen, dass die Frage, ob ein hinreichender Grund für den Rücktritt vorliegt, allein vom Erblasser endgültig zu entscheiden ist und vom Gericht nicht überprüft werden kann (BGH NJW 1951, 959; JOHANNSEN WM 1969, 1222, 1230).

III. Ausübung des Rücktrittsrechts

13 Dem Erblasser steht es frei, nur von einem Teil des Erbvertrags oder der durch den Vorbehalt eingeschränkten vertragsmäßigen Verfügung zurückzutreten. Die Form des Rücktritts ist unterschiedlich, je nachdem, ob er zu Lebzeiten des Vertragsgegners oder nach seinem Tod erklärt wird (§§ 2296, 2297 BGB; Ausnahme beim zweiseitigen Erbvertrag: § 2298 Abs 2 BGB – s jeweils die Kommentierungen zu diesen Vorschriften; zum Erklärungsgegner insb § 2296 Rn 11 ff).

14 Das Recht zum Rücktritt ist **höchstpersönlich** (§ 2296 Abs 1 BGB), es erlischt also mit dem Tod des Erblassers und geht nicht auf seine Erben über. Das Rücktrittsrecht unterliegt nicht der Verjährung, da es kein Anspruch, sondern ein Gestaltungsrecht ist (PLANCK/GREIFF Anm 3; NK-BGB/HORN[6] Rn 3). Nach dem Gesetz besteht für die Ausübung des Rücktritts auch keine Ausschlussfrist, außer im Fall des § 2298 Abs 2 S 2 BGB; eine solche kann aber im Erbvertrag vereinbart werden (MünchKomm/MUSIELAK[9] Rn 8).

15 Auch bei der Ausübung des Rücktrittsrechts müssen die **Grundsätze von Treu und Glauben** beachtet werden (NK-BGB/HORN[6] Rn 11; J MAYER/RÖHL, in: REIMANN/BENGEL/DIETZ[7] Rn 17). Der Erblasser kann daher nach einem älteren Judikat nicht zurücktreten, wenn der Rücktritt nur für den Fall vorbehalten war, dass der Bedachte die von ihm versprochenen Leistungen nicht erbringen werde und der Erblasser die Säumnis des Bedachten stillschweigend geduldet hat (OLG Oldenburg NdsRpfleger 1955, 191). Das

dürfte aber nur zutreffend sein, wenn die allgemeinen Voraussetzungen der Verwirkung gegeben sind, dh insbesondere muss das Verhalten des Rücktrittsberechtigten beim anderen Teil ein schutzwürdiges Vertrauen darauf hervorgerufen haben, dass das Rücktrittsrecht nicht mehr ausgeübt wird (vgl zu den Voraussetzungen der Verwirkung eingehend Staudinger/Looschelders [2019] § 242 Rn 304 ff).

16 Hat sich der Erblasser das Recht zum Rücktritt vorbehalten, wenn der bedachte Vertragspartner eine dem Erblasser gegenüber eingegangene Dauerverpflichtung (im konkreten Fall die Pflicht, den Erblasser zu verpflegen) nicht ordnungsgemäß erfüllt, dann kann der Grundsatz von Treu und Glauben dazu führen, dass der Rücktritt erst nach einer erfolglosen **Abmahnung** zulässig ist (BGH WarnR 1967 Nr 175 = MDR 1967, 993; zu deren Inhalt OLG Düsseldorf ZEV 1994, 171 = NJW-RR 1995, 141; OLG Hamm DNotZ 1999, 142, 144; für die vom BGH aaO gebilligte Auslegung der Vorinstanz in diesem Sinne sprachen die unbestimmte Formulierung der Verpflichtung des Bedachten, deren ordnungsgemäße Erfüllung die Äußerung der Meinung durch den Erblasser erforderlich machte, die Tatsache, dass der Bedachte gegen die Verpflichtung nicht eindeutig verstoßen und der Vertrag den Charakter einer Übergabe durch Erbregelung hatte, die Vorleistungen des Bedachten notwendig machte); der BGH (DNotZ 1983, 117, 118) hält deshalb zu Recht eine solche Abmahnung oder eine Fristsetzung dann für entbehrlich, wenn es sich um klare Rechtsverstöße handelt. Die Abmahnung muss die Tatsachen konkret bezeichnen, wegen derer abgemahnt wird, und muss die Konsequenzen bei weiterer Zuwiderhandlung aufzeigen. Will ein Beteiligter später zurücktreten, wenn er zuvor abgemahnt hatte, kann er dies nur wegen Tatsachen, die ihm nach der Abmahnung zur Kenntnis gelangt sind (NK-BGB/Horn[6] Rn 12).

IV. Wirkung des Rücktritts

17 Der Rücktritt bewirkt, dass der Erbvertrag oder die in ihm enthaltenen vertragsmäßigen Verfügungen außer Kraft treten, soweit der Vorbehalt und die Rücktrittserklärung reichen. Ferner treten die einseitigen Verfügungen, die etwa in dem Erbvertrag getroffen sind, im Zweifel außer Kraft (§ 2299 Abs 3 BGB). Die Unwirksamkeit einzelner vertragsmäßiger Verfügungen kann zur Folge haben, dass auch andere oder sogar der ganze Erbvertrag wirkungslos werden (§§ 2085, 2279 Abs 1 BGB). Beim zweiseitigen Erbvertrag wird durch den vorbehaltenen Rücktritt eines Vertragsteils im Zweifel der ganze Erbvertrag aufgehoben (§ 2298 Abs 2 S 1, Abs 3 BGB); beim gesetzlichen Rücktrittsrecht, §§ 2294 f BGB, gilt dies aber nicht (J Mayer/Röhl, in: Reimann/Bengel/Dietz[7] Rn 21).

18 Der Rücktritt äußert hinsichtlich der Verfügungen von Todes wegen **keine Rückwirkung** (BayObLGZ 1957, 292, 301 = NJW 1958, 344; Staudinger/Kaiser [2012] Vorbem 23 zu §§ 346 ff), wie auch die §§ 2270, 2271 BGB dem Widerruf keine Rückwirkung beilegen (J Mayer/Röhl, in: Reimann/Bengel/Dietz[7] Rn 23). Ansonsten müsste die Erbfolge rückwirkend geändert werden können. Im Zweipersonenverhältnis könnten zwar die §§ 2018 ff BGB gut helfen, aber die dinglichen Wirkungen der Erbfolge wären großen Unsicherheiten ausgesetzt (BayObLGZ 1957, 292, 301 = NJW 1958, 344). Entsprechend sind §§ 346 ff BGB auf Verfügungen von Todes wegen nicht anwendbar. Die Frage der Wirkung des Rücktritts ist im Übrigen bekanntlich ein allgemeines dogmatisches Problem, das vom Gesetzgeber offengelassen wurde (s dazu Staudinger/Kaiser [2012] § 346 Rn 59; BeckOGK/Schall [1. 3. 2022] § 346 Rn 148 ff). Soweit Rechtsgeschäfte unter Lebenden mit Verfügungen von Todes wegen verbunden sind, wie zB eine Unterhaltsverpflichtung, können die §§ 346 ff BGB allerdings angewandt werden (HK/Hoeren[11] Rn 11; Rn 21 ff).

19 Der einmal erklärte Rücktritt ist grundsätzlich **unwiderruflich** (Erman/S Kappler/T Kappler[16] Rn 3; MünchKomm/Musielak[9] Rn 10). Entwurf I und Entwurf II hatten dies ausdrücklich bestimmt. Der Gesetzgeber hielt eine entsprechende Vorschrift schließlich aber für unnötig, weil das BGB davon ausgeht, dass die Ausübung von Gestaltungsrechten in der Regel unwiderruflich ist (Prot VI 153; dagegen grdl Christian Hattenhauer, Einseitige private Rechtsgestaltung [2011]). Eine Ausnahme gilt, wenn nach dem Tode des Vertragsgegners an die Stelle des Rücktrittsrechts das Recht tritt, die vertragsmäßige Verfügung durch einseitiges Testament aufzuheben (§ 2297 BGB). Denn das Testament ist seiner Natur nach widerruflich (§§ 2253 ff BGB; § 2297 Rn 13).

20 Im Interesse des Erblassers, das einem Interesse des Bedachten an der raschen Klärung vorgeht, ist zwar jeder Erblasser berechtigt, **Klage auf Feststellung** der Gültigkeit des Erbvertrags oder der Wirksamkeit des Rücktritts zu erheben, nicht aber der Bedachte zu Lebzeiten des Erblassers (so mit Recht Lange NJW 1963, 1574; **anders** Staudinger/Dittmann[10/11] Rn 12, der diese Differenzierung nicht trifft, und die hM; vgl OLG Celle NdsRpfleger 1962, 57; OLG Köln MDR 1963, 51; OLG Düsseldorf ZEV 1994, 171 = NJW-RR 1995, 141; OLG Koblenz MDR 1987, 935; MünchKomm/Musielak[9] Rn 11, § 2286 Rn 7; Erman/S Kappler/T Kappler[16] Rn 5; wohl auch – aber nicht eindeutig positioniert – BeckOGK/Müller-Engels [1. 7. 2022] Rn 45 iVm § 2286 Rn 26; Hohmann ZEV 1994, 133; dagegen enger – nur ausnahmsweise Feststellungsinteresse gegeben – OLG München FamRZ 1996, 253; im Falle BGH FamRZ 1985, 919 = WM 1985, 1180 = NJW-RR 1986, 371 hatte der Erblasser die Feststellungsklage, der Vertragserbe dann – weitergehende – Widerklage erhoben, für die der BGH Zulässigkeit und Feststellungsinteresse bejahte). Da der Rücktritt eine Ausnahme vom Grundsatz der Unwiderruflichkeit des Erbvertrags bedeutet, hat im Streitfall das Recht zum Rücktritt und seine ordnungsmäßige Ausübung zu beweisen, wer sich auf den Rücktritt beruft (Planck/Greiff Vorbem 2; s auch MünchKomm/Musielak[9] Rn 11).

V. Rücktrittsrecht des Vertragsgegners

21 Das Gesetz kennt nur den Rücktritt des Erblassers vom Erbvertrag, nicht auch einen Rücktritt des Vertragsgegners. Dieser hat also keinesfalls ein gesetzliches Rücktrittsrecht. Aber auch ein **vertraglicher Vorbehalt des Rücktritts vom Erbvertrag** als solchem, also von vertragsmäßigen Verfügungen, wäre für den Gegner **unzulässig** und unwirksam (s § 2295 Rn 13; Leonhard Anm IV; Wein BayZ 1916, 123; Planck/Greiff Vorbem 3; Kipp/Coing § 40 IV 1; MünchKomm/Musielak[9] Rn 5; BeckOGK/Müller-Engels [1. 10. 2022] Rn 41; Soergel/Zecca-Jobst[14] Rn 5; BGB-RGRK/Kregel Rn 2; **aA** van Venrooy JZ 1987, 10, 16).

22 Für ein solches vertragliches Rücktrittsrecht des Vertragsgegners besteht auch kein praktisches Bedürfnis. Denn wenn er den Erblasser von seiner Bindung befreien will, wird dieser zur Aufhebung nach §§ 2290, 2292 BGB bereit sein. Zulässig ist nur, dass sich der Vertragsgegner den **Rücktritt von einem schuldrechtlichen Vertrag** vorbehält, den er in dem Erbvertrag oder im Zusammenhang mit ihm mit dem Erblasser geschlossen hat und in dem er etwa als Gegenleistung für vertragsmäßige Zuwendungen des Erblassers diesem gegenüber schuldrechtliche Verpflichtungen übernommen

hat (s den Fall OLG Hamm DNotZ 1999, 142; KIPP/COING § 40 IV 2; SOERGEL/ZECCA-JOBST[14] Rn 5; vgl Mot V 342 = HORN Rn 6). Für ein solches schuldrechtliches Rücktrittsrecht gelten die Vorschriften der §§ 346 ff BGB.

23 Der schuldrechtliche Rücktritt des Vertragsgegners macht die erbrechtlichen Verfügungen des Erblassers nicht ohne Weiteres unwirksam, wenn nicht etwa die erbrechtlichen Verfügungen des Erblassers durch den Bestand der schuldrechtlichen Verpflichtungen des Vertragsgegners bedingt sind; er kann aber ein Rücktrittsrecht oder Anfechtungsrecht des Erblassers auslösen (§ 2295 BGB; KIPP/COING § 40 IV 2; ebenso BeckOGK/MÜLLER-ENGELS [1. 10. 2022] Rn 42).

§ 2294
Rücktritt bei Verfehlungen des Bedachten

Der Erblasser kann von einer vertragsmäßigen Verfügung zurücktreten, wenn sich der Bedachte einer Verfehlung schuldig macht, die den Erblasser zur Entziehung des Pflichtteils berechtigt oder, falls der Bedachte nicht zu den Pflichtteilsberechtigten gehört, zu der Entziehung berechtigen würde, wenn der Bedachte ein Abkömmling des Erblassers wäre.

Materialien: E II § 2160 Abs 1 rev § 2268; E III § 2267; Prot V 395 ff, 411 ff, VI 351 ff; JAKOBS/SCHUBERT ER II 1804 f; HORN 1144 ff.

Schrifttum

MÜLLER, Abänderung bindender Verfügungen bei schweren Verfehlungen des Bedachten, ZEV 2011, 240.
S auch die Angaben bei § 2293 BGB.

Systematische Übersicht

I. Grund der Vorschrift

1 Der Entwurf I enthielt keine dem § 2294 BGB entsprechende Bestimmung. Die II. Kommission hat die Vorschrift eingefügt und damit begründet, dass durch den Erb-

vertrag der Erbe gewissermaßen in eine Art von familienrechtlichem Verhältnis zum Erblasser trete, sodass es gerechtfertigt sei, ihn hinsichtlich der Entziehung einer vertragsmäßigen Zuwendung wie ein pflichtteilsberechtigtes Familienmitglied zu behandeln (Prot V 396 = HORN § 2289 Rn 13).

Ähnliche Bestimmungen finden sich in § 530 BGB und in § 2271 Abs 2 S 2 BGB. 2

II. Voraussetzungen des Rücktrittsrechts

Nach § 2294 BGB kann der Erblasser von einer vertragsmäßigen Verfügung zurück- 3
treten, wenn sich der Bedachte einer **Verfehlung** schuldig macht, die den Erblasser zur Entziehung des Pflichtteils berechtigt oder, falls der Bedachte nicht zu den Pflichtteilsberechtigten gehört, zur Entziehung berechtigen würde, wenn er ein Abkömmling des Erblassers wäre. Das Gesetz verweist damit auf § 2333 BGB (MÜLLER ZEV 2011, 240 [241]). Wenn der Bedachte nicht zu den Pflichtteilsberechtigten gehört, ist er wie ein Abkömmling zu behandeln, also § 2333 BGB entsprechend anzuwenden.

Es kommt nur darauf an, ob sich der vertragsmäßig Bedachte einer Verfehlung der 4
in § 2333 BGB bezeichneten Art schuldig gemacht hat; eine Verfehlung des Vertragsgegners, der nicht zugleich der Bedachte ist, ist weder erforderlich noch genügend (jurisPK/B HAMDAN/M HAMDAN[9] Rn 3; BeckOGK/MÜLLER-ENGELS [1. 7. 2022] Rn 10).

Wie aus der Fassung des § 2294 BGB hervorgeht, berechtigen nur Verfehlungen, die 5
nach dem Abschluss des Erbvertrags begangen werden, zum Rücktritt. Frühere Verfehlungen, die dem Erblasser beim Abschluss des Erbvertrags bekannt waren, sind bedeutungslos. Waren sie ihm unbekannt, so können sie die Anfechtung des Erbvertrags nach § 2078 Abs 2, §§ 2281 ff BGB begründen (PLANCK/GREIFF Anm 2; ERMAN/S KAPPLER/T KAPPLER[16] Rn 1; NK-BGB/HORN[6] Rn 2; **aA** STROHAL I § 46 N 40, der in diesem Fall das Rücktrittsrecht geben wollte). Andererseits ist der Rücktritt möglich, wenn der Bedachte die Verfehlungen über den Zeitpunkt der Errichtung des Erbvertrags hinaus fortsetzt (BayObLGZ 1963, 271).

Die Bestimmungen in **§ 2336 Abs 2 und 3 BGB** können auf den Rücktritt wegen Ver- 6
fehlung des Bedachten – abgesehen von dem Sonderfall des Rücktritts nach dem Tod des Bedachten, § 2297 BGB – **nicht entsprechend** angewendet werden, weil § 2294 BGB im Gegensatz zu § 2297 BGB und zu § 2271 BGB nicht auf sie verweist (BGH NJW 1952, 700; BGH 27. 11. 1969 – IV ZR 197/68, zitiert nach BGB-RGRK/KREGEL Rn 1; FamRZ 1985, 919; PLANCK/GREIFF Anm 3; GRÜNEBERG/WEIDLICH[81] Rn 1; BeckOK/LITZENBURGER [1. 8. 2022] Rn 2; NK-BGB/HORN[6] Rn 7; BeckOGK/MÜLLER-ENGELS [1. 7. 2022] Rn 17; JOHANNSEN WM 1973 530; KRETZSCHMAR § 52 N 28; KIPP/COING § 40 N 3; **aA** STROHAL I § 46 N 42, 46 a; LEONHARD Anm II). Der Umkehrschluss ist gerechtfertigt, weil der Rücktritt nach §§ 2294, 2296 BGB nicht – wie die Verfügungen nach §§ 2336, 2297, 2271 Abs 2 S 2 BGB – durch Testament, sondern durch Erklärung gegenüber dem Vertragsgegner ausgeübt wird, sodass zB Beweisschwierigkeiten nicht in gleichem Maße zu befürchten sind (BGH NJW 1952, 700). Wegen der Beweislastverteilung (Rn 17) empfiehlt es sich gleichwohl, den Rücktrittsgrund in der Erklärung anzugeben.

Hat der Erblasser dem Bedachten eine **Verfehlung verziehen**, so kann er ihretwegen 7
nicht mehr von der vertragsmäßigen Verfügung zurücktreten, denn er ist dann zZ

des Rücktritts nicht mehr berechtigt, dem Bedachten wegen der Verfehlung den Pflichtteil zu entziehen (§ 2337 S 1 BGB). Dagegen wird ein zu Recht erklärter Rücktritt durch nachträgliche Verzeihung nicht berührt. Für eine entsprechende Anwendung des § 2337 S 2 BGB besteht kein hinreichender Grund (allgM, KG FamRZ 2011, 681 m zahlr Nachw; Soergel/Zecca-Jobst[14] Rn 4; BeckOGK/Müller-Engels [1. 7. 2022] Rn 11; **aA** noch Strohal I § 46 N 42). Dem Erblasser bleibt es natürlich unbenommen, die vertragsmäßige Verfügung, von der er zurückgetreten ist, in einem Testament, gegebenenfalls auch in einem Erbvertrag, zu erneuern.

8 Soweit der Erblasser nach § 2294 BGB zum Rücktritt berechtigt ist, kann er seine vertragsmäßige Verfügung auch noch **nach dem Tode des Vertragsgegners** aufheben, allerdings nicht mehr durch Rücktritt, also Erklärung gegenüber dem Vertragsgegner (§ 2296 Abs 2 BGB), sondern durch Testament (§ 2297 BGB). In diesem Fall finden die Vorschriften des § 2336 Abs 2 und 3 BGB entsprechende Anwendung (§ 2297 S 2 BGB).

9 Auf das Rücktrittsrecht nach § 2294 BGB kann der Erblasser **im Voraus**, also etwa schon im Erbvertrag, **nicht allgemein verzichten** (§ 138 BGB; Harrer LZ 1924, 18; Strohal I § 46 N 40 a; Planck/Greiff Anm 1; NK-BGB/Horn[6] Rn 5). Verzichtet der Erblasser auf sein Rücktrittsrecht wegen einer zurückliegenden Verfehlung, so enthält dies regelmäßig die Verzeihung iSv § 2337 BGB. Führt der Verzicht nicht als Verzeihung zum Wegfall des Rücktrittsrechts, so bedarf er der Form des Erbvertrags. Denn dann kommt der Verzicht einem neuen Erbvertrag gleich und Verfehlungen, die vor seinem Abschluss begangen worden sind, können den Rücktritt nicht rechtfertigen (s Rn 4).

III. Umfang des Rücktrittsrechts

10 § 2294 BGB gestattet, wie § 2293 BGB, den Rücktritt nur dem Erblasser, nicht auch dem Vertragsgegner (vgl § 2293 Rn 21 ff). Anders als § 2293 BGB sieht § 2294 BGB nur den Rücktritt **von einzelnen vertragsmäßigen Verfügungen** vor, also von vertragsmäßigen Erbeinsetzungen, Vermächtnis- und Auflageanordnungen und Rechtswahlen (§ 2278 Abs 2 BGB). Zwar kann bei Auflagen von einem „Bedachten" streng genommen nicht die Rede sein, aber die Vorschrift kann analog auch auf solche Anordnungen angewendet werden (in der Sache auch Planck/Greiff Anm 1; NK-BGB/Horn[6] Rn 6). In Betracht kommen immer nur Verfügungen zugunsten dessen, der die Verfehlung begangen hat.

IV. Ausübung des Rücktrittsrechts

11 Zu Lebzeiten des Vertragsgegners richtet sich die Form des Rücktritts nach § 2296 BGB. Der Grund des Rücktritts braucht in der Rücktrittserklärung nicht angegeben zu werden, weil § 2336 Abs 2 BGB nicht entsprechend anwendbar ist (Rn 5).

12 Ist der **Vertragsgegner verstorben**, richtet sich der Rücktritt nach § 2297 BGB. Auch § 2336 Abs 2 und 3 BGB sind dann entsprechend anzuwenden (s § 2297 BGB).

V. Wirkung des Rücktritts

13 Der Rücktritt bewirkt, dass die vertragsmäßige Verfügung, auf die er sich bezieht, außer Kraft tritt. Andere Verfügungen des zurückgetretenen Erblassers bleiben unverändert (zu den Auswirkungen auf Verfügungen des anderen Vertragsteils s § 2298 Rn 12).

14 Hat der Bedachte in dem Vertrag, der den Erbvertrag enthält, als „Gegenleistung" für die vertragsmäßige Zuwendung eine Verpflichtung gegenüber dem Erblasser übernommen und sind die erbvertragliche Zuwendung einerseits, die Übernahme der Gegenleistung andererseits nach dem Willen der Vertragsteile als einheitliches Geschäft anzusehen, so entscheidet über das Weiterbestehen der Verpflichtung des Bedachten die entsprechende Anwendung des § 139 BGB (mit der Folge, dass dessen Verpflichtung regelmäßig wegfallen wird; offen gelassen wird die entsprechende Anwendbarkeit des § 139 von BGHZ 29, 129, 131 = NJW 1959, 625; lehnt man die entsprechende Anwendung des § 139 BGB ab, so kann der Bedachte aufgrund ungerechtfertigter Bereicherung Befreiung von der eingegangenen Verpflichtung verlangen).

15 Haben Ehegatten in einem Ehe- und Erbvertrag einerseits Verfügungen von Todes wegen getroffen, andererseits den Güterstand der Gütergemeinschaft vereinbart, so kann jeder Ehegatte unter den Voraussetzungen der §§ 2294, 2295 BGB von einer vertragsmäßigen Verfügung von Todes wegen zurücktreten; der Güterstand der Gütergemeinschaft wird dadurch nicht berührt, weil §§ 1447 f, 1469 BGB die einseitige Aufhebung der Gütergemeinschaft abschließend regeln (BGHZ 29, 129 = NJW 1959, 625; jurisPK/B Hamdan/M Hamdan[9] Rn 8).

VI. Verwandte Rechte des Erblassers

16 § 2294 BGB lässt das Recht des Erblassers unberührt, Zuwendungen an pflichtteilsberechtigte Abkömmlinge, die sich der Verschwendung ergeben haben oder in gefährlichem Maß überschuldet sind, durch geeignete Anordnungen, insbesondere durch Anordnung einer Nacherbfolge oder Einsetzung eines Testamentsvollstreckers, zu beschränken (§ 2289 Abs 2, § 2338 BGB, sog Beschränkung in guter Absicht). Unberührt bleiben auch die Bestimmungen über die Erbunwürdigkeit (§§ 2339 ff BGB).

VII. Beweislast

17 § 2336 Abs 3 BGB ist auf den Rücktritt zu Lebzeiten des Vertragsgegners nicht entsprechend anzuwenden. Trotzdem hat nach den allgemeinen Grundsätzen den Grund des Rücktritts der zu beweisen, der sich auf den Rücktritt beruft (Planck/Greiff Anm 3; BGH FamRZ 1985, 919 = WM 1985, 1180 = NJW-RR 1986, 371 = MDR 1986, 208; OLG Köln, 3. 7. 2017 – 2 Wx 147/17, juris Rn 5). Während aber nach § 2336 Abs 3 BGB auch bei der Geltendmachung von Rechtfertigungs- oder Entschuldigungsgründen (zB Notwehr) die Beweislast den trifft, der sich auf die Entziehung beruft (RG WarnR 1913 Nr 402; BGH FamRZ 1985, 919 = WM 1985, 1180 = NJW-RR 1986, 371 = MDR 1986, 208), bleibt es im Fall des § 2294 BGB bei den allgemeinen Beweisregeln, nach denen Rechtfertigungs- oder Entschuldigungsgründe der zu beweisen hat, der sie geltend macht (BGH LM Nr 1 zu § 2294 BGB = NJW 1952, 700; BGH FamRZ 1985, 919 = WM 1985, 1180 = NJW-RR 1986, 371 = MDR 1986, 208).

§ 2295
Rücktritt bei Aufhebung der Gegenverpflichtung

Der Erblasser kann von einer vertragsmäßigen Verfügung zurücktreten, wenn die Verfügung mit Rücksicht auf eine rechtsgeschäftliche Verpflichtung des Bedachten, dem Erblasser für dessen Lebenszeit wiederkehrende Leistungen zu entrichten, insbesondere Unterhalt zu gewähren, getroffen ist und die Verpflichtung vor dem Tode des Erblassers aufgehoben wird.

Materialien: E II § 2161 rev § 2269; E III § 2268; Prot V 410, VI 353; JAKOBS/SCHUBERT ER II 1803–1805; HORN 1146 ff.

Schrifttum

BENGEL, Anm zu LG Köln v 5. 7. 1978 – 13 S 171/77, DNotZ 1978, 685 (Kündigung eines „Verpfründungsvertrages" und Rücktritt vom Erbvertrag)
BOEHMER, Entgeltliche Erbverträge, ein Rechtsgutachten, in: FS Heinrich Lehmann (1956) 461
HÄSEMEYER, Die Abhängigkeit erbrechtlicher Verträge von Verkehrsgeschäften (Diss Göttingen 1966)
ders, Zur Anwendung des § 139 BGB auf Erbverträge, FamRZ 1967, 30
HARRYERS, Pflegeverträge und deren Ausgestaltung in der notariellen Praxis, RNotZ 2013, 1
HOHMANN, Rechtsfolgen von Störungen im Rahmen eines entgeltlichen Erbvertrages und Sicherung der Rechte der Vertragsparteien (Diss Würzburg 1993)
KNIEPER, Die Verbindung des Erbvertrags mit anderen Verträgen, DNotZ 1968, 331
LÜKE, Vertragliche Störungen beim „entgeltlichen" Erbvertrag (Diss Freiburg 1990)
J MAYER, Der entgeltliche Erbvertrag – Wer erben will, soll auch gelten, DNotZ 2012, 89
STÜRZEBECHER, Rücktritt vom entgeltlichen Erbvertrag (1987)
ders, Zur Anwendbarkeit der §§ 320 ff BGB auf den entgeltlichen Erbvertrag, NJW 1988, 2717
VOLLMAR, Der entgeltliche Erbvertrag – Behandlung von Leistungsstörungen, ZErb 2003, 274.

Systematische Übersicht

Alphabetische Übersicht

I. Grund der Vorschrift

1 Die Bestimmung, die in Entwurf I nicht enthalten war, ist von der II. Kommission geschaffen worden, und zwar offenbar für sog „Verpfründungsverträge" und ähnliche Verträge, bei denen sich der im Erbvertrag Bedachte verpflichtet, zum Ausgleich für die vertragsmäßige Zuwendung (Erbeinsetzung oder Vermächtnis) dem Erblasser auf Lebenszeit wiederkehrende Leistungen zu erbringen (Prot V 410 = Horn Rn 3; Schiffner 96 ff). Das Gesetz gewährt dem Erblasser bei solchen Rechtsverhältnissen für den Fall, dass die **Verpflichtung des Bedachten aufgehoben** wird, das Recht, seinerseits von seiner erbrechtlichen Verfügung zurückzutreten.

2 Das Rücktrittsrecht beschränkt sich hier, wie bei § 2294 BGB, auf die in Frage kommende vertragsmäßige Verfügung.

II. Voraussetzungen des Rücktrittsrechts

1. Rechtsgeschäftliche Verpflichtung des Bedachten

3 Das Rücktrittsrecht setzt eine **rechtsgeschäftliche Verpflichtung des Bedachten** voraus, dem Erblasser auf dessen Lebenszeit wiederkehrende Leistungen zu erbringen, etwa Unterhalt zu gewähren. Die Verpflichtung wird meist auf einem schuldrechtlichen Vertrag zwischen dem Erblasser und dem Bedachten beruhen.

4 Dieser Vertrag, häufig ein Leibrentenvertrag (§ 759 BGB), kann in derselben Urkunde wie der Erbvertrag niedergelegt sein (vgl § 2276 Abs 2 BGB), er kann aber auch gesondert abgeschlossen sein (OLG München FamRZ 2009, 1622 [1624]; jurisPK/B Hamdan/M Hamdan[9] Rn 3, zum Zusammenhang s Rn 6 ff). Wird die rechtsgeschäftliche Verpflichtung nicht im Erbvertrag mitvereinbart, muss das Versprechen des Bedachten die für das jeweilige Versprechen vorgesehene Formgebot einhalten, also nicht zwingend die notarielle Form einhalten. Im Fall eines Leibrentenvertrags muss das Versprechen zB schriftlich erteilt werden, § 761 BGB (s dazu Staudinger/Liebrecht [2021] § 761 Rn 10; BeckOGK/Hundertmark [1. 4. 2022] § 761 Rn 11 ff). Es empfiehlt sich in der Praxis gleichwohl, das Versprechen mitzubeurkunden und die Rechtsfolgen für den Fall, dass die daraus folgenden Verpflichtungen nicht eingehalten werden, festzulegen.

5 Die Verpflichtung kann auch auf der Verfügung von Todes wegen eines Dritten beruhen (Unterhaltsvermächtnis; Planck/Greiff Anm 1).

2. Zusammenhang mit der erbvertraglichen Verfügung

6 Zwischen der erbvertraglichen Zuwendung des Erblassers und der schuldrechtlichen Verpflichtung des Bedachten muss ein **Zusammenhang** bestehen. Nach § 2295 BGB muss die Zuwendung „mit Rücksicht" auf die Verpflichtung des Bedachten getroffen sein (gleichzeitiger Abschluss ist dafür ein starkes Indiz, zurückhaltender OLG München FamRZ 2009, 1622 = FGPrax 2009, 173 = ZEV 2009, 345 zum Abschluss am gleichen Tag), die Verpflichtung des Bedachten muss den oder doch einen Beweggrund für die vertragsmäßige Verfügung des Erblassers darstellen (und dementsprechend die Aufhebung einen Beweggrund für den Rücktritt, OLG München FamRZ 2009, 1622 = ZEV 2009, 345 mit Anm von Keim mit dem berechtigten Hinweis, sachgerechter Gestaltung entspreche nur ein ausdrücklicher Hinweis auf den Zusammenhang und eine Regelung der Leistungsstörungsfolgen; vgl auch Münch FamRZ 2010, 1121, 1122 mwNw).

7 Dieser ursächliche oder wirtschaftliche Zusammenhang ändert aber nichts daran, dass die erbrechtliche Verfügung des Erblassers und die schuldrechtliche Verpflichtung des Bedachten verschieden und grundsätzlich rechtlich selbstständig sind (vgl OLG Hamburg MDR 1950, 615). Die erbrechtliche Zuwendung und die schuldrechtliche Verpflichtung stehen nicht zueinander im Verhältnis von Leistung und Gegenleistung, wie es der Begriff des gegenseitigen Vertrags (§§ 320 ff BGB) voraussetzt (RG HRR 1929 Nr 390; OLG Karlsruhe FamRZ 1997, 1180; Planck/Greiff Anm 1; Erman/S Kappler/T Kappler[16] Rn 1; jurisPK/B Hamdan/M Hamdan[9] Rn 1; Hellwig 604 ff; Strohal I § 47 N 1; Kipp/Coing § 36 N 14). Nach dem Willen der Vertragsteile können aber die beiden Verträge ein **einheitliches Rechtsgeschäft** darstellen, sodass die Nichtigkeit des einen die des anderen Teiles nach § 139 BGB nach sich zieht (Knieper DNotZ 1968, 331, 337; offen gelassen von BGHZ 29, 129 = NJW 1959, 625). Sie können auch die Wirksamkeit der erbvertraglichen Zuwendung und der schuldrechtlichen Verpflichtung durch Bedingungszusammenhang voneinander abhängig machen (Knieper DNotZ 1968, 337).

3. Aufhebung der Verpflichtung vor dem Tod des Erblassers

8 Schließlich setzt das Recht zum Rücktritt voraus, dass die Verpflichtung des Bedachten vor dem Tod des Erblassers **aufgehoben** wird, gleichgültig aus welchem Grund, sei es durch Vereinbarung der Beteiligten, vorbehaltenen **Rücktritt** nach § 346 BGB, Kündigung, zB nach § 314 BGB (s OLG Karlsruhe NJW-RR 1997, 708 = FamRZ 1997, 1180), Eintritt einer auflösenden Bedingung (§ 158 Abs 2 BGB) oder **nachträgliche Unmöglichkeit** der Leistung (§ 275 BGB; BGH ZEV 2013, 330 = FamRZ 2013, 878).

9 Die Aufhebung kann uU außer dem Rücktritt des Erblassers vom Erbvertrag auch die Anfechtung nach §§ 2281 ff, 2078 Abs 2 BGB rechtfertigen (Planck/Greiff Anm 2; **aA** BeckOGK/Müller-Engels [1. 7. 2022] Rn 24: nur, wenn die Rücktrittsmöglichkeit gem § 2295 nicht besteht; Soergel/Zecca-Jobst[14] Rn 1: Anfechtung überflüssig, soweit § 2295 einschlägig ist). Die Anfechtungsmöglichkeiten reichen weiter als der Rücktritt nach § 2295 BGB. Es erscheint daher unpraktisch, die Anfechtung nur zu gewähren, wenn die Rücktrittsvoraussetzungen nicht gegeben sind. Ob diese im Einzelfall vorliegen, mag schwieriger vorherzusehen sein als der Erfolg einer Anfechtung. Daher sollten beide Gestaltungsrechte parallel ausgeübt werden können.

10 Die Aufhebung muss der Rücktrittserklärung nicht vorausgegangen sein, sie kann ihr auch nachfolgen (OLG Hamm DNotZ 1977, 751, 755): Ausreichend ist, dass die Aufhebung der Leistungspflicht einen Beweggrund für den Rücktritt des Erblassers darstellt (s Rn 6) und – bei einvernehmlicher Aufhebung – zwischen dem Erblasser und dem Bedachten Einigkeit über den gleichzeitigen Wegfall der Zuwendung und der Leistungspflicht besteht (OLG Hamm DNotZ 1977, 755).

4. Unwirksame Rechtsgeschäfte

11 Eine Aufhebung der **Verpflichtung** des Bedachten kommt nach zutr Ansicht auch in Frage, wenn diese von vornherein überhaupt **nicht entstanden** ist, zB wenn der schuldrechtliche Vertrag, in dem sie begründet werden sollte, nichtig war oder mit Erfolg angefochten wurde, oder wenn sich der Bedachte nach dem Abschluss des Erbvertrags weigert, den vorgesehenen schuldrechtlichen Vertrag zu schließen, oder endlich, wenn sich der Erblasser in dem zuerst geschlossenen schuldrechtlichen Vertrag verpflichtet hat, den Vertragsgegner in einem späteren Erbvertrag zu bedenken, sodass der schuldrechtliche Vertrag nach § 2302 BGB nichtig ist (Planck/Greiff Anm 2). In solchen Fällen der ursprünglichen Unwirksamkeit der Verpflichtung des Bedachten steht dem Erblasser auch der Rücktritt nach § 2295 BGB zur Verfügung, nicht nur das Recht zur Anfechtung nach den §§ 2281 ff, 2078 Abs 2 BGB (Grüneberg/Weidlich[81] Rn 2; Soergel/Zecca-Jobst[14] Rn 3; für Heranziehung des § 2295, wenn § 139 nicht eingreift, NK-BGB/Horn[6] Rn 5; BeckOGK/Müller-Engels [1. 7. 2022] Rn 12; **aA** Erman/S Kappler/T Kappler[16] Rn 5; MünchKomm/Musielak[9] Rn 6; Staudinger/Kanzleiter [2019] Rn 6). Schon aus praktischen Gründen wird man ein Nebeneinander mehrerer Gestaltungsrechte zulassen, die jeweils zur Unwirksamkeit eines Rechtsgeschäfts führen (grdl Kipp, Über Doppelwirkungen im Recht, in: FS vMartitz, 211 [224 ff]; s dazu auch Flume AT II[4] § 31, 6; Christian Hattenhauer, Einseitige private Rechtsgestaltung [2011] 315 ff).

5. Leistungsstörungen

12 Die **Anfechtung wegen Irrtums im Beweggrund** kommt auch in Frage, wenn der Bedachte die an sich bestehende und fortbestehende Verpflichtung gegenüber dem Erblasser nicht, nicht rechtzeitig oder schlecht erfüllt oder wenn über sein Vermögen das Insolvenzverfahren eröffnet wird (Grüneberg/Weidlich Rn 4; J Mayer/Röhl, in: Reimann/Bengel/Dietz[7] Rn 17 unter Hinweis auf die kurze Anfechtungsfrist, die oft die Heranziehung anderer Rechtsbehelfe notwendig macht; s auch Kanzleiter ZEV 2011, 256). Ein Rücktrittsrecht nach § 2295 BGB hat der Erblasser in solchen Fällen der **Leistungsstörungen** nicht (ebenso BeckOGK/Müller-Engels [1. 7. 2022] Rn 14). Denn es ist keine Aufhebung iSv § 2295 BGB (anders beim gegenseitig verpflichtenden Vertrag, s Rn 16), wenn der Erblasser selbst zunächst die Verpflichtung des anderen Vertragsteils – etwa durch Rücktritt vom Leibgedingsvertrag aus wichtigem Grund – beseitigt und anschließend vom Erbvertrag zurücktritt (**aA** LG Köln DNotZ 1978, 685 mit – die Entscheidung aus anderem Grunde abl – Anm von Bengel; auch Lange/Kuchinke § 25 X 2 Fn 328; vLübtow I 410; wie hier Planck/Greiff Anm 2; Kipp/Coing § 40 I 2 b).

13 Ebensowenig kann der Erblasser in einem solchen Fall nach § 323 BGB vom Erbvertrag zurücktreten (**aA** Stöcker WM 1980, 482; Stürzebecher NJW 1988, 2727); denn ein gegenseitiger Vertrag iSv §§ 320 ff BGB liegt nicht vor (Rn 7); daran hat sich durch die Schuldrechtsreform nichts geändert (**aA** Krug, Die Auswirkungen der Schuldrechtsreform

auf das Erbrecht Rn 227; wie hier J Mayer/Röhl, in: Reimann/Bengel/Dietz[7] Rn 23; NK-BGB/Horn[6] Rn 7; Vollmar ZErb 2003, 274, 280). Wohl aber kann er uU von dem Vertragsgegner die Zustimmung zur Aufhebung der vertragsmäßigen Verfügung in dem Erbvertrag wegen **ungerechtfertigter Bereicherung** verlangen, weil der mit der Verfügung bezweckte **Erfolg nicht eingetreten** sei (§ 812 Abs 1 S 2 2. Fall BGB; Prot V 411 = Horn Rn 5; Mot V 342; Planck/Greiff Anm 4; Knieper DNotZ 1968, 331; BGB-RGRK/Kregel Rn 3; J Mayer/Röhl, in: Reimann/Bengel/Dietz[7] Rn 15, 18, 25; Kanzleiter, ZEV 2011, 256; **aA** Strohal I § 47 N 1; Kipp/Coing § 40 I 2 b; Hellwig 607 Nr 247; Erman/S Kappler/T Kappler[16] Rn 4). Zwar ist eine Zuwendung in einem Erbvertrag keine „Leistung" im Sinne des Bereicherungsrechts; aber hier ist eine Analogie gerechtfertigt. Wenn der Vertragsgegner nicht zugleich der Bedachte ist, so steht das dem Bereicherungsanspruch ihm gegenüber nicht entgegen, weil als Gegenstand des Anspruchs nur die erbrechtliche Bindung, nicht die Zuwendung selbst zu betrachten ist.

14 § 2295 BGB geht als Spezialvorschrift einem Bereicherungsanspruch vor (J Mayer/Röhl, in: Reimann/Bengel/Diezt[7] Rn 25), so dass § 812 BGB nur außerhalb des Regelungsbereichs von § 2295 BGB (einschließlich der in Rn 16 f erörterten Fälle) in Frage kommt; der Gesetzgeber hat aber § 2295 BGB bewusst eng gefasst und im Übrigen ausdrücklich auf die Zweckverfehlungskondiktion verwiesen (s Prot V 411; dazu Kanzleiter ZEV 2011, 256).

15 Entfällt umgekehrt der Erbvertrag, kann dem Vertragspartner, der Leistungen erbracht hat, ein Anspruch nach § 812 BGB zustehen (s Rn 22).

16 Anders ist die Rechtslage, wenn der Erblasser in dem schuldrechtlichen Vertrag nicht nur die Verpflichtung des Bedachten angenommen, sondern auch seinerseits eine schuldrechtliche Verpflichtung übernommen hat, sodass schon dieser Vertrag, für sich betrachtet, ein **gegenseitiger Vertrag** ist (das war aber bei BGH ZEV 2011, 254 m krit Anm Kanzleiter = FamRZ 2010, 2072 – MittBay Not 2011, 318 m Anm Kornexl = DNotZ 2012, 146 mit Beitrag J Mayer DNotZ 2012, 89 nicht der Fall; deshalb überzeugt die Lösung des BGH nicht, der Erblasser könne vom – angeblichen – gegenseitigen Vertrag nach § 323 BGB [nach Aufforderung zu konkreten Pflegeleistungen mit Fristsetzung] und zugleich nach § 2295 BGB vom Erbvertrag zurücktreten). Dann kann der Erblasser, wenn der Bedachte seine Verpflichtung nicht erfüllt, unter den allgemeinen Voraussetzungen nach den §§ 280 ff BGB Schadensersatz statt der Leistung verlangen oder von dem schuldrechtlichen Vertrag zurücktreten und, da hierdurch die Verpflichtung des Bedachten aufgehoben wird, auch nach § 2295 BGB von der erbrechtlichen Verfügung (RG DNotZ 1935, 678).

17 Anders ist es auch, wenn die vertragsmäßige Zuwendung unter der auflösenden Bedingung angeordnet worden ist, dass der Bedachte seine Verpflichtung nicht ordnungsgemäß erfüllt (s dazu BayObLG Rpfleger 1976, 290; OLG Hamm Rpfleger 1977, 208): Dann tritt die vertragsmäßige Verfügung von selbst außer Kraft, wenn der Bedachte seiner Verpflichtung nicht nachkommt, ohne dass es eines Rücktritts bedürfte.

18 Wenn die schuldrechtliche Verpflichtung, die der Bedachte im Zusammenhang mit dem Erbvertrag gegenüber dem Erblasser übernommen hat, einen anderen Inhalt hat, als in § 2295 BGB vorausgesetzt wird, kann die Aufhebung, Nichterfüllung oder Schlechterfüllung dieser Verpflichtung die Anfechtung der vertragsmäßigen Verfügung durch den Erblasser nach §§ 2281 ff, 2078 Abs 2 BGB rechtfertigen. Sie kann aber auch einen Bereicherungsanspruch des Erblassers gegen den Vertragsgegner auf Zustimmung zur Aufhebung der Verfügung begründen (§ 812 Abs 1 S 2 2. Fall BGB, s Rn 13 ff; PLANCK/GREIFF Anm 4).

III. Ausübung des Rücktrittsrechts

Für die Ausübung des Rücktrittsrechts nach § 2295 BGB gilt im Wesentlichen das Gleiche wie bei § 2294 BGB (§ 2294 Rn 11 f). Die Form des Rücktritts richtet sich nach §§ 2296, 2297 BGB. Der Grund des Rücktritts braucht in der Rücktrittserklärung nicht angegeben zu werden. Die Voraussetzungen des Rücktrittsrechts hat im Streitfall zu beweisen, wer sich auf den Rücktritt beruft. Auf das Recht zum Rücktritt nach § 2295 BGB kann nicht im Voraus verzichtet werden. 19

Zur Möglichkeit der Umdeutung fehlgegangener Erklärungen, die die Aufhebung der Erbeinsetzung in anderer Weise beabsichtigt haben, in die Ausübung des Rücktrittsrechts s § 2296 Rn 31, zur Bedingungsfeindlichkeit des Rücktritts § 2296 Rn 27. 20

IV. Wirkung des Rücktritts

Die Wirkung des Rücktritts beschränkt sich in der Regel auf die vertragsmäßige Verfügung, die mit Rücksicht auf die Verpflichtung des Bedachten getroffen wurde (s aber §§ 2085, 2279, 2298 BGB; § 2294 Rn 13 ff; WEIN BayZ 1916, 126). 21

Die **Einwirkung** des Rücktritts **auf die schuldrechtlichen Beziehungen** zwischen dem Erblasser und dem Bedachten richtet sich nach dem Rechtsverhältnis, auf dem die Verpflichtung des Bedachten gegenüber dem Erblasser beruht hat. In der Regel wird der Erblasser verpflichtet sein, die von dem Bedachten empfangenen Leistungen wegen ungerechtfertigter Bereicherung zurückzugewähren, weil der mit ihnen bezweckte Erfolg, nämlich die vertragsmäßige Zuwendung von Todes wegen, durch den Rücktritt weggefallen ist (§ 812 Abs 1 S 2 2. Fall BGB; PLANCK/GREIFF Anm 3; BGB-RGRK/KREGEL Rn 3; J MAYER/RÖHL, in: REIMANN/BENGEL/DIETZ[7] Rn 29; BeckOK/LITZENBURGER [1. 5. 2022] Rn 7; BeckOGK/MÜLLER-ENGELS [1. 7. 2022] Rn 23; jurisPK/B HAMDAN/M HAMDAN[9] Rn 15). 22

Zu denken ist ferner an einen Anspruch aus § 2057a BGB (zutr SOERGEL/ZECCA-JOBST[14] Rn 5; jurisPK/B HAMDAN/M HAMDAN[9] Rn 15). 23

§ 2296
Vertretung, Form des Rücktritts

(1) Der Rücktritt kann nicht durch einen Vertreter erfolgen.

(2) Der Rücktritt erfolgt durch Erklärung gegenüber dem anderen Vertragschließenden. Die Erklärung bedarf der notariellen Beurkundung.

Materialien: E I § 1958; E II § 2162 Abs 1, 2 rev § 2270; E III § 2269; Mot V 343 f; Prot V 409 f; Jakobs/Schubert ER II 1797–1805; Horn 1148 ff.

Schrifttum

Bärmann, Anm zu OLG Celle v 7. 2. 1963, NJW 1964, 53

Heiseke, Der Zugang formbedürftiger Erklärungen, MDR 1968, 899

Hieber, Zustellung einer Ausfertigung oder einer beglaubigten Abschrift, DNotZ 1960, 240

ders, Anm zu OLG Celle v 7. 2. 1963, 10 Wz 28/62, DNotZ 1964, 238

Kanzleiter, Der Zugang beurkundungsbedürftiger Willenserklärungen, DNotZ 1996, 931

ders, Die Form des Rücktritts von einem Vertrag, in dem ein Erbvertrag mit anderen Vereinbarungen verbunden ist, DNotZ 1999, 122

Keim, Der Rücktritt vom Erbvertrag gegenüber dem testierunfähigen Vertragspartner, ZNotP 2021, 368

Müller-Engels, Von der Schwierigkeit, sich zu lösen: Zum Rücktritt vom Erbvertrag bei Geschäftsunfähigkeit des Vertragspartners, DNotZ 2021, 501

Röll, Die Zustellung einer Ausfertigung beim Rücktritt vom Erbvertrag und beim Widerruf wechselbezüglicher Verfügungen in gemeinschaftlichen Testamenten, DNotZ 1961, 312

Veit, Die Anfechtung von Erbverträgen (Diss München 1991)

ders, Die Anfechtung von Erbverträgen durch den Erblasser, NJW 1993, 1553

Weidlich, Anmerkung zu OLG Koblenz Urt v 29. 6. 2017 zum rechtswirksamen Zugang der Rücktrittserklärung, ZEV 2017, 713

Zimmer, Rücktritt vom Erbvertrag bei Testier- und Geschäftsunfähigkeit, NJW 2021, 1434.

S auch die Nachw zu § 2271 BGB über die Form des Widerrufs wechselbezüglicher Verfügungen.

Systematische Übersicht

Alphabetische Übersicht

I. Allgemeines

§ 2296 BGB regelt die formalen Erfordernisse des Rücktritts vom Erbvertrag (oder von einer vertragsmäßigen Verfügung im Erbvertrag) durch den Erblasser (und nur durch ihn, nicht etwa durch den Vertragsgegner, s § 2293 Rn 21 ff; KANZLEITER DNotZ 1999, 122, 123 f) für den Fall, dass der Vertragsgegner noch lebt. Ist dieser gestorben, gilt § 2297 BGB. 1

Die Vorschriften des § 2296 BGB stimmen – mit Ausnahme der Regelung bei Geschäftsunfähigkeit des Erblassers – mit denen überein, die § 2282 BGB für die Anfechtung des Erbvertrags durch den Erblasser gibt. Sie gelten sowohl für den vorbehaltenen Rücktritt nach § 2293 BGB als auch für den gesetzlichen Rücktritt nach § 2294 BGB oder § 2295 BGB, für den Rücktritt von einer vertragsmäßigen Erbeinsetzung wie für den von einer vertragsmäßigen Vermächtnis- oder Auflagenanordnung. Sie gelten aber nicht für abweichende Verfügungen von Todes wegen, die sich der Erblasser in dem Erbvertrag vorbehalten hat (s § 2289 Rn 36 ff; PLANCK/GREIFF Anm 1; J MAYER/RÖHL, in: REIMANN/BENGEL/DIETZ[7] Rn 1). 2

Nach § 2271 Abs 1 S 1 BGB ist § 2296 BGB auch auf den Widerruf einer wechselbezüglichen Verfügung in einem gemeinschaftlichen Testament zu Lebzeiten beider Ehegatten anzuwenden (s daher auch § 2271 Rn 18 ff). 3

Abs 1 S 2 aF wurde 2017 durch das Gesetz zur Bekämpfung von Kinderehen (BGBl 2017 I 2499) aufgehoben, weil seither nur noch unbeschränkt Geschäftsfähige einen Erbvertrag schließen können (§ 2275 Rn 8). 4

II. Keine Vertretung des Erblassers

Nach § 2296 Abs 1 BGB kann der Rücktritt **nicht durch** einen **Vertreter** erfolgen (vgl § 2290 Abs 2, § 2282 Abs 1, §§ 2274, 2064 BGB). 5

III. Geschäftsunfähigkeit des Erblassers

Ein **geschäftsunfähiger Erblasser** kann nicht vom Erbvertrag zurücktreten; denn er selbst kann den Rücktritt nicht erklären (§ 105 BGB) und der gesetzliche Vertreter kann nicht für ihn handeln (§ 2296 Abs 1 BGB). Auch der gesetzliche Vertreter fällt nämlich – wie Entwurf I ausdrücklich ausgesprochen hatte – unter diese Vorschrift (WEIN BayZ 1916, 125). Auf die Testierfähigkeit kommt es hier – im Gegensatz zum Widerruf eines gemeinschaftlichen Testaments (§ 2271 Rn 20) – nicht an. 6

Seitdem **beschränkt geschäftsfähige Personen** keinen Erbvertrag mehr schließen können (Rn 4, § 2275 Rn 8), spielt das früher bestehende Rücktrittsrecht dieser Personen keine Rolle mehr. 7

8 Bei Mängeln in der Geschäftsfähigkeit des Vertragsgegners gilt § 131 BGB.

IV. Die Rücktrittserklärung

1. Form

9 Nach § 2296 Abs 2 BGB geschieht der Rücktritt durch notariell beurkundete Erklärung gegenüber dem Vertragsgegner (vgl § 349 BGB für den Rücktritt von einem schuldrechtlichen Vertrag). Diese Form dient der Sicherung des Vertragsgegners, der wissen soll, woran er ist (s Mot V 343 = Horn § 2293 Rn 8), aber auch den Interessen desjenigen, der den Rücktritt ausübt (Schutz vor Übereilung, Warnfunktion, Gültigkeitsgewähr, Belehrungsfunktion). Die Erklärung des Rücktritts in einer letztwilligen Verfügung ist zu Lebzeiten beider Vertragsteile weder erforderlich noch ausreichend; anders nach dem Tode des Vertragsgegners (§ 2297 BGB). Der Grund des Rücktritts braucht im Falle des § 2296 BGB in der Rücktrittserklärung nicht angegeben zu werden (Wein BayZ 1916, 126; NK-BGB/Horn[6] Rn 7; Planck/Greiff Anm 3; BGB-RGRK/Kregel § 2294 Rn 1; anders im Falle des § 2297 BGB, wo § 2336 Abs 2 BGB entsprechend anzuwenden ist; näher § 2294 Rn 6).

10 Bei der Beurkundung der Rücktrittserklärung brauchen nicht – wie beim Abschluss des Erbvertrags, § 2276 BGB – beide Teile gleichzeitig anwesend zu sein, weil nur die Erklärung des Erblassers beurkundet wird, nicht auch die Annahme durch den Vertragsgegner oder das Zugehen an ihn (Prot V 438 ff).

2. Erklärungsgegner

11 Erklärungsgegner ist der andere Vertragsschließende, bei mehr als zwei Vertragsschließenden sind alle übrigen Vertragsschließenden Erklärungsgegner (jurisPK/B Hamdan/M Hamdan[9] Rn 8 mwN).

12 Zugang beim **gesetzlichen Vertreter** ist möglich, und zwar auch dann, wenn der Vertretene geschäftsunfähig (geworden) ist, so dass er seinerseits nicht mehr neu testieren kann. Daher kann der Widerruf jedenfalls dem Betreuer zugehen, dessen Aufgabenkreis Vermögensangelegenheiten einschließt (näher Eickelberg ZEV 2019, 557 [561 f]; zur Bestellung eines Ergänzungsbetreuers, wenn der Ehegatte Betreuer ist, s AG München FamRZ 2011, 1760; OLG Nürnberg ZEV 2013, 450: Tochter des Ehegatten; OLG Karlsruhe NJW-RR 2015, 1031 [1032]; OLG Hamm FamRZ 2014, 1484 [1485]; MünchKomm/Musielak[9] Rn 5; **aA** NK-BGB/Horn[6] Rn 8a). Der Geschäftskreis zur Entgegennahme von Post, „Postvollmacht", soll nach hM nicht genügen (OLG Karlsruhe FamRZ 2016, 586 [588]; NK-BGB/Horn[6] Rn 8b; vorsichtig zust BeckOGK/Braun [1. 4. 2022] § 2271 Rn 50). Das ist aber rabulistisch und überzeugt nicht.

13 Möglich ist auch der **Zugang bei einem Bevollmächtigten**, dessen Vollmacht die Entgegennahme solcher Erklärungen einschließt, insbesondere auch beim Vorsorgebevollmächtigten, wenn dieser Fall nicht ausgenommen ist (hM, für den Rücktritt vom Erbvertrag: BGH FamRZ 2021, 708 [709] m Anm Zimmermann = ErbR 2021, 410 m Anm Horn = DNotZ 2021, 528 = ZEV 2021, 245 m Anm Reimann = MittBayNot 2021, 460 m Anm Keim ; LG Leipzig FamRZ 2010, 403; ausführlich Keim ZEV 2010, 358; ders ZEV 2013, 452; Müller-Engels DNotZ 2021, 501; einschränkend Zimmer NJW 2021, 1434; **aA** Zimmer ZEV 2007, 159 [162]; ders

ZEV 2013, 307 [310]; W Lange ZEV 2008, 313 [319]; Eickelberg ZEV 2019, 557 [562 f]), denn § 131 Abs 1 BGB schließt den Zugang beim rechtsgeschäftlich Bevollmächtigten nicht aus; es besteht nämlich kein „struktureller Unterschied zwischen dem Zugang beim gesetzlichen Vertreter und dem beim Zugangsbevollmächtigten" (zutr Keim ZEV 2010, 358 [360]). Das Ergebnis ist aber dann teleologisch zu reduzieren, wenn der Bevollmächtigte selbst den Rücktritt erklärt (näher § 2271 Rn 27).

3. Zugang

14 Nach nunmehr ganz hM muss die Rücktrittserklärung dem Vertragsgegner in **(Urschrift oder) Ausfertigung** übermittelt werden (da die Urschrift in aller Regel beim Notar in der Urkundensammlung bleibt, also in Ausfertigung); die Übermittlung einer beglaubigten Abschrift soll nicht genügen (zuletzt OLG Koblenz ZEV 2017, 713 – Anm vWeidlich – mit Hinweis auf die „Reparaturmöglichkeit" durch Zustellung einer Ausfertigung; BGHZ 31, 5 = NJW 1960, 33 m **abl** Anm Jansen = LM Nr 10 zu § 2271 BGB m zust Anm Pagendarm; BGHZ 36, 201 = DNotZ 1962, 324; OLG Celle NJW 1964, 53 mit Anm Bärmann = DNotZ 1964, 238 m **abl** Anm Hieber; BGHZ 48, 374 = NJW 1968, 946 = JZ 1968, 185 m Anm Dilcher; OLG Düsseldorf NJW 1949, 789; OLGZ 1966, 68; OLG Köln DNotZ 1955, 395; KG DNotZ 1933, 578; BGH NJW 1981, 2299; DNotZ 1983, 117, 118; WM 1985, 1180, 1182 = FamRZ 1985, 919 = NJW-RR 1986, 371 = MDR 1986, 208; BayObLG Rpfleger 1987, 358; OLG Hamm FamRZ 1991, 1486 = NJW-RR 1991, 1480 = JuS 1992, 259; MünchKomm/Musielak[9] Rn 6; Erman/S Kappler/T Kappler[16] Rn 4; Grüneberg/Weidlich Rn 2; J Mayer/Röhl, in: Reimann/Bengel/Dietz[7] Rn 12; BeckOGK/Müller-Engels [1. 10. 2022] Rn 19; Höfer BWNotZ 1984, 113, 118; **aA** KG DNotZ 1961, 603 = NJW 1961, 1424; wohl nicht geprüft von OLG Hamm DNotZ 1977, 751; Hieber DNotZ 1960, 240; Jansen NJW 1960, 475; Röll DNotZ 1961, 312; Soergel/Zecca-Jobst[14] Rn 4; Veit, Die Anfechtung von Erbverträgen S 27 ff; ausführlich Kanzleiter DNotZ 1996, 931; vgl auch Heiseke MDR 1968, 899; differenzierend Dilcher JZ 1968, 188).

15 Zweck der Formvorschrift ist, dass der Erbvertragspartner, der zurücktritt, über die Folgen unterrichtet wird, und der andere Vertragspartner, der auf die Folgen keinen Einfluss hat, über den Rücktritt klar und eindeutig unterrichtet wird, und zwar in der vom Gesetz vorgeschriebenen Form, die bei ihm zurückbleibt. Es genügt deshalb nicht, dass der Inhalt der Rücktrittserklärung dem Vertragsgegner irgendwie mitgeteilt wird, zB durch Vorlesen; vielmehr müssen die beiden Sätze des § 2296 Abs 2 BGB im Zusammenhang gelesen und es muss gefordert werden, dass die öffentlich beurkundete Rücktrittserklärung, also die Urkunde, dem Vertragsgegner entweder übergeben wird oder „zugeht" (§ 130 BGB; Erman/S Kappler/T Kappler[16] Rn 4; Planck/Greiff Anm 3; **aA** Staudinger/Herzfelder[9]). Die in einem neuen Erbvertrag mit einem Dritten beurkundete widersprechende Verfügung kann deshalb nur als wirksamer Rücktritt angesehen werden, wenn sie dem früheren Vertragspartner übermittelt wurde (BGHZ 106, 359 = NJW 1989, 2885 = DNotZ 1990, 50).

16 Eine bestimmte Form oder eine Beurkundung der Übermittlung ist allerdings nicht vorgeschrieben (s § 2282 Rn 13); es empfiehlt sich aber, zur Sicherung des Beweises die Rücktrittserklärung dem Vertragsgegner durch einen **Gerichtsvollzieher** (§ 132 BGB) zustellen zu lassen. Dort ist auch darauf zu achten, dass der Gerichtsvollzieher dem Erklärungsempfänger eine Ausfertigung übermittelt (BeckOGK/Müller-Engels [1. 10. 2022] Rn 23).

17 Ist der Aufenthalt des Vertragsgegners unbekannt, so kann die Rücktrittserklärung öffentlich zugestellt werden (§ 132 Abs 2 BGB, §§ 185 ff ZPO). Ist dem Erklärenden der Aufenthalt dagegen bekannt, ist die **öffentliche Zustellung** uU rechtsmissbräuchlich (vgl KG DNotZ 2006, 931 = FamRZ 2006, 1563; Erman/S Kappler/T Kappler[16] Rn 5). Die öffentliche Zustellung der Rücktrittserklärung ist (nach BGHZ 64, 5 = NJW 1975, 827 = LM Nr 19 zu § 2271 m zust Anm Johannsen) – wie in anderen Fällen der öffentlichen Zustellung – generell auch dann wirksam, wenn ihre Bewilligung erschlichen worden ist. Gegenüber demjenigen, der hieraus Rechte herleitet, kann jedoch der Einwand der unzulässigen Rechtsausübung erhoben werden, wenn der Erblasser die öffentliche Zustellung unter Verstoß gegen Treu und Glauben bewirken ließ, obwohl ihm der Aufenthaltsort des Vertragsgegners, im konkreten Fall, in dem es sich um ein gemeinschaftliches Testament handelte, des Ehegatten, bekannt war (BGH BGHZ 64, 5 = NJW 1975, 827; die Beweislast für den Verstoß gegen Treu und Glauben trifft denjenigen, der ihn geltend macht; der BGH stellt fest, ein Verstoß gegen Treu und Glauben liege auch vor, wenn dem Erblasser zwar zum Zeitpunkt der öffentlichen Zustellung der Aufenthaltsort des Ehegatten unbekannt war, die eheliche Gemeinschaft aber später wieder aufgenommen wird, ohne dass der Erblasser den anderen Ehegatten von dem Widerruf unterrichtet; im letzteren Falle könne zwar keine Bindung an das wirksam widerrufene gemeinschaftliche Testament angenommen werden, aber dem anderen Ehegatten ein Schadensersatzanspruch zustehen; s dazu insbes Johannsen Anm zu BGH LM Nr 19 zu § 2271 BGB; Kenntnis vom tatsächlichen oder nahe liegenden Aufenthalt des Beteiligten reicht zur Begründung eines Verstoßes gegen Treu und Glauben nicht aus; hinzukommen muss die Möglichkeit, dass mit Hilfe dieser Kenntnis der nachweisbare Zugang der Rücktrittserklärung möglich gewesen wäre, was bei fehlender Kenntnis des Zeitpunkts des tatsächlichen Aufenthalts des Zustellungsadressaten die Möglichkeit einer Ersatzzustellung voraussetzt, KG DNotZ 2006, 931). Die Erwägungen des BGH wurden zwar zu einem gemeinschaftlichen Testament getroffen und beruhen teilweise auf dem besonderen Verhältnis unter Ehegatten. Im Ergebnis und mit der letzteren Einschränkung gelten sie aber nicht nur für den Ehegattenerbvertrag, sondern auch für den Erbvertrag unter anderen Personen.

18 Nach § 130 Abs 2 BGB ist der Rücktritt grundsätzlich auch dann wirksam, wenn die **Rücktrittserklärung dem Vertragsgegner erst nach dem Tode des Erblassers zugeht**. § 130 Abs 2 BGB gilt aber nur für die Fälle, in denen sich die Willenserklärung beim Tode des Erklärenden **„auf dem Weg"** zum Adressaten befindet und der Zugang alsbald nachfolgt (s insbes Bärmann NJW 1964, 53; BGHZ 48, 374 = NJW 1968, 496 = JZ 1968, 185 m zust Anm Dilcher; vgl auch RGZ 65, 270; großzügiger KG DNotZ 1964, 721; OLG Celle NJW 1964, 53 m Anm Bärmann = DNotZ 1964, 238 m Anm Hieber; Natter JZ 1954, 381; vgl auch OLG Hamm FamRZ 1991, 1486 = NJW-RR 1991, 1480 = JuS 1992, 259, wo darüber hinaus erwogen, aber nicht entschieden wird, ob ein wirksamer Zugang nach dem Tode überhaupt mit dem Schutzgedanken – im konkreten Fall eines gemeinschaftlichen Testaments gem § 2271 Abs 1 S 1 – vereinbar wäre; s auch OLG Oldenburg FamRZ 2018, 1707 zum Widerruf gem § 2271 und dazu ausführlich § 2271 Rn 24).

19 Fordert man den Zugang einer Ausfertigung der Rücktrittserklärung und lässt den einer beglaubigten Abschrift nicht genügen, so ist danach konsequent auch eine Rücktrittserklärung unwirksam, die dem Vertragsgegner zu Lebzeiten des Erblassers nur in beglaubigter Abschrift zugegangen ist und die ihm erst nach dem Tode des Erblassers in Ausfertigung zugestellt wird, um dem erst zu dieser Zeit erkannten Zustellungsmangel abzuhelfen (BGHZ 48, 374 = JZ 1968, 185 m Anm Dilcher = LM Nr 10 zu § 130 BGB m Anm Kreft = NJW 1968, 496; OLG Hamm FamRZ 1991, 1486 = NJW-RR 1991, 1480

= JuS 1992, 259; **aA** OLG Celle NJW 1964, 53; anders dürfte es im Fall des OLG Koblenz ZEV 2017, 713 m Anm von WEIDLICH liegen, s dazu § 2271 Rn 24).

Umso mehr würde die zugunsten des Erklärenden getroffene Regelung des § 130 Abs 2 BGB missbraucht, wenn der Erblasser den Notar anweisen könnte, die von ihm beurkundete Rücktrittserklärung dem Vertragsgegner erst nach dem Tode des Erblassers zu übermitteln. In einem solchen Fall liegt kein wirksamer Rücktritt vor (BGHZ 9, 232 = NJW 1953, 938; NK-BGB/HORN[6] Rn 9a), ebenso beim Widerruf einer wechselbezüglichen Verfügung in einem gemeinschaftlichen Testament nach § 2271 Abs 1 S 1 BGB, anders beim Widerruf einer Schenkung, § 531 BGB (RGZ 170, 380). Durch die Zulassung dieses Weges würde gerade das erreicht, was das Gesetz durch die Vorschrift einer Erklärung gegenüber dem Vertragsgegner und den Ausschluss der Testamentsform vermeiden wollte, dass nämlich der Erblasser sich von seiner vertragsmäßigen Verfügung hinter dem Rücken des Vertragsgegners einseitig lossagen könnte. 20

Die vorstehenden Darlegungen gelten nicht entsprechend für den Fall, dass der **Erblasser nach Abgabe der Rücktrittserklärung geschäftsunfähig** wird (anders STAUDINGER/KANZLEITER[12]): dann gilt § 130 Abs 2 BGB ohne Einschränkung, der gesetzliche Vertreter kann den Zugang veranlassen. 21

Nach dem Tode des Vertragsgegners kann die Rücktrittserklärung nicht mehr wirksam zugehen, etwa durch Zustellung an seine Erben (OLG Düsseldorf OLGZ 1966, 68). Ist es zur Zeit des Rücktritts zweifelhaft, ob der Vertragsgegner noch lebt oder schon gestorben ist, so ist es deshalb ratsam, nicht nur den Rücktritt nach § 2296 BGB zu erklären, sondern vorsorglich auch ein Aufhebungstestament nach § 2297 BGB zu errichten (STROHAL § 46 N 48a; DERNBURG V § 102 N 9). 22

4. Zwingender Charakter von § 2296

Die Vorschriften des § 2296 BGB sind zwingend; die Beteiligten können keine andere Form des Rücktritts vereinbaren, auch nicht für den vorbehaltenen Rücktritt (SCHIFFNER 185 N 10; PLANCK/GREIFF Anm 1; vgl KANZLEITER DNotZ 1999, 122). Da jedoch die Beifügung beliebiger **auflösender Bedingungen** bei Verfügungen von Todes wegen möglich ist, wäre eine solche Vereinbarung als Verfügung von Todes wegen unter der auflösenden Bedingung des Eintritts der vereinbarten Rücktrittsvoraussetzung wirksam (J MAYER/RÖHL, in: REIMANN/BENGEL/DIETZ[7] Rn 17; **aA** BeckOGK/MÜLLER-ENGELS [1. 7. 2022] Rn 13.1). Bei einem **gemischten Vertrag**, bei dem ein Erbvertrag mit anderen Vereinbarungen (unter Lebenden) verbunden ist (etwa einer Scheidungsvereinbarung), kann für den Rücktritt von den Teilen des Vertrages, die Rechtsgeschäfte unter Lebenden sind, eine beliebige Form vereinbart und bestimmt werden, dass ein solcher Rücktritt dann als auflösende Bedingung auch zur Unwirksamkeit des Erbvertrags führt (KANZLEITER DNotZ 1999, 122, 124); im Zweifel ist ein solcher Vertrag auch so auszulegen. 23

Durch Errichtung einer **Verfügung von Todes wegen**, sei es eines Testaments oder eines Erbvertrags mit einem Dritten, kann der Erblasser – außer im Falle des § 2297 BGB – den Rücktritt nicht erklären (vgl § 2271 Abs 1 S 2 BGB; § 2271 Rn 36). Das gilt auch dann, wenn der Vertragsgegner formlos zustimmt (§ 2271 Rn 37; § 2289 Rn 41; 24

§ 2290 Rn 22). Ist die Zustimmungserklärung des Vertragsgegners zur Aufhebung eines Vermächtnisses oder einer Auflage in einem einseitigen Testament notariell beurkundet, so ist dies in eine Aufhebung nach § 2291 BGB umzudeuten.

25 Als wirksamer Rücktritt ist es anzusehen, wenn der Erblasser den Rücktritt zwar in einer notariell beurkundeten Verfügung von Todes wegen niederlegt, diese aber dem Vertragsgegner zugehen lässt (vgl § 2271 Rn 36).

26 Will der Erblasser eine vertragsmäßige Verfügung einseitig ändern, so muss er, falls er dazu befugt ist, uU sowohl die Vorschriften des § 2296 BGB beachten als auch eine neue Verfügung von Todes wegen in einer der hierfür vorgesehenen Formen errichten. Soweit die Änderung eine teilweise Aufhebung der vertragsmäßigen Verfügung darstellt, ist sie als Rücktritt anzusehen und bedarf der Form des § 2296 BGB; soweit der Erblasser zugleich eine Neuregelung der erbrechtlichen Verhältnisse herbeiführen will, enthält seine Anordnung eine Verfügung von Todes wegen, die in der dafür vorgesehenen Form getroffen werden muss.

V. Bedingungsfeindlichkeit des Rücktritts

27 Da das Rücktrittsrecht ein Gestaltungsrecht ist, kann der Rücktritt nicht unter einer Bedingung erklärt werden (OLG Stuttgart DNotZ 1979, 107, 109; Soergel/Zecca-Jobst[14] Rn 6).

VI. Wirkung des Rücktritts

28 S zunächst § 2293 Rn 17 ff, § 2294 Rn 13 ff, § 2295 Rn 21 ff. Der Rücktritt vom Erbvertrag ist, wenn er zu Lebzeiten des Vertragsgegners, also nach § 2296 BGB, erklärt wird, stets unwiderruflich (Wein BayZ 1916, 126; Planck/Greiff Anm 4; Soergel/Zecca-Jobst[14] Rn 6; BeckOGK/Müller-Engels [1. 7. 2022] Rn 31; **aA** Schiffner 173 wegen §§ 2257, 2279). Entwurf I § 1958 Abs 2 BGB hatte dies ausdrücklich ausgesprochen, die Bestimmung wurde aber als selbstverständlich gestrichen (Prot VI 153). Eine Anfechtung nach §§ 119 ff BGB ist denkbar (Soergel/Zecca-Jobst[14] Rn 6), aber wegen der notariellen Belehrung im Rahmen der Beurkundung kaum praktisch relevant (BeckOGK/Müller-Engels [1. 7. 2022] Rn 32). Die Wirkung des Rücktritts kann daher nur durch den Abschluss eines neuen Erbvertrags rückgängig gemacht werden.

VII. Rücktritt nach dem Tod des Vertragsgegners

29 Nach dem Tod des Vertragsgegners wandelt sich das Recht zum Rücktritt in das Recht zur einseitigen Aufhebung des Erbvertrags oder der vertragsmäßigen Verfügung durch Testament um (§ 2297 BGB; Ausnahme: § 2298 Abs 2 S 3 BGB; Prot V 397, 422). Die Erklärung gegenüber dem Vertragsgegner kann also nicht durch eine Erklärung gegenüber seinen Erben ersetzt werden (OLG Düsseldorf OLGZ 1966, 68). Das Aufhebungstestament ist im Gegensatz zu der Rücktrittserklärung nach § 2296 BGB widerruflich (§ 2297 Rn 13).

30 Bei mehreren Vertragsgegnern und einem oder mehreren bereits Verstorbenen kann der Rücktritt gem § 2296 BGB gegenüber den lebenden Vertragsgegnern erfolgen (BeckOGK/Müller-Engels [1. 7. 2022] Rn 21 mwN).

VIII. Umdeutung

31 Die Umdeutung fehlgegangener Erklärungen, die die Aufhebung der Erbeinsetzung in anderer Weise beabsichtigt haben – zB Erbverzicht oder Angebot auf Aufhebung des Erbvertrags –, in die Erklärung des Rücktritts ist möglich (OLG Hamm DNotZ 1977, 751; OLG Stuttgart DNotZ 1979, 107).

§ 2297
Rücktritt durch Testament

Soweit der Erblasser zum Rücktritt berechtigt ist, kann er nach dem Tode des anderen Vertragschließenden die vertragsmäßige Verfügung durch Testament aufheben. In den Fällen des § 2294 findet die Vorschrift des § 2336 Abs. 2 bis 4 entsprechende Anwendung.

Materialien: E I § 1961; E II § 2163, rev § 2271; E III § 2270; Mot V 348; Prot V 397, 421; Jakobs/Schubert ER II 1713–1755; Horn 1149 ff.

Systematische Übersicht

I. Grundgedanken

1 Mit dem Tod des Vertragsgegners verwandelt sich sich das Rücktrittsrecht des Erblassers in ein Recht zur einseitigen Aufhebung vertragsmäßiger Verfügungen durch Testament (S 1). Obwohl also die vertragliche Aufhebung eines Erbvertrags oder einer einzelnen vertragsmäßigen Verfügung nach dem Tod des Vertragsgegners nicht mehr möglich ist (§ 2290 Abs 1 S 2 BGB), ist die einseitige Aufhebung auch nach diesem Zeitpunkt uU zulässig. Dabei kann es sich aber, da Zuwendungen an den Vertragsgegner mit dessen Tod in der Regel gegenstandslos werden, im Allgemeinen nur um den Rücktritt von Zuwendungen an Dritte oder von Auflageanordnungen handeln.

2 Eine Ausnahme von dem grundsätzlichen Fortbestand des Rücktrittsrechts beim Tod des Vertragsgegners gilt beim zweiseitigen Erbvertrag nach § 2298 Abs 2 S 2 BGB, jedoch nur bei Vorbehalt des Rücktritts, ferner nur im Zweifel (Abs 3) und vorbehaltlich des Rechtes des überlebenden Erblassers, durch Ausschlagung des ihm (vertragsmäßig) Zugewendeten seine Verfügungsfreiheit zurückzugewinnen (Abs 2 S 3) – eine Möglichkeit, die beim einseitigen Erbvertrag nicht in Betracht kommt.

3 Indem das Gesetz in § 2297 BGB die Form des Testaments vorschreibt, schließt es zugleich aus, dass der Rücktritt etwa nach dem Tod des Vertragsgegners durch Erklä-

rung gegenüber seinen Erben ausgesprochen werden könnte, wie dies Entwurf I vorgesehen hatte (Prot V 421 = Horn Rn 7; vgl § 2290 Abs 1 S 2 BGB; Planck/Greiff Anm 1).

4 Wie der Tod des Vertragsgegners das Rücktrittsrecht des Erblassers bestehen lässt und nur die Art seiner Ausübung ändert, so wird auch ein etwaiges **Anfechtungsrecht** des Erblassers durch den Tod des Vertragsgegners nicht vernichtet, nur der Adressat der Anfechtung wird beeinflusst (§ 2281 Abs 2 BGB; Grüneberg/Weidlich[81] Rn 1). Es kann sogar sein, dass der Tod des Vertragsgegners einen Grund zur Anfechtung des Erbvertrags liefert (§ 2078 Abs 2 BGB).

II. Das Aufhebungstestament

1. Allgemeines

5 Die Aufhebung einer vertragsmäßigen Verfügung durch Testament setzt nach § 2297 BGB voraus,

a) dass der Erblasser bei Errichtung des Testaments zum Rücktritt nach §§ 2293, 2294 oder 2295 BGB (noch) **berechtigt** ist; gleichgültig ist, ob das Rücktrittsrecht schon zu Lebzeiten des Vertragsgegners oder erst nach seinem Tod entstanden ist (Planck/Greiff Anm 2; Erman/S Kappler/T Kappler[16] Rn 1; MünchKomm/Musielak[9] Rn 2);

b) dass jeder **Vertragsgegner gestorben** ist.

6 Wenn von mehreren Vertragsgegnern nur einer gestorben ist, so genügt die Erklärung des Rücktritts gegenüber den Überlebenden (Reithmann DNotZ 1957, 527, 529; NK-BGB/Horn[6] Rn 3; BeckOGK/Müller-Engels [1. 7. 2022] Rn 9; § 2296 Rn 30). Den Erben des Verstorbenen ist der Rücktritt *nicht* zu erklären (**aA** MünchKomm/Musielak[9] Rn 2; Burandt/Rojahn/Burandt[4] Rn 1), denn genau für den Tod des Vertragsgegners ist § 2297 BGB geschaffen worden. Von einem neuen Testament gem § 2297 BGB bekommen die Erben verstorbener Vertragsgegner auch nichts mit. Nur weil einzelne Vertragsgegner noch leben, heißt das daher nicht, dass – aus Gründen der Gleichberechtigung? – den Erben verstorbener Vertragsgegner der Rücktritt auch zugehen muss. Dieses Erfordernis wäre auch mit großen Schwierigkeiten verbunden, denn nicht selten dürften die Erben nicht zweifelsfrei bekannt sein.

7 Wenn die unter Rn 5 aufgeführten Voraussetzungen vorliegen, kann der Erblasser seine vertragsmäßige Verfügung durch Testament aufheben (S 1), und zwar entweder ausdrücklich durch **Widerrufstestament (§ 2254 BGB) oder** stillschweigend durch **widersprechendes Testament** (§ 2258 BGB). Eine Mitteilung an die Erben des Vertragsgegners oder an den bedachten Dritten ist nicht nötig, sie könnte auch die Errichtung des Aufhebungstestaments nicht ersetzen (Planck/Greiff Anm 1; Hellwig 640 f; vgl § 2281 Abs 2 S 2 BGB; s auch Rn 6).

8 Ein vom Erblasser **zu Lebzeiten des Vertragsgegners errichtetes Aufhebungstestament** wird durch dessen Tod nicht wirksam (ebenso BeckOGK/Müller-Engels [1. 7. 2022] Rn 8). Zu Lebzeiten des Vertragsgegners ist nur der Rücktritt nach § 2296 BGB möglich, mit der Folge, dass bei Zweifeln über das Versterben des Vertragsgegners sowohl der

Rücktritt erklärt (und uU öffentlich zugestellt) als auch ein Aufhebungstestament errichtet werden sollte.

2. Rücktritt nach § 2294 BGB

Beim **Rücktritt nach § 2294 BGB** (wegen Verfehlung des Bedachten) sind nach § 2297 S 2 BGB die Vorschriften des § 2336 Abs 2, 3 BGB über die Entziehung des Pflichtteils entsprechend anzuwenden. Das bedeutet: Wenn der Erblasser nach dem Tod des Vertragsgegners von einer vertragsmäßigen Verfügung wegen einer Verfehlung des Bedachten zurücktreten will, so muss er in dem Aufhebungstestament nach § 2297 BGB den **Grund des Rücktritts angeben** (anders bei § 2294, s § 2294 Rn 11). 9

Im Streitfall hat derjenige, der den Rücktritt geltend macht, die Verfehlung des Bedachten zu beweisen und geltend gemachte Rechtfertigungs- oder Entschuldigungsgründe zu widerlegen (RG WarnR 1913 Nr 402). 10

Hat der Erblasser dem Bedachten vor dem Rücktritt verziehen, so ist der Rücktritt unwirksam, weil durch die Verzeihung das Recht zur Entziehung des Pflichtteils und damit auch das Recht zum Rücktritt erloschen ist (§§ 2337 S 1, 2294 BGB). Dagegen ist **nachträgliche Verzeihung bedeutungslos**; denn § 2337 S 2 BGB ist vom Gesetz nicht für anwendbar erklärt (Planck/Greiff Anm 4; BGB-RGRK/Kregel Rn 2; Erman/S Kappler/T Kappler[16] Rn 2; MünchKomm/Musielak[9] Rn 5; NK-BGB/Horn[6] Rn 7; BeckOK/Litzenburger [1. 8. 2022] Rn 4; J Mayer/Röhl, in: Reimann/Bengel/Dietz[7] Rn 14; Schiffner 178; **aA** Strohal I § 46 N 47). Hierfür besteht auch kein Bedürfnis; denn es steht dem Erblasser frei, das Aufhebungstestament zu widerrufen (Rn 13) oder die aufgehobene Zuwendung wenigstens einseitig zu erneuern. 11

In den **Fällen der §§ 2293, 2295 BGB kommen** die Vorschriften des § 2336 Abs 2 bis 4 BGB nach ihrem Inhalt kaum in Betracht. Jedenfalls sind sie schon nach dem Wortlaut von § 2297 S 2 BGB in diesen Fällen nach dem Tod des Vertragsgegners ebensowenig anwendbar wie beim Rücktritt unter Lebenden, also nach § 2296 BGB (§ 2294 Rn 6; § 2296 Rn 9). 12

3. Widerruf des Aufhebungstestaments

Das Aufhebungstestament ist – im Gegensatz zum Rücktritt unter Lebenden nach § 2296 BGB und zum Widerruf einer wechselbezüglichen Verfügung in einem gemeinschaftlichen Testament nach § 2271 Abs 1 S 1 BGB – widerruflich, weil dies zum Wesen des einseitigen Testaments gehört (§ 2253 BGB) und der Gesetzgeber durch die Wahl der Testamentsform zu erkennen gegeben hat, dass die Aufhebung nach § 2297 BGB widerruflich sein soll (Planck/Greiff Anm 5; MünchKomm/Musielak[9] Rn 5; J Mayer/Röhl, in: Reimann/Bengel/Dietz[7] Rn 16; Strohal § 48 N 48; Wein BayZ 1916, 126; anders beim Aufhebungstestament nach § 2291 BGB, das zusammen mit der erforderlichen Zustimmungserklärung materiell ein Vertrag ist, s § 2291 Rn 17 f). 13

Durch den Widerruf wird die aufgehobene vertragsmäßige Verfügung als solche, nicht bloß als einseitige, wiederhergestellt (§§ 2257, 2258 Abs 2 BGB; Höfer BWNotZ 1984, 138; Planck/Greiff Anm 5; MünchKomm/Musielak[9] Rn 5; J Mayer/Röhl, in: Reimann/Bengel/Dietz[7] Rn 16; Soergel/Zecca-Jobst[14] Rn 2). 14

§ 2298
Gegenseitiger Erbvertrag

(1) Sind in einem Erbvertrag von beiden Teilen vertragsmäßige Verfügungen getroffen, so hat die Nichtigkeit einer dieser Verfügungen die Unwirksamkeit des ganzen Vertrags zur Folge.

(2) Ist in einem solchen Vertrag der Rücktritt vorbehalten, so wird durch den Rücktritt eines der Vertragschließenden der ganze Vertrag aufgehoben. Das Rücktrittsrecht erlischt mit dem Tode des anderen Vertragschließenden. Der Überlebende kann jedoch, wenn er das ihm durch den Vertrag Zugewendete ausschlägt, seine Verfügung durch Testament aufheben.

(3) Die Vorschriften des Absatzes 1 und des Absatzes 2 Sätze 1 und 2 finden keine Anwendung, wenn ein anderer Wille der Vertragschließenden anzunehmen ist.

Materialien: E I §§ 1959, 1961; E II § 2164, rev § 2272; E III § 2271; Mot V 344 ff, 348 f; Prot V 413 f, 421 f; Jakobs/Schubert ER II 1707–1755; Horn 1151 ff.

Schrifttum

Herckt, Das gegenseitige gemeinschaftliche Testament und der gegenseitige Erbvertrag (Diss Marburg 1906)

Wendt, Gegenstandslose vertragsmäßige Verfügungen und der Erblasserwille beim Abschluss des Erbvertrags, zugleich Anm zum Beschl des OLG Oldenburg v 25. 11. 2013 – 12 W 289/13 (NL), ErbR 2015, 409

Werneburg, Die gegenseitigen Verfügungen von Todes wegen, DNotZ 1916, 209.

Systematische Übersicht

Alphabetische Übersicht

I. Begriff des „zweiseitigen" Erbvertrags

1 § 2298 BGB behandelt den zweiseitigen oder gemeinschaftlichen Erbvertrag. Hierunter versteht man einen Erbvertrag, in dem jeder Teil eine oder mehrere vertragsmäßige Verfügungen von Todes wegen getroffen hat, sei es zugunsten des Vertragsgegners oder zugunsten eines Dritten (vgl § 2278 BGB; Mot V 344 = Horn Rn 3; Wein BayZ 1916, 126; BeckOGK/Müller-Engels [1. 7. 2022] Rn 5); er braucht also kein gegenseitiger zu sein. Der zweiseitige Erbvertrag ist ein einheitliches Rechtsgeschäft, nicht etwa eine Zusammenfassung zweier Erbverträge (Mot V 345; Endemann III § 81 bei N 8; Planck/Greiff Anm 1; **aA** Schiffner 37). § 2298 BGB ändert §§ 2084, 2085 BGB ab (§ 2279 Rn 7).

2 § 2298 findet auf mehrseitige Erbverträge entsprechende Anwendung (direkte Anwendung: Erman/S Kappler/T Kappler[16] Rn 1; BeckOK/Litzenburger [1. 5. 2022] Rn 2; BeckOGK/Müller-Engels [1. 7. 2022] Rn 6).

3 Der zweiseitige Erbvertrag mit Vorbehalt des Rücktritts sollte ursprünglich das gemeinschaftliche Testament ersetzen. Schließlich ließ man außer dem zweiseitigen Erbvertrag auch das gemeinschaftliche Testament zu, allerdings nur für Eheleute (§ 2265 BGB; Mot V 342; Kipp/Coing § 41 II 2, s dazu ausführlich Vorbem 5 ff zu §§ 2265 ff). Ein Erbvertrag, der aus irgendeinem Grunde unwirksam ist, kann daher dann unter den allgemeinen Voraussetzungen in ein gemeinschaftliches Testament umgedeutet werden, wenn er von Ehegatten errichtet ist (§ 140 BGB; Kipp/Coing § 41 N 1; näher Einl 36 zu §§ 2274 ff).

II. Wechselbezüglichkeit beim zweiseitigen Erbvertrag

4 § 2298 BGB beruht auf dem Gedanken, dass bei einem zweiseitigen Erbvertrag in der Regel angenommen werden kann, die beiderseitigen vertragsmäßigen Verfügungen hingen nach dem Willen der Parteien voneinander ab, sollten miteinander stehen und fallen, also im Zweifel jede von ihnen gegenüber allen anderen wechselbezüglich sein (vgl § 2270 BGB). Entsprechend hat der **Parteiwille** auch **Vorrang** vor der Auslegungsregel (Abs 3). Die Wechselbezüglichkeit der vertragsmäßigen Verfügungen wird ohne Weiteres **vermutet** (Abs 3), nicht nur wie bei einem gemeinschaftlichen Testament nach § 2270 Abs 2 BGB für gegenseitige Zuwendungen und solche an Personen, die dem anderen Vertragsteil nahestehen.

5 Die rechtliche Bedeutung der Wechselbezüglichkeit regelt § 2298 BGB ähnlich wie § 2270 Abs 1 und § 2271 Abs 1, Abs 2 S 1 BGB für das gemeinschaftliche Testament: Die Nichtigkeit einer einzigen vertragsmäßigen Verfügung oder der vorbehaltene

Rücktritt von dem Erbvertrag oder von einer einzelnen vertragsmäßigen Verfügung hat zur Folge, dass der ganze Vertrag unwirksam bzw aufgehoben wird (Abs 1, Abs 2 S 1). Das vorbehaltene Recht zum Rücktritt erlischt mit dem Tod des Vertragsgegners, vorbehaltlich des Rechtes des überlebenden Erblassers, durch Ausschlagung des ihm Zugewendeten seine Testierfreiheit zurückzugewinnen (Abs 2 S 2, 3; vgl § 2271 Abs 2 S 1 BGB).

6 § 2298 BGB zieht den Kreis der wechselbezüglichen Verfügungen weiter als § 2270 Abs 1, 2 BGB, indem er davon ausgeht, dass alle vertragsmäßigen Verfügungen in einem zweiseitigen Erbvertrag im Zweifel (Abs 3) als wechselbezüglich anzusehen sind. Äußerlich betrachtet kann § 2298 Abs 1 BGB auch als Anwendung des Grundsatzes des § 139 BGB angesehen werden (so die I. und II. Komm: Mot V 345 = Horn Rn 3; Prot V 413 = Horn Rn 11; Planck/Greiff Anm 1).

7 Im Ansatzpunkt umstritten ist, was die Rechtsfolge in Abs 1 genau bedeutet. Einigkeit besteht, dass zunächst durch Auslegung zu ermitteln ist, welchen Willen die Beteiligten insoweit hatten. Führt die Auslegung nicht weiter, hinterlässt also mindestens Zweifel, geht eine Auffassung davon aus, dass nur die vertragsmäßigen Verfügungen unwirksam werden, die einseitigen wirksam bleiben (Erman/S Kappler/T Kappler[16] Rn 2; Staudinger/Kanzleiter [2019] Rn 3; J Mayer/Röhl, in: Reimann/Bengel/Dietz[7] Rn 7, 14). Der Gegenansicht zufolge sind auch alle einseitigen Verfügungen unwirksam (MünchKomm/Musielak[9] Rn 2; BeckOGK/Müller-Engels [1. 7. 2022] Rn 10). Mit Blick auf § 2299 Abs 3 BGB dürfte die erste Ansicht zutreffen, denn ansonsten wäre § 2299 Abs 3 BGB gegenüber § 2298 Abs 2 S 1 BGB überflüssig. § 2298 Abs 1 und Abs 2 S 1 BGB sind folglich dahingehend teleologisch zu reduzieren, dass von der Unwirksamkeitsfolge nur die vertragsmäßigen Verfügungen erfasst werden. Für einseitige Verfügungen gilt im Falle des § 2298 Abs 1 BGB daher § 2085 BGB (J Mayer/Röhl, in: Reimann/Bengel/Dietz[7] Rn 14), im Falle des § 2298 Abs 2 S 1 BGB gilt § 2299 Abs 3 BGB. Der Unterschied zwischen beiden Ansichten zeigt sich also nur bei Unwirksamkeit nach § 2298 Abs 1 BGB. Nach der ersten Ansicht ist die einseitige Verfügung im Zweifel wirksam (§ 2085 BGB), nach der zweiten im Zweifel unwirksam (§ 2298 Abs 3 BGB). Aber nach der zweiten Ansicht besteht im Falle der Unwirksamkeit immer noch die Möglichkeit der Umdeutung (MünchKomm/Musielak[9] Rn 2).

8 § 2298 BGB gibt, wie aus Abs 3 hervorgeht, nur **Auslegungsregeln**. Das gilt auch für Abs 2 S 3, obwohl dieser Satz in Abs 3 – wohl versehentlich – nicht angeführt ist (s Rn 35, 38). Außerdem ist, wie in Rn 7 gesehen, zu beachten, dass § 2298 BGB nur das Schicksal der **vertragsmäßigen Verfügungen** regelt; für einseitige Verfügungen (§ 2299 BGB) gilt bei Nichtigkeit einer vertragsmäßigen Verfügung § 2085 BGB iVm § 2279 BGB, beim Rücktritt § 2299 Abs 3 BGB.

9 Hat in einem Erbvertrag nur ein Teil vertragsmäßige Verfügungen getroffen **(einseitiger Erbvertrag)** und ist eine dieser Verfügungen nichtig, so richtet sich die Einwirkung der Nichtigkeit auf die übrigen vertragsmäßigen Verfügungen nicht nach § 2298 BGB, auch nicht nach § 139 BGB, sondern nach § 2085 BGB iVm § 2279 BGB.

III. Nichtigkeit einer vertragsmäßigen Verfügung

1. Unwirksamkeitsgründe

10 Abs 1 ist nicht nur dann anzuwenden, wenn eine vertragsmäßige Verfügung von vornherein nichtig ist, sondern auch dann, wenn sie wegen **erfolgreicher Anfechtung** als von Anfang an nichtig anzusehen ist (§ 142 Abs 1 BGB; Prot V 419, 420). Bei der Anfechtung des zweiseitigen Erbvertrags durch den überlebenden Erblasser ist auch auf den Willen des Vorverstorbenen Rücksicht zu nehmen (vgl OLG Hamm Rpfleger 1978, 179). Da § 2298 BGB nur Auslegungsregeln trifft, bleiben aber die Verfügungen des verstorbenen Vertragspartners (im konkreten Fall des vorverstorbenen Ehegatten) wirksam, wenn er sie in gleicher Weise getroffen hätte, wenn die angefochtene Verfügung des anderen Vertragspartners (Ehegatten) von vornherein nur den Inhalt gehabt hätte, den sie nach der Anfechtung hat (OLG München ErbR 2015, 220): Das kann der Fall sein, wenn der überlebende Ehegatte in Abänderung eines früheren gemeinschaftlichen Testaments mit gegenseitiger Allein- und Schlusserbeinsetzung zum nicht befreiten Vorerben eingesetzt wird und die gemeinsamen Kinder zu Nacherben bestimmt werden.

11 Der Nichtigkeit steht die **ursprüngliche Unwirksamkeit** gleich, die durch den Widerspruch einer vertragsmäßigen Verfügung zu einem früheren Erbvertrag bewirkt wird (§ 2289 Abs 1 S 2 BGB).

12 Auch im Falle einer Scheidung der Ehe gilt § 2298 BGB, weil ansonsten ein nicht einleuchtender Widerspruch zum gemeinschaftlichen Testament (§ 2268 Abs 1 BGB) bestünde (hM, ohne Diskussion OLG Oldenburg, 6. 10. 2020 – 3 W 86/20 [NL], juris = ErbR 2021, 249; NK-BGB/Horn[6] Rn 5; Erman/S Kappler/T Kappler[16] Rn 2; MünchKomm/Musielak[9] Rn 3 mwN in Fn 10; Soergel/Zecca-Jobst[14] Rn 3; BeckOGK/Müller-Engels [1. 7. 2022] Rn 16 ff; **aA** Staudinger/Kanzleiter [2019] Rn 7; Burandt/Rojahn/Burandt[4] Rn 9).

13 Anders wiederum sind die sonstigen Fälle zu beurteilen, in denen eine **vertragsmäßige Verfügung nachträglich** – wenn auch rückwirkend – **unwirksam oder gegenstandslos wird**, zB durch Tod des Bedachten vor dem Erbfall (§§ 1923, 2160 BGB), Ausschlagung (§§ 1953, 2180 Abs 3 BGB; **aA** ohne überzeugende Begründung OLG Oldenburg ErbR 2015, 443 m krit Beitrag Wendt ErbR 2015, 408), Eintritt einer auflösenden oder Ausfall einer aufschiebenden **Bedingung** vor dem Erbfall (§§ 158, 2075 ff BGB; s aber auch §§ 2104, 2102 BGB; Mot V 345), dadurch, dass die bedachten gemeinsamen Kinder vor dem Erbfall nicht geboren oder gezeugt wurden (vgl BayObLG FamRZ 2004, 59, 61), Erbverzicht (§ 2352 BGB) oder Erbunwürdigkeit (§§ 2339 ff BGB; Strohal I § 47 Nr 3; Planck/Greiff Anm 2); in diesen Fällen entscheidet über die Wirksamkeit der übrigen Verfügungen § 2085 BGB (Burandt/Rojahn/Burandt[4] Rn 9; NK-BGB/Horn[6] Rn 5; vLübtow I 470; Erman/S Kappler/T Kappler[16] Rn 2; MünchKomm/Musielak[9] Rn 3 mwN in Fn 10; Soergel/Zecca-Jobst[14] Rn 3; BeckOGK/Müller-Engels [1. 7. 2022] Rn 16 ff;); die Beerbung eines vorverstorbenen Vertragsteils bleibt unberührt.

14 Abs 1 trifft auch zu, wenn in einem zweiseitigen Erbvertrag ein Erblasser vertragsmäßige Verfügungen getroffen hat, der beim Abschluss des Erbvertrags in der Geschäftsfähigkeit beschränkt war (und – vor der Reform 2017, § 2275 Rn 8 – weder Ehegatte noch Verlobter des anderen Erblassers war), so dass seine vertragsmäßigen

Verfügungen nichtig sind (§ 2275 BGB; vgl Mot V 346 = Horn Rn 7; BayObLG ZEV 1995, 413).

2. Rechtsfolgen der Nichtigkeit von Verfügungen

15 Bei einem zweiseitigen Erbvertrag zieht die Nichtigkeit einer vertragsmäßigen Verfügung die Unwirksamkeit des ganzen Vertrages, genauer: die Unwirksamkeit aller vertragsmäßigen Verfügungen beider Teile nach sich (Abs 1, s Rn 7): Wenn von zwei – unter sich vielleicht unabhängigen – vertragsmäßigen Verfügungen des Erblassers A die eine, etwa die Berufung des X zum Erben, nichtig ist, so sind auch sämtliche vertragsmäßige Verfügungen des Erblassers B, da vermutlich wechselbezüglich zur Erbeinsetzung des X, unwirksam; diese Unwirksamkeit ergreift aber auch die andere vertragsmäßige Verfügung des A, zB eine Vermächtnisanordnung zugunsten des Y, da diese ihrerseits im Zweifel wechselbezüglich ist zu den vertragsmäßigen Verfügungen des B (Kipp/Coing § 41 II 2 a); § 2298 BGB geht also weiter als § 2270 Abs 1 BGB (vgl Werneburg DNotZ 1916, 230 ff).

16 Die Nichtigkeit einer einzigen vertragsmäßigen Verfügung genügt grundsätzlich, um allen übrigen die rechtliche Wirkung zu nehmen; jedoch wird nicht selten ein abweichender Wille der Parteien anzunehmen sein (Abs 3; Planck/Greiff Anm 2; vgl § 2270 Rn 7).

17 Die Auswirkung der Teilunwirksamkeit einer vertragsmäßigen Verfügung ist zunächst durch Auslegung, sodann nach § 2085 BGB zu ermitteln, erst anschließend ist ggf § 2298 BGB anzuwenden (MünchKomm/Musielak[9] Rn 2 mwN).

18 Die Unwirksamkeit einseitiger Verfügungen hat im Grundsatz keine Folgen für den Erbvertrag insgesamt und auch keine Folgen für die vertragsmäßigen Verfügungen, es sei denn die Beteiligten haben sie mit Bedingungen oder einem Rücktrittsvorbehalt verknüpft (MünchKomm/Musielak[9] Rn 2 mwN).

19 Wenn auch nach dem Wortlaut des Gesetzes bei Nichtigkeit einer vertragsmäßigen Verfügung der „ganze Vertrag“ unwirksam ist, so sind doch **nur die vertragsmäßigen Verfügungen** beider Teile gemeint (Planck/Greiff Anm 2; s ausführlich Rn 7). Denn einseitige Verfügungen (§ 2299 BGB) sind nur äußerlich Bestandteil des Erbvertrags, sie sind nicht von der vertraglichen Bindung umfasst und können auch nicht wechselbezüglich sein. § 2299 Abs 3 BGB regelt die Wirkung des Rücktritts vom Erbvertrag für einseitige Verfügungen, erwähnt aber den Fall der Nichtigkeit einzelner vertragsmäßiger Verfügungen nicht. Die Frage, ob die Nichtigkeit einer vertragsmäßigen Verfügung auch zur **Unwirksamkeit einseitiger Verfügungen** des einen oder anderen Teils führt, ist daher nach § 2085 BGB zu beantworten (s dazu Bühler DNotZ 1962, 367; Lange NJW 1963, 1571, 1578; Rn 7).

20 Die Unwirksamkeit der vertragsmäßigen Verfügungen, die Abs 1 anordnet, kann zur Folge haben, dass eine Verfügung von Todes wegen, die durch jene Verfügungen verdrängt war oder schien (§ 2289 BGB), als wirksam zu behandeln ist.

IV. Rücktritt von einer vertragsmäßigen Verfügung

1. Einwirkung auf andere Verfügungen

21 Ist in einem zweiseitigen Erbvertrag der Rücktritt vorbehalten, so wird durch den Rücktritt der „ganze Vertrag", dh die vertragsmäßigen Verfügungen beider Teile, aufgehoben (Abs 2 S 1). Das gilt aber nur für den vorbehaltenen Rücktritt vom Erbvertrag (§ 2293 BGB), nicht für den gesetzlichen (§§ 2294, 2295 BGB); bei diesem ist über § 2279 BGB die allgemeine Regel des § 2085 BGB anzuwenden (jurisPK/B Hamdan/M Hamdan/Schlinker[9] Rn 10; NK-BGB/Horn[6] Rn 8); beim Rücktritt nach § 2294 BGB im Wege des Umkehrschlusses aus § 2298 Abs 2 S 1 BGB anzunehmen, die gegenläufigen Verfügungen blieben unverändert als vertragsmäßige Verfügungen ohne Rücksicht auf den Willen des betroffenen Vertragsgegners wirksam (so Müller-Rottach BWNotZ 1987, 42), geht über die gesetzliche Sanktion für sein Fehlverhalten – Verlust des Erbrechts – hinaus, nachdem die Basis für seine eigene Erbregelung mit der durch den Rücktritt aufgehobenen Erbregelung möglicherweise (wenn auch aufgrund seines Fehlverhaltens) weggefallen ist (die Beerbung eines vorverstorbenen Vertragsteils bleibt unberührt).

22 Es genügt, dass ein Erblasser sich den Rücktritt vorbehalten hat und dann zurücktritt (Soergel/Zecca-Jobst[14] Rn 4; vgl früher ALR I 12 §§ 639, 640).

23 Abs 2 S 1 ist auch anwendbar, wenn Vorbehalt und Rücktritt sich auf einen Teil des Erbvertrags, vielleicht sogar auf eine einzige vertragsmäßige Verfügung beschränken (vgl Abs 1); nur muss der Rücktritt ebenso weit reichen wie der Vorbehalt, er muss den Vorbehalt ausschöpfen (Planck/Greiff Anm 3a; **aA** Staudinger/Herzfelder[9]; Schiffner 188; vgl Prot V 414; Wein BayZ 1916, 128). Freilich wird, wenn der Vorbehalt auf eine einzelne Verfügung beschränkt ist, häufig anzunehmen sein, dass diese Verfügung nach dem Willen der Parteien nicht im Verhältnis gegenseitiger Abhängigkeit zu allen übrigen vertragsmäßigen Verfügungen stehen soll oder doch nur zu einer bestimmten vertragsmäßigen Verfügung des anderen Teils (Planck/Greiff Anm 3a; den Vorrang der notariellen Gestaltung und der Auslegung betonend BeckOGK/Müller-Engels [1. 7. 2022] Rn 21).

24 Unter dem „ganzen Vertrag" sind auch hier nur die vertragsmäßigen Verfügungen zu verstehen (vgl Rn 7, Rn 19). Einseitige Verfügungen treten nach § 2299 Abs 3 BGB nur dann außer Kraft, wenn durch den Rücktritt „der Erbvertrag", also sämtliche vertragsmäßigen Verfügungen, aufgehoben sind und kein anderer Wille des Erblassers (der die einseitige Verfügung getroffen hat) anzunehmen ist. Hier entscheidet also letzten Endes der Wille des Urhebers der einseitigen Verfügung, nicht, wie bei vertragsmäßigen Verfügungen nach Abs 3, der Wille beider Teile (Planck/Greiff Anm 3a). Beschränkt sich der Rücktritt auf eine einzelne vertragsmäßige Verfügung, so ist für die Einwirkung auf einseitige Verfügungen § 2085 BGB maßgebend.

25 Wenn der Rücktritt vom Erbvertrag zu Lebzeiten des Vertragsgegners erklärt wird, so ist er unwiderruflich (§ 2296 Rn 28). Über den Widerruf der Aufhebung, die nach dem Tod des Vertragsgegners erklärt wird, s unten Rn 37.

2. Tod des Vertragsgegners

26 Beim zweiseitigen Erbvertrag erlischt das vorbehaltene Recht zum Rücktritt (§ 2293 BGB) mit dem Tod des Vertragsgegners (Abs 2 S 1; anders beim einseitigen Erbvertrag nach § 2297 BGB). Der Grund für diese Vorschrift ist nach den Gesetzesmaterialien ua der, dass der Rücktritt nach dem Tod des Vertragsgegners dessen vertragsmäßige Verfügungen rückwirkend vernichten und den Anfall an die von ihm Bedachten rückgängig machen würde (Abs 2 S 1), was zu großen Unzuträglichkeiten führen würde (Mot V 345 = Horn Rn 5). Freilich ist unbestritten, dass der Rücktritt gerade keine Rückwirkung erzeugt (§ 2293 Rn 18), so dass dieses Argument nicht ganz präzise ist: Der Rücktritt ginge in diesem Fall vielmehr ins Leere, gerade weil er keine Rückwirkung erzeugt. Wollte man das durch einen rückwirkenden Rücktritt gewollte Ergebnis erreichen, müsste die Erbeinsetzung auflösend bedingt gestaltet werden; der Bedachte wäre dann nur Vorerbe (Mot V 345 = Horn Rn 5). Das ist komplex und von den Beteiligten regelmäßig nicht gewollt.

27 Es erlischt aber nur das vorbehaltene Rücktrittsrecht (§ 2293 BGB), nicht auch das gesetzliche (§ 2294, 2295 BGB; NK-BGB/Horn[6] Rn 13; jurisPK/B Hamdan/M Hamdan/Schlinker[9] Rn 10). Die Rechtsfolgen für den Fall der Ausübung des Rücktritts ergeben sich hierbei zB nach §§ 2279, 2085 BGB (Rn 21; für die Rechtsfolgen iÜ s § 2294 Rn 13 ff; § 2295 Rn 21 ff).

28 Auch ein Vorbehalt abweichender – meist einschränkender – Verfügungen von Todes wegen (§ 2289 Rn 36) bleibt in Kraft (**aA** Planck/Greiff Anm 3b).

29 Endlich wird auch ein etwaiges Anfechtungsrecht des rücktrittsberechtigten Erblassers durch den Tod des Vertragsgegners nicht berührt (§ 2281 Abs 2 BGB; BGB-RGRK/Kregel Rn 4). Wenn der überlebende Erblasser eine eigene vertragsmäßige Verfügung mit Erfolg anficht, so kann deren Nichtigkeit nach Abs 1 die Unwirksamkeit der übrigen vertragsmäßigen Verfügungen, auch der des verstorbenen Erblassers, zur Folge haben (Prot V 419; Planck/Greiff Anm 3b).

30 Das vorbehaltene Rücktrittsrecht erlischt ausnahmsweise nicht durch den Tod des Vertragsgegners, wenn der überlebende rücktrittsberechtigte Erblasser das ihm durch den Erbvertrag Zugewendete ausschlägt (Abs 2 S 3, Rn 31 ff) oder wenn ein abweichender Wille der Vertragsteile anzunehmen ist (Abs 3, Rn 38 ff). Abs 2 S 3 ändert nichts daran, dass das Rücktrittsrecht, wenn überhaupt, schon mit dem Tod des Vertragsgegners erlischt, nicht erst mit der Annahme der Zuwendungen des verstorbenen Erblassers an den Überlebenden durch diesen (Abs 2 S 2; Planck/Greiff Anm 3c; vgl § 1942 BGB).

3. Erhaltung des Rücktrittsrechts durch Ausschlagung

31 Nach Abs 2 S 3 kann sich der überlebende Erblasser das Rücktrittsrecht, das er sich im Erbvertrag vorbehalten hat, über den Tod des Vertragsgegners hinaus erhalten, wenn er das ihm durch den Vertrag Zugewendete ausschlägt (vgl §§ 1942 ff, 2180 BGB). Er kann dann – ähnlich wie beim einseitigen Erbvertrag auch ohne Ausschlagung, § 2297 BGB – seine (vertragsmäßige) Verfügung durch Testament aufheben.

32 Er braucht nur das auszuschlagen, was ihm „durch den Vertrag“, also in vertragsmäßigen Verfügungen zugewendet ist, nicht auch Zuwendungen in einseitigen Verfügungen (§ 2299 BGB; Planck/Greiff Anm 3c; Strohal § 47 N 7; BGB-RGRK/Kregel Rn 5; MünchKomm/Musielak[9] Rn 6; NK-BGB/Horn[6] Rn 14; Grüneberg/Weidlich[81] Rn 5; **aA** noch Schiffner 189 N 14; Wein BayZ 1916, 127 N 5; Leonhard IV A 2 a). Die vertragsmäßigen Zuwendungen muss er aber sämtlich ausschlagen.

33 Hat der verstorbene Erblasser dem überlebenden nichts zugewendet, so kann dieser auch nichts ausschlagen und somit die in Abs 2 S 3 eingeräumte Befugnis nicht ausüben (Grüneberg/Weidlich[81] Rn 5; MünchKomm/Musielak[9] Rn 6; BeckOGK/Müller-Engels [1. 7. 2022] Rn 27). Das Rücktrittsrecht erlischt also auf jeden Fall beim Tode des Vertragsgegners, wenn dieser im Erbvertrag nur Dritte bedacht hat (BGB-RGRK/Kregel Rn 5), sofern nicht ein anderer Wille der Vertragsteile anzunehmen ist (Flatten DNotZ 1941, 50; MünchKomm/Musielak[9] Rn 6). Die Ausschlagung eines Dritten ist bedeutungslos, mag er ausschließlich oder neben dem überlebenden Erblasser bedacht sein (BGB-RGRK/Kregel Rn 5; Planck/Greiff Anm 3c; Grüneberg/Weidlich[81] Rn 5; NK-BGB/Horn[6] Rn 14; **aA** Hellwig 649; Kipp/Coing § 41 II 2 b); der Ehegatte kann also nicht etwa deswegen seine Verfügung gem Abs 2 S 3 durch Testament aufheben, weil der bedachte Dritte ausgeschlagen hat.

34 Sind neben dem überlebenden Erblasser Dritte bedacht, so genügt die Ausschlagung durch den überlebenden Erblasser, um ihm das Rücktrittsrecht zu erhalten. Zu Unrecht befürchteten Planck/Greiff (Anm 3c), dass dann der überlebende Erblasser durch Aufhebung seiner eigenen vertragsmäßigen Verfügungen zugunsten Dritter – nur solche kommen in Frage – (Abs 2 S 3) bewirken könnte, dass auch die vertragsmäßigen Verfügungen des verstorbenen Erblassers nachträglich nach Abs 2 S 1 kraftlos werden würden. Denn die Aufhebung der eigenen Verfügungen nach Abs 2 S 3 ist, wenn sie auch aus dem ursprünglichen Rücktrittsrecht des überlebenden Erblassers entspringt, kein „Rücktritt“ iSd Gesetzes mehr, sie hat daher auch nicht die Wirkung, die das Gesetz dem Rücktritt in Abs 2 S 1 beilegt. Es wäre auch mit dem System des BGB unvereinbar, wenn der überlebende Erblasser durch ein Testament, also eine rein einseitige Erklärung, die er im Geheimen anfertigen kann, das rechtliche Schicksal des Vermögens des verstorbenen Erblassers, das bereits geregelt schien, noch nach Jahren neu ordnen könnte.

35 Schon wegen des Rechtscharakters des Abs 2 S 3 als Auslegungsregel ist auch bei seiner Anwendung Abs 3 zu beachten (s unten Rn 38 ff; Planck/Greiff Anm 4; Grüneberg/Weidlich[81] Rn 5; J Mayer/Röhl, in: Reimann/Bengel/Dietz[7] Rn 25, 22; Höfer BWNotZ 1984, 113, 120; Leonhard Anm 5; in der Sache auch BGB-RGRK/Kregel Rn 6; **aA** noch Staudinger/Herzfelder[9]; Harrer LZ 1924, 18; Werneburg DNotZ 1916, 231; Wein BayZ 1916, 127; Schiffner 189). Wie Planck/Greiff (Anm 4) darlegten, beruht der Umstand, dass Abs 2 S 3 in Abs 3 nicht angeführt ist, wohl auf einem Redaktionsversehen. Es wäre auch sinnwidrig anzunehmen, dass der Parteiwille zwar den Inhalt des zweiseitigen Erbvertrags völlig beherrschen soll, dass aber der Geltungsbereich von Abs 2 S 3, also der Einfluss der Ausschlagung des überlebenden Erblassers auf die Fortdauer seines Rücktrittsrechts, davon ausgenommen wäre.

36 Der rücktrittsberechtigte Erblasser kann, wenn er ausschlägt, „seine Verfügung“, dh seine vertragsmäßigen Verfügungen aufheben, nicht auch die des verstorbenen Erb-

lassers. Diese bleiben daher – anders als beim Rücktritt zu Lebzeiten beider Vertragsteile nach Abs 2 S 1 – wirksam, soweit sie nicht durch die Ausschlagung des überlebenden Erblassers ihre Kraft verloren haben (§§ 1953, 2180 BGB). Der Erblasser kann sich auch mit der Aufhebung eines Teils seiner vertragsmäßigen Verfügungen begnügen (Wein BayZ 1916, 127 N 5). Andererseits führt die Ausschlagung auch ohne Rücktrittsvorbehalt zu § 2085 BGB (**aA** OLG Oldenburg ErbR 2015, 443 mit zu Recht krit Beitrag von Wendt ErbR 2015, 408).

37 Der überlebende Erblasser muss, wenn er seine Verfügungen aufheben will, ein Testament errichten, sei es ein Widerrufstestament nach § 2254 BGB oder ein widersprechendes Testament nach § 2258 BGB (vgl § 2297 BGB). Er kann dies schon vor der Ausschlagung tun unter der selbstverständlichen (Rechts-)Bedingung, dass er rechtzeitig ausschlägt (Planck/Greiff Anm 3c). Das **Aufhebungstestament** ist, wie im Falle des § 2297 BGB, widerruflich (§§ 2253 ff BGB). Der Widerruf stellt die eigenen (vertragsmäßigen) Verfügungen des überlebenden Erblassers wieder her.

V. Herrschaft des Parteiwillens

38 Die Vorschriften in Abs 1 und 2 stellen nur Auslegungsregeln dar. Sie beruhen auf dem vermuteten Willen der Vertragsteile (Rn 4) und finden daher keine Anwendung, wenn ein anderer Wille der Vertragsteile anzunehmen ist (Abs 3; vgl Mot V 346 = Horn Rn 6). Dabei kommt es nur auf den Willen beider Vertragsparteien zZ des Vertragsschlusses an (BayObLG FamRZ 1994, 196, 197; ZEV 1995, 413, 414 = FamRZ 1995, 1449; Planck/Greiff Anm 4; J Mayer/Röhl, in: Reimann/Bengel/Dietz[7] Rn 25).

39 Da die Abs 1 und 2 insgesamt (nur) Auslegungsregeln enthalten, gilt Abs 3 schon aufgrund dieses Rechtscharakters jedenfalls der Sache nach auch für Abs 2 S 3 (s Rn 8, 35, BGB-RGRK/Kregel Rn 6; Erman/S Kappler/T Kappler[16] Rn 5; MünchKomm/Musielak[9] Rn 7).

40 Der Wille der Parteien bestimmt, inwieweit die beiderseitigen vertragsmäßigen Verfügungen wechselbezüglich und in ihrem Bestand voneinander abhängig sind (Abs 1, Abs 2 S 1) und ob ein etwa vorbehaltenes Rücktrittsrecht beim Tod des Vertragsgegners stets, unter gewissen Voraussetzungen, gar nicht oder – der gesetzlichen Regel entsprechend – immer dann erlischt, wenn der überlebende Erblasser das ihm vertragsmäßig Zugewendete nicht ausschlägt (Abs 2 S 2, 3). Insbesondere können die Parteien bestimmen, dass das Rücktrittsrecht beim Tod des Vertragsgegners auch dann erlöschen soll, wenn der überlebende Erblasser das ihm Zugewendete ausschlägt, oder dass es auch ohne Ausschlagung bestehen bleibt (BGB-RGRK/Kregel Rn 6).

41 Dagegen sind die Parteien **nicht** befugt, die **Art der Ausübung des Rücktrittsrechts** zu regeln und etwa zu bestimmen, dass die Aufhebung nach dem Tode des Vertragsgegners gegenüber seinen Erben zu erklären sei und nicht, wie in Abs 2 S 3 vorgeschrieben, durch Testament. Auch wenn das Rücktrittsrecht nach dem Willen der Parteien entgegen Abs 2 S 2 beim Tod des Vertragsgegners ohne Rücksicht auf die Annahme oder Ausschlagung der Zuwendungen des verstorbenen Erblassers an den Überlebenden fortbesteht, kann zwar Abs 2 S 3 nicht angewendet werden, aber auch in diesem Fall kann das Rücktrittsrecht nach § 2297 BGB nur durch Errichtung eines aufhebenden Testaments ausgeübt werden (Planck/Greiff Anm 3b; J Mayer/Röhl, in: Reimann/Bengel/Dietz[7] Rn 25; **aA** noch Schiffner 189; Frommhold 3 b).

42 Bei der Feststellung des Parteiwillens können nach den allgemeinen Grundsätzen auch Umstände herangezogen werden, die außerhalb des Erbvertrags liegen.

43 Die Feststellungslast für einen von den gesetzlichen Auslegungsregeln (Abs 1, 2) abweichenden Parteiwillen (Abs 3) trifft den, der einen solchen behauptet (BayObLG FamRZ 1994, 196; MünchKomm/Musielak[9] Rn 8 mwN; J Mayer/Röhl, in: Reimann/Bengel/Dietz[7] Rn 26).

§ 2299
Einseitige Verfügungen

(1) Jeder der Vertragschließenden kann in dem Erbvertrag einseitig jede Verfügung treffen, die durch Testament getroffen werden kann.

(2) Für eine Verfügung dieser Art gilt das Gleiche, wie wenn sie durch Testament getroffen worden wäre. Die Verfügung kann auch in einem Vertrag aufgehoben werden, durch den eine vertragsmäßige Verfügung aufgehoben wird.

(3) Wird der Erbvertrag durch Ausübung des Rücktrittsrechts oder durch Vertrag aufgehoben, so tritt die Verfügung außer Kraft, sofern nicht ein anderer Wille des Erblassers anzunehmen ist.

Materialien: E I §§ 1955, 1956 Abs 1, § 1960; E II § 2165, rev § 2273; E III § 2272; Mot V 333 ff, 346, 348; Prot V 398 ff, 415 ff; Jakobs/Schubert ER II 1710–1754; Horn 1154 ff.

Systematische Übersicht

I. Einseitige Verfügungen im Erbvertrag

1 Die dem Erbvertrag eigentümliche Verfügung ist die vertragsmäßige Verfügung, die den Erblasser gegenüber dem Vertragsgegner bindet (§§ 2278, 2289 BGB). In einem Erbvertrag können aber (neben wenigstens einer vertragsmäßigen Verfügung) auch einseitige Verfügungen von Todes wegen getroffen werden; das sind Verfügungen,

die ebenso gut in einem Testament getroffen werden könnten, die daher auch nach Testamentsrecht zu beurteilen sind (§ 2299 Abs 2 S 1 BGB; vgl § 1937 BGB).

2 Das Gesetz gestattet jedem Vertragsteil – also nicht nur dem Erblasser, sondern auch dem bloß annehmenden Teil –, in dem Erbvertrag einseitig jede Verfügung zu treffen, die durch Testament getroffen werden kann (Abs 1). Hierzu gehören nicht nur einseitige Erbeinsetzungen, Vermächtnisse oder Auflagen, sondern auch der Ausschluss von der gesetzlichen Erbfolge (§ 1938 BGB), die Entziehung des Pflichtteils (§ 2336 BGB), der Widerruf und die Aufhebung einer letztwilligen Verfügung (§§ 2254, 2258 BGB; Prot V 399 = Horn Rn 18 ff), die Ernennung eines Testamentsvollstreckers (§§ 2197 ff BGB), die Benennung eines Vormundes oder Pflegers (§ 1777 Abs 3 BGB – ab 1. 1. 2023: § 1782 kF, §§ 1915 ff BGB) sowie jede andere erbrechtliche oder familienrechtliche Anordnung, die durch Testament getroffen werden kann.

3 Der Erbvertrag ist gewissermaßen ein Stützpunkt für letztwillige Verfügungen aller Art (Kipp/Coing § 42 N 1) und dient der umfassenden Nachlassplanung (J Mayer/Röhl, in: Reimann/Bengel/Dietz[7] Rn 1). Wenn auch die einseitigen Verfügungen nur äußerlich Bestandteile des Erbvertrags sind und an seiner rechtlichen (vertraglichen) Natur nicht teilnehmen, so können sie doch ihrem Inhalt nach wichtiger sein als die vertragsmäßigen Verfügungen, zB ist es durchaus möglich, dass ein Erblasser in einem Erbvertrag ein Vermächtnis vertragsmäßig anordnet, den Erben aber nur einseitig bestimmt (Planck/Greiff Anm 1).

4 Obwohl die einseitigen Verfügungen nur äußerlich in den Erbvertrag aufgenommen sind, sind sie doch ein Teil von ihm und daher grundsätzlich nur dann wirksam, wenn der Erbvertrag als Ganzes rechtswirksam ist, wenn er also wenigstens eine wirksame vertragsmäßige Verfügung eines Erblassers enthält (§ 2278 Rn 5) und die für den Erbvertrag vorgeschriebene Form (§ 2276 Abs 1 oder 2 BGB) gewahrt ist.

5 Freilich können, wenn der Erbvertrag als solcher wegen Formmangels oder aus anderen Gründen nichtig oder unwirksam ist, die in ihm enthaltenen einseitigen Verfügungen uU doch als einseitiges oder als gemeinschaftliches Testament aufrechterhalten werden, sofern sie den hierfür gegebenen Vorschriften – insbesondere über die Form und die Testierfähigkeit des Erblassers – entsprechen und wenn weiter anzunehmen ist, dass die Urheber der einseitigen Verfügungen diese auch für den Fall der Unwirksamkeit des Erbvertrags gewollt hätten (§ 140 BGB; Planck/Greiff Anm 2c; Kipp/Coing § 42 VI; s auch § 2298 Rn 7). Dabei ist aber zu beachten, dass gemeinschaftliche Testamente nur unter Ehegatten zulässig sind (§ 2265 BGB; und unter eingetragenen Lebenspartnern, § 10 Abs 4 S 1 LPartG). Einseitige Verfügungen beider Teile in einem an sich unwirksamen Erbvertrag können daher nur dann in ein gemeinschaftliches Testament umgedeutet werden, wenn der Erbvertrag von Ehegatten (bzw Lebenspartnern) errichtet ist.

6 Die Aufrechterhaltung der beiderseitigen einseitigen Verfügungen in einem unwirksamen Erbvertrag als einseitige Testamente ist unproblematisch, wenn die Verfügungen nach dem Willen der Erblasser in keinem Abhängigkeitsverhältnis zueinander oder zu einer vertragsmäßigen Verfügung des anderen Teils stehen sollten. Besteht nach dem aufgrund der allgemeinen Auslegungsgrundsätze zu ermittelnden Willen der Erblasser ein solches Abhängigkeitsverhältnis, so kommt die Aufrechterhaltung der Verfügungen als einseitige letztwillige Verfügungen unter Beifügung von Bedingungen in Frage (vgl § 2265 Rn 11 ff zur Aufrechterhaltung der Verfügungen in gemeinschaftlichen Testamenten von Nichtehegatten).

Da häufig die einseitigen Verfügungen in einem unwirksamen Erbvertrag als Testament aufrecht zu erhalten sind, ist auch die Frage, wie sich die **später eintretende Unwirksamkeit** aller vertragsmäßigen Verfügungen auf die einseitigen Verfügungen in einem Erbvertrag auswirkt, ohne erhebliche praktische Bedeutung (vgl auch § 2298 Rn 7). 7

Da die Anfechtung von Verfügungen von Todes wegen zu deren rückwirkendem Wegfall führt, sind die einseitigen Verfügungen in einem Erbvertrag (aber nur als Verfügungen in einem Erbvertrag) dann unwirksam, wenn alle vertragsmäßigen Verfügungen mit Erfolg angefochten worden sind (Planck/Greiff Anm 2a; Kipp/Coing § 39 VI). Dagegen ist es – unter diesem Gesichtspunkt – ohne Einfluss auf die Wirksamkeit der einseitigen Verfügungen, wenn die **vertragsmäßigen Verfügungen gegenstandslos** werden, zB dadurch, dass der vertragsmäßig Bedachte vor dem Erblasser stirbt, oder durch Ausschlagung, Erbverzicht oder dgl (Strohal I § 44 N 26). Dasselbe gilt, wenn die vertragsmäßigen Verfügungen unter einer **aufschiebenden Bedingung** getroffen sind und diese nicht eintritt, da in diesem Falle ein wirksamer Erbvertrag vorliegt (vgl Planck/Greiff Anm 2a). S auch § 2298 Rn 19. 8

II. Rechtliche Behandlung der einseitigen Verfügungen

Da im Falle des Abs 1 nur eine äußerliche Verbindung von Erbvertrag und letztwilliger Verfügung vorliegt (Mot V 347 = Horn Rn 10), gilt für eine einseitige Verfügung in einem Erbvertrag das Gleiche, wie wenn sie durch Testament getroffen worden wäre (Abs 2 S 1). Es sind also die Vorschriften über letztwillige Zuwendungen unmittelbar anzuwenden, nicht bloß gemäß § 2279 BGB entsprechend, während die besonderen Bestimmungen für vertragsmäßige Verfügungen nicht anwendbar sind. 9

Der einseitig Verfügende muss **testierfähig** sein (**§ 2229 BGB**; mittlerweile spielt die frühere Streitfrage um minderjährige Erblasser keine Rolle mehr, BeckOGK/Müller-Engels [1. 7. 2022] Rn 8). Zu den Anforderungen an den Vertragspartner des erbvertraglich Verfügenden s § 2275 Rn 11. 10

Für einseitige Verfügungen gilt auch § 2064 BGB, dh nicht nur der Erblasser, sondern auch der bloß annehmende Teil muss die einseitigen Verfügungen persönlich errichten, während beim Erbvertrag die persönliche Errichtung nur für den Erblasser vorgeschrieben ist (§ 2274 BGB). 11

Im Hinblick auf die etwas unterschiedliche Regelung der Bindung an vertragsmäßige Verfügungen in einem Erbvertrag und an wechselbezügliche Verfügungen in einem gemeinschaftlichen Testament ist es auch denkbar, dass einseitige Verfügungen beider Teile in einem Ehegattenerbvertrag zueinander wechselbezüglich iS des § 2270 BGB sind (vgl Rn 4 ff). In einem solchen Fall ist auch § 2271 BGB anzuwenden (vgl Bühler DNotZ 1962, 359, 369 Fn 28). 12

III. Aufhebung einseitiger Verfügungen

13 Einseitige Verfügungen, die in einem Erbvertrag getroffen sind, können teilweise wie einseitige Testamente, aber auch nach den besonderen Bestimmungen des § 2299 BGB rückgängig gemacht werden.

1. Einseitige Erklärung

14 Wie einseitige Testamente können sie aufgehoben werden durch Widerrufstestament oder Aufhebungstestament des Erblassers der einseitigen Verfügung nach §§ 2254, 2258 BGB (§ 2299 Abs 2 S 1 BGB). § 2289 Abs 1 S 2 BGB steht nicht entgegen, weil diese Vorschrift nur den vertragsmäßig Bedachten schützt.

15 Ein Widerruf nach § 2255 BGB ist nicht denkbar und ein Widerruf nach § 2256 BGB hilft dem Erblasser nicht weiter, weil er sonst nach § 2300 Abs 2 BGB den gesamten Erbvertrag aus der amtlichen Verwahrung zurücknehmen müsste (daher möglicherweise missverständlich NK-BGB/Horn[6] Rn 7).

2. Vertrag

16 Die Aufhebung kann auch durch einen Vertrag erfolgen, in dem eine vertragsmäßige Verfügung aufgehoben wird (Abs 2 S 2), dh einen Aufhebungsvertrag nach § 2290 BGB.

17 Ob die vertragsmäßige Verfügung, die zugleich mit der einseitigen aufgehoben wird, in demselben Erbvertrag enthalten ist wie diese oder in einem anderen, ist gleichgültig. Denn für die rechtliche Natur des Aufhebungsvertrags ist dies ohne Bedeutung, und auch das Gesetz unterscheidet nicht (BGB-RGRK/Kregel Rn 3; **aA** Staudinger/Herzfelder[9]; Planck/Greiff Anm 3b).

3. Auslegungsregel nach Abs 3

18 Wird der ganze Erbvertrag durch Vertrag (nach § 2290 BGB) **aufgehoben**, so treten im Zweifel auch die einseitigen Verfügungen beider Teile, die in dem Erbvertrag enthalten sind, außer Kraft (Abs 3). Diese Auslegungsregel hat die II. Kommission für zweckmäßig gehalten, um die Vertragsteile zu zwingen, sich bei der Aufhebung des Erbvertrags deutlich auszudrücken, wenn sie den Vertrag nicht insgesamt aufheben wollen (Prot V 418). Ihre Rechtfertigung findet die Auslegungsregel in der Erfahrungstatsache, dass die Vertragsteile bei der Aufhebung eines Rechtsgeschäfts üblicherweise von dessen gesamter Aufhebung ausgehen, wenn sie nicht etwas anderes zum Ausdruck bringen. „Erblasser" iSv Abs 3 ist ausschließlich der Urheber der einseitigen Verfügung.

19 Der **Rücktritt vom „ganzen" Erbvertrag** nach §§ 2293 ff BGB vernichtet nach der Auslegungsregel des Abs 3 im Zweifel auch die einseitigen Verfügungen, allerdings nur die des Rücktrittsberechtigten, nicht auch die des anderen Teils (Prot V 417; Strohal § 46 bei N 7; Planck/Greiff Anm 3c; J Mayer/Röhl, in: Reimann/Bengel/Dietz[7] Rn 17; NK-BGB/Horn[6] Rn 9).

20 Die Auslegungsregel des Abs 3 ist nur dann anzuwenden, wenn sich die Aufhebung oder der Rücktritt auf den ganzen Erbvertrag oder auf sämtliche vertragsmäßigen Verfügungen beziehen, nicht aber, wenn sie sich auf einzelne vertragsmäßige Verfügungen beschränken (Planck/Greiff Anm 3c). Die Anwendung ist auch dann gerechtfertigt, wenn sämtliche vertragsmäßigen Verfügungen durch ein Aufhebungstestament nach § 2297 BGB aufgehoben werden (Planck/Greiff Anm 3c; **aA** Schiffner 172) oder durch ein solches nach § 2291 BGB (NK-BGB/Horn[6] Rn 10; **aA** Planck/Greiff Anm 3c). Erst recht gilt Abs 3 bei der Aufhebung des Erbvertrags durch ein gemeinschaftliches Testament nach § 2292 BGB (MünchKomm/Musielak[9] Rn 6; NK-BGB/Horn[6] Rn 10). Wird nur eine einzelne vertragsmäßige Verfügung aufgehoben, so ist die Rückwirkung auf einseitige Verfügungen nach §§ 2085, 2279 BGB zu beurteilen (Planck/Greiff Anm 3c; Kipp/Coing § 42 VI).

21 Nicht berührt wird der Bestand einseitiger Verfügungen aber, wenn **vertragsmäßige Verfügungen** nur **gegenstandslos** werden, etwa durch Vorableben des Bedachten, Ausschlagung und dgl (Rn 7). Eine Anfechtung einseitiger Verfügungen durch ihren Urheber (§§ 2281 ff BGB) oder ein Rücktritt von ihnen (§§ 2293 ff BGB) ist nach Abs 2 S 1 ausgeschlossen.

IV. Abgrenzung der einseitigen Verfügungen von den vertragsmäßigen

22 Es ist unbedingt erforderlich, bei der Abfassung von Erbverträgen ausdrücklich festzulegen, welche Verfügungen als vertragsmäßige und welche als einseitige gelten sollen. Geschieht dies nicht, so ist es manchmal nicht leicht zu entscheiden, ob eine Verfügung als vertragsmäßige oder als einseitige anzusehen ist (Näheres hierüber s unter § 2278 Rn 10 ff).

23 Der Vorbehalt des Rücktritts schließt nach § 2293 BGB nicht aus, dass eine Verfügung vertragsmäßig getroffen ist. Dasselbe gilt für den Vorbehalt des Widerrufs.

24 Verfügungen, die nach § 2278 Abs 2 BGB nicht vertragsmäßig in einem Erbvertrag getroffen werden können, werden im Zweifel als einseitige Verfügungen nach § 2299 BGB aufrechtzuerhalten sein (vgl §§ 140, 2084, 2279 BGB).

§ 2300
Anwendung der §§ 2259 und 2263; Rücknahme aus der amtlichen oder notariellen Verwahrung

(1) Die §§ 2259 und 2263 sind auf den Erbvertrag entsprechend anzuwenden.

(2) Ein Erbvertrag, der nur Verfügungen von Todes wegen enthält, kann aus der amtlichen oder notariellen Verwahrung zurückgenommen und den Vertragsschließenden zurückgegeben werden. Die Rückgabe kann nur an alle Vertragsschließenden gemeinschaftlich erfolgen; die Vorschrift des § 2290 Abs. 1 Satz 2, Abs. 2 und 3 findet Anwendung. Wird ein Erbvertrag nach den Sätzen 1 und 2 zurückgenommen, gilt § 2256 Abs. 1 entsprechend.

Materialien: E I § 1945 S 3; E II § 2166, rev § 2274; E III § 2273; Mot V 319; Prot V 381, 459; Jakobs/Schubert ER II 1702–1753 Horn 1160 ff.

Schrifttum

vDickhuth-Harrach, Die Rückgabe eines Erbvertrages aus der amtlichen Verwahrung, RNotZ 2002, 384
Heinemann, Die Reform der freiwilligen Gerichtsbarkeit durch das FamFG und ihre Auswirkungen auf die notarielle Praxis, DNotZ 2009, 6, 26 f
Keim, Die Aufhebung von Erbverträgen durch Rücknahme aus amtlicher oder notarieller Verwahrung, ZEV 2003, 55
Reimann, Die Änderungen des Erbrechts durch das OLG-Vertretungsänderungsgesetz, FamRZ 2002, 1383, 1384 ff
Weirich, Das Rücknahmeverbot beim Erbvertrag – Eine Fehlkonstruktion des Gesetzes, DNotZ 1997, 7.

Systematische Übersicht

Alphabetische Übersicht

I. Redaktionsgeschichte, Allgemeines

1 Seit Inkrafttreten des FamFG zum 1. 9. 2009 verweist § 2300 Abs 1 BGB nur noch auf die Testamentsvorschriften zur Pflicht, Erbverträge nach dem Tod des Erblassers an das Nachlassgericht abzuliefern, auf § 2259 BGB und zur Nichtigkeit eines Eröffnungsverbots auf § 2263 BGB.

2 Zum 1. 1. 2023 lautet Abs 2 S 2 Hs 2: § 2290 Abs 1 S 2 und Abs 2 BGB gilt entsprechend. § 2290 Abs 3 BGB entfällt mit Wirkung ab 1. 1. 2023 (§ 2290 Rn 2).

3 Die Vorschriften für die Verwahrung von Verfügungen von Todes wegen durch die Nachlassgerichte enthalten mittlerweile die §§ 346 f FamFG, die Vorschriften für die Eröffnung von Verfügungen von Todes wegen die §§ 348 ff FamFG, die Vorschriften zur Verschließung und Verwahrung von Verfügungen von Todes wegen durch die Notare und über ihre Mitteilungs- und Ablieferungspflichten enthalten die §§ 34, 34a BeurkG, die Vorschriften zum Zentralen Testamentsregister §§ 78c ff BNotO.

§ 2300a BGB wurde insgesamt aufgehoben; die Pflicht zur Ermittlung, ob der Erblasser noch lebt, enthält mittlerweile (unter Verkürzung der Frist auf 30 Jahre) § 351 FamFG (s dazu Kordel DNotZ 2009, 644).

Die Norm ist **nicht entsprechend auf gemeinschaftliche Testamente anwendbar**, so dass die Ehegatten gem §§ 2272, 2256 Abs 2 BGB jederzeit das gemeinschaftliche Testament zurückfordern können, auch und gerade wenn es neben Verfügungen von Todes wegen auch Rechtsgeschäfte unter Lebenden enthält (OLG Karlsruhe ZEV 2022, 226 m Anm Litzenburger = MittBayNot 2022, 495 m Anm Keim). Gerade deswegen dürfen gemeinschaftliche Testamente *nicht* mit Rechtsgeschäften unter Lebenden verbunden werden. § 2300 Abs 2 BGB sollte bei der Schaffung der Rückgabemöglichkeit von Erbverträgen die Rechtslage an gemeinschaftliche Testamente angleichen und darauf Rücksicht nehmen, dass in der notariellen Praxis früher aus Kostengründen namentlich Ehe- und Erbverträge in einer Urkunde zusammengefasst wurden. Seitdem dieses Kostenprivileg entfallen ist, werden auch Erbverträge und Rechtsgeschäfte unter Lebenden in der Praxis seltener verknüpft. Bei gemeinschaftlichen Testamenten war die Verbindung mit Rechtsgeschäften unter Lebenden wegen der jederzeitigen Rückgabemöglichkeit nach §§ 2272, 2256 Abs 2 BGB immer schon untunlich; mit § 2302 Abs 2 BGB konnte dem Notar, der diesen Fehler begangen hatte, also nicht geholfen werden. 4

II. Pflicht zur Ablieferung von Erbverträgen; Nichtigkeit eines Eröffnungsverbots (Abs 1)

§ 2259 BGB gebietet Privatpersonen (Abs 1) und Behörden (Abs 2), Testamente, die sie in Besitz oder Verwahrung haben, nach dem Erbfall an das Nachlassgericht abzuliefern. Ein Erbvertrag, dessen besondere amtliche Verwahrung ausgeschlossen wurde, verbleibt in der Verwahrung des Notars (§ 34 Abs 3 BeurkG). Wird er nach § 2300 Abs 2 BGB an die Beteiligten zurückgegeben, hat das Aufhebungswirkung. Ein wirksamer Erbvertrag kann sich deshalb nur in der Verwahrung des Notars oder in amtlicher Verwahrung des Nachlassgerichts befinden, sodass bei Erbverträgen praktisch nur § 2259 Abs 2 BGB Bedeutung haben kann. Hiernach haben (vor allem) die Notare die Erbverträge, die sie in Verwahrung haben (vgl § 34 BeurkG), nach dem Tode des (ersten) Erblassers an das Nachlassgericht abzuliefern, und zwar in Urschrift, nicht bloß in Ausfertigung oder beglaubigter Abschrift (KGJ 36, A 91; vgl § 25 Abs 2 S 2 BNotO). 5

Abzuliefern sind auch Erbverträge, die von den Vertragsteilen nach § 2290 BGB oder sonst wie aufgehoben worden sind (KG JFG 17, 237 = JW 1938, 1455; LG Münster JMBl NRW 1957, 196; BGB-RGRK/Kregel Rn 2; **aA** Boehmer DNotZ 1940, 192), solange sie noch vom Notar verwahrt werden und nicht nach Abs 2 den Beteiligten zurückgegeben wurden. 6

Eine Anordnung der Vertragspartner, durch die sie verbieten, den Erbvertrag alsbald nach dem Tode eines von ihnen zu eröffnen, der im Erbvertrag eine Verfügung von Todes wegen getroffen hat, ist nach der Verweisung auf § 2263 BGB nichtig. 7

III. Rücknahme aus der Verwahrung (Abs 2)

1. Allgemeines

8 Früher konnte ein einmal geschlossener Erbvertrag nicht körperlich vernichtet und seine Eröffnung durch die Beteiligten nicht verhindert werden, auch wenn er längst aufgehoben war. Dies wurde als nicht sachgerecht angesehen, insbesondere im Vergleich zu der für notariell beurkundete gemeinschaftliche Testamente schon immer bestehenden Rücknahmemöglichkeit nach §§ 2272, 2256 BGB (s Weirich DNotZ 1997, 7). Durch das Gesetz v 23. 7. 2002 (BGBl I 2850) wurde **Abs 2 an § 2300 BGB angefügt;** dadurch sollte die Rechtslage der bei gemeinschaftlichen Testamenten angeglichen werden (BT-Drucks 14/9266, 49). Dadurch, dass das Gesetz sich im Wesentlichen auf Verweisungen beschränkt, die Unterschiede in Einzelheiten nicht berücksichtigen, ergeben sich verschiedene Zweifelsfragen (s dazu ausführlich vDickhuth-Harrach RNotZ 2002, 384), die jedoch die Anwendung der Vorschrift in der Praxis kaum beeinträchtigen.

2. Voraussetzungen

9 Voraussetzung für die Rücknahme aus der Verwahrung (bei Gericht oder Notar) ist, dass der Erbvertrag nur Verfügungen von Todes wegen enthält, positive und negative (die Aufhebung vertragsmäßiger oder den Widerruf einseitiger Verfügungen). Die Rücknahme ist ausgeschlossen, wenn die Erbvertragsurkunde eine andere Erklärung, gleichgültig welcher Art, enthält (Verpflichtungen unter Lebenden gegenüber dem Erblasser oder Vertragserben wie etwa Pflegeverpflichtungen, einschließlich einer negativen Verpflichtung, über einen Gegenstand unter Lebenden nicht zu verfügen, Ehevertrag, aber auch Erb- oder Pflichtteilsverzicht). Wenn im Erbvertrag die Vermögensverwaltung gem § 1638 Abs 3 S 1 BGB entzogen wurde, kann der Erbvertrag gleichwohl zurückgegeben werden, weil Anordnung und Widerruf in letztwilliger Form erfolgen (OLG Hamm FamRZ 2015, 969; BeckOK/Litzenburger [1. 5. 2022] Rn 5). Dasselbe gilt für eine Vormundbenennung (BeckOK/Litzenburger [1. 5. 2022] Rn 5).

10 Enthält eine Urkunde neben einem Erb- auch einen Ehevertrag, kann ein Nachtrag zu einem solchen Vertrag gleichwohl gem § 2300 Abs 2 BGB zurückgegeben werden, wenn dieser Nachtrag lediglich Verfügungen von Todes wegen enthält und keine „echte" Verweisung gem § 13a BeurkG iVm § 9 Abs 1 S 2 BeurkG, sondern allenfalls eine informatorische Bezugnahme wie zB „Der Ehevertrag in der Vorurkunde bleibt unberührt" (DNotI, Gutachten Nr 148179).

11 Nach dem Zwecke der Norm, den Erbvertrag „ungeschehen" machen zu können, erstreckt sich die Rücknahmemöglichkeit auch auf Ausfertigungen, beglaubigte Abschriften oder einfache Abschriften.

12 Da das Gesetz keine Übergangsvorschrift enthält (in Kraft getreten ist es am 1. 8. 2002), bezieht es sich auch auf vorher errichtete Erbverträge (BeckOK/Litzenburger [1. 5. 2022] Rn 7; J Mayer/Röhl, in: Reimann/Bengel/Dietz[7] Rn 30).

13 Ist ein Vertragsteil, der Verfügungen von Todes wegen getroffen hat, geschäftsunfähig, kann der Erbvertrag nicht aus der Verwahrung zurückgenommen werden

(§ 2290 Abs 2 BGB). Der andere, nicht selbst von Todes wegen verfügende Vertragsteil kann nach den allgemeinen Regeln vertreten werden. Ist für den anderen Teil ein Betreuer bestellt und wird die Rücknahme vom Aufgabenkreis des Betreuers erfasst, ist die Genehmigung des Familiengerichts erforderlich (§ 2290 Abs 3 BGB; ab 1. 1. 2023 § 1851 Nr 8 BGB kF).

3. Aushändigung

Entscheidende Rechtsfolge der Rücknahme ist die Aufhebung vertragsmäßiger und 14
der Widerruf einseitiger Verfügungen von Todes wegen im Erbvertrag. Die **Anforderungen** in § 2300 Abs 2 S 2 BGB gelten deshalb für die Maßnahme, die zu diesen Folgen führt, nämlich die tatsächliche Aushändigung selbst, nicht das vorausgehende Rückgabeverlangen, das formlos gestellt werden kann und bei dem Stellvertretung nicht ausgeschlossen ist (LG Augsburg Rpfleger 1998, 344; s Voit in: Reimann/Bengel/Dietz[7] § 2256 Rn 6).

Aushändigung kann nur an alle Vertragsschließenden gemeinsam erfolgen, Vertre- 15
tung des Erblassers ist ausgeschlossen; die allgemeine Verweisung auf § 2290 Abs 2 BGB bedeutet, dass sich ein nur annehmender Vertragsteil, der selbst keine Verfügung von Todes wegen getroffen hat, nach den allgemeinen Regeln vertreten lassen kann (vDickhuth/Harrach, RNotZ 2002, 384, 390; BeckOGK/Müller-Engels [1. 7. 2022] Rn 25; **aA** J Mayer/Röhl, in: Reimann/Bengel/Dietz[7] Rn 34 unter ausführlicher Darlegung der dagegen bestehenden Bedenken, die sich aber auch gegen die Beschränkung von § 2290 Abs 2 S 1 auf den Erblasser richten). Ist eine Aushändigung an alle Vertragsschließenden (ein selbst nicht verfügender Vertragsteil eventuell vertreten) gleichzeitig – auch im Wege der Rechtshilfe, die auch bei Notaren möglich ist (Reimann FamRZ 2002, 1383, 1385; J Mayer/Röhl, in: Reimann/Bengel/Dietz[7] Rn 35) – aus tatsächlichen Gründen unmöglich (die Vertragsschließenden können aus gesundheitlichen Gründen nicht am selben Ort zusammenkommen), ist die Rücknahme des Erbvertrags aus der Verwahrung ausgeschlossen. Sie ist nach § 2290 Abs 1 S 2 BGB auch ausgeschlossen, wenn ein Vertragsteil verstorben ist (auch und gerade „der andere“, der nicht selbst verfügt, sondern dem gegenüber sich der Erblasser gebunden hat).

Zum **Verfahren der Rückgabe** bestimmt § 2256 Abs 1 S 2 BGB, dass Gericht oder No- 16
tar die Beteiligten über die Aufhebungswirkung unterrichten, dies auf der Urkunde vermerken und aktenkundig machen sollen, dass beides geschehen ist (vDickhuth-Harrach RNotZ 2002, 384, 394 ff). Der Vermerk auf der Urkunde soll den Beteiligten Gelegenheit geben, sich auch nachträglich noch über die eingetretene Folge zu informieren; er ist sinnlos und entbehrlich, wenn erkennbar ist, dass die Beteiligten die Urkunde nach der Rückgabe sofort vernichten wollen (was häufig ihren Interessen entspricht).

In welcher Weise die Rückgabe (§ 2256 Abs 1 S 2 BGB ist sprachlich verunglückt) 17
und die Belehrung aktenkundig zu machen sind, regeln für die Gerichte die einschlägigen Vorschriften der Bundesländer. Für die Notare gilt seit 1. 1. 2022 § 33 NotAktVV, nach dem der Notar einen Vermerk zu errichten hat mit den dort und in § 9 Nr 1 bis 3 NotAktVV aufgeführten Elementen. Alternativ kann der Notar auch eine Niederschrift über die Rückgabe errichten (vgl § 33 Abs 2 S 1 NotAktVV, BeckOGK/

Müller-Engels [1. 7. 2022] Rn 42; zum Umgang mit Menschen, die Beeinträchtigungen haben, wie beispielsweise eine Hör- oder Sehbehinderung s DNotI-Report 6/2021, 44).

4. Rechtsfolgen der Rücknahme

18 Durch die Rücknahme aus der amtlichen Verwahrung gelten alle Verfügungen in dem Erbvertrag als widerrufen (nach der Terminologie des Gesetzes die vertragsmäßigen als aufgehoben), § 2300 Abs 2 S 3 iVm § 2256 Abs 1 S 1 BGB. Die Widerrufswirkung ist endgültig, sie kann außer durch Anfechtung nicht mehr beseitigt werden (ein Widerruf des Widerrufs nach § 2254 BGB ist ausgeschlossen, BayObLG NJW-RR 1990, 1481). Soll der Widerruf rückgängig gemacht werden, muss ein neuer Erbvertrag geschlossen werden.

19 Wenn der durch Rücknahme aus der Verwahrung widerrufene Erbvertrag seinerseits die Aufhebung (oder den Widerruf) früherer Verfügungen von Todes wegen enthält, werden „im Zweifel" (dh Feststellung eines anderweitigen Erblasserwillens hat Vorrang) diese früheren Verfügungen wieder wirksam, § 2258 Abs 2 BGB analog (BeckOGK/Müller-Engels [1. 7. 2022] Rn 30 mwN).

§ 2301
Schenkungsversprechen von Todes wegen

(1) Auf ein Schenkungsversprechen, welches unter der Bedingung erteilt wird, dass der Beschenkte den Schenker überlebt, finden die Vorschriften über Verfügungen von Todes wegen Anwendung. Das Gleiche gilt für ein schenkweise unter dieser Bedingung erteiltes Schuldversprechen oder Schuldanerkenntnis der in den §§ 780, 781 bezeichneten Art.

(2) Vollzieht der Schenker die Schenkung durch Leistung des zugewendeten Gegenstands, so finden die Vorschriften über Schenkungen unter Lebenden Anwendung.

Materialien: E I § 1963; E II § 2167 rev § 2275; E III § 2274; Mot V 350 ff; Prot V 460 ff; Jakobs/Schubert ER II 1806–1814; Horn 1163 ff.

Schrifttum

1. Schrifttum bis 1980

Bartholomeyczik, Zuwendungen auf den Todesfall durch Rechtsgeschäft unter Lebenden (1942)

Böhmer, Schenkungen von Todes wegen und Schenkungen unter Lebenden, AkZ 1939, 610

ders, in: RG-Festschrift III 289 ff

Bökelmann, Anm zu BGH v 30. 10. 1974, IV ZR 172/73 (Banküberweisung für den Todesfall), JR 1975, 241

Bühler, Die Rechtsprechung des BGH zur Drittbegünstigung auf den Todesfall, NJW 1976, 1727

Büsselberg, Anm zu BGH v 29. 1. 1964, V ZR 209/61 (Schenkung von Wertpapieren auf den Todesfall durch Vertrag zugunsten Dritter mit der Depot-Bank), NJW 1964, 1952

Damrau, Zuwendung unter Lebenden auf den Todesfall, Jura 1970, 716

Finger, Der Vertrag zugunsten Dritter auf den Todesfall, JuS 1969, 309
ders, Der Vertrag zugunsten Dritter auf den Todesfall im System des BGB, WM 1970, 374
ders, Anm zu KG v 29. 5. 1971, 12 U 80/71 (Zuwendung eines Sparguthabens auf den Todesfall durch Vertrag zugunsten Dritter mit der Sparkasse), NJW 1972, 497
Hager, Neuere Tendenzen beim Vertrag zugunsten Dritter auf den Todesfall, in: FS Caemmerer (1977) 127
Harder, Zuwendungen unter Lebenden auf den Todesfall (1968)
ders, Anm zu BGH v 4. 2. 1976, IV ZR 156/73 (Gegenstand der Schenkung bei Übertragung einer Lebensversicherung), FamRZ 1976, 616
Harder/Welter, Drittbegünstigung im Todesfall durch Insichgeschäft, NJW 1977, 1139
Herrmann, Vollzug von Schenkungen nach § 518 Abs 2 BGB, zugleich ein Beitrag zu § 2301 Abs 2 BGB, MDR 1980, 883
Hinz, Bankverträge zugunsten Dritter auf den Todesfall, JuS 1965, 299
vHippel, Rechtsgeschäfte unter Lebenden auf den Todesfall, NJW 1966, 867
Hoffmann, Vertrag zugunsten Dritter von Todes wegen, AcP 158, 178
Johannsen, Der Schutz der durch gemeinschaftliches Testament oder Erbvertrag berufenen Erben, Sonderheft 75 Jahre DNotZ 1977, 69
Kegel, Zur Schenkung von Todes wegen (1972)
Kümpel, Konto und Depot zugunsten Dritter auf den Todesfall, WM 1977, 1186
Mattern, Anm zu BGH v 29. 1. 1964, V ZR 209/61 (Schenkung von Wertpapieren auf den Todesfall durch Vertrag zugunsten Dritter mit der Depot-Bank), LM Nr 2 zu § 2301 BGB
ders, Einzelzuweisungen auf den Todesfall, BWNotZ 1965, 6
Mohr, Übertragung der Versicherungsnehmereigenschaft in der Lebensversicherung für den Fall des Todes des Versicherungsnehmers, VersR 1966, 702
Reinicke, Die unmittelbaren Schenkungen von Todes wegen (Diss Münster 1979)
Rötelmann, Zuwendungen unter Lebenden auf den Todesfall, NJW 1959, 661; 930
Tiedtke, Die Umdeutung eines Vermächtnisses in ein Rechtsgeschäft unter Lebenden, NJW 1978, 2572
Walter, Anm zu KG v 29. 4. 1971, 12 U 80/71 (Zuwendung eines Sparguthabens auf den Todesfall durch Vertrag zugunsten Dritter mit der Sparkasse), NJW 1971, 2311
ders, Übertragung des Bankguthabens an einen Dritten auf den Todesfall des Kontoinhabers, NJW 1972, 1356
Wieacker, Zur lebzeitigen Zuwendung auf den Todesfall, in: FS Lehmann (1956) 271.

2. Schrifttum zwischen 1980 und 2000

Baumann, Grundstücksschenkung auf den Todesfall – Ein Beitrag zu § 2301 BGB, MittRhNotK 1999, 299
Bork, Schenkungsvollzug mit Hilfe einer Vollmacht, JZ 1987, 1059
Dänzer-Vanotti, Unternehmensübertragungen durch die aufschiebend auf den Tod bedingte Schenkung, JZ 1981, 432
Ebel, Gutgläubiger Erwerb einer Auflassungsvormerkung vom Scheineigentümer und Erbfall, NJW 1982, 724
Finger, Vollmacht auf den Todesfall/über den Tod hinaus und Vertrag zugunsten Dritter auf den Todesfall, WM 1981, 9
ders, Nochmals: Unternehmensübertragung aufschiebend auf den Tod bedingte Schenkung, JZ 1981, 827
ders, Der Vertrag zugunsten Dritter auf den Todesfall – eine Umfrage bei den deutschen Lebensversicherungsgesellschaften, VersR 1986, 508
Gubitz, Der Wettlauf zwischen Erben und Begünstigten beim Vertrag zugunsten Dritter auf den Todesfall ist vermeidbar, ZEV 2006, 333
Habersack, Die unentgeltliche Einziehung des Geschäftsanteils beim Tod des GmbH-Gesellschafters, ZIP 1990, 625
Henrich, Die Schenkung von Todes wegen in Fällen mit Auslandsbeziehung, in: FS Firsching (1985) 111
ders, Die Anknüpfung von Spar- und Depotverträgen zugunsten Dritter auf den Todesfall, in: FS Lorenz (1991) 379
Kuchinke, Das versprochene Bankguthaben auf den Todesfall und die zur Erfüllung des Versprechens erteilte Verfügungsvollmacht über den Tod hinaus, FamRZ 1984, 109

Kümpel, Konto/Depot zugunsten Dritter auf den Todesfall und das Widerrufsrecht der Erben, zugl Bespr von OLG Celle WM 1993, 591, WM 1993, 825
Langen, Anwendungsbereich und Rechtsfolgen des § 2301 Abs 1 Satz 1 BGB (Diss Köln 1984)
ders, Das (Wohnungs-) Leihversprechen von Todes wegen, ZMR 1986, 150
Leipold, Rechtsprechungsbericht Erbrecht 1995, JZ 1996, 287
Liessem, Das Verhältnis von Schenkung von Todes wegen und Vertrag zugunsten Dritter beim Erbrecht, MittRhNotK 1988, 29
ders, Anwendungsmöglichkeiten und Vorteile der Schenkung von Todes wegen gegenüber erbrechtlichen Lösungen, BB 1989, 862
Martinek/Röhrborn, Der legendäre Bonifatius-Fall – Nachlese zu einer reichsgerichtlichen Fehlentscheidung, JuS 1994, 473
Merkel, Die Anordnung der Testamentsvollstreckung – Auswirkungen auf eine postmortale Bankvollmacht?, WM 1987, 1001
Muscheler, Vertrag zugunsten Dritter auf den Todesfall und Erbenwiderruf, WM 1994, 921
Nehlsen-vStryk, Unentgeltliches schuldrechtliches Wohnrecht – Zur Abgrenzungsproblematik von Leihe und Schenkung, AcP 187 (1987) 552
Olzen, Die vorweggenommene Erbfolge (1984)
ders, Lebzeitige und letztwillige Rechtsgeschäfte, Jura 1987, 16, 116
Otte, Besprechung von Olzen, Die vorweggenommene Erbfolge, AcP 186 (1986) 263
ders, Der Bonifatius-Fall, Jura 1993, 643
Rehmann, Zur Beschränkung der postmortalen Vollmacht durch eine angeordnete Testamentsvollstreckung am Beispiel der Bankvollmacht, BB 1987, 213
Reischl, Zur Schenkung von Todes wegen (Diss Passau 1996)
Reithmann, Testamentsvollstreckung und postmortale Vollmacht als Instrumente der Kautelarjurisprudenz, BB 1984, 1394
Rothenfluh, Zur Abgrenzung der Verfügungen von Todes wegen von den Rechtsgeschäften unter Lebenden (Diss Bern 1984)
Rüthers/Henssler, Die geplante Pflichtteilsumgehung, JuS 1984, 953
Schäfer, Konto und Depot zugunsten Dritter auf den Todesfall (Diss Köln 1983)
Schebesta, Bankprobleme beim Tode eines Kunden (2. Aufl 1984)
Schmidt-Kessel, Wohin entwickelt sich die unbedingte, auf den Tod des Erblassers befristete Schenkung?, in: FS Helmut Schippel (1996) 317
Schreiber, Unentgeltliche Zuwendungen auf den Todesfall, Jura 1995, 159
Trapp, Die postmortale Vollmacht zum Vollzug lebzeitiger Zuwendungen, ZEV 1995, 314
Wagner, Die formlose Abtretung eines Postsparguthabens, NJW 1987, 928.

2. Schrifttum nach 2000

Amann, Postmortal bewirkte Grundstücksschenkungen mittels Vollmacht, MittBayNot 2016, 369
Blaurock, Vollzug der unentgeltlichen Zuwendung einer neu begründeten Unterbeteiligung, NZG 2012, 521
Damrau, Sparbücher – vererbt oder für den Todesfall anderweitig verschenkt, ZErb 2008, 221
Gubitz, Der Wettlauf zwischen Erben und Begünstigtem beim Vertrag zugunsten Dritter ist vermeidbar!, ZEV 2006, 333
Ilchmann, Zuwendungen unter Lebenden auf den Todesfall (Diss Bielefeld 2010)
Kroppenberg, Privatautonomie von Todes wegen, Tübingen 2008 (insb 310 ff)
Lindemeier, Die Überlebensbedingung als Merkmal der Schenkung von Todes wegen, NotBZ 2002, 122 und NotBZ 2002, 167
J Mayer, Ausgewählte erbrechtliche Fragen des Vertrages zugunsten Dritter, DNotZ 2000, 905
Meyer, Die Schenkung von Todes wegen: Probleme de lege lata und Plädoyer für eine rein schuldrechtliche Lösung de lege ferenda, ZEV 2017, 682
Seif, Die postmortale Vollmacht, AcP 200 (2000) 192
Strnad, Was gilt für Unterbeteiligungen nach der Suhrkamp-Entscheidung des BGH?, ZEV 2012, 394
Wacke, Donner et retenir ne vaut – Kein Schenkungsvollzug ohne Aushändigung, AcP 201 (2001) 256
Wall, Wider die herrschende Meinung: Forderungsvermächtnis statt Schenkung im Volutaverhältnis des Vertrags zugunsten Dritter auf den Todesfall, ZEV 2011, 3

ders, Das Valutaverhältnis des Vertrags zugunsten Dritter auf den Todesfall – ein Forderungsvermächtnis. Studien zum Privatrecht 8 (2010)
ders, Umgehung erbvertraglicher Bindungen durch Vertrag zugunsten Dritter auf den Todesfall?, ErbR 2014, 250
Westermann, Einräumung einer Unterbeteiligung unter Lebenden auf den Todesfall, ZIP 2012, 1007
M Wolf, Die Entbehrlichkeit des Valutaverhältnisses beim Vertrag zugunsten Dritter auf den Todesfall, FamRZ 2002, 147.

Systematische Übersicht

Alphabetische Übersicht

I. Geschichte und Problematik der Schenkung von Todes wegen

1 Unter einer Schenkung von Todes wegen (*donatio mortis causa*) verstand das römische Recht jedenfalls ursprünglich eine Schenkung, die jemand in einer Lebensgefahr oder in Gedanken an den Tod machte (Kipp/Coing § 81 II 1; Kaser/Knütel/Lohsse[21] § 79 Rn 1 ff; ausf Rüger, Die *donatio mortis causa* im klassischen römischen Recht, 2011). In der Pandektistik zeigt sich eine gewisse Vermengung von Schenkung und Erbrecht (s dazu Dernburg, Pandekten, Bd 3, 239 ff; Windscheid/Kipp, Bd 3, 730 ff), im BGB wird demgegenüber versucht, Erbrecht und Schenkungsvertrag (unter Lebenden) zu trennen. § 2301 BGB kennt demgegenüber nur noch den engeren Begriff der Schenkung, die unter der Bedingung des Überlebens des Beschenkten gemacht wird (s Mot V 350 = Horn Rn 3 ff; zur **geschichtlichen Entwicklung** s im Übrigen Harder 55 ff; NK-BGB/Müssig[6] Rn 1; Staudinger/Dittmann[10/11] Rn 1, 2; zur Behandlung der Schenkung von Todes wegen in **anderen Rechtsordnungen** s Henrich, in: FS Firsching [1985] 111).

2 Jede Schenkung des Erblassers kann die Stellung der Nachlassbeteiligten, also der Erben, Vermächtnisnehmer, Pflichtteilsberechtigten und der sonstigen Nachlassgläubiger **gefährden**. Besonders gilt dies für die Schenkung von Todes wegen oder (was nach dem BGB dasselbe ist) auf den Todesfall. Denn bei dieser besteht weiter die Gefahr, dass der Erblasser versucht, durch ein Rechtsgeschäft unter Lebenden, das aber erst bei seinem Tode (endgültig) wirksam werden soll, dieselbe Wirkung herbeizuführen, die nach der Absicht des Gesetzes durch eine Verfügung von Todes wegen erzielt werden soll, und dass er so die Vorschriften über die Form dieser Verfügungen und über die Beschränkungen der Testierfreiheit umgeht (s dazu näher Langen 11 ff; MünchKomm/Musielak[9] Rn 1; I Meyer ZEV 2017, 682 [683]; Erman/S Kappler/T Kappler[16] Rn 1).

3 Der Gesetzgeber stand vor der Frage, wo er die Grenze ziehen soll, inwieweit also die Schenkung von Todes wegen einer Verfügung von Todes wegen (Erbvertrag) gleichgestellt und inwieweit sie als echtes Rechtsgeschäft unter Lebenden (Schenkung) anerkannt werden sollte. Das BGB hat diese Frage in § 2301 BGB so gelöst, dass es für entscheidend erklärt, ob – erstens – die Schenkung unter der **Bedingung** steht, dass der **Beschenkte den Schenker überlebt** und ob – zweitens – der Schenker die Schenkung unter der Bedingung des Überlebens des Beschenkten (zu seinen Lebzeiten) durch Leistung des zugewendeten Gegenstandes vollzogen hat (§ 2301 Abs 2 BGB). Diese Lösung hat von vornherein Billigung gefunden (Kipp/Coing § 81 II 2 c), ist aber auch schon früh auf Widerspruch gestoßen (Boehmer [11. Aufl] Einl zum Erbrecht § 26 Rn 12; Lange/Kuchinke § 33 I 6 d; Schlüter § 59 III 1; Endemann, Erbrecht 1. Hälfte 660; Olzen, Die vorweggenommene Erbfolge [1984]; ders JR 1987, 372, 373; ders Jura 1987, 16 und 116; Blaschczok WuB I B 2; vorsichtig auch Leipold JZ 1987, 362, 364).

4 Ein **unbedingtes Schenkungsversprechen** oder eine **Schenkung unter anderer Bedingung** (vgl allerdings Rn 37) wird von vornherein in jeder Hinsicht als Rechtsgeschäft unter Lebenden behandelt, es gilt dann § 518 BGB, nicht § 2301 BGB, vor allem gilt dann § 518 Abs 2 BGB, nicht § 2301 Abs 2 BGB.

5 Die Durchführung der vom Gesetz gewünschten Unterscheidungen zwischen Schenkungen unter der Bedingung des Überlebens des Beschenkten und unbedingten oder anders bedingten Schenkungen einerseits und bei den Schenkungen unter Überlebensbedingung zwischen vollzogenen und nicht vollzogenen Schenkungen an-

dererseits hat der **Praxis** erhebliche **Schwierigkeiten** bereitet (vgl Kipp/Coing § 81 II 2 c; Boehmer Rn 2; Kroppenberg 321 ff). Als problematisch hat sich außerdem das Verhältnis zwischen § 2301 BGB und §§ 328 ff BGB, insbes § 331 BGB bei Verträgen zugunsten Dritter erwiesen (näher MünchKomm/Musielak[9] Rn 31-39). Namentlich durch die §§ 328 ff werden die erbrechtlichen Formvorschriften erheblich umgangen.

II. Regelung des BGB, Geltungsbereich

6 Das BGB hat die Schenkung von Todes wegen als besondere Rechtseinrichtung beseitigt (Mot V 350 = Horn Rn 3 ff; ZG 5, 61). Es kennt nur die Schenkung, die unter der Bedingung gemacht wird, dass der Beschenkte den Schenker überlebt. Diese behandelt das Gesetz als gewöhnliche Schenkung (§§ 516 ff BGB), wenn der Schenker die Schenkung (zu seinen Lebzeiten) durch Leistung des zugewendeten Gegenstandes vollzieht (§ 2301 Abs 2 BGB). In diesem Fall braucht also – wenn nicht etwa die Eigenart des zugewendeten Gegenstandes für den Vollzug der Schenkung eine besondere Form erfordert, wie bei Grundstücken – bei der Schenkung grundsätzlich keine besondere Form eingehalten zu werden, gleichgültig, ob sie ohne vorheriges Versprechen sofort vollzogen wird (Handschenkung, § 516 BGB) oder ob sie zunächst versprochen und später vollzogen wird (§ 518 Abs 2 BGB; s unten Rn 47 ff).

7 Wird die Schenkung demgegenüber nur versprochen und zu Lebzeiten des Schenkers nicht vollzogen, so finden die Vorschriften über Verfügungen von Todes wegen Anwendung (§ 2301 Abs 1 S 1 BGB; grundlegend **anders**, aber mit dem Wortlaut des § 2301 Abs 1 nicht vereinbar, Kuchinke FamRZ 1984, 109, 111, 112 f), näher zu den Rechtsfolgen Rn 41 ff.

III. Begriff der Schenkung und des Schenkungsversprechens

1. Entgeltliche Geschäfte auf den Todesfall

8 § 2301 BGB gilt nur für Schenkungen, nicht für **entgeltliche Geschäfte auf den Todesfall** (BGHZ 8, 23; vgl Stachels JR 1949, 383; Ehlers JR 1950, 86; Erman/S Kappler/T Kappler[16] Rn 1; vgl Rn 13 ff), die uneingeschränkt wirksam sind. Schenkung ist nach § 516 BGB eine Zuwendung, durch die jemand aus seinem Vermögen einen anderen bereichert, wenn beide Teile darüber einig sind, dass die Zuwendung unentgeltlich erfolgt (Ausnahme: § 517 BGB). Zum Schenkungsbegriff siehe eingehend Staudinger/Chiusi (2021) § 516 Rn 1 ff.

9 Ein Vertrag, in dem jemand einer Hausangestellten für den Fall, dass sie bis zu seinem Tod in seinem Dienst bleiben würde, eine bestimmte Geldsumme verspricht, ist daher keine Schenkung auf den Todesfall, sondern ein **gegenseitiger entgeltlicher Vertrag** unter Lebenden, der keiner besonderen Form bedarf; denn die versprochene Geldsumme ist eine Vergütung für geleistete und noch zu leistende Dienste (RG JW 1920, 139; RG WarnR 1917 Nr 14).

2. Abgrenzung von anderen Verträgen

10 Es handelt sich nicht um ein Schenkungsversprechen im Sinne des § 2301 BGB, sondern um **Leihe** (§ 598 BGB), wenn der Erblasser formlos ein Wohnrecht auf Lebenszeit einräumt (BGH NJW 1985, 1553; **aA** Langen ZMR 1986, 150; Soergel/Zecca-Jobst[14]

Rn 2; wie der BGH, wenn das Kündigungsrecht aus § 605 Nr 1 BGB nicht ausgeschlossen ist, Nehlsen-vStryk AcP 187, 552, 597) und die Einräumung des Wohnungsrechts auch aus anderen Gründen (vor allem wegen ihrer Langfristigkeit) nicht wirtschaftlich einer Weggabe der Substanz nahekommt (vgl BGH NJW 1985, 1553).

3. Gemischte Schenkungen

Gemischte Schenkungen, also Schenkungen, bei denen Leistung und Gegenleistung sich nicht entsprechen (zum Begriff der gemischten Schenkung eingehend Staudinger/Chiusi [2021] § 516 Rn 64 ff), sind nach hM nur erfasst, wenn der Schenkungscharakter überwiegt (MünchKomm/Musielak[9] Rn 7; Erman/S Kappler/T Kappler[16] Rn 3; Soergel/Zecca-Jobst[14] Rn 2; BeckOK/Litzenburger [1. 5. 2022] Rn 3; NK-BGB/Müssig[6] Rn 10 – aber mit dem Hinweis, dass bei teilbaren Verträgen keine gemischte Schenkung vorliege; unklar jurisPK/Reischl[9] Rn 13 m Fn 19; **aA** Olzen, Vorweggenommene Erbfolge [1984] 96 ff; Otte AcP 186 [1986] 313 [315]; BeckOGK/Gomille [1. 8. 2021] Rn 16). Der Schenkungscharakter überwiegt dann, wenn „die Zuwendung [...] den doppelten Wert im Vergleich zur Gegenleistung aufweist" (vgl zu § 516 BGH FamRZ 2012, 207 [208] = NJW 2012, 605 [606]; von BeckOGK/Gomille [1. 8. 2021] Rn 16 und NK-BGB/Müssig[6] Rn 10 wird der Begriff auf § 2301 übertragen). 11

Die Vertreter der hM begründen ihre Ansicht, soweit ersichtlich, nicht näher. Einen Grund zu finden, § 2301 BGB nur auf solche gemischte Schenkungen anzuwenden, bei denen der Schenkungscharakter im og Sinne überwiegt, fällt auch schwer. Es mag damit zusammenhängen, dass allgemein die dogmatische Behandlung gemischter Schenkungen nicht unumstritten ist. Geht man von subjektiver Äquivalenz von Leistung und Gegenleistung aus (Staudinger/Chiusi [2021] § 516 Rn 65), ist die Bestimmung einer gemischten Schenkung nicht immer einfach; eine Trennung zwischen einen objektiv entgeltlichen und einen objektiv unentgeltlichen Teil ist daher schwer möglich. Aber die Abgrenzung ist nicht unmöglich: Häufig wird ein objektives Missverhältnis zwischen Leistung und Gegenleistung und das Wissen darum als mögliches Abgrenzungskriterium genannt (Staudinger/Chiusi [2021] § 516 Rn 65 f). Auch von § 2287 BGB werden gemischte Schenkungen erfasst und abgewickelt, auch solche zumindest dem Wert nach ausgeglichen, bei denen der Schenkungscharakter nicht dominiert (s § 2287 Rn 18; näher BeckOGK/Gomille [1. 8. 2021] Rn 16). Es ist also kein rechter Grund ersichtlich, warum von § 2301 BGB nur solche gemischten Schenkungen erfasst sein sollen, bei denen der Schenkungscharakter dominiert. 12

4. Schenkungsversprechen

Das **Schenkungsversprechen** ist Teil eines Vertrages, durch den eine Leistung schenkweise versprochen wird (§ 518 BGB). Es steht im Gegensatz zu der sofort vollzogenen Schenkung (Handschenkung, s auch Rn 18 f), bei der der Schenker den zugewendeten Gegenstand ohne vorheriges Versprechen an den Beschenkten leistet. Der Wortlaut erfasst auch Testamente (näher Rn 41). 13

Umstritten ist, ob „Schenkungsversprechen" tatsächlich schon ein einseitiges, noch anzunehmendes Angebot meint (Harder 103 ff; MünchKomm/Musielak[9] Rn 5; NK-BGB/Müssig[6] Rn 12; BeckOGK/Gomille [1. 8. 2021] Rn 24 ff; jurisPK/Reischl[9] Rn 21), oder aber nur das Schenkungsversprechen als Teil eines zustande gekommenen Schenkungsvertrags (OLG Hamm FamRZ 1989, 673; wohl auch OLG München FamRZ 2011, 1757: „Vertrags- 14 natur des Schenkungsversprechens"; SOERGEL/ZECCA-JOBST[14] Rn 2; GRÜNEBERG/WEIDLICH[81] Rn 5; ERMAN/S KAPPLER/T KAPPLER[16] Rn 3; KIPP/COING § 81 II 1 a; STAUDINGER/KANZLEITER [2019] Rn 9; unentschieden BURANDT/ROJAHN/BURANDT[4] Rn 6).

15 Das „Schenkungsversprechen" ist zwar Teil des Schenkungsvertrages, der durch dessen Annahme zustande kommt; mit dem Begriff des „Schenkungsversprechens" meint § 2301 BGB aber gleichwohl lediglich die einseitige Erklärung des Schenkers. Daher trifft die erste Ansicht zu. Das ist auch deswegen richtig, weil ansonsten bei noch lebzeitiger Annahme des Schenkungsversprechens die Formanforderungen des § 2301 BGB eingriffen, bei Annahme nach dem Tod diese auch formlos erteilt werden könnte (zutr BeckOGK/GOMILLE [1. 8. 2021] Rn 25 f). Ferner besteht so ein Gleichlauf zwischen § 518 Abs 1 S 1 und § 2301 Abs 1 BGB (MünchKomm/MUSIELAK[9] Rn 5).

16 Letztlich ist die Streitfrage aber kaum praktisch relevant. Denn: Wenn der Erklärende die Absicht hatte, eine Schenkung zu machen, die der Beschenkte annehmen müsse, und dieser sie nicht angenommen hat (oder Schenkungsversprechen und Annahme nicht formgerecht erfolgt sind), so ist trotzdem die einseitige Erklärung des Schenkers als letztwillige Verfügung (falls deren Form entsprechend) aufrechtzuerhalten (§§ 133, 140, 2084 BGB), wenn der „Schenker" den „Beschenkten" auf alle Fälle von Todes wegen bedenken wollte, unabhängig von der Annahme der Schenkung durch den „Beschenkten" (vgl RG LZ 1924, 162; STROHAL I § 45 N 74; HELLWIG 595 N 218; SCHIFFNER 211; BGB-RGRK/KREGEL Anm 2; PLANCK/GREIFF Anm 2). Unter dieser Voraussetzung ist ein nicht in Erbvertrags-, aber Testamentsform abgegebenes einseitiges Schenkungsversprechen als Testament aufrechtzuerhalten. Im Ergebnis besteht danach zu der hier vertretenen Auffassung, die § 2301 BGB auch auf einseitige Schenkungsversprechen anwendet, kein Unterschied (darauf weist auch MünchKomm/MUSIELAK[9] Rn 5 hin).

17 Unter § 2301 BGB fallen nur Schenkungen, die mit rechtsgeschäftlichem Zuwendungswillen gemacht werden (auch wenn die Formunwirksamkeit den Beteiligten bekannt sein mag), nicht unverbindliche Erklärungen, mit denen eine Zuwendung in Aussicht gestellt wird (vgl MünchKomm/MUSIELAK[9] Rn 6).

5. Sofort vollzogene Schenkung, insb Erlass

18 Da § 2301 Abs 1 BGB seinem Wortlaut nach nur das Schenkungsversprechen zum Gegenstand hat, ist die Vorschrift auf sofort vollzogene Schenkungen nicht ohne Weiteres anwendbar. Sie ist aber bei **eingeleiteten Handschenkungen** entsprechend anzuwenden (WIEACKER, in: FS Lehmann [1956] 280 N 27; vgl OTTE Jura 1993, 643, 648 mNw; NK-BGB/MÜSSIG[6] Rn 13). Das Gleiche gilt für eine Schenkung aufgrund eines Schenkungsversprechens, das nach den Darlegungen unter Rn 58 f nach dem Tod noch wirksam zustande kommt (vgl OTTE Jura 1993, 648; die Grundsätze zu § 130 Abs 2 BGB gelten nicht nur für das Vollzugsgeschäft, sondern auch für das Zustandekommen der Schenkung selbst).

19 Eine **Schenkung, die sofort vollzogen** wird, ist kein Schenkungsversprechen von Todes wegen. Ein solches begründet lediglich einen Anspruch des Bedachten, der mit dem Tod des Schenkers entsteht.

Besteht die Schenkung im **Erlass einer Schuld**, so nimmt die sofort vollzogene Schenkung, eben der Erlass, auch wenn er aufschiebend bedingt ist (§ 161 BGB), dem Schenker die Möglichkeit zu entgegenstehenden Verfügungen, die er sich allerdings vorbehalten kann. Für die Handschenkung durch aufschiebend bedingten Erlass (oder durch aufschiebend bedingte Abtretung) gilt § 2301 BGB entsprechend (vgl Rn 18). Dagegen stellt das Versprechen des schenkungsweisen Erlasses für den Todesfall noch keinen Schenkungsvollzug dar, sondern ist der Sache nach ein Befreiungsvermächtnis ohne dingliche Wirkung (vgl § 2173 BGB). Die Schenkung wird dann erst vollzogen, wenn der Erbe mit dem Bedachten einen Erlassvertrag schließt (§ 397 BGB). Bis zum Erbfall kann der Erblasser trotz der erbvertraglichen Bindung über die Forderung unter Lebenden frei verfügen (§ 2286 BGB; BayObLGZ 1954, 39, 41). Selbstverständlich kann das Schenkungsversprechen durch einen – aufschiebend bedingten – Erlass erfüllt werden (vgl Rn 77). 20

6. Schuldversprechen und Schuldanerkenntnis

Ein **selbständiges Schuldversprechen oder Schuldanerkenntnis** (§§ 780, 781 BGB), das unter der Bedingung des Überlebens des Bedachten schenkweise erteilt wird, ist in § 2301 Abs 1 S 2 BGB einem gleichartigen Schenkungsversprechen ausdrücklich gleichgestellt (vgl § 518 Abs 1 S 2 BGB): das Gesetz wertet das Schuldversprechen oder Schuldanerkenntnis nicht als vollzogene Schenkung, sondern als Versprechen einer Schenkung (MünchKomm/Musielak[9] Rn 15). Irrig ist die Meinung, dass ein Anerkenntnis im Sinne von § 2301 Abs 1 S 2 BGB in Wahrheit ein unbedingtes Anerkenntnis einer durch das Überleben des Gläubigers bedingten Schuld sei (so Hellwig § 594 N 216); vielmehr ist das Anerkenntnis selbst bedingt (Strohal I § 45 N 71). 21

IV. Bedingung des Überlebens

Das Gesetz verlangt ein Schenkungsversprechen, das unter der Bedingung erteilt wird, dass der Beschenkte den Schenker überlebt (§ 2301 Abs 1 S 1 BGB), behandelt also eine unbedingte Schenkung oder eine Schenkung unter anderer Bedingung von vornherein als Schenkung unter Lebenden. Es handelt sich dabei um eine echte Bedingung, obwohl sie, wenn das Schenkungsversprechen in eine Verfügung von Todes wegen umgedeutet wird, ihre Bedeutung als solche verliert und zu einem Merkmal der Verfügung von Todes wegen wird (§§ 1923, 2160 BGB; Mot V 351 = Horn Rn 5; **aA** Endemann III § 87 bei N 16, der in diesem Fall eine conditio juris annimmt). 22

1. Unterscheidung von § 2301 und §§ 516 ff: Kriterien

a) Allgemeine Unterscheidungskriterien

Das Gesetz macht die Differenzierung nicht einfach und führt zu Schwierigkeiten der Praxis im Umgang mit der Norm. Der **entscheidende Unterschied** zwischen der unbedingten Schenkung, deren Erfüllung auf den Todesfall aufgeschoben ist, und der durch das Überleben des Beschenkten bedingten Schenkung liegt darin, dass bei der unbedingten Schenkung der Anspruch auf die Erben des Beschenkten übergeht, wenn er vor dem Schenker verstirbt, während die Schenkung mit Überlebensbedingung in diesem Fall hinfällig wird. Hat man dies vor Augen, kann eine Abgrenzung gelingen. 23

24 Gesichert ist zunächst, dass die Bedingung **nicht ausdrücklich erklärt** zu werden braucht (BGH FamRZ 1987, 273 [274]; FamRZ 2020, 188 [189]). Aber in der Sache wird in vielen Fällen zweifelhaft sein, ob die Schenkung unter der Bedingung gemacht wurde, dass der Beschenkte den Schenker überlebt, weil sich der Schenker darüber gar keine Gedanken gemacht hat (etwa in Erwartung seines baldigen Todes; „Schulfall" ist der Bonifatius-Fall, RGZ 83, 223) oder weil er seine Gedanken nicht klar geäußert hat. Es braucht also **Abgrenzungskriterien**; immer wieder genannt werden in Rspr und Lit (BGHZ 99, 97, 101 = NJW 1986, 840 = JZ 1987, 361 m Anm Leipold = JR 1987, 37 m Anm Olzen; Schreiber Jura 1995, 159, 160; Planck/Greiff Anm 1):

- die Umstände des Einzelfalls;
- Sinn und Zweck der Schenkung;
- die Interessenlage;
- die Höchstpersönlichkeit des Zuwendungsversprechens (Olzen, Vorweggenommene Erbfolge, 55; BeckOGK/Gomille [1. 8. 2021] Rn 31).

Im Zweifel soll, so der BGH, eine unbedingte Schenkung vorliegen (näher Rn 27 ff).

25 Namentlich die Interessenlage spricht dann für eine **Schenkung unter Überlebensbedingung**, wenn der Erblasser einer bestimmten Person für die Zeit nach seinem Tode eine Zuwendung verspricht und dafür **besondere Gründe gerade in der Person des Begünstigten** hat (BGHZ 99, 97 = NJW 1987, 840 = JZ 1987, 371 m Anm Leipold = JR 1987, 37 m Anm Olzen). Der Unterschied liegt hier in der Frage, ob der Schenker nur dem konkret Benannten eine Zuwendung machen will oder ob er auch dessen Erben etwas zukommen lassen möchte. Bei einer Zuwendung an die konkrete Person liegt eine Überlebensbedingung nahe, anderenfalls ist eher von einer Schenkung unter Lebenden auszugehen, deren Erfüllung auf den Todesfall des Schenkers lediglich befristet ist. Diese Überlegungen helfen mit einiger Sicherheit aber nur bei **natürlichen Personen** und wenn der Erblasser nicht ohnehin mit seinem eigenen baldigen Versterben rechnet.

26 Der Unterschied – **Zuwendung nur an den Begünstigten oder auch an seine Erben** – ist aus der Sicht des Schenkers daher kaum von Bedeutung, wenn er mit seinem baldigen Versterben rechnet. Bei Zuwendungen an juristische Personen ist der Unterschied sogar gegenstandslos, denn hier liegt nach Auffassung des BGH die Annahme fern, dass die Wirksamkeit der Schenkung von einer Überlebensbedingung abhängt (BGH FamRZ 2020, 188 m Anm Becker). In diesen Fällen stehen sich der Gesichtspunkt, dem Willen des Schenkers nach Möglichkeit zum Erfolg zu verhelfen, einerseits (er spricht für die unbedingte Schenkung, sodass nicht § 2301 BGB, sondern § 518 BGB anzuwenden ist), der Gesichtspunkt, dass Vergabeformen von Todes wegen unter Umgehung der Vorschriften für Verfügungen von Todes wegen nicht gefördert werden sollten, andererseits gegenüber.

b) Insbesondere: Zweifelsregel

27 Die **Rechtsprechung** des BGH macht dieses Dilemma deutlich: **Einerseits** will der BGH dann **§ 2084** BGB anwenden und sich damit **„im Zweifel"** für die unbedingte

Schenkung entscheiden (BGH FamRZ 1985, 693, 695; NJW 1986, 113 = WM 1986, 786, 787 = FamRZ 1986, 982; NJW 1988, 2731, 2732 = JZ 1988, 1079 = FamRZ 1988, 945 = WM 1988, 984: die Anwendung des § 2084 sei abzulehnen, wenn nicht feststeht, dass es sich um eine Verfügung von Todes wegen handelt, wenn die Anwendung der Vorschrift im Gegenteil „aus dem Erbrecht hinaus ins Schuldrecht" führen würde; gegen den BGH Bork JZ 1988, 1059, 1063; wie der BGH Schmidt-Kessel, in: FS Schippel [1996] 317, 326; aber die allgemeinen Grundsätze zur Auslegung und zu § 140 entsprechen inhaltlich § 2084, so richtig BGH FamRZ 1985, 693, 695). **Andererseits** weist der BGH darauf hin, der Tatrichter dürfe bei der Prüfung der Frage, ob es sich um eine Schenkung von Todes wegen handelt, nicht engherzig verfahren. Es sei zu beachten, dass eine Schenkung von Todes wegen erfahrungsgemäß vielfach auch dann gewollt sei, wenn der Erblasser nicht ausdrücklich eine Überlebensbedingung iSv § 2301 Abs 1 BGB erklärt; es müsse ferner bedacht werden, dass die Anwendung der **Vorschriften über die Verfügungen von Todes** wegen vom Tatrichter **nicht zu weit zurückgedrängt** werden dürfe (BGHZ 99, 97 = NJW 1987, 840 f = JZ 1987, 361 m Anm Leipold = JR 1987, 37 m Anm Olzen; BGH NJW 1988, 2731, 2732 = FamRZ 1988, 945 = JZ 1988, 845 = WM 1988, 984 = MDR 1988, 845). Beide Grundgedanken sind (entgegen BGH NJW 1988, 2731, 2732) schwerlich miteinander in Einklang zu bringen (vgl MünchKomm/Musielak[9] Rn 9).

28 Die **praktische Bedeutung** dieser Zweifelsfrage darf nicht überschätzt werden: Sie spielt (unter Geltung deutschen Rechts, vgl BGHZ 87, 19 = NJW 1983, 1487 = FamRZ 1983, 476; Henrich, in: FS Firsching [1985] 111) nur in den Fällen eine Rolle, in denen die Schenkung nicht bis zum Tode des Schenkers, sondern erst danach durch einen Bevollmächtigten vollzogen worden ist, weil dadurch zwar die Heilung nach § 518 Abs 2 BGB (BGH NJW 1984, 480, 481 = WM 1983, 1355; NJW 1987, 840 = WM 1987, 139; NJW 1988, 2731 = WM 1988, 984; WM 1995, 536, 537), nicht aber nach § 2301 Abs 2 BGB (BGHZ 99, 97, 100 = NJW 1987, 840 = DNotZ 1987, 322 = JZ 1987, 361 m Anm Leipold = JR 1987, 371 m Anm Olzen; BGH NJW 1988, 2731, 2732 = WM 1988, 984; NJW 1995, 953 = WM 1995, 536, 537; vgl Schmidt-Kessel, in FS Schippel [1996] 317, 320 f) eintritt. Dafür, dass ein (ernsthaftes) Schenkungsversprechen vorliegt, trägt ohne Zweifel der Beschenkte die Darlegungs- und Beweislast.

29 Wenn sich die Waagschale nicht nach Umständen und Interessenlage hin zu einer durch das Überleben des Beschenkten bedingten Schenkung neigt, kann man in **Zweifelsfällen** dem Interesse des Schenkers an der Durchführung seines (nicht formgerecht niedergelegten, aber immerhin, wenn auch erst nach seinem Tod, durch einen Bevollmächtigten vollzogenen) Willens Vorrang vor den Interessen der Nachlassbeteiligten und dem den Formvorschriften zugrundeliegenden Interesse der Rechtsklarheit und dem allgemeinen Grundsatz der Rechtssicherheit geben, der einer „Aufweichung" von Formvorschriften „am Rande" entgegensteht. Für diese Auffassung kann auch auf den Wortlaut des § 2301 Abs 1 BGB hingewiesen werden, der der Überlebensbedingung bei Schenkungen eher Ausnahmecharakter beizulegen scheint (im Ergebnis ebenso, aber auf einem völlig anderen Weg, Kuchinke FamRZ 1984, 109, 111; **entgegengesetzt** Leipold JZ 1987, 382, der mit der Überlegung, das Versprechen einer unentgeltlichen Leistung für die Zeit nach dem Tod des Schenkers könne in der Regel im Sinne einer Überlebensbedingung ausgelegt werden, der Umgehung der erbrechtlichen Vorschriften entgegentritt; **aA** auch Bork JZ 1988, 1059, 1063, der im Zweifel zugunsten von § 2301 entscheidet, wenn die Beteiligten das Schenkungsversprechen so ausgestaltet haben, dass es wirtschaftlich einer Verfügung von Todes wegen entspricht, weil dies ein starkes Indiz für die Vereinbarung einer Überlebensbedin-

gung bedeute; **aA** auch OLZEN JR 1987, 372, 373 – gegen OLZEN wiederum MünchKomm/MUSIELAK[9] Rn 12).

30 Umgekehrt schließt eine Bezeichnung als „Schenkung unter Lebenden" die Auslegung als Schenkung unter der Bedingung des Überlebens des Beschenkten selbstverständlich nicht aus.

c) Aufschiebende/Auflösende Bedingung

31 In aller Regel wird die Überlebensbedingung eine **aufschiebende Bedingung** sein (Schenkung unter der aufschiebenden Bedingung, dass der Beschenkte den Schenker überlebt). Auch eine **auflösende Bedingung** ist aber möglich (Schenkung unter der auflösenden Bedingung, dass der Beschenkte vorverstirbt oder gleichzeitig verstirbt); auch sie fällt unter § 2301 BGB (OLZEN 56; LANGE/KUCHINKE § 33 II 1 a; SOERGEL/ZECCA-JOBST[14] Rn 3; BeckOGK/GOMILLE [1. 8. 2012] Rn 34; **aA** REISCHL 97 f; KEGEL 44; LANGEN ZMR 1986, 150, 154; WIEACKER, in: FS Lehmann I 277; MünchKomm/MUSIELAK[9] Rn 9; NK-BGB/MÜSSIG[6] Rn 18; ERMAN/S KAPPLER/T KAPPLER[16] Rn 4; Meyer ZEV 2017, 682 [686]); der Gesichtspunkt, bei einer auflösenden Bedingung seien die Rechtswirkungen der Schenkung eingetreten, sodass sie nicht den Vorschriften über Verfügungen von Todes wegen unterstellt werden könne, unterscheidet nicht zwischen der Schenkung und ihrer Erfüllung: Auch bei der auflösend bedingten schuldrechtlichen Schenkung – sie allein ist Gegenstand von § 2301 Abs 1 BGB – kann die Annahme oder die Erfüllung ausstehen, sodass die Schenkung unwirksam ist, falls das Schenkungsversprechen nicht der Form des § 518 Abs 1 BGB genügt (Dagegen mit beachtlichen, aber nicht restlos überzeugenden Argumenten I MEYER ZEV 2017, 682 [686]: Dass bei einer formunwirksamen Schenkung weder zu Lebzeiten noch nach dem Tod des Schenkers/Erblassers ein schuldrechtlicher Anspruch besteht, mag zutreffen, aber dann schadet es auch nicht, den Fall dem § 2301 zu unterwerfen.).

d) Wichtige Fälle zur Unterscheidung des bedingten vom betagten Schenkungsversprechen

32 Ist das **Schenkungsversprechen selbst unbedingt und nur seine Erfüllung bis zum Tod des Schenkers hinausgeschoben**, so ist § 2301 BGB nicht anwendbar (zur Abgrenzung der auf den Tod befristeten Schenkung von der Schenkung von Todes wegen vgl Rn 23 ff und BGHZ 99, 97 = NJW 1987, 840 = DNotZ 1987, 322 = JR 1987, 371 m Anm OLZEN = JZ 1987, 361 m Anm LEIPOLD).

33 Kein bedingtes, sondern ein nur betagtes Schenkungsversprechen liegt vor, wenn die Schenkung zwar erst nach dem Tode des Schenkers anfallen, bei Vorversterben des Beschenkten aber dessen Erben zufallen soll (vgl OGH MDR 1949, 282; BGH FamRZ 1985, 693, 695; BGHZ 99, 97 = NJW 1987, 840 = DNotZ 1987, 322 = JZ 1987, 361 m Anm LEIPOLD = JR 1987, 371 m Anm OLZEN = FamRZ 1987, 273). Es sind dann die Vorschriften über Schenkungen unter Lebenden anzuwenden, insbesondere § 518 BGB (BGHZ 8, 31; RGZ 53, 296; RG LZ 1922, 81); Umdeutung in ein Testament ist aber möglich. In diesem Fall wird die Belastung auf das gegenwärtige Vermögen des Schenkers gelegt und der Anspruch des Beschenkten entsteht schon mit dem Schenkungsversprechen bedingungslos, er ist nur noch nicht fällig. Wenn der Schenker den Anspruch des Beschenkten vereitelt, so ist er ihm zum Schadensersatz verpflichtet (§§ 521, 280 BGB; OLG Hamburg MDR 1950, 615; STACHELS JR 1949, 385 gegen OLG Stuttgart JR 1949, 383).

34 Der Umstand, dass ein Recht erst im Todesfall praktisch werden soll, schließt die Annahme eines Rechtsgeschäfts unter Lebenden nicht grundsätzlich aus (BGHZ 31, 13 = NJW 1959, 2252). Es kommt darauf an, ob die Beteiligten schon zu Lebzeiten Rechte und Pflichten begründen wollten, auch wenn sie erst beim Tode eines von ihnen voll wirksam werden sollten (s BGHZ 8, 23, 30), oder ob eine Bindung des Erblassers zu seinen Lebzeiten nicht gewollt war (RG HRR 1930 Nr 1464). Die Entgeltlichkeit der Zuwendung kann für die Annahme eines Rechtsgeschäfts unter Lebenden sprechen (OLG Hamburg MDR 1950, 615; s aber auch Kipp/Coing § 81 5; wobei ein entgeltliches Rechtsgeschäft schon wegen seiner Entgeltlichkeit nicht von § 2301 erfasst wird).

35 Wichtig ist, dass es aber dem Charakter als unbedingtes (oder anders als durch das Überleben des Begünstigten bedingtes) Schenkungsversprechen nicht entgegensteht, wenn sich der Schenker das **Recht zum Widerruf** oder das Recht vorbehält, über den versprochenen Gegenstand anderweitig frei zu verfügen (es gelten die allgemeinen Grundsätze zu §§ 516, 518 BGB, vgl Staudinger/Chiusi [2021] § 516 Rn 35; zur Schenkung, bei der sich der Schenker für seine Lebzeiten das Widerrufsrecht oder das Recht zur freien Verfügung vorbehält, s auch Rn 53 f, 74 ff).

36 In folgenden Fällen hat die Rechtsprechung angenommen, dass nur die **Erfüllung und die Fälligkeit des Schenkungsversprechens hinausgeschoben** und daher nicht § 2301 BGB, sondern die Vorschriften über Schenkungen unter Lebenden anzuwenden seien: Bei der Bestellung eines Nießbrauchs an einem Grundstück durch den Käufer für den Verkäufer unter der Bedingung, dass das Recht dem Verkäufer erst vom Tode des Käufers an zustehen solle (BadRpr 1919, 62); bei einem einheitlichen Leibrentenvertrag, selbst wenn er über das Ableben des Versprechenden hinaus wirksam sein soll (RG Recht 1917 Nr 1254); bei Zuwendung einer Geldsumme unter Lebenden mit der Bestimmung, dass sie dem Bedachten beim Tode des Schenkers unentgeltlich zufallen oder gehören solle (OLG Stuttgart WürttJb 1920, 5: betagte Schenkung unter Lebenden); bei Schenkung des gesamten zum Todestag bestehenden Netto-Nachlasses an eine Stiftung, die mit dem Tod des Vaters der Schenkerin entstehen sollte (BGH FamRZ 2020,188 m Anm Becker – gegen Vorinstanz); ferner, wenn der Erblasser kurz vor seinem Tod einem seiner Kinder ein Sparkassenbuch übergibt, mit der Auflage, es solle nach seinem Tod die Einlage abheben, davon die Begräbniskosten begleichen und den Rest mit zwei namentlich genannten Kindern teilen (OLG Dresden SächsArch 1909, 491). Dagegen haben die Gerichte eine **Schenkung von Todes wegen** im Sinne von § 2301 BGB angenommen bei einem Schulderlass mit dem Vorbehalt des Zinsgenusses, solange der Gläubiger lebt (RGZ 53, 294; OLG München OLGE 28, 98), und bei der Übergabe von Wertpapieren unter demselben Vorbehalt (OLG Augsburg LZ 1915, 567). Die in diesen Entscheidungen angestellten einzelnen Erwägungen sind immer noch von Interesse; man muss sich allerdings darüber im Klaren sein, dass es sich um eine Auslegungsfrage handelt, und letztlich deshalb die Umstände des Einzelfalles oder, wenn Feststellungen über den Willen des Schenkers – wie häufig – nicht getroffen werden können, die Erwägungen unter Rn 22 ff maßgebend sind.

2. Bedingung, dass der Schenker den Beschenkten nicht überlebt

37 Die Schenkung unter der **Bedingung, dass der Schenker den Beschenkten nicht überlebt**, soll nach verbreiteter Auffassung nicht von § 2301 BGB erfasst werden, da der Schenkung ohne die Anknüpfung an das Überleben des Bedachten jeglicher erb-

rechtlicher Charakter fehle (Lange/Kuchinke § 33 I 2 Fn 17; Soergel/Zecca-Jobst[14] Rn 3; MünchKomm/Musielak[9] Rn 11; Staudinger/Dittmann[10/11] Rn 11; Langen 132 ff). Die II. Kommission wollte diesen Fall durch die Fassung des Gesetzes ausdrücklich ausschließen. Abgesehen davon, dass oft nur ein Vergreifen im Ausdruck vorliegen wird und durch Auslegung festzustellen ist, dass die Bedingung gesetzt werden sollte, dass der Beschenkte den Schenker überlebe (s Mot V 351 = Horn Rn 5; Strohal I § 45 N 72), stehen sich die beiden Bedingungen sehr nahe. Gleichwohl ist diese Differenzierung hinzunehmen, auch wenn sie die Praxis immer wieder vor schwierige Auslegungsprobleme stellt; § 2301 ist daher in diesem Fall nicht anzuwenden (BeckOK/Litzenburger [1. 5. 2022] Rn 5; MünchKomm/Musielak[9] Rn 11; wohl auch BeckOGK/Gomille [1. 8. 2021] Rn 38; **aA** Staudinger/Kanzleiter [2019] Rn 11).

3. Die Schenkung in einer bestimmten Lebensgefahr

38 Die **Schenkung in einer bestimmten Lebensgefahr** hat das BGB nicht besonders geregelt (zu den Beweggründen des Gesetzgebers s Mot V 351= Horn Rn 6). Durch Auslegung ist zu ermitteln, ob diese Schenkung unbedingt, bedingt durch den Tod des Schenkers in der konkreten Gefahr oder (allein oder zusätzlich) bedingt durch das Überleben des Beschenkten gemacht ist. In den beiden ersten Fällen ist sie als Schenkung unter Lebenden zu beurteilen, für letzte Alternative gilt § 2301 BGB (Lange/Kuchinke § 33 I 2 Fn 17 geht unter Hinweis auf Mot V 351 bei Überstehen der Gefahr regelmäßig von Unwirksamkeit des Versprechens aus: das ist eine Frage der Auslegung).

39 Eine **Schenkung, die der Schenker in Erwartung seines baldigen Todes** vornimmt, ohne aber das Überleben des Beschenkten ausdrücklich oder stillschweigend zur Bedingung zu machen, fällt nicht unter § 2301 BGB. Hieran ändert es nichts, wenn der Schenker bei der Schenkung darauf hinweist, dass er seinen baldigen Tod erwartet: Denn die Angabe des Beweggrundes bedeutet nicht die Aufstellung einer Bedingung (MünchKomm/Musielak[9] Rn 11; Schreiber Jura 1995, 159, 160 f mNw; Martinek/Röhrborn JuS 1994, 564, 566; **aA** Olzen Jura 1987, 116, 122; vgl BayObLGZ 5, 466: einer Schenkung, die sofort Kraft erlangen soll, nimmt der Umstand, dass sie in Voraussicht des nahen Todes gemacht wird, nicht den Charakter einer Schenkung unter Lebenden; **abweichend** empfiehlt Wieacker 280 die entsprechende Anwendung von § 2301). Nach der Interessenlage wird der Schenker in dieser Situation die Schenkung regelmäßig nicht unter die Bedingung des Überlebens des Beschenkten stellen, weil er diese Bedingung in seiner Lage für unnötig halten muss (vgl als „Schulfall" nochmals den „Bonifatius-Fall" RGZ 83, 223).

4. Andere Bedingung

40 Keine Schenkung von Todes wegen im Sinne von § 2301 BGB liegt vor, wenn die Schenkung nicht von dem Überleben des Beschenkten, sondern von einer anderen Bedingung als den bisher erörterten abhängig gemacht wird; so bei einer Schenkung unter der Bedingung, dass die Verwandten nach dem Tode des Schenkers nicht auf der Befolgung eines Erbvertrages bestehen (RG Recht 1918 Nr 94). Weiter ist § 2301 BGB auch dann nicht anwendbar, wenn das Schenkungsversprechen zwar erst nach dem Tode des Schenkers angenommen werden darf, aber beim Vorableben des Beschenkten von seinen Erben angenommen werden kann (OGH MDR 1949, 282; Staudinger/Boehmer[10/11] Einl Erbrecht § 26 Rn 8).

V. Rechtsfolgen eines Schenkungsversprechens von Todes wegen

41 Auf ein Schenkungsversprechen von Todes wegen finden die Vorschriften über Verfügungen von Todes wegen Anwendung, so § 2301 BGB. Der **Wortlaut** umfasst auch Testamente (ua daher für eine Anwendung von § 2301 auch auf Testamente RGZ 87, 223, 227; MünchKomm/MUSIELAK[9] Rn 13; NK-BGB/MÜSSIG[6] Rn 12; BeckOK-BGB/LITZENBURGER [1. 5. 2022] Rn 7; SOERGEL/ZECCA-JOBST[14] Rn 6; LANGE/KUCHINKE § 33 II 1 Fn 45; KUCHINKE FamRZ 1984, 109, 113; I MEYER ZEV 2017, 682 [689]; BROX Rn 726; WIEACKER 274 N 10, der die Form der letztwilligen Verfügung für ausreichend hält; HARDER 111, der das Schenkungsversprechen je nachdem als Erbvertrag oder Testament aufrechterhalten will; Anwendung nur auf gemeinschaftliche Testamente JAUERNIG/STÜRNER[18] Rn 9). Wenn man für die Anwendung von § 2301 BGB ein Angebot auf Abschluss eines Schenkungsvertrags genügen lässt (Rn 14 f), dann sind in der Konsequenz auch die Vorschriften über einfache und gemeinschaftliche Testamente anzuwenden, so dass der eingangs genannten Auffassung zu folgen ist (**aA** OLG München FamRZ 2011, 1757; OLG Hamm FamRZ 1989, 673; STAUDINGER/KANZLEITER [2019] Rn 3 und 5; ERMAN/S KAPPLER/T KAPPLER Rn 5; BURANDT/ROJAHN/BURANDT Rn 15; BGB-RGRK/KREGEL Anm 7; REIMANN, in: REIMANN/BENGEL/J MAYER Rn 5; KIPP/COING § 81 II 3 a; STROHAL I § 45 III 1 Fn 74).

42 All das steht aber der **Umdeutung** der Erklärung des Schenkers **in ein Testament** nicht im Wege, sodass die Streitfrage häufig ohne praktische Auswirkung ist (Näheres s unten Rn 124; relevant ist die Unterscheidung aber im Fall des OLG München FamRZ 2011, 1757, in dem ein Schenkungsversprechen von Todes wegen mangels Beurkundung eines Erbvertrags abgelehnt wurde, aber auch eine Umdeutung in ein Testament daran scheiterte, dass kein Testierwillen vorlag).

43 Im Erbfall hat das Schenkungsversprechen – gesetzlich angeordnete Umdeutung (K W LANGE § 18 Rn 184) – die **Wirkung** eines Vermächtnisses (zB OLG Düsseldorf FamRZ 2020, 1682 [1683]) oder einer Erbeinsetzung, was durch Auslegung zu ermitteln ist, ggf unter Heranziehung von § 2087 (OLG Frankfurt/Main 12. 5. 2020 – 20 W 392/15, juris Rn 27; ERMAN/S KAPPLER/T KAPPLER[16] Rn 5; GRÜNEBERG/WEIDLICH[81] Rn 7; **aA** – nur Vermächtnis – MUSCHELER, Erbrecht II Rn 2848; LANGE/KUCHINKE5 748). Entscheidend ist der Parteiwille, und nur weil die Schenkung notwendigerweise gegenstandsbezogen ist, spricht diese nicht vorrangig für ein Vermächtnis (**aA** I MEYER ZEV 2017, 682 [689]): Vielfach denkt der juristische Laie gegenstandsbezogen an das Wesentliche, was er hat, nämlich die Immobilie, so dass häufig auch eine Erbeinsetzung denkbar ist.

44 § 2271 Abs 2 S 1 und § 2289 Abs 1 S 2 BGB greifen auch hier, so dass das Schenkungsversprechen unwirksam ist, wenn es einer vertragsmäßigen Verfügung bzw einer bindend gewordenen wechselbezüglichen Verfügung widerspricht (ERMAN/S KAPPLER/T KAPPLER[16] Rn 5).

45 Zu welchem **Zeitpunkt** das Schenkungsversprechen in Vermächtnis oder Erbeinsetzung umzudeuten ist, ist nicht ganz klar. Nach hM findet die Umdeutung sofort, dh mit Abgabe des Schenkungsversprechens, statt (REISCHL 172, 174 ff; KUCHINKE FamRZ 1984, 109 [113]; HARDER 110; MUSCHELER Erbrecht II Rn 2845 ff). Das ist konstruktiv allerdings nicht ganz stimmig, da zu Lebzeiten ein Vollzug noch möglich ist, mit der Folge des § 2301 Abs 2 BGB. V LÜBTOW spricht daher von einem Schwebezustand (Erbrecht II 1227). Denkt man die hM weiter, kann entweder eine wirksame Verfügung von Todes wegen vorliegen oder es liegen weder erb- noch schuldrechtliche Wirkun-

gen vor; letzteres soll bei späterem Vollzug aber gleichwohl geheilt werden können (eingehend zu den konstruktiven Schwierigkeiten I MEYER ZEV 2017, 682 [687]). Daher sollte die Umdeutung in eine Verfügung von Todes wegen erst erfolgen, wenn ein Vollzug zu Lebzeiten nicht mehr möglich ist (I MEYER ZEV 2017, 682 [687]).

46 Bis zum Tod des Schenkers hat der Prätendent **kein Anwartschaftsrecht** (ERMAN/S KAPPLER/T KAPPLER[16] Rn 5; K W LANGE[2] § 18 Rn 184).

VI. Vollzug der Schenkung

1. Form

47 Nach § 2301 Abs 2 BGB finden auf die Schenkung von Todes wegen die Vorschriften über die Schenkung unter Lebenden (§§ 516 ff BGB) Anwendung, wenn der Schenker (zu seinen Lebzeiten) die Schenkung durch Leistung des zugewendeten Gegenstandes vollzieht. Die Schenkung erfordert dann grundsätzlich keine besondere Form und das Versprechen der Schenkung, das etwa vorausgegangen ist und das nicht in der Form des § 518 Abs 1 BGB abgegeben wurde, wird durch die Bewirkung der versprochenen Leistung wirksam (§ 518 Abs 2 BGB; RG WarnR 1913 Nr 249; 1915 Nr 142; BGH FamRZ 1985, 693, 695; BGHZ 99, 97 = NJW 1987, 840 = DNotZ 1987, 322 = JZ 1987, 361 m Anm LEIPOLD = JR 1987, 371 m Anm OLZEN = FamRZ 1987, 273). Hierbei ist es gleichgültig, ob die Leistung *solvendi causa*, also zur Erfüllung des Schenkungsversprechens, oder *donandi causa*, also zum Zwecke der Schenkung (Handschenkung) bewirkt wird (Prot V 462; RG WarnR 1913 Nr 249; 1915 Nr 142; PLANCK/GREIFF Anm 4; BGB-RGRK/KREGEL Rn 4; **aA** HARDER 116: das gelte nicht bei Leistung solvendi causa aufgrund unwirksamen, aber als gültig angesehenen Schenkungsversprechens).

48 § 2301 Abs 2 BGB steht zu § 2301 Abs 1 BGB nicht im Verhältnis der Ausnahme zur Regel. Der gesetzlichen Formulierung ist auch nicht zu entnehmen, dass § 2301 Abs 2 BGB eng, Abs 1 ausdehnend auszulegen wäre (BGH BWNotZ 1964, 331; LANGE/KUCHINKE § 33 II 1 c Fn 73; GRÜNEBERG/WEIDLICH[81] Rn 2; **aA** BGB-RGRK/KREGEL Rn 1), unabhängig davon, dass die Topoi einer engen bzw ausdehnenden ohnehin selten weiterführen.

2. Versprechen der Vollziehung

49 Wenn jemand vertragsmäßig verspricht, einen Gegenstand für den Fall seines Todes einem anderen zu schenken, zugleich aber sich verpflichtet, ihm den Gegenstand noch vor seinem Ableben zu übertragen, so liegt keine vollzogene Schenkung vor; denn das Versprechen der Vollziehung steht dieser selbst nicht gleich; vielmehr wird ein bedingtes Schenkungsversprechen nach § 2301 Abs 1 BGB und daneben ein gewöhnliches Schenkungsversprechen nach § 518 BGB anzunehmen sein (vgl Mot V 352 = HORN Rn 12).

3. Anwendung der Vorschriften für Rechtsgeschäfte unter Lebenden

50 Eine vollzogene Schenkung von Todes wegen unterliegt in jeder Hinsicht und auch hinsichtlich ihrer **Widerruflichkeit** den Vorschriften über Schenkungen unter Lebenden (§§ 530 ff BGB, SOERGEL/ZECCA-JOBST[14] Rn 11), nicht denen über den Rücktritt vom Erbvertrag (§§ 2293 ff BGB; RG JW 1914, 301).

51 Die Tatsache, dass es sich um eine Schenkung unter Lebenden handelt, würde nicht von vornherein ausschließen, auf sie bestimmte erbrechtliche Vorschriften für Zuwendungen von Todes wegen nach dem Zweck dieser Vorschriften anzuwenden. Vorrang vor Gesichtspunkten, die in diese Richtung weisen könnten, verdient aber die Rechtssicherheit (vgl § 2289 Rn 50), der es am besten entspricht, auch die zu Lebzeiten vollzogene Schenkung unter der Bedingung, dass der Beschenkte den Schenker überlebt, in jeder Hinsicht als Schenkung unter Lebenden zu behandeln (BGHZ 66, 8, 14 = NJW 1976, 749): Macht der erbvertraglich gebundene Erblasser eine solche Schenkung, so ist sie nicht nach § 2289 BGB unwirksam, sondern kann nur zu einem Anspruch nach §§ 2287, 2288 BGB führen.

52 Der verschenkte Gegenstand gehört für die Pflichtteilsberechnung nicht zum Nachlass, sondern kann einen Pflichtteilsergänzungsanspruch nach § 2325 BGB auslösen (vgl Staudinger/Herzog [2021] § 2325 Rn 24 f; zur Frage, was bei einer Lebensversicherung Gegenstand der Schenkung ist, s Staudinger/Herzog [2021] § 2325 Rn 119 ff). Auch aus der Sicht der Nachlassgläubiger ist der geschenkte Gegenstand nicht Bestandteil des Nachlasses (zu den Bedenken dagegen s vor allem Olzen 61 ff).

4. Vollzug unter auflösender oder aufschiebender Bedingung

53 Ein Vollzug im Sinne von § 2301 Abs 2 BGB liegt auch vor, wenn sich der Schenker bei der Leistung des zugewendeten Gegenstandes das Recht vorbehält, die Schenkung (zu seinen Lebzeiten) beliebig zu widerrufen, sei es mit dinglicher oder mit schuldrechtlicher Wirkung (MünchKomm/Musielak[9] Rn 22; NK-BGB/Müssig[6] Rn 44). Denn eine Übertragung des Gegenstandes auf den Beschenkten liegt immerhin vor; der Vorbehalt des Widerrufs erlischt mit dem Tode des Schenkers und die **Beifügung einer auflösenden Bedingung** bei der Leistung hindert die Anwendung des § 2301 Abs 2 BGB nicht (Rn 68 ff). Ein Antrag, Schenkungen dieser Art für unwirksam zu erklären, sofern sie nicht den Formen der Verfügung von Todes wegen entsprechen, wurde in der II. Kommission abgelehnt (Prot V 462 = Horn Rn 19 ff).

54 Die Anwendung des § 2301 Abs 2 BGB wird auch nicht dadurch ausgeschlossen, dass die Leistung des zugewendeten Gegenstandes, also vor allem die Übertragung auf den Beschenkten – ebenso wie das zugrundeliegende Schenkungsversprechen, § 2301 Abs 1 BGB – an die Bedingung geknüpft wird, dass der Beschenkte den Schenker überlebt (BGH NJW-RR 1986, 1133 [1134]; BGH NJW-RR 1989, 1281; NK-BGB/Müssig[6] Rn 44; MünchKomm/Musielak[9] Rn 21; Wieacker 282 N 30). Das wurde seit jeher allgemein anerkannt für die **auflösende Bedingung**, dass der Beschenkte vor dem Schenker stirbt (Boehmer aaO Rn 15; NK-BGB/Müssig[6] Rn 44). Beim Eintritt dieser auflösenden Bedingung fällt das Geleistete in der Regel mit dinglicher Wirkung an den Schenker zurück (§ 158 Abs 2 BGB; Planck/Greiff Anm 4; Ortloff ArchBürgR 21, 386 ff). Aber auch die **aufschiebende Bedingung** ist zulässig, dass der Beschenkte den Schenker überlebt (Mot V 352 = Horn Rn 10; BGHZ 8, 23, 31; 66, 9 = NJW 1976, 749; BGH NJW 1978, 423; KG JR 1959, 101; OLGZ 1972, 1 = NJW 1971, 1808).

5. Ausscheiden der Zuwendung aus dem Vermögen des Schenkers

a) Allgemeines

55 Die vor allem früher verbreitete Formulierung, für die Frage, ob eine Leistung als Vollzug im Sinne von § 2301 Abs 2 BGB angesehen werden kann, komme es nach der Interessenlage darauf an, ob der Schenker mit der Leistung ein – jedenfalls mit seinem Tode wirksames – **Vermögensopfer** gebracht hat (heute noch etwa BeckOK/Litzenburger [1. 5. 2022] Rn 11; zur älteren Lit vgl MünchKomm/Musielak[9] Rn 19 m Fn 53), führt in den eigentlichen Zweifelsfällen nicht weiter.

56 Aus Gründen der Rechtsklarheit (die Frage, ob der geschenkte Gegenstand letztlich dem Beschenkten oder den Erben gebührt, muss nach möglichst einfachen und klaren Tatbestandsmerkmalen entschieden werden) ist es richtig, nach dem formalen Gesichtspunkt abzugrenzen, ob der **Beschenkte spätestens mit dem Tod des Schenkers die geschenkte Rechtsposition erlangt** hat (Eigentum, Inhaberschaft der Rechtsstellung, schuldrechtlichen Anspruch; das Anwartschaftsrecht steht nach allgemeinen Rechtsgrundsätzen dem Vollrecht gleich; vgl Staudinger/Boehmer[10/11] Einl Erbrecht § 26 Rn 13, 16; Wieacker 279; MünchKomm/Musielak[9] Rn 19; Erman/S Kappler/T Kappler[16] Rn 7; Grüneberg/Weidlich[81] Rn 10; Schreiber Jura 1995, 159, 161; Schlüter § 59 III 2; Olzen Jura 1987, 116, 119). Der Schenker muss alles getan haben, was von seiner Seite erforderlich ist, damit der Beschenkte den zugewendeten Gegenstand erwirbt (BGHZ 87, 19, 26 = NJW 1983, 1487 = FamRZ 1983, 476 = WM 1983, 411; Staudinger/Boehmer[10/11] Rn 19; Wieacker 279; Brox/Walker[28] § 43 Rn 5).

57 Doch genügt das dann noch nicht, wenn die Handlungen des Schenkers bei seinem Tod noch nicht zu einem endgültigen Ausscheiden des zugewendeten Gegenstandes aus seinem Vermögen geführt haben, wenn es vielmehr nur zu vorbereitenden Maßnahmen gekommen ist (RG LZ 1919, 692; JW 1917, 924, weiter Rötelmann NJW 1959, 661, nach dessen Meinung eine Schenkung immer vollzogen ist, wenn Erblasser oder Erbe nichts mehr veranlassen müssen, wenn sich das Rechtsgeschäft also „von selbst vollendet"; danach wäre die Schenkung auch in allen Fällen der Einschaltung eines Boten oder „Treuhänders" und der Vollmachtserteilung vollzogen).

b) §§ 130 Abs 2, 153

58 Nach **§ 130 Abs 2 BGB** wird eine Willenserklärung durch ihren Zugang wirksam, auch wenn der Erklärende inzwischen verstorben ist, nach § 153 BGB kann ein Vertragsangebot auch nach dem Tod des Anbietenden noch angenommen werden. Mit dem Zweck des § 2301 Abs 2 BGB wäre es nicht vereinbar, wenn der Schenker seine für den Vollzug der Schenkung erforderlichen Erklärungen bis zu seinem Tod zurückhalten und Vorkehrungen (durch Einschaltung eines Boten oder Bevollmächtigten) treffen könnte, dass sie dem Beschenkten nach seinem Tod zugehen (insoweit übereinstimmend mit Staudinger/Kanzleiter[12] und hM, vgl MünchKomm/Musielak[9] Rn 23).

59 Dies gilt aber nur bei einem absichtlichen Zurückhalten der Erklärung; stirbt der Schenker, solange seine Erklärung noch unterwegs ist, obwohl er sie dem Beschenkten zugehen lassen wollte, ohne dass er den Zugang absichtlich bis zu seinem Tod zurückgehalten hat, besteht kein Widerspruch zum Zweck des § 2301 Abs 2 BGB; in den Fällen, in denen der Schenker „zufällig" vor Zugang seiner Erklärung stirbt, können deshalb §§ 130 Abs 2, 153 BGB zugunsten des Beschenkten (und im Interes-

se des Schenkers an der Erfüllung seines Willens) angewendet werden (BGH FamRZ 2018, 854 [855] = ZEV 2018, 278 [280] m Anm Litzenburger; OLG Düsseldorf ZEV 1996, 423, 425; MünchKomm/Musielak[9] Rn 23 m zahlr Nachw in Fn 69; Schreiber Jura 1995, 159, 161; **aA** Staudinger/Kanzleiter[12]; Erman/S Kappler/T Kappler[16] Rn 7; Kipp/Coing § 81 II 1 c; Lange/Kuchinke § 33 III 1 b). Der schuldrechtliche Schenkungsvertrag selbst kann dagegen auch dann noch nach dem Tod des Schenkers zustande kommen, wenn der Schenker den Zugang seines Schenkungsversprechens bis zu seinem Tode absichtlich verhindert, wie es vor allem beim Vertrag zugunsten Dritter häufig ist (vgl dazu unten Rn 102 ff; **aA** MünchKomm/Musielak[9] Rn 23).

c) Grundstücke

60 Bei **Grundstücken** erlangt der Erwerber ein Anwartschaftsrecht, wenn die Auflassung erklärt und vom Erwerber der Antrag auf Umschreibung des Eigentums beim Grundbuchamt gestellt (BGHZ 106, 108; s dazu ausf Staudinger/Diehn [2020] § 925 Rn 121 ff) oder für den Erwerber eine Vormerkung im Grundbuch eingetragen wurde (BGHZ 83, 395; vgl Staudinger/Diehn [2020] § 925 Rn 123, sehr str); indem nur die wirksame Vormerkung das Anwartschaftsrecht begründet, ist die zweite Variante für § 2301 Abs 2 BGB ohne Bedeutung: da das Schenkungsversprechen des § 2301 Abs 1 S 1 BGB als Verfügung von Todes wegen zu behandeln ist, kann es selbst dann nicht Grundlage für die wirksame Eintragung einer Vormerkung sein, wenn es (ausnahmsweise) die erforderliche Form erfüllt, weil es an einem Anspruch fehlt, der durch Vormerkung gesichert werden könnte (vgl Liessem MittRhNotK 1988, 29, 31; BGHZ 12, 115; NK-BGB/Müssig[6] Rn 37; Einl 10 zu §§ 2274 ff).

61 Bei Grundstücken ist die Schenkung deshalb iSv § 2301 Abs 2 BGB vollzogen, wenn das Eigentum auf den Erwerber im Grundbuch umgeschrieben wurde oder wenn die Auflassung erklärt ist und der Erwerber den Umschreibungsantrag beim Grundbuchamt gestellt hat (NK-BGB/Müssig[6] Rn 37 mwN).

62 Das OLG Hamm (NJW-RR 2000, 1389) vertritt die Auffassung, das auf eine Grundstücksübereignung gerichtete Schenkungsversprechen von Todes wegen werde durch Eintragung einer Auflassungsvormerkung dann „vollzogen" iS von § 2301 BGB, wenn der Schenker sich zur Unterlassung einer anderweitigen lebzeitigen Verfügung über das Grundstück verpflichtet hat. Dem kann nicht gefolgt werden: Die Verpflichtung, nicht zu verfügen, hat nur schuldrechtlichen Charakter, sie verstärkt nicht die dingliche Rechtsposition des Beschenkten und die Eintragung der Vormerkung war unzulässig und damit unwirksam.

d) Bewegliche Sachen, Forderungen

63 Für den Vollzug der **Schenkung beweglicher Sachen** genügt sowohl die auflösend bedingte Übereignung (sie führt zum Übergang des Eigentums) als auch die aufschiebend bedingte Übereignung (durch sie erlangt der Beschenkte ein Anwartschaftsrecht). Es ist dabei bereits die Vereinbarung eines Besitzkonstituts als ausreichend anzusehen (HK/Hoeren Rn 29; **aA** Wacke AcP 201 [2001] 256).

64 Bei **Abtretung** und **Erlass von Forderungen** reicht auch die aufschiebend bedingte oder befristete Abtretung (BGH NJW-RR 1989, 1282; für den Erlassvertrag OLG Karlsruhe NJW-RR 1989, 367, 368). Der lebzeitige Vollzug scheitert nicht daran, dass der Erblasser es sich vorbehält, selbst noch Beträge abzuheben und für sich zu verwenden (BGH

FamRZ 1986, 982, 983). Vorbereitende Maßnahmen wie die **Übergabe an einen Boten**, der den Empfänger vor dem Erbfall nicht mehr erreicht, die **Erteilung eines Auftrags**, der bis zum Erbfall nicht zur Ausführung kommt, **einer Vollmacht**, die bis zum Erbfall nicht zum Abschluss des dinglichen Vollzugsgeschäfts führt, genügen nicht (BGHZ 87, 19 = NJW 1983, 1487; RGZ 98, 281; Kipp/Coing § 81 II 2 c; Palandt/Weidlich Rn 12; vgl ausführlich unten Rn 85 ff).

e) Gesellschaftsrecht

65 Nach BGHZ 191, 354 (= NZG 2012, 222 = DNotZ 2012, 713 = ZEV 2012, 167 m Anm von Reimann; s dazu auch Blaurock NZG 2012, 521; Strnad ZEV 2012, 394; Westermann ZIP 2012, 1007) ist die unentgeltliche Zuwendung einer durch den Abschluss eines Gesellschaftsvertrags entstehenden **Unterbeteiligung**, mit der dem Unterbeteiligten über eine schuldrechtliche Mitberechtigung an den Vermögensrechten des dem Hauptbeteiligten zustehenden Gesellschaftsanteils hinaus mitgliedschaftliche Rechte in der Unterbeteiligungsgesellschaft eingeräumt werden, mit dem Abschluss des Gesellschaftsvertrags vollzogen, weil wegen der mitgliedschaftlichen Rechte (die über die bloß schuldrechtlichen Ansprüche aufgrund der Unterbeteiligung hinausgehen) der Unterbeteiligte mit dem Gesellschaftsvertrag, zuzüglich aufschiebend bedingter Abtretung, eine unentziehbare Anwartschaft erlangt, die vor Eintritt der Bedingung (Tod des Schenkers) zum Vollrecht erstarkt. – Zweifelhaft war, ob die Schenkung unter Überlebensbedingung erfolgt war.

6. Vollzug spätestens mit Tod des Schenkers

66 Erforderlich ist Vollzug zu Lebzeiten, mindestens mit dem Tode des Schenkers; dass die Schenkung danach vollzogen wird (indem zB der Bote dem Beschenkten die geschenkten Wertpapiere übergibt; insoweit richtig: RGZ 83, 223 „Bonifatius-Fall"), genügt dagegen anders als bei der Schenkung unter Lebenden nach § 518 Abs 2 BGB nicht (und deshalb ist die Unterscheidung in Fällen des Vollzugs erst nach dem Tode wichtig, vgl Rn 22 ff).

67 War der Vollzug vom Schenker vor seinem Tode durch **Scheckbegebung** oder **Überweisungsauftrag** an die Bank veranlasst, wird er aber erst nach seinem Tode durch Einlösung des Schecks oder der Überweisungsgutschrift vollendet, so ist iSv § 2301 Abs 2 BGB von einer vollzogenen Schenkung auszugehen, wenn die Scheckbegebung oder Überweisung nur der Zahlungsvermittlung diente, sodass dem Erben in diesem Falle kein Widerrufsrecht zusteht (**anders** BGH NJW 1978, 2027 = LM § 518 Nr 11 = BB 1978, 781, der den Fall der Scheckbegebung nach den Grundsätzen einer Anweisung an die Bank mit – theoretischer – Widerrufsmöglichkeit des Erben löst; dem BGH zustimmend Johannsen WM 1979, 630, 634; den BGH kritisierend Bökelmann JR 1978, 445).

7. Zweifelsfälle des Vollzugs

68 Der **Vollzug der Schenkung ist insbesondere unter drei Gesichtspunkten problematisch**:

69 **a)** Durch Auslegung ist zu ermitteln, ob mit dem Schenkungsversprechen bereits die – aufschiebend bedingte – Erfüllung durch – **aufschiebend bedingte – Abtretung von Rechten oder** aufschiebend bedingten **Erlass einer Forderung** verbunden wurde.

b) Ebenfalls durch Auslegung ist zu ermitteln, ob ein **Vertrag zugunsten Dritter** 70
vorliegt, aufgrund dessen dem Beschenkten mit dem Tod des Schenkers die geschenkte Rechtsposition zufällt (da der Beschenkte den geschenkten Gegenstand nur behalten darf, wenn dies seinen Rechtsgrund im Valutaverhältnis zwischen Schenker und Beschenktem hat, muss zwischen ihnen ein wirksamer Schenkungsvertrag zustande kommen).

c) bei **Einschaltung eines Dritten** – Boten, Treuhänders oä – ist maßgebend, ob der 71
geschenkte Gegenstand bereits zu Lebzeiten des Schenkers aus dessen Vermögen unwiderruflich ausgeschieden ist.

Unter alleiniger Betonung des letzteren Gesichtspunktes unter c) hat vor allem die 72
frühere Rechtsprechung die aufschiebend bedingte Erfüllung oder das Vorliegen eines Vertrages zugunsten Dritter für den Vollzug der Schenkung unter Lebenden nicht als ausreichend angesehen, oft gar nicht geprüft. Bei Heranziehung älterer Rechtsprechung müssen deshalb diese beiden Gesichtspunkte zusätzlich beachtet werden.

8. Fallbeispiele aus der Rechtsprechung

Im Einzelnen hat die **Rechtsprechung in folgenden Fällen eine vollzogene Schenkung** 73
angenommen:

Bei einer Schenkung von **Wertpapieren**, obwohl nur die Mäntel, nicht auch die Zins- 74
scheine übergeben wurden und der Schenker sich den Zinsgenuss bis zu seinem Tod vorbehielt; bezüglich der Zinsen für die Zeit nach dem Tod des Schenkers wurde allerdings die Schenkung nicht als wirksam erachtet (RG LZ 1916, 1017); bei einem undatierten, als letztwillige Verfügung gedachten und der bedachten Person übergebenen Brief, wonach alle beim Empfänger deponierten **Wertpapiere und Gelder** jetzt Eigentum des Bedachten seien und auf dessen Konto gebucht werden sollten (KG OLGE 16, 50); bei einer Schenkung von Todes wegen, die durch **Abtretung des Herausgabeanspruchs** vollzogen wurde (RG BayZ 1909, 91).

Bei einer Schenkung **(Abtretung) eines Sparkassenguthabens** durch mündliche Erklä- 75
rung des Schenkungswillens und gleichzeitige Übergabe des Sparkassenbuches (hier bestehen am Vollzug der Schenkung keine Zweifel; RG Recht 1906 Nr 57; WarnR 1915 Nr 142); aber auch bei mündlicher Übertragung des Rechts auf ein Sparkassenguthaben oder Bankguthaben mit den Worten „wenn mir mal was passiert, ist für Dich gesorgt; sieh zu, dass Du das Buch bekommst" oder „das Konto ist ein Notgroschen für Dich; Du kannst jederzeit davon holen" (das Konto war in beiden Fällen von vornherein auf den Namen des Bedachten errichtet; RG JW 1907, 73; WarnR 1916 Nr 74). Weist jemand seine Bank an, nach seinem Tod ein Sparguthaben an einen Dritten auszuzahlen, so erlangt dieser im Todesfall einen Anspruch nur dann, wenn der Bankkunde es ihm durch Vertrag zugunsten Dritter zuwenden wollte und diese Rechtsfolge vom Vertragswillen der Bank umfasst war (BGH NJW 1984, 480). Räumt der Erblasser seiner Ehefrau durch Einrichtung eines sog Oder-Kontos Mitverfügungsbefugnis über den gesamten jeweiligen Kontostand ein, so liegt darin der Vollzug des Schenkungsversprechens von Todes wegen im Sinne des § 2301 Abs 2 BGB (durch aufschiebend bedingte Abtretung), wenn die Beteiligten den Willen

hatten, dass die Forderung im Zeitpunkt des Todes auf den Überlebenden als Alleinberechtigten übergehen soll (BGH FamRZ 1986, 982 = NJW-RR 1986, 1133 unter Hinweis darauf, dass für die aufschiebend bedingte Abtretung der beiderseitige Wille genügt, dass das Guthaben nach dem Tod des Erstversterbenden insgesamt auf den Überlebenden als Alleinberechtigten übergehen soll; OLG Bamberg ZEV 2019, 157; MünchKomm/Musielak[9] Rn 27; Erman/S Kappler/T Kappler[16] Rn 8).

76 Bei **aufschiebend bedingter Abtretung von Rechten** (BGHZ 8, 23, 31; BGH NJW 1978, 423); zB bei schenkungsweiser Abtretung eines Bankkontos auf den Zeitpunkt des Todes des Gläubigers (OLG Hamburg NJW 1963, 449; im konkreten Fall in Verbindung mit einer Bankvollmacht); bei aufschiebend bedingter Abtretung eines Sparguthabens (OLG Frankfurt MDR 1966, 503) oder eines Postsparguthabens (s aber zu § 23 Abs 4 S 3 PostG BGH NJW 1986, 2107, dazu unten Rn 81; vgl weiter KG NJW 1970, 332); bei Übertragung der Rechte des Versicherungsnehmers aus dem Versicherungsvertrag für den Fall seines Todes (Mohr VersR 1966, 702; OLG Hamm 19. 6. 2015 – 20 U 122/14, juris).

77 Beim **Erlass einer Schuld** unter Vorbehalt des Zinsgenusses auf die Lebenszeit des Schenkers, weil der schenkungsweise Schulderlass seine Vollziehung in sich trage (RGZ 53, 296; OLG Hamburg NJW 1961, 76); beim Erlass einer Darlehensschuld unter der Bedingung des Überlebens des Schuldners, da die Schenkung von Todes wegen unter derselben Bedingung vollzogen und der Formmangel durch den bedingten Vollzug geheilt sei (BGH NJW 1978, 423; RG WarnR 1921 Nr 95 = Recht 1921 Nr 2786); für die Abgrenzung von Schenkungsversprechen und Schenkungsvollzug kommt es nach RG WarnR 1921 Nr 95 (= Recht 1921 Nr 2756) darauf an, ob der Schenker eine bestimmte Gestaltung der Dinge nur verheißen will oder ob er schon etwas zu ihrem tatsächlichen Eintritt tut, worüber nur nach Lage des Einzelfalles zu entscheiden sei; in der Erklärung des Gläubigers gegenüber einem Darlehensschuldner, die geliehene Summe solle nach dem Tod des Gläubigers dem Schuldner gehören, hat das OLG Hamburg (OLGE 37, 264) nur ein Schenkungsversprechen gesehen, das allerdings vollzogen sei, wenn der Gläubiger dem Schuldner auch den Schuldschein mit dem Auftrag zur Vernichtung übergebe; da der Schulderlass formfrei und aufschiebend bedingt möglich ist, enthält schon die vom Gläubiger abgegebene und vom Schuldner angenommene Erklärung des aufschiebend bedingten Schulderlasses den Vollzug der Schenkung. Nach OLG Karlsruhe (NJW-RR 1989, 367, 368 m Aufsatz Winkler von Mohrenfels IPRax 1991, 237 zur internationalprivatrechtlichen Problematik des Falles) ist auch unschädlich, dass der Erblasser danach zu seinen Lebzeiten die Forderung noch teilweise einzieht; geschenkt ist der Forderungsbetrag zum Zeitpunkt seines Todes (vgl OLG Hamburg NJW 1961, 76). S auch OLG Stuttgart (NJW 1987, 782) zu einem auf den Tod des Schenkers befristeten Erlass einer Darlehensschuld als Schenkung unter Lebenden.

78 Derjenige, der ein Sparkonto auf eigenen Namen eröffnet, ist **Kontoinhaber**, unabhängig davon, von wem das Guthaben eingezahlt wird, also auch, wenn ein Dritter die Einzahlung leistet, wenn der Dritte Kontovollmacht erhält und wenn das Sparbuch bis zu dessen Tod in seinem Besitz bleibt; deshalb ist die Schenkung schon mit der Einzahlung auf dieses Konto (sowohl iSv § 518 Abs 2 BGB als auch iSv § 2301 Abs 2 BGB) vollzogen (BGH FamRZ 1994, 625). Dagegen ist es möglich – und häufig –, dass derjenige Gläubiger des Sparguthabens ist und bleibt, der das Konto auf den

Namen eines Dritten (etwa des Enkels) angelegt hat und auf dieses Konto Einzahlungen leistet.

9. Fälle nicht vollzogener Schenkungen aus der Rechtsprechung

Die Auffassung des RG (RGZ 98, 281), mit der Abrede, es solle jemandem nach dem 79
Tode des Eigentümers ein **bei einem Dritten hinterlegtes Vermögensstück** (Wertpapierdepot) ausgehändigt werden, sei die Schenkung nicht vollzogen und damit nicht wirksam, denn sonst könne jemand durch solche Rechtsgeschäfte „unter Beiseiteschiebung aller Sicherungsmaßnahmen der Verfügung von Todes wegen über sein gesamtes Vermögen für die Zeit nach dem Tod ohne jede Form Verfügungen treffen", ist überholt: Trifft der Schenker eine solche Vereinbarung mit dem Beschenkten, ist der Herausgabeanspruch (aufschiebend bedingt) wirksam abgetreten; trifft er sie mit dem Verwahrer, gelten die Regeln über den Vertrag zugunsten Dritter (s Rn 98 ff). Unter den Gesichtspunkten, ob die Schenkung entweder wegen aufschiebend bedingten Vollzugs oder Vertrags zugunsten Dritter wirksam ist, müssen auch die folgenden Fallgestaltungen neu überdacht werden, in denen die frühere Rechtsprechung angenommen hatte, dass die Schenkung nicht vollzogen sei.

Kein Vollzug der Schenkung wurde gefunden in der **Ermächtigung zur Abhebung** der 80
beim Tod des Schenkers vorhandenen, nicht näher bezeichneten **Wertpapiere** des Schenkers, die bei einer Bank verwahrt waren, und zur Einziehung eines nicht bestimmt begrenzten Guthabens bei dieser Bank (OLG Dresden OLGE 39, 229). Ebenso wurde entschieden bei der Schenkung eines nach dem Tod des Schenkers abzuhebenden Bankdepots, wenn sich der Schenker die Verfügung darüber vorbehielt, sodass das Depot aus seinem Nachlass nicht ausgeschieden war (KG OLGE 9 33), und bei der Übergabe eines **Sparkassenbuchs** an ein Kind mit dem Auftrag, es solle nach dem Tod des Vaters die Einlage abheben, die Begräbniskosten begleichen und den Rest mit zwei Geschwistern teilen (OLG Dresden SächsArch 1909, 491; im konkreten Fall ging das Gericht allerdings von einer Schenkung unter Lebenden aus). Generell kann in der Übergabe eines Sparbuchs allein kein Schenkungsvollzug gesehen werden, da es eine Forderung gegen die Bank verbrieft, so dass die Forderung abgetreten werden muss (OLG Karlsruhe FamRZ 2019, 1371 [1373] mwN).

Eine wegen Formmangels unwirksame Schenkung von Todes wegen erblickte das 81
RG in der Erklärung eines Großvaters, eine ihm **geschuldete Darlehenssumme** solle nach seinem Tod seine Enkelin bekommen, weil damit keine sofort wirksame Abtretung der Forderung an die Enkelin gewollt und erklärt sei (JW 1910, 938; hier wurde aufschiebend bedingter Vollzug also ausdrücklich abgelehnt: dies ist eine Frage der Auslegung der getroffenen Abmachungen); ebenso in der **Anlegung eines Sparkassenbuchs** durch den Großvater auf den Namen seines Enkels, weil der Großvater das Buch in Besitz behielt, wenn er auch glaubte, mit seinem Tod würde der Enkel das Forderungsrecht ohne Weiteres erwerben (RG LZ 1919, 972; **aA** vTuhr LZ 1918, 882; Matthiessen LZ 1919, 973). Im letzteren Fall liegt aber wohl ein wirksamer Vertrag zugunsten Dritter vor (vgl RGZ 106, 1; so mit Recht auch BGHZ 46, 198 = LM Nr 3 zu § 331 BGB m Anm Mormann; ebenso Finger JuS 1969, 309). BGH NJW 1986, 2107 lehnte den Vollzug der Schenkung durch einfache Abtretung einer Postsparbuchforderung unter dem Aspekt der Nichtigkeit (§ 125 BGB) des Erfüllungsgeschäftes ab, da die Form des damaligen § 23

Abs 4 Satz 3 PostG (Beurkundung durch Notar oder zuständige Postdienststelle) nicht erfüllt war (**aA** Wagner NJW 1987, 928).

82 In dem **Vermerk des Gläubigers auf einem Schuldschein** „Dieser Schein wird mit meinem Tod ungültig" hat das RG keine vollzogene Schenkung, sondern nur das Versprechen einer Leistung gesehen, das zu seiner Wirksamkeit der Form des § 518 BGB bedurft hätte (WarnR 1918 Nr 302).

83 Nicht vollzogen ist die Schenkung nach Auffassung des RG bei der **Übergabe von Wertpapieren an einen Boten zur Weitergabe** an einen Dritten, wenn der Bote sie dem Empfänger erst nach dem Tode des Schenkers übergibt; denn zu diesem Zeitpunkt komme es auf den Willen des Erben an, dieser habe aber den Willen zur Übereignung nicht gehabt (RGZ 83, 223 „Bonifatius-Fall"; **aA** Staudinger/Boehmer[10/11] Einl Erbrecht § 26 Rn 18; Wieacker 282 f; beim „Bonifatius-Fall" spricht alles dafür, dass die Schenkung unbedingt oder jedenfalls nur auf den Tod aufschiebend befristet war, sodass nach § 518 Abs 2 eine Heilung auch noch nach dem Tode möglich war, da eigentlich Begünstigter ein Verein war, der nicht vorversterben konnte). Ein Vertrag zugunsten Dritter kommt hier nicht in Frage (RGZ 106, 1). Dasselbe gilt – wiederum nach Auffassung des RG – wenn der Schenker einem Dritten den **Auftrag** erteilt, die geschenkten Gegenstände nach seinem Tode dem Beschenkten auszuhändigen (RG Recht Nr 169; ähnlich Ebbecke Recht 1916, 338; Spielmanns Recht 1924, 402; abweichend OLG Dresden SächsAnn 27, 440).

84 Die **Übergabe von Grundschuldbriefen mit Abtretungserklärungen an einen Beauftragten**, der sie nach dem Tod des Auftraggebers als Geschenk an einen Dritten aushändigen soll, wird als nicht vollzogene, wegen Formmangels nichtige Schenkung von Todes wegen angesehen, wenn sich der Auftraggeber die Verfügung und den Zinsgenuss vorbehält (OLG Rostock OLGE 37, 264; Vertrag zugunsten Dritter?). Die mündliche **Weisung eines Gläubigers** an seine Haushälterin, wenn er gestorben sei, dem Schuldner den Schuldschein zur Vernichtung auszuhändigen, hat das RG als Vermächtnis betrachtet und wegen Fehlens der Testamentsform für unwirksam erklärt (RGZ 42, 133; **aA** Wieacker 278 Fn 25).

VII. Vollzug durch postmortale Vollmacht oder Einschaltung eines Treuhänders

85 Die **Erteilung einer Vollmacht** an einen Dritten (oder auch – unter Befreiung von § 181 BGB – an den Beschenkten selbst), das **Rechtsgeschäft zur Erfüllung der Schenkung vorzunehmen**, ist nach hM noch nicht Vollzug iSv § 2301 Abs 2 BGB und das aufgrund der Vollmacht nach dem Tode des Schenkers vorgenommene Erfüllungsgeschäft kommt zu spät (vgl Rn 66 f, 86 ff; eine Schenkung unter Lebenden wird dadurch dagegen nach § 518 Abs 2 BGB geheilt). Dies gilt für die widerrufliche (BGH WM 1987, 895, 896; NJW 1988, 2731 = JZ 1988, 1079 = FamRZ 1988, 945 = WM 1988, 984; NJW 1995, 953; OLG Brandenburg ErbR 2019, 774 [778]), aber auch für die unwiderrufliche Vollmacht (BGHZ 87, 19 = NJW 1983, 1487 = FamRZ 1983, 476 = WM 1983, 411; Bork JZ 1988, 1059, 1060 f; dagegen Kuchinke FamRZ 1984, 109). Es gilt auch, wenn mit der Vollmacht zugleich die Ermächtigung verbunden ist, unter Befreiung von den Beschränkungen des § 181 BGB das Recht des Schenkers im eigenen Namen auszuüben (BGHZ 87, 19 = NJW 1983, 1487 = FamRZ 1983, 476 = WM 1983, 411). Das gilt auch für transmortale wie postmortale Vollmacht gleichermaßen (so auch Erman/S Kappler/T Kappler[16] Rn 7; NK-BGB/Müssig[6] Rn 52 f, 54 ff). Nur wenn der Versprechende zwischen Abgabe und Zu-

gang der Erklärung verstirbt, greifen §§ 130 Abs 2, 153 BGB (Rn 58 f; ERMAN/S KAPPLER/T KAPPLER[16] Rn 7).

86 Wie in Rn 85 dargelegt, führen weder die Erteilung einer Vollzugsvollmacht noch die Erfüllung durch den Bevollmächtigten nach dem Tod des Schenkers zum Vollzug nach § 2301 Abs 2 BGB. Dass die Erfüllung aufgrund post- oder transmortaler Vollmacht nach dem Tod des Schenkers diese Wirkung nicht hat, ist aber umstritten (**gegen die hM** KUCHINKE FamRZ 1984, 109 mit zahlr Nachw; REISCHL 252; TRAPP ZEV 1995, 314, 318; MünchKomm/MUSIELAK[9] Rn 28, der insbesondere auf die Rechtsunsicherheit hinweist, zu der die Differenzierung zwischen der Schenkung unter Überlebensbedingung und anderen Schenkungen führt; diese Differenzierung sieht § 2301 Abs 1 aber gerade vor).

87 Die Auffassung, die den Vollzug ablehnt, entspricht dem Wortlaut der Vorschrift („vollzieht der Schenker …"). Eine „großzügigere" Auffassung in diesem Punkt nähme § 2301 Abs 2 BGB seine letzte Bedeutung (die Bedeutung von § 2301 Abs 2 BGB ist vor allem dann gering, wenn man bei der Abgrenzung zwischen der durch das Überleben des Beschenkten bedingten Schenkung und anderen Schenkungen gegenüber der Rechtspraxis resigniert). Ließe man die Heilung durch den Bevollmächtigten nach dem Tode des Schenkers zu, hätte es der Bevollmächtigte in der Hand, durch Benutzung oder Nichtbenutzung der Vollmacht darüber zu entscheiden, ob ein Schenkungsversprechen des Erblassers nach § 2301 Abs 1 BGB als Verfügung von Todes wegen zu behandeln und dann in den meisten Fällen wegen Formmangels als unwirksam anzusehen ist oder ob es nach § 2301 Abs 2 BGB als vollzogene Schenkung unter Lebenden wirksam ist; das wäre auch mit dem Grundgedanken des § 2065 BGB nicht vereinbar (dieser Einwand wiegt beim Vertrag zugunsten Dritter weniger schwer, s unten Rn 104).

88 Nach einer Auffassung ist auch zwischen post- und transmortalen Vollmachten zu differenzieren: bei ersteren sei ein Vollzug nach dem Tod nicht möglich, bei letzterer schon (BeckOGK/GOMILLE [1. 8. 2021] Rn 62 f mwN). Es ist freilich schon nicht ganz klar, was mit der transmortalen Vollmacht genau gemeint ist: Sind es nur die Fälle, in denen der Schenker kurzfristig vor dem Zugang der schon abgegebenen Erklärung stirbt (§§ 130 Abs 2, 153 BGB, s Rn 58 f; in diese Richtung wohl BeckOK/LITZENBURGER [1. 5. 2022] Rn 14)? In einem solchen engen Ausnahmefall ist es gleich, ob der Schenker kurz vor seinem Tod die Erklärung selbst abgegeben hatte oder sein Vertreter. Oder sind auch alle Fälle erfasst, in denen der Schenker eine transmortale General- und Vorsorgevollmacht erteil hat? Wohl nicht. Dazwischen liegen Fälle, wie sie zB von GOMILLE (BeckOGK/GOMILLE [1. 8. 2021] Rn 62: Wenn Schenker den Vertreter bevollmächtigt, „alsbald" tätig zu werden, soll Vollzug auch dann vorliegen, wenn er tatsächlich erst nach dem Tod des Schenkers Handlungen vornimmt), aber auch anderen genannt sind (HK/HOEREN[11] Rn 37). Diese Differenzierungen sind nicht durchzuhalten und überzeugen nicht.

89 Aus der Sicht der Gestaltungspraxis führt deshalb nicht die Vollmacht allein, sondern nur (neben der Vollmacht) der Vertrag zugunsten Dritter mit dem Vollmachtsadressaten oder die aufschiebend bedingte Abtretung gegenüber dem begünstigten Bevollmächtigten zum Ziel; eine Frage der Auslegung ist, ob die Erteilung der Vollmacht gegenüber dem Versprechenden (meist der Bank) zum Abschluss eines Vertrages zugunsten Dritter führt (vgl etwa BGH NJW 1984, 480 = JZ 1984, 340 = DNotZ 1984, 692 = WM 1983, 1355) oder die Vollmachtserteilung gegenüber dem Begünstigten

eine (aufschiebend bedingte oder befristete) Abtretung enthält (vgl etwa BGH WM 1974, 450 f; FamRZ 1985, 693, 695 f; BORK JZ 1988, 1059, 1060).

90 Klarzustellen ist nochmals, dass bei der Schenkung unter Lebenden (und das ist nach § 2301 Abs 1 BGB jede, die nicht unter der Bedingung des Überlebens des Beschenkten steht) eine Heilung nach § 518 Abs 2 BGB nach dem Tode des Schenkers möglich ist und damit auch durch einen Bevollmächtigten (vgl oben Rn 28, 32 ff; diese wichtige Differenzierung wird zB bei den von BURANDT/ROJAHN/BURANDT[4] Rn 25 genannten Judikaten nicht ganz klar). Durch den Vollzug der Schenkung missbraucht der Bevollmächtigte seine Vollmacht nur bei Vorliegen besonderer Umstände: denn bei der Frage, ob ein Missbrauch der Vollmacht vorliegt, darf nicht einseitig auf die Interessen des Erben abgestellt werden; vielmehr sind auch die fortwirkenden Interessen des Erblassers zu berücksichtigen (BGH FamRZ 1985, 693, 695). Die Erteilung einer Vollmacht kann schließlich nach dem Willen der Beteiligten nicht nur das Erfüllungsgeschäft (Vertrag zugunsten Dritter oder aufschiebend bedingte Abtretung), sondern auch die Schenkung oder das Schenkungsangebot enthalten (vgl BGH FamRZ 1985, 693, 695 f).

91 Auch wenn die bewegliche Sache dem Beschenkten schon übergeben ist, führt die durch einen Bevollmächtigten nach dem Tode des Schenkers erklärte Einigung über den Eigentumsübergang nicht zur Heilung nach § 2301 Abs 2 BGB (wird dagegen die Einigung mit dem Schenker selbst, aufschiebend bedingt durch seinen Tod, erklärt, geht das Eigentum mit dem Tod und damit rechtzeitig über).

92 Noch größere Bedeutung hat die Fallgruppe, in der der Bevollmächtigte nach dem Tode Bankguthaben auf den Beschenkten übertragen soll. Ist die Schenkung iSv § 2301 Abs 1 BGB durch das Überleben des Beschenkten bedingt, führt die Erfüllung des Bevollmächtigten nach dem Tode des Schenkers nicht mehr zum Vollzug nach § 2301 Abs 2 BGB (dagegen führt Erfüllung durch den Bevollmächtigten vor dem Tod des Schenkers selbstverständlich zum Vollzug nach § 2301 Abs 2 BGB und damit zur Heilung nach § 518 Abs 2 BGB). Das Schenkungsversprechen bleibt unwirksam, wenn es nicht die Form einer Verfügung von Todes wegen wahrt (**aA** insbes KUCHINKE FamRZ 1984, 109).

93 Gleiches gilt grundsätzlich bei der **Einschaltung eines Treuhänders**. Jedoch ist auch hier die Einschränkung geboten, dass uU ein Vertrag zugunsten Dritter angenommen werden kann (s unten Rn 98 ff) oder – bei Einbeziehung des Beschenkten in die Vereinbarungen –, eine durch den Tod des Schenkers aufschiebend befristete (oder zusätzlich durch das Überleben des Beschenkten bedingte) Abtretung seines Anspruchs gegen den Treuhänder an den Beschenkten. Die Auffassung von BOEHMER (STAUDINGER/BOEHMER[10/11] Einl Erbrecht § 27 Rn 17), der Auftrag an einen Treuhänder, den zugewendeten Gegenstand nach dem Tod des Schenkers an den Beschenkten weiterzuleiten, sei unwiderruflich, sodass der Gegenstand schon mit der Übertragung endgültig aus dem Vermögen des Schenkers ausgesondert sei, wurde dagegen von der Rechtsprechung als Lösungsweg zu Recht nicht aufgegriffen.

94 Das RG (BayZ 1920, 29) hat einen Vertrag, durch den zur Sicherung künftiger Erbrechte eine **Hypothek an einen Treuhänder abgetreten** wurde mit der Abrede, dass sie beim Tod des Zedenten auf bestimmte Personen übertragen werden solle, nicht als vollzogene Schenkung von Todes wegen erachtet, wohl aber als wirksamen Vertrag zugunsten Dritter, weil die Zuwendungen durch das Vorableben derjenigen, an welche die Hypothek abgetreten werden sollte, nicht hinfällig werden, vielmehr das Kapital aus dem Vermögen des Zedenten sofort ausscheiden sollte. In einem anderen Fall hatte der Schenker einem Dritten als **Treuhänder den Anspruch auf Herausgabe der von ihm bei einer Bank hinterlegten Aktien abgetreten**, damit er sie dem Bedachten übermittle; dies geschah aber zu Lebzeiten des Schenkers nicht: Hier hat das RG die Frage des Vollzugs der Schenkung verneint, weil der Erfüllung die auf sie hinzielenden Handlungen des Schenkers nicht gleichstünden (JW 1917, 924). Nach der neueren Rechtsprechung wäre aber auch in diesem Fall wohl ein Vertrag zugunsten eines Dritten anzunehmen.

Das RG hat die Ausstellung einer Vollmacht, die dem Bevollmächtigten das Recht gibt, auch gegenüber den Erben des Vollmachtgebers über zwei Bankkonten des Erblassers zu verfügen, nur als vorbereitende Handlung zu einer späteren Schenkung post mortem betrachtet (LZ 1919, 692; zur Schenkung eines Sparguthabens von Todes wegen durch Vollmachtserteilung s BGH WM 1978, 895). Die Erteilung einer **Vollmacht über den Tod hinaus zu einer Schenkung post mortem** ist dagegen – auch unter Befreiung von den Beschränkungen des § 181 BGB – zulässig. Schenker sind dann die aufgrund für den Nachlass wirksamer Vollmacht vertretenen Erben. Da der Bevollmächtigte nach Auftragsrecht ihre Interessen wahrzunehmen hat, hat er die Schenkung regelmäßig zu unterlassen (anders liegt der Sachverhalt beim Vertrag zugunsten Dritter: hier geht das Schenkungsangebot vom Schenker selbst aus, vgl Rn 98 ff). **95**

VIII. Formmängel

Das nicht vollzogene Schenkungsversprechen unter der Bedingung, dass der Beschenkte den Schenker überlebt, ist demnach nur wirksam, wenn es in Erbvertragsform niedergelegt ist (zur Aufrechterhaltung als Testament s oben Rn 16, 33) oder sich der Versprechende ganz ausnahmsweise nach § 242 BGB nicht auf den Formmangel berufen kann, wenn der Sohn vertraglich, aber nicht in Form des Erbvertrags, seinem Vater gegenüber zu einer Leistung an dessen Lebensgefährtin, die ihn lange Jahre gepflegt hat, nach dem Tod des Vaters verpflichtet ist (s OLG Koblenz ErbR 2014, 282 mit Erörterung der Problematik durch Wall ErbR 2014, 250). **96**

Ist das nicht in Erbvertragsform gewährte Schenkungsversprechen über Grundbesitz (nach dem Tod des Erblassers) durch Auflassung und Eigentumsumschreibung vollzogen worden, so wird damit zwar der **Formmangel** nach § 313 BGB, aber nicht der nach §§ 2301 Abs 1, 2276 BGB nach § 313 S 2 BGB geheilt (RG WarnR 1911 Nr 12 = JW 1911, 37; **aA** RG BayZ 1910, 311; KG OLGE 4, 35). Der Erbvertrag unterliegt allein dessen Regeln, kann uU durch Anfechtung, Aufhebung oder Rücktritt rückgängig gemacht werden (§§ 2281, 2290, 2293 ff BGB). An die Stelle der Vorschriften über den Widerruf einer Schenkung (§§ 530 ff BGB) treten die über den Rücktritt vom Erbvertrag (§§ 2293 ff BGB). Grober Undank berechtigt danach nicht zum Widerruf nach § 530, kann aber die Anfechtung wegen Motivirrtums begründen (§ 2078 BGB; Planck/Greiff Rn 2; Reimann, in: Reimann/Bengel/J Mayer Rn 7; Lange/Kuchinke § 33 II 1 Fn 47). **97**

IX. Vollzug durch Vertrag zugunsten Dritter*

1. Vertrag nach § 331 als Rechtsgeschäft unter Lebenden

98 Aus §§ 331, 328 BGB ergibt sich, dass Verträge zugunsten eines Dritten so geschlossen werden können, dass dieser das Recht auf die Leistung mit dem Tod des Versprechensempfängers erwirbt, und zwar unmittelbar von dem Versprechenden, nicht aus dem Nachlass des Versprechensempfängers. Der Vertrag nach § 331 BGB ist daher, obwohl er den Erwerb vom Tod des Versprechensempfängers abhängig macht, keine Verfügung von Todes wegen, sondern ein **Rechtsgeschäft unter Lebenden** (allgM).

99 § 2301 BGB ist auf den Vertrag nach § 331 BGB nicht anwendbar, auch wenn dieser zum Zweck einer Schenkung des Versprechensempfängers an den Dritten abgeschlossen worden ist, wenn also das Valutaverhältnis Schenkung ist (BGHZ 66, 8 = DNotZ 1976, 555; WM 1976, 1130; NJW 2004, 767 [768] = FamRZ 2004, 450 [451]; FamRZ 2018, 854 [855]; OLG Köln FamRZ 1996, 380; OLG Saarbrücken, 2. 3. 2022 – 5 U 64/21, juris, Rn 18; Wieacker 283; **aA** Kipp/Coing § 81 IV 1; Staudinger/Boehmer[10/11] Einl Erbrecht § 27; Staudinger/Lehmann[10/11] Vorbem 14 zu § 1937; Brox/Walker[43] § 43 Rn 25-29 mwN; **aA** auch Walter NJW 1971, 2311, der § 2301 anwendet und die Auffassung vertritt, da die Schenkung vor dem Tode nicht vollzogen sei – der Anspruch des Begünstigten entsteht erst mit dem Tode – könne nur die durch Gewohnheitsrecht gerechtfertigte analoge Anwendung des § 2301 Abs 2 diese Rechtsmeinung stützen; ebenso nochmals Walter NJW 1972, 1356; für Lebensversicherungsverträge Reinicke NJW 1956, 1054; eine andere Konstruktion bietet Finger JuS 1969, 409; WM 1970, 374; NJW 1972, 497 an, der sachlich Anwendung des Erbrechts – die Nachfolge soll eintreten aufgrund einer Sondererbfolge nach dem Zuwendenden zugunsten des Begünstigten – unter Verzicht auf die erbrechtlichen Formvorschriften vorschlägt; mögen für diese Auffassung de lege ferenda durchaus Gesichtspunkte sprechen, so findet sie doch de lege lata im Gesetz keine ausreichende Grundlage).

---

* **Schrifttum**: Finger JuS 1969, 409; ders WM 1970, 374; ders NJW 1972, 497; ders, Vollmacht auf den Todesfall/über den Tod hinaus und Vertrag zugunsten Dritter auf den Todesfall, WM 1981, 9; ders, Der Vertrag zugunsten Dritter auf den Todesfall – eine Umfrage bei den deutschen Lebensversicherungsgesellschaften, VersR 1986, 508; Harder 122 ff; Henrich, Die Anknüpfung von Spar- und Depotverträgen zugunsten Dritter auf den Todesfall, in: FS Lorenz (1991) 379; Hinz JuS 1965, 299; Hoffmann AcP 158, 178; Johannsen Sonderheft 75 Jahre DNotZ 1977, 69; Kuchinke, Das versprochene Bankguthaben auf den Todesfall und die zur Erfüllung des Versprechens erteilte Verfügungsvollmacht über den Tod hinaus, FamRZ 1984, 109; Kümpel, Konto/Depot zugunsten Dritter auf den Todesfall und des Widerrufsrecht der Erben, zugl Bespr von OLG Celle WM 1993, 591, WM 1993, 825; Liessem, Das Verhältnis von Schenkung von Todes wegen und Vertrag zugunsten Dritter beim Erbrecht, MittRhNotK 1988, 29; Mohr VersR 1966, 702; Muscheler, Vertrag zugunsten Dritter auf den Todesfall und Erbenwiderruf, WM 1994, 921; Reinicke, Die unmittelbaren Schenkungen von Todes wegen (Diss Münster 1979); Schäfer, Konto und Depot zugunsten Dritter auf den Todesfall (Diss Köln 1983); Schebesta, Bankprobleme beim Tode eines Kunden (2. Aufl 1984); Schreiber, Unentgeltliche Zuwendungen auf den Todesfall, Jura 1995, 159; Wall, Das Valutaverhältnis des Vertrags zugunsten Dritter auf den Todesfall – ein Forderungsvermächtnis (2010); ders, Wider die herrschende Meinung: Forderungsvermächtnis statt Schenkung im Valutaverhältnis des Vertrags zugunsten Dritter auf den Todesfall, ZEV 2011, 3; Walter NJW 1971, 2311; ders NJW 1972, 1356.

100 Umgekehrt eröffnet § 331 BGB einen Weg, um durch Rechtsgeschäft unter Lebenden Zwecke zu erreichen, die gewöhnlich durch Verfügung von Todes wegen verfolgt werden (allg höchstrichterliche Rspr seit RGZ 106, 2; die Rspr nochmals gegen Gegenmeinungen, auch der Vorinstanz, verteidigend BGHZ 66, 9 = NJW 1976, 749; vgl auch BGHZ 8, 31; 41, 95; BGH NJW 1984, 480 = JZ 1984, 340 = DNotZ 1984, 692 = WM 1983, 1355; OLG Köln FamRZ 1996, 380). Hieraus ist aber nicht zu folgern, dass Verträge zugunsten Dritter, die eine Vermögensverschiebung für den Todesfall anstreben, in der Regel als Umgehungsgeschäfte nichtig seien (so STAUDINGER/BOEHMER[10/11] Einl Erbrecht § 27 Rn 5, enger STAUDINGER/LEHMANN[10/11] Vorbem 14 zu § 1937). Das Gesetz gibt auch keine Handhabe, um etwa die **Geltung des § 331 BGB** auf besondere Arten von Verträgen – insbesondere etwa Lebensversicherungsverträge – **zu beschränken** (so STAUDINGER/BOEHMER[10/11] Einl Erbrecht § 27 Rn 6; dagegen ausdrücklich KG OLGZ 1972, 1 = NJW 1971, 1808; WIEACKER 283).

101 Aufgrund des Vertrages zugunsten Dritter erwirbt der Beschenkte mit dem Tod des Schenkers zwar nicht dinglich das Eigentum an zugewendeten Sachen (kein dinglicher Vertrag zugunsten Dritter), aber einen schuldrechtlichen Anspruch, den der Versprechende ihm gegenüber zu erfüllen hat (hM; besonders deutlich BGHZ 41, 95 = NJW 1964, 1124, 1952 m **abl** Anm BÜSSELBERG = LM Nr 2 zu § 2301m zust Anm MATTERN). Im Verhältnis zum Beschenkten kann ein **Schenkungsvertrag** schon zu **Lebzeiten** des Schenkers zustande kommen (wenn sich Schenker und Beschenkter über die Schenkung mit oder ohne Überlebensbedingungen einig sind; vgl BGH NJW 1984, 480, 481 = JZ 1984, 340 = DNotZ 1984, 692 = WM 1983, 1355; OLG Köln FamRZ 1996, 380: für den Inhalt des Schenkungsvertrages kommt es allein auf die Vereinbarungen zwischen Schenker und Beschenktem an). Weiß der Beschenkte von der beabsichtigten Schenkung nichts (der Schenker hat nur mit dem Versprechenden den Vertrag zugunsten Dritter geschlossen und den Beschenkten nicht informiert) oder ist sonst zu Lebzeiten des Schenkers noch kein Schenkungsvertrag zustande gekommen, liegt im Vertrag zugunsten Dritter ein **Schenkungsangebot an den Beschenkten, das dieser nach dem Tod des Schenkers** – regelmäßig nach § 151 BGB oder stillschweigend durch Entgegennahme des Geschenks – **annehmen kann** (BGHZ 41, 95 = NJW 1964, 1124, 1952m **abl** Anm BÜSSELBERG = LM Nr 2 zu § 2301m zust Anm MATTERN; BGHZ 66, 9; BGH NJW 1975, 382; WM 1976, 1130; KG WM 1979, 928; OLGZ 1972, 1 = NJW 1971, 1808; BGH NJW 1984, 480 = JZ 1984, 340 = DNotZ 1984, 692; OLG Köln FamRZ 1996, 380; auch im Fall OLG Koblenz ErbR 2014, 282 läge hier kein Problem, s Rn 96).

102 Das Schenkungsangebot ist nicht formbedürftig, weil im Zeitpunkt seiner Annahme die versprochene Leistung bereits bewirkt ist (BGHZ 41, 95, 97 = NJW 1964, 1124, 1952 m **abl** Anm BÜSSELBERG = LM Nr 2 zu § 2301m zust Anm MATTERN; BGH LM Nr 2 zu § 331 = NJW 1965, 1931; BGHZ 46, 198, 203 f = NJW 1967, 101; BGH WM 1976, 1130; BGH NJW 1984, 480, 481 = JZ 1984, 340 = DNotZ 1984, 692; OLG Köln FamRZ 1996, 380).

103 Überträgt der Erblasser Vermögen durch einen vollzogenen Vertrag zugunsten Dritter (§§ 518 Abs 2, 2301 Abs 2) wirksam auf den begünstigten Dritten, unterliegen die auf diese Weise begründeten Rechtsbeziehungen nicht nur im Deckungs-, sondern auch im Valutaverhältnis den allgemeinen **Regeln für Rechtsgeschäfte unter Lebenden**, nicht aber dem Erbrecht. Das gilt sowohl für die rechtliche Einordnung der im Valutaverhältnis begründeten Rechtsbeziehung als auch für deren Anfechtung (BGH FamRZ 2004, 450 = DNotZ 2004, 472 = ZEV 2004, 118 mit Anm LEIPOLD; Fortführung von BGH NJW 1984, 480 = FamRZ 1984, 781).

2. Widerruf des Schenkungsangebots

104 Ist das Schenkungsangebot dem Begünstigten zum Zeitpunkt des Todes des Schenkers noch nicht zugegangen, so kann es der Erbe des Schenkers nach § 130 Abs 1 S 2 BGB widerrufen, mit der Folge, dass dem Verlangen des Dritten auf Leistung der Einwand unzulässiger Rechtsausübung entgegengehalten werden kann, weil er die geleistete Zuwendung aufgrund § 812 BGB wieder herausgeben müsste (so erstmals BGH WarnR 1974 Nr 234 = NJW 1975, 382 = JR 1975, 241 m Anm Bökelmann, wohl einer Anregung von Lange[1] § 31 III 4 c, folgend und – anders als dessen Vorschlag – die Widerrufsmöglichkeit generell zulassend; diese Rechtsprechung fortsetzend BGH WM 1976, 1130; abl Bühler NJW 1976, 1727, der einen unter Befreiung von § 181 wirksam zustande gekommenen Schenkungsvertrag annimmt; dagegen zu Recht Johannsen Sonderheft 75 Jahre DNotZ 1977, 85* Fn 57; gegen die generelle Widerruflichkeit bei der Schenkung ohne Überlebensbedingung Schmidt-Kessel, in: FS Schippel [1996] 317, 322).

105 Die **Widerrufsmöglichkeit** kann vom Schenker nur durch Verfügung von Todes wegen oder Beteiligung des Erben am Vertrag zugunsten Dritter ausgeschlossen werden (BGH WM 1976, 1130; OLG Celle WM 1988, 591, 592; OLG Celle WM 1993, 551 mit etwas anderer Konstruktion – nicht unwirksamer Verzicht auf das Widerrufsrecht, sondern schuldrechtliche Verpflichtung, nicht zu widerrufen, wobei jedoch ein trotzdem von den Erben erklärter Widerruf nicht rechtswidrig ist und deshalb nicht zu einem Schadensersatzanspruch führt; dagegen und **aA** Kümpel WM 1993, 825 unter Hinweis ua auch darauf, dass die Bank ein eigenes Interesse am Widerrufsverzicht des Versprechensempfängers mit Wirkung für die Erben hat; „Hilfskonstruktionen" wie ein Schenkungsvertrag, den der Schenker mit sich selbst vorbehaltlich Genehmigung durch den Beschenkten abschließt, führen nicht zum Ziel, sie sind jedenfalls als Umgehungsgeschäft unwirksam, Liessem MittRhNotK 1988, 29, 37 mNw; zur Praxis der Lebensversicherer, die – auch mit Rücksicht auf § 13 II ALB – einem eventuellen Widerrufsrecht kaum Bedeutung zumessen, s Finger VersR 1986, 508). Mag die Auffassung des BGH dogmatisch nicht unbezweifelbar sein und steht ihr das praktische Bedenken entgegen, dass die Wirksamkeit des Vollzugs der Schenkung von Zufälligkeiten und dem Verhalten eines Dritten – des Versprechenden – abhängt (darauf weist auch Johannsen Sonderheft 75 Jahre DNotZ 1977, 85* hin, ohne einen abweichenden Lösungsvorschlag vorzutragen), so bedeutet diese Lösung – Rechtswirksamkeit der Zuwendung ohne Form der Verfügung von Todes wegen, aber mit Widerrufsmöglichkeit durch den Erben, Ausschluss der Widerrufsmöglichkeit nur durch formgerechte Verfügung von Todes wegen oder Beteiligung des Erben – angesichts des unklaren Wortlauts des Gesetzes und der weiten Verbreitung solcher unentgeltlicher Verträge zugunsten Dritter von Todes wegen einen vertretbaren Kompromiss (vgl die Zusammenfassung bei Schreiber Jura 1995, 159, 162, der – mNw – von einer gewohnheitsrechtlichen Verfestigung der Rspr ausgeht).

106 Ein Widerruf des Erben ist nur wirksam, wenn er dem Beschenkten spätestens mit dem Schenkungsangebot zugeht; die Beweislast dafür trifft den Erben (BGH NJW 1984, 480, 481 = JZ 1984, 340 = DNotZ 1984, 692 = WM 1983, 1355; FamRZ 1985, 693; zu hohe Anforderungen an einen Vollmachtswiderruf durch den Erben stellt – in etwas anderem Zusammenhang – BGH WM 1995, 536, 537 = NJW 1995, 953 = ZEV 1995, 190 = JZ 1995, 1023; zur Pflichtlage der Bank bei Vorliegen einer postmortalen Vollmacht s BGHZ 127, 239, 244 = NJW 1995, 250 = ZEV 1995, 187m **abl** Anm Krampe; kritisch Schultz NJW 1995, 3345 und Leipold JZ 1996, 287, 297; s auch Schmidt-Kessel, in: FS Schippel [1996] 317, 324 f mNw).

Ein Widerruf ist insbesondere auch durch Verfügung von Todes wegen möglich, auch durch eine Verfügung, die allgemein erkennen lässt, dass der Erblasser sein Vermögen insgesamt den in der Verfügung begünstigten Personen zukommen lassen will (BGH FamRZ 2018, 854 mit Anm von KEIM = MittBayNot 2018, 462 m Anm FORSCHNER). 107

Ist **zu Lebzeiten des Schenkers schon ein Schenkungsvertrag, wenn auch nicht unter Beachtung der Form des § 518 BGB, zustande gekommen** – etwa durch Unterrichtung des Begünstigten von der Zuwendung durch den Vertrag zugunsten Dritter und deren Annahme – so wird dieses Schenkungsversprechen, soweit nicht formgerecht, durch den Erwerb des Anspruchs gegen den Versprechenden aufgrund des Vertrages zugunsten Dritter mit dem Tod des Schenkers geheilt; dem Erben steht ein Widerrufsrecht dann nicht zu. 108

3. Einzelfälle aus der Rechtsprechung

Seit der grundlegenden Entscheidung RGZ 106, 2 lässt die **Rechtsprechung** die Durchführung von Zuwendungen auf den Todesfall durch Vertrag zugunsten Dritter unter dessen allgemeinen Voraussetzungen uneingeschränkt zu: 109

Das formlose **Versprechen einer Bank gegenüber einem Kunden, nach seinem Tod einem Dritten eine bestimmte Geldsumme zu zahlen**, ist als wirksamer Vertrag zugunsten eines Dritten erachtet worden, weil das bürgerliche Recht nicht verbiete, durch Vertrag unter Lebenden zugunsten eines Dritten eine unentgeltliche Zuwendung auf den Todesfall zu machen (RGZ 88, 137). Einem Dritten kann dadurch ein Geldbetrag schenkweise zugewendet werden, dass der Schenker der Bank den Auftrag erteilt, diesen Betrag nach seinem Tode von seinem Konto zu überweisen oder auszuzahlen (BGH WarnR 1974 Nr 234 = NJW 1975, 382 = JR 1975, 241 m Anm BÖKELMANN). Allerdings erlangt der Begünstigte im Todesfall den Anspruch auf Auszahlung eines Sparguthabens (so im konkreten Fall) nur dann, wenn der Schenker es ihm zuwenden wollte und diese Rechtsfolge vom Vertragswillen der Bank umfasst war (BGH NJW 1984, 480 = JZ 1984, 340 = DNotZ 1984, 692 = WM 1983, 1355), wenn also ein Vertrag zugunsten Dritter zustande gekommen war. Dabei sind aber keine strengen Anforderungen zu stellen (BGH NJW 1984, 480; vgl BGH NJW 1975, 344 = LM § 328 BGB Nr 48). Da der Bank das Schicksal des Guthabens nach dem Tode des Kontoinhabers gleichgültig ist, kommt es auf den der Bank erkennbaren Willen des Kontoinhabers an. Ein Widerrufsvorbehalt für den Kontoinhaber steht der Annahme eines Vertrages zugunsten Dritter schon deshalb nicht entgegen, weil ihn das Gesetz in §§ 328 Abs 2, 332 BGB ausdrücklich vorsieht (BGH NJW 1984, 480, 481 = JZ 1984, 340 = DNotZ 1984, 692 = WM 1983, 1355; vgl BGHZ 46, 198, 202 = NJW 1967, 101; BGH WM 1976, 1130). 110

Der **Inhaber eines Wertpapierdepots** kann durch Vertrag **mit** der verwahrenden **Bank** auf den Zeitpunkt seines Todes den Anspruch eines Dritten auf Übereignung der Wertpapiere begründen (BGHZ 41, 95 = NJW 1964, 1124, 1952m **abl** Anm BÜSSELBERG = LM Nr 2 zu § 2301m zust Anm MATTERN; zust HINZ JuS 1965, 299; HARDER 143 ff; krit BÜSSELBERG in seiner Anm NJW 1964, 1952; BGH FamRZ 1985, 693; s auch vHIPPEL NJW 1966, 867; ähnlich schon RG Recht 1925 Nr 244, das einen Vertrag als wirksam ansah, in dem der Schenker einem Dritten ein unmittelbares Verfügungsrecht an 40 Aktien einräumte, sich selbst aber die Verfügung über das Depot auf Lebensdauer vorbehielt). Ein vom Erblasser mit einer Bank abgeschlossener **Treuhandvertrag** mit der Anweisung an die Bank, nach dem Tod des Erblassers des- 111 sen Wertpapiere zu verkaufen und den Erlös an einen Begünstigten zu zahlen, bedarf auch dann nicht der Form des § 2301 BGB, wenn es sich um eine schenkungsweise Zuwendung handelt (BGH WM 1976, 1130).

112 Zur **Zuwendung eines Sparguthabens durch Vertrag zugunsten Dritter** ist grundlegend die Entscheidung des RG (RGZ 106, 1): Die formlose Vereinbarung des Inhabers eines Sparguthabens mit der Sparkasse, dass nach seinem Tod einem Dritten ein unmittelbarer Anspruch gegen die Sparkasse auf Auszahlung des Guthabens zustehe, sei wirksam, weil bei Verträgen zugunsten Dritter für die Frage einer etwa in Betracht kommenden Formvorschrift immer nur das Verhältnis zwischen dem Versprechenden und dem Versprechensempfänger von Bedeutung sei; eine unzulässige Umgehung der Formvorschriften für letztwillige Verfügungen komme nicht in Frage, weil das Gesetz selbst in § 331 BGB ein zulässiges Mittel an die Hand gebe, um die für letztwillige Verfügungen gegebenen Formvorschriften zu ersparen (im gleichen Sinne BGHZ 46, 199 = NJW 1967, 101 = LM Nr 3 zu § 331m zust Anm Mormann; BGHZ 66, 9 = NJW 1976, 749; BGH NJW 1984, 480 = JZ 1984, 340 = DNotZ 1984, 692 = WM 1983, 1355; OLG Frankfurt BlfGenossW 1971, 343; KG WM 1979, 928; OLG Köln FamRZ 1996, 380). Erhält der Schenker nach Abschluss des Vertrages zugunsten Dritter einen Betreuer und zahlt der Betreuer nun auf das Sparkonto ein, liegt in diesen Einzahlungen regelmäßig kein Schenkungsangebot an den begünstigten Dritten (KG WM 1979, 928; zur Frage, ob das auf den Namen des Beschenkten angelegte Sparguthaben diesem sofort oder erst mit dem Tode des Schenkers zufallen soll s BGHZ 46, 199 = NJW 1967, 101 = LM Nr 3 zu § 331m zust Anm Mormann; BGH WarnR 1970 Nr 114 = NJW 1970, 1181; KG MDR 1956, 105; vgl auch [Übergabe des Sparbuchs] BGH NJW-RR 1989, 1282; OLG Koblenz MDR 1995, 812; OLG Köln NJW-RR 1995, 1224).

113 Die gleichen Grundsätze gelten für die **Zuwendung anderer Guthaben**, zB aufgrund von Bausparverträgen. Wird in einem Bausparvertrag für den Todesfall ein Dritter unentgeltlich begünstigt, so bedeutet diese Vereinbarung mit der Bausparkasse – falls nicht im Einzelfall anders auszulegen – eine unentgeltliche Zuwendung des Bausparguthabens auf den Todesfall (BGH WarnR 1965 Nr 154 = NJW 1965, 1913: geschenkt sind im Zweifel auch die später vertragsgemäß geleisteten Sparraten); im konkreten Fall hatte der Schenker die Zuwendungsbestimmung im Vertrag mit der Bausparkasse vor der Eheschließung und der Geburt von Kindern getroffen und anscheinend vergessen; die Vorinstanz wollte deshalb keine unentgeltliche, sondern nur eine entgeltliche Zuwendung annehmen; vHippel NJW 1966, 867 will mit analoger Anwendung des § 2079 BGB helfen; dieser Fall zeigt, wie außerordentlich problematisch die weitgehende Anerkennung von Schenkungen auf den Todesfall ist, die tatsächlich erst nach dem Tode vollzogen werden; im konkreten Fall war den Erben nach der Rechtsprechung des BGH durch das Recht zum Widerruf der Begünstigungsklausel, falls der Widerruf nicht rechtzeitig erfolgte, über die Auslegung oder die Rechtsgrundsätze über den Wegfall der Geschäftsgrundlage zu helfen (BGHZ 128, 125 = NJW 1995, 1082 = FamRZ 1995, 229).

114 Von besonderer Bedeutung, rechtlich ohne abweichende Problematik, ist die **Zuwendung der Versicherungssumme aus Lebensversicherungsverträgen** auf den Todesfall (s dazu Mohr VersR 1966, 702; OLG Hamm, 19. 6. 2015 – 20 U 122/14, juris). Wie alle Schenkungen auf den Todesfall, die im Umkehrschluss zu § 2301 Abs 1 BGB oder nach § 2301 Abs 2 BGB als Rechtsgeschäfte unter Lebenden zu behandeln sind, erwirbt der Begünstigte den Anspruch auf die Lebensversicherungssumme im Todesfall un-

mittelbar, nicht über den Nachlass (vgl BGH ZEV 1996, 27 m Anm Klingelhöffer = MDR 1995, 1232 = JZ 1996, 203 m Anm Gernhuber; BayObLG ZEV 1995, 193; OLG Schleswig ZEV 1995, 415; nach BayObLG ZEV 1995, 193 soll das – und diese Auffassung ist abzulehnen – auch dann gelten, wenn „die Erben" bezugsberechtigt sind; in den Nachlass fällt das Bezugsrecht jedenfalls dann, wenn kein Bezugsberechtigter für den Todesfall bestimmt ist).

Als geschenkt (iSv § 2287, §§ 2325 ff BGB, § 134 InsO, § 4 AnfG) sieht der BGH bei widerruflichem Bezugsrecht in BGHZ 185, 252 (entschieden für die Pflichtteilsergänzung nach § 2325 BGB) den Wert an, den der Verstorbene in der letzten – juristischen – Sekunde seines Lebens noch hätte realisieren können, dh regelmäßig den Rückkaufswert zu diesem Zeitpunkt (unter Aufgabe seiner früheren Auffassung – Summe der gezahlten Prämien – und Ablehnung der verbreiteten Auffassung, zugewendet sei die Versicherungssumme). Bei einem unwiderruflichen Bezugsrecht würde das konsequent zur Schenkung des Rückkaufswerts bei Einräumung des unwiderruflichen Bezugsrechts, zuzüglich der durch die späteren Prämienzahlungen des Verstorbenen eintretenden Erhöhungen des Rückkaufswerts bis zur juristischen Sekunde vor seinem Tod führen (s Grüneberg/Weidlich[81] § 2325 Rn 13; Herrler ZEV 2010, 333; eingehend Staudinger/Herzog [2021] § 2325 Rn 127 ff). **115**

Gleiches gilt schließlich auch für die **Zuwendungen an weichende Erben in Übergabeverträgen**, insbesondere über landwirtschaftliche Anwesen. **116**

X. Nachfolgeregelungen in Gesellschaftsverträgen

Alle üblichen Gestaltungen von **Nachfolgeregelungen in Gesellschaftsverträgen** fallen regelmäßig **nicht** unter § 2301 BGB, auch wenn der Anteil des verstorbenen Gesellschafters unentgeltlich an die anderen Gesellschafter oder Dritte fällt, weil die Nachfolgeregelungen in aller Regel im Gesamtzusammenhang des Gesellschaftsvertrags getroffen und damit entgeltlich, nicht unentgeltlich eingeräumt sind (zurückhaltend noch BGH LM Nr 1 zu § 2301: jedenfalls liege keine Schenkung auf den Todesfall vor, wenn der Anteil den Erben des Verstorbenen zu vergüten ist; vgl allg BGH WM 1971, 1338 = JuS 1972, 157; BeckOGK/Gomille [1. 8. 2021] 21). Gilt eine Nachfolgeregelung über das entschädigungslose Ausscheiden im Todesfall für alle Gesellschafter, so ist ihre Einräumung schon aufgrund der Gegenseitigkeit entgeltliches Rechtsgeschäft (BGH WM 1966, 367). Dies gilt aber auch in anderen Fällen von Regelungen über das entschädigungslose Ausscheiden eines Gesellschafters regelmäßig. Es kommt nicht auf das objektive Wertverhältnis der beiderseitigen Leistungen an, sondern auf die subjektive Bewertung durch die Vertragschließenden (BGH WM 1966, 249). **117**

Gilt die Regelung über das entschädigungslose Ausscheiden der Erben nur für einen Gesellschafter, so ist sie meist nicht bedingt durch das Überleben anderer, sondern unbedingt (oder unter anderen Bedingungen) getroffen. Es bleiben nur seltene Fallgestaltungen übrig, in denen eine Nachfolgeregelung als Schenkung unter der Bedingung des Überlebens des Beschenkten anzusehen ist, zB die bei einer zweigliedrigen nur vermögensverwaltenden GbR vereinbarte Anwachsung beim überlebenden Gesellschafter ohne Abfindung (BGH FamRZ 2020, 1411 = MittBayNot 2021, 46 m zust Anm Goslich = ZEV 2020, 420 m zust Anm Hölscher). Dann gilt zwar § 2301 BGB, die Nachfolgeregelung enthält dann aber regelmäßig den aufschiebend bedingten Vollzug der Schenkung (BGH FamRZ 2020, 1411 [1413] = MittBayNot 2021, 46 [49] = ZEV 2020, 420 [422]). **118**

119 Auch wenn der nachfolgeberechtigte Dritte am Gesellschaftsvertrag nicht beteiligt ist, handelt es sich nicht um einen Vertrag zugunsten Dritter, weil mit der Gesellschafterstellung nicht nur Rechte, sondern auch Pflichten verbunden sind (BGHZ 68, 230 = NJW 1977, 1339; MünchKomm/Musielak[9] Rn 44 mwN).

XI. Umdeutung fehlgegangener Verfügung von Todes wegen in Rechtsgeschäft unter Lebenden

120 Das im Verhältnis zur Frage, inwieweit eine zum Zeitpunkt des Todes noch nicht vollzogene Schenkung Verfügung von Todes wegen oder als solche aufrechtzuerhalten ist, umgekehrte Problem ist das der **Aufrechterhaltung eines fehlgegangenen Vermächtnisses als Rechtsgeschäft unter Lebenden**. Während BGH NJW 1978, 423 die Umdeutung zulässt, vertritt Tiedtke NJW 1978, 2572 die Auffassung, eine solche Umdeutung scheitere an den objektiven Voraussetzungen des § 140 BGB, weil die Rechtsfolgen der Zuwendung unter Lebenden über die einer (auch erbvertragsmäßigen) Vermächtnisanordnung hinausgingen. Den §§ 2271 Abs 1, 2289 Abs 1 BGB entnimmt Tiedtke außerdem ein Umdeutungsverbot bei Verfügungen von Todes wegen im Widerspruch zur Bindung aufgrund Erbvertrag oder gemeinschaftlichem Testament (s dazu § 2289 Rn 50). Im konkreten Fall bestand allerdings Anlass zu der Prüfung, ob die getroffene Vereinbarung – trotz ihrer Bezeichnung als Erbvertrag – nicht erst aufgrund Umdeutung, sondern schon aufgrund Auslegung als Zuwendung unter Lebenden anzusehen war (so war die Vereinbarung vom LG ausgelegt worden; an die Auslegung als Verfügung von Todes wegen durch das OLG sah sich der BGH gebunden).

XII. Lex ferenda

121 Die Abgrenzung des § 2301 Abs 1 BGB zwischen Schenkungen unter Lebenden und Zuwendungen von Todes wegen wird von vielen als nicht sachgerecht kritisiert (vgl Rn 3). In der Tat wäre diese Abgrenzung de lege ferenda neu zu überdenken. Das geltende Recht trifft aber in § 2301 Abs 1 BGB eine klare und lückenlose Entscheidung, die eine andere Abgrenzung und eine entsprechende Anwendung des § 2301 Abs 1 BGB (abgesehen von der geringfügigen Ergänzung in Rn 11) auf Fallgruppen außerhalb der Schenkung unter der Bedingung des Überlebens des Beschenkten nicht zulässt. Die dafür vorgetragenen Gesichtspunkte (Olzen Jura 1987, 16, 20 ff; auf etwas anderem Weg Kuchinke FamRZ 1984, 109, 111, 112 f) sind de lege ferenda bedenkenswert, aber rechtfertigen de lege lata eine Korrektur der vom Gesetz getroffenen Entscheidung nicht.

§ 2302
Unbeschränkbare Testierfreiheit

Ein Vertrag, durch den sich jemand verpflichtet, eine Verfügung von Todes wegen zu errichten oder nicht zu errichten, aufzuheben oder nicht aufzuheben, ist nichtig.

Materialien: E I § 1754; E II § 2168 rev § 2276; E III § 2275; Mot V 8; Prot V 462; Jakobs/Schubert ER II 1814–1817; Horn 1167 f.

Schrifttum

BÄSSLER, Familiengerichtliche (Scheidungs-/Scheidungsfolgen-)Vergleiche und § 2302 BGB ZErb 2017, 245
BATTES, Der erbrechtliche Verpflichtungsvertrag im System des Deutschen Zivilrechts – Ziele, Dogmatik und praktische Auswirkungen des § 2302 BGB, AcP 178, 337
BATTES, Gemeinschaftliches Testament und Erbvertrag, 1974, insb S 66 ff
KREBBER, Die Sicherung erbrechtlicher Erwerbsaussichten im Lichte erbrechtlicher Prinzipien, AcP 204 (2004) 149
IVO, Die Vererbung von GmbH-Geschäftsanteilen, ZEV 2006, 252
NORDMEIER, Erbverträge und nachlassbezogene Rechtsgeschäfte in der EuErbVO – eine Begriffsklärung, ZEV 2013, 117
STÜRZEBECHER, Zur Anwendbarkeit der §§ 320 ff BGB auf den entgeltlichen Erbvertrag, NJW 1988, 2717
T KAPPLER, Testierfreiheit und Testierfähigkeit, NotBZ 2019, 161
VAN VENROOY, Internationalrechtliche Bemerkungen zu § 2302 BGB, JZ 1985, 609.

Systematische Übersicht

Alphabetische Übersicht

I. Allgemeines

1 Während im gemeinen Recht die Ansichten über die Gültigkeit von Verträgen geteilt waren, durch die sich jemand verpflichtet, in einer bestimmten Weise zu testieren (s Windscheid/Kipp § 529 N 4, § 564 N 4, 5), schloss sich das BGB – in Übereinstimmung mit dem römischen Recht, das solche Verträge als unsittlich ansah (D 45.1.61) – der Auffassung an, die solche Verträge verwirft.

2 Die in § 2302 BGB angeordnete Unwirksamkeit der Verpflichtung zur Errichtung oder Nichterrichtung einer Verfügung von Todes wegen enthält keine Ausnahme von § 137 S 2 BGB, weil § 137 S 1 BGB nur Verfügungen unter Lebenden im Auge hat (**aM** Staudinger/Herzfelder[9]; Staudinger/Kohler [2021] § 137 Rn 45; Mot V 8 = Horn § 2253 Rn 8). Verboten ist nur die schuldrechtliche Verpflichtung, nicht die erbrechtliche Bindung, die ja beim Erbvertrag (§ 2289 Abs 1 S 2 BGB) und beim gemeinschaftlichen Testament für bestimmte Verfügungen ausdrücklich zugelassen ist (bei diesem freilich nur für wechselbezügliche Verfügungen und nur für den Fall, dass diese durch den Tod des anderen Ehegatten – oder Lebenspartners – unwiderruflich geworden sind: § 2271 Abs 2 S 1 BGB). Erlaubt ist auch die Verpflichtung, zu Lebzeiten über einen bestimmten Gegenstand nicht zu verfügen (§ 2286 Rn 31; **aA** Krebber, AcP 204 [2004] 149, 166 ff).

3 Die Vorschrift dient dem Schutz der Testierfreiheit und ist haftungsträchtig, da häufig unbekannt (vgl OLG Zweibrücken FamRZ 2015, 614; Bässler ZErb 2017, 245; unzutreffende Formulierungsvorschläge zB bei Langner/Heydel, GmbHR 2005, 377, 380). Die Testierfreiheit ist weiter dadurch gesichert, dass die rechtswidrige Einwirkung auf den Erblasser wegen der Errichtung, Aufrechterhaltung oder Aufhebung einer Verfügung von Todes wegen die Erbunwürdigkeit des Täters zur Folge hat (§ 2339 Abs 1 Nr 1–3 BGB). Die in § 2302 zum Ausdruck kommende Regelung dürfte aber nicht verfassungsrechtlich zwingend sein, also geändert werden können (so Dittrich ZEV 2013, 14, 15).

II. Geltungsbereich

1. Jeder Vertrag

4 Unwirksam ist jeder Vertrag, der eine Verpflichtung enthält, in bestimmter Weise zu testieren oder nicht zu testieren und deshalb selbstverständlich auch die Verpflichtung, eine Verfügung von Todes wegen nicht zu ändern (OLG Stuttgart NJW 1989, 2700). Dazu zählt auch eine Regelung im Rahmen eines Prozessvergleichs (OLG Zweibrücken FamRZ 2015, 614; BeckOGK/Müller-Engels [1. 7. 2021] Rn 4).

5 Welchen Inhalt eine Verpflichtung hat, in bestimmter Weise zu testieren, ist gleichgültig. Unwirksam ist etwa die Verpflichtung, jemanden mit einem Vermächtnis zu bedenken (OLG Hamm ErbR 2020, 504, 508), ferner auch die **Verpflichtung zur Entziehung des Pflichtteils** (§ 2336 BGB), die wohl auch nach § 138 BGB wegen Verstoßes gegen die guten Sitten nichtig wäre (Mot V 447; Schiffner, Pflichtteil, Erbenausgleichung und die sonstigen gesetzlichen Vermächtnisse 74).

6 Eine Verpflichtung dann zuzulassen, wenn sie gleichzeitig durch einen Erbvertrag erfüllt wird (Stöcker WM 1980, 487; Stürzebecher NJW 1988, 2717, 2719), weil dann die ratio

legis des § 2302 BGB – Schutz der Testierfreiheit – nicht zutreffe, ist kaum sinnvoll (damit soll die Anwendung der §§ 320 ff BGB auf den „entgeltlichen Erbvertrag" begründet werden – s Stürzebecher NJW 1988, 2719 –, die aber, falls zutreffend, auch ohne diese Konstruktion begründet werden kann) und widerspricht dem gesetzlichen Bild vom Erbvertrag (vgl Einl 3 ff zu §§ 2274 ff).

In einem Erbvertrag kann der Erblasser auch nicht auf das **Recht zur Aufhebung** des Vertrags (§§ 2290–2292 BGB) und auf das **gesetzliche Rücktrittsrecht** nach §§ 2294 f BGB verzichten (BGB-RGRK/Kregel Anm 2; BGH NJW 1959, 625; s § 2294 Rn 9). Dies gilt auch dann, wenn der Erbvertrag mit einem anderen Vertrag – etwa einem Ehe- oder Übergabevertrag – verbunden ist (zur – grundsätzlichen – Unabhängigkeit von Ehe- und Erbvertrag beim Rücktritt vom Erbvertrag s BGHZ 29, 129, 130 = NJW 1959, 625; Ehe- und Erbverträge werden seit der Reform der Notargebühren durch das GNotKG ohnehin kaum noch in einer Urkunde verbunden, weil das frühere Gebührenprivileg entfallen ist). 7

Praktisch bedeutsam sind auch gesellschaftsvertragliche Nachfolgeklauseln. Namentlich sind Formulierungen zu vermeiden, die eine Verpflichtung von Gesellschaftern enthalten können, hinsichtlich ihrer Geschäftsanteile in bestimmter Weise zu verfügen (Ivo ZEV 2006, 252, 253; BeckOGK/Müller-Engels [1. 7. 2021] Rn 5; unzutreffend daher Langner/Heydel, GmbHR 2005, 377, 380). 8

2. Einseitige „Verpflichtung"; Verbot der Selbstbeschränkung

§ 2302 BGB trifft zwar nur **vertragliche Verpflichtungen**. Das bedeutet aber nicht, dass eine einseitige Verpflichtung wirksam eingegangen werden könnte. Denn abgesehen davon, dass § 2302 BGB auf eine einseitige Verpflichtung entsprechend anzuwenden wäre (s BayObLG FamRZ 2001, 771 = Rpfleger 2001, 181), ist eine **einseitige Verpflichtung** des Erblassers zur Errichtung, Aufrechterhaltung oder Aufhebung einer Verfügung von Todes wegen schon deshalb erst recht nichtig, weil das BGB die einseitige Übernahme von Verpflichtungen, von gewissen, hier nicht in Betracht kommenden Ausnahmen abgesehen, nicht kennt (§ 311 BGB). Daher kann sich der Erblasser auch nicht in seiner Verfügung von Todes wegen einseitig selbst beschränken, indem er sich eine besondere Form für den Widerruf, die Aufhebung oder Änderung seiner Verfügungen vorschreibt (sog derogatorische Klausel; Mot V 8 = Horn § 2253 Rn 9; OLG Schleswig FamRZ 2016, 78, 79). 9

3. Nicht: Verpflichtung zur Ausschlagung

Die **Verpflichtung, eine Erbschaft auszuschlagen, fällt nicht unter § 2302 BGB** (Grüneberg/Weidlich[81] Rn 4; Erman/S Kappler/T Kappler[16] Rn 2; Reimann, in: Reimann/Bengel/Dietz[7] Rn 5; **aA** Erman/Hense[7] Rn 1). Wenn sie zu Lebzeiten des Erblassers in einem Vertrag mit diesem übernommen wird, so kann sie in einen Erbverzicht umgedeutet werden (§§ 2346, 2352 BGB), bedarf aber dann der Form des § 2348 BGB (vgl Grüneberg/Weidlich[81] Rn 1; Weidlich ZEV 2007, 463, 465; Damrau, Der Erbverzicht als Mittel zweckmäßiger Vorsorge auf den Todesfall, 27). Wird sie zu Lebzeiten des Erblassers gegenüber einem Dritten übernommen, so ist § 311b Abs 4, 5 BGB anzuwenden. 10

4. Bedingung und Auflage

11 Eine (durch die Errichtung einer bestimmten Verfügung von Todes wegen des Bedachten) **bedingte Zuwendung** bedeutet eine Zuwendung unter Einschränkungen und steht deshalb zu § 2302 nicht in Widerspruch, unabhängig davon, ob die Bedingung eine auflösende oder eine aufschiebende ist (ganz hM; s etwa Brox, in: FS Bartholomeyczik S 41; BGH WarnR 1971 Nr 204 = MDR 1972, 36; OLG Hamm ErbR 2020, 504, 508; der BGH stellt mwNw fest, dass dies ausnahmsweise anders sein könnte, wenn die Anordnung der Bedingung im Einzelfall eine Umgehung des § 2302 bedeuten und damit nach § 134 zur Unwirksamkeit führen würde, eine solche Fallgestaltung ist aber kaum denkbar; Bamberger/Roth/Litzenburger Rn 2 und BeckOGK/Müller-Engels [1. 7. 2021] Rn 15 weisen zu Recht aber auf die evtl Anwendung von § 138 hin).

12 Die **Auflage**, in einer Verfügung von Todes wegen **an den Bedachten in bestimmter Weise zu testieren**, würde zu einer Verpflichtung für den Bedachten führen und ist deshalb nach hM demgegenüber unwirksam (BayObLGZ 1958, 225, 230; OLG Hamm NJW 1974, 60; OLG Schleswig ZEV 2015, 471; MünchKomm/Musielak[9] Rn 3; NK-BGB/Müssig[6] Rn 5; Reimann, in: Reimann/Bengel/J Mayer Rn 7; Grüneberg/Weidlich Rn 3; T Kappler NotBZ 2019, 161, 165). Richtigerweise sollten Auflagen aber in gleicher Weise wie Bedingungen aufgefasst und behandelt werden. Dass dies nicht geschieht, führt im Ergebnis aber zu keinen praktischen Unterschieden, weil die Auflage auf jeden Fall in eine Bedingung oder die Anordnung einer Nacherbfolge (oder eines Nachvermächtnisses) umzudeuten sein wird (s dazu unten Rn 22 ff).

5. Verpflichtungen im Hinblick auf Verfügungen von Todes wegen; Auslegung

13 § 2302 BGB trifft nur **Verpflichtungen im Hinblick auf Verfügungen von Todes wegen**, nicht im Hinblick auf Rechtsgeschäfte unter Lebenden, auch nicht solche auf den Todesfall (soweit nicht § 2301 Abs 1 BGB eingreift). Zur Umdeutung in ein Rechtsgeschäft unter Lebenden bzw die Verpflichtung hierzu (s dazu auch unten Rn 14 ff zur Auslegung und Rn 22 ff zur Umdeutung) vgl § 2301 Rn 120.

14 Eine Umdeutung ist nicht erforderlich, wenn schon die **Auslegung** ergibt, dass tatsächlich ein Rechtsgeschäft unter Lebenden (bzw die Verpflichtung hierzu) abgeschlossen wurde. Das Versprechen an eine Angestellte, sie dauernd zu versorgen und in einer letztwilligen Verfügung entsprechend zu bedenken, wenn sie bis zum Tod des Dienstherren in seinem Dienst verbleibt, braucht nicht unbedingt so aufgefasst zu werden, dass seinen einzigen Gegenstand die Errichtung einer letztwilligen Verfügung zugunsten der Angestellten bilde, vielmehr kann auch eine sofortige vertragliche Bindung zur Zahlung einer beim Tod des Dienstherrn fällig werdenden Summe beabsichtigt sein und der Hinweis auf die letztwillige Verfügung nur eine unschädliche Nebenabrede über die Art der Erfüllung darstellen (RG WarnR 1917 Nr 14; JW 1920, 139). Bei unwirksamer Inaussichtstellung einer Entschädigung für geleistete Dienste durch Zuwendung von Todes wegen hat der Dienstleistende einen Anspruch auf Vergütung nach § 612 Abs 2 BGB; Bereicherungsansprüche würden voraussetzen, dass kein schuldrechtlicher Vertrag bestanden hat (BGH FamRZ 1965, 318; LAG Hessen 4. 9. 2010 – 12 SA 1817/08 – juris, Rn 28; Reimann, in: Reimann/Bengel/Dietz[7] Rn 11; NK-BGB/Müssig[6] Rn 8 f; Grüneberg/Weidlich[81] Rn 2).

15 Ein solches Rechtsgeschäft unter Lebenden ist zB auch eine **Schenkung unter der Auflage** an den Beschenkten (§ 525 BGB), den Schenkungsgegenstand bis spätestens mit seinem Tod an eine bestimmte Person weiterzuverschenken (OLG München 8. 2. 2021 – 33 U 4723/20 – juris, Rn 28; FEICK ZEV 2002, 85, 87 ff). Denn die Testierfreiheit des Beschenkten wird dadurch, wie der Senat mit Recht bemerkt, nicht eingeschränkt, vielmehr erhält er zu Lebzeiten einen Gegenstand, der mit dieser Weitergabeverpflichtung belastet ist; die Verpflichtung ist daher, wenn der Beschenkte ihr zu seinen Lebzeiten nicht mehr nachkommt, von dessen Erben als Erblasserschuld (FEICK ZEV 2002, 85, 89) zu erfüllen. Dagegen wird freilich eingewandt, es handle sich – jedenfalls bei der Verpflichtung, den Gegenstand immer wieder einem bestimmten Rechtsnachfolger weiterzuschenken (zB dem männlichen Nachkommen oä) – um im heutigen bürgerlichen Recht nicht mehr zulässige **Fideikommisse** und/oder um eine Umgehung von § 2302 BGB (MünchKomm/KOCH[8] § 525 Rn 3). Dagegen wird man sagen können, dass es sich bei der Schenkung unter der Auflage, sie an einen bestimmten (oder mehrere bestimmte) Rechtsnachfolger weiterzureichen, nicht um ein dinglich wirkendes Rechtsgeschäft handelt (FEICK ZEV 2002, 85, 88; STAUDINGER/CHIUSI [2021] § 525 Rn 19).

16 Auch der Erbprätendent, dem eine Erbeinsetzung in Aussicht gestellt wurde, kann sich dem Erblasser gegenüber uneingeschränkt verpflichten, über einzelne Teile des ihm nach dem Tode des Erblassers zufallenden Vermögens in bestimmter Weise zu verfügen (BGH WM 1976, 744; bei – wegen § 311b Abs 1 unwirksamer – Zusage zur Verfügung über Grundstücke uU Aufrechterhaltung als Vereinbarung über die Verwendung ihres Wertes).

17 Schließlich kann die **Auslegung** auch ergeben, dass eine *wirksame* Verfügung von Todes wegen vorliegt, etwa eine Schlusserbeinsetzung oder die Aussetzung eines Vermächtnisses, je nach textlicher Grundlage auch in den Fällen der Umdeutung (unten Rn 22 ff). Bei eigenhändigen Dokumenten wird man regelmäßig mit der Auslegung weiter gehen können als bei notariellen, denn dort muss man dem Wortlaut grundsätzlich größere Beachtung schenken (näher RAFF ErbR 2020, 330). Gibt es mehrere Auslegungsmöglichkeiten, ist nach § 2084 BGB zu verfahren, dh *im Zweifel* diejenige Auslegung zu wählen, nach der das Ergebnis nicht zu einer Unwirksamkeit nach § 2302 BGB führt (OLG Schleswig-Holstein 23. 1. 2015 – 3 Wx 110/14 – juris, Rn 21).

III. Wirkungen eines Verstoßes

18 Ein Vertrag, durch den sich jemand verpflichtet, eine Verfügung von Todes wegen zu errichten, aufzuheben oder nicht aufzuheben, ist **nichtig**, also von Anfang an ohne jede Rechtswirkung (RGZ 75, 34). Bei Zuwiderhandlung gegen die – unwirksame – Verpflichtung zur Errichtung, Aufrechterhaltung oder Aufhebung einer Verfügung von Todes wegen tritt **keine Schadensersatzpflicht** ein (BGH WarnR 1967 Nr 9 = MDR 1967, 480). Die Vereinbarung einer Vertragsstrafe ist unwirksam (§ 344 BGB; so auch ERMAN/S KAPPLER/T KAPPLER[16] Rn 3; BeckOGK/MÜLLER-ENGELS [1. 7. 2021] Rn 17).

19 Eine Verpflichtung zum Schadensersatz nach den Grundsätzen der **culpa in contrahendo** (§ 311 Abs 2 BGB) ist dagegen (unter deren allgemeinen – hier gerade wegen § 2302 engen – Voraussetzungen, die nach den Feststellungen des BGH MDR 1967, 480 im konkreten Fall nicht vorlagen) nicht ausgeschlossen, weil ihre Anwendung auch bei Anbahnung von

Verhandlungen zu einem nichtigen Vertrag möglich ist; dieser Anspruch geht aber nur auf den Ersatz des negativen Interesses.

20 Die in § 2302 BGB angeordnete **Nichtigkeit ergreift den ganzen Vertrag**, also auch das etwa in ihm enthaltene Versprechen einer **Gegenleistung** (ist die Leistung erbracht, deshalb gewöhnliche Leistungskondiktion nach § 812 Abs 1 S 1 Alt 1, MünchKomm/Schwab[8] § 812 Rn 384 ff; s Battes AcP 178 [1978] 337, 372 ff). Anderes gilt nur, wenn anzunehmen ist, dass der übrige Inhalt des Vertrags auch ohne den nichtigen Teil vereinbart worden wäre (§ 139 BGB; Planck/Greiff Anm 1; Hellwig 606 ff), zB bei Aufnahme einer salvatorischen Klausel (BGH 25. 6. 2021 – V ZR 218/19 –, juris, Rn 17).

21 Das – unwirksame – Versprechen, in bestimmter Weise zu testieren, kann auch **Geschäftsgrundlage** eines anderen Rechtsgeschäfts sein und sich nach den allgemeinen Grundsätzen über den Wegfall der Geschäftsgrundlage auf das andere Rechtsgeschäft auswirken (BGH DNotZ 1978, 154).

IV. Möglichkeit der Umdeutung

22 Die Umdeutung einer nach § 2302 BGB unwirksamen Verpflichtung ist unter den allgemeinen Voraussetzungen möglich (BGH NJW 1974, 60 = LM Nr 3 zu § 140 BGB). Ein Umdeutungsverbot ist § 2302 BGB nicht zu entnehmen. Im Gegenteil hat die Umdeutung hier besondere Bedeutung, weil § 2302 BGB den Vertragsteilen einen bestimmten Weg zur Erreichung ihrer Absichten verschließt.

23 Die **Verpflichtung, eine bestimmte Verfügung von Todes wegen nicht aufzuheben**, kann bei entsprechendem Inhalt der Verfügung (§ 2278 Abs 2 BGB) und bei Wahrung der Form des Erbvertrags in einen **Erbvertrag** zugunsten des Bedachten umgedeutet werden (BGH MDR 1980, 831; OLG Stuttgart NJW 1989, 2700 = FamRZ 1989, 1235 = MDR 1989, 995; OLG Hamm FamRZ 1997, 581). Der Voraussetzung, dass der Inhalt der Verfügung, an die sich der Erblasser binden will, in dem Vertrag selbst wiedergegeben wird (Mot V 313; Planck/Greiff Anm 2), genügt die Bezugnahme auf das Testament (auch wenn es ein privatschriftliches Testament ist): Dies ist ein ausreichender Anhaltspunkt zur Auslegung unter Heranziehung des in Bezug genommenen Testaments (vgl BGH DNotZ 1980, 761 = MDR 1980, 831 = WM 1980, 1039).

24 Die **Verpflichtung, überhaupt keine Verfügung von Todes wegen zu errichten** oder an der gesetzlichen Erbfolge nichts zu ändern, kann als Erbeinsetzungsvertrag zugunsten der gesetzlichen Erben aufrechterhalten werden, wenn die Form des Erbvertrags gewahrt ist (sog konservativer Erbvertrag, Mot V 313; BayObLG BayZ 1906, 105; Planck/Greiff Anm 2). Dieser Fall ist gegeben, wenn der Erblasser gegenüber seinen gesetzlichen Erben vertragsmäßig auf das Recht verzichtet, von Todes wegen anderweitig zu verfügen, sofern nur aus dem Vertrag hervorgeht, dass der Erblasser seinen gesetzlichen Erben die Erbfolge sichern will (Mot V 314; BayObLGZ 6, 711; 21, A 391 = OLGE 42, 43).

25 Haben sich in einem Erbvertrag Ehegatten gegenseitig zu Erben eingesetzt und weiter bestimmt, dass der Längstlebende von ihnen verpflichtet ist, das bei seinem Tod vorhandene Vermögen auf die gemeinsamen Kinder zu übertragen, so kann dies in eine **Schlusserbeinsetzung** der gemeinschaftlichen Abkömmlinge umgedeutet werden

(vgl OLG Hamm JMBl NRW 1960, 125). In der unwirksamen **Auflage an den Bedachten, in bestimmtem Sinne zu testieren**, kann die Anordnung von (uU bedingter) **Nacherbfolge** (oder eines Nachvermächtnisses) liegen (OLG Hamm NJW 1974, 60; Schlüter § 14 III 1; Reimann, in: Reimann/Bengel/Dietz[7] Rn 8). So kann die Erbeinsetzung einer bestimmten Person (im konkreten Fall der Ehefrau) mit der Weisung, dass diese sich verpflichte, testamentarische Verfügungen ausschließlich zugunsten bestimmter Dritter (hier: der gemeinschaftlichen Kinder) zu treffen, in die Anordnung von Nacherbfolge umgedeutet werden (OLG Hamm NJW 1974, 60; im konkreten Fall hätte die Annahme bedingter Nacherbfolge nahegelegen). Die Anordnung, der Bedachte solle das ihm zugewandte Vermächtnis an bestimmte Personen weitervererben, kann in ein Nachvermächtnis umgedeutet werden (BGH DRiZ 1966, 398).

Auch die Umdeutung der Verpflichtung zum Abschluss eines Erbvertrages in einen **Vertrag zugunsten** Dritter (uU iSv § 2301 Rn 98 ff) ist möglich (BGH MDR 1961, 128 = LM Nr 3 zu § 140 BGB; die objektiven Voraussetzungen der Umdeutung wurden vom BGH im konkreten Fall verneint). 26

V. Internationales Privatrecht

Ob Verträge, die Verpflichtungen zu einer bestimmten erbrechtlichen Verfügung enthalten (auch Testiervertrag genannt), **erbrechtlich** oder schuldrechtlich **zu qualifizieren** sind, ist nicht ganz klar. Das ist deswegen nicht irrelevant, weil es durchaus Rechtsordnungen gibt, nach denen solche Verträge zulässig sind (Nordmeier ZEV 2013, 117, 123, ausf Battes, S 66 ff). Ein Erbvertrag gem Art 3 Abs 1 b) EuErbVO soll nicht vorliegen, da gerade keine (jedenfalls: noch keine) Rechte am künftigen Nachlass einer Person begründet, geändert oder entzogen würden (Nordmeier ZEV 2013, 117, 123). Es werde lediglich eine Pflicht begründet, in bestimmter Weise zu testieren. Daher wird gesagt, es liege eine **Bereichsausnahme** gem Art 1 Abs 2 g) EuErbVO vor (Nordmeier ZEV 2013, 117, 123; Erman/Stürner[16], Art 1 EuErbVO Rn 9). Aus deutscher Sicht mag diese Frage wegen Art 25 EGBGB nF wenig relevant sein (so BeckOGK/Müller-Engels [1. 7. 2021] Rn 24). 27

Aus **unionsprivatrechtlicher** Sicht ist freilich zu klären, ob die EuErbVO hier nun greift oder nicht. Die Bereichsausnahme von Art 1 Abs 2 g) EuErbVO spricht nicht entscheidend dafür, Testierverträge vom Anwendungsbereich der EuErbVO auszuschließen. Der Testiervertrag müsste dafür ein Fall sein, mit dem *Rechte und Vermögenswerte* (*droits et biens; property rights, interests and assets*) *auf andere Weise als durch Rechtsnachfolge von Todes wegen begründet oder übertragen* werden (*créés ou transférés autrement que par succession; created or transferred otherwise than by succession*). Der Testiervertrag soll aber doch gerade dazu verpflichten, eine Regelung zu treffen, mit der dann Rechte und Vermögenswerte durch Rechtsnachfolge von Todes wegen übertragen werden (und im common law führen diese Verpflichtungen teilweise offenbar auch zu Zugriffsrechten auf den Nachlass, vgl Battes, S 66 ff). Er unterfällt daher dem Wortlaut von Art 1 Abs 1 S 1 EuErbVO; und der Wortlaut der Bereichsausnahme von Art 1 Abs 2 g) spricht nicht gegen dieses Ergebnis. Dass es auch sachlich nahe liegt, mag das noch unterstreichen. 28

Eine weitere Frage ist die, ob es sich bei Testierverträgen um **Erbverträge** im Sinne von Art 3 Abs 1 b, 25 EuErbVO handelt (dafür – **hM** – Döbereiner in: Geimer/Schütze, 29

Juni 2015, Art 25 EuErbVO Rn 32; MünchKomm/Dutta[8] Art 25 EuErbVO Rn 10; NK-BGB/Looschelders[3] Art 25 EuErbVO Rn 8 und Art 1 EuErbVO Rn 48; **dagegen** jurisPK/Nordmeier[9] Art 25 EuErbVO Rn 8; Erman/Stürner[16] Art 25 EuErbVO Rn 2; unentschieden (Analogie?) BeckOK/Loyal [1. 8. 2021] Art 3 EuErbVO Rn 6). Der herrschenden Meinung ist beizupflichten: Der Wortlaut ist offen für ein solches Verständnis von Erbverträgen; es ist nicht zu verlangen, dass der Erbvertrag *unmittelbar* Rechte am Nachlass betrifft (zutr MünchKomm/Dutta[8] Art 25 EuErbVO Rn 10). Testierverträge schränken immerhin mittelbar die Testierfreiheit ein, mindestens hat der Erblasser finanzielle Sanktionen zu befürchten (Döbereiner in: Geimer/Schütze, Juni 2015, Art 25 EuErbVO Rn 32). Für die Einordnung als Erbvertrag spricht ferner die Möglichkeit, Testierverträge in Erbverträge umzudeuten (so Rn 22 ff; NK-BGB/Looschelders[3] Art 1 EuErbVO Rn 48).

30 Will man die Wortlautgrenze enger ziehen, ist über eine analoge Anwendung von Art 25 EuErbVO nachzudenken. Dazu muss man freilich wissen, dass der EuGH so gut wie keine ausdrücklichen Analogieschlüsse zieht. Das liegt daran, dass das Unionsrecht ein – fragmentiertes – System der begrenzten Einzelermächtigung ist (dazu näher Baldus/Raff, in: Gebauer/Wiedmann, Enzyklopädie Europarecht, Band 6[2] § 3 Rn 211 ff). Es spricht daher viel dafür, dass der Gerichtshof die Frage auf der Ebene der Auslegung lösen und eine Analogie noch nicht einmal ansprechen wird.

Sachregister

Die fetten Zahlen beziehen sich
auf die Paragraphen, die mageren Zahlen
auf die Randnummern.

J. von Staudingers Kommentar zum Bürgerlichen Gesetzbuch mit Einführungsgesetz und Nebengesetzen

Übersicht vom 1. 12. 2022

Die Übersicht informiert über die Erscheinungsjahre der Kommentierungen in der 13. Bearbeitung und deren Neubearbeitungen (= Gesamtwerk STAUDINGER).

Die Übersicht ist für die 13. Bearbeitung und für deren Neubearbeitungen zugleich ein Vorschlag für das Aufstellen des „Gesamtwerk STAUDINGER" (insbesondere für solche Bände, die nur eine Sachbezeichnung haben). Es wird empfohlen, die Austauschbände chronologisch neben den überholten Bänden einzusortieren, um bei Querverweisungen auf diese schnell Zugriff zu haben. Bei Platzmangel sollten die ausgetauschten Bände an anderem Ort in gleicher Reihenfolge verwahrt werden.

			Neubearbeitungen		
Buch 1. Allgemeiner Teil					
Einl BGB; §§ 1–14; VerschG	2004	2013	2018		
§§ 21–79	2005	2019			
§§ 80–89	2011	2017			
§§ 90–124; 130–133		2012	2016	2021	
§§ 125–129; BeurkG			2012	2017	2022
§§ 134–138	2003	2011	2017	2021	
§§ 139–163	2003	2010	2015	2020	
§§ 164–240	2004	2009	2014	2019	
Buch 2. Recht der Schuldverhältnisse					
§§ 241–243	2005	2009	2014	2019	
§§ 244–248	2016	2021			
§§ 249–254	2005	2016	2021		
§§ 255–304	2004	2009	2014	2019	
§§ 305–310; UKlaG	2006	2013	2019	2022	
Anh zu §§ 305–310			2019	2022	
§§ 311, 311a–c	2013	2018			
§§ 311b, 311c	2012				
§§ 312, 312a–k	2013	2019			
§§ 313, 314	*2022*				
§§ 315–326	2001	2004	2009	2015	2020
§§ 328–345			2009	2015	2020
§§ 346–354			2012	2022	
§§ 358–360				2016	2021
§§ 362–396	2000	2006	2011	2016	2022
§§ 397–432	2005	2012	2017	2022	
§§ 433–480	2004	2013			
Wiener UN-Kaufrecht (CISG)	1999	2005	2013	2017	
§§ 488–490; 607–609	2011	2015			
§§ 491–512	2004	2012			
§§ 516–534	2005	2013	2021		
§§ 535–556g (Mietrecht 1)	2011	2014	2017	2021	
§§ 557–580a; Anh AGG (Mietrecht 2)	2011	2014	2017	2021	
Leasing	2004	2014	2018		
§§ 581–606	2005	2013	2018		
§§ 607–610 (siehe §§ 488–490; 607–609)	./.				
§§ 611–613	2005	2011	2015	2020	2022
§§ 613a–619a		2011	2016	2019	2022
§§ 616–630	2002				
§§ 620–630		2012	2016	2019	2022
§§ 630a–630h				2021	
§§ 631–651	2003	2008	2013		
§§ 631–650v				2019	
§§ 651a–651m	2003	2011	2015		
§§ 652–656	2003	2010			
§§ 652–661a			2015		
§§ 652–655; 656a–656d				2021	
§§ 655a–656; 657–661a				2020	
§§ 657–704	2006				
§§ 662–675b		2017			
§§ 675c–676c		2012	2020		
§§ 677–704		2015	2020		
§§ 741–764	2002	2008	2015	2021	
§§ 765–778	2013			2020	
§§ 779–811	2002	2009	2015		
§§ 779–782				2020	
§§ 812–822	1999	2007			
§§ 823 A–D	2016				
§§ 823 E–I, 824, 825	2009	2021			
§§ 826–829; ProdHaftG	2003	2009	2013	2018	2021
§§ 830–838	2002	2008	2012	2017	2022
§§ 839, 839a	2007	2013	2020		
§§ 840–853	2007	2015			
AGG	2017	2020			
UmweltHR	2002	2010	2017		
Buch 3. Sachenrecht					
§§ 854–882	2000	2007	2012	2018	
§§ 883–902	2002	2008	2013	2020	
§§ 889–902				2019	

§§ 903–924	2002	2009	2015	2020	
§§ 925–984; Anh §§ 929 ff	2004	2011	2016	2020	
§§ 985–1011	1999	2006	2013	2019	
ErbbauRG; §§ 1018–1112	2002	2009	2016		
§§ 1030–1112				2021	
ErbbauRG				2021	
§§ 1113–1203	2002	2009	2014	2019	
§§ 1204–1296; §§ 1–84 SchiffsRG	2002	2009	2018		
§§ 1–19 WEG	2017				
§§ 20–64 WEG	2017				
Buch 4. Familienrecht					
§§ 1297–1352	2007	2012	2015	2018	
LPartG		2010			
§§ 1353–1362	2007	2012	2018		
§§ 1363–1563	2000	2007			
§§ 1363–1407			2017		
§§ 1408–1563			2018		
§§ 1564–1568; §§ 1568 a+b	2004	2010	2018		
§§ 1569–1586b	2014				
§§ 1587–1588; VAHRG	2004				
§§ 1589–1600d	2000	2004	2011		
§§ 1601–1615n	2000	2018	2022		
§§ 1616–1625	2007	2014	2020		
§§ 1626–1633; §§ 1–11 RKEG	2007	2015	2020		
§§ 1638–1683	2004	2009	2015	2020	
§§ 1684–1717	2006	2013	2018		
§§ 1741–1772	2007	2019			
§§ 1773–1895	2004	2013	2020		
§§ 1896–1921	2006	2013	2017		
Buch 5. Erbrecht					
§§ 1922–1966	2000	2008	2016		
§§ 1967–2063	2002	2010	2016	2020	
§§ 2064–2196	2003	2013	2019		
§§ 2197–2228	2003	2012	2016	2021	
§§ 2229–2302	2022				
§§ 2303–2345		2014	2021		
§§ 2339–2385	2004				
§§ 2346–2385		2010	2016		
§§ 2346–2352				2022	
EGBGB					
Einl EGBGB; Art 1, 2, 50–218	2005	2013	2018		
Art 219–245	2003				
Art 219–232		2015			
Art 233–248		2015			
EGBGB/Internationales Privatrecht					
Einl IPR; Art 3–6	2003				
Einl IPR		2012	2018		
Art 3–6		2013			
Art 3–4			2019		
Art 7, 9–12, 47, 48	2007	2013	2018		
IntGesR	1998				
Art 13–17b	2003	2011			
Art 18; Vorbem A + B zu Art 19	2003				
Haager Unterhaltsprotokoll (HUP)		2016	2021		
Vorbem C–H zu Art 19	2009				
EU-VO u Übk z Schutz v Kindern		2018			
IntVerfREhe	2005				
IntVerfREhe 1		2014			
IntVerfREhe 2		2016			
Art 19–24	2008	2014	2018	2022	
Art 25, 26	2000	2007			
Art 1–10 Rom I VO	2011	2016	2021		
Art 11–29 Rom I-VO; Art 46b, c; IntVertrVerfR	2011	2016	2021		
Art 38–42	2001				
IntWirtschR	2006	2010	2015	2019	
Art 43–46	2014				
Eckpfeiler des Zivilrechts	2012	2014	2018	2020	2022
Demnächst erscheinen					
§§ 2353–2370				2023	
IntVerfREhe 1				2023	